LEHRBUCH DER RORSCHACH-PSYCHODIAGNOSTIK

DR. EWALD BOHM

LEHRBUCH DER RORSCHACH-PSYCHODIAGNOSTIK

Für Psychologen, Ärzte und Pädagogen

MIT 10 HILFSTAFELN
FÜR DIE LOKALISIERUNG
IN MAPPE

FÜNFTE AUFLAGE

VERLAG HANS HUBER
BERN STUTTGART WIEN

ISBN 3-456-30041-7

1972

ALLE RECHTE VORBEHALTEN

COPYRIGHT BY VERLAG HANS HUBER, BERN 1951

IN DER SCHWEIZ GEDRUCKT / IMPRIMÉ EN SUISSE / PRINTED IN SWITZERLAND

DRUCK: BUCHDRUCKEREI AG BERNER TAGBLATT

INHALTSVERZEICHNIS

Vorwort zur 1. Auflage XIX
Vorwort zur 2. Auflage XXIII
Vorwort zur 3. Auflage XXV
Vorwort zur 4. Auflage XXVI

I. Einleitung

Kapitel 1. Die Vorgeschichte des Rorschach-Tests 1
            Hermann Rorschach (1884 - 1922) 3
Kapitel 2. Anwendungsmöglichkeiten und Mißbrauch des Rorschach-Tests; seine Zuverlässigkeit: Stabilität (reliability) und die Gültigkeit seiner Symptomwerte (validity) 7
  I. *Die Anwendungsmöglichkeiten des Rorschach-Tests* 7
    1. als Prüfungstest 7
        a) in der Arbeitspsychologie 7
        b) in der Jugendpsychologie und Erziehungsberatung 7
        c) in der Militärpsychologie 7
        d) in der Ehe- und Familienberatung 8
        e) in der Gerichtsexpertise 8
        f) in der psychiatrischen Diagnostik 8
    2. als Forschungstest 9
    3. Doppeltests 10
    4. Kombination mit anderen Tests 10
    5. Die sogenannte Blinddiagnose 12
  II. *Die Voraussetzungen des Testers* 12
  III. *Missbrauch des Rorschach-Tests* 13
    1. Methodische Fehler 13
    2. Missbrauch der Statistik 15
        a) Die sogenannten „Normal"werte 15
        b) Die „Split-test method" 15
        c) Die Re-Test-Methode 15
        d) „Berechnung" des Farbenschocks 16
        e) Falsche Durchschnittsberechnungen 16
  IV. *Die Zuverlässigkeit des Rorschach-Tests* 16
    1. Objektivität 17
    2. Stabilität (reliability) 17
    3. Gültigkeit der Symptomwerte (validity) 18

II. Die Technik des Tests

Kapitel 3. **Die Aufnahme des Protokolls** 21
  I. *Die Testsituation* 21
  II. *Die Instruktion* 23
  III. *Die Protokollierung* 26
    Hilfstafeln für die Lokalisierung (mit Angabe der wichtigsten Erfassungsmodi) 29

Kapitel 4, **Die Signierung** 31

A. Die klassische Einteilung

I. *Die Bestandteile der Formeln* 31
   1. Der Erfassungsmodus. 32
      a) Ganzantworten 32
      b) Detailantworten 35
      c) Kleindetaildeutungen. 35
      d) Zwischenfigur-Deutungen. 38
      e) Die sogenannten oligophrenen Kleindetails 38
      f) „Neigungen" 40
   2. Die Determinanten 40
      a) Formantworten 40
      b) Bewegungsantworten. 42
      c) Farbantworten. 48
         α) Die Form-Farb-Antworten 48
         β) Die Farb-Form-Antworten 49
         γ) Die primären Farbantworten. 49
      d) B und Fb in der gleichen Deutung 50
      e) Zahl- und Lageantworten 50
   3. Der Inhalt. 51
   4. Die Originalität 52
      a) Vulgärantworten. 52
      b) Originalantworten 53
      c) Individualantworten 54

II. *Die Symptomwerte der Formelelemente* 55
   1. Der Erfassungsmodus. 56
      a) Ganzantworten 56
      b) und c) D und Dd. 57
      d) Zwischenfigur-Deutungen. 58
      e) Do. 59
   2. Die Determinanten 60
      a) Formantworten 60
      b) Bewegungsantworten. 61
      c) Farbantworten. 64
         α) FFb. 64
         β) FbF. 64
         γ) Fb. 65
      d) BFb 65
      e) BF, Zahl- und Lageantworten (nur Verweis) 65
   3. Der Inhalt. 65
   4. Die Originalität 69
      a) Die Vulgärantworten. 69
      b) Die Originalantworten 69
      c) Die Individualantworten 70

B. BINDER's Schattierungs- und Helldunkel-Deutungen

I. *Abgrenzung der Helldunkel-Deutungen* 71
   1. Die Weissdeutungen 71
   2. Konturdeutungen. 71
   3. Sekundäre Dunkelbetonung 71
   4. Intellektuelle Helldunkeldeutungen 71
      a) Helldunkelnennungen 72
      b) „Wissenschaftliche" Reminiszenzen 72
      c) Helldunkel-Symbolik. 72

II. *Einteilung der Helldunkeldeutungen* 72
   1. (Fb)-Deutungen (Schattierungsdeutungen) 72
   2. Hd-Deutungen (Helldunkeldeutungen) 73
      a) FHd+ (oder FHd—)-Antworten 73
      b) HdF-Antworten 73
      c) Reine Hd-Deutungen 74

III. *Die Symptomwerte der Helldunkeldeutungen* 75
   1. Die Schattierungsdeutungen 75
   2. Die Helldunkeldeutungen 76
      a) FHd + ... 76
      b) FHd— 76
      c) HdF 76
      d) Reine Hd 76

C. Was ist eine Antwort?

I. „*Antworten*", *die keine sind* 78
   1. Die Randbemerkungen 78
   2. Ausschmückungen und Ergänzungen 78
II. *Die Aufsplitterung von Antworten* 79

D. Die Sicherung unklarer Antworten

I. *Notwendigkeit der Sicherung* 81
II. *Technik der Sicherung* 82
III. *Weniger ist mehr* 85
   Hilfstabellen für die Signierung 87

Kapitel 5. **Die Verrechnung** 96
  I. *Die Aufstellung* 96
   1. Antwortenzahl und Zeit 96
   2. Die Summen der Formelelemente 97
      a) Die Erfassungsreihe 97
      b) Die Determinantenreihe 98
      c) Die Inhaltsreihe 98
      d) Die Häufigkeitsreihe 98
   3. Die Prozente und Typen 99
      a) Das $F + \%$ (Formschärfeprozent) 99
      b) Das $T\%$ (Tierprozent) 99
      c) Das $V\%$ (Vulgärprozent) 99
      d) Das Orig.% (Originalprozent) 99
      e) Weitere Prozentzahlen 100
      f) Der Erfassungstypus 100
      g) Die Sukzession 101
      h) Der Erlebnistypus 101
      i) Farbtypus 102
      j) Einstellungswert 103
      k) Andere Indices 103
   4. Formulare und Kartothekkarte 104
   5. Beispiel 105

II. *Die Symptomwerte* 105
   1. M:Md, T:Td. 106
   2. Die M und Md 106
   3. Das F + % 106
   4. Das T% 107
   5. Das V% 107
   6. Das Orig.% 108
   7. Der Erfassungstypus 108
   8. Die Sukzession 109
   9. Der Erlebnistypus 109

Kapitel 6. Die besonderen Phänomene 112
   Liste der besonderen Phänomene 114
   1. Versager 115
   2. Das Deutungsbewusstsein 116
   3. Subjekt- und Objektkritik 118
   4. Der Farbenschock 118
   5. Der verspätete Farbenschock 121
   6. Der überkompensierte Farbenschock 121
   7. Der Rotschock 122
   8. Die Rotattraktion 124
   9. Der Dunkelschock 124
   10. Der überkompensierte Dunkelschock 126
   11. Das Brechungsphänomen (Interferenzphänomen) 127
   12. Der Blauschock bzw. Grünschock 129
   13. Der Braunschock 130
   14. Der Weißschock 130
   15. Der Leerschock 131
   16. Der choc kinesthésique 132
   17. Simultan- und Sukzessiv-Kombinationen 133
   18. Deskriptionen 133
   19. Kinetische Deskriptionen 134
   20. Die Pseudo-Fb. 135
   21. Die Farbnennungen 135
   22. Primitive Hd-Deutungen 136
   23. Die intellektuellen Helldunkeldeutungen 136
   24. Die sophropsychischen Hemmungen 136
   25. Verarbeitete FbF und HdF 137
   26. Die Impressionen 138
   27. Die Symmetriebetonung 138
   28. Die „Oder"-Antworten 139
   29. Die perspektivischen Antworten 139
   30. Pedanterie der Formulierung 140
   31. Konfabulationen und konfabulatorische Kombinationen 140
   32. Kontaminationen 140
   33. Die sekundären B. 141
   34. Die unterdrückten B. 141
   35. Die B mit zweierlei Sinn 143
   36. Die BFb mit Körperempfindungen 143
   37. Die Perseveration 144
      (Grobe organische Form — Kleben am Grundthema — Wiederkäuertypus — perceptional perseveration — Perseveration der erfassten Teile)
   38. Die anatomische Stereotypie 146
   39. Die Körperteils-Stereotypie 147
   40. Die Gesichts-Stereotypie 147
   41. Die infantilen Antworten 147

42. Die inversen Deutungen 148
43. Die infantilen Abstraktionen 149
44. Die Detaillierung 149
45. Die Wiederholungen. 150
46. Die Bewertungen 150
47. Die Eigenbeziehungen 150
48. Die Zahl-Antworten. 150
49. Die Lage-Antworten. 150
50. Die Konkretisierungen 151
51. Schwarz und Weiss als Farbwerte 151
52. Die Farbverleugnung 152
53. Bunte Farben bei schwarzen Tafeln 152
54. Falsche Farbe 153
55. Die Farbendramatisierung 153
56. Die EQa-Antworten. 154
57. Die EQe-Antworten. 154
58. Die BF-Antworten 155
59. Die b-Antworten 155
60. Die subjektive Unklarheit über den Erfassungsmodus. 156
61. Die Mittenbetonung, bzw. Seitenbetonung 156
62. Akustische Assoziationen. 156
63. Die Einstellungshemmung 157
64. Die Ähnlichkeitsillusion 158
65. Die Verleugnung 159
66. Die Verneinung und die Antworten in Frageform 159
67. Die Figur-Hintergrund-Verschmelzung. 160
68. Die (Initial- oder Final-)Zensur. 163
69. Der Sexualsymbol-Stupor 165
70. Die Maskendeutungen 166
71. Spiegelungen 167
72. Amnestische Wortfindungsstörungen. 167
73. Die Aggravation und andere klinische Beobachtungen 167
74. Die Komplexantworten 168

Anhang: Einige technische Modifikationen 169

I. *Die Zweiteilung und der Provokationsversuch ad modum MORGENTHALER* 169

   1. Antwortenzahl und Zeit 169
   2. Erfassungstypus 169
   3. DZw 169
   4. F + % 169

II. *Die Schockkontrolle durch Wahlreaktionen* 169

III. *Die Untersuchung der Affekt- und Stimmungsreaktionen ad modum MOHR* 170

IV. *Verschiedene andere Modifikationsversuche* 170

III. Die Auswertung des Tests

Kapitel 7. **Allgemeine Grundlinien – Das Psychogramm** 171

  I. *Allgemeine Grundlinien für die Auswertung* 171

  II. *Das Psychogramm* 173

    1. Zwei Arten 173
    2. Schema eines systematischen Psychogramms. 174
    3. Mehrdimensionale Diagnostik 175

Anhang: Prognostik 178
   I. *Allgemeine Prognostik* 179
      1. Konstitution und Milieu 180
      2. Sthenische und asthenische Konstitutionsfaktoren (Ich-Stärke und Ich-Schwäche) . . . 180
      3. Abwehrmechanismen 182
   II. *Spezielle Prognostik* 183
      1. Sthenische und asthenische Zustandsbilder 183
      2. Die Prognose der Schizophrenie 184
      3. Die Eignung für Psychotherapie im besonderen 184

Kapitel 8. Die Intelligenz 186

A. Quantitative Beurteilung

   I. *Was ist Intelligenz?* 186
      1. Allgemeines 186
      2. Die formalen Faktoren der Intelligenz 188
      3. Kapazität und Leistung 188
   II. *Der spezifische Beitrag des Rorschach-Tests zum Problem der Intelligenzmessung* 189
   III. *Die Technik der quantitativen Intelligenzbeurteilung mit Hilfe des Rorschach-Tests* 191
      1. Normale 191
         a) Das F+% 191
         b) Die Sukzession 191
         c) Die G. 191
         d) Der Erfassungstypus 192
         e) Das T% 192
         f) Das V% 192
         g) Das Orig.% 192
         h) Die B. 192
         i) Andere Faktoren 193
      2. Die Unter-Normalen 193
         a) Intelligenzhemmungen 193
            $\alpha)$ Die neurotische Intelligenzhemmung 194
            $\beta)$ Die depressive Intelligenzhemmung 194
         b) Intelligenzmangel (Oligophrenie) 195
            $\alpha)$ Zur Psychologie der Oligophrenen 195
            $\beta)$ Die Rorschach-Diagnose der Oligophrenie 195
         c) Intelligenzdefekt (Demenz) 197
      3. Die Hochbegabten 197
   IV. *Skala der Bezeichnungen für die quantitative Intelligenzbeurteilung* 198

B. Qualitative Beurteilung

   I. *Typeneinteilung* 199
      1. Die Theorie der Intelligenztypen 199
         a) Die abstrakt-theoretische Intelligenz 199
         b) Die stoffgebundene, praktische Intelligenz 199
         c) Die intuitiv-künstlerische Begabung 200
      2. Die Rorschach-Syndrome der Begabungstypen 200
         a) Die abstrakt-theoretische Begabung 200
         b) Die praktische Begabung 201
            $\alpha)$ Die praktische Intelligenz 201
            $\beta)$ Die technische Begabung 201
            $\gamma)$ Der „Realitätssinn" 201
         c) Die künstlerische Begabung 202

II. *Die individuelle qualitative Intelligenzdiagnose* 203
    1. Das F + % 203
    2. Die Sukzession. 204
    3. Die G. 204
    4. Der Erfassungstypus 205
    5. Das T % 205
    6. Das V % 205
    7. Die Originalantworten 206
    8. Die B. 207

Kapitel 9. **Die Affektivität** 208

  I. *Die Arten der Affektivität*. 208
    1. Die Farben 208
       a) Die FFb 209
       b) Die FbF 209
       c) Die reinen Fb. 209
       d) Das innere Verhältnis der Farbwerte 209
       e) Die Verteilung der Farbantworten 210
    2. Die Hilfstruppen der Farben 210
  II. *Die Stabilisierung der Affektivität* 211
    1. Die Bremsung der Affektivität 211
    2. Die Hemmung der Affektivität 212
  III. *Protokolle ohne Farbantworten*. 214
    1. Psychotische Affektverödung 214
    2. Stumpfsinn 214
    3. Hemmung der Affektivität 214
       a) depressive Hemmung 214
       b) neurotische Hemmung 214
  IV. *Der soziale Kontakt* 214
    1. Die V und das V% 214
    2. Die FFb 214
    3. Die D 214
    4. Die M und Md 215
    5. Der Erlebnistypus 215
    6. Streck- und Beugekinästhesien 215

Kapitel 10. **Die Konstitutionstypen und ihre psychischen Korrelate im Rorschach-Test** 216

  I. *Der pyknisch-syntone und die schizaffinen Typen* 216
  II. *Die Athletiker und der ixothyme Typus* 217
    1. KRETSCHMER 217
    2. STRÖMGREN 218
       a) Der ixothyme Typus. 218
       b) Das Rorschach-Syndrom der Ixothymie 219

Kapitel 11. **Die Neurosen**. 222

  A. Kurzer Überblick über die wichtigsten Kategorien der Neurosenlehre 222

  I. *Allgemeines*. 222
  II. *Die Neurosenformen* 223
  III. *Die Triebe* 224
  IV. *Libido und Aggression* 224

V. *Phasen und Stufen der Libido-Entwicklung*	225
VI. *Die Ödipussituation*	227
VII. *Die Triebschicksale*	228
VIII. *Unterschiede der kindlichen Psyche von der Erwachsenenpsyche*	230
IX. *Die Neurosen unter verschiedenen Aspekten*	231
1. Die Neurose als prägenitale Fixierung	231
2. Die Neurose als Ich-Struktur-Verschiebung	231
Die Angst und ihre Arten	232
3. Die Neurose als Veränderung des Mischungsverhältnisses der Triebe	233
4. Die Neurose als Angstabwehr	234
X. *Die Charakterneurosen*	234
Übersichtstabellen	238
Symptomatologie der Neurosen	238
Ätiologie und Struktur der Neurosen	240

B. Die formale Rorschach-Diagnostik der Neurosen

I. *Allgemeines*	242
1. Die Fixierungsstellen	242
2. Störungen der Objektlibido	242
a) Der Farbtypus	242
b) Die Schockphänomene	243
α) Der Farbenschock	243
β) Der Dunkelschock	244
γ) Die Schockverteilung	244
3. Die Angstsymptome	245
a) Libidinöse Angst	246
b) Phobische Angst	246
c) Kastrationsangst (Gewissensangst, Strafangst)	246
4. Der Narzissmus	246
a) Orale Fixierungen	246
b) Infantilismus	246
c) Verminderte Kontaktfaktoren	246
d) Egozentrizität	247
e) Spiegeldeutungen als B.	247
5. Die gesteigerte Aggression	247
6. Die Abwehrmechanismen	248
II. *Die einzelnen Neurosenformen*	249
1. Die Neurasthenie	249
2. Die Angstneurose	249
3. Die Phobie	249
4. Die Hysterie	250
5. Die Zwangsneurose	251
6. Die Kleptomanie	251

C. Die Beurteilung der Komplexantworten

I. *Die Feststellung der Komplexantworten*	252
II. *Die Arten der Komplexantworten*	253
1. Die B Orig.	253
2. Die originalen Farbantworten	254
3. Die DZwF(Fb)-Antworten	255
4. Die DZwG	255
5. Komplexantworten der F-Kategorie	256
6. Komplexantworten, denen man es nicht ansehen kann	257

III. *Der Inhalt der Komplexantworten* 258
   1. Die Fixierungen 258
   2. Die Identifikationen 259
   3. Die aktuellen Konflikte 259

IV. *Die Gruppierung der Komplexantworten und die Serien* 259

D. Die Charakterneurosen

I. *Der triebhafte Charakter* 260

II. *Der hysterische Charakter* 260

III. *Der Zwangscharakter* 261
   1. Im allgemeinen 261
   2. Der anale Retentionscharakter 261
   3. Der „Verkopfungs"-Charakter 262

IV. *Der phallisch-narzisstische Charakter* 262

V. *Der masochistische Charakter* 263

Anhang: Die Perversionen 263

Kapitel 12. **Die Psychopathien** 266

A. Die Fragwürdigkeit des Psychopathiebegriffs und Überblick über die wichtigsten Psychopathiesysteme

I. *Der Psychopathiebegriff* 266

II. *Die Psychopathiesysteme* 267
   1. KRAEPELIN 268
   2. BLEULER 268
   3. Die Reaktionstypologien 268
   4. KRETSCHMER's Konstitutionstypologie 268
   5. KAHN 268
   6. SCHNEIDER 268
   7. Die Klassifikation der WHO 270
   8. LEVINE 270
   9. SZONDI 270

B. Die Rorschach-Diagnostik der Psychopathien

I. *Negative und positive Psychopathie-Diagnose* 270

II. *Die echten (konstitutionellen) Psychopathien* 271
   1. Die Psychasthenie (Subvalidität) 271
   2. Die sensitive Psychopathie 273
   3. Die Schizoidie 274
   4. Die Zykloidie 276
   5. Die Ixoidie 276
   6. Die Stimmungslabilen 278
   7. Die Haltlos-Willensschwachen 278
   8. Die Mythomanen (Pseudologischen) 279
   9. Die Antisozialen 280
   10. Die Süchtigen 282

III. Die läsionellen Pseudopsychopathien 282
    1. Die läsionelle Pseudoasthenie (bzw. Pseudo-Hystero-Asthenie). 283
    2. Die läsionelle Ixophrenie 283
    3. Die läsionelle Stimmungslabilität 284
    4. Die läsionelle Pseudo-Haltlosigkeit 284
    5. Die läsionelle Pseudo-Mythomanie 284
    6. Die läsionelle Antisozialität 284

    C. Die Beurteilung der Erziehbarkeit jugendlicher Psychopathen   284

Anhang: Die Milieuschädigungen 286

Kapitel 13. **Die Depressionen** 286

  I. *Die Depressionen in der Rorschach-Literatur* 286

  II. *Die Systematik der Depressionen* 289

  III. *Die Rorschach-Diagnostik der Depressionen* 292
    1. Das klassische Syndrom 292
    2. Abortive Depressionssyndrome 293
    3. Gemeinsame Faktoren 293
    4. Einzelne Depressionstypen 294
       a) Nicht melancholiforme Depressionen der endogenen Gruppe 294
       b) Die konstitutionellen Depressionen 294
       c) Die dispositionellen, paläoreaktiven Depressionen 294
       d) Die charakterogene Depression insbesondere 295

Anhang I: Die Amphithymien

  I. *Begriff und Arten* 297

  II. *Die Rorschach-Diagnostik der Amphithymien* 298
    1. Die rein zykloiden Mischzustände (nur Verweis) 298
    2. Die Flucht vor der Depression 298
       a) Die Flucht in die Banalität 298
       b) Die Flucht in die Exaltiertheit 299
    3. Chronische Hypomanie mit psychogener Depression 299

Anhang II: Übersicht über die Verstimmungen 300

Kapitel 14. **Die Psychosen** 301

A. Die Schizophrenien

  I. *Allgemeines* 301

  II. *Die schizophrenen Rorschach-Symptome* 302

  III. *Die Unterformen der Schizophrenie* 306

Anhang: Die paranoide präsenile Psychose (Involutionsparanoia sensu KLEIST) 308

B. Die manio-depressive Psychose

  I. *RORSCHACH's Ergebnisse* 309
    1. Die depressive Verstimmung und die Melancholie 309
    2. Die manische Verstimmung und die Manie 309
    3. Manio-depressive Mischzustände 310

II. *Differentialdiagnose* 310

III. *Demenz bei manio-depressiver Psychose* 310

C. Die Epilepsien

I. *Die klinische Problematik der Epilepsien* 311

II. *RORSCHACH's Ergebnisse* 313

III. *Spätere Untersucher* 314

IV. *Die Rorschach-Diagnose der Epilepsien in der Praxis* 316
   1. Allgemein 316
   2. Differentialdiagnostische Probleme 318

D. Organische Psychosen

I. *Begriff und Abgrenzung* 320
   1. Der akute exogene Reaktionstypus 321
   2. Das organische Psychosyndrom (die diffuse chronische Hirnschädigung) 321
   3. Das hirnlokale Psychosyndrom 321

II. *Das allgemeine organische Rorschach-Syndrom* 322
   1. OBERHOLZER's Syndrom 323
   2. PIOTROWSKI's Syndrom 324
   3. Das „Einheitssyndrom" (allgemeines organisches Rorschach-Syndrom) 325

III. *Die Rorschach-Diagnose einzelner organischer Hirnstörungen* 326
   1. Dementia senilis 326
   2. Dementia arteriosclerotica 327
   3. Progressive Paralyse (Dementia paralytica) 327
   4. Encephalitis 328
   5. Postencephalitischer Parkinsonismus 328
   6. Encephalopathia traumatica (Encephalose sensu RITTER) 328
   7. Alkoholiker 329
      a) Alcoholismus chronicus 330
      b) und c) Delirium tremens und Alkoholhalluzinose 330
      d) Die alkoholische Korsakoff-Psychose 331
      e) Der Eifersuchtswahn der Trinker 331
      f) Dipsomanie 331
      g) und h) Alkoholepilepsie und Alkoholmelancholie 331
   8. Läsionen der Lobi frontales 331
   9. Hirntumoren 332

E. Psychogene Psychosen

I. *Begriff und Systematik der psychogenen Psychosen* 333
   1. Begriff 333
   2. Konstitutionelle Faktoren 333
   3. Der exogene Faktor. STRÖMGREN's Theorie der Psychosenwahl 333
   4. Übersichtsschema 334
   5. Die Bewusstseinsstörungen insbesondere (STRÖMGREN's Einteilung) 334

II. *Die Rorschach-Diagnostik der psychogenen Psychosen* 335
   1. Allgemeines 335
   2. Die Hauptgruppen 336
      a) Die emotionellen Syndrome 336
      b) Die Bewusstseinsstörungen 336
      c) Die paranoiden Syndrome 336

Anhang: Rorschach-Test und Psychopharmaka 337

Kapitel 15. **Die Anwendung des Rorschach-Tests bei Kindern und Jugendlichen** 339

    I. *Die Literatur* 339

   II. *Überblick über die Resultate der Rorschach-Forschung an Kindern* 342
      1. Erfassungsreihe 342
      2. Determinantenreihe 344
      3. Inhalt 345
      4. Die Prozente 346
      5. Sonstige Phänomene 347
         a) Versager 347
         b) Deutungsbewusstsein 347
         c) Farbenschock und Dunkelschock 347
         d) Konfabulationen 347
         e) Kontaminationen, Zahl- und Lage-Antworten 347
         f) Perseveration 347
         g) Infantile Abstraktionen 348
         h) Inverse Deutungen 349

  III. *Besondere Regeln für die Anwendung des Rorschach-Tests bei Kindern* 349
      1. Die Aufnahme 349
      2. Die Auswertung 349
         a) Die Formantworten 350
         b) Das $F+\%$ 350
         c) Die G 350
         d) Die D und Dd 350
         e) Die DZw 350
         f) Objektdeutungen als $D+$ 350
         g) Die B 350
         h) Die Farbantworten 351
         i) Der Erlebnistypus 351
         j) Die V und das V% 351
         k) Das Orig. % 351
         l) Das Verhältnis T : Td 351
         m) Konfabulationen, Perseverationen und inverse Deutungen 351

  IV. *Der Rorschach-Test bei Jugendlichen* 352
      1. Erfassungsreihe 352
      2. Determinantenreihe 352
      3. Inhalt 352
      4. Die Prozente 353
      5. Sonstige Phänomene 353

Anhang I: Schwierige Kinder und Jugendliche 353

    I. *Schwererziehbare Kinder* 353
      1. Unreife und fehlentwickelte Kinder 353
      2. Aggressive Kinder 353
      3. Scheinkontakt 354
      4. Kinder mit psychosomatischen Symptomen 354

   II. *Schwererziehbare Jugendliche* 355
      1. Allgemein 355
      2. „Haltlose" Jugendliche 356
      3. Jugendliche Diebe 356
      4. Tierdeutungen und Disziplin-Reaktion 356

Anhang II: Der Rorschach-Test im hohen Alter 357

IV. Schlussteil

Kapitel 16. Die theoretischen Grundlagen des Rorschach-Tests 359

  I. *Allgemeines* 359
 II. *Theoretische Fundierung des Projektionsbegriffs* 361
III. *Form-Farbe-Forschung und Farbpsychologie* 362
 IV. *Gestalt-Psychologie und Figur-Grund-Forschung* 362
  V. *Die Perception-Personality-Schule* 365
        1. Allgemein 365
        2. Statische Forschungen 367
           a) Vorwiegend konstitutionell eingestellte Untersuchungen 368
           b) Vorwiegend funktionell eingestellte Untersuchungen 369
        3. Dynamische Forschungen 370

V. Beispiele

Vorbemerkungen

Intelligenz, quantitativ

Nr. 1. Normaler Durchschnitt 372
Nr. 2. Intelligenter Normaler 373
Nr. 3. Physiologische Dummheit 375
Nr. 4. Leichte Oligophrenie 377

Intelligenz, qualitativ

Nr. 5. Wissenschaftler 379
Nr. 6. Techniker 382
Nr. 7. Künstler (Doppeltest) 386

Konstitutionstypen

Nr. 8. Ixothymie (Doppeltest) 390

Neurosen

Nr. 9. Angstneurose 393
Nr. 10. Hysterie 396
Nr. 11. Zwangsneurose 397
Nr. 12. Phallisch-narzisstische Neurose (asozialer Typus) 400
Nr. 13. Neurotische Pseudodebilität 404

Psychopathien

Nr. 14. Haltlos (-mythomane) Psychopathie 406
Nr. 15. Läsionelle Psychasthenie (Pseudoasthenie) 410

Depressionen

Nr. 16. Psychasthenische Depression 412
Nr. 17. Charakterogene Depression 415

Amphithymien

Nr. 18. Flucht vor der Depression (Doppeltest) 419

Schizophrenien

Nr. 19. Katatonie 421
Nr. 20. Paranoid 423

Involutionsparanoia
Nr. 21. Paranoia characterogenes in climacterio 425

Manio-depressive Psychose
Nr. 22. Hypomanie 428
Nr. 23. Depression von endogenem Typus 431

Epilepsien
Nr. 24. Genuine Epilepsie 433
Nr. 25. Traumatische Epilepsie 435

Organische Psychosen
Nr. 26. Dementia senilis 438
Nr. 27. Dementia arteriosclerotica 440
Nr. 28. Dementia paralytica 442
Nr. 29. Encephalopathia traumatica (Encephalose) 444
Nr. 30. Psychosis ex intoxicatione alcoholica (Eifersuchtswahn) 447

Psychogene Psychosen
Nr. 31. Bewusstseinsstörung 448
Nr. 32. Paranoide Reaktion ohne Halluzinationen 451

Nomenklaturen und Abkürzungen 458

Erlebnisquotienten (EQ) und Einstellungswerte (EW) 462

Literaturverzeichnis 463
Namenregister 476
Sachregister 482

Vorwort zur 1. Auflage

Dieses Buch verdankt seine Entstehung einer Initiative des Verlages, der im Sommer 1948 an den Verfasser mit dem Vorschlage herantrat, ein systematisches Lehrbuch der Rorschach-Diagnostik zu schaffen, da ein solches in Europa noch immer fehle. Die Aufgabe war nicht leicht, und wir müssen es dem Urteil unserer Leser überlassen, inwieweit uns die Lösung gelungen ist. Es wurde jedenfalls versucht, einen möglichst vollständigen Überblick über den heutigen Stand der Rorschach-Diagnostik zu geben. Ohne die Vorteile der Methode zu verkleinern, sollte andererseits auch ein unangebrachter Optimismus vermieden werden. Der Rorschach-Test ist immer noch entwicklungsfähig, und das letzte Wort über seine Möglichkeiten und Grenzen ist noch lange nicht gesprochen.

Die Praktizierung des Rorschach-Tests ist *eine Art Kunsthandwerk*. Sie erfordert psychologisches Können und praktische Erfahrung. Das theoretische Wissen ist zwar die Voraussetzung des Könnens, es kann das Können aber nicht ersetzen. Der gute Rorschach-Experte nimmt deshalb *eine gesunde Mitte* ein *zwischen den beiden Extremen des heutigen Psychologiebetriebs*, die beide für die künftige Entwicklung dieser Wissenschaft gleich gefährlich sind: dem blutleeren Schreibtischgelehrten, der alle philosophischen Probleme kennt und zwischen sämtlichen möglichen theoretischen Lösungen eine mehr oder weniger tiefsinnig begründete Auswahl trifft, der aber weder ein einfaches Experiment ausführen kann noch irgendeine praktische Technik der angewandten Psychologie oder Tiefenpsychologie wirklich beherrscht, und andererseits dem einseitigen Nur-Praktiker, unter dessen Händen das edle Handwerk der psychologischen Untersuchung zur geistlosen Routine erstarrt, und der den Kontakt mit den theoretischen Grundproblemen längst verloren hat. Von dieser letzten Seite her droht denn auch die Gefahr der mechanisierten Statistik, wo vollkommen sinnlose Fragen aufgeworfen und in ebenso sinnloser Weise beantwortet werden. Der theoretisch gut und gründlich geschulte Rorschach-Experte wird sich den Blick nach beiden Seiten offenhalten und in seiner Tätigkeit eine fröhliche und lebendige Wissenschaft mit einem fröhlichen und gedankenweckenden Handwerk verbinden. Gerade die immer noch vorhandene Unfertigkeit der Methode bringt es mit sich, dass die blosse Ausübung der Praxis, wenn sie nicht gedankenlos geschieht, immer wieder neue theoretische Probleme aufwirft und alte und neue Fragen beantwortet.

Das vorliegende Buch versucht dementsprechend, die Mitte zu halten zwischen den beiden Extremen, die sich heute in der Rorschach-Forschung in verschiedenen Kreisen geltend machen: der mechanistisch-statistischen Bearbeitung der formalen Seite und der rein tiefenpsychologischen oder existentialistischen Bearbeitung der inhaltlichen Seite, die sich soweit von der ursprünglichen Rorschach-Technik entfernt, dass sie hier unberücksichtigt bleiben konnte und musste.

Es soll also hier im wesentlichen nur der *„klassische Rorschach"* dargestellt werden. In den letzten Jahren sind ja eine ganze Reihe von Richtungen und Schulen aufgetaucht, die teilweise mit Rorschach's ursprünglicher Konzeption nur noch den Namen gemein haben. Wir sind für Neuerungen keineswegs unzugänglich (auch dieses Buch bringt einige solche), ja Neuerungen sind sogar unvermeidlich bei einem Verfahren, das zur Zeit des Todes seines Erfinders noch recht unfertig war und es in vielen Punkten immer noch *ist*. Wir ziehen es aber vor, uns auf *die* Neuerungen zu beschränken, für die ein wirklicher *Bedarf* vorliegt, und die sich dem Verfahren einfügen lassen, ohne die Methode in ihren *Grundlagen* anzugreifen. Die Weiterentwicklung des Tests soll nach Möglichkeit ein organisches Weiterbauen auf den alten Fundamenten sein.

Die kühne Unbekümmertheit mancher Forscher ist an sich eine wertvolle Eigenschaft, und ohne eine gewisse Dosis Kritik wird keine Wissenschaft gedeihen können. Wir möchten aber an dieser Stelle offen bekennen, dass uns auch im europäischen Sinn für Tradition Werte zu liegen scheinen, deren Pflege für das Gedeihen der Wissenschaft nicht ohne Bedeutung ist. Namentlich in diesem Falle, wo es sich um ein intuitiv-empirisch gefundenes psychodiagnostisches Verfahren handelt, dessen theoretische Grundlagen noch sehr wenig untersucht und geklärt sind, scheint uns ein gewisser pietätvoller Respekt vor der Genialität seines Erfinders eine sehr nützliche Aufgabe zu erfüllen. RORSCHACH hat seine ersten Resultate, deren Richtigkeit in fast allen Punkten bestätigt werden konnte, an einem erstaunlich kleinen Material mit dieser Methode gewonnen, und es besteht daher aller Grund, an den von ihm aufgestellten Prinzipien einstweilen festzuhalten, damit die Vergleichsbasis der Untersuchungen nicht verschoben wird. Diese Grundhaltung hat u. a. auch unsere Einstellung zu der sehr umstrittenen Frage der D und Dd entscheidend beeinflusst.

In der *Auswahl* der berücksichtigten Rorschach-*Literatur* haben wir uns hauptsächlich an die Schweizer Schule gehalten. Doch wurde teilweise auch die amerikanische, englische und skandinavische Literatur berücksichtigt.

Der Behandlung des speziellen pathologischen Teils wurde eine „gemässigt psychoanalytische" Auffassung zugrunde gelegt, d. h. eine Verschmelzung klinisch-psychiatrischer mit psychoanalytischen Gesichtspunkten, wie sie in manchen Ländern (z. B. in Holland und USA.) seit längerem üblich ist, und wie sie nun auch in die moderne Psychiatrie anderer Länder mehr und mehr Eingang gefunden hat.

Unser Buch will weder noch kann es die Lektüre von RORSCHACH's „*Psychodiagnostik*" überflüssig machen, sondern es soll im Gegenteil zu ihr hinführen. Mit Recht sagt KLOPFER (KLOPFER & KELLEY, The Rorschach Technique, S. 22/23) von RORSCHACH's Buch: „It is only after years of work with the method that one fully appreciates, what this book contains." Auf unsere tabellarischen Übersichten im Anhang von RORSCHACH's Buch musste aus praktischen Gründen mehrfach verwiesen werden.

Die Grundzüge der Psychologie und der klassischen Psychiatrie wurden im allgemeinen vorausgesetzt. Nur an vereinzelten Stellen waren, um das Buch weitesten Kreisen zugänglich zu machen, kurze theoretische Exkurse in das Gebiet der Psychopathologie notwendig. Es handelt sich dabei um Gebiete, deren Literatur entweder (wie bei der Lehre von der Ixothymie, Ixoidie und

Ixophrenie und von den psychogenen Psychosen) aus sprachlichen Gründen teilweise schwer zugänglich oder (wie bei der Neurosenlehre) derartig umfangreich und verstreut ist, dass eine kurze Zusammenfassung der unserer Deutungstechnik zugrunde liegenden Auffassungen erforderlich schien. Auf dem Gebiete der Psychopathienlehre andererseits herrscht zur Zeit eine solche Verwirrung, dass es geboten erschien, wenigstens die wichtigsten der heute üblichen Einteilungssysteme in einer kurzen Übersicht voranzuschicken. Die Depressionen schliesslich, die jetzt mehr als eine allgemein-menschliche Reaktion denn als eine Krankheitseinheit aufgefasst werden, können in einer so grossen Anzahl von Variationen auftreten, dass wir es vorgezogen haben, ein völlig neues Einteilungsschema aufzustellen, zumal die meisten dieser Sonderformen auch im Rorschach-Test zum Ausdruck kommen.

Diese theoretischen Abschnitte sind jedoch nur als „Hilfe zur Selbsthilfe" gedacht. Namentlich der *Anfänger* bedarf hier in allen Punkten eines weiteren Selbststudiums. Der Schüler, der die Methode bisher noch nicht erlernt hat, tut am besten, den Versuch zuerst mit sich selbst vornehmen zu lassen. Auch MORGENTHALER empfiehlt in seiner „Einführung" diese Verfahrensweise. Um einerseits dem Anfänger entgegenzukommen und andererseits Wiederholungen nach Möglichkeit zu vermeiden, haben wir *die für den Anfänger bestimmten Stellen mit einem Randbalken versehen*. Einzelne Partien des ersten Teils und fast der ganze psychopathologische Teil sind nur für Fortgeschrittene bestimmt und haben deshalb keinen Randbalken erhalten. Wir empfehlen dem Anfänger, bei der *ersten Lektüre* zunächst nur die mit dem Randbalken versehenen Teile zu lesen, die einen Zusammenhang für sich darstellen, und alles andere zu überspringen. Erst später, wenn der Leser sich etwas in die Methode eingearbeitet hat, kann er dann wiederum zum Buche greifen und es nun bei der *zweiten Lektüre* vollständig durchlesen. Auf diese Weise kann man es vermeiden, sich gleich zu Anfang mit der verwirrenden Vielfältigkeit der Einzelprobleme zu belasten. Erst wenn man die *Grundzüge* in einer zusammenhängenden Übersicht sich zu eigen gemacht hat, wird man in dem übrigen Text Antwort auf weitere Detailfragen erhalten. Wir hoffen, dem Leser damit das Erlernen der schwierigen Methode so weit erleichtert zu haben, wie das bei dieser Materie überhaupt möglich ist.

Hilfstafeln für die Lokalisierung (zugleich mit Angabe der wichtigsten Erfassungsmodi) und Hilfstabellen für die Signierung sowie eine Zusammenstellung der Nomenklaturen und Abkürzungen in vier verschiedenen Sprachen sollen des weiteren dazu beitragen, die technischen Grundlagen des Versuchs etwas übersichtlicher zu gestalten.

Der *Fortgeschrittene* wird eine ganze Reihe neuerer Beobachtungen und Syndrome angeführt finden. Vieles davon ist statistisch noch nicht sicher begründet. Dies muss einer späteren Publikation, die ausschliesslich Forschungszwecken dient, vorbehalten bleiben. Trotzdem glaubten wir uns schon jetzt sowohl berechtigt wie verpflichtet, diese *vorläufigen* Ergebnisse hier mitzuteilen, soweit sie sich bisher in der Praxis bewährt haben.

Im Schlusskapitel haben wir versucht, die verschiedenen Ansätze zu einer theoretischen Begründung des Experiments in einer kurzen Übersicht zusammenzustellen.

Einige Beispiele — leider allzu wenige — sollen die wichtigsten Abschnitte des Buches illustrieren. Die klinischen Diagnosen der pathologischen Fälle wurden mit drei Ausnahmen sämtlich von erfahrenen Psychiatern gestellt. Diese Ausnahmen betreffen die Fälle Nr. 9, 11 und 31. Der Fall Nr. 9 war dem Verfasser von einem Industrieunternehmen mit der Frage überwiesen worden, ob die Vp. bei ihrer starken Ängstlichkeit ihrem Kontorberuf gewachsen sei. Eine Exploration der Lebensweise der Vp. brachte genügend Sicherheit für die Diagnose (Angstneurose). Die Rorschach-Diagnose des Falles Nr. 11 konnte später nach gründlicher Untersuchung durch einen psychoanalytisch geschulten Psychologen von diesem bestätigt werden. Fall Nr. 31 schliesslich stammt aus einer chirurgischen Klinik, wo keine psychiatrische Diagnose gestellt wurde. Die psychischen Begleitumstände des Selbstmordversuches waren indessen durch einen gründlichen Polizeirapport so weitgehend geklärt, dass an der Diagnose kaum ein Zweifel bestehen kann.

Schliesslich ist es mir eine angenehme Pflicht, Herrn Dr. med. W. Morgenthaler, Bern, meinen herzlichsten Dank auszusprechen für sein Interesse und seinen guten Rat sowie den Herren Hans Zulliger, Ittigen (Bern), und Dr. K. W. Bash, Zürich, für ihre Hilfe bei der Standardisierung der D und Dd, und Herrn Dr. Bash ausserdem für Überlassung verschiedener bisher unveröffentlichter Manuskripte. Sehr zu Dank verpflichtet bin ich ausserdem Herrn Professor Dr. Rudolf Brun, Zürich, für die freundliche Erlaubnis, den Inhalt gewisser Kapitel seines Werkes „Allgemeine Neurosenlehre" in tabellarischen Übersichten zur Darstellung zu bringen. Auch Herrn Direktor Dr. André Repond, Malévoz (Wallis), von dem ich Anregungen zur Behandlung der Psychopathiefrage empfing, sowie Herrn Dr. Voskuyl vom Psychologischen Laboratorium der Universität Amsterdam, der mir seinen Entwurf einer lateinischen Nomenklatur freundlichst zur Verfügung gestellt hat, sage ich hiermit meinen verbindlichsten Dank. Den Herren Ulrich Moser, Zürich, und Dr. Henri Ellenberger, Schaffhausen, und Herrn Pastor Braemme, Kopenhagen, bin ich Dank schuldig für ihre Hilfe bei der Zusammenstellung der französischen Nomenklatur und der Ergänzung der lateinischen.

Von den pathologischen Fällen der Beispiele stammen sechs Fälle (Nr. 4, 15, 16, 21, 29 und 32) aus der Psychiatrischen Abteilung des Städtischen Krankenhauses zu Kopenhagen (Chefarzt: Dozent Dr. Paul J. Reiter), sieben Fälle (Nr. 19, 20, 23, 26, 27, 28 und 30) aus der Städtischen Heil- und Pflegeanstalt Långbro, Älvsjö bei Stockholm (Chefarzt: Dozent Dr. Erik Goldkuhl), ein Fall (Nr. 22) aus der Heil- und Pflegeanstalt St. Lars bei Lund (Schweden) (damaliger Chefarzt: Dr. Gayler White), ein Fall (Nr. 31) aus der Chirurgischen Abteilung des Städtischen Krankenhauses zu Kopenhagen (Chefarzt: Professor Dr. Otto Mikkelsen) und ein Fall (Nr.10) aus der Privatpraxis des Herrn Dozenten Dr. Paul J. Reiter, Kopenhagen. Zwei Fälle (Nr. 24 und 25) wurden mir von Herrn Dozent Dr. Erik Goldkuhl aus dem Material der Epileptikeranstalt des Margarethaheim-Vereins in Knivsta, Schweden, und zwei Fälle (Nr. 12 und 14) von Herrn Dr. Herman Reistrup, Kopenhagen, aus seinem Material freundlichst zur Verfügung gestellt. Ich danke sämtlichen Herren hiermit für die Erlaubnis, dieses Material im vorliegenden Buche publizieren zu dürfen. Sämtliche Rorschach-Protokolle, auch die aus fremdem Material, wurden vom Verfasser ausgewertet. —

Zu Dank verpflichtet bin ich schliesslich Herrn Erik Slotte, Ludvika (Schweden), für die Kontrolle des Falles Nr. 11, sowie Frau Dr. Eva Bach-Schou, Kopenhagen, für ihre wertvolle Hilfe bei der Auswahl der Beispiele.

Die Bearbeitung des diesem Buche zugrunde liegenden Materials erfolgte mit Unterstützung seitens des P. Carl Petersen Fonds, Kopenhagen, wofür ich dem Kuratorium des Fonds hiermit meinen besten Dank ausspreche.

Kopenhagen, im Juli 1949. *Ewald Bohm.*

Vorwort zur 2. Auflage

Über fünf Jahre sind seit dem Erscheinen der 1. Auflage verflossen. Die Rorschach-Literatur ist in den letzten Jahren gewaltig angeschwollen. Der Leser, der sich von der „Magie des gedruckten Wortes" nicht so stark beeinflussen lässt, kann sich jedoch des Eindrucks nicht erwehren, dass der Anteil, den die wirklich wertvollen und für die Praxis brauchbaren Arbeiten an der Gesamtproduktion darstellen, eher noch weiter zurückgegangen ist. Infolgedessen wird es immer schwieriger, die Spreu vom Weizen zu sondern, und es ist daher mehr oder weniger Zufall, welche von den relativ wenigen guten Arbeiten man nun zu Gesicht bekommt und welche nicht.

Leider hat auch die Verwässerung der Rorschach-Methode durch allerlei Missverständnisse und durch allerhand unnötige Neuerungen (sehr oft nur „Verschlimmbesserungen") weitere Fortschritte gemacht, was zur Folge hat, dass diese Arbeiten en bloc unberücksichtigt bleiben mussten, soweit ihre Ergebnisse mit den mit der Originalmethode gewonnenen nicht mehr vergleichbar sind. Auch Beck hat (im 3. Bande seines Lehrbuches, S. 287/288) darauf hingewiesen, dass es keinen Zweck habe, solche auf völlig abweichender Grundlage gewonnenen Resultate zur Bestätigung oder Kritik des Rorschach-Tests heranzuziehen, nur weil sie teilweise noch dieselben Symbole verwenden wie die Originalmethode, aber mit verschiedener Bedeutung.

Die „Spaltung" der Rorschach-Forschung in verschiedene Schulen und Richtungen hat die Arbeit des Verfassers aus diesem Grunde zwar wesentlich erleichtert, aber es ist eigentlich zu bedauern, dass so viel wertvolles Testmaterial für die eigentliche Rorschach-Forschung verlorengeht, nur weil es mit einer andern Technik ausgewertet wurde und das Rohmaterial für eine Umarbeitung dem Leser gewöhnlich nicht zugänglich ist. Vom Standpunkt der psychologischen Forschung im allgemeinen aus gesehen, wäre ein Wechsel der Technik bei Anwendung desselben Testmaterials, wie wir ihn bei den verschiedenen Rorschach-Schulen erlebt haben, nur dann zu verantworten, wenn ein wirklicher Fortschritt damit erzielt werden könnte, d. h. wenn man mit einer neuen Bearbeitungstechnik mehr und zuverlässigere Ergebnisse gewinnen könnte als mit der Originalmethode. Dies ist unserer Ansicht nach für die bisher vorliegenden abweichenden Techniken noch nicht erwiesen.

Wir haben also die Absicht, unsere Forschungen auch weiterhin mit der Originalmethode durchzuführen und auf dem Boden der durchaus lebenskräftigen und leistungsfähigen schweizerischen Tradition weiterzubauen. Dies hindert uns aber nicht, auch von anderer Seite Anregungen aufzunehmen und für die Auswertung von Rorschach-Protokollen nutzbar zu machen, soweit das im Rahmen der Originalmethode geschehen kann.

Ausser der Berichtigung bisher noch übersehener Druckfehler und kleineren Textänderungen enthält die 2. Auflage eine grössere Anzahl von Zusätzen, die Ergebnisse der neueren Literatur und eigene Beobachtungen enthalten.

Einer Anregung ELLENBERGER's folgend, wurde dem Buche eine kurze Biographie HERMANN RORSCHACH's beigefügt, die sich grösstenteils auf ELLENBERGER's eigene Arbeit stützt.

Der Abschnitt über Modifikationen wurde wesentlich geändert, im Sinne einer mehr positiven Einstellung zu den Ideen der MEREI'schen Schule.

Herrn Dr. W. MORGENTHALER danke ich für seine Anregung, die im Buche verstreuten Bemerkungen über die Diagnose der Verstimmungen in einem besonderen Abschnitt zusammenzufassen. Dieser Anregung wurde entsprochen durch eine kurze Übersicht hinter Kapitel 13, die aber nur Hinweise auf andere Stellen des Buches enthält, um Wiederholungen zu vermeiden.

Das Kapitel über die Anwendung des Tests bei Kindern wurde wesentlich erweitert und umgearbeitet, und ein Anhang über den Rorschach-Test im hohen Alter wurde hinzugefügt.

Ein grosser Teil der Bezeichnungen und Abkürzungen der lateinischen Nomenklatur ist nach Vorschlägen von Herrn Professor CARLO RIZZO, Rom, revidiert worden, dem ich hierfür meinen verbindlichsten Dank ausspreche.

Zahlreiche Beobachtungen wurden aus neueren Veröffentlichungen von HANS ZULLIGER übernommen, vor allem aus seinem Buche über den Tafeln-Z-Test. Für wertvolle Anregungen bin ich ausser Herrn Dr. ZULLIGER ferner zu Dank verpflichtet den Herren Dr. K. W. BASH, Wil, Dr. STEFAN NEIGER, Toronto, und FRITZ SALOMON, Paris, sowie Frau Dr. GERTRUDE MEILI-DWORETZKI, Bern.

Aus der nicht-schweizerischen Literatur wurden vor allem aus Arbeiten von S. J. BECK, OLOV GÄRDEBRING, F. MINKOWSKA und ZYGMUNT PIOTROWSKI verschiedene Ergebnisse mitgeteilt. Einzelne Ideen wurden auch von der ungarischen Schule (F. MEREI, STEFAN NEIGER) übernommen.

Herrn Lizentiat UNO REMITZ, Helsingfors, danke ich für seine unermüdlichen Bemühungen um die Verbesserung der Lokalisationstafeln und für seine zahlreichen diesbezüglichen Anregungen. Herrn Dr. JOSEF BRUNNER, Zug, schulde ich Dank für wertvolle Literaturhinweise.

Kopenhagen, im Frühjahr 1957. *Ewald Bohm.*

Vorwort zur 3. Auflage

In der 4. Auflage seines „Lehrbuchs der psychologischen Diagnostik" schreibt Professor RICHARD MEILI (S. 175): „Wenn man an die immer weitergehende Verfeinerung denkt, die der Rorschach-Test seit seinem ersten Erscheinen erfahren hat, trotzdem die Methode bei ihrer Publikation schon weitaus besser ausgearbeitet war als die meisten, wenn nicht gar alle der seither erschienenen, dann erkennt man, dass man nicht allzuviel gewinnen kann bei der Verwendung immer neuer Methoden." Und tatsächlich: Heute, wo es sich fast jeder jüngere Psychologe zur Ehre anzurechnen scheint, irgendeinen neuen Test zu erfinden oder mindestens einen der bereits vorhandenen zu „verschlimmbessern" oder durch inadäquate Anwendung zu missbrauchen, greift der erfahrene Praktiker immer wieder zum „guten, alten", originalen Rorschach, wenn es gilt, die Persönlichkeit eines Probanden in *verhältnismässig* kurzer Zeit (d. h. etwa 3—4 Stunden) möglichst weitgehend zu erfassen.

Auch ich hatte nicht den Eindruck, dass Grund besteht, die Rorschach-Originalmethode zugunsten irgendeines „Neo-Rorschach" zu verlassen. Ich habe mich also bemüht, das Lehrbuch im Rahmen des „klassischen" Rorschach zu halten, es aber in diesem Rahmen soweit wie möglich à jour zu bringen. Hierbei musste vor allem auf die neuere Entwicklung der Experimentalpsychologie und der Psychiatrie und Psychopathologie Rücksicht genommen werden. Namentlich hat die moderne differentielle Wahrnehmungspsychologie und die Persönlichkeitsforschung uns zahlreiche Bausteine zu einer Rorschach-Theorie geliefert, von denen man bei Erscheinen der 2. Auflage kaum etwas ahnte. Das Theorie-Kapitel musste deshalb völlig neu geschrieben werden, wobei nur kleinere Stücke des alten Textes übernommen wurden. Infolge der raschen Entwicklung der psychiatrischen Forschung auf dem Gebiete der Epilepsien und der organischen Psychosen mussten auch diese Kapitel sehr stark umgearbeitet werden.

Als neue Abschnitte wurden eingesetzt der Anhang über Prognostik sowie der Anhang über Rorschach-Test und Psychopharmaka. Kapitel 15 wurde erweitert, so dass es jetzt auch Jugendliche umfasst, und es wurde ein Anhang über schwierige Kinder und Jugendliche angefügt. In den Beispielen konnte ein neuer Fall Nr. 13 (Pseudodebilität) eingesetzt werden, der aus der Psychiatrischen Universitätsklinik Bern (Waldau) stammt.

Im übrigen wurden zahlreiche Einzelheiten an verschiedenen Stellen des systematischen Teils eingefügt, darunter vor allem Anregungen von ZYGMUNT A. PIOTROWSKI und FRITZ SALOMON und auch noch einzelne interessante Hinweise meines inzwischen leider verstorbenen Freundes Dr. h. c. HANS ZULLIGER. Einer Anregung von Dr. phil. h. c. JOSEFINE KRAMER folgend, habe ich in die Hilfstabellen für die Signierung jetzt auch Beispiele aus BINDERS Arbeit über die Helldunkeldeutungen übernommen.

Die amerikanische Literatur wurde nur ausnahmsweise (vor allem PIOTROWSKI) berücksichtigt, da sie sich im allgemeinen gar nicht mehr auf den europäischen Original-Rorschach bezieht. Ebenso blieben zahlreiche Arbeiten zur Testkontrolle unberücksichtigt, weil sie — mit ganz wenigen Ausnahmen — von Leuten stammen, die mit diesen Arbeiten ihre „Wissenschaftlichkeit" beweisen wollen, aber in der Praxis nicht imstande sind, ein Protokoll selbständig auszuwerten.

Besonderen Dank schulde ich Herrn Professor Dr. GUDMUND J. W. SMITH und Herrn Dozent Dr. ULF KRAGH für ihre zahlreichen Anregungen zum Theorie-Kapitel und für die Durchsicht dieses Kapitels. Herrn Dr. ALFRED LEDER danke ich für die Überlassung wertvollen Materials zum neuen Epilepsie-Kapitel und für die Durchsicht dieses Kapitels. Herrn Professor Dr. HANS WALTHER-BÜEL und Herrn Professor Dr. HANS HEIMANN danke ich für die Erlaubnis, den Fall Nr. 13 an dieser Stelle publizieren zu dürfen.

Wädenswil, im Sommer 1967   *Ewald Bohm.*

Vorwort zur 4. Auflage

Es dürfte vielleicht am Platze sein, wenn ich meine Stellungnahme zu gewissen Grundströmungen unserer Zeit etwas präzisiere. Wie im Vorwort zur 1. Auflage ausgeführt, ist die Anwendung des Rorschach-Testes in seiner klassischen Form ein Kunsthandwerk. Wie KANT es einmal formuliert[1] hat, ist ein Künstler jemand, „der etwas zu *machen* versteht", nicht der, „der bloss Vieles kennt und *weiss*".

Es sind in den letzten Jahren vielfach Versuche unternommen worden, aus dem Rorschach-Test eine „objektive Wissenschaft" zu machen. Der inzwischen leider allzu früh dahingegangene DAVID KADINSKY hat gegenüber diesen Bestrebungen auf dem Londoner Kongress 1968 ziemlich scharf Stellung bezogen. Nach KADINSKY ist der Begriff der *Persönlichkeit* (und mit ihm alle Persönlichkeitstests) im Grunde ein *subjektives Axiom*, das niemals „objektiv" bewiesen werden kann. Nichtsdestoweniger können wir diesen Begriff nicht entbehren. Er sagt: „As personality is just part of the frame of reference which the psychologist introduces a priori it can never become an objective reality to be studied by so-called objective scientific methods. Personality is the ultimate fundamental point with reference to which all our experiences and observations are organized[2]." Experimente (und Statistiken) können die Einzigartigkeit der Persönlichkeit nicht erfassen. KADINSKY sagt: „The experimental approach to psychology has to abandon its claim to a

---

[1] IMMANUEL KANT, Anthropologie in pragmatischer Hinsicht, herausgegeben von J. H. VON KIRCHMANN, Leipzig, 1880, S. 132.
[2] DAVID KADINSKY, Projective Techniques – Objective Assessment or Subjective Understanding? – Rorschachiana IX, Huber, Bern, 1970, S. 44.

monopoly on science and has to free itself from antiquated conceptions of objectivity[1]." (Für die historisch interessierten Leser sei hier die Bemerkung gestattet, dass BORING noch 1935 in seiner History of Experimental Psychology, S. 261, bei seiner Kritik an HERBART „experimentelle" und „mathematische" Psychologie in *Gegensatz* zueinander stellte.)

Dass die Statistik (unentbehrlich für Forschungsarbeiten, die neue Zusammenhänge feststellen wollen!) immer nur Wahrscheinlichkeitsschlüsse zulässt, wusste schon HUME (Enquiry concerning human understanding, 1748). Er machte auch geltend, dass die Zukunft nicht immer der Vergangenheit zu entsprechen braucht, da ja die sozialen Faktoren sich ändern. WAELDER hat jüngst auf diese Zusammenhänge nochmals hingewiesen[2] und bemerkt ausdrücklich, dass man statistisch niemals einen *Einzelfall* erklären kann. Und mit der einzelnen Persönlichkeit hat es ja der Rorschach-Test zu tun.

Da die Graphologie in einer ähnlichen Lage ist, sei es gestattet, einige diesbezügliche Bemerkungen von MÜLLER und ENSKAT zu zitieren. Die Autoren schreiben, dass „immer wieder an charakterisierende Darstellungen psychometrische Forderungen herangetragen" werden. Es wird oft verlangt, dass Vorhersagen getroffen werden können. Dazu heisst es: „Und was das Vorhersagen betrifft, so handelt es sich dabei um eine Überforderung des Psychologen überhaupt, nicht nur des Charakterologen. Denn man kann auf psychologischer Grundlage nur das vorhersagen, was ausschliesslich von psychischen Faktoren abhängt, und zwar von denen, die man erfasst. Eintretende Ereignisse aber, z. B. der Berufserfolg, sind auch von nicht psychischen Faktoren abhängig, und man sollte sich nicht wundern, wenn sich hier Grenzen zeigen[3]."

Der Vorschlag zu dieser Neuauflage kam so unerwartet und plötzlich, dass es nicht möglich war, grössere Umarbeitungen am Text vorzunehmen. Ohnedies wäre es heute auch dem fleissigsten Menschen nicht möglich, die Hochflut immer wieder neuer Rorschach-Publikationen auch nur in Umrissen zu verfolgen. Man ist — wie heute wohl auf allen Spezialgebieten — mehr oder weniger auf den Zufall angewiesen.

Es wurden deshalb in dieser Ausgabe nur einzelne Berichtigungen vorgenommen und einige kleinere Zusätze angebracht, die hauptsächlich von HANS ZULLIGER, NANCY BRATT und DAVID KADINSKY stammen.

Im übrigen danke ich dem Verlage für das Verständnis, diese Neuauflage wieder auf dünnerem Papier drucken zu lassen, damit das Buch nicht mehr in einem abschreckenden Umfange zu erscheinen braucht.

Wädenswil, im Sommer 1971   *Ewald Bohm.*

---

[1] DAVID KADINSKY, a. a. O., S. 49.
[2] ROBERT WAELDER, Fortschritt und Revolution, Stuttgart, 1970, S. 288.
[3] W. H. MÜLLER und A. ENSKAT, Graphologische Diagnostik, Bern und Stuttgart, 1961, S. 241 und 242.

> **ACHTUNG!**
> Anfänger in der Rorschach-Methode werden gebeten, *zuerst* den mit einem Randbalken versehenen Abschnitt des Vorwortes zu lesen.

I. Einleitung

Kapitel 1

Die Vorgeschichte des Rorschach-Tests

Das in diesem Buche behandelte Testverfahren wurde von seinem Erfinder, dem schweizerischen Psychiater Dr. HERMANN RORSCHACH, im Jahre 1920 in einem Buche der Öffentlichkeit vorgelegt, dem er den Titel *„Psychodiagnostik"* gab. Der Untertitel heisst „Methodik und Ergebnisse eines wahrnehmungsdiagnostischen Experiments (Deutenlassen von Zufallsformen)". Dieses Buch ist immer noch die Grundlage der Methode, und sein Studium lässt sich durch keine noch so gute systematische Einführung und kein Lehrbuch ersetzen. Im Laufe der Jahre hat es seinen Siegeszug durch fast die ganze Welt angetreten, in der 2. Auflage vermehrt durch eine posthume Arbeit des Verfassers „Zur Auswertung des Formdeutversuchs". Von der 3. Auflage an kamen noch einige vom Verfasser dieses Buches zusammengestellte tabellarische Übersichten hinzu und von der 4. Auflage an eine vorzügliche Einführung in die Aufnahmetechnik aus der Feder des Herausgebers, Dozent Dr. WALTER MORGENTHALER. 1941 erschien eine noch von RORSCHACH selbst inaugurierte, von Dr. HANS BEHN-ESCHENBURG geschaffene Parallelserie zu den Tafeln des Rorschach-Tests, mit einer Einführung von HANS ZULLIGER („Einführung in den Behn-Rorschach-Test", beide genannten Bücher im Verlage von Hans Huber, Bern).

Die Methode, die bekanntlich im Deutenlassen symmetrischer Tintenkleckse an Hand von 10 standardisierten Tafeln besteht, hat indessen ihre Vorläufer [1]. Der älteste Hinweis auf das psychologische Interesse zufälliger Kleckse stammt von LEONARDO DA VINCI (1452—1519). In seinem „Buch von der Malerei" (deutsch erschienen in Wien 1882) schlägt er den Künstlern vor, sich gelegentlich von zufälligen Flecken auf einer Mauer oder dergleichen inspirieren zu lassen, weil man dadurch zu verschiedenen Kompositionen angeregt werde. „Durch verworrene und unbestimmte Dinge wird nämlich der Geist zu neuen Erfindungen wach", sagt LEONARDO. Er vergleicht das mit dem Hinein*hören* von Namen und Worten in den Klang der Glocken *(Klangdeutung)*. Nach LEONARDO stammt übrigens diese Anregung mit den Klecksen an der Wand nicht einmal von ihm selbst, sondern von BOTTICELLI (1440—1510). BOTTICELLI kann also als der erste Vorläufer Rorschach's, freilich in einem weiteren Sinne, bezeichnet werden.

Später hat KANT [2], einer Anregung des französischen Aufklärungsphilosophen HELVÉTIUS [3] folgend sich mit den optischen Pareidolien beschäftigt und auf ihren Zusammenhang mit den Affekten hingewiesen [4].

Wir finden die Idee, aus Klecksen künstlerische Anregung zu schöpfen, dann bei JUSTINUS KERNER wieder (1786—1862), diesmal nach der literarischen Seite hin ausgestaltet. Der Verfasser der „Seherin von Prevorst", der bekanntlich auch Arzt war, schrieb 1857 ein Büchlein, das er „Die Klexographie" nannte. (Der Ausdruck stammt von einem seiner Freunde.) Er bringt hier 50 Tintenkleckse, die man zusammengedrückt hat, mit 39 Versen dazu, die er in drei Gruppen einteilt mit den verräterischen Überschriften „Memento mori", „Hadesbilder" und „Höllenbilder". Einleitend heisst es:

---

[1] Eine nähere Beschreibung des als bekannt vorausgesetzten Testmaterials erübrigt sich wohl. — Über die Vorgeschichte des Tests liegt eine Arbeit von FRANZISKA BAUMGARTEN-TRAMER vor, „Zur Geschichte des Rorschach-Tests" (Schweizer Archiv für Neurologie und Psychiatrie, Bd. 50, 1943, S. 1—13), auf die wir uns im folgenden zum grossen Teile stützen.
[2] IMMANUEL KANT, Versuch über die Krankheiten des Kopfes, 1764.
[3] JEAN CLAUDE ADRIEN HELVÉTIUS, De l'esprit, Paris, 1758.
[4] A. WEBER, Zur Geschichte des RORSCHACH'schen Formdeutversuchs, Zeitschrift f. Diagn. Psychologie und Persönlichkeitsforschung, Vol. IV, 1956, S. 206—212.

>   Diese Bilder aus dem Hades   Haben selbst gebildet sich
>   Alle schwarz und schauerlich   Ohn' mein Zutun, mir zum Schrecken,
>   (Geister sind's, sehr niedern Grades),   Einzig nur — aus Tintenflecken."

Diese Überschriften und diese Einleitung sind recht bezeichnend. Dass KERNER gerade solche makabern Phantasien in seine Kleckse hineingesehen hat, war nämlich die Folge einer exogenen Depression des Dichters, verursacht durch seine zunehmende Blindheit, Krankheit und Tod seiner Frau und durch seine eigene Todeserwartung.

Diese spielerischen Klecksdeutungen erinnern noch stark an die in weiten Teilen Deutschlands verbreitete Sitte des Bleigiessens in der Silvesternacht. Wenn die Uhr 12 schlägt und das neue Jahr beginnt, giesst man ein geschmolzenes Klümpchen Blei in eine Schüssel mit kaltem Wasser. In den dadurch entstandenen Zufallsgebilden glaubt man seine persönliche Zukunft für das neue Jahr symbolisch angedeutet zu finden: Hochzeit, Geburt und Tod und ähnliche einschneidende Ereignisse des menschlichen Lebens werden da „gedeutet", d. h. in die Figur hineingesehen wie die Erwartungseinstellungen, die manche Versuchspersonen in ihren Komplexantworten in die Figuren des Rorschach-Tests hineinsehen.

Der erste *eigentliche* Vorläufer Rorschach's, der die Idee hatte, Tintenflecke als *psychologischen Test*, und zwar damals noch zur Prüfung der Phantasie, zu benutzen, war niemand anders als ALFRED BINET in Gemeinschaft mit VICTOR HENRI (1895). Die beiden Franzosen, die sich ausdrücklich auf LEONARDO DA VINCI berufen, haben es jedoch bei einer blossen Anregung bewenden lassen.

Von BINET und HENRI gehen nun zwei Linien aus, eine *amerikanische* und eine *russische*. In *Amerika* wurde die Anregung der Franzosen aufgegriffen von dem Psychologen G. DEARBORN, der die erste Klecktestserie zusammenstellte („Blots of ink in experimental psychology", Psychological Review 4, 1897, S. 300—391). Die hiermit gewonnenen Ergebnisse wurden später publiziert („A study of Imagination", American Journal of Psychology, 1898). Auch E. KIRKPATRICK hat damit gearbeitet („Individual Tests of school children", Psychological Review, 1900), ebenso die amerikanische Psychologin E. SHARP („Individual Psychology: a study in psychological method", American Journal of Psychology, 1899, S. 329—391). GUY MONTROE WHIPPLE erwähnt diesen Klecktest in seinem Handbuch „Manual of Mental and Physical Tests" (Baltimore, Warwick & York, 1910). WHIPPLE selbst bringt eine von ihm hergestellte *standardisierte* Serie von 20 Klecksen, und er exponiert (im Gegensatz zu KIRKPATRICK und SHARP) die Bilder unbeschränkte Zeit. Bei diesen Versuchen sind bereits deutliche *individuelle Differenzen* zutage getreten.

Schon zu einer Zeit, als RORSCHACH bereits an der Arbeit war, veröffentlichte der englische Psychologe F. C. BARTLETT eine Arbeit, in der er zuerst *Farben* in die Kleckstechnik einführte („An experimental study of some problems of perceiving and imaging", British Journal of Psychology, Bd. 8, 1916, S. 222—266), und die englische Psychologin C. J. PARSONS experimentierte 1917 mit der WHIPPLE-Serie an 97 *Kindern* im Alter von 7—7½ Jahren („Children's interpretations of ink-blots", British Journal of Psychology, Bd. 9, 1917, S. 74—92).

Im gleichen Jahre wie WHIPPLE, 1910, erschien in Moskau ein „Atlas für experimentell-psychologische Untersuchung der Persönlichkeit" von dem *russischen* Psychologen THEODOR RYBAKOFF (der durch den von ihm erfundenen Test für räumliche Vorstellungsfähigkeit bekannt wurde). Dieser Atlas enthält als Prüfungsaufgabe L-LI 8 Tintenkleckse für die Untersuchung der Phantasie und des Vorstellungsvermögens. RYBAKOFF bestimmte aus diesen Tafeln die Stärke, Lebendigkeit und Schärfe der Phantasie und die Realität der Phantasiebilder. Auch bezieht sich auf BINET und HENRI.

Trotzdem RORSCHACH erst 1911 mit seinen Versuchen begann (also *nach* WHIPPLE und RYBAKOFF), hat er, wie wir aus einer Mitteilung seiner Witwe wissen, von seinen amerikanischen und russischen Vorläufern keine Kenntnis gehabt; wohl aber kannte er die Klexographie von KERNER und die Anregung von LEONARDO DA VINCI. Ebenso war ihm natürlich die schweizerische Dissertation aus der BLEULER'schen Klinik bekannt, mit dem Titel „Phantasieprüfung mit formlosen Klecksen bei Schulkindern, normalen Erwachsenen und Geisteskranken" (Zürich 1917), in der der Versuch gemacht wurde, die Phantasie „aus dem Schatz früherer Erfahrungen" abzuleiten [1].

Der Vollständigkeit halber mögen hier nach den Vorläufern auch noch zwei „Nachläufer" RORSCHACH's genannt werden. KARL STRUVE und WILLIAM STERN haben nämlich versucht, mit einem „Wolkenbilder-Test" den Rorschach-Test zu „verbessern" (u. a. durch Weglassung der Symmetrie), aus der irrigen Annahme heraus, es handle sich beim Rorschach-Test immer noch um einen „Phantasietest" (WILLIAM STERN, „Ein Test zur Prüfung der kindlichen Phantasietätigkeit (,Wolkenbilder-Test')", Zeitschrift für Kinderpsychiatrie, 1938, Bd. V, S. 5—11).

In Wirklichkeit hat RORSCHACH mit seiner Serie, im Gegensatz zu diesen Vorläufern und Nachläufern, ein Experiment geschaffen, dessen diagnostischer Wert weit über die Phantasieprüfung hinausgeht. Der Rorschach-Test erfasst nämlich die Gesamtpersönlichkeit und kann deshalb mit Recht *ein Charakter- oder Persönlichkeitstest* genannt werden.

---

[1] Zitiert nach ROLAND KUHN, Über Rorschach's Psychologie und die psychologischen Grundlagen des Formdeutversuches, in „Psychiatrie und Rorschach'scher Formdeutversuch", Zürich, 1944. RORSCHACH erwähnt diese Dissertation auf S. 98 der „Psychodiagnostik".

Hermann Rorschach (1884—1922) [1]

HERMANN RORSCHACH wurde am 8. November 1884 in Zürich im Stadtteil Wiedikon geboren. Sein Vater, ULRICH RORSCHACH, stammte aus Arbon im Thurgau und hatte sich 1882 dort mit PHILIPPINE WIEDENKELLER verheiratet, die ebenfalls einer alten Arboner Familie angehörte. 1884, kurz vor der Geburt des Sohnes, hatte das Ehepaar sich in Zürich niedergelassen, wo der Vater als Kunstmaler lebte. Aber schon zwei Jahre später, 1886, hatte ULRICH RORSCHACH in Schaffhausen eine Stelle als Zeichenlehrer erhalten und siedelte mit seiner Familie nach dorthin über.

In *Schaffhausen*, diesem malerischen und geistig regsamen Städtchen am Rhein, verbrachte HERMANN RORSCHACH seine Kindheit und Jugend. Eine jüngere Schwester und später ein Bruder wurden hier geboren. Als Hermann 12 Jahre alt war, starb seine Mutter, und eine Tante wurde zwei Jahre später seine Stiefmutter. Den Vater verlor er im Alter von 18 Jahren. Nach Absolvierung der Grundschule besuchte der Knabe die Kantonsschule in Schaffhausen. Er lernte spielend leicht, und im Jahre 1904 bestand er mit guten Zeugnissen die Maturitätsprüfung. Es ist in der Schweiz den Gymnasiasten in den letzten beiden Schuljahren gestattet, sich einer Studentenverbindung anzuschliessen. So gehörte auch RORSCHACH bereits seit 1903 der Verbindung Scaphusia an, wo ihm — es klingt fast unglaublich — der Spitzname „Klex" gegeben wurde. Es ist nicht mehr mit Sicherheit festzustellen, ob dieser Spitzname, vielleicht in Anlehnung an WILHELM BUSCH's „Maler Klecksel", nur eine Anspielung auf den Beruf des Vaters war, wobei man wohl auch vom Sohne erwartete, er werde Künstler werden, oder ob HERMANN RORSCHACH etwa damals schon sich spielerisch mit Klecksographien beschäftigte, ein auch zu jener Zeit unter Kindern und Jugendlichen bekannter und sehr beliebter Zeitvertreib.

Der vielseitig begabte Jüngling war eine Zeitlang im Zweifel, ob er Künstler werden oder Naturwissenschaften studieren sollte, und er wandte sich an ERNST HAECKEL um Rat. Dieser empfahl ihm die Naturwissenschaften, und HERMANN RORSCHACH entschloss sich nun zum Studium der Medizin. Er war damals 19 Jahre alt. Nachdem er das erste Semester in Neuchâtel verbracht hatte, ging er nach Zürich, wo er die nächsten vier Semester blieb (von 1904 bis 1906) und wohin er nach je einem Semester in Berlin und Bern wieder zurückkehrte. Am 25. Februar 1909 konnte er in Zürich das eidgenössische medizinische Staatsexamen ablegen. Den medizinischen Doktorgrad erlangte er am 12. November 1912 mit der Abhandlung „Über Reflexhalluzinationen und verwandte Erscheinungen".

Auf einer Ferienreise während seines ersten Semesters hatte RORSCHACH in Frankreich die Bekanntschaft eines älteren Russen gemacht, der, selbst ein Bewunderer Tolstoj's, sein Interesse für die russische Kultur erweckte. RORSCHACH begann bald die russische Sprache zu erlernen, als er später in Zürich mit der

---

[1] Die nachfolgende kurze Lebensbeschreibung stützt sich im wesentlichen auf die ausführliche biographische Studie von HENRI ELLENBERGER „The Life and Work of Hermann Rorschach (1884—1922)", die anlässlich der 70jährigen Wiederkehr von Rorschach's Geburtstag als Sondernummer des „Bulletin of the Menninger Clinic", Vol. 18, Nr. 5, September 1954 erschien, sowie auf die Arbeit von WALTER MORGENTHALER „Der Kampf um das Erscheinen der Psychodiagnostik" (Zeitschr. f. Diagnostische Psychologie und Persönlichkeitsforschung, Vol. II, 1954, S. 255—262).

russischen Kolonie in Berührung kam, zu deren Mitgliedern u. a. auch der berühmte Neurologe CONSTANTIN VON MONAKOW gehörte. Während seines Berliner Semesters im Jahre 1906 verbrachte er auf Einladung seiner Freunde in *Russland* einen kurzen Ferienaufenthalt. Und nachdem er dann in Zürich seine spätere Gattin, die russische Ärztin OLGA STEMPELIN, kennengelernt hatte, verbrachte er nach seinem Staatsexamen ein paar Ferienmonate bei der Familie seiner Braut in Kazan. Von diesem zweiten Aufenthalt in Russland empfing er vielerlei Anregungen, und unter den zahlreichen neuen Bekanntschaften dieser Reise befand sich auch der polnische Student EUGÈNE MINKOWSKI, der später so berühmte Pariser Psychiater.

Schon im Anfang seines Studiums hatte RORSCHACH sich für den Beruf des Psychiaters entschlossen, und die berühmte Zürcher Universitätsklinik, das Burghölzli, damals unter der Leitung von EUGEN BLEULER, bot ihm die denkbar besten Ausbildungsmöglichkeiten hierzu. Die neuen Ideen von SIGMUND FREUD und seiner Psychoanalyse hatten im Burghölzli Eingang gefunden, und BLEULER und C. G. JUNG versuchten, mit den Begriffen der Psychoanalyse und dem von GALTON erfundenen und von JUNG ausgebauten Assoziationstest auch die Psychosen zu untersuchen, deren seelische Hintergründe bis dahin unverständlich geblieben waren. Kein Zweifel, dass diese Atmosphäre auf den jungen, psychiatrisch interessierten Studenten in jeder Weise befruchtend gewirkt hat.

Aus Russland zurückgekehrt, wandte der junge Arzt sich zunächst seiner väterlichen Heimat, dem Thurgau, zu, wo er von 1909—1913 an der kantonalen Heilanstalt *Münsterlingen* als Irrenarzt tätig war. In diese Jahre fallen mehrere wichtige Ereignisse seines Lebens: am 21. April 1910 seine Heirat, im Jahre 1912 seine Promotion und um 1911 die ersten Versuche mit Klecksographien, die er gemeinschaftlich mit seinem früheren Schulkameraden KONRAD GEHRING, der inzwischen Lehrer geworden war, an Schulkindern des thurgauischen Städtchens Altnau anstellte. Doch diese Versuche liess RORSCHACH bald wieder fallen und wandte nun sein Hauptinteresse der *Psychoanalyse* zu, mit deren ersten schweizerischen Vertretern (EUGEN BLEULER, C. G. JUNG, ALPHONSE MAEDER, OSKAR PFISTER, LUDWIG BINSWANGER u. a.) er in Zürich in Verbindung gekommen war. Die Frucht dieser Studien waren eine Reihe interessanter psychoanalytischer Publikationen, die in den Jahren 1912—1914 im „Zentralblatt für Psychoanalyse" erschienen: „Reflexhalluzinationen und Symbolik" (1912), „Zum Thema ‚Sexualsymbolik' " (1912), „Ein Beispiel von misslungener Sublimierung und ein Fall von Namenvergessen" (1912), „Zum Thema: Uhr und Zeit im Leben der Neurotiker" (1912), „Zur Symbolik der Schlange und der Krawatte" (1912), „Analytische Bemerkungen über das Gemälde eines Schizophrenen" (1913), „Über die Wahl des Freundes beim Neurotiker" (1913) und „Analyse einer schizophrenen Zeichnung" (1914). — Trotz seines grossen Interesses für die Psychoanalyse fand RORSCHACH jedoch immer noch Zeit für Forschungsarbeiten auf anderen Gebieten. Unter der Leitung seines Lehrers VON MONAKOW hatte er an dem Gehirn eines seiner Münsterlinger Patienten eine mikroskopische Untersuchung vorgenommen, die 1913 unter dem Titel „Zur Pathologie und Operabilität der Tumoren der Zirbeldrüse" in den „Beiträgen zur klinischen Chirurgie" erschien. Und im „Archiv für Kriminalanthropologie und Kriminalistik" publizierte er 1912 eine kasuistische Abhandlung über „Pferdediebstahl im Dämmerzustand".

Im April 1913 verliess RORSCHACH Münsterlingen und war vorübergehend an der bernischen Heilanstalt *Münsingen* tätig. Dann, im Dezember 1913, verliess er die Schweiz, um sich, zum dritten und letzten Male, nach *Russland* zu begeben. Hier arbeitete er sieben Monate lang als Arzt am Privatsanatorium Krukowo in der Nähe von Moskau. Obwohl diese Stellung in wirtschaftlicher Hinsicht nicht ungünstig war, verliess er sie doch schliesslich, hauptsächlich weil ihm zu wenig Gelegenheit zu wissenschaftlicher Arbeit gegeben wurde, um im Juli 1914 definitiv in die Schweiz zurückzukehren.

Hier arbeitete RORSCHACH zunächst (vom Juli 1914 bis zum Oktober 1915) an der kantonalen Heilanstalt *Waldau* (Bern), wo er in seinen beiden älteren Kollegen WALTER MORGENTHALER und E. FANKHAUSER zwei gute Freunde fand. In dieser Zeit begann RORSCHACH sich lebhaft für gewisse *religiöse Sekten der Schweiz* und ihre Gründer (JOHANNES BINGGELI und ANTON UNTERNÄHRER) zu interessieren. Seine diesbezüglichen Studien wurden jedoch erst später publiziert („Einiges über schweizerische Sekten und Sektengründer", Schweizer Archiv f. Neur. u. Psychiatrie, 1917; „Weiteres über schweizerische Sektenbildungen", Schweizer Archiv f. Neur. u. Psych., 1919; „Sektiererstudien", Int. Zeitschr. f. Psychoanalyse, 1920; „Zwei schweizerische Sektenstifter [Binggeli und Unternährer]", Imago, 1927). Es war dies eine Arbeit, die RORSCHACH eine Zeitlang so faszinierte, dass er glaubte, sie werde sein Lebenswerk werden. Und tatsächlich hat er bis zu seinem Tode noch immer mit diesem Stoffe gerungen.

Aus ökonomischen Gründen suchte und erhielt RORSCHACH im Jahre 1915 die Stelle eines Oberarztes an der Appenzeller kantonalen Heilanstalt *Herisau*, wo er dann bis zu seinem frühen Tode verblieb. Hier, in Herisau, wurden auch seine beiden Kinder geboren, 1917 die Tochter Elisabeth und 1919 der Sohn Wadin. Er war diesen Kindern ein liebevoller Vater und folgte ihrer Entwicklung mit grossem Interesse und Verständnis.

Eine seiner ersten Arbeiten in Herisau war die Organisierung der ersten schweizerischen Fortbildungskurse für das Pflegepersonal, die er 1916 und 1917 an dieser Anstalt durchführte. Aber auch als Forscher war RORSCHACH auch weiterhin rege tätig. In gewissem Sinne an seine frühere Arbeit „Pferdediebstahl im Dämmerzustand" anknüpfend, veröffentlichte RORSCHACH nun eine interessante Studie „Assoziationsexperiment, freies Assoziieren und Hypnose im Dienst der Hebung einer Amnesie" (im „Correspondenz-Blatt für Schweizer Ärzte", 1917). Und die Zeitschrift „Schweizer Volkskunde" brachte aus seiner Feder die beiden Abhandlungen „Gebet gegen Verzauberung", „Gebet gegen Bettnässen" (1917) und „Ein Mord aus Aberglauben" (1920). Sein Hauptinteresse lag aber nach wie vor auf dem Gebiete der schweizerischen Sektenforschung, wozu sich später dann noch der Formdeutversuch gesellte.

Die wissenschaftliche und praktische Beschäftigung mit der *Psychoanalyse* wurde aber nicht aufgegeben. Im März 1919 wurde RORSCHACH in der Gründungsversammlung der neuen schweizerischen psychoanalytischen Gesellschaft zum Vizepräsidenten gewählt (sein Freund OBERHOLZER war Präsident), und er hielt später im ganzen vier Vorträge in dieser Gesellschaft, von denen zwei sich mit den Sektenstiftern, die beiden anderen aber bereits mit der Psychodiagnostik befassten. Aus diesem Kreise wurden später EMIL OBERHOLZER und HANS ZULLIGER, aus Herisau GEORG RÖMER und HANS BEHN-ESCHENBURG seine ersten

Schüler. Denn jetzt trat mehr und mehr die Arbeit mit dem *Formdeutversuch* für RORSCHACH in den Vordergrund.

Angeregt durch eine Dissertation von SZYMON HENSS (1917), wandte sich nämlich RORSCHACH jetzt wieder den Tintenklecksversuchen zu, die er im Jahre 1911 mit seinem Freunde GEHRING begonnen hatte. Das Material zu RORSCHACH's *Test* entstand im Laufe des Jahres 1918 in Herisau und war schon 1919 in Buchform zusammengefasst. Dieses Manuskript, die „*Psychodiagnostik*", das RORSCHACH's wirkliches Lebenswerk werden sollte, wurde zuerst von sechs oder sieben Verlegern abgelehnt! Erst im Mai 1920 gelang es Dr. MORGENTHALER, das Buch (damals noch beim Verlage BIRCHER in Bern) doch schliesslich unterzubringen. MORGENTHALER hat uns den langen Kampf, den er und RORSCHACH führen mussten, in seinem Aufsatz von 1954 in allen Einzelheiten dargestellt. Die ursprünglich 15 Tafeln mussten auf 10 reduziert werden, und im Juni 1921 konnte das Werk dann endlich erscheinen. Es wurde zunächst ein eklatantes Fiasko! Von der ersten Auflage von 1200 Exemplaren wurden nur ganz vereinzelte Stücke verkauft. Fast die ganze Auflage lag bei RORSCHACH's Tode noch beim Verlage. Die wenigen Kritiken waren nichtssagend oder geradezu negativ. Die epochemachende Arbeit des genialen Psychiaters stiess anfangs nur auf Unverständnis und Widerstand, der von denselben Kreisen ausging (WILLIAM STERN, A. HOCHE und OSWALD BUMKE), die sich auch der Psychoanalyse einst in den Weg gestellt hatten.

Während der langen Zeit, in der RORSCHACH seine zum Druck gegebenen Tafeln entbehren musste, hat er noch 1921 gemeinsam mit HANS BEHN-ESCHENBURG die heute unter dem Namen BEHN-RORSCHACH bekannte Parallelserie ausgearbeitet, und in mancherlei Hinsicht hat er seinen Test noch verbessern können. Es war ihm aber nicht mehr vergönnt, diese seine Erfahrungen zu publizieren. Er hat sie als sein Geheimnis mit ins Grab genommen. Eine verschleppte Appendizitis machte am 2. April 1922 seinem Leben ein jähes Ende. Mit ihm war, nach einem Worte EUGEN BLEULER's, „die Hoffnung der schweizerischen Psychiatrie für eine ganze Generation" dahingegangen.

HERMANN RORSCHACH war ein ungewöhnlich vielseitig begabter Mann. Interesse und Verständnis für Kunst (er zeichnete selbst vorzüglich) waren bei ihm gepaart mit gründlichen Kenntnissen in der Religionsgeschichte, Folklore und Psychopathologie und mit einem bedeutenden Sprachtalent. Er sprach ausser Deutsch, Französisch und Italienisch auch fliessend Russisch und kannte die besten Werke der russischen Literatur.

Es war die besondere Tragik dieses Genies, dass der frühe Tod seinem Wirken ein Ende setzte, noch bevor der Formdeutversuch eigentlich vollendet war. Enttäuscht und niedergedrückt über das scheinbare Misslingen seiner Arbeit ging er dahin, ohne auch nur zu ahnen, welch unerhörter Erfolg gerade diesem seinem letzten Werke in naher Zukunft beschieden werden sollte, das die erste und grundlegende der sogenannten projektiven Methoden darstellt, die heute über den ganzen Erdball verbreitet und als die immer noch beste dieser Methoden anerkannt ist.

Kapitel 2

Anwendungsmöglichkeiten und Missbrauch des Rorschach-Tests; seine Zuverlässigkeit: Stabilität (reliability) und die Gültigkeit seiner Symptomwerte (validity)

I. Die Anwendungsmöglichkeiten des Rorschach-Tests

Der Rorschach-Test ist sowohl ein Prüfungs- wie ein Forschungstest. Das gibt ihm seine ausserordentlich reichen Anwendungsmöglichkeiten.

1. Als *Prüfungstest* kann der Formdeutversuch überall Verwendung finden, wo man sich in relativ kurzer Zeit ein Bild von der Charakterstruktur einer Persönlichkeit zu machen wünscht.

a) In der *Arbeitspsychologie* ist der Test (neben der Graphologie) ein vorzügliches Hilfsmittel zur Komplettierung psychotechnischer Spezialuntersuchungen nach der charakterologischen Seite hin. Insbesondere bei qualifizierter Arbeit, bei der Beratung höherer Funktionäre in Industrie und Handel in ihren Schwierigkeiten (Behandlung von Untergebenen usw.) sowie bei Umplacierungsfragen (wiederum besonders bei Personen in leitenden Stellungen) kann der Test von grossem Nutzen sein.

Ein wichtiges Anwendungsgebiet des Rorschach-Tests innerhalb der modernen Arbeitspsychologie ist die *psychologische Unfallverhütung*. Hier kann der Rorschach-Test vor allem zur Ausscheidung der neurotischen „Unfäller" aus dem Fahrdienst der Eisen- und Strassenbahnen, bei Erteilung des Führerscheins für Kraftfahrzeuge und vor allem bei der Fliegerauswahl Verwendung finden. Die passiven Unfäller (im Sinne von KOELSCH), also namentlich die Menschen mit dem neurotischen Strafbedürfnis, wird man allerdings nur ausnahmsweise auf diesem Wege feststellen können. Dagegen ist der Test ein gutes Hilfsmittel zur Feststellung der *aktiven Unfäller*, also der Waghalsigen, Gefahrblinden und Leichtsinnigen.

Ganz allgemein lässt sich sagen, dass die moderne Psychotechnik, seit sie von der bloss negativen zur auch positiven Berufsberatung übergegangen ist, auf die Persönlichkeitsuntersuchung überhaupt nicht mehr verzichten kann.

b) Diese Arbeit greift, wenn es sich um Jugendliche handelt, oftmals über in die *Jugendpsychologie*, wo der Rorschach-Test ausser bei der *Berufsberatung* vor allem bei der *Erziehungsberatung* ein fast unentbehrliches Hilfsmittel geworden ist. Die Ursachen der Erziehungs- und Anpassungsschwierigkeiten sind auf diesem Wege oft mit relativer Leichtigkeit festzustellen, und eventuell kann sogar ein Test der Eltern oder Lehrer ein neurotisches Verhalten bei *diesen* als Ursache der Erziehungsschwierigkeiten aufdecken helfen. Hinsichtlich näherer Einzelheiten dieses grossen Anwendungsgebiets sei auf die zahlreichen Schriften von HANS ZULLIGER verwiesen.

c) Auch in der *Militärpsychologie* hat der Rorschach-Test wichtige Aufgaben zu erfüllen. Schon bei der Rekrutenauslese kann er in Zweifelsfällen herangezogen werden, noch wichtiger aber ist seine Anwendung bei der Auswahl der Offiziersanwärter, weil er mit ziemlich grosser Sicherheit gerade jene Charakterzüge aufzudecken imstande ist, die den Anwärter zum Offiziersberuf ungeeignet machen.

Das gleiche gilt für die Auswahl von Spezialpersonal (Meldedienst, technische Spezialtruppen, Funker usw.).

d) Ein anderes Anwendungsgebiet des Rorschach-Tests ist die *Eheberatung* sowie die psychohygienische *Familienberatung*, die in einer Reihe von Ländern bereits zur Wirklichkeit geworden ist. Es wird sich hier mindestens ebenso oft um die Diagnose von Neurosen wie um rein charakterologische Gesichtspunkte handeln.

e) Ein ausgesprochenes Übergangsgebiet von den normal psychologischen zu den psychopathologischen Anwendungsgebieten des Rorschach-Tests ist die *Gerichtsexpertise*. Hier kommt zunächst die Untersuchung der *Glaubwürdigkeit wichtiger Zeugen* in Frage (Näheres darüber siehe in ZULLIGER's Textbuch zum Bero-Test), ausserdem aber natürlich die gründliche *kriminalpsychologische und gerichtspsychiatrische* Untersuchung des Delinquenten.

f) Von diesem Gebiet aus ist es nur ein Schritt zum klassischen Anwendungsgebiet des Rorschach-Tests, der *psychiatrischen Diagnostik*. Da fast die Hälfte dieses Buches sich mit Fragen der psychiatrischen Diagnostik beschäftigt, brauchen wir an dieser Stelle nicht auf weitere Einzelheiten einzugehen.

Dagegen ist wohl hier der rechte Ort, ein paar Worte zu sagen über die *Zusammenarbeit zwischen Arzt und Psychologe*. Nur wenige Ärzte haben Zeit und Geduld, sich neben ihrer anstrengenden Berufsarbeit in der Anstalt oder Privatpraxis in das Rorschach-Verfahren gründlich einzuarbeiten. Die amerikanische Einrichtung der „*clinical psychologists*" ist daher auch in Europa allmählich zur Notwendigkeit geworden. Die einzige vernünftige Art der Zusammenarbeit ist hier das „team", an dem in den Vereinigten Staaten Psychiater, Psychologe und Sozialarbeiter zu gleichen Rechten mitarbeiten. In Europa herrscht leider an vielen Stellen noch das, was der amerikanische Psychiater JAMES G. MILLER, eine der leitenden Persönlichkeiten der Veterans Administration, die „pecking order" (das psychologische Hackgesetz) nennt, und die man in Amerika jetzt allgemein aufgegeben hat[1]. Dass der klinische Psychologe vielerorts noch als eine untergeordnete Hilfskraft betrachtet wird, ist aber nicht nur eine Frage des Standesprestiges und des „Narzissmus der kleinen Differenzen", sondern es ist einer erspriesslichen Zusammenarbeit direkt abträglich. Denn unter solchen Verhältnissen werden dem Psychologen oft nicht die sachlich angemessenen Arbeitsbedingungen geboten. Namentlich auf einen Übelstand muss hier mit Nachdruck hingewiesen werden. Von Psychiatern, die den Rorschach-Test nicht oder nur ganz oberflächlich kennen, wird bisweilen verlangt, dass der Psychologe sein Rorschach-Votum zunächst ohne Kenntnis des Journals und der vorliegenden klinischen Fragestellungen abgeben soll und erst *nachher* seine Journalstudien macht. Dieses Verlangen beruht auf der irrigen Annahme, der „wissenschaftliche" Wert der Untersuchung werde durch Nichtkenntnis der Problemstellung erhöht. In Wirklichkeit ist es gerade umgekehrt: Ebenso wie der Arzt zu seiner Diagnose die Resultate der biologischen und psychologischen Untersuchungen berücksichtigen muss, bedarf auch der Psychologe zu seinem Votum der klinischen Fakta und biologischen Untersuchungsresultate. Erst auf dem Hintergrunde dieses Materials kann er das Testergebnis in das richtige Relief stellen.

---

[1] JAMES G. MILLER, Clinical Psychology in the Veterans Administration. The American Psychologist, Bd. I, 1946, S. 181/182.

Auch ein Röntgenarzt wird sich nicht zu seinem Befund äussern können, ohne Einblick in das Journal zu nehmen. Der Rorschach-Test ist ein diagnostisches *Hilfsmittel*, nicht mehr.

In der täglichen Routinearbeit der Klinik soll der Psychologe sein Protokoll *vor* Einsichtnahme in das Journal aufnehmen und zunächst einmal für sich allein ohne Kenntnis der klinischen Daten durchgehen und roh skizzieren. Dann aber soll er sich mit allen vorliegenden Fakten vertraut machen, auch mit den eventuell bereits vorgenommenen Laboratoriums-Untersuchungen. Unter Berücksichtigung *aller* Daten soll er dann zu den noch offenen Fragen vom Standpunkt des Testes aus Stellung nehmen und eventuelle Unklarheiten ganz offen mit einem „non liquet" herausstellen, damit weitere Untersuchungen veranlasst werden können. Dieses Verfahren wird das Prestige des Rorschach-Tests bewahren und die wirkliche Leistungsfähigkeit des Tests ins rechte Licht rücken. Denn gar nicht selten wird gerade der Rorschach-Test zuerst den Verdacht auf eine organische Ätiologie aufwerfen, neue konstitutionelle oder Milieumomente in das Bild hineintragen oder den Akzent von einem ätiologischen Faktor auf einen anderen verschieben, was dann durch weitere klinische Untersuchungen geklärt werden kann.

2. Wir wenden uns jetzt den Anwendungsmöglichkeiten des Rorschach-Tests zu *Forschungszwecken* zu. Die vielseitigen Möglichkeiten der Rorschach-Methode als Forschungstest sind noch bei weitem nicht in vollem Masse ausgenutzt. Bei Gruppen- und Massenuntersuchungen (die aber nicht gruppenweise aufgenommen werden dürfen) lassen sich die Testresultate entweder nach *Typen* geordnet verwenden, oder bestimmte, psychologisch relevante *Testfaktoren* können statistisch *korreliert* werden, aber so, dass es einen Sinn hat. Auf diese Weise kann der Test ein wertvolles Hilfsmittel abgeben für *Konstitutions- und Vererbungsforschungen* verschiedener Art[1]. Eine andere Möglichkeit sind katamnestische Untersuchungen über den Einfluss von *Milieufaktoren* auf die Entwicklung von Intelligenz und Charakter bei Normalen oder z.B. Psychopathen. Für die Erforschung der Psychologie der *Berufstypen* sowie der *Geschlechter* und *Altersklassen* und überhaupt für die differentielle Gruppenpsychologie stecken im Rorschach-Test noch eine Menge ungenutzter Möglichkeiten. Auch in der *Pharmakopsychologie* kann der Test mit Erfolg verwendet werden[2]. Interessant wäre es auch, der umstrittenen Frage der sogenannten *Nationalcharaktere* einmal mit dem Rorschach-Test zu Leibe zu rücken. Für die primitiven Völker, also in der *Ethnographie*, hat man bereits einen Anfang damit gemacht. Es sei nur auf OBERHOLZER's Beitrag in CORA DU BOIS: The People of Alor (Minneapolis, 1944) verwiesen. Und — last, not least — hat die Forschung im Dienste der *Mentalhygiene* (Ätiologie und Vorbeugung der Neurosen und Psychosen, Familien-, Arbeits- und Berufsfragen und als vornehmste Aufgabe die psychologische Kriegsverhütung) ein ganzes Heer von Aufgaben bereit, die der Bearbeitung durch den Rorschach-Spezialisten harren.

---

[1] Als Beispiel sei auf die vorzügliche Arbeit von MANFRED BLEULER verwiesen „Der Rorschachsche Formdeutversuch bei Geschwistern". Zeitschrift f. Neurologie, Bd. 118, 1929, S. 366—398.
[2] Siehe z. B. BLEULER and WERTHAM's Arbeit über die Meskalinwirkung. Arch. of Neur. and Psychiatry 7, 1932.

3. Es wird jetzt mehr und mehr empfohlen, in besonders wichtigen Fällen (z. B. bei forensischen Gutachten) mit *Doppeltests* zu arbeiten. U. a. haben Kuhn und Zulliger auf die grossen Vorteile dieses Verfahrens hingewiesen. Es empfiehlt sich dann, je nach der besonderen Situation, den Test im Abstand von Tagen (z. B. bei Observationsfällen oder bei Kriminellen) oder von Wochen, Monaten oder sogar Jahren zu wiederholen (z. B. bei der Kontrolle therapeutischer Wirkungen). Diese Wiederholung des Tests kann bei längerem Zeitintervall mit der Originalserie erfolgen. Bei einer Wiederholung nach nur wenigen Tagen bedient man sich aber besser der Parallelserie (Zulliger, Bero-Test, siehe Literaturverzeichnis).

4. Oft wird es zweckmässig sein, den Rorschach-Test in *Kombination mit anderen Tests* anzuwenden. Es kann dies entweder ein Intelligenz-Test (Binet-Simon, Terman, Wechsler, Meili's analytischer Intelligenztest) oder ein Spezialtest sein, um irgendeine besondere Frage abzuklären (Aufmerksamkeit, Konzentration, Kombination, zeichnerische oder musikalische Begabung usw.). Bei Jugendlichen, bei denen Zweifel über die intellektuelle Entwicklung bestehen, kann der Labyrinth-Test von Porteus eine rasche Orientierung über die intellektuellen Fähigkeiten ermöglichen[1]. Bei Verdacht auf eine Merkfähigkeits-Störung bei Organikern wird man eine Ziehen- oder Ranschburg-Probe (Paarworte) vornehmen. Die Konzentration wird am besten mit einem einfachen oder komplizierten Bourdon-Versuch geprüft, die Kombinationsfähigkeit mit dem Ebbinghaus-Test, evtl. auch mit dem Masselon-Test. Die Ermüdbarkeit prüft man mit Kraepelin's Rechenmethode. Bei Verdacht auf Farbenblindheit sind am einfachsten die Tafeln von Ishihara vorzulegen.

Zu beachten ist, dass Intelligenztests und sonstige *Leistungstests niemals vor* dem Rorschach-Test gegeben werden sollen, weil dadurch die Versuchsperson leicht in eine Prüfungseinstellung versetzt wird, die einer reibungslosen Durchführung des Rorschach-Versuchs abträglich ist.

Murray's *Thematic Apperception Test* (TAT) und der *Reizworttest* ad modum Wundt-Jung können in besonderen Fällen, namentlich bei den sogenannten Situationsneurosen, mit Vorteil zur Ergänzung herangezogen werden. Beim Reizwort-Test (Assoziationsversuch) ist dann so vorzugehen, dass man zunächst den Rorschach macht und gründlich durcharbeitet. Dann entnimmt man dem Rorschach-Protokoll eine Gruppe von verdächtigen Komplexantworten und mischt diese unter eine Standardliste von 100 Reizwörtern (eine solche findet sich z. B. in Kretschmer's Medizinischer Psychologie), wobei man eine entsprechende Anzahl anderer, vermutlich mehr indifferenter Wörter aus der Liste ausscheidet. Reaktionswörter und -zeiten werden wie üblich mit der Stoppuhr protokolliert, und es wird danach der Reproduktionsversuch gemacht. — Es muss jedoch betont werden, dass diese Technik eine analytische Exploration zwar unter Umständen etwas verkürzen, aber keineswegs ersetzen kann.

Bei charakterologischen Begutachtungen Normaler hat sich die Kombination mit dem Wartegg-Test bewährt, besonders in der in der schweizerischen Praxis üblichen Variation mit bunten Farben[2].

---

[1] Stanley D. Porteus, The Maze Test and Mental Differences, Vineland, New Jersey, 1933.
[2] Nach mündlichen Mitteilungen der Herren Dr. Hanns Spreng und Hans Zulliger.

Für die Aufdeckung von Störungen des *Abstraktionsvermögens* bei organischer oder schizophrener Demenz gibt es eine Reihe von Spezialtests von GELB, GOLDSTEIN, SCHEERER und WEIGL, gesammelt in GOLDSTEIN-SCHEERER's „Abstract and Concrete Behavior[1]", für die Differentialdiagnose zwischen Oligophrenie und organischer Demenz empfiehlt sich der *Benton-Test*[2].

In gewissen Fällen von differentialdiagnostischen Problemen zwischen Epilepsie, Tetanie, Hysterie, Schädeltrauma oder bei Verdacht auf gewisse andere organische Störungen (Lues cerebrospinalis, Tumor cerebri) kann man auch, wenn die notwendigen physikalischen Einrichtungen vorhanden sind, die *Nachbild-Diagnostik* nach VUJIC-LEVI verwenden[3].

Bei vorschulpflichtigen *Kindern* kombiniert man den Rorschach-Test am besten mit den BÜHLER-HETZER'schen Kleinkindertests zur Feststellung des Reifegrades, bzw. mit dem *Weltbildtest* oder dem *Mosaiktest* von MARGARET LOWENFELD, wenn neurotische Störungen vorliegen. Auch das *Dorfspiel* von ARTHUS-ZÜST kann benutzt werden[4].

Manche amerikanischen Kliniken arbeiten routinemässig mit ganzen „batteries of tests", in denen der Rorschach-Test bisweilen mit enthalten ist, so z. B. an der Menninger-Klinik[5].

Der Rorschach-Test eignet sich *nicht* zum *Gruppentest*, und es wäre auch töricht, dabei ein Verfahren zu benutzen, das man *nach* einem Gruppentest eventuell als Einzeltest anwenden müsste und dann nicht mehr anwenden könnte. In Fällen, wo grössere Gruppen zunächst „gesichtet" werden müssen, damit die Zweifelsfälle später mit Einzeltest untersucht werden können (also namentlich in der Militär- und Arbeitspsychologie), empfiehlt es sich, den *Z-Test* als Gruppentest zu benutzen, der sich während des zweiten Weltkrieges vorzüglich bewährt hat[6]. Der Z-Test ist jetzt auch in Form von Tafeln erhältlich, die sich zur Durchführung von Kurzversuchen eignen.

Auch mit anderen Persönlichkeitstests kann der Rorschach-Versuch kombiniert werden. Rorschach- und SZONDI-Test[7] ergänzen sich vorzüglich (auch in der Menninger-Klinik wird diese Kombination angewendet), und ebensogut kann die *Graphologie* mit dem Rorschach kombiniert werden. Manches, was der Rorschach-Test verschweigt, enthüllt die Graphologie. Anderseits ist aus der Schrift die schöpferische Begabung des Genies nicht ersichtlich[8], aus dem Rorschach bisweilen doch (vor allem durch die B und die Orig.); und die Schrift gestattet im allgemeinen *keine* psychiatrischen Diagnosen[9], der Rorschach-Test doch wenigstens *oft*.

Schliesslich sei noch erwähnt, dass als eine flüchtige erste Orientierung ausdruckspsychologischer Art, besonders bei neurotischen Patienten, auch der

---

[1] KURT GOLDSTEIN and MARTIN SCHEERER, Abstract and Concrete Behavior. An Experimental Study with Special Tests. Psychological Monographs 53, 2. Evanston, Illinois, 1947.
[2] ARTHUR L. BENTON, Der Benton-Test, deutsche Bearbeitung von OTFRIED SPREEN. Bern, 1961.
[3] VLADIMIR VUJIC und KURT LEVI, Die Pathologie der optischen Nachbilder und ihre klinische Verwertung. Basel, 1939.
[4] RUTH ZÜST, Das Dorfspiel (nach HENRI ARTHUS). Bern, 1963.
[5] DAVID RAPAPORT, Diagnostic Psychological Testing, Volume I and II, Chicago 1945 und 1946.
[6] HANS ZULLIGER, Der Z-Test. Ein Formdeut-Verfahren zur psychologischen Untersuchung von Gruppen. Bern, 1948.
[7] L. SZONDI, Lehrbuch der experimentellen Triebdiagnostik. Bern, 1960.
[8] LUDWIG KLAGES, Was die Graphologie nicht kann. Zürich, 1949, S. 33.
[9] LUDWIG KLAGES, a. a. O., S. 34.

Baumzeichen-Versuch von Koch[1] (Luzern) (nach einer Idee von Jucker) mit Nutzen zur Ergänzung des Rorschach-Tests Verwendung finden kann. Er setzt aber graphologische Kenntnisse voraus.

5. Ein Wort noch über die sogenannte *Blinddiagnose*. Im strengeren Sinne versteht man unter Blinddiagnose die Aufnahme des Protokolls durch *einen* und die Auswertung des Tests durch einen *anderen* Rorschach-Kenner. Wenn dies als „Sport" geschieht, um misstrauischen Seelen die Leistungsfähigkeit des Verfahrens zu demonstrieren, oder namentlich zur wissenschaftlichen Kontrolle neugefundener Rorschach-Syndrome oder zu anderen wissenschaftlichen Vergleichen, ist demgegenüber natürlich nichts einzuwenden. Sollen aber aus dem Test Schlüsse gezogen werden, sei es zu Zwecken der psychiatrischen Diagnostik oder gar Gerichtsexpertise, sei es zur Berufsberatung oder dergleichen, so ist dies Verfahren auf das entschiedenste zu verwerfen. Nur engste Zusammenarbeit zwischen Arzt und Rorschach-Experte kann hier zum Ziele führen, wenn der Arzt nicht selbst die Rorschach-Untersuchung ausführen kann. Morgenthaler hat es geradezu für einen *Unfug* erklärt, sich für praktische Zwecke mit dem Test allein zu begnügen[2], und Binder hat sich in völlig gleichem Sinne ausgesprochen[3]. Der Rorschach-Test nimmt in dieser Hinsicht keine Sonderstellung ein. Derselbe Vorbehalt gilt z. B. für den Wartegg- und für den Szondi-Test und ebenso für den TAT. Auch seine Resultate sind nur als Arbeitshypothese zu betrachten, die erst durch andere Untersuchungen zu bestätigen sind. Es könnte ebensogut für den Rorschach-Test geschrieben sein, wenn Prof. Murray äussert: „A blind analysis is a stunt which may or may not be successful; it has no place in clinical practice[4]."

II. Die Voraussetzungen des Testers

Kann jedermann den Rorschach-Test erlernen? Im Prinzip ja, wenn er die nötige Intelligenz und spezielle Begabung besitzt. Es kann auch nicht jeder ein guter Arzt oder ein guter Ingenieur werden. Auch hierzu gehört eine besondere Begabung, und trotzdem gilt sowohl der Arztberuf wie der des Ingenieurs im Prinzip als erlernbar. So gibt es denn gute und schlechte Rorschach-Experten, wie es gute und schlechte Ingenieure gibt.

Ausser der erforderlichen Intelligenz und psychologischen Begabung gehört zum Rorschach vor allem viel Zeit und viel Geduld.

Das Wichtigste ist aber folgendes: Mit der Graphologie und dem Szondi-Test teilt der Rorschach-Test die Eigenart, dass er *nur ein Instrument* ist, dessen rein *technische* Beherrschung noch keinen Erfolg garantiert. Das Wichtigste sind die *psychologischen Kenntnisse*. Szondi hat einmal das goldene Wort gesprochen: „Ein Tester ohne Psychologie ist weit gefährlicher als ein Psychologe ohne Tests." Und es könnte wiederum für den Rorschach-Test geschrieben sein, wenn wir bei Murray lesen: „The future of the TAT hangs on the possibility of perfecting

---

[1] Karl Koch, Der Baumtest, Der Baumzeichenversuch als psychodiagnostisches Hilfsmittel, Bern, 1949.
[2] W. Morgenthaler, Einführung in die Technik von Rorschach's Psychodiagnostik, in Rorschach: Psychodiagnostik, S. 233.
[3] Hans Binder, Die klinische Bedeutung des Rorschach'schen Versuches, in: Psychiatrie und Rorschach'scher Formdeutversuch, Zürich, 1944, S. 18.
[4] Henry A. Murray, Thematic Apperception Test, Manual, S. 6 und 14.

the interpreter (psychology's forgotten instrument) more than it does on perfecting the material[1]."

Doch *was* für Kenntnisse braucht der Rorschach-Tester? Es wird heute mancherorts offenbar angenommen, dass das Studium der akademischen Experimentalpsychologie auch zur Anwendung des Rorschach-Tests qualifiziere. Das ist nicht richtig. Experimentalpsychologische Kenntnisse sind nützlich und nötig, aber fast noch wichtiger ist die Charakterologie und die medizinische Psychologie mit ihren verschiedenen Sonderzweigen. Da diese nicht an allen Universitäten gelehrt werden, muss der angehende Rorschach-Kenner sich selbst darum bemühen. Konkret gesprochen: Um den Rorschach-Test praktisch mit Erfolg anwenden zu können, muss man ausser einer *umfassenden psychologischen Allgemeinbildung* gründliche Kenntnisse besitzen auf den Gebieten der *Charakterologie*, der psychologischen *Typenlehre*, der Entwicklungs- und *Kinderpsychologie*, der *medizinischen Psychologie* und der theoretischen und klinischen *Psychiatrie*. Physiologie, insbesondere Neuro- und Sinnesphysiologie, Endokrinologie, Vererbungslehre, Anthropologie, Soziologie und Statistik sind selbstverständliche Voraussetzungen einer modernen psychologischen Ausbildung.

Im Gegensatz zu einigen anderen Psychologen sind wir im übrigen entschieden der Meinung, dass mindestens eingehende theoretische Kenntnisse in der *Psychoanalyse* (und in der Tiefenpsychologie überhaupt) eine unerlässliche Voraussetzung sind, wenn man die nicht seltenen mit Komplexantworten reich besetzten Tests gewisser Neurotiker und Charakterneurotiker erschöpfend bearbeiten will. Wie bei jeder theoretischen Arbeit mit psychoanalytischen Dingen ist es natürlich ein Vorteil, wenn der Deuter selbst eine Analyse durchgemacht hat. Doch wird man in diesem Punkte an den Tester wohl kaum so strenge Forderungen stellen dürfen als an den Therapeuten.

III. Missbrauch des Rorschach-Tests

1. Hier sind zunächst die zahlreichen *methodischen Fehler* zu erwähnen, auf die man in der Literatur immer wieder stösst, wobei diese Autoren immer noch behaupten, mit dem „Rorschach" zu arbeiten. Wir wollen keine Namen nennen, halten es aber doch für nötig, aus der schier unerschöpflichen Zahl derartiger Publikationen ein paar Beispiele zu geben, um künftige Forscher von diesen Fehlern abzuschrecken. Dass dabei den folgenden Kapiteln hin und wieder vorgegriffen werden muss, bitten wir zu entschuldigen.

Vor der Übersetzung von Rorschach's Originalpublikation haben sich in der fremdsprachigen Literatur eine Reihe von sprachlichen Missverständnissen eingeschlichen, die dann vom einen Werk ins andere übergingen. Diese Missverständnisse betrafen in erster Linie die DG-Frage, aber auch die Anatomie- und Md-Antworten. Dies ist verständlich, hat aber viel Verwirrung angerichtet.

Schlimmer ist, dass manche Autoren durch ihre Arbeiten beweisen, dass ihnen die Konzeptionen der B oder des Farbenschocks oder sogar der verschiedenen Farbantworten fremd geblieben sind. Jemand, der unter 300 Studenten keinen einzigen Fall oder unter 1780 Gesunden und Kranken verschiedener Kategorien nur 25 Fälle von Farbenschock findet, lebt entweder auf einem anderen Planeten oder weiss einfach nicht, worum es sich handelt.

---

[1] Henry A. Murray, a. a. O., S. 6.

In das Gebiet der methodischen Fehler gehören aber vor allem die zahlreichen „*Verschlimmbesserungen*" der Methode. Wir nennen in bunter Reihenfolge: Zu ausführliche Erklärungen über den Test an die Versuchsperson (z. B. Mitteilungen über die Herstellung der Tafeln *vor* dem Test); Beschränkung der Expositionszeit der Tafeln (will man den Arbeitscharakter einer Person feststellen, inwieweit sie auf Schnelligkeit oder Güte eingestellt ist, darf die Zeit nicht beschränkt werden)[1]; die Benutzung des sogenannten „trial-blot", wodurch die erste Tafel den Charakter der zweiten bekommt; das Verbot des Drehens der Tafeln; die Mitverrechnung von BINDER's Schattierungsdeutungen (F(Fb)+) auf der Farbenseite des Erlebnistypus (doch nicht durch BINDER selbst!).

Auch die an verschiedenen Orten erfolgte Anwendung des Rorschach-Tests als *Gruppentest* mit Zeitbeschränkung und womöglich vorgedruckten Antworten zur gefälligen Auswahl ist ein Missbrauch. Der Rorschach-Test ist eine *spezifische Einzelprüfung*, und wenn man ihn als Gruppentest benutzt, verliert er notwendigerweise eine ganze Reihe seiner wertvollsten Faktoren, ganz abgesehen davon, dass die Figuren auf dem Projektionsschirm völlig anders wirken als in der Hand und deshalb keine Vergleichsmöglichkeit mehr besteht[2].

Ein Fehler schliesslich, den wohl fast alle Rorschach-Tester zu Beginn ihrer Lehrzeit begehen, ist die schriftliche Mitteilung von Testresultaten an psychologische Laien, welche die Terminologie des Psychologen nicht verstehen und alles „in den falschen Hals" bekommen. Es ist sehr richtig, wenn KLOPFER hiervor warnt[3] und empfiehlt, man solle es sich zur Regel machen, den Versuchspersonen im allgemeinen keine tiefenpsychologischen Auswertungen ihrer eigenen Tests zugänglich zu machen. Es empfiehlt sich, namentlich das Testergebnis von Patienten nur dem zuweisenden Arzt mitzuteilen. Auch bei seinen besten Freunden soll man Vorsicht walten lassen, es sei denn, dass es sich um Analysierte oder um Fachleute handelt, die die Methode erlernen wollen. Damit soll nicht gesagt sein, dass man nicht die Versuchsperson oder den Patienten in *mündlicher* Aussprache mit dem Testresultat bekannt machen kann. Nur muss man dabei stets im Auge behalten, dass die Ausdrucksweise dem Verständnis des Betreffenden angepasst bleiben muss und dass die Mitteilung psychopathologischer und namentlich tiefenpsychologischer Einzelheiten bereits in das Gebiet der Therapie übergreift und deshalb unter Wahrung therapeutischer Gesichtspunkte erfolgen muss. Unter solchen Umständen und in engstem persönlichen Kontakt mit der Versuchsperson kann eine Mitteilung des Testergebnisses natürlich von grossem Nutzen sein.

Den Unfug der *Blindtests*, wo diese nicht zu Forschungs- oder Lehrzwecken erfolgen, haben wir bereits erwähnt, wollen aber bei dieser Gelegenheit eindringlich vor einem schweren Fehler warnen, der oft in Verbindung mit den Blinddiagnosen begangen wird. Wir meinen die *Protokollaufnahme durch ungeschulte Hilfskräfte*. Ein guter Rorschach-Experte kann sich nicht mit solchen Protokollen begnügen. Denn bei der Aufnahme des Protokolls sind sehr viele Einzelheiten zu beachten, die nur der zu würdigen versteht, der selbst die Technik

---

[1] RICHARD MEILI, Psychologische Diagnostik, Bern, 1951, S. 286.
[2] Siehe RORSCHACH, Psychodiagnostik, S. 16.
[3] BRUNO KLOPFER and DOUGLAS McGLASHAN KELLEY, The Rorschach Technique, New York, 1942, S. 23 und 24.

des Tests ziemlich sicher beherrscht. Der Blinddiagnostiker arbeitet also doppelt im „Blinden", wenn ein Ungeschulter das Protokoll aufgenommen hat; denn viele, vielleicht entscheidende Einzelheiten werden einfach nicht da sein und können dann natürlich auch nicht ausgewertet werden. *Wenn* schon Blindtests gemacht werden müssen, sollen sie möglichst unter Kollegen erfolgen. Ist ein solcher nicht verfügbar, dann muss der Protokollant mindestens ein „*Rorschach administrator*" sein, wenn er auch kein „*Rorschach interpreter*" zu sein braucht, wie die amerikanische Psychologie sehr treffend unterscheidet.

2. Eigentlich kein Missbrauch im strengen Sinne des Wortes, wohl aber völlig *wertlos* ist die *gedankenlose* mechanische Anwendung gewisser *statistischer* Methoden und Test-Kontroll-Techniken, die sich für den Rorschach-Test nicht eignen. Was hier gesündigt worden ist, würde ein dickes Buch füllen, das zu schreiben sich aber nicht lohnt; denn es wäre so langweilig, dass niemand es lesen wollte. Wir wollen uns wieder mit einigen wenigen Stichproben begnügen:

a) Da sind zunächst die zahlreichen Versuche von Standardisierungen sogenannter „*Normal*"werte an einem Menschenmaterial, das ausschliesslich aus höheren Schülern oder Studenten besteht. Es ist klar, dass hier eine einseitige Auslese theoretischer Intelligenzen vorliegt und zudem eine recht hohe Tendenz zu Zwangscharakterzügen besteht. Auf diese Weise werden dann RORSCHACH's eigene Dd und Do als D- und V-Antworten standardisiert.

Eine rein mechanische, *statistische Eichung* der Rorschach-Methode ist *nicht möglich*, weil jede Antwort im Zusammenhang des ganzen Protokolls bewertet und dementsprechend auch signiert werden muss. Dieser Standpunkt ist mit Nachdruck nicht nur von BINDER [1] und KLOPFER behauptet worden („There is no possibility of a rigid schematization") [2], sondern, wie BINDER erwähnt, auch ein ganzes Kollegium amerikanischer Rorschach-Kenner (KLOPFER, KRUGMAN, KELLEY, MURPHY und SHAKOW) hat sich 1939 in diesem Sinne ausgesprochen. Und BROSIN und FROMM [3] meinen, wahrscheinlich zu Recht, die klägliche Nachfrage nach Standardisierung stamme aus der Hoffnung, mechanische Methoden würden dem Tester die schwere Aufgabe der Auswertung erleichtern.

b) Ein zweiter Fehler ist die Anwendung der „*Split-test method*" zur Untersuchung der reliability (Stabilität) des Rorschach-Tests, bei dem es zwei homogene Hälften überhaupt nicht gibt, abgesehen davon, dass der Test durch solche Zerreissung eine Reihe wichtiger Faktoren verliert (Sukzession, Schockverteilung). (Das Ganze ist mehr als die Summe seiner Teile!) Will man diese Halbierungsmethode anwenden, müssen beide Hälften vollkommen gleichwertig sein [4].

c) Man kann auch nicht die *Re-Test-Methode* mit einem Intervall von einem Jahr bei *Kindern* anwenden, jedenfalls nicht, wenn man die Stabilität des Tests damit beweisen will. Der Charakter, namentlich bei Kindern, ist keine Konstante, „die man einpökelt auf einige Jahre" (ebensowenig wie die Begeisterung, die nach GOETHE keine Heringsware ist).

---

[1] H. BINDER, Die klinische Bedeutung des Rorschach'schen Versuchs, in „Psychiatrie und Rorschachscher Formdeutversuch", Zürich, 1944, S. 17.
[2] KLOPFER and KELLEY, The Rorschach Technique, New York, 1942, S. 21.
[3] HENRY W. BROSIN and E. FROMM, Some Principles of Gestalt Psychology in the Rorschach Experiment. Rorschach Research Exchange, VI, 1942, S. 3.
[4] RICHARD MEILI, Psychologische Diagnostik, S. 127.

d) Den *Farbenschock* zu konstatieren, kann manchmal seine Schwierigkeiten haben. Man kann sich diese Plage aber nicht dadurch vom Halse schaffen, dass man nun einfach die *Durchschnittsreaktionszeit* bis zur ersten Antwort jeder Tafel berechnet und Farbenschock nur dann annimmt, wenn die Reaktionszeit die Standardabweichung übersteigt. Wenn man schon alle Schockreaktionszeiten in den Durchschnitt hineingemahlen hat, ist dieser natürlich irreführend, abgesehen davon, dass der Farbenschock sich bekanntlich noch auf andere Weise äussern kann, bisweilen bei kürzesten Reaktionszeiten!

e) Als letztes Beispiel einer statistischen Verirrung mögen hier noch die *Durchschnittsberechnungen* von Rorschach-Faktoren an biologisch *heterogenen Gruppen* erwähnt werden, ein Fehler, der leider nur allzu verbreitet ist, und von dem BINDER mit Recht Abstand genommen hat [1].

Um Missverständnisse zu vermeiden, soll abschliessend nur betont werden, dass natürlich *auch die Rorschach-Forschung ohne statistische Methoden nicht auskommen* kann. Es ist aber immer darauf zu achten, dass *Problemstellung und Methoden* im richtigen Verhältnis zueinander stehen und dass der Charakter des Tests mit allen seinen Möglichkeiten individueller Nuancierung gewahrt bleibt. RORSCHACH selbst hat sich bekanntlich Kontrollversuche gewünscht, „teilweise auch durch die Methoden der Psychologen". Und er spricht hier sehr richtig von Kontrollversuchen, „die auf je ein Symptom hinzielen würden" [2]. Solche Arbeiten, die auf eine Kontrolle der Symptomwerte der einzelnen Faktoren ausgehen, müssen sich dann aber auch wirklich auf einen der vermuteten Symptomwerte konzentrieren (z. B. Konzentrationsfähigkeit) und dürfen nicht mit neuen Unbekannten vergleichen, wie bei der sinnlosen Korrelation völlig heterogener Faktoren verschiedener Tests. WOLFGANG KÖHLER sagt von der quantitativen Methode in der Psychologie: „Let us apply it, but not before we know by qualitative analysis where to find good problems for quantitative research." ... „Thus, productive method contains a bold hypothesis as essentially as it requires adequate observation" [3]. Und EUGEN BLEULER sagt zu diesem Problem: „Die wirkliche Exaktheit des Denkens und der gewonnenen Resultate liegt eben nicht in der Anwendung der Mathematik, sondern in ihrer *richtigen* Anwendung, d. h. das Hauptgewicht ist auf die Exaktheit des Denkens zu legen" [4].

IV. Die Zuverlässigkeit des Rorschach-Tests

Seit R. A. FISHER die Begriffe „*reliability*" und „*validity*" in die Wissenschaft der Test-Kontrolle eingeführt hat, haben sie sich inzwischen so weit eingebürgert, dass sie nun als Allgemeingut der psychologischen Wissenschaft angesehen werden können. Der deutsche Sprachgebrauch ist etwas schwankend, „Zuverlässigkeit" wird auch für reliability gebraucht (z. B. Zuverlässigkeitskoeffizient für Stabilitätskoeffizient). Faktisch ist Zuverlässigkeit der Oberbegriff *beider* Eigenschaften, und wir wollen daher von einer Kontrolle der Stabilität, bzw. der Gültigkeit der Symptomwerte sprechen.

---

[1] H. BINDER, a. a. O., S. 20.
[2] HERMANN RORSCHACH, Psychodiagnostik, S. 115.
[3] WOLFGANG KÖHLER, Gestalt Psychology, New York, 1945. S. 53 und 54.
[4] EUGEN BLEULER, Das autistisch-undisziplinierte Denken in der Medizin und seine Überwindung, Berlin, 1921, S. 99.

Nach LIENERT[1] gibt es aber eigentlich *drei Gütekriterien:* 1. die Objektivität (objectivity), d. h. die Unabhängigkeit vom auswertenden Psychologen (interpreter), 2. die Zuverlässigkeit (im Sinne von Stabilität) (reliability) und 3. die Gültigkeit (validity).

1. Objektivität

Man hat dem Rorschach-Test bisweilen Mangel an Objektivität vorgeworfen. Die Tatsache, dass ein und dieselbe Antwort „bei verschiedenen Versuchspersonen ungleich verrechnet werden" muss, „wenn der Gesamteindruck des Befundes oder die inneren Zusammenhänge, in denen die Antwort steht, bei beiden Prüflingen sehr verschieden sind"[2], hat oft bei Aussenstehenden den Eindruck erweckt, als ob damit der Subjektivität bei der Signierung Tür und Tor geöffnet sei. Im allgemeinen kann man die Beobachtung machen, dass es meist Anfänger oder Tester mit geringer eigener Erfahrung im Rorschach sind, die sich über Mangel an Objektivität beklagen, während unter erfahrenen Kennern zumeist weitgehende Übereinstimmung besteht. Auch BINDER schreibt[3]: „Im übrigen beweisen die praktischen Erfolge der Rorschach-Methode immer wieder, dass die Subjektivität des Beurteilers nicht sehr erheblich ins Gewicht fällt, sofern die Protokolle von wirklichen Kennern des Versuchs ausgewertet werden, die ein genügend grosses Vergleichsmaterial verarbeitet haben, um sicher und feinfühlig zugleich abwägen zu können. Man hat schon öfters das gleiche Versuchsprotokoll an verschiedene geübte Beurteiler geschickt und dann von ihnen in der Regel auch recht ähnliche Psychogramme erhalten"[4].

Die Objektivität des Rorschach-Tests wurde nachgeprüft durch eine Untersuchung von GUSTAV A. LIENERT und F. K. MATTHAEI (Marburg)[5]. 10 Experten und 19 Studenten, die einen Kursus nach dem vorliegenden Lehrbuch durchgemacht hatten, sollten 5 Rorschach-Verrechnungen nach Intelligenz, Emotionalität und sozialer Anpassung in eine Rangordnung bringen. Die entsprechenden Konkordanzkoeffizienten (nach KENDALL) ergaben hinsichtlich der Intelligenz bei beiden Gruppen über 0,8, hinsichtlich der Emotionalität bei beiden Gruppen über 0,6 und hinsichtlich der sozialen Anpassung bei den Experten 0,58 und bei den Studenten 0,44.

2. Stabilität (reliability)

Die Stabilität des Tests kann unter gewissen Umständen durch die Methode des *Re-Tests* festgestellt werden, nämlich dann, wenn es sich um Erwachsene handelt und nicht zu lange Zwischenräume dazwischen liegen. Die Prüflinge dürfen auch nicht in psychotherapeutischer Behandlung stehen, keinen starken Milieuveränderungen unterworfen sein oder sich gerade in einer Lebenskrise befinden. Besonders günstig liegen die Bedingungen für die Re-Test-Methode,

---

[1] GUSTAV A. LIENERT, Testaufbau und Testanalyse, Weinheim, 1961, S. 12.
[2] BINDER, a. a. O., S. 17.
[3] BINDER, a. a. O., S. 17/18.
[4] Als Beispiel sei hier nur die Arbeit von M. R. HERTZ and B. RUBENSTEIN erwähnt: A Comparison of Three „Blind" Rorschach Analyses. American Journal of Orthopsychiatry, 1939, Vol. 9, S. 295—315.
[5] G. A. LIENERT und F. K. MATTHAEI, Die Konkordanz von Rorschach-Ratings. Ztschr. f. Diagnostische Psychologie und Persönlichkeitsforschung, Vol. VI, 1958, S. 228—241, sowie: F. K. MATTHAEI und G. A. LIENERT, Die Übereinstimmung in der Deutung von Rorschach-Protokollen bei Experten und Studenten. Rorschachiana VII. Bern, 1960, S. 29—35.

wenn infolge einer schweren Gedächtnisstörung eine Amnesie für den 1. Test besteht. So fanden z. B. KELLEY, MARGULIES und BARRERA nach El-Schock und GRIFFITH bei amnestischem Korsakoff-Syndrom eine gute Korrelation[1]. Im übrigen ist die Re-Test-Methode beim Rorschach wenig geeignet, weil der Charakter sich dauernd ändert (die Änderungen sollen ja manchmal gerade mit dem Test kontrolliert werden) und weil (bei kurzen Zeitabständen) das Gedächtnis und der Wunsch nach Variation von Einfluss sein können[2].

IRVING A. FOSBERG[3] hat nachgewiesen, dass das gegenseitige Verhältnis der Antworten, vor allem der Erlebnistypus, sich nicht ändert, selbst wenn die Quantität bewusst vermehrt oder vermindert wird. FOSBERG hat den Test viermal an denselben Versuchspersonen geprüft: 1. unter gewöhnlichen Bedingungen; 2. mit der Instruktion, den *best*möglichen Eindruck zu machen; 3. mit der Instruktion, den *schlechtesten* Eindruck zu machen und 4. unter Beachtung besonderer Details. Hierbei ergab sich eine Korrelation von 0,80—0,90. (Der Bernreuter Inventory Test schnitt sehr schlecht dagegen ab.) Diese Untersuchung ist der bisher beste Beweis für die Zuverlässigkeit (im Sinne von Stabilität) des Rorschach-Tests.

3. Gültigkeit der Symptomwerte (validity)

GUIRDHAM weist darauf hin, dass sich in allen vergleichenden Arbeiten die RORSCHACH'schen Symptomwerte der *B* und der *Farben* als die konstantesten und zuverlässigsten erwiesen haben[4]. Da aber diese beiden Faktoren und mit ihnen der Erlebnistypus den wichtigsten Kern des Testes bilden, wird man auch in anderer Hinsicht eine hohe Gültigkeit der Symptomwerte erwarten können.

Dies ist denn auch tatsächlich der Fall. Statt zahlreicher anderer Arbeiten, bei denen klinische Diagnosen und Rorschach-Diagnosen verglichen wurden, wollen wir als eine der besten nur die von BENJAMIN und EBAUGH[5] erwähnen, die klinische und Rorschach-Blinddiagnose von 50 Patienten miteinander verglichen haben mit dem Ergebnis, dass 85 % der Diagnosen vollständig (d. h. in allen Einzelheiten) und 98 % in der Hauptdiagnose miteinander übereinstimmten. Besser kann die Zuverlässigkeit der Symptomwerte des Rorschach-Tests wohl kaum bewiesen werden.

Wie sicher u. a. die Gültigkeit des *Farbenschock*-Symptoms für die Neurosen ist, haben in sehr origineller Weise BROSIN und OPPENHEIMER FROMM[6] gezeigt, die unter 12 partiell Farbenblinden nur bei den fünf Neurotikern einen Farben-

---

[1] D. M. KELLEY, H. MARGULIES and S. E. BARRERA, The stability of the Rorschach method as demonstrated in electric convulsive therapy cases, Rorschach Research Exchange, Vol. 5, 1941, S. 35—43; R. M. GRIFFITH, The test-retest similarities of the Rorschachs of patients without retention, Korsakoff, Journ. of proj. Techn., Vol. 15, 1951, S. 516—525; beide zitiert nach HOLZBERG (siehe nächste Anm.), S. 369.
[2] JULES D. HOLZBERG, Reliability re-examined, in: MARIA A. RICKERS-OVSIANKINA, Rorschach Psychology, New York, 1960, S. 368.
[3] I. A. FOSBERG, An experimental study of the reliability of the Rorschach psychodiagnostic technique. Rorschach Research Exchange, Vol. V, 2, 1941, S. 72—84.
[4] ARTHUR GUIRDHAM, On the Value of the Rorschach Test. The Journal of Mental Science, Bd. 81, 1935, S. 868.
[5] JOHN D. BENJAMIN and FRANKLIN G. EBAUGH, The Diagnostic Validity of the Rorschach Test. The American Journal of Psychiatry, Bd. 94, 1938, S. 1163—1178.
[6] H. W. BROSIN and ERIKA OPPENHEIMER FROMM, Rorschach and Color Blindness. Rorschach Research Exchange, Vol. IV, 2, 1940, S. 39—70.

schock fanden, aber bei keinem der anderen. Die Neurosendiagnosen waren klinisch kontrolliert.

Lothar Michel untersuchte (neben der Objektivität oder „Interpretationszuverlässigkeit") auch die Gültigkeit der *Intelligenzdiagnose* aus dem Rorschach und fand nicht nur, „dass die Interpretationszuverlässigkeit des Rorschach-Tests für die quantitative Intelligenzdiagnose erstaunlich hoch ist und der Zuverlässigkeit von psychometrischen Intelligenztests kaum nachsteht", sondern auch, „dass die Intelligenzdiagnose aus dem Rorschach-Test auf Grund einer ganzheitlichen Beurteilung hohe Gültigkeit besitzt"[1].

Dass auch faktorenanalytische Methoden sich zur Gültigkeitsuntersuchung beim Rorschach anwenden lassen, zeigen die Arbeiten aus dem psychologischen Institut der Universität Göteborg[2].

Es war mir nicht möglich, die zahlreichen neueren Arbeiten über reliability und validity im Rorschach-Test systematisch zu verfolgen. Statt dessen sei hier auf eine der besten Arbeiten auf diesem Gebiet verwiesen, die auch einige neuere Literaturhinweise enthält: Heinrich Kottenhoff, Reliability and Validity of the Animal Percentage in Rorschach, Acta Psychologica 22, 1964, S. 387-406.

Aus der Unzahl der im Laufe der Zeit erschienenen Arbeiten über die Validität des Rorschach-Tests sei nur noch eine wegen ihrer originellen Fragestellung erwähnt. Caldwell, Ulett, Mensh und Granick[3] haben drei verschiedenen Psychologen Rorschach-Tests von insgesamt 24 psychiatrischen Patienten und 10 Normalen in der Weise vorgelegt, dass jeder Beurteiler ein Drittel der Protokolle selbst aufnehmen konnte, während ihm vom zweiten Drittel der Vp. die von einem der anderen aufgenommenen vollständigen Protokolle und vom dritten Drittel nur die Verrechnung zugänglich war. Die Übereinstimmung der Urteile auf diesen drei „Materialniveaus" („levels of data") wurde verglichen. Es zeigte sich, dass die Empfindlichkeit des Tests mit zunehmender Reduzierung des Materialniveaus keine wesentliche Einbusse erlitt, m. a. W. dass sowohl „Blindprotokolle" wie Blindversuche mit nur quantitativen Verrechnungen („Formalpsychogrammen") sich in der Hand des Fachmannes als fast ebenso zuverlässig erwiesen wie eigene Testaufnahmen. Die Arbeit zeigt zugleich, wie zweckmässig und sinnvoll die quantitativen Verrechnungskategorien sind, mit denen man den Test zu bearbeiten pflegt.

Es liegt im Wesen der Rorschach-Methode, dass eine mechanische Standardisierung sich nicht durchführen lässt und, wie gesagt, auch gar nicht wünschenswert ist. Denn die Persönlichkeit existiert nur in „komplexen ganzheitlichen Formen des Verhaltens und Denkens", denen eine exakt quantitative Behandlung einzelner Elemente nicht adäquat ist (Allport)[4]. Damit fallen einige mehr mechanistische Testkontrollmethoden weg. Die Kenner und namentlich die

---

[1] Lothar Michel, Zuverlässigkeit und Gültigkeit von quantitativen Intelligenz-Diagnosen aus dem Rorschach-Test. Diagnostica, Bd. VII, 1961, S. 58.
[2] Verschiedene, bisher unpublizierte Arbeiten, die unter Anleitung von Prof. John Elmgren ausgeführt wurden, u. a. Jasper Wilson Holley, Gösta Fröbärj, Kersti Ekberg, A Study of the validity of the Rorschach test; Jasper Wilson Holley und Gösta Fröbärj, The application of Q—R factoring to the problem of validating projective tests; Gösta Fröbärj, A list of terms for studies of the validity of the Rorschach method.
[3] Bettye McD. Caldwell, George Ulett, Ivan N. Mensh, and Samuel Granick, Levels of Data in Rorschach Interpretation. Journ. of Clinical Psychology, Vol. VIII, 1952, S. 374—379.
[4] Gordon W. Allport, Persönlichkeit, Stuttgart, 1949, S. 466 und 467.

Könner werden hier resignieren müssen und haben das ja (wie z. B. Binder) auch getan. Wir müssen uns damit abfinden, dass gewisse Kollegen, denen der Rorschach-Test zu schwer ist, ihn unter Hinweis auf seine „Subjektivität" als „unwissenschaftlich" ablehnen und können uns damit trösten, dass dann auch eine Reihe von kinderpsychologischen Arbeitsmethoden (Weltbildtest, Sandkasten usw.) als „unwissenschaftlich" mit unter den Tisch fallen, von der Tiefenpsychologie ganz zu schweigen. Glücklicherweise hat man in der Praxis gerade mit *diesen* Methoden im allgemeinen die besten Resultate erzielt, während die „wissenschaftlich einwandfreien" Testmethoden oft zwar korrekte, aber äusserst magere und praktisch bedeutungslose Resultate ergeben. Im übrigen ist nicht zu vergessen, dass alle Feststellungen über die Persönlichkeit nur Wahrscheinlichkeitscharakter haben[1].

Wir befinden uns in diesem Punkte in völliger Übereinstimmung mit Lawrence K. Frank, dem Urheber des Ausdrucks „Projective Methods". Er schreibt in seinem Buche „Projective Methods"[2] (S. 37): „Thus, the standardized procedure cannot be expected to give much light upon individual personality, as unique individuals. Nor can they contribute much insight into the dynamic processes of personality. In saying this, one does not attack or reject standardized tests but rather indicates what they can and cannot do." Wie Frank in diesem Buche ausführlich begründet hat, sind die übrigen Kriterien für „reliability" und „validity" beim Rorschach-Test unanwendbar. Sie eignen sich nur für *Gruppen*, nicht für *Individuen* (Frank, S. 50, 61). Gleicher Ansicht ist auch Z. A. Piotrowski[3]. Die „reliability" von Projektionstests zeigt sich nur in der Ähnlichkeit oder Äquivalenz von Mustern (patterns) oder Prozessen bei verschiedenen Versuchsleitern (Frank, a. a. O., S. 64).

Es ist vielleicht auch nicht überflüssig, die Stellung der projektiven Tests noch mit einer weiteren Äusserung von Frank zu umreissen, die aus einer früheren Arbeit stammt und in dem genannten Buche (S. 68) abgedruckt ist. Er stellt dort fest: „It may be emphasized that projective methods are not offered as a substitute for the quantitative statistical procedures, but rather are designed to permit a study of the unique idiomatic individual which is conceived as a process of organizing experience and so must elude the investigator who relies upon methods that of necessity ignore or obscure the individual and the configural quality of his personality. Finally it should be noted that projective methods of personality study offer possibilities for utilizing the insights into human conduct and personality expression which the prevailing quantitative procedures seem deliberately to ignore."

---

[1] David Kadinsky, Strukturelemente der Persönlichkeit, Bern, 1963, S. 12 und 13.
[2] Charles C. Thomas, Springfield (Illinois), 1948.
[3] Zygmunt A. Piotrowski, Perceptanalysis, New York, 1957, S. XII und XIII.

II. Die Technik des Tests

Kapitel 3
Die Aufnahme des Protokolls

Wie bereits erwähnt, enthält RORSCHACH's „Psychodiagnostik" seit ihrer 4. Auflage eine Arbeit vom Herausgeber, Dozent Dr. W. MORGENTHALER, über die Technik des Testes. Der Zweck dieser Arbeit war, bei der zunehmenden Verbreitung des Tests einer Zersplitterung vorzubeugen und auf eine möglichst einwandfreie und einheitliche Technik der mit dem Rorschach-Test arbeitenden Praktiker hinzuführen. Schon aus diesem Grunde, um die Bestrebungen nach Einheitlichkeit der Methode nicht zu stören, können wir hier nichts anderes tun, als uns im wesentlichen auf MORGENTHALER's Arbeit stützen. Wir tun dies um so lieber, als wir uns eine bessere Einführung in die Technik nicht denken können. Nur der Vollständigkeit halber und im Interesse der Bequemlichkeit der Leser soll die folgende Zusammenfassung hier wiedergegeben werden; ein Hinweis auf diese Arbeit hätte an sich genügt.

Wir geben also nun MORGENTHALER's Anweisungen in kurzen Zügen wieder, wobei wir einiges hinzufügen, aber auch manches weglassen müssen. Der Leser wird daher gut tun, die Arbeit von MORGENTHALER gelegentlich im Original zu studieren.

I. Die Testsituation

Wie bei jedem psychologischen Test, namentlich beim Einzeltest, soll während des Versuchs möglichst für *Ruhe* gesorgt sein. Es ist am besten, wenn Versuchsleiter (Vl.) und Versuchsperson (Vp.) sich allein in ein ruhiges Zimmer zurückziehen können. Die Anwesenheit dritter Personen kann leicht eine Ablenkung bedeuten. Namentlich in Gegenwart von Angehörigen geben sich sehr viele Menschen nicht frei und ungeniert. (Dies gilt besonders von Kindern.) Ist es notwendig, dass dritte Personen beim Versuch zugegen sind (andere Ärzte oder Psychologen, Schüler des Versuchsleiters usw.), so ist es am besten, das Einverständnis der Versuchsperson vorher einzuholen.

Für Vermeidung von Störungen ist soweit wie möglich Sorge zu tragen (Abnahme von Telephonanrufen durch andere usw.).

Am besten ist es, den Versuch bei *Tageslicht* auszuführen. Wenn künstliche Beleuchtung benutzt wird, ist dies jedenfalls zu vermerken. Plötzliche Beleuchtungsschwankungen sind nach Möglichkeit zu vermeiden.

Es ist darauf zu achten, dass die eventuell gewohnte *Brille* zur Stelle ist. Besonders bei älteren Menschen und Weitsichtigen ist hieran zu denken. Kurzsichtige haben ihre Brille ja sowieso meistens auf.

Bei Verdacht auf Farbenblindheit (Anamnese des Falles, Familienanamnese, auffällige Farbantworten oder falsche Farbenbezeichnungen) ist die Farbentüchtigkeit der Vp. nach dem Versuch zu untersuchen, am einfachsten mit Hilfe der pseudoisochromatischen Tafeln von STILLING oder ISHIHARA. (Im übrigen bedeutet die Farbenblindheit für den Versuch nicht so viel, wie man vielleicht erwarten könnte; insbesondere hat sich herausgestellt, „dass Rot und Grün im allgemeinen für die Rotgrünblinden den gleichen affektiven Wert haben wie für Farbtüchtige" [1].)

Die beste *Sitzordnung* ist die, dass Vl. und Vp. im rechten Winkel zueinander am selben Tische sitzen, so dass der Vl. das Licht von links hat. Bei dieser Stellung ist es dem Vl. möglich, die Tafeln mit einzusehen. Eventuell können Vl. und Vp. auch nebeneinander sitzen, dann aber so, dass der Vl. ein wenig *hinter* der Vp. sitzt, um mitsehen zu können.

Man hat die *Tafeln* am besten links von sich parat liegen. Wichtig ist aber, dass die Vp. die nächstfolgenden Tafeln nicht vorher sieht. Man kann also entweder die Tafeln umgekehrt auf den Tisch legen oder auch mit der Bildseite nach oben und in der richtigen Reihenfolge, dann aber durch ein Blatt oder Buch bedeckt.

Schadhafte Tafeln mit deutlichen Flecken oder Abschabungen sollen nach Möglichkeit nicht mehr verwendet werden. Mit der Zeit werden die Tafeln ja etwas mitgenommen (fettig, schwitzig, „abgegriffen"). MORGENTHALER schlägt vor, dann *zwei* Serien bereit zu halten, eine neue „appetitliche" Serie für reinliche Leute und vor allem neurotische oder schizophrene Reinlichkeitsfanatiker, und eine ältere Serie für Vp. mit weniger gut gewaschenen Händen.

Besonders wichtig ist die sogenannte „*psychische Vorbereitung*". Sie soll möglichst *kurz, aber effektiv* sein. Auf alle Fälle muss der Kontakt hergestellt sein, ganz besonders bei Kindern! Eine natürliche Atmosphäre des Vertrauens muss geschaffen werden, und besonders bei ängstlichen oder eingeschüchterten Patienten kann eine gewisse Bagatellisierung der Situation oder ein Scherz am Platze sein. Hier muss die Menschenkenntnis und die praktische klinische Erfahrung des Vl. entscheiden.

Besonders zu unterstreichen ist MORGENTHALER's Mahnung, die Wörter „prüfen" und „Prüfung" möglichst zu *vermeiden*, ebenso alles, was nach Examen riecht. Man kann von einer Untersuchung sprechen, eventuell, namentlich bei Intellektuellen, von einem Experiment. (Bei einfachen und vielleicht auch noch etwas misstrauischen Leuten ist auch dieses Wort gefährlich.)

Zweifellos spielt *die Einstellung der Versuchsperson zum Versuchsleiter* eine Rolle, worauf u. a. KUHN [2] mit Nachdruck hingewiesen hat. In gewissen Situationen wird es daher zweckmässig sein, die Testaufnahme einem anderen Vl. zu überlassen oder (bei momentaner Aversion oder Unaufgelegtheit) wenigstens nicht in die Vp. zu dringen, sondern auf eine bessere Gelegenheit zu warten. Besondere Vorsicht ist in dieser Hinsicht natürlich bei paranoisch eingestellten Patienten am Platze. — Die allgemeinste Form, in der die Einstellung zum Versuchsleiter sich geltend macht, ist die sogenannte *Sexualkomponente* des Versuchs. Schon

---

[1] EDUARD MÜLLENER, Rorschachbefunde bei Farbblindheit. Zeitschr. f. Diagnostische Psychologie und Persönlichkeitsforschung. Vol. IV, 1956, S. 22.

[2] ROLAND KUHN, Über Maskendeutungen im Rorschach'schen Versuch, Basel, 1944, S. 47.

MATHILDE VAERTING hat in ihrem Buche „Wahrheit und Irrtum in der Geschlechterpsychologie" (Braun, Karlsruhe, 1921) auf die Bedeutung der Sexualkomponente für psychologische Prüfungen hingewiesen. Die Sexualkomponente steigert die Gefühlstätigkeit und hemmt die Denkfähigkeit, und dabei hat die Vp. die Selbsttäuschung, sie leiste Besseres [1]. Dazu kommt beim Rorschach-Test noch als Besonderes hinzu, dass namentlich männliche Versuchspersonen gegenüber weiblichen Versuchsleitern Hemmungen haben, Sexualdeutungen zu geben. Im umgekehrten Falle (männlicher Vl. und weibliche Vp.) ist die Hemmung meist weniger ausgeprägt, man muss aber doch immer damit rechnen.

Bevor man mit dem Versuch beginnt, ist die Vp. zu fragen, ob sie den Test schon kenne, d. h. ob sie den Test bereits einmal durchgemacht oder eventuell darüber gehört oder gelesen habe. In Kliniken erzählen manchmal andere Patienten, was man sehen „soll"; auch das kann den Versuch beeinflussen und ist daher eventuell näher zu untersuchen.

II. Die Instruktion

RORSCHACH legte seinen Versuchspersonen ganz einfach die erste Tafel mit der Frage vor: „Was könnte dies sein?" Andere haben diese Instruktion erweitert und häufig das Mass des Zweckmässigen mehr oder weniger überschritten. Mit welchen Worten man den Test beginnt, richtet sich natürlich etwas nach der besonderen Situation des einzelnen Falles. Das Motto muss aber sein: Man *sage so wenig wie möglich und so viel wie nötig*. Es ist zweckmässig, zunächst so wenig wie möglich zu sagen. Eine Erklärung oder gar Demonstration der *Entstehungsweise* des Tests, wie sie mancherorts üblich ist, soll *zunächst* einmal unterbleiben, wenn man die Schärfe des Deutungsbewusstseins bei der Vp. beobachten will. Den Gebrauch eines „trial blot" halten wir sogar für einen ausgesprochenen Fehler, auch bei Kindern [2]. (So wichtige Phänomene wie der Dunkelschock bei I und die Einstellungshemmung werden dadurch einfach nicht mehr diagnostizierbar.) *Erklärungen*, dass die Kleckse nichts Bestimmtes darstellen, sollten aus demselben Grunde *niemals generell im voraus* gegeben werden. *Nur im Notfalle*, wenn die Durchführung des Tests an dieser Frage geradezu zu scheitern droht, kann eine solche Erklärung und eventuell auch einmal eine Demonstration der Entstehungsweise der Tafeln gegeben werden, ist dann aber im Protokoll zu vermerken. (Ein Vergleich mit den Wolkenformen des Himmels ist gefährlich, er provoziert gar zu leicht Wolkendeutungen. Schon die Ausdrücke „Kleckse" und dergleichen sollen möglichst nicht gebraucht werden.) Auch wenn die Vp. sich über den Deutungsvorgang nicht im klaren ist und Fragen stellt wie: „Was bedeuten die Kleckse *wirklich*?", ist es am besten, derartigen Fragen so lange wie möglich auszuweichen und die Vp. auf nachher zu vertrösten. Gibt die Vp. im Laufe der Protokollaufnahme zu verstehen, dass sie den Versuch für eine Phantasieprüfung hält (z. B. durch Subjektkritik), soll man sie ruhig bei diesem Glauben lassen[3].

---

[1] MATHILDE VAERTING, a. a. O., S. 105 und 120.
[2] MARY FORD (The Application of the Rorschach Test to Young Children, Minneapolis, 1946), die den „trial blot" anwendet, gibt selbst zu (S. 34), dass die Kinder die einfache Instruktion „What could this be?" ohne weiteres verstünden.
[3] So auch KLOPFER and KELLEY, a. a. O., S. 30.

Die Tafeln werden in der Grundstellung (a-Stellung) gereicht. Die Vp. *darf* sie aber *drehen und wenden*, wie sie will. Diese Bemerkung RORSCHACH's (S. 16) hat, wie KLOPFER [1] mitteilt, Anlass gegeben zu langen Diskussionen, ob man der Vp. die Zulässigkeit des Drehens *mitteilen* soll oder nicht, bzw. wann. MORGENTHALER empfiehlt, zunächst nichts darüber zu sagen, aber die Vp. gewähren zu lassen, wenn sie die Tafeln spontan dreht. Verfällt die Vp. nicht spontan auf das Drehen, möge man ihr selbst die Tafel in den anderen Stellungen reichen und sagt bei Tafel II: „Von nun an können Sie die Tafel drehen, wie Sie wollen." Auch KLOPFER empfiehlt [2], nichts zu sagen, aber im gegebenen Augenblick die Vp. zum Drehen zu ermuntern. Wir haben die Beobachtung gemacht, dass es faktisch nicht viel ausmacht, ob man das Drehen der Tafeln *vorher* erwähnt oder erst etwas später. Es ist nur darauf zu achten, dass eine im voraus gegebene Instruktion in einem möglichst „unbetonten", bagatellisierenden Tonfall gegeben wird, um den Eindruck zu vermeiden, als *müsse* man drehen. Bei diesem Tonfall wird die Bemerkung vom „Drehen" von vielen Vp. „überhört", die keine Spontantendenz dazu zeigen. Macht ein Vl. die Beobachtung, dass *seine* Instruktion in dieser Hinsicht regelmässig suggestiv wirkt (das kann an seiner Sprechart liegen), soll er sich lieber streng an MORGENTHALER's Anweisung halten.

Wir empfehlen etwa folgendes Verfahren: Nachdem der Kontakt hergestellt ist, sagt man zur Vp.: „Ich will Ihnen nun einige Tafeln zeigen (‚Kleckse' und ‚Bilder' sind besser zu vermeiden, allenfalls ‚Figuren' kann angehen) und bitte Sie nur, mir zu sagen, was das sein könnte [3]. Sie können so viel oder so wenig sagen, wie Sie Lust haben, Sie können die Tafeln auch drehen und wenden, wie Sie wollen, und wenn Sie fertig sind, geben Sie mir die Tafel wieder zurück."

Die Bemerkung vom Drehen kann, wie gesagt, auch fehlen. Dann muss man sich aber später entsprechend verhalten. — Wenn man keine Wand- oder Armbanduhr hat und seine Uhr auf den Tisch legt, ist es bisweilen nötig, noch ein freundliches Wort über die Uhr zu sagen, wenn man merkt, dass die Vp. ängstlich wird, etwa: „Diese Uhr interessiert Sie gar nicht, die ist nur zu meinem Privatvergnügen. Sie können sich ruhig Zeit lassen", oder dergleichen.

Diese Formulierungen sollen jedoch *nur* als *Anhaltspunkte* dienen. Sie sind keineswegs als feststehende Zauberformel zu betrachten, an die man sich krampfhaft klammern soll.

Für *debile Kinder* gab ZULLIGER etwa folgende Instruktion[4]: „Ich werde dir jetzt Bilder zeigen. Die Bilder sind durch Zufall entstanden und stellen nichts Bestimmtes dar. Es sind auch keine Vexierbilder. Du kannst aber versuchen, herauszufinden, was man so darauf sehen kann. Alles, was du sagst, ist richtig. Und wenn du nichts mehr finden kannst, gibst du mir das Bild zurück."

Die Tafeln sind der Vp. *in die Hand zu geben* (in a-Stellung). Wie RORSCHACH ausdrücklich bemerkt, dürfen sie höchstens in Armlänge gehalten werden. Aus längerem Abstand betrachtet, verändert sich ihr Eindruck, und die Deutungen verlieren die Vergleichsgrundlage. (Daher sind sie auch als Lichtbilder unge-

---

[1] KLOPFER and KELLEY, a. a. O., S. 31.
[2] A. a. O., S. 33.
[3] Die skandinavischen Sprachen haben den grossen Vorteil eines Wortes für „ähnlen", das sich hier ungezwungen anwenden lässt. Frei übersetzt könnte man es wiedergeben mit „wonach das aussieht".
[4] Mündliche Mitteilung.

eignet.) Wenn die Vp. die Tafeln aus der Hand legt und versucht, sie aus grösserem Abstand zu betrachten, ist ihr das zu verweigern.

Sparsame *Aufmunterungen* sind gestattet, wie „ja", „gut", „schön" „na, sehen Sie, wie schön das geht" usw.

Kommt die Vp. bei der ersten Tafel nicht recht in Gang, verhält man sich abwartend, als ob man gar nicht am Versuche interessiert sei (sieht vielleicht zum Fenster hinaus oder dergleichen), und wenn das auch nichts nützt, kann man in freundlichem Tone fragen: „Na, was finden Sie da?" Es hat keinen Zweck, die Vp. zu Deutungen zu pressen. Wenn es nicht geht, versucht man's einfach mit der nächsten Tafel.

Wenn die Vp. die erste (oder eine folgende) Tafel nach der ersten Antwort zurückgeben will oder eine längere Pause macht, fragt man am besten zuerst: „Noch etwas?" oder „mehr?", und wenn das nicht hilft, wiederholt man die Instruktion: „Sie dürfen gern mehrere Antworten geben; ich sagte ja, so viele, wie Sie Lust haben". (Hier wäre es unzweckmässig, das „oder so wenig" zu wiederholen.)

Bisweilen kommen die Vp. mit *Zwischenfragen*, die zumeist den Zweck haben, der Aufgabe auszuweichen. MORGENTHALER gibt eine ganze Reihe von derartigen Beispielen (S. 225). Diese Fragen muss man so lange wie möglich *ignorieren*. Nur wenn es nicht anders geht, muss man die Vp. mit Güte oder Strenge auf ihre Aufgabe verweisen. Beginnt die Vp., Probleme aufzuwerfen, so ist sie auf „nachher" zu verweisen.

Etwas anders liegt es, wenn die Vp. fragt, ob dies ein *Intelligenztest* sei. Hier ist es zweckmässig, diese Frage sofort wahrheitsgemäss zu *verneinen*. Man kann dann sagen, dass man wohl auch *etwas* über die Art der Intelligenz erfahre, dass dies aber nicht das Wichtigste und vor allem nicht der Zweck des Tests sei. Man wolle nur einen „allgemeinen Einblick" in die Persönlichkeit der Vp. gewinnen, um sie dann besser zu verstehen und ihr besser raten und helfen zu können.

Berührt eine Frage die Testfaktoren selbst im allgemeinen oder besonderen, muss man die Vp. auf *nach* dem Test verweisen und ihr dann so viel oder so wenig erklären, als sie zu wissen wünscht und ihrem Intelligenzniveau angemessen ist. Auf Deutungen des Testresultats darf man sich aber nicht einlassen. — Nur wenn die Vp. fragt: „Darf man auch dieses oder jenes deuten?" (Teile, Rotes usw.), ist zu antworten: „Sie dürfen alles deuten", oder: „Sie dürfen sagen, was Sie wollen."

Manche Vp., die etwas von Psychoanalyse gehört haben, fragen, ob sie ihre *Assoziationen* mitteilen sollen. Gibt man hier nach, wird die Vp. sich bald gänzlich vom Thema der Kleckse entfernen. Diese Frage ist daher zu *verneinen* und nochmals die Instruktion zu wiederholen: „Erzählen Sie mir nur, was das sein könnte, ihren unmittelbaren Eindruck von den Tafeln." Suggestionen in der Richtung „freie Assoziation" sind selbstverständlich zu vermeiden, schon eine Formulierung wie: „Woran Sie das erinnert" kann gefährlich sein. Bei Gelegenheit der Sicherung unklarer Antworten kann man dann *hinterher*, nach Abschluss des ganzen Versuchs, sich die einzelnen Deutungen noch weiter erklären und gelegentlich auch dazu *frei assoziieren* lassen (besonderes Protokoll!). Unter Umständen empfiehlt sich ein Assoziationstest ad modum JUNG oder ein TAT (s. o.).

Eine *Beschränkung der Zeit* ist unter *keinen* Umständen zulässig, eine *Beschränkung der Antwortenzahl* dagegen manchmal unvermeidlich. MORGENTHALER schlägt vor, bei diesen „Deutungsfreudigen" nach 8 bis 10 Antworten zu einer Tafel abzubrechen, ZULLIGER (Bero-Test, S. 14) setzt die Grenze bei der 6. Antwort. Es empfiehlt sich, wenn man merkt, dass die Vp. kein Ende findet, es zunächst mit einem einfachen „ja" oder nur einer Kopf- oder Handbewegung zu versuchen. Sehr häufig genügt das, und die Vp. gibt dann die Tafel zurück. Manchmal aber verfehlt diese Geste ihre Wirkung. In solchem Falle ist es dann doch meist das beste, zunächst weiterzuprotokollieren. Denn wo die Vp. so von der Aufgabe in Anspruch genommen ist, dass sie diese Mimik und Bemerkung nicht beachtet, hat sie meist auch noch etwas Wesentliches auf dem Herzen, das man sich nicht entgehen lassen sollte. Sobald man aber merkt, dass die Deutungen in eine stereotype Quantitätsleistung ausarten (Dd, Md usw.), ist man schliesslich doch genötigt, die Tafel wegzunehmen und die nächste zu reichen. Dies ist dann aber zu protokollieren.

III. Die Protokollierung

Eine deutliche und übersichtliche Protokollierung ist eine nützliche Tugend, namentlich wenn später der Vl. selbst oder andere aus dem Protokoll noch klug werden sollen.

Man setze *links* oben die *Personalia* : den Namen der Vp., ihren Geburtstag, Beruf und möglichst auch die Adresse, für den Fall, dass man später einmal mit der Vp. Rücksprache zu nehmen wünscht. *Rechts* oben schreibt man das *Datum* und die *Zeit* der Aufnahme auf Minuten genau, und zwar für den Beginn, für den Schluss der V. Tafel (Halbzeit) und für das Ende des Versuchs.

Da die Tafeln der verschiedenen Auflagen leider nicht ganz gleich ausgefallen sind, ist es zu Vergleichszwecken erforderlich, auf jedem Protokoll die *Auflage* anzugeben, mit der gearbeitet wurde, und natürlich auch, ob die Originalserie oder der Paralleltest (Behn-Rorschach) benutzt worden ist, z. B. „Ro III. Aufl." oder „Be-Ro".

Ferner ist es zu vermerken, falls die Vp. die Tafeln *schon gesehen* oder sonst von der Methode Kenntnis erhalten hat, ebenso wo und bei welcher Gelegenheit das geschehen ist.

Ob man vorgedruckte Formulare verwenden will oder nicht, ist Geschmackssache. Wir ziehen einen einfachen linierten Schreibblock vor (am praktischsten ist das breitere Quartformat), da allzu viele Vordrucke nur verwirrend wirken. (Es kommt ja in den meisten Tests gar nicht „alles" vor.)

Der Block ist der Übersicht halber in mindestens 6 oder 7, eventuell 8 Längsrubriken einzuteilen. (Siehe die Beispiele am Ende des Buches.)

In der 1. Rubrik notiert man die *Nummer* der Tafel und zweckmässigerweise auch die *Zeit* ihrer Vorlage in Minuten (Näheres siehe unter Verrechnung), sowie die *Lage* (s. u.).

In die 2. Rubrik wird die genaue Lokalisation der gedeuteten Stelle eingetragen (s. u.).

(Die ersten beiden Rubriken kann man eventuell zu einer zusammenfassen.)

In der 3. Rubrik steht der Text der Antwort, die möglichst wortgetreu wiedergegeben werden soll. Spricht die Vp. zu viel oder zu schnell, muss man sich mit Abkürzungen und eventuell mit Stichworten begnügen, „wobei das Charakteristische des Ausdrucks nach Möglichkeit festgehalten wird" (MORGENTHALER). Es gehört eine gewisse Erfahrung dazu, schon bei der Niederschrift übersehen zu können, worauf es ankommt. Es ist besser, sich mit Abkürzungen und einer Auswahl zu behelfen, als einen fremden Stenographen einzusetzen (so auch KLOPFER und KELLEY, S. 36).

Auch *Ausrufe* und *Zwischenbemerkungen* müssen protokolliert werden, ebenso *Mimik und Verhalten* der Vp. (Lachen, Stirnrunzeln, Seufzen usw.) und natürlich alle vorkommenden *Störungen* (mit Zeitangabe, wie lange eine eventuelle Unterbrechung gedauert hat). Die Protokollierung von Ausrufen, Flüchen, Nebenbemerkungen usw. hat mit einer gewissen Vorsicht zu erfolgen, so unauffällig wie möglich.

Man kann jede wirkliche Antwort (nicht die Zwischenbemerkungen) numerieren, wobei am besten bei jeder Tafel von neuem zu beginnen ist. Notwendig ist das aber nicht, es kann jedoch bei wissenschaftlichen Abhandlungen den Hinweis auf bestimmte Deutungen erleichtern. Wenn man es nicht tut, empfiehlt es sich aber, die Anzahl der wirklichen Antworten zu jeder einzelnen Tafel in einer schmalen Rubrik vor oder hinter den Formeln (zwischen Rubrik 3 und 4 oder hinter 7) zu notieren, was die Zusammenzählung erleichtert und die Fluktuation (the waxing and waning) der Produktion besser hervortreten lässt.

Vor allem aber muss klar zu unterscheiden sein, was die *Versuchsperson* gesagt hat und was der *Versuchsleiter* hinzugesetzt hat. Letzteres soll prinzipiell in Parenthese stehen und eventuell noch durch eine andere Schriftart markiert werden (Gothisch, Stenographie, Griechisch). In die Rubriken 4—7 werden dann die einzelnen Teile der Formeln (die Signa) eingetragen. (Alles Nähere hierüber im nächsten Kapitel.)

Hier sollen nur noch zu den beiden ersten Rubriken ein paar Erklärungen gegeben werden.

Für die *Lagebezeichnung* (Rubrik 1), also wie die Tafel gehalten wurde, gibt es im wesentlichen drei Möglichkeiten. LOOSLI-USTERI hat kleine Winkel vorgeschlagen, deren Spitze jeweils die *Ober*kante der Tafel anzeigt. Danach bedeutet ∧ die Normallage, ∨ = Tafel auf den Kopf gestellt, > = Tafel auf linke Schmalkante gestellt (Oberkante rechts) und < = Tafel auf rechte Schmalkante gestellt (Oberkante links). Wenn man kein sehr präsentes und konkretes optisches Vorstellungsvermögen besitzt, kann man statt dessen entweder $0°$, $180°$, $90°$ (auf rechte Schmalkante gestellt) und $270°$ schreiben oder nach MORGENTHALER und ZULLIGER Buchstaben verwenden: a = Normallage, b = Tafel auf rechte Schmalkante gestellt, c = Tafel auf den Kopf gestellt und d = Tafel auf linke Schmalkante gestellt. Bei Schräglage schreibt man z. B. ⌐ oder a/d. Wird nichts notiert, ist immer die Normallage gemeint. Besonders wichtig ist, bei Rückkehr zur Normallage auch diese wieder anzugeben! Am besten ist es, wenn die Vp. erst einmal zu drehen begonnen hat, für *jede* Antwort die Lage zu notieren. Es entstehen sonst oft sehr peinliche Zweifel, die eine richtige Signierung unmöglich machen. — Für Ganzdrehung kann man nach KLOPFER's Vorschlag [1] das Symbol ⊙ benutzen, wobei man ungefähr so viele Windungen zeichnet, wie der Anzahl der Ganzdrehungen entspricht.

Ganz besondere Sorgfalt ist auf die genaueste *Lokalisierung* (oder Topographie) der gedeuteten Kleckssteile zu legen (Rubrik 2). Hier wird häufig noch schwer ge-

---

[1] KLOPFER and KELLEY, a. a. O., S. 39.

sündigt. Unzählige Protokolle, namentlich solche, die von Anfängern oder ungeschulten Hilfskräften aufgenommen wurden, müssen in den Papierkorb geworfen werden, weil aus den Lokalisationen nicht klug zu werden ist. Eine Bezeichnung wie „Mitte" bei Tafel I z. B. ist ganz unzulänglich, wenn darunter abwechselnd die ganze Mitte, deren obere oder untere Hälfte, die Hörner oben und vielleicht auch noch die kleinen Buckel dazwischen verstanden werden. Der sorgfältige Arzt oder Anthropologe schreibt auch nicht: „Naevus auf der linken Brust", sondern: „Ca. erbsengrosser, dunkelbrauner Naevus, zwei Querfinger links, drei Querfinger unterhalb der linken Brustwarze". — Glücklicherweise sind die Klecksteile beim Rorschach bedeutend leichter zu lokalisieren. Gerade der Anfänger sollte sich hier grösste Genauigkeit angelegen sein lassen, weil er sich noch nicht vorstellen kann, wie viele Möglichkeiten des Missverständnisses es gibt. Auf genaueste Lokalisierung ist um so strenger zu achten, je ungewöhnlicher und „verrückter" die Antworten sind; denn während man bei guten Formen meist noch erraten kann, was gemeint ist, ist das bei schlechten Formen nicht mehr der Fall.

Vor allem ist zu beachten, dass die Begriffe *„oben"*, *„unten"*, *„links"* und *„rechts"* von der Lage der Tafel abhängig sind. Hier ist dringend zu raten, sich an MORGENTHALER's Vorschlag zu halten (S. 227): Sind die Bezeichnungen „oben", „unten", „links" und „rechts" *nicht eingeklammert*, so beziehen sie sich auf die Normallage (a-Stellung); sind sie aber *eingeklammert*, dann auf die *jetzige momentane* Lage (b, c oder d). In schwierigen Fällen ist zu empfehlen, den Sinn dieser Worte noch durch den Zusatz von „jetzt" oder „sonst" eindeutig festzulegen. Namentlich bei Tafel VII ist es oft praktisch, *beide* Bezeichnungen (mit und ohne Klammer) kombiniert zu benützen, wenn die Tafel auf einer Schmalkante steht, z. B. „b Ausläufer am (oberen) oberen Drittel", d. h. der Ausläufer am jetzt oberen, sonst oberen (jetzt rechten) Drittel, m. a. W. der Ausläufer des linken oberen Drittels, wenn es die a-Stellung wäre.

Wenn bei der Protokollierung keine Zeit ist, die Lokalisationen genau anzugeben, muss man sie provisorisch mit ein paar Abkürzungen markieren, dann aber nach Abschluss des Protokolls sofort genau einsetzen. Sonst kann man die gedeuteten Klecksteile später nicht wiederfinden.

Zur rascheren Lokalisierung der Deutungen bedient man sich am besten bestimmter *Abkürzungen*, z. B.:

o = oben	m = Mitte, medial	Rd = Rand
u = unten	lat = lateral oder:	Forts = Fortsatz
re = rechts	(s = seitlich)	Vorsp = Vorsprung
li = links	ü = über	Ausl = Ausläufer
	un = unter	

schw = schwarz	rt = rot
w = weiss	ge = gelb
gra = grau	bl = blau
br = braun	grü = grün usw.

Bei komplizierten Deutungen kann es notwendig sein, die einzelnen Bestandteile *im Text* noch näher zu lokalisieren. Dies muss dann natürlich in Parenthese geschehen. Z. B. IX O : Zwei Narren (Braun + Grün) auf einer roten Wolke (Rot). Oder: X Rot + Grau Mitte + Blau Mitte: Zwei Polizisten mit Bobby-Helmen (Grau Mitte) öffnen eine Tür mit ihren Brecheisen (Blau Mitte).

Man bestrebe sich, die Lokalisationen so weit wie möglich *mit Worten* zu beschreiben. Nur wenn dies unmöglich ist oder leicht zu Unklarheiten führen würde, muss man den Schemablock (siehe die beiden Anlagen) benutzen und die Deutung dort einzeichnen. Diese verkleinerten Wiedergaben der Tafeln sind in Blocks zu 100 Stück vom Verlage Hans Huber, Bern, zu beziehen. Die eingezeichneten Antworten sind sowohl im Protokoll wie auf der Zeichnung zu numerieren (siehe die beiden Beispiele). Sämtliche Antworten einzuzeichnen empfiehlt sich *nicht*, da es erstens unnötig ist und zweitens sehr viele Deutungen sich überschneiden, wodurch mehr Verwirrung als Überblick entsteht.

In ganz schwierigen Fällen ist man genötigt, nach Beendigung des Tests die gedeutete Stelle *abzuzeichnen* oder *durchzupausen*.

Wir geben im Anhang *Hilfstafeln für die Lokalisierung*, auf denen die wichtigsten Kleckssteile durch blaue, rote und grüne Einfassungen mit gleichfarbigen Nummern kenntlich gemacht und dafür die entsprechende verbale Lokalisationsbezeichnung angegeben ist. Deutet also jemand auf Tafel IV z. B. den mit 2 (blaue Einfassung) bezeichneten Kleckssteil, so ist unter Rubrik 2 zu schreiben „ganze Mitte" oder „Zepter".

Der Einfachheit halber sind in Parenthese hinter den Lokalisationsbezeichnungen gleich die betreffenden Erfassungsmodi angegeben. Wir haben uns hierbei (aus den im Vorwort und im nächsten Kapitel angegebenen Gründen) so eng wie möglich an RORSCHACH's eigene Signierungen gehalten, mussten aber in ganz vereinzelten Fällen aus prinzipiellen Gründen eine Ausnahme machen, zumal die Praxis RORSCHACH's in den meisten dieser Fälle selbst nicht einheitlich war. Ausserdem ist zu beachten, dass streng genommen nur die Dd und die DdZw als ein für allemal feststehend angesehen werden können; alle Details, die bei gewöhnlicher Auffassung als D oder DZw zu signieren sind, können „unter ganz ungewöhnlichem Aspekt und mit ungewöhnlichen Zusammenhängen" (RORSCHACH) auch einmal zu Dd oder DdZw werden. Eine restlose Standardisierung der Rorschach-Signierung ist eben weder möglich noch erwünscht.

Im übrigen seien zum besseren Verständnis der Tafeln noch folgende Bemerkungen vorausgeschickt: Die *ganze Tafel* wird in der Lokalisationsrubrik am einfachsten nach dem Vorschlage von ERNST SCHNEIDER mit O bezeichnet. MORGENTHALER's Schlagwörter sind in Klammern mit „M" hinzugefügt. Wir halten sie für sehr empfehlenswert, nur bei dem „Mann" und „Frau" auf Tafel IX (zwei Ausläufer des Braunen) müssen wir einen Vorbehalt machen. Diese Bezeichnungen sind nicht überall gleich praktisch, da die Figürchen im Norden oft als Eskimos gesehen werden und dann meist, der Tracht entsprechend, der „Mann" die Frau und die „Frau" der Mann ist. Es ist deshalb bei Publikationen zu empfehlen, die beiden Details unverkürzt zu lokalisieren.

Einige *neue* Schlagwörter wurden hinzugefügt, z. B. „Flügel", „Buddha" (Schwarz in Mitte in c-Stellung), „Pilz" (als Alternative für „Köpfchen") bei Tafel I, „Dante" und „Indianer" bei Tafel II, „Strolche", „Efeublättchen", „Burg" (als Alternative für „Michel") usw.

In ähnlicher Weise wurden in der 2. und 3. Auflage für die meisten allgemein vorkommenden Details Schlagwörter oder Abkürzungen angegeben, mit denen das betreffende Detail kurz und sofort verständlich bezeichnet werden kann. Den Schlagwörtern der Zwischenfiguren wurde ein Zw vorangesetzt, um sie leichter kenntlich zu machen. Wo die allgemein übliche Lokalisationsbezeichnung vollkommen genügt (wie z. B. „Seiten", „Schwarz" usw.), wurde nichts beigefügt. Ein paar selten gedeutete Details, zu denen typische Schlagwörter schwer zu finden sind, wurden mit ihren etwas komplizierten Beschreibungen beibehalten, als Beispiele, wie man sie im Notfall eindeutig lokalisieren kann. Weitaus die meisten Deutungen lassen sich aber mit nur ein oder zwei Worten oder mit wenigen Abkürzungsbuchstaben (z. B. „gr. s. Ausl.") so wiedergeben, dass eine Verwechslung ausgeschlossen sein sollte.

Nicht alles, was auf den Tafeln *nicht* angegeben ist, muss nun unbedingt auf dem Anzeichnungsblock eingezeichnet werden. Eine Reihe von weiteren Kleindetails lässt sich unschwer mit Worten beschreiben, ohne missverständlich zu sein, z. B. bei Tafel II „Zeichnung in unterer Hälfte des Rot oben" (Vogel), bei Tafel III „Zapfen an den Händen der Männer", bei Tafel V „Nase am unteren Flügelrand", bei Tafel VI „Spitze des grossen seitlichen Ausläufers", bei Tafel VII „Einkerbungen am oberen Rand der unteren Drittel" (DdZw), bei Tafel VIII „Zeichnung im Inneren des Blau", „1. oder 2. Vorder- oder Hinterbein der seitlichen Tiere" (oder: „1., 2., 3. oder 4. Bein der seitlichen Tiere"), bei Tafel IX „Nase des grünen Profils", „laterale Kontur des Braun", „Zwischenfigur zwischen braunem Bogen und Strich" (vordere Augenkammer, DdZw), bei Tafel X „runde Zwischenfigur unter der grauen Säule" (Kopf) usw.

„Oberhalb", „unterhalb", „rechts", „links" sind wie nach MORGENTHALER's Vorschlag zu verstehen (s. o.).

Man achte sorgfältig auf die *Farbe* der zusammengehörigen Zahlen und Einfassungen. Die blauen Ziffern und Einfassungen beziehen sich im allgemeinen auf die grössten Details, Rot und Grün teilen sich in die verschiedenen Unterdetails.

Auf keinen Fall sind diese Lokalisierungstafeln so aufzufassen, dass die Ziffern, die hier nur zur Bezeichnung der eingerahmten Teile dienen, etwa als Chiffren im Protokoll benutzt werden sollen. Ein solches Vorgehen wäre nicht zu empfehlen; denn nicht alle Rorschach-Praktiker sind Zahlengedächtniskünstler.

Die Hilfstafeln für die Lokalisierung (mit Angabe der wichtigsten Erfassungsmodi) finden sich am Ende des Buches in besonderer Mappe.

Kapitel 4

Die Signierung

A. Die klassische Einteilung

I. Die Bestandteile der Formeln

Ist das Protokoll und damit der eigentliche Versuch beendet, wird jede Antwort mit einer *Formel* versehen. Dies ist die Grundlage des ganzen Verfahrens, da die Auswertung stets vom Formalen auszugehen hat. Die Formeln sind deshalb ausserordentlich wichtig.

Die *Formelgebung* (oder *Signierung*) ist eine Kunst (das Wort kommt von Können), die durch Theorien *allein* nicht zu erlernen ist, sondern eine längere *Erfahrung* erfordert; und selbst der beste Experte stösst dabei immer wieder auf neue Probleme und Schwierigkeiten. Im Anfang muss man seine Protokolle von jemand, der das Verfahren wirklich beherrscht, immer wieder durchsehen und korrigieren lassen, bis man selbst eine gewisse Sicherheit gewonnen hat. Hat man erst selbst einige Erfahrung gesammelt, wird es nützlich sein, die früheren Protokolle noch einmal durchzugehen und ihre Formeln unter die kritische Lupe zu nehmen. Wie viele Tests man aufnehmen muss, oder wie viele Jahre man arbeiten muss, um sich ein einigermassen sicheres Können zu erwerben, lässt sich nicht generell angeben. Es hängt einesteils von der spezifischen psychologischen Begabung für diese Arbeit ab, anderenteils aber auch von der Vielseitigkeit des Materials (Gesunde aus allen Schichten der Bevölkerung und allen Altersklassen, Nervöse und psychisch Kranke aller Kategorien), das einem zur Verfügung steht. Nur zähe und vor allem *gründliche* Arbeit kann zum Ziele führen; die Menge allein tut es nicht.

Doch auch das vielseitigste Material und die grösste Erfahrung nützen nichts, wenn die sichere *theoretische Grundlage* fehlt. (Es wäre nicht schwer, Beispiele aus der Literatur hierfür anzuführen.) Wir werden uns bemühen, so klar und verständlich wie möglich das Grundsätzliche herauszuarbeiten und die Richtlinien aufzuzeigen. Eine mechanische Standardisierung entspricht nicht den inneren Bedingungen der Methode und wird nur von denen gefordert, welche ihrer lebendigen Geschmeidigkeit innerlich verständnislos gegenüberstehen. Eine völlige *Mechanisierung* der formalen Signierung der Antworten ist weder möglich noch wünschenswert. Sie ist *nicht möglich*, weil die wortgleiche Antwort von zwei verschiedenen Vp. ganz anders aufgefasst sein kann (das lässt sich aus Tonfall, Mimik und Zusammenhang feststellen), und sie ist *nicht wünschenswert*, weil (entgegen den Erwartungen mechanistisch eingestellter Psychologen) wesentliche Vorteile der Methode dadurch verloren gehen würden, vor allem ihre unerhörte Plastizität[1]. BROSIN und FROMM behaupten mit vollem Recht[2], es sei ein Irrtum, Signierung

---

[1] Ich kann es mir nicht versagen, hier HANS ZULLIGER zu zitieren (Der Zulliger-Tafeln-Test, 2. Aufl., Bern, 1962, S. 31): „Eine *allgemeingültige Standardisierung der Antworten* ist ohnedies *unmöglich* (sie ist auch beim Ro und Bero unmöglich, so sehr man sich darum bemüht hat: Die Menschen sind Menschen und keine Automaten).

[2] HENRY W. BROSIN and E. FROMM, Some Principles of Gestalt Psychology in the Rorschach Experiment. Rorschach Research Exchange, Vol. VI, 1942, S. 2.

und Auswertung als zwei völlig voneinander unabhängige Prozesse zu betrachten. Nur jemand, der weiss, worauf es ankommt, der die Konsequenzen der Signierung für das Gesamtbild der Persönlichkeit erfasst hat, wird imstande sein, sich in den so häufigen Zweifelsfällen mit einiger Sicherheit zu entscheiden.

Jede Antwort wird von *vier Gesichtspunkten* aus beurteilt, nach ihrem *Erfassungsmodus*, d. h. der Art, wie das Klecksgebilde erfasst ist (ob als Ganzes, grösserer oder kleinerer Teil und in welcher Struktur), nach den *Determinanten*, d. h. den psychischen Erlebnisfaktoren, die die Antwort bestimmt haben (ob die Form allein oder andere Momente neben oder statt der Form), nach dem *Inhalt* der Deutung (ob Mensch, Tier, Sache usw.) und schliesslich nach ihrer *Häufigkeit*, d. h. dem Grad ihrer Originalität. Jede dieser vier Qualitäten der Antwort ist in der Formel mit einem *Buchstabensignum* vertreten. Die Beurteilung nach der Häufigkeit nimmt insofern eine Sonderstellung ein, als nur die besonders häufigen und die besonders seltenen Antworten ein Signum erhalten. Bei der grossen Gruppe der Antworten, die zwischen diesen beiden Extremen liegen, bleibt die letzte Rubrik frei.

1. Der Erfassungsmodus

Die Beurteilung des Erfassungsmodus ist wohl der schwierigste Teil der Formelgebung. Hier spielen gestaltpsychologische Probleme mit hinein (bei den Determinanten übrigens auch), und die Art der Kleckserfassung steht in unmittelbarem Zusammenhang mit den kortikalen Hirnprozessen bei der Wahrnehmung.

a) Wenn die Tafel als Ganzes erfasst wird, sprechen wir von einer *Ganzantwort* und signieren mit G. Ein Beispiel für die erste Tafel wäre: „eine Fledermaus". Aber auch die folgende Antwort ist ein G: „zwei Hexen (Seiten), die auf einen armen Sünder (Mitte) einschlagen". Die erste Antwort ist eine „einfache" Ganzantwort, die zweite eine *simultan-kombinatorische*, aus Teilen aufgebaute. Aber beide Antworten sind *primäre* Ganzantworten, die unmittelbar in einem einzigen Auffassungsakt rasch erfasst worden sind. Hätte die Vp. gesagt: „zwei Hexen (Seiten), und in der Mitte steht ein Mann; die Hexen schlagen wohl auf den armen Sünder ein", so hätten wir dies als *sukzessiv-kombinatorische* Ganzantwort bezeichnet. Diese Art von Antworten gehört bereits zu den *sekundären* Ganzantworten, die nicht mehr unmittelbar in einem Wahrnehmungsakt erfasst werden.

Die Kombination wird konfabulatorisch (*konfabulatorisch-kombinatorische* Ganzantwort), wenn zwar die Teile einigermassen scharf erfasst sind, aber ihre gegenseitige Lage zueinander nicht berücksichtigt wurde. Auch dies sind sekundäre Ganzantworten. Wenn jemand zu Tafel IX etwa die Antwort geben würde: „Zwei Zauberer (Braun) und zwei Kinder mit ihren Puppen (Grün) spielen miteinander im Himmel auf einer Wolke", dann sind zwar alle drei Teile für sich scharf und adäquat erfasst, aber die Zauberer sind in a-Stellung gesehen, die Kinder dagegen in b- oder d-Stellung. Gewöhnlich sind diese konfabulatorischen Kombinationen auch noch mit schlechten oder teilweise konfabulierten Formen verbunden, so bei der Antwort eines Paralytikers zu Tafel III: „Zwei Herren (Schwarz), die im Café bei einer Flasche Rotwein (Rot, Mitte) sitzen". Zwar steht der „Rotwein" (eine aus der Farbe konfabulierte Form) *zwischen* den Männern, aber es ist kein Tisch da, und die Männer sitzen nicht.

Es gibt auch *kontaminierte* (ebenfalls sekundäre) Ganzantworten. Das sind die Verdichtungen Schizophrener, die wie bei einer doppelt exponierten photographischen Platte zwei Antworten miteinander vermengen, z. B. zu Tafel IV: „Ein Tierfell mit Stiefeln", wobei das übliche Fell mit den Stiefeln des sonst ebenfalls als G gesehenen Mannes verknüpft wird.

(Näheres über alle diese sekundären G in Kapitel 6.)

Ein „*technisches*" G sind die beiden Männer der Tafel III, auch wenn die roten Figuren nicht berücksichtigt werden.

RORSCHACH hat sich hier instinktiv nach gestaltpsychologischen Kriterien gerichtet, und er hat gut daran getan[1]. Wenn dagegen bei den häufigen Zusätzen: „wenn man das weglässt" (z. B. den oberen Fortsatz bei Tafel VI oder die seitlichen Ausläufer der Fledermaus bei Tafel V) ein Teil der Tafel abgedeckt wird, ist, je nach der Gestalt des übrigbleibenden Teils, ein D oder Dd zu signieren und ausserdem „Objektkritik" zu vermerken. Für solche Deutungen ein besonderes Signum einzuführen („cut-off W" nach KLOPFER) empfiehlt sich nicht, da der Unterschied zwischen G einerseits und D oder Dd andererseits wichtiger ist als der zwischen mehr oder weniger grossen Details. Wir folgen in diesem Punkte (entgegen früheren Auflagen) der Argumentation von Z. A. PIOTROWSKI[2]. Wenn das Ganze ein V wäre (wie z. B. bei der Deutung „Tierfell" zu Tafel VI), ist bei der gleichen Deutung zu einem Hauptdetail dann das V am besten in Parenthese zu setzen.

In anderer Weise können Zweifel entstehen, wenn die Tafeln infolge ihrer Symmetrie als *zwei Hälften* gedeutet werden. Im allgemeinen sind das G, so z. B. „zwei Männer" zu Tafel III, „zwei Weiber" zu Tafel VII, ebenso Spiegelungen wie Tafel I in b- oder d-Stellung als „Ruine am See". Wenn aber die eine Hälfte ganz für sich aufgebaut wird ohne Zusammenhang mit der anderen und nachher gesagt wird, auf der anderen Seite sei das gleiche, liegt *kein* G mehr vor.

Eine besonders wichtige Gruppe der sekundären Ganzantworten sind die *konfabulatorischen* Ganzantworten, die RORSCHACH als DG bezeichnet, d. h. aus einem Detail geschlossene Ganzantworten. (Konfabulationen kommen aber auch bei primären, einfachen G und bei Detailantworten vor, und nicht alle DG sind Konfabulationen). Sie kommen in der Weise zustande, dass die Vp. zunächst ein Detail deutlich und scharf erfasst und dann von diesem aus verallgemeinernd auf das Ganze schliesst, ohne auf die übrigen Teile besonders Rücksicht zu nehmen. In weitaus den meisten Fällen leidet die Form der Antwort unter diesem Manöver, so bei dem von RORSCHACH angeführten Beispiel „ein Krebs" zu Tafel I wegen der beiden von uns „Hörner" genannten Details (oben Mitte), die also als die Scheren aufgefasst wurden. Ähnlich ist es, wenn jemand, von der Mitte des Blauen ausgehend, die *ganze* Tafel VIII als „Brustkasten" oder „Skelett" bezeichnet. Dies sind DG— (d.h. F—). Wenn das Ausgangsdetail sehr klein oder ungewöhnlich ist, wird solche Antwort als DdG bezeichnet, z. B. die Deutung „Schmetterling" für Tafel VI wegen der „Fühler" oben.

Bei besserer Realitätskontrolle *kann* dieser Vorgang aber auch einmal in *guten* Formen resultieren, so z. B. in RORSCHACH's eigenem Beispiel: „Ein grosser Vogel (wegen der Flügel)" zu Tafel I, was er mit DG F+ signiert (S. 125). Dies sind dann die selteneren und bisweilen recht interessanten DG+.

---

[1] Siehe BROSIN and FROMM, a. a. O., S. 8.
[2] ZYGMUNT A. PIOTROWSKI, Perceptanalysis, New York, 1957, S. 72.

Dass die DG immer nur F— (schlechte Formen) sein müssen, ist ein Irrtum, der offenbar, wie die Literatur zeigt [1], ziemlich verbreitet ist. Diese Auffassung hat, oberflächlich gesehen, faktisch den Wortlaut von RORSCHACH's „Psychodiagnostik" für sich („Das Resultat solcher DG-Bildungen sind natürlich schlechtgesehene Formen", S. 37), den Wortlaut, aber nicht den Sinn. Einmal geht das aus dem soeben genannten Beispiel des Vogels hervor, sodann aber auch aus der Überlegung, dass das psychologisch Wesentliche der rasche (und daher meist übereilte) Schluss vom Teil auf das Ganze ist, mit einer Tendenz, alles andere als diesen Teil mit einer gewissen Grosszügigkeit zu behandeln. Sehr begabte Leute können sich aber eine solche Grosszügigkeit gestatten, ohne dass das auf Kosten der Beobachtungsschärfe zu gehen braucht. Entweder *passt* der Rest, oder es gelingt eine Deutung, bei der gerade alles übrige als nur der eine Teil mehr oder weniger amorph sein *soll*. Während z. B. die Deutung „ausgestopfte Vögel" für den oberen Teil (Kopf und Rumpf) der Figuren auf Tafel III nach RORSCHACH ein D— ist, wäre die Antwort „Zwei als Menschen verkleidete Vögel" (wegen der Köpfe) für die *ganze* Tafel ein DG+. Ein anderes Beispiel wäre: „Mühle auf Anhöhe" für Tafel V. Gewöhnlich treten diese DG+-Deutungen bei Tafel VI auf, meist infolge einer positiven, sthenischen Überwindung von Schwierigkeiten wegen des Dunkelcharakters der Tafel. Beispiele für solche Lösungen sind: „Hasenfell" (wegen der grossen seitlichen Ausläufer als Pfoten) und, ausgehend vom oberen Fortsatz, „Phönix, der aus dem Feuer aufersteht", „Sperling, der eine Pfütze verlässt und in dieser einen Streifen hinter sich zieht", „der liebe Gott breitet seine Arme aus und sagt: ‚Es werde Licht!' ", „Eine Statue (ob. Fortsatz), die einen grossen Schatten wirft, einen allzu grossen." (Die letzte Antwort ist zugleich ein Beispiel für ein verarbeitetes HdF und für Objektkritik; siehe Kap. 6.) Ein Beispiel eines DdG+, ebenfalls zu Tafel VI, ist „Katzenfell" (wegen der Fühler).

Eine besondere Abart der DG sind die *Zwischenfigur-Ganzantworten*. Es empfiehlt sich, alle Ganzantworten, bei deren Zustandekommen die weissen Zwischenfiguren eine deutliche Rolle spielen, in Analogie zu den DG unter dem Signum DZwG zusammenzufassen.

Diese Antworten können dann nach einem Vorschlage von ZULLIGER [2] noch in zwei Gruppen untergeteilt werden, in die ZwG und die Gzw. Man wird dann im Protokoll in die erste Formelrubrik ein DZwG setzen und ZwG, bzw. Gzw klein darüber schreiben. Die ZwG werden definiert als Ganzdeutungen, zu deren Zustandekommen eine meist scharf erfasste Zwischenfigur den *Ausschlag* gab, das übrige aber konfabulatorisch dazukombiniert ist. Sie sind also das eigentliche Analogon zu den DG—. Die Gzw dagegen sind Ganzdeutungen, in welche die Zwischenfigur sekundär *hineinkomponiert* ist unter scharfer Erfassung sämtlicher Formen. Sie stehen also den DG+ näher. Die Unterscheidung ist nicht immer mit Sicherheit möglich, sollte aber, soweit es angeht, vorgenommen

---

[1] Man findet sehr häufig angegeben, dass *alle* DG ohne weiteres DG— seien. Nur an zwei Stellen fand ich einen positiven Hinweis auf die Existenz der DG+, nämlich in BECK's Beispielsammlung, bzw. im Text des 2. Bandes seines „Rorschach's Test" (S. 12) („Some DW are F+, some F—".) und bei RUTH BOCHNER and FLORENCE HALPERN, The Clinical Application of the Rorschach Test, New York, 1942, die S. 6 schreiben: „Good DW or DdW responses are not impossible, and in some records may occur with considerable frequency."
[2] HANS ZULLIGER, Der Z-Test, Bern, 1948, S. 22 und 34.

werden wegen ihrer grossen praktischen Bedeutung. (Beispiel eines GZw: Tafel I = Maske mit Augen und Mund; Beispiel eines ZwG: Tafel I in c-Stellung = ein Portal.)

Natürlich sind auch die DZwG *sekundäre* Ganzantworten.

b) Wenn kein G gedeutet wird, ist die Deutung in den meisten Fällen eine *Detailantwort* mit dem Signum D. Ein D ist ein *gewöhnliches*, meist grösseres Detail. (Die meisten übrigen Details heissen Dd, s. u.) Was „*gewöhnlich*" ist, bestimmt sich *nicht nur* nach der *Häufigkeit*, mit der es gedeutet wird, sondern *auch* nach seiner *Grösse, Form und Lage*. Hier sind also ganz offensichtlich *gestaltpsychologische* Gesetze zu berücksichtigen, was RORSCHACH selbst gefühlt und angedeutet hat, wenn er sagt (S. 39), die Unterscheidung gegenüber den Dd beruhe „auf erst noch zu untersuchenden Faktoren", „hauptsächlich auf Untersuchungen über die individuelle Empfindlichkeit für Raumrhythmik" oder wenn er (S. 38) definiert: „Die D sind diejenigen Details, die infolge der Verteilung der Figuren im Raum sich am meisten aufdrängen [1]."

Die D sind, wie KLOPFER und BROSIN & FROMM mit Recht hervorheben, „*Unterganze*" (oder „*Teilganze*") im Sinne der Gestaltpsychologie [2] und zumeist ganz oder teilweise „inselförmig" oder „halbinselförmig". Auch relativ kleine Teile können nach diesen Gesichtspunkten (von denen die statistische Häufigkeit nur eine Konsequenz ist) zu D werden, wenn sie eine sehr prägnante *Form* und vor allem eine entsprechende *Lage* haben. Besonders *mediale* Teile haben eine Tendenz, als D zu wirken. RORSCHACH erwähnt die schwarze Spitze der Tafel II und die Mittelfigur des Blau in Tafel VIII (S. 39). Hierher gehören auch die Hörner der oberen Mittelpartie von Tafel I (die zwar mehr medial gelegenen Buckel sind infolge ihrer geringeren „Zungenform" keine D) und auch die braunen Punkte (Kirschen) im Zentrum der Tafel X. Das letztgenannte Detail wurde zwar von RORSCHACH nicht einheitlich behandelt, muss aber wegen seiner inselförmigen Umschlossenheit in Verbindung mit seiner zentralen Lage (analog der Spitze bei Tafel II) als D angesehen werden. — Wie auch *Figur* und *Grundgesetze* bei dieser Frage eine entscheidende Rolle spielen können, zeigt am besten das Beispiel des Mittelstückes des mittleren Grün auf Tafel X. In der a-Lage ist es *mit* den dunklen „Augen" als „Hasenkopf" ein D, in c-Lage sind die hellen Teile allein *ohne* die „Augen" („Figürchen") ein Dd, was auch durch die statistische Häufigkeit bestätigt wird.

Gegenüber den G bestehen im allgemeinen keine grösseren Abgrenzungsschwierigkeiten. Nur sei darauf hingewiesen, dass RORSCHACH (sicher mit Recht) die Deutung „zwei Buben" oder „zwei Masken" zu Tafel VI in c-Stellung ohne Rücksicht auf den Fortsatz als G rechnet, also eine Art „technisches G" wie bei Tafel III. Nur wenn, ganz ähnlich wie beim „Tierfell", der Fortsatz *ausdrücklich* von dieser Deutung ausgenommen (z. B. abgedeckt) wird, muss die Deutung als D betrachtet werden.

c) „Die *Kleindetailantworten* (Dd) sind diejenigen Bilddetails, die nach Abzug der statistisch häufigsten Details, der D, übrig bleiben", so lautet RORSCHACH's ursprüngliche, summarische Definition der Dd (S. 39). Er macht dann aber noch

---
[1] Es sei darauf aufmerksam gemacht, dass RORSCHACH bereits 1922 gestorben ist. WERTHEIMER's grundlegende Arbeit über die Gestaltgesetze stammt aus dem Jahre 1923.
[2] KLOPFER and KELLEY, The Rorschach Technique, S. 92 und 93. — BROSIN and FROMM, a. a. O., S. 9.

einige wichtige Zusätze, und aus diesen geht hervor, dass die Dd aus *drei heterogenen Gruppen* bestehen. (Unverständige Kritiker haben RORSCHACH dies zum Vorwurfe gemacht. Einsichtsvolle Psychologen werden es verstehen und RORSCHACH dafür dankbar sein, dass er hier psychologische Zusammenhänge vorausgeahnt hat, die wir erst heute theoretisch zu verstehen beginnen [1].)

Es gibt also *drei Kategorien von Dd*:

α) *Kleinste* Details und *Teile von D*, also entweder allerkleinste selbständige Teile, die der Aufmerksamkeit leicht entgehen und daher nicht sehr häufig gedeutet werden (wie z. B. die „Spritzer" der Tafel I), oder kleine Ausläufer und Ecken oder Konturen und Konturteile („Küsten" usw.) oder innere Details in der Zeichnung der grossen D, soweit diese nicht infolge ihrer prägnanten Gestalt oder ihrer zentralen Lage selbst D sind (wie z. B. das Schwarze in der unteren Hälfte der Mitte von Tafel I).

β) *Ungewöhnlich abgegrenzte* Details (Abweichungen von den gewöhnlichen Gestalterfassungen). Als Beispiel diene ein „Kriegerdenkmal", das aus folgenden Teilen der Tafel I besteht: Von der Mitte die ganze obere Hälfte und das Dunkle der unteren Hälfte, von den Seiten nur die obere Hälfte (also in unseren Tafeln die Teile 3, 6 und 7).

γ) In sehr seltenen Fällen auch einmal die gewöhnlichen D „unter ganz ungewöhnlichem Aspekt und mit ungewöhnlichen Zusammenhängen" (RORSCHACH, S. 39). Auch hier sind natürlich wieder gestaltpsychologische Gesichtspunkte am Werke. Ein Beispiel: Wenn die obere Hälfte der Seiten auf Tafel I nicht in der üblichen Weise als Tierköpfe mit der Schnauze nach aussen, sondern als Esel- oder Hundeköpfe in der Weise gedeutet werden, dass die Schnauzen an der *medialen* Grenze des Details liegen. Die Flügel und die Köpfe der Seiten (Details 5 und 8) sind dann die beiden Ohren. Ein anderes Beispiel: Die schwarze Spitze der Tafel II wird als *zwei* Köpfe mit spitzen Hüten gesehen, die mit dem Rücken aneinander lehnen. — Diese dritte Kategorie zeigt sehr schön, dass auch ein Zusammenhang zwischen Erfassung und Deutung besteht, der bei der Gestaltbeurteilung des Erfassungsmodus zu berücksichtigen ist (und zwar nach RORSCHACH's *eigener* Ansicht).

Wie aus dem Gesagten hervorgeht, *kann* ein *Dd* also rein flächenmässig *grösser* sein als ein D. So ist z. B. die sehr selten gedeutete ganze obere Hälfte der Tafel IV (z. B. als „Armleuchter") ein Dd, weil sie ganz künstlich abgeschnitten ist. Die untere Begrenzungslinie ist in der Klecksfigur ja in keiner Weise angedeutet. Ja, ein Dd kann sogar aus mehreren D zusammengesetzt sein, wie wir das soeben am Beispiel des „Kriegerdenkmals" gesehen haben.

Die Frage, ob D oder Dd, ist also der *Sache* nach ein Gestaltproblem, für die wichtigsten Stellen kann man sich aber getrost auf die von RORSCHACH selbst geschaffene *Tradition* verlassen. Wie auch in dieser traditionellen Einteilung die verschiedenen gestaltpsychologischen Prinzipien gegeneinander abgewogen sind, zeigt am besten das Beispiel der verschiedenen Mitteldetails der Tafel VI. Das Schwarze im Sockel (das Stuhlbein) ist ein D wegen seiner Lage und vor allem seiner Formprägnanz, das Männchen darüber (Schwarz in Mitte oben) aber ist ein Dd wegen seiner weniger scharfen Kontur und weil es nur Teil einer bedeutend prägnanteren Form ist. Diese, die Mitte des oberen Fortsatzes, ist dement-

---

[1] Siehe hierzu die interessante Arbeit von K. W. BASH in „Rorschachiana" III.

sprechend ein D, ob ohne oder mit dem sehr prägnanten Detail des Sockels (dann als Glocke), und auch die obere Spitze dieses Details ist ein D wegen ihrer halbinselförmigen Herauslösung aus dem Ganzen und ihrer Lage in der Medianebene. Da der untere Teil der Medianlinie viel weniger beachtet wird (infolge des ganzen Aufbaus der Tafel), ist die untere Mittellinie (RORSCHACH's „Brennschere") ein Dd, die ganze Mittellinie aber kann, nicht nur wegen ihrer Grösse und Lage, sondern auch wegen ihrer relativ leichten Herauslösbarkeit und prägnanten Form (z. B. als „Schwert", „Zeitungshalter" oder „Bohrer" gedeutet) mit Fug als D gelten. Alle diese Details sind faktisch Grenzfälle, die sich empirisch aus Erfahrung und Statistik und Tradition entscheiden, aber auch theoretisch sehr wohl verstehen und erklären lassen.

Wegen weiterer Einzelheiten zu dieser Frage sei auf die *Lokalisationstafeln* verwiesen, denen, wie gesagt, die entsprechenden Erfassungsmodi in Parenthese beigegeben sind. Um Missverständnisse zu vermeiden, sei zu dieser Liste der Details noch folgendes bemerkt: Es lassen sich *nicht alle* denkbaren Teile der Tafeln *ein für allemal* als D oder Dd klassifizieren, da dasselbe Detail sehr wohl das eine Mal als D, das andere Mal in einer so merkwürdigen Erfassung gesehen werden kann, dass es als Dd bezeichnet werden muss (siehe unser Beispiel zur 3. Kategorie der Dd). Eine solche Liste würde, um den KÖHLER'schen Vergleich zu gebrauchen, wie ein Museum von Herzen sein: „It is instructive to see hundreds of hearts together in a collection; but, in operation, a heart has much more to do with a lung than with another heart. We should not learn very much about their specific coöperation in a classifying museum."[1] M. a. W. unsere Tafeln sind zu Lehrzwecken als Anhaltspunkte für die tägliche Routine gedacht, dürfen aber *nicht* in *allen* Zweifelsfällen *mechanisch* als massgeblich angesehen werden.

Natürlich folgt die statistische Häufigkeit als Konsequenz den von RORSCHACH aus inneren Gründen aufgestellten Einteilungsprinzipien. Die Häufigkeitsstatistik kann deshalb als *indirekte* Richtlinie zur praktischen Entscheidung mit herangezogen werden. Es wäre aber ein Missverständnis, sich sklavisch danach zu richten, zumal die meisten bisher verfügbaren Statistiken an einem keineswegs repräsentativen Material durchgeführt wurden[2]. Man kann nicht die Gehirnfunktionen von Akademikern als „Norm" für Landarbeiter oder Seeleute aufstellen. Dass Entscheidungen von Zweifels- und Grenzfällen durch die Statistik *allein* unter solchen Umständen zu ganz unhaltbaren Resultaten führen müssen, ist selbstverständlich. Dass dies wirklich der Fall ist, davon kann sich jeder überzeugen, der die entsprechenden Versuche (z. B. bei BECK) aufmerksam durchstudiert. Trotzdem ist die Frequenzstatistik *selbst*, wie z. B. die Arbeit von RALPH R. BROWN, in hohem Masse verdienstvoll, da man auf diese Weise einen interessanten Einblick in die seelische Durchschnittsstruktur bestimmter Bevölkerungsgruppen und geographischer Populationen gewinnen kann. Doch ist zu praktischen Entscheidungen der *Sinn* der Einteilung stets in *erster* Linie und die Statistik erst in zweiter Linie heranzuziehen.

---

[1] WOLFGANG KÖHLER, Gestalt Psychology, New York, 1945, S. 351. Nach FRANK (a. a. O., S. 23) stammt dieses Gleichnis von HOLMES.
[2] Wie ARTHUR GUIRDHAM richtig bemerkt, fehlt ein genügend vielseitiges Normalmaterial: „Rorschach's cases were mostly Bernese householders, Vernon's were Yale undergraduates, and mine nurses." (On the Value of The Rorschach Test, Journal of Mental Science, 1935, S. 868). — Auch die meisten amerikanischen Statistiken wurden an höheren Schülern und Akademikern durchgeführt.

Abschliessend ist zu diesem Abschnitt nur noch zu erwähnen, dass es analog den DG auch *DdD-Antworten* gibt, d. h. „gewöhnliche" Details, deren Deutung aber aus der vorzugsweisen Konzentrierung auf ein Kleindetail daran bestimmt ist. Sie sind (im Gegensatz zu den DG) meist gute Formen, z. B. Tafel IV, Mittelstück: „Krebskopf" wegen der Augen (oft wird gesagt „mit den Stielaugen") oder Tafel VI, Spitze oben: „Katzenkopf", wegen der Schnurrhaare.

d) Eine besondere Art der Details, die von ROExample RSCHACH ursprünglich als „Sonderform der Dd" betrachtet wurde, deren selbständige Existenzberechtigung sich aber immer stärker erwiesen hat, sind die *Zwischenformen* oder *Zwischenfigur-Deutungen*, die DZw. Es sind dies Deutungen entweder der weissen *Aussparungen* zwischen den schwarzen oder farbigen Klecksteilen oder weisse *Randdetails*, die als Einbuchtungen in die dunklen oder farbigen Teile selbst als Figuren gesehen werden können. Sie sind die klassischen Musterbeispiele der Umkehrung von Figur und Grund, und es gibt sogar Details, wie z. B. die oberen seitlichen Ausläufer von Tafel IV, wo Figurteile und Teile des weissen Grundes regelrecht „umschlagen" können. Infolge des Geschlossenheitsgesetzes und infolge ihrer zentralen Lage sind nur bei den Tafeln II und IX die Zwischenfiguren leichter als Figur erfassbar, was wesentlich zur relativen Seltenheit dieser Kategorie von Deutungen beitragen mag.

Wenn der gedeutete Zwischenfigurteil besonders klein oder ungewöhnlich abgegrenzt ist, bzw. wenn nur ein Teil einer grösseren Zwischenfigur gedeutet wird, empfiehlt es sich, in Analogie zu den Dd das Signum DdZw zu geben.

In einigen Fällen wird die *Zwischenfigurdeutung mit angrenzenden Details oder Kleindetails* kombiniert. Wenn dies nur unbedeutende Teile sind, kann das im Erfassungsmodus unberücksichtigt bleiben (siehe aber Kapitel 6 unter „Figur-Hintergrund-Verschmelzung). Sind es aber ganze D oder umschliessende Dd (in denen die Zwischenfigur z. B. als „Auge" miterfasst wird), ist es am besten, DZwD oder DZwDd zu signieren, eventuell DdZwD oder DdZwDd. Man findet Beispiele in unseren Protokollen am Ende des Buches. Auch die DZwD lassen sich, analog den DZwG, unterteilen. (ZULLIGER signiert DZw und Zw[1]). Will man *alle* Sorten von Zwischenfigurdeutungen als Gruppe bezeichnen, also die „freien" DZw und DdZw, sowie die „gebundenen" DZwG, DZwD usw., so schreibt man am besten nur *Zw*.

e) Die letzte Gruppe der Erfassungsmodi sind die sog. *oligophrenen Kleindetails*, die Do, sogenannt, weil RORSCHACH ursprünglich meinte, sie seien typisch für Oligophrenie (Näheres darüber bei Besprechung der Symptomwerte). Ein Do ist die Deutung von menschlichen oder tierischen *Teil*figuren da, wo es anderen normalen Vp. relativ leicht möglich ist, den *ganzen* Menschen oder das *ganze* Tier zu sehen. Am besten lässt sich dies an Tafel III erklären: Deutet jemand statt der ganzen Menschen nur die Köpfe, Hälse oder Beine (wohlgemerkt: *als* Köpfe, Hälse oder Beine, nicht als etwas anderes), dann ist dies ein Do. Ein anderes Beispiel ist die Deutung „Raupenköpfe" für den (oberen) Teil des grossen Rot der Tafel X in c-Stellung; denn das ganze Rot könnte die Raupe sein und wird bisweilen so gedeutet. Ebenso sind die Zapfen auf Tafel I oben Mitte Do, wenn sie als „Hände" gedeutet werden, weil die ganze Mitte oft als Mensch mit erhobenen Händen gesehen wird. Auch als „Krebsscheren" sind sie Do, da die obere

---

[1] HANS ZULLIGER, Der Zulliger-Tafeln-Test, 2. Aufl., Bern, 1962, S. 52.

Hälfte der Mitte bisweilen als Taschenkrebs gedeutet wird, nicht aber als Geweih eines Rehbocks, denn der Rehbock ist nicht da. Wo wirklich nur das gedeutete Detail zu sehen ist, liegt *kein* Do vor. Die grünen Profile auf Tafel IX sind deshalb D, aber der laterale Teil desselben Details wird zum Do, wenn er in b- oder d-Stellung als Menschenkopf gedeutet wird, weil hier der *ganze* Mensch zu sehen ist.

Entscheidend ist also die inhaltliche Beziehung der Deutung; ob der gedeutete Klecksteil bei anderer Deutung ein Dd sein würde oder nicht, spielt keine Rolle. Die Zapfen in Tafel I oben Mitte wären sonst z. B. ein D. Auch die oberen beiden Rot der Tafel II rechnet man als Do, wenn sie als Köpfe (z. B. mit Zipfelmützen) gedeutet werden, obwohl die Proportion zum Ganzen nicht passt (die meisten stellen sich zu den Clowns die Zwischenfigur als Gesicht vor). Es ist aber trotzdem richtig, hier Do zu signieren, weil die Assoziation Köpfe sonst normalerweise unmittelbar zur Erfassung der ganzen Menschen führen würde.

Zu beachten ist, dass *kein Do* signiert wird, wenn die menschliche oder tierische Ganzdeutung vorher schon gegeben *wurde*, wenn z. B. jemand zuerst die Männer auf Tafel III deutet und *hinterher* noch besonders die Beine hervorhebt.

Was ein Do ist, kann unter Umständen nicht ganz leicht zu bestimmen sein. So liegt *kein* Do vor, wenn das Ganze ein Original sein würde, der gedeutete Teil aber nicht. Als Beispiel diene das von MORGENTHALER als „Michel" bezeichnete Detail am oberen Rande auf Tafel IV (die „Burg"). Hier ist die Deutung „Gesicht" keineswegs ein Do, obwohl man sehr wohl den oberen seitlichen Ausläufer als Körper dazu betrachten und alles zusammen dann als „Akrobat" sehen kann. Ja, in b- und d-Stellung kann man das Detail zusammen mit den jetzt darunter liegenden Teilen sogar als sitzenden Märchenerzähler sehen mit angezogenen Knien und mahnendem Zeigefinger. Aber beide Deutungen wären Originale, die letzte sogar ein sehr seltenes Original, und es wäre daher unbillig, das Gesicht allein als Do zu rechnen. Ganz ähnlich verhält es sich mit dem Lama- oder Ziegenkopf auf Tafel IX (zwischen Grün und Braun). Auch hier ist die Deutung des *ganzen* Tieres, obzwar kein Original, doch relativ so selten, dass für den Kopf allein kein Do zu setzen ist. (Im Gegenteil, die Antwort ist sogar vulgär.)

Umgekehrt liegt es, wenn schon der *Teil* selbst Original ist, das Ganze *dann* aber unbedingt gesehen werden *muss*, wenn man erst einmal den Teil in diesem Sinne erfasst hat. In solchen Fällen ist doch ein Do zu signieren. Wenn jemand z. B. die obere Spitze der Seiten (Köpfe der Seiten) auf Tafel I als „Kopf mit Arm und fliegenden Haaren" deutet, so ist dies zwar ein sehr fein gesehenes Original, aber zugleich ein Do. Kopf und Arm gehören nämlich zu einem laufenden Mädchen (Profil lateral), aber das ganze Mädchen *ist da*. Ähnliche Verhältnisse liegen vor bei dem dicken seitlichen Ausläufer der Tafel V. Wird dieser als menschliches Bein gedeutet, so ist das ein Do, obwohl dieser Teil kein Original, die Deutung des ganzen liegenden Bettlers aber ein Original wäre. Aber die Einbeziehung der übrigen Teile des Flügels in die menschliche Ganzdeutung liegt doch, *wenn* erst einmal das Bein als solches erfasst ist, so nahe, dass das Bein *allein* als Do zu bezeichnen ist.

Ein DZw (und dann wohl meist DdZw) kann gleichzeitig ein Do sein, z. B. die „Beine" der Zwischenfigur in Blau auf Tafel VIII in c-Stellung, wenn als „Beine" gedeutet. Dann signiert man am besten *beides*, also DdZw *und* Do.

f) Es gibt Fälle, wo man eine Tendenz zu einem der genannten Erfassungsmodi feststellen kann, ohne dass die betreffende Formel streng genommen zu verrechnen ist. Man notiert dann *„Neigung"* oder *„Tendenz"* zu Dd, DZw, Do usw. Dies kann der Fall sein, wenn entweder in der Ausschmückung anderer (z. B. G- oder D-Antworten) oder in Zwischenbemerkungen Andeutungen von Dd, DZw oder Do enthalten sind, z. B. in der deskriptiven Bemerkung: „Da sind noch kleine Flecken hier, aber ich weiss nicht, was sie bedeuten." Oder auch eine Antwort *grenzt* an ein Dd, DZw oder Do, ohne dass man sich entschliessen kann, hier direkt diese Formel zu setzen. (Es ist aber praktisch, die Tendenz, z. B. das Do, als „Exponent" darüberzusetzen.) So ist z. B. die Antwort „Stiefel" zu den Seiten der Tafel IV D und die Antwort „Kragen" zum Hals der Männer der Tafel III ein Dd; denn es sind Kleidungsstücke und keine Körperteile. („Beine" und „Hals" wären Do.) Aber in beiden Fällen liegt das Do sozusagen „in der Luft", und meist finden sich in den gleichen Protokollen dann auch „echte" Do. Ist dies der Fall, so notiert man in der Zusammenstellung der Do „Neigung zu mehr".

2. Die Determinanten

Die Determinantenreihe, die in der Formel die zweite Stelle einnimmt (in unseren Protokollen die Rubrik 5), ist die wichtigste von allen. Sie gibt zugleich Aufschluss über die *Erlebnisweise* der Vp. und bildet den eigentlichen Kern der Methode. Hier untersuchen wir also, was die Antwort der Vp. determiniert hat, ob die Form oder andere Momente *neben* oder *statt* der Form.

a) Ist die Form das allein Ausschlaggebende, so bezeichnen wir die Deutung als *Formantwort* und signieren mit einem F. Man unterscheidet gute Formen, F+, und schlechte Formen, F—. Was eine *„gute" Form* ist, bestimmt sich in erster Linie nach der Erfahrung mit geistig *normalen* (ROSRCHACH braucht den Ausdruck „vollsinnigen") Durchschnittspersonen. Nur wo keine solche Erfahrung vorliegt, muss man sich auf das eigene Urteil verlassen. Auch wenn man so gründliche zoologische Kenntnisse hat, dass man die Deutung „Schmetterling" zum Ganzen der Tafel I als zoologisch unmöglich ablehnt, muss man sich also vor dem „gesunden Menschenverstand" des Durchschnittsbürgers beugen, der diesen Schmetterling gut findet. (Die Antwort wird von zirka 30 % aller Versuchspersonen gegeben.) Natürlich sind die *besseren* als diese „Durchschnittsformen" ebenfalls F+.

Was übrig bleibt von den Formantworten, ist also *F—*. Unter diesen sind aber *zwei Gruppen* zu unterscheiden, die *unscharfen F—* und die *unbestimmten F—*. Wie Verfasser bereits in seinem Beitrag zu „Rorschachiana I"[1] ausgeführt hat, enthält der Begriff der Formschärfe zwei verschiedene Komponenten, eine gewisse *Bestimmtheit* des genannten Gegenstandes und die *Ähnlichkeit* des Kleckses mit diesem Gegenstande. Fehlt die Ähnlichkeit bei bestimmter Behauptung, dann ist die Deutung ein unscharfes F—, z. B. jemand sagt „ein fliegender Engel", der gedeutete Klecks sieht aber ganz anders aus. Fehlt dagegen die Bestimmtheit der Behauptung, dann liegt ein unbestimmtes F— vor, z. B. bei der Antwort „etwas Anatomisches", „eine Art Lebewesen". Hier kann man gar nicht von

---

[1] „Der Rorschach-Test und seine Weiterentwicklung", Rorschachiana I, Bern, 1945.

scharfer oder unscharfer Form sprechen, denn es ist gar keine Form da, die Antwort ist *amorph*. (Die unbestimmten F— entsprechen also den „non-commital form responses" der Amerikaner. Es empfiehlt sich, diese unbestimmten F— durch den Zusatz „unb." [neben oder über dem Signum F—] zu markieren.)

Für die Helldunkeldeutungen, die wir im nächsten Teil dieses Kapitels besprechen werden, hat BINDER [1] bereits 1933 „primitive Hd-Deutungen" beschrieben, bei denen „nur eine rohe und verschwommene Allgemeinvorstellung aktualisiert" wird. (Wir werden sie später bei den Psychopathien näher kennenlernen.) Doch beschränkt sich also das Vorkommen dieser verschwommenen Antworten nicht auf die Helldunkelantworten, sondern sie finden sich auch bei reinen Formantworten. Beispiele sind (fast alles G zu den verschiedenen Tafeln): „Skelett eines Wirbeltieres" (IV), „ein Gegenstand, der in der Mitte aufgeschnitten ist" (V), „vorhistorisches Tier" (IV), „etwas Vergrössertes" (IV), „etwas Animalisches" (VI), „etwas, worauf die oberen Figuren stehen" (VII, untere Drittel), „etwas am menschlichen Körper" (I), „etwas Leichtes" (VII), „etwas, das in der Luft hängt" (VII), „etwas, worauf der Topf steht" (VII, untere Drittel).

Ob einzelne Antworten F+ oder F— sind, darüber wird sich häufig streiten lassen. Die Subjektivität ist jedoch im allgemeinen bedeutend geringer, als der Ungeübte oder Aussenstehende vermutet. Denn die hin und wieder vorkommenden Zweifelsfälle machen für den Geübten nur einen ganz geringen Bruchteil der Gesamtantwortenzahl der einzelnen Protokolle aus. In solchen zweifelhaften Fällen kann man sich, wenn man über ein genügend grosses und variables Material verfügt, von der Statistik leiten lassen. Die Formschärfe in *allen* Fällen statistisch zu bestimmen, ist ein Missverständnis, das unweigerlich zu unhaltbaren Resultaten führen muss, da seltene Antworten ja oft eine vorzügliche Formschärfe besitzen, während (z. T. infolge der starken Verbreitung der Neurosen) ausgesprochen schlechte Formen bisweilen eine ziemlich grosse Häufigkeit aufweisen. (Die Statistik ist eine *Hilfs*wissenschaft, ein Faktum, das heute weitgehend in Vergessenheit geraten zu sein scheint.)

Eine Streitfrage von prinzipieller Bedeutung ist jedoch die Frage, ob die so häufig gegebenen schlechten anatomischen Antworten zu Tafel I („Becken", seltener: „Brustkorb" usw.) F+ oder F— sind [2]. RORSCHACH rechnete sie als F—, weil er die schlechten anatomischen Antworten für grundsätzlich pathologisch ansah. Professor HARALD K. SCHJELDERUP in Oslo, einer der besten Rorschach-Kenner, hat dagegen geltend gemacht, die Antwort sei auch unter praktisch Gesunden so häufig, dass sie sogar Vulgärantwort sei (s. u.), und als solche könne sie nicht F— sein. Wenn Verfasser trotz dieser Bedenken es vorzieht, an RORSCHACH's Signatur festzuhalten, so deshalb, weil diese Antwort auch bei den praktisch Gesunden eine Spur von neurotischen Mechanismen verrät. Gerade die Tatsache, dass wir im „neurotischen Zeitalter" leben, wo enorm viele Menschen Spuren von neurotischen Charakterzügen zeigen, würde durch Anerkennung der „statistischen Normalität" dieser Antwort verwischt werden. Wir ziehen es also in diesem Falle vor, RORSCHACH's Forderung der „Normalität" im Sinne der „Idealnorm" aufzufassen.

---

[1] HANS BINDER, Die Helldunkeldeutungen im psychodiagnostischen Experiment von Rorschach, Schweizer Archiv für Neurologie und Psychiatrie, Bd. 30, 1933, S. 246.
[2] Es gibt auch *gute* anatomische Antworten zu Tafel I, z. B. „os sphenoidale".

Es ist jetzt mehr und mehr üblich geworden, neben den F+ und F— auch noch eine Übergangskategorie aufzustellen und diese Antworten mit F± zu signieren. Namentlich ZULLIGER (Bero-Test) hat sich für diese Praxis eingesetzt. Wir pflichten K. W. BASH bei, dass es sich für Anfänger empfiehlt, diese Kategorie nicht zu benutzen, weil sie leicht als Blitzableiter für die vielen Unsicherheiten des Unerfahrenen missbraucht werden kann. Der Anfänger tut besser, sich in jedem Falle zur Stellungnahme zu zwingen. Für den *Fortgeschrittenen*, für den derartige didaktische Gesichtspunkte nicht mehr so schwer ins Gewicht fallen, können die F± jedoch recht nützlich sein. Sie kommen in Frage: 1. für wirkliche Grenz- und Zweifelsfälle, wo die Form nicht ganz scharf, andererseits aber auch nicht *so* schlecht ist, dass man sich zu einem F— entschliessen kann; 2. für gewisse Gattungsbegriffe, die *etwas* unbestimmt, aber bedeutend mehr konkret sind als die eigentlichen unbestimmten F—. Zur letzten Gruppe gehören die häufigen Landkarten und Inselgruppen, die nicht näher bezeichnet werden. Solche Antworten wie „ein Land", „irgendeine Inselgruppe" usw., die niemals ganz gute oder ganz schlechte Formen sein *können*, empfiehlt es sich, mit ZULLIGER prinzipiell als F± zu rechnen. (*Bestimmte* Kartendeutungen, wie z. B. „Frankreich", müssen natürlich je nach ihrer Formschärfe als F+ oder F— bezeichnet werden.) Es gibt also auch bei den F± einen Unterschied zwischen „halb unscharfen" und „halb unbestimmten" F±, er ist aber minder wesentlich und kann praktisch vernachlässigt werden, wenn diese Antworten nicht in sehr grosser Zahl auftreten.

Zum Schluss noch ein Problem, das in der täglichen Praxis eine gewisse Rolle spielt, die *seitlichen Tiere der Tafel VIII*. Wenn sie konkret bezeichnet werden als „Wölfe", „Molche", „Ratten" usw., ist das Signum natürlich F+. Sehr häufig sagt die Vp. aber nur „zwei Tiere". Man könnte hier auf den Gedanken kommen, die Antwort dann als F± zu signieren. Dies ist aber nicht üblich, und mit Recht. Wie K. W. BASH zu dieser Frage geltend macht [1], wird diese Antwort gewöhnlich durchaus nicht von Menschen mit niedriger oder defekter Intelligenz gegeben. Sehr viele Gutbegabte finden die Figur so banal, dass sie einfach keine Lust verspüren, näher darauf einzugehen und machen sie mit der salopp hingeworfenen Bemerkung „zwei Tiere" ab. Nur in den sehr seltenen Fällen, wo die Vp. *spontan* sich den Kopf zerbricht und dann sagt, sie *wisse nicht*, was das für Tiere sein könnten, kann man F± oder besser noch (mit RORSCHACH) F— schreiben. Am besten ist es, die Vp. sofort zu *fragen*: „Was für welche?" Dann erfolgt entweder eine Konkretisierung der Antwort, oder die Vp. wiederholt einfach: „Tiere", oder sagt, sie wisse es nicht. Die letzten beiden Fälle wären dann F—.

In den Hilfstabellen für die Signierung (weiter unten) findet der Anfänger eine Reihe von Beispielen aus RORSCHACH's Protokollen als Anhaltspunkte für die Frage, was als F+ und was als F— zu gelten habe.

b) Wir kommen nun zum wichtigsten, schwierigsten und am meisten umstrittenen Problem der Rorschach-Signierung, den *Bewegungsantworten* (B). Die Bestimmung der B-Antworten ist, wie RORSCHACH selbst zugibt, „der heikelste Punkt des ganzen Versuchs" (S. 26). Unter Bewegungsantworten versteht man *Formantworten*, die *unter Mitwirkung kinästhetischer Engramme* zustandegekommen sind, d. h. bei denen „Erinnerungsbilder früher gesehener, vorgestellter oder selbstvollführter Bewegungen determinierend gewirkt haben" (RORSCHACH,

---

[1] Briefliche Mitteilung an den Verfasser.

S. 23). Es handelt sich aber hier auch im Falle früher *gesehener* Bewegungen um *kinästhetische* Erinnerungsbilder.

Über das Zustandekommen der B sind eine Reihe gelehrter Abhandlungen geschrieben worden. Die beste Erklärung ist jedoch schon lange vor RORSCHACH gegeben worden. Sie findet sich bei FREUD in seinem Buche „Der Witz und seine Beziehung zum Unbewussten" [1]. Es heisst dort:

„Die Vorstellung von einer bestimmt grossen Bewegung habe ich erworben, indem ich diese Bewegung ausführte oder nachahmte, und bei dieser Aktion habe ich in meinen Innervationsempfindungen ein Mass für diese Bewegung kennen gelernt.

Wenn ich nun eine ähnliche, mehr oder minder grosse Bewegung bei einem anderen wahrnehme, wird der sicherste Weg zum Verständnis — zur Apperzeption — derselben sein, dass ich sie nachahmend ausführe, und dann kann ich durch den Vergleich entscheiden, bei welcher Bewegung mein Aufwand grösser war. Ein solcher Drang zur Nachahmung tritt gewiss beim Wahrnehmen von Bewegungen auf. In Wirklichkeit aber führe ich die Nachahmung nicht durch, sowenig wie ich noch buchstabiere, wenn ich durch das Buchstabieren das Lesen erlernt habe. An Stelle der Nachahmung der Bewegung durch meine Muskeln setze ich das Vorstellen derselben vermittels meiner Erinnerungsspuren an die Aufwände bei ähnlichen Bewegungen."

Es heisst dann weiter, dass, wie uns die Physiologie lehrt, „auch während des Vorstellens Innervationen zu den Muskeln ablaufen, die freilich nur einem bescheidenen Aufwand entsprechen" [2]. So kommen die Vorstellungsmimik und die Ausdrucksbewegungen zustande, und so kommen auch die B zustande. Hier ist die Theorie der B. Man kann dann mit A. WEBER sagen, die B entstünden aus dem „virtuellen" Bewegungsvollzug (nach PALÁGYI, Wahrnehmungslehre, Leipzig, 1925 [3]). Ferner ist zu bedenken, dass jede Ausdrucksbewegung unser Körperschema beeinflusst [4], was wiederum verstärkend auf die Gefühle selbst

---

[1] SIGMUND FREUD, Der Witz und seine Beziehung zum Unbewussten, Wien, 1905, S. 164—166, in Bd. VI der „Gesammelten Werke", London, 1940, S. 218—221.

[2] Wie ALFRED GOLDSCHEIDER in seiner Arbeit „Physiologie des Muskelsinns" (Leipzig 1898) experimentell nachgewiesen hat, ruft jede lebhafte Bewegungsvorstellung mindestens den Anfang der Ausführung dieser Bewegung hervor. (Hier wiedergegeben nach BINDER, Die Helldunkeldeutungen im psychodiagnostischen Experiment von Rorschach. Schweiz. Arch. f. Neur. u. Psych., 30, 1933, S. 46.) Nach DAVID KATZ, der „Nachahmungsreflexe" und „Nachahmungshandlungen" unterscheidet, ist diese Imitation von gesehenen Bewegungen nebst der von LE DANTEC entdeckten Imitationstendenz von gehörten Sprachlauten die einzige reflexartige Wiederholung von Bewegungen (DAVID KATZ, Handbok i psykologi, Stockholm, 1950, S. 281, 282).

Es ist dies nur ein Teil eines allgemeinen Gesetzes, das auf dem schon 1873 von dem englischen Physiologen W. B. CARPENTER formulierten sogenannten Carpenter-Effekt beruht, welcher besagt, dass jede Vorstellung einer Bewegung den Antrieb zu ihrem Vollzug einschliesst. Das hieraus abgeleitete allgemeine Gesetz wurde von WILLY HELLPACH das Ideorealgesetz genannt und folgendermassen formuliert: „Jede Vorstellung schliesst einen Antrieb zu ihrer Verwirklichung ein." Auf diesem Gesetz beruht die Suggestion, und es deckt sich im wesentlichen mit der Einfühlungstheorie von THEODOR LIPPS wie auch mit der „empathy" von GORDON W. ALLPORT. (Siehe WILLY HELLPACH, Klinische Psychologie, Stuttgart, 1949, S. 8 und 48, sowie HAROLD LINCKE, Die frühesten Formen der Identifikation und die Überichbildung, Schweiz. Ztschr. f. Psychologie, Bd. 22, 1963, S. 340.)

[3] A. WEBER, Über die Bewegungsdeutungen, Zürich, 1941, zitiert nach ROLAND KUHN, Über Maskendeutungen im Rorschach'schen Versuch, Basel, 1944, S. 81 und 122.

[4] SCHILDER schreibt: „It is clear that every emotion expresses itself in the postural model of the body, and that every expressive attitude is connected with characteristic changes in the postural model of the body" (PAUL SCHILDER, The Image and Appearance of the Human Body, New York, 1950, S. 209).

zurückwirkt. (Das ist der wahre Kern der LANGE-JAMES'schen Theorie.) Die diminutive kinästhetische Resonanz (vollständige oder nur als innere Spannung erlebte Ausdrucksbewegung), die durch die als B erlebten Deutungen zustandekommt, verstärkt also den Identifikationsprozess.

GERTRUDE MEILI-DWORETZKI versucht, dem Problem der B von genetischen Gesichtspunkten aus beizukommen [1]. Ausgehend von der These PIAGET's, dass die Vorstellung sich aus der Nachahmung entwickelt, und dass die Vorstellungen Aktionsschemata darstellen (S. 275), fand sie bei ihren Versuchen mit Kindern folgende drei Stufen, in denen sich die Vorstellung von menschlichen Gestalten entwickelt (S. 277): 1. Nachahmen, 2. die Nachahmung ist durch Verinnerlichung zur Vorstellung geworden und kann als solche ekphoriert werden, 3. die Vorstellung (verinnerlichte Nachahmung) wird innerlich nacherlebt und dadurch belebt. Bewegung vorstellen heisst also Bewegung innerlich machen. (Siehe die soeben angeführte Fussnote über GOLDSCHEIDER.) Die Verinnerlichung der Bewegung vollzieht sich also nach MEILI-DWORETZKI (S. 278) in zwei Etappen: Zuerst wird die Nachahmung verinnerlicht, „wodurch sich die Vorstellung des menschlichen Körpers unabhängig von der äusseren Bewegung konstituieren kann", und dann erfolgt eine innere Nachahmung des bereits verinnerlichten Menschenbildes.

In einigen Fällen mag es sich direkt um Ansätze zu den entsprechenden Bewegungen handeln, die als kinästhetische Empfindungen erlebt werden. Die Vp. sagt z. B.: „Da sind zwei Herren, die sich sehr ehrerbietig begrüssen" und macht eine entsprechende Hand- und Rumpfbewegung. Im allgemeinen werden Vorstellungen genügen. (Auf dem Gebiete der Kinästhesien sind Empfindungen und Vorstellungen besonders schwer zu unterscheiden [2].) Auf jeden Fall ist darauf zu achten, dass man nicht eine bloss *gesehene* Bewegung für eine Kinästhesie nimmt.

Damit eine Antwort ein B werde, muss die Bewegung also *gefühlt, nicht bloss gesehen* sein, die Vp. muss das Gesehene *miterleben*. Darin liegt immer eine *Identifikation* [3]. Hieraus folgt zweierlei:

α) *Nicht jede Bewegungsbeschreibung ist ein B*. Es gibt sehr viele Dinge, die ich rein optisch in Bewegung sehe, ohne dass ich selbst „mitschwinge". Gewöhnliche Sterbliche identifizieren sich nicht mit einer fliegenden Ente, mit einem fliehenden Hirsch oder mit einer fallenden Vase. Was die *Tiere* betrifft, so lässt sich hier folgende Grundregel aufstellen: *Nur anthropomorphe und anthropomorphisierte Tiere können im allgemeinen als B gesehen werden* (müssen es aber nicht). Anthropomorphe Tiere sind hauptsächlich Bären und Affen, eventuell auch Faultiere und dergl. (Man beachte aber: Die seitlichen Tiere der Tafel VIII sind im allgemeinen *keine* B, auch wenn es Bären sind, die über etwas hinwegklettern; denn ihre Bewegung ist keineswegs menschenähnlich. Aus demselben Grunde sind auch Affen, die am

---

[1] G. MEILI-DWORETZKI, Versuch einer Analyse der Bewegungsdeutungen im Rorschach-Test nach genetischen Gesichtspunkten. Schweiz. Ztschr. f. Psychologie, Bd. 11, 1952, S. 265—282.
[2] ROBERT S. WOODWORTH, Experimental Psychology, London, 1938, S. 45.
[3] Weil die B immer einen Kern von Identifikation enthalten, werden sie von PIOTROWSKI mit dem (immer etwas schmerzlichen) Ablösungsprozess des Kindes von seinen Eltern in Beziehung gebracht. Die interessanten Ausführungen über die entsprechenden Konsequenzen müssen im Original nachgelesen werden (ZYGMUNT A. PIOTROWSKI, Perceptanalysis, New York, 1957, S. 179—186).

Schwanz hängen (meist bei Tafel III, rot aussen) *keine* B [1].) Unter anthropomorphisierten Tieren verstehen wir an sich *nicht* menschenähnliche Tiere, die aber durch künstlerische Umgestaltung menschenähnlich *gemacht* worden sind und dann natürlich auch so erlebt werden. Hier ist in erster Linie an die verschiedenen Tierfiguren von WALT DISNEY zu denken (Donald Duck, Micky Mouse usw.), aber auch die Tiere aus LEWIS CAROLL's „Alice in Wonderland" können vorkommen. — Bei *Kindern* ist diese Tiergrenze etwas weiter zu ziehen, weil sie mehr totemistisch eingestellt sind als Erwachsene. In seltenen Fällen können aber auch infantile Erwachsene andere als die genannten Tierarten identifikatorisch erleben. (Näheres in Kap. 6.)

Die genannte Tiergrenze wird bei normalen Erwachsenen nur selten überschritten. Ein „springender Laubfrosch" (Ganzantwort zu Tafel IV) ist *kein* B, wohl aber ein vorzügliches F+ und ein Original. Aber bei sehr stark kinästhetisch veranlagten Menschen (meist Künstlern oder künstlerisch Empfindenden) kann es vorkommen, dass auch niedere Tiere und sogar Sachen in märchenhafter Art lebendig werden und dann als echte B erlebt werden. Dies ist jedoch *ausserordentlich selten!* Am besten folgt man hier der Regel: *Wer hat, dem wird gegeben.* Man wendet also das von RORSCHACH vorgeschlagene Verfahren (S. 26) an, *von den sicheren B auszugehen.* Hat jemand schon 18 zweifellos feststehende B in seinem Protokoll, dann werden vermutlich auch noch zwei weitere, mehr zweifelhafte Antworten zu den B zu rechnen sein. (Über die Ausfragetechnik siehe unter „Sicherung".)

Wie BECK feststellt [2], besteht in der Literatur nur selten die Tendenz, ein wirkliches B zu übersehen. (Auch das kommt vor!) Die grösste Gefahr besteht in entgegengesetzter Richtung. Sehr oft wird ein B gerechnet, wo keines ist. BECK hat (S. 93) in dankenswerter Weise von dem jetzt so weitverbreiteten Missbrauch Abstand genommen, alles Mögliche und Unmögliche als B-Antworten oder doch wenigstens als Abarten davon zu bezeichnen. Auch wir können nur eindringlichst vor dieser „label psychology", wie BECK es nennt, warnen.

Explosionen, Vulkane, zuckende Blitze, in der Luft herumwirbelnde Gegenstände sind fast immer *keine* B.

Die rein deskriptive Beschreibung einer bloss gesehenen Bewegung oder Stellung genügt auch bei Menschen und menschenähnlichen Tieren nicht. Sogar die gewöhnlich als B gesehenen menschlichen Figuren auf den Tafeln I (Mitte), II und III sind *nicht immer* B. Antworten wie „Karikaturen", „Zeichnungen", „Schatten" usw. von zwei Männern und dergl. sind immer verdächtig, nur gesehen, nicht erfühlt zu sein. Wenn jemand in schlafmützigem Tone sagt: „Zwei Menschen" und dann vielleicht auch noch die Teile beschreibt: „Hier der Kopf und das die Arme, das die Beine" usw., kann man sicher sein, dass es sich *nicht* um ein B handelt. Ja, es kann vorkommen, dass jemand sogar die Haltung der Männer beschreibt, aber so überzeugend „optisch", dass ein kinästhetisches Mitfühlen mit Sicherheit ausgeschlossen werden kann.

β) Die zweite Folgerung aus dem Satz, dass B miterlebte, nicht bloss gesehene Bewegung bedeutet, ist die: *Das als B Gedeutete braucht durchaus nicht immer selbst*

---

[1] So auch ZYGMUNT A. PIOTROWSKI, Perceptanalysis, New York, 1957, S. 137.
[2] SAMUEL J. BECK, Rorschach's Test, I. Basic Processes, New York, 1944, S. 92.

in Bewegung zu sein. Denn auch die Einfühlung in eine *Körperhaltung* ist mit einer Kinästhesie verbunden. Die Antwort eines katatonischen Schizophrenen zu Tafel V „zwei zu Tode gefallene Chinesen" (RORSCHACH, S. 159) ist ein B, obwohl die toten Chinesen bumstille liegen. Ähnliche „umgefallene" Menschen kann man in den Antworten Epileptischer erhalten. (Für beide, die Katatonen und die Epileptiker, ist es ja typisch, dass sie besondere Erfahrungen über die Erlebnisse des Erstarrens und des Umfallens besitzen.) Ein „strammstehender Soldat" ist ein ausgezeichnetes B, während der „springende Hirsch" fast niemals eines ist.

Auch Do-Antworten können B sein, z. B. die „erhobenen Hände" der Mittelfigur der Tafel I, wenn sie allein gedeutet werden. Nicht selten sind auch Gesichter B, wenn sie in einer Weise beschrieben werden, die ein kinästhetisches Miterleben voraussetzt. Ein „blasendes Posaunenengelgesicht", „jemand, der die Zunge herausstreckt", „spuckende" und „verdrehte" Gesichter, solche mit „gebeugten" oder „gestreckten" Hälsen usw. sind meist B. Bei „grinsenden", „weinenden" usw. Gesichtern, wo es sich also nur um den rein mimischen Ausdruck handelt, muss man vorsichtiger sein. Grinsende Fratzen z. B. sind selten B. Die mimische Gesichtsmuskulatur gehört als Abkömmling des Platysma gar nicht zur Skelettmuskulatur und wird deshalb nur selten an Haltungen beteiligt sein, die Anlass zu Kinästhesien geben können.

Man kann unter den Bewegungsdeutungen im allgemeinen *zwei Gruppen* unterscheiden: *Streckkinästhesien* und *Beugekinästhesien.* Es gibt aber auch Antworten, die eine Mischung von beiden enthalten. (Näheres bei den Symptomwerten.)

Nicht jedem fällt es gleich leicht, die *Bestimmung der B-Antworten* zu *erlernen.* Wie RORSCHACH bereits bemerkt hat (S. 26), richtet sich die Leichtigkeit, mit der der Vl. sich auf diesem Gebiet die nötige Erfahrung erwirbt, nach der eigenen kinästhetischen Veranlagung. Beide Extreme sind hier vom Übel. Hat jemand selbst gar keine (oder zu wenig) B, wird er sehr grosse Schwierigkeiten haben, sich in die B anderer Menschen einzufühlen. Aber auch das Gegenteil ist ungünstig: Wer selbst sehr viele B hat, kann bei den „gewöhnlichen Sterblichen" meist die Grenzen nicht finden, er setzt hier viel mehr kinästhetisches Erleben voraus, als tatsächlich vorhanden ist.

Auch die B werden nach ihrer Formschärfe (denn sie sind *auch* Formantworten) in B+ und B— eingeteilt. Die Unterscheidung geschieht nach denselben Grundsätzen wie bei den reinen Formantworten. Beim *B—* handelt es sich um eine richtig erfasste Bewegung, das kinästhetische Miterleben bleibt verständlich, aber die Form ist schlecht. Wenn ein epileptisches Kind zum Grau der Tafel VIII sagt: „Da kommt eine gefährliche Hexe", so ist das Drohende, Expansive, Schreitende noch rein kinästhetisch verständlich, aber von einer Hexe ist nicht viel zu sehen. „Ausgestreckt liegende Männer" zu Tafel VII, untere Drittel, ist wiederum etwas, das wirklich liegt, aber die Form ähnelt keinen Männern. Ein anderes Beispiel für B— ist „jemand, der einen Vogel jagt" zu Grau und Gelb aussen auf Tafel X.

Anders verhält es sich bei den sehr seltenen Antworten, die RORSCHACH *konfabulierte F-B* nennt, und die prinzipiell zu den F gerechnet werden müssen. Hier ist die Bewegung selbst dazukonfabuliert und eine ihr entsprechende Form natürlich ebenfalls nicht zu finden. Wenn jemand von den grünen (in b- und d-Stellung laufenden) Mädchen der Tafel IX sagt: „Zwei kleine Mädchen (Grün), die an einem Gegenstand hinaufgeklettert sind (Braun), einem Baumstumpf; die Gesichter sehen aus, als ob sie alte Tanten wären", so sind zwar Mädchen zu sehen, aber nicht in dieser (a-) Stellung und nicht in Kletterstellung (Antwort einer alten, dementen Schizophrenen). Ein schönes Beispiel eines konfabulierten F-B ist auch die Antwort eines Knaben zu den kleinen seitlichen Ausläufern der Tafel VI (den „Büsten"): „Zwei tanzende Indianer". Es kann auch vorkommen, dass sonst stillstehend gesehene Menschenfiguren konfabulatorisch als springend oder laufend gesehen werden. Auch das sind konfabulierte F-B.

Bisweilen geht aus der Art der Antwort hervor, dass die Vp. zunächst nur die Form erfasst hat und erst beim weiteren Betrachten allmählich die kinästhetische Empfindung in ihr aufsteigt, die schliesslich auch zum Ausdruck kommt. Dann spricht RORSCHACH von *sekundären Bewegungsantworten* (sek. B). Bei der *primären* Bewegungsantwort ist nämlich die Kinästhesie *gleichzeitig* mit der Formerfassung da. Beispiel eines sekundären B (zu Tafel III): „Da sind zwei Menschen mit dünnen Beinen und hohen Kragen; es sieht übrigens so aus, als ob sie an etwas ziehen, sich um etwas streiten."

Allerkleinste Details, die bewegt gesehen und offenbar auch kinästhetisch erlebt werden, werden als *Bkl. (kleines B, Kleinbewegungsantworten)* bezeichnet. Hier ist zur Abgrenzung gegenüber den B nun wirklich *nur die Grösse* massgebend, also nicht auch noch andere Gesichtspunkte wie bei den Dd. Man darf also nicht sklavisch alle kinästhetisch aufgefassten Dd als Bkl. signieren. Die grösseren Dd (wie z. B. das schwarze Männchen in Mitte oben der Tafel VI) sind B, nur die allerkleinsten Dd (wie z. B. die hellen Männer in Tafel VII Mitte unten) sind Bkl. Sie werden von den B ausgenommen, weil ihre Symptomwerte in mancher Hinsicht von denen der B abweichen. Es ist zwar eingewendet worden, diese Deutungen kämen „nur zusammen mit hohen Zahlen von B"[1] vor und könnten deshalb auch in ihrer Bedeutung nicht wesentlich von diesen abweichen. Dies hat sich aber als Irrtum erwiesen. Es *gibt* seltene Protokolle, in denen mehrere Bkl., dagegen kein einziges B zu finden sind.

In ziemlich seltenen Fällen kommt es vor, dass auch Tierdeutungen, die „jenseits der B-Grenze" liegen, also von Tieren, in die Erwachsene sich im allgemeinen nicht mehr hineinzuversetzen vermögen, den Eindruck machen, als ob ihre Bewegung in gewissem Sinne miterlebt ist. In diesen Fällen kann man nach einem Vorschlage von M. LOOSLI-USTERI[2] in Analogie zu den amerikanischen FM-Antworten die Antwort als *BF* notieren, rechnet sie aber jedenfalls als Formantwort. (Signum: F mit einem BF als Exponent.) Vermutlich angeregt durch gelegentliche Bemerkungen RORSCHACH's über eine kinästhetische „Mitdeterminierung" (S. 184 und 191), haben einige amerikanische Autoren für Tierbewegungen *nicht* anthropomorpher Art eine besondere Kategorie aufgestellt, die als FM bezeichnet wird. Soweit sich bisher sehen lässt, hat diese Bezeichnung nur Verwirrung gestiftet. Alles Mögliche, was nicht das geringste mit einer Kinästhesie zu tun hat, ist zur „Tierbewegung" gestempelt worden. Wir wollen an dieser

---

[1] MANFRED BLEULER, Der Rorschach'sche Formdeutversuch bei Geschwistern. Zeitschr. f. d. ges. Neur. u. Psychiatrie, Bd. 118, 1929, S. 384.
[2] MARGUERITE LOOSLI-USTERI, Persönlichkeitsdiagnostik. Rorschachiana II, Bern, 1947, S. 17.

Stelle nochmals die oben (S. 44) erwähnte Warnung von BECK unterstreichen. Dies hindert jedoch nicht, in seltenen Ausnahmefällen von dieser Formel Gebrauch zu machen. Wir würden vorschlagen, hier nur mit grösster Vorsicht zu Werke zu gehen und die Bezeichnung BF nur auf solche Fälle zu beschränken, wo die Deutung an eine Anthropomorphisierung *grenzt*, d. h. wo zwar *nicht das Tier*, aber wenigstens die *Bewegung ein wenig menschenartig aufgefasst und erlebt* ist. Z. B. „ein Kaninchen sitzt artig auf den Hinterpfoten und macht schön", „ein Stier geht mit gesenktem Kopf zum Angriff über". Der Bewegungsausdruck muss sehr stark und plastisch sein. Unbedingt *notwendig* ist diese Kategorie, die schwache Seelen so leicht auf Abwege lockt, allerdings *nicht*. In sehr ausgesprochenen Fällen könnte man ebensogut ein B setzen; denn die obengenannte „B-Grenze" ist ja nicht bei allen Menschen unübersteigbar, sondern nur eine Faustregel.

c) Die dritte grosse Kategorie der Determinantenreihe sind neben den Form- und Bewegungsdeutungen die *Farbantworten* (Fb.). (RORSCHACH braucht die Bezeichnung Fb sowohl als Gruppenbezeichnung für die *ganze* Gruppe der Farbantworten wie als Bezeichnung einer Unterkategorie von ihnen. In wissenschaftlichen Arbeiten empfiehlt es sich, für die ganze *Gruppe* die ausgeschriebene Bezeichnung „Farbdeutungen" zu benutzen.)

Da ein Teil der Rorschach-Tafeln bunte Farben zeigt, kann eine Antwort auch durch die Farbe determiniert sein, und dies entweder *neben* der Form oder *an Stelle* der Form. Ist die Antwort durch Form *und* Farbe bestimmt, sind wiederum zwei Fälle denkbar: Entweder die Form dominiert, dann spricht man von *Formfarbantwort* (FFb); oder die Farbe dominiert, dann handelt es sich um eine *Farbformantwort* (FbF). Wenn schliesslich die Farbe *allein* entscheidend ist, liegt eine *primäre* (oder *reine*) *Farbantwort* vor (Fb). Die Einteilung bereitet im allgemeinen keine allzu grossen Schwierigkeiten.

α) *Die Formfarbantworten* (FFb) können wiederum in gute und schlechte Formen eingeteilt werden, woraus sich die Signa *FFb+* und *FFb—* ergeben. Weitaus die meisten sind FFb+. Beispiele für FFb+ wären: Tafel VIII, Blau: „Zwei seidene Sofakissen", Tafel IX, Braun: „gekochte Krebse", Mittellinie: „eine Pappel", Tafel X, Grün Mitte: „Raupen", Grün seitlich: „Grashüpfer", Blau seitlich: „Kornblumen" (dagegen wäre: „Blumen" ein FbF). Auch einige „Schmetterlinge" sind FFb, z. B. in den meisten Fällen das untere Rot der Tafel II. Dagegen ist Tafel III, Rot Mitte meist ein reines F+. Jedoch wäre „Tropischer Schmetterling" oder „Roter Schmetterling wie in den Tropen" ein FFb. (Die Antwort „Roter Schmetterling" *kann* eine blosse Lokalisierung sein und ist näher zu untersuchen.) Eine Antwort wie „Rote Eisbären" zu den seitlichen Figuren zu Tafel VIII ist *kein* FFb, sondern ein F+. Die Farbe wird hier nur genannt, weil das Rote eben *nicht* passt („lucus a non lucendo", siehe aber Kap. 6, „Falsche Farbe"). Oft wird die Farbe auch nur zur Lokalisation der Antwort genannt, z. B. wenn jemand zu Tafel X, Gelb Mitte sagt: „Das Gelbe sind Hunde"; auch das ist ein F+. Dagegen sind „Löwen" für dasselbe Detail meist FFb+. Ebenso wäre F+ die Antwort zu IX: „Das Grüne sind zwei Gesichter" (Grün nur Lokalisierung); dagegen wäre FFb+, wenn jemand in Anlehnung an GUSTAV MEYRINK sagen würde: „Das grüne Gesicht". Die Antwort: „Füchse" zu den seitlichen Tieren der Tafel VIII ist sehr oft FFb+. Doch untersucht man dies besser nach dem Test noch etwas näher (s. u.).

FFb-Antworten können gelegentlich auch zu schwarzen, grauen und weissen Details gegeben werden. Bei Grau kommt dies auch bei den Farbtafeln vor, z. B. Tafel VIII, Grau: „fernes Gebirge".

Die Bestimmung der *FFb—* kann etwas mehr Schwierigkeiten machen. Man ist bei Farbantworten mit schlechten Formen ja meist geneigt, ein FbF anzunehmen. Hier kann uns wieder die Einteilung in unscharfe und unbestimmte Formen von Nutzen sein. FFb— sind *unscharfe* Formen bei bestimmter formaler Behauptung. Wenn jemand „Krebs" als Form zu etwas Rosafarbenem gemeint hat, diese Form aber nicht passt, ist das ein FFb— (z. B. zu Rot seitlich bei Tafel VIII). Eine typische FFb—-Antwort ist z. B. für Tafel X, Grün Mitte (die Raupen): „Zwei Papageien mit Kopf und Schwanz" (Antwort einer neurotischen Pseudodebilen). Hier ist direkt in der Antwort *gesagt*, dass die Form in erster Linie bestimmend sein sollte. Andere Beispiele sind: Tafel III, Rot oben: „Zwei Bajazzi", Tafel X, Blau Mitte: „ein Wappentier". Worauf es ankommt, ist also, dass die Vp. offenbar in *erster* Linie eine Formantwort hat geben *wollen*, unter Mitberücksichtigung der Farbe, dass ihr aber die Form nicht gelungen ist. Sie danach zu fragen, ist gerade bei *diesen* Vp. zwecklos, denn sie verstehen diese Frage meistens nicht infolge ihrer herabgesetzten intellektuellen Leistungsfähigkeit.

β) *Die Farbformantworten* (FbF) sind in erster Linie durch die Farbe bestimmt, während die Form mehr in den Hintergrund tritt. Das Formelement ist hier meistens *unbestimmt* und „verschwommen"[1]. Typische FbF sind z. B. zu Tafel IX „Eingeweide" oder „Explosion", neuerdings auch „Atombombe". Andere Beispiele sind „Eisblöcke" oder „Seen" zum Blauen der Tafel VIII. „Ornamente", „Tapetenmuster" und dergl. zu den Ganzen der Tafeln VIII—X sind fast immer FbF, ebenso undefinierte *Landkarten* und die so häufigen undefinierten *Anatomie*-Antworten zu den Tafeln VIII—X. (Eine Anatomieantwort zum Ganzen der Tafel VIII ist bisweilen DG, wenn von der Mitte des Blauen ausgegangen wird.)

Anfangs hat Rorschach noch besondere FbF— signiert, hat dies dann aber später offenbar aufgegeben. Bei sehr schlechten FbF wird man u. U. ein Orig.— signieren müssen.

γ) *Die primären Farbantworten* (Fb) sind durch die Farbe *allein* bestimmt und stehen den Flächenfarben (im Sinne von Katz) nahe (siehe letztes Kapitel). Bei der Antwort „Himmel" zu irgendeinem blauen Klecks ist das besonders gut zu sehen. Andere typische Fb sind „Blut" (für Rot), „Wasser" (für Blau), „Wald" (für Grün), „Tomatensauce" usw. So wie ein Formmoment auftaucht, muss aber schon FbF signiert werden, so z. B. für „Blut*flecke*", „Blut*spritzer*", „Wald auf einer Landkarte", „Farben auf einer Malerpalette" (für das Ganze der Tafel X).

Wird die Farbe einfach genannt oder aufgezählt, so spricht man von einer *Farbnennung*. „Das ist Rot", „Schwarz und Rot", „drei Farben", „fünf Farben" sind solche Farbnennungen. Manche signieren hier FbN. Notwendig ist das

---

[1] Piotrowski gibt (Perceptanalysis, S. 220) folgende ausgezeichnete Regel zur Unterscheidung von FFb und FbF: "If the shape of the interpreted blot area could be changed markedly without changing the plausibility of the response, without making it either more or less plausible, the response is a CF."

nicht, man kann es auch bei dem Signum „D (bzw. G) Fb Farbe" bewenden lassen, muss dann aber die Farbnennungen bei der Verrechnung besonders vermerken und für sich bewerten. Die Farbnennungen dürfen jedenfalls wegen ihres besonderen Symptomwertes nicht mit den übrigen reinen Farbantworten in einen Topf geworfen werden. Sie können aber bisweilen von nur deskriptiven Bemerkungen schwer zu unterscheiden sein. „Hier kommen Farben" ist *keine* Farbnennung. (Siehe im übrigen Kapitel 6.)

d) In seltenen Fällen treffen *B und Fb in der gleichen Deutung* zusammen. Dann ist zunächst zu untersuchen, ob nicht die eine Komponente ganz wesentlich überwiegt, bzw. das Primäre ist. Wenn zuerst die tanzenden Clowns zu Tafel II gedeutet werden und nachher hinzugefügt wird „mit roten Mützen", ist nur B zu signieren. (Kommen die „roten Mützen" später als selbständige Antwort, signiert man sie mit D FFb+.) Weit seltener ist das Umgekehrte. Wenn sich, wie in Rorschach's Beispiel aus der Antwort „Kardinalspurpur" zum grossen Rot der Tafel X nachher die Antwort „zwei Kardinäle, die aufeinander zuschreiten" entwickelt, signiert man am besten zwei Antworten, die erste Fb, die zweite B.

Nur in den sehr seltenen Fällen, wo beide Faktoren simultan mitzuwirken scheinen, muss man dann *BFb* signieren, z. B. bei der Antwort „Hexensabbat" zu Tafel IX. Ein anderes Beispiel, ebenfalls zu Tafel IX, aber in c-Stellung, ist eine farbig aufgeputzte dicke Madame, die in ihrer ganzen Pracht den Ballsaal betritt (die Antwort wurde in Form eines schwedischen Dichterzitates gegeben).

Nur ganz ausnahmsweise wird es vorzuziehen sein, das Signum BFFb+ zu brauchen, z. B. für die Antwort zu Tafel VIII in c-Stellung: „Ein paar Menschen (Zwischenfigur zwischen Rot seitlich und Mitte), die an einem Tische (Blau) sitzen mit einer Lampe (Rot Mitte)", Signum: DZwD BFFb+ Szene Orig. +. Das B der sitzenden Menschen ist das Wesentliche, das Formale *so* gut, dass BFb (als FbF gerechnet, siehe unter Verrechnung) eine Ungerechtigkeit gegen die Formseite wäre. Wollte man die Farbe ganz weglassen, so würde damit der rote Lampenschirm „unter den Tisch fallen". Die Antwort aufzusplittern, empfiehlt sich nicht, weil gerade das kombinatorische DZwD und die Figur-Hintergrund-Verschmelzung wesentliche Bestandteile sind. Ein anderes Beispiel, wo die Signierung BFFb+ am Platze wäre, ist folgendes: „Ein grosser, ulkiger Troll, der sich schämt, denn er hat einen roten Kopf, mit grossen Ohren." Die Antwort wurde zum Ganzen der Tafel IX in c-Stellung gegeben.

(Über BHd siehe den nächsten Teil dieses Kapitels.)

e) Form, Kinästhesie, Farbe und das später zu besprechende Helldunkelmoment sind die wichtigsten Determinanten. Bei schizophrenen oder schizoiden Vp. können noch zwei andere Determinanten auftreten. Sie können auf die Idee kommen, ihre Antwort durch die *Zahl* irgendwelcher Kleckse bestimmen zu lassen, z. B. zwei beliebige Flecke „Vater und Mutter" zu nennen. Hierher gehört auch die Antwort: „Sechs Gesichter" zu Tafel VII und das „Kullman und Gäst" für zwei winzige Details in dem einen unserer Schizophreniebeispiele. Gelegentlich kommen auch bei jüngeren Kindern Zahl-Antworten vor, namentlich wurden sie im Alter von sechs Jahren beobachtet (Ames et alii, S. 100). — Ebenfalls bei Schizophrenen oder Schizoiden kommen schliesslich noch die sogenannten *Lage*-Antworten vor, die ausschliesslich oder ganz überwiegend durch die Lage determiniert zu sein scheinen. Beispiel: „Herz", weil das Detail in der

Mitte liegt. Sie sind ganz überwiegend anatomische Lage-Antworten. Doch kommen nicht-anatomische Lage-Antworten durchaus vor. Ein hübsches Beispiel bringt BECK [1]: die zwei kleinen grauen Spitzen ganz oben auf der Tafel VIII als „Nordpol". Auch die Lage-Antworten sind bei Kleinkindern normal, aber nur bis zum Alter von vier Jahren (AMES et alii, S. 155 und 284). Beides, Zahl- wie Lage-Antworten, sind bei den Schizophrenen vielleicht als eine Regressionserscheinung aufzufassen, wie auch die Kontaminationen und die Echolalie ein Rückfall in eine frühkindliche Denk- und Sprechweise darstellen.

3. Der Inhalt

Die Klassifizierung des Inhalts der Antworten ist das Einfachste beim ganzen Rorschach-Test und enthält im grossen und ganzen keine verwickelten Probleme. Man hat für die wichtigsten Gruppen von Inhalten bestimmte Abkürzungen, so M für menschliche Ganzfigur, Md (Menschendetail) für menschliche Teilfigur, T für ganze Tierfigur, Td (Tierdetail) für den Teil einer Tierfigur, Anat. für Anatomisches, Sex. für Sexualdeutungen, Pfl. für Pflanze, Ldsch. für Landschaft (oder N für Natur), Obj. für Objekte (leblose Gegenstände), Arch. für Architektur, Orn. für Ornamentik, Kld. für Kleidungsstücke, Karte für Landkarten (oder Geo für Geographie) und Abstr. für Abstrakta. Anderes wird unabgekürzt in die Formel eingesetzt, wie „Essen", „Szene", „Bild", „Blut", „Feuer", „Wasser", „Wolken" usw. Hierzu nur ein paar Randbemerkungen.

Wir machen im Rorschach-Test mit Peer Gynt keinen Unterschied zwischen Troll und Mensch. *Trolle, Geister, Gnomen* usw. müssen trotz ihrer manchmal tierischen Attribute (Schwanz usw.) grundsätzlich zu den M-Antworten gerechnet werden. Oft sind es direkt Eltern-Imagines, und jedenfalls sind Inhalt und Attribute dieser Antworten fast immer den *menschlichen* Umweltsbeziehungen der Vp. entnommen.

Masken soll man zwar als solche vermerken (siehe Kapitel 6), aber als Md rechnen und nicht als selbständige Gruppe. Dies ist wichtig wegen der Feststellung einer eventuellen Gesichtsstereotypie, in die fast immer einige Masken mit eingehen, und die man sonst leicht übersehen würde.

Tierfelle rechnet RORSCHACH auch als T und nicht als Obj., sicherlich mit Recht, da bei der Deutung „Raubtierfell", „Ziegenfell", „Tierteppich" usw. zu den Tafeln IV und VI fast immer die tierartige Form mit den Ausläufern als Beinen mitzuwirken scheint. Auch „Tierhaut" rechnet RORSCHACH als T und nicht als Td, was zu beachten ist, weil seine Befunde auf diese Signierung geeicht sind. — Auch *anthropomorphisierte* Tiere und Tiere mit menschenähnlichen Bewegungen sind natürlich T.

Es empfiehlt sich, nach ZULLIGER's Vorschlag die *Kleidungsstücke* und *Esswaren* von den Obj., bzw. Pflanzen und T auszunehmen und als selbständige Gruppe zu signieren, wie oben angegeben.

Abstrakta sind *wirkliche Antworten* mit Abstrakta als Inhalt, z. B. „Ewigkeit", „Liebe", „Treue", „Freundschaft", „Freiheit", „eiserne Diktatur" und Ähnliches. Die Antworten „Frühling", „Sommer" usw. sind schon zweifelhaft und gehören wahrscheinlich zu den sogenannten Impressionen. Man hüte sich aber

---

[1] SAMUEL J. BECK, Rorschach's Test, I. Basic Processes. New York, 1944, S. 150.

davor, Symmetriebetonungen, Impressionen, Deskriptionen und Bewertungen, die überhaupt keine Antworten sind, als Antworten zu verrechnen und dann Abstr. zu signieren. Bemerkungen wie: „Die beiden sind exakt gleich", „Das sind zwei Hälften", „Eine schöne Kurve, sie gefällt mir", „Das gibt mir ein Gefühl von Bewegung", „Ich kann Rot nicht leiden", „Oh, welche Farben!" sind *keine* Abstrakta. (Die Beispiele sind — leider! — nicht konstruiert.)

4. Die Originalität

Nach der Häufigkeit der gegebenen Antwort signiert man die beiden Extreme als V, d. h. *Vulgärantworten*, oder als Orig., d. h. *Originalantworten*.

a) Die *Vulgärantworten* wurden erst relativ spät von RORSCHACH selbst noch eingeführt, nachdem er ursprünglich nur Originalantworten signiert hatte. Er verstand unter Vulgärantworten Deutungen, „die ungefähr von jeder dritten normalen Versuchsperson gegeben werden" (S. 184). (Dass in dem Wörtchen „normal" ein Problem stecken kann, hatten wir bereits bei Erörterung der Anatomieantworten zu Tafel I gesehen, S. 40.) Faktisch ist die Frequenz dieser Antworten wohl etwas geringer, und in den USA rechnet man heute statt „dritten" mit jeder „sechsten"[1] Person. Die wirkliche Frequenz dürfte etwa in der Mitte liegen.

Heute würden wir die V als Exponent einer „Gruppennorm" im Sinne von NEWCOMB bezeichnen, also eines „gemeinsamen Referenzrahmens, welcher das Ergebnis einer Kommunikation ist und der eine Kommunikation ermöglicht"[2]. Denn wie ROMMETVEIT[3] nachgewiesen hat, ist das gemeinsame Phänomen einer solchen „sozialen Norm" (als gemeinsamer Referenzrahmen verstanden) eine bestimmte *Perzeptionsart*.

Da die V weitgehend von Milieufaktoren und der sogenannten Volksmentalität (dem „Nationalcharakter") abhängen, sind sie in gewissem Grade *regionalen Verschiedenheiten* unterworfen. Während z. B. die Clowns zu Tafel II (als G B+) in der Schweiz und wohl auch in den meisten anderen europäischen Ländern ein V sind, werden sie von eingeborenen Amerikanern nur relativ selten gesehen[4]. Und während in Dänemark in Übereinstimmung mit der Schweiz die Vulgärantwort zum mittleren Rot der Tafel III „ein Schmetterling" ist, bekommt man im benachbarten Schweden statt dessen die Vulgärantwort „eine Schleife" (schwedisch: „en rosett").

Die V (oder jedenfalls besonders beliebte Antworten) sind aber auch *zeitbedingt*. So waren z. B. in den 30er Jahren die in Stein gehauenen Präsidenten in den Rocky Mountains sehr beliebt (zu verschiedenen Details, namentlich auf Tafel VII); sie sind heute vergessen. Dafür erhalten wir nach 1945 sehr häufig den „Atompilz" oder nur „Atomexplosion", ebenfalls zu verschiedenen Tafeln, namentlich IX, und nach 1960 kamen die „Raketen"-Deutungen auf. (Alle Beispiele erreichten aber niemals die V-Grenze.)

---

[1] Z. B. MARY FORD, The Application of the Rorschach Test to Young Children, Minneapolis, 1946, S. 101.
[2] THEODORE M. NEWCOMB, Social Psychology, London, 1963, S. 266/267.
[3] R. ROMMETVEIT, Social norms and roles, Oslo, 1953, S. 21, hier zitiert nach JOACHIM ISRAEL, Socialpsykologi, Stockholm, 1963, S. 47.
[4] BROSIN and FROMM, Some Principles of Gestalt Psychology in the Rorschach Experiment, Rorschach Exchange, vol. VI, 1942, S. 10.

Es gibt, wie OBERHOLZER sicher zu Recht behauptet, wohl nur etwa 9 einigermassen *internationale* V, unter ihnen 2 (Tafel I und V) mit den beiden Varianten „Fledermaus" und „Schmetterling". Man findet sie in unseren *Hilfstabellen* weiter unten. (Im übrigen haben wir in diesen Tabellen nur jene weiteren V aufgenommen, die für die Schweiz und die zentral- und nordeuropäischen Länder gemeinsam zu sein scheinen.)

Wenn diese Vulgärantworten in Auffassung oder Determination wesentlich variiert werden, ist es nützlich, das V in Parenthese zu setzen und (V) zu signieren, so wenn z. B. bei Tafel VI statt des G nur der Hauptteil der Tafel mit „Tierfell" bezeichnet wird, oder wenn die Antwort zu Tafel I oder V lautet „der Schatten einer Fledermaus", oder wenn die Männer zu Tafel III als Zeichenfilmfiguren mit Vogelköpfen gesehen werden (je nach Formulierung und Tonfall als B oder F). Andere Beispiele von (V) sind: Tafel IV: „ein Tierfell mit umgelegten Ecken", oder (sehr selten) die Fledermaus von Tafel V wird als DG gesehen, sie ist Fledermaus, „weil sie dort (Beine) solche Haken hat, mit denen sie sich festhält".

b) Die *Originalantworten* (Orig.) sind der Gegensatz der Vulgärantworten. Nach RORSCHACH sollen alle Antworten als Orig. gerechnet werden, „die auf etwa 100 Experimente mit normalen Versuchspersonen etwa *ein*mal gegeben werden" (S. 45). Da man das nicht in jedem einzelnen Falle statistisch feststellen kann, beruht die Signierung „Orig." also auf einer *Schätzung*. Die Orig. sollen (ebenso wie die V) nach der Seltenheit der *Deutung* und nicht des herausgegriffenen Klecksteils gerechnet werden. Anderenfalls müssten ja viele selten erfasste Dd eo ipso Originale sein, und das sind sie nicht (z. B. alle die ausgefallenen kleinen Gesichter, die man manchmal zu hören bekommt).

Auch die Orig. werden in *Orig.+ und Orig.—* eingeteilt, wobei man sich im allgemeinen an die Form der Antwort halten kann [1]. FbF und Fb-Originale sind gewöhnlich Orig.—. Nur bei den F± muss man sich für Orig.+ oder Orig.— entscheiden, eine Entscheidung, die fast immer leicht fällt. (Die Kategorie Orig.± einzuführen, empfiehlt sich nicht, weil ja hier keine quantitative Grösse wie das F+% zur Diskussion steht, sondern es lediglich auf die positiv schöpferische oder abwegige Phantasie ankommt, d. h. ob die Originalität gut ist, nicht die Form.)

Zur qualitativen Beurteilung der Begabung ist ausser der Beachtung der Originalverteilung auf die verschiedenen Erfassungsmodi eine weitere *Aufteilung der Originalantworten* von grossem Nutzen. ZULLIGER hat, einer Anregung RORSCHACHS folgend [2], als erster diesen Weg beschritten, als er (im „Bero-Test") eine Einteilung in Auffassungs- und Erfassungsoriginale einführte. Es hat sich nun herausgestellt, dass diese Einteilung noch nicht alle für die Praxis wertvollen theoretischen Gesichtspunkte deckt. Nach einem Vorschlage von K. W. BASH haben sich nun ZULLIGER, BASH und der Verfasser darauf geeinigt, die folgende Originaleinteilung zu empfehlen. Es gibt:

1. *Auffassungsoriginale*, das sind die „gewöhnlichen" Originale. Sie bestehen aus zwei *Untergruppen*,

---

[1] Unter RORSCHACH's sämtlichen Beispielen finden sich nur zwei Ausnahmen von dieser Regel; sie finden sich auf S. 147 und 149.
[2] Siehe RORSCHACH, S. 197.

a) den *Motivoriginalen*, die zu den G, D oder gewöhnlichen Dd und DZw einen *neuen Inhalt* bringen, und

b) den *Verarbeitungsoriginalen*, d. h. Neubearbeitungen, Ausschmückungen oder Ergänzungen eines nicht ganz originellen Inhaltes, die „durch eingehende Verarbeitung eines gestaltlich nicht neuen Klecksteiles entstanden" sind (BASH).

2. *Erfassungsoriginale*, deren Originalität weniger im Inhalt oder der Bearbeitung als in der Erfassung des Klecksteiles liegt, der in „ungewöhnlicher, *von der üblichen Gestaltauffassung abweichender* Weise herausgegriffen" wurde (BASH).

Es ist nicht unbedingt notwendig, nun wieder neue Formeln einzuführen. Man kann sich eventuell damit begnügen, die etwas „aus der Reihe tanzenden" Erfassungsoriginale durch Überschreiben eines „Erf." in der Formel zu markieren.

Bei den *Motivoriginalen* ist noch besonders darauf zu achten, ob und eventuell wie viele unter ihnen sogenannte *Fach-Originale* sind, d. h. Originalantworten, deren Inhalt dem beruflichen Arbeitsgebiet der Vp. entnommen ist (Technik, Anatomie, Geographie, Musik usw.). Diese Originale sind ganz überwiegend Orig. +.

Beispiele zu den Motivoriginalen finden sich in den Hilfstabellen.

Bei den *Verarbeitungsoriginalen* kann es vorkommen, dass man ein *Orig.* + *und* ein *V zu derselben Antwort* signieren kann. Zwei Beispiele: Tafel II: „Zwei Menschen, die um ein heiliges Feuer beten", oder Tafel III: „Zwei Personen, jeder mit seinem Geldbeutel; sie zerren symbolisch an dem Gerippe des Opfers (Grau in Mitte), das sie auf dem Gewissen haben". Bei der Bewertung dieser Doppelsignaturen ist im Zweifel gewöhnlich das V wichtiger. Bei der zahlenmässigen Aufstellung rechnet man je einen Punkt für beide Kategorien.

Die *Erfassungsoriginale* sind auffällige Abweichungen von den gewöhnlichen Gestalt- und Figur-Grund-Erfassungen. Hierzu gehören natürlich alle Figur-Hintergrund-Verschmelzungen (siehe Kapitel 6) und sehr viele andere Kombinationen von Zwischenfiguren mit angrenzenden Details; Beispiel: Tafel III in c-Stellung, die grosse mittlere Zwischenfigur + Schwarz Mitte: „die Via appia (weiss), da sind zwei Bäume (Schwarz Mitte), und die endet an einem schmiedeeisernen Tor (Grau)". Die Antwort ist keine Figur-Hintergrund-Verschmelzung, aber trotzdem Erfassungsoriginal wegen der ungewöhnlichen Aufteilung und Kombination der Klecksteile. Wenn z. B. eine Vp. zu Tafel VI der Bero-Serie die Antwort gibt: „Ein Götterbild im Hintergrunde (das Ganze) und in der Mitte (Schwarz) eine Person, die kommt, um zu opfern", so sind hier statt Figur (Mitte) und Grund (Ganzes) *zwei* Figuren gleichzeitig erfasst, was so ungewöhnlich ist, dass die Antwort ebenfalls ein Erfassungsoriginal wird. — Es gibt auch schlechte Erfassungsoriginale, z. B. Tafel X (als Ganzes!): „Eine missgestaltete Frau, die Halswirbel (Grau Mitte), die Brüste (Blau Mitte), die Gebärmutter (Grün Mitte)" (Antwort eines begabten Jugendlichen mit Pubertätsneurose).

Auch Erfassungsoriginale können bisweilen gleichzeitig V sein, z. B. wenn die Männer zu Tafel III „weisse Schürzen" anhaben (Zwischenfigur zwischen Beinen und Schwarz Mitte).

c) Schliesslich gibt es noch *Individualantworten* (Ind.). RORSCHACH versteht darunter „Deutungen, die überhaupt nur von dieser Versuchsperson gegeben worden sind" (S. 189). Es versteht sich von selbst, dass nur ziemlich erfahrene Vl. ein Ind. signieren können. Andere tun gut, sich mit einem Orig. zu begnügen. Aber wenn man bei grösserer Erfahrung das sichere Gefühl hat: Auf diese Antwort wird kein zweiter Mensch verfallen! — dann ist das Ind. am Platze. Beispiele: Tafel III in c-Stellung, mittlere Zwischenfigur + Rumpf der Männer: „Ei, aus dem zwei Hühnchen schlüpfen" (die Antwort ist zugleich ein Erf.-Orig.) und Tafel V (als Ganzes): „Rundung einer Beere mit Höckern" (vergrössert gesehen). — Die Individualantworten werden natürlich den Original-Antworten zugerechnet.

II. Die Symptomwerte der Formelelemente

Der Rorschach-Test ist, wie wir noch wiederholt sehen werden, alles andere als ein mechanistisches Verfahren. Seine einzelnen formalen Elemente, von denen wir die grundlegenden hier soeben dargestellt haben, lassen sich nicht wie die Stichworte des „ägyptischen Traumbuchs" übersetzen (und in der wissenschaftlichen Traumlehre gibt es solche „Übersetzungen" ebenfalls nicht). Will man der Versuchung entgehen, in eine mechanistische Traumbuch-Technik zu verfallen, so kann dem Studierenden nur derselbe Rat erteilt werden, den bereits RAPAPORT gegen diese Gefahr gegeben hat: „The examiner will be able to avoid the dreambook type of interpretation, the mechanical attitude toward the test, and the idolizing of scoring, only if he has a sound background of psychological and psychiatric theory"[1].

Jedes einzelne Element hat zwar in jedem einzelnen Falle seinen Symptomwert. Dieser ist aber keine starre, unveränderliche Grösse, sondern er schwankt von Fall zu Fall nach dem jeweiligen Zusammenhang im Gesamtbilde. Mehrere Autoren[2] haben mit vollem Recht darauf hingewiesen, dass ein Rorschach-Protokoll auch als Ganzes eine „Gestalt" darstellt, aus der man nicht einzelne Teile herausgreifen und losgelöst aus ihrem Zusammenhang betrachten kann. Mechanistische Psychologen, denen die mühsame Analyse einer Ganzheitsstruktur zu beschwerlich ist, bezeichnen den Test daher bisweilen als „unwissenschaftlich", wobei sie voraussetzen, dass „wissenschaftlich" nur das ist, was sich mit mathematisch-physikalischer Exaktheit ein für allemal festlegen lässt. Man kann aber in der Psychologie nicht in physikalischen Vorstellungen denken.

Trotzdem es also keine absolut feststehenden, für alle Fälle gültigen spezifischen Symptomwerte der einzelnen formalen Elemente des Rorschach-Tests gibt, lassen sich doch gewisse *prinzipielle Richtlinien* für ihre psychologische Bedeutung geben. Diese prinzipiellen Grundsymptomwerte der einzelnen Testfaktoren sind aber nur als *theoretische* Erklärungen dieser Faktoren zu verstehen und lassen sich also nicht wie die Stichworte eines Lexikons zur „Übersetzung" benützen. Wir müssen uns aber in diesem Kapitel damit begnügen, die Grundsymptomwerte nur skizzenhaft anzudeuten. Jede gründlichere Erörterung würde bereits den Problemen vorgreifen, die im III. Hauptteil dieses Buches behandelt werden sollen. Ausserdem ist es didaktisch bedeutend vorteilhafter, die

---

[1] DAVID RAPAPORT, Diagnostic Psychological Testing, Vol. II, Chicago, 1946, S. 89.
[2] U. a. ROLAND KUHN, Über Rorschach's Psychologie und die psychologischen Grundlagen des Formdeutversuches, in „Psychiatrie und Rorschach'scher Formdeutversuch", Zürich, 1944, S. 41; ferner RUTH BOCHNER and FLORENCE HALPERN, The Clinical Application of the Rorschach Test, New York, 1942, S. 17.

sehr relativen und vielseitig verzweigten Symptomwerte der einzelnen Antwortenkategorien im Rahmen der Gesamtauswertung des Tests zu besprechen.

1. Der Erfassungsmodus

Aus der Erfassungsreihe können wir im grossen und ganzen die sogenannte *Arbeitsbereitschaft* („the mental approach") der Vp. ablesen.

a) Die *G* entsprechen im allgemeinen der Fähigkeit zum *Gesamtüberblick*, zur Erfassung der *grossen Zusammenhänge* und stehen damit in einer gewissen Beziehung zur *theoretischen* Intelligenz und zum *systematischen* Denken.

Nicht alle G sind aber ohne weiteres Zeichen einer hohen theoretischen Intelligenz. Zunächst ist natürlich vorausgesetzt, dass die Mehrzahl der G scharfe Formen hat. Viele unscharfe G finden sich z. B. oft bei dementen Organikern, viele unbestimmte (einer ganz bestimmten Qualität, über die Näheres weiter unten mitgeteilt werden wird) bei haltlosen Psychopathen. — Aber auch nicht alle G+ sind Zeichen besonderer theoretischer Begabung. Wenn sie zumeist oder (was nicht selten vorkommt) alle zugleich auch V sind, wird die Vp. auch nur die banalen Zusammenhänge erfassen können. (Im positiven Sinne kann man die G+ V als Ausdruck dessen ansehen, was man „common sense" nennt.) Zu einer wirklich guten theoretischen Intelligenz gehört also, dass die G zum grossen Teil nicht banal und mindestens zu einem kleineren Teil auch originell sind. — Wegen abweichender Regeln für Kinder siehe Kapitel 15.

Die G stehen aber nicht nur in Beziehung zu den theoretischen Interessen, sondern sie sind auch ein Ausdruck der affektiven Spannungen, die zur intellektuellen Leistung drängen. RORSCHACH spricht hier von der „dispositionellen Energie des Assoziationsbetriebs" (S. 54). Sie geben deshalb einen wichtigen Hinweis auf die *Antriebsstärke*. Bei jeder Antriebsstörung, sei es infolge von Angst oder Depression oder infolge eines hirnlokalen Psychosyndroms, finden wir eine Reduktion der G, oder sie werden unbestimmt und diffus (unb. F—, HdF, FbF, Fb usw.).

Aus demselben Grunde stehen die G auch im Zusammenhang mit dem *Anspruchsniveau* (sensu LEWIN) (siehe S. 107 unter Erfassungstypus). Bei krampfhafter Überbetonung des G-Faktors (bis zum Extrem des reinen G+-Typus, der nur 10 G+-Antworten gibt) sprach RORSCHACH daher von *Qualitätsehrgeiz*. (Näheres siehe unter Intelligenz, qualitative Beurteilung.) Dieser braucht aber nicht immer in einem günstigen Verhältnis zur Begabung zu stehen. Es gibt eine unglückliche Liebe zur Wissenschaft, die sich in einer starken G-Betonung, aber teilweise nicht mehr guten Formen verrät (G±). Nehmen die schlechten Formen überhand (G∓) bei gleichzeitiger starker G-Betonung, dann nähert sich das Bild dem des geltungsbedürftigen Psychopathen.

Der Grundsymptomwert der *DG*— ist die Tendenz der Vp. zur Konfabulation, eine gewisse *Unzuverlässigkeit* des Denkens und der Ekphorien. Die DG+ dagegen können eine bestimmte Art des *konstruktiven* Denkens repräsentieren.

Auch bei künstlerisch begabten *Tagträumern* finden sich solche DG als F+ oder B+ (meist neben vielen B). In diesen Fällen repräsentieren sie die Produktionshemmungen, die es der Vp. nicht gestatten, ihre künstlerische Begabung vollwertig auszunutzen wie bei den Menschen mit kombinatorischen GB+, bei denen *alle* Teile eine gleich gute Formqualität haben.

Die *DdG* haben ähnliche Symptomwerte wie die DG, finden sich aber häufiger bei Kindern und bei Schizophrenen.

Die *DZwG* spiegeln gewöhnlich eine *Spannung zwischen der Vp. und ihrem Milieu* (Beruf, Familie) wider, eine „zentrale Unzufriedenheit" (ZULLIGER, Bero S. 57), eventuell bis zum Trotz. Sind sie ZwG, dann liegt der Grund der Spannung gewöhnlich in neurotischen Charakterzügen der Versuchsperson *selbst mit*begründet; sind sie Gzw, handelt es sich mehr um Milieureibungen mit Realitätscharakter, also um politische oder weltanschauliche Kämpfe, um den Kampf für eine Idee, oder auch um eine real begründete Unzufriedenheit mit sich selbst[1]. Die Gzw spiegeln mehr eine „verhaltene Opposition", eine in Konzessionen und Konzilianz eingebaute Kritik wider[2]. Bei sogenannt „schwierigen" Jugendlichen können die DZwG manchmal als Differentialdiagnostikum bei *Milieuschädigungen* herangezogen werden[3]. BOCHNER und HALPERN haben die DZwG dementsprechend oft bei Kindern und Jugendlichen aus *Scheidungsehen* (broken homes) gefunden, als Ausdruck von Insuffizienz- und Unsicherheitsgefühlen[4].

Über die übrigen sekundären G siehe das Nähere in Kapitel 6.

b) und c) Die *D* sind im Rorschach-Protokoll der Ausdruck für die Erfassung des unmittelbar vor der Hand Liegenden, des *Nächstliegenden*, Einfachen, *Praktischen*. Sie haben also eine Beziehung zur praktischen Intelligenz. Aber auch der Praktiker braucht einen gewissen Überblick. NANCY BRATT[5] fand denn auch schlechte G und gute D bei Patienten, bei denen man eine Revalidierung versucht hat, die aber schwer umstellbar waren, weil ihnen der Überblick fehlte. — Die *Dd* vertreten entsprechend den Sinn für Kleinigkeiten, Petitessen, das *Nebensächliche*, *Spitzfindige*, „Ausgefallene", im positiven Sinne die *scharfsinnige Beobachtungsgabe*.

In einem gewissen Grade sind die *D auch ein Kontaktfaktor*. Dies wird am ehesten klar, wenn man das Negativum betrachtet: Eine auffällige Vermehrung der Dd auf Kosten der D kommt bei Zuständen vor, die ausnahmslos (wenn auch aus verschiedenen Ursachen) eine Herabsetzung oder Störung des sozialen Kontaktes enthalten (Depression, Zwangsneurose und Zwangscharakter, gewisse Schizophrenie-Formen). Ein Minimum von D finden wir häufig beim schizophrenen Autismus. Auch der *Nörgler* und *Querulant* mit seinen *vielen Dd* ist von seiner Umwelt enttäuscht. („Es ist ihm selbst nicht wohl, sonst tät er dir nicht weh", wie FRIEDRICH RÜCKERT richtig gesehen hat.)

Ausser den bereits angeführten Kategorien (Deprimierten, Zwangsneurotikern, Zwangscharakteren und Nörglern), denen eine gewisse *anale Aggressivität* eigen ist (auch in der Melancholie ist bekanntlich eine nicht geringe Portion Aggressivität versteckt)[6], bevorzugen natürlich auch solche Menschen die *Dd*, deren intellektuelle Begrenzung ihnen eine Beschränkung auf einen *engeren Horizont* ratsam erscheinen lässt (bei wenigen G). „They are the people who in order to feel important must be big frogs in small ponds", wie BOCHNER und HALPERN

---

[1] HANS ZULLIGER, Der Z-Test, Bern, 1948, S. 34.
[2] HANS ZULLIGER, Der Zulliger-Tafeln-Test, 2. Aufl., Bern, 1962, S. 134 und 268.
[3] Siehe HERMAN REISTRUP, Der Rorschach-Test als Hilfsmittel bei der Diagnostizierung von Milieureaktionen. Acta Psychiatrica et Neurologica, Bd. XXI, 1946, S. 687—697.
[4] BOCHNER und HALPERN, a. a. O., S. 30.
[5] NANCY BRATT, Rorschachtesten i klinisk praxis, København, 1968, S. 25.
[6] Siehe KARL ABRAHAM, Versuch einer Entwicklungsgeschichte der Libido, Wien, 1924.

das so schön ausdrücken [1]. Auch hierin liegt natürlich eine gewisse Herausforderung. — Aus ähnlichen Gründen findet sich meist auch eine Dd-Vermehrung bei Schwachsinnigen.

d) Die *DZw* gehören, teilweise schon wegen ihrer relativen Seltenheit, zu den wichtigsten und aufschlussreichsten Faktoren eines Rorschach-Protokolls. „Sie verraten immer irgendeine Art von *Oppositionstendenz*", sagt RORSCHACH von ihnen, und er bemerkt, schon mehr als eine Antwort sei suspekt. Mehrere Autoren (u. a. ERNST SCHNEIDER und FURRER) haben diese Behauptung RORSCHACH's kritisiert, aus der irrigen Annahme heraus, diese Opposition müsse immer manifest zutage treten. Dies hat RORSCHACH aber gar nicht gemeint. So wie RORSCHACH die Zwischenfigurdeutungen *wirklich* aufgefasst hat, gehören sie zu den genialsten Beobachtungen dieses schöpferischen Genies.

Die DZw sind ganz einfach ein Ausdruck der *Aggressivität*, aber erstens gibt es noch andere Aggressivitätsfaktoren im Test (für die anale Aggressivität z. B. die Dd und für die phallische noch andere Faktoren, die wir im Kapitel über die Neurosen näher kennenlernen werden), und zweitens ist die Aggression ja nicht immer manifest und nach aussen gerichtet. Man kann sagen: die *Anzahl der DZw* ist ein ungefährer Maßstab für die *Stärke des Aggressionsdrucks*, wobei die anderen Aggressionsfaktoren (Dd, Komplexantworten) als Korrigens zu benutzen sind. Es ist deshalb auch ganz natürlich, dass man bei *Kindern* und *Jugendlichen* eine grössere Neigung zu DZw findet als bei Erwachsenen [2]. *Wo* die Aggressionsenergie aber angebracht ist und vor allem *wie* sie *gerichtet* ist, das hängt von Faktoren der Erlebnisreihe ab. So sind die DZw ein Musterbeispiel für die so oft übersehene Tatsache, dass einzelne Elemente des Rorschach-Tests sich nicht ausserhalb ihres Zusammenhanges mit anderen Elementen beurteilen lassen, wenn man nicht mit Garantie zu falschen Resultaten kommen will. Ebenso ist nur vom Gesamtbilde des Tests aus zu entscheiden, ob die Aggressivität als überwiegend *positiv* (Eigen- oder Fremdkritik, „Schneidigkeit", Stosskraft) oder als überwiegend *negativ* zu bewerten ist. Dies hängt in erster Linie vom „Niveau" des Tests ab (der Qualität der einzelnen Faktoren inkl. Inhalt), in zweiter Linie vom Grade und der Struktur eventueller neurotischer oder anderer pathologischer Faktoren. Ausserdem ist der DZw-Faktor häufig mehrfach determiniert, d. h. er kann *gleichzeitig* positiv *und* negativ zu werten sein, z. B. bisweilen auch als unangenehmer Charakterzug bei einem kritisch eingestellten Intellektuellen von „forscher Schneidigkeit". Besonders anziehend wäre die Beobachtung dieses Faktors beim Studium der sogenannten Nationalcharaktere. Das letzte Wort über die Symptomwerte der DZw ist vielleicht noch nicht gesprochen [3]. Wahrscheinlich haben auch, wie schon RORSCHACH erkannte, die mit Teilen der Klecksfigur kombinierten DZw (also die DZwD usw.) einen anderen Symptomwert. (RORSCHACH sah in ihrem Inhalt bekanntlich Wunscherfüllungen.)

Nach FONDA liegt der *optimale* Durchschnitt des DZw% bei 4. Im Durchschnitt wird also ein Protokoll von 25 Antworten 1 DZw enthalten, eines von 40 Ant-

---

[1] BOCHNER und HALPERN, a. a. O., S. 28.
[2] HANS ZULLIGER, Einführung in den Behn-Rorschach-Test, S. 59/60, und WILLI ENKE, Die Konstitutionstypen im Rorschach'schen Experiment. Zeitschrift für die ges.Neur. und Psychiatrie, Bd. 108, 1927, S. 673.
[3] Wahrnehmungspsychologische Untersuchungen zur Abklärung dieser Frage wurden im Institut von THEODOR SCHARMANN in Erlangen-Nürnberg unternommen.

worten durchschnittlich 2; es kämen dann etwa 3 DZw auf 55, 4 auf 70 Antworten usw.[1]

Als Grundregel gilt: *DZw + Farbendeutungen* finden sich bei *manifester Aggression* nach aussen (das Negativum ist nicht immer ein Gegenbeweis), *DZw + B-Deutungen* bei introjizierter Aggression (gegen die eigene Person gerichtet), der sogenannten *Aggressionshemmung*, die oft zu Depression, in anderen Fällen zu Geniertheit und Überhöflichkeit, immer aber zu *Minderwertigkeitsgefühlen* und Misstrauen gegen sich selbst, also zu *Unsicherheit* führt. Bei hohem Niveau, stabiler Affektivität, guten Bremsfaktoren und relativ gering entwickelten neurotischen Charakterzügen wird man die manifeste Aggression überwiegend als *Fremdkritik*, die gehemmte Aggression überwiegend als *Selbstkritik* bewerten[2]. Sind sowohl B- wie Farbdeutungen vorhanden, gilt beides, und wenn sich B- und Farbseite ungefähr die Waage halten (d. h. bei den ambiäqualen Erlebnistypen, s. u.), entsteht die für manche Menschen so qualvolle *Unschlüssigkeit*, *Übergründlichkeit* und pessimistische *Zweifelsucht*. (Siehe auch meine Tabellen in RORSCHACH's Psychodiagnostik, S. 260). Bei koartiertem Erlebnistyp (s. u.), wenn also weder B- noch Farbdeutungen vorhanden sind oder höchstens 1—2, muss man das F+% und die G+ betrachten. Sind beide Faktoren ungewöhnlich hoch, so deutet auch das bei erhöhten DZw auf Aggressionshemmung.

Aus diesem Janusgesicht der DZw ergibt sich aber auch noch eine *prognostische* Folgerung, die vor allem für die angewandte Psychologie von praktischer Bedeutung ist, näher bezeichnet für die *Prophylaxe des Verbrechens* und für die *psychologische Unfallverhütung*. ARTHUR KIELHOLZ sagt einmal, „dass aus dem unbewussten Schuldgefühl dann ein Vergehen entsteht, wenn sich die zerstörerische Tendenz des Es gegen die Aussenwelt richtet, dann aber ein Unfall, wenn sich diese Destruktionsneigung vorwiegend gegen die eigene Person richtet"[3]. Und er fügt hinzu: „Die Methoden, solche destruktiven Tendenzen mit Neigung zu Unfall rechtzeitig diagnostisch zu erfassen, müssen wohl erst noch ausgearbeitet werden." — Nun, *hier* haben wir eine solche diagnostische Möglichkeit. Bei vielen DZw und überwiegend extratensivem Erlebnistypus werden wir (alle übrigen Faktoren vorausgesetzt) eine *manifeste Destruktionsneigung* erwarten (siehe „antisoziale Psychopathie"); bei vielen DZw und vorwiegend introversivem Erlebnistypus (Aggressionsverdrängung) eine erhöhte *Unfallbereitschaft* (siehe auch „charakterogene Depression").

e) Die *Do* wurden, wie ihr Name sagt, ursprünglich als typisch für *Oligophrenie* aufgefasst. Später hat sich herausgestellt, dass zwar einige, aber lange nicht alle Oligophrene eine ausgesprochene Tendenz zu diesen Antworten haben, vor allem aber dass die Do auch, vereinzelt und gelegentlich sogar in beträchtlicher Zahl, bei Normalen und sogar Hochbegabten vorkommen können. Ganz grob wird man hier sagen können, dass die Do neben vielen F— auf Debilität und Imbezillität deuten, neben vielen F+ dagegen ein *Angst-* und *Hemmungs*indikator sind. Sie entspringen dann aus einer Einschränkung des psychischen Gesichtsfeldes

---

[1] CHARLES P. FONDA, The White-Space Response, in: RICKERS-OVSIANKINA, Rorschach Psychology New York, 1960, S. 92.
[2] HANS ZULLIGER, Der Zulliger-Tafeln-Test, 2. Aufl., Bern, 1962, S. 52.
[3] ARTHUR KIELHOLZ, Verhütung von Verbrechen bei Psychosen, in: MENG, Die Prophylaxe des Verbrechens, Basel, 1948, S. 146.

(nicht des physiologischen!), die oft bei Angst und Depression vorhanden ist. Nach FRITZ SALOMON[1] sind die Do meist ein Zeichen von in Angst konvertierter Aggressivität (und zwar wahrscheinlich oraler Aggressivität) bei bewusster Unterdrückung aggressiver Tendenzen. Sie finden sich deshalb auch nicht selten bei Stotterern und Polterern, namentlich wenn sie gleichzeitig ixothym sind.

Abschliessend wollen wir noch auf einen wertvollen Hinweis von ZULLIGER (Bero-Test, S. 106) aufmerksam machen, dass man die Elemente der Erfassungsreihe auch mit den Libido-Entwicklungsstufen in Beziehung setzen kann. Es entsprächen also die G der *Oralität*, die D der *Genitalität* und die Dd der *Analität*. Auch ZULLIGER bringt dann die DZw mit der *Aggressivität* in Verbindung. Entsprechend deutet eine Vermehrung der G oder Dd bei gleichzeitiger Verminderung der D bei Neurotikern auf eine Regressionstendenz des Ichs zu den entsprechenden prägenitalen Phasen hin[2].

2. Die Determinanten

a) Der allgemeine Symptomwert der *Formantworten* richtet sich natürlich in erster Linie nach ihrer Qualität. Die F+ verraten vor allem eine gute *Beobachtungsfähigkeit*. Wer nicht gewohnheitsmässig gut beobachtet, hat keine formscharfen Engramme und kann sie infolgedessen auch nicht beim Test ekphorieren. Aber man muss sich auch auf die Testaufgabe konzentrieren können, um gute Formen zu sehen. Deshalb ist die *Konzentrationsfähigkeit*, Aufmerksamkeit und in gewissem Grade auch Ausdauer die zweite Voraussetzung guter Formantworten.

Unscharfe Formen finden wir dementsprechend entweder bei Unintelligenten infolge schlechter Beobachtungsfähigkeit oder bei Konzentrationsstörungen (vorzugsweise bei nervösen).

Die *unbestimmten F—* sind entweder Zeichen einer *Formungshemmung* oder einer *Formungsunfähigkeit*. Als solche finden sie sich in verschiedenen Kombinationen mit anderen Testfaktoren bei den verschiedensten Zuständen. Eine vorläufige Durchsicht unseres Materials hat folgendes ergeben:

Unbestimmte F— kommen vor:

1. neben allgemeinen Zurückhaltungstendenzen (wenig Antworten, Versagen usw.) bei *Retentionscharakteren* sowie bei allen *depressiv-zurückhaltenden* Menschen mit Minderwertigkeitsgefühlen;

2. neben 0 M, erhöhten Anat. (Selbstbeobachtung), Do (zurückhaltende Ängstlichkeit) und stark extratensivem Erlebnistypus mit labilen Farbwerten bei *sekundärem Narzissmus* (also eine Art Abbruch der diplomatischen Beziehungen zur Umwelt). Diese Menschen sind „der Welt abhanden gekommen", um mit FRIEDRICH RÜCKERT zu sprechen. (Über andere Faktorenkombinationen bei Narzissmus siehe Kapitel 11, B.);

3. neben herabgesetztem F+% und eventuell Anat. als Angstsymptom bei *neurotischer Denkhemmung*, und zwar bei extratensivem Erlebnistypus und Anat. bei *hysterischer Pseudodebilität*, bei introversivem oder ambiäqualem Erlebnistypus und Do (eventuell auch Anat.) bei *zwangsneurotischer Denkhemmung;*

---

[1] FRITZ SALOMON, Fixations, régressions et homosexualité dans les tests de type Rorschach. — Revue Française de Psychoanalyse, Bd. XXIII, Nr. 2, 1959, S. 237, 239.
[2] FRITZ SALOMON, Ich-Diagnostik im Zulliger-Test (Z-Test), Bern, 1962, S. 148.

4. als G bei *Haltlosigkeit* und *Ich-Schwäche*.
5. bei *Organikern* entweder
a) als Symptom eines *Verlustes der Konzentrationsfähigkeit* bei hypomanieähnlichen Unruhezuständen organischer Aetiologie (postencephalitischen Zuständen, Encephalosen usw.) oder
b) bei *organischer Ekphoriestörung* (Verlust konkreter Einzelbegriffe);
6. gelegentlich bei *endogener Depression* spezifisch ängstlicher Färbung;
7. als Zeichen der *Indolenz* bei abulischer *Schizophrenie*, bzw. als Symptom schizophrener (abulischer) „Deutungsnot" (im Sinne von WOLFGANG BINSWANGER);
8. zusammen mit Objektkritik bei *psychasthenischer Kontaktscheu, Verantwortungsscheu*, ängstlicher Übervorsichtigkeit und *Entschlussunfähigkeit* (Subvalidität). (Dieser Egoismus der Psychastheniker aus Energieersparnisgründen ist nicht mit dem obengenannten Narzissmus zu verwechseln.);
9. als einfaches *Schockzeichen*, insbesondere bei Dunkelschock, also als Symptom eines partiellen Stupors;
10. als Symptom einer physiologischen Ekphoriestörung bei *Ermüdung*, eventuell in Verbindung mit gelegentlicher Perseveration bei relativ Unoriginellen; (der müde Portier meldet: „Der Dingsda ist dagewesen.");
11. bei sogenannter *Faulheit*, d. h. Indolenzzuständen unbekannter Ätiologie.

b) Die *Bewegungsantworten* repräsentieren in erster Linie den *inneren Erlebnisreichtum*. Merkwürdigerweise haben gewöhnlich nicht die motorisch Beweglichen, sondern *die stillen*, motorisch stabilisierten „Innenmenschen" die meisten B (RORSCHACH, S. 25). So wie die manifeste Motorik dem Traumleben entgegenarbeitet (FREUD), so begünstigt gerade die *gehemmte Bewegung* die B-Produktion, während die manifeste Motorik sie eher hindert[1]. Ausserdem ist das Vorstellungsleben der stark introversiven Menschen weniger visuell und mehr motorisch eingestellt. So ergaben die Untersuchungen von WITKIN et alii eine hohe Korrelation zwischen Aufgaben, die „body awareness" erforderten, und den *introspektiven* Va-

---

[1] Wahrscheinlich ist die Beziehung zwischen Motorik und B-Tendenz etwas weniger „linear", als RORSCHACH sich vorgestellt hat. Wie G. DWORETZKI (Le Test de Rorschach et l'Evolution de la Perception, S. 339) an Schülern einer Tanzschule und WERNER FRIEDMANN (Die Bewegungs- und Dynamik-Deutungen im Rorschach-Test, Rorschachiana, Vol. I, 1952, S. 139—140) an Sportlern und Tänzern festgestellt haben, geben diese motorisch besonders Begabten durchschnittlich besonders viele B und haben im allgemeinen einen introversiven Erlebnistyp. Auch PIOTROWSKI (Perceptanalysis, 1957, S. 140/141) widerspricht der Behauptung RORSCHACH's, dass zwischen der Anzahl der B und der manifesten Motilität eine negative Korrelation bestehe. Immerhin haben MELTZOFF et alii (J. of Personality, 1953, S. 400—410, zitiert nach L'ABATE, Principles of Clinical Psychology, 1964, S. 92) nachgewiesen, dass eine Hinderung der motorischen Aktivität die Zahl der B erhöht, und MELVIN ROSENTHAL konnte mit dem GOLDSTEIN'schen stick-Test zeigen, dass im Rorschach-Test Introversive sich motorisch gehemmter verhielten als Extratensive (referiert von ALFRED LANG in Schweiz. Ztschr. f. Psych., Bd. 22, 1963, S. 182). Nach HORN und BONA nehmen die B bei bewegungsbehinderten Kindern ab, was von den Verfassern irrtümlich als Bestätigung der Hypothese von RORSCHACH aufgefasst wird; in Wirklichkeit spricht es also dagegen. (A. HORN und G. BONA, Persönlichkeitsuntersuchungen mit dem Rorschachtest bei bewegungsbehinderten Kindern, Schweiz. Ztschr. f. Psychol., 28, 1969, S. 42.)
Die Idee des angeblichen Antagonismus zwischen Kinästhesien und Bewegungen hat RORSCHACH, worauf ELLENBERGER ausdrücklich hinweist, von dem Norweger JOHN MOURLY VOLD (1850—1907) übernommen, der ihm überhaupt die wichtigsten Anregungen zu seiner Konzeption der B gegeben hat. (Siehe auch die Erwähnung dieses Autors in RORSCHACH's Dissertation, S. 119/120 des Abdrucks in „Gesammelte Aufsätze".) — Das letzte Wort zu dieser Frage ist wohl noch nicht gesprochen, und die Wahrheit dürfte hier vielleicht in der Mitte liegen.

riablen des Interviews. Und ebenso bestand eine positive Korrelation zwischen der Fähigkeit „to remain independent of the field and to be aware of one's body" und einer Gruppe von introspektiven Variablen im Rorschach-Test, und zwar in höherem Grade bei Männern als bei Frauen[1].

Wir wissen heute, dass sich Denken und schöpferische Tätigkeit nur entfalten können, wenn wir die Bewegung im Raume meistern können[2]. Ausserdem enthalten die B, wie schon RORSCHACH erkannte (RORSCHACH, S. 25), als Voraussetzung die Fähigkeit der Vp., nicht explizit gegebene Komponenten ergänzen zu können. Gerade diese Fähigkeit aber wurde von der Gestaltpsychologie mit der schöpferischen Begabung in Verbindung gebracht[3]. Aus diesen Gründen, deren theoretische Erklärung bisher noch nicht gelungen ist, haben die B einen Zusammenhang mit den *schöpferischen* Kräften der Persönlichkeit wie auch mit dem *religiösen* Erleben. Die B sind das generellste Zeichen der *Produktivität*. Dies ist empirisch einwandfrei festgestellt worden. Der grosse Dichter-Philosoph WALTHER RATHENAU hat diesen Zusammenhang zwischen Innenleben und Schöpferkraft sehr klar gesehen, wenn er sagt: „Träume durch Willenskraft verdichtet und an die Erde gekettet: das ist das Geheimnis aller Produktion" („Von kommenden Dingen").

Dieser Zusammenhang zwischen B und Produktivität gilt nur für die *spontan* produzierten B. „Künstlich" unter bewusster Anstrengung produzierte B (wie beim sogenannten „testing the limits") sind diagnostisch wertlos[4]. (Siehe auch S. 85.)

Eine Konsequenz des introversiven Charakters der B ist die Tatsache, dass, wie PIOTROWSKI nachgewiesen hat, das Gefühl des *Nichtgeliebtseins* zu einer *Vermehrung* der B führt[5]. G B+ M-Deutungen wurden ferner bei *Kindern* gefunden, die kurz zuvor dem *Tode* begegnet sind (A. FRIEDEMANN, A. WEBER[6]). Nach PIOTROWSKI[7] zeigt die Zahl der B auch an, welche Rolle das Sicherheits-

---

[1] H. A. WITKIN et alii, Personality through Perception, New York, 1954, S. 204 und 224. Näheres über diese Arbeit siehe in Kap. 16.
[2] LUCIANO L'ABATE, Principles of Clinical Psychology, New York, 1964, S. 72.
[3] WOLFGANG KÖHLER, Das Wesen der Intelligenz, in: A. KELLER, Kind und Umwelt, Anlage und Erziehung, Leipzig, 1930, zitiert nach: MARIA A. RICKERS-OVSIANKINA, Synopsis of Psychological Premises underlying the Rorschach, in: RICKERS-OVSIANKINA, Rorschach Psychology, New York, 1960, S. 12/13.
[4] Siehe auch ZYGMUNT A. PIOTROWSKI, Perceptanalysis, New York, 1957, S. 124. — Die positive Korrelation der B zur schöpferischen Produktivität ist übrigens von einigen amerikanischen Autoren bestritten worden (ROE und RUST nach MCCLELLAND in: v. BRACKEN und DAVID, Perspektiven der Persönlichkeitstheorie, Bern, S. 280). Das abweichende Ergebnis dieser Untersuchungen ist darauf zurückzuführen, dass 1. die betreffenden Autoren mit einem veränderten B-Begriff (KLOPFER's) gearbeitet haben, 2. dass man versäumt hat, den B-Faktor in Verbindung mit dem Erlebnistypus zu behandeln. Die Produktivität (creativity) ist nicht mit der aktuellen Produktion (creative output) zu verwechseln. Die Produktivität ist nur eine Voraussetzung der Produktion. Eine weitere Voraussetzung ist, dass diese schöpferische Begabung (creative endowment) mit Libido besetzt ist, dass die betreffende Person sich dafür interessiert. Diese Libidobesetzung ist aus dem Rorschach-Test allein nicht ersichtlich (ZULLIGER, mündliche Mitteilung). — Dass es andererseits auch Künstler gibt, die als „nichtschöpferisch" bezeichnet werden müssen (z. B. die Kopisten), ist eine banale Tatsache, die von RORSCHACH bereits eingehend behandelt wurde. Doch werden diese Ausführungen RORSCHACH's zum Problem der künstlerischen Produktivität weder von MCCLELLAND noch von KLOPFER und seinen Mitarbeitern auch nur erwähnt. Die ganze Diskussion wäre überflüssig gewesen, wenn man RORSCHACH gelesen und sich an seine originale Methode gehalten hätte.
[5] ZYGMUNT A. PIOTROWSKI, A Rorschach Compendium - Revised and enlarged, S. 26/27.
[6] Nach ROLAND KUHN, Grundlegende statistische und psychologische Aspekte des Rorschach'schen Formdeutversuches, Rorschachiana, Vol. I, 1952, S. 327.
[7] ZYGMUNT A. PIOTROWSKI, Perceptanalysis, New York, 1957, S. 180.

bedürfnis spielt, und damit gleichzeitig, in welchem Grade die Versuchsperson sich mit der Zukunft beschäftigt.

Innerhalb dieses schöpferischen Innenlebens lassen sich aber wiederum zwei Tendenzen unterscheiden, die mehr wirklichkeitsbetonte Phantasie, die letzten Endes *doch* auf aktive Umgestaltung der Aussenwelt gerichtet ist, und eine wirklichkeitsfremde Phantasie, die in Richtung Weltflucht verläuft. Nur die erste hatte RATHENAU im Auge, wenn er kurz vor der eben zitierten Stelle sagt: „Das allerrealste Schaffen ist das visionäre." Wir können uns also MEILI-DWORETZKI anschliessen, wenn sie[1] definiert: „Rorschach's Introversivität wäre für uns die Tendenz, das Ich in vorgestellte Situationen, Handlungen, Rollen einzusetzen und die psychische Energie nicht vorwiegend zur Anpassung an die äussere Wirklichkeit und ihrer Verarbeitung zu verwenden, sondern zum Leben in der eigenen Vorstellungswelt. Die Tendenz kann zum blossen Phantasieren und Tagträumen leiten, sie kann aber auch, mit der Realitätsanpassung verbunden, zur schöpferischen Verwirklichung führen." Hier kommt es natürlich in erster Linie auf den Erlebnistypus an und in zweiter Linie auf das Realitätssyndrom (siehe Kapitel über Intelligenz). Die beiden genannten Arten von Innenleben sind im Rorschach-Test aber auch durch die beiden Arten von Kinästhesien vertreten: Die *Streckkinästhesien* stehen für die Tendenz *hin zur Welt* (liebend-kooperativ oder hassend-aggressiv), die *Beugekinästhesien* für die Fluchttendenz *weg von der Welt*. Es entsprechen diese Haltungen dem, was man in der Anthropologie die *Wärme-* und die *Kältestellung* nennt: der Umwelt wird die grösstmögliche oder kleinstmögliche Körperoberfläche dargeboten. Symbol der ersten Haltung (aber nur der positiven Spielart): Seid umschlungen, Millionen! Symbol der zweiten: der zusammengerollte Igel. — Die Beugekinästhesien nehmen mit dem Alter zu[2].

Die ziemlich seltenen *B—* kommen bei Normalen kaum vor. Bei Epileptikern und Manikern finden sie sich ziemlich häufig. Auch beim Korsakoff'schen Syndrom kommen sie vor, ebenso bei Schizophrenien. Sie sind stets Zeichen einer Produktivität, die sich über die Schranken der Realitätskontrolle hinwegsetzt. Ihr Symptomwert ist also ähnlich dem der Konfabulationen. Bei Neurotikern enthalten die gelegentlichen B— meist wichtige Komplexmerkmale in ihrem Inhalt. — Eine ausgezeichnete psychologische Erklärung der B— gibt NANCY BRATT, wenn sie sagt: „Wünsche, Wahrnehmungen und undisziplinierte Vorstellungen und Gedanken überschwemmen das Individuum, die Grenze zwischen ‚ich' und ‚den anderen' wird unscharf, und wir haben die paranoiden Projektionen oder die manischen Vorstellungen, dass andere natürlich dasselbe glauben wie man selbst[3]."

Ebenso sind die *konfabulierten F-B* und die *sek. B* prinzipiell pathologisch. Die konfabulierten F-B kommen bei delirösen Zuständen vor, ausserdem gelegentlich bei Debilen und Schizophrenen (wie in dem einen unserer Beispiele). Die gar nicht so seltenen sek. B finden sich hauptsächlich bei Epilepsie und ge-

---

[1] In: „Versuch einer Analyse der Bewegungsdeutungen im Rorschach-Test nach genetischen Gesichtspunkten", Schweiz. Zeitschr. f. Psychologie, Bd. 11, 1952, S. 281.
[2] L. MESCHIERI, Humeur et interprétations des mouvements d'extension et de flexion au test de Rorschach, Contributi d. Istit. Nazion. Psicologia d. Consiglio nazion. Ricerche, Rom, 1950, zitiert nach: CARLO RIZZO, The Rorschach Method in Italy, Rorschachiana, Vol. I, 1952, S. 310/311.
[3] NANCY BRATT, Rorschachtesten i klinisk praxis, København, 1968, S. 39.

legentlich auch bei den mit den Epileptikern verwandten ixothymen Charakteren. Sie sollen nach RORSCHACH auch bei Manikern vorkommen, sind dort aber infolge ihres raschen Zustandekommens weit schwieriger feststellbar.

Die *Bkl.* haben offenbar eine besondere Beziehung zur „*Lust zum Fabulieren*". In einer anregenden Studie über die verschiedenen Arten der B bringt KADINSKY[1] die Bkl. mit einer Mentalität in Verbindung, die das Konkrete höher wertet als das Irreale, die Wirklichkeit über die Phantasie stellt. Diese Menschen entwerten die Phantasie, die sie nur als amüsantes Spiel ansehen. *Positiv* ständen daher die Bkl. in Beziehung zu guten Umgangsformen, *negativ* zu Unechtheit, prinzipienlosem Opportunismus und Leichtfertigkeit „bei äusserem Charme und verbindlichen Manieren". Auch die Bkl. sind also wie die B Ausdruck einer schöpferischen Begabung, haben aber eine mehr spezifische Bedeutung. Ausser bei produktiven Paranoiden, lebhaft konfabulierenden Korsakoff-Kranken und bisweilen bei mythomanen Psychopathen finden sie sich unter Normalen hauptsächlich bei bildnerisch-künstlerisch und literarisch Begabten, nach ZULLIGER auch bei pädagogisch Begabten (gute Märchenerzähler). Nach BRATT deutet ein Überhandnehmen der Bkl. auf eine Flucht ins Spiel. Auch für Pädagogen ist es ungünstig, wenn die Bkl. und die BF die richtigen B überwiegen; sie brauchen dann die Kinder als Vorwand für ihre eigene Realitätsflucht[2].

c) An den *Farbantworten* (sämtlicher Kategorien) können wir die *Affektivität* der Vp. ablesen. Da diese wegen ihrer besonderen Wichtigkeit in einem Kapitel für sich behandelt werden wird, können wir uns hier mit ein paar Stichworten begnügen.

α) Die *FFb+*-Antworten sind Ausdruck jener Gefühle, die auf das Objekt Rücksicht nehmen und gleichzeitig unter einer gewissen Vernunftskontrolle stehen. Sie haben also zwei Symptomwerte, sie bedeuten erstens den affektiven *Kontakt*, die „Rapportfähigkeit", die *Objektbindung*, die *Anpassung* der Gefühle an die Situation und die Interessen des Objekts, zweitens die *Verstandeskontrolle*, welche die Gefühle in mässigen Grenzen hält, die Bremsung im Sinne von Selbstbeherrschung.

RENÉ A. SPITZ sagt: „Die Denkfähigkeit gestattet eine Regulierung der Triebe dadurch, dass ihre Abfuhr die Form gerichteter intentionaler Handlungen annimmt[3]."

FFb— finden sich bei Menschen, die zwar gefühlsmässig ebenfalls Anpassung erstreben, aber infolge intellektueller Mängel nur mit zweifelhaftem Erfolg. Diese Antwortenkategorie mahnt uns, nicht zu vergessen, dass nicht nur die Affektivität das Denken, sondern auch das Denken die Affektivität beeinflusst.

Über Schwarz-, Weiss- und Graudeutungen als FFb siehe Kapitel 6 (unter „Schwarz und Weiss als Farbwerte").

β) Die *FbF* sind ein Gradmesser der *labilen* Affektivität, die zwar noch nach Kontakt *strebt*, der es aber nicht gelungen ist, eine stabile Objektbeziehung herzustellen. Schon KANT erwähnt, dass die „in Ansehung des Objekts unbestimmte Begierde" „der launische Wunsch" genannt werden kann[4]. Die FbF sind denn

---

[1] DAVID KADINSKY, Zum Problem der Bewegungsdeutungen im Rorschach, Ztschr. f. Diagn. Psychologie und Persönlichkeitsforschung, Vol. V, 1956, S. 326, 327.
[2] NANCY BRATT, Rorschachtesten i klinisk praxis, København, 1968, S. 47.
[3] RENÉ A. SPITZ, Vom Säugling zum Kleinkind, Stuttgart, 1967, S. 188.
[4] IMMANUEL KANT, Anthropologie in pragmatischer Hinsicht, herausgegeben von J. H. VON KIRCHMANN, Leipzig, 1880, S. 164.

auch wirklich ein Gradmesser der Launenhaftigkeit. Die libidinösen Triebe befinden sich hier in einem Stadium, das wir mit RUDOLF BRUN als *Reizsuche*[1] bezeichnen können: Hormonale Faktoren haben *eine triebhafte Unruhe* geschaffen, „der cerebrospinale Orientierungsapparat" ist „in Betrieb gesetzt", aber das Objekt noch nicht gefunden. Ob die Objektfindung physiologisch einfach noch nicht erfolgt ist, wie in der Pubertät (*primäre* Reizsuche), oder ob neurotische Schwierigkeiten vorliegen (*sekundäre* Reizsuche), oder ob die affektive Unruhe organischen Ursprungs ist, lässt sich aus dieser Antwortenkategorie *allein* nicht ersehen. Diese Unruhe der „Reizsuche" ist ein „*Appetenzverhalten*" im Sinne von LORENZ[2], ein Spannungszustand, der grundsätzlich zur Auslösung einer Instinkthandlung drängt und so lange bestehen bleibt, bis diese möglich geworden ist. In der menschlichen Psychopathologie kann ein solcher Zustand als Dauerzustand auftreten; bei der neurotischen Unangepasstheit könnte man deshalb sehr wohl von dem Paradox eines „dauernden Provisoriums" sprechen.

ZULLIGER hat die Beobachtung gemacht, dass G FbF und namentlich Gzw FbF oft von Menschen gegeben werden, die eine starke orale Mutterbindung zeigen (ZULLIGER, brieflich).

γ) Die *reinen Fb* schliesslich repräsentieren die „reine" Affektentladung, die *Impulsivität*, die nur der Affektabfuhr dient und gar nicht mehr nach Anpassung fragt. Streng genommen sind die Fb nur Ausdruck des *Dranges* zu solcher Entladung. Inwieweit sie wirklich eintritt, hängt von anderen Faktoren ab.

d) Die *BFb* finden sich nur bei hochqualifizierten Begabungen, namentlich künstlerischer Art, kommen gelegentlich aber auch bei Schizophrenen vor.

e) Die Symptomwerte der BF sowie der Zahl- und Lageantworten werden aus praktischen Gründen im Kapitel 6 behandelt werden.

3. Der Inhalt

Der Inhalt der Antworten gestattet *im allgemeinen* einen Überblick über den „Horizont" der Vp., eventuell auch über besondere Interessen (vgl. unser Beispiel Nr. 2). Darüber hinaus kommt aber auch den einzelnen Kategorien eine gewisse Bedeutung zu.

Die Zahl der *menschlichen* Antworten ist in gewissem Masse ein Anhaltspunkt dafür, welche Rolle soziale und menschliche Interessen im Leben der Versuchsperson spielen. (Näheres siehe in Kapitel 9.)

Die *Tiergruppe* ist ganz natürlicherweise die grösste, weil Tiere teils infolge der Symmetrie der Tafeln, teils infolge der besonderen Form der Kleckse am leichtesten zu deuten sind. Sie ist deshalb der nächstliegende Maßstab der *Stereotypie*, populär gesprochen, der Langweiligkeit der Versuchsperson. (Näheres unter „Verrechnung".)

Finden sich viele kleine Tiere im Inhalt (wie Insekten, Spinnen usw.), so deutet dies, namentlich wenn die Tiere „zertreten" oder „zerquetscht" sind, nach

---

[1] RUDOLF BRUN, Die Raumorientierung der Ameisen, Jena, 1914. Ferner: Allgemeine Neurosenlehre, Basel, 1948, und: Über biologische Psychologie, Schweizerische Zeitschrift f. Psychologie, Bd. VIII S. 3.
[2] K. LORENZ, Über den Begriff der Instinkthandlung, Folia Biotheoretica, II, 1937, zitiert nach DAVID KATZ, Mensch und Tier, Zürich, 1948, S. 220.

ZULLIGER's Erfahrung meist auf ein gespanntes Verhältnis zu den Geschwistern[1]. (Siehe auch S. 258: sadistische Komplexantworten.)

Den *Anatomie*-Deutungen hat RORSCHACH, namentlich wenn sie bei Nichtärzten auftreten, eine besondere Beziehung zum *„Intelligenzkomplex"* zugeschrieben. Hierunter versteht EUGEN BLEULER [2] das Bedürfnis gewisser Menschen, „zu zeigen, dass sie nicht so dumm sind", als Kompensation eines (berechtigten oder unberechtigten) intellektuellen Insuffizienzgefühls. Daneben scheint ihnen eine gewisse Verbindung mit *hypochondrischen* Tendenzen zuzukommen (RORSCHACH), namentlich neben einer umgekehrten Sukzession (ZULLIGER, Tafeln-Z-Test, S. 201), sie finden sich jedenfalls ganz allgemein bei einer „narzisstischen Besetzung des Körperschemas" [3]. *Auch* bei Ärzten und Krankenschwestern sind die *schlechten* Anatomie-Deutungen, wenn vermehrt, gewöhnlich Zeichen von neurotisch-hypochondrischen Tendenzen, eine Art Fach-Orig.—. Gute Anat. haben natürlich bei Fachleuten nicht diese Bedeutung. (Über anatomische Stereotypie siehe Kapitel 6.) Eine kleine Spezialuntersuchung von BRUHN[4] in Finnland ergab, dass die Anatomie-Antworten hauptsächlich von *Pessimisten* gegeben wurden, und zwar ist dieser Pessimismus in der Regel eine Depression infolge enttäuschter Hoffnungen.

Dass *Sexualdeutungen*, wenn im Übermass gegeben, einem neurotisch-forcierten Verhalten entspringen, ist unmittelbar einleuchtend. Es ist die Freiheit derer, die ihrer Ketten spotten. Meist werden sie dann auch da gesehen, wo sie *nicht* vorhanden sind, also häufig als schlechte Formen. Vereinzelte Sex.-Antworten, namentlich als gute Formen, sind dagegen völlig normal, da mehrere Tafeln (namentlich II, IV, VI, VII und IX) ein oder mehrere genitalienähnliche Gebilde enthalten. Wenn *gar* keine Sex.-Antworten gegeben werden, geschieht das daher entweder aus Dezenz (z. B. bei Menschen mit viktorianischer Lebensführung) oder infolge einer neurotischen Hemmung, oder eventuell auch weil die Vp. aus Gründen der „Sexualkomponente" gehemmt war. Die neurotische Hemmung verrät sich dann meistens entweder durch symbolische oder verkappte Sexualantworten (u. a. auch „weibliches Becken") oder durch den Sexualsymbolstupor (siehe diesen in Kapitel 6).

RORSCHACH macht darauf aufmerksam (S. 176), dass er bei 6—8jährigen Kindern (und ebenso bei Senil-Dementen) besonders häufige *Pflanzenantworten* bekommen habe. Das entspricht vollkommen den Erfahrungen, die man mit dem englischen Mosaiktest gemacht hat, bei dem namentlich die Mädchen in der Vorpubertät mit Vorliebe Blumen legen. Die Antworten „Blatt" oder „Baum" als G zu Tafel IV oder VI, bisweilen auch zu I, wurden von PIOTROWSKI[5] oft bei Kindern zwischen 4 und 6 Jahren beobachtet. Bei Erwachsenen seien sie ein Zeichen von Infantilismus und oberflächlichem Denken auf bestimmten Lebensgebieten. Pflanzendeutungen, namentlich wenn es Früchte und andere

---

[1] HANS ZULLIGER, Der Zulliger-Tafeln-Test, 2. Aufl., Bern, 1962, S. 78.
[2] EUGEN BLEULER, Lehrbuch der Psychiatrie, Berlin, 1937, S. 412.
[3] M. MAHLER-SCHOENBERGER und I. SILBERPFENNIG, Der Rorschach'sche Formdeutversuch als Hilfsmittel zum Verständnis der Psychologie Hirnkranker. Schweizer Archiv f. Neur. und Psychiatrie, Bd. 40, 1937, S. 325/326.
[4] KARL BRUN, Bläckfläcksförsök med barn och ungdom, Helsingfors, 1953, S. 64.
[5] ZYGMUNT A. PIOTROWSKI, Perceptanalysis, New York, 1957, S. 354.

essbare Pflanzen sind, die *nicht* Farbantworten sind, stehen oft mit ungelösten sexuellen Problemen in Verbindung[1].

Die *Objekte* verraten natürlich öfters spezielle technische oder handwerkliche Interessen und geben, zusammen mit den Architektur-, Ornament- und Kunstdeutungen, oft ein ganz gutes Bild von der Allgemeinbildung der Vp. Wohl wegen ihrer Beziehung zur Analität fand RORSCHACH eine grössere Zahl von Objekten bei Manisch-Depressiven und im übrigen auch bei sehr zerfahrenen Schizophrenen und bei oligophrenen Epileptikern (RORSCHACH, S. 45). Kinder haben nach LOEPFE eine Neigung, viele Objekte zu deuten, und bei Erwachsenen mit nicht-technischen Berufen können auffallend viele Objekte manchmal auf Infantilismus hinweisen. Wenn die Objekte über 20% aller Antworten ausmachen, so kann das auf einen Mangel an produktiven geistigen Interessen hindeuten[2].

ZULLIGER[3] macht darauf aufmerksam, dass *Kleidungsdeutungen* bei Männern regelmässig auf eine gewisse Eitelkeit hinweisen. Entweder legt der Betreffende Gewicht darauf, immer „à quatre épingles" aufzutreten, oder er will, wenn die Eitelkeit mehr negativistisch auftritt, ostentativ als Bohème erscheinen. Auf jeden Fall wollen diese Menschen durch ihr Äusseres *auffallen*, sich von der Umwelt unterscheiden. Auch PIOTROWSKI[4] betrachtet Kleidungsdeutungen bei Männern als Hinweis auf eine Neigung, auf *passive* Weise Aufsehen zu erregen, und damit als Zeichen einer gewissen Femininität.

Die *Architekturantworten* im besonderen können, wenn sie auffällig vermehrt oder wenn sie (auch nicht vermehrt) als perspektivische Antworten auftreten, häufig ein Hinweis sein auf eine innere Unsicherheit, welche die Vp. zu überkompensieren sucht. Wir kennen das Phänomen aus der Geschichte gewisser Cäsaren und gekrönter Häupter (Caligula, Ludwig II. von Bayern, Wilhelm II.), die sich im Bauen nicht genug tun konnten — von einem allerneuesten Beispiel zu schweigen.

Die *Geographie- oder Karten-Deutungen* sind entweder nichtssagende Verlegenheitsantworten (Inseln, Länder usw. ohne Namen) oder, wenn namhaft, Zeichen eines quantitativen *Schulehrgeizes* unselbständiger Naturen; diese Menschen haben meist auch als Erwachsene noch immer etwas vom „braven Schüler" an sich. Wenn sie aber einen besonders forcierten Eindruck machen (ausgefallene exotische Landesteile usw.), sind sie den Anat.-Antworten bei Intelligenzkomplex an die Seite zu stellen und kommen dann auch meist neben ihnen vor. Bei renommistisch-geltungsbedürftigen Psychopathen ist diese Sorte Antworten nicht selten (Aufschneidertypus). Dies gilt natürlich alles nicht für Berufsgeographen, die, namentlich wenn sie gleichzeitig zur Fachsimpelei neigen, auf diesem Gebiete das Unglaubliche leisten können.

Eine wichtige Rolle spielen die *Blutdeutungen*, über die eine besondere Studie von KÜNZLER[5] vorliegt. Sie sind relativ selten. Nur etwa 10% der Gesunden und etwa ein Sechstel der psychiatrischen Patienten geben überhaupt Blutdeutungen (KÜNZLER, S. 20, 110). KÜNZLER ist nicht ohne Grund der Ansicht, dass mehr Blutdeutungen unterdrückt als geäussert werden (S. 111, 125). Von Kin-

---

[1] ZYGMUNT A. PIOTROWSKI, Perceptanalysis, New York, 1957, S. 354.
[2] ZYGMUNT A. PIOTROWSKI, Perceptanalysis, New York, 1957, S. 347.
[3] HANS ZULLIGER, Berufsberatung an Hand eines Tafeln-Z-Tests und Rorschach-Tests, Schweiz. Ztschr. f. Psych., Bd. 19, 1960, S. 341.
[4] ZYGMUNT A. PIOTROWSKI, Perceptanalysis, New York, 1957, S. 346.
[5] WERNER KÜNZLER, Über Blutdeutungen im Rorschach'schen Formdeutversuch, Bern, 1963.

dern werden etwas mehr Blutdeutungen gegeben (bis zu 20%), die bei ihnen aber mehr mit zufälligen Ereignissen in Beziehung stehen (KÜNZLER, S. 21, 126). Ebenso geben etwa 20% der Schizophrenen und Epileptiker Blutdeutungen (KÜNZLER, S. 40). Meist wird nur eine Blutdeutung gegeben (KÜNZLER, S. 120). Ein Protokoll mit 3 Blutdeutungen ist bereits „sehr verdächtig", eines mit noch mehr „eindeutig pathologisch" (KÜNZLER, S. 27). Da Blutdeutungen ausser bei Normalen bei allen Kategorien von Patienten vorkommen können, lassen sich aus ihrem blossen Vorhandensein *an sich* keine diagnostischen Schlüsse ziehen. Auch die sprachliche Formulierung ist von grosser Bedeutung. Die Blutdeutungen haben meist etwas mit Angst und Schuldgefühlen zu tun, sind aber sehr oft durch besondere lebensgeschichtliche Umstände bedingt. (Im übrigen siehe S. 135 dieses Buches, ferner unter Angstsymptome, Phobie und Schizophrenie.)

Auch die gar nicht so seltenen *Wappendeutungen* haben mehrfach die Aufmerksamkeit der Forscher auf sich gezogen. So glaubt R. M. LINDNER[1], diese Antworten verrieten einen prestige-getriebenen Ehrgeiz zur Vollbringung „grosser Taten" und eine Sucht nach Anerkennung. Nach NEIGER[2] sind sie, besonders als Deutung zu Tafel I in c-Stellung, Zeichen eines besonderen Familien- und Abstammungsstolzes.

Andere Inhalte sind besonders wegen ihrer *Komplexbeziehungen* interessant, z. B. Höhlen, Explosionen, Feuer, Szenen und vor allem die relativ seltenen Essen-Antworten (Schinken, Beefsteaks, Hühnchen, Kuchen usw.), die ebenso wie die alkoholischen Dinge (zechende Männer, Wein- und Schnapsflaschen und dergl.) gewöhnlich auf eine verstärkte Oralität schliessen lassen. Doch ist bei den Essen-Antworten eine gewisse Zurückhaltung am Platze, da, wie aus einer amerikanischen Spezialuntersuchung hervorgeht, hungrige Menschen bedeutend häufiger Essen-Antworten geben als satte (briefliche Mitteilung von Prof. OLOV GÄRDEBRING). Bei Kleinkindern sind Essen-Antworten relativ häufig (BECK)[3].

Erwähnt seien hier noch die *Pars-pro-toto-Deutungen* der Kinder, die (nach den Beobachtungen von ZULLIGER) oft *ganze* Tiere deuten, wo sie nur einen Kopf sehen. Auch bei infantilen oder konfabulierenden Erwachsenen wird diese Antwortenkategorie beobachtet.

Schliesslich möge hier noch eine Beobachtung erwähnt werden, die VAN LENNEP[4] bei seinem Four Picture Test gemacht hat, ohne dass wir im gegenwärtigen Augenblick imstande wären, zu entscheiden, ob sich diese Beobachtung auf den Inhalt der Rorschach-Deutungen übertragen lässt: *Kontraste* im Inhalt des Four Picture Tests spiegeln *bewusste* Probleme wider und sind häufiger bei normalen als bei pathologischen Versuchspersonen. Gleichzeitig wiesen diese Versuchspersonen eine Tendenz zum Narzissmus auf, sie sind aber auch mehr differenziert.

---

[1] R. M. LINDNER, Analysis of Rorschach Test by Content. J. Clin. Psych., Vol. 8, 1947; hier zitiert nach ZYGMUNT A. PIOTROWSKI, Perceptanalysis, New York, 1957, S. 347.
[2] FERENC MEREI, Der Aufforderungscharakter der Rorschach-Tafeln, übersetzt und bearbeitet von STEFAN NEIGER, Innsbruck, 1953, S. 6.
[3] SAMUEL J. BECK, Rorschach's Test, II., S. 221.
[4] VAN LENNEP, Projektion und Persönlichkeit, in: v. BRACKEN und DAVID, Perspektiven der Persönlichkeitstheorie, Bern, 1959, S. 214, 216.

4. Die Originalität

a) Die *Vulgärantworten* sind ein Gradmesser des *intellektuellen Kontakts*, der „Anteilnahme an der Auffassungsweise der Kollektivität" (RORSCHACH, S. 196). Sie sind insbesondere ein Maßstab dafür, inwieweit die Vp. sich mit dem „Mann aus dem Volke" verständigen kann. Wir werden in Kapitel 9 näher auf diese Frage zu sprechen kommen.

b) Die *Originalantworten*, insbesondere die eigentlichen *Motiv*originale, sind natürlich ein Gradmesser für die *Originalität der Phantasie* und deshalb bei künstlerisch Begabten besonders häufig. Im übrigen geben sie im ganzen meist ein recht gutes Bild der *Interessenrichtungen und Allgemeinbildung* der Versuchsperson. Bei Fachsimpeln überwiegen natürlich die *Fach-Originale*, während der vielseitig Gebildete Originalantworten aus den verschiedensten Gebieten hat. Die sehr seltenen Fach-Orig.— weisen fast immer auf eine neurotische Einstellung zum Berufe oder Konflikte im Berufe hin, oder ein Berufswunsch in dieser Richtung erweist sich bei näherem Zusehen als „unecht", als eine nur nach aussen zur Schau gestellte Fassade, der kein wirkliches Interesse entspricht.

Tier-Orig.+ sind recht selten und lassen dann fast immer auf eine ungewöhnliche Tierliebe und gute Tierbeobachtung schliessen.

Gute *Verarbeitungsoriginale* deuten gewöhnlich auf literarische Begabung, und wenn es auch nur die heute nicht mehr sehr verbreitete Kunst des Briefschreibens wäre.

Die *Erfassungsoriginale* sind noch sehr wenig erforscht. Einer ihrer spezifischen *positiven* Symptomwerte ist jedenfalls eine grössere *Strukturlabilität* des Denkens. *Negativ* scheinen sie als *solche* (also nicht *nur* die Untergruppe der Figur-Hintergrund-Verschmelzungen und auch bei guten Formen) mit einer gewissen *Herabsetzung des Realitätssinnes* verbunden zu sein. (Die gewöhnliche Gestalterfassung ist eine *Ding*erfassung.) Dies ist um so wahrscheinlicher als sie, wo sie gehäuft vorkommen, sich gewöhnlich mit einem allgemein erhöhten Orig.% und einem niedrigen V% zusammen finden. In einem in dieser Hinsicht besonders auffälligen Falle konnte auch vom kontrollierenden Graphologen ein mangelhafter Realitätssinn als hervorstechendste Eigenschaft festgestellt werden.

Dementsprechend finden wir besonders die *schlechten* Erfassungsoriginale bei neurotischer, organischer oder schizophrener *Störung der Realitätskontrolle*.

Ganz allgemein ist darauf aufmerksam zu machen, dass es Orig.— sehr *verschiedener Qualitäten* gibt, nur „schwache" Formen, die aber noch verständlich bleiben, bei Neurotikern oder Oligophrenen und „horrible", bizarre, unverständliche bei Schizophrenen und Organikern. Eine rein formale Diagnostik kann bei den Orig.— leicht zu Missverständnissen und Fehldiagnosen führen.

Schliesslich mag hier noch erwähnt werden, dass *Geschwister*, wie MANFRED BLEULER [1] nachgewiesen hat, oft die gleichen Originalantworten geben. Dies ist besonders auffällig bei *Zwillingen*. Wir haben diese Erscheinung gelegentlich auch bei *Ehegatten* beobachtet. Eine systematische Untersuchung dieser Beobachtung könnte vielleicht interessantes Material zu SZONDI's Genotropismus-Hypothese beibringen.

---

[1] MANFRED BLEULER, Der Rorschach'sche Formdeutversuch bei Geschwistern. Zeitschrift f. Neurologie, Bd. 118, 1929.

c) Die *Individualantworten* haben die gleichen Symptomwerte wie die Originalantworten. Ausserdem sind sie ihrem Inhalt nach *meist komplexbedingt* und können deshalb oft wichtige Aufschlüsse über die tieferen Schichten der Persönlichkeit geben.

B. Binder's Schattierungs- und Helldunkeldeutungen

Eine ganze Kategorie der Determinantenreihe haben wir bisher übersprungen, weil ihre Signierung schon etwas aus dem Rahmen der klassischen Formelgebung herausfällt; denn sie erfolgt heute zumeist nach Einteilungsprinzipien, die nicht mehr von RORSCHACH selbst, sondern erst nach dessen Tode von BINDER aufgestellt wurden.

Dies bedeutet nun aber nicht, dass RORSCHACH diese Kategorie noch nicht gekannt hätte. Er *hat* sie gekannt und auch ihre grundsätzlichen Symptomwerte bereits richtig gesehen. Wir meinen das grosse Gebiet der *Schattierungs- und Helldunkeldeutungen,* die RORSCHACH (S. 184/185, 188, 193/194 und 199/200) noch als eine gemeinsame Gruppe unter der Bezeichnung F(Fb) behandelte. Doch unterschied er bereits nach der grösseren oder geringeren Präzision des Formelements (F(Fb)- und (Fb)F-Antworten [1]. Er schrieb ihnen den Symptomwert einer „ängstlich-vorsichtig-unfreien Art der affektiven Anpassung" zu und „eine Neigung zu depressiver Grundstimmung" (S. 193). Und er hatte auch bereits festgestellt, dass bei diesen Antworten häufig das *Perspektivische* betont ist und dass einige von ihnen eine Tendenz haben, sich mit *Zwischenfiguren* zu verbinden (S. 185, 199).

BINDER, der dieser Frage eine umfassende Studie gewidmet hat[2], macht einen prinzipiellen Unterschied zwischen *(Fb)-Deutungen* (jetzt allgemein *Schattierungsdeutungen* genannt) und den *Hd-Deutungen (Helldunkeldeutungen).* Damit wird aber der Umfang der F(Fb) bedeutend eingeengt, weil BINDER, wie er selbst betont (S. 27), dieses Signum „in viel genauer präzisierter" Weise verwendet. Es ist deshalb erforderlich, heute bei wissenschaftlichen Publikationen anzugeben, ob die Formel F(Fb) im alten, *weiteren* Sinne RORSCHACH's oder im neuen, *engeren* Sinne BINDER's gebraucht wird.

Das Signum F(Fb) [englisch F(C)] im weiteren Sinne von RORSCHACH ohne Untergruppierung wurde noch von OBERHOLZER benutzt[3]. Und auch wir halten es für ratsam, die ursprüngliche Zusammenfassung der *ganzen* Gruppe nicht völlig über Bord zu werfen. Am einfachsten ist es, die alte Bezeichnung F(Fb) beizubehalten und die BINDER'sche Einteilung als Unterteilung zu benutzen. (Näheres siehe in Kapitel 5.)

Es gibt noch andere Unterteilungen dieser Gruppe, so z. B. die von KLOPFER und KELLEY. Die BINDER'sche Einteilung ist der KLOPFER'schen bei weitem vorzuziehen, weil sie die Kategorien des Rorschach-Tests organisch weiter ausbaut,

---

[1] HANS ZULLIGER, Einführung in den Behn-Rorschach-Test. S. 65.
[2] HANS BINDER, Die Helldunkeldeutungen im psychodiagnostischen Experiment von Rorschach, Schweizer Archiv f. Neurologie und Psychiatrie, Bd. 30, S. 1—67 und 233—286.
[3] In CORA DU BOIS, The People of Alor, Minneapolis, 1944.

während die KLOPFER'sche Einteilung nach gegenständlichen Prinzipien erfolgt (Oberfläche, Tiefe usw.) und das psychologisch Wesentliche dabei verschleiert. Ausserdem ist diese Einteilung mit dem Kriterium der Dreidimensionalität vermischt, das besser selbständig behandelt wird (siehe Kapitel 6 unter perspektivische Antworten und EQa). Wenn auch dreidimensionale Antworten verhältnismässig oft zugleich Schattierungs- oder Helldunkeldeutungen sind, so ist dies doch bei weitem nicht immer der Fall. Eine Vermischung dieser beiden Kategorien ist daher besser zu vermeiden.

Wir folgen also hier BINDER's Arbeit und geben zunächst seine Einteilungsprinzipien wieder, um dann kurz die Symptomwerte zu skizzieren.

I. Abgrenzung der Helldunkeldeutungen

Das ganze Gebiet der Helldunkel- und Schattierungsdeutungen ist zunächst gegen eine Reihe von Grenzfällen abzugrenzen, die *nicht* mehr unter diese Kategorie fallen und also aus den Helldunkeldeutungen *auszusondern* sind. Es sind dies:

1. Die *„Weissdeutungen"* (S. 21, 58, 59)[1]: Hier macht BINDER noch einen Unterschied zwischen:

a) ausgesprochen *primären Weissdeutungen*, z. B. die Zwischenfigur der Tafel IX als: „Schneemann", die am besten als DZw FFb+ zu werten sind (in diesem Falle also DZw FFb+ Obj. Orig. +), und

b) *sekundärer Weissbetonung*, wie z. B. in den Antworten: „Lampenglocke aus weissem Porzellan" (Zwischenfigur der Tafel II) oder: „weisser Hirsch" (zwischen Blau und Grau der Tafel VIII); diese Antworten werden am besten als DZw F+ gerechnet.

2. Details, die gar nicht nach ihrem Helldunkelcharakter, sondern nur nach einer *Kontur* der Schattierung gedeutet werden, also mit BINDER's Worten „Deutungen, wo lediglich die Begrenzungslinie zwischen einer dunkleren und einer helleren Schattierung als Formelement in die Deutung aufgenommen wird, wo aber der Helligkeitswert dieser Schattierung selbst für das Zustandekommen der Deutung keine Rolle spielt" (S. 23). Beispiel: das Schwarze im Stiefel der Tafel IV, in c-Stellung als „Jütland" gedeutet. Dies sind *reine Formantworten*.

3. Deutungen mit *„sekundärer Dunkelbetonung"*, z. B. die Männer der Tafel III haben schwarze Anzüge, die Fledermaus der Tafel V hat eine so dunkle Farbe (S. 24). Auch dies sind *reine Formantworten*. Eventuell kann man den Einschlag des Helldunkelfaktors mit ZULLIGER in der Weise markieren, dass man in solchen Fällen signiert: FHd → F+.

4. BINDER's *„intellektuelle Helldunkeldeutungen"*, d. h. Antworten, die im Gegensatz zum naiven Verhalten gerade das Helldunkelmoment intellektuell verarbeiten, auf das der Durchschnittsmensch gefühlsmässig zu reagieren pflegt, während das Formmoment, das doch gewöhnlich Gegenstand intellektueller Verarbeitung ist, überhaupt vernachlässigt wird (S. 25/26).

Von den intellektuellen Helldunkeldeutungen kennt BINDER drei Untergruppen:

---

[1] Die Seitenzahlen in Parenthese beziehen sich hier und im folgenden auf BINDER's Arbeit.

a) Die „*Helldunkelnennungen*" (die sich beinahe ganz mit den Helldunkeldeskriptionen decken, siehe Kapitel 6), z. B. „der Eindruck der vielen Schattierungen" oder „wie in der Technik der Kohlezeichnung". Hier ist es am besten, gar keine Formel zu geben, sondern die Bemerkung als Deskription zu buchen (siehe Kapitel 6). Dagegen empfiehlt es sich, bei der nicht seltenen Antwort: „Hier kann man den Raster sehen" eine Formel zu geben, meist Dd F— unb. Raster.

b) Die „,*wissenschaftlichen*' *Reminiszenzen*", wie z. B. „Wolken bei der Mischung zweier chemischer Flüssigkeiten", „transparente Abstufungen bei Infusorien im Mikroskop" (etwas verkürzt nach BINDER's Beispielen) (S. 25).

c) *Beschreibungen der Helldunkelsymbolik*, z. B. für Tafel I: „die hellen Inseln des Glücks (Zwischenfiguren) im dunklen Meere des Unglücks" oder für Tafel II: „die Helvetia (Zwischenfigur) als weisses Symbol der Unschuld und dunkel darum die kriegführenden Staaten" (S. 26).

Die Antworten der letzten beiden Untergruppen kann man vielleicht formell als Helldunkelantworten (z. B. HdF) bewerten, muss sie dann aber *bei der Verrechnung aussondern*, genau wie die Farbnennungen.

II. Einteilung der Helldunkeldeutungen

(In Ermangelung einer gemeinsamen Bezeichnung für die Gesamtheit der Schattierungsdeutungen und der eigentlichen Helldunkeldeutungen sprechen wir, wie BINDER, hier auch dann von „Helldunkeldeutungen", wenn wir *beide* Gruppen gemeinsam meinen.)

BINDER macht also, und zwar mit vollem Recht, einen scharfen Trennungsstrich zwischen den beiden Hauptgruppen, den Schattierungsdeutungen und den eigentlichen Helldunkeldeutungen.

1. Die *(Fb)-Deutungen (Schattierungsdeutungen)* sind meist D oder Dd. Sie sind „dadurch gekennzeichnet, dass die Versuchsperson innerhalb des herausgegriffenen Klecksgebietes von allen auffallenderen Schattierungen *jede einzeln heraushebt*, und zwar derart, dass in erster Linie die Begrenzungsform der einzelnen Schattierungen, in zweiter Linie ihre Helldunkelwerte beachtet werden" (S. 26/27). BINDER unterstreicht dies dann nochmals mit den Worten: „In jeder F(Fb)-Antwort müssen *mehrere* Einzelschattierungen gedeutet werden, und zwar eine jede speziell für sich. Dabei müssen im herausgegriffenen Klecksgebiet diese einzelnen Schattierungen verschieden getönt und hinreichend deutlich voneinander abgegrenzt sein" (S. 31). Es ist sehr wichtig, dass man dies genau beachtet, weil man sonst unweigerlich zu Fehldeutungen kommen wird.

Sehr oft sind diese Deutungen *perspektivisch* gesehen, sie *müssen* es aber nicht sein. Auch Kombinationen mit Zwischenfiguren kommen vor, teils perspektivische, teils „gewöhnliche". Weil solche Kombinationen *immer* in verschiedenen Schattierungen gesehen sind, braucht man bei der Signierung DZw F(Fb) (oder DZwD F(Fb) usw.) die BINDER'sche Untergruppe (also F(Fb)) nicht besonders anzugeben, weil alle diese Antworten *eo ipso* zu den Schattierungsdeutungen gehören. Nur bei den schwarz-grauen Schattierungsdeutungen empfiehlt es sich, das Signum F(Fb) zweimal übereinander zu schreiben (siehe Kapitel 5).

Beispiele: Tafel II: „Parkstrasse in greller Sonne (Zwischenfigur), von dunklen überhängenden Bäumen eingefasst (Schwarz). Die Strasse verschmälert sich nach hinten zu und wird dann in der Ferne zu einem schmalen Weglein (Grau in Spitze), das im Schatten liegt, weil zu beiden Seiten ein Tuffsteingeländer ist. Der Weg führt zu einem pagodeähnlichen Gartenhäuschen (Spitze) hin" (verkürzte Wiedergabe, S. 27). DZw F(Fb) + persp. N.

Tafel VI, oberer Fortsatz: „Fontäne, Triton aus schwarzem Marmor, Wasser fliesst herab (Grau neben Schwarz), dahinter eine römische Wasserschale aus hellem wolkigem Marmor mit seltsamen Wasserspeiern (Spitzen der Flügel)" (verkürzte Wiedergabe, S. 27). D F(Fb) + Arch. Orig. +.

Tafel II, schwarze Spitze: „Ein Tännchen; der Stamm hebt sich hell ab von der Wiese dahinter. Und darüber dann die Krone mit den dunklen Streifen der Äste", D F(Fb) + Pfl. Orig. + (S. 28).

Schattierungsdeutungen können auch bei den *farbigen* Tafeln vorkommen, wie in RORSCHACH's Beispiel (RORSCHACH, S. 186) „die typische norwegische Küste" mit Schattierung und Bergen, zum medialen Rand des Braunen der Tafel IX, Dd F(Fb) + Geogr. Orig. +. Nach ZULLIGER und FRIEDEMANN werden diese Antworten heute mit FbHd signiert (siehe weiter unten).

2. Die *Hd-Deutungen (Helldunkeldeutungen)* sind meist G oder grössere D. Sie sind „dadurch gekennzeichnet, dass überhaupt keine Einzelschattierungen herausgehoben werden", m. a. W. es liegt hier ein „diffuser Gesamteindruck der Helldunkelwerte einer ganzen Tafel" vor (S. 28). Analog zu den Farbantworten teilt BINDER die Helldunkelantworten ein in:

a) FHd+ *(oder FHd—)-Antworten*, bei denen die Umriss*form* deutlich und *in erster Linie* erfasst wird, während der Helldunkeleindruck nur eine sekundäre Rolle spielt (S. 29). Ist die Form gut, ist es ein FHd+, andernfalls ein FHd—. Beispiele: Tafel IV: „Vogelscheuche, mit dunklem Stoff behängt", G FHd+ Obj. Orig. +. Tafel VI (in b- oder d-Stellung) (obere) Hälfte: „Die Silhouette einer Burgruine auf einem Felsen", D FHd+ N Orig. +, Tafel II, Schwarz: „Wie ein grosser, fliegender Rabe" (Seiten = Flügel, Spitze = Kopf), D FHd— T Orig.— (S. 29/30).

Das „Tierfell" der Tafeln IV und VI ist nur selten FHd+. Fast immer ist F+ das Richtige; nur wenn das Wollige des Tierfells besonders ausgemalt oder das Muster des Felles (z. B. bei VI) besonders betont wird, ist FHd+ zu setzen, ebenso in den seltenen Fällen, wo eine Vp. ausdrücklich bemerkt, die Ecken des Felles (der Tafel IV) seien „umgeschlagen" (das Helle im Stiefel).

b) *HdF-Antworten*, bei denen der unbestimmte *Helldunkel*eindruck das *Primäre* ist, während der formale Umriss nur schwach und undeutlich erfasst wird (S. 30). Beispiele: Tafel VII: „Sturmwolken", G HdF Wolken, Tafel IV: „Röntgenbild von einem Tier", G HdF T (eventuell Anat.), Tafel V: „Dunkelbewaldeter Berghang, so ein Gebirgszug", G HdF N Orig.— (S. 30).

Wolken und *Röntgenbilder* sind fast immer HdF. Röntgenbilder können nur dann FHd+ sein, wenn eine ganz bestimmte Behauptung gemacht wird, z. B. ein Fachmann ganz genau die Formen einer bestimmten Knochenpartie im Röntgenbild beschreibt. Das ist jedoch äusserst selten.

Auch *Landkarten* aus der Vogelschau („Fliegeraufnahmen" usw.) sind meist HdF. Sie sind FHd nur dann, wenn ein bestimmter Umriss behauptet wird; dies ist aber selten, weil sie dann gewöhnlich nur als F beschrieben werden. Ausserdem sind diese Fliegeraufnahmen oder Aussichten von hohen Bergen als HdF meist zugleich als aus „örtlichem Abstand" betrachtet anzusehen (siehe Kapitel 6 unter „sophropsychische Hemmungen").

c) *Reine Hd-Deutungen*, bei denen das Formmoment gänzlich fehlt, nur der *reine, diffuse Helldunkeleindruck* bleibt übrig (S. 30). Beispiele: Tafel IV: „Gewitterstimmung", G Hd N Orig.—, oder „Wie ein Alpdrücken", G Hd Abstr. Orig.—, Tafel I, rechte Seite: „Das Spiel der Wellen", D Hd N Orig.—.

Eine besondere Rolle spielen gewisse Hd-Deutungen (meist HdF, aber auch FHd—), die BINDER als *„primitive Hd-Deutungen"* bezeichnet (S. 246). Sie haben eine nahe Verwandtschaft zu unseren unbestimmten F—, nur mit dem Unterschied, dass hier das Helldunkelmoment eine dominierende Rolle spielt. Der Deutungsinhalt dieser Antworten besteht aus Gegenständen, „die auch in Wirklichkeit keine distinkten, klar bestimmten Formen haben". BINDER führt folgende Beispiele an: Tafel I: „Tropfsteine", G HdF N Orig.—, „Sumpfland mit Löchern", DZwG HdF N Orig.—, Tafel IV: „Kohlenschlacken oder etwas Kristallmässiges", G HdF Obj. Orig.—, Tafel VI: „Felsen oder sonst ein Trümmerhaufen", G FHd— N, „Ganz verfaulte, kaputte Ware", G HdF Obj. Orig.—, Tafel VII: „Schleimige Wesen aus dem Meere", G FHd— T Orig.—, „So Bäckerzeugs", G FHd— Obj. Orig.—. Wir möchten als besonders typische Deutungen dieser Art noch hinzufügen: „Schmutziger Schnee" zu Tafel VII oder „zerspritzter Strassendreck" zu Tafel VI.

Einige Hd-Deutungen stehen an der Grenze zu den Schwarz- und Graudeutungen. Die „gewöhnlichen" Hd-Deutungen bringen etwas *Gegenständlich-Stoffliches* (oft sogar perspektivisch Plastisches) zum Ausdruck; „man könnte in die Figur hineingreifen", wie ZULLIGER es einmal ausgedrückt hat (ein molliges Fell, eine Wolke, ein Kohlenhaufen, ein Wald). Im Gegensatz zu diesen Deutungen, deren Hd-Element eher einer Oberflächenfarbe (im Sinne von KATZ) entspricht, sind die erwähnten Übergangserscheinungen zu den Schwarz- und Graudeutungen *flächenhaft* gesehen, sie nähern sich den Flächenfarben (im Sinne von KATZ), ohne jedoch ganz mit ihnen identisch zu sein (z. B. „Röntgenaufnahme", „Tintenklecks", wenn als Antwort gemeint, „Stempelabdruck" und dgl.). Da bei diesen Deutungen die Helldunkeltönung faktisch als Farbe erlebt wird, empfiehlt es sich, mit FRIEDEMANN und ZULLIGER diese Deutungen als HdFb zu signieren[1].

Umgekehrt gibt es chromatische Farbantworten, denen ein Schattierungsmoment beigemischt ist, so die nicht seltenen geographischen Antworten wie z. B. „eine Insel mit einem Gebirge darauf", wobei die Färbung *und* die Schattierung (wie auf einer Karte) gemeint sind. Hier empfehlen FRIEDEMANN und ZULLIGER die Signierung FbHd.

In beiden Fällen ist für das Fb-Element meist 1 Punkt auf der Farbseite des Erlebnistypus zu rechnen[2].

Schliesslich sind hier noch die seltenen *BHd-Deutungen* zu erwähnen, die

---

[1] Siehe die Anmerkung bei ZULLIGER, Der Zulliger-Tafeln-Test, S. 26.
[2] ZULLIGER gibt zwar an (Der Zulliger-Tafeln-Test, S. 38), dass er für die FbHd bisweilen nur einen halben Farbpunkt rechnet. Nach einer mündlichen Mitteilung vom 11. Dezember 1964 tut er dies jedoch nur ausnahmsweise. In der *Regel* verrechnet er auch für diese Kategorie einen ganzen Farbwert.

in mancher Hinsicht eine Parallele zu den BFb-Deutungen darstellen. Beispiel: das Schwarze im Stiefel der Tafel IV in c-Stellung: „Zwei aufeinander zueilende Frauen in schwarzen Schleiern", Dd BFHd+ M Orig.+. Die Deutung zum Z-Test, Tafel III: „Kaminfeger" hält ZULLIGER für ein BFb, nicht für ein BHd[1]. Auch diese Antworten kommen (wie die BFb) meist bei Kunstbegabten vor.

B FbHd-Antworten kommen gelegentlich vor, z. B. die Antwort „Zwei schwimmende Menschen in Schleiergewändern" zum Braun der Tafel II des Z-Tests in c-Stellung (Beispiel bei ZULLIGER, der Zulliger-Tafeln-Test, S. 237). Ein — allerdings wohl *sehr* seltenes — Beispiel für die Möglichkeit einer Kombination von BHd und BFb wäre die Antwort „Ombres se chauffent devant le feu" (zu Z III) (also „Schatten, die sich am Feuer wärmen"). Es ist *kein* unterdrücktes B wie „der Schatten eines Bergsteigers" (denn *der* handelt nicht selbst), sondern ein echtes B, und sogar noch ein „BFb mit Körperempfindungen". (Näheres siehe Kap. 6.)

III. Die Symptomwerte der Helldunkeldeutungen

Hier gelten natürlich dieselben Einschränkungen und Vorbehalte, wie wir sie zu den Symptomwerten der klassischen Formelelemente geltend gemacht haben: Wir geben *nur theoretische Stichworte*, keine „Deutungen".

BINDER stellt fest, dass die bunten Farben mehr auf die peripheren Einzelgefühle wirken, die *Helldunkelwerte* dagegen mehr auf die *zentralen, reaktiven Gesamtgefühle*, die *Stimmungen* (S. 11). Dazu kommt noch ein anderes. Wie schon 1923 von HANS CHRISTOFFEL[2] in der Festschrift für EUGEN BLEULER nachgewiesen wurde, sind farblose Helldunkel- oder Schwarz-Weiss-Visionen besonders typisch für *Angst*zustände (S. 49 bei CHRISTOFFEL), wobei ausserdem zwischen Schwarz und Männlich und Weiss und Weiblich eine konstante Beziehung besteht. (Diese Beziehung gilt indessen nur für unsere westländische Kultur, nicht für den Osten, wie aus dem taoistischen Symbol für das Yang und das Yin hervorgeht, in dem Weiss das männliche Yang und Schwarz das weibliche Yin bedeutet.)

Ausgehend von diesen Grundlagen fand BINDER folgende Symptomwerte für seine verschiedenen Antwortenkategorien:

1. Die *Schattierungsdeutungen* sprechen in jedem Falle für eine Vorherrschaft des Intellekts, im übrigen aber für eine *spezifische, fein nuancierte* Anpassungsfähigkeit der Affekte neben der allgemeinen Affektanpassungsfähigkeit der FFb (S. 38).

Diese fein nuancierte Empfindlichkeit der F(Fb) wird je nach dem Erlebnistypus (siehe Kapitel 5) verschieden zu bewerten sein. Bei überwiegend Extratensiven (namentlich bei „Linkstypen", also neben vielen FFb) ist sie ein Plus, das die Einfühlungsfähigkeit zur *Feinfühligkeit* steigert. (Anders beim Farben-Rechtstyp; Näheres hierüber siehe unter Schizoidie in Kapitel 12.) Bei Introversiven deuten die F(Fb)-Antworten auf *Empfindsamkeit*. Sie geben dem im vornherein schon Kontaktarmen einen Zug von Leichtverletzlichkeit und Unsicherheit. Was beim Extratensiven eine Stärke sein kann, wird hier zur Schwäche. Die F(Fb) sind die wunde Stelle des Introversiven.

Der genauere Symptomwert dieser Schattierungsdeutungen richtet sich nun

---

[1] HANS ZULLIGER, Angst in der Spiegelung des Tafeln-Z-Tests, Zeitschr. f. diagn. Psych., II, 1954, S. 59.
[2] HANS CHRISTOFFEL, Affektivität und Farben, speziell Angst und Helldunkelerscheinungen, Zeitschrift f. Neur. und Psychiatrie, Bd. 82, 1923, S. 46—52.

nach BINDER auch nach der Art der Nuancierung. Von *depressiv-ängstlich*, vorsichtig-abgepassten Charakteren wird der *Dunkelcharakter* der Schattierungen bevorzugt, während *zärtlich-lustbetonte*, schmiegsam-entgegenkommende Charaktere besonders die *hellen* Abstufungen hervorheben (S. 35—38).

Die mit Zwischenfiguren kombinierten Schattierungsdeutungen [die DZw F(Fb)] enthalten, wie RORSCHACH bereits feststellen konnte (RORSCHACH, S. 199), meist wichtige Komplexmerkmale in Form von Wunscherfüllungen.

2. Die *Helldunkeldeutungen* sind dagegen Ausdruck zentraler *Stimmungen*, meist *dysphorischer* Art.

a) Die *FHd+* finden sich bei *guter* Bewusstseins*beherrschung* der Stimmungsreaktionen (BINDER nennt es „sophropsychische" Beherrschung) (S. 43). (Die Steuerung des Gefühls- und Trieblebens geschieht durch eine Auswahl seiner Äusserungen, nicht durch eine Unterdrückung, S. 14.)

b) Die *FHd—* zeigen immer noch ein Streben nach Selbstbeherrschung und Anpassung, das aber bisweilen infolge undifferenzierter Intelligenz nicht gelingt (S. 44).

c) Die *HdF* dagegen weisen auf eine *ungenügende Tendenz zur Beherrschung* von Stimmungsreaktionen hin (S. 44). Bei mehreren HdF-Antworten wird man meist mit recht erheblichen Dysphorien zu rechnen haben.

d) Die *reinen Hd* endlich verraten ein völliges *Fehlen der steuernden Formungskräfte* gegenüber den Stimmungsreaktionen (S. 44). Nach ZULLIGER und SALOMON sind sie immer ein Zeichen einer Ich-Einengung und lassen deshalb auch auf eine affektive Intelligenzhemmung schliessen[1].

Wenn in einem Protokoll neben reinen Hd zugleich reine Fb vorkommen, also Dysphorien *und* Impulsivität nebeneinander bestehen, so ist nach ZULLIGER immer mit einer gewissen Suizidgefahr zu rechnen, und zwar um so mehr, wenn eventuell ausserdem noch die DZw bei introversivem Erlebnistypus erhöht sind (introjizierte Aggression)[2].

Der Symptomwert der *HdFb* ist noch etwas umstritten. Nach ZULLIGER[3] werden sie von Menschen gegeben, „die zu depressiven Reaktionen neigen und die sich in ihren Depressionen ‚fallen lassen', sich nicht dagegen zur Wehr setzen, sich ihnen passiv ergeben". Sie sind also nach ZULLIGER's Ansicht „eher diagnostisch und prognostisch negativ zu werten"[4], m. a. W. sie sind als ein Zeichen einer Ich-Schwäche anzusehen (wie die ihnen nahestehenden amorphen Graudeutungen OBERHOLZER's).

Die *FbHd* dagegen sind als ein sthenisches Zeichen anzusehen und eher günstig zu beurteilen. Sie werden nach ZULLIGER von Menschen gegeben, die versuchen, „ihre Launen und Affekte zu bändigen und anzupassen"[5]. Sie ständen also auf einer Stufe mit unseren verarbeiteten FbF, denen sie faktisch auch nahestehen. Demnach wären also die HdFb ein prognostisch eher ungünstiges, die FbHd ein prognostisch eher günstiges Zeichen.

Nach PIOTROWSKI[6] sind die FbHd (shaded color responses) affektive Wün-

---

[1] HANS ZULLIGER, Der Zulliger-Tafeln-Test, 2. Aufl., 1962, S. 249. — FRITZ SALOMON, Ich-Diagnostik im Zulliger-Test, Bern, 1962, S. 70 und 82.
[2] HANS ZULLIGER, Der Zulliger-Tafeln-Test, 2. Aufl., Bern, 1962, S. 130.
[3] HANS ZULLIGER, Der Zulliger-Tafeln-Test, 2. Aufl., Bern, 1962, S. 62.
[4] Brief an SALOMON, zitiert nach FRITZ SALOMON, Ich-Diagnostik im Zulliger-Test, Bern, 1962, S. 75.
[5] HANS ZULLIGER, Der Zulliger-Tafeln-Test, 2. Aufl., Bern, 1962, S. 62.
[6] ZYGMUNT A. PIOTROWSKI, Perceptanalysis, New York, 1957, S. 288.

sche, die schon in einer frühen Appetenzphase gehemmt sind, so dass das Individuum nicht weiss, ob es wirklich will, was es wünscht.

Von gewisser Seite ist sogar behauptet worden, dass die FbHd „suizidale Tendenzen" anzeigten[1]. Dies trifft jedoch nur zu, wenn es sich um bereits psychiatrisch hospitalisierte Patienten handelt (a. a. O., S. 159). Innerhalb der Gesamtbevölkerung kommt diesem Zeichen eine so ernsthafte Vorbedeutung nicht zu (a. a. O., S. 158), sondern es handelt sich dann meist nur um eine besonders nuancierte Einfühlungsfähigkeit, resp. Kunstliebhaberei (a. a. O., S. 160).

Die *BHd* zeigen nach ZULLIGER immer eine verstärkte Angstbereitschaft an, meist verbunden mit Verfolgungsideen[2]. Später hat ZULLIGER die Beobachtung gemacht, dass BHd-, wie übrigens auch B FbHd-Antworten auch bei Bewusstseinsstörungen vorkommen[3].

Man kann, wenn man will, mit ERNST SCHNEIDER[4] sagen, die FbF entsprechen Spannungen bei der Anpassung nach *aussen*, die Hd-Deutungen Spannungen bei der Anpassung nach *innen*.

Für den Symptomwert der Helldunkeldeutungen hat FRITZ SALOMON einige sehr interessante Hypothesen aufgestellt[5]. Sie weisen seiner Ansicht nach auf eine „konflikthafte Objektbeziehung" hin (S. 45). Er geht hierbei davon aus, dass das heranreifende Ich des kleinen Kindes Dunkelheit mit Bedürfnisspannung und Angst, Helligkeit dagegen mit zu erwartender Befriedigung assoziiert. Dadurch werden die Helldunkeldeutungen zu einem Indikator unlustbetonter Affekte (S. 50). SALOMON kommt dann zu dem Schluss, dass die Hd-Deutungen ganz allgemein auf Selbstwertzweifel infolge eines Vorwiegens des Aggressionstriebes hinweisen, und zwar (im Gegensatz zu der vom Ich ausgehenden Aggressivität der Dzw) auf eine vom Über-Ich ausgehende Aggressivität, also ein sadistisches Über-Ich (S. 51/52). Die „allgemeine diagnostische Bedeutung" der Helldunkeldeutungen ist daher *introjizierte Aggression*. Dabei werden die Abwehrmechanismen der *Verleugnung*, *Reaktionsbildung* und *Aktiv-Passiv-Umkehrung* in Anspruch genommen. Ausserdem besteht eine Fixierung an die *orale Phase* mit erhöhten narzisstischen Bedürfnissen und grosser Gefühlsambivalenz (S. 52).

Die Auslösung von Hd-Deutungen kann durch zwei theoretisch *verschiedene* Prozesse erfolgen:

„Gruppe A: Regression auf eine Konfliktphase, d. h. die orale, wegen affektivnarzisstischer Unterernährung.

Gruppe B: Regression auf eine hauptsächlich präkonfliktuelle Phase, die zumindest relativ grosse Befriedigung und Selbstsicherheit gab."
(S. 52.)

---

[1] STEPHEN A. APPELBAUM und PHILIP HOLZMAN, The color-shading response and suicide. — J. of proj. techn., Vol. 26, 1962, S. 155—161.

[2] HANS ZULLIGER, Angst in der Spiegelung des Tafeln-Z-Tests, Zeitschr. f. diagn. Psych., II, 1954, S. 58/59, und: Der Zulliger-Tafeln-Test, 2. Aufl., Bern, S. 285.

[3] HANS ZULLIGER, Der Zulliger-Tafeln-Test, 2. Aufl., 1962, S. 238. ZULLIGER schreibt „Bewusstseinstrübungen". Da aber in der Schweiz dieser Ausdruck auch für die Bewusstseins*schwächung* der neueren skandinavischen Einteilung (STRÖMGREN) verwendet wird, ziehe ich hier den allgemeineren Ausdruck Bewusstseinsstörungen vor.

[4] ERNST SCHNEIDER, Psychodiagnostisches Praktikum für Psychologen und Pädagogen, Leipzig, 1936, S. 56.

[5] FRITZ SALOMON, Ich-Diagnostik im Zulliger-Test, Bern, 1962. (Die Seitenzahlen in Klammern beziehen sich auf dieses Buch.)

(Die HdFb ZULLIGER's gehören zur Gruppe A, die FbHd zur Gruppe B, S. 77.)

Die Hd-Deutungen der Gruppe B finden sich meist unmittelbar vor oder nach sexuellen Komplexantworten oder werden statt solcher gegeben (Stocken des Deutungsprozesses). Sie kommen gewöhnlich bei depressiven Zwangsneurotikern vor. Sie bedeuten weniger Verleugnung als *Verdrängung* und *Isolierung* (S. 55).

Beim Vorkommen *mehrerer* HdF (gleichviel welcher Gruppe) in einem Protokoll will SALOMON eine grosse *Empfindlichkeit gegenüber Versagungen* beobachtet haben (S. 59).

Nach SALOMON haben übrigens die Hd-Deutungen „eine Beziehung zur Introversion" und „erhöhen damit den sonst durch den Erlebnistypus ausgedrückten Grad der Introversion" (S. 67).

Der bei den *Schattierungsdeutungen* (F[Fb]) hauptsächlich vorkommende Abwehrmechanismus ist der der *Isolierung* (S. 78).

C. Was ist eine Antwort?

Eine Frage, die wir bisher noch nicht beantwortet haben, ist die nach der *Abgrenzung der einzelnen Antworten*.

I. „Antworten", die keine sind

1. Dass *Randbemerkungen* affektiver, bewertender oder deskriptiver Art (Ausrufe, Kritik, Symmetrie- oder Ähnlichkeitsbemerkungen) *keine Antworten* sind, die eine Formel erhalten können, sollte eigentlich eine Selbstverständlichkeit sein. Leider zeigt die Erfahrung, dass dies nicht der Fall ist, und deshalb soll es hier wenigstens erwähnt werden. Wir wollen uns hier nicht weiter mit Spitzfindigkeiten aufhalten. Das Nähere über die verschiedenen Kategorien von Bemerkungen wird in Kapitel 6 mitgeteilt werden.

Das einzige, was hier wirkliche Schwierigkeiten machen kann, ist die Unterscheidung zwischen blossen Randbemerkungen und *Farbnennungen*. Zu dieser Unterscheidung gehört Fingerspitzengefühl und Einfühlungsvermögen; denn es kommt darauf an, ob das Gesagte als Antwort *gemeint* ist oder nicht. „Da sind viele Farben" ist meist keine Antwort, sondern eine häufige Bemerkung infolge Farbenschocks. Die Vp. will einfach Zeit gewinnen und füllt die Pause mit einer Randbemerkung aus. „Vier Farben" könnte man vielleicht noch als eine Deskription bezeichnen. Gewöhnlich wird diese Feststellung aber von einer Aufzählung der Farben gefolgt und ist dann eine sichere Farbnennung (G Fb Farbe). Die einfachste Form der Farbnennung wäre schliesslich: „Das ist Rot" (D Fb Farbe). Die Farbnennung ist faktisch eine Übergangserscheinung zwischen einer blossen Deskription und einer Antwort.

Auch „Tintenkleckse" sind meist reguläre Antworten (HdF oder FbF). Nur wo die Vp. *statt* einer Antwort erklärt: „Aha, jetzt weiss ich, das sind nur Tintenkleckse, die man so zusammengeklappt und dann wieder aufgeschlagen hat" usw., liegt eine blosse Deskription vor.

2. Ein bisschen schwieriger ist die Frage, was blosse *Ausschmückungen* oder *Ergänzungen* sind und was eine *selbständige* Antwort ist. Auch dies lässt sich nur

mit Erfahrung und einiger Intuition entscheiden. Wenn jemand die Männer zu Tafel III deutet und dazu ergänzend Kopf und Beine zeigt, sind dies im allgemeinen keine selbständigen Antworten. Die Vp. glaubt nur, wir kennten die Männer noch nicht und will sie uns nun richtig zeigen. Auch im Falle der sogenannten Detaillierung (MEREI), d. h. der Aufzählung von Körperteilen vorher gedeuteter Menschen und Tiere, sind die neuen Antworten *nicht* besonders zu signieren[1]. Auch für die Antwort „Zwei Männer begrüssen sich; hier sind die Hüte" oder „Zwei Kellner tragen einen Kübel" genügt meist ein G. Anders ist es bei *Hervorhebung einzelner Teile*, besonders dann, wenn sie, wie oft, *später* kommen, bisweilen mit anderen Antworten dazwischen. Eine solche Hervorhebung eines für die Vp. besonders interessanten Teils ist besser als selbständige Antwort zu behandeln. Kommt z. B. erst *nach* der Antwort „Zwei Kavaliere in einer merkwürdigen, gebeugten Stellung" nach einer gewissen Bedenkzeit die Fortsetzung: „Sie schleppen an etwas herum, das scheint ein Kessel zu sein", dann muss man wohl diesem Zusatz eine neue Formel geben.

Besonders häufig tritt dieses Problem bei Tafel X an uns heran. Wenn bei dieser Tafel zuerst nur die Antwort „Seetiere", „Seepflanzen", „auf dem Meeresgrunde" oder „ein Blumengarten" und dergleichen gegeben wird und dann Beispiele folgen, ist es ganz natürlich, die Beispiele als selbständige Antworten zu behandeln, also zuerst ein G und dann mehrere D-Antworten zu rechnen. Oft sind diese Beispiele FFb (z. B. Kornblume), während das G zumeist ein FbF ist.

II. Die Aufsplitterung von Antworten

Weit schwieriger ist die künstliche *Aufsplitterung* von einheitlich gegebenen Antworten. Wie man aus RORSCHACH's Beispielen ersieht, ist man hin und wieder genötigt, eine komplexe Antwort in verschiedene Teile zu zerlegen, um allen wichtigen Komponenten einen adäquaten Ausdruck in der Formel geben zu können. Die Kontamination eines Schizophrenen zu Tafel VIII „Die Auferstehung der kolossalen kolorischen roten und bräunlichen und blauen Kopfadergeschwülste" (S. 160) z. B. teilt RORSCHACH folgendermassen auf: DG FbF— Abstr. Orig.— für die ganze Antwort; Auferstehung der roten Tiere D B+ T; Farbnennung D Fb Farbe; Kopfadergeschwulst (Adern an verschiedenen Stellen gezeigt) Dd FbF— Anat. Orig.—.

Eine solche Aufsplitterung zusammengesetzter Antworten bereitet dem Anfänger gewöhnlich grosse Schwierigkeiten, weil man hier *e juvantibus denken*, d. h. von den Konsequenzen ausgehen muss, die sich aus den verschiedenen Signierungsmöglichkeiten ergeben würden. Und das kann der Anfänger meist noch nicht übersehen. Der *Grundsatz* ist dabei nicht einmal so schwierig wie seine praktische Anwendung: Eine Antwort ist in so viele Formeln aufzuteilen, wie notwendig ist, um alle *wesentlichen* Komponenten zu erfassen. Wir wollen dies an einigen Beispielen erläutern.

---

[1] Diese Detaillierung soll nach MEREI und NEIGER, wenn sie gehäuft vorkommt, auf eine intellektuelle Minderwertigkeit deuten. (STEPHEN NEIGER, Introduction to the Rorschach Psychodiagnostic, Part II, Specific Reactions, Toronto, 1956, S. 33/34.) ZULLIGER hält sie für infantil (HANS ZULLIGER, Praxis des Zulliger-Tafeln- und Diapositiv-Tests und ausgewählte Aufsätze, Bern und Stuttgart, 1966, S. 87).

Das erste Beispiel entnehmen wir dem Textbuch zu Zulliger's Z-Test (S. 45); die Antwort, die ebensogut zu Rorschach's Tafel III hätte gegeben werden können, lautet: „Zwei Männer streiten sich um einen Schmetterling"; Signa: G B+ M V (für die ganze Kombination); D F+ T V für den Schmetterling. Die erste Formel dient hauptsächlich der Darstellung des G- und B-Faktors. Die zweite Formel war notwendig, um den doppelten Vulgärfaktor zum Ausdruck zu bringen.

Nicht selten kommt es vor, dass vorsichtige Vp. bei Tafel VI zuerst den Hauptteil *allein* als „Tierfell" deuten und dann ihre Antwort dahin „berichtigen", der Fortsatz könne gut dazugehören. Hier würde das Wesentliche, nämlich die Verschiebung der Sukzession der Erfassungsmodi (s. u.) unter den Tisch fallen, wollte man sich mit nur einer Formel begnügen. Die korrekte Signierung ist: D F+ T (V), G F+ T V.

Besonders häufig tritt das Problem der Aufsplitterung natürlich bei *kombinierten und kontaminierten Ganzantworten* auf. Diese sind aber nur dann aufzuteilen, wenn sie formal *heterogene* Komponenten enthalten. „Zwei Männer streiten sich um eine Frau" zu Tafel I bedarf *keiner* Aufsplitterung, weil alle Teile B sind und die Formel G B+ M somit alles Wesentliche deckt. Anders dagegen in den folgenden Beispielen von *Simultan-Kombinationen*, die alle drei demselben Protokoll entnommen sind. Zu Tafel VIII (b-Stellung): „Ein Chamäleon, das über eine Klippe geht; unten ein Wasserlauf, wo sich das spiegelt"; Formeln: für das Ganze G FFb+ Ldsch., Chamäleon D F+ T V, Klippe D F± Ldsch., Wasserlauf und Spiegelung D FbF Ldsch. Vp. hatte massenhaft Farbantworten, und auch diese Szene war farbig gesehen; aber der Anteil der Farbe war in den verschiedenen Komponenten nicht derselbe. Bei der Spiegelung war die Farbe primär, weil der „Wasserlauf" durch das Blau determiniert war. Im Gesamtbilde tritt dieses Moment jedoch hinter die primären Formen zurück, daher FFb. Das Chamäleon schliesslich ist meist F, da das Tier zwar verschiedene Farben haben kann, eine rote Farbe kann es aber niemals annehmen. — Zu Tafel IX kam dann die Antwort: „Elfenhügel" mit folgender spontaner Erklärung: Rot: „glühende Pfähle", grün: „der Hügel", braun: „welche, die versucht haben, sich als Elfen auszuputzen." Formeln: G BFb Szene Orig.+ für das Ganze, D FbF Feuer für die glühenden Pfähle, D FFb+ Ldsch. für den Hügel und D B+ M für die Elfen. Wenn die Vp. nicht selbst die Ergänzung gegeben hätte, hätte man sich hier freilich mit dem BFb begnügen können. Die gleiche Tafel wurde in c-Stellung wie folgt gedeutet: „Zwei Frösche, die auf der Erde sitzen und von einem Pilz fressen". Als ganzes Bild sicher ein FFb, obgleich der eine Teil (die Erde) überhaupt keine Form enthält. Formeln daher: G FFb+ Szene Orig.+, die Frösche (grün): D FFb+ T, der Pilz (rot): D FFb+ Pfl. und die Erde: D Fb Erde. Hier ist die Aufteilung also teils wegen der Determinanten, teils wegen des heterogenen Inhalts notwendig.

Als Beispiel einer *Kontamination* (diesmal eines nur Schizoiden) diene folgendes zu Tafel VI: „Eine Schildkröte mit schlangenähnlichem Kopf und Katzenschnurrhaaren; und dann hat sie Kiemen wie die Kaulquappen". Formel des Ganzen: G (Kont.) F+ T, F+ weil die Hauptform und die der meisten Details gut ist. Kopf: D F+ Td, Schnurrhaare: Dd F+ Td und Kiemen: D F− Td Orig.−. Heterogen sind hier die Erfassungsmodi (D und Dd durcheinander), die Formschärfe ist verschieden, und nur eine Ausschmückung ist Orig.—. Man könnte natürlich das Ganze als Orig.— bezeichnen. Das würde aber den Tatbestand unnötig vergröbern, denn es handelt sich hier um eine noch realitätskontrollierte Kontamination, einen Grenzfall zu den sogenannten „abgeschwächten" Kontaminationen (siehe Kapitel 12 unter „Schizoidie").

Zum Schlusse noch zwei Beispiele, die scheinbar recht ähnlich sind, in einer wichtigen Nuance aber voneinander abweichen. Ein Psychopath sagt zu Tafel II in b-Stellung: „Ein dekapitiertes Tier mit Blutlache, das sich spiegelt". Formel für das Ganze: G FFb+ T, aber dann: D FbF Blut. Wäre nur das dekapitierte Tier genannt worden, hätte man sich mit dem einen FFb+ (Farbe für den blutigen Hals) begnügen können. Die Hinzufügung der „Blutlache" enthält aber ein so stark farbenbetontes Moment, dass diese Signierung allein zu schwach wäre. Andererseits wäre FbF für das *ganze* Bild nicht richtig, weil die Form des Tieres, die Kombinationsleistung und Symmetrieerfassung (alles Formelemente) dabei unterbewertet würden. — Ganz anders in folgendem Falle: Tafel II, Zwischenfigur + rot Mitte: „Lampe mit einem angedeuteten Lichtstrahl". Hier kommt man mit der Formel DZwD FFb+ Obj. vollkommen aus. Der Lichtstrahl *allein* wäre sonst FbF, aber das wäre *hier* falsch, weil gerade die kombinatorische Leistung eine „Formeinordnung" des Farbendetails bewirkt hat, die zwar auch der Psychopath mit der Blutlache *versucht* hat, die ihm aber nicht gelungen ist. (Siehe in Kap. 6 über „verarbeitete FbF".)

Abschliessend muss nochmals davor *gewarnt* werden, die Aufsplitterung von Antworten *im Übermass* vorzunehmen. Sie führt immer eine gewisse Verfälschung der Antwortenzahl und damit eine Verdünnung aller Prozentzahlen mit sich und ist deshalb *nur* dort anzuwenden, *wo sie unumgänglich notwendig ist*. Es empfiehlt sich daher, bei kleinen Protokollen die Prozente auf Grund der Antwortenzahl nach Abzug der zusätzlichen Antworten zu berechnen.

Nur beim Z-Test mit seinen wenigen Antworten ist es angezeigt, möglichst alle besonders hervorgehobenen Details aufzusplittern und selbständig zu signieren[1].

D. Die Sicherung unklarer Antworten

I. Notwendigkeit der Sicherung

Es ist bisweilen nicht möglich, die richtige Formel für eine Antwort zu finden, ohne die Vp. zu befragen. Die besonderen Versuchsbedingungen des Rorschach-Tests verbieten aber im allgemeinen eine solche Befragung während des Tests. Ist man über die *Lokalisation* eines gedeuteten Details nicht ganz im klaren, kann man sich das freilich meist schon während des Versuchs zeigen lassen. Ein eingestreutes: „bitte wo?" genügt meist, um die Vp. zum Zeigen zu bewegen. Manchmal ist man aber genötigt, auch die Beschreibung einer unklaren Lokalisation bis nach Beendigung des Protokolls aufzuschieben, weil eine längere Diskussion während der Testaufnahme die Zeit beeinflussen würde. Nach den *Erfassungsmodi* oder gar nach den *determinierenden Faktoren* während der Testaufnahme zu

---

[1] HANS ZULLIGER, Der Zulliger-Tafeln-Test, 2. Aufl., Bern, 1962, S. 29 und 36.

fragen, ist aber gänzlich unzulässig, weil schon eine einzige Frage solcher Art suggestiv wirken und damit die ganze Spontaneität der Testaufnahme in Frage stellen kann. Eine Frage wie: „Meinen Sie das Ganze oder einen bestimmten Teil?" kann die Vp. ja überhaupt erst auf die Idee bringen, Details zu deuten, was sie spontan vielleicht gar nicht getan hätte. Dass Fragen nach Farben, Schattierungen oder gar Kinästhesien noch viel gefährlicher sind, versteht sich von selbst, ganz abgesehen davon, dass sie leicht zu langen Diskussionen führen können, die wiederum den Zeitfaktor fälschen würden.

Aus diesem Dilemma — Notwendigkeit, Erkundigungen einzuziehen und Unzulässigkeit, dies während der Testaufnahme zu tun — ergibt sich das Erfordernis, *nach Abschluss des Protokolls alle Unklarheiten mit der Vp. sorgfältig durchzugehen*. Dies ist die sogenannte *„inquiry"* oder die *Sicherung* der unklaren Antworten, damit man nachher nicht auf Rätselraten angewiesen ist. (Bei Blindtests im strengen Sinne muss die Sicherung natürlich vom *Protokollanten* vorgenommen werden, was völlige Beherrschung des Tests und grosses psychologisches Wissen voraussetzt, woraus sich wiederum die Gefährlichkeit ungeschulter Hilfskräfte ergibt.)

II. Technik der Sicherung

Der wichtigste Grundsatz der Untersuchungstechnik ist, wie beim Kriminalisten, *strikte Vermeidung von Suggestivfragen*. Man frage also entweder möglichst unbestimmt oder in Alternativfragen. Es heisst nicht: „Sie meinten wohl dieses Detail?", sondern: „Welches Detail meinten Sie?" Man sagt auch nicht: „War das die ganze Tafel?", sondern: „Meinen Sie hiermit die ganze Tafel oder einen bestimmten Teil?" Im allgemeinen macht die Abklärung der Erfassungsmodi keine grösseren Schwierigkeiten.

In der Determinantenreihe handelt es sich meist um Farben- oder Kinästhesieprobleme. Hier muss man sich natürlich noch mehr vor Suggestionen hüten. Man darf aber auch *keine Fragen stellen, die nicht verstanden werden*. Die meisten Menschen haben so wenig psychologisches Verständnis, resp. sind so wenig in der Introspektion geübt, dass es keinen Zweck hat, ihnen die Fragen in theoretischer Form vorzulegen. Aus diesem Grunde ist es auch meist zwecklos, direkt nach den *Farben* zu fragen. Ist man sich z. B. nicht ganz im klaren, ob ein F oder ein FFb vorliegt, ist es gefährlich, zu fragen: „Glauben Sie, dass hier auch die Farbe mitgespielt hat?" Erfahrungsgemäss fassen die meisten Menschen diese Frage so auf, als ob man die Frage „Form *oder* Farbe" zur Diskussion gestellt habe. Selbst komplizierte Erklärungen, welcher Unterschied zwischen FFb und FbF bestehe, nützen wenig; sie werden von einfachen Leuten oft gar nicht verstanden. Auf direkte Fragen nach dem Farbanteil erhält man also sehr leicht *falsche Antworten*. Besser ist es, dem Problem *indirekt* zu Leibe zu rücken. Bei einem Schmetterling fragt man z. B.: „Könnte es auch eine Motte sein oder ein Nachtfalter?" Wenn die Vp. verneint, fragt man: „Warum?", und dann kommt meist spontan die Erklärung mit den Farben. Sonst fragt man einfach: „Warum sagten Sie gerade Krebs?" und kommt damit auch meistens ans Ziel. Bei Gebildeten, namentlich bei Künstlern und Wissenschaftlern, kann man natürlich auch einmal erklären, worum es sich handelt, und die Vp. dann selbst entscheiden lassen.

Die grössten Schwierigkeiten bietet die Untersuchung der *fraglichen B.* Hier ist *allergrösste Vorsicht* am Platze. Niemals darf, wovor schon RORSCHACH warnte, eine Frage nach dem B-Charakter während des Versuchs selbst gestellt werden (S. 25/26)! Aber auch nachher hat sie ihre Haken. Am besten ist es, sich die fragliche Deutung näher erklären zu lassen: „*Können Sie mir das nicht näher beschreiben?*" Geht die Vp. dann auf eine Masse formaler und statischer Momente ein, beschreibt die Gliedmassen und sonstigen Körperteile usw., kann man getrost ein B ausschliessen. Aber auch, wenn *jetzt*, nachher, eine Bewegung *demonstriert* wird, ist das noch kein sicherer Beweis dafür, dass es sich um ein B gehandelt hat. Wenn jemand mit den Händen winkt, während er von einer fliegenden Ente spricht, ist dies noch kein Zeichen einer mitfühlenden Identifikation. Denn es gibt auch, worauf RORSCHACH ausdrücklich aufmerksam macht, eine assoziative Erweckung einer nur *genannten*, nicht nachgefühlten Bewegung (S. 25). Nur aus dem Gesamteindruck der Erklärung *und* dem Gesamtverhalten der Vp. lässt sich eine Entscheidung treffen. Hat z. B. jemand zu Tafel IV die Antwort gegeben: „Ein Bär" (nichts weiter), und man erbittet nun eine nähere Beschreibung, so bekommt man vielleicht die Antwort: „Ja, sehen Sie denn nicht, wie der mit seinen riesigen Pranken dahergetorkelt kommt, breitspurig und gefahrdrohend" — ein B. Sagt aber die Vp.: „Ich dachte hier an diese merkwürdigen Dinger (obere seitl. Ausl.), die mich an Bärentatzen erinnerten, und dann vielleicht auch das Fell, das wirkt so zottig" (braucht noch kein FHd zu sein) — kein B. Natürlich soll auch das Agieren der Versuchsperson berücksichtigt werden. Bei Menschen und menschenähnlichen Tieren *ist* es meist von Bedeutung.

Kommt man mit diesen indirekten Fragen nicht zum Ziele und die Erklärung der Vp. bleibt immer noch unklar und zweideutig, kann man bei intelligenten und intuitiv begabten Vp. gelegentlich auch einmal den Versuch machen, wirklich zu erklären, worum es sich handelt. Am besten ist es, von einem *Vergleich mit anderen, sicheren B-Antworten* auszugehen, oder, wo solche nicht vorhanden sind, von einem Vergleich mit anderen kinästhetischen Erlebnissen, die der Vp. mehr geläufig sind. Man sagt z. B.: „Stellen Sie sich einmal vor, Sie sässen in Wien in einem Café und hörten einen richtigen, saftigen Wiener-Walzer. Dann werden Sie unwillkürlich vom Takt mitgerissen werden usw. — Schön, und nun denken Sie sich, Sie sässen im Zirkus, und es tritt ein Akrobat auf, der sich mehrmals um eine Reckstange wickelt. Es sieht aus, als ob der Mann sich einen Knoten in die Beine schlägt. Dann werden Sie unwillkürlich in sich zusammenkriechen, als ob Sie ausprobieren wollten: Wie macht der das?" Und dann erklärt man das Problem an der betreffenden Deutung.

Aber nicht nur die Antworten als solche können Unsicherheiten enthalten, die durch nachfolgende Sicherung aufzuklären sind. Auch in den übrigen Testphänomenen (siehe Kapitel 6) können solche Unsicherheitsmomente liegen. Ja, drei von ihnen erfordern sogar regelmässig eine nachgehende Sicherung: die inversen Deutungen, die Wiederholungen und die Pars-pro-toto-Deutungen.

Hat man den Verdacht, eine Deutung sei *invers*, d. h. sie „stehe Kopf", muss man sich das von der Vp. zeigen lassen. Dies kann sogar auch während des Versuchs schon geschehen, muss aber auf alle Fälle spätestens nach Abschluss der

Prüfung nachgeholt werden. Sagt z. B. jemand zum äusseren Rot der Tafel III „Zwei Bäume", fragt man: „Zeigen Sie bitte mal, wie" oder, wenn nötig, direkt: „Wo ist der Stamm, wo die Krone?" Zeigt jetzt die Vp. den Stamm oben und die Krone unten, ohne die Tafel zu drehen, so liegt eine inverse Deutung vor. Hierbei ist aber zu beachten, dass manche Vp. aus Höflichkeit die Tafel dem Vl. zuwenden, wenn sie etwas zeigen. Dies ist ihnen unter allen Umständen zu verwehren! Man sage: „Bitte, behalten Sie die Tafeln so, wie Sie sie selbst sehen; ich kenne sie ja und finde mich schon zurecht."

Wiederholt eine Vp. dieselbe Deutung, sagt z. B. zu Tafel X als zweite Deutung „zwei Kornblumen" und dann als siebente Deutung nochmals „zwei Kornblumen" zu demselben Detail, dann fragt man *sofort* während des Versuchs (weil es sich um die Merkfähigkeit handelt) in unbefangenem Tone: „Haben Sie das nicht schon gesagt?" Dies ist keine Suggestivfrage, sondern eine Abdrängungsfrage. Der gleichgültige Tonfall soll die Vp. darüber hinwegtäuschen, dass man etwas „wittert" und eine Unsicherheit beim Vl. vortäuschen. Sagt nun die Vp. „nein", dann ist man ganz sicher, dass eine *echte* Wiederholung vorliegt, m. a. W. eine (meist organische) Merkfähigkeitsstörung. Anderenfalls lautet die Antwort meistens: „Ja, aber ich war nicht sicher, ob Sie das schon aufgeschrieben haben."

Auch die Pars-pro-toto-Deutungen (siehe S. 68, 147, 347) bedürfen regelmässig der „inquiry". Nur wo die Versuchsperson behauptet, wirklich einen ganzen Menschen oder ein ganzes Tier gesehen zu haben („Das andere sieht man nur nicht, aber es ist irgendwo da"), sind sie „echt". Anderenfalls, d. h. wenn ein Kopf *gemeint* war, handelt es sich nur um eine unexakte Ausdrucksweise oder Nachlässigkeit, und es ist Md oder Td zu signieren[1].

SCHAFER[2] und RAPAPORT[3] nehmen die inquiry nach jeder einzelnen Tafel vor. Dieses Vorgehen ist (mit den angeführten Ausnahmen) unbedingt zu verwerfen. Denn dadurch verschieben sich die Versuchsbedingungen völlig, da die Vp. jetzt schon nach der 1. Tafel auf Möglichkeiten der Erfassungsmodi und Determinanten (G, D, B, Farben usw.) aufmerksam gemacht wird, die ihr spontan vielleicht gar nicht eingefallen wären.

Wenn bei der Durchsprache *nach* Abschluss des Versuchs spontan noch *neue Antworten* auftauchen, sind diese in einem besonderen Postskriptum zu vermerken, das vom eigentlichen Versuchs-Protokoll streng zu trennen ist. Man kann diese Antworten bei der Gesamtauswertung zur Unterstützung mit heranziehen, namentlich wenn sich aus ihnen irgendein Problem lösen lässt, welches das eigentliche Protokoll noch offengelassen hat. Diese Antworten, die ja nicht bei der Aufnahme spontan erfolgt sind, sondern *unter ganz neuen Bedingungen* gegeben wurden, sollen aber keinesfalls in die Verrechnung aufgenommen werden. Man würde dadurch zu gänzlich irreführenden Resultaten kommen.

Nach vollendeter inquiry empfiehlt sich noch folgende *Ergänzung* ad modum FRÖBÄRJ[4]. Man sagt: „Die meisten Menschen, welche diese Tafeln sehen, sagen nicht alles, was ihnen eingefallen ist. Das brauchen Sie auch jetzt nicht zu tun.

---

[1] HANS ZULLIGER, Über symbolische Diebstähle von Kindern und Jugendlichen, Institut für Psychohygiene, Biel, 1951, S. 11.
[2] ROY SCHAFER, Psychoanalytic Interpretation in Rorschach Testing, New York, 1954, S. 76.
[3] DAVID RAPAPORT, Diagnostic psychological testing, Vol. II, S. 97.
[4] GÖSTA FRÖBÄRJ, Komplettering av Rorschach-metoden, Psykolognytt, 1962.

Aber vielleicht würden Sie mir jetzt sagen, bei welcher Tafel Sie etwas ausgelassen haben. Ich werde Ihnen die Tafeln jetzt nochmals vorlegen, und Sie brauchen nur „ja" oder „nein" zu sagen. „Ja" bedeutet, dass Sie etwas gedacht, aber nicht gesagt haben, „nein", dass Sie alles gesagt haben. Berichtet die Vp. spontan, welche Antworten sie ausgelassen hat, so werden diese notiert, sie sind aber *nicht* mit zu verrechnen. Anderenfalls notiert man sich nur die Tafel unter „ausgelassene Deutungen". Der erfahrene Rorschach-Experte wird auch dann noch manches erraten können.

III. Weniger ist mehr

Damit wäre eigentlich das positiv Notwendige gesagt. Wir leben aber nicht im luftleeren Raum, und es ist deshalb bisweilen nötig, auch darauf einzugehen, was man *nicht* machen soll.

Manche Psychologen zeigen eine *Tendenz zur Übergeschäftigkeit* im „Testen", die den Erfolg des ganzen Unternehmens in Frage stellen kann. Sie können sich gar nicht genug tun in ergänzenden Untersuchungen, die angeblich der grösseren Exaktheit dienen sollen, laufen aber dabei Gefahr, das Hauptergebnis zu verlieren. Wenn z. B. vorgeschlagen wird, *alle* Einzelheiten des Protokolls nach dem Test mit der Vp. noch einmal durchzugehen, neue Einfälle zu provozieren und diese post festum gemachten Einfälle dann samt und sonders zu protokollieren, so ist ein solches Vorgehen nicht nur überflüssig, sondern direkt schädlich. Die Bevorzugung oder das Fehlen einer bestimmten Kategorie von Antworten ist Gegenstand der Auswertung, eine Provokation bestimmter Deutungen kann den Vl. nur vom richtigen Verständnis des Protokolls abbringen. „Eine Untersuchung wird nicht dadurch mehr objektiv, dass sie schematisiert und standardisiert wird — die Objektivität ist nur scheinbar", sagt der schwedische Neurologe TORE BROMAN [1] anlässlich einer Untersuchung über die Fragetechnik bei der Aufnahme der neurologischen Anamnese — ein wichtiges Memento, das auch für unsere Fragetechnik Gültigkeit hat.

Im allgemeinen ist eine *„Ergänzung"* („supplement") der Antworten nach dem Test *unnötig*. Die Situation ist so völlig verändert, dass diese Antworten ganz anders zu bewerten wären. In Fällen mit sehr vielen Versagern kann man einmal ausnahmsweise den ganzen Test noch einmal wiederholen. Die Verteilung der Versager im ersten Protokoll bleibt dann aber trotzdem das Massgebende. Auf keinen Fall dürfen solche „Ergänzungsantworten", auch wenn sie spontan gegeben werden, mit dem ersten Protokoll zusammengeworfen werden.

Auch *komplettierende Nachuntersuchungen* („testing the limits") sind nur in seltenen Fällen erforderlich. Das völlige Fehlen einer Antwortenkategorie (B, Fb, M, V) im spontanen Versuch soll gedeutet werden. Provokationsversuche können zu Forschungszwecken interessant sein, diagnostische Bedeutung haben sie fast nie. Nur wo Verdacht besteht, dass die Vp. die Instruktion missverstanden hat (glaubte, es müssten anatomische Dinge sein, weil Vl. Arzt ist; glaubte, man

---

[1] TORE, BROMAN, Frågeteknikern vid upptagningen av neurologisk anamnes, Nordisk Medicin, Bd. 41 1949, S. 361.

müsse frei assoziieren usw.), ist der Versuch nach Richtigstellung der Instruktion zu wiederholen.

Derartige überflüssige Nachuntersuchungen sind nicht nur zeitraubend, sondern auch *irreführend*. Lässt man sich unnötigerweise alle Teile einer unkomplizierten Deutung beschreiben, um eventuell festzustellen, dass irgendwelche „störenden" Details nicht mitgerechnet sind, kann man sich zu ganz falschen Signierungen verlocken lassen. Die spontan gegebene Antwort „Zwei Clowns" zu Tafel II *bleibt* ein G B+ M V, auch wenn die Vp. *hinterher* in der völlig veränderten Situation des Interviews plötzlich entdeckt, dass das mittlere Rot eigentlich nicht dazu gehört.

Dass man sich auch bei der in Amerika üblichen generellen „inquiry" mehr nach seiner Erfahrung zu richten hat als nach den in neuer Situation provozierten, vorsichtigen „retrospektiven" Erklärungen der Vp., wird auch von BECK zugegeben, wenn er sagt: „ ... universal experience in these responses can be more heavily weighted than S's testimony, so far as technic of scoring goes"[1]. Und wir erklären uns völlig einig mit RAPAPORT[2], wenn er für die Technik des Rorschach-Tests verlangt: „time-consuming, complicated inquiry had to be avoided as much as possible."

Nur wo wirkliche Zweifel bestehen, ist die Antwort zu „sichern". Wo man darauf verzichten kann, soll man es auch lieber tun. *Weniger ist mehr!*

---

[1] SAMUEL S. BECK, Rorschach's Test. I. Basic Processes, New York, 1944, S. 17.
[2] DAVID RAPAPORT, Diagnostic Psychological Testing, Vol. II .Chicago ,1946, S. 88.

Hilfstabellen für die Signierung

(Die Antworten und ihre Bewertung sind grösstenteils den RORSCHACH'schen Beispielen entnommen; einige Beispiele von BINDER sind als solche gekennzeichnet)

(V* = OBERHOLZER's 9 V)[1]

Tafel I

Zwei Männer, die auf einem Altar schwören....	G	B+	M	Orig.+
Zwei grosse Figuren, an einem Becken stehend ..	G	B+	M	
Fledermaus..............	G	F+	T	V*
Schmetterling............	G	F+	T	V*
Vampir................	G	F+	T	
Grosser Vogel (wegen Flügel)	DG	F+	T	
Becken................	G	F—	Anat.	
Skelett, Brustkorb, Rückgrat	G	F—	Anat.	
Tierskelett (Röntgenaufnahme) .... (HdF)	G	F(Fb)—	Anat.	
Tropfsteine (BINDER)[2]	G	HdF pr.	N	Orig.—
Sumpfland mit Löchern (BINDER)	GZw	HdF pr.	N	
(c-Stellung) Der Aufbau eines Triumphbogens oder so etwas. Rauhes Gestein, wie Nagelfluh (BINDER) ...	GZw	FHd+	Arch.	Orig.+
(Ganze Mitte) Frau mit erhobenen Händen	D	B+	M	
(Ganze Mitte) Gott mit Flügeln	D	B+	M	Orig.+
(Seiten) Zwei gegeneinander stehende Männer, fechtende Krieger usw.	D	B+	M	
(Seiten) Bären (u. U. B)	D	F+	T	
(Rechte Seite) Das Spiel der Wellen (BINDER)	D	Hd	N	Orig.—
(Seitenfigur, b-Stellung) Wie auf einem Friedhof. Da (Flügel) eine Zypresse, alt und gebeugt. Und daneben wie umgestürzte Grabsteine. Macht einen düsteren Eindruck (BINDER)	D	FHd+	N	Orig.+
(Mitte, obere Hälfte) Käferkopf	D	F+	Td	
(Schwarz in Mitte unten) Halber Mensch	D	F+	Md	
(Schwarz in Mitte unten) Beine eines Mannes ...	Do	F+	Md	
(Zapfen Mitte oben) Hörner	D	F+	Td	
(Zapfen Mitte oben) Greifende Hände.......	Do	B+	Md	
(Köpfe der Seiten) Männerköpfe (mit Kapuze) ...	Do	F+	Md	
(Köpfe der Seiten) Bärenköpfe	Do	F+	Td	
(Seitliche Ausläufer) Flügel	Do	F+	Td	
(Seitliche Ausläufer) Pferdeköpfe	D	F—	Td	Orig.—
(Mittlerer lateraler Rand der seitlichen Figuren in c) Kinderköpfe................	Dd	F+	Md	
(Verbindungen zwischen Mitte und Seiten) Brückenbogen	Dd	F+	Obj.	Orig.+
(Untere Spitze) Penis	Dd	F—	Sex.	(Orig.—)[3]
(Untere Spitze) Weibliches Sexualorgan	Dd	F—	Sex.	
(Untere Spitze) Fischmaul	Do	F—	Td	Orig.—

---

[1] EMIL OBERHOLZER, Zur Differentialdiagnose psychischer Folgezustände nach Schädeltraumen mittels des Rorschach'schen Formdeutversuchs. Zeitschr. f. d. ges. Neur. u. Psychiatrie, Bd. 136, 1931, S. 614/615.
[2] BINDER's primitive Hd-Deutungen werden hier durch ein hinzugesetztes pr. gekennzeichnet.
[3] Die eingeklammerten (Orig.) finden sich zwar in RORSCHACH's Protokollen, dürften aber kaum als wirkliche Originale anzusehen sein.

Tafel II

Zwei Fastnachtsnarren, Clowns, Trinker usw.	G	B+	M	V *
Zwei betende Personen	G	B+	M	
Zwei junge Hunde, die etwas auf der Nase jonglieren	G	F+	T	
Schmetterling	G	F+	T	Orig.+
Explodierende Petroleumlampe	G	FbF	Obj.	
Becken	G	F—	Anat.	
(Schwarz allein) Becken	D	F+	Anat.	
(Schwarz allein) Zwei tanzende Figuren, die Hände emporhaltend	D	B+	M	
(Schwarz allein) Zwei tanzende Bären	D	B+	T	
(Schwarz allein) Zwei Bären	D	F+	T	V
(Schwarz allein) Zwei „Männchen" machende Hunde	D	F+	T	
(Schwarz allein) Hundeköpfe, Tierköpfe	D	F+	Td	
(Schwarz allein) Zwei Paar Frauenhosen	D	F+	Obj.	Orig.+
(Schwarz allein) Zwei Schweine	D	F—	T	Orig.—
(Schwarz allein) Fledermaus	D	F—	T	Orig.—
(Schwarz allein) Wie ein grosser, fliegender Rabe (Seiten = Flügel, Spitze = Kopf) (BINDER)	D	FHd—	T	Orig.—
(Schwarz, obere Hälfte) Hähne	Dd	F+	T	
(Schwarze Spitze, Mitte oben) Penis	D[1]	F—	Sex.	(Orig.—)
(Schwarze Spitze, Mitte oben) Tanne	D	F+	Pfl.	
(Schwarze Spitze, Mitte oben) Ein Tännchen; der Stamm hebt sich hell ab von der Wiese dahinter. Und darüber dann die Krone mit den dunklen Streifen der Äste (BINDER)	D	F(Fb)+	Pfl.	Orig.+
(Grau innerhalb der Spitze) Ferne Treppe	Dd	F+	Ldsch.	Orig.+
(Zwischenfigur und Schwarz) Eine Parkstrasse, von Bäumen eingefasst, in der Ferne ansteigend und sich in einer Balustrade verlierend	DZw	F(Fb)+	Ldsch.	Orig.+[2]
(Rot oben) Zwei Eichhörnchen, zwei Tierchen	D	F+	T	
(Rot oben) Zwei Köpfe	Do	F+	Md	
(Rot oben, c-Stellung) Schuh und Strumpf	D	F+	Obj.	
(Rot oben) Fuss, Schuhe	D	F—	Md (Obj.)	
(Rot oben) Hand mit Finger	D	F—	Md	Orig.—
(Rot oben) Zwei Flammen	D	FbF	Feuer	
(Rot unten) Schmetterling	D	F+[3]	T	
(Rot unten) Hinterteil eines Schmetterlings	D	FFb+	Td	
(Rot unten) Halbe Sonne	D	FbF	Sonne	
(Rot unten, c-Stellung) Sonnenaufgang	D	FbF	Sonne	

Tafel III

Zwei Herren, Kellner usw. (mit und ohne Gefäss, grüssend usw.)	G	B+	M	V *
Zwei Menschen, Herren, Homunculi usw., bisweilen: Zeichnungen von Männern, Karikaturen[4], menschliche Figuren . . . . fast immer:	G	F+	M	V *
(c-Stellung) Alte Wäscherin, Hände emporhaltend	G	B+	M	V *
(c-Stellung) Vergrösserter Mückenkopf	G	F+	Td	Orig.+
Etwas Blumenartiges	G	F—	Pfl.	Orig.—
Drei Farben mit dem Papier: Weiss, Schwarz und Rot	G	Fb	Farbe	
(Schwarz Mitte) Kaninchen, Igel, Mäuse, kleine Bären	D	F+	T	
(Schwarz Mitte, c-Stellung) Negerköpfe	D	F+	Md	
(Schwarz Mitte, c-Stellung) Ein sich bückendes Männchen	D	B+	M	Orig.+
(Kopf und Rumpf der Figuren) Ausgestopfte Vögel	D	F—	T	

[1] Siehe RORSCHACH, Psychodiagnostik, S. 39.
[2] Von RORSCHACH *nicht* als Orig. gerechnet.
[3] Meist jedoch FFb+.
[4] Siehe RORSCHACH, Psychodiagnostik, S. 25.

(Köpfe allein) Tierköpfe	D	F+	Td	
(Köpfe allein) Menschenköpfe, Negerköpfe, Affenköpfe	Do	F+	Md(Td)	
(Beine allein) Fische	D	F+	T	
(Beine allein) Beine	Do	F+	Md	
(Rot Mitte) Schmetterling	D	F+	T	V
(Rot Mitte) Krawatte	D	F+	Obj.	
(Rot Mitte) Rote Krawatte	D	FFb+	Obj.	
(Rot Mitte) Herz	D	FbF—	Anat.	
(Rot oben) Pinscher, Äffchen	D	F+	T	
(Rot oben) Teufelchen	D	F+	M	
(Rot oben) Papageien	D	F+	T	Orig.+
(Rot oben) Springer im Schach	D	F+	Td	Orig.+
(Rot oben) Tier	D	F—	T	

Tafel IV

Tierfell (Phantasieteppich)	G	F+	T	V *
Fledermaus	G	F+	T	V
Tintenfisch, Polyp usw.	G	F+	T	
Irgendeine Pflanze	G	F+	Pfl.	
Ein Gambrinus auf Wirtshausschildern	G	F+	M	
Figur auf einem Stuhl	G	B+	M	
Ungetüm im Schafspelz mit grossen Stiefeln	G	B+	M	
Moritz aus Buschs „Max und Moritz", wie er in den Teig gefallen ist	G	B+	M	Orig.+
Sich zerteilende Rauchfontäne . . . . (HdF)	G	F(Fb)+	Rauch	Orig.+
Fliegender Falke	G	F—	T	
Wappen	G	F—	Wappen	
Vogelscheuche, mit dunklem Stoff behängt (BINDER)	G	FHd+	Obj.	Orig.+
Die Kartenzeichnung einer Insel mit zerklüfteter Küste. … Im Inneren die Schattierungen — das ist, wie man so auf einer Karte die Nivellierwellen einträgt. Aber ich weiss nicht — dies hier ist doch irgendwie eine ganz fremdartige Insel (BINDER)[1]	G	FHd+	Karte	
Röntgenbild von einem Tier (BINDER)	G	HdF	T	
Irgend etwas Bedrückendes. Vielleicht eine öde Landschaft mit einem Gewirr von seltsamen Felsblöcken. Und da (dunkler Streifen in Mitte) eine ganz kleine, schmale Gestalt, die man vom Rücken her sieht. Sie wendet sich ab von der Landschaft… (BINDER)[2]	G	HdF	N	Orig.—
Kohlenschlacken oder etwas Kristallmässiges (BINDER)	G	HdF pr.	Obj.	Orig.—
Gewitterstimmung (BINDER)	G	Hd	N	Orig.—
Wie ein Alpdrücken (BINDER)	G	Hd	Abstr.	Orig.—
(Mittelstück) Insektenschwanz	D	F+	Td	
(Mittelstück, c-Stellung) Eule	D	F+	T	
(Ganze Mitte, c-Stellung) Schachfigur, Turm	D	F+	Obj.	Orig.+
(Mittellinie) Rückgrat	D	F—	Anat.	
(Mittelstück + Stiefel, c-Stellung) Zwei Figuren mit wehenden Schleiern, auf die Mittellinie zueilend	D	B+	M	
(Mittelstück + Stiefel, c-Stellung) Zwei Weiber mit fliegenden Schleiern, um einen Brunnen tanzend	D	B+	M	Orig.+
(Mittelstück + Stiefel, c-Stellung) Vogel	D	F—	T	
(Stiefel) Stiefel	D	F+	Obj.	
(Stiefel) Beine	Do	F+	Md	
(grosse seitliche Ausläufer) Hundeköpfe, Seehunde (auch Spitze allein)	D	F+	Td	
(grosse seitliche Ausläufer) Flügel	Do	F+	Td	
(grosse seitliche Ausläufer) Krokodile	D	F—	T	
(grosse seitliche Ausläufer) Fische, Vögel	D	F—	T	Orig.—
(grosse seitliche Ausläufer, hochkant) Gebückte Frau vor Grabmal	D	B+	M	Orig.+

[1] Gewollt nüchterne Sachlichkeit infolge sophropsychischer Hemmung.
[2] Symbolische Darstellung der Gefühlsablehnung infolge sophropsychischer Hemmung.

(obere seitliche Ausläufer) Schlangen, Ringelnattern, Spannerraupen	D	F+	T	
(obere seitliche Ausläufer) Zwei knorrige Äste	D	F+	Pfl.	
(ganze Seite, hochkant) Schwan, am Ufer entlang schwimmend	D	F+	T	Orig.+
(mittlere seitliche Kontur) Profile von Strolchen (wenn Ausl. = Bart)	D[1]	F+	Md	
(ganze oberste Partie) Greif, von vorne gesehen	D	F+	T	Orig.+
(ganz oben, Mitte) Efeublättchen	Dd	F+	Pfl.	Orig.+
(Ende des Mittelstücks, c-Stellung) Krönchen	Dd	F+	Obj.	Orig.+
(das Schwarze im Stiefel) Ein Satyr oder Mönch	Dd	F+	Md	Orig.+
(b- oder d-Stellung, Stiefelabsatz) Eine Pappel	Dd	F+	Pfl.	Orig.+

Tafel V

Fledermaus	G	F+	T	V *
Schmetterling, Nachtfalter	G	F+	T	V *
Ein fliegendes Tier, Vogel, fliegender Hase	G	F+	T	
Flieger	G	F—	Obj.	
Dunkelbewaldeter Berghang, so ein Gebirgszug (BINDER)	G	HdF	N	Orig.—
(hochkant) Gebückte Frau, alter Fritz usw.	G	B+	M	Orig.+
oder:	D	B+	M	Orig.+
(Mittelstück) Hund	Dd	F—	T	Orig.—
(Kopf) Hasenkopf	D	F+	Td	
(Kopf) Menschenkopf mit erhobenen Armen	D	B—	Md	Orig.—
(Kopf ohne Ohren) Kopf mit steifem Hut	Dd	F+	Md	
(*oberer* Flügelrand) menschliches Profil, Totenmaske	D	F+	Md	
(*unterer* Flügelrand) Profil mit buschigen Brauen	Dd	F+	Md	(Orig.+)
(äussere Hälfte der Flügel) Unterleib mit Bein und Stelzfuss	D[2]	F+	Md	
(seitliche Ausläufer) Abgenagte Knochen	Dd	F+	Obj.	Orig.+
(dicker seitlicher Ausläufer) Beine mit Sportsstrümpfen	Do	F+	Md	(Orig.+)
(Beine, unten) Ein geöffnetes Geschlechtsorgan	Dd[3]	F—	Sex.	Orig.—

Tafel VI

(Raub)tierfell	G	F+	T	V *
Schildkröte	G	F+	T	
Blatt	G	F+	Pfl.	
Das zweischlächtige Beil des Thor	G	F+	Obj.	Orig.+
Fächer	G	F+	Obj.	Orig.+
Kirchenfahne	G	F+	Obj.	Orig.+
Tennisracket	G	F+	Obj.	Orig.+
Schwimmende Eisberge	G	F—[4]	Obj.	Orig.—
Ein Urwaldtier, ein Tier („weiss nicht, was für eins")	G	F—	T	
Schlangenartiges Tier (wegen Kopf)	DG	F—	T	
Ein Zeitungshalter mit zerrissenen Zeitungen (BINDER)[5]	G	FHd+	Obj.	Orig.+
Felsen oder sonst ein Trümmerhaufen (BINDER)	G	FHd— pr.	N	
Ganz verfaulte, kaputte Ware (BINDER)	G	HdF pr.	Obj.	Orig.—
(c-Stellung) Baum	G	F+	Pfl.	
(c-Stellung) Zwei grosse Profile mit grosser Nase u. Bart	G	F+	Md	
(c-Stellung) Zwei Buben, einander den Rücken kehrend	G	B+	M	Orig.+
(c-Stellung) (Köpfe der Buben allein) Köpfe im Profil (sonst D)	Do	F+	Md	
(Hauptteil) Eine kahle Winterlandschaft, aber ganz aus der Ferne gesehen. In der Mittellinie ein stellenweise vereister Bach, zu beiden Seiten eine dunkle Erdböschung. Dann oben liegt noch etwas schmutziger Schnee; man sieht, wie die Schneeadern zwischen dem dunkleren Gestein verlaufen. Weiter aussen nur noch vereinzelte, graue Schneeflecken in der leicht welligen Bodenformation. Aber alles von ganz weit weg gesehen, wie wenn man im Flugzeug hoch drüber schweben würde (BINDER)[6]	D	F(Fb)+	N	Orig.+

[1] Wenn ohne Ausläufer, besser Dd.   [2] Besser Do.   [3] Besser D.   [4] Auch: F(Fb) (HdF).
[5] Gewollt nüchterne Sachlichkeit infolge sophropsychischer Hemmung.
[6] Örtliches Abstandnehmen infolge sophropsychischer Hemmung.

(b-Stellung, Hauptteil) Ein Wrack im Eismeer. Alles verschneit und vereist — ganz verlassen. Und unten die melancholische Spiegelung. Polareinsamkeit (BINDER)	D	FHd+	N	Orig.+
(c-Stellung, Hauptteil) Wie wenn man auf einem Berge stehen und in die Ebene auf einen fernen Steppenbrand heruntersehen würde. Nichts als Feuer und Rauch (BINDER)[1]	D	Hd	N	Orig.—
(b-Stellung, obere Hälfte) Die Silhouette einer Burgruine auf einem Felsen (BINDER)	D	FHd+	N	Orig.+
(oberer Teil mit Sockel) Denkmal.	D	F+	Obj.	
(oberer Fortsatz) Vogel, Nachtfalter usw.	D	F+	T	
(oberer Fortsatz) Kruzifix	D	F+	Obj.	
(oberer Fortsatz) Fledermaus	D	F—	T	
(oberer Fortsatz) Pflanze mit Blättern	D	F—	Pfl.	
(oberer Fortsatz) Eine Fontäne in Gestalt eines schlanken Tritons aus schwarzem Marmor (tiefschwarz). Man sieht gut, wie oben beim Kopf der Gestalt das Wasser herunterfliesst. Dahinter (die halbmondförmige Figur) eine römische Wasserschale aus hellem, eigentümlich wolkigem Marmor. An der Schale sind überall seltsame Wasserspeier angebracht (die geflammten Figuren). Sie sind schon halb zerbröckelt und stellenweise mit dunklem Moos bewachsen (BINDER)	D	F(Fb)+	Arch.	Orig.+
(oberer Fortsatz) Das ist ein Molch im Entwicklungsstadium, unter dem Mikroskop bei durchfallendem Licht betrachtet. Das Innere des Embryos, Verdauungskanäle, Gangliensträngen usw., ist schon fest und darum im durchfallenden Licht ganz dunkel. Zu beiden Seiten dann die Extremitäten, Flossen usw., aussen schon zum Teil verfestigt — man sieht sehr genau die dunkleren Gewebeadern (BINDER)[2]	D	F(Fb)+	T	Orig.+
(oberer Fortsatz, Seiten allein) Vogel-Flügel. . . .	Do	F+	Td	
(oberer Fortsatz, Seiten allein) Flatternder Mantel . .	D	F+	Obj.	
(oberer Fortsatz, Mitte allein) Penis	Dd[3]	F+	Sex.	
(oberer Fortsatz, Mitte allein) Fisch	D	F—	T	Orig.—
(Sockel des oberen Fortsatzes) Moos, Schnee. . . .	D	FFb+[4]	Moos	
(obere Spitze) Tierkopf, Schlangenkopf usw.	D	F+	Td	
(laterale Kontur *mit* beiden Ausläufern, d-Stellung) Südküste der USA. mit Florida.	D	F+	Karte	
(grosse seitliche Ausläufer) Hundeköpfe	D	F+	Td	
(grosse seitliche Ausläufer, hochkant), Gebückte Frau, Torso mit aufgehobenem Arm	D	B+	M	Orig.+
(grosse seitliche Ausläufer, hochkant) Halbaufgerichteter Bär.	D	B+	T	Orig.+
(kleine seitliche Ausläufer) Mensch mit verschränkten Armen	Dd	B+	M	Orig.+
(kleine seitliche Ausläufer) Hervorgereckter Arm . .	Dd	B+	Md	Orig.+
(kleine seitliche Ausläufer) Zwei kleine Büsten wie in der Siegesallee. . .	D	F+	Obj.	Orig.+
(Schwarz im Sockel) Gedrechseltes Möbelstück . . .	D	F+	Obj.	
(untere Mittellinie) Brennschere	Dd	F+	Obj.	Orig.+
(kleine Buckel im unteren Ausschnitt) Schamlippen . .	Dd	F+	Sex.	

Tafel VII

Halsschmuck	G	F+	Orn.	Orig.+
Wolken . . . . (HdF)	G	F(Fb)+	Wolken	
(z. B. Schnee und Wolken) u. U. auch	G	FbF	Wolken	

[1] Örtliches Abstandnehmen infolge sophropsychischer Hemmung.
[2] Gewollte Sachlichkeit infolge sophropsychischer Hemmung.
[3] Besser: D.
[4] Auch: F(Fb) (HdF).

Rauchwolken . . . . (HdF)	G	F(Fb)+	Rauch	
Aufgehende Kuchenteigstücke.	G	FFb+[1]	Teig	Orig.+
Weibliches Becken.	G	F—	Anat.	
Blumen.	DG	F—	Pfl.	Orig.—
Schleimige Wesen aus dem Meere (BINDER)	G	FHd—	T	Orig.—
So Bäckerzeugs (BINDER).	G	FHd—	Obj.	Orig.—
(c-Stellung) Zwei Tänzerinnen mit hohen Frisuren oder Russenmützen	G	B+	M	(Orig.+
(ob. Drittel) Menschenköpfe, Frauenköpfe, Kinderköpfe	D	F+	Md	V *
(obere Drittel) Schwäne . . . . (DdD)	D	F—	T	Orig.—
(mittlere Drittel) Bärenköpfe, Elefantenköpfe, Fratzen	D	F+	Td	V *
(mittlere Drittel) Hundeköpfe, Tiermäuler	D	F+	Td	
(mittlere Drittel) Zwei Büsten.	D	F+	Md	
(obere u. mittlere Drittel zusammen) Springender Hund (a-Stellung I)	D	F—	T	
(untere Drittel) Schmetterling.	D	F+	T	
(untere Drittel, c-Stellung) Faule Karnickel mit zurückgelegten Ohren	D	F+	T	Orig.+
(untere Drittel, hochkant) Vermummte Wintergestalten in Pelerine	D	B+	M	Orig.+
(untere Drittel) Flugzeug.	D	F—	Obj.	
(untere Drittel) Fötus	D	F—	Anat.	Orig.—
(untere Drittel) Stück vom Hinterteil eines Menschen	D	F—	Anat.	
(mittlere und untere Drittel zusammen) Leib zu den Köpfen.	D	F+	Md	
(Schwarz in Mitte unten) Weibliches Sexualorgan . .	Dd[2]	F+	Sex.	
(Schwarz in Mitte unten) Fluss	Dd	F—	Karte	(Orig.—)
(Grau in Schwarz, Mitte unten) Nackter Mensch . .	Dd	F+	M	Orig.+
(Seitliche Ausläufer am mittleren Drittel) Hundepfötchen	Dd	F+	Td	Orig.+
(Verbindungsstück zwischen oberem und mittlerem Drittel) Schulter und Armansatz	Dd	F+	Md	Orig.+
(Zwischenfigur) Wasser in einem Gefäss	DZw	F—	Obj.	Orig.—
(Zwischenfigur, c-Stellung) Stehlampe	DZw	F+	Obj.	(Orig.+)

Tafel VIII

Ein Wappen	G	FbF—	Wappen	(Orig.—)
Weihnachtsbaum.	G	FbF	Obj.	Orig.—
(Seiten) (Rote) Bären, Wölfe, Hyänen, Marder, Hunde, Mäuse, Meerschweinchen, Schafe, (Wild)schweine, Molche usw.	D	F+	T	V *
(ganze Mitte) Japanischer Würdenträger	D	FFb+	M	Orig.+
(Grau) Hirschgeweih.	D	F+	Td	
(Grau) Präparierter Hirschschädel.	D	F+	Td	Orig.+
(Grau) Gestreckter Hundekörper	D	F+	T	Orig.+
(Grau) Tintenfisch	D	F+	T	Orig.+
(Grau) Baumwurzel	D	F+	Pfl.	
(Grau) Krone	D	F—	Obj.	Orig.—
(Grau) Wappen	D	F—	Wappen	
(Grau) Gebirge	D	FFb+	Gebirge	
(Grau) Hände einer Dame, die sich die Hand küssen lässt	D	B+	Md	
(Grau) Hände mit Fingern	D	F—	Md	
(Graue seitliche Ausläufer) Hände.	Dd	F+	Md	
(Untere graue Ausläufer neben Mittellinie) Zwei Füsse	Dd	F+	Md	Orig.+
(Blau) Schmetterling.	D	F+	T	
(Blau) Vergrabener Schatz (unter Baumwurzel) . . .	D	F+	Obj.	Orig.+
(Blau) (Blaue) Fahnen	D	FFb+	Obj.	
(Blau) Kleider, Wäsche	D	FbF	Obj.	
(Blau) Kristallart, aus Felsen herauswachsend . . .	D	FbF	Obj.	
(Blau) Eis	D	FbF	Eis	

[1] Jetzt besser: F(Fb)— (FHd—) (nach BINDER).
[2] Von RORSCHACH mit D signiert.

(Blau) Ein See	D	Fb	See	
(Blau und Grau) Karussell	D	FFb+	Obj.	Orig.+
(Blau und Grau) Schmetterling	D	F—	T	Orig.—
(Rot Mitte) Fischköpfe, Meertierköpfe.	D	F+	Td	
(Rot Mitte) (Schlafende) Köpfe	D	F—	Md	
(Rot Mitte) Flügel................	D	F—	Td	
(Rot Mitte) Steine................	D	F—	Obj.	
(Rot Mitte) Schmetterling	D	FFb+	T	
(Rot Mitte) Lungen...............	D	FFb—	Anat.	
(Rot Mitte) Feuer................	D	FbF	Feuer	
(Rot Mitte) Hölle................	D	Fb	Hölle	Orig.—
(Rot Mitte, c-Stellung) Altes Schweizerwams	D	FFb+	Obj.	Orig.+
(Orange allein) Narrenkappe	Dd	FFb+	Obj.	Orig.+
(Zwischen Grau und Blau) Thorax, Skelett	DZw	F+	Anat.	
(Mitte in Blau) Rückgrat	D	F+	Anat.	
(Mittellinie in Grau) Rückgrat	D	F—	Anat.	

Tafel IX

Blumen, Rosen	DG	FbF+	Pfl.	
Hölle mit }	G	FbF	Hölle	
(Braun) tanzenden Hexen }	D	B+	M	
Ein Skelett mit Rückgrat......... (DG)	G	FbF—	Anat.	
(c-Stellung) Etwas Blumenartiges	G	FbF+	Pfl.	
(c-Stellung) Ausbruch eines Vulkans („Eruption des Ätna")	G	FbF+	Vulkan	
(Braun) Figuren mit Säbeln, fechtende Soldaten, Bajazzi, Zwerge mit ausgestreckten Armen	D	B+	M	
(Braun) Vogel.................	D	F—	T	
(Braun) Sonne..................	D	Fb	Sonne	Orig.—
(Braun, c-Stellung) Zwei sich begrüssende Menschen .	D	B+	M [1]	Orig.+
(Braun, nur Köpfe) Gesicht mit Zipfelkappe ...	Do	F+	Md	
(Grosse braune Ausläufer) Tiergabeln, Käferzangen, Hirschgeweih................	Do	F+	Td	
(Unterhalb des grossen braunen Ausläufers) Sitzende Frauenfigur sieht auf See	Dd	Bkl.+	Szene	Orig.+
(Mediale braune Buckel) Zwei Eulen	Dd	F—	T	Orig.—
(Grün) Bären	D	F+	T	
(Grün) Ein zerrissener Dudelsack	D	F+	Obj.	Orig.+
(Grün) Tiere oder so was	D	F—	T	
(Grün) Seen	D	Fb	See	
(Grün) Wald	D	Fb	Wald	Orig.—
(Grün) Russland (weil auf der Karte grün) ...	D	Fb	Karte	Orig.—
(Grün, hochkant) Kind, das mit Puppe spaziert ..	D	B+	M	
(Grün, hochkant) Zwei davonspringende Hasen ..	D	F+	T	
(Zwischen Braun und Grün) Tierkopf, Hirschkopf, Rentierkopf, Lamakopf, Krokodilkopf, Pferdekopf, Straussenkopf, Schlangenkopf usw.	D	F+	Td	V
(Zwischen Braun und Grün) Irgendein Kopf	D	F—	Td	
(Rot) Herabfallende Rosenblätter	D	FbF	Pfl.	
(Rot, hochkant) Männerkopf	D	F+	Md	V
(Rot, hochkant) Katzenkopf	D	F+	Td	
(Rot, hochkant) Eingewickeltes Kind, Puppe ...	D	F+	M (Obj.)	
(Mitte in Rot) Weiblicher Geschlechtsteil	Dd	F—	Sex.	Orig.—
(Rote Mittellinie) Ein Kreuz und ein daran gebundener Knabe	Dd	B+	M	Orig.+
(Zwischenfigur) Cello, Geige	DZw	F+	Obj.	
(Zwischenfigur) Eingang in eine Grube	DZw	FbF— [2]	Grube	Orig.—
(Mittellinie) Fontäne	D	F+	Fontäne	
(Mittellinie) Rückgrat	D [3]	F—	Anat.	

---
[1] Besser: Md.
[2] Besser: F—
[3] Bei RORSCHACH DZw.

Tafel X

Kolorierte Käfersammlung	G	FFb+	T	
Meertiere, Korallen	G	FbF+	T	
Meergewächse, „auf dem Meeresgrund"	G	FbF+	Pfl.	
Fastnacht	G	FbF	Fastnacht	Orig.+
Der Eingang zum Himmel, Wolken	G	FbF—	Himmel	Orig.—
Eine Rose	DG	FbF—	Pfl.	Orig.—
(c-Stellung) Eine grosse Blume (im Längsschnitt) mit Blättern darum	G	FFb+	Pfl.	Orig.+
(Ganze mittlere Zwischenfigur + Grau) Ein Parkweg mit Bäumen	DZw	F(Fb)+	Ldsch.	Orig.+
(Grün Mitte) Hase	D	F+	T	
(Grün Mitte) Hasenkopf, Kaninchenkopf	D	F+	Td	V
(Grün Mitte) Moderner Haarkamm mit Schmuck	D	F+	Obj.	Orig.+
(Grün Mitte) Seepferdchen	D	F+	T	
(Grün Mitte) Fische	D	F+[1]	T	
(Grün Mitte) Würmer	D	F+	T	
(Grün Mitte) Raupen, Spannerraupen	D	FFb+	T	V
(Grün Mitte) Zwei Wiesel	D	F—	T	
(Grün Mitte) Fratze mit zwei langen Zöpfen	D	F—	Md	
(Grün Mitte, c-Stellung) Käferkopf mit grossen Augen	D	F+	Td	(Orig.+)
(Grün Mitte, blasse Teile) Weibliches Geschlechtsorgan	Dd	F—	Sex.	
(Grün Mitte, blasse Teile, c-Stellung) Figürchen mit Heiligenschein	D[2]	F+	M	Orig.+
(Grün seitlich) Liegendes Schäfchen	D	F+	T	
(Grau Mitte) Tierschädel	D	F+	Anat.	
(Grau Mitte) Zwei Indianerköpfe	D	F+	Md	
(Grau Mitte) Kleine Tierchen mit Augen und Maul / Zwei Tierchen mit Fühlhörnern, auf den Hinterbeinen stehend	D	F+	T	
(Grau Mitte) Flöhe	D	F—	T	
(Grau Mitte) Kröten, Mäuse, Hasen	D	F—	T	
(Grau Mitte) Tiere („weiss nicht, was für welche")	D	F—	T	
(Grau Mitte, Säule allein) Mastbaum	D[3]	F+	Obj.	
(Grau Mitte, Säule allein) Larynx und Trachea	Dd	F+	Anat.	Orig.+
(Grau seitlich) Käfer	D	F+	T	
(Grau seitlich) Störche, Vögel mit langen Hälsen	D	F+	T	
(Grau seitlich) Molche	D	F+	T	
(Grau seitlich) Krebse	D	F—	T	
(Grau seitlich) Mäuse	D	F—[4]	T	
(Grau seitlich) Reh, Känguruh	D	F—	T	
(Grau seitlich) Tiere	D	F—	T	
(Grau seitlich, hochkant) Primitives gehendes Wesen	D	B+	M	
(Blau Mitte) Zwei Männer, die sich über einem Abgrund halten	D	B+	M	Orig.+
(Blau Mitte) Tierköpfe, Schweineköpfe, Fuchsköpfe, Hundeköpfe, Elefantenköpfe	D	F+	Td	
(Blau Mitte) Zwei kleine Stiere	D	F—	T	Orig.—
(Blau Mitte) Wie ein Wappentier	D	FFb—	T	
(Blau seitlich) Spinnen, Krabben, Krebse, Tintenfische, Polypen	D	F+	T	V
(Blau seitlich) Skorpione	D	F—	T	
(Blau seitlich) Gestrüpp oder Wald	D	F—	Pfl.	Orig.—
(Blau seitlich) Zwei Kornblumen	D	FFb+	Pfl.	
(Blau seitlich) Meerpflanzen	D	FFb+	Pfl.	
(Blau seitlich) See mit einfliessenden Strömen	D	FbF	See	Orig.—
(Gelb Mitte) Zwei Hunde	D	F+	T	
(Gelb Mitte) Kinderköpfchen in einer Wolke	D	F—	Md	

---

[1] Von RORSCHACH zweimal als F+ und einmal als F— bezeichnet.
[2] Besser Dd wie die vorstehende Antwort.
[3] Besser Dd wie die nächste Antwort.
[4] Von RORSCHACH zweimal als F— und einmal als FFb+ bezeichnet.

(Gelb Mitte) Sonne und Mond	D	FbF—	Sonne
(Gelb seitlich) Niere	D	FbF—	Anat.
(Gelb-schwarz seitlich) Kanarienvogel	Dd	FbF—	T
(Rot Mitte) Zwei wandelnde Figuren ohne Kopf. .	D	B+	M
(Rot und Grau Mitte) Aufeinander zugehende Frauen	D	B+	M
(Rot und Grau Mitte) Betrunkene Feuerwehrleute stossen an einen Pfosten an	D	B+	M	Orig.+
(Rot Mitte) Ein Gebirge im Abendrot.	D	FbF	Gebirge
(Rot Mitte) Fleisch	D	FbF	Fleisch
(Rot Mitte) Innere Schamlippen.	D	FbF	Anat.	Orig.—
(Rot Mitte, oberer Teil) Walrosskopf	Dd[1]	F—	Td
(Braune Punkte, Mitte) Kirschen	Dd[2]	FFb+	Pfl.
(Braune Punkte, Mitte) Das Herz	D	Lage?	Anat.

---

[1] Besser D; dasselbe Detail wurde von OBERHOLZER mit RORSCHACH's Einverständnis als D signiert.
[2] Besser D wie die folgende Antwort.

Kapitel 5

Die Verrechnung

I. Die Aufstellung

Wenn alle Formeln feststehen, zählt man alle Formelelemente der gleichen Art zusammen und macht eine zahlenmässige Aufstellung des ganzen Protokolls, die sogenannte Verrechnung.

1. Antwortenzahl und Zeit

Zunächst wird die *Anzahl der Antworten* ausgerechnet, wozu wir uns am besten der bereits im Protokoll notierten Antwortenzahlen für die einzelnen Tafeln bedienen. Es ist bei Verdacht auf Farbenschock (siehe nächstes Kapitel) praktisch, ad modum ZULLIGER auch die Antwortenzahl zu den drei letzten Tafeln gesondert zu berechnen. Man schreibt dann z. B. „Antw. = 34 (VIII—X 12)".

Sodann wird die *Zeit*, d. h. die Gesamtdauer des ganzen Versuchs, in Minuten angegeben, wobei es sich empfiehlt, nach MORGENTHALER's Vorschlag die beiden Halbzeiten in Parenthese anzugeben, also die Dauer von der Vorlegung der I. Tafel bis zur Beendigung der V. Tafel und den Rest, z. B. „Zeit = 40 Min. (22/18)".

Hieraus lässt sich die *Reaktionszeit* berechnen. Zu unterscheiden ist diese *Durchschnittsreaktionszeit* (Durchschnittszeit pro Antwort, „response time"), die sich aus dem Verhältnis der Dauer des Experiments zur Gesamtanzahl der Antworten ergibt, von der eigentlichen *Reaktionszeit* („reaction time"), die zwischen der Vorlegung einer jeden Tafel und der ersten Antwort verstreicht. Diese allein wird in den USA als Reaktionszeit bezeichnet. Es ist im allgemeinen nicht notwendig, diese Zeit mit der Stoppuhr zu kontrollieren; die Stoppuhr kann bei nervösen Vp. sogar sehr störend wirken. Es genügt, wenn man die *ungewöhnlich* langen Pausen nach Vorlegung bestimmter Tafeln im Protokoll vermerkt (z. B. Tafel VI [nach zirka 1½ Minuten] „vielleicht ein Tierfell"). Die Durchschnittszeit wird natürlich von der Reaktionszeit beeinflusst, und im allgemeinen genügt es daher, mit der Durchschnittsreaktionszeit zu rechnen.

Die durchschnittliche Antwortenzahl beträgt nach RORSCHACH 15—30 Antworten in 20—30 Minuten, das bedeutet eine Durchschnittsreaktionszeit von einer Minute oder etwas darüber. Die Durchschnittsreaktionszeit pro Antwort (response time) ist im allgemeinen grösser als die durchschnittliche Reaktionszeit für die erste Antwort (reaction time) (BECK)[1].

Beim Zulliger-Tafeln-Test werden durchschnittlich in 5—8 Minuten 15 Antworten gegeben, d. h. die durchschnittliche Reaktionszeit pro Antwort beträgt ⅓—½ Minute[2].

FRIEDEMANN[3] empfiehlt eine *Zeitanalyse* in der Weise, dass die Deutungen für die farbigen Tafeln von denen für die schwarzen Tafeln getrennt berechnet werden. Es scheint aber noch vorteilhafter zu sein, alle drei Tafelkategorien zu

---
[1] SAMUEL J. BECK, Rorschach's Test, II. A Variety of Personality Pictures, New York, 1949, S. 53.
[2] HANS ZULLIGER, Der Zulliger-Tafeln-Test, 2. Aufl., Bern, 1962, S. 43.
[3] ADOLF FRIEDEMANN, Bemerkungen zu Rorschach's Psychodiagnostik, Rorschachiana II, S. 58.

berücksichtigen und nach einem Vorschlage der schwedischen Ärztin ANN MARIE BROMAN [1] eine *Differentialreaktionszeit* von im ganzen vier Zahlen zu berechnen. Man stellt zunächst die Durchschnittsreaktionszeit für den *ganzen* Versuch fest und dann die entsprechenden Ziffern für die *schwarzen*, die *schwarzroten* und die *farbigen* Tafeln gesondert, alle auf zwei Dezimalen. Eine Genauigkeit auf ½ Minute genügt dafür vollkommen. Wir haben in den letzten Jahren diese Berechnung routinemässig vorgenommen, das Ergebnis aber noch nicht statistisch bearbeiten können. Es hat jedenfalls den Anschein, als ob sich hier sehr interessante Regelmässigkeiten werden herausarbeiten lassen. Aus noch nicht genügend untersuchten Gründen verhalten sich die Durchschnitts-Reaktionszeiten für die schwarz-roten und die farbigen Tafeln in der Regel entgegengesetzt: Ist die eine verkürzt, dann ist die andere verlängert, und umgekehrt.

Auch die Anregung FRIEDEMANN's, die Reaktionszeit bei den Deutungen eckiger und geschlossener Formen im Gegensatz zu denen runder oder offener Formen zu berücksichtigen, erscheint beachtenswert [2].

2. Die Summen der Formelelemente

Die verschiedenen Sorten der einzelnen Formelelemente werden nun zusammengezählt und in vier Kolonnen, entsprechend den vier Teilen der Formel, zusammengestellt. (Siehe das Beispiel in Abschnitt 5.)

a) *Die Erfassungsreihe.* Hier beginnt man mit den G, denen dann die D, Dd, DZw, DdZw und schliesslich die Do folgen. Die DdZw werden am besten als selbständige Gruppe aufgestellt analog den Dd. Die verschiedenen sekundären G sowie die DdD und DZwD als selbständige Gruppe *neben* den anderen zu behandeln, macht die Aufstellung unübersichtlich. Die DG, DdG und DZwG *sind* G, und wenn wir mit einem Blick übersehen wollen, wie viele G eine Vp. gedeutet hat, wollen wir nicht erst verschiedene Teilgruppen zusammenrechnen. Es empfiehlt sich daher, diese Grössen unter ihren Obergruppen in Parenthese anzuführen, wie auch RORSCHACH selbst das getan hat. Bei den G ist vorher ausserdem noch anzugeben, wie viele davon scharfe Formen sind, also z. B. G = 11 (8+) (2 DG+, 1 DZwG+). Als G+ gelten alle präzisen Formen, ohne Rücksicht darauf, ob sie F, B, F(Fb), FHd oder FFb sind. HdF-, Hd-, FbF- und Fb-Antworten sind prinzipiell G—, schlechte Formen natürlich auch. Näheres ersieht man aus den Beispielen.

Bei der Bewertung der DZw sind ausser den „reinen" DZw und DdZw auch die entsprechenden Kombinationen zu berücksichtigen (DZwG, DZwD, DdZwD usw.). Finden sich neben 2 DZw und 1 DdZw in der G-Gruppe noch 2 DZwG, in der D-Gruppe 1 DZwD und in der Dd-Gruppe 2 DdZwDd, so hat diese Verteilung denselben Symptomwert wie 5 DZw und 3 DdZw. (Siehe unser Beispiel, wo die entsprechende Summe in Parenthese angegeben ist.)

Ist bei einer Kategorie nur eine Tendenz festzustellen, ohne dass sich reguläre Antworten dieser Kategorie finden, notiert man „Neigung" (z. B. Do = Neigung). Sind diese Antworten vorhanden, aber andere Antworten oder Bemerkungen zeigen dieselbe Tendenz, schreibt man „Neigung zu mehr" (z. B. Do = 2, Neigung zu mehr).

[1] Mündliche Mitteilung.
[2] A. a. O., S. 57.

b) *Die Determinantenreihe.* Am besten ist es, hier mit den B anzufangen, wie auch RORSCHACH das getan hat, und zwar immer, auch wenn keine da sind (B = 0). Man muss aus der Aufstellung sofort ersehen können, ob und wie viele B vorhanden sind. Von den anderen Kategorien braucht man nur das anzuführen, was da ist. Man vergesse nicht, in Parenthese zu setzen, ob alle B gute Formen sind, oder ob B— darunter sind, z. B.: B = 8 (+) oder: B = 6 (1—). BFb, BHd (oder BFHd, BHdF) und die sehr seltenen konfabulierten F-B führt man gesondert auf [1], ebenso die Bkl., die ebenfalls mit + oder — zu versehen sind.

Nach den verschiedenen B-Kategorien kommen die F. Die Anzahl der F— und der F± wird in Parenthese angegeben und eventuell bemerkt, ob einige davon unbestimmte F— sind, z. B.: F = 12 (3—, davon 1 unb., 2±).

Die verschiedenen Helldunkel- und Schattierungsdeutungen kann man entweder nach der BINDER'schen Einteilung gesondert anführen, oder aber man fasst sämtliche Kategorien in der Hauptaufstellung zusammen (nach RORSCHACH's ursprünglicher Praxis) und gibt die BINDER'schen Gruppen daneben in einer besonderen Aufstellung an. Im Interesse der Forschung ist das zweite Verfahren zu empfehlen, auch weil diese Gruppen trotz ihrer besonderen Eigenarten doch gewisse Symptomwerte gemeinsam haben. Bei robusten Naturen kommen sie ja überhaupt nicht vor. (Siehe im übrigen unser Beispiel.)

Schliesslich kommen die drei Kategorien der Farbantworten: FFb, FbF und Fb. Nur bei den FFb ist es noch üblich, + oder — in Parenthese anzugeben, z. B.: FFb = 4 (1—) oder: FFb = 5 (+). Falls sich unter den reinen Fb Farbnennungen befinden, ist dies zu vermerken, z. B.: Fb = 3 (2 Farbnennungen).

c) *Die Inhaltsreihe:* bietet keine besonderen Schwierigkeiten, abgesehen davon, dass man sich hier gewöhnlich am leichtesten verzählt. Es empfiehlt sich, wenigstens für die wichtigsten Gruppen eine bestimmte *Standardreihenfolge* ein für allemal beizubehalten, z. B.: M, Md, T, Td, Anat., Sex., Pfl., Ldsch., Obj., Arch., Orn., Karte und dann die selteneren wie Essen, Szene, Bild, Blut, Feuer, Wolken usw. (in beliebiger Reihenfolge) und zuletzt die Abstr., also in den Hauptgruppen ein Übergang vom Organischen zum Unorganischen. Die essbaren Gegenstände von den übrigen Obj. unter der Rubrik „Essen" auszuscheiden, hat sich als sehr praktisch erwiesen. Die ersten vier Kategorien (M, Md, T, Td) sind *immer* anzuführen, auch wenn die Antwortenzahl dazu 0 ist, da ihr Vorhandensein oder Nichtvorhandensein und ihr gegenseitiges Verhältnis zur qualitativen Beurteilung der Intelligenz sowie des Sozialkontaktes und der Stimmung von Bedeutung sind.

d) *Die Häufigkeitsreihe* besteht im allgemeinen nur aus den V und den Orig., da Individualantworten äusserst selten sind. Kommen eingeklammerte V vor, schreibt man am besten zwei Summen auf, z. B. V = 6 (8?), d. h. es sind 6 „gewöhnliche" V vorhanden und noch weitere 2 mit Abweichungen.

Bei den Orig. ist wieder + oder — hinzuzufügen, und ausserdem ist anzugeben, ob und wieviel Fach.-Orig. darunter sind. Was die drei Untergruppen der Orig. betrifft, so genügt es, die seltenen, aber wichtigen Erfassungsoriginale

---

[1] Diese seltenen und hochwertigen Kombinationen als Untergruppen zu behandeln (analog den DG usw.), wäre *nicht* ratsam, weil sie faktisch zu *zwei* Gruppen gehören und dann doppelt verrechnet werden müssten. Hier ist also im Vergleich mit der Erfassungsreihe gerade das entgegengesetzte Verfahren das übersichtlichere.

als „Erf." herauszuheben. Man schreibt also z. B.: Orig. = 26 (3—), (4 Fach.+, 5 Erf., davon 1—).

3. *Die Prozente und Typen*

Zum Schlusse werden eine Reihe von Verhältniszahlen und „Typen" angegeben. In Prozenten berechnet man im allgemeinen nur die folgenden vier Kategorien: die guten Formen, die Tiere, die V- und die Orig.-Antworten.

a) Das F+% *(Formschärfeprozent)* ist das prozentuale Verhältnis der gut gesehenen Formantworten zu sämtlichen Formantworten. Hier werden (im Gegensatz zu den G+) *nur die reinen Formantworten* zugrunde gelegt. B, F(Fb), FHd und FFb werden nicht mitgerechnet. Unbestimmte F— werden wie unscharfe behandelt und F± als halbe Einheiten gerechnet, also z. B.:

$$F = 40 \;(8—, \text{davon vier unb.}, 4\pm); \; F+ = \frac{30 \cdot 100}{40} = 75\%.$$

Bei der Berechnung des F+% sind also die unbestimmten F— wie gewöhnliche F— zu betrachten, ihr Vorkommen ist aber bei der Gesamtbeurteilung zu berücksichtigen. Wollte man die unb. F— von den übrigen abziehen und *dann* das F+% berechnen (was auch RORSCHACH *nicht* getan hat), so bekäme man ein gänzlich irreführendes Bild. Denn die Unfähigkeit, der Antwort ein bestimmtes Gepräge zu geben, *ist* — aus welchen Gründen auch immer — stets ein *Minus* der intellektuellen Leistung. Es war deshalb auch ein nicht sehr glücklicher Gedanke, wenn amerikanische Psychologen gerade die unbestimmten Antworten (neben den reinen Farb- und Hd-Antworten) zum Nullpunkt und damit zum Mittelpunkt einer Formniveau-Skala gemacht haben[1].

Beim Z-Test ist das F+% unter Einbeziehung auch der Hd-Deutungen zu berechnen. Hierbei ist 1 FHd = 1 F+, 1 HdF = 1 F± und 1 Hd = 1 F—[2].

In gewissen Fällen empfiehlt es sich, nach ROY SCHAFER ein *erweitertes F+%* zu berechnen, wobei auch die B, FFb, F(Fb) und FHd mit einbezogen werden. (Siehe S. 181 und 202.)

b) Das T% *(Tierprozent)* ist das prozentuale Verhältnis der Summe der Tier- und Tierdetaildeutungen (T + Td) zur Gesamtzahl der Antworten. Werden z. B. auf 40 Antworten 15 T und 5 Td gedeutet, so ist das T% = 50.

c) Das V% *(Vulgärprozent)* ist das prozentuale Verhältnis der V-Antworten zur Gesamtantwortenzahl. Sind (V)-Antworten vorhanden, empfiehlt es sich, *zwei* Prozente zu berechnen (siehe Beispiel).

d) Das Orig.% *(Originalprozent)* endlich ist das prozentuale Verhältnis der Originalantworten zur Gesamtantwortenzahl. Ein besonderes Orig.+% zu berechnen ist nicht nötig, wohl aber ist in Parenthese anzugeben, wie ungefähr die Originale sich der Qualität nach verteilen. Sind alle Orig. gut, schreibt man (+), anderenfalls (±) oder (∓), je nachdem, ob die Mehrzahl gut oder schlecht ist. Befinden sich unter sehr vielen guten Originalen ganz vereinzelte schlechte oder umgekehrt, so schreibt man (+̠+) oder (∓̄) hinter das Originalprozent. (Siehe Beispiel.)

---

[1] Siehe 1946 supplement zu KLOPFER and KELLEY's „The Rorschach Technique".
[2] HANS ZULLIGER, Der Zulliger-Tafeln-Test, 2. Aufl., Bern, 1962, S. 41.

e) *Weitere Prozentzahlen* zu berechnen (G%, G+%, D%, DZw%, Do% B%, Fb%, Pfl.%, Obj.% usw.), ist für die Diagnose im allgemeinen *nicht* nötig, weil sich bei einiger Übung auch aus den absoluten Zahlen ohne weiteres die entsprechenden Schlüsse ziehen lassen. Nur bei ganz speziellen Forschungsaufgaben, wenn verschiedene Materialgruppen miteinander verglichen werden sollen, können derartige Prozentberechnungen gelegentlich die Arbeit erleichtern. Die Berechnung eines G% allerdings wäre sinnlos, weil die G, wie KUHN durch umfangreiche statistische Untersuchungen nachgewiesen hat [1], mit der Antwortenzahl nicht korrelieren, sondern nur nach ihrer absoluten Anzahl bewertet werden können.

Eine Ausnahme machen jedoch die *Anatomie-Antworten*. Wo sie (bzw. die Sex.-Antworten) in einer Anzahl auftreten, die einen Prozentsatz von 12 deutlich übersteigt, empfiehlt es sich, auch das Anatomieprozent zu berechnen, um daran den Grad dieser speziellen Form von Stereotypie ablesen zu können. Man kann dabei getrost die Anat. und Sex. zusammenschlagen. Ein Anatomieprozent von 0—12 hat im allgemeinen wenig zu bedeuten und kann deshalb vernachlässigt werden (abgesehen natürlich von ganz speziellen Komplexantworten, wenn etwa bei einem Sänger die beiden einzigen Anatomieantworten mit dem Hals zu tun haben). Diese Grenze von 12% stammt von ZULLIGER und hat sich in der Praxis vorzüglich bewährt.

Auch das (M+Md)% kann bisweilen wertvolle Aufschlüsse geben. PIOTROWSKI[2] sieht ein (M+Md)% von 10—20 als normal an.

f) Das gegenseitige Verhältnis der Erfassungsmodi in einem bestimmten Protokoll nennt RORSCHACH den *Erfassungstypus (Erft.)*. Er geht dabei von einem Normaldurchschnitt aus von *8 G, 23 D, 2 Dd* und *1 DZw* auf 34 Antworten. Diesen Durchschnittstypus nennt er G—D. Vielleicht sind die 8 G für den normalen Durchschnitt etwas zu hoch gegriffen. Unter 6 dürfte jedoch der Durchschnitt der G des Normalen kaum liegen [3]. Je nachdem, ob nun ein Übergewicht nach der G- oder D-Seite vorliegt, wird dieser Buchstabe unterstrichen. Ist eine Verschiebung nach den Dd oder DZw hin vorhanden, oder kommen mehr als ein Do vor, so sind auch diese Kategorien in den Erft. aufzunehmen, bei nur geringer Vermehrung in Parenthese. Ein paar Beispiele werden das am besten veranschaulichen.

10 G, 18 D,   1 Dd = Erft. $\underline{G}$ — D

 5 G, 26 D,   3 Dd = Erft. G — $\underline{D}$

 8 G, 30 D,   4 Dd = Erft. G — $\underline{D}$ — (Dd)

 6 G, 25 D,   5 Dd = Erft. G — $\underline{D}$ — Dd

 8 G, 15 D,   6 Dd, 3 DZw = Erft. $\underline{G}$ — D — Dd — DZw

 4 G, 28 D,   6 Dd, 4 DZw, 2 Do = Erft. (G) — $\underline{D}$ — Dd — DZw — (Do)

 4 G, 16 D, 14 Dd, 9 Dzw, 1 DdZw, 4 Do = Erft. (G) — $\underline{D}$ — $\underline{Dd}$ — DZw — Do

 2 G, 18 D, 12 Dd, 4 DZw, 3 Do = Erft. D — $\underline{Dd}$ — DZw — Do.

Im übrigen siehe unsere Beispiele.

---

[1] Mitteilung auf dem 2. Internationalen Rorschach-Kongress in Bern, 1952.
[2] ZYGMUNT A. PIOTROWSKI, Perceptanalysis, New York, 1957, S. 344.
[3] Siehe SAMUEL J. BECK, Rorschach's Test, I. Basic Processes, New York, 1944, S. 83/84.

Reine D- oder Dd-Typen kamen in RORSCHACH's Material *nie* vor und sind wohl tatsächlich äusserst selten. Dagegen sind reine G-Typen keine Seltenheit. Man unterscheidet einen *G+-Typus*, wo 10 oder annähernd 10 G-Antworten mit überwiegend guten Formen gegeben werden, und einen *G—-Typus*, wo ebenfalls 10 oder annähernd 10 G-Antworten gegeben werden, aber mit überwiegend schlechten Formen. Dieser letzte Erfassungstypus kommt gelegentlich bei indolenten Schizophrenen vor.

g) Unter *Sukzession* der Erfassungsmodi *(Sukz.)* versteht RORSCHACH den Typus der Reihenfolge, in der die verschiedenen Erfassungsmodi zu den einzelnen Tafeln auftreten. Es besteht im allgemeinen die Tendenz, sich zunächst einen Überblick über die ganze Tafel zu verschaffen und dann erst auf die Details einzugehen. Unter diesen springen natürlich wieder die D leichter in die Augen als die Dd oder DZw, und so wäre die „normale" Sukzession die Reihenfolge G, D, Dd und eventuell DZw zu den meisten Tafeln mit gelegentlichen kleineren Abweichungen. Bemüht sich die Vp., *jedesmal* zuerst eine G-Deutung herauszubringen, bevor sie auf die Details eingeht, und werden niemals Dd vor den D gedeutet, so bezeichnet man die Sukzession als *straff*. Dieser Fall ist äusserst selten. Meist gelingt nicht bei allen Tafeln ein G, oder es kommt einmal eine Unregelmässigkeit in der Detailfolge vor, vielleicht auch einmal ein verspätetes G. Dann ist die Sukzession „optimal straff", d. h. *geordnet*. Bemerkt man mehrere gröbere Unregelmässigkeiten, werden namentlich die G mehr als einmal *nach* D-Deutungen angetroffen (gewöhnlich liegen dann noch andere Unregelmässigkeiten vor), muss die Sukzession als *gelockert* betrachtet werden. Wird die Unregelmässigkeit so gross, dass man überhaupt keine Regel mehr sehen kann, dann ist die Sukzession *zerfahren*. Tritt der Fall ein, dass die Vp. bei den meisten Tafeln mit Dd oder Do beginnt und dann über die D- zu den G-Deutungen vorschreitet, dann bezeichnet man die Sukzession als *umgekehrt*.

In der Praxis kommen natürlich Übergänge vor, die man mit „leicht gelockert", „stark gelockert", „gelockert bis zerfahren", „teilweise umgekehrt" usw. bezeichnen kann.

Manchmal ist die Sukzession nicht feststellbar, da nur eine Antwort zu jeder Tafel gegeben wird oder jedenfalls nur vereinzelt mehrere Antworten zu derselben Tafel vorkommen. Dann schreibt man am besten: Sukz. = ?

Da in unseren Beispielprotokollen eine *zerfahrene* Sukzession nicht vorkommt, geben wir hier ein Beispiel für diese Form und verweisen bezüglich der anderen auf unsere Protokolle.

Tafel	I	II	III	IV	V	VI	VII	VIII	IX	X
	D	Dd	G	Dd	—	G	Dd	D	—	Dd
	G		G	G	Dd	Do	D	Dd		D
			G	Do	Dd	Dd	D	D		
				G		Dd	D	Dd		
						D				

h) Das wichtigste Zahlenverhältnis der ganzen Verrechnung ist der *Erlebnistypus (Erlbt.)*. Hierunter versteht RORSCHACH das gegenseitige Verhältnis der Bewegungs- und Farbantworten zueinander.

Die *Berechnung* ist recht einfach. Jedes B gilt als 1. Auf der Farbseite nimmt man 1 FbF als Einheit und rechnet 1 FbF = 1, 1 FFb = ½ und 1 Fb = 1½. Bei BFb-Antworten rechnet man einen Punkt für jede Seite, bei BHd-Antworten nur einen Punkt für die B-Seite. (Nur in den sehr seltenen Fällen von BFFb darf man für die Farbseite nur ½ berechnen.) Bkl. werden in den Erlebnistypus *nicht* mit eingerechnet. Bei 4 B, 1 BFb, 1 BHdF, 3 Bkl., 4 FFb, 3 FbF und 1 Fb wird der Erlebnistypus also 6: 7½ (4 + 1 + 1 + 0 : 2 + 3 + 1 [aus dem BFb] + 1½). (Es wird immer die Bewegungsseite links und die Farbseite rechts geschrieben.) Bei Vorkommen von Farbnennungen ist es am besten, zwei Erlebnistypen zu berechnen, einen mit und einen ohne Farbnennungen, aber nur dem Erlbt. *ohne* Farbnennungen den vollen Symptomwert beizulegen.

Man unterscheidet nach RORSCHACH 5 *Gruppen* von Erlebnistypen. Der Erlebnistypus ist *koartiert*, wenn die Ziffern beider Seiten 0 oder 1 sind (also bei den Typen 0:0, 1:0, 0:1 und 1:1). Bei Werten von höchstens 3 auf jeder Seite nennt man den Erlebnistypus *koartativ*. Erlebnistypen von annäherndem Gleichgewicht auf beiden Seiten mit höheren Werten als 3 (z. B. 5:6, 8:8, 9:11) heissen *ambiäqual*. Überwiegt die B-Seite wesentlich, dann nennt RORSCHACH den Erlebnistypus *introversiv* (z. B. 5:2), bei Überwiegen der Farbseite ist der Erlebnistypus *extratensiv* (z. B. 3:8). (An die Existenz der von einigen Autoren, z. B. ENKE und BINDER, behaupteten „introversiven Farbantworten" glauben wir nicht.) Bei den beiden letzten Typen ist noch zu unterscheiden, ob die schwächer entwickelte Seite nur geringere Werte aufweist oder ganz ausfällt. Fehlt die eine Seite ganz, so spricht RORSCHACH von *extratensionslosen Introversiven* (Werte zwischen 2 B:0 Fb und x B:0 Fb), bzw. *egozentrischen Extratensiven* (Werte zwischen 0 B:2 Fb und 0 B:x Fb).

i) *Farbtypus*: Natürlich ist es nicht gleichgültig, aus welchen Elementen sich die *Farbseite* zusammensetzt. Ein Erlebnistypus von 6:6 ist ganz verschieden zu beurteilen, je nachdem ob die 6 Farbwerte sich überwiegend aus FFb-Antworten oder überwiegend aus FbF- oder gar Fb-Antworten zusammensetzen; denn die innere Beherrschtheit und Stabilität der Affekte hängt, wie wir gesehen haben, von der Verteilung der Farbwerte untereinander ab. Hier besteht das Bedürfnis nach einer schlagwortartigen Bezeichnung der verschiedenen möglichen Kombinationen. K. W. BASH hat deshalb vorgeschlagen, für diesen Zweck die Begriffe „*Linkstyp*", „*Mitteltyp*" und „*Rechtstyp*" der Farbwerte einzuführen, weil man bei waagerechter Aufstellung gewöhnlich zuerst, also links, die FFb notiert und dann zu den FbF und schliesslich Fb übergeht. Da wir diese Ausdrücke im folgenden verwenden werden, seien sie hier mit BASH's eigenen Beispielen kurz illustriert. Es sind:

Linkstyp	12 FFb,	0 FbF,	0 Fb
	10 FFb,	1 FbF,	0 Fb
	8 FFb,	2 FbF,	0 Fb
Mitteltyp	5 FFb,	2 FbF,	1 Fb
	4 FFb,	4 FbF,	0 Fb
	3 FFb,	3 FbF,	1 Fb
Rechtstyp	2 FFb,	2 FbF,	2 Fb
	1 FFb,	1 FbF,	3 Fb
	0 FFb,	0 FbF,	4 Fb

Sämtliche Beispiele würden den Gesamtwert von 6 Farbeinheiten im Erlebnistypus ergeben.

j) *Einstellungswert*: Der Erlebnistypus bietet mit seiner doppelten Polarität (Koartation-Dilatation, Introversion-Extratension) bei der statistischen Bearbeitung gewisse Schwierigkeiten. Um diesen Schwierigkeiten zu begegnen, hat K. W. Bash die folgenden neuen Hilfsgrössen vorgeschlagen[1]: Wenn man die beiden Glieder des Erlebnistypus ausdividiert (B:Fb), ergibt sich ein Zahlenwert, den Bash den *Erlebnis-Quotienten* (EQ) genannt hat. Alle extratensiven Werte dieses EQ liegen zwischen 0 und 1, der ambiäquale EQ ist 1, und die introversiven Werte liegen zwischen 0 und ∞. Das entspricht dem Verhalten der Tangensfunktion. Die umgekehrten Tangenten der Erlebnisquotienten würden also einen *linearen* Ausdruck der Skala Introversion-Extratension ergeben, wobei gleichzeitig der Faktor der Koartation, bzw. Dilatation eliminiert wird. Die entsprechende Grösse, der *Einstellungswert*, wird also bestimmt nach der Grundformel: EW = arc tang ($\Sigma B/\Sigma Fb$). Hiernach ergäbe also der Erlebnistypus 0:X (introversionslose oder egozentrische Extratensive) einen EW = 0, die extratensiven Erlebnistypen hätten einen EW, der zwischen 45 und 90 liegt. Die extratensionslosen Introversiven (Erlbt. X : 0) endlich hätten einen EW von 90. Die EW 0 und 90 wären also die Extremwerte. Der vollständig koartierte Erlebnistypus (0 : 0) könnte freilich auf diese Weise nicht dargestellt werden[2].

Mit Hilfe des Einstellungswertes lässt sich die Verteilung der Introversion und Extratension in einer Bevölkerung verhältnismässig leicht feststellen. Im allgemeinen scheinen die EW eine zweigipflige Verteilungskurve zu ergeben. Ferner gelang es K. W. Bash auf diese Weise, nachzuweisen, dass Männer mehr zur Extratension, Frauen mehr zur Introversion neigen (a. a. O., S. 338), jedenfalls in einer schweizerischen Bevölkerung. Zu demselben Ergebnis kam auch Frau Loosli-Usteri[3].

k) Zahlreiche *andere Indices* und Typen sind im Laufe der Zeit für den Rorschach-Test aufgestellt worden. Meist sind sie überflüssig, und manche erweisen sich bei näherer Prüfung geradezu als irreführend. Gewöhnlich liegt diesen Typen das Bestreben zugrunde, einen komplizierten Tatbestand zu vereinfachen. Aber psychischen Zusammenhängen lässt sich ebensowenig Gewalt antun wie anderen Naturerscheinungen. Ein F% (prozentuales Verhältnis aller Formantworten zur Gesamtantwortenzahl) zu berechnen, hat wenig Wert, weil seine Bedeutung von der Antwortenzahl abhängt[4]. Besser ist es dann schon, mit Beck den sogenannten *Lambda-Index* zu berechnen, d. h. das Verhältnis aller Nicht-Form-Determinanten zur Gesamtzahl der Formantworten. Aber auch dieser Index ist ziemlich überflüssig, da dies Verhältnis aus den absoluten Zahlen ohne weiteres ersichtlich ist.

Natürlich gibt es auch Verhältniszahlen, die wirklich einen Sinn haben und

---

[1] K. W. Bash, Über die Bestimmung und statistische Verteilung der Introversion und Extratension im Rorschach-Versuch, Rorschachiana, Vol. I, 1953, S. 333–343. — Ausserdem: K. W. Bash, Einstellungstypus and Erlebnistypus: C. G. Jung and Hermann Rorschach (englisch), Journ. of Projective Techniques, Vol. 19, No 3, S. 236–242 (1955).

[2] Leser, die keine trigonometrischen Tabellen besitzen, werden auf die im Anhang dieses Buches wiedergegebene vereinfachte Tafel der Erlebnisquotienten und Einstellungswerte verwiesen, die uns von Herrn Dr. Bash freundlichst zur Verfügung gestellt wurde.

[3] Marguerite Loosli-Usteri, Manuel pratique du Test de Rorschach, Paris, 1958, S. 109, deutsche Ausgabe, Bern, 1961, S. 92.

[4] So auch Zygmunt A. Piotrowski, Perceptanalysis, New York, 1957, S. 117.

namentlich zu Forschungszwecken von grossem Nutzen sein können. Als vereinzeltes Beispiel sei hier nur der *Farbenindex* von VAN DER WAALS (Amsterdam) angeführt, der zwar für die Diagnostik entbehrlich, zu Vergleichszwecken und für Statistiken aber recht nützlich ist. Es ist dies das Verhältnis der zu den farbigen Tafeln gegebenen Antwortenzahl zur Antwortenzahl zu den schwarzen Tafeln, also

$$\frac{\Sigma \text{ Antw. (II, III, VIII, IX, X)}}{\Sigma \text{ Antw. (I, IV, V, VI, VII)}}.$$

Ein anderer Index, der zu Forschungszwecken aufgestellt wurde, der aber auch in der Praxis in gewissen Fällen von Nutzen sein kann, ist der *Realitätsindex* (RI) von STEFAN NEIGER (persönliche Mitteilung). Folgende vier Antworten nennt NEIGER *Realantworten*: 1. Jede gewöhnliche B-Deutung zum Ganzen der Tafel III in a-Lage (Menschen, Affen, Teufel, Gnome usw., aber nicht „Skelette", „Figuren" und ähnliche F-Deutungen); 2. die Fledermaus als G zu Tafel V in *jeder* Form, auch wenn nicht V (also z.B. in c-Lage); 3. jede vulgäre Tierfigur zu den Seiten der Tafel VIII; 4. jede Tierfigur zu Tafel X als D, ganz gleich ob vulgär oder nicht. Wird die Realantwort als erste Deutung der Tafel gegeben, so spricht NEIGER von *Vollbeachtung*. (Nur bei Tafel V darf ausnahmsweise die Deutung „Schmetterling" vorher erfolgen.) *Spätbeachtung* liegt vor, wenn die Realantwort zwar gegeben wird, aber nicht als erste Deutung, und *Nichtbeachtung*, wenn sie überhaupt nicht gegeben wird. Hiernach wird der RI in der Weise berechnet, dass für jede Vollbeachtung 2 Punkte, für jede Spätbeachtung aber nur 1 Punkt gegeben wird. Nichtbeachtung gibt keinen Punkt. Die Höchstzahl des RI beträgt somit 8 Punkte, das Optimum liegt bei 6 Punkten.

4. Formulare und Kartothekkarte

Es gibt zahlreiche Typen von Rorschach-Formularen (tabulation sheets), und manche von ihnen sind mit allen Raffinements ausgestattet. Es ist Geschmacks- und Gewohnheitssache, ob man sich dieser Formulare bedienen will. Die Qualität der geleisteten psychologischen Arbeit wird dadurch nicht besser, und über die Frage der Übersichtlichkeit lässt sich streiten. Man hat bei manchen Arbeiten fast das Gefühl, als ob der Aufwand an technischen Finessen und der psychologische Gehalt bisweilen in einem reziproken Verhältnis zueinander stehen. Übersichtlichkeit ist von grossem Nutzen, aber die einfachste Darstellung ist zumeist auch die übersichtlichste.

Will man die wesentlichsten Daten des „Rohmaterials" für Forschungszwecke übersichtlich zur Verfügung haben, so geschieht dies am besten durch Anlegung einer *Kartothek*. Aus Gründen der Platzersparnis wird es zweckmässig sein, nicht alle erdenklichen Formelkategorien und Phänomene vordrucken zu lassen, will man ein allzu grosses und unpraktisches Format vermeiden. Zudem kommt meist nur ein Bruchteil aller dieser Möglichkeiten in ein und demselben Protokoll wirklich vor, und es ist daher faktisch bedeutend übersichtlicher, *nur das* aufzuschreiben, *was wirklich vorkommt*, dies aber immer in *derselben Raumverteilung* und in der *gleichen Reihenfolge*. Auf diese Weise wird ein optimales Mass von Übersichtlichkeit erreicht. Es genügt also eine ganz einfache Kartothekskartentype.

Eventuell kann man nach dem Lochkartensystem die zu beobachtenden Gegenstände am Rande mit der Zange markieren, so dass man bei Korrelationsuntersuchungen alle Karten einer bestimmten Kategorie ganz einfach mit einer Stricknadel heraussortieren kann. Auf der Rückseite der Karte kann man eine kurze Zusammenfassung der Auswertung und eventuell ein Resümee der klinischen Daten und Diagnose eintragen.

5. Beispiel

Wir geben zuletzt ein teilweise konstruiertes Beispiel einer Verrechnung, in der beinahe alles vorkommt, was vorkommen kann. Auf der Kartothekkarte wäre diese Aufstellung ebenso anzubringen und nur noch durch eine Aufzählung der in diesem Protokoll vorkommenden besonderen Phänomene zu ergänzen (siehe nächstes Kapitel).

Verrechnung

Antw. = 66 (VIII—X = 20)

Zeit = 57 Min. (30/27)   Durchschnitts-Reaktionszeit für:

> alle = 0,86
> schwarze = 0,88
> schwarz-rote = 0,77
> farbige = 0,90
> Tafeln

G = 11 (8+)	B = 8 (1—)	M = 10	V = 6 (7?)
(2 DG+, 1 DdG+,	BFb = 2	Md = 11	Orig. = 22 (1—)
1 DZwG+)	BHdF = 1 (+)	T = 20	(5 Fach+)
D = 29	Bkl. = 2 (+)	Td = 11	(6 Erf.+)
(3 DdD, 2 DZwD,	F = 38 (5—, dv. 2 unb., 2+)	Anat. = 1	
1 DdZwD)	F(Fb) = 8 → | 2 DZwDF [Fb] +	Sex. = 1	
Dd = 16	FFb = 4(+) | 1 F(Fb)+	Pfl. = 2	
(1 DZwDd,	FbF = 1 | 3 FHd+	Ldsch. = 1	
1 DdZwDd)	Fb = 2 | 1 HdF	Obj. = 1	
DZw = 8 (12)	| 1 Hd	Arch. = 1	
DdZw = 1 (3)	(1 Farbnennung)	Orn. = 1	
Do = 1, Neigung zu mehr		Karte = 1	
		Präparat = 1	
		Wolken = 1	
		Grotte = 1	
		Feuer = 1	
		Abstr. = 1	

F+ = 84%, T = 47%, V = 9% (11% ?), Orig. = 33 % (++), Erft = G—D—Dd—DZw, Sukz. = gelockert, Erlbt = 11:8. (Ohne Farbnennung: 11 : 6½.) (Der Farbtypus ist ein Mitteltypus.)

II. Die Symptomwerte

In der Verrechnung treten einige neue Grössen auf, deren Grundsymptomwerte wir bisher noch nicht behandelt haben. Dies soll im folgenden geschehen, aber immer noch unter dem Vorbehalt, dass eine Darstellung des im Einzelfalle gültigen konkreten Symptomwertes nicht möglich ist, da dieser vom Zusammenspiel sämtlicher Faktoren abhängt.

Eine mittlere *Antwortenzahl* (15—30) kommt nach RORSCHACH ausser bei Normalen vor bei den meisten Organischen (meist nahe der unteren Grenze), bei Melancholie und bei geordneten Schizophrenen, nach PFISTER bei den meisten Schwachsinnigen. *Unter* dem Mittel stehen von den Normalen die Depressiv-Verstimmten, die Misslaunigen, mangelhaft Willfährigen und Qualitätsehrgeizigen und von den Schizophrenen die gesperrten und indolenten. Eine *über* dem Mittel liegende Antwortenzahl haben unter den Normalen die Heiter-Verstimmten, Gutgelaunten, Phantasiefreudigen, Interessierten, Quantitätsehrgeizigen und Musterschülernaturen, nach RORSCHACH's (in diesem Punkte irriger) Meinung die meisten Schwachsinnigen und ferner: Epileptiker, Manische, viele Schizophrene (auch alte Fälle) und von den Organikern die Fabulierfreudigen, Paralytiker und Korsakoffkranke.

Eine verkürzte *Reaktionszeit* (response time) (unter 1 Minute) haben nach RORSCHACH Manische und Schizophrene (namentlich zerfahrene), eine verlängerte Reaktionszeit (wesentlich mehr als 1 Minute) Epileptiker, Organische und Depressive, nach PFISTER auch Schwachsinnige. — Die Reaktionszeit auf die erste Antwort jeder Tafel (reaction time) ist bei Organikern mit ausgeprägter Demenz grösser als bei Depressiven (BECK)[1].

1. In der Inhaltsreihe ist ausser den absoluten Grössen und der Gesamtstreuung (Interessenrichtung, Bildungsniveau) auch das *relative* Verhältnis der ersten vier Posten von Bedeutung. Bei intelligenten Normalen ist im allgemeinen M > Md. Die Umkehrung dieses Verhältnisses (Md > M) deutet entweder auf eine verminderte Intelligenzleistung (Intelligenzmangel oder Intelligenzhemmung) oder aber auf depressive Verstimmung oder Ängstlichkeit hin.

Auch im Verhältnis T:Td ist normalerweise T > Td. Der Umkehrung dieses normalen Verhältnisses in Td > T kommt ein ähnlicher Symptomwert zu wie der entsprechenden Umkehrung bei den menschlichen Antworten: eine geringere Intelligenz oder eine Depression oder Hemmung der Affekte. Insbesondere ist bei Kindern auf der „totemistischen" Stufe das Verhältnis Td > T ein Angstsymptom, weil hier Tiere für Menschen stehen (ZULLIGER, Tafeln-Z-Test, S. 287). Auch hier bezieht sich die Intelligenzverminderung unmittelbar nur auf die Leistung (auf die angeborenen und eventuell besseren Möglichkeiten kann nur aus dem gegenseitigen Verhältnis aller Faktoren geschlossen werden), und zwar scheint diese Herabsetzung in erster Linie sich auf die *praktische* Intelligenz zu beziehen; denn die T-Antworten haben eine ähnliche Beziehung zur praktischen Intelligenz wie die D.

2. Das völlige Fehlen der *M und Md* oder ein sehr niedriges (M+Md)% lässt meist auf Kontaktstörungen im menschlichen Umgang schliessen. Ein auffallend hohes (M+Md)% deutet dementsprechend auf starke soziale Interessen und Mitgefühl. Es kann aber auch (namentlich bei Vorwiegen der FbF) auf Anlehnungsbedürfnis und eine starke Mutterbindung deuten, letzteres besonders dann, wenn sich im Protokoll G FbF und/oder insbesondere DZwG FbF finden (ZULLIGER). (Siehe auch S. 211 und 215.)

3. Das *F+*% ist vor allem ein wichtiger Teilfaktor zur Beurteilung der Intelligenz, und zwar kommt ihm eine besondere Affinität zur *Beobachtungsschärfe*

---

[1] SAMUEL J. BECK, Rorschach's Test II., New York, 1949, S. 53.

und zur *Konzentrationsfähigkeit* zu. Dumme haben ein niedriges F+%, weil sie nicht scharf beobachten können. Nervöse haben es oft infolge von Konzentrationsstörungen. Damit ist aber noch lange nicht gesagt, dass eine Herabsetzung des F+% bei gleichzeitigen Anzeichen für eine ursprünglich gute Begabung nun immer auf einer Konzentrationsstörung beruhen müsse. Es kann ja auch die *Ekphorierfähigkeit* gestört sein bei Vorhandensein an sich scharfer Engramme. Und dies kann wiederum auf einer Merkfähigkeitsstörung oder auf einer Störung des Gedächtnisses für die Vergangenheit beruhen. Solche Störungen finden sich bei verschiedenen organischen Zuständen, aber auch bei den funktionellen Ekphoriestörungen der Pseudodebilen. Das F+% kann bis zu einem gewissen Grade auch als eine Funktion des Über-Ichs angesehen werden, so dass also ein maximales F+% ein zu starkes, „hartes" Über-Ich repräsentieren würde, wie man es bei Zwangsneurosen und Depressionen findet[1]. Das F+% repräsentiert also die Fähigkeit zu bewusster Selbstkontrolle[2].

4. Das *T%* ist — infolge der spezifischen Bedingungen des Tests — der allgemeinste *Stereotypie-Indikator*. Es zeigt an, wie leicht oder schwer sich die Assoziationen von ihrer Bindung durch eine einmal etablierte Einstellung lösen lassen. Je niedriger das T%, desto beweglicher, je höher das T%, desto schwerfälliger ist das Denken. Dabei kann die Stereotypisierungstendenz *(hohes T%)* die verschiedensten Ursachen haben: Intelligenzmangel, Unbeweglichkeit, Konventionalität oder berufliche Routineerstarrung bei normaler Intelligenz (etwa im Sinne von SZONDI's „Berufs-Ich"), höheres Alter (das T% nimmt mit dem Alter zu), depressive Stimmung, Ängstlichkeit, schizophrene oder organische Demenz. Die Abnahme gerade der geistigen Beweglichkeit mit zunehmendem *Alter* ist durch die Forschung der letzten Jahre ausdrücklich bestätigt worden. Weniger das Routine-Gedächtnis als vielmehr die Bildung *neuer* Assoziationen wird mit dem Alter erschwert[3]. Bei niedrigem T% ist darauf zu achten, ob nicht eine *andere* Antwortenkategorie die Rolle des Stereotypie-Indikators übernommen hat (Anat., Steine, Zweige, Blumen usw., manchmal auch beruflich bedingte Antworten, z. B. Küstenstriche und Inseln bei Geographen, histologische Präparate bei Medizinern usw.). Ist dies nicht der Fall, so deutet ein *niedriges T%* bei Normalen gewöhnlich auf ein trainiertes oder künstlerisch bewegliches Denken hin, das meist auch frei sein wird von beruflichen Einseitigkeiten. (Merkwürdigerweise haben auch die meisten Epileptiker ein niedriges T%.) ZULLIGER fand ein niedriges T% zusammen mit einem weiten Erfassungstypus auch bei Konzentrationsstörungen, wie z. B. bei Hypomanischen[4].

5. Das *V%* ist (neben der absoluten Zahl der V, da die Anzahl der V ja begrenzt ist) hauptsächlich ein Indikator für die *soziale Anpassung des Denkens*. Bei Schwachsinn und Geisteskrankheit kann es oft wertvolle Aufschlüsse geben

---

[1] SAMUEL J. BECK, Rorschach's Test II., New York, 1949, S. 352.
[2] ZYGMUNT A. PIOTROWSKI, Perceptanalysis, New York, 1957, S. 119.
[3] Siehe u. a. J. G. GILBERT, Mental Efficiency in Senescence (Archives of Psychology, Nr. 188, 1935) und: Memory Loss in Senescence (Journal of Abnomal and Social Psychology, Bd. 36, 1941, S. 73—86), hier zitiert nach SAMUEL GRANICK, Studies in the Psychology of Senility. A Survey (Journal of Gerontology, Vol. 5, Nr. 1, January 1950).
[4] HANS ZULLIGER, Praxis des Zulliger-Tafeln- und Diapositiv-Tests und ausgewählte Aufsätze, Bern und Stuttgart, 1966, S. 134 et passim.

über die Anpassungs- und Kontaktfähigkeit, bei Psychopathen ist es ein wichtiger Fingerzeig für die Prognose (hohes V% in günstiger Richtung).

Für NEIGER's *Realitätsindex* (RI) gilt folgendes (persönliche Mitteilung): Ein RI von 0—4 Punkten kommt vor bei aplastischer und hypoplastischer Realitätskontrolle, bei Kindern, Neurotikern und Geisteskranken mit gestörter Realitätskontrolle (Hysteriker, genuine und traumatische Epileptiker, Schizophrene, Organiker.) Er bedeutet immer eine gestörte Beziehung zu Raum, Zeit und Werten, eine Absonderung von der Aussenwelt, entweder bei schwachem Ich, das einem starken Trieb- oder Gewissensdruck ausgesetzt ist und in einer Traumwelt lebt, oder bei starkem, aber autistischem Ich, das sich über die Realitätsschranken hinwegsetzt. Ein RI von 0—1 kommt bei geistig gesunden Erwachsenen praktisch nie vor, ein RI von 2 sehr selten (zirka 3 %), ein RI von 3 selten (zirka 6 %). — Ein RI von 5—7 Punkten (Durchschnitt) kommt bei Normalen mit guter Beziehung zu Raum, Zeit und Werten vor, bei frühreifen Kindern unter 14 Jahren (Musterkinder oder Schwererziehbare) und bei Geisteskranken mit guterhaltener Realitätskontrolle (hauptsächlich manisch-depressive). — Ein RI von 8 (bei Kindern 6—7) Punkten bedeutet eine hyperplastische Realitätskontrolle. Sie findet sich physiologisch bei Jugendlichen unter 18 Jahren und bei Formalisten vom Schulmeistertypus, Überkonventionellen und bei „Flucht in die Banalität", pathologisch bei Zwang und Depression (häufig bei Melancholie, aber auch bei anderen zirkulären Geistesstörungen). Ein RI von 8 spricht mit hoher Wahrscheinlichkeit *gegen* Hysterie, Epilepsie, organische Geistesstörungen und manifeste Schizophrenie.

6. Das *Orig.%* ist natürlich unmittelbar ein Zeichen für die grössere oder geringere *Originalität* des Denkens. Zugleich gibt es einen Einblick in die allgemeine oder fachliche Bildung der Vp. (grössere oder geringere Streuung der Orig.). Wichtig ist natürlich in erster Linie, ob die meisten Orig. gut oder schlecht sind. Überwiegend schlechte Orig. sind immer ein Zeichen nervöser oder geistiger Störung. Aber auch die Verteilung der Orig. auf die verschiedenen Erfassungsmodi und die verschiedenen Arten der Orig.-Antworten (ob Motiv-, Verarbeitungs- oder Erfassungsoriginale) sind zur richtigen Beurteilung des Orig.% von Bedeutung. (Näheres an anderen Stellen.)

7. Der *Erfassungstypus* findet hauptsächlich Anwendung bei der qualitativen Beurteilung der Intelligenz, wobei der G-Faktor der Fähigkeit zum Überblick, zur Systematik und zum theoretischen Denken, der D-Faktor der praktischen Intelligenz und der Dd-Faktor der Liebe zur Kleinarbeit, dem Fleiss und der Ausdauer entspricht. Je mehr sich der Erft. dem reinen G+-Typus nähert, desto stärker ist der Qualitätsehrgeiz, während der Quantitätsehrgeiz sich mehr in einer Tendenz zur Dd-Vermehrung zeigt. Eine Verschiebung nach der Dd-Seite kann aber auch auf depressiver Verstimmung beruhen oder auf zwangsneurotischem Gründlichkeitszwang und analer Aggressivität. Im übrigen spiegelt der Erfassungstypus in gewissem Grade auch das Anspruchsniveau wider (im Sinne von KURT LEWIN), wobei der G-Faktor der Höhe des Anspruchsniveaus entspricht. Da Angst und Depression das Anspruchsniveau senken, wirken sie schon aus diesem Grunde in der Richtung einer Verschiebung nach der Dd-Seite, wie bekanntlich jeder Misserfolg (wegen der damit verbundenen reaktiven Depression und Angst vor neuen Misserfolgen) das Anspruchsniveau senkt und deshalb auch den Erfassungstypus verarmen lässt. (Näheres in Kapitel 8 und an anderen Stellen.)

8. Die *Sukzession* ist ein Indikator der *Folgerichtigkeit* des Denkens, der *logischen Schulung und Disziplinierung*. Sie ist insbesondere auch ein Indikator der synthetischen Ich-Funktion[1]. Die *straffe* Sukzession findet sich daher dort, wo das Denken „in spanische Stiefel eingeschnürt" ist, bei Pedanten, Schulmeisterhaften und Bürokraten. Durchschnittlich begabte, einigermassen klardenkende Menschen und Wissenschaftler (wenn sie nicht zugleich etwas nervös sind) haben eine *geordnete*, Nervöse, Phantasiemenschen, Künstler und heiter Verstimmte eine *gelockerte* Sukzession. Die *zerfahrene* Sukzession findet sich fast nur bei Schizophrenen oder ausgeprägt Schizoiden.

Es ist ganz natürlich, dass jemand, der keine neuen Antworten zu den D mehr finden kann, in seinem Bestreben, möglichst viel zu deuten, schliesslich auf die Dd verfällt. Ganz anders ist es aber, wenn die Dd-Antworten als *erste* zu einer Tafel kommen und die Vp. erst später zu den D und eventuell G übergeht. Dies ist der Fall bei der *umgekehrten* Sukzession. Sie ist stets ein Zeichen von *ängstlicher Vorsichtigkeit*, die es nicht wagt, gleich zu Anfang mit den grossen oder zumindest mit den am nächsten liegenden praktischen Aufgaben anzubinden. Diese Menschen müssen sich zuerst vorsichtig abtastend mit der Situation vertraut machen, ehe sie „aus sich heraus" gehen.

Eine minder vollkommene Umkehrung von den D- zu den G-Deutungen findet sich bisweilen bei konstruktiv-aufbauenden Denkern, bei den induktiven Intelligenzen, die gewohnt sind, erst aus der Empirie die allgemeinen Grundlinien und Zusammenhänge abzuleiten, und bei künstlerisch Begabten.

Nach ZULLIGER[2] ist auch noch eine andere Form der Sukzession von Bedeutung. Er geht dabei von Gedanken aus, die schon RORSCHACH (Psychodiagnostik, S. 195) entwickelt hatte. Es ist nämlich nicht gleichgültig, ob die Vp. von den lateralen zu den medialen Details übergeht oder umgekehrt von den medialen zu den lateralen. Die *lateral-mediale* Erfassung findet sich bei den praktischen Opportunisten, den konkret Zupackenden, Geschickten, handwerklich Orientierten; die *medial-laterale* Erfassung kommt bei den mehr Zielbewussten, mit Überlegung Handelnden, weniger sicheren, aber systematisch zu Werke Gehenden vor. Bei krampfhafter Bevorzugung der Mitte geht dieses Verhalten mehr in unsichere Ängstlichkeit über.

9. Wollte man einen einigermassen vollständigen Überblick über die Symptomwerte des *Erlebnistypus* geben, so müsste man etwa die Hälfte von RORSCHACH's „Psychodiagnostik" abschreiben. Denn der Erlebnistypus ist *das Zentrale des ganzen Versuchs*, und fast alle anderen Faktoren werden erst, auf ihn bezogen, konkret lebendig und verständlich.

Der Erlebnistypus spiegelt nämlich die *Grundeinstellung der Persönlichkeit zum Ich und zur Umwelt* wider. Es hat sich herausgestellt, dass *die B* das eigentliche *Innenleben* der Persönlichkeit repräsentieren, während die *Farbantworten* in ihrer Gesamtheit der nach aussen zugewandten Seite des Seelenlebens, den *Umweltsreaktionen* entsprechen. Dies ist auch theoretisch verständlich, wenn man bedenkt, dass die kinästhetischen Empfindungen und Vorstellungen, die den B-Antworten zugrunde liegen, zu den *propriozeptiven* Empfindungen (sensu SHERRINGTON) gehören, während die Farbenwelt nicht nur durch den *exterozeptiven* Gesichtssinn

---
[1] FRITZ SALOMON, Ich-Diagnostik im Zulliger-Test, Bern, 1962, S. 170.
[2] HANS ZULLIGER, Einführung in den Behn-Rorschach-Test, Bern, 1941, S. 105/106.

vermittelt wird, sondern in einem unmittelbaren Zusammenhang mit den ebenfalls nach aussen gerichteten affektiven Reaktionen steht. Diese Unterscheidung der Physiologie und Psychologie in innere und äussere Sinne und die daraus folgenden Dichotomien gehen bereits auf LOCKE's Zweiteilung der Wahrnehmungen in „sensation" (äussere) und „reflection" (innere) zurück.

Diese Zuordnung zu den Farbantworten und den B trifft jedoch *nur in groben Umrissen* zu. Wie wir bereits bei den B gesehen haben (S. 63), verteilen sich die Tendenzen „hin zur Welt" und „weg von der Welt" auf die verschiedenen *Arten* der B. Ganz ähnlich ist es bei den Farben. Wie GOLDSTEIN und ROSENTHAL[1] durch ihre hochinteressanten Untersuchungen über gewisse Farbenwirkungen festgestellt haben, erzeugt „das Rot eine Tendenz zur Auswärtsbewegung, das Grün zur Einwärtsbewegung". „Wir dürfen demnach annehmen, dass das *Angezogenwerden von der Aussenwelt* bei *Rot* und *Gelb* stärker ist als bei *Grün* und *Blau*, ja, dass letztere Farben sogar im Sinne einer Adduktion, einer *Entfernung vom Reiz*, eines sich *Zurückziehens des Organismus, zu seinem Zentrum* wirken."

Wegen dieser grundlegenden Beziehung zum Innenleben und zur Umwelt hat RORSCHACH denn auch, in Anlehnung an die Terminologie JUNG's, die Ausdrücke „introversiv" und „extratensiv" gewählt. Er macht jedoch ausdrücklich darauf aufmerksam, dass sein Begriff der Introversion „mit dem JUNG'schen Introversionsbegriff eigentlich fast nur noch den Namen gemeinsam hat" (S. 77). Nach RORSCHACH ist die *Introversion* der B eine „allgemein menschliche Eigenschaft", und zwar nur eine Tendenz, ein *Prozess* und kein Zustand (S. 77). Das gleiche gilt für das Gegenteil, das er daher *Extratension*, nicht Extravertiertheit nannte. Wie K. W. BASH in seiner Arbeit „Einstellungstypus and Erlebnistypus: C. G. Jung and Hermann Rorschach"[2] ausführt, hat sich jedoch JUNG's Auffassung seiner Typologie seit dem Erscheinen der „Psychologischen Typen" (1921) in der gleichen Richtung entwickelt wie RORSCHACH's Begriffe, so dass jetzt faktisch kein wesentlicher Unterschied zwischen beiden mehr besteht. Aus dem Erlebnistypus lässt sich also ersehen, welche dieser Tendenzen überwiegt, oder ob beide gleich stark entwickelt sind.

Bei den *Ambiäqualen* müssen beide Tendenzen sich abwechseln. Sie müssen sich immer wieder in sich selbst zurückziehen, in der „schöpferischen Pause" Besinnung und neue Impulse schöpfen, wenn sie sich längere Zeit verausgabt haben. Und sie spüren alsbald wieder den Drang zu erneuter Wirksamkeit in der Aussenwelt, wenn sie genügend lange Zeit von der Aussenwelt sich zurückgezogen hatten. Dass dies die Arbeitsweise des Genies ist, hat RORSCHACH zweifellos richtig erkannt. Und wir finden dieselbe Auffassung neuerdings auch in der Geschichtsschreibung eines ARNOLD J. TOYNBEE[3], der gerade diesen Drang zur Zurückgezogenheit vor der Tat (Zurückgezogenheit und Wiederkunft) als das wesentliche Kennzeichen des schöpferischen Menschen betrachtet.

Bei *introversivem* Erlebnistypus, also Überwiegen der B-Seite, besteht nach RORSCHACH (S. 73) eine differenziertere Intelligenz, mehr Eigenproduktivität, mehr Leben nach innen, eine stabilisiertere Affektivität, ein mehr intensiver als extensiver Rapport (kleiner Umgangskreis, aber intimere Bindungen), eine gemessene, stabilisiertere Motilität, eine geringere Anpassungsfähigkeit an die Realität und im Zusammenhang damit ein etwas linkisches, ungeschicktes Wesen.

---

[1] K. GOLDSTEIN und O. ROSENTHAL, Zum Problem der Wirkung der Farben auf den Organismus, Schweizer Archiv f. Neurologie und Psychiatrie, Bd. 26, 1930, S. 10 und 23.
[2] In: C. J. Jung and Projective Techniques, Journal of Projective Techniques, Vol. 19, 1955, S. 238.
[3] ARNOLD J. TOYNBEE, A Study of History, New York, 1947.

Bei *extratensivem* Erlebnistypus, also Überwiegen der Farbseite, zeigt der Charakter eine stereotypisiertere Intelligenz, mehr Reproduktivität, mehr Leben nach aussen, eine labilere Affektivität, ein mehr extensiver als intensiver Rapport (grosser Umgangskreis, aber oberflächlichere Bindungen), eine lebhafte, labilere Motilität, eine grössere Umweltsbezogenheit (eventuell Anpassungsfähigkeit an die Realität) und im Zusammenhang damit eine gewisse Gewandtheit und Geschicklichkeit.

Die *koartierten* und *koartativen* Erlebnistypen endlich kommen bei mehr steifen, trockenen, zur Pedanterie neigenden Menschen vor mit geringerer Eigenproduktivität, aber auch geringer affektiver Resonanz. Sie können jedoch als reproduktive Intelligenzen bedeutende Leistungen aufweisen und sind meist wegen ihrer Zuverlässigkeit geschätzt. Neben solchen „Normalen" finden sich diese Erlebnistypen häufig bei Depressiven, bei Zwangsneurotikern und Zwangscharakteren und bei ausgeheilten Schizophrenen.

Inwieweit die Erlebnistypen zu den psychologischen Vorstellungstypen (den visuellen, auditiven, motorischen, haptischen und indifferenten Typen) in Korrelation stehen, ist eine bisher noch ungeklärte Frage, die auch schwerlich zu klären sein wird, da die Vorstellungstypen durchaus nicht in allen Vorstellungsgebieten die gleichen sind. Während noch CHARCOT und mit ihm die älteren Untersucher, wie FECHNER, GALTON und TAINE, in dem Glauben waren, der Vorstellungstypus präge durchgehend das gesamte Vorstellungsleben, hat sich später herausgestellt, dass dies nicht der Fall ist. Man kann sehr wohl akustisch-motorische Sprachvorstellungen und visuelle Sachvorstellungen und Zahlenvorstellungen haben usw. Die meisten Menschen gehören faktisch einem „gemischten" Typus an. Diese Schwierigkeiten hat RORSCHACH durchaus erkannt, und er verweist in diesem Zusammenhang auf WILLIAM STERN's „Differentielle Psychologie" (RORSCHACH, S. 100).

Es sind aber andere interessante Korrelationen am Erlebnistypus festgestellt worden. So geht aus einer Arbeit von HEINZ WERNER[1] hervor, dass Introversive eine niedrigere Schwelle für das Φ-Phänomen haben, und SIIPOLA und TAYLOR[1] fanden die B-Tendenz typisch für Menschen, welche „die Fähigkeit des Aufschubs" besitzen, im Gegensatz zur Farbtendenz der Impulsiven und rasch Handelnden. (Über weitere Korrelationen siehe Kap. 16.)

Nach der Ansicht von SALOMON[2] (die wahrscheinlich zu Recht besteht) haben die *Hd-Deutungen* eine positive Beziehung zur Introversion; ihr Vorkommen erhöht also den Grad der Introversion, wie er sich im Erlebnistypus ausdrückt.

Der Erlebnistypus ist zwar der wichtigste Faktor des ganzen Rorschach-Befundes, er ist aber nicht der Schlüssel, mit dem man nun alle Türen öffnen könnte, oder, wie RORSCHACH es selbst ausgedrückt hat: „Er zeigt nur an, wie der Mensch *erlebt*, nicht aber wie er *lebt*, wohin er strebt[3]." Er sagt, wie RORSCHACH dann noch auf derselben Seite weiter präzisiert, etwas über den Apparat aus, „mit dem die Versuchsperson leben *könnte*. Er kann aber an und für sich nicht — besonders günstige Umstände ausgenommen — verraten, welche Teile des Apparates die Versuchsperson zum Aktivleben aktiviert."

Der Erlebnistypus ist *keine feststehende, unveränderliche Grösse.* Der Einfluss von Alkohol und Drogen kann ihn *vorübergehend* verändern, bei Alkohol meist

---

[1] HEINZ WERNER, Motion and motion perception: a study on vicarious functioning, J. of Psychology, Vol. 19, 1945, S. 317—327, und ELSA SIIPOLA and VIVIAN TAYLOR, Reactions to inkblots under free and pressure conditions, J. of Pers., Vol. 21, 1952, S. 22—47, beides zitiert nach JEROME L. SINGER, The experience type: some behavioral correlates and theoretical implications, in: MARIA A. RICKERS-OVSIANKINA, Rorschach Psychology, New York, 1960, S. 229 und 232—233.
[2] FRITZ SALOMON, Ich-Diagnostik im Zulliger-Test, Bern, 1962, S. 67.
[3] HERMANN RORSCHACH, Psychodiagnostik, S. 83.

in extratensiver Richtung. Nach STAUDER[1] dilatiert sowohl der Alkohol[2]- wie der Schlafmittelrausch den Erlebnistypus (und macht auch gelegentlich Perseverationen). Gehobene Stimmung erweitert (dilatiert), depressive Stimmung oder Ermüdung[3] verengert (koartiert) den Erlebnistypus, doch ohne das Mischungsverhältnis qualitativ zu verändern. Eine Verschiebung nach der introversiven Seite bewirken die „gute Laune" und konzentrierte schöpferische geistige Arbeit („Inspiration"), während der Genuss äusserer Eindrücke extravertierend wirkt.

Entsprechend gibt es typische Veränderungen in den verschiedenen *Lebensaltern*. Während der Erlebnistypus ganz kleiner Kinder dilatiert ist (ambiäqual oder extratensiv), wird er im Schulalter meistens koartiert oder koartativ, um erst in der Pubertät wieder zu dilatieren. Nach BEHN-ESCHENBURG zeigen Knaben in der Pubertät eine grössere Introversivität (Produktivität, Selbständigkeit, Originalität) und grössere Koartationsfähigkeit (Abstraktheit, Objektivität) bei geringerer Affektlebendigkeit, Mädchen dagegen eine grössere Extratensivität (Reproduktivität) und grössere affektive Angepasstheit, Einfühlungsfähigkeit und Lebendigkeit[4]. Bei Abschluss der Nachreife mit zirka 30 Jahren tritt eine Neigung zur Introversion auf, und dann kommt die Zeit der grössten Variabilität. Erst nach den 40 nimmt die Introversionsfähigkeit allmählich ab, und es beginnt eine langsame Koartation, die nach den 60 im Senium gewöhnlich weiter fortschreitet, bei seniler Demenz aber von einer neuerlichen Extravertierung abgelöst wird. (Wir werden später sehen, dass dies nicht die einzige infantile Reaktion der Senilen ist.)

Kapitel 6

Die besonderen Phänomene

Wir haben nun die rein formalen Daten des „Rohmaterials" beisammen und könnten an und für sich mit der Auswertung beginnen, würden aber, namentlich bei pathologischen Protokollen, nicht weit damit kommen. Der Rorschach-Test enthält nämlich noch eine grosse Anzahl von Faktoren, die sich nicht zahlenmässig messen und wägen lassen (man könnte sie „*Imponderabilien*" nennen), die aber dennoch für die korrekte Auswertung des Tests von grösster Bedeutung sind. Wir wollen sie in diesem Kapitel unter der Sammelbezeichnung „besondere Phänomene" behandeln und bringen zunächst in einer Liste eine Übersicht.

Diese Zusammenstellung ist aus der Praxis entstanden. Auch der routinierteste Experte kann seine Aufmerksamkeit nur schwer allen beachtenswerten Merk-

---

[1] KARL HEINZ STAUDER, Konstitution und Wesensänderung der Epileptiker, Leipzig, 1938, S. 93.

[2] Auch eine japanische Spezialuntersuchung von KIKUCHI, KITAMURA und OYAMA kam zu dem Ergebnis, dass milder Alkoholrausch den Erlebnistypus dilatiert. Siehe Schweiz. Ztschr. f. Psychologie, Bd. 21, 1962, S. 394/395.

[3] In einer, unter Leitung von HELMUT VON BRACKEN durchgeführten Untersuchung von HANNELORE FRANKE fand man nach Ermüdung u. a. verschiedene Denkstörungen, eine Abnahme der Konzentrationsfähigkeit, depressive Tendenzen und eine Verarmung der Gefühle, neben anderen Wirkungen also ebenfalls eine Einengung des Erlebnistypus (HELMUT VON BRACKEN, Rorschach-Untersuchungen vor und nach Arbeitsbelastung, Proceedings of the 15th International Congress of Psychology (Brüssel, 1957), Amsterdam, 1959, S. 491–492.

[4] HANS BEHN-ESCHENBURG, Psychische Schüleruntersuchungen mit dem Formdeutversuch, Bern, 1921, S. 52.

würdigkeiten eines Protokolls zugleich zuwenden, und für den weniger Geübten ist dies natürlich *noch* viel schwieriger. Immer wieder wird es vorkommen, dass man etwas Wichtiges übersieht. Es stellt sich dann ganz natürlich das Bedürfnis ein, eine *Standardliste* zur Verfügung zu haben, an Hand deren man nach Beendigung der Verrechnung das Protokoll nochmals auf alle diagnostisch wichtigen Einzelheiten hin durchgehen kann. Es hat sich ferner herausgestellt, dass es sehr nützlich ist, auch das Vorkommen einiger *seltener* und für die Auswertung wichtiger *Antwortenkategorien* in diese Liste mit aufzunehmen und unter der Verrechnung nochmals besonders zu vermerken, wie z. B. die B—, sek. B, perspektivische Antworten, Zahl- und Lage-Antworten usw.

So entstand diese Liste als eine Art aide-mémoire, das man nach jeder Verrechnung Stück für Stück durchgehen kann, um festzustellen, welche der angeführten Phänomene im vorliegenden Protokoll vorhanden sind. Man führt dann die entsprechenden Phänomene in dieser Reihenfolge hinter der Verrechnung einzeln auf, wobei es sich dringend empfiehlt, bei den Schockphänomenen auch eine kurze Begründung mit anzuführen (z. B. Bemerkung II, 1. Antwort VIII, Sukz. IX usw.). Auf alle Fälle ist es notwendig, mindestens bei den mit (....) markierten Phänomenen anzugeben, *bei welchen Tafeln* die Erscheinung vorkommt, da erst aus einer in dieser Weise nuancierten Angabe die entsprechenden Schlüsse gezogen werden können. Mit einer Notiz „Farbenschock" ist gar nichts anzufangen, wenn man nicht weiss, bei welchen Tafeln und in welchem Schweregrade der Schock vorhanden war. Dies ist namentlich wichtig für Vl., die eine Kartothek führen, weil man aus dieser ja das Protokoll selbst nicht ersehen kann.

Ein grosser Teil der angeführten Phänomene ist schon von RORSCHACH selbst beobachtet und beschrieben worden. Andere stammen von späteren Untersuchern und sind zur leichteren Orientierung mit dem Namen des Autors versehen, der dieses Phänomen beschrieben hat. Von meinen eigenen Beobachtungen sind allerdings die kinetischen Deskriptionen, die Pseudo-Fb und die akustischen Assoziationen bisher noch nicht publiziert worden, und der Sexualsymbolstupor wurde bisher nur für einen speziellen Teil (die Spitze bei Tafel II) erwähnt.

Die *Reihenfolge* der Liste ist zwar zum Teil, aber doch nicht ganz willkürlich. Es wurde versucht, vom mehr Allgemeinen zum mehr Speziellen überzugehen und ähnliche Erscheinungen (wie Schocks, Stereotypien, seltene Antwortenkategorien bestimmter Art) nach Möglichkeit beisammenzuhalten. Da es Protokolle gibt, bei denen ein Dutzend und mehr dieser Erscheinungen vorhanden sind, ist es zweckmässig, die Phänomene immer in der *gleichen Reihenfolge* zu notieren, damit man auf einen Blick übersehen kann, was da ist und was nicht.

Wenn man die Liste durchgegangen ist und sämtliche vorkommenden Phänomene hinter der Verrechnung notiert (und teilweise auch begründet) hat, ist die „Bestandsaufnahme" abgeschlossen. Erst dann kann an die eigentliche Auswertung herangegangen werden.

Wir geben nun im folgenden zunächst unsere Standardliste wieder und werden dann die einzelnen Punkte Stück für Stück durchgehen und näher erörtern.

Liste der besonderen Phänomene

(Bei ... ist anzugeben, bei welchen Tafeln das Phänomen vorkommt.)

1. Versager (....)
2. Deutungsbewusstsein (verschärft, herabgesetzt oder aufgehoben)
3. Subjekt- und Objektkritik (FRÄNKEL und BENJAMIN)
4. Farbenschock (....) (eventuell mit Farbenattraktion)
5. Verspäteter Farbenschock (....) (ZULLIGER)
6. Überkompensierter Farbenschock (BOHM)
7. Rotschock (....)
8. Rotattraktion (ZULLIGER)
9. Dunkelschock (....) (eventuell Dunkelattraktion) (BINDER)
10. Überkompensierter Dunkelschock (....) (BOHM)
11. Brechungsphänomen (IV oder VIII) (eventuell Doppelbrechungsphänomen) (BOHM)
12. Blauschock (BOHM)
13. Braunschock (SALOMON)
14. Weißschock (....) (BOHM)
15. Leerschock (ORR)
16. Choc kinesthésique (LOOSLI-USTERI)
17. (Simultan- und Sukzessiv-) Kombinationen
18. Deskriptionen (....) (eventuell Helldunkeldeskriptionen)
19. Kinetische Deskriptionen (....) (BOHM)
20. (Pseudo-Fb) (BOHM)
21. Farbnennungen
22. Primitive Hd-Deutungen
23. Intellektuelle Helldunkeldeutungen (BINDER)
    Helldunkelnennungen
    „Wissenschaftliche" Reminiszenzen
    Helldunkel-Symbolik
24. Sophropsychische Hemmungen (BINDER)
25. Verarbeitete FbF und HdF (BOHM)
26. Impressionen (....) (ZULLIGER)
27. Symmetrie (....)
28. Oder-Antworten (ZULLIGER)
29. Perspektivische Antworten
30. Pedanterie der Formulierung
31. Konfabulationen (bzw. konfabulatorische Kombinationen)
32. Kontaminationen
33. Sekundäre B (eventuell konf. F-B)
34. Unterdrückte B (eventuell Bkl.) (BOHM)
35. B mit zweierlei Sinn (ZULLIGER)
36. BFb mit Körperempfindungen (ZULLIGER)
37. Perseveration
    a) Grobe Form
    b) Kleben am Grundthema (BOVET)
    c) Wiederkäuertypus (BOHM)
    d) Perceptional perseveration (GUIRDHAM)
    e) Perseveration der erfassten Teile (BOHM)
38. Anatomische Stereotypie (eventuell mit Perseveration)
39. Körperteils-Stereotypie
40. Gesichts-Stereotypie
41. Infantile Antworten (Inhalt) (LÖPFE) (eventuell Pars-pro-toto-Deutungen, ZULLIGER)
42. Inverse Deutungen (formal infantil) (WEBER)
43. Infantile Abstraktionen (formal infantil) (ZULLIGER)
44. Die Detaillierung (MEREI, ZULLIGER)
45. Wiederholungen
46. Bewertungen
47. Eigenbeziehungen
48. Zahl-Antworten
49. Lage-Antworten (eventuell anatomische Lage-Antworten)
50. Konkretisierungen (W. BINSWANGER)
51. Schwarz und Weiss als Farbwerte
52. Farbverleugnung (PIOTROWSKI)
53. Bunte Farben bei schwarzen Tafeln (PIOTROWSKI)

54. Falsche Farbe (MEREI)
55. Farbendramatisierung (MEREI)
56. EQa-Antworten (GUIRDHAM)
57. EQe-Antworten (GUIRDHAM)
58. BF-Antworten (KLOPFER, PIOTROWSKI)
59. b-Antworten (KLOPFER)
60. Subjektive Unklarheit über den Erfassungsmodus (PFISTER)
61. Mittenbetonung, Seitenbetonung (ZULLIGER)
62. Akustische Assoziationen
63. Einstellungshemmung (BOHM)
64. Ähnlichkeitsillusion (....) (BOHM)
65. Verleugnung (....) (BOHM)
66. Verneinung (eventuell Antworten in Frageform) (....)
67. Figur-Hintergrund-Verschmelzung (....) (BOHM)
68. (Initial- und Final-) Zensur (BOHM)
69. Sexualsymbolstupor (Loch in Mitte I, Spitze II, Rot Mitte II, Zapfen III, Spitze IV, Spitze VI, Ausschnitt VI, Eier VI, Mitte VII, Ausläufer VII, Schlitze IX) (BOHM)
70. Maskendeutungen (Gruppe I, II, III) (KUHN)
71. Spiegelungen
72. Amnestische Wortfindungsstörungen
73. Aggravation (eventuell andere klinische Beobachtungen)
74. Komplexantworten

1. *Versager.* Die allgemeinste und zugleich gröbste Störung des Ablaufs der psychischen Funktionen beim Versuch ist das Versagen (populär „Versager" genannt). Es besteht in einem plötzlichen Aussetzen der Deutungen zu einer bestimmten Tafel, einem Unvermögen oder anfänglichen Schwierigkeiten, die Deutungsaufgabe zu dieser Tafel zu lösen. Das Versagen beruht zumeist auf einem Stupor (einer Hemmung oder Sperrung des Gedankenablaufs), in seltenen Fällen wohl auch einmal auf einer Absence oder einer epileptoiden oder psychasthenischen Bewusstseinsspaltung (Dämmerzustand).

Bei der rein depressiven Hemmung kommt meist spontan doch noch eine Deutung zustande; sie führt also meist gar nicht zu einem wirklichen Versagen. Um festzustellen, ob es sich um eine leichtere oder schwerere Sperrung handelt, muss der Vl. den *Versuch* machen, durch vorsichtiges Zureden *den Stupor zu brechen*. Will die Vp. aufgeben und legt die Tafel mit den Worten weg: „Nein, *das* kann ich nicht", oder „Hierzu fällt mir gar nichts ein" usw., sagt man, ohne ungeduldig zu werden: „Na, versuchen Sie es nur; lassen Sie sich Zeit, es wird schon gehen." Oder: „Irgendetwas kommt doch immer dabei heraus", oder: „Take it easy" und dergl. Man wartet dann noch eine Weile, und wenn auch das nichts nützt, gibt man auf. Lässt sich der Stupor nicht überwinden, so besteht ein gewisser Verdacht auf Schizophrenie, namentlich bei sehr bestimmter und brüsker Abweisung einer Tafel. Ein sicheres Differentialdiagnostikum ist dies jedoch nicht; denn erstens kommen auch leichtere Hemmungen bei Schizophrenen vor und zweitens können die komplexbedingten Sperrungen der Neurotiker („Affektstupor") sehr stark und unüberwindlich sein. — Bei echten Absencen oder kurzen Dämmerzuständen reagiert die Vp. überhaupt nicht auf Anrede, und es besteht hinterher meist eine retrograde Amnesie für die kurze Episode.

Wichtig ist, *bei welchen Tafeln* die Versager auftreten. Nach übereinstimmender Erfahrung der meisten Rorschach-Kenner treten Versager am häufigsten bei den Tafeln II, IV, VI und IX auf, aus sehr verständlichen Gründen. Tafel II hat zuerst das Rot, das nicht nur Farbenschock-, sondern auch Rotschock-Produzenten erheblich aus der Fassung bringen kann. Die massiv-dunklen Tafeln IV und VI geben am leichtesten Anlass zur Produktion des Dunkelschocks, und Tafel IX zeigt gewöhnlich den schwersten Farbenschock und ist überdies überhaupt nicht so leicht zu deuten. Bei den Schizophrenen kommen häufig auch bei den „leichten" Tafeln (III, V) Versager vor, während vielleicht gerade die schwierigen besonders gut gelingen.

Das Versagen ist in weitaus den meisten Fällen nur Schocksymptom und Zeichen einer Neurose oder Psychopathie. Bisweilen beruht es auf einem Intelligenzkomplex, und unter den Psychosen kommt es am häufigsten bei der Schizophrenie und bei organischen Zuständen vor. Auch bei praktisch Normalen sind einzelne Versager durchaus nichts Ungewöhnliches (so auch WIEGERSMA)[1], da ja leichte neurotische Züge heute zur „Normalität" zu rechnen sind. Nach einer Untersuchung von JÜRG SCHAFFNER[2] besteht „eine eindeutige, umgekehrte Proportionalität zwischen der Zahl der Versager und der Zahl der Antworten". Protokolle mit wenig Antworten oder Versagern deuten seiner Ansicht nach auf Gehemmtheit, Einfallsarmut oder mangelnde Produktivität. Als „auffällig" sind Versager deshalb in der Regel nur dann zu betrachten, wenn sie in Protokollen von über 20 Antworten vorkommen. Ausser in diesen Fällen seien Versager nur dann als Zeichen einer Abnormalität zu betrachten, wenn ihre Zahl entweder die von SCHAFFNER gefundenen Korrelationen übersteigt, oder wenn sie „zwar der Zahl der Antworten entspricht, letztere aber so klein ist, dass sie in den Bereich des Abnormen fällt".

2. *Das Deutungsbewusstsein.* Das „Deuten" der Rorschach-Figuren, d. h. die bewusst intrapsychisch wahrgenommene „Angleichungsarbeit zwischen Empfindungskomplex und Engramm" ist nach RORSCHACH nur „ein Sonderfall der Wahrnehmung" (S. 18). Denn bei *jeder* Wahrnehmung eines Dinges wird eine solche Angleichungsarbeit vollzogen. Nur wo die Diskrepanz zwischen Sehding (Klecks) und Engramm so gross ist, dass diese Angleichungsarbeit gerade noch wahrgenommen wird, sprechen wir von „deuten". Wo dies nicht mehr der Fall ist, werden die Bilder nicht gedeutet, sondern *bestimmt*. SALOMON spricht hier von „Objektivierung" einer Deutung (Ich-Diagnostik, S. 154).

Das Bewusstsein des „Deutens" als etwas, das sich von selbst versteht, gehört beim Rorschach-Versuch zum „normalen" Verhalten, auch wenn nicht ausdrücklich erklärt wird, dass die Kleckse nichts Bestimmtes darstellen. In manchen Fällen ist dies Deutungsbewusstsein *verschärft*, und die Vp. versichert dann meist spontan und wiederholt, dass dies natürlich nicht das Gedeutete sei, sondern nur so *aussehe*, daran erinnere, eine gewisse Ähnlichkeit habe usw. Dies kommt meist bei Depressiven und Pedanten vor und bei Psychasthenikern mit Entfremdungsgefühl.

Das Gegenteil ist das herabgesetzte Deutungsbewusstsein. Nur in verhältnismässig seltenen Fällen, meist bei Schizophrenen oder Schwachsinnigen, ist das Deutungsbewusstsein ganz *aufgehoben*. Sie sind felsenfest überzeugt, dass sie die „Bilder" bestimmt haben, und Schwachsinnige können gerade bei den schlechtesten Deutungen oft ein wahres Siegesgefühl an den Tag legen, ein kräftiges

---

[1] S. WIEGERSMA, Die Versager im Behn-Rorschach Formdeutversuch, Zeitschr. f. Diagnostische Psychologie und Persönlichkeitsforschung, Vol. III, 1955, S. 303.

[2] JÜRG SCHAFFNER, Die „Versager" im Formdeutversuch von Rorschach und im Assoziationsexperiment von Jung. Diss., Orell Füssli, Zürich, 1951, S. 17 und 30. Auch in Rorschachiana, Vol. I, 1952, S. 180 und 192.

Evidenzbewusstsein, dass sie nun das „Richtige" gefunden hätten. — Weit häufiger sind schwächere Grade des *herabgesetzten* Deutungsbewusstseins. Die Vp. geben zu verstehen, dass sie über den Vorgang des Deutens nicht recht im klaren sind. Fragen wie: „Ist es richtig?", „Sie sagen mir wohl nachher, was es *wirklich* ist?" usw. verraten, dass die Vp. zwar an mehrere Möglichkeiten der Lösung glaubt, aber im Grunde überzeugt ist, dass es sich hier eigentlich um ein Bestimmen, um eine Art Identifikation oder mindestens um eine Klassifikation handelt, wie etwa bei einer botanischen Prüfung.

Diese Unsicherheit kommt nach Rorschach bei den meisten Organikern, Epileptikern, Manischen und Schwachsinnigen vor, ferner bei vielen Schizophrenen und heiter Verstimmten und bei „zahlreichen Vollsinnigen". Wenn bei Neurotikern das Deutungsbewusstsein (wie sehr oft) deutlich herabgesetzt ist, so ist dies meist ein Zeichen einer gewissen Intelligenzhemmung. Auch jüngere Kinder (unter 5 Jahren) bestimmen oft ihre Deutungen[1].

Bei Anwendung der oben geschilderten, zurückhaltenden Technik (wo also der Vp. *nicht* von vornherein *gesagt* wird, dass die Kleckse nichts Bestimmtes bedeuten), wird man bald die Entdeckung machen, dass sogar erstaunlich viele sogenannt „Normale" ein herabgesetztes Deutungsbewusstsein haben. Es äussert sich dies nicht nur in eingestreuten Bemerkungen der angeführten Art, sondern schon in der *Diktion*. Im Grunde genommen wird ja, wie Kuhn[2] sehr richtig bemerkt, die Deutung schon zur einfachen Wahrnehmung, wenn die Vp. sagt: „Das *ist* das und das" (statt: „Das könnte das und das sein"). Nun ist das Wörtchen „ist" natürlich nicht immer so apodiktisch *gemeint*, und man wird wohl auch hier sagen müssen: C'est le *ton*, qui fait la musique. In Anlehnung an eine Arbeit von Erwin Strauss, der von „sinnlicher Gewissheit" spricht, sagt Kuhn (a. a. O., S. 54): „Ob eine Deutung im Sinne von Rorschach ‚gedeutet' oder ‚wahrgenommen' sei, ist vor allem eine Frage der sinnlichen Gewissheit, welche die Versuchsperson beim Deuten erlebt. Je grösser diese ist, desto eher wird man im Rorschach'schen Sinne von ‚Wahrnehmung' sprechen." — Es dürfte dies im wesentlichen auf dasselbe hinauslaufen, was man gewöhnlich Evidenzbewusstsein zu nennen pflegt, das seit der Καταληπτική φαντασία der Stoiker die Philosophiegeschichte bis zu den Phänomenologen durchzieht. Wen diese Frage theoretisch interessiert, der kann sich darüber in jedem Lehrbuch der Logik informieren.

Möglicherweise finden wir in einer Beobachtung Klopfer's[3] die Erklärung dafür, dass auch bei praktisch „Normalen" diese Erscheinung so häufig vorkommt. Nach Klopfer deutet das herabgesetzte Deutungsbewusstsein (in seinen stärkeren Graden bis zur gänzlichen Aufhebung), wenn es bei sonst „Normalen" vorkommt, auf ein starkes *Sicherheitsbedürfnis* in Form der „Flucht vor der Freiheit". Bekanntlich ist diese Art des Sicherheitsbedürfnisses in der sogenannten westlichen Zivilisation sehr verbreitet, wie man teils aus dem starken Zulauf ersehen kann, den totalitäre politische Systeme noch immer haben, teils aus der scheinbaren Unkorrigierbarkeit veralteter militärischer Denkweisen. Die Ursache

---

[1] Ames, Learned, Métraux, Walker, Child Rorschach Responses, New York, 1952, S. 141, 152, 194.
[2] Roland Kuhn, Über Maskendeutungen im Rorschach'schen Versuch, Basel, 1944, S. 52.
[3] Bruno Klopfer et alii, Developments in the Rorschach Technique, New York, 1954, S. 331.

hierfür dürfte (abgesehen von weitverbreiteten Erziehungsfehlern) vor allem in unserer sozialen Struktur zu suchen sein.

3. *Subjekt- und Objektkritik.* In ihrer Arbeit „Die Kritik der Versuchsperson beim Rorschach'schen Formdeutversuch" unterscheiden FRÄNKEL und BENJAMIN [1] Subjektkritik und Objektkritik. Die *Subjektkritik*, die kritische Stellungnahme der Versuchsperson zu sich selbst, äussert sich meist in Bemerkungen wie: „Da reicht meine Phantasie nicht aus", „Phantasie war nie meine starke Seite", „da müsste man Anatomie studiert haben", „man müsste viel mehr Bücher über Tiere und Pflanzen gelesen haben" oder schliesslich ganz geradeheraus: „Dazu bin ich zu dumm." Dergleichen Bemerkungen sind immer ein Zeichen von *Minderwertigkeitsgefühlen* und *innerer Unsicherheit* und finden sich häufig bei Psychasthenikern, Phobikern, Angstneurotikern und selbstunsicheren Psychopathen und gelegentlich bei beginnender Schizophrenie. Neben der Objektkritik kommen sie auch bei Organikern vor.

Die *Objektkritik*, die kritische Stellungnahme zum Gedeuteten oder zu Deutenden, fliesst zum Teil mit dem verschärften Deutungsbewusstsein zusammen. Die wichtigste Art der Objektkritik ist die *Formkritik* („wenn man das hier weglassen würde" oder: „Die Ohren passen aber nicht dazu" und dgl.). Sie deutet auf *Vorsichtigkeit, Zurückhaltung, Ängstlichkeit* und findet sich ausser bei Phantasielosen und Pedanten hauptsächlich bei Psychasthenikern, die ja für ihre Vorsicht und Pedanterie bekannt sind, und bei Organikern. FRÄNKEL und BENJAMIN sprechen auch von Farbenkritik und von „primären ästhetischen Werturteilen". Doch dürfte die Farbenkritik zumeist Ausdruck eines Farbenschocks sein (eventuell in der Form künstlerischer Impressionen), und die Bewertungen werden am besten als selbständiges Phänomen behandelt, da sie ja ein „Zensurengeben" enthalten und etwas andere Symptomwerte haben als die Formkritik, die als Objektkritik kat exochen bezeichnet werden kann. Bei den FbF gibt es keine Formkritik, und an der Bewegung haben die Verfasser nie eine Kritik beobachtet, was wir bestätigen können.

Natürlich haben auch Antworten in Frage- und in negierter Form Kritikcharakter. Es empfiehlt sich aber, diese Kategorie als selbständige Erscheinung zu behandeln.

4. *Der Farbenschock* ist das häufigste und wohl auch praktisch wichtigste Rorschach-Phänomen. Es ist dies ein stuporöses Verhalten von weniger ausgeprägter Art als der Versager auf Grund der Affektwirkung der Farben. In manchen Fällen kann der Stupor so kräftig werden, dass er zum Versagen führt. Der „Versager" ist also häufig, aber nicht immer, eine Form des Farbenschocks.

Viel allgemeiner sind jedoch die milderen Formen, die in den verschiedensten Varianten auftreten können. *Jede deutliche Störung des glatten Assoziationsverlaufs* bei Vorlegung der farbigen (und z. T. auch der schwarz-roten) Tafeln ist ein Zeichen von Farbenschock.

Die einfachste und bestimmteste Äusserung dieser Wirkung ist natürlich eine *ablehnende Affektäusserung*, entweder in Form einer Interjektion wie „Ui", „Brr", „Pfui Deibel", „Schrecklich!", „Scheusslich", „Zum Kotzen!" oder in Form einer mehr „zivilisierten" Affektäusserung wie: „Das sind doch unglaub-

---

[1] FRITZ FRÄNKEL und DORA BENJAMIN, Die Kritik der Versuchsperson beim Rorschach'schen Formdeutversuch. Schweizer Archiv f. Neur. u. Psychiatrie, Bd. 33, 1934, S. 9—14.

liche Farben!", „So eine geschmacklose Farbenzusammenstellung!", „Erbarmen! Wie die Farben sich beissen!" oder auch ohne direkte Erwähnung der Farben: „Das ist ja eine unsympathische Tafel", „Jetzt wird es aber schwierig!" usw. Es gibt Vp., die den Vorgang direkt beschreiben: „Die Farben machen mich so konfus, dass ich keinen klaren Gedanken fassen kann" oder: „Wenn die Farben nicht wären, könnte ich viel eher etwas finden" usw.

Manche Menschen haben die Möglichkeit, ihren Farbenschock sozusagen in statu nascendi aufzufangen und zeigen dann den sogenannten *verarbeiteten* Farbenschock, der sich gerade in *anerkennenden* Affektäusserungen zeigt. Ausbrüche wie: „Oh, wie schön!", „Nein, was ist das eine entzückende Farbenzusammenstellung!" sind meist nicht weniger Zeichen eines Farbenschocks als die ablehnenden Äusserungen. Es mag befremdlich erscheinen, dass dies wirklich Zeichen einer *störenden* Wirkung der Farben sein sollen. Und doch ist es erfahrungsgemäss richtig, dass sich hinter dieser scheinbar begeisterten Fassade eine Verlegenheit verbirgt, wie man leicht aus dem übrigen Verhalten der Vp. entnehmen kann. In seltenen Fällen kann man den Prozess, der beim verarbeiteten Farbenschock in der Vp. vor sich geht, unmittelbar beobachten, so im Falle jener Dame[1], die bei Vorlage einer der farbigen Tafeln zunächst in die Worte ausbrach: „Uh, was für grässliche Farben!", um dann einen Augenblick später, in Gedanken versunken und in völlig verändertem Tonfall zu bemerken: „Hübsche Farben". Nur in *sehr* seltenen Ausnahmen kann eine solche (positive und übrigens auch eine kritische negative) Bemerkung z. B. über die „geschmacklose Farbenzusammenstellung" einmal *nicht* von einem Farbenschock herrühren. Es ist dies meist bei Künstlern oder künstlerisch veranlagten Personen der Fall, und auch dann muss verlangt werden, dass die Deutungsleistung zu sämtlichen farbigen und schwarz-roten Tafeln in *keiner* Weise quantitativ oder qualitativ vom Niveau der übrigen Deutungen abweicht. Dies wird aber, wie gesagt, wo solche Bemerkungen vorliegen, nur äusserst selten der Fall sein.

Die Fälle, wo die Vp. mit einer Bemerkung zu den farbigen Tafeln „herausplatzt", sind aber keineswegs die Mehrzahl der Farbenschockfälle. Viel häufiger sind die verschiedenen Formen des sogenannten *larvierten Farbenschocks*, die sich namentlich bei den zahlreichen leichteren neurotischen Charakterzügen finden, die heute fast zur „Normalität" gehören. Aber auch schwerere Neurosen *können* in dieser Form auftreten. (Das wird sich dann aus den übrigen Symptomen ergeben.) — Das wichtigste Zeichen des larvierten Farbenschocks ist eine *verlängerte Reaktionszeit* bei einer oder mehreren farbigen Tafeln (gewöhnlich bei der ersten, wenn kein Brechungsphänomen vorliegt). Die Versuchsperson „steht wie die Kuh vor dem blauen Tor" und weiss nicht, was sie sagen soll. (Dass man dazu keine Stoppuhr braucht, wurde bereits gesagt.) Wichtig ist aber etwas anderes: Die verlängerte Reaktionszeit infolge des Farbenschocks kann sich auch hinter einer „*Füllung*" verstecken. Die Vp. kommt plötzlich mit *Nebenbemerkungen*: „Ja, da haben wir ja Farben", „Kommen da noch viele Tafeln?", „Das sind übrigens wirklich interessante Kleckse" und dergleichen mehr. Diese Bemerkungen brauchen sich also gar nicht auf die Farben selbst zu beziehen; es wird irgendetwas eingeschoben, um Zeit zu gewinnen, bis man sich wieder zu einer

---

[1] Ich danke Herrn PAUL FRANÉR für die Mitteilung dieses interessanten Beispiels.

Deutung sammeln kann. Den meisten Vp. kommt dieser Mechanismus natürlich gar nicht zum Bewusstsein.

Es gilt die allgemeine Regel, dass die Antwortenzahl zu den Tafeln VIII—X etwa 33% sämtlicher Antworten betragen soll. Ist sie wesentlich niedriger als 33%, so ist im allgemeinen Farbenschock anzunehmen, der aber natürlich aus anderen Gründen vorliegen kann, auch wenn die Antwortenzahl zu VIII—X höher ist als 33%. Es empfiehlt sich daher, hinter der Antwortenzahl in Parenthese anzugeben, wie gross die Antwortenzahl zu VIII—X ist (siehe S. 104).

Die wichtigsten anderen Formen des larvierten Farbenschocks sind von ZULLIGER teils im Bero-Buch (S. 68—72), teils in einer Arbeit in der „Zeitschrift für Kinderpsychiatrie" behandelt worden [1]. Die von BROSIN und FROMM angegebenen Regeln [2] sind im wesentlichen mit denen von ZULLIGER in Übereinstimmung. Aus den beiden Arbeiten ZULLIGER's lassen sich also folgende *Regeln für die Diagnose des Farbenschocks* zusammenstellen:

Erscheinungsweisen des Farbenschocks

I. *Manifester Farbenschock:*
   1. *Unverarbeitet:* Ablehnende Affektäusserung in bestimmten Worten.
   2. *Verarbeitet:* Anerkennende Affektäusserung in bestimmten Worten.

II. *Larvierter Farbenschock:*
   1. *Verlängerte Reaktionszeit* beim Vorlegen der ersten farbigen Tafel.
   2. Ablehnende oder verwirrte *Gebärden und Mimik* (Seufzer, Handbewegung, Hochziehen der Augenbrauen, Kopfschütteln usw.).
   3. Veränderung der *Sukzession*, insbesondere *Ausweichen* von den Farben *in die DZw-Deutungen* (DZw als erste Deutung zu II, VIII, IX).
   4. *Aussetzen der B-Deutungen*, wenn vorher solche gegeben wurden (z. B. FbF oder Fb als erste Deutung zu II, oder Hd-Deutung statt B zu II und erst später wieder B). (Nach RORSCHACH, S. 192, auch wenn B-Deutungen, wo vorher vorhanden, von Tafel VIII an entweder ganz ausbleiben oder erst bedeutend später als nach der 4. oder 5. Deutung auftreten.)
   5. *Anfängliche Versager.*
   6. Wenn bei VIII *nicht zuallererst die seitlichen Tiere* gedeutet werden, entweder allein oder in eine umfassendere Deutung einbezogen.
   7. *Plötzliches Nachlassen* der sonst guten *Formschärfe*.
   8. Deutliches *Nachlassen der Antwortenzahl* bei den farbigen Tafeln (weniger als ein Drittel der Gesamtantwortenzahl).
   9. *Verlegene Aussprüche* zu II oder III (z. B. „Das ist eine blutige Angelegenheit" oder „Blutflecken", „Blut" mit Ton oder Mimik des Peinlichen).
   10. *Vereinzelte Sexualdeutung* als erste Antwort zu II (z. B. „Menstruation", „Blutende Vagina") oder versteckte Sexualdeutung (z. B. „Blutiges Becken").

Ergänzend mag zu dieser Zusammenstellung nur noch ausdrücklich bemerkt werden, dass zwar die seitlichen Tiere als sofort erfolgte erste Antwort zu Tafel VIII im allgemeinen gegen Farbenschock sprechen, dass aber sehr wohl trotzdem ein Farbenschock vorliegen kann, auch wenn mit den Tieren begonnen wird. Der Farbenschock kann sich dann in anderer Weise zeigen, durch Bemerkungen, Ausrufe, Mimik, schlechte anatomische Antworten, Vorkommen von Do, Sukzessionsstörungen, Perseveration (wenn vorher nicht vorhanden) usw. Und na-

---

[1] HANS ZULLIGER, Einführung in den Behn-Rorschach-Test, S. 68—72, und: Erscheinungsformen und Bedeutung des Farbschocks beim Rorschach'schen Formdeutversuch, Zeitschr. f. Kinderpsychiatrie, Bd. 4, 1938, S. 145—152.
[2] H. W. BROSIN and E. O. FROMM, Rorschach and Color Blindness. Rorschach Research Exchange, Bd. 4, 1940, S. 39—70, hier zitiert nach KLOPFER and KELLEY, The Rorschach Technique, S. 386—387.

türlich wird ohne weiteres Farbenschock anzunehmen sein, wenn zwar die Tiere zuerst gedeutet werden, aber erst nach einer längeren Latenzzeit.

Was den Symptomwert des Farbenschocks betrifft, so ist er das allgemeinste Symptom der *Neurosen*. Ihn als Differentialdiagnostikum für die Neurosen *gegen* die Psychosen oder Oligophrenien aufzustellen, wie noch RORSCHACH meinte, geht leider nicht an, da es unzweifelhafte Fälle von Psychosen (namentlich Schizophrenien) gibt mit sogar starkem Farbenschock. Auch bei Psychopathien findet er sich häufig (diese sind ja nicht *nur* konstitutionell), und auch bei leichteren Fällen von Oligophrenie ist er oft sichtbar, wenn diese neurotisiert sind. Dass es im allgemeinen den Anschein hat, als ob schwere Grade von Schwachsinn keinen Farbenschock haben, liegt wohl daran, dass jedenfalls die leichteren Erscheinungsweisen des Farbenschocks durch die Symptome der Oligophrenie verwischt werden. Namentlich lässt sich eine qualitative Verschlechterung der Deutungen dann nicht mehr feststellen.

Einige Abarten des Farbenschocks werden wir an anderen Stellen besprechen. Nur eine Abart mag gleich hier erwähnt werden: das *Klebenbleiben an der Farbe* oder die *Farbenattraktion*, die sich in besonders vielen Antworten zu den Tafeln VIII—X verrät, unter denen sich dann aber viele F—, FbF und Fb befinden. Ein solcher Farbenschock mit Farbenattraktion kommt nach ZULLIGER („Erscheinungsformen und Bedeutung des Farbschocks usw.") bei Leuten vor, die ihren affektiven Stupor durch *Vielreden* abführen und überhaupt einen nervösen Rededrang besitzen. Leser, die sich noch auf die Rollen der köstlichen Filmschauspielerin IDA WÜST entsinnen, werden den Typus sogleich wiedererkennen. Es handelt sich nach SALOMON[1] hierbei um einen *kontraphobischen* Mechanismus, um eine Flucht aus der Passivität in die Aktivität.

Es ist ganz praktisch, das Vorhandensein des Farbenschocks bei einer bestimmten Tafel *am linken Rande* des Protokolls, wo die Tafelnummer angegeben ist, mit einem *roten Strich* zu markieren.

5. *Der verspätete Farbenschock.* ZULLIGER erwähnt (im Bero-Buch, S. 71 und 104) noch einen *verspäteten Farbenschock*, der erst bei Tafel IX oder X in Erscheinung tritt. Ein grosser Teil dieser Fälle fällt sicher unter das „Brechungsphänomen VIII" (s. u.), aber es kommt zweifellos auch vor, dass ein Farbenschock erst bei IX oder X auftritt, *ohne* dass ein Dunkelschock nachzuweisen wäre. Es empfiehlt sich daher, den Begriff des verspäteten Farbenschocks beizubehalten, aber *nur* auf diese Fälle *ohne* Dunkelschock anzuwenden. Er kommt meist bei vielseitig verarbeiteten Charakterneurosen vor (briefliche Mitteilung des Herrn Dr. ZULLIGER).

6. *Der überkompensierte Farbenschock* ist eine ziemlich seltene, aber recht interessante Erscheinung. Es gibt Fälle, wo der Farbenschock die Vp. zu qualitativ *besseren* Leistungen anspornt, was sich darin zeigt, dass die *meisten* guten Originalantworten sich gerade bei den farbigen Tafeln zusammenklumpen. Bisweilen können sogar *alle* Orig.+ bei den Farbtafeln vorkommen. Es muss sich aber dabei wirklich um eine auffällige *einseitige* Verteilung handeln. Ein Protokoll, das bei ungefähr *allen* Tafeln viele Originale zeigt, schliesst das Vorhandensein

---

[1] FRITZ SALOMON, Fixations, régressions et homosexualité dans les tests de type Rorschach, Revue Française de Psychoanalyse, Bd. 23, 1959, S. 251, 252.

eines überkompensierten Farbenschocks zwar nicht völlig aus, spricht aber eher dagegen.

Dass es sich wirklich um einen Farbenschock handelt, kann man an anderen Zeichen sehen. Entweder entsteht eine auffallend lange Kunstpause, bevor dieses Feuerwerk der Originalantworten beginnt, oder aber es finden sich Sukzessionsstörungen, Do-Antworten, eine plötzliche auffällige Betonung der Zwischenfiguren oder andere Zeichen einer assoziativen Störung. Manchmal fällt auch wohl direkt eine Bemerkung, dass diese Tafel eigentlich scheusslich sei usw. Die Feststellung eines überkompensierten Farbenschocks hat *streng restriktiv* zu erfolgen: Nur wo sich deutliche Zeichen von Farbenschock finden *und* eine einseitige Verteilung der guten Originalantworten zugunsten gerade der Schocktafeln, ist dieses Phänomen anzunehmen.

Über seinen Symptomwert sind die Akten noch nicht geschlossen. Es scheint sich um Menschen zu handeln, die eine sthenische Charakterkomponente dazu verleitet, ihre inneren Konflikte nicht zu beachten und bei beginnenden Störungen die „Signale zu überfahren". Infolgedessen besteht hier bei entsprechender Milieubelastung eine gewisse Gefahr des „Nervenzusammenbruchs" (psychogene Psychosen, namentlich vom Typus der von E. KRETSCHMER beschriebenen „sthenischen Krisen"). Jedenfalls kommt das Phänomen bei Vp. vor, die wirklich psychogene Psychosen durchgemacht haben. Es findet sich aber ebenso bei schizoiden Charakteren, ohne dass eine Neigung zu psychogenen Reaktionen zu bestehen braucht. Ob dies als eine Stütze der Randpsychosentheorie aufzufassen ist, mag dahingestellt bleiben.

7. *Der Rotschock.* Ausser dem Farbenschock gibt es noch einen spezifischen Rotschock, dessen Feststellung jedoch gewisse Schwierigkeiten bereiten kann, wenn er *neben* dem Farbenschock vorhanden ist[1]. Trotzdem ist auch das oft möglich. Am besten hält man sich an folgende Regeln: Zeigen sich Schockstörungen bei den schwarz-roten *und* farbigen Tafeln (II, III, VIII—X), ohne dass das Rot besonders als störend hervorgehoben wird, nimmt man Farbenschock allein an. Zeigen sich derartige Störungen *nur* bei den Tafeln II und (oder) III, während die Deutungen zu VIII—X glatt vonstatten gehen, ist Rotschock allein anzunehmen. Liegt Farbenschock vor (Störungen nur oder auch bei VIII—X) und wird bei den letzten drei Tafeln oder (meist) bei II und III ausdrücklich das Rot als störend bezeichnet, tut man am besten, mit Farbenschock + Rotschock zu rechnen. Nur ganz selten gibt es Fälle, wo auch bei Störungen zu allen fünf Tafeln *nur* Rotschock vorliegt. Es muss dann aber auch derart „Methode im Wahnsinn" sein, dass man gar nicht zu anderen Schlüssen kommen kann. Ein Beispiel: Eine Vp. sagt zu II: „Ich kann hier überhaupt nichts finden" und deutet dann das Schwarze nacheinander als „Steine, die aus der Erde ausgegraben sind", „dunkle Wolken", „ein Brachfeld", also drei HdF-Antworten. Zu Tafel III werden erst die Männer gedeutet, dann stutzt die Vp. und sagt: „das Rote", nach einer Pause kommt „ein Tintenklecks" (FbF), und es folgen drei Anatomiedeutungen, darunter eine schlechte zum Roten in der Mitte und je eine gute und eine schlechte zum Schwarzen. Tafel VIII beginnt nicht mit den Tieren, sondern

---

[1] Die Unterscheidung des Rotschocks vom allgemeinen Farbenschock ist überhaupt schwierig. Auch PIOTROWSKI stellt fest (Perceptanalysis, S. 296): "Red shock can be differentiated from color shock only with great difficulty, rarely and with poor reliability."

mit dem Grauen (Berg); dann folgen die Tiere und dann „Steine" (F—) zu Rot Mitte. Dies ist ausserdem eine Perseveration zum Stein der Tafel II. Es folgen zwei andere schlechte Antworten und erst zuletzt ein F+ zum Roten in der Mitte (Kalbsköpfe). Tafel IX beginnt mit dem Kamelkopf, und dann will Vp. das Braunrote deuten, aber der Einfall „verschwindet wieder". Schliesslich wird es zu einem „Korallenriff" (F±). Auf das Knallrote unten zeigend, sagt Vp. schliesslich: „Das letzte kann ich nicht." Zu Tafel X werden sieben Antworten abgegeben, die alle gut sind (nur eine ist ±). Aber die Reihenfolge der ausgewählten Kleckse ist folgende: Grau Mitte, Blau Mitte, Grau seitlich, Grün seitlich, Grün Mitte, Blau seitlich und ganz zuletzt das grosse Rot (Raupe), aber erst nachdem Vp. die Tafel auf b gedreht hatte. — Hier geht bei *allen* Farbtafeln die Störung so deutlich vom Roten aus, dass Rotschock *ohne* Farbenschock (aber neben Dunkelschock) angenommen wurde.

Der Symptomwert des Rotschocks ist noch nicht abgeklärt. Wahrscheinlich hat er weder eine einheitliche Entstehungsursache noch einen einheitlichen Symptomwert. Denn das Rot kann sowohl mit libidinösen Vorstellungen (Liebe, Herz, Glut usw.) wie mit aggressiven und sadistischen (Blut, Krieg) verknüpft sein. Blut und Liebe können ja auch miteinander verknüpft sein. Jede Libido ist mit einem Schuss Aggression „legiert", GEORG GRODDECK sagt einmal: „Die Grausamkeit ist unlösbar mit der Liebe verknüpft, und das rote Blut ist der tiefste Zauber der roten Liebe[1]." Bei Epileptikern hat es vielleicht auch mit der Aura zu tun (Farbenvisionen). Es scheint auch nicht gleichgültig zu sein, ob der Rotschock isoliert oder kombiniert, bzw. mit welchen Kombinationen er vorkommt, ob mit Farben- oder Dunkelschock oder beiden. Feststehendes kann hierüber zurzeit noch nicht gesagt werden. SALOMON hält den Rotschock für ein Zeichen einer Fixierung an die phallische Phase, und er deutet seiner Ansicht nach auf einen sehr starken Kastrationskomplex hin, auf eine Schwäche der phallischen Aggressivität und einen schweren Ödipuskomplex mit sexuellen Schuldgefühlen und Sexualangst[2]. In diesem Falle wäre also der Rotschock nach einer Formulierung von M. LOOSLI-USTERI Zeichen einer „Angst vor der Aggression", d. h. vor der vergeltenden Aggression *anderer*. Er kann aber, wahrscheinlich sogar noch häufiger, auch die Angst vor der *eigenen* Aggression ausdrücken, wäre dann also Symptom einer Aggressionsverdrängung[3].

Aus der Art, *wie* der Rotschock auftritt, d. h. welche Deutungen ihm folgen, lassen sich nach LOOSLI-USTERI noch Schlüsse auf den *Grad* der Verdrängung ziehen. Eine sehr tiefe Aggressionsverdrängung liegt vor, wenn auf den Rotschock keine Deutungen der roten Kleckse folgen. Wird nach dem Rotschock das Rot gedeutet, aber ohne Verwendung der Farbe, so handelt es sich um eine ambivalente Einstellung zur Aggression. Wird nach dem Schock das Rote als

---

[1] GEORG GRODDECK, Das Buch vom Es, Wien, 1926, S. 109.
[2] FRITZ SALOMON, Fixations, régressions et homosexualité dans les tests de type Rorschach, Revue Française de Psychoanalyse, Bd. 23, 1959, S. 256, 257, und: Ich-Diagnostik im Zulliger-Test, Bern, 1962, S. 31.
[3] MARGUERITE LOOSLI-USTERI, Le Test de Rorschach, Internationale Zeitschr. für Erziehungswissenschaft, Bd. 5, S. 304, und: Manual pratique du Test de Rorschach, Paris 1958, S. 75, deutsche Ausgabe, S. 64.

Farbantwort gedeutet, dann ist damit zu rechnen, dass die Aggression im Begriff ist, die Verdrängung zu durchbrechen[1].

8. *Die Rotattraktion* ist das Gegenteil des Rotschocks. Sie ist mit der oben erwähnten Farbenattraktion verwandt, aber nicht identisch. Die Vp. zeigt hierbei die Neigung, vorzugsweise rote Kleckse auszuwählen und ihnen besonders „saftige" Deutungen zu geben. ZULLIGER führt (Bero-Buch, S. 71) als Beispiele „Beefsteaks" und „Schinkenschnitten" an. Bisweilen werden die beiden oberen Rot der Tafel II als „Zwei saftige Kotelette" gedeutet. Auch Blumenantworten können hierher gehören, wie „Mohn", „Rote Rosen" oder „Peonien". Gewöhnlich tritt die Rotattraktion in Kombination mit anderen Symptomen als typisches Ingrediens des „triebhaften Charakters" auf. Vielleicht kommen ihr in anderen Verbindungen auch noch andere Symptomwerte zu. SALOMON sieht in der Rotattraktion ein Zeichen einer positiven Einstellung des Ichs zur phallischen Triebhaftigkeit, und er fand sie ausser bei „triebhaft aggressiven" auch bei phallisch-narzißstischen und bei Zwangscharakteren[2].

9. *Der Dunkelschock* wurde zuerst von BINDER in die Literatur eingeführt. Er besteht nach BINDER [3] in einer plötzlich einsetzenden Störung der rationalen Prozesse, einem Stupor, bei Vorlegung einer dunklen Tafel, namentlich IV. Die Störung zeigt sich in einem *Versagen* oder in anderen Hemmungserscheinungen, von denen BINDER selbst folgende anführt: „Dd- und Do-Antworten, schlechte Formen, banale Stereotypien, Störungen der Sukzession, unnatürliche Bilderfassungen usw." Eine Komplexbeziehung im Inhalt dieser Antworten besteht nicht immer, es macht sich im Gegenteil manchmal eine gewisse „Flucht ins Konventionelle" geltend.

Wenn sowohl Tafel IV wie VI mit der V-Antwort beginnen, ist das Vorhandensein eines Dunkelschocks recht unwahrscheinlich, wenn nicht sehr deutliche Zeichen vorliegen. In Zweifelsfällen kann er dann getrost ausgeschlossen werden. — Da der Dunkelschock, wie wir gleich sehen werden, im Gegensatz zum Farbenschock in den meisten Fällen mit Angst verbunden ist, *genügt eine blosse Bemerkung ohne formale Reaktion nicht.* Es gibt Menschen, die aus anderen Gründen die Gewohnheit haben, Kraftausdrücke zu brauchen, und es kommt manchmal vor, dass solche Menschen wie zu anderen so auch zu den dunklen Tafeln Bemerkungen machen, das sei doch „verrückt" oder „infam" oder dergleichen, dann aber vergnügt und ohne die geringste Hemmung die Vulgärantworten oder andere gleich gute Antworten geben. Das ist *kein* Dunkelschock.

Nach OBERHOLZER [4], der bei den Aloresen, einem Inselvolk der Insulinde, reichlich Gelegenheit hatte, den Dunkelschock zu beobachten, kann der Dunkelschock bei *allen* dunklen Tafeln auftreten oder bei *einzelnen* von ihnen. Sämtliche schwarzen Tafeln können ihn hervorrufen. Er kann bei den verschiedenen schwarzen Tafeln in gleicher Stärke auftreten oder bei einer bestimmten Tafel kulminieren.

---

[1] MARGUERITE LOOSLI-USTERI, Manuel, S. 75, deutsche Ausgabe, S. 64.
[2] FRITZ SALOMON, Fixations, régressions usw., S. 257, und: Ich-Diagnostik, S. 36.
[3] HANS BINDER, Die Helldunkeldeutungen im psychodiagnostischen Experiment von Rorschach. Schweizer Archiv f. Neurologie und Psychiatrie, Bd. 30, 1933, S. 279.
[4] In CORA DU BOIS, The People of Alor, Minneapolis, 1944, S. 595.

Die Reihenfolge der Häufigkeit, mit der der Dunkelschock bei den einzelnen schwarzen Tafeln aufzutreten pflegt, ist: IV, VI, VII, I, V.

Zu beachten ist, dass eine Störung bei Tafel VI, namentlich wenn sie *nur* diese Tafel betrifft, nicht selten auch *komplexbedingt* sein kann. So macht NANCY BRATT[1] darauf aufmerksam, dass manche Leute den oberen Fortsatz von Tafel VI mit der Hand abdecken und dann den Hauptteil allein als Tierfell deuten (das wäre ein Beispiel für eingeklammertes V). Der Betreffende „schneidet den Penis ab"; das kommt natürlich besonders bei Personen vor, die einen starken und unbewältigten Kastrationskomplex haben.

Dass, wie BINDER[2] behauptet, der Dunkelschock „viel seltener" sei als der Farbenschock, trifft jedenfalls für Skandinavien nicht zu, wo er an Häufigkeit dem Farbenschock nicht wesentlich nachsteht.

Sein *Symptomwert* ist nach OBERHOLZER[3] ganz allgemein eine *„Angst vor der Angst"*, aber auch eine *Angst vor dem Unbekannten*, Angst vor dem Neuen. Der Dunkelschock als Angst vor dem Neuen kann nach OBERHOLZER auch bei Tafel I allein auftreten. (Uns erscheint es jedoch ein wenig zweifelhaft, ob in diesen Fällen wirklich immer Dunkelschock vorliegt, oder ob nicht die ausschliesslich bei Tafel I auftretende Störung auch eine andere Ursache haben kann. Wir ziehen daher in solchen Fällen die neutralere Bezeichnung „Einstellungshemmung" vor. Siehe diese.)

Dass der Dunkelschock selbst in den meisten Fällen wirklich *ein diminutiver Angstanfall* ist, haben wir mit Hauttemperaturmessungen während des Rorschach-Versuchs erwiesen. Es handelt sich aber, von relativ seltenen Ausnahmen abgesehen, nur um eine physiologische Reaktion, die noch *unter* der Bewusstseinsschwelle liegt.

Entsprechend seiner Grundbedeutung „Angst vor der Angst" findet sich der Dunkelschock vorzugsweise bei der *Angstneurose*, bei der *Phobie* (Angsthysterie) und (in bestimmter Form zusammen mit dem Farbenschock) bei der *Psychasthenie*.

Der *psychologische Hintergrund* des Dunkelschocks kann mannigfaltiger Art sein. Oft (aber nicht immer) liegt hier ein Residuum kindlicher *Dunkelangst* vor. Es können aber noch sehr viele andere Dinge damit zusammenhängen. PETER MOHR, der dieser Frage eine vorzügliche Studie gewidmet hat[4], sucht den Dunkelschock aus der Symbolik des Schwarzen zu erklären, dem „Gegensatz zum lebensvollen Licht". Die Prometheus-Sage hat einen tiefen Sinn: „Der Sieg über das Naturgeschehen hat im Menschen trotz allem die Angst vor der Natur zurückgelassen", ein Schuldgefühl, eine Angst vor der Rache der Götter. Man hat das Geschenk des Feuers angenommen, aber den Geber verdammt, „dem Zorne der Götter geopfert". Diese Furcht vor den mächtigen Gewalten überträgt nun der Mensch auf das Schwarze, das *Dunkle der Nacht*, die ihn daran erinnert. „Das Dunkle der Nacht ist für den Menschen unheimlich." Schon WERTHEIMER hat darauf hingewiesen, dass das Schwarze unmittelbar *unheimlich*

---

[1] NANCY BRATT, Rorschachtesten i klinisk praxis, København, 1968, S. 62.
[2] A. a. O., S. 279.
[3] A. a. O., S. 595.
[4] PETER MOHR, Die schwarze und sehr dunkle Tönung der Rorschach'schen Tafeln und ihre Bedeutung für den Versuch, in „Psychiatrie und Rorschach'scher Formdeutversuch", Zürich, 1944, S. 122—133.

wirkt [1]. Teufel, Dämonen, Diebe, Mörder und Räuber gehen in der Nacht um. Im ganzen bedeutet das *Schwarze* nach MOHR *positiv*: das Feststehende, Unabänderliche, Feierliche (Festkleidung!), das Symbol der Autorität (Majestät des Todes, das Göttliche), *negativ: Schuld, Rebellion, Angst* und *Gericht*. Da nun die erste Autorität der Vater ist und die erste Schuld eine Auflehnung gegen diese Autorität, ist es verständlich, wenn MOHR die Feststellung machen konnte, dass Vp., die *mit dem Vater im Konflikt standen*, bei den Tafeln I, IV und VI eine „unangenehme, unheimliche, ängstliche Stimmung" empfanden. Vp., die *keine* solchen Konflikte hatten, reagierten auf diese Tafeln „mit Stimmungen der Geborgenheit und der Ruhe" (a. a. O., S. 130 und 133). — In einer späteren Arbeit[2] nimmt MOHR diese Gedanken nochmals auf und fügt ergänzend hinzu, dass nicht nur kindliche Konflikte mit dem Vater durch die schwarze Farbe aktualisiert werden, sondern *bei Mädchen* oft *auch Konflikte mit einem Manne* (S. 29). Denn Schwarz symbolisiert auch das Böse, negativ Männliche (S. 31, 35). (Wir erinnern hier nochmals an die oben erwähnte, von CHRISTOFFEL behandelte Sexualsymbolik des Schwarz-Weiss-Gegensatzes und ebenfalls daran, dass sie nur für *unsere* Kultur Gültigkeit hat.) Infolgedessen kann die Schwarzangst oft *auch Sexualangst sein*, insoweit Schwarz = Mann ist. (Solche Fälle haben dann gewöhnlich Rotschock + Dunkelschock; der oben unter „Rotschock" zitierte Fall gehört z. B. hierher.)

Entsprechend den roten Strichen am Rande bei Farbenschock (bzw. auch Rotschock) kann man auch den Dunkelschock bei jeder Tafel, wo er vorkommt, am Rande mit einem *blauen Strich* markieren.

Analog der Farben- und Rotattraktion gibt es auch eine *Dunkelattraktion*. BINDER erwähnt sie in seiner Abhandlung[3]. Bei chronisch verstimmten Vp. besteht im allgemeinen eine Perseverationstendenz für die Helldunkelantworten. Ist diese Tendenz zwar noch wirksam, aber nicht stark genug, um eine Reihe von Hd-Antworten hervorzurufen, so kann sie sich in der Weise auswirken, dass die Vp. „die Neigung zeigt, zu weiteren Deutungen nur dunkle Bildteile auszuwählen, obschon dann der Dunkelwert dieser Bildteile nicht mehr in die Klexerfassung aufgenommen wird und daher auch nicht in der Deutung erscheint, die demnach nicht als Hd zu bewerten ist". Auch diese Vp. sind meist ängstliche, chronisch verstimmte Menschen.

10. *Der überkompensierte Dunkelschock* ist das Analogon zum überkompensierten Farbenschock; nur ist er bedeutend häufiger als jener. Auch hierzu gehört wieder zweierlei: Deutliche Zeichen von Dunkelschock und eine Zusammenballung der guten Originalantworten speziell bei diesen Tafeln.

Dies ist *nicht* das, was BINDER als Überkompensierung einer primär erlebten Stimmung durch „sophropsychische Hemmungen" bezeichnet (a. a. O., S. 255 bis 256). Dort (bei BINDER) handelt es sich um die Unterdrückung der Auswirkung einer dysphorischen *Stimmung* (S. 255), hier, bei unserem überkompensierten Dunkelschock, um die Unterdrückung einer *Angst*. Doch sind die beiden Erscheinungen sehr nahe verwandt und kommen bisweilen auch nebeneinander

---

[1] DAVID KATZ, Gestaltpsychologie, Basel, 1961, S. 83.
[2] PETER MOHR, Die schwarze und dunkle Farbe der Rorschach-Tafeln, Rorschachiana II, Bern, 1947, S. 24—36.
[3] A. a. O., S. 242.

in demselben Protokoll vor. Gemeinsam ist ihnen, dass es sich in beiden Fällen um die Auswirkung einer *sthenischen* Charakterkomponente handelt (auch BINDER spricht von „Versuchspersonen mit stärkeren sthenischen Einschlägen", S. 255), um Menschen, die durch die Angst *zu aktivem Wirken angespornt* werden, die vielleicht gerade dann besondere Leistungen entwickeln, wenn sie „unter Druck" gesetzt werden.

11. *Das Brechungsphänomen.* In einigen Fällen (nicht in allen!) des Zusammentreffens von Farben- und Dunkelschock in demselben Protokoll sehen wir die eigentümliche Erscheinung, dass die beiden Schockwirkungen miteinander in Interferenz treten. Wir nannten diese Erscheinung *Brechungs- oder Interferenzphänomen* [1]. Eine ganz natürliche *Nachwirkung* des Dunkelschocks besteht ja darin, dass das Auftreten der Farben als eine Erleichterung empfunden wird. Der Alpdruck der dunklen Farbe weicht, die Vp. kommt gewissermassen „auf Chaussee", und die Assoziationen fliessen wieder leichter. Diese Nachwirkung kann bisweilen so stark sein, dass sie den gleichzeitig vorhandenen Farbenschock, der sonst bei Tafel VIII aufgetreten wäre, hemmt („suspendiert"), so dass dieser erst bei Tafel IX oder sogar erst bei Tafel X zum Vorschein kommt. Dies ist das *Brechungsphänomen VIII.* Es ist dabei nicht notwendig, dass der Dunkelschock bei allen dunklen Tafeln feststellbar ist, er braucht nicht einmal immer bei Tafel VII sichtbar zu sein. Es genügt, wenn er z. B. bei Tafel IV deutlich sichtbar ist. Das Brechungsphänomen kann bisweilen so kräftig sein, dass die Vp. die Farben überhaupt erst bei Tafel IX *bemerkt,* so wenn eine Phobikerin Tafel IX mit den Worten begrüsst: „Jetzt fängt es an, etwas mehr Couleur zu bekommen", oder wenn ein selbstunsicherer Mann zu IX bemerkt: „Na, jetzt ist da Farbe drauf."

Es kann aber auch das Umgekehrte eintreten, dass ein starker Rot- oder Farbenschock den Dunkelschock bei Tafel IV suspendiert. Dann hätten wir das *Brechungsphänomen IV.* Dies ist bedeutend seltener. Hin und wieder kommt das Brechnungsphänomen auch bei *beiden* Tafeln vor. Dies wäre dann das *Doppelbrechungsphänomen* (bei IV *und* VIII).

Rein technisch ist das Brechungsphänomen dadurch festzustellen, dass bei der betreffenden Tafel (IV oder VIII) kein Dunkel-, bzw. Farbenschock zu sehen ist, während dies bei den folgenden Tafeln der Fall ist. Die *extremste Form,* die nicht gar so selten vorkommt, wäre die, dass z. B. beim Brechungsphänomen VIII Tafel VIII eine oder mehrere „normale" Antworten enthält (F+ oder FFb+ oder gar B+), während IX und X Versager sind. Bisweilen ist der vorhergehende Dunkelschock so stark, dass mehrere oder gar alle Tafeln von IV—VII ebenfalls Versager sind. Es gibt (freilich seltene) Fälle, bei denen nur zu den Tafeln II und VIII überhaupt noch Antworten gegeben werden. Andererseits gibt es *Übergangsfälle,* bei denen zwar Tafel VIII Zeichen von Farbenschock *zeigt* (z. B. eine ablehnende Bemerkung, oder die Tiere kommen nicht als erste Antwort), wo aber die Schocksymptome bei Tafel IX und eventuell auch X so entschieden stärker sind (Versager oder viele schlechte Formen bei guten Formen zu VIII), dass man das Brechungsphänomen noch gerade erkennen kann. Dann empfiehlt es sich, zu notieren „*Brechungsphänomen angedeutet*". Bei der Protokol-

---

[1] EWALD BOHM, Der Rorschach-Test und seine Weiterentwicklung. Rorschachiana I, Bern, 1945.

lierung des Brechungsphänomens unter den besonderen Phänomenen ist immer in Parenthese anzugeben, ob bei IV, VIII oder bei beiden Tafeln.

Man kann es manchmal erleben, dass eine besonders intellektualisierte Vp. den ganzen Vorgang introspektiv *beschreibt*. So reagierte z. B. eine Psychologin mit einer Mischneurose in folgender Weise: Tafel II: „Blutflecken", dann Subjektkritik, Deskription und Symmetrie und schliesslich: „weibliches Becken, mit grosser Phantasie". Tafel III: „Das ist ja 'ne komische Figur", dann wieder „Beckenpartie" und dann vier andere Antworten, darunter das seitliche Rot als „Tintenkleckse". Tafel IV hatte Dunkelschock mit tiefem Seufzer und Umkehrung der Sukzession (D, G, G), Tafel VI: „Hier seh' ich erst mal gar nichts", wieder Dunkelschock. (Dann kam die „Schildkröte".) Und nun Tafel VIII: „Das ist lustig in den Farben. Während die anderen mich an Blutflecken erinnert haben, ist das lustig. Es ist auch ein ganz anderes Rot." Darauf folgten die seitlichen Tiere als erste Antwort und drei weitere Antworten, davon allerdings zuletzt die Zwischenfigur in Blau als „mathematische Figur, Dreieck" (Orig.—). Bei Vorlegung der Tafel IX aber bemerkt die Vp. sofort: „Das ist wieder was, was mir nicht gefällt, bisschen düster und verwischt". Dann kommt: „wieder die Blutfarbe" und (zu Grün) „Gewitterwolken". Erst dann folgen mehr „normale" Antworten. Und bei Tafel X heisst es: „Das ist wieder lustig, aber nicht so *ganz* wie das erste. Wenn diese rote Farbe nicht so ins Violette ginge, würde sie mir gefallen." In wunderschöner Weise lässt sich in diesen introspektiven Betrachtungen verfolgen, wie die Farben bei Tafel VIII (trotz noch ganz leichten Farbenschocks) ganz anders (im Sinne einer Erleichterung) erlebt werden als bei den anderen Farbtafeln.

Um den beim Brechungsphänomen wirksamen psychischen Mechanismus zu verstehen, müssen wir eine Anleihe bei der *Biologie* machen. Wie SHERRINGTON bei seinen Versuchen über die Kollision inkompatibler Reflexe gezeigt hat, besteht eine *Präpotenz der sogenannten nozizeptiven Reflexe*, d. h. der Reflexe, die der Sicherung gegen eine Schädigung des Gesamtorganismus dienen [1]. Wird z. B. bei einer Katze durch Kitzeln zuerst der GOLTZ'sche Kratzreflex des Hinterbeins ausgelöst, der den Juckreiz beseitigen soll, und wird dann *vor* Ablauf des Kratzreflexes die andere Hinterpfote durch einen Nadelstich gereizt, dann wird der Kratzreflex gehemmt, da durch den *Fluchtreflex*, den der Schmerz ausgelöst hat, jetzt eine tonische Streckung des Hinterbeines eintritt. Dies ist nur ein Sonderfall vom „Gesetz des Primats der phylogenetisch jüngeren Triebe", da ja die nozizeptiven Reflexe, welche die Gesamtinteressen des Organismus vertreten, eine höhere Integrationsstufe darstellen als der nur lokale Kratzreflex. Dies Verhältnis kann sich aber umkehren, wenn der Kratzreflex besonders *dringlich* wird. In solchen Fällen kann auch einmal der Reflex einer höheren Integrationsstufe unterliegen. Man kann also sagen, das *Dringlichkeitsgesetz geht* dem Gesetz des Primats der phylogenetisch jüngeren Triebe *vor*.

Was aber geschieht mit dem Kratzreflex, wenn der Fluchtreflex abgelaufen ist? Es tritt eine *Nachentladung* („after-discharge") ein, d. h. der vorher gehemmte Kratzreflex tritt *spontan* wieder in Erscheinung, bis auch er abgelaufen ist [2].

---

[1] RUDOLF BRUN, Biologische Parallelen zu Freud's Trieblehre, Wien, 1926, S. 16, und: Allgemeine Neurosenlehre, Basel, 1946, S. 256.
[2] RUDOLF BRUN, Biologische Parallelen, S. 18, und: Allgemeine Neurosenlehre, S. 259.

Wirkt aber der Kitzelreiz des Kratzreflexes während und nach dessen Hemmung weiter, so tritt eine *Stauung* der dauernd weiter erzeugten Erregung ein (BRUN, Neurosenlehre, S. 261), der hernach eine *stärkere* Entladung folgt.

Wir haben beim Brechungsphänomen ganz analoge Verhältnisse. Was können wir nun aus dieser Analogie zur Reflexkollision schliessen? Das verspätete Auftreten des Farbenschocks bei Tafel IX oder X infolge der Hemmung durch die Nachwirkung des Dunkelschocks entspricht der *Nachentladung*, und da der dem Farbenschock adäquate Reiz (die Farben) bei Tafel VIII, also während der Hemmung, die ganze Zeit wirksam ist, tritt auch meist die Stauungswirkung ein, die gewöhnlich in einer deutlichen Verstärkung des Farbenschocks, bisweilen bis zum völligen Versagen, bei Tafel IX (und eventuell auch X) zum Ausdruck kommt. Auch beim Brechungsphänomen IV kann oft eine solche Verstärkung beobachtet werden, indem dann bisweilen schon bei Tafel V ein deutlicher Dunkelschock auftritt, in einem Stärkegrade, wie es sonst nur bei Tafel IV und VI der Fall zu sein pflegt. — Wenn wir also das Brechungsphänomen als eine Interferenz zweier miteinander kollidierender psychischer Impulse auffassen können, kann auch *das Dringlichkeitsgesetz zur Anwendung gebracht* werden, m. a. W. aus dem Brechungsphänomen lässt sich das *gegenseitige Stärkeverhältnis* des Farben- und Dunkelschocks im konkreten Einzelfalle ablesen. *Beim Brechungsphänomen VIII überwiegt der Dunkelschock, beim Brechungsphänomen IV der Farben-, bzw. Rotschock*, beim Doppelbrechungsphänomen halten sich beide die Waage. Und in Anbetracht der physiologischen Verhältnisse beim Dunkelschock ist der Verdacht berechtigt, dass bei Vorkommen des Brechungsphänomens VIII meist eine stärkere Akzentuierung der *konstitutionellen* Komponente des betreffenden Zustandes vorhanden ist. Dies ist differentialdiagnostisch und prognostisch von grösster Wichtigkeit. (So sind z. B. Phobien *ohne* Brechungsphänomen VIII für Psychotherapie viel leichter zugänglich als solche *mit* dem Phänomen.) Entsprechend ist das Brechungsphänomen IV ein Hinweis auf eine stärkere Beteiligung des Milieufaktors. Hier wird im allgemeinen eine noch günstigere Prognose zu stellen sein als beim völligen Fehlen des Brechungsphänomens.

12. *Der Blauschock bzw. Grünschock.* Ähnlich dem Rotschock gibt es auch einen Blauschock und einen Grünschock, die sich vielleicht nicht scharf voneinander trennen lassen. Manchen Vp. sind die blauen Teile sichtlich zuwider, und sie lehnen sie ausdrücklich ab. „Die blaue Farbe hier irritiert mich", „Es geniert mich, dass das da Blau ist", „Das Blaue kann ich nicht deuten" sind Beispiele solcher Ablehnung. Der Blauschock kann natürlich nur bei Tafel VIII und X vorkommen. Er ist auch dann anzunehmen, wenn die Vp. „grün" sagt, aber das Blaue meint. Beim Z-Test zeigt sich natürlich nur der reine-Grün-Schock.

Der Blauschock ist recht selten, und über seinen Symptomwert lässt sich noch nicht viel sagen. Er scheint in gewissem Sinne eine Parallele zum Dunkelschock zu sein und steht ihm jedenfalls näher als dem Farbenschock. Auf jeden Fall ist auch er von einem Gefühl der Unbehaglichkeit begleitet.

FRITZ SALOMON [1] fand den Blauschock bei Männern mit starker Kastrationsangst während des Sexualverkehrs (infolge von vagina-dentata-Phantasien); meist war die Potenz vermindert, oder es bestand ejaculatio praecox. Frauen mit Blau-

---

[1] FRITZ SALOMON, Fixations, régressions usw., S. 255.

schock hatten dem Manne gegenüber einen unbewussten Kastrationswunsch (Rachetypus des Penisneids) und waren orgastisch impotent.

SALOMON sah Grün- und Blauschock oft zusammen und meint, es handle sich ursprünglich um eine orale Libido-Fixierung. Er fand den Grün- bzw. Blauschock bei Neurotikern mit schweren Produktionshemmungen oder Neigung zu depressiven Verstimmungen sowie bei weiblicher (manifester oder latenter) Homosexualität und bei manifesten oder latenten Psychosen. Gleichzeitig mit dem Rotschock fand er den Grünschock bei Angst vor oraler Zerstückelung[1].

13. *Der Braunschock.* In seltenen Fällen ist auch ein Braunschock beobachtet worden, der jedoch vorzugsweise beim Bero-Test und beim Z-Test vorzukommen scheint, gelegentlich aber auch bei Rorschach's Tafeln IX und X. Auch hier wieder findet sich ausdrücklich Ablehnung der braunen Kleckse. Die Erscheinung wurde von SALOMON[2] bei analerotischen Fixierungen mit Reaktionsbildung beobachtet, d. h. bei Zwangsneurotikern, latent oder manifest Homosexuellen und Bisexuellen und bei psychosomatischen Leiden des Gastro-Intestinaltraktes, im letzten Falle meist zusammen mit starkem Farben- und (oder) Rotschock. Bei Braunschock ohne Rotschock handelt es sich meist nur um Bisexualität oder um eine Kampfeinstellung gegen homosexuelle Gefahren, bei Braunattraktion plus Farbenschock um latente Homosexualität[3].

14. *Der Weißschock* ist eigentlich ein Spezialfall des Sexualsymbolstupors. Wegen seiner psychologischen Eindringlichkeit und seinen spezifischen Symptomwerten gebührt ihm aber eine selbständige Stellung unter den besonderen Phänomenen. Die Bezeichnung wurde aus Gründen der Dezenz in Analogie zum Farben-, Rot- und Dunkelschock gewählt; die etwas obszöne Bezeichnung „Lochschock" wäre faktisch korrekter.

Der Weißschock besteht in einem eigentümlich ambivalenten Verhalten der Vp. den Zwischenfiguren gegenüber: Sie wirken anziehend, und die Vp. beschäftigt sich eingehend mit ihnen, aber es gelingt ihr nicht, eine Deutung zu finden. Bisweilen kommt es schliesslich zu einer Verlegenheitsdeutung (gewöhnlich „Loch"). Die Vp. sagt z. B., auf eine Zwischenfigur zeigend: „Dies hier", stutzt dann und fährt fort: „ich finde das sehr interessant, es hat etwas Anziehendes, wirkt unmittelbar sympathisch auf mich, aber ich weiss nicht, was es sein soll. ... ein Loch vielleicht."

Der Weißschock ist schon bei Männern ziemlich selten und bei Frauen noch mehr. Über seinen Symptomwert, den wir in „Rorschachiana I" noch als „äusserst unsicher" bezeichneten, lässt sich jetzt mit ziemlicher Sicherheit folgendes sagen:

Bei *Männern* ist der Weißschock gewöhnlich Ausdruck einer spezifischen Form von Sexualangst, der *Angst vor dem weiblichen Genitale*. Sie führt entweder zur Kontaktangst den Frauen gegenüber und infolgedessen zu sexueller Zurückgezogenheit (*Ehehemmung* sensu HITSCHMANN) oder zu einer ausgesprochen ambivalenten Einstellung zur Frau, zur „*neurotischen Kampfehe*" oder schliesslich zur *paranoiden Misogynie*. Alle Schattierungen kommen faktisch vor. Hinter dem Symptom steckt also der „Hass der Geschlechter", die „Angst vor dem Geschlechtspartner", dessen eigentliche Ursache besondere Schwierigkeiten bei der

---

[1] FRITZ SALOMON, Fixations, régressions usw., S. 255, 256, 257, und: Ich-Diagnostik, S. 29, 30.
[2] FRITZ SALOMON, Fixations, régressions usw., S. 256, und: Ich-Diagnostik, S. 30/31.
[3] FRITZ SALOMON, Ich-Diagnostik im Zulliger-Test, Bern, 1962, S. 36 und 201/202.

Verdrängung der gegengeschlechtlichen Komponente in der seelischen Entwicklung sind [1]. Je stärker die weiblichen Identifikationen in der Psyche des Mannes wirksam sind, desto krampfhafter muss er diese femininen Tendenzen verdrängen, um „Mann" sein zu können. Der Hass gegen die Frauen der Umgebung ist also die *Projektion* des Hasses gegen die Frau im eigenen Inneren. KAREN HORNEY [2] zieht es vor, vom „*Misstrauen zwischen den Geschlechtern*" zu reden, zu dem sie verschiedene Wurzeln nachweist, vor allem die *Kastrationsangst* des Mannes, der sich vom Weibe bedroht und geschwächt fühlt, und, was häufig vergessen wird, den *Gebärneid des Mannes*. Der Frauenhasser bekämpft also nicht nur ein Stück seines Selbst, sondern er entwertet auch, was er fürchtet und beneidet. Im tiefsten Grunde der Seele spukt hier natürlich die *uralte tabuistische Angst vor dem Weibe*, die primitive Blutangst vor der menstruierenden Frau und ihrem bösen Blick [3]. Noch im Mittelalter bestanden enge Beziehungen zwischen Prostitution und Hexen-, Teufels- und Zauberwahn, und in dieser Gedankenwelt war die Versuchung durch das Weib gleichbedeutend mit der Versuchung durch den Teufel [4]. In den seelischen Tiefen des modernen Mannes ist diese Gleichsetzung noch keineswegs ausgestorben. Die Angst vor der Frau ist auch eine Angst vor der Rückkehr in den Mutterleib, die eine Wiedergeburt bedingen würde [5].

Tatsächlich finden sich in den Protokollen von Männern mit Weißschock nicht selten B Orig.+, die auf weibliche Identifikationen schliessen lassen, und dass bisweilen auch der untere Ausschnitt der Tafel VI mit seinen Zähnen und Krallen den Weißschock auslösen kann, ist sicher kein Zufall. Die nicht seltene, gewöhnlich aber tief verdrängte „Vagina dentata"-Phantasie mancher Männer mit Kastrationsangst kann hier sehr wohl mit im Spiele sein.

Bei *Frauen* mit Weißschock finden sich gewöhnlich deutliche Züge *männlicher Identifikation* mit einer *unbewussten Ablehnung der weiblichen Rolle* und ihrer biologischen Funktionen. Die Einstellung dieser Frauen ist aber weniger eine krampfhafte Unterdrückung des Männlichen als vielmehr ein krampfhaftes Nicht-Weib-sein-Wollen, eine Verleugnung der Femininität. Es ist dies also *nicht* der reziproke Mechanismus zum Weißschock des Mannes. Der Weißschock bedeutet *immer* einen *Kampf gegen das Weibliche*, bei *beiden* Geschlechtern.

15. *Der Leerschock*. Dieses dem Weißschock äusserlich zwar ähnliche, aber deutlich von ihm verschiedene Phänomen wurde zuerst von M. ORR beobachtet und „choc au vide" genannt. Es wurde später von LOOSLI-USTERI in einer ausführlichen Studie beschrieben [6]. Während ORR den Leerschock streng auf Tafel VII begrenzt wissen will, versteht LOOSLI-USTERI darunter „jede stupuröse Reaktion bei Tafeln, die durch eine grosse Höhlung gekennzeichnet sind, namentlich bei den Tafeln VII und IX", also: Versager oder anfängliche Versager, verlängerte

---

[1] Siehe HANS VON HATTINGBERG, Psychoanalyse und verwandte Methoden, in „Die psychischen Heilmethoden", Leipzig, 1927, S. 219.
[2] KAREN HORNEY, Das Misstrauen zwischen den Geschlechtern. Die psychoanalytische Bewegung, Bd. 2, 1930, S. 521—537, insbesondere S. 531 und 534/535.
[3] Siehe MAGNUS HIRSCHFELD und BERNDT GÖTZ, Sexualgeschichte der Menschheit, Berlin, 1929, S. 23 ff. FREUD sieht in dieser Blutscheu der Primitiven einen Schutz gegen eine ursprüngliche Mordlust (Das Tabu der Virginität, Gesammelte Werke, Bd. 12, S. 166.)
[4] MAGNUS HIRSCHFELD, Geschlechtskunde, 3. Band, Stuttgart, 1930, S. 333.
[5] HANS ZULLIGER, Das Kind in der Entwicklung, Bern, Stuttgart, Wien, 1969, S. 62.
[6] MARGUERITE LOOSLI-USTERI, A propos du choc au vide, Rorschachiana IV, Bern, 1954, S. 21—43.

Reaktionszeit, Unruhe, Ausrufe des Missfallens, Objekt- oder Subjektkritik, die erste Deutung in c-Lage, quantitative oder qualitative Assoziationsarmut, ferner: Reminiszenzen aus Kinderbüchern oder Spielzeug-Deutungen, Spiegelungen und anale Antworten als Zeichen „momentaner Regression", Antworten mit aggressivem Inhalt und schliesslich eine spezifisch dysphorische Verarbeitung der „Frauen"-Deutung zu Tafel VII. Nach Orr äussert sich der Leerschock auch in Tier-, Pflanzen-, Objekt- oder Knochendeutungen an Stelle der weiblichen Vulgärdeutung (sogenannte Degradationen und Devitalisationen), bzw. in F— und F±, Dzw- oder DZwG-Antworten. Die „Devitalisation" der Frau Orr entspricht dem Begriff der *„Deanimierung"*, der Substitution eines leblosen Objektes für ein lebendiges, der von Th. F. French in „The Integration of Behavior, Vol. II" aufgestellt wurde. Sie ist ein Zeichen *starker Abwehr*[1].

Es ist unmittelbar einleuchtend, dass die Hauptschwierigkeit bei der Diagnostizierung dieses Phänomens in der Abgrenzung gegenüber dem Farbenschock (bei Tafel IX) und eventuellen Ausläufern des Dunkelschocks (bei Tafel VII) besteht. Treten Schockerscheinungen ausschliesslich bei VII und IX auf, würde dies für Leerschock sprechen, die Schock-Kombination IV und IX dagegen mehr für Dunkel- und Farbenschock mit Brechungsphänomen VIII. Doch können Farben- und Leerschock bei Tafel IX auch kumulativ auftreten. Nur sehr geübte Kenner werden bei diesen Schwierigkeiten im Einzelfall eine Entscheidung treffen können.

Der Leerschock deutet nach Loosli-Usteri stets auf „gestörte Beziehungen zum mütterlichen Element". Orr (briefliche Mitteilung) betrachtet ihn in seiner ursprünglichen Form (nur bei Tafel VII) als „ein Symptom eines Verlassenheitskomplexes und einer negativen Mutterimago". Er sei das Hauptsymptom des Erlebnisses des Liebesentzuges durch die Mutter und seiner neurotischen Folgen (herabgesetzte Liebesfähigkeit). — Diese Beobachtung kann als wertvolle Anregung betrachtet werden, aber mit einer gewissen Einschränkung. Denn Tafel VII ist geradesowenig „die" Muttertafel (Orr, Fred Brown) wie Tafel IV „die" Vatertafel ist. Wohl gibt die Tafel VII durch ihre Zwischenfigur (Uterus-Symbol) und das weibliche Sexualsymbol in Schwarz Mitte sowie durch ihre weibliche Vulgärdeutung vielfältige Gelegenheit zu Frauen- oder Mutterassoziationen. Es sind deshalb aber noch nicht alle Menschen neurotisch, die diese Gelegenheit nicht benutzen. Auf Vater- oder Mutterkonflikte darf also nur dann geschlossen werden, wenn der Inhalt der Deutungen zu IV, bzw. VII direkt oder symbolisch Veranlassung dazu gibt. Man hüte sich vor „wilden" Deutungen[2].

16. *Der „choc kinesthésique"*. Wie Rorschach bereits erkannt hatte, kann nicht nur das Affektleben, die extratensive Seite des Erlebnistypus, sondern auch die kinästhetische Resonanz, die *introversive* Seite des Erlebnistypus, Gegenstand von neurotischen Verdrängungsprozessen sein (Rorschach, S. 191). Es ist heute üblich, diese B-Verdrängung mit Loosli-Usteri als „*choc kinesthésique*" zu be-

---

[1] Ulrich Moser, Psychologie der Partnerwahl, Bern, 1957, S. 122, 123, 197.
[2] In völlig gleichem Sinne hat sich auch Roy Schafer zu dieser Frage geäussert. Er schreibt (in "Psychoanalytic Interpretation in Rorschach Testing", New York, 1954, S. 146) hierüber: "But if the responses are remote from 'mother' themes, if they include, for example, only clouds (W), a map (W), an animal head (middle $1/_3$), a butterfly (lower $1/_3$) and a vagina (lower middle), how are we to know that these responses are in reaction to or in any way involve a latent mother image?"

zeichnen [1]. Er besteht darin, dass bei *sonst* kinästhetischer Veranlagung bei den auf Kinästhesien berechneten Tafeln (I, II, III und IX) keine B-Deutung gegeben wird und auch sonst das allgemeine Deutungsniveau merklich sinkt (Dd-, Do-Deutungen, banaler Inhalt usw.).

Man muss sich aber darüber im klaren sein, dass hier *nicht*, wie beim Farben- und Dunkelschock, wo die bunte Farbe oder das Dunkle die Schockwirkung auslöst, die Kinästhesie das *auslösende* Moment ist. Vielmehr handelt es sich hier um eine besondere Form einer Schock*wirkung*, die in der Verhinderung des Zustandekommens einer B-Deutung besteht. (Die B kommen ja nicht von aussen an die Vp. heran — ein Klecks hat eine Farbe, aber keine Kinästhesie —, sondern sie werden *von innen* in die Deutung hineingelegt.) Was diese Hinderung einer kinästhetischen Resonanz bewirkt, d. h. die äussere auslösende Ursache des „choc kinesthésique", dürfte in den meisten Fällen die rote Farbe bei Tafel II und III sein, in anderen Fällen die dunkle Farbe der Tafel I, bzw. die Mehrfarbigkeit der Tafel IX. Es ist also der „choc kinesthésique" nur eine Sonderform des Rotschocks, bzw. Dunkel- oder Farbenschocks, die herauszuheben sich insofern lohnt, als in ihr *eine besondere Form der Angstabwehr* zu sehen ist, die dem Totstellreflex der Tiere entsprechende Versteifung oder „*Panzerung*" *der Muskulatur*. Wir finden den „choc kinesthésique" daher hauptsächlich bei den steifen *Zwangsneurotikern oder Zwangscharakteren* mit allgemeiner Hypertonie [2].

ZULLIGER sieht in der B-Verdrängung ein Zeichen mangelnder affektiver Einsicht in das eigene Innere. Es handelt sich um Menschen, die sich vor ihrem Unbewussten fürchten, die nicht über sich nachdenken wollen. Meist ist die B-Verdrängung auch Teil eines Intelligenzhemmungssyndroms. Bei Pubertierenden, die sexuelle Phantasien abzuwehren suchen, fand er dieses Symptom (z. B. das Fehlen des G B + V zu III) so häufig, dass es fast als „normal" zu gelten hat [3].

17. *Simultan- und Sukzessiv-Kombinationen.* Über die kombinatorischen G ist oben (Kapitel 4) bereits das Nötige gesagt. Auch D-Antworten können natürlich Kombinationen enthalten, was namentlich bei den DZwD gewöhnlich der Fall ist.

Unter „Besondere Phänomene" wird nur vermerkt, ob und wie viele Kombinationen vorkommen, und ob es sich um Simultan- oder Sukzessivkombinationen oder beides handelt. Der Unterschied dieser beiden Arten ist kaum von entscheidender Bedeutung. Höchstens kann man sagen, dass die Simultankombination künstlerisch etwas höher steht und ein Zeichen von gutem organisatorischem Überblick ist.

18. *Deskriptionen.* Zahlreiche „Zwischenbemerkungen" und „Nicht-Antworten", denen man keine Formel gibt, sind nichtsdestoweniger von diagnostischer Bedeutung. Hierher gehören die Deskriptionen. Auch hier ist es notwendig, in Parenthese die Tafeln anzuführen, wo die Deskriptionen vorkommen. Man schreibt z. B. „6 Deskriptionen (I, III, IV, 2 × IX, X)". Daraus lässt sich im allgemeinen ersehen, ob es sich um eine Wirkung des Dunkel- oder Farben-

---

[1] MARGUERITE LOOSLI-USTERI, Le diagnostic individuel chez l'enfant au moyen du Test de Rorschach. Paris, 1938, 2. Aufl., S. 36.
[2] Diese Hypertonie kann mit Hilfe des sogenannten Sicherheitsmarginals quantitativ bestimmt werden. Siehe DAVID KATZ und GEORG KORJUS, Muskeltonus der Hand und Sicherheitsmarginal. Acta paedriatrica, 1943, S. 378—397.
[3] HANS ZULLIGER, Der Zulliger-Tafeln-Test, 2. Aufl., Bern, 1962, S. 55/56, 139, 152.

schocks handelt. Bei den farbigen Tafeln sind nämlich die Deskriptionen eine Abart des Farbenschocks, die zumeist bei solchen Menschen vorkommt, die ihre verdrängten Gefühle verintellektualisieren oder ästhetisieren. Sie *registrieren* statt zu erleben. Auch sind die Deskriptionen ganz allgemein ein Anzeichen *gehemmter Aggression* [1].

Eine besondere Rolle scheinen die *Helldunkeldeskriptionen* zu spielen. Deskriptionen bei den schwarzen Tafeln sind gewöhnlich rein formaler Art („Hier in der Mitte geht ein Strich, und an den Seiten sind grössere und kleinere Ausbuchtungen" und dergleichen). Wo die Deskription sich auf die Schattierung *selbst* bezieht, ist dies daher als „Helldunkeldeskription" besonders zu vermerken (z. B. „6 Deskriptionen, darunter 2 Helldunkeldeskriptionen"). RORSCHACH hat sie noch meist als Fb signiert, z. B. zu Tafel IV: „Zwei Farben, bald heller, bald dunkler"; G Fb Farbe, Tafel VI: „Zwei Farben, bald heller, bald dunkler, auf beiden Seiten schön gleich": G Fb Farbe, und Tafel VII: „Schwarz und grau, hellschwarz": G Fb Farbe, und man *kann* sie bisweilen (so wie in RORSCHACH's Beispielen) auch als Farbnennungen signieren. Es kommt auf die Formulierung an. Meist haben sie aber nicht diese Formulierung, sondern etwa folgende: „Zweierlei übereinander, das Dunkle und das Helle" oder „Schöne Schattierungen" und dergleichen. In dieser eigentlichen Form stehen sie BINDER's Helldunkelnennungen sehr nahe und sind wohl eigentlich mit ihnen identisch. Es ist faktisch meist Geschmackssache, ob man eine Bemerkung als Helldunkelnennung oder als Helldunkeldeskription bezeichnen will, zumal aus BINDER's Abhandlung nicht hervorgeht, ob er diese Bemerkungen als Antworten rechnet (dann wäre ein minimaler Unterschied zur Helldunkeldeskription vorhanden) oder nicht.

Es hat den Anschein, als ob den Helldunkeldeskriptionen ausser der Aggressionshemmung noch andere Symptomwerte zukommen. Doch lassen sich bisher noch keine klaren Linien für diese Symptomwerte abstecken. Neben einem starken Dunkelschock kann eine Tendenz zu Helldunkeldeskriptionen wohl ein Ausweichen vor den angsterregenden dunklen Klecksen darstellen, in dem sich ein Angstschutzmechanismus widerspiegelt. Nicht selten findet sich diese Form der Helldunkeldeskription bei schizoiden Persönlichkeiten. SALOMON will beobachtet haben, dass bei Helldunkeldeskriptionen mit Hervorhebung des Dunkelcharakters die Gefahr von „depressiven Zusammenbrüchen" bestehe [2].

19. *Kinetische Deskriptionen.* In ziemlich seltenen Fällen trifft man auf deskriptive Deutungen, die eine mechanische Bewegung im Bilde beschreiben, ohne dass diese an konkrete Gegenstände gebunden ist. Die Vp. sieht z. B. in Tafel VIII „Eine saugende Bewegung durch die Mitte, als ob ein Luftstrahl hindurchgeht", oder sie findet bei Tafel X „etwas Rotierendes mit einem Zentrum" oder (bei der gleichen Tafel): „Es ist, als wenn Gas und Luft ein Mundstück verlässt" und dergleichen. BECK's Beispiel „a certain pull toward the center" [3] gehört ebenfalls in diese Kategorie.

Diese Bemerkungen haben nicht das geringste mit Kinästhesien zu tun (also nicht: „kinästhetische" Deskriptionen!). Sie sind mit den ähnlichen, von KLOPFER eingeführten b-Antworten (amerikanisch: m) (fallende Gegenstände und der-

---

[1] Siehe HANS ZULLIGER, Einführung in den Behn-Rorschach-Test, S. 69, 169 und 180.
[2] FRITZ SALOMON, Ich-Diagnostik im Zulliger-Test, Bern, 1962, S. 60.
[3] SAMUEL J. BECK, Rorschach's Test, I. Basic Processes, S. 93.

gleichen) keineswegs identisch, sondern sind nur als Bemerkungen aufzufassen, nicht als Antworten. Dies ist praktisch besser, da ihr Erfassungsmodus meist gar nicht feststellbar ist. Sie stehen am nächsten wohl noch den Abstraktionen, stellen aber doch eine spezifische Kategorie der Deskriptionen dar. Auch RORSCHACH fasste Antworten wie: „Im ganzen der Eindruck des Mächtigen in der Mitte, an dem alles hält" (Tafel IV) und „Eine symmetrische Figur mit sehr stark ausgeprägter Mittelachse, um die sich alles anreiht", als „nicht formulierbare Deutung" auf, „die zu den deskriptiven Antworten gehört" (S. 185, 186). Er stellt diese Deskriptionen dann aber in Parallele zu den Abstrakta (S. 212).

Bei solcher Verwandtschaft zwischen kinetischen Deskriptionen und Abstrakta ist es wohl auch kein Zufall, dass wir die kinetischen Deskriptionen bisher fast ausschliesslich bei Schizophrenen und bei schizoiden Persönlichkeiten angetroffen haben. Und wenn KLOPFER behauptet, seine m seien der Ausdruck innerer Spannungen und Konflikte[1], so weist dies ja in eine ähnliche Richtung. Auch FRED BROWN, der diese Art Deskriptionen besonders bei Tafel X beobachtet hat (z. B. „Alles scheint sich nach der Spitze zu zu bewegen"), hält sie für ein Zeichen „schizophrener affektiver Prozesse"[2]. TSCHUDIN, der das Phänomen ebenfalls beobachtet hat (aber von den B-Deutungen nicht aussondert), führt es auf eine Unfähigkeit zurück, vitale Bewegungserlebnisse zu gestalten[3]. Man kann jedoch aus dem Vorkommen von kinetischen Deskriptionen *allein* natürlich niemals auf Schizophrenie oder Schizoidie schliessen, wird diese Bemerkungen aber doch ganz allgemein als einen *Baustein des schizoiden Syndroms* (s. u.) betrachten dürfen.

20. *Die Pseudo-Fb* sind Farbantworten, die an der Grenze zur blossen Deskription stehen und jedenfalls nicht die unmittelbare Lebendigkeit der „echten" Farbantworten haben. Die ganze Kategorie ist nicht sehr wichtig, da diese Antworten sich, ohne dass ein grösseres Unglück entsteht, meist ebensogut als Deskriptionen behandeln lassen. In sehr seltenen Fällen sind sie aber besser nicht als Deskriptionen, sondern als richtige Antworten zu verrechnen. Ton und Tempo der Diktion können entscheidend sein. „Blutflecken" ist unzweifelhaft ein „echtes" FbF, die Antworten „rote Kleckse" oder „ausgelaufene rote Tinte" oder „rote Figur" sind zwar formal noch FbF, nähern sich aber bedenklich den Deskriptionen. Eine seltenere Form ist „rote Abbildung", z. B. für Rot Mitte der Tafel III: „Abbildung des unteren Schwarz (Mitte) in Rot". Diese Antworten können nicht mit den echten FbF gleichgestellt werden, sondern stehen den Farbnennungen und den intellektuellen Helldunkeldeutungen näher. Bei Vorkommen solcher Pseudo-Fb (meist FbF) berechnet man am besten (wie bei Farbnennungen) zwei Erlebnistypen und richtet sich in der Auswertung nur nach dem restriktiven, aus dem die Pseudo-Fb ausgesondert wurden.

Der Symptomwert der Pseudo-Fb ist ähnlich dem der Deskriptionen.

21. *Die Farbnennungen.* Über die Abgrenzung der Farbnennungen von blossen Zwischenbemerkungen ist oben unter „Was ist eine Antwort?" das

---

[1] KLOPFER and KELLEY, The Rorschach Technique, S. 279/280.
[2] FRED BROWN, An Exploratory Study of Dynamic Factors in the Content of The Rorschach Protocol, Journal of Projective Techniques, Vol. 17, 1953, S. 277.
[3] ARNOLD TSCHUDIN, Chronische Schizophrenien im Rorschach'schen Versuch, in: Psychiatrie und Rorschach'scher Formdeutversuch, Zürich, 1944, S. 98.

Nötige bereits gesagt. BINDER [1] und andere sprechen den Farbnennungen den Symptomwert der echten Farbantworten (der reinen Fb) mit Recht ab. Man richte sich daher bei der Auswertung nach dem „kleinen" (von den Farbnennungen bereinigten) Erlebnistypus.

Farbnennungen kommen vor: bei Oligophrenie (gewöhnlich nur bei den mittelschweren und schwereren Graden), bei Epilepsie, bei organischer Demenz (und entsprechend nach dem Elektroschock) [2], bei schizophrener Demenz und unter Normalen nur bei Schizoiden und (häufiger noch) bei Ixothymen. Bei Kindern bis zum Alter von 5 Jahren sind sie „normal". (Siehe S. 351.)

22. *Primitive Hd-Deutungen.* Es empfiehlt sich, auch BINDERS primitive Hd-Deutungen in der Aufstellung der besonderen Phänomene zu vermerken. Wegen ihrer Beziehung zur Haltlosigkeit und zur Ich-Schwäche kommt ihnen wie den ihnen nahestehenden amorphen Schwarz- und Graudeutungen OBERHOLZER's diagnostisch und vor allem prognostisch und für Eignungsprüfungen ein hoher Wert zu (siehe S. 74 sowie dieses Kapitel, Nr. 50). Schon eine einzige Antwort dieser Kategorien ist wichtig, und es ist daher ein „technischer" Vorteil, sie nicht in der blossen Aufstellung des Formalpsychogramms eventuell zu „verlieren".

23. *Die intellektuellen Helldunkeldeutungen* von BINDER sind aus der Verrechnung ja nicht ersichtlich. Ihr eventuelles Vorkommen im Protokoll ist daher in der Aufstellung der besonderen Phänomene zu vermerken.

Sie deuten nach BINDER (a. a. O., S. 25) auf ein Streben der Versuchsperson hin, „etwas besonders Originelles zu sagen, durch besonderes Wissen und Bildung Eindruck zu machen". Sie finden sich daher, ähnlich wie die ihnen nahestehenden Deskriptionen, häufig bei jenen neurotischen „Klugscheisser"-Typen, die eine pseudowissenschaftliche Fassade zur Versteckung ihrer inneren Unsicherheit vor sich selbst und anderen benutzen.

24. *Die sophropsychischen Hemmungen* BINDER's sind sthenische Gegenfaktoren in der Psyche der Vp., die ablehnend und überkompensierend gegen die Tendenz zur dysphorischen Stimmungslabilität eingesetzt werden. Diese Gefühlsablehnung geht vom Ich aus und verbindet sich „mit einer starken Energie des ‚intelligenten Strebens' ", d. h. mit bewussten Abwehrtendenzen (daher der Name). Dieses Streben nach Selbststeuerung schafft kompensatorische Tendenzen, die sich im *Inhalt* der Schattierungs- und Helldunkeldeutungen zu kennen geben [3]. Bei den *Schattierungsdeutungen* [F(Fb)+] zeigt der Inhalt entweder eine *gewollte Sachlichkeit* (z. B. „Kochtopf mit überkochender Milch"), oder sie sind *in die Ferne gerückt* (z. B. „Abendsonne auf einer fernen Gebirgskette am Horizont"). Bei den *Helldunkeldeutungen* zeigt sich die *Ablehnung* der Stimmungsauswirkung entweder in *örtlichem oder zeitlichem Abstand* zum gedeuteten Gegenstand [4] (z. B. „ferner Steppenbrand", „Mondlandschaft") oder in einer *symbolischen*

---

[1] HANS BINDER, Die Helldunkeldeutungen usw., S. 24.
[2] HANS LÖWENBACH and C. J. STAINBROOK, Observations on Mental Patients after Electro-Shock (Vortrag), zitiert nach KLOPFER and KELLEY, The Rorschach Technique, S. 332.
[3] HANS BINDER, Die Helldunkeldeutungen im psychodiagnostischen Experiment von Rorschach. Schweizer Archiv f. Neur. und Psychiatrie, Bd. 30, 1933, S. 235, 236, 252—256.
[4] Auch die räumliche Distanz im Traume hat (nach TH. F. FRENCH, The Integration of Behavior, Vol. I, S. 133) eine ähnliche Bedeutung wie die Deanimierung (Substitution durch leblose Objekte). (Siehe auch Nr. 15, Leerschock). (ULRICH MOSER, Psychologie der Partnerwahl, Bern, 1957, S. 123.)

Darstellung der Distanzierung (z. B. „sich abwendende Figur in einer bedrückenden Landschaft") oder in *gewollt nüchterner Sachlichkeit* (z. B. „die Nivellierwellen auf der Karte einer fremdartigen Insel") oder schliesslich im plötzlichen Auftauchen einer *DZw*-Deutung oder *gekünstelten* F-Deutung. Eine dieser Gefühlsablehnung verwandte *Überkompensierung* zeigt sich bei den Helldunkeldeutungen in einer Art intellektueller Hd-Deutung monumentaler *Bauwerke*, meist in etwas gekünstelter Weise und häufig unmittelbar nach einer mehr stimmungsbetonten („echten") Hd-Deutung (siehe das unter Symptomwert der Architekturdeutungen Gesagte), bisweilen aber auch in der Verwendung von *religiösen Symbolen* (z. B. „über den Wolken schwebende Madonna" oder: „Das Bild des Kreuzes erhebt sich über den Rauchwolken der Hölle"). Der örtliche Abstand zeigt sich oft in der Form von Deutungen „aus der Vogelschau" oder „vom Flugzeug aus". Flieger, die gewohnt sind, ganze geographische Gebiete aus grosser Höhe zu übersehen, geben oft Landkartendeutungen vom Flugzeug aus, die sehr oft gar keine FHd-Deutungen sind. Hier liegt dann natürlich *keine* sophropsychische Hemmung vor.

Wo solche sophropsychischen Hemmungen vorkommen, kann man immer mit *sthenischen Charakterkomponenten* rechnen, wodurch sich die Prognose günstiger gestaltet. (Wichtig für die Beurteilung der Psychotherapie-Indikation.)

25. *Verarbeitete FbF oder HdF*. Ein Phänomen, das BINDER's sophropsychischen Hemmungen sachlich nahe verwandt ist, sind die verarbeiteten FbF und HdF. Es sind dies Antworten, die „eigentlich" hätten FbF oder HdF werden „sollen", die aber in statu nascendi infolge der Wirksamkeit sthenischer Persönlichkeitsfaktoren „aufgefangen" und in FFb oder FHd umgeformt werden. Sie müssen auch als FFb, resp. FHd signiert werden, sind dann aber in der Liste der besonderen Phänomene zu vermerken.

Verarbeitete FbF kommen nicht selten bei Tafel II vor, wenn die roten Kleckse zunächst als Blutflecken aufgefasst, dann aber in eine überwiegend formbestimmte Antwort hineinkomponiert werden. Dazu gehören Antworten, wie „Zwei Bären, die sich schlagen; sie stossen so heftig zusammen, dass das Blut spritzt". Die Blutkomponente hier gesondert zu signieren, also die Antwort aufzusplittern, würde der kompositorischen Leistung dieser Antwort nicht gerecht werden. Es ist der Vp. ja eben gelungen, die Blutdeutung zu „mildern" und sie in einen höheren Zusammenhang einzubeziehen. (Die Tendenz zur Blutdeutung bei II ist aber trotzdem bei der Auswertung zu berücksichtigen; oft werden sich phobische Tendenzen im Charakter der Vp. zeigen.) Ein anderes Beispiel wäre die Antwort „Eine Malerei mit verschiedenen fremdartigen Vögeln, die um eine Blume herumschwirren" zum Ganzen der Tafel X in c-Stellung.

Ganz ähnlich ist das Zustandekommen der *verarbeiteten HdF*. Auch hier besteht zunächst die Tendenz, ein HdF zu deuten. Die Vp. ist aber offenbar selbst mit dieser Leistung unzufrieden und versucht nun mit Erfolg, der Antwort ein stärkeres Formgepräge zu geben. So war die Antwort zum Ganzen der Tafel VI in c-Stellung: „Der Auspuff aus einem Rohr von irgendeiner Kriegsmaschine (der sonst obere Ausläufer), und das (Hauptteil) wäre der Rauch" sicherlich ursprünglich als HdF aufgefasst; es ist der Vp. aber gelungen, die diffuse Rauchdeutung vermittels des DG-Mechanismus (das Rohr als Katalysator) in eine wenn auch etwas „künstliche" FHd-Deutung zu verwandeln. Ein anderes Beispiel ist die Deutung (ebenfalls zu Tafel VI, aber in d-Stellung, von der Mittellinie ausgehend): „Das könnte so sein, wie wenn ein Zug dahinfahren würde und viel Dampf macht; er fährt durch Wasser, das hier spritzt (Flügel des Ausläufers), und das spiegelt sich im Wasser" (DG FHd+ Ldsch. Orig.+). Noch ein schönes Beispiel zu Tafel IV der Bero-Serie sei angeführt: „Das ist eine Wolkenbildung, und die beiden untersten hier (die Männlein) sind zwei Piloten, die mit einem Fallschirm abspringen."

In seltenen Fällen kann der Verarbeitungsprozess dazu führen, dass die ursprünglich als HdF aufgefasste Deutung allmählich, während sie ausgesprochen wird, zu einer richtigen Schattierungsdeutung umgebaut wird. Es kann dann eine jener seltenen Ausnahmen entstehen (von denen BINDER spricht), in denen auch *grössere* Teile oder ganze Tafeln zu F(Fb) werden. Beispiel: „Spiegelbild einer Grotte; rechts und links vorstehende Felsen, die sich scharf abheben von einer Höhle, die in der Mitte in die Tiefe führt" (Bero, Tafel VI, d). Die Versuchsperson erklärte dazu in der inquiry, dass sie zuerst nur den allgemeinen Helldunkeleindruck hatte, dass aber die einzelnen Teile des Bildes während der Deutung immer schärfer hervortraten.

Auch die verarbeiteten FbF und HdF spiegeln eine sthenische Tendenz zur Beherrschung affektiver Ausbrüche und Stimmungen wider. Es gelingt diesen Menschen, wenn auch vielleicht in etwas krampfhafter Weise, ihrer Affektregungen und dysphorischen Stimmungen Herr zu werden und sich den Anforderungen der Realität anzupassen. Es ist deshalb auch nicht verwunderlich, dass diese Antworten bisweilen in Protokollen vorkommen, wo sich auch BINDER's sophropsychische Hemmung findet, und dass übrigens auch beide Arten (verarbeitete FbF *und* HdF) im gleichen Protokoll vorkommen können. Auch diese Antworten sind für die Prognose von praktischer Bedeutung.

26. *Die Impressionen* ZULLIGER's (oder auch „Empfindungsdeutungen", wie er sie bisweilen nennt) sind deskriptive Antworten, die eine Impression zum Gesamteindruck einer Tafel wiedergeben (Bero-Test, S. 55/56, 71/72, 104, 107). Sie sind nicht mit Formeln zu versehen, man notiert nur „Impression". Beispiele: „Duftige, zarte Farben", „Chaotisch", „Schmutzig", „Frühlingsstimmung", „Sommerliche Farben mit festlichem Eindruck", „Etwas Wehmütiges, Trauriges, etwa ein Tännchen im Nebel oder Schnee, Winter, Kälte". Sie sind meist eine Form des Farben- oder Dunkelschocks *künstlerisch* Veranlagter oder *Ästheten* und deuten, wenn sie gehäuft vorkommen, auf eine übertriebene Empfindsamkeit hin, wie sie sich oft bei Menschen findet, die dauernd in Stimmungen schwelgen und darüber das Handeln vergessen.

27. *Die Symmetriebetonung* (im RORSCHACH-Slang kurz „Symmetrie" genannt) ist ein sehr gewöhnliches Phänomen. Die mehr gebildeten Versuchspersonen sagen oft direkt: „Die Tafel ist symmetrisch", oder „Hier herrscht strenge Symmetrie" und dergleichen, andere sagen vielleicht nur: „Das ist gleich auf beiden Seiten", „Beide Seiten sind eins" usw. Manche Vp. untersuchen genau, *ob* die Tafel nun auch streng symmetrisch ist, und stellen dann vielleicht triumphierend eine kleine Abweichung fest. Auch die blosse Konstatierung: „Die Tafel ist *nicht* ganz symmetrisch", ist als Symmetrie zu buchen.

Der Symptomwert der Symmetriebetonung ist etwas verschieden, je nach der Art ihres Auftretens. *Gelegentliche* vereinzelte Symmetriebetonung ist meist nur ein Schocksymptom, eine Ausfüllung der Einfallsleere, und hat darüber hinaus wenig Bedeutung. Das krampfhafte *Suchen* nach Symmetrie ist nach ZULLIGER (Bero-Buch, S. 71) ein Zeichen innerer Unsicherheit, eine Angst vor der eigenen Impulsivität, und es findet sich häufig bei Psychasthenikern. Und schliesslich ist die stereotype *Wiederholung* der Symmetriebemerkungen bei den meisten oder gar allen Tafeln und womöglich noch mit genau denselben Worten meist ein Zeichen einer epileptiformen Psyche (Epileptiker und Ixothyme). Das gleiche gilt von einer vierten Form der Symmetriebetonung, der *„Reklamation wegen mangelnder Bildsymmetrie"* („Warum sieht man das nicht auf der anderen Seite?"), die nach ZULLIGER (Tafeln-Z-Test, S. 82) ausser bei Epileptikern und Ixothymen bei Schizophrenen und Schizoiden gelegentlich vorkommt.

Um diese Stereotypie beurteilen zu können, sollen auch bei der Symmetrie in der Aufstellung der besonderen Phänomene die Tafeln in Klammern angegeben werden, z. B. „Symmetrie (I, II, IV, V, VI 2×, IX)".

Auch das *Nichtsehen der Symmetrie* (wenn also von zwei symmetrischen Figuren nur die eine erfasst wird) scheint von Bedeutung zu sein. Nach SALOMON lässt es auf ein narzisstisches Ich schliessen, d. h. auf Schwierigkeiten bei der Objektbindung[1].

28. *Die „Oder"-Antworten* sind allgemein bekannt, wenn auch ausserhalb der amerikanischen Literatur, wo sie „precision alternatives" genannt werden (BECK), wenig beachtet. Sie liegen nur vor, wenn die Vp. zwei oder drei Antworten mit „oder" dazwischen unmittelbar in einem Zuge gibt, z. B. „Eine Fledermaus oder ein Schmetterling", „Ein Berg oder vielleicht lieber ein grosser spitzer Hut". Wenn nach Abschluss einer Antwort nach neuer Überlegung eine zweite Deutung gegeben wird, liegt keine „Oder"-Antwort vor. Es empfiehlt sich, für die Oder-Antworten *zwei* Formeln zu geben, auch wenn beide Teile wie bei „Fledermaus oder Schmetterling" V-Antworten sind. Die Verdoppelung des V entspricht in diesen Fällen ja faktisch der Banalität der Einfälle.

Die „Oder"-Antworten sind nach ZULLIGER (briefliche Mitteilung) immer ein Zeichen einer gewissen Unsicherheit im Urteil oder von „Verantwortungsscheu" (Angst, sich festzulegen) und sind von uns oft bei Psychasthenikern, selbstunsicheren Psychopathen und ängstlichen Neurotikern beobachtet worden.

Es ist hierbei aber immer auf die Formulierung sowie auf den Inhalt zu achten. Nur *ähnliche* Antworten (wie z. B. „Krabbe oder ein Polyp" zu X Blau, aussen) sowie unsichere Formulierungen („Meertier oder so was") sprechen mehr für Unsicherheit, während Antworten mit weiter auseinanderliegendem Inhalt mehr für Einfallsreichtum sprechen. Nach MORGENTHALER (briefliche Mitteilung) ist diese Erklärung sogar die häufigere. Bei derartigen Personen fand er manchmal eine ganze Reihe solcher Antworten mit „oder" aneinandergereiht. Auch hier entscheidet wieder das „Fingerspitzengefühl".

29. *Die perspektivischen Antworten* kommen meist bei kombinierten DZwD- oder DZwG-Antworten oder bei Schattierungsdeutungen [oft als DZwF(Fb)+]

---

[1] FRITZ SALOMON, Ich-Diagnostik im Zulliger-Test, Bern, 1962, S. 110.

vor, finden sich aber gelegentlich auch bei reinen Formdeutungen. Ihr Symptomwert entspricht in gesteigertem Masse dem der Architektur-Deutungen und der Bauwerke bei sophropsychischer Hemmung: Ein Gefühl innerer Haltlosigkeit soll überkompensiert werden (RORSCHACH, S. 199/200). Wie die sophropsychische Hemmung des „Abstandnehmens" drücken auch die perspektivischen Deutungen ein „In-den-Hintergrund-Rücken" aus. Sie sind nach ZULLIGER deshalb ganz allgemein als Anzeichen einer Verdrängungstendenz zu betrachten[1].

30. *Pedanterie der Formulierung*, kurz „Pedanterie" genannt, ist eine besondere, weitschweifige, steif stereotype Diktion mit sorgfältiger Beschreibung aller möglichen Einzelheiten. Bald überwiegt die stereotyp-genaue Wiederholung einer Formulierung, bald mehr die Weitschweifigkeit. Beispiel: Tafel II: „Ja, hier ist auch Symmetrie vorhanden, senkrechte Achse ... die schwarze Farbe nicht gleichmässig aufgetragen", Tafel III: „Ja, da haben wir wieder Symmetrie, senkrechte Achse, dieselben Farben aufgetragen, das Schwarze etwas kräftiger aufgetragen ... Das Rote ist auch ungleichmässig aufgetragen...", Tafel IV: „Da ist wieder Symmetrie und mit senkrechter Achse, das ist in Schwarz gehalten" usw. usw.

Wie aus der klinischen Psychiatrie bekannt, ist diese pedantische Weitschweifigkeit ein Kennzeichen genuiner oder läsioneller Epilepsie oder epileptiformer Charakterveränderung. Infolgedessen kommt sie auch oft mit stereotyper Symmetriebetonung und Farbnennung zusammen vor. (Das Beispiel stammt von einer läsionell-ixophrenen Pseudopsychopathie.)

31. *Konfabulationen* finden sich nicht nur in den DG—, sondern auch schlechte G-, D- und DZw-Antworten können Konfabulationen enthalten. Dies sind Orig.—, die völlig unmotiviert aus der Luft gegriffen sind. Beispiele: Tafel II, Schwarz: „Eichhörnchen" D F— T Orig.—, Tafel V: „Da ist etwas von einem Hirsch darin" DG F— T Orig.—, b-Stellung: „man kann auch einen Löwen herausbekommen" G F— T Orig.— (Encephalose); oder: Tafel II, Zwischenfigur: „Ein Vogel" DZw F— T Orig.—, Tafel IV: „Eine Ratte" G F— T Orig.—, Tafel VII, c-Stellung: „Ein Hase" DG F— T Orig.— (haltlos-pseudologische Psychopathie bei 15jährigem Mädchen); Tafel I: „Ein Kamel" DG F— T Orig.—, Tafel VII, obere Drittel: „Zwei Känguruhs" D F— T Orig.—, untere Drittel: „Zwei Hasen" (lateraler Teil der oberen Kontur = Köpfe, die Ohren der richtigen Kaninchen in c-Stellung = Beine) (pseudologische Psychopathie der Zwillingsschwester der vorigen Vp.).

Es gibt auch, freilich *sehr* selten, konfabulatorische DdZw, so z. B. wenn zu einem Teil der Zwischenfigur im Roten der Z-Tafel II (B 5/6) jemand sagt: Kopf eines Stieres von vorne mit den Hörnern. In diesem Falle wäre also zu signieren DdZw F— Td Orig.—.

Auch die *konfabulatorischen Kombinationen* (siehe Kapitel 4) sind in der Aufstellung der besonderen Phänomene zu erwähnen.

32. *Kontaminationen* sind ebenfalls nicht immer G, sondern kommen auch bei D-Antworten vor.

---

[1] HANS ZULLIGER, Schwierige Kinder, S. 138, ferner: Psychoanalyse und Formdeutversuch, Psyche, 1950, S. 850.

Die Kontaminationen alter Schizophrener sind *oft zugleich Neologismen*. Dies kommt bei *gesunden* Schizothymen und Schizoiden wohl *nie* vor. Hier hat die Kontamination meist eine mehr realitätsangepasste Form (z. B. Rot oben bei Tafel III: „ein affenartiges Tier mit Vogelflügeln, ein Fabeltier") oder die abgeschwächte Form der nicht ganz seltenen Kreuzungen, Mischungen und „Zwischendinge". In allen diesen Fällen ist die Realitätskontrolle deutlich gewahrt, der Deutende empfindet *selbst* diese Mischungen als nicht realitätsgerecht.

In sehr seltenen Fällen können „echte" Kontaminationen sozusagen in statu nascendi beobachtet werden. Es sind dies die von HOLT und NEIGER[1] beschriebenen *Transformationen*, bei denen sich die Deutung noch während des Deutungsprozesses verwandelt (z. B. „Zuerst dachte ich, es wären Seepferdchen, aber jetzt haben sie sich in Hunde mit langem Schwanz verwandelt"). Es kommt hierbei aber sehr genau auf die Formulierung an (wörtliche Protokollierung!). Eine Antwort wie „Was ich vorher Moses genannt habe, könnte auch ein Teufel sein", ist *keine* Transformation. Die echten Transformationen sind nach NEIGER stets Zeichen einer schizophreniformen Denkstörung, auch wenn sie vielleicht einmal ausnahmsweise bei einem „Normalen" vorkommen sollten.

Wie die Zahl- und Lageantworten kommen auch die Kontaminationen gelegentlich bei vorschulpflichtigen Kindern vor, und zwar besonders bei fünfjährigen Kindern und vorzugsweise bei Mädchen. AMES et alii[2] führen Beispiele an wie „butterfly-map", „dog-map" oder „horsefly". Auch dies ist wieder ein Hinweis darauf, dass manche Reaktionen der Schizophrenen wahrscheinlich als Regression auf eine frühkindliche Entwicklungsstufe aufzufassen sind.

Konfabulationen und Kontaminationen sind streng auseinanderzuhalten. Sie *können* zusammenfallen, dies ist aber faktisch ziemlich selten, da die Bestandteile der Kontaminationen für sich allein meist gute Formen sind.

33. *Die sekundären B* sind zwar schon in der Verrechnung anzuführen [man schreibt z. B. „B = 5 (1—, 2 sek.)"], werden aber wegen ihrer grossen diagnostischen Bedeutung in der Aufstellung der besonderen Phänomene am besten nochmals erwähnt. Obwohl sie auch bei Manikern vorkommen sollen, liegt ihr praktisch wichtigster diagnostischer Wert zweifellos in ihrer Beziehung zur Epilepsie. In den seltenen Fällen, wo sie bei Normalen vorkommen, sind sie deshalb fast immer ein Hinweis auf ixothyme Charakterzüge, und gewöhnlich sind dann auch andere Symptome vorhanden, die in diese Richtung weisen.

Die äusserst seltenen *konfabulierten F-B* sind ebenfalls unter den besonderen Phänomenen aufzuführen, um bei der Beurteilung des Gesamtbildes nicht übersehen zu werden. Sie dürften in normalen Protokollen wohl niemals vorkommen; sie finden sich gelegentlich bei Schizophrenen, hin und wieder aber auch bei Epileptikern (GUIRDHAM).

34. *Die unterdrückten B* sind eine äusserst seltene Erscheinung und können vom Anfänger getrost ausser acht gelassen werden.

---

[1] ROBERT R. HOLT, Primary and Secondary Processes in Rorschach Responses, Journ. of Proj. Techniques, Vol. 20, 1956, S. 21 und STEPHEN NEIGER, Introduction to the Rorschach Psychodiagnostic, Part II, Specific Reactions, Toronto, 1956, S. 99/100.
[2] AMES, LEARNED, MÉTRAUX, WALKER, Child Rorschach Responses, New York, 1952, S. 179, 280/281.

Wie bereits in „Rorschachiana I" mitgeteilt wurde, kommt es hin und wieder vor, dass Deutungen, die unzweifelhaft *als B entstanden* sein müssen, dann schliesslich doch in einer Formulierung vorgebracht werden, die sie ihres kinästhetischen Charakters wieder beraubt. Das kinästhetische Moment wird vom Bewusstsein abgewiesen, man will das Erlebnis nicht wahrhaben, und das Lebendige der Deutung wird sozusagen künstlich „totgeschlagen". Die unterdrückten B sind dadurch der Gegensatz zu den sekundären B: Das kinästhetische Erlebnis der sek. B kommt zustande, *nachdem* die Deutung bereits ausgesprochen ist; bei den unterdrückten B ist das Kinästhesie-Erlebnis bereits verlorengegangen, wenn die Deutung formuliert wird, aber es war *vor* der Deutung vorhanden.

Beispiele: Grosser seitlicher Ausläufer der Tafel IV: „Schatten von jemand, der einen Berg hinaufsteigt" (FHd+); grosser seitlicher Ausläufer der Tafel VI: „Steinernes Monument, eine gebückte Gestalt darstellend" (F+). Man müsste schon ein Pygmalion oder ein Rodin sein, um sich mit einem Stein identifizieren zu können. Aber bevor die Deutung zum Stein *wurde*, war die Identifikation da. Ähnlich ist es, wenn der „strammstehende Soldat" (Schwarz im oberen Ausläufer der Tafel VI) zum Zinnsoldaten wird (F+).

Es ist wichtig und manchmal schwierig, die unterdrückten B *von den verdrängten B zu unterscheiden*. Bei der B-Verdrängung, dem „choc kinesthésique", ist niemals ein B dagewesen; Antworten wie „Karikaturen von zwei Männern mit langen Hälsen" zu Tafel III oder „Vogelscheuche" zu Tafel IV setzen einfach keine Kinästhesie voraus. Dagegen ist bei den unterdrückten B ein kinästhetisches Erlebnis zuerst wirklich dagewesen, es ist dann aber wieder *wegretuschiert* worden. F-Antworten zu Tafel III sind meistens B-Verdrängungen; doch ist es faktisch einmal vorgekommen, dass jemand auch die Männer dieser Tafel als unterdrücktes B gedeutet hat, nämlich als: „Schattenbilder von zwei Personen, die ein Gefäss vom Boden heben". Dass bei den unterdrückten B wirklich zuerst ein B-Erlebnis *dagewesen* ist, lässt sich aus einem Beispiel ersehen, wo der ganze Vorgang sich sozusagen unter der Zeitlupe abspielt. Dieser Grenzfall findet sich in BECK's Lehrbuch[1] und lautet: „Looks like two women making faces at each other ... or the statues of two women making faces at each other ... or the busts of two women making faces at each other ... mounted peculiarly on a rock."

Im Gegensatz zu BECK halten wir es für das Richtigste, diese Antworten *als F (bzw. FHd) zu verrechnen*. Man kann dann „unt. B." darüber schreiben, und jedenfalls ist das Vorkommen solcher Antworten in der Aufstellung der Phänomene zu vermerken.

Wie in FREUD's kleinem Aufsatz „Die Verneinung"[2] diese als ein Kompromiss zwischen intellektueller Anerkennung und affektiver Ablehnung behandelt wird, fassen wir auch diese Erscheinung der unterdrückten B als einen Kompromiss auf: Das natürliche Erleben wagt sich schon mit einer Kinästhesie hervor, die aber von einem noch nicht ganz gebrochenen Widerstand noch abgewiesen wird. Genauer ausgedrückt: Diese Antworten spiegeln den Kampf wider zwischen zwei psychischen Tendenzen, dem Bekenntnis zu einer Haltung oder der Identifikation mit einer Person und dem Widerstand, der diese Haltung oder diese Identifikation noch im Unbewussten verdrängt halten will. Aber der Wider-

---
[1] SAMUEL J. BECK, Rorschach's Test, I. Basic Processes, New York, 1944, S. 103.
[2] SIGMUND FREUD, Gesammelte Werke, Bd. 14, S. 11—15.

stand ist schon zu schwach, und es kommt zum „*Durchbruch des Verdrängten*". Diese Antworten werden nämlich fast ausnahmslos von Vp. gegeben, die sich entweder in psychotherapeutischer Behandlung oder in einer Lebenskrise befinden, die sie zwingt, eine bisher eingenommene neurotische Einstellung aufzugeben. So deutet z. B. eine 19jährige Dame, deren Ablösung von der elterlichen Autorität zwar im Gange, aber immer noch nicht gelungen war, die sich also noch wie ein unselbständiges Kind benahm, zum unteren Teil des „Stuhlbeins" der Tafel VI: „Eine Kinderfigur mit rundem Kopf und kleinem Körper, *kein lebendiges Kind*." Die unterdrückten B sind also Anzeichen eines *Auflockerungsprozesses*, der alte Hemmungen löst, sie sind wichtige Komplexantworten, deren Inhalt uns oft gestattet, zu erraten, welches Problem jetzt die Vp. in der Behandlung oder im Leben gerade innerlich beschäftigt. Man kann sagen: Die *verdrängten* B sind Zeichen einer *Hemmung*, sie sind kausal zu verstehen und weisen in die *Vergangenheit*; die *unterdrückten* B sind Zeichen einer *Lösung*, sie sind final zu verstehen und weisen in die *Zukunft*. Das verdrängte B zeigt uns nur den abgeschlossenen neurotischen Prozess, das unterdrückte B die im Gange befindliche Heilung oder Umstellung. Es ist deshalb auch nicht so merkwürdig, dass *beide* Arten von Antworten *bisweilen im gleichen Protokoll* vorkommen, so wenn die Vp., von der die Antwort „Schatten eines Bergsteigers" stammt, vorher zu Tafel III die Deutung „zwei Marionetten" gibt (F, B-Verdrängung).

Nicht mit den unterdrückten B zu verwechseln sind die bereits beim Leerschock erwähnten *Devitalisationen* (LOOSLI-USTERI)[1] (= *Deanimierungen* sensu FRENCH). Hierzu gehören alle Statuen, Zeichnungen, Karikaturen, Schattenbilder usw. von menschlichen oder tierischen Figuren. Die Devitalisation ist also der weitere Begriff. Alle unterdrückten B sind Devitalisationen, aber nicht alle Devitalisationen sind unterdrückte B. Die meisten sind B-Verdrängungen. Sie sind nach LOOSLI-USTERI ganz allgemein ein Zeichen von *Kontaktangst*. Diese negative Bedeutung haftet auch den unterdrückten B noch an, nur ist die Prognose bei diesen günstiger.

Es scheint übrigens auch *unterdrückte Bkl.* zu geben, z. B. zu den grauen Figürchen der Tafel VII, Mitte unten.

35. *Die B mit zweierlei Sinn* sind von ZULLIGER im Textbuch zum Bero-Test beschrieben worden (S. 61). ZULLIGER gibt folgendes Beispiel: Tafel III: „Zwei Männer wollen sich die Hände reichen — oder sie fahren beide zurück." Ein anderes Beispiel wäre: Tafel VII, c-Stellung: „Zwei Mädchen, von denen die eine eine einladende, die andere eine abweisende Gebärde macht." (Die Antwort stammt natürlich von einer Dame.) Nach ZULLIGER handelt es sich hier um Verschleierungstendenzen dem eigenen Inneren gegenüber, also um ein Nicht-Sehenwollen. Es sind also hier *Flucht-* oder *Spaltungstendenzen* am Werke. Wir finden diese Antworten daher bei *Neurotikern*, bei *schizoiden* Charakteren (beides kann ja zusammenfallen) und, wenn es sich um zwei entgegengesetzte Stimmungen handelt (Lachen-Weinen), bei *Amphithymikern*.

36. *Die BFb mit Körperempfindungen* werden ebenfalls von ZULLIGER im Bero-Buch erwähnt (S. 62). Er gibt als Beispiel eine Antwort zu Tafel III: „Zwei arme, frierende, zerlumpte Kaminfeger wärmen sich am Feuer."

---

[1] MARGUERITE LOOSLI-USTERI, Manuel pratique du Test de Rorschach, Paris, 1958, S. 94, deutsche Ausgabe, S. 80.

Derartige Antworten lassen auf die Fähigkeit zur Begeisterung und *Ekstase* schliessen, wobei unter Ekstase jede schöpferische Exaltiertheit im guten oder schlechten Sinne zu verstehen ist.

Die Ekstase spielt eine wichtige Rolle in der modernen Sozialpsychologie. Sie ist, wie KAREN HORNEY [1] dies sehr plastisch darstellt, der stärkste Ausdruck der „dionysischen" (im Sinne NIETZSCHE's) Tendenz, in einem grösseren Zusammenhang (Gott, Welt, Natur oder Staat als Religionsersatz) aufzugehen und unterzutauchen. Diese Tendenz ist das, was wir auch mit „Sich-Verlieren" bezeichnen. Sie ist verwandt mit dem Masochismus.

37. *Die Perseveration.* Unter Perseveration versteht man das Beharrungsvermögen der Vorstellungsinhalte, d. h. ihre Tendenz, sich von selbst dem Bewusstsein wieder aufzudrängen[2]. Sie ist eine unerlässliche Voraussetzung des Lernvorgangs. Im klinischen Sinne gebraucht man den Ausdruck aber gewöhnlich nur im Sinne eines *erhöhten* Beharrungsvermögens, so auch hier.

Wenn man beim Rorschach-Test kurz von „Perseveration" spricht, ist in erster Linie an die Perseveration des *Inhalts* der Deutungen gedacht. Diese kann streng genommen in drei verschiedenen Formen auftreten. Hierzu kommen noch zwei Formen von formalen Perseverationstendenzen. Wir haben also eigentlich *fünf verschiedene Formen von Perseveration.*

a) Die stärkste ist die sogenannte *grobe (organische) Form* der Perseveration. Hier kehrt derselbe Deutungsinhalt bei zwei oder mehreren *aufeinanderfolgenden* Deutungen wieder, wobei er nicht selten von einer Tafel auf die nächste übergeführt wird. In den schwersten Fällen kann zu allen 10 Tafeln dieselbe Deutung gegeben werden („monotypical record"). Diese Form ist immer, auch in leichteren Andeutungen, verdächtig auf eine *organische (läsionelle) Störung,* doch kann sie auch bei *Epilepsie* vorkommen (die übrigens in den USA ebenfalls zu den „organischen" Geisteskrankheiten gerechnet wird), und sie findet sich auch hin und wieder bei *Schizophrenen* und bei *Oligophrenen.* Auch bei diesen beiden Gruppen können monotypical records vorkommen[3].

b) Ist diese grobe Form die für Organiker (im engeren Sinne) am meisten typische, so tritt die Perseveration bei genuinen *Epileptikern* gewöhnlich doch mehr in einer anderen Variante auf, dem sogenannten *Kleben am Grundthema* (BOVET)[4]. Die Vp. antwortet dann nicht mit genau der gleichen Deutung, z. B. „Hundekopf", hält sich aber an ungefähr dieselbe Inhalts-Kategorie, die nur wenig variiert wird, z. B. „Pferdekopf", „Katzenkopf", „Schlangenkopf", „Krokodilkopf" usw., alles Tierköpfe. Schlägt sie dann endlich ein neues Thema an, etwa Blumen, so wird auch dieses eine Weile beibehalten (Rosen, Kornblumen, Löwenmaul usw.). Dazwischen kommen dann gewöhnlich auch einzelne „richtige" Perseverationen vor.

c) Eine abgeschwächte Form der Perseveration, die bei leichteren Fällen epileptischer und organischer Schädigungen sehr häufig vorkommt, ist die Perseve-

---

[1] KAREN HORNEY, The Neurotic Personality of Our Time, hier wiedergegeben nach der schwedischen Ausgabe, S. 196/197. — Siehe auch ERICH FROMM, Die Furcht vor der Freiheit.
[2] Grundlegende Untersuchung: ARTHUR WRESCHNER, Die Reproduktion und Assoziation von Vorstellungen, 1907—1909.
[3] SAMUEL J. BECK, Rorschach's Test. II., New York, 1949, S. 45 und 59.
[4] TH. BOVET, Der Rorschach-Versuch bei verschiedenen Formen von Epilepsie. Schweizer Archiv f. Neur. u. Psychiatrie, Bd. 37, 1936, S. 156/157.

ration vom „*Wiederkäuertypus*" (BOHM). Hier kommt zwar dieselbe Antwort mit genau gleichem Inhalt wieder, es liegen aber mehrere andere Deutungen dazwischen. Dabei geht es nach dem Motto zu: „Und wenn man nicht mehr weiter kann, dann fängt man wieder von vorne an." Eine blosse Häufung gewisser *Vulgärantworten* genügt aber *nicht* (z. B. zweimal „Fledermaus" zu I und zu V, zweimal „Tierfell" zu IV und zu VI). Sagt aber jemand zweimal „Eine Brücke über einen Fluss" oder „ein Kirchturm" oder „der Schwanz eines Vogels", also nicht *ganz* gewöhnliche Antworten, so ist Perseveration anzunehmen, auch wenn mehrere andere Deutungen dazwischen liegen. *Gelegentlich* ist aber auch diese nur komplexbedingt und nicht organisch oder gar schizophren. Es ist stets auf Form und Inhalt zu achten. Namentlich sind Anat.- oder Sex.-Antworten als *einzige* Perseverationen vom Wiederkäuertypus meist nur neurotisch.

Bei *Kindern* bis zum ersten Schuljahr ist Perseveration physiologisch.

d) Eine zwar nur formale Perseveration, aber von spezifisch epileptischer Färbung ist die von GUIRDHAM [1] beschriebene *perceptional perseveration*. Sie liegt in der *Art* der Erfassung. Die Vp. wählt dann ganz ähnlich geformte Teile (meist D oder Dd) aus, die sie aber verschieden deutet. Einer findet alle ähnlich geformten Halbinseln heraus, ein anderer alle abgerundeten Ausbuchtungen usw. Besonders schön sichtbar wird die „perceptional perseveration" manchmal bei den Erfassungsoriginalen, so wenn jemand z. B. zuerst bei Tafel I das Schwarz in Mitte unten zusammen mit den beiden unteren Zwischenfiguren als eine Ente deutet (Kopf unten) und dann die Zwischenfigur in Tafel II zusammen mit der schwarzen Spitze (Kopf) und der mittleren Partie des Rot Mitte (Beine) als eine Gans. Oder jemand deutet zuerst die Zwischenfigur im Blau der Tafel VIII zusammen mit der medialen Partie des Grau als einen „grotesken Kopf mit sehr hoher Stirn, eine Karikatur des Schwedenkönigs Gustav" und dann die mediale Partie des mittleren Grau der Tafel X als eine „komische Figur mit Zylinderhut, wie man sich in einem Lachspiegel sieht". Ein anderes Beispiel (allerdings keine Erfassungsoriginale) wären die beiden Deutungen „Eine Adlerfigur mit dem Kopf nach rechts" zum Ganzen der Tafel I in c-Stellung und „Ein fliegender Mensch, das Gesicht nach rechts, mit künstlichen Pferdeohren" zum Ganzen der Tafel V, wobei jedesmal der kleine unsymmetrische Fleck am Kopfe beachtet wurde.

e) *Die Perseveration der erfassten Teile* ist die schwächste, ebenfalls nur formale Art der Perseveration. Hier liegt die Perseveration überhaupt nicht mehr in der Deutung. Sie besteht darin, dass die Vp. an *demselben Klecksteil* haftet und *mehrere Deutungen* dazu gibt. Sie kann sich von einem einmal gedeuteten Detail nicht so rasch wieder losreissen. So entstehen dann bisweilen eine ganze Reihe kleiner „Serien" von zwei und mehr Deutungen zu den gleichen Details (und natürlich auch zu den ganzen Tafeln). In ausgesprochenem Grade kommt die Perseveration der erfassten Teile vorzugsweise bei normalen Ixothymen vor, also bei normalen Vp. mit gewissen epileptoiden Charakterzügen. Doch findet sie sich bisweilen auch bei anderen.

Die verschiedenen Deutungen zu denselben Details können untereinander erheblich abweichen. Auf die Ähnlichkeit des Inhalts kommt es dabei gar nicht

---

[1] ARTHUR GUIRDHAM, The Rorschach Test in Epileptics. The Journal of Mental Science, Bd. 81, 1935, S. 890.

an. Und im allgemeinen pflegen sie auch gute Formen zu sein. Nur in Ausnahmefällen kann der Drang, mehrere Deutungen zu demselben Detail zu geben, sich auf Kosten der Formschärfe geltend machen, z. B. in dem folgenden Beispiel: Ein stud. jur. von recht guter Intelligenz deutet das Blaue zu Tafel VIII zuerst als „Entweder ein Korsett" und dann: „oder auch ein Brustkasten" und bestätigt ausdrücklich auf Befragen, er habe *beide* Male wirklich das ganze Blaue gemeint, also nicht die Zwischenfigur.

38. *Die anatomische Stereotypie.* Wir kommen nun zu den verschiedenen Stereotypien. Die allgemeinste Form ist natürlich ein hohes T%, und die hier als besondere Phänomene behandelten Formen sind nur Abarten davon. Die *Abgrenzung* einer Stereotypie *gegenüber dem „Kleben am Thema"* kann hin und wieder Schwierigkeiten machen. Das epileptiforme Kleben am Thema ist eine *Umstellschwierigkeit*, während es sich bei den Stereotypien um die Bevorzugung *eines* bestimmten Themas handelt. Während also beim Kleben am Thema meist *mehrere* Themen sichtbar sind, jede als eine in sich abgeschlossene Kette mit ruckartigen Übergängen, ist der stereotype Test gewöhnlich nur durch das Vorherrschen *einer* Inhaltskategorie gekennzeichnet, die meist in einer Mehrzahl von Antworten über das ganze Protokoll verstreut ist. Mit der eigentlichen Perseveration, also der Wiederkehr derselben Antwort zu verschiedenen Klecksen, hat die Stereotypie *an sich* nicht das geringste zu tun; doch kommt sie manchmal in *Kombination* mit einer Perseveration vor (s. u.).

Die *anatomische Stereotypie* ist also die Bevorzugung anatomischer Antworten in der Inhaltsreihe. Sie ist *die Crux des Rorschach-Tests*. Denn sie kann grosse Teile und nicht selten das ganze Protokoll überwuchern und dadurch beinahe sämtliche anderen Testfaktoren ersticken. Wenn ein Anatomieprozent sehr hoch ist (60—100%), ist der Test im allgemeinen nicht viel wert. Die Intelligenz ist dann kaum noch feststellbar und eine Diagnose praktisch unmöglich oder jedenfalls höchst unsicher. Denn während noch Rorschach glaubte, die anatomische Stereotypie beschränke sich auf den „Intelligenzkomplex" und auf die Hypochonder, Epileptoiden und Unfallneurotiker, hat sich der Kreis der Fälle, wo anatomische Stereotypie vorkommt, inzwischen wesentlich erweitert. Veit fand sie bei postencephalitischem *Parkinsonismus* [1], Oberholzer bei Rentenneurosen [2], Mahler-Schoenberger und Silberpfennig bei Amputierten [3], Singeisen bei Herz- und Lungenkranken [4], Ames et alii bei einer bestimmten Gruppe von Senilen [5], und Zolliker [6] stellt fest, dass er die anatomische Stereotypie „bis zur ausschliesslichen Besetzung des ganzen Protokolls" praktisch bei *allen* Krankheitsgruppen gesehen habe, bei Schizophrenen, Epileptikern, den ver-

---

[1] Hans Veit, Der Parkinsonismus nach Encephalitis epidemica im Rorschach'schen Formdeutversuch. Zeitschr. f. Neurologie, Bd. 110, 1927, S. 301—324.

[2] Emil Oberholzer, Zur Differentialdiagnose psychischer Folgezustände nach Schädeltraumen mittels des Rorschach'schen Formdeutversuchs. Zeitschr. f. Neur., Bd. 136, 1931, S. 620.

[3] M. Mahler-Schoenberger und J. Silberpfennig, Der Rorschach'sche Formdeutversuch als Hilfsmittel zum Verständnis der Psychologie Hirnkranker. Schweizer Archiv f. Neur. u. Psychiatrie, Bd. 40, 1937, S. 302—327.

[4] Fred Singeisen, Rorschach-Befunde bei chronisch Lungentuberkulösen und Herzkranken. Schweizer Archiv f. Neurologie u. Psychiatrie, Bd. 45, 1940, S. 230—247.

[5] Ames, Learned, Métraux, Walker, Rorschach Responses in Old Age, New York, 1954, S. 92 ff.

[6] Adolf Zolliker, Schwangerschaftsdepression und Rorschach'scher Formdeutversuch, in „Psychiatrie und Rorschach'scher Formdeutversuch", Zürich 1944, S. 77.

schiedensten Organikern, Kleptomanen, Perversen, Neurotikern usw. Dazu kämen noch die Elektroschockbehandelten, die kürzere Zeit nach dem Elektroschock nicht selten bis zu 100% Anatomiedeutungen geben. Das einzige, was man über ein solches Protokoll auszusagen vermag, ist, dass es „nicht normal" ist und dann die „narzisstische Besetzung des Körperschemas" (MAHLER-SCHOENBERGER und SILBERPFENNIG). Aber dafür kann man, populär gesagt, sich ja nichts kaufen.

Bei einem etwas geringeren Anatomieprozent (50—60%) kann man jedoch manchmal aus den übrigen Antworten noch einen Einblick in die Intelligenz der Versuchsperson bekommen und auch eine Diagnose stellen.

Bei einem Anatomieprozent von unter 50 ist man im allgemeinen von dieser Stereotypie mit ihrem so überaus unspezifischen Symptomwert nicht mehr besonders beschwert.

Etwas günstiger sind wir gestellt, wenn die *anatomische Stereotypie mit Perseveration* kombiniert ist, d. h. wenn die Perseveration *bei* den anatomischen Antworten vorkommt (z. B. fünfmal „Brustkasten" im Laufe eines Protokolls). Diese Perseveration ist meist vom Wiederkäuertypus. In solchen Fällen hat man gewöhnlich nur die Wahl zwischen der Ixoidie (RORSCHACH's Epileptoid), genuiner Epilepsie mit hysterischem Charakter, traumatischer Epilepsie (BOVET, a. a. O.) oder einer hypochondrischen Neurose, häufig einer Organneurose.

39. *Die Körperteils-Stereotypie* ist eine stereotype Bevorzugung von Md-Antworten, die *nicht* „Gesichter" oder „Köpfe" sind, also Arme, Finger, Beine, Hälse usw. Wenn sie sehr ausgesprochen ist und zudem die Antworten grossenteils Do sind, ist bei schlechten Intelligenzfaktoren meist Schwachsinn anzunehmen. Anderenfalls kommt hochgradiger psychischer Infantilismus in Betracht, eventuell in Kombination mit Schwachsinn.

40. *Die Gesichts-Stereotypie* dagegen ist ganz vorzugsweise ein Symptom phobischer Angst. Wir werden bei Besprechung der Neurosen auf sie zurückkommen.

41. *Die infantilen Antworten* gehören überwiegend ebenfalls den Phänomenen der Inhaltsreihe an. (Über die beiden Ausnahmen, die inversen Deutungen und die infantilen Abstraktionen siehe die folgenden Abschnitte.) Eine Reihe von Inhaltskategorien, die von normalen Kindern bevorzugt werden, können als infantile Antworten angesehen werden, wenn sie bei Erwachsenen vorkommen. Hierzu gehören nach LÖPFE [1] Finger, Buchstaben, Zahlen, Kartendeutungen, Reminiszenzen aus Kinderbüchern und auffallend viele Objekt- und Naturdeutungen. Dazu kommt noch RORSCHACH's Beobachtung (S. 176), dass sechs- bis achtjährige Kinder mit Vorliebe Pflanzen deuten. Ausserdem wären die Parspro-toto-Deutungen zu erwähnen. Sie sind, wenn echt, als T oder M zu signieren (siehe S. 84). Echte Pars-pro-toto-Deutungen bei Erwachsenen sind selten.

Ein Problem für sich sind die *infantilen B*. Da Kinder sich infolge ihres totemistischen Erlebens auch mit weniger menschenähnlichen Tieren identifizieren können und daher manche Tierdeutungen bei Kindern zu B werden können, die es bei Erwachsenen nicht sind, könnte man daran denken, aus dem Vorkommen solcher Deutungen bei Erwachsenen auf Psychoinfantilismus zu

---

[1] ADOLF LÖPFE, Über Rorschach'sche Formdeutversuche mit 10—13jährigen Knaben. Zeitschr. f. angew. Psychologie, Bd. 26, 1926, S. 202—253.

schliessen. Das ist an sich zweifellos richtig. In der Praxis besteht hier aber eine bedeutende Gefahr: Weniger Geübte oder Vl. mit schwach ausgebildeter Intuition werden dann nämlich versucht sein, bewegt beschriebene Tiere, bei denen gar keine Identifikation vorliegt, ganz einfach als B zu deuten und daraus fälschlich auf Infantilismus zu schliessen. Man sollte sich daher in diesem Punkte die *grösste Zurückhaltung* auferlegen und nur solche Tierantworten als *infantiles B* verbuchen, zu denen eine wirklich miterlebende *Identifikation unumgängliche Voraussetzung* ist. Beispiel: Tafel VII, obere Drittel: „Ein kleines Puten-Kücken, das trinkt; es streckt den Hals und legt den Kopf zurück, so" (Vp. macht die Bewegung vor). Da diese Antwort zugleich eine orale Komplexantwort ist, wird die Annahme einer infantilen Fixierung noch wahrscheinlicher. *Kein B ist aber:* „Ein Hund klettert zwischen Felsblöcken herum", obwohl der Hund zoologisch dem Menschen näher steht als das Geflügel.

42. *Die inversen Deutungen* sind eine infantile Antwortenkategorie aus formalen Gründen. Wie WILLIAM STERN bereits 1909 nachgewiesen hat [1], verändert sich bei Kindern von 1½—4 Jahren die Form des Gesehenen nicht, wenn das Bild auf dem Kopfe steht, während die Erwachsenen hier eine eigentümliche „Anisotropie" zeigen. Nach F. OETJEN (1915), einem Schüler G. E. MÜLLER's, und einer späteren Untersuchung von R. MOUCHLY aus der Schule von KURT LEWIN [1] ist diese „Überlegenheit" der Kinder auch noch bei älteren Kindern (OETJEN 9—13 Jahre, MOUCHLY 5—8 Jahre) nachzuweisen, aber bedeutend schwächer als bei den 3—4jährigen (MOUCHLY).

Es ist deshalb auch nicht verwunderlich, dass WEBER [2] bei gut 10% seiner Kinder *inverse Deutungen* bekommen hat. (Wie diese Antworten festzustellen sind, wurde oben im Kapitel 4 D besprochen.)

Es kommt vor, dass Versuchspersonen Deutungen geben, die nur 90° gedreht sind, also z. B. die Tafel in b- oder d-Stellung so deuten, als ob sie in a-Stellung wäre. Ob dies als eine Parallele zu den inversen Deutungen, also als Infantilismus, aufzufassen ist, ist noch nicht klar.

Bei Erwachsenen haben wir inverse Deutungen bisher bei *Senildementen* beobachtet und bei ausgesprochen *pädagogisch Begabten*. Es hat den Anschein, als ob der „positive Psychoinfantilismus" der Pädagogen sich vorzugsweise in Reminiszenzen aus Kinderbüchern und in inversen Deutungen äussert, dagegen weniger in den anderen infantilen Antworten. Nach einer Beobachtung von ULRICH MOSER kommen inverse Deutungen neben anderen infantilen Antworten auch bei *Ingenieuren* vor, von denen wenigstens eine Kategorie sich den Spieltrieb des Kindes in der Beschäftigung mit der Mechanik noch bewahrt hat [3]. Ausserdem können solche Deutungen auch einmal als Teil des *narzisstischen* Syndroms auftreten, und schliesslich sind sie in einigen Fällen auch bei *Hirn-*

---

[1] WILLIAM STERN, Zeitschr. f. angew. Psychologie, Bd. 2, 1909, S. 498 ff. — F. OETJEN, Zeitschr. f. Psychologie, Bd. 71, 1915, S. 332. — Näheres, auch über MOUCHLY, bei WOLFGANG KÖHLER, Gestalt Psychology, New York, 1945, S. 215 und WOLFGANG KÖHLER, Dynamics in Psychology, London, 1942, S. 19, 21, 22.

[2] A. WEBER, Der Rorschach'sche Formdeutversuch bei Kindern, in „Psychiatrie und Rorschach'scher Formdeutversuch", Zürich, 1944, S. 59.

[3] F. SALOMON (briefliche Mitteilung) fand unter Elektroingenieuren eine besonders grosse Zahl von Ixothymen, die nach seiner Erfahrung ebenfalls häufig inverse Deutungen geben (vermutlich wegen ihrer Neigung zu Entwicklungshemmungen).

traumatikern und *Epileptikern*[1] aufgetreten und scheinen auch bei *Ixothymen* häufiger vorzukommen.

43. *Die infantilen Abstraktionen* sind ebenfalls eine formale Eigenheit der kindlichen Auffassungsweise. Sie sind nach ZULLIGER (Tafeln-Z-Test, S. 82) Zusammenfassungen des Ganzen unter ausschliesslicher Berücksichtigung des äusseren Umrisses (zum Beispiel „Vase" zum Ganzen der Tafel III, „Zwiebel" zum Ganzen der Tafel VIII, „Haus" zu Tafeln-Z-Test III in c, „Stierkopf" zu Tafeln-Z-Test II in c). Manche dieser Antworten sehen aus wie Figur-Hintergrund-Verschmelzungen, sind es aber nicht immer. (Der „Stierkopf" ist aber eine Verschmelzungsdeutung.) Den meisten dieser Deutungen haftet ein gewisses konfabulatorisches Moment an. Was hier gemeint ist, hat BRUHN einmal sehr schön formuliert, wenn er (im Zusammenhang mit der Entwicklung der Gestaltbildung im Kindesalter) spricht von einer „primitiven Gestalterfassung, die auf die Geschlossenheit abzielt, ohne die Beziehungen zu beachten"[2].

Derartige infantile Abstraktionen sind bis zum Alter von etwa acht Jahren „normal". Später sind sie als Infantilismen, als intellektueller Entwicklungsrückstand zu betrachten. Namentlich ist die Realitätskontrolle bei solchen Personen etwas unvollkommen entwickelt wie beim Kleinkinde, das Phantasie und Wirklichkeit noch nicht auseinanderhalten kann. Häufig sind diese Deutungen zugleich Erfassungsoriginale, die ja ebenfalls auf einen etwas mangelhaften Realitätssinn hindeuten.

Den infantilen Abstraktionen ZULLIGER's nahe verwandt (aber nicht mit ihnen identisch) ist MEREI's „*Konturreaktion*", wenigstens in ihrer zweiten Form. (Die erste Form, das Ausweichen in Dd-Deutungen an der Peripherie der Kleckse, würden wir, bei den schwarzen Tafeln wenigstens, eher dem Dunkelschock zurechnen.) MEREI bezeichnet aber auch als Konturreaktion die Auffassung des Kleckses als Kontur in Wortlaut oder Sinn der Deutung, z. B. „Konturen eines menschlichen Profils", „Umrisse einer Insel". NEIGER[3] schreibt darüber: „Die Konturreaktion ist ein typisch infantiles oder, noch viel öfter, ein regressives Zeichen."

44. *Die Detaillierung*. Wie bereits S. 79 erwähnt, haben manche Menschen die Neigung, bei ihren Antworten alle Details genau anzugeben, z. B. die Körperteile von Tieren und Menschen aufzuzählen. Schon MEREI sprach hier von *Detaillierung*. ZULLIGER fand diesen Zug (neben Spielzeugdeutungen) häufig bei Kindern. Er ist zugleich ein Zeichen einer gewissen Ängstlichkeit; die Betreffenden wollen, wie ZULLIGER sagt, „sich selber und anderen beweisen, dass sie richtig formuliert haben". Bei Erwachsenen ist die Detaillierung also „ein infantil-ängstlicher Zug"[4].

---

[1] Briefliche Mitteilung des Herrn FRITZ SALOMON, ferner: HANS ZULLIGER, Imbezillität in der Spiegelung des Tafeln-Z-Tests, Zeitschr. f. Diagn. Psychologie und Persönlichkeitsforschung, Vol. II, S. 327.
[2] KARL BRUHN, Bläckfläckförsök med barn och ungdom, Helsingfors, 1953, S. 54. Siehe auch die Fussnote über das RENAN-CLAPARÈDE'sche Gesetz in Kap. 15, S. 343.
[3] STEFAN NEIGER, Spezifische Reaktionen und besondere Phänomene im Rorschach-Versuch, 2. Aufl., S. 12.
[4] HANS ZULLIGER, Praxis des Zulliger-Tafeln- und Diapositiv-Tests und ausgewählte Aufsätze, Bern und Stuttgart, 1966, S. 87 und 129. Das Buch, eine posthume Publikation, kann „unbefestigten Seelen" nicht empfohlen werden, da es — neben ausgezeichneten Anregungen — leider auch manche Flüchtigkeitsfehler enthält. Es ist also mehr für Fortgeschrittene geeignet.

45. *Die Wiederholungen.* Unter Wiederholung versteht man die erneute Abgabe *derselben Antwort zu demselben Klecks*, obwohl sie bereits vorher einmal gegeben wurde, weil die Vp. die erste Antwort bereits vergessen hat und daher meint, die zweite sei neu. Wie man dies feststellt, wurde bereits in Kapitel 4 D behandelt. „Echte" Wiederholungen sind fast immer Zeichen einer *organischen Merkfähigkeitsstörung*. Sie kommen gelegentlich auch schon bei leichterem chronischem Alkoholismus vor.

46. *Die Bewertungen* sind Randbemerkungen, die ein Werturteil enthalten, z. B.: „Diese Tafel ist weniger schön als die vorige", „Man hätte das anders zeichnen sollen; dies hier ist zu unharmonisch", „Das ist aber sehr gut gemacht" usw. Negative Werturteile sind natürlich oft ganz einfach Schocksymptome, und positive können es auch sein („Schöne Farben" usw.). Sonst kommen derartige Bewertungen ästhetischer oder auch moralischer Art hauptsächlich bei Epileptikern, Organikern und Schwachsinnigen vor, gelegentlich auch bei künstlerisch eingestellten Normalen und bei solchen, die gern „Zensuren" geben.

47. *Die Eigenbeziehungen* (auch „Ichbeziehungen" genannt) bestehen in ihrer *gröberen* Form im *Hineinprojizieren der eigenen Person* in die Deutung, wie z. B. „Zwei Sauen, das bin ich gewesen" (VIII) (RORSCHACH, S. 162) oder: „Das bin ich selbst" (VI) oder: „Eine Maske, soll ich das sein?" oder: „Das bin ich vor dem Spiegel." Oder es kann auch einmal eine ganz unmotivierte Zwischenbemerkung gemacht werden, wie: „Heute habe ich furchtbare Zahnschmerzen gehabt." In *schwächerer* Form bestehen die Eigenbeziehungen gewöhnlich nur in *Anknüpfungen an eigene Erlebnisse*, z. B. „Das erinnert mich an einen süssen kleinen Hund, den wir zu Hause gehabt haben" oder: „In meiner Kindheit hatte ich eine Puppe, die sah genau so aus" usw. ZULLIGER [1] macht einen Unterschied zwischen echten Eigenbeziehungen und *persönlichen Erinnerungen;* doch glaube ich, dass hier mehr ein *Grad*- als ein Artunterschied vorliegt.

Die groben Eigenbeziehungen finden sich hauptsächlich bei Schizophrenen und Epileptikern, seltener bei Organikern und Schwachsinnigen. Die leichteren Formen sind bei Neurotikern (Egozentrizität!) nichts Seltenes, kommen aber gelegentlich auch bei Gesunden vor, namentlich bei Schizothymen (und natürlich auch bei Schizoiden). Sie haben ganz allgemein den Charakter des Egozentrisch-Infantilen [2].

48. *Die Zahl-Antworten* und

49. *Die Lage-Antworten* sind natürlich in der Verrechnung anzuführen. Es ist aber praktisch, sie *auch* in die Liste der „besonderen Phänomene" aufzunehmen, damit diese wichtigen Faktoren bei der Auswertung nicht übersehen werden. Schon ihr blosses Vorkommen hat diagnostische Bedeutung, und zwar fast immer in Richtung Schizophrenie oder Schizoidie, wenn es sich nicht um Kleinkinder handelt.

Bei den *anatomischen Lage-Antworten* ist nicht die Wahrnehmung das Primäre und die Angleichung an die Deutung das Sekundäre, sondern umgekehrt ist hier der Inhalt der Deutung, nämlich die eigenbezogene anatomische Vorstellung des Körperschemas, das Primäre, und die Angleichung des Kleckses an diese Vorstel-

---

[1] HANS ZULLIGER, Der Zulliger-Tafeln-Test, 2. Aufl., Bern, 1962, S. 77.
[2] MARGUERITE LOOSLI-USTERI, Manuel..., S. 101.

lung erfolgt erst sekundär (MAHLER-SCHOENBERGER und SILBERPFENNIG, a. a. O., S. 314). Dieser Mechanismus kommt, ausser bei Körperbeschädigten, hauptsächlich bei Oligophrenen und Schizophrenen vor.

50. *Die Konkretisierungen.* In seiner Studie über die Schizophrenien erwähnt WOLFGANG BINSWANGER[1], dass er bei Schizophrenen neben den Abstraktionen auch ihr Gegenteil beobachtet habe, nämlich Konkretisierungen üblicherweise bildlich verstandener Redewendungen. Als Beispiel führt er an (Antwort zu Tafel III): „Das sind zwei Männer, die mit Mädchenherzen spielen." Wir werden im Kapitel über die Schizophrenien auf diese Beobachtung zurückkommen.

51. *Schwarz und Weiss als Farbwerte.* In ziemlich seltenen Fällen werden *reguläre Farbantworten* (meist FFb, seltener FbF) auch zu den schwarzen, grauen oder weissen Farben abgegeben, als Schwarz- (Grau-) Deutung z. B. „Blaufuchs" (Tafel VI, FFb+), als Graudeutung z. B. „Elefant" (Detail zu Tafel VII, FFb—) oder „Mäusefell" (Tafel VI, FFb+), als Weissdeutung z. B. „Schneemann" (Zwischenfigur der Tafel IX, FFb+). Auch Deutungen wie „Schwarzer Schmetterling" (zu Tafel V, G FFb+) und „Rabenköpfe" (für äussere Flügelhälfte der Tafel V) (Dd FFb+) gehören hierher. Es ist zweckmässig, die Schwarz-, Weiss- und Graudeutungen, obwohl sie echte Farbantworten sind, in der Verrechnung besonders zu vermerken, also z. B. „FFb = 6 (+) (darunter 2 schwarze)".

Wie SCHNEIDER mitteilt[2], hatte RORSCHACH derartige Deutungen bei *Epileptikern* und bei Normalen mit bewusst werdenden *depressiven* Verstimmungen (Affektscheu) beobachtet, und BINDER[3] schreibt speziell die Weiss-Deutungen („Eine prächtige weisse Marmorkuppel" und dgl.), namentlich wenn *mehrere* vorkommen, einer *euphorischen* Stimmungslage zu. Über das Vorkommen von Schwarz und Weiss als Farbwerten bei Epilepsie und gelegentlich auch bei sehr zerfahrenen Schizophrenen hatte RORSCHACH selbst bereits geschrieben (S. 30 und 39).

ZULLIGER hat darauf aufmerksam gemacht (Tafeln-Z-Test, S. 58, 243), dass Weiss-Deutungen meist bei übersensiblen und leichtverletzbaren Menschen vorkommen, die bemüht sind, ihre Empfindlichkeit zu dissimulieren.

Nähern sich die Schwarz- oder Grau-Antworten mehr den BINDER'schen primitiven Hd-Deutungen, d. h. haben sie eine *amorphe und unbestimmte Form,* dann stehen sie auf einem anderen Blatt. Diese Antworten (wie z. B. „Kohlenhaufen", „etwas Verbranntes", „geschmolzenes Metall") kommen nach OBERHOLZER[4] bei *Traumatikern* und traumatisch Defekten vor als Zeichen von *Indolenz* und *Indifferenz,* bisweilen bis zur Torpidität und Apathie. Auch bei *passiv-resignierten* Naturen, wie z. B. den Aloresen, können sie auftreten[5]. Hiermit hängt auch ihr Vorkommen bei den *haltlosen* Psychopathen zusammen (s. u.).

---

[1] WOLFGANG BINSWANGER, Über den Rorschach'schen Formdeutversuch bei akuten Schizophrenien, in: Psychiatrie und Rorschach'scher Formdeutversuch, Zürich, 1944, S. 118.
[2] ERNST SCHNEIDER, Eine diagnostische Untersuchung Rorschach's auf Grund der Helldunkeldeutungen ergänzt. Zeitschr. f. Neur., Bd. 159, 1937, S. 5/6.
[3] HANS BINDER, Die Helldunkeldeutungen usw., S. 59.
[4] EMIL OBERHOLZER, Zur Differentialdiagnose organisch-psychischer und psychogen bedingter Störungen nach Schädel- und Hirntraumen vermittels des Rorschach'schen Formdeutversuches. Bericht am I. internationalen neurologischen Kongress in Bern, 1931.
[5] OBERHOLZER in CORA DU BOIS, The People of Alor, Minneapolis, 1944, S. 597.

Man wird also beim Vorkommen von Schwarz, Grau oder Weiss als Farbwerte, wenn die Antworten einigermassen konzis sind, an Epilepsie, konstitutionelle Ixothymie oder läsionelle Ixophrenie oder auch an einen Elektroschock-Effekt denken müssen, bei amorphen Deutungen aber an Indolenz, Haltlosigkeit oder einen traumatischen Defekt.

52. *Die Farbverleugnung.* Dieses Phänomen wurde von PIOTROWSKI als *Color denial* beschrieben[1] und besteht darin, dass die Versuchsperson den Einfluss der Farbe auf die Deutung ausdrücklich verneint, obwohl er offensichtlich vorhanden ist, z. B. „Blumen, aber nicht wegen der Farbe". Nach PIOTROWSKI ist der Symptomwert der Farbverleugnung der Versuch einer absichtlichen Unterdrückung der Gefühle aus Angst vor schmerzlichen Enttäuschungen. Später hat PIOTROWSKI dann noch *drei Formen* der Farbverleugnung unterschieden[2]: 1. die soeben genannte Form, die er für eine besondere Form des Farbenschocks hält. 2. Die Versuchsperson behauptet, die Farbe habe zur Deutung nicht beigetragen, denn sie sei *falsch* (also das Gegenteil der „Falsche-Farbe-Reaktion" MEREI's); dies sei Zeichen einer gewissen Oberflächlichkeit der Gefühle und zugleich eines Sehnens nach intensiveren Gefühlserlebnissen. Bei Kindern handle es sich eher um ein Zeichen von Unreife, bei Erwachsenen um ein neurotisches Ausweichen vor der Realität. 3. Die Versuchsperson gibt eine „echte" Farbdeutung, verleugnet dann aber *hinterher* in einer neuen Bemerkung den Einfluss der Farbe; dies will PIOTROWSKI bei Menschen gefunden haben, die zwar zuerst spontan gefühlsmässig reagieren, dann aber hinterher absichtlich diese Gefühle unterdrücken wollen. In *allen* drei Fällen liegt eine Reduzierung der aktiven Anteilnahme trotz entsprechender Umweltreize vor. — PIOTROWSKI hält nur die dritte Gattung für echte Farbantworten. Wir glauben aber, dass auch die erste Gattung in den meisten Fällen als Farbantwort zu signieren ist, namentlich wenn ein FbF in Frage kommt. Auch KLOPFER[3] erwähnt das Phänomen (allerdings bei der inquiry), bewertet es aber positiv als eine Art Abwehrerscheinung, eine Ansicht, der wir uns nicht anschliessen können. PIOTROWSKI's Erklärung erscheint uns einstweilen als die wahrscheinlichste.

53. *Bunte Farben bei schwarzen Tafeln.* Hin und wieder kommen bunte Farben in Deutungen zu schwarzen Tafeln vor, so wenn eine Vp. zu Tafel I sagt, es sei „Blut". Manchmal werden ganze Farbensymphonien in die schwarzen Tafeln hineinphantasiert. KLOPFER erwähnt das Phänomen ebenfalls: „... many subjects see multi-colored tropical butterflies reproduced in the blots as in a Photograph"[4].

Der Symptomwert dieser Erscheinung liegt noch etwas im dunkeln. In einigen Fällen scheint es sich um eine besondere Art von Konfabulation zu handeln, so wenn eine Patientin zuerst Mittellinie und Fortsatz der Tafel VI als „Ständer in einem Park" deutet und dann, auf den Hauptteil zeigend, fortfährt: „Dann müsste das andere etwas Grünes sein." PIOTROWSKI[5] erklärt das Phänomen

---

[1] ZYGMUNT A. PIOTROWSKI, A Rorschach Compendium — Revised and enlarged, The Psychiatric Quarterly, Vol. 24, 1950, S. 578.
[2] ZYGMUNT A. PIOTROWSKI, Perceptanalysis, New York, 1957, S. 243—245.
[3] BRUNO KLOPFER et alii, Developments in the Rorschach Technique New York, 1954, S. 697/698.
[4] KLOPFER und KELLEY, a. a. O., S. 141.
[5] ZYGMUNT A. PIOTROWSKI, A Rorschach Compendium — Revised and enlarged, The Psychiatric Quarterly, Vol. 24. 1950, S. 577/578 und 581/582.

analog unserer „Verleugnung" als eine Flucht vor verzweifeltem Pessimismus in eine konfabulierte frohe Stimmung, die also nicht „echt" ist. Er fand diese „color projection" vorzugsweise bei Organikern und in Fällen von leichter oder beginnender Schizophrenie, aber bisweilen auch bei gewöhnlichen Neurosen[1]. KLOPFER spricht von einer „abortiven Sublimierung"[2]. MEREI[3], der das Phänomen als „Farbenruf" bezeichnet, ist der Meinung, dass die Vp. in solchen Fällen aus einem bestimmten Gebiet ihres Lebens (siehe seine Lehre vom Auffassungscharakter der Tafeln unter „Modifikationen") Gefühle vermisst oder dass sie mehr Gefühle in diesen Teil ihres Lebens hineinbringen möchte.

GUDMUND SMITH hat beobachtet[4], dass das Sehen von Farben bei seinen schwarz-weissen Projektionen ein wertvolles Psychosezeichen ist. Vielleicht könnte das Phänomen „Bunte Farben bei schwarzen Tafeln" (bzw. in schwarzen Klecksteilen) manchmal auch ein Zeichen einer psychotischen Entwicklung sein, aber wohl kaum in allen Fällen.

54. *Falsche Farbe*. Unter seinen „spezifischen Reaktionen" hat F. MEREI auch eine angegeben, die er „falsche Farbe" nennt. Nach STEFAN NEIGER[5] handelt es sich hierbei darum, dass die Deutung ein Adjektiv mit einer unpassenden Farbe enthält, wodurch die farbigen Kleckse durch eine Lüge „besser" gedeutet werden. So werden etwa die Seiten der Tafel VIII als „rote Bären" bezeichnet oder die blauen Details derselben Tafel als „blaue Blätter". (Es ist hierbei aber zu beachten, dass die Antwort „Das Rote sind Bären" ja nur die rote Farbe als Lokalisierung benutzt. Dies wäre also *keine* „falsche Farbe".)

Nach MEREI und NEIGER soll dieses Phänomen bei Menschen vorkommen, die Gefühle simulieren, eine Gefühlsanpassung vortäuschen, die sie in Wirklichkeit nicht besitzen. Sie möchten gern andere an sich binden, ohne sich selbst gefühlsmässig binden zu können. SALOMON spricht hier von Affektverschiebung[6].

Diese „Falsche-Farbe-Reaktion" ist nicht mit jenen Antworten zu verwechseln, die man gelegentlich von Farbenblinden bekommen kann, die mit den roten und grünen Klecksen Schwierigkeiten haben (Tulpe für ein grünes Detail, Wiese für ein orangefarbiges, graue Maus für ein rotes). Bei diesen „falschen Farbantworten"[7] der Farbenblinden handelt es sich ja eben *nicht* um ein gewaltsames Umlügen der Wirklichkeit („blaue Blätter"), sondern die *wirklich* graue Maus wird nur wegen der Farbenanomalie der Vp. mit einem andersfarbigen Klecks in Beziehung gesetzt.

55. *Die Farbendramatisierung*. Ebenfalls von MEREI stammt der Begriff der „Farbendramatisierung". Die Vp. gibt hierbei den einzelnen Farben eine dramatische Rolle, oder sie legt ihnen eine symbolische Bedeutung bei. Das Schwarze und Rote der Tafel II wird z. B. als „Blut und Trauer" gedeutet, oder die Farben

---

[1] ZYGMUNT A. PIOTROWSKI, Perceptanalysis, New York, 1957, S. 242/243.
[2] BRUNO KLOPFER et alii, Developments in the Rorschach Technique, 1954, S. 581 und 697.
[3] Nach STEFAN NEIGER, Spezifische Reaktionen, Innsbruck (als Manuskript gedruckt).
[4] GUDMUND SMITH, Differential Diagnosis of Psychosis by Means of Percept-Genetic Technique, in: Rorschachiana IX, Bern, Stuttgart, Vienna, 1970, S. 578.
[5] STEFAN NEIGER, Spezifische Reaktionen und besondere Phänomene im Rorschach-Versuch, 2. Aufl. (Manuskript, Innsbruck, 1953), S. 8.
[6] FRITZ SALOMON, Diagnostic des mécanismes de défense dans le test Z individuel et collectif, in: Rorschachiana V, Bern, 1959, S. 292.
[7] EDUARD MÜLLENER, Rorschach-Befunde bei Farbblindheit, Zeitschr. f. Diagnostische Psychologie und Persönlichkeitsforschung, Vol. IV, S. 11.

der Tafel VIII werden in der Antwort „dramatisiert": „Das Rote will das Graue angreifen, aber das Blaue lässt es nicht zu." Nach MEREI und NEIGER (a. a. O., S. 9) findet sich diese Art von Deutungen bei Hysterikern, die mit ihren Gefühlen Szenen veranstalten. — Wir geben diese Konzeption MEREI's hier nur mit einem gewissen Vorbehalt wieder. Wahrscheinlich sind hier doch zwei verschiedene Phänomene konfundiert. Die Symbolisierung der Farben spricht nach den Erfahrungen ZULLIGER's (Bero-Buch, S. 71) neben dem Auftreten abstrakter und symbolischer Deutungen eher für eine „gepflegte Sublimierungsfähigkeit" gegenüber störenden Affekten. Unserer eigenen Erfahrung nach kommen solche Symbolisierungen auch bei neurotisierten Schizoiden vor. Dagegen dürfte MEREI's Erklärung mit den theatralischen Hysterikern sehr wohl für die eigentliche Farben*dramatisierung* (im engeren Sinne) zutreffen, und in *diesem* Sinne möchten wir den Begriff hier aufnehmen.

56. *Die EQa-Antworten.* Es kommen bisweilen Antworten vor, die innere Eigenschaften, meist dreidimensionale, enthalten, wie *Gewicht* und *Solidität*, z. B. „ein schwerer Bleiklumpen". GUIRDHAM [1] hat vorgeschlagen, diese Antworten mit der Formel EQa (essential quality astereognostic) zu bezeichnen. Diese Bezeichnung beruht auf einem sprachlichen Missverständnis. GUIRDHAM ging als Neurologe von der „Astereognosie" (Tastlähmung) aus, berücksichtigte aber nicht den Charakter des „a" als α privativum (Verneinung). Korrekt hätte man also sagen müssen „essential quality stereognostic". Aus praktischen Gründen ist es aber wohl vorzuziehen, die Formel so beizubehalten, wie sie nun einmal in die englische Literatur eingeführt ist. Die Hauptsache ist ja schliesslich, dass man sich über ihre Bedeutung im klaren ist. Es empfiehlt sich, im Protokoll EQa *über* die Formel zu schreiben und das Phänomen nochmals in der Aufstellung der besonderen Phänomene anzuführen.

Nach GUIRDHAM sollen diese Antworten bei Intelligenten mit besonderer Fähigkeit zu abstrakter Synthese vorkommen.

57. *Die EQe-Antworten.* In derselben Arbeit[2] schlägt GUIRDHAM vor, Antworten, die zu einem M, Md, T oder Td einen besonderen mimischen *Ausdruck* enthalten, mit EQe zu bezeichnen (essential quality emotional), z. B. „boshaft grinsende", „freundlich lächelnde", „ängstliche", „spöttische" Gesichter usw. Sie kommen nach GUIRDHAM bei Intelligenten mit schöpferisch-künstlerischer Begabung vor und scheinen unserer Erfahrung nach eine besondere Affinität zum Schauspieltalent zu haben.

Nahe mit den EQe verwandt und wohl teilweise mit ihnen identisch ist MEREI's Begriff der „*Intentionalität*". Er versteht darunter Antworten, die den gedeuteten menschlichen oder tierischen Figuren seelische Eigenschaften beilegen oder sie sprechen lassen, z. B. „böser Mensch", „gutmütiger Hund", „zwei Tauben plaudern miteinander". Nach MEREI und NEIGER (a. a. O., S. 11) lassen solche Antworten auf *paranoide* Züge schliessen, denn hier wird ein subjektiver psychischer Inhalt auf das Gedeutete projiziert. Wir würden nicht ohne weiteres so weit gehen wie MEREI und NEIGER. Wenn aber EQe-Antworten einen drohenden oder beängstigenden Inhalt haben (z. B. unheimliche, spöttische, höh-

---

[1] ARTHUR GUIRDHAM, On the Value of the Rorschach Test. The Journal of Mental Science, Bd. 81, 1935, S. 863.
[2] A. a. O., S. 863/864.

nende, heimtückische Gesichter usw.), sind sie auch unserer Ansicht nach als paranoide Symptome zu werten.

58. *Die BF-Antworten.* Mit FM bezeichnen Klopfer und Piotrowski bekanntlich bewegt gesehene Tiere. Loosli-Usteri hat angeregt [1], diese Kategorie unter der Bezeichnung BF zu übernehmen. (Die Umkehrung ist notwendig, um Verwechslungen mit Rorschach's konf. F-B zu vermeiden.) Nach Piotrowski [2] sind diese Antworten qualitativ einerseits als „subkortikal kontrollierte Aktivitätsmuster" (Perceptanalysis, S. 192), anderseits als die typischen Rollen des manifesten sozialen Verhaltens der ersten 6—8 Lebensjahre zu verstehen (S. 196). (Wenn BF und B kontrastieren, hat diese Rolle gewechselt, S. 197.) Diese früheren Haltungen beeinflussen das Verhalten bei Bewusstseinsschwächungen (S. 198). Die BF verändern sich (wie die B) in einer Psychotherapie. Quantitativ sind die BF nach Piotrowski ein ungefähres Mass der Vitalität (Spannkraft) (S. 201—202). Nach Loosli-Usteri sind sie weniger Ausdruck einer infantilen Affektivität (wie bei Klopfer) als vielmehr „mit strengem Tabu belegte ‚innere Haltungen' ", die in das Tier hineinprojiziert werden. Aktive BF wären als wertvolle „stille Reserven" zu bewerten, passive dagegen würden eine „tiefsitzende seelische Kraftlosigkeit" verraten.

Natürlich sind Bewegungen nicht anthropomorpher Tiere einfache F-Antworten und sollen auch als solche gerechnet werden. Es kann aber recht nützlich sein, besonders auffällige Bewegungen, die sich den anthropomorphen Deutungen schon etwas nähern (also in Grenzfällen), noch extra mit BF zu signieren (darüberschreiben!) und diese Antworten bei den besonderen Phänomenen zu erwähnen. Es wären also die BF *anthropomorphe Bewegungen bei nicht anthropomorphen Tieren.* Sie sind manchmal als Komplexantworten aufschlussreich, wobei sich Loosli-Usteri's Hypothese recht gut bewährt hat. Aber die Bewegung muss wirklich etwas *sagen* („angreifender Stier", „artig sitzendes Kaninchen" usw.). Schreitende Leoparden, fliegende Enten und dergleichen sind belanglos.

59. *Die b-Antworten.* Auch Klopfer's m-Antworten möchte Loosli-Usteri als b-Antworten übernehmen (a. a. O., S. 17/18). Hierunter werden von Piotrowski und Loosli-Usteri nur *bewegte Naturgebilde und Objekte* verstanden. (Klopfer rechnet auch groteske Gesichter, Masken, Symbole usw. dazu, also eine sehr unklare Abgrenzung.) Nach Piotrowski [3] stellen sie unrealisierte Wunschträume dar, die das Individuum selbst für unerreichbar hält. (Er rechnet auch explodierende Bomben und Vulkanausbrüche dazu!) Sie sollen eine Tendenz zu Selbst- und Fremdbeobachtung verraten und kommen meist bei hoher Intelligenz vor. Piotrowski hat ferner beobachtet, dass die b im Anfange einer Psychotherapie zunehmen, um dann gegen Ende der Behandlung meist völlig zu verschwinden. Nach Loosli-Usteri spiegeln diese Antworten „zutiefst unbewusste" innere Haltungen wider, die entweder energisch verdrängt oder überhaupt nie zum Bewusstsein gekommen sind. Es wäre zu erwägen, ob der „fliegende Teppich" und die „fallende Vase" wirklich solche Tendenzen ausdrücken. Versuchsweise

---

[1] Marguerite Loosli-Usteri, Persönlichkeitsdiagnostik, Rorschachiana II, S. 17.
[2] Zygmunt A. Piotrowski, Perceptanalysis, New York, 1957, S. 192—202.
[3] Zygmunt A. Piotrowski, Perceptanalysis, New York, 1957, S. 210/211 und 386, sowie: The Movement Score, in: Maria A. Rickers-Ovsiankina, Rorschach Psychology, New York, 1960, S. 150, 151.

könnte man die b (in der gleichen Weise wie die BF) als Doppelformel verwenden, sollte dann aber die reguläre Bezeichnung F (oder FFb oder was sonst in Betracht kommt) natürlich für die Hauptverrechnung beibehalten, um das Rohmaterial für die Auswertung nicht zu verfälschen. Ausserdem hüte man sich vor Verwechslungen mit den kinetischen Deskriptionen.

Bei normalen Erwachsenen sollen nach LOOSLI-USTERI[1] die B grösser sein als die BF + b. Wenn das Verhältnis umgekehrt ist, so deutet dies nach KADINSKY (Zum Problem der Bewegungsdeutungen) darauf hin, dass die Vp. wehrlos ihren Phantasien ausgesetzt, m. a. W. der Realität weniger gut angepasst ist. (Diese Regeln sind natürlich nur anwendbar, wenn man sich zu einer mehr expansiven Anwendung der Signierungen BF und b entschliesst. Auf die von uns befürwortete restriktive Anwendung dieser Signierung passen sie nicht. Tagträumereien und Realitätsanpassung lassen sich bekanntlich auf andere Weise feststellen.)

60. *Die subjektive Unklarheit über den Erfassungsmodus* ist die Unfähigkeit der Vp., das Gedeutete zu lokalisieren. Sie kommt hauptsächlich bei den Konfabulationen der erethischen Oligophrenen vor (PFISTER)[2], findet sich aber gelegentlich auch bei Hirntraumatikern (KELLEY)[3].

61. *Die Mittenbetonung bzw. Seitenbetonung* ist das Überwiegen medialer bzw. lateraler Teile in der Auswahl der Deutungen. Eine krampfhafte Seitenbetonung kommt in Wirklichkeit wohl kaum jemals vor, da die Praktischen, die sich zunächst auf die Seiten stürzen, in der Regel auch einzelne Mitteldetails deuten. Dagegen ist eine ängstliche Bevorzugung der *Mitte* mit wenig oder gar keinen Lateraldeutungen nicht gar so selten und deutet nach ZULLIGER, wie bereits erwähnt (Kapitel 5, II, 7), auf eine innere *Unsicherheit*, die Angst, sich zu verlieren (ZULLIGER, Bero-Test, S. 106).

Es mag hier angebracht sein, noch darauf hinzuweisen, dass wie in der Graphologie sich auch beim Rorschach-Test eine gewisse *Raumsymbolik* geltend macht, die von RORSCHACH und OBERHOLZER bereits beobachtet (Psychodiagnostik, S. 212, 213) und von Frau LOOSLI-USTERI[4] weiter ausgebaut wurde. So bedeuten zahlreiche Deutungen in der Vertikalachse ein Anlehnungsbedürfnis an das Vaterbild, zahlreiche Deutungen in der Horizontalachse eine Zuflucht zur Mutter. Ein abwechselndes Deuten von peripherischen Details (insbesondere Ausbuchtungen) und Details in der Mittelachse kann auf eine ambivalente Einstellung zum Vater deuten. Dd-Deutungen vorzugsweise in den *oberen* Partien zeigen ein Ausweichen nach „oben", ins Spirituelle oder eventuell in den Grössenwahn an, während vorzugsweise in den *unteren* Partien gedeutete Dd eher auf depressive Tendenzen schliessen lassen.

62. *Akustische Assoziationen* sind eine äusserst seltene Erscheinung. Es kommt vor, dass die Vp. unter dem Eindruck des zu deutenden Kleckses etwas *hört* und das Gehörte dann beschreibt. Meist sind es musikalische Reminiszenzen, ein Thema

---

[1] MARGUERITE LOOSLI-USTERI, Manuel pratique du Test de Rorschach, Paris, 1958, S. 60 und 61; deutsche Ausgabe, S. 52 und 54.
[2] OSKAR PFISTER, Ergebnisse des Rorschach'schen Versuches bei Oligophrenen. Allgem. Zeitschr. f. Psychiatrie, Bd. 82, 1925, S. 198—223.
[3] DELAY, PICHOT, LEMPERIÈRE et PERSE, Le Test de Rorschach dans les Psychoses Organiques, Rorschachiana V, Bern, 1959, S. 49.
[4] MARGUERITE LOOSLI-USTERI, Manuel pratique..., S. 98, deutsche Ausgabe, S. 83—84.

aus einem bestimmten Satz einer Symphonie und dergleichen. Es brauchen aber nicht unbedingt musikalische Assoziationen zu sein; so äusserte z. B. jemand zum Blau der Tafel VIII: „Das ist ein Stück Zeug, das jemand zerreisst; man hört ordentlich, wie das ‚krasch' sagt."

Die akustischen Assoziationen scheinen fast ausschliesslich bei aktiv oder mindestens passiv Musikalischen vorzukommen. Auch KUHN berichtet derartiges (bellende Hunde, zirpende Grillen und läutende Glocken) von einer Musikerin [1]. Inwieweit die Erscheinung etwas mit einer Neigung zu Synästhesien zu tun hat, ist noch nicht untersucht worden.

63. *Die Einstellungshemmung.* Ein isolierter Dunkelschock bei Tafel I dürfte wohl niemals vorkommen. Wenn die Tafel aus Gründen der *Dunkelheit* Schwierigkeiten macht, ist dies gewöhnlich (wenn kein Brechungsphänomen IV vorliegt) bei Tafel IV und meist auch noch bei anderen dunklen Tafeln *ebenfalls* der Fall. Deutungsschwierigkeiten bei Tafel I *allein* müssen daher als ein Phänomen sui generis betrachtet werden. Wir haben es Einstellungshemmung genannt (Rorschachiana I). Sie kann sich in verschiedener Weise äussern, z. B. dadurch, dass fast alle Formen zu Tafel I schlecht sind, während bei den anderen Tafeln gar keine oder nur seltene F— vorkommen. Oder die beiden einzigen Do des ganzen Protokolls finden sich bei Tafel I, oder es gibt hier DG, die später nicht wieder vorkommen. Es gehört also zur Einstellungshemmung: 1. dass *keine* Störung bei irgendeiner anderen dunklen Tafel festzustellen ist (solchenfalls wäre Dunkelschock auch bei Tafel I anzunehmen), und 2. dass das Deutungsniveau der ersten Tafel deutlich niedriger ist als der Gesamtdurchschnitt. Die häufigste und leichteste Form dieser Störung ist wohl ein anatomisches F— als einzige Anatomiedeutung des ganzen Tests. Bei herabgesetztem F+% des ganzen Protokolls ist die Einstellungshemmung zwar möglicherweise auch hin und wieder vorhanden, aber am besten nicht zu vermerken, da sie dann meist nicht mit Sicherheit feststellbar ist.

Der Beginn einer *jeden* Tätigkeit erfordert stärkere Willensantriebe. Wenn wir erst mitten darin sind, läuft die Sache „von selbst" [2]. Und so ist auch eine gewisse anfängliche Hemmung das gewöhnliche Verhalten beim Rorschach. MORGENTHALER hat dies bei seinen Zweiteilungsversuchen (siehe den Anhang dieses Kapitels) ausdrücklich festgestellt [3]. Eine gewisse Einstellungshemmung ist also *immer* vorhanden als durch die Einstellungsarbeit verursachte Leistungshemmung. Diese ist jedoch gewöhnlich so minimal, dass sie nicht besonders in die Augen fällt. Nur wo dies der Fall ist, sprechen wir von Einstellungshemmung im technischen Sinne.

Der Symptomwert dieses Phänomens ist noch nicht ganz geklärt. Zweifellos spielt OBERHOLZER's „Angst vor dem Unbekannten" (s. o. unter „Dunkelschock") eine gewisse Rolle. Die Kategorien von Vp., die MORGENTHALER für die negative Wahlreaktion zu Tafel I als typisch anführt (a. a. O., S. 47), geben einige Anhaltspunkte: Unsichere, Depressive, Ängstliche und Angstneurotiker, manche Ästheten und gewisse Neurotiker mit Überkompensationstendenzen (männlichem Protest). Bei einigen dieser Kategorien ist die Einstellungshemmung in

---

[1] ROLAND KUHN, Über Rorschach's Psychologie und die psychologischen Grundlagen des Formdeutversuches, in „Psychiatrie und Rorschach'scher Formdeutversuch", Zürich, 1944, S. 44.
[2] Siehe LUDWIG KLAGES, Handschrift und Charakter, Leipzig, 1923, S. 9.
[3] W. MORGENTHALER, Über Modifikationen beim Rorschach. Rorschachiana II, S. 42.

unserem Sinne infolge des Dunkelschocks leider nicht sichtbar. (Der Dunkelschock schliesst die Einstellungshemmung nicht aus, er verdeckt sie nur!) Wir haben die Erscheinung im allgemeinen bei *Unsicheren* gefunden sowie gelegentlich bei *Ix*othymen, die ja nicht nur eine erschwerte *Um*stellung, sondern natürlich auch eine erschwerte *Ein*stellung haben. PIOTROWSKI hält den „plate I shock" für ein Zeichen stärkeren *Argwohns* und *Misstrauens*[1].

Dass auch WEBER's Deutung eines Konfliktes mit der väterlichen Autorität und LOOSLI-USTERI's Vermutung, ein „Initialschock" mit Deutung von weiblichen Figuren zu Tafel I deute auf einen Konflikt mit der Mutter hin[2], sehr häufig zutreffen wird, glauben wir gern. Wahrscheinlich handelt es sich aber in diesen beiden Fällen doch mehr um eine Wirkung des Dunkelschocks, der von den beiden Autoren von der eigentlichen Einstellungshemmung nicht getrennt wurde. Eben *weil* beides so oft zusammenfällt, ist es zu Forschungszwecken unbedingt vorzuziehen, bei Vorhandensein des in seiner Bedeutung bereits bekannten Dunkelschocks *keine* Einstellungshemmung anzunehmen, sondern diese für die seltenen Fälle zu reservieren, wo *keine* Zeichen eines Dunkelschocks vorliegen. Der zu untersuchende Faktor muss isoliert werden.

64. *Die Ähnlichkeitsillusion* ist die irrtümliche Vorstellung der Vp., als ähnelten zwei oder mehrere der Tafeln einander. Sie äussert sich in spontanen Zwischenbemerkungen wie: „Habe ich das nicht schon einmal gesehen?", „Ist das nicht fast dieselbe Tafel wie die vorige (die erste, zweite usw.)?", „Das ist ja immer dasselbe", „Alle Tafeln sind ja ungefähr gleich" usw. Dies sind ganz offenbar Verlegenheitsäusserungen. Die momentane Assoziationsleere wird als unangenehm empfunden, aber die innere Ursache wird in den Wahrnehmungsgegenstand, den Klecks, hineinprojiziert. Es ist also die Ähnlichkeitsillusion eine *Rationalisierung durch Projektion*. Sie darf nicht verwechselt werden mit einer Perseveration mit Subjektkritik („Schrecklich, dass *ich* immer dasselbe *sehe*"); denn hier wird gar nichts projiziert, und es liegt auch keine Illusion vor. Doch kann sich auch die „echte" Ähnlichkeitsillusion einmal mit der Perseveration kombinieren, was man gelegentlich bei Epileptikern und Schizophrenen sehen kann.

Über den Symptomwert dieses Phänomens ist das letzte Wort noch nicht gesprochen, doch lässt sich vorläufig folgendes sagen:

Vereinzelt kommt die Ähnlichkeitsillusion als Äusserung des Farben- oder Dunkelschocks vor, also aus horror vacui, besonders bei Psychasthenie, ausserdem neben epileptoiden Zügen bei Epilepsie und epileptoid-paranoischen Psychopathen (BUCHHOLTZ-Paranoia).

Gehäuft (oft 4—5mal und öfter in einem Protokoll) findet sich die Ähnlichkeitsillusion bei *Asozialen* vom Hochstaplertyp, die gewohnt sind, eigene Schwierigkeiten auf die Umwelt zu projizieren, die Schuld möglichst immer von sich abzuwälzen *(Verantwortungsscheu)*, sowie bei *paranoiden Sensitiven*, namentlich bei den präsenilen Psychosen paranoider Färbung *(Involutionsparanoia)*. Gelegentlich ist jedoch die Ähnlichkeitsillusion auch bei den Paranoiden nur vereinzelt (1—2mal).

---

[1] ZYGMUNT A. PIOTROWSKI, Perceptanalysis, New York, 1957, S. 305.
[2] LOOSLI-USTERI, Persönlichkeitsdiagnostik, Rorschachiana II, S. 20.

Dass die Ähnlichkeitsillusion („notions concerning resemblances and common meanings of the cards", S. 286) eine Beziehung zur paranoiden Projektion hat („a typical paranoid belief", S. 323), wurde von ROY SCHAFER unabhängig vom Verfasser ebenfalls festgestellt[1].

65. *Die Verleugnung* ist ein sehr merkwürdiges Phänomen, das vorzugsweise (vielleicht sogar ausschliesslich) beim Dunkelschock vorzukommen scheint. Die Vp. zeigt deutliche Zeichen von Dunkelschock (Reduktion der Antwortenzahl, Dd, Do, Sukzessionsstörungen, schlechte Formen usw.), äussert aber ihr besonderes Behagen an den dunklen Tafeln, sagt z. B.: „So etwas Leichtes, Luftiges, Tanzendes" zu Tafel IV oder begrüsst die Tafel VI mit dem Ausruf: „Das sind aber lustige Bilder!", kann sich dann aber gar nicht zurechtfinden. Es ist dies also ein analoges Verhalten wie beim verarbeiteten Farbenschock. Während es sich bei diesem aber nur um eine Variante einer Affektverdrängung handelt, wird beim verleugneten Dunkelschock ein ganz offenbar vorhandener Unbehaglichkeits- (Angst-) Affekt vor dem Ich und der Umgebung geleugnet.

Das seltene Phänomen scheint fast ausschliesslich bei chronischen Hypomanikern vorzukommen oder jedenfalls bei Menschen mit einem deutlich *zirkulären Temperament*. Aus der Psychoanalyse kennen wir den Quasi-Abwehrmechanismus der „Verleugnung in der Phantasie" und der „Verleugnung in Wort und Handlung" [2]. Und in der Tat haben HELENE DEUTSCH und BERTRAM D. LEWIN den Mechanismus der Verleugnung gerade bei der chronischen und passageren Hypomanie wirksam gefunden (siehe ANNA FREUD, a. a. O., S. 96, Fussnote). Es scheint dies einer der psychogenen „Zündungsmechanismen" zu sein, die den wahrscheinlich endogen verursachten Umschlag von der depressiven in die hypomanische Phase beschleunigen.

Eine ausgiebige Anwendung des Abwehrmechanismus der Verleugnung (denial) ist bei intaktem Ich unmöglich. Der verleugnete Dunkelschock ist daher (im Gegensatz zum überkompensierten) auch ein Zeichen von Ich-Schwäche[3].

66. *Die Verneinung und die Antworten in Frageform*. Sehr oft werden Antworten *in verneinter Form* gegeben („Eine Fledermaus ist es *nicht*", „Ein Blatt, *nein*, das passt nicht" usw.) oder auch *in Frageform* („Soll das ein vierfüssiges Tier sein?"). Die verneinten Antworten nur als Zusatz zu werten, wie KLOPFER vorgeschlagen hat[4], wird unseres Erachtens ihrem Charakter nicht ganz gerecht. Am besten ist es, sie *formal wie positive Antworten* zu behandeln und die Verneinung als besonderes Phänomen zu werten. Das gleiche gilt von den Antworten in Frageform. Dieses Verfahren wird auch von KUHN[5] angewendet. Beide Arten, die verneinten und die Antworten in Frageform, sind nach FRÄNKEL und BENJAMIN (a. a. O.) aus einer Kombination von Subjekt- und Objektkritik entstanden.

Ihr praktischer Symptomwert konzentriert sich im wesentlichen auf drei Gebiete:

a) Beides sind (wie die Objekt- und in noch höherem Grade die Subjektkritik

---

[1] ROY SCHAFER, Psychoanalytic Interpretation in Rorschach Testing, New York, 1954, S. 223, 286, 287, 323.
[2] Siehe ANNA FREUD, Das Ich und die Abwehrmechanismen, Wien, 1936, S. 81 ff. und S. 97 ff.
[3] OTTO FENICHEL, The Psychoanalytic Theory of Neurosis, London, 1955, S. 144—145 und 420/421.
[4] BRUNO KLOPFER and DOUGLAS MCGLASHAN KELLEY, The Rorschach Technique, New York, 1942, S. 71.
[5] ROLAND KUHN, Der Rorschach'sche Formdeutversuch in der Psychiatrie, Basel, 1940, S. 15.

und wie die aus Zurückhaltungstendenzen entsprungenen unb. F—) Zeichen von *Unsicherheit*. BECK bemerkt sehr treffend: „Selfconfident individuals do not ask; they tell you"[1]. Beide Kategorien von Antworten finden sich deshalb auch meist in denselben Protokollen, vorzugsweise bei Psychasthenikern (Subvaliden), bei selbstunsicheren Psychopathen und bei ängstlichen Neurotikern. Einzelne Verneinungen und Antworten in Frageform können im übrigen bei allen Menschen vorkommen, die Züge von Unsicherheit in ihrem Charakter zeigen, u. a. bei beginnender Schizophrenie und auch bei praktisch „Normalen".

b) Als Zeichen von Kritik zum Gedeuteten können die beiden Antwortenkategorien ein wertvolles *Differentialdiagnostikum* sein zugunsten organischer Demenz gegenüber Oligophrenie.

c) In gewissen Fällen, namentlich wenn die Antwort ein F— oder sonst formal auffällig ist, kann es sich um *Komplexantworten mit halb aufgehobener Verdrängung* handeln. (Wir verweisen nochmals auf FREUD's Aufsatz „Die Verneinung", siehe „unterdrückte B".) NIETZSCHE hat bekanntlich den Vorgang der Verdrängung (der Begriff wurde schon 1816 von HERBART in die Psychologie eingeführt) sehr schön beschrieben mit den berühmten Worten: „Das habe ich getan, sagt mein ‚Gedächtnis'. Das kann ich nicht getan haben, sagt mein Stolz und bleibt unerbittlich. Endlich gibt das Gedächtnis nach." Wenn aber die verdrängende Instanz, das, was NIETZSCHE hier den Stolz nennt, schwächer wird, kommt das Gedächtnis wieder zum Vorschein. Aber der übriggebliebene Stolz versucht es noch einmal; doch die Verdrängung gelingt nicht mehr, er bringt es nur bis zur Verneinung. Dies wäre die Erklärung der (seltenen) verneinten Komplexantworten.

67. *Die Figur-Hintergrund-Verschmelzung* ist vielleicht die psychologisch interessanteste Erscheinung, die beim Rorschach-Test auftreten kann. Sie kommt ausnahmslos bei jenen Schattierungsdeutungen vor, die aus einer Zwischenfigur und einem angrenzenden schwarzen oder farbigen Klecksteil zusammengesetzt sind, und denen man die Formel DZw F(Fb)+ oder DZwD F(Fb)+ usw. zu geben pflegt, in manchen Fällen auch DZw FFb+.

Doch sind lange nicht alle DZw F(Fb)-Antworten eo ipso Figur-Hintergrund-Verschmelzungen (F.-H.-V.). Man muss hier in wahrnehmungspsychologischer Hinsicht *drei Gruppen* unterscheiden:

a) Die *gewöhnlichen DZw F(Fb)*, die weder dreidimensional noch als F.-H.-V. gesehen sind. So ist z. B. die Deutung zu Tafel VII: „Ein Kratersee mit Lavabergen von oben" ganz natürlich gesehen. Das Weisse und das Graue sind zwei Figuren für sich, und der See ist vor dem Hintergrund der Berge gesehen oder umgekehrt die Berge vor dem See. Das gleiche gilt von Antworten wie: „Land (Grün) mit Schilf (hell) und Wasser (Zwischenfigur)" zu Tafel IX, ebenso von „Zwei Bergrücken und dazwischen ein See" als Antwort zu den Armen und Beinen der Männer und Zwischenfigur der Tafel III. Hier „verschmilzt" nichts.

b) Die *perspektivischen DZw F(Fb)*, wie z. B. die bekannte „Allee mit Bäumen, im Hintergrund eine Pagode mit einer Treppe" zu Schwarz und Weiss der Tafel II. Diese perspektivischen Antworten sind das *Gegenteil* der F.-H.-V.

---

[1] SAMUEL J. BECK, Rorschach's Test, I. Basic Processes, New York, 1944, S. 50.

c) Die *DZw F(Fb)* *mit Figur-Hintergrund-Verschmelzung.* Bevor wir hierzu Beispiele geben, muss auf das letzte Kapitel dieses Buches (über die theoretischen Grundlagen des Versuchs) verwiesen werden, wo wir die von EDGAR RUBIN erforschten Verhältnisse zwischen Figur und Grund behandeln. Der Leser findet dort sieben Unterschiede von Figur und Grund wiedergegeben, die wir als Figur-Qualitäten bezeichnen. Eine von ihnen (Nr. 4) ist der von RUBIN sogenannte *„subjektive Lokalisationsunterschied"*, wonach also die Figur die Tendenz hat, als *vor* dem Grunde lokalisiert zu erscheinen. *Diese* Qualität ist hier verändert, indem die Vp. aus einer Figur und einem Teil des sonst als Grund Erlebten eine neue „Superfigur" macht, in der Figur- und Grundteile *in ein und dieselbe Ebene* verlegt worden sind, und *diese* neue Figur steht nun vor einem neuen Grunde. *In* ihr stehen also Figur und Grund nicht mehr *vor*einander, sondern sie sind zu einem ganz neuen Sehding verschmolzen. Und noch etwas anderes ist geschehen. Es besteht nämlich die „Neigung, ein zusammenhängendes, einfarbiges Feld entweder ganz als Figur oder ganz als Grund zu erleben"[1], und dies tun unsere Vp. also *nicht*. Da also in der Hauptsache dieses Vorn-Hintenverhältnis der an der Deutung beteiligten Teile von der Verschmelzung berührt und aufgehoben ist, während im übrigen an Stelle des gewöhnlichen ein anderes, ungewöhnliches Figur-Grund-Verhältnis getreten ist, nannten wir die Erscheinung absichtlich Figur-*Hinter*grund-Verschmelzung, während RUBIN mit ebenso guten Gründen für die *allseitigen* Beziehungen seiner Untersuchungen nur vom „*Grunde*" spricht, der dann allerdings *meist* auch *Hinter*grund ist. Erst dadurch, dass einzelne Vp. imstande sind, sich über diesen subjektiven Lokalisationsunterschied hinwegzusetzen (und natürlich auch durch den Zerfall des einfarbigen Feldes), wird die neue Erfassung möglich. Fast alle diese F.-H.-V.-Deutungen sind also eo ipso *Erfassungsoriginale*, von ganz seltenen Ausnahmen mit relativ banalen Lösungen abgesehen.

Dass der subjektive Lokalisationsunterschied etwas labiler zu sein scheint als die anderen Charakteristika von Figur und Grund, war schon früher bekannt. So erwähnt WOODWORTH[2] eine Arbeit von WEVER (Am. J. of Psychology, 1927), der feststellen konnte, dass der subjektive Lokalisationsunterschied in verschiedenen Phasen der Perzeption entsteht und stark in seinem Grade variiert, sowie dass EHRENSTEIN (Ztschr. f. Psychologie, 1930) festgestellt habe, dass der subjektive Lokalisationsunterschied nicht immer vorkommt.

Einige Beispiele für F.-H.-V.: Die Zwischenfigur der Tafel II wird hin und wieder in c-Stellung in Kombination mit den grauen Streifen in der Mitte der Spitze als „Tänzerin" oder auch als „Blasebalg" gedeutet, wobei im letzten Falle dann womöglich noch das Schwarze im Roten die Handgriffe sind. Oder die gleiche Figur wird in a-Stellung als „Flasche mit Pfropfen" gesehen. Ein anderes Beispiel ist das mittlere Grau der Tafel III mit dem Weissen dazwischen als „Wasser mit Reflexen". Das einfachste Beispiel ist der Mövenkopf zum oberen seitlichen Ausläufer der Tafel IV in b- oder d-Stellung, wobei die weisse „Füllung" eine weisse Stelle am Kopfe des Vogels ist. Tafel X bietet eine Fülle von Möglichkeiten, die häufigste ist wohl in c-Stellung der „Ziegenkopf", der aus den gelben

---

[1] EDGAR RUBIN, Visuell wahrgenommene Figuren, Kopenhagen, 1921, S. 83.
[2] ROBERT S. WOODWORTH, Experimental Psychology, London, 1938, S. 633.

Augen (Mitte), den braunen Nasenlöchern, dem grauen Bart und den grünen Hörnern besteht mit der ganzen mittleren Zwischenfigur als Verbindung.

Die besten Beispiele bietet faktisch die *Bero-Serie*. Hier haben wir die grosse Zwischenfigur zwischen den beiden Hunden der Tafel II als obere Hälfte eines Flakons mit dem Stöpsel darin (graue Mittelpartie und Spitze) und roten Verzierungen darauf. Oder die grosse Zwischenfigur der Tafel VII ist eine Kirche, aber die schwarze Säule auf der „Brücke" ist das Portal *in* der Kirchenfront, nicht eine Säule *davor*, wie sie gewöhnlich gesehen wird. Und schliesslich können die braunen Teile der Tafel VIII in a-Stellung zu einem „Kalbskopf" werden, wobei die umgekehrte weisse Tischglocke (die Zwischenfigur) die Blesse auf der Stirn des Tieres ist.

Die letzte Antwort ist zugleich ein Beispiel dafür, dass diese Antworten auch als DZw$FFb+$ vorkommen können, also nicht nur als Schattierungs-, sondern auch als Formfarbdeutungen. Dazu gehören auch die folgenden beiden Beispiele (jetzt wieder Rorschach): Zwischenfigur + Rot der Tafel IX in c-Stellung: „Rote Glasschale" (DZw FFb+) und: Seitliche Zwischenfiguren + Blau + Rot Mitte der Tafel VIII in c-Stellung: „Zwei Menschen sitzen an einem Tisch (Blau) unter einer Lampe (Rot)."

Man kann die F.-H.-V. im Protokoll irgendwie markieren, z. B. mit einem roten Sternchen oder Kreuzchen. K. W. BASH hat vorgeschlagen, für diese Antwortenkategorie das Signum *Ve* (= *Verschmelzungsantwort*) einzuführen. Es würde sich dann aber empfehlen, es nur als „Unterformel" darüberzuschreiben, damit nicht etwa Farbwerte für den Erlebnistypus verlorengehen. Auf alle Fälle soll das Vorhandensein der F.-H.-V. in der Aufstellung der besonderen Phänomene vermerkt werden.

Was den Symptomwert des Phänomens betrifft, so ist zunächst im Auge zu behalten, dass diese Antworten meist zugleich Erfassungsoriginale sind, und als solche zeugen sie von einem höheren Grade von *Strukturlabilität* (siehe Kapitel 8), d. h. von geistiger Beweglichkeit, und tatsächlich ist die F.-H.-V. gewöhnlich auch mit einem niedrigen T% verbunden. Die Kehrseite der Medaille wäre dann allerdings ein etwas *geringerer Wirklichkeitssinn* (siehe Kapitel 4 A unter Symptomwert der Erfassungsoriginale). Die Erfahrung lehrt nun, dass diese Erscheinung hauptsächlich bei fünf Kategorien von Vp. vorkommt, bei Künstlern, pseudologischen Psychopathen, einzelnen Neurotikern, Schizophrenen und Epileptikern.

a) *Künstler* geben, wenn überhaupt, meist mehrere Ve-Antworten, und dies gilt nicht nur von ausübenden Künstlern, sondern auch von nur passiv künstlerisch Begabten, die also das „künstlerische Auge" haben, aber nicht die manuelle Begabung. Hier haben wir also die Beweglichkeit des künstlerischen Denkens *und* die Weltfremdheit.

b) Bei den *pseudologischen Psychopathen* ist die F.-H.-V. wohl hauptsächlich Ausdruck des unentwickelten Realitätssinnes.

c) Bei *Neurotikern* sehen wir oft die zentralen Komplexantworten (häufig nicht sehr tiefliegende) in dieser Form. Schon RORSCHACH hat darauf aufmerksam gemacht (S. 199), dass sich in den DZw F(Fb)-Antworten oft *Wunscherfüllungen* verbergen. Dies gilt aber für *sämtliche* oben genannten drei Gruppen dieser Antworten, von denen die Ve-Antworten ja nur ein Ausschnitt sind. Auch hier spielt natürlich die Störung des Realitätssinnes eine Rolle. Bisweilen haben

z. B. bei Homosexuellen oder Vp. mit Onaniekonflikten die Männer (oder Frauen) der Tafel III „weisse Schürzen" oder „Badehosen" an (der Wunsch, etwas zu verdecken). Nicht selten ist solche Komplexantwort die letzte des ganzen Versuchs.

d) Bei den *Schizophrenen* geht die Strukturlabilität in einen *Strukturzerfall* über. Ihre Ve-Antworten sind zwar im höchsten Grade originell, aber die Realitätsprüfung ist gänzlich aufgehoben, die Formen sind meist schlecht. Beispiele: Tafel II, beide Rot + Weiss: „Ein menschliches Gesicht mit Augenbrauen (rot oben) und Bart (rot unten ohne Schwarz)", oder: Tafel III: „Ein menschliches Gesicht mit Haar an den Schläfen (rot aussen)" (DZwG Orig.—).

e) Am schwierigsten ist das Vorkommen der *Epileptiker* in dieser Gesellschaft zu erklären. Die Epileptiker sind weder besonders künstlerisch veranlagt noch sind sie strukturlabil; im Gegenteil, sie kleben und sind superstabil in ihren Denkstrukturen. Um so auffälliger ist es, dass sie *neben* ihrer Perseveration ein *niedriges T%* haben (RORSCHACH, S. 44) und dann auch noch diese Ve-Antworten. Sowohl theoretische Überlegungen wie Kontrollversuche mit dem sogenannten KÖHLER-Phänomen an den „reversible figures"[1] machen es wahrscheinlich, dass es sich hier um eine Folge der LENNOX'schen Dysrhythmie handelt[2]. Es hat also den Anschein, dass sowohl die Strukturlabilität wie die zerebrale Dysrhythmie die F.-H.-V. zur Folge haben können.

ZULLIGER fand die Figur-Hintergrund-Verschmelzung auch bei Pubertierenden, die mit ihrem Ödipuskonflikt noch nicht fertig geworden sind. Auch er fand sie bei Erwachsenen „bei Menschen mit künstlerischem Einschlag"[3].

Die ganze Frage der F.-H.-V. und ihrer psychologischen Problematik ist aber noch keineswegs geklärt. Die von ELMGREN aufgeworfene Frage nach der Möglichkeit einer differentiellen Gestaltpsychologie[4] könnte möglicherweise eine bejahende Antwort finden, wenn man diese Probleme experimentell weiter verfolgen würde.

68. *Die (Initial- oder Final-) Zensur.* Gerade so gut wie im Traume ist die Zensur des Ich beim Rorschach-Deuten mit im Spiele. Man kann das am besten

---

[1] Siehe WOLFGANG KÖHLER, Dynamics in Psychology, London, 1942, S. 58/59.
[2] Neuerdings hat K. CONRAD in seiner Arbeit „Über den Abbau der differentialen und integralen Gestaltfunktion durch Gehirnläsion" (Psyche, Bd. 3, 1949, S. 26—33) Störungen der Figur-Hintergrund-Beziehung, die er als *Kollektivation* (S. 28) bezeichnet, unter dem Gesichtspunkt der „Vorgestalten" im Sinne von SANDER behandelt. Diese Störungen werden von ihm in Parallele gestellt zu bestimmten Formen des Abbaus kortikaler Funktionen bei umschriebenen Hirnläsionen, die CONRAD als *Protopathie* bezeichnet (S. 33). Es handelt sich bei diesem „protopathischen Gestaltwandel der Leistung" (S. 31), z. B. des Sprechens, Schreibens oder Lesens, zugleich um eine Desintegrierung (Bestandteile können nicht zu einem neuen Ganzen integriert werden) und eine Entdifferenzierung (Ganze können nicht in ihre Bestandteile differenziert werden), also um eine Störung der integralen *und* der differentialen Gestaltfunktion, d. h. um eine tiefgreifende Änderung des Verhältnisses der Teile zum Ganzen (S. 29 und 31). Hierbei hebt die Aufhebung der einen Funktion (der Integrierung) zugleich auch die andere (die Differenzierung) auf (S. 29). — Der wesentliche Unterschied der Protopathie von unserer Figur-Hintergrund-Verschmelzung ist jedoch der, dass bei der protopathischen Störung die Differenzierung in die Teile, bzw. Integrierung zum Ganzen, *nicht* mehr gelingt, während die Verschmelzungsantwort nur eine Variante der üblichen Gestaltung ist, die derselben Vp. *daneben auch* noch gelingt. Immerhin liegt die Annahme nahe, dass es sich bei dem gelegentlichen „Ausrutschen" der Epileptiker in diese Gestaltungsform um eine eben durch Dysrhythmie bedingte *funktionelle* Störung der gleichen Gestaltfunktionen handelt, die bei der echten Protopathie *läsionell* bedingt und deshalb irreversibel sind.
[3] HANS ZULLIGER, Praxis des Zulliger-Tafeln- und Diapositiv-Tests und ausgewählte Aufsätze, Bern und Stuttgart, 1968, S. 32.
[4] Siehe DAVID KATZ, Gestaltpsychologie, Basel, 1961, S. 152.

beobachten, wenn sich in einem Protokoll mehrere Komplexantworten mit analogem Inhalt finden, hintereinander oder noch häufiger über verschiedene Stellen des Protokolls verstreut. Dann ist nicht selten die erste Komplexantwort symbolisch verhüllt oder entstellt, während die letzten deutlicher werden, oder umgekehrt redet die erste Komplexantwort eine deutliche, unverhüllte Sprache, während die folgenden zensuriert sind. Den ersten Fall nennen wir *Initialzensur*, den zweiten *Finalzensur*. Zensurierte Phantasien sind recht häufig. Das, worauf es *hier* ankommt, ist eine *Veränderung* der Zensur*stärke* (bzw. der Stärke, mit welcher der Triebwunsch sich in der Phantasie verkörpert), also eine Verschiebung psychischer Energie während der Dauer des Versuchs. Diese äussert sich in einer Durchbrechung oder Umgehung der Zensur (FREUD spricht in der „Traumdeutung" einmal von „abblenden")[1], entweder zu Anfang (Finalzensur) oder bei Wiederholung der Phantasie (Initialzensur).

Die Zensur ist ein ausgezeichneter *Indikator zur Beurteilung des Verhältnisses von Ich- und Triebstärke*. Beim Anklingen eines verdrängten Komplexes wird das Ich bemüht sein, durch eine Verstärkung des Verdrängungsdrucks den Durchbruch des Verdrängten zu verhindern. Gelingt dies, dann werden die entsprechenden Komplexantworten stärker verhüllt (Finalzensur). Die *Final*zensur ist also ein Zeichen eines *starken Ichs*, sie spricht im Zweifelsfalle für eine *Neurose*. Gelingt die fortgesetzte Unterdrückung des verdrängten Komplexes nicht, so kommt es schliesslich zum Durchbruch des Verdrängten (Initialzensur). Die *Initial*zensur ist daher ein Zeichen eines *schwachen Ichs*, sie spricht differentialdiagnostisch zugunsten entweder einer psychogenen oder sonstigen *Psychose* oder mindestens einer Anlage dazu. Es kann sich aber auch um eine *Perversität* handeln, die ebenfalls eine gewisse Ichschwäche zur Voraussetzung hat und meist auch familiär eine psychotische Belastung zeigt.

Beispiel für *Finalzensur*: Eine junge Dame, die sich vor den Gefahren der Großstadt fürchtet, sieht dreimal einen Menschen (allemal als B Orig.+) an einem Abgrund, das erstemal eine „Frau", das zweite- und drittemal aber nur eine „Person". (Ausserdem war der „Abgrund" in der zweiten und dritten Deutung durch das weniger zweideutige „Abhang" ersetzt.) Die Identifikation wird undeutlicher.

Beispiel für *Initialzensur* bei einer hysterischen *Psychose*: Im oberen Fortsatz der Tafel VI „ein Gesicht mit Bart", dann eine G-Antwort und darauf dasselbe Detail noch einmal als „Götzenbild" (wobei das schwedische Wort „avgud" zugleich „Götze" und „Abgott" bedeutet). Als erste Deutung zu Tafel VIII kommt dann schliesslich als Komplexantwort mit F.-H.-V. „ein Götzenbild oder das Gesicht meines Vaters", in einem Atemzuge. Hier zeigt sich wunderschön die ambivalente Einstellung der Patientin zu dem zugleich gefürchteten und „abgöttisch" geliebten Vater, von dem sie dem Pflegepersonal stundenlang erzählte.

Beispiel für *Initialzensur* bei *Perversion* (Exhibitionismus): Zweite Deutung zu Tafel V, die Zwischenfigur zwischen den seitlichen Ausläufern: „eine grosse Raupe, die auf einem Zweige kriecht" (man beachte den erhobenen Kopf); dritte Deutung, Zwischenfigur zwischen den Beinen: „eine Mohrrübe, die verkehrt herumgewendet ist und aus der Erde heraussteckt"; vierte Deutung,

---

[1] SIGMUND FREUD, **Die Traumdeutung**, 8. Aufl., Wien, 1930, S. 421.

weisse Kontur am unteren Flügelrand: „eine Böschung, wo ein Wiesel den Kopf aus einer Höhle heraussteckt", und schliesslich als achte Deutung, eine winzige weisse Einbuchtung am oberen Flügelrand: „ein schlaff herabhängender Penis". Kommentar überflüssig.

69. Der Sexualsymbol-Stupor. Rorschach's Tafeln enthalten bekanntlich eine ganze Reihe Details, die mehr oder weniger deutlich an die männlichen oder weiblichen Genitalien erinnern. Das deutlichste ist vielleicht die Mitte des oberen Fortsatzes der Tafel VI. Manche Vp. lassen sich nun von diesen Details verwirren, aber die Verwirrung kann verschiedene Grade annehmen. Meist kommt doch noch eine Deutung zustande, aber auch wo diese keine manifeste Sex.-Deutung ist, verrät sich die (unbewusste oder bewusste) sexuelle Assoziation gewöhnlich noch in irgendeiner Weise. Bei dem Fortsatz der Tafel VI wird z. B. dieses Detail zwei- oder dreimal hintereinander mit symbolischen Antworten gedeutet („Pfahl", „kleiner Mann" usw.) unter gleichzeitiger Umkehrung der Sukzession. Bei genauem Zusehen lässt sich diese komplexbedingte Störung von der Dunkelschock-Störung meist recht gut unterscheiden. Oft genügt schon das blosse Haftenbleiben an einem solchen Detail zur Erkennung des wahren Charakters der Störung [1].

Bisweilen aber steigert sich diese Schwierigkeit bis zu einem *assoziativen Stupor* bei Betrachtung dieser Details. Die Vp. bemerkt das Detail, zeigt meist ausdrücklich darauf hin, erklärt sich aber ausserstande zu einer Deutung, sagt z. B.: „Was das ist, weiss ich nicht", „Aus dem obersten kann ich nichts machen", „Bei dem komm' ich nicht recht heraus", „Was das ist, ist schwer zu sagen", „Hier ist auch etwas" oder „Was das sein kann?", worauf eine Pause erfolgt (mit oder ohne nachfolgender Deutung). Das betreffende Detail muss ausdrücklich bemerkt werden. Indirekte Schlüsse genügen nicht.

Wir geben nun eine Aufzählung der wichtigsten Stellen der Rorschach-Tafeln, bei denen dieser Stupor sich einzustellen pflegt, geben in Parenthese eine abgekürzte Bezeichnung und fügen hinzu, ob es sich um ein männliches oder weibliches Symbol handelt.
 1. Heller Fleck in Mittellinie der Tafel I (Loch in Mitte I, weiblich)
 2. Schwarze Spitze der Tafel II (Spitze II, männlich)
 3. Mitte in Rot unten der Tafel II (Rot Mitte II, weiblich)
 4. Zapfen am Bein der Männer der Tafel III (Zapfen III, männlich)
 5. Efeublättchen der Tafel IV, ganz oben (Spitze IV, weiblich)
 6. Mitte des oberen Fortsatzes der Tafel VI (Spitze VI, männlich)
 7. Unterer Ausschnitt der Tafel VI (Ausschnitt VI, weiblich)
 8. Kleine Buckel (Eier) im unteren Ausschnitt der Tafel VI (Eier VI, männlich)
 9. Schwarz in Mitte unten der Tafel VII (Mitte VII, weiblich)
 10. Oberer Ausläufer der Tafel VII (Ausläufer VII, männlich)
 11. Schlitze in der Zwischenfigur der Tafel IX (Schlitze IX, weiblich)

Man schreibt also in der Aufstellung der Phänomene z. B. „Sexualsymbolstupor (Spitze II, Eier VI, Ausläufer VII)" usw.

Der Symptomwert dieses Stupors richtet sich natürlich nach dem Geschlecht der Vp. und nach der Art des Symbols, ob männlich oder weiblich. Bei *Männern* lässt ein Stupor bei männlichen Symbolen im allgemeinen auf Kastrationsangst

---
[1] Siehe Marguerite Loosli-Usteri, Persönlichkeitsdiagnostik, Rorschachiana II, S. 20.

schliessen, während der Stupor bei weiblichen Symbolen dem Weißschock gleichzusetzen ist (siehe diesen), der ja, wie gesagt, nur einen Spezialfall des Sexualsymbolstupors darstellt. Bei *Frauen* ist der Stupor bei männlichen Symbolen meist Zeichen der hysterischen Genitalangst, der Stupor bei weiblichen Symbolen verrät entweder eine Ablehnung der Weiblichkeit (siehe Weißschock) oder (wenn etwa manifeste weibliche Sexualantworten im gleichen Protokoll vorkommen) eine Ablehnung der Sexualität überhaupt, z. B. als sündhaft (bewusst oder meist unbewusst).

Ganz allgemein bedeutet also der Sexualsymbolstupor eine Form von *Sexualangst* und ist im Grunde nicht so verschieden vom Gegenteil, den forciert häufigen Sexualdeutungen. Beim Stupor liegt vielleicht eine primitivere Neurosenform vor, die therapeutisch wahrscheinlich leichter zugänglich ist als die mehr komplizierten Charakterneurosen mit den vielen Sexualdeutungen, die „Freisinn" demonstrieren sollen.

70. *Die Maskendeutungen.* Den gar nicht seltenen Maskendeutungen hat ROLAND KUHN eine besondere Studie gewidmet [1]. Er unterscheidet drei Gruppen: *Gruppe I*: Ganzantworten vom DZwG-Typus, die eine Maske in ungefähr natürlicher Grösse von vorn zeigen. *Gruppe II*: D- oder Dd-Deutungen von Masken im Profil, und *Gruppe III*: Ganze bewegte verkleidete Gestalten (inkl. Clowns). Die Maskendeutungen der *Gruppe I* sind meist schlechte Formen und finden sich vorzugsweise bei Jugendlichen bis ins 3. Lebensjahrzehnt. Sie zeigen eine starke Beachtung des eigenen Gesichtsausdrucks und hängen zusammen mit einer mangelhaften Trennung von Ich und Aussenwelt (undifferenziertes Ichbewusstsein und Labilität des Persönlichkeitsbewusstseins sensu JASPERS). Sie stehen in enger Beziehung zum magisch-identifizierenden Denken. Die Deutungen der *Gruppe II* zeigen wenig Beachtung des eigenen Gesichts, finden sich bei differenziertem Ichbewusstsein und stehen in Beziehung zum gegenständlichen, logisch-theoretisch-abstrahierenden Denken. Die betreffenden Vp. zeigen meist eine Furcht vor etwas Bedrohlichem (also phobische Angst). Vp. mit Deutungen der *Gruppe III* endlich weisen gewöhnlich psychasthenische Züge der Schwäche und Verantwortungslosigkeit auf. Sind die Bewegungsdeutungen erstarrt (Tod usw.), so lässt das auf Depersonalisationserlebnisse schliessen. KUHN sah niemals Deutungen aller drei Gruppen im gleichen Protokoll.

Bei Anführung von Maskendeutungen in der Aufstellung der Phänomene ist in Parenthese anzugeben, *welche Gruppe* in dem betreffenden Protokoll repräsentiert ist, z. B. „2 Maskendeutungen (Gruppe II)".

Die Maskendeutungen sind ganz allgemein ein Ausfluss eines steifen, erstarrten Weltbildes und deuten auf einen *Mangel an affektivem Kontakt*. ZULLIGER fand Maskendeutungen bei Menschen, die sich *beobachtet fühlen*, und deutet sie zugleich als ein Zeichen einer *Verheimlichungs- und Selbstverbergungstendenz*. (Vorsicht, namentlich bei Gruppe III, bei Vp., die aus Gegenden stammen, wo noch Fastnacht gefeiert wird.) Gewöhnlich zeigen die betreffenden Vp. *psychasthenische Züge* mit einer Tendenz zur Depersonalisation. Die Maskendeutungen kommen nach KUHN ausser bei den Psychasthenikern auch bei *Hysterikern, Phobikern und Anankasten* vor, aber auch bei Normalen mit einer Bereitschaft zu derartigen

---

[1] ROLAND KUHN, Über Maskendeutungen im Rorschach'schen Versuch, Basel, 1944.

Reaktionen. Sie finden sich oft neben Gesichtsstereotypie. SCHACHTER und COTTE fanden bei Maskendeutungen bei Jugendlichen (von 10—20 Jahren) grösstenteils Anpassungsschwierigkeiten, Aggressivität, Lügen und Stehlen[1].

71. *Spiegelungen.* Von manchen Menschen werden Spiegelungen gedeutet. Hierbei wird entweder die Symmetrie der Tafeln in a- oder c-Stellung und (fast noch häufiger) in b- oder d-Stellung benutzt, oder es wird in seltenen Fällen sogar innerhalb der Mittellinie eine Spiegelung von oben nach unten gesehen. Solche Spiegelungen sind zweifellos ein Ausdruck eines stärkeren Narzissmus, dies namentlich dann, wenn sie innerhalb der Achse von oben nach unten gesehen werden. Aber auch „gewöhnlichen" Spiegelungen kommt diese Bedeutung zu, wenn sich mehrere im gleichen Protokoll finden. (Der Erfassungstypus ist dann meist stark G-betont, die Symmetrie wird oft nicht gesehen, und die Kontaktfaktoren sind meist schwach.) Auch MEREI und NEIGER fanden Spiegelungen bei Zwangsmenschen und Narzissten[2] und MORGENTHALER bei Menschen, die immer darauf bedacht sind, was sie für einen Eindruck auf andere machen[3].

72. *Amnestische Wortfindungsstörungen* sind eines der klinischen Symptome, die bei Gelegenheit des Rorschach-Versuchs zum Vorschein kommen. Die Versuchsperson assoziiert eine ganz bestimmte Vorstellung und möchte sie gern zu ihrer Deutung benutzen, kann aber das dazugehörige Wort nicht finden. Gewöhnlich kommen die Vp. dabei in sichtliche Verlegenheit, sitzen da und „drucksen" und fragen nicht selten den Vl., ob er nicht wisse, was sie meinen. Bisweilen können jedoch solche Vp. die Verlegenheit ganz geschickt verstecken, und man merkt die Anekphorie dann nur an mehr oder weniger auffälligen Umschreibungen wie „Einer dieser Vögel, die nachts herumfliegen" (Fledermaus), oder: „So eines, das auf dem Fussboden liegt" (Tierfell) und dergleichen. — Die Wortfindungsstörungen sind gewöhnlich, aber nicht immer, ein organisches Symptom (Vorsicht bei Zweisprachigen!).

73. *Die Aggravation und andere klinische Beobachtungen.* Die Aggravation ist ein anderes klinisches Symptom, das in der Testsituation unmittelbar zugänglich ist. Manche Vp. klagen fortwährend über ihre Kopfschmerzen, Schwindelgefühl, Flimmern vor den Augen usw., können dann aber durch leichte Ablenkung und Ermahnung unschwer zum Deuten gebracht werden. Bemerkungen wie: „Die Augen tun mir jetzt so weh, ich weiss nicht, ob ich weitermachen kann" oder: „Soll ich denn wirklich heute nacht von allen diesen Bildern träumen?" kann man bisweilen zu hören bekommen. Natürlich kann ein derartiges Verhalten mitunter die Durchführung des Versuchs in Frage stellen. Bei richtiger Einstellung des Vl. lässt sich jedoch das Protokoll meist noch „retten". Es empfiehlt sich, *nicht auf die Klagen einzugehen.* Bei sehr oberflächlicher Übertreibung kann eine humoristische Bagatellisierung am Platze sein; wenn der Kontakt aber nicht sehr

---

[1] M. SCHACHTER und S. COTTE, Les interprétations «Masques» dans le test de Rorschach (leur signification clinico-psychologique). Etud. Neuro-psycho-path. Infantile 10, 1963, S. 77—110, referiert von ALFRED LANG in: Schweiz. Ztschr. f. Psychologie, Bd. 22, 1963, S. 183.

[2] STEPHEN NEIGER, Introduction to the Rorschach Psychodiagnostic, Part II, Specific Reactions, Toronto, 1956, S. 50/51.

[3] WALTER MORGENTHALER schrieb in einem Brief vom 8. April 1958 an den Verfasser: „Ich habe bis jetzt Spiegeldeutungen vor allem auch so aufgefasst, dass es sich um Leute handelt, die nicht geradeheraus reagieren, sondern immer unwillkürlich denken müssen, was ihre Antwort oder ihr Verhalten auf andere für einen Eindruck machen, d. h. wie sie sich in ihnen widerspiegeln."

gut ist, kann man sehr leicht das Gegenteil damit erreichen: eine Verstärkung der Aggravation. Gewöhnlich ist eine ruhige, nichtbeachtende Haltung, eine „milde Strenge", vonnöten; mit ihrer Hilfe lässt sich der Test im allgemeinen durchführen. Dies kann freilich unter Umständen schon eine gewisse Selbstüberwindung kosten, so z. B. wenn die Vp. sich mitten im Test erhebt, an einem in der Nähe befindlichen Ausguss sich erbricht und ohne jede Aufforderung sich wieder hinsetzt und weiterdeutet. In einem anderen Falle haben wir es erlebt, dass eine Frau mit einer psychogenen Psychose im wildesten Fortissimo die furchtbarsten Klagen und Anklagen vorbrachte, man habe ihr alle Eingeweide verbrannt, ihr Inneres sei eine einzige ausgefressene Höhlung usw., dann aber auf die leise, freundliche, aber bestimmte Bitte des Vl. hin im gleichgültigsten Gesprächstone ihre völlig normalen und banalen Deutungen brachte. Dieses Wechselspiel hat sich dann mehrmals wiederholt, bis der ganze Versuch beendet war.

Andere klinische Symptome, die man bei der Aufnahme eines Rorschach-Protokolls festzustellen Gelegenheit hat, müssen natürlich ebenfalls vermerkt werden. Dies sind vor allem die Sprachstörungen, die sich spontan äussern, wie *Silbenstolpern, Häsitation, Stottern* usw. Auch Auffälligkeiten des *Blickes* gehören hierher (misstrauischer, bohrender, leerer Blick usw.), ebenso mimische Besonderheiten wie *Grimassieren, Tics* usw., ferner *Bewegungsstereotypien, Tremor* (Finger, Augenlider) u. a. m. Es ist dem Rorschach-Protokollanten nicht verboten, die Augen aufzumachen.

74. *Die Komplexantworten* sind ein so wichtiger Teil der Neurosendiagnose, dass sie erst im Zusammenhang mit dieser ausführlich besprochen werden sollen.

Es erleichtert das Auffinden bestimmter Protokolle im Material sowie die Auswertung, wenn man die wichtigsten Komplexantworten nicht nur *im Protokoll* selbst (z. B. durch rote Unterstreichung der betreffenden Formel) *kenntlich macht*, sondern sie auch am Schlusse der besonderen Phänomene *in einer Übersicht zusammenstellt*.

Es empfiehlt sich, am Ende einer solchen Übersicht auch zu erwähnen, ob und wie oft „*Augen*" gedeutet wurden. Diese Übersicht bildet dann den Abschluss der Zusammenstellung des gesamten „Rohmaterials", das also aus der eigentlichen Verrechnung und den besonderen Phänomenen inkl. den nach Gebieten geordneten Komplexantworten besteht.

Anhang: Einige technische Modifikationen

Ehe wir nun zur Auswertung übergehen, seien hier noch ganz kurz ein paar technische Modifikationen erwähnt, die in den letzten Jahren vorgeschlagen worden sind.

I. Die Zweiteilung und der Provokationsversuch ad modum MORGENTHALER

Wie wir bereits gesehen haben, ist es sehr zweckmässig, nach MORGENTHALER's Vorschlag die Zeit für die erste und zweite Hälfte des Versuchs auch gesondert zu notieren. Es ist möglich, dass auch für unsere Erlebnisse und Handlungen eine Art Entwicklungsgesetz gilt, dass ihr Ablauf zu unserer eigenen Entwicklung in einem ähnlichen Verhältnis steht wie diese zur Entwicklung der Art[1]. Und RORSCHACH soll einmal die Vermutung ausgesprochen haben[2], dass in der ersten Hälfte des Tests vielleicht mehr die angeborenen und früh erworbenen, in der zweiten mehr die später erworbenen Reaktionen zum Vorschein kämen. Jedenfalls ist ein Vergleich der Reaktionen der ersten und zweiten Hälfte mitunter recht aufschlussreich. MORGENTHALER teilt hierüber einige Erfahrungen mit.

1. *Antwortenzahl und Zeit*. Das gewöhnliche Verhalten ist ein Häufiger- und Rascherwerden der Antworten, eine „Ankurbelung" (MORGENTHALER, a. a. O., S. 42): die anfängliche Befangenheit weicht einem allmählichen Auftauen. Ein Spärlicher- und Langsamerwerden der Antworten beruht entweder auf starker Ermüdbarkeit, auf zunehmender Befangenheit oder Misstrauen oder auf einer innerlichen Ablehnung des Versuchs.

2. *Erfassungstypus*. Hier ist natürlich zu beachten, dass die erste und die zweite Hälfte der Tafeln für die Erfassungsmodi nicht die gleichen Bedingungen enthalten. Infolgedessen tritt normalerweise eine Verschiebung vom G- zum D- oder Dd-Typus ein. Wird diese Verschiebung outriert, d. h. bestehen *sehr* starke Unterschiede zwischen dem Erfassungstypus der ersten und zweiten Hälfte, dann handelt es sich meist um Personen, die zu Verträumtheit und Wirklichkeitsferne neigen, sich aber zusammennehmen können, wenn sie vor praktische Aufgaben gestellt werden (a. a. O., S. 43).

3. *DZw*. Eine Zunahme der Zwischenfigurdeutungen in der zweiten Hälfte beruht entweder auf einer Ablehnung des Versuchs oder auf dem Durchbruch einer oppositionellen Einstellung der Vp., die diese anfangs zu unterdrücken versuchte (S. 43).

4. *F+%*. Ein Besserwerden des F+% in der zweiten Hälfte lässt auf ein Besserwerden einer anfangs gehemmten Zuverlässigkeit des „dispositionellen Assoziationsbetriebs", der automatischen Intelligenz, schliessen, ein Schlechterwerden auf ein Nachlassen der intellektuellen Zuverlässigkeit bei stärkerer Inanspruchnahme.

Noch eine andere Idee von MORGENTHALER sei hier erwähnt. Manchmal gibt ein Protokoll kein klares Bild davon, ob die Streck- oder die Beugekinästhesien das Übergewicht haben, sei es, dass beide Gruppen in gleicher Zahl vertreten sind, sei es, dass die wenigen vorhandenen B keiner Gruppe eindeutig zugerechnet werden können. Um für die Prognose einen Anhaltspunkt zu haben, machte MORGENTHALER in solchen Fällen folgenden Versuch: Er legte der Vp. nach Beendigung des Rorschach-Versuchs die Tafel V noch einmal vor, zuerst in b-, dann in d-Stellung, und fragte: Wenn das ein Mensch wäre, ist es einer, der sich streckt, oder einer, der sich beugt? Oder er fragte: Wo wäre dann vorn und wo hinten? (Die zweite Frage ist vorzuziehen.) Er wertete dann die Antwort zugunsten des sthenischen oder asthenischen Persönlichkeitsfaktors, wenn sie in beiden Stellungen gleich gegeben wird. (Briefliche Mitteilung des Dr. WALTER MORGENTHALER an den Verfasser vom 8. April 1958.)

II. Die Schockkontrolle durch Wahlreaktionen

Zur genaueren Kontrolle der Schocks kann man das ebenfalls von MORGENTHALER (und ganz ähnlich von KLOPFER) vorgeschlagene Verfahren[3] anwenden, alle 10 Tafeln nach Beendigung des Protokolls auf den Tisch zu legen (in drei senkrechten Reihen, von unten nach oben: 1, 2, 3 - 4, 5, 6, 7, - 8, 9, 10) und die Vp. wie bei einem SZONDI-Test zu bitten, die beiden Tafeln auszuwählen, die ihr am besten und die beiden, die ihr am wenigsten gefallen haben, und dies zu begründen. Wenn hierbei über die Farben nichts ausgesagt wird, kann man dann weiter nach KLOPFER's Vorschlag die Vp. bitten, nunmehr die 10 Tafeln in je zwei Serien zu fünf Tafeln zu teilen, die je etwas für sich gemeinsam haben, was die andere Serie nicht hat. Sortiert die Vp. dann nicht spontan die Tafeln nach schwarzen und farbigen, kann man das selbst tun und sie nach dem Einteilungsprinzip fragen.

Kontrastieren bei diesem Verfahren Schockphänomene und Wahlhandlungen in auffälliger Weise, so handelt es sich nach MORGENTHALER's Ansicht entweder um Schizophrene oder um jene selbstunsicheren Neurotiker, denen man in ihrer Kindheit immer und ewig vorgehalten hat, sie machten alles falsch, und die nun prinzipiell ihrer ersten Stellungnahme misstrauen und hinterher alles korrigieren (MORGENTHALER, a. a. O., S. 46).

---

[1] Wie aus Kap. 16 ersichtlich, hat sich diese Vermutung inzwischen für die einzelne Wahrnehmung (bzw. „Deutung") bestätigt. Ob ein solches Entwicklungsgesetz indessen auch für die ganze Verlaufsgestalt eines Rorschach-Protokolls gilt (und das ist *hier* gemeint), ist immer noch zweifelhaft.
[2] W. MORGENTHALER, Über Modifikationen beim Rorschach. Rorschachiana II, Bern, 1947, S. 42.
[3] W. MORGENTHALER, a. a. O., S. 44 ff. — KLOPFER and KELLEY, The Rorschach Technique, S. 55.

III. *Die Untersuchung der Affekt- und Stimmungsreaktionen ad modum* MOHR

P. MOHR [1] hat den rite durchgeführten Rorschach-Versuch in folgender Weise ergänzt. Nach Beendigung des Versuchs zeigt er der Vp. alle Tafeln noch einmal. Bei jeder einzelnen Tafel soll die Vp. nun sagen, ob sie ihr gefalle oder nicht und warum, ferner, was für eine *Stimmung* die Tafel in ihr erwecke, und ob und bei welchen Gelegenheiten sie eine ähnliche Stimmung schon einmal erlebt habe. Dabei hat sich herausgestellt, dass sehr oft ein Zusammenhang zwischen Stimmung und Deutung besteht und dass der Inhalt sehr häufig symbolisch zu verstehen ist.

IV. *Verschiedene andere Modifikationsversuche*

Dass und warum der Rorschach-Test sich *nicht* als *Gruppentest* eignet und infolgedessen auch nicht als solcher Verwendung finden sollte, wurde bereits festgestellt.

Man hat ferner versucht, den Sukzessionsbegriff vom Erfassungsmodus auch auf die anderen Teile der Formel auszudehnen und das ganze Protokoll in dieser Weise in *„Phasen"* einzuteilen. Der Gedanke ist nicht von vornherein von der Hand zu weisen und würde zu einer Art sekundärer Überarbeitung des Protokolls führen, die etwas an die Überarbeitung einer EEG-Kurve erinnert. Die Durchführung dieser Idee steht und fällt aber mit der Aufstellung eines objektiv brauchbaren Maßstabes für die Abgrenzung solcher „Phasen", und dies ist bisher noch nicht gelungen.

Schliesslich ist noch eine Modifikation zu erwähnen, die, richtig verstanden, wie alle die anderen erwähnten Verfahren nur eine *Ergänzung* des klassischen Auswertungsverfahrens darstellt. Wir meinen die Bemühungen der ungarischen Schule von FERENC MEREI, auch den *Aufforderungscharakter (valence)* (sensu KURT LEWIN, A Dynamic Theory of Personality, 1935) der einzelnen Rorschach-Tafeln festzustellen und bei der Auswertung mitzuverwenden. Zur Feststellung des Aufforderungscharakters legte MEREI einer grossen Zahl von Versuchspersonen nach beendetem Versuch die Tafeln nochmals vor, um sie zunächst eine Wahlreaktion (wie oben) vornehmen zu lassen. (Wahrscheinlich war MEREI der erste, der eine solche Wahlprobe praktiziert hat, und er hat nach Auswahl der zwei am meisten und der zwei am wenigsten sympathischen Tafeln diese Wahlprobe auch an den übrigen sechs Tafeln vornehmen lassen, wobei sukzessive immer eine sympathische und eine unsympathische zu bestimmen war.) Dann wurden die Versuchspersonen aufgefordert, jede Tafel jetzt als ein symbolisches Gemälde zu betrachten und ihm wie in einer Ausstellung einen Titel zu geben. Und schliesslich liess er zu allen Tafeln frei assoziieren.

Die auf diese dreifache Weise bestimmten Aufforderungscharaktere beruhen teilweise auf der formalen Eigenart der Tafeln und dem daraus entspringenden Anreiz zu bestimmten Erfassungen und Determinationen (DZw, B usw.), teilweise auf der in den Tafeln enthaltenen Symbolik, während bei der ersten und letzten Tafel die Anfangs- und Schlußsituation als solche noch eine Rolle zu spielen scheint.

Die im statistischen Durchschnitt hierbei gefundenen Aufforderungscharaktere lassen sich mit etwa folgenden Stichworten wiedergeben: Tafel I: Vorstellungssituation, „Wer bist du?", Tafel II: Sexualität und affektive Objektbindung (Assoziation oder Dissoziation); der Aufforderungscharakter der Tafel III konnte noch nicht bestimmt werden, aber sie ist jedenfalls kritisch für Schizoide; Tafel IV: Angst der Kinder und Verhältnis zu den Eltern (Vatersymbolik) (siehe PETER MOHR über den Dunkelschock, S. 125/126 unseres Buches); Tafel V: Realitätsanpassung; Tafel VI: Verhältnis zwischen Ich und Sexualität; Tafel VII: Verhältnis zwischen Ich und Aggressivität (noch unsicher); Tafel VIII: affektive Anpassungsfähigkeit; Tafel IX: Begabung und Arbeitscharakter; Tafel X: Lebensraum (sensu KURT LEWIN = „die Gesamtheit der möglichen Geschehnisse").

Unter Zugrundelegung dieser Durchschnittsvalenzen lässt sich ungefähr beurteilen, inwieweit die Versuchsperson von den Möglichkeiten jeder einzelnen Tafel optimalen Gebrauch gemacht hat oder nicht. Tritt die spezifisch herausgeforderte Reaktion einer bestimmten Tafel gehäuft auf, so spricht MEREI von Sättigung. Das Gegenteil wären die Schockphänomene. Die spezifischen Symptomwerte der häufigsten Variationen und Abweichungen von den Durchschnittsreaktionen sind ziemlich kompliziert und müssen in der Originalarbeit nachgelesen werden [2].

Auf keinen Fall ist es zulässig, auf Grund der Beurteilung nach den Aufforderungscharakteren *allein* eine Diagnose zu stellen. Diese Gesichtspunkte sollen nur zur Ergänzung der gewöhnlichen Auswertung herangezogen werden. Sie können, richtig angewendet, dazu dienen, die einzelnen Befunde des Protokolls zu verstärken und zu vertiefen oder abzuschwächen und zu korrigieren.

---

[1] P. MOHR, Die Inhalte der Deutungen beim Rorschach'schen Formdeutversuch und ihre Beziehungen zur Versuchsperson. Schweizer Archiv f. Neurologie und Psychiatrie, Bd. 47, 1941, S. 237 bis 270.

[2] FERENC MEREI, Der Aufforderungscharakter der Rorschach-Tafeln, Magyar Psychologiai Szemle, 1947, Nr. 3—4; deutsch von Dr. STEFAN NEIGER, Institut für Psychodiagnostik und angewandte Psychologie, Innsbruck, 1953.

III. Die Auswertung des Tests

Kapitel 7

Allgemeine Grundlinien — Das Psychogramm

I. Allgemeine Grundlinien für die Auswertung

Wir haben bereits darauf hingewiesen (im Kapitel 4, A, II), dass das *Rorschach-Protokoll als Ganzes* mit seiner Sukzession und seinen Erfassungsmodi als *eine „Gestalt"* aufgefasst werden kann, und es wird vom erfahrenen Deuter auch instinktiv so behandelt. Amerikanische Psychologen haben dies (auf die projektiven Methoden im allgemeinen bezogen) einmal so ausgedrückt: „It seems that the competent clinician evaluates the test protocol not on the basis of isolated signs, but in terms of a configuration of complex indicators — the total pattern plus past experience"[1].

Mit der älteren Graphologie und dem jüngeren SZONDI-Test hat der Rorschach-Test die *Grundregel* seines Deutungsvorganges gemeinsam. Sie heisst: *Intuitive Erfassung des Ganzen mit wissenschaftlicher Kontrolle der Teile*, oder wie LUDWIG KLAGES es ausgedrückt hat (in „Grundlagen der Charakterkunde", S. 11): „Man muss das Ganze haben, ehe man es mit Erfolg unternimmt, die Teile zu erforschen." Das ist ganz und gar nicht „unwissenschaftlich". Wir haben genau die gleichen Verhältnisse z. B. in der orientalischen Philologie. Um einen japanischen Satz lesen und verstehen zu können, muss man die einzelnen ideogrammatischen chinesischen Schriftzeichen kennen. Diese sind aber fast alle mehrdeutig, und erst der Zusammenhang bestimmt, wie sie gelesen und verstanden werden sollen. Man muss also zuerst den ganzen Satz übersehen, um die einzelnen Zeichen lesen zu können.

So ist es also auch bei der Interpretation eines Rorschach-Protokolls. Obwohl manchmal einzelne Faktoren schon wegen ihrer Seltenheit recht wichtige diagnostische Hinweise geben können, so ist doch *stets nur das Gesamtbild entscheidend*, und erst aus dem Gesamtbild heraus werden die (meist mehrdeutigen) Einzelheiten in ihrem Symptomwert verständlich. Das erfordert ein sehr komplexes, gestaltartiges Denken und macht den Test so schwer. (Und daher stammen wohl die meisten „Verbesserungsversuche".) Aber gerade darin liegt auch seine Überlegenheit gegenüber vielen anderen, mehr mechanisch anwendbaren diagnostischen Hilfsmitteln: Ein Faktor kontrolliert den anderen, und nicht selten kann man auf 2, ja 3 und mehr verschiedenen Wegen zu dem gleichen Ergebnis kommen. Nur wo *alle* Wege nach Rom führen, kann man sich einigermassen sicher fühlen.

---

[1] HENRY P. DAVID, MARTIN ORNE and WILLIAM RABINOWITZ, Qualitative and quantitative Szondi Diagnosis, Journ. of Projective Techniques 17, 1953, S. 77.

Dieser komplexe Vorgang besteht beim Rorschach bei näherem Zusehen aus *drei Phasen:*

1. Phase: ein intuitiver Gesamteindruck aus dem Rohprotokoll.
2. Phase: die wissenschaftliche Kontrolle der Teile.
3. Phase: die intuitive und zugleich kritische Zusammenfassung des Ganzen.

„Ein Blick ins Buch und zwei ins Leben soll die Form dem Geiste geben", sagt GOETHE. So kommt auch die rechte Form des Rorschach-Psychogramms zustande; zuerst durch einen Blick in das lebendige Protokoll, dann durch den Blick ins Buch der Statistik, Empirie und Theorie und zuletzt durch einen zweiten Blick auf das lebendige Ganze. Stets ist das *statische Denken* beim Durchgehen der Verrechnung und der Prüfung der Syndrome mit dem *dynamischen* Denken zu kombinieren, das in einer Verknüpfung aller auffälligen Einzelheiten des Protokolls und seines Inhaltes besteht, unter Berücksichtigung der Reihenfolge.

1. Phase: Beim intuitiven *Gesamteindruck* aus dem Rohprotokoll ist das Wort „Intuition" im Sinne von AUGUST FOREL verstanden als ein unterhalb der Bewusstseinsschwelle liegendes Schliessen, eine „automatisierte, kristallisierte Intelligenz"[1], also ein aus dem Niederschlag früherer Erfahrungen möglich gewordenes „*Kurzdenken*".

2. Phase: Die wissenschaftliche *Kontrolle der Teile* ist voll bewusstes, diszipliniertes Denken. Nur dies ist erlernbar. Die wichtigste Regel lautet hier: *Man gehe immer vom Formalen aus und erst dann zum Inhaltlichen über!* Diese Regel hat einen sehr guten psychologischen Sinn: Das Denken bei Problemlösungen besteht in Strukturumformungen, die ausgelöst werden durch die Spannungen, welche sich aus der ungelösten Situation infolge der allgemein wirksamen Tendenz zur guten Gestalt ergeben[2]. Die Leichtigkeit dieser Umformungen ist abhängig von der Festigkeit der Strukturen. Steht man nun vor allzu umfangreichen Komplexen von ungelösten Strukturen, so kann die Spannung so gross werden, dass der Stoff als Chaos empfunden wird. Man muss dann das Rohmaterial *erst auf ein Schema beziehen*, um die Situation künstlich zu *vereinfachen*. Erst von diesem vereinfachten Schema aus ist dann ein weiteres Vordringen möglich und die „gute Gestalt" des Endergebnisses erreichbar. — NANCY BRATT meint auch (Rorschachtesten, S. 96), der Inhalt der Antworten liege vermutlich der Bewusstseinsschwelle näher als die Züge, die sich in der Formelkonstellation ausdrücken. Einige Autoren, denen RORSCHACHS Methode der Signierung zu beschwerlich ist, haben versucht, den Test ausschliesslich aus dem Inhalt auszuwerten. Wir haben noch an anderer Stelle (im Kapitel 11, C, S. 252) darauf aufmerksam gemacht, wie gefährlich ein solches Unterfangen ist.

Wie MORGENTHALER in seiner „Einführung" (in RORSCHACH's „Psychodiagnostik", S. 232) sehr klar und plastisch dargestellt hat, kann man das Formale und Inhaltliche am besten in der Weise zusammenarbeiten, dass man nach genauer Aufstellung der Verrechnung und des übrigen Rohmaterials nun das ganze Protokoll „Antwort für Antwort und Tafel für Tafel" noch einmal durchgeht

---

[1] AUGUST FOREL, Der Hypnotismus oder die Suggestion und die Psychotherapie, Stuttgart, 1919, S. 29.
[2] Siehe RICHARD MEILI, Psychologische Diagnostik, Bern, 1965, S. 39 ff. — Näheres im nächsten Kapitel.

und mit der Verrechnung und den bisher erhobenen Befunden vergleicht, bis schliesslich alles mit allem in Verbindung gebracht ist.

Es empfiehlt sich, bei dieser Arbeit *zunächst* routinemässig vorzugehen. Denn auch der beste Kopf ist nicht immer gleich frisch, und in dem dichten Gestrüpp eines einigermassen „materialreichen" Rorschach-Protokolls kann man sehr leicht etwas übersehen, was vielleicht die Gesamtauffassung des Falles wesentlich verändern würde.

Schliesslich darf nicht vergessen werden, auch das *äussere Verhalten* der Vp. mit in Rechnung zu stellen. So hat z. B. auch das *Drehen* der Tafeln seine diagnostische Bedeutung. Eine vorzügliche Zusammenstellung der verschiedenen in dieser Hinsicht möglichen Verhaltensweisen geben BOCHNER und HALPERN [1]. Während die normale, frei assoziierende Vp. gelegentlich dreht, dreht der Unselbständige, Initiativarme überhaupt nicht (wohlgemerkt *trotz* der vorausgeschickten Bemerkung, dass er das dürfe). Der nervöse Unruhige dreht immerfort und planlos, ebenso der Manisch-Verstimmte (aus Mangel an Konzentrationsfähigkeit) und der Dumme (aus Einfallsarmut). Plötzliches auffälliges mehrfaches Drehen und Wenden rührt meist von einem Farben- oder Dunkelschock her. Der zwangsneurotische Vollständigkeitsfanatiker schliesslich dreht systematisch bei allen Tafeln. Das sogenannte „Edging" will BECK[2] nur bei Schizophrenen beobachtet haben. Doch wurde es von AITA, REITAN und RUTH auch bei Hirntraumatikern gefunden[3].

Ein häufiges Drehen in die c-Stellung wurde von CHARLOTTE SPITZ bei oppositionellen Jugendlichen beobachtet, bei denen andere Zeichen von Aggressivität (DZw, Dd, Inhalt) fehlten (3. intern. Rorschach-Kongress).

3. Phase: Die intuitive und kritische *Zusammenfassung* des Ganzen zum Psychogramm ist wieder „abgekürztes Denken". Sie läuft auf eine charakterologische Klassifikation und eine psychiatrische Diagnose hinaus, wobei aber die persönlichen Eigenarten und Modifikationen so plastisch wie möglich herauszuarbeiten sind. In Fällen, wo genügend Material vorhanden ist (Komplexantworten), kommt hierzu noch eine Tiefenanalyse, die bisweilen Einblicke in die Genese des jetzigen Zustandes gestattet. Trotz aller Intuition und notwendigem Eingehen auf die persönlichen Eigenarten muss man aber auch für die Aufstellung des Psychogramms einen Plan haben.

II. Das Psychogramm

1. *Zwei Arten.* Man kann ein Rorschach-Psychogramm grundsätzlich auf zwei verschiedene Weisen aufbauen, entweder nach einem *systematischen* Schema, oder aber auch sozusagen „von einer Ecke aus", d. h. von einem besonders ins Auge fallenden, *entscheidenden Problem* ausgehend. Letzteres erfordert grössere Übung und Erfahrung, und man wird auch unter solchen Voraussetzungen nur dann von

---

[1] RUTH BOCHNER and FLORENCE HALPERN, The Clinical Application of the Rorschach Test, New York, 1942, S. 78.
[2] SAMUEL J. BECK, Rorschach's Test, II. New York, 1949, S. 60.
[3] J. A. AITA, R. REITAN and J. RUTH, Rorschach's test as a diagnostic aid in brain injury, Amer. J. of Psychiatry, Vol. 103, 1947, S. 770–779, zitiert nach: DELAY, PICHOT, LEMPÉRIÈRE et PERSE, Le Test de Rorschach dans les Psychoses organiques, Rorschachiana V, Bern, 1959, S. 49.

dieser Darstellungsmethode Gebrauch machen, wenn der Fall sich seiner Struktur nach ganz besonders dazu eignet. Namentlich wo das Material zu statistischer Bearbeitung benutzt werden soll, wird es sich aber empfehlen, *nach Möglichkeit die systematische Darstellungsart* zu benutzen, da sie weit bessere Vergleichsmöglichkeiten bietet. Dagegen kann die andere Methode wegen ihrer mehr „künstlerischen" Form und ihrer speziellen Fragestellung unter Umständen für eine kasuistische Veröffentlichung vorzuziehen sein.

2. *Schema eines systematischen Psychogramms.* Für die systematische Darstellungsart gibt es natürlich keine allgemeingültigen Regeln. Doch setzt die Eigenart des Rorschach-Testes der Darstellung gewisse Grenzen. Ein *Aufbauschema* für ein systematisches Rorschach-Psychogramm, das sich im allgemeinen recht gut bewährt hat, möge hier als *Muster* folgen. Inwieweit man diese oder eine andere Disposition verwendet, ist natürlich Sache des Geschmacks.

Man geht von der Intelligenz aus und kommt dann über die Affektivität und Stimmung allmählich zu den eventuellen pathologischen Zügen (Neurose, Psychose). Zuletzt kann man versuchen, den konstitutionellen Untergrund herauszuarbeiten. Im einzelnen sieht ein solches Psychogramm etwa folgendermassen aus:

Psychogramm-Schema

a) *Quantitative* Beurteilung der Intelligenz (der Intelligenz*grad*), eventuell Aufzeigung einer Oligophrenie (Intelligenz*mangel*) oder Demenz (Intelligenz*defekt*); eventuelle affektive (neurotische, depressive) Intelligenz*hemmungen*.

b) *Qualitative* Beurteilung der Intelligenz (die Intelligenz*art*), d. h. Darstellung der spezifischen Arbeitsweise und eventueller besonderer Begabungen (abstrakt, technisch, künstlerisch). Die *Phantasie* und ihre Eigenart (schöpferische Begabung, Originalität, Exzentrizität, Weltfremdheit, Zuverlässigkeit, bzw. pseudologische Tendenzen usw.).

c) *Affektivität*, d. h. Struktur und Steuerung (Bremsung und Hemmung) des Gefühlslebens. Damit im Zusammenhang steht der *soziale Kontakt*.

d) *Allgemeine Haltungen*, wie Ehrgeiz (quantitativ oder qualitativ), Geltungsbedürfnis, Minderwertigkeitsgefühle, Aggressivität, Trotz, Aggressionshemmung (Geniertheit) usw. (Diese Züge können aber auch mit der Intelligenzart, mit der Affektivität oder mit einer eventuellen Neurose im Zusammenhang behandelt werden.)

e) *Stimmung* (neutral, gehoben, deprimiert, Angst usw.). (Auch die Stimmung kann in manchen Fällen besser im Zusammenhang mit Intelligenz und Affektivität behandelt werden.)

f) *Neurotische Züge*, Typus, Struktur und Einzelheiten.

g) Eventuelle *psychiatrische Diagnose* (Oligophrenie, Psychose, organischer Defekt oder Folgezustand, Neurose, Psychopathie).

h) Eventuell feststellbare *konstitutionelle Eigenarten* der Vp.

i) Bericht über eventuelle *komplettierende* Untersuchungen (andere Tests usw.).

j) Eventuell ergänzende Bemerkungen über die *Familienanamnese*, die *Lebensgewohnheiten*, *Konflikte* usw. zum Gebrauche des Arztes.

k) Eventuell Bemerkungen zur *Prognose* des Falles und zur *Indikation* bestimmter psychotherapeutischer Methoden (Analyse, Suggestion, Hypnose, Persuasionstherapie) zum Gebrauche des Arztes.

l) *Anregung zur Komplettierung der Untersuchung* in bestimmter Richtung (Lumbalpunktion, Luft- oder Elektroencephalogramm, Hyperventilation und dergleichen). Am besten ist es natürlich, diese Dinge in mündlicher Konferenz mit dem behandelnden, bzw. Anstaltsarzte zu besprechen.

Es ist vielleicht nicht überflüssig, zu erwähnen, dass jede aus dem Rorschach-Test gestellte psychiatrische *Diagnose, Prognose und Behandlungsindikation* stets unter dem *Vorbehalte* zu verstehen ist, dass es sich dabei nur um die Gesichtspunkte des Rorschach-Testes handelt, ganz gleich, ob der Tester nun Psychologe oder selbst Arzt ist. Sie sollte daher nur dem behandelnden Arzte, niemals dem Patienten selbst mitgeteilt werden. *Die endgültige Diagnose ist Sache des behandelnden Arztes.*

Natürlich lässt sich so ein Schema nicht bis in alle Einzelheiten standardisieren. Die einzelnen Faktoren eines psychischen Status sind so eng und vielfach miteinander verwoben, dass man sie nicht immer schematisch auseinanderreissen kann. Aus dem jeweiligen konkreten Zusammenhang ergeben sich daher zahlreiche Varianten dieser Disposition, die also nur als ein ganz grobes und unverbindliches *Bezugsschema* gedacht ist.

Man vergesse auch nie, seine Schlüsse in allen Einzelheiten zu *begründen*. Dies geschieht am einfachsten in der Weise, dass man hinter jede Behauptung in Parenthese diejenigen Testfaktoren (zahlenmässige oder sonstige Phänomene) anführt, auf die man seine Behauptung stützt. Bei der oder den Hauptdiagnose(n) ist das ganze Rorschach-Syndrom in Klammern anzuführen. Natürlich wird man sich hier der geläufigen Abkürzungen bedienen. Es ist eine Unhöflichkeit gegenüber den zahlreichen rorschach-kundigen Kollegen (Ärzte, Psychologen), die das Psychogramm in die Hand bekommen können, sie wie unmündige Laien zu behandeln. Für ein Krankenhaus-Journal oder den praktizierenden Neurologen oder Psychiater bedarf es im allgemeinen keiner vollständigen Wiedergabe des Protokolls; die Aufstellung der Verrechnung und des übrigen Rohmaterials (besondere Phänomene) sowie der in Gruppen geordneten Komplexantworten müssen aber dem Psychogramm immer vorausgeschickt werden, weil man sich ja in der Begründung auf diese Daten bezieht.

Auch OBERHOLZER empfiehlt die Praxis, die Begründung den Behauptungen unmittelbar in Parenthese folgen zu lassen. Er schreibt [1]: „I put in parenthesis references to the test findings from which a statement was drawn. The flow of characterization is inevitably disturbed by this procedure, but it is the only one by which such references can be made briefly."

3. *Mehrdimensionale Diagnostik.* Für psychiatrische Zwecke ist in diesem Zusammenhange noch die Frage der sogenannten mehrdimensionalen Diagnostik aktuell, auf die wir hier etwas näher eingehen müssen. Die Anregung sowie die Bezeichnung selbst stammt von KRETSCHMER, der sich schon 1919 [2] dafür einsetzte, man solle aus Krankheitsbildern „Lebens- und Familienbilder" machen. Nur mit Hilfe der Persönlichkeitsforschung könne dieser Plan von der psychologischen Seite her verwirklicht werden. „Wir vertauschen den einen Schlüssel:

---

[1] EMIL OBERHOLZER in CORA DU BOIS, The People of Alor, Minneapolis, 1944, S. 609.
[2] ERNST KRETSCHMER, Gedanken über die Fortentwicklung der psychiatrischen Systematik, Zeitschr. f. d. ges. Neur. und Psychiatrie, Bd. 48, 1919, S. 370—377.

‚Gehirn und Seele' mit dem anderen ‚Charakter und Erlebnis'." Infolge der Besonderheit des Psychischen „entsteht die *Charakterlehre* als zweite, unabhängige Skala neben der Konstitutionslehre". Die endogenen und die psychogenen Krankheitsbilder „liegen nicht nebeneinander, sondern übereinander. Der charakterologische Formkreis liegt über dem konstitutionellen, ohne sich in seinen Grenzlinien mit ihm zu decken". „Was hier angestrebt wird, ist also *nicht Mischdiagnose, sondern Schichtdiagnose*."

Was KRETSCHMER hier meint, erläutert er selbst an folgendem Beispiel: „Wir werden also z. B. diagnostizieren: Querulantenwahn (nicht „Pseudo"querulantenwahn) auf konstitutionell hypomanischer Grundlage, hysterische Reaktion auf katatonischem Boden (nicht „Hysterie mit täuschend katatonieähnlichen Symptomen") oder umgekehrt: Schizophrenie mit sensitiven Einschlägen, konstitutionelle Depression mit Neigung zu Zwangsreaktionen usw. Wir werden also gerade das aufsuchen, was die bisherige Diagnostik aus prinzipiellen Gründen zu meiden strebte: das Zusammentreffen verschiedener krankheitserzeugender Mechanismen in einem Krankheitsbild" (a. a. O., S. 375).

Differentialdiagnosen soll man nach KRETSCHMER nur „zwischen den Krankheitstypen derselben Schicht" stellen, z. B. zwischen zirkulärem und schizophrenem Irresein, aber nicht „zwischen dem konstitutionellen und charakterologischen Formkreis, also z. B. nicht grundsätzlich zwischen Schizophrenie und Hysterie, Depression und sensitivem Beziehungswahn". Aber natürlich können auch Konstitutionen gemischt sein.

Die mehrdimensionale Diagnostik hat sich inzwischen längst durchgesetzt und ist an den meisten modernen Kliniken heute üblich geworden. Nur sind die Diagnoseschemata nicht überall die gleichen, und auch der Schichtenaufbau, die „Dimensionen", variieren. Am besten ist es wohl, „von oben nach unten" vorzugehen. Man wird also zunächst die Krankheit *symptomatologisch* beschreiben (z. B. Psychosis schizophrenica, Neurosis anxiosa, Insufficientia depressiva usw.), dann, soweit möglich, *ätiologisch* klassifizieren (endogenica, psychogenica, postinfectiosa, traumatica usw.) und schliesslich versuchen, den *Konstitutionstypus* (eventuell Mischtypus) anzugeben, auf dem sich dieser Zustand entwickelt hat. Die ätiologische Klassifizierung kann im allgemeinen bei den grossen endogenen Psychosen und bei den Neurosen wegfallen, insofern man letztere als prinzipiell psychogen auffasst, selbstverständlich mit einer konstitutionellen Basis. Bei Zustandsbildern wird sie nicht zu entbehren sein. Die Angabe des Konstitutionstypus hängt natürlich davon ab, welches Konstitutionstypensystem man verwendet (KRETSCHMER, EWALD, SJÖBRING, SHELDON), und ob man eventuell noch eines der üblichen Psychopathiesysteme als zusätzliches „Konstitutionssystem" benutzt. Wir werden im allgemeinen uns an das KRETSCHMER'sche System mit seiner Ergänzung durch STRÖMGREN (Ixothymie) halten. Man wird also z. B. schreiben: Psychosis manio-*depressiva* bei schizoider Persönlichkeit, Neurosis hysteroides bei zirkulärer Persönlichkeit, Insufficientia affectiva (incontinentia) laesionalis bei ixothym-schizothymer Mischkonstitution, Insufficientia (oder Pseudopsychopathia) ixophrenica traumatica, Depressio mentis (oder Insufficientia depressiva) psychogenica bei posttraumatischem Defektzustand einer subvaliden Persönlichkeit usw.

Wie kein anderes psychologisches Verfahren eignet sich der *Rorschach-Test* zum Aufbau *mehrdimensionaler Diagnosen*. Dazu kommt, worauf auch PIOTROWSKI ausdrücklich aufmerksam macht, dass der Rorschach-Test sich auf *alle* Persönlichkeitstheorien anwenden lässt[1]. Voraussetzung ist natürlich, dass man auch die klinischen Daten des Falles kennt, die Symptome und die gesamte Lebenssituation des Patienten. Erst auf dem Hintergrunde dieser Tatsachen lassen sich die Ergebnisse des Rorschach-Tests ins rechte Licht setzen, sie bekommen „Relief".

Hierbei ist es am besten, ganz wie bei der klinischen Diagnose *schichtenweise von oben nach unten vorzugehen*. Nach der rein *beschreibenden* Darstellung der wichtigsten *Charakterzüge* (inkl. Verstimmung, Angst usw., wie soeben dargestellt) sind zuerst von den exogenen die sogenannten *psychogenen* (d. h. reaktiven) Mechanismen darzustellen; soweit es sich um neurotische Mechanismen handelt, ist der Neurosentypus und seine Struktur (eventuell Mischtypus) anzugeben, und eventuell sind einzelne Züge der Neurosengenese zu schildern, soweit diese im Test sichtbar geworden sind (z. B. eine Identifikation mit der strengen Mutter). Liegen *somatische, exogene* Mechanismen vor (Intoxikationen, Infektionen, Traumen, eventuell mit organischer Demenz), so ist mit diesen zu beginnen, wenn sie das Bild beherrschen, d. h. pathogenetisch sind. Sind sie jedoch nur akzessorisch (pathoplastisch), werden sie am besten erst nach den psychogenen Faktoren behandelt. Immer ist auf das *Zusammenspiel beider exogener Faktoren* einzugehen; man schreibt z. B. stark neurotisierte, traumatische Encephalopathie, oder: traumatischer Folgezustand mit einzelnen neurotischen Zügen der und der Art, oder: hysteriforme Neurose mit besonders ausgesprochener Affektlabilität infolge eines Zuschusses organischer Affektinkontinenz (Commotio antea) usw.

Dann kommen eventuelle *endogene* Faktoren (schizophrene, zirkuläre und epileptische), soweit Verdacht auf eine reguläre Psychose besteht (alles andere gehört in die Konstitution).

Und schliesslich ist, soweit möglich, *die konstitutionelle Basis* anzugeben, die natürlich ebenfalls aus verschiedenen Komponenten gemischt sein kann (schizoide, zykloide, ixoide Komponenten).

Zuletzt kommt das *Zusammenspiel der verschiedenen Schichten*, wobei insbesondere auf *Verstärkungen* eines bestimmten Symptomes oder Charakterzuges hinzuweisen ist oder umgekehrt auf *Verschärfung eines Konfliktes*. Eine Verstärkung kann z. B. vorliegen, wenn eine psychogene Depression auf einem zirkulären Temperament sich entwickelt, oder wenn ein neurotisch-hypochondrischer Onaniekonflikt bei schizoider Psyche auftritt, wo bereits konstitutionell eine erhöhte Bereitschaft zu hypochondrischen Reaktionen vorhanden ist. Beispiele einer Konfliktverschärfung wären: Ökonomische Schwierigkeiten bei einem ixothymen Familienvater mit mehreren Kindern, der infolge seiner ixothymen Gutmütigkeit und starken Familienbindung zuerst an Frau und Kinder denkt, und dadurch immer der Benachteiligte ist. Auch ein Moral-Konflikt (z. B. Untreue) wird bei einem Ixothymen viel schwerer wiegen wegen der stärkeren affektiven Klebrigkeit am „legalen" Sexualpartner. Eine Potenzstörung unter solchen Umständen ist nur aus dem Zusammenspiel von Psychogenese und Konstitution zu verstehen.

Betrachtet man die verschiedenen Signierungskategorien und die gewöhn-

---

[1] ZYGMUNT A. PIOTROWSKI, Perceptanalysis, New York, 1957, S. XIII.

lichen Deutungsstörungen vom Gesichtspunkt ihrer „*Bewusstheitsnähe und -abhängigkeit*", so kann man mit D. KADINSKY[1] ein System von *4 Schichten* aufstellen, das hier Erwähnung finden möge. Diese Schichten stellen aber nur einen *Ausschnitt* aus der Gesamtpersönlichkeit dar. Die tieferen, konstitutionell bedingten Grundlagen der Persönlichkeit, die sich praktisch meist in der Pathoplastik der Krankheitsbilder geltend machen, sind in diesem System nicht berücksichtigt.

Zur *1. (obersten) Schicht* gehört nach KADINSKY der *Inhalt*; er ist im wesentlichen bewusstseinspräsent. Die *Erfassung* gehört zur *2. Schicht*; sie stellt eine bewusstseins*fähige*, aber vom Zentrum des Bewusstseinsfeldes entferntere habituelle Einstellung des Bewusstseins dar. Die *Determinanten*, die Sphäre des Erlebens, vertreten die *3. Schicht*, eine seelische Schicht, die noch bewusstseinsferner ist, die aber „in ihrem Wesen stets auf Anschluss an das Bewusstsein gerichtet" ist. Die *Deutstörungen* endlich (Schocks, Versager, Konfabulationen, Perseverationen usw.) stellen eine *4. Schicht* dar, in der eine „autonome Eigenaktivität des Unbewussten" zum Ausdruck kommt.

Natürlich lässt sich das alles nur darstellen, wenn der Test das nötige Rohmaterial enthält, was bei weitem *nicht immer* der Fall ist.

Immer aber muss *das gesamte Rohmaterial* des Tests *verwertet* werden. *Nichts darf übrigbleiben*. Darin liegt die sicherste Garantie vor Fehldiagnosen. Das Puzzle-Spiel muss „aufgehen".

Es erübrigt sich wohl, nochmals zu betonen, dass der Aufbau einer solchen mehrdimensionalen Diagnose einige Kenntnisse der Neurosenlehre, der psychiatrischen Konstitutions- und Erblehre und der klinischen Psychiatrie voraussetzt. Von einem Kontorangestellten oder einer noch so modern ausgebildeten Kindergärtnerin wird man das nicht ohne weiteres erwarten können.

Anhang: Prognostik

In der Praxis wird der Rorschach-Test jetzt immer mehr nicht nur zu diagnostischen Zwecken, sondern auch zur *Prognosenstellung* angewendet. Der Anstaltsarzt will wissen, wie bei einem neu eingelieferten Patienten die Aussichten für den weiteren Verlauf der Krankheit sind, und der Psychotherapeut schickt dem klinischen Psychologen oft Patienten nach der ersten Konsultation mit der speziellen Frage, wie dieser Patient voraussichtlich auf eine Psychotherapie (meist einer bestimmten Richtung) ansprechen wird.

Der Rorschach-Test eignet sich nun tatsächlich weitgehend für eine Prognosenstellung, wenn es natürlich auch auf diesem Gebiet (wie bei der Diagnose) Lücken und Unsicherheiten gibt.

Innerhalb der mehr mechanisierten Rorschach-Schulen tauchen immer wieder Versuche auf, das Problem der Prognose durch „rating scales" mechanisch zu lösen. Wir halten diesen Weg für prinzipiell ungangbar, obschon manche dieser Versuche (wie z. B. die prognostic rating scale von KLOPFER) zweifellos *theoretisch* richtige Überlegungen enthalten. Die technischen Einzelheiten lassen dann meistens sehr zu wünschen übrig. Abgesehen davon, dass die diesen Listen zugrunde

---

[1] D. KADINSKY, Schichtstrukturen im Rorschach, Rorschachiana V, Bern, 1959, S. 220–236; hier insbesondere S. 221–224.

liegenden Einheiten (items) meist nicht genügend scharf definiert sind, so dass jeder Praktiker sie nach Gutdünken anders auslegen kann, können solche mechanisch zusammengestellten „Zeichen-Listen" höchstens bei bestimmten Stichproben Zufallserfolge ergeben, aber das Problem für den Einzelfall nicht grundsätzlich lösen.

Für die psychopathologische Prognostik mit Hilfe des Rorschach-Tests bzw. für die Prognose bestimmter Therapien im Einzelfall gibt es keine mechanischen Rezepte, weil die verschiedenen Komponenten einer bestimmten Erkrankung in jedem Einzelfall anders gelagert sind. Der Erfolg der Rorschach-Prognostik beruht — wie auch der Erfolg der Rorschach-Diagnostik — auf dem Können des Rorschach-Experten, genauer ausgedrückt auf seiner Beherrschung des Instruments (des Rorschach-Tests) einerseits und auf seinen psychopathologischen Kenntnissen andererseits. Man kann die Prognose nur aus einer genauen Diagnose stellen, wobei insbesondere die zugrunde liegende Konstitution des Patienten und die Struktur der Krankheit zu berücksichtigen sind. Es kommt, wie ARMIN BEELI[1] an einer Stelle seines Buches über die Prognose mit dem Szondi-Test richtig bemerkt, darauf an, dass ein „eindeutiges nosologisches Schema" verwendet und eine „dynamische Diagnose" gestellt wird, sowie dass man sich über die psychologische Interpretation der einzelnen Testmerkmale im klaren ist.

Die Prognostik arbeitet fast ausschliesslich mit „Konstrukten", nicht oder nur in geringem Grade mit Persönlichkeitsvariablen[2]. Diese Konstrukte sind aus dem Test nur *indirekt* (durch Analyse der Syndrome) zu erschliessen; sie lassen sich nicht quantitativ, etwa mittels Faktorenanalyse, feststellen wie die Persönlichkeitsvariablen. (Schon aus diesem Grunde entfallen die quantitativ gedachten rating scales als Mittel der Prognostik.)

I. Allgemeine Prognostik

Jeder Mediziner kennt den Ausspruch des BAGLIVI: „Qui bene diagnoscit, bene medebitur." Man könnte, mit gleichem Recht, ergänzend sagen: „Qui bene diagnoscit, bene prognoscet." Auszugehen ist also immer von der *Diagnose*, und zwar möglichst von einer *mehrdimensionalen* Diagnose im Sinne von KRETSCHMER (siehe den vorhergehenden Abschnitt dieses Buches). Man muss sich also bemühen, die am Zustande des Patienten beteiligten endogenen bzw. konstitutionellen sowie die psychogenen und exogenen Faktoren nach Möglichkeit herauszuarbeiten.

Die Prognose hängt dann ab: 1. vom Stärkeverhältnis zwischen Konstitution und Milieueinflüssen, 2. vom Vorkommen sthenischer bzw. asthenischer oder Ich-Schwäche-Faktoren in dem bei dem betreffenden Patienten festzustellenden Konstitutionssyndrom[3].

Hierbei verstehen wir *Konstitution* mit HANS LUXENBURGER und OLOF KINBERG in einem etwas weiteren Sinne, also nicht nur als „Anlage", sondern als ein Pro-

---

[1] ARMIN BEELI, Psychotherapie-Prognose mit Hilfe der „Experimentellen Triebdiagnostik", Bern, 1965, S. 31.
[2] Näheres über den Unterschied von Persönlichkeitsvariablen und Konstrukten siehe in: RICHARD MEILI, Lehrbuch der psychologischen Diagnostik, 4. Aufl., Bern, 1961, S. 150/151 und 160/161.
[3] Nähere Einzelheiten siehe in: BOHM, Die Rolle der prognostisch bedeutsamen Konstitutionsfaktoren in der Psychopathologie und im Rorschach-Test, Rorschachiana VII, Bern, 1960, S. 37.

dukt aus Erbanlagen und dem geographischen und *allgemeinen* sozialen Milieu. (Das spezifische Milieu wie z. B. die Familienkonstellation gehört nicht mehr dazu.) Die Begriffe „*sthenisch*" und „*asthenisch*", die schon auf Kant zurückgehen und durch Janet in die Psychiatrie eingeführt und von Sjöbring weiter ausgebaut wurden, sind hier im Sinne von Ernst Kretschmer zu verstehen (Medizinische Psychologie, 1939, S. 193, 194). *Persönlichkeit* ist dem „Ich" gegenüber der weitere Begriff. Ich definiere sie als die organisch strukturierte Einheit der einem Individuum eigenen Erlebnisweisen und Verhaltensbereitschaften. Das *Ich* schliesslich ist hier im wesentlichen im psychoanalytischen Sinne verstanden als eine seelische Organisation des Menschen, „die zwischen seine Sinnesreize und die Wahrnehmung seiner Körperbedürfnisse einerseits, seine motorischen Akte andererseits eingeschaltet ist und in bestimmter Absicht zwischen ihnen vermittelt"[1]. „Ich-Stärke" und „Ich-Schwäche", Begriffe, die sich im wesentlichen erst *nach* Freud herausgebildet haben, sind noch etwas unklar. Sie decken sich manchmal, aber nicht immer mit den Begriffen „sthenisch" und „asthenisch"[2].

1. Konstitution und Milieu

Im allgemeinen gelten die *Neurosen* als überwiegend milieubedingt (wobei der Konstitution im wesentlichen nur pathoplastische Bedeutung zukommt), die *Psychopathien* als überwiegend konstitutionsbedingt. Aus diesem Grunde haben Psychopathien ganz allgemein eine schlechtere Prognose. Bei Feststellung sthenischer Konstitutionsfaktoren (wie z. B. bei manchen asozialen Psychopathien) ist die Prognose der Psychopathien zwar *etwas* besser, aber immer noch als zweifelhaft anzusehen. Der Unterschied zwischen einer überwiegend milieubedingten Neurose und einer Neurose, die sich auf dem Boden einer psychasthenischen Konstitution entwickelt hat, ist mit Hilfe der Schockverteilung und des Brechungsphänomens im Rorschach-Test nicht selten ziemlich genau festzustellen[3].

Perversionen haben wegen der meist vorhandenen Ich-Schwäche grundsätzlich eine schlechtere Prognose als die Neurosen. Das gleiche gilt von den *Psychosen*, bei denen allerdings die *psychogenen* Psychosen im allgemeinen eine bedeutend bessere Prognose haben als die endogenen, eventuell mit Ausnahme der paranoiden psychogenen Psychosen[4]. *Konstitutionssyndrome* an sich, wenn sie noch nicht den Grad einer Psychopathie annehmen, haben bei Patienten im allgemeinen nur pathoplastische Bedeutung für die Symptomenwahl. Nur bei Schizoiden ist immer mit einer gewissen Schwäche der Übertragungsfähigkeit zu rechnen.

2. Sthenische und asthenische Konstitutionsfaktoren (Ich-Stärke und Ich-Schwäche)

In meinem mehrfach erwähnten Aufsatz in „Rorschachiana VII" wurde ausser dem bereits bekannten asthenischen Rorschach-Syndrom auch ein sthenisches entwickelt und ebenso als Varianten davon ein Syndrom der Ich-Schwäche, resp. Ich-Stärke. (Der Leser findet beide im „Vademecum")[5].

---

[1] Sigmund Freud, Ges. Werke, Bd. 14, S. 221–222.
[2] Näheres über die Terminologiefragen siehe in meinem soeben angeführten Aufsatz, S. 37–44.
[3] Siehe dieses Buch, S. 129 und 244–245, sowie mein „Vademecum", S. 77 und 166.
[4] Siehe Poul Faergeman, Psychogenic Psychoses, London, 1963, S. 189.
[5] Siehe auch Ewald Bohm, Ich-Funktionen und -Störungen im Rorschach-Test, Szondiana VI, Bern, 1966.

Das einzige *sthenische* Rorschach-Zeichen, das bereits auf RORSCHACH selbst zurückgeht, sind die Streckkinästhesien, im Gegensatz zu den Beugekinästhesien. Wo beide sich in einem Protokoll die Waage halten, empfiehlt MORGENTHALER den S. 169 erwähnten Versuch mit Tafel V. PIOTROWSKI hat die B nach der Spontaneität und Expansivität in 5 Grade eingeteilt, von denen die beiden ersten (aggressive und spontane, nicht aggressive Bewegungen) als sthenisch zu bewerten sind[1]. Und schliesslich sind BINDER's sophropsychische Hemmungen sowie die Überkompensation des Farben-[2] oder Dunkelschocks, die verarbeiteten FbF und HdF und die Finalzensur (siehe alle in Kap. 6) als Anzeichen sthenischer Konstitutionsfaktoren zu werten, ebenso (nach ZULLIGER) die FbHd.

Das Rorschach-Syndrom der *psychasthenischen* Zustandsbilder findet der Leser in Kapitel 12, B.

Trotz seiner Ungenauigkeit ist der Begriff der *Ich-Schwäche* für die praktische Prognostik schwer zu entbehren. Es gehört dazu alles, was wir an anderer Stelle als „unzuverlässige Realitätskontrolle" besprechen werden (S. 202), sowie das Syndrom der Haltlosigkeit (siehe Kapitel 12, B), also: Überwiegen der FbF und Fb über die FFb ohne DZw-Vermehrung, amorphe Schwarz- und Graudeutungen (nach OBERHOLZER), mangelhafte sophropsychische Steuerung (nach BINDER), Beugekinästhesien und B-Komplexantworten, die eine Passivität oder Mutterbindung ausdrücken. Ausser diesen beiden Syndromen deuten auf Ich-Schwäche noch die Initialzensur (als einziges spezifisches Symptom) sowie die drei Projektionszeichen: Ähnlichkeitsillusion, BHd und Augen-Deutungen. (Denn die Projektion ist nach FENICHEL ein primitiv-archaischer Abwehrmechanismus, der immer eine geschwächte Realitätskontrolle voraussetzt[3].) Schliesslich gehören zum Syndrom der Ich-Schwäche noch gelegentlich vorkommende Originalantworten als B, die lächerliche oder zerlumpte, manchmal auch gehörnte Menschen oder Menschen als Esel oder Schafe und dgl. darstellen (nicht selten sind es Clowns), und die als Anzeichen einer ausgesprochenen Labilität des Persönlichkeitsbewusstseins angesehen werden können, die neben der Projektion ein wesentliches Kennzeichen paranoider Reaktionen darstellt.

Hierzu sind noch einige weitere Überlegungen angebracht. Das F+% ist bekanntlich das erste und wichtigste Symptom einer guten oder schlechten Realitätskontrolle. ROY SCHAFER[4] empfiehlt, zur Feststellung einer korrekten Realitätskontrolle, welche auch seiner Ansicht nach das wichtigste Anzeichen für „Ich-Stärke" ist, das sogenannte *erweiterte F+%* zu benutzen, das unter Einbeziehung der B, FFb, F(Fb) und FHd berechnet wird. Es gibt einen besseren Maßstab für die Realitätskontrolle (reality testing). — NANCY BRATT erwähnt in ihrem Buch, dass ein hohes F% (d. h. ein koartierter oder koartativer Erlebnistypus, also wenig B, Helldunkel- und Farbantworten) mit guten Formen auf Verdrängung und

---

[1] Näheres siehe Rorschachiana VII, S. 53.
[2] Dem überkompensierten Farbenschock kommt diese Bedeutung jedoch in etwas geringerem Grade zu, da er eine Affinität zu den psychogenen Psychosen hat, bei denen immer mit einer gewissen Ich-Schwäche zu rechnen ist.
[3] Siehe Rorschachiana VII, S. 51.
[4] ROY SCHAFER, Psychoanalytic Interpretation in Rorschach Testing. Theory and Application, New York, 1954, S. 178.

"neurotische Ich-Stärke" schliessen lässt, während ein hohes F% mit schlechten Formen bei Ich-Schwäche vorkommt[1].

KADINSKY[2] gibt, von seiner Schichtenlehre aus (siehe S. 178 dieses Buches) wertvolle Hinweise zur Diagnose der Ich-Schwäche: In der Sphäre des Erlebens sind das wichtigste Indiz für die Ich-Schwäche nach KADINSKY die *reinen Fb*. „Das Ich erweist sich als unfähig, sein Erleben Bewusstseinskriterien zu unterwerfen." In der Sphäre der Bewusstseinseinstellung sprechen die *undifferenzierten* („primitiven") G für Ich-Schwäche, eine Passivität des Ichs. Im Interessenfeld des Bewusstseins sind die *unbestimmten Inhalte* die Zeichen der Ich-Schwäche, also Farbnennungen und unbestimmte F— oder FbF wie „Figur", „Bild" usw. Sie verraten „Interesselosigkeit, Apathie und Gleichgültigkeit". Und endlich sind die *Deutungsstörungen* an sich ebenfalls Manifestationen einer gewissen Ich-Schwäche, insofern sie als ein Durchbrechen von Impulshandlungen aus der Sphäre des Unbewussten ohne Kontrolle des Ichs aufzufassen sind. Hier fasst KADINSKY allerdings den leider noch sehr schillernden Begriff der Ich-Schwäche etwas *weiter*, als wir das tun. Denn alle Neurotiker haben ja Schocks und andere Deutungsstörungen, haben aber gerade *als* Neurotiker (mit Ausnahme der masochistischen Charakterneurosen) ein stärkeres Ich (im Sinne etwa von ANNA FREUD) als die Psychotiker und Psychopathen.

SALOMON hat diese Anzeichen der Ich-Schwäche noch um zwei wertvolle Beobachtungen vermehrt. Die eine ist das (in Kapitel 6 bereits erwähnte) *Nichtsehen der Symmetrie*, das er als Zeichen eines „narzisstisch geschwächten und verarmten Ichs" auffasst[3].

Die zweite Beobachtung ergab sich bei seiner Technik der *doppelten Darbietung des Z-Tests*. Sie gestattet eine mehr dynamische Beurteilung aller hier genannten Faktoren der Ich-Schwäche, namentlich des F+%. Ergibt die erste Darbietung nur wenig Antworten, eventuell noch mit Versagern, die zweite aber viele neue, aber schlechte Antworten, also ein schlechtes F+%, so deutet das seiner Ansicht nach auf einen Durchbruch des Verdrängten und eine Ich-Regression, wie sie nur bei einem schwachen Ich vorkommt. Dies wäre also ein prognostisch äusserst ungünstiges Zeichen[4].

3. Abwehrmechanismen

Schliesslich spielen — neben der Beurteilung von Konstitution und Milieu und der Ich-Stärke — auch die Abwehrmechanismen des Patienten zur Beurteilung der Prognose eine wichtige Rolle. Wie man sie feststellt, findet der Leser in Kapitel 11 bzw. im „Vademecum" (Tabelle X, 1, h). SMITH und JOHNSON[5] fanden mit tachistoskopischen Untersuchungen, dass *Depressionen* und *leichte Projektionen* (in der Art der Sensitivität) auf alle Arten psychiatrischer Therapie (Elektroschock,

---

[1] NANCY BRATT, Rorschachtesten i klinisk praxis, København, 1968, S. 35.
[2] D. KADINSKY, Schichtstruktur im Rorschach, Rorschachiana V, Bern, 1959, S. 224—225.
[3] FRITZ SALOMON, Ich-Diagnostik im Zulliger-Test, Bern, 1962, S. 110.
[4] FRITZ SALOMON, Diagnostic des Mécanismes de défense dans le Test Z individuel et collectif, Rorschachiana V, Bern, 1959, S. 289, sowie: Ich-Diagnostik im Zulliger-Test (Z-Test), Bern, 1962, S. 158.
[5] GUDMUND, J.W. SMITH and GUNNAR JOHNSON, The Influence of Psychiatric Treatment upon the Process of Reality Construction: An Investigation utilizing the Results of a social tachistoscopic Experiment, J. of Cons. Psych., 1962, S. 520—526.

Psychopharmaka und Psychotherapie) im allgemeinen *gut* ansprechen, während Fälle mit *Verdrängung, Isolierung* und *paranoischen Projektionen* sich der Therapie gegenüber als *refraktär* erwiesen. Es ist jedoch hierbei zu bemerken, dass es sich wahrscheinlich *nicht* um eine analytische Psychotherapie gehandelt hat, für die hysteroide Verdrängungsneurosen sich bekanntlich sehr gut eignen.

II. Spezielle Prognostik

1. Sthenische und asthenische Zustandsbilder

Wir gaben oben als ganz groben ersten Anhaltspunkt der Prognose die Faustregel: Neurosen im allgemeinen günstige Prognose (weil starkes Ich), Psychosen, Psychopathien und Perversionen im allgemeinen ungünstige Prognose (weil schwaches Ich). Hierbei haben wieder die psychogenen Psychosen die günstigere Prognose, nicht nur weil einige Formen bei ausgesprochenen Sthenikern vorkommen, sondern auch, weil sie, wie STRÖMGREN nachgewiesen hat, ganz allgemein eine geringere erbliche Belastung aufweisen[1].

Wir müssen nun diese Faustregel im einzelnen noch etwas korrigieren und detaillieren.

Bei *Neurosen* ist stets (wie bei jeder mehrdimensionalen Diagnose) die *Konstitution* mitzuberücksichtigen, auf deren Boden sich die Neurose entwickelt hat. „Echte" *Aktualneurosen* sind selten (wo diese Diagnose heute überhaupt noch gestellt wird). Sie sind an sich prognostisch „neutral", da sie in erster Linie durch exogene oder psychogene Faktoren (Erschöpfung, Toxinwirkungen, Kommotionen, Libidostauung) verursacht werden. Doch spielen bisweilen auch bei der Neurasthenie und bei der Angstneurose konstitutionelle Faktoren mit hinein, die dann die Prognose etwas nach der ungünstigen Seite hin verschieben können[2].

Zwangsneurosen und *Phobien* entwickeln sich sehr oft, aber nicht immer, auf einer *psychasthenischen* Basis. Wenn diese im Rorschach festgestellt werden kann (durch das bekannte Syndrom), ist die Prognose immer etwas ungünstiger, ganz gleich, ob die Psychasthenie nun konstitutionell oder läsionell ist. *Hysterien* sind nur ganz ausnahmsweise mit Psychasthenie verbunden, aber es gibt eine hysterische Psychopathie[3], die sich allerdings nicht aus dem Rorschach, sondern nur durch die Familienanamnese feststellen lässt. (Oftmals finden sich dann auch Epileptiker in der Familie.)

Im übrigen sind überwiegend *sthenisch* alle hysteroiden Neurosen und Phobien, soweit sie nicht mit Psychasthenie verbunden sind. Zwangsneurosen und Zwangscharaktere treten zwar meist bei Sthenikern auf, ihre Prognose ist aber schon ein wenig zweifelhafter wegen der stärkeren Beimischung einer konstitutionellen Tendenz zur Gefühlsambivalenz[4]. Auch die phallisch-narzisstische Charakterneurose ist, namentlich in ihren sozial angepassten Formen, ein sthenisches Zustandsbild; trotz des relativ starken Narzissmus werden diese Patienten nur selten psychotisch.

---

[1] ERIK STRÖMGREN, Om godartede schizofreniforme Psykosers Arvebiologi, in: Festskrift till Henrik Sjöbring, Lund, 1944, S. 263–270.
[2] RUDOLF BRUN, Allgemeine Neurosenlehre, 2. Aufl., Basel, 1948, S. 105 und 123.
[3] RUDOLF BRUN, Neurosen II, in: HOFF, Lehrbuch der Psychiatrie, Bd. II, Basel, 1956, S. 639.
[4] RUDOLF BRUN, Neurosen III, in: HOFF, Lehrbuch der Psychiatrie, Bd. II, Basel, 1956, S. 665.

Von den *Psychopathien* sind sthenisch manche *Schizoide*, namentlich solche, die einen überkompensierten Farbenschock haben (sie haben denn auch meist kein Behandlungsbedürfnis), und von den *Psychosen* die meisten *psychogenen* Psychosen, die in dieser Hinsicht KRETSCHMER's „akuten sthenischen Krisen" nahestehen[1].

Überwiegend *asthenisch* sind von den Charakterneurosen vor allem die *masochistischen* Formen, bei denen PAUL FEDERN eine konstitutionelle Bisexualität nachgewiesen hat[2].

Von den *Psychopathien* sind besonders *asthenisch* die (konstitutionellen oder läsionellen) *Psychastheniker*, die *Haltlos-Willensschwachen* und die *Mythomanen* sowie die *hysterischen Psychopathen*.

Eine Mittelstellung nehmen die *sensitiven Psychopathen* (sensu KRETSCHMER) ein, weil sie neben ihrem überwiegend asthenischen Grundcharakter einen sthenischen Gegenpol haben. Das gleiche gilt für die überwiegend sthenischen *paranoiden Psychopathen*, die nicht nur einen asthenischen Gegenpol haben, sondern auch noch wegen ihrer Neigung zur Projektion zu den ich-schwachen Sthenikern[3] gerechnet werden müssen.

2. Die Prognose der Schizophrenien

Über die Rorschach-Prognose der Schizophrenien gibt es verschiedene Systeme und „Formeln", denen gegenüber man sich skeptisch stellen sollte, teils wegen ihrer mechanistischen Auffassung im allgemeinen, teils wegen der verschiedenen diagnostischen Abgrenzung der Schizophrenien in den verschiedenen Ländern. Die weiter unten erwähnte Beobachtung von SKALWEIT (S. 305), dass die prognostisch infausten, rasch progredienten Formen zu einem G-betonten Erfassungstypus mit vielen G— und Farbnennungen neigen, während die prognostisch günstigeren, schubartigen Formen mehr zu Dd neigen und nur wenige Farbnennungen haben, hat sich im allgemeinen bewährt.

PIOTROWSKI will beobachtet haben, dass das völlige *Fehlen der B* (oder nur eine sehr geringe Zahl) bei Schizophrenien ein ungünstiges prognostisches Zeichen sei[4].

3. Die Eignung für Psychotherapie im besonderen

Sehr oft wird der Rorschach-Experte gebeten, sich darüber zu äussern, inwieweit ein Patient sich für Psychotherapie eigne. Dies hängt nun natürlich in erster Linie davon ab, *was für eine* Psychotherapie angewendet werden soll. Immerhin lassen sich ein paar allgemeine Winke geben.

Da ist zunächst RORSCHACH's eigene Regel, dass ein Überwiegen der Streckerkinästhesien eine günstigere Prognose für eine Psychoanalyse gebe als ein Überwiegen der Beugekinästhesien (Psychodiagnostik, S. 118).

Sodann sind im allgemeinen die sthenischen und die ich-starken Zustandsbilder für eine Psychotherapie besser geeignet als die asthenischen und die ich-

---

[1] ERNST KRETSCHMER, Medizinische Psychologie, Leipzig, 1939, S. 195.
[2] PAUL FEDERN, Ich-Psychologie und die Psychosen, Bern, 1956, S. 323.
[3] Sie sind das Paradebeispiel dafür, dass sich die Gegensätze sthenisch-asthenisch und Ich-Stärke und Ich-Schwäche *nicht* völlig decken. Siehe auch meinen Aufsatz in Rorschachiana VII, S. 48.
[4] ZYGMUNT A. PIOTROWSKI, The Movement Score, in: MARIA A. RICKERS-OVSIANKINA, Rorschach Psychology, New York, 1960, S. 141.

schwachen. Aber auch das ist nur eine grobe Faustregel. So sind z. B. die sthenischen und ich-starken phallisch-narzisstischen Charakterneurosen meist eine harte Nuss für den Psychotherapeuten. Mit einer „weichen" Technik ist ihnen jedenfalls nicht beizukommen. Ähnliches gilt für die meisten Zwangscharaktere.

Wichtiger fast als diese Klassifizierungen ist die Feststellung der *Kontakt- und Übertragungsfähigkeit*. Hierzu dient uns in erster Linie das in Kapitel 9 behandelte Kontaktsyndrom (siehe auch „Vademecum"). Bei Neurosen auf *ixothymer* Konstitutionsbasis ist (infolge der Neigung der Ixothymen zu Entwicklungshemmungen und ihrer affektiven Klebrigkeit) immer mit einer stärkeren inzestuösen Fixierung (Vater- oder Mutterbindung) zu rechnen, was aber eher die Ablösung als die Anknüpfung der Übertragung erschwert. (Umgekehrt haben ixothyme Psychotherapeuten die Neigung, die Patienten zu lange zu behalten.) Neurosen auf *schizoider* Konstitutionsbasis geben wegen ihres meist stärkeren *Narzissmus* gewöhnlich eine schlechte Übertragung. Überhaupt ist die Übertragungsfähigkeit um so schlechter und die Psychotherapieeignung um so geringer, je stärker die narzisstischen Anteile der Neurose sind (siehe Kapitel 11, B, I, 4).

EARL S. TAULBEE[1] fand in einer Untersuchung, dass Patienten mit guter emotioneller Ansprechbarkeit, grösserer Ängstlichkeit, Depressivität, Minderwertigkeitsgefühlen und Selbstwertzweifeln, Patienten mit Konversionssymptomen, Angst und allgemeiner Lebensunreife sich für eine Psychotherapie besser eignen als Patienten mit flacher Emotionalität, stereotypisierten zwischenmenschlichen Reaktionsweisen und dem Gefühl gelungener intellektueller Selbstkontrolle. Dies entspricht ungefähr den soeben angeführten Regeln über Kontakt und Narzissmus.

Zum Thema Narzissmus und Übertragungsfähigkeit im Rorschach ist noch eine Erfahrung zu erwähnen, die SALOMON mitteilt. Er hat gefunden, dass die (ja immer narzissmus-verdächtigen) Spiegeldeutungen für die Errichtung einer Übertragung prognostisch am günstigsten liegen, wenn es B sind. In zweiter Linie kämen die Farbdeutungen mit Spiegelung, und die schlechteste Prognose hätten die Hd-Spiegelungen[2].

SALOMON ist im übrigen auch der Meinung, dass die Do prinzipiell prognostisch *positiv* zu bewerten sind (im Hinblick auf eine Psychotherapie), weil „der entsprechende Trieb dann nicht besonders stark verdrängt ist"[3].

Schliesslich ist für die Psychotherapieprognose noch darauf hinzuweisen, dass bei jeder Psychotherapie die *Persönlichkeit des Psychotherapeuten* von entscheidender Bedeutung ist. KADINSKY will daraus den Schluss ziehen, dass die Psychotherapieprognose immer etwas unsicher wird, wenn der Psychotherapeut den Test nicht selbst aufgenommen hat[4]. Auf jeden Fall sollte der Psychodiagnostiker den zu beratenden Therapeuten und seine Methoden schon einigermassen gut kennen.

---

[1] EARL S. TAULBEE, Relationship between certain Personality Variables and Continuation in Psychotherapy. J. cons. Psychol., Bd. 22, 1958, S. 1–9, zitiert nach A. ZWEIG, Statistische Untersuchungen bei Problemen der Psychotherapie, Schweiz. Zschr. f. Psychologie, Bd. 21, 1962, S. 69/70.
[2] FRITZ SALOMON, Ich-Diagnostik im Zulliger-Test, Bern, 1962, S. 108.
[3] FRITZ SALOMON, a. a. O., S. 115, 116.
[4] DAVID KADINSKY, Strukturelemente der Persönlichkeit, Bern, 1963, S. 20/21.

Kapitel 8

Die Intelligenz

A. Quantitative Beurteilung

I. Was ist Intelligenz?

Über die Frage, was „Intelligenz" ist, haben die Psychologen sich seit Jahrzehnten gestritten, und sie tun es heute noch. Es ist deshalb nur natürlich, dass man an dieses Kapitel mit einer gewissen Skepsis herangeht. Wie KUHN [1] nicht ohne einen Unterton von Humor bemerkt, hat EUGEN BLEULER ein Kapitel seines Lehrbuches mit „‚Die' Intelligenz" überschrieben, offenbar um zu unterstreichen, dass es verschiedene Intelligenzen gebe, während RORSCHACH „Die ‚Intelligenz' " schreibt, also das Wort selbst in Anführungszeichen setzt und damit den ganzen Begriff in Frage stellt. Das hat RORSCHACH aber nicht gehindert, sich sehr nachdrücklich und eingehend mit der Diagnose der Intelligenz zu befassen, und man wird sich wohl für die Praxis auf den Standpunkt TERMAN's stellen müssen, es mache nicht so viel aus, dass man nicht wisse, was Intelligenz sei, wenn man sie nur feststellen und messen könne; und das kann man. Schliesslich arbeiten wir ja auch bei elektrischem Licht, während sich die theoretischen Physiker weiter darüber streiten, was Elektrizität ist.

Aber ebensowenig wie man jemals die Glühlampe hätte erfinden können, wenn man nicht zuvor begonnen hätte, sich über die Elektrizität den Kopf zu zerbrechen, ebensowenig kann der praktische Psychologe der theoretischen Intelligenzforschung gänzlich entbehren. Ein paar orientierende Bemerkungen über die Intelligenzfrage werden daher hier am Platze sein, um so mehr als der Rorschach-Test in der Intelligenzmessung eine Sonderstellung einnimmt.

1. *Allgemeines.* Nach der Auffassung von WILLIAM STERN, die heute noch zahlreiche Anhänger hat, ist die Intelligenz die *allgemeine* Fähigkeit, mit Hilfe von Denkleistungen sich den *neuen* Forderungen und Situationen des Lebens anzupassen und sie zu lösen. Eine Variation dieser Auffassung wäre die Definition von PORTEUS [2], Intelligenz sei die Fähigkeit, auf eine Reihe von *relevanten* Reizen zu reagieren, wobei er unter einem „relevanten Reiz" einen Reiz versteht, auf den zu reagieren für das betreffende Lebewesen (Tier oder Mensch) von Vorteil ist. Wie man sieht, lässt die Definition von PORTEUS weit grösseren Spielraum für die zahlreichen Artverschiedenheiten der Intelligenz. Eine andere, auf dem philosophischen Positivismus fussende Variation dieser Auffassung der Intelligenz als einer allgemeinen Fähigkeit legt das Schwergewicht auf die *Vorwegnahme der Erfahrung* im „Gedankenversuch", um einen Ausdruck von BAUDOUIN zu gebrauchen, so wenn z. B. BECK den „degree of intelligence" definiert als „degree of ability to predict experience" [3]. Dies würde etwa dem bekannten Wort von AUGUSTE COMTE entsprechen „Savoir pour prévoir, prévoir pour prévenir".

---
[1] ROLAND KUHN, Über Rorschach's Psychologie und die psychologischen Grundlagen des Formdeutversuches, in „Psychiatrie und Rorschach'scher Formdeutversuch", Zürich, 1944, S. 39.
[2] STANLEY D. PORTEUS, The Maze Test and Mental Differences. New Jersey, 1933, S. 11 und 15.
[3] SAMUEL J. BECK, Rorschach's Test, II. A Variety of Personality Pictures, New York, 1945, S. 2.

WECHSLER[1] definiert: „Intelligenz ist die zusammengesetzte oder globale Fähigkeit des Individuums, zweckvoll zu handeln, vernünftig zu denken und sich mit seiner Umgebung wirkungsvoll auseinanderzusetzen."

In anderer Weise hat C. SPEARMAN versucht, der eigenartigen qualitativen Facettierung des Intelligenzproblems Herr zu werden, indem er[2] in seiner *Zwei-Faktoren-Theorie* aus einer Reihe von „*specific factors*" (s-factors) einen „*general factor*" (factor g) aussonderte. Mit Hilfe der Faktorenanalyse liesse sich dieser allgemeine Intelligenzfaktor aus einer Reihe spezieller Aufgaben und ihrer Lösung herauskristallisieren. Später hat er seine Theorie dahin erweitert, dass dieser Faktor sich in mehrere *Komponenten* aufspalten lasse, von denen er die Faktoren p (perseveration), o (oscillation) und w (will) unterscheidet. (Sie lassen sich im Rorschach-Test leicht herausanalysieren, p durch das T%, das Orig.% und die Perseverationen, o durch das T%, das Orig.% und die Verteilung der B- und Farbantworten und w durch die G und die Sukzession.)

THORNDIKE[3] begann mit einer Theorie, die im strikten Gegensatz zu STERN und SPEARMAN einen gemeinsamen Faktor völlig in Abrede stellte. Er sprach den verschiedenen intellektuellen Funktionen jede Gemeinsamkeit ab und betonte ihre relative Unabhängigkeit. Aus dieser *multifaktoriellen Theorie* entstand seine Einteilung in abstrakte, konkrete und soziale Intelligenz, mit der wir uns weiter unten beschäftigen werden. Später näherte er sich aber mehr und mehr dem Standpunkte SPEARMAN's. Mit dem Hinweis, dass die Intelligenz natürlich von Anlage und Lage (nature and nurture) abhängig sei, gestand er SPEARMAN zu, dem Anlagefaktor näher gekommen zu sein (ANASTASI, a. a. O., S. 303). In seinem Hauptwerk „The Measurement of Intelligence" (1926) hat er sich schliesslich zu einem Standpunkt durchgerungen, der dem von SPEARMAN praktisch sehr nahe kommt. Nach dieser seiner *Quantitäts-Hypothese* sieht THORNDIKE nun das Wesen der höheren Intelligenz in „a larger number of connections of the same sort" (gemeint sind „physiological connections"). Die Gesamtzahl dieser physiologischen Verknüpfungen, die dem Individuum seiner angeborenen Kapazität nach möglich ist, nennt er C. In dieser Form ist also der Faktor g nun wieder auferstanden.

Die ganzheitlichen Auffassungen der neueren Experimentalpsychologie, vor allem die Gestalttheorie, haben das Problem nun keineswegs vereinfacht. Ausgehend von den Untersuchungen von WOLFGANG KÖHLER, MAX WERTHEIMER, KURT KOFFKA und KURT LEWIN sieht RICHARD MEILI[4] in den Intelligenzakten *Strukturumformungen*, die durch die Spannungen ausgelöst werden, welche sich aus ungelösten Situationen infolge der allgemein wirksamen Tendenz zur guten Gestalt ergeben. Hierbei bedeutet „*Struktur*" „ein Zueinander mehrerer Teile, in dem die Bedeutung jedes Teiles von den anderen und dem Ganzen mitbestimmt ist" (MEILI, S. 39).

---

[1] DAVID WECHSLER, Die Messung der Intelligenz Erwachsener, Bern, 1956, S. 13.
[2] C. SPEARMAN, „General Intelligence", Objectively Determined and Measured, American Journal of Psychology, Bd. 15, 1904, S. 201—293. (Zitiert nach ANNE ANASTASI, Differential Psychology, New York, 1937, S. 299 ff.)
[3] E. L. THORNDIKE, W. LAY and P. R. DEAN, The Relation of Accuracy in Sensory Discrimination to General Intelligence, American Journal of Psychology, Bd. 20, 1909, S. 364—369. (Zitiert nach ANASTASI.)
[4] RICHARD MEILI, Psychologische Diagnostik, 4. Aufl., Bern, 1961, S. 38—47.

2. *Die formalen Faktoren der Intelligenz.* Rein praktisch ist es aber notwendig, die *verschiedenen Aspekte der Intelligenz* theoretisch herauszuarbeiten. THORNDIKE unterscheidet ihrer vier: level, range, area and speed.

MEILI [1] unterscheidet an der Intelligenz folgende formale Faktoren: 1. die intellektuelle *Sensibilität* oder *Differenzierungsfeinheit*, den Sinn für Finessen; 2. die *Komplexität*, die Einfachheit oder Kompliziertheit der Struktur, die hauptsächlich von der Reife abhängt und mit dem BINET-SIMON gemessen wird; 3. die *Einheitlichkeit*, die Tendenz zum Überblick- oder Detaildenken; 4. die *Festigkeit der Strukturen*, zu der die geistige Beweglichkeit und Originalität im umgekehrten Verhältnis steht, und 5. die *Intensität der inneren Spannungen* und davon abhängig die *Schnelligkeit* des Denkens. Dieser letzte Faktor ist praktisch identisch mit der *Aufmerksamkeit*. — Später hat MEILI [2] die Zahl der Intelligenzfaktoren auf 4 herabgesetzt. Er unterscheidet jetzt: 1. den Faktor der *Komplexität*; 2. den Faktor der *Plastizität* (die grössere oder geringere Fähigkeit zur Umstrukturierung); 3. den Faktor der *Ganzheit* (das Zusammengehen und Sichvereinigen vorher getrennter Inhalte) und 4. den Faktor der *Flüssigkeit* (der Ausdruck stammt von LEWIN und CATTELL), d. h. „das leichte Hinübergleiten von einer Idee zur anderen".

3. *Kapazität und Leistung.* Die Intelligenz ist, so wie wir sie im praktischen Leben verstehen, *das zur Verfügung stehende intellektuelle Leistungspotential*. Dieses hängt natürlich in erster Linie von den angeborenen Anlagen ab, ist aber nicht mit ihnen identisch. Das Leistungspotential ist ein Produkt aus Anlagen und Übung (Erziehung). PORTEUS vergleicht (a. a. O., S. 8) die Intelligenz mit dem Rauminhalt eines Zylinders, dessen Höhe der angeborenen Begabung und dessen Diameter den erworbenen Kenntnissen entspricht. Man pflegt die Gesamtheit der intellektuellen Anlagen *Kapazität* zu nennen. Kapazität ist also nicht dasselbe wie Intelligenz. Zwei Menschen mit gleicher Kapazität können eine sehr verschiedene Intelligenz haben, je nach der Schulung, die ihnen, namentlich im Kindesalter, zuteil wurde. Die Intelligenz kann aber auch geringer sein als die Kapazität, wenn nämlich das Leistungspotential durch einen organischen (Demenz) oder neurotischen Prozess (affektive Denkhemmung) vermindert wurde.

Streng genommen müsste man sogar zwischen *Leistungspotential* und *Leistung* unterscheiden. Auch bei intaktem Leistungspotential kann ein Mensch nicht in allen Situationen das gleiche leisten. Die aktuelle Intelligenzleistung ist von einer ganzen Reihe leicht veränderlicher Faktoren abhängig (Schlaf, Ernährung, Klima, Interessen, Stimmung usw.), während das Leistungspotential sich im allgemeinen nicht von heute auf morgen ändert. Der Einfachheit halber soll aber im folgenden von diesen geringeren Schwankungen abgesehen werden. Wenn also fortan von „Leistung" gesprochen wird, ist meistenteils das Leistungs*potential* gemeint.

Kapazität und Leistung fallen gewöhnlich nicht zusammen. Praktisch stehen die meisten Menschen *unter* ihrer eigenen Kapazität, weil ihr Leistungspotential neurotisch (und häufig auch depressiv) herabgesetzt ist. Der Anlage nach sollten sich die Intelligenzgrade einer Bevölkerung nach der GAUSS'schen Kurve ver-

---

[1] A. a. O., S. 41—43 und 67 (1. Aufl., Schaffhausen, 1937).
[2] RICHARD MEILI, Grundlegende Eigenschaften der Intelligenz, Schweizerische Zeitschrift für Psychologie, Band 2, 1944, S. 166—175 und 265—271.

teilen, d. h. es müsste ungefähr ebenso viel Über- wie Unterdurchschnittliche geben. Gross war daher die Überraschung, als die Intelligenzuntersuchungen an 1 700 000 amerikanischen Soldaten des Ersten Weltkrieges mit den sogenannten „army-tests" eine starke *Linksverschiebung* der Kurve zeigten: 10% hatten ein Intelligenzalter von 10 Jahren und darunter, 15% ein I.-A. von 10—11 Jahren, 20% ein I.-A. von 11—12 Jahren, das Mittel lag bei 13—14 Jahren (25%), aber nur 16½% hatten ein I.-A. von 15—16 Jahren, nur 9% ein I.-A. von 16—17 und nur 4½% ein I.-A. von 18—19 Jahren. PORTEUS sagt mit Recht (a. a. O., S. 45), die 12-Jahresgrenze für den Schwachsinn (nach BINET-SIMON) und die ganze I.-Q.-Definition des Schwachsinns sei durch diese Rekrutenuntersuchung gründlich ad absurdum geführt worden. Man begann damals zum erstenmal um die Zukunft der Demokratie zu bangen — und mit Recht. Auf die „gesunde Vernunft" wird man bei der grossen Masse nicht rechnen können [1]. Unserer jetzigen Erfahrung nach liegt die Ursache dieser Linksverschiebung der GAUSS'schen Kurve weit weniger in der Kapazität der Menschen und auch nicht ausschliesslich (obwohl teilweise) in der Einseitigkeit der angewandten Tests (Überbetonung der theoretischen Intelligenz), sondern zum weitaus grössten Teil in der enormen Verbreitung affektiver Denkhemmungen. Der verstorbene österreichische Pädiater JOSEF K. FRIEDJUNG liebte es, das Problem in seinen Vorträgen mit einem Zitat von ALEXANDER DUMAS zu formulieren: „Man trifft so viele kluge Kinder, aber so viele dumme Erwachsene." Wie kommt das?

Der wichtigste *Grund* für diese ungeheure Verbreitung affektiver Intelligenzhemmungen ist natürlich die kolossale Häufigkeit massiver *Erziehungsfehler*. Sagt doch SIEGFRIED BERNFELD leider mit vollem Recht von den Eltern, dass sie „zwar einen Beruf haben, aber nicht den, Kinder zu erziehen" [2]. Ein Hauptfehler ist hierbei die ungleichmässige Behandlung der kindlichen Urteilsbildung durch die Erwachsenen. Man freut sich und fördert die selbständigen Denkleistungen der Kinder, „solange sie nicht sexuelle und religiöse Fragen oder die autoritäre Stellung der Erwachsenen betreffen" [3]. Die Folge ist, dass sich bei sehr vielen Kindern eine allgemeine Denkhemmung oder, wie FERENCZI es nennt, eine „Art von affektivem Schwachsinn" entwickelt. Aber auch das *Strafbedürfnis*, dieses Produkt einer inadäquaten Erziehung, kann Intelligenzhemmungen schaffen [4].

II. *Der spezifische Beitrag des Rorschach-Tests zum Problem der Intelligenzmessung*

Der Rorschach-Test ist *kein* „Intelligenz-Test". Zur quantitativen Bestimmung der Intelligenz sind, namentlich bei Vergleichen, für Jugendliche die TERMAN'sche Bearbeitung (Stanford-Revision) des BINET-SIMON-Tests, eventuell in Kombination mit dem PORTEUS-Labyrinth-Test, oder (namentlich für Gruppentests) MEILI's analytischer Intelligenztest zu empfehlen, für Erwachsene am besten WECHSLER's Bellevue-Scale.

---

[1] Siehe u. a. EDEN and CEDAR PAUL, Creative Revolution und neuerdings ERICH FROMM, The Fear of Freedom.
[2] SIEGFRIED BERNFELD, Sisyphos oder die Grenzen der Erziehung, Wien, 1925, S. 17.
[3] S. FERENCZI, Populäre Vorträge über Psychoanalyse, Wien, 1922, S. 181/182.
[4] HANS ZULLIGER, Schwierige Kinder, Bern, 1951, S. 74.

Der Rorschach-Test gibt keinen Intelligenzquotienten, sondern gestattet nur eine *Schätzung*. Trotzdem ist er in gewisser Beziehung den meisten Intelligenztests sogar überlegen. RORSCHACH selbst behauptet (und mit Recht), sein Test stelle „eine von Wissen, Gedächtnis, Übung, Bildungsgang fast ganz unabhängige Intelligenzprüfung dar" (S. 180). Und ausserdem hat der Rorschach-Test den positiven Vorteil, dass er fast völlig unabhängig ist von sprachlichem Verständnis und dass er zugleich ein Bild des qualitativen Intelligenztypus bietet. Tatsächlich stellte ERNST SCHNEIDER in einer vergleichenden Untersuchung [1] fest, der Rorschach-Test sei zur Intelligenzprüfung den anderen angewandten Verfahren (BOBERTAG-HYLLA, DÖRING, BINET-SIMON, Lehrerurteil der Schule) ebenbürtig. Er sei daneben aber noch imstande, „Hemmungserscheinungen in Rechnung zu setzen" und einige qualitative Angaben zu liefern (Begabungsart und -richtung).

BECK [2] hebt am Rorschach-Test als Instrument der Intelligenzmessung folgende drei Vorzüge hervor: 1. Die Resultate sind „free from influence of schooling"; 2. das Test-Material ist ganz objektiv und einfach in seiner Darbietung; 3. das gleiche Material kann bei *allen* Intelligenzgraden Anwendung finden.

Ein weiterer Vorteil, der auf den ersten Blick wie ein Nachteil aussieht, ist die Tatsache, dass alle Rorschach-Faktoren *gleichzeitig von Intelligenz und Affektivität* abhängig sind, wenn auch in verschiedenem Masse. Aber in der lebendigen Wirklichkeit ist es ja gerade so [3]. Dieser scheinbare Nachteil erweist sich sogar als der praktisch *wichtigste* Vorteil des Rorschach-Tests für die Intelligenzbeurteilung, und zwar aus folgendem Grunde:

Wenn, wie wir sahen, Kapazität und Leistung in der Praxis oft so weit auseinanderklaffen, will man ja gern an die Kapazität *direkt* herankommen. Das Ideal einer Kapazitätsprüfung ist bisher unerreicht. Auch der Rorschach-Test erfüllt es nicht, kommt ihm aber sehr nahe. Er kann zwar nicht die Kapazität *selbst* messen, wohl aber feststellen, *dass* eine Differenz zwischen Kapazität (capacity) und Leistung (efficiency) besteht, d. h. eine sogenannte *Intelligenzhemmung*, eine affektive Denk- oder Leistungshemmung [4]. (Von dem relativ seltenen Falle der Demenz sehen wir hier im Augenblick einmal ab.) Wie *gross* diese Differenz ist, lässt sich freilich nur ungefähr erraten, und auch das nicht immer. (Man ist gewöhnlich geneigt, diese Differenz zu *unter*schätzen.)

In *dieser* Hinsicht also nimmt der Rorschach-Test eine *Sonderstellung* unter den Intelligenzuntersuchungen ein. Dass er uns auch eine qualitative Intelligenzdiagnose bietet, teilt er mit einigen anderen spezifischen Intelligenztests, die nur die Leistung prüfen (MEILI's analytischem Intelligenztest und WECHSLER's Bellevue-Scale). Genauer gesagt: Mit dem Rorschach ist es möglich, festzustellen, ob die im Ergebnis verminderte Leistung wirklich auf einem Intelligenz*mangel* (echter Oligophrenie) oder einem Intelligenz*defekt* (Demenz) beruht oder eine Intelligenz*hemmung* (bisweilen Pseudodebilität) darstellt.

---

[1] ERNST SCHNEIDER, Die Bedeutung des Rorschach'schen Formdeutversuches zur Ermittlung intellektuell gehemmter Schüler. Zeitschr. f. angew. Psychologie, Bd. 32, 1929, S. 160.
[2] SAMUEL J. BECK, The Rorschach Test and Personality Diagnosis. I. Feeble-Minded. American Journal of Psychiatry X, 1930, S. 48.
[3] MANFRED BLEULER, Der Rorschach-Versuch als Unterscheidungsmittel von Konstitution und Prozess. Zeitschr. f. d. ges. Neurologie und Psychiatrie, Bd. 151, 1934, S. 572/573.
[4] So auch KLOPFER and KELLEY, a. a. O., S. 266.

Die klassische Psychiatrie hat dieses Gebiet bisher im wesentlichen vernachlässigt. (Dagegen liegen von psychoanalytischer Seite zahlreiche Arbeiten vor, u. a. von Sigmund Freud, Paul Federn, Hans Zulliger, K. Landauer, Alfhild Tamm.) In einer vorzüglichen Arbeit (in norwegischer Sprache) hat die norwegische Psychiaterin Nic Hoel [1] auf diese Verhältnisse hingewiesen. Sie schreibt: „Ich bestreite keineswegs, dass es eine erbliche Oligophrenie gibt, aber ich glaube, dass eine ausgiebigere Zusammenarbeit mit Psychologen, Experimentalphysiologen und Psychotherapeuten die Zahl der Fälle von Pseudooligophrenie vermehren wird." Nic Hoel hat denn auch selbst mit einer Psychologin, Åse Gruda Skard, zusammengearbeitet, und die bei dieser Gelegenheit gewonnenen Erfahrungen fasst sie am Schlusse ihrer Abhandlung wie folgt zusammen: „Nur Binet-Simon mit Rorschach *verglichen* — mit Anamnese, mit Familiengeschichte und mit Kenntnis der Struktur der Neurosen und der dynamischen Wirkung der Erziehung und des Milieus — kann eine wertvolle Diagnose ergeben."

III. Die Technik der quantitativen Intelligenzbeurteilung mit Hilfe des Rorschach-Tests

1. Normale (siehe auch die Zusammenstellung in „Psychodiagnostik", S. 256, und in meinem „Vademecum"):

Die Intelligenz des Normalen oder überdurchschnittlich Begabten enthält folgende Rorschach-Faktoren: ein hohes F+%, eine geordnete Sukzession, viele G, einen Erfassungstypus G, G—D oder G—D—Dd (sogenannter „reicher" Erfassungstypus), ein kleines T%, ein mittleres V%, ein mittleres Orig.% und einige B.

a) Das *F+%* soll optimal 80—95% betragen. Das Maximum kommt nur bei Pedanten, Depressiven oder Melancholikern vor. Dieser Faktor setzt den Besitz formscharfer Engramme, also eine gute *Beobachtungsfähigkeit,* und eine gute Ekphorierfähigkeit voraus, ferner *Konzentrationsfähigkeit* und *Aufmerksamkeit* und Ausdauer. Von den Meili'schen Faktoren vertritt er teils die Sensibilität (Differenzierungsfeinheit), teils die Spannungsintensität.

b) Die *Sukzession* soll „optimal straff", d. h. *geordnet* sein. Die straffe Sukzession ist wiederum das Kennzeichen der Pedanten und Zwangsneurotiker, die stark gelockerte und zerfahrene das der Maniker und Schizophrenen. Dieser Faktor ist abhängig von der Stabilisierung der *Aufmerksamkeit* und von der automatisierten logischen *Disziplinierung* und Präzision der Denkprozesse. Die Sukzession steht (qua Aufmerksamkeit) ebenfalls mit Meili's Intensität in Verbindung.

Beide Faktoren, F+% und Sukzession, sind Ausdruck von *erworbenen, bewussten* und bis zu einem gewissen Grade steigerungsfähigen Funktionen. Die anderen Intelligenzfaktoren sind (mit Ausnahme des Erft.) der Übung und Schulung weniger zugänglich.

c) Die G sollen reichlich vorhanden sein, mindestens 7—10 oder mehr. Sie haben aber nur positiven Wert, wenn sie zugleich F+ oder B+ sind (G+).

---

[1] Nic Hoel, Pseudodebilitet, Svenska Läkartidningen, Bd. 35, 1938, S. 1521—1531.

PIOTROWSKI[1] ergänzt diese Angaben RORSCHACH's dahin, dass Erwachsene von *Durchschnitts*intelligenz 6 G geben; Erwachsene mit einem IQ von über 110 geben etwa 10 G. Auch die G setzen scharfe Engramme und eine gute Ekphorierfähigkeit voraus, und es gehört ein guter *Überblick* dazu (Ganzheitserfassung). Daneben sind die G aber auch Exponenten eines *willens*mässigen Faktors, einer *affektiven Ladung* und dispositionellen *Leistungsspannung*, also der *Antriebsstärke* und des *Anspruchsniveaus*, wie ihn die Qualitätsehrgeizigen, aber auch die Schwungvollen, heiter Verstimmten haben. Bei Depressiven und Pedanten sind die G gewöhnlich eingeschränkt. Hier sieht man deutlich MEILI's Intensitätsfaktor, aber vor allem auch seine Einheitlichkeit, den Faktor der Ganzheit. Doch ist auch der Faktor der Komplexität hieran beteiligt.

d) Der *Erfassungstypus* der Intelligenten soll „reich" sein, d. h. eine gewisse Anzahl G enthalten. Wieweit *daneben* D und Dd eine Rolle spielen, ist mehr eine Frage der Intelligenz*qualität* (darüber später). (Zur Sensibilität im Sinne von MEILI gehören einige Dd, zum Detaildenken zahlreiche D.) Auch hierbei spielt die Aufmerksamkeit eine Rolle. Ein gut gemischter Erft. ist nach RORSCHACH ein Zeichen des *„gesunden Menschenverstandes"* (common sense).

e) Das $T\%$ soll klein, d. h. bei jüngeren Vp. *nicht über* 50% sein. Doch ist zu beachten, dass das T% mit dem *Alter* steigt. Menschen über 40 Jahre geben selten unter 50%, Vp. über 50 Jahre selten unter 60% T. Die Grösse des T% ist ein direkter Exponent von MEILI's Strukturfestigkeit, d. h. sie steht im umgekehrten Verhältnis zur *Lockerung der Assoziationen* (zur „Flüssigkeit"), zur Ablösbarkeit von festen Einstellungen, zur Variabilität des Denkens. Ein Minimum findet sich dementsprechend bei Manikern, ein Maximum bei Depressiven.

f) Die Intelligenten haben ein *mittleres* $V\%$ (20—25%, bei Kindern 10—15%) oder ein leicht gesenktes. Es ist ebenfalls ein Ausfluss des „gesunden Menschenverstandes", der *intellektuellen Anpassung* an die Gesellschaft, die Umgebung. Auch das $V\%$ ist direkt proportional zur Strukturfestigkeit.

g) Das *Orig.*% ist sozusagen der Gegenspieler des $T\%$. Bei Intelligenten soll es *mittelhoch* sein, da ein zu hohes Orig.% auf Fachsimpelei oder Weltfremdheit schliessen lässt. Die Grenze des Optimums liegt etwa bei 50%. Auch auf den abwechselnden Inhalt kommt es an. Das Orig.% ist Zeichen einer gewissen Zahl von Eigenengrammen, der Fähigkeit zu originellen Assoziationen, und entspricht MEILI's Strukturlabilität *(Originalität)*, dem Faktor der Plastizität.

h) Der *B-Faktor* endlich ist das Salz in der Suppe. Nicht neurotische oder deprimierte Intelligente haben immer einige B. Dieser Faktor ist direkt proportional zu den G und dem Orig.% und umgekehrt proportional zum T%. Die B sind die spezifischen Repräsentanten der *schöpferischen Fähigkeiten*, der künstlerischen Inspiration, des religiösen Erlebnisses. Sie sind infolgedessen am höchsten bei schöpferischen Phantasiemenschen, am niedrigsten bei Trockenen und manchen Depressiven. Von den MEILI-Faktoren entspricht ihnen noch am ehesten die Komplexität (die aber mehr spezifisch in den kombinatorischen G zum Ausdruck kommt). Reproduktive Intelligenzen geben weniger B als produktive.

Wo keine neurotische B-Reduktion vorliegt, gibt BECK und KLOPFER's Regel[2] ein ungefähres Bild: 0—1 B bei niedriger (knapp durchschnittlicher bis durchschnitt-

---

[1] ZYGMUNT A. PIOTROWSKI, Perceptanalysis, New York, 1957, S. 82.
[2] KLOPFER and KELLEY, a. a. O., S. 268.

licher) Intelligenz, 2—5 B bei mittlerer (gut durchschnittlicher und überdurchschnittlicher) und 5 und mehr B bei guter (guter und sehr guter) Intelligenz.

i) Neben diesen Hauptfaktoren spielen noch eine Reihe von *anderen Faktoren* mit hinein: Die Reaktions*zeit* gibt in Verbindung mit der Antwortenzahl, dem F+% und auch den G+ den „speed-factor" (MEILI's Intensität). Auch die *Art der G*, ob banal oder originell, einfach oder zusammengesetzt, hat ihre Bedeutung. Im Verhältnis der M zu den Md soll möglichst M > Md sein. Bei geringer Intelligenz oder Depression ist es umgekehrt. Und schliesslich ist die *Vielseitigkeit des Inhalts* (und natürlich der Originale) auch für die quantitative Intelligenzschätzung von Bedeutung (für die qualitative natürlich in erster Linie). KLOPFER's Beobachtung[1] ist zweifellos richtig, dass bei einigermassen *guter* Intelligenz mit ihren weitgespannten Interessen gewöhnlich mindestens 25% der Antworten *nicht* M, Md, T oder Td sind. Bei den weniger Begabten machen diese vier Inhaltskategorien dagegen meist mehr als 75% aller Antworten aus. Aber: *Vorsicht* bei neurotischen Intelligenzhemmungen, die (namentlich im Falle neurotischer Depressionen) das T% und gelegentlich auch die Md gewaltig steigern können! Das Gegenteil dieses Symptoms ist also kein Gegenbeweis gegen Intelligenz.

Ganz allgemein ist *Vorsicht* am Platze bei der quantitativen Intelligenzbeurteilung stark *religiöser* Persönlichkeiten. Die Protokolle solcher Vp. enthalten meist eine relativ hohe Zahl von B-Antworten, deren religiöser Inhalt als Wegweiser, aber auch als Warnungstafel dienen kann. Der Gesamteindruck wird dann bisweilen günstiger als der formalen Intelligenz eigentlich entspricht. Man muss hier also die anderen Faktoren (F+%, G+, T% usw.) stärker heranziehen (das Orig.% kann hier auch unzuverlässig sein). Es ist dies einer der seltenen Situationen, wo man geneigt ist, die Intelligenz zu überschätzen.

In einer Untersuchung über die Intelligenzfaktoren im Rorschach-Versuch kommt GERTRUD VON WYSS-EHINGER zu dem Ergebnis, dass man bei einer „ersten summarischen Beurteilung der Intelligenz" sich im allgemeinen an folgende „vier Hauptmerkmale" halten könne: die Anzahl der G+ und der B, das F+% und die Anzahl der Orig.+. Für eine „zumindest *nicht unterdurchschnittliche Intelligenz*" fand sie folgende Mindestwerte: mehr als 4 G+, mehr als 1 B, ein F+% von über 66 und mehr als 1 Orig.+ oder mindestens 2—3 dieser Merkmale. Cum grano salis (!) kann diese Regel in der Praxis wohl Anwendung finden, vorausgesetzt, dass nicht eine leichte Depression die G+, B und Orig. oder eine neurotische Intelligenzhemmung das F+% herabsetzt, was selten mit völliger Sicherheit ausgeschlossen werden kann.

2. Die Unter-Normalen.

Liegt die Intelligenz unter dem Normalen, so sind *drei Möglichkeiten* zu unterscheiden: Es kann sich um eine Intelligenz*hemmung* handeln oder um einen Intelligenz*mangel* oder schliesslich um einen Intelligenz*defekt*.

a) *Intelligenzhemmungen* sind *affektive* Denkhemmungen. Sie zeigen so gut wie kaum etwas anderes, wie eng das Gefühlsleben mit der Intelligenz verbunden ist. Man unterscheidet eine *neurotische* und eine *depressive* Intelligenzhemmung. Die

---
[1] KLOPFER and KELLEY, a. a. O., S. 272.

depressive Denkhemmung ist eine Hemmung im engeren klinischen Sinne des Wortes, eine Verlangsamung und Verarmung des Gedankenablaufs infolge der allgemein (auch motorisch) hemmenden Wirkung der Depression. Diese Hemmungen können, wenn die Depression nicht chronisch ist, sehr vorübergehender Art sein und von einem Tage auf den andern verschwinden. Die neurotische Intelligenzhemmung ist dagegen mehr stabil und ohne psychotherapeutischen Eingriff im allgemeinen konstant. Sie ist sehr oft mit einer leichteren depressiven Hemmung gekoppelt, da zahlreiche Neurosen mit einer chronischen depressiven Stimmung verbunden sind.

Bemerkenswert ist, dass die Intelligenzhemmung nicht notwendig zu einem unterdurchschnittlichen Leistungspotential zu führen braucht. Die meisten Intelligenzhemmungen finden sich sogar bei normaler oder guter Intelligenz, die eben „von Hause aus" *über*normal oder *noch* besser als nur gut hätte sein können. Während der gut durchschnittlich Begabte oder der gut Begabte auch bei einer Hemmung immer noch Normales leistet, bewirkt eine gleichstarke Intelligenzhemmung bei dem nur knapp durchschnittlich Begabten eine Pseudodebilität.

Das Prinzip der Rorschach-Diagnose der Intelligenzhemmung ist einfach: Man erschliesst sie aus einer auffallenden *Inkongruenz der Intelligenzfaktoren des Tests*. Bei ausgesprochener Pseudodebilität ist es manchmal so, dass man an UHLAND denken muss: „Noch *eine* hohe Säule zeugt von verschwundener Pracht." Dies können z. B. auffallend gute Originale sein, die bei echtem Schwachsinn nicht vorkommen, oder verhältnismässig viele G+ oder B+. Beim Vorkommen von reinen Hd ist immer mit einer gewissen Intelligenzhemmung zu rechnen (siehe oben, S. 76).

α) Die neurotische Intelligenzhemmung erkennt man natürlich daran, dass ausser einer deutlichen Herabsetzung einzelner Intelligenzfaktoren bei unverhältnismässig guter Qualität anderer auch deutliche neurotische Symptome vorhanden sind (Farben- oder Dunkelschock, labile Farbwerte, Do und andere Anzeichen von Angst, Sexualsymbolstupor usw.). Die Do wären nach der Auffassung von SALOMON (siehe S. 60) ein Zeichen von in Angst konvertierter Aggressivität, die ja in der Ätiologie der neurotischen Intelligenzhemmung eine beträchtliche Rolle spielt. Eine sehr häufige Form der neurotischen Intelligenzhemmung ist die Häufung schlechter Anat.-Antworten und ausserdem einige Do (hypochondrische Ängstlichkeit). Dadurch kann das F+% erheblich herabgesetzt werden; und wenn dann noch gleichzeitig durch eine psychogene Depression die G reduziert sind und das T% erhöht ist, lässt sich die ursprüngliche Intelligenz nur noch an B und Orig. ermessen. Genau so gut können die B und die Orig. verschwunden sein, aber es sind verhältnismässig viele G+ stehengeblieben und eventuell auch ein nicht sehr hohes T%. Das Deutungsbewusstsein kann bisweilen herabgesetzt sein (siehe Kap. 6, Nr. 2). Es kommen da fast alle Kombinationen und Variationen vor, und es kann sehr reizvoll sein, aus der ganz bestimmten Faktoreninkongruenz auf die ganz bestimmte Neurosenstruktur des Falles und ihrer Einwirkung auf die Intelligenz zu schliessen. Die Höhe der *ursprünglichen* Kapazität ist aber oft nur sehr schwer schätzbar.

β) Die depressive Intelligenzhemmung zeigt ganz entsprechende Bilder. Nur wird hier die Depression mehr im Vordergrunde stehen als die Neurose.

Gewöhnlich ist dann aber (bei den zahlreichen psychogenen Depressionen) auch das Depressionssyndrom unvollständig. Aus der ganz besonderen Kombination einer einseitigen Herabsetzung bestimmter Intelligenzfaktoren mit dem einseitigen Vorhandensein bestimmter Depressionssymptome (während andere Faktoren intakt sind) werden sich die spezifischen Bedingungen des Einzelfalles erschliessen lassen.

Sehr häufig haben depressive Leistungshemmungen *unbestimmte F—*. Wo sie fehlen, liegt meist eine spezifische *Produktions*hemmung vor, gekennzeichnet durch B- und G-Reduktion, hohes T% usw. und mit *hohem F+ %*. Dies ist also weniger eine qualitative als eine quantitative Leistungshemmung, eine *Arbeitshemmung*, die oft als „Faulheit" missverstanden wird. Doch ist die depressive Produktionshemmung in gewissem Sinne auch eine *qualitative* Veränderung, indem die Ptt. trocken, eintönig und steril wirken. Die quantitative Arbeitshemmung, die *Arbeitsunlust*, ist aber das zentrale Moment der Störung.

Die Tatsache, *dass* eine depressive Intelligenzhemmung vorliegt, ist meist nicht schwer festzustellen. Grösste Vorsicht ist aber bei der quantitativen Beurteilung der Intelligenz angezeigt, wenn Zeichen von Depression vorliegen. Da dann sehr oft die G und Orig. und manchmal auch die B stark reduziert sind, kann man zwar meist noch (u. a. am F+ %) sehen, dass die Vp. ursprünglich eine normale Intelligenz gehabt hat, ihre *wirkliche* Kapazität lässt sich aber gewöhnlich nicht mehr richtig schätzen. Es liegen hier die Verhältnisse also ganz ähnlich wie bei der neurotischen Intelligenzhemmung. (Auch mit spezifischen Intelligenztests kann man bei Deprimierten keine richtigen Resultate erzielen. Man trifft nicht selten in psychiatrischen Kliniken und Heilanstalten auf Journale von Ptt. mit wesentlich steigendem I. Q., wobei sich dann herausstellt, dass die ersten, niedrigen und irreführenden Werte von Untersuchungen in deprimiertem Zustand herrühren.)

b) *Intelligenzmangel (Oligophrenie)*

α) Zur Psychologie der Oligophrenen. Was die Intelligenz der Schwachsinnigen von der Normaler unterscheidet, ist in erster Linie ihr Mangel an Überblick, Voraussicht und Planmässigkeit des Denkens. Der Oligophrene kann nur das Nächstliegende, das *konkrete* Jetzt und Hier verstehen; alles, was Voraussicht und komplizierte Vorstellungen erfordert, kann er nur unter Anleitung ausführen.

Entsprechend ist der Schwachsinnige in seiner sozialen Einstellung *suggestibel*, impulsiv, wandelbar und unzuverlässig. In sozialer Hinsicht ist er also auf die Führung durch andere angewiesen. Dagegen ist das Gerede von der Übererregbarkeit und Gefühlsüberschwenglichkeit der Schwachsinnigen eine Mythe. Dies sind psychopathische Züge, die bei einer kleineren Gruppe von Oligophrenen vorkommen, wie es andere gibt, die ausgesprochene soziale Anpassungsschwierigkeiten haben. Der „reine" Schwachsinnige dagegen hat weder emotionale noch soziale und moralische Anpassungsschwierigkeiten [1].

β) Die Rorschach-Diagnose der Oligophrenie. All diese Züge und Untergruppen der Schwachsinnigen finden wir in den Rorschach-Unter-

---

[1] Näheres über diese Fragen siehe in STANLEY D. PORTEUS, The Maze Test and Mental Differences, New Jersey, 1933, S. 33—37.

suchungen über die Oligophrenen wieder. RORSCHACH selbst hatte ja nur 12 Debile und Imbezille in seinem Material. Unser heutiges Wissen über die Rorschach-Reaktionen der Schwachsinnigen stützt sich daher in der Hauptsache auf die Arbeiten von PFISTER[1], ZULLIGER[2] und BECK[3], die im wesentlichen in schöner Übereinstimmung stehen. Aus ihnen ergibt sich folgendes:

Das Deutungsbewusstsein der Schwachsinnigen ist meist herabgesetzt oder ganz aufgehoben. Die Zahl der Antworten zeigt keine bestimmte Tendenz. Sie kann von übermittel bis untermittel variieren. Die Reaktionszeit ist meist erheblich verlängert. PFISTER fand 60—70 Minuten für 15—25 Antworten. Das F+% ist natürlich niedrig, 0—60%. Debile liegen etwa zwischen 45—60%, Imbezille zwischen 0—45% (BECK). Das T% ist hoch, nach RORSCHACH 70—100, nach BECK 60—100, nach PFISTER zirka 60. Das V% ist meist herabgesetzt, variiert aber mit der sozialen Anpassung. Bei besonders gut Angepassten ist es mehr normal, bei schlecht Angepassten und Antisozialen ist es besonders gering (BECK). Das Orig. % (schlechte Orig.) ist ziemlich hoch, nach BECK 30—40% bei Debilen, 40—70% bei Imbezillen. Schwachsinnige haben meist nur sehr wenige und banale G+ (Mangel an Übersicht!). PFISTER und BECK fanden übereinstimmend 0—3 G+, BECK ausnahmsweise bis zu 5 (mit 3 als Durchschnitt). Was darüber ist, sind fast regelmässig schlechte Formen und häufig DG und sogar DdG (ZULLIGER). Die Dd sind entsprechend erhöht und kommen gewöhnlich an der inneren und äusseren Peripherie der Kleckse vor (ZULLIGER), der Erfassungstypus ist meist D—Dd (RORSCHACH, BECK). Bei manchen Fällen gibt es die von RORSCHACH beobachteten häufigen Do (dann gibt das F+% meist ein zu günstiges Bild!); doch ist das keinesfalls die Regel (PFISTER, ZULLIGER). BECK fand sie nur in 29% seiner Fälle. Die Sukzession ist meist geordnet, bisweilen gelockert.

Sehr wichtig ist, dass Schwachsinnige fast regelmässig gar *keine oder nur sehr wenige B* haben, im allgemeinen nicht mehr als 1. In diesem Punkt herrscht strikteste Übereinstimmung zwischen RORSCHACH und sämtlichen Nachuntersuchern. *Wenn* Debile ein B haben, ist es natürlich meist das vulgäre B zu Tafel III, allenfalls eventuell das vulgäre B zu Tafel II. Bei einer guten B-Antwort z. B. zu Tafel IV als einzigem B dürfte kaum mehr wirkliche Debilität vorhanden sein.

Die Farbantworten verhalten sich verschieden, je nach dem Temperament. *Torpide* Schwachsinnige (die meisten) haben nach PFISTER nicht sehr viele Farbantworten, *erethische* dagegen mehr. BECK fand einen Gesamtdurchschnitt von 3,7. Infolge des Mangels an B ist also der Erlebnistypus extratensiv, oft egozentrisch-extratensiv. *Farbnennungen* (aus Assoziationsarmut) sind nichts Ungewöhnliches. Nach PFISTER sind 70—80% aller reinen Fb bei Schwachsinnigen Farbnennungen. Sie finden sich meist bei Imbezillen und Idioten, kommen aber hin und wieder auch bei Debilen vor. Zu beachten ist, dass der Symptomwert der einzelnen Kategorien von Farbwerten bei Oligophrenen unzuverlässig ist (PFISTER).

Farbenschock gibt es wohl bei *reinem* Schwachsinn *nicht*. Er wird jedenfalls von RORSCHACH sowohl wie PFISTER und ZULLIGER geleugnet. Doch kann es natür-

---

[1] OSKAR PFISTER, Ergebnisse des Rorschach'schen Versuches bei Oligophrenen. Allgem. Zeitschr. f. Psychiatrie, Bd. 82, 1925, S. 198—223.
[2] HANS ZULLIGER, Jugendliche Diebe im Rorschach-Formdeutversuch. Bern, 1938, S. 136.
[3] SAMUEL J. BECK, The Rorschach Test and Personality Diagnosis, I. The Feeble-Minded. American Journal of Psychiatry X, 1930, S. 19—52, und: The Rorschach Test as Applied to a Feeble Minded Group, Arch. Psychol., Vol. 136, 1932, S. 84.

lich vorkommen, dass leichter Debile zugleich neurotisch sind, und dann ist auch der Farbenschock keine Seltenheit. Dagegen ist *Farbenattraktion* recht häufig. Die Antworten werden dann von Tafel VIII an deutlich zahlreicher, bei kürzeren Reaktionszeiten.

Die *anatomischen Lagedeutungen* („Kopf", weil es oben ist usw.) sind bei Schwachsinn keine Seltenheit. Im übrigen überwiegen im Inhalt meist die Md über die M (Finger, Hände, Füsse, Nasen, Augen), und wenn nicht das T% sehr hoch ist, finden sich meist andere *Stereotypien* wie Steine, Zweige usw. [1]. Auch echte *Perseverationen* kommen vor.

Die „Siegesgewissheit" der Vp. beim Deuten und die subjektive Unklarheit über den Erfassungsmodus, d. h. das Nichtzeigenkönnen der gedeuteten Bildteile (PFISTER, ZULLIGER) sind andere Eigenarten, an denen der Oligophrene kenntlich ist. Konfabulationen kommen gelegentlich vor, sind aber meist nicht sehr ausgesprochen.

Es ist schliesslich bei der Oligophrenie nicht nur wichtig, zu erkennen, *dass* ein Pt. oligophren ist und in welchem Grade, sondern mindestens ebenso wichtig für seine Behandlung ist die Erkennung seiner Charaktereigenschaften. Auch dies wird durch den Rorschach-Test ermöglicht. Namentlich sind die *soziale Anpassung* und das *Temperament* von praktischer Bedeutung. Wie wir gesehen haben, lässt sich die Soziabilität im allgemeinen an den V (absolute Zahl und %) ablesen, das Temperament an den Farbantworten. Die Behauptung von PORTEUS, dass eine erhöhte Gefühlserregbarkeit *an sich* nicht zum Wesen der Oligophrenie gehöre, wurde durch die Untersuchung von PFISTER also vollauf bestätigt.

c) *Intelligenzdefekt (Demenz)*

Eine teilweise Herabsetzung der ursprünglichen Kapazität und des Leistungspotentials ist ein häufiges Nebenprodukt des schizophrenen und verschiedener organischer Krankheitsprozesse. Wir sprechen dann von schizophrener oder organischer *Demenz*. Beide Arten von Demenz können die verschiedensten Grade annehmen, von ganz leichten, im täglichen Leben kaum bemerkbaren, bis zu den schwersten Defekten. Die schizophrene Störung ist qualitativ verschieden von der organischen. Beide Demenzarten werden im Kapitel über die Psychosen näher behandelt werden. Hier sei nur vorausgeschickt, dass bei der Demenz neben der eigentlichen *negativen* Seite, der blossen Intelligenzherabsetzung, noch *positiv* etwas dazukommt, was sich bei der neurotischen oder depressiven Intelligenzhemmung und bei der Oligophrenie meist nicht findet (absurde, gesuchte Orig.—, Merkfähigkeitsstörungen, Unsicherheit, Kritik, Konfabulationen usw.).

3. *Die Hochbegabten*

Die Hochbegabten sind natürlich in jeder Hinsicht das Gegenteil der Oligophrenen. Ein reicher Erfassungstypus, eine hohe Originalität und ein dilatierter, ambiäqualer Erlebnistypus sind ihre Hauptkennzeichen. Dazu kommen besonders qualifizierte G+-Antworten mit Kombinationen, BFb und ähnliche Seltenheiten. Das gesamte Niveau der Inhaltsreihe mit seiner reichen Abwechslung

---

[1] MANFRED BLEULER, Der Rorschach'sche Formdeutversuch bei Geschwistern. Zeitschr. f. Neurologie, Bd. 118, 1929, S. 390.

und seinen plastischen und originellen Einfällen fällt meist auf den ersten Blick in die Augen. (Nähere Einzelheiten unter qualitativer Intelligenzbeurteilung.)

IV. Wir geben nun abschliessend eine *Skala der Bezeichnungen* für die quantitative Intelligenzbeurteilung, die hauptsächlich dem Zwecke dient, die Terminologie mehr einheitlich zu gestalten. Es hat keinen Zweck, diese Bezeichnungen durch Intelligenzquotienten zu ersetzen, da das Rorschach-Ergebnis gewöhnlich mehr und anderes gibt als nur einen I. Q., der zudem meist irreführend ist, da namentlich bei den Begabten ein grosser Unterschied zwischen verschiedenen Typen mit gleichem I. Q. bestehen kann (siehe den nächsten Abschnitt). Der Gesamteindruck des *ganzen* Protokolls ist entscheidend.

Die Mittellinie in dem folgenden Schema ist als der statistische Durchschnitt, das mathematische Mittel, einer Population gedacht. Es empfiehlt sich also, die verschiedenen quantitativen Intelligenzgrade etwa folgendermassen zu bezeichnen:

Intelligenz:

Genial

sehr gut (hoch)

gut

überdurchschnittlich

gut durchschnittlich

---

knapp durchschnittlich

unintelligent

inferior (zurückgeblieben)

debil

imbezill

idiotisch

Der „normale" Durchschnitt geht von „unintelligent" bis „gut durchschnittlich" (mit einem I. Q. von etwa 80 bis 105). Mit „überdurchschnittlich" werden *etwas* bessere Begabungen bezeichnet. Der tüchtige Akademiker soll im allgemeinen mindestens eine „gute" Intelligenz haben. Mit „inferior" bezeichnen wir eine Zwischenschicht zwischen normaler Intelligenz und eigentlicher Oligophrenie, einem I. Q. von etwa 70—80 entsprechend. Die Genialitätsgrenze liegt etwa bei einem I. Q. von 140.

B. Qualitative Beurteilung

I. Typeneinteilung

1. Die Theorie der Intelligenztypen

Ausgehend davon, dass wir in einer Welt der *Bücher*, der *Dinge* und der *Menschen* leben, die alle drei ihre Anforderungen an uns stellen, unterscheidet THORNDIKE[1] drei Arten von Intelligenz, die *abstrakte* oder *verbale*, die *konkrete* oder *mechanische* und die *soziale* Intelligenz. Die meisten Intelligenztests überwerten einseitig die abstrakte Intelligenz, und nach RUDOLPH PINTNER[2] sind Tests wie Stanford BINET oder Army Alpha nur für die abstrakte Intelligenz zuverlässig; die konkrete Intelligenz kommt dabei zu wenig und die soziale überhaupt nicht zum Ausdruck.

Andererseits unterscheidet MEILI neben den erwähnten formalen Faktoren folgende *materielle* Verschiedenheiten der Intelligenz: das *theoretisch-abstrakte (logische)* und das *gegenständlich-künstlerische (intuitiv-konkrete)* Denken. Auch zur Frage der *praktischen* Intelligenz hat MEILI Stellung genommen[3]. Durch Untersuchungen mit einem Hebeltest wurde wahrscheinlich gemacht, dass die praktische Intelligenz an den Umgang mit Dingen *(Materialbehandlung)* gebunden sei. Die Materialbehandlung wird ja auch in den Kleinkindertests von BÜHLER-HETZER als eine von der geistigen Produktion und dem sozialen Kontakt unabhängige Komponente des Reifungsprozesses behandelt.

Beide Einteilungen haben ihre Berechtigung. Da zwei Gruppen (theoretische und praktische Intelligenz) sich bei beiden decken, hätten wir also im ganzen vier Intelligenzarten: theoretische, praktische, soziale und künstlerische. Trotzdem man in Theorie und Praxis einen intellektuellen und einen affektiven Kontakt unterscheiden kann, ist doch die *soziale* Intelligenz, die Fähigkeit, mit Menschen umzugehen, in so hohem Grade von affektiven Faktoren abhängig und mit ihnen verbunden, dass es rein praktisch zweckmässiger ist, die Frage des *sozialen Kontakts im Zusammenhang mit der Affektivität* zu behandeln (siehe nächstes Kapitel).

Es bleiben also *drei eigentliche Intelligenz- oder Begabungstypen:*

a) Die *abstrakt-theoretische* Intelligenz ist die auf einer besonderen Wahrnehmungsschärfe der Fernsinne *(Beobachtungsgabe)* aufbauende Fähigkeit zu abstrakt-assoziativer Verarbeitung, d.h. zum *begrifflich*-theoretischen, spekulativen Denken, dem sogenannten *Sprechdenken* oder *mathematisch-kausalen* Denken. Die typische Betätigung dieser Begabungsart ist die *gedanklich-systematische* Produktivität.

b) Die *stoffgebundene, praktische* Intelligenz baut offenbar weit mehr auf *taktilen* und *kinästhetischen* (motorischen) Erfahrungen auf und ist die Fähigkeit zu stofflich-motorischer Verarbeitung. Dies ist verbunden mit dem *praktischen* Denken, dem „Kalkül" oder *Zweckdenken*. (Es besteht eine noch nicht näher untersuchte Verbindung zwischen dem Praktiker und dem „materiell"-zweckhaft eingestellten Denken.) Die Betätigung der praktischen Intelligenz ist die *praktisch-werktätige* Produktivität, die *Konstruktionsarbeit*, insoweit sie mit *sichtbarem* Material arbeitet. (Hier besteht eine fliessende Grenze zum künstlerischen Denken.)

---

[1] E. L. THORNDIKE, Intelligence and its Uses, Harpers Magazine, Bd. 140, 1920, S. 227–235 (zitiert nach ANNE ANASTASI, Differential Psychology, New York, 1937, S. 303).
[2] Nach STANLEY D. PORTEUS, a. a. O., S. 25.
[3] RICHARD MEILI, Bemerkungen zum Problem der praktischen Intelligenz, nach dem Autoreferat in Schweiz. Ztschr. f. Psychologie, Bd. 7, S. 310/311.

c) Die *intuitiv-künstlerische* Begabung endlich beruht auf einer besonderen *Plastizität der Vorstellungen,* welche die Fähigkeit zum *bildhaften Vorstellungsdenken* verleiht, dem sogenannten „künstlerischen" Denken, dessen spezifische Betätigung, die *dichterische, erfinderische* und *künstlerische* (bildende und musikalische) Produktivität ist. Wir rechnen mit voller Überlegung auch das „Erfinden" hierher, weil die schöpferische Erfindung einer ganz neuen technischen Idee weit näher dem künstlerisch-schöpferischen Denken steht als der handwerklichen Konstruktion, der „Fingerfertigkeit".

Wie man sieht, fallen diese drei Begabungstypen, die sich auch im Rorschach-Test deutlich voneinander abheben, mit der alten Einteilung in eine *intellektuelle* (begriffsbetonte), *materielle* (tatsachenbetonte) und *spirituelle* (vorstellungsbetonte) Begabung ziemlich gut zusammen.

2. Die Rorschach-Syndrome der Begabungstypen

Die *qualitative* Intelligenzbeurteilung mit Hilfe des Rorschach-Tests setzt eine gewisse *quantitative* Höhe der Intelligenz voraus. Im allgemeinen lässt sich die Art der Begabung nur näher differenzieren, wenn die Gesamthöhe der Intelligenz mindestens „gut durchschnittlich" oder besser noch „überdurchschnittlich" und darüber ist. Protokolle von weniger Intelligenten sind meist so „materialarm", dass eine nähere Spezifizierung kaum oder nur ausnahmsweise möglich ist.

Die Begabungstypen werden — wie alle psychologischen Typen oder pathologischen Zustandsbilder — mit Hilfe von *Rorschach-Syndromen* festgestellt, d. h. von typischen Verbindungen von bestimmten Rorschach-Symptomen, die aber *nicht* in jedem Einzelfalle *alle* vorzuliegen brauchen. Die Intelligenztypen sind ja Abstraktionen, die auch im Leben nicht immer „rein" vorkommen, und ebenso verhalten sich die Rorschach-Bilder.

a) *Die abstrakt-theoretische Begabung* erfordert in erster Linie einen guten Überblick für grössere Ganzheiten, Sinn für Systematik und theoretische Zusammenhänge. Dazu gehören vor allem eine grössere Anzahl von G+, und zwar sogenannte „abstrakte" G, d. h. nicht konstruktiv-kombinatorisch zusammengesetzte. Die B dagegen brauchen bei reproduktiven Begabungen nicht so besonders zahlreich zu sein (bei produktiven Wissenschaftlern sind sie höher). Aber das Orig.% ist meist recht gut. Der Erlebnistypus ist nicht so stark dilatiert wie bei den Künstlern, aber meist ambiäqual. Natürlich muss das F+% hoch und das T% niedrig sein wie bei allen guten Begabungen. Es ergibt sich demnach folgendes Syndrom[1]:

viele abstrakte G+ („Nur-Theoretiker": gleichzeitig vermehrte Dd)
hohes F+% (85—95%)
ziemlich straffe Sukzession (aus Einzelheiten aufbauende: umgekehrte Sukzess.)
einige B+ (Reproduktive weniger, Schöpferische mehr)
relativ hohes Orig.% (20—30%) (Schöpferische: Verarbeitungsoriginale)
relativ geringes V% (15%, 3—5 V)
niedriges T% (35—45%)
Erlebnistypus etwas koartiert, meist ambiäqual
eventuell EQa-Antworten

---

[1] Zusammengestellt nach HANS ZULLIGER, Einführung in den Behn-Rorschach-Test, S. 103.

b) *Die praktische Begabung* ist zunächst nur die reine praktische Intelligenz, die Fähigkeit, mit Dingen umzugehen, rasch zupacken zu können.

α) Die praktische Intelligenz zeigt sich in erster Linie in der D-Betonung, aber immer noch mit *einigen* G (also kein reiner D-Typus, sonst fehlt die Voraussicht, deren auch der Praktiker bedarf). Der Erlebnistypus ist meist extratensiv (die „Gewandtheit"). Und die Originale finden sich meist bei den D- und Dd-Antworten. Hat das Verhältnis M:Md eine gewisse Korrelation zur theoretischen Intelligenz, so hat merkwürdigerweise das Verhältnis T:Td eine ähnliche Korrelation zur praktischen Intelligenz (ZULLIGER, Bero-Buch, S. 72). Nehmen wir noch die bereits früher erwähnte Tendenz der Praktiker zur lateralen Erfassung hinzu (ZULLIGER, a. a. O., S. 105), so kommen wir zu folgendem Syndrom der praktischen Intelligenz:

Erlebnistypus extratensiv
Erfassungstypus G — *D* — (Dd)
T > Td
Orig. D (und Dd)
Tendenz zu mehr lateraler Erfassung.

β) Die technische Begabung ist eine spezifische Variante der praktischen Intelligenz. Sie ist faktisch ein Plus dieser gegenüber, denn es kommen noch die konstruktorische Fähigkeit, eine gewisse logische Stringenz (Sukzession meist ziemlich straff) und im Erfinderischen und Zeichnerischen faktisch gewisse künstlerische Einschläge dazu. Das wichtigste im Rorschach-Bilde der Techniker sind ihre konstruktiv-kombinatorischen G, ihre exakten Dd und ihre scharf und oft perspektivisch erfassten F(Fb) (im weiteren Sinne von RORSCHACH, doch meist auch im engeren Sinne von BINDER). Typisch ist ferner, dass die schöpferischen Fähigkeiten des Technikers sich mehr dem Praktischen zuwenden, er deutet also seine B vorzugsweise als D (siehe unser Beispiel Nr. 6, den Maschinenbauprofessor). Das Syndrom des Technikers sieht also etwa folgendermassen aus[1]:

viele G+ (abstrakte + konstruktiv-kombinatorische)
hohes F+%
ziemlich straffe Sukzession
meist einige scharfe und originell erfasste F(Fb) (sensu RORSCHACH)
 (architektonisch-perspektivisch)
einige B+ (mehr DB als GB)
(häufig „Symmetrie")
relativ hohes Orig.% (mehr originale Motive als Verarbeitung;
etwas reduziertes V%   originelle konstruktive G+)
niedriges T% (30—40%)
mehr T als Td
Erlebnistypus ambiäqual, meist koartationsfähig
wenige, aber scharfe Dd.

γ) Der „Realitätssinn", d. h. die *zuverlässig* funktionierende *Realitätskontrolle*[2], steht in einem gewissen Zusammenhang mit der praktischen Intelligenz,

---
[1] Zusammengestellt nach ZULLIGER, a. a. O., S. 103.
[2] FREUD spricht von Realitätsprüfung, besonders ausführlich in der Abhandlung „Metapsychologische Ergänzung zur Traumlehre", Ges. Werke, Bd. X, S. 422—425.

was man schon daran sehen kann, dass die weniger Realitätsbetonten, die Träumer und Phantasten, im allgemeinen auch als „unpraktisch" bezeichnet werden können. Wir wissen, dass die Weltfremden ein sehr hohes Orig.% und ein geringes V% haben. Aber dies macht es nicht allein. Die normale Realitätskontrolle verlangt ein gewisses Mindestmass von Formschärfe, namentlich bei den G (und eventuell DG). G— und namentlich DG— sind ein ausgesprochenes Zeichen für eine Schwächung des Realitätssinnes (Träumer, Konfabulanten, u. U. Diebe). Natürlich sprechen auch schlechte Originale (namentlich Erfassungsoriginale) gegen eine ungestörte Realitätskontrolle. Das gleiche gilt von der Verleugnung.

In Zweifelsfällen empfiehlt es sich, wie bereits im Abschnitt über Prognostik erwähnt, ein *erweitertes F+%* (ad modum Schafer) zu berechnen unter Einbeziehung der B, FFb, F(Fb) und FHd.

Wir können also hinsichtlich des sogenannten Realitätssinnes folgende Gegenüberstellung machen:

Scharfe, zuverlässige Realitätskontrolle („Realitätssinn")	*Schlechte, unzuverlässige Realitätskontrolle (Träumer, Phantasten, Konfabulanten)*
Gutes F+%	Schlechtes F+%
G überwiegend G+	G überwiegend G—
Wenig oder 0 DG, möglichst DG+	Viele DG, meist DG— (bei Träumern in Verbindung mit introversivem Erlbt.)
Orig.% nicht über 50	Orig.% über 50
Normales oder leicht herabgesetztes V%	Stark herabgesetztes V%
	Kein V zu Tafel 5
Überwiegend, möglichst nur Orig.+	Mehrere od. gar überwiegend Orig.—
Nicht zu viele Erfassungsoriginale	Schlechte oder allzuviele gute Erfassungsoriginale
	Infantile Abstraktionen
Keine Konfabulationen	Konfabulationen und konfabulatorische Kombinationen
Nicht allzu viele Bkl.	Auffallend viele Bkl.
	B—
	konf. F-B
	Verleugneter Dunkelschock
Realitätsindex 5—8	Realitätsindex 0—4

c) *Die künstlerische Begabung* ist in erster Linie durch ihren Reichtum an B gekennzeichnet. Auch die G-Zahl ist in der Regel recht hoch. Vor allem aber erreicht das Orig.% hier im allgemeinen seine höchsten Werte, und das T% ist natürlich entsprechend niedrig. Das intuitiv-künstlerische Denken ist ja besonders beweglich. Der Erlebnistypus ist meist ambiäqual und oft ziemlich dilatiert. Eine ganze Reihe Besonderheiten finden sich fast nur beim künstlerischen Denken. Es sind dies die BFb, BHdF, Bkl., die Kombinationen, Szenen und die EQe-Antworten. Figur-Hintergrund-Verschmelzungen kommen oft in ganzen Ketten bei Künstlerischen vor. Wir können also folgendes Syndrom für künstlerische Phantasiebegabung zusammenstellen (nach Rorschach und Zulliger):

Antwortenzahl über Mittel
viele B+ (G, D und Dd)
oft viele G+
hohes F+%
sehr hohes Orig.% (Motive + Verarbeitung + Erfassung)
relativ geringes V%
niedriges T%
Sukzession gelockert (bisweilen umgekehrt)
Erlebnistypus ziemlich ambiäqual (meist B > Fb)
oft Bkl.
bisweilen BFb
bisweilen BHdF
Szenisches, Märchen- und Mythenmotive im Inhalt
gute kombinatorische G und andere Kombinationen
bisweilen EQe-Antworten
bisweilen Impressionen
oft Figur-Hintergrund-Verschmelzungen (gewöhnlich mehrere)
Deutungslust

Es hat den Anschein, als ob sich noch gewisse *künstlerische Sonderbegabungen* unterscheiden lassen. Während die *bildende Kunstbegabung* (Maler, Bildhauer usw.) neben allen anderen Faktoren auch BFb, BHdF, Bkl., Szenen und (bei Kompositionsbegabung) Kombinationen hat, treten diese Kategorien beim spezifischen *Schauspielertalent* weniger in den Vordergrund. Sie können sogar ganz fehlen, dafür finden sich dann (ausser den Hauptfaktoren) viele Erfassungsoriginale, EQe-Antworten (Beachtung des Gesichtsausdrucks!) und Figur-Hintergrund-Verschmelzungen. (Die schauspielerische Begabung ist faktisch der Realität etwas mehr „entrückt" als die bildnerische, die mit dem Stoff arbeitet.) Die *literarische Begabung* ist hauptsächlich an den guten Verarbeitungsoriginalen und witzigen Formulierungen kenntlich, ausserdem an einer grösseren Zahl von Bkl. und reichlichen M bei meist introversivem Erlebnistypus. Die *Musikbegabung* ist noch wenig untersucht; wahrscheinlich hat auch sie meist einen mehr introversiven Erlebnistypus, doch muss wohl zwischen produktiven und reproduktiven Musikern unterschieden werden. Letztere sind nach RORSCHACH's Ansicht eher extratensiv.

II. Die individuelle qualitative Intelligenzdiagnose

Im Gegensatz zu den Typen baut die individuelle Diagnose der Intelligenzart ganz wie die Diagnose der Intelligenzhemmung auf dem *gegenseitigen Verhältnis der Intelligenzfaktoren* des Protokolles auf, nur kommt es hierbei weniger auf Ausfallserscheinungen an als auf „Forcen". Die jeweils *stärksten Faktoren* zeigen das Schwergewicht der spezifischen Begabung an. Eine Reihe minderer Sonderprobleme seien von diesem Gesichtspunkte aus noch erwähnt.

1. Das *F+%* soll bei Intelligenten *immer* hoch sein. Eine besondere Steigerung bis zum Maximum von 100 ist keinesfalls ein Vorteil, sondern (abgesehen von Depressionen) gern ein Zeichen einer gewissen Trockenheit. Ist es geringer als mindestens 70—80%, so ist dies gewöhnlich ein Hinweis darauf, dass entweder

die *Beobachtungsgabe*, die *Konzentrationsfähigkeit* oder die *Realitätskontrolle* schlecht sind.

2. Die Straffheit der *Sukzession* ist eine Funktion der abstrakten Logik. Bei künstlerischer Begabung ist sie dementsprechend auch mehr gelockert. Haben Wissenschaftler eine gelockerte Sukzession, so rührt dies entweder von einem „künstlerischen Einschlag" her oder von neurotischen Zügen.

3. Die *G* deuten, wenn gut, auf *Übersicht*, *Organisationstalent* (bei mehr extratensivem Erlebnistypus) und Sinn für *theoretische* Zusammenhänge und wissenschaftliche *Systematik* hin. Gleichzeitig darf man aber ihre affektive und willensmässige Komponente nie aus den Augen verlieren (Antriebsstärke, Anspruchsniveau).

Besonders wichtig ist dies für die Beurteilung des *Ehrgeizes*. RORSCHACH unterscheidet Quantitätsehrgeiz und Qualitätsehrgeiz. Der *Quantitätsehrgeizige* will möglichst viel tun, er will seinen *Fleiss* demonstrieren. Seine Antwortenzahl ist hoch, enthält aber, eben weil die G sich nicht beliebig steigern lassen, viele Dd und im übrigen oft Anat.- und Geogr.-Antworten (Schulwissen soll demonstriert werden!). Der *Qualitätsehrgeizige* dagegen will alles möglichst *gut* machen. Auf die Menge kommt es ihm nicht an. Seine Antwortenzahl ist gering und nähert sich bisweilen 10, die dann nach Möglichkeit alle G+ sein sollen. Manchen gelingt das, und einige von diesen guten G sind sogar B+ und auch Orig.+-Antworten.

Aber nicht alle, die einen ausgesprochenen Qualitätsehrgeiz besitzen, sind mit einer natürlichen Begabung ausgerüstet, die es ihnen gestattet, auch *objektiv* das zu leisten, was sie gern möchten. Vielleicht sind sie sogar selbst mit ihren Leistungen zufrieden (das ist beim neurotischen Qualitätsehrgeiz jedoch selten der Fall), in Wirklichkeit aber bleibt die Leistung hinter dem guten Willen zurück. Diese Vp. haben ebenfalls viele G-Antworten, sie sind aber teilweise schlechte Formen (G±) oder sogar überwiegend schlechte Formen (G∓). Der Leistungswille und die theoretische Interessenrichtung ist vorhanden, aber die Begabung fehlt. Solche Menschen haben oft eine unglückliche Liebe zur Wissenschaft, in krassen Fällen könnte man manchmal sogar von „Verhältnisblödsinn" sprechen (EUGEN BLEULER).

Finden sich DG neben einem introversiven Erlebnistypus, dann handelt es sich meist um Träumer. Nur bei sehr guten Formen (DG+), aber auch dann nicht immer, kommt das auch einmal bei konstruktiven Denkern vor. DG— sind natürlich immer ein Manko (siehe „Konfabulationen").

Normalerweise besteht zwischen G, B und Orig. eine positive Korrelation. Wo sie durchbrochen ist, gibt uns das einen Hinweis auf gewisse qualitative (und quantitative) Eigentümlichkeiten der Intelligenz und des Charakters. Der die eigenen Kräfte übersteigende Ehrgeiz war ein solches Beispiel. Denn natürlich haben diese G±-Menschen wenig B+- und Orig.+-Antworten; eher schon kommen Orig.— vor. Aber auch das Umgekehrte kann vorkommen, Protokolle mit relativ vielen B+ und guten Orig., aber nur wenig G. Dies findet man ausser bei gewissen Formen von technischer Begabung (Feinmechanikern, Uhrmachern), die jedoch meist einige konstruktive G haben, bei manchen psychogenen Depressionen, die den B- und Orig.-Faktor nicht berühren, aber eine G-Reduktion herbeiführen. Auch andere Verschiebungen dieser Korrelation sind denkbar.

4. Am *Erfassungstypus* lässt sich, wenn keine Depression vorliegt, meist schon die Art der *Arbeitsbereitschaft* in grossen Zügen mit einem Blick ablesen. Der reine G+-Typus kommt nur bei sehr abstrakten Denkern oder starken Phantasiebegabungen vor, der Typus G—D—(Dd) bei mehr theoretisch, der Typus G—D—(Dd) bei mehr praktisch eingestellten. Kleinarbeiter (Feinmechaniker, Zahntechniker, Uhrmacher, Optiker, Goldschmiede, Buchhalter und dergleichen Berufe) haben meist den Erfassungstypus G—D—Dd. Es sind dies dieselben Menschen, die physiognomisch schon an ihrem habituell auf die Nähe gerichteten Blick kenntlich sind im Gegensatz etwa zu den Seeleuten, Förstern und Fliegern mit ihrem Fernblick. Und schliesslich findet man hin und wieder auch einen Erfassungstypus G—D—Dd, bei dem die D also relativ unterrepräsentiert sind. Dies sind meist Unpraktische, Menschen, die sich bald an Kleinigkeiten klammern, bald gewagte Zusammenhänge konstruieren, aber das Nächstliegende (eben die D) übersehen. Sie sind meist etwas verschroben und nörglerisch. Endlich haben wir bei einem Erfassungstypus G-D-DZw die Problematiker, denen „das Problem wichtiger ist als das Leben und die Mitmenschen". Sie können mitunter „über Leichen schreiten" [1].

5. Beim *T%* lassen sich, wenn es nicht durch höheres Alter, Depression oder eine organische Störung erhöht ist, zwei grosse Gruppen unterscheiden, die *Phantasiebegabten und Künstler*, deren Welt dem Alltäglichen mehr entrückt ist (man beachte das für das Alter relativ niedrige T% bei unseren drei Beispielen von Hochbegabten), mit einem besonders niedrigen T% von zirka 20—35%, und die „gewöhnlichen Sterblichen" mit *praktischen Berufen* und praktischer Lebenseinstellung mit einem mittleren T% von zirka 35—50%.

Gewöhnlich findet sich dementsprechend bei einem niedrigen T% ein hohes Orig.% und umgekehrt. Ein sehr niedriges T% und ein niedriges Orig.% treffen nur selten im gleichen Protokoll zusammen. Hin und wieder kann man dies aber doch sehen, z. B. T = 29%, Orig. = 6%, B = 5 (bei einem jungen Akademiker) oder T = 44%, Orig. = 6%, B = 1 (bei einer fast 60jährigen Oberin). In solchen Fällen handelt es sich um eine grössere geistige Beweglichkeit bei relativ geringer Originalität, eine Art *rezeptiver Beweglichkeit*, m. a. W. um weniger selbstschöpferische, aber gebildete Menschen, die ihren Geist durch die Pflege kultureller Interessen geschmeidig erhalten und vor Stereotypisierung bewahren.

6. Auch das *V%* verrät manchmal eine „persönliche Note". Wegen der Begrenzung der Anzahl der V nach oben ist neben dem V% stets auch die absolute Zahl der V zu berücksichtigen. Diese liegt durchschnittlich bei 5—7; 9—12 und mehr gilt als hohe, 3—4 als niedrige Zahl (ZULLIGER, Bero-Test, S. 223). Fehlen die V ganz, so handelt es sich meist um schizophrenen Autismus oder eine andere schwere Kontaktstörung. Eine geringe Anzahl V haben Unpraktische und Weltfremde. Sehr hohe V-Zahlen kommen bei zwei ganz verschiedenen Gruppen von Menschen vor. Viele V bei hohem T% und niedrigem Orig.% deuten einfach auf *Banalität*. Dies sind die sogenannten Langweiligen. Viele V (mit einem V% von oftmals 40 und darüber) bei niedrigem T% und hohem Orig.% (oder bei gleichzeitiger Depression bisweilen hohem T%, aber hohem Orig.%) finden sich häufig

---

[1] HANS ZULLIGER, Der Zulliger-Tafeln-Test, 2. Aufl., Bern, 1962, S. 70.

bei Leuten, die im öffentlichen Leben eine Rolle spielen, bei Politikern, höheren Beamten, Journalisten, Frauenrechtsvorkämpfern, Vereinsmenschen usw. Diese Menschen müssen, um zu ihren Positionen zu gelangen und sich in ihnen halten zu können, neben einem gewissen Mass eigener Ideen vor allem auch die Gabe besitzen, die Interessen und Standpunkte des „gemeinen Mannes" verstehen und würdigen zu können. Diese Gabe, sich trotz seiner eigenen Gedankenwelt auch mit dem „Volke" identifizieren zu können, macht eben das *„politische Talent"* aus. Hohe Durchschnittswerte allgemein-üblicher Antworten wurden denn auch, wie GUILFORD mitteilt[1], bei einer Wortassoziationsprobe bei Geschäftsleuten, Beamten, Lehrern und Politikern gefunden.

7. Die *Originalantworten* sind eine wahre Fundgrube für den Deuter. Auf die Komplexantworten soll an dieser Stelle noch nicht eingegangen werden. Aber schon die blosse *Verteilung der Orig. auf die verschiedenen Erfassungsmodi* gibt mancherlei Aufschlüsse. Orig.+ als abstrakte G finden sich bei schöpferischen Theoretikern und Wissenschaftlern, Orig.+ als konstruktive G bei mathematischer, technischer und künstlerischer Begabung (Ingenieuren, Architekten), Orig.+ als D bei erfinderischen Praktikern, Orig.+ als Dd bei Kleinarbeitern mit originellen Einfällen. Sind die DZw zugleich Orig.+, so handelt es sich entweder um Menschen, die in der Fremdkritik und Polemik (bei extratensivem Erlbt.) oder in der Selbstkritik (bei introversivem Erlbt.) Originelles leisten können (ZULLIGER, Bero-Buch, S. 75 und 108/109).

Gute G-Originalantworten sind im allgemeinen ziemlich selten. Ein paar Beispiele mögen daher an dieser Stelle Erwähnung finden[2]. Tafel I (c-Stellung): „Zuckerdose aus altem Silber", Tafel II (c-Stellung): „Ein durchschnittener Ziegelschornstein, aus dem Rauch und Feuer herauskommen", Tafel IV: „Klavierspieler", Tafel V: „Esel vor einem mit Südfrüchten beladenen italienischen Fruchtkarren, von hinten gesehen", Tafel V (c-Stellung): „Mädchen auf einem Rettungsring auf hoher See schwimmend" (seitl. Ausl. = Arme und Beine, Buckel am sonst oberen Flügelrand = Brüste), oder: „Zwei schlafende Wichtelmännchen in einer Hängematte", Tafel VI: „Sperling, der eine Pfütze verlässt, in der er soeben ein Bad genommen hat und einen Streifen hinter sich zieht", Tafel VII (c-Stellung): „Rokoko-Sessel mit geschweifter Armlehne" oder: „Steg eines Kontrabasses", Tafel VIII: „Theaterboot mit Zeltdach und seitlich herabhängenden Reklamefahnen", Tafel IX (c-Stellung): „Eine pompöse Matrone betritt in festlicher Aufmachung den Ballsaal" (im Original: Zitat des schwedischen Dichters GUSTAV FRÖDING; „Fru Uggla seglar in"), Tafel X: „Anlässlich eines Festes bengalisch beleuchtete Turmspitze (Rot + Grau) und darum herum die zerplatzenden Raketen des Festfeuerwerks". — Solche Antworten lassen stets auf eine hervorragende theoretische oder künstlerische Begabung schliessen, ohne dass man aus ihnen *allein* etwas darüber aussagen könnte, was diese Menschen aus ihrer Begabung gemacht haben. Diese Beispiele stammen z. B. von einer Psychologiestudentin, die sich seitdem sehr gut entwickelt hat und Tüchtiges leistet; der sehr begabten Tochter eines berühmten Bildhauers, die aber selbst nicht wagt, ihr Talent zu entfalten; der hochbegabten,

---

[1] J. P. GUILFORD, Persönlichkeit, Weinheim, 1965, S. 380.
[2] Das Beispiel zu Tafel IV stammt aus ROLAND KUHN, Über Maskendeutungen im Rorschach'schen Versuch, Basel, 1944, S. 117, alle anderen Beispiele aus eigenem Material.

aber weltfremd-idealistischen Tochter eines Ministers; einem Musiker; einem künstlerisch interessierten Universitätsprofessor und einem Polizeibeamten in untergeordneter Stellung, der aus einer künstlerisch begabten Familie stammt, sich aber infolge einer depressiven Produktionshemmung zu einem Tagträumer entwickelt hat.

Natürlich lässt sich auch aus dem *Inhalt* der Originalantworten einiges über die Interessenrichtung der Vp. ablesen. Die *Streuung* des Inhalts geht mit der Vielseitigkeit der Interessen parallel. Viele Fach-Originale deuten auf Fachsimpelei und ein allzu grosses Orig.% (gleichgültig ob Fach- oder andere Originale) auf Weltfremdheit.

8. Auch bei den *B* haben wir wieder dieselben zwei Gruppen wie beim T%, nur diesmal umgekehrt: Die *wenigen* B finden sich bei den *praktischen Realisten*, den *reproduktiven* Intelligenzen, während die selbstschöpferischen *Theoretiker und Künstler*, die *produktiven* Geister, die *vielen* B haben.

Natürlich ist es auch nicht gleichgültig, mit welchem Erlebnistypus sich die wenigen oder vielen B vergesellschaftet finden. So lassen z. B. die vielen B des stark Introversiven auf eine innere Produktivität schliessen, die sich nicht immer in Handlungen niederschlägt, die sozial unfruchtbar bleibt, während die B des Ambiäqualen oder gar Extratensiven in soziale Tätigkeit umgesetzt werden können.

Schliesslich bekommen die B einen verschiedenen Charakter, je nach dem Gesamtsyndrom, in dem sie vorkommen. Die B des Theoretikers und Wissenschaftlers sind Exponent seines Ideenreichtums und seiner wissenschaftlichen Produktivität, die B des Technikers Ausfluss seines Erfindungsreichtums, und die B des Künstlers stehen für seine schöpferische Eigengesetzlichkeit. Je mehr B ein Künstler hat, desto weniger wird er sich von anderen Strömungen und Moderichtungen beeinflussen lassen, desto mehr wird er geneigt sein, seine eigenen Wege zu gehen und selbst „Schule" zu machen.

Vielleicht sollte hier noch ein Wort über die Menschen gesagt werden, die *keine B* deuten, sei es nun infolge einer organischen Schädigung oder aus irgendeinem anderen Grunde (Depression, neurotische Produktionshemmung usw.). Man kann sie wohl nicht besser charakterisieren, als Piotrowski es getan hat: „People without M are intellectually dependent on others and their ability to appreciate cultural and human values is extremely limited. Their motivation is limited chiefly to gratification of the basic needs for food, shelter, and security."[1]

---

[1] Zygmunt A. Piotrowski, Perceptanalysis, New York, 1957, S. 146.

Kapitel 9

Die Affektivität

I. Die Arten der Affektivität

1. *Die Farben.* Die Affektivität wird in erster Linie nach den Farbantworten beurteilt. Wie wir schon gesehen haben, repräsentieren die FFb die *anpassungsfähige* Affektivität, während die beiden anderen Kategorien, die FbF und die reinen Fb (oft gemeinsam kurz als „labile Farbwerte" bezeichnet) die *egozentrische* Affektivität vertreten.

a) Die *FFb* sind also Ausdruck von Gefühlen, die eine *Objektbindung* voraussetzen, sie sind, wie Rorschach es nennt, die Repräsentanten der affektiven *Rapportfähigkeit*, des freundlichen, positiven Entgegenkommens, das die Grundlage des Gefühls*kontaktes* bildet. Die FFb sind also Vertreter einer Affektivität, die nicht nur, wie jede Affektivität, der Aussenwelt zugewandt ist, sondern auch *auf die Aussenwelt Rücksicht* nimmt[1]. Diese Anpassungsleistung ist teilweise das Ergebnis einer *Objektbindung* libidinöser Energien, teilweise aber auch einer bewussten *Verstandeskontrolle*. So kommen die FFb zu ihrem oben (Kapitel 4) bereits erwähnten Doppelsymptomwert (Anpassung und Verstandeskontrolle).

Wird die Verstandeskontrolle noch versucht (infolge gelungener Objektbindung), aber wirkt sie sich nicht mehr effektiv aus (infolge mangelnder oder gehemmter Intelligenz), dann bekommen wir die FFb—. Rorschach gebraucht (S. 33) den Vergleich: Der Affektlabile schenkt uns, was *ihm* gefällt, der affektiv Angepasste schenkt uns, was *uns* gefällt. Man könnte diesen Vergleich noch weiterführen und sagen: Einem intellektuell wenig begabten Mädchen könnte es einfallen, ihrem Bräutigam einen Schlips in einer Farbe zu schenken, die ihr gefällt, aber nicht ihm, *nicht weil* die Farbe ihr gefällt, sondern weil sie glaubt, wenn die Farbe *ihr* gefalle, müsse sie wohl auch ihrem Verlobten gefallen. Sie *weiss* einfach nicht, dass der Geschmack verschieden ist und wollte den Mann nicht fragen, um ihn zu überraschen. Gefühlsmässig ist sie angepasst, sie *möchte* gern etwas schenken, was dem Verlobten Freude macht, sie *weiss* nur nicht, wie man das anstellt. Dies wäre der Fall der FFb—.

Infolge ihres Objektbindungs-Charakters kommt den FFb (auf dem Wege über die darin enthaltene Identifikation) aber noch ein dritter Symptomwert zu: Sie bedeuten *Einfühlungsfähigkeit*. Jedenfalls gehört zu einer nennenswerten Einfühlungsfähigkeit das Überwiegen der FFb über die beiden anderen Farbenkategorien (Farbenlinkstypus); daneben müssen aber auch B vorhanden sein, und eine weitere Voraussetzung ist, dass die Erlebnistypen des Einfühlenden und des Objektes, in das er sich einfühlen will, nicht allzu verschieden sind. Neben den FFb sind auch die F(Fb) (sensu Binder) und die Impressionen Zeichen von Einfühlungsfähigkeit.

Es ist schliesslich nicht ganz gleichgültig, bei welchen *Farben* die FFb vor-

---

[1] Die FFb werden wie auch die meisten FbF als Oberflächenfarben erlebt, also als *Dingeigenschaften*. Nur ist bei den FbF die Verstandeskontrolle zu gering, die affektive Strebung ist stärker. Auf Objekte *gerichtet* sind beide Kategorien, aber nur bei den FFb ist die Anpassung an das Objekt tatsächlich *gelungen*.

kommen. Man wird von Menschen, die vorzugsweise „warme" Farben (Rot, Orange, Gelb) als FFb deuten, ein grösseres affektives Entgegenkommen, eine grössere *Aufgeschlossenheit* erwarten dürfen, als bei jenen gedämpften, vornehm reservierten Naturen, die auf kultivierte Formen und Abstand halten und vorzugsweise das „kühle" Grau, Blau und Grün deuten.

b) Die *FbF* stehen für eine Affektivität, die zwar noch Anpassung wünscht und sucht, der die Anpassung aber faktisch *nicht* mehr *gelingt*. Dies ist die *labile* Affektivität, die unruhigen Schwankungen unterworfen ist, ohne Mass und tieferes Eindringen in die Situation übers Ziel hinausschiesst und heute so und morgen anders reagiert. Diese *Launenhaftigkeit* und *triebhafte Unruhe* kommt (wie bereits in Kapitel 4 erwähnt), daher, dass die Affektenergien, welche in diesen Antworten zum Ausdruck kommen, sich auf der „Reizsuche" (BRUN) befinden, m. a. W., dass es sich hier um eine Affektivität handelt, die entweder *noch* objektlos ist (primäre Reizsuche) oder die *wieder* objektlos geworden ist (sekundäre Reizsuche).

Es ist aber nicht ohne Bedeutung, dass diese Art der Affektivität sich ständig auf der *Suche* nach einem Objekt befindet. Dieses ständige Suchen macht nicht nur die Unruhe und die Labilität, sondern sie macht ihren Träger auch leichter zugänglich für affektive Einwirkungen *anderer* Menschen, m. a. W. sie macht empfänglich für Suggestionen. Daher kommt es, dass die FbF zugleich ein Gradmesser der *Suggestibilität* sind. Die bekannte Suggestibilität der Hysteriker beruht ja unter anderem gerade darauf, dass ihnen eine stabile Objektbindung nicht gelungen ist. Je schwieriger die Möglichkeit zu *echter* affektiver Objektbindung, desto stärker ist die Bereitschaft zu *Ersatzbindungen* aller Art und daher also auch für suggestive Einflüsse.

Die Suggestibilität kann nun nach *Stärke*, *Intensität* und *Richtung* verschieden sein. *Starke* Suggestibilität hat viele FbF, *schwache* wenige; eine *intensive*, d. h. schwer erreichbare, aber dauerhafte Suggestibilität hat neben den FbF viele B, eine *extensive*, d. h. leicht erreichbare, aber wenig dauerhafte Suggestibilität hat 0 oder nur wenige B neben den FbF. Die *positive* Suggestibilität hat FbF ohne DZw, die *negative* Suggestibilität ist um so grösser, je mehr sich die Zahl der DZw der der FbF nähert oder diese gar überschreitet.

c) Die *reinen Fb* schliesslich sind Ausdruck der *impulsiven* Affektivität, der *Affektentladung Selbstzweck* ist und die nach affektiver Bindung und Anpassung an die Umgebung gar nicht mehr strebt. Die Vp. muss sich nur „Luft schaffen".

Die Impulsivität kann in *zwei Formen* vorkommen, bei gleichzeitig 0 oder wenigen B in *häufigen*, fast kontinuierlichen, aber *schwachen* Entladungen, die man mit dem Knattern eines Maschinengewehrs vergleichen könnte, und neben vielen B in *selteneren*, aber schweren und *explosiven* Entladungen nach Art einer Bombenexplosion. Menschen mit mehreren reinen Fb und vielen B sind deshalb latent gefährlich, sie „sammeln" Explosionsenergie, und wenn eventuell andere Hemmungen wegfallen, kann ganz plötzlich und unerwartet die aufgestaute Affektenergie zur Entladung kommen. Die Gefährlichkeit ist um so grösser, wenn neben den Fb und B sich auch noch DZw vorfinden (namentlich bei extratensivem Erlebnistypus).

d) Das *innere Verhältnis der Farbwerte* untereinander, also das, was K. W. BASH den *Farbtypus* nennt, gibt uns einen Einblick in die *Struktur der Affektivität selbst*, also das, was an Affektivität im Menschen „*darinsteckt*", im Gegensatz zum

Affektausdruck. Dies ist wichtig, namentlich in Fällen, wo der Affektausdruck neurotisch gehemmt ist und der Pt. sich einer psychotherapeutischen Behandlung unterziehen soll. Man weiss dann, was man im Laufe der Behandlung erwarten kann, wenn die Fassade erst einmal aufgegeben wird. Natürlich ist die Affektstruktur nichts Definitives, und sie kann sich unter dem Einfluss der Behandlung (wie des Lebens überhaupt) ebenfalls wandeln.

Überwiegen die FFb die (FbF + Fb), also bei *Links-Farbtypus*, so ist die Affektivität in sich selbst *stabilisiert* und *ausgeglichen*. Beim *Mitteltyp*, wo die FFb weniger hervortreten, die FbF schon stärker vertreten sind und vielleicht auch schon reine Fb vorkommen, haben wir die *lebhafte*, aber noch überwiegend angepasste, bei etwas stärkerer Rechtsverschiebung die *labile, reizbar-empfindliche*, ungenügend angepasste Affektivität, und beim *Rechtstyp* schliesslich die *labil-impulsive*, nicht mehr angepasste Affektivität.

Zu beachten ist, dass eine geringe Rechtsverschiebung des Farbtypus, also ein etwas stärkeres Hervortreten der FbF gegenüber den FFb beim *weiblichen* Geschlecht noch als „normal" anzusehen ist [1].

e) Die *Verteilung der Farbantworten:* Es ist nicht gleichgültig, *wo* im Verlauf des Protokolls die Farbantworten auftreten. Namentlich *zwei Extreme* sind hier von Interesse, für die PIOTROWSKI[2] eine ausgezeichnete Regel angibt: Personen, die erst gegen Ende des Versuchs Farbantworten geben, müssen Fremden gegenüber oder in neuen Situationen mit ihren Bekannten erst „angewärmt" werden, ehe sie mit ihnen in affektiven Rapport treten. Kommen die Farbantworten aber schon bei Tafel II und III vor, fehlen dann aber bei den letzten Tafeln, dann handelt es sich um Personen, die zwar sehr schnell einen affektiven Rapport herstellen können, aber keine gefühlsmässige Ausdauer besitzen. Sie verlieren bald das gefühlsmässige Interesse an ihren Bekanntschaften. — Die Deutung aller übrigen Variationen der Farbverteilung ergibt sich aus Art und Inhalt der Farbdeutungen, aus der Schockverteilung und ähnlichen Überlegungen.

f) PIOTROWSKI unterscheidet übrigens bei den Farbantworten nach dem Inhalt *positive* und *negative* Gefühle (Liebe und Hass), je nachdem, ob sie mehr etwas ausdrücken, was mit Wachstum, Gesundheit und Lebensdrang zu tun hat, oder etwas, was mehr auf der Linie von Verfall, Krankheit und Lebenseinschränkung liegt[3].

2. *Die Hilfstruppen der Farben* sind die *Schattierungsdeutungen*, die „echten" F(Fb) (im Sinne von BINDER). (Die Hd-Deutungen gehören unter die Hemmungen.)

Kommen Schattierungsdeutungen (und dann meist auch FHd und eventuell HdF) *ohne* Farbantworten vor, sind sie ein Zeichen von „*Ersatzkontakt*", d. h. die betreffende Person versucht, mit einer etwas kühl-intellektualisierten, vorsichtig-zurückhaltenden, *mittelbaren* Anpassung, einer eingelernten Haltung, ihren Mangel an unmittelbarer Anpassung zu ersetzen.

Etwas anderes ist es, wenn sich F(Fb)+ *neben* richtigen FFb+ finden. Dies ist ein Zeichen einer *besonders guten Einfühlungsfähigkeit*, die auch über feinere Nuancen verfügt. Die F(Fb)+ sind dann sozusagen die Schlagsahne auf dem

---
[1] HANS ZULLIGER, Der Zulliger-Tafeln-Test, 2. Aufl., 1962, S. 42 und 43; vgl. RORSCHACH, S. 32.
[2] ZYGMUNT A. PIOTROWSKI, Perceptanalysis, New York, 1957, S. 319.
[3] ZYGMUNT A. PIOTROWSKI, Mutual Dependency of Theory and Technique in Projective Personality Tests, in: Rorschachiana IX, Bern, Stuttgart, Vienna, 1970, S. 27.

Kuchen der FFb+, und solche Menschen kann man geradezu als *feinfühlig* bezeichnen. Nehmen die F(Fb)+ überhand neben einer nur geringeren Anzahl FFb+, so nähert sich die Affektivität der mimosenhaften *Empfindsamkeit* (bei gleichzeitig mehreren Impressionen eventuell *Überempfindlichkeit*). Natürlich ist hierbei auch immer der Erlebnistypus zu beachten. Bei introversivem Erlebnistyp wird die Empfindsamkeit ausgeprägter sein.

Wieder einen ganz anderen Sinn haben die F(Fb)+, wenn sie neben FbF und Fb, aber ohne FFb auftreten. Schon RORSCHACH, der ja das ganze Gebiet der Helldunkel-, Schattierungs- und Schwarz-Weissdeutungen noch nicht weiter aufgeteilt hatte, vermutete in solchen Fällen „einen bewussten Kampf gegen die eigenen Affekte", also eine Spaltungserscheinung. Nimmt man nun aber die empfindsamen Schattierungsdeutungen für sich und sieht sie neben den labilen und impulsiven Farbantworten, aber *ohne* die FFb, so ergibt sich die typische *schizoide Empfindlichkeit*, die sich oft hinter der kontaktlosen Fassade im Inneren des Schizoiden verbirgt. (Näheres in Kapitel 12 unter Schizoidie.)

II. Die Stabilisierung der Affektivität

Die Gesamtheit der bisher beschriebenen Affektfaktoren, die *innere* Affektivität, wird nun durch eine Reihe anderer Testfaktoren modifiziert, d. h. in ihrem Ausdruck *nach aussen* mehr oder weniger *stabilisiert*. Das Resultat ist dann der *Affektausdruck* der betreffenden Person in seiner Gesamtheit. Diese Stabilisierung nach aussen kann *auf zweierlei Weise* erfolgen, durch die (physiologischen) Bremsungs- und durch die (pathologischen) Hemmungsmechanismen.

1. *Die Bremsung der Affektivität* ist ihre *normale Beherrschung*. Im Sprachgebrauch (auch in Fachbüchern) wird auch *diese* Form der Affektstabilisierung oft als Hemmung bezeichnet. (Man spricht dann gern von „normalen Hemmungen".) Auch die Psychoanalyse versteht unter Hemmung nur die Funktionseinschränkung an sich, die durchaus nicht immer ein pathologisches Symptom zu sein braucht. Da diese Doppeldeutigkeit des Wortes Hemmung, das ja ursprünglich nur ganz neutral eine Zurückhaltung einer dynamischen Kraft bedeutete, in der letzten Zeit in der öffentlichen Diskussion, namentlich pädagogischer und mentalhygienischer Fragen, ziemlich viel Verwirrung gestiftet hat, ziehen wir es vor, anstatt der normalen Hemmung den Ausdruck „Bremsung" zu benutzen.

Die Bremsung der Affektivität ist nun im Rorschach an drei Faktoren sichtbar, den B, dem F+% und den G+. Sind viele Farbantworten vorhanden, aber nur wenige B, ein nicht ganz befriedigendes F+% (vielleicht zwischen 60 und 70) und teilweise schlechte G, dann werden wir die Bremsung als unzureichend bezeichnen müssen. Sobald aber für die Farbantworten „volle Deckung" in den B vorhanden ist (also bei mindestens ambiäqualem oder gar introversivem Erlebnistypus), wird bei einigermassen gutem F+% hinreichende Bremsung anzunehmen sein, ohne Rücksicht auf die Zahl der G (die solchenfalls zumeist überwiegend G+ sind).

Die bremsende Wirkung der B gegenüber den Farbantworten beruht auf der Gegenwirkung der intrapsychischen Arbeit gegenüber den extratensiven Tendenzen des Affektausdrucks. Der Nachdenkliche, innerlich Differenzierte „bullert" eben nicht gleich los, sondern sein Affektleben geht mehr in die Tiefe, und der Affektausdruck wird dadurch zwar nicht aufgehoben, aber „tonisiert" d. h. in mehr beherrschter Form vorgebracht.

F+% und G+ sind Bremsfaktoren wegen ihrer Beziehung zur Intelligenz, wobei die G+ die Übersicht über eine Gesamtsituation repräsentieren (wie sie z. B. mit dem PORTEUS-Test gemessen wird). Als Willensfaktor (Ehrgeiz, Anspruchsniveau) sind die G+, wie PIOTROWSKI[1] richtig bemerkt, eher ein Maßstab für das *Bedürfnis* nach Selbstkontrolle: Der Ehrgeizige muss vorsichtig sein, wenn er sich seine Chancen nicht verderben will.

Die tonisierende Stabilisierung der Bremsfaktoren gilt aber nur von dem Affekt*ausdruck*. Was dahinter steckt, bleibt von der Stabilisierung unberührt. RORSCHACH selbst sagt (S. 33), die B tonisierten die Affektivität der Versuchsperson, „sei diese nun normal oder neurotisch oder psychotisch". M. a. W. die labile Affektivität *bleibt* labil, die impulsive *bleibt* impulsiv, auch wenn sie nach aussen von den Bremsfaktoren Innerlichkeit (B), Verstand (F+%) und Überblicken der Situation (G+) verborgen wird.

2. *Die Hemmung der Affektivität* ist in sich selbst eine pathologische Erscheinung. Ist die Bremsung einer vielleicht neurotisch-labilen Affektivität eine normale Sozialisierung und Humanisierung des inneren Dämons, die den Menschen zivilisiert, ihn „salonfähig" macht, so ist die Hemmung im wesentlichen ein Angstvermeidungsmechanismus. KAREN HORNEY definiert: „Eine Hemmung besteht in der Unfähigkeit, gewisse Dinge zu tun, zu fühlen oder zu denken, und ihre Funktion ist, die Angst zu vermeiden, die entstehen würde, wenn man versucht wäre, diese Dinge zu tun, zu denken oder zu fühlen[2]." Die Hemmung zeigt sich im wesentlichen ebenfalls in drei verschiedenen Faktoren, die aber unter sich weit verschieden sind: durch die Hd-Deutungen, durch die DZw und durch die Schockphänomene.

Die *Hd-Deutungen* wirken als ein *Dämpfer* auf die Affektäusserungen (ZULLIGER, Bero-Test, S. 181, 186). Sie sind, wie GUIRDHAM richtig erkannt hat[3], mehr der Ausdruck einer neurotischen *Angst* als einer psychotischen Depression. Und Angst ist eine sehr wirksame Hemmung überschwenglicher Affektausbrüche. (Über Angstsymptome siehe im übrigen Kapitel 11, B.) Finden sich neben mehreren Hd-Deutungen noch FFb, so ist weniger mit einer echten affektiven Anpassung zu rechnen als mit einem „Betteln um Liebe", einer oral-sadistischen „Tendenz, sich am Partner festzusaugen"[4].

Schwerer zu verstehen ist die hemmende Wirkung der *DZw*. Wir wissen ja, dass die DZw mit den Farbantworten zusammen sogar ein Ausdruck des neurotischen Trotzes, der offenen Opposition nach aussen, sind. Und doch sind die DZw zugleich auch die *Gegenspieler* der Farbantworten. Dies gilt nicht nur, wie wir bereits gesehen haben, von der Suggestibilität (den FbF), sondern es gilt von *allen* Farbantworten. Diese sind ja ein Ausdruck *libidinöser* Affekte, also letzten Endes eines Strebens „hin zur Welt", auch da, wo es diesem Streben nicht gelingt, eine Anpassung und Bindung an das Objekt zu vollziehen. Demgegenüber repräsentieren die DZw den „Geist, der stets verneint", das negativistische Zer-

---

[1] ZYGMUNT A. PIOTROWSKI, Perceptanalysis, New York, 1957, S. 397.
[2] KAREN HORNEY, The neurotic Personality of Our Time, S. 37 der schwedischen Ausgabe.
[3] ARTHUR GUIRDHAM, The Diagnosis of Depression by the Rorschach-Test. The British Journal of Medical Psychology, Bd. 16, 1937, S. 143.
[4] FRITZ SALOMON, Ich-Diagnostik im Zulliger-Test, Bern, 1962, S. 73.

störungsprinzip, die *Aggressivität*. Beide Kräfte, die libidinösen und die aggressiven Triebe, richten sich nach aussen, aber ihr Gegensatz spiegelt den *Kampf wider zwischen Liebe und Hass*, den „Streit der Giganten", den „unsere Kinderfrauen", wie Freud sich ausdrückt, „mit dem ‚Eiapopeia' vom Himmel" beschwichtigen wollen[1]! Die DZw dämpfen also keineswegs die Affektausbrüche, aber sie färben und legieren sie mit Aggressivität, sie hemmen das Positive, letzten Endes dem sozialen Aufbau Dienende der libidinösen Affektivität und biegen es um in sadistische Aggression, in Verneinung, Negativismus und *Ablehnung der Aussenwelt*, nicht in Form eines Sichzurückziehens (wie bei den B), sondern in Form eines *Kampfes*. Wo FbF und Fb sich *ohne* DZw finden, was relativ selten vorkommt, sind sie nach Rorschach der Ausdruck eines opportunistischen Sichgehenlassens, eines Sichhingebens an die Welt, an die eigenen Affekte und Einfälle, m. a. W. einer ungezügelten Launenhaftigkeit[2]. Treten die DZw hinzu, so nehmen sie den Affekten das Weiche, Passive, Formlose und geben ihnen einen gewissen Halt, aber den *negativen Halt der Kampfnatur*. So sagt auch Tramer: „Die Aggressivität z. B. erhöht den Halt, die Timidität vermindert ihn[3]." Die DZw sind also ein *Gegenfaktor der Haltlosigkeit*, eine Versteifung im Trotz, eine Hemmung zwar nicht des Affektausdrucks als solchem, aber eine *Hemmung seiner passiven Wehrlosigkeit* den äusseren Eindrücken gegenüber. Die Prognose pathologischer Zustände mit vielen labilen Farbwerten *und* vielen DZw ist immer noch günstiger als die der Haltlosigkeit, weil die DZw eine Lebenskraft verraten, die bei richtiger Kanalisierung in *positive* Aggression (Sozialisierung der Aggression) viel Nützliches leisten kann.

Ganz anders wieder wirken der Farben- und der Dunkelschock. Der *Farbenschock* ist die neurotische Affekthemmung infolge von *Verdrängung*. Die Affekte werden als solche entweder nicht mehr bewusst oder sie werden (Farbenschock mit FbF zusammen) zum *ambivalenten* Schwanken zwischen Liebe und Abneigung. Der Farbenschock kann also entweder die Affekte unterdrücken (siehe den nächsten Abschnitt) oder sie zur *Hassliebe* legieren. Im letzten Falle hat er also eine ähnliche Wirkung wie die DZw, mit denen er ja auch oft zusammen vorkommt. Die Hemmung wird aber auch hier oft noch sichtbar in der verlängerten Zeit und dem hohen F+% bei gleichzeitigem extratensivem Erlebnistypus, vermehrten DZw und HdF[4].

Dem *Dunkelschock* dagegen kommt eine ähnliche Wirkung zu wie den Hd-Deutungen. Auch er ist ein *Angstsymptom* und wirkt als solches dämpfend auf den Affektausdruck.

Zum Schlusse muss noch erwähnt werden, dass eine neurotische Hemmung sich auch in einer völligen oder teilweisen Unterdrückung der B- und Fb-Impulse auswirken kann. Diese *B- und Fb-Verdrängung* oder B- und Fb-Reduktion ist daran kenntlich, dass bei sonst kinästhetischer Veranlagung die B an bestimmten Stellen ausfallen (siehe oben unter „choc kinestétique"), oder dass die Farbantworten spärlich oder gar nicht fliessen (z. B. bei Versagern zu den Farbtafeln), ohne dass Zeichen einer Depression vorhanden sind. Die B-Reduktion ist Aus-

---

[1] Sigmund Freud, Das Unbehagen in der Kultur, Wien, 1930, S. 98.
[2] Nach einer Mitteilung von Ernst Schneider in der Zeitschr. f. Neur., Bd. 159, 1937, S 7.
[3] M. Tramer, Lehrbuch der allgemeinen Kinderpsychiatrie, 2. Aufl., Basel, 1945, S. 252.
[4] Arthur Guirdham, On the Value of the Rorschach-Test. The Journal of Mental Science, Bd. 81, 1935, S. 856/857.

druck einer neurotischen „Panzerung", einer muskulären Verkrampfung und Versteifung durch Angstabwehr, die Fb-Reduktion Ausdruck einer besonders intensiven Affektverdrängung. Beide Mechanismen sind bei Zwangsneurosen und besonders bei den trockenen Zwangscharakteren nichts Ungewöhnliches.

III. Protokolle ohne Farbantworten

Diese sind aber nicht ohne weiteres Zeichen einer neurotischen Affekthemmung. Das Fehlen der Farben kann vielmehr verschiedene Ursachen haben:

1. Es kann eine *psychotische Affektverödung* vorliegen, eine schizophrene Abstumpfung, bei der die Affekte einfach nicht mehr da sind. Dann nähert sich der Zustand des Pt. dem blossen Vegetieren.

2. Es kann sich um den *Stumpfsinn torpider Schwachsinniger* handeln, deren Affektleben ebenso schwach und oberflächlich sein *kann* wie ihr Intellekt. (Es gibt aber auch das Gegenteil, die erethischen und emotionell labilen Oligophrenen.)

3. In weitaus den meisten Fällen ist aber das völlige Fehlen der Farbantworten Zeichen einer *Hemmung* der Affektivität, und zwar entweder:

a) einer *depressiven Hemmung* bei gleichzeitigen Zeichen von Depression, oder

b) einer *neurotischen Hemmung*. Eine Abart von dieser sind dann die soeben erwähnten Charakterneurosen mit koartativem oder völlig koartiertem Erlebnistypus.

IV. Der soziale Kontakt

Es ist nur natürlich, den sozialen Kontakt im Kapitel über die Affektivität zu behandeln. Denn die *Kontaktfähigkeit* eines Menschen ist *in erster Linie* eine Funktion seiner *Affektivität*, und sie wird nur in geringerem Masse auch von anderen Faktoren mit beeinflusst. Die sogenannte „soziale Intelligenz" von Thorndike ist wohl nur zum Teil ein wirklicher Intelligenztypus, zum überwiegenden Teil ist sie sicher das Resultat einer bestimmten Affekthaltung, unterstützt durch intellektuelle Faktoren wie Realitätssinn und intellektueller Kontakt.

Sechs Faktoren kennzeichnen den sozialen Kontakt: die V und das V%, die FFb, die D, die M und Md, der Erlebnistypus und die Art der B-Antworten.

1. Die *V und das V%* sind die Indikatoren der *intellektuellen Anpassung*. Dies lässt sich, wie Beck[1] sehr schön gezeigt hat, bei *allen* Typen verfolgen. Bei höherer Geistigkeit sind sie der Gradmesser des intellektuellen Rapports zur Welt, bei Schwachsinn der Soziabilität, bei Depression der Schwere der Depression (*umgekehrt* proportional), bei Manie der Egozentrizität des intellektuellen Urteils (*umgekehrt* proportional), bei Schizophrenie des Umfangs des intellektuellen Rapports zur Umwelt, bei den Neurosen der Schwere der Krankheit (*umgekehrt* proportional) und bei schwierigen Kindern der Lenkbarkeit.

2. Die *FFb* kennen wir als die Vertreter des *affektiven Kontakts*.

3. Die *D* gehören als Repräsentanten des Realitätssinns insofern mit zum sozialen Kontakt, als dieser ein gewisses Mindestmass an Wirklichkeitszugewandtheit voraussetzt. Sozialarbeiter, die mit der Wirklichkeit auf Kriegsfuss stehen, werden wenig nützen.

---

[1] Samuel J. Beck, Introduction to the Rorschach Method; a manual of personality study, zitiert nach R. Hertz, The „Popular" Response Factor in the Rorschach Scoring. The Journal of Psychology, Bd. 6, 1938, S. 27/28.

4. Die *M und Md*-Antworten zeigen den Grad der Verbundenheit mit der menschlichen Umwelt. Wo sie fehlen, ist entweder der menschliche Kontakt neurotisch gestört (wie bei Kindern, die beim Weltbildtest von MARGARET LOWENFELD die Menschen in der Spielzeugschachtel unberührt liegen lassen), oder es liegt sogar Narzissmus vor. Viele M und Md sind, bei Farbenlinkstypus, ein Zeichen von menschlichem Mitgefühl und Fähigkeit zur Identifikation; bei Vorwiegen der FbF dagegen deuten sie auf eine starke (bewusste oder unbewusste) Mutterbindung (ZULLIGER, Tafeln-Z-Test, S. 66 und 179). Ist ein hohes M% (M+Md) von einer erhöhten Anzahl DZw begleitet, so fühlt sich der Betreffende von seinen Mitmenschen enttäuscht. Bei Frauen ist dies meist mit einer Ablehnung der Frauenrolle, mit einem Steckenbleiben in der kindlichen Bisexualität verbunden[1].

Nach KADINSKY korreliert ein niedriges M% mit einem extratensiven, ein mittleres mit einem ambiäqualen, ein höheres mit einem introversiven und ein sehr hohes M% mit einem koartierten Erlebnistypus. Seiner Ansicht nach zeigt das M% das Interesse am spezifisch Menschlichen, dem Geistig-Seelischen. Ein überhohes M% soll für „Schuldgefühle und seelische Unfreiheit" sprechen[2].

Herabgesetzte M und Md gehen oft mit *Devitalisationen* (Deanimierungen sensu FRENCH) einher (siehe S. 132 und 143), die nach LOOSLI-USTERI regelmässig mit *Kontaktangst* verbunden sind[3].

5. Auch der *Erlebnistypus* spielt beim Kontakt eine Rolle, da Extratensive im allgemeinen einen besseren Kontakt haben als Introversive, vorausgesetzt, dass ihre Affektivität nicht allzu labil ist.

6. Die *Verteilung der B* auf Streck- und Beugekinästhesien ist der letzte, aber nicht uninteressanteste Kontaktfaktor. Gemäss ihrem allgemeinen Symptomwert „hin zur Welt" sind die *Streck*kinästhesien ein *positiver* Kontaktfaktor, während die *Beuge*kinästhesien wegen ihrer Tendenz „weg von der Welt" auf der negativen Seite zu buchen sind. — Wegen dieser ihrer Verbindung mit dem Kontakt sind die Streck- und Beugekinästhesien auch von *prognostischer* Bedeutung für die Aussichten einer *Psychotherapie*: die Streckkinästhesien sind günstig, die Beugekinästhesien ungünstig für die Chancen einer psychotherapeutischen Behandlung (RORSCHACH, S. 118).

Das *Negativum* dieses ganzen Kontakt-Syndroms wäre der *Autismus* des Schizophrenen, den wir im Kapitel 14 bei der Schizophrenie noch näher kennenlernen werden.

Hier wäre schliesslich noch eine relativ seltene Kombination von Testfaktoren zu erwähnen, auf die BECK[4] aufmerksam gemacht hat: eine relativ hohe Antwortenzahl zu den Tafeln VIII—X mit wenig Farbantworten. Hier handelt es sich nach BECK um Menschen mit *latentem* affektivem Kontakt, mit affektiven Kontaktreserven, die (z. B. bei psychogener Depression oder Angst) eine günstige Prognose für eine eventuelle Psychotherapie gestatten.

---

[1] HANS ZULLIGER, Praxis mit einer kleinen Testbatterie, Praxis der Kinderpsychologie, Bd. 7, 1958, S. 275.
[2] DAVID KADINSKY, Rorschach — Amerika und Europa: eine kritische Betrachtung, in: VIe Congrès International du Rorschach et des Methodes Projectives, Comptes Rendus, Vol. 3, Paris, 1968, S. 246.
[3] MARGUERITE LOOSLI-USTERI, Manuel pratique du Test de Rorschach, Paris, 1958, S. 94; deutsche Ausgabe, S. 80.
[4] SAMUEL J. BECK, Rorschach's Test. III., Advances in Interpretation, New York, 1952, S. 46.

Kapitel 10

Die Konstitutionstypen und ihre psychischen Korrelate im Rorschach-Test

I. Der pyknisch-syntone Typ und die schizaffinen Typen

Schon frühzeitig war man darauf aufmerksam geworden, dass die KRETSCHMER'schen Konstitutionstypen sich, wie bei so vielen anderen psychologischen Experimenten, auch im Rorschach-Test in charakteristischer Weise unterscheiden. Bereits im Jahre 1924 korrelierte EMIL MUNZ[1] die Ergebnisse des Rorschach-Versuches direkt mit den Körperbautypen Gesunder (Pyknikern einerseits, Leptosomen und Athletikern als „schizaffinen" Typen andererseits). Er stellte dabei folgendes fest: Die Pykniker geben mehr Farbantworten und neigen infolgedessen mehr zum extratensiven Erlebnistypus, die Schizaffinen geben mehr B und haben daher häufiger einen introversiven Erlebnistypus. Auch im Inhalt zeigten sich Unterschiede: Während die Deutungen der Pykniker häufig in offensichtlicher Beziehung zu den gegenwärtigen Interessen, Lieblingsbeschäftigungen, frohen Erlebnissen, manifesten Wünschen der Vp. und zum Mutterwerden und Muttersein standen, war dies bei den Schizaffinen weit seltener der Fall. Die Pykniker deuten gern warme, weiche, wollene Gegenstände, was bei den Schizaffinen seltener vorkommt. Pykniker deuten mehr Obj. und Ldsch. als Schizaffine, und Sexualdeutungen kamen *nur* bei Pyknikern vor (bei schizophrenen Patienten sind sie aber im Gegensatz zu den gesunden Schizaffinen, wie wir noch sehen werden, sogar recht häufig). Die Pykniker zeigen eine Tendenz zu szenischer Vereinigung und Komplettierung, die Schizaffinen geben im allgemeinen eine blosse Aufzählung von Einzelbefunden. Der lustbetonten Deutungsarbeit und grundsätzlichen Willfährigkeit der Pykniker steht schliesslich die affektive Indifferenz und bisweilen sogar Ablehnung des Versuchs seitens der Schizaffinen gegenüber.

WILLI ENKE[2] hat später den eindeutigen Parallelismus zwischen Pyknikern und Extratensiven und das Überwiegen der Introversiven bei allen Nichtpyknikern (Leptosomen, Athletikern und deren Mischformen und Dysplastikern) bestätigt. Vergleicht man die Zahlen von MUNZ und ENKE *nur* für die Gesunden allein (ENKE hatte auch Kranke in seinem Material), so ergeben sich nach Ausscheidung der Intellektuellen 62,5%, resp. 74,2% Extratensive bei den Pyknikern und 26,1%, resp. 21,6% bei den nicht Pyknischen und 52,2%, resp. 52,1% Introversive bei den nicht Pyknischen und 15,0%, resp. 6,5% bei den Pyknikern. *Mit* den Intellektuellen war das Verhältnis immer noch ähnlich, und auch wenn ENKE's Patienten mitgerechnet wurden, war die Verschiebung nur ganz unbedeutend. Die Ambiäqualen machten bei MUNZ 22,5% der Pykniker und 21,7% der Schizaffinen aus, während die entsprechenden Zahlen bei ENKE (Gesunde *und* Kranke) 21% und 26,2% betrugen. Die Athletiker nehmen bezüglich des Erlebnistypus eine Mittelstellung zwischen den Pyknikern und Lepto-

---

[1] EMIL MUNZ, Die Reaktion des Pyknikers im Rorschach'schen psychodiagnostischen Versuch. Zeitschr. f. d. ges. Neur. und Psychiatrie, Bd. 91, 1924, S. 26—92.
[2] WILLI ENKE, Die Konstitutionstypen im Rorschach'schen Experiment, Zeitschr. f. d. ges. Neurologie und Psychiatrie, Bd. 108, 1927, S. 645—674.

somen ein, was nicht verwunderlich ist, da sich inzwischen herausgestellt hat, dass die Athletiker den Ixothymen viel näher stehen als den Schizothymen.

In einer späteren Arbeit fanden LEVY und BECK [1] eine Beziehung zwischen *manischen* Tendenzen und Extraversion und zwischen *depressiven* Tendenzen und Introversion. Der hier nur scheinbar vorliegende Widerspruch ist dadurch zu erklären, dass die syntone Konstitution *nicht* auf demselben Gen beruhen kann wie die manio-depressive Psychose, da das Vorkommen von synton-pyknischen und schizoid-leptosomen Typen etwa von gleicher Grössenordnung ist, die Häufigkeit der Schizophreniegene in der Durchschnittsbevölkerung aber etwa 20mal so gross ist als die der Gene für die manio-depressive Psychose [2].

II. Die Athletiker und der ixothyme Typus

1. KRETSCHMER: Die dritte Hauptgruppe in KRETSCHMER's Konstitutionstypensystem sind die *Athletiker* mit ihren *viskösen* Temperamenten. In ihrer Studie „Die Persönlichkeit der Athletiker" [3] beschreiben KRETSCHMER und ENKE die Bewegungen der *Athletiker* als langsam, bedächtig und gemessen, ihren Gang als breit, ihre Sprache als wortkarg, trocken und schlicht. Die Athletiker bevorzugen kräftige Arbeit, mehr mit der ganzen Hand als mit den Fingern, ihre Begabung für Feinmotorik ist gering. Im Rorschach-Test geben die Athletiker überwiegend B-Antworten, zahlreiche sind koartiert, die Zahl der Orig. ist gering, das T% hoch, die Diktion knapp, im Telegrammstil. Bemerkenswert ist die grosse Tenazität der Aufmerksamkeit der Athletiker und ihre Neigung zu Perseveration. Die Denkweise ist analytisch, ruhig und solide, meist etwas trocken. Hervortretend sind ihre grosse, zähe Arbeitskraft, ihre Gründlichkeit und ihre Neigung zur Pedanterie.

Affektiv sind sie stabil, bisweilen torpide. Wetterwendischkeit ist ihnen fremd, sie sind treue Freunde und gute Ehegatten. Ihr *visköses Temperament* geht von den phlegmatisch-indolenten bis zu den ruhig-energischen Naturen. Es tritt auch in folgenden Varianten auf: gemütliche Gutmütigkeit (bei zykloidem Einschlag), moros-paranoide Tönung (bei schizoiden Einschlägen), phlegmatischer Stumpfsinn (bei Schwachbegabten) und kritische Solidität (bei Intelligenten). Die Viskösen haben eine primäre Reaktionsneigung zur Explosivität, deren Frequenz und Stärke aber sozial bedingt sind. Diese Explosivität fasst KRETSCHMER als den Gegenpol zur Viskosität auf, hebt aber hervor, dass sie beim Gesunden meist nur in bestimmten Situationen und nur in mässigem Grade sichtbar sei.

Bemerkenswert ist, dass die Viskosität des Temperaments auch bei pharmakodynamischen Experimenten *physiologisch* zutage trat (HERTZ, nach KRETSCHMER, Körperbau, S. 210/211).

Inwieweit die *epileptoiden* Spezialtypen sich aus denselben biologischen Radikalen aufbauen wie die viskösen Temperamente, lässt KRETSCHMER dahingestellt

---

[1] D. LEVY and S. J. BECK, The Rorschach Test in manic-depressive psychosis. American Journal of Orthopsychiatry, Bd. 4, 1934, S. 31—42, hier zitiert nach MARY FORD, The Application of the Rorschach Test to Young Children, Minneapolis, 1946, S. 11.
[2] ERIK STRÖMGREN, Episodiske Psykoser, Kopenhagen, 1940, S. 62/63.
[3] KRETSCHMER und ENKE, Die Persönlichkeit der Athletiker, Leipzig, 1936, hier wiedergegeben nach ERNST KRETSCHMER, Körperbau und Charakter, Berlin, 1944, S. 207—215. Zum folgenden siehe auch ERNST KRETSCHMER, Medizinische Psychologie, Leipzig, 1939, S. 156—158.

(Medizinische Psychologie, S. 164). Jedenfalls fand MAUZ [1] unter 21 epileptoiden Psychopathen mit explosiver Reizbarkeit vorwiegend Athletiker, unter 81 genuinen Epileptikern hingegen vorwiegend Dysplastiker. Diese waren weniger explosiv, dafür aber „unfrei, nüchtern, fremd, unpersönlich, eng, unselbständig, unelastisch, pedantisch, umständlich, schwerfällig" und zeigten eine hypersoziale Färbung.

Die athletischen Temperamente haben jedenfalls keine eindeutige Zuordnung zum epileptiformen Erbkreise, sondern sie haben nach KRETSCHMER's eigener Ansicht einen *epileptoiden* und einen *schizoiden* Flügel (Körperbau und Charakter, S. 215).

2. STRÖMGREN: Für Rorschach-Untersuchungen ist es daher vorzuziehen, nicht wie KRETSCHMER und ENKE vom Körperbautypus auszugehen, sondern unmittelbar vom *Charakter*. Um das Rorschach-Syndrom des dritten psychischen Konstitutionstypus zu finden, hielten wir es daher für zweckmässiger, unsere Beobachtungen mit einem Typus zu korrelieren, der direkt auf psychologischen Beobachtungen aufgebaut ist. Dies ist die *ixothyme Psyche* des dänischen Psychiaters ERIK STRÖMGREN [2].

a) *Der ixothyme Typus* ist also ein *Charaktertypus*, es ist der epileptiforme Charakter, wie er bei *Normalen* vorkommen kann. Stärker ausgesprochene Grade mit einem Stich ins Pathologische werden als *Ixoide* bezeichnet, und wenn diese Abweichung vom Normalen läsionell erworben ist, als *Ixophrene*. Dass STRÖMGREN nicht in Analogie zu KRETSCHMER's Terminologie die von HOFFMANN eingeführte Bezeichnung „epithym" übernommen hat, geschah u. a., um weitere Verwirrung zu vermeiden, da dieser Ausdruck 1928 in BUMKE's Handbuch von BRAUN zur Charakterisierung gewisser Patienten mit Zweckneurosen verwendet wird. Die Ausdrücke „ixothym" und „Ixothymie" wurden von dem griechischen Wort ἰξώδης (ixódēs) abgeleitet, das „zäh, klebrig wie Vogelleim" bedeutet.

Die Haupteigenschaft der ixothymen Charaktere ist nämlich ihre *intellektuelle und affektive Klebrigkeit*. STRÖMGREN zitiert BLEULER's Wort: Der Schizoide spaltet zuviel, der Syntone spaltet richtig, der Epileptoide spaltet zu wenig.

---

[1] MAUZ, Zur Frage des epileptischen Charakters, 49. Jahresversammlung der süddeutschen Psychiater, 1926. — STAUDER (a. a. O., S. 144—146) fand unter Epileptikern mit *schwerer* Wesensänderung vorwiegend Athletiker, dagegen unter Epileptikern mit symptomarmem Verlauf (nur grosse motorische Anfälle) nur selten Athletiker.
[2] ERIK STRÖMGREN, Om den ixothyme Psyke, Hospitalstidende, 1936, S. 637—648. Es sei hier darauf aufmerksam gemacht, dass der in diesem Buche als „ixothym" beschriebene Charaktertypus unter den verschiedensten Namen in der Literatur zu finden ist. FRANZISKA MINKOWSKA sprach ursprünglich (1920) von *Epileptoidie*, hat dann aber 1927 auf Anregung von EDOUARD PICHON diesen Ausdruck durch den neuen Ausdruck *Glischroidie* ersetzt. Später hat KRETSCHMER den gleichen Typus als *Visköse Temperamente* beschrieben. Und STRÖMGREN, der auf den Arbeiten der Mme. MINKOWSKA aufbaut, hat dann die Bezeichnung *Ixothymie* eingeführt. Die drei Ausdrücke gehen sämtlich von der Klebrigkeit als zentraler Eigenschaft aus. Verwandt, aber nicht mehr identisch, sind die Begriffe der *iktaffinen* Konstitution (MAUZ) und des *paroxysmalen* Erbkreises (SZONDI), die beide von der Tendenz zu Anfällen ausgehen. Wenn hier der Ausdruck Ixothymie vorgezogen wurde, der sich heute in ganz Skandinavien eingebürgert hat, so geschah dies deshalb, weil diese Bezeichnung unabhängig ist von allen Hypothesen, die entweder (wie die Epileptoidie und Glischroidie) die noch immer umstrittene Verwandtschaft mit der Epilepsie zu stark in den Vordergrund stellen, oder (wie KRETSCHMER's Visköse) den Typus stets in Zusammenhang mit dem athletischen Körperbau behandeln. Inzwischen hat sich herausgestellt, dass die ixothyme Psyche nur zur Schlafepilepsie und zur Temporallappenepilepsie (den psychomotorischen Anfällen) eine gewisse Affinität besitzt, nicht aber zur Aufwachepilepsie und zur Pyknolepsie (siehe auch Kap. 14, C).

Während der Syntone weich und elastisch ist, der Schizoide hart und spröde, ist der Epileptoide zäh und klebrig. Die Ixothymen sind *ausdauernd*, von zäher Arbeitskraft, aber *schwer umstellbar*. Alle Grade von Begabungen können vorkommen. Sie sind periodenweise gebunden[1], wirken eigentümlich schmalspurig, pedantisch und oft egozentrisch. Zeitweise können bei ihnen reaktive *Verstimmungen* auftreten, die ziemlich lange dauern und sich dann bisweilen in plötzlichen *Explosionen* entladen können. — Auffallend ist ihre *Gutmütigkeit* und *Hilfsbereitschaft*, die zusammen mit ihrer *Gewissenhaftigkeit* und Pflichterfüllung von MAUZ und KRETSCHMER als das „hypersoziale *Syndrom*" beschrieben wurde. Sie sind *Gewohnheits-* und *Familienmenschen,* was sich bei ihrer Selbstgerechtigkeit bis zur Familiensimpelei steigern kann. Ihre *pedantische Genauigkeit* und ihr Ordnungssinn führen oft dazu, dass sie ihre Handlungen hinterher *bereuen*, und sie entwickeln bei ihrer Hypersozialität eine eigentümliche Form von *Gerechtigkeitssinn*. Oftmals kommen sie gerade dann in Harnisch und explodieren, wenn jemandem in ihrer Umgebung Unrecht zugefügt wird. Eine „fast obligatorische Neigung zur *Hypochondrie*" und eine relative *Alkoholintoleranz* (Gefahr der Explosion) runden das Bild.

(Zur Differentialdiagnose wichtig ist, auch für den Rorschach-Experten, folgendes: Es gibt *drei Formen von Pedanterie*: 1. die „aktive" Pedanterie des Zwangsneurotikers oder Zwangscharakters, die in der Form eines Rituals als *magischer* Mechanismus funktioniert und eine unbewusste Abwehr darstellt; 2. die „passive" Gewohnheitspedanterie des Asthenikers (des Subvaliden), der instinktiv auf *Energieersparnis* ausgeht; 3. die Pedanterie des Ixothymen geschieht aus unmittelbarer Liebe zur Kleinkrämerei und *Freude an der Wiederholung* (Iteration). Man kann die drei Formen also als magische Pedanterie, als Energieersparnis- oder Gewohnheitspedanterie und als iterative Pedanterie bezeichnen. Welche der drei Formen vorliegt, ist klinisch am besten festzustellen, wenn man den Betreffenden an der Ausführung der pedantischen Handlung *hindert*: beim Zwangsneurotiker entsteht Angst oder mindestens eine Depression, der Psychastheniker wird zerstreut, verwirrt und gereizt, entwickelt aber baldmöglichst eine neue Gewohnheit, wenn diese ihm zweckmässiger erscheint, und der Ixothyme unterbricht ganz einfach die pedantische Handlung, tut liebenswürdig das, was man von ihm verlangt, um später genau da fortzusetzen, wo er aufgehört hat.)

Nach STRÖMGREN's Ansicht machen die Ixothymen und Ixoiden etwa 5—10% der Durchschnittsbevölkerung aus[2].

b) *Das Rorschach-Syndrom der Ixothymie*. Wie verhalten sich nun die Ixothymen im Rorschach-Test? Die *Antwortenzahl* ist *meist über Mittel*. Wenn sie erst einmal in Gang kommen, machen sie aus Gewissenhaftigkeit und Gewohnheit weiter. Merkwürdigerweise ist die *Reaktionszeit häufig verkürzt*. Die meisten intelligenten Ixothymen arbeiten zuverlässig, aber rasch. Dies Merkmal kann in Zweifelsfällen geradezu als Differentialdiagnostikum gegenüber wirklicher Epilepsie dienen, die ja gewöhnlich eine stark verlängerte Reaktionszeit hat. (Andere Differential-

---

[1] Der Ausdruck „Gebundenheit" stammt von HANS DELBRÜCK, der damit die den Epileptoiden eigentümliche Weltferne, die Verlangsamung ihres Gedankenablaufs und das Kleben am Thema bezeichnen wollte. (HANS DELBRÜCK, Über die körperliche Konstitution bei der genuinen Epilepsie, Archiv f. Psychiatrie und Nervenkrankheiten, Bd. 77, 1926, S. 555—572.)
[2] ERIK STRÖMGREN, Episodiske Psykoser, Kopenhagen, 1940, S. 61.

diagnostika sind das Fehlen von Konfabulationen und Orig.— und das meist gute F+% der Ixothymen, wo nicht die Anatomie-Vermehrung das F+% senkt, wie in unserem Beispiel.) Oft findet sich ein deutlich *erhöhtes Anat.%* (Hypochondrie!). Das Kernsymptom scheint in den meisten (nicht allen!) Fällen die eigentümliche *Perseveration der erfassten Teile* zu sein. Ein Teil der gedeuteten Details wird zwei- und dreimal gedeutet, manchmal mit systematischem Drehen der Tafel. *Neben* dieser Abart der Perseveration findet sich dann gewöhnlich noch *echte Perseveration*, meist vom *Wiederkäuertypus*, und in ziemlich seltenen Fällen auch Kleben am Thema wie bei Epilepsie.

Die *Symmetriebetonung* wäre das nächste Symptom. Schon ZULLIGER betrachtete „das Suchen nach Symmetrie und Stabilität" als „ein Äquivalent für die gefürchtete Impulsivität" (Bero-Test, S. 71). Vielleicht ist also die Symmetriebetonung der Ixothymen eine Reaktionsbildung auf ihren Drang zur Explosivität, wie ja SZONDI ganz allgemein die Hypersozialität der Epileptoiden als eine Reaktion auf ihre Tendenz zur Gewalttätigkeit auffasst (Kain- und Abel-Theorie)[1]. Bei den Ixothymen kommt nun die Symmetriebetonung meist *in der stereotyp wiederholten Form* vor, manchmal verbunden mit Pedanterie der Formulierung („also da hätten wir wieder zuerst mal die Symmetrie" usw.). Oft findet sich auch eine eigentümliche Verbindung der Perseveration der erfassten Teile mit Symmetrie in den Worten: „und entsprechend auf der anderen Seite". Manche Ixothyme beschweren sich auch über das Vorkommen nichtsymmetrischer Teile („Reklamation wegen mangelnder Symmetrie", ZULLIGER).

DG und DdD kommen oft vor, und in manchen Fällen findet man *Schwarz und Weiss als Farbwerte* („Blaufuchs" zu Tafel VI und dgl.). *Sekundäre B* sind sehr selten, kommen aber hin und wieder vor (jedoch lange nicht so häufig wie bei Epilepsie). Das gleiche gilt von den *B—*. Wir haben gelegentlich auch *Farbnennungen* und *Eigenbeziehungen* bei Ixothymen angetroffen, Farbnennungen offenbar als Ausdruck der trockenen Pedanterie und Eigenbeziehungen infolge der starken Selbstgerechtigkeit und des bisweilen engen Horizonts. *Objektkritik* ist bei diesen Genauigkeitsmenschen natürlich etwas ganz Gewöhnliches, ebenso die allgemeine *Pedanterie der Formulierung*. Gelegentlich kommt auch *Einstellungshemmung* vor, der schweren Umstellbarkeit dieser Menschen entsprechend. *Bewertungen* werden hin und wieder angetroffen (Hang zum Moralisieren).

Die *Farbwerte* verhalten sich verschieden. Bei Nicht-Traumatischen findet man oft auffallend viele *FFb* als Zeichen der affektiven Klebrigkeit, sogar manchmal *trotz* gleichzeitig vorhandener deutlicher Zeichen von *Neurose*. In ähnlicher Weise hat SALAS bei Epileptikern beobachtet, dass die FFb fast nie fehlten, und auch er bringt diese Tendenz mit der epileptischen Viskosität in Verbindung[2]. Die ixothyme Konstitution kann so stark dominieren, dass sogar die physiologischen Begleiterscheinungen (Kapillarreaktion) der Schockphänomene völlig überdeckt werden, obwohl der Schock selbst psychologisch im Test noch deutlich sichtbar ist. Aber nicht nur die Hauttemperaturkurve, auch die Reaktion auf Adrenalin zeigt eine

---

[1] L. SZONDI, Schicksalsanalyse, Basel, 2. Aufl., 1948, S. 280.
[2] J. SALAS, El psicodiagnostico de Rorschach, Editiones Morata, Madrid, 1944, hier zitiert nach: DELAY, PISCHOT, LEMPÉRIÈRE et PERSE, Le Test de Rorschach et la Personnalité épileptique, Paris, 1955, S. 63. SALOMON spricht hier von „kindlichem Anklammerungsbedürfnis" (Ich-Diagnostik, S. 42), was sicher zutreffend ist, wenn man an die allgemeine Tendenz zur Entwicklungsverzögerung denkt, die namentlich bei Ixoiden vorhanden ist.

deutliche Hyperstabilität, wie wir in einer gemeinsam mit Steen Warthoe durchgeführten Untersuchung feststellen konnten. Diese Eigentümlichkeit der ixothymen Konstitution macht es wahrscheinlich, dass sie im wesentlichen mit Kretschmer's Viskösen identisch ist, bei denen, wie oben referiert, Hertz ganz die gleiche pharmakodynamische „Zähflüssigkeit" der Reaktionen feststellen konnte.

Eine stärkere *Affektlabilität* mit FbF und Fb findet sich nur bei einer Minderzahl, und zwar meist da, wo Verdacht auf eine läsionelle Ätiologie *(Ixophrenie)* vorliegt. Auch Stauder [1] behauptet für die Epileptiker: „Das Explosivsyndrom gehört nicht zur typischen epileptischen Wesensänderung", sondern habe eine organische Grundlage.

Das *T%* ist im allgemeinen normal und bietet an sich keine Besonderheit innerhalb des ixothymen Rorschach-Syndroms. Doch kann in selteneren Fällen ein *hohes T%* hier einmal auf einem „Kleben am Thema" beruhen. (Gegensatz zum niedrigen T% der Epileptiker.) Namentlich wenn keine sonstigen Depressionssymptome vorliegen und die Intelligenz normal ist, wird diese Ursache anzunehmen sein. Ein positiver Hinweis auf dieses Kleben am Thema „Tier" ist die dabei gelegentlich beobachtete *Agglutination der Td*, was bei gewöhnlich erhöhtem T% nicht vorkommt.

Die Diagnose der Ixothymie oder Ixoidie kann oft mit Nutzen durch eine *Familien-Berufsanamnese* ad modum Szondi ergänzt und verstärkt werden. Sehr häufig finden sich auffallend viele Feuer-, Bewegungs- oder soziale Berufe (Geistliche, Lehrer, Fürsorger usw.) in solchen Familien.

Nicht selten kommen Zeichen einer *paranoiden Schizoidie* mit ausgesprochener Ixothymie *kombiniert* vor, was auf der von Stefan Benedek beobachteten besonderen Anziehungskraft der beiden Erbkreise beruht, die deshalb oft in denselben Familien miteinander vermischt zu finden sind [2].

Natürlich ist auch dieses Syndrom wie alle Rorschach-Syndrome im Einzelfalle meist inkomplett. Die *Form* des Syndroms kann sogar bei demselben Individuum *wechseln*, wie z. B. in unserem Paradigma (Beispiel Nr. 8), das eine stereotype Wiederholung der Symmetriebetonung mit anatomischer Stereotypie beim ersten Versuch und eine starke anatomische Stereotypie mit Perseveration, aber ohne Symmetriebetonung, beim zweiten Test (8 Jahre später) zeigt.

Leider haben wir von dieser Vp. kein EEG. Es kommt nämlich hin und wieder vor, dass das EEG gesunder ixothymer Abweichungen vom Normalen zeigt. Namentlich enthält es Episoden mit niedriger α-Frequenz, wenn auch nicht immer in demselben Ausmass wie bei Epilepsie [3]. Dies kann auch keineswegs verwundern, wenn man bedenkt, dass die zerebrale Dysrhythmie, wie schon Lennox, Gibbs & Gibbs und Loewenbach festgestellt haben, eine *erbliche* Erscheinung ist, die sich auch bei den nichtepileptischen Verwandten der Epileptiker findet [4].

---

[1] Karl Heinz Stauder, Konstitution und Wesensänderung der Epileptiker, Leipzig, 1938, S. 181.
[2] L. Szondi, Schicksalsanalyse, S. 320.
[3] Torsten S:son Frey, Electroencephalographic Study of Neuropsychiatric Disorders, Stockholm. 1946, S. 141—143, und: Über psychische Insuffizienzzustände und Elektroencephalogramm. Archiv für Psychiatrie und Zeitschrift für Neurologie, Bd. 183, 1949, S. 69.
[4] Fritz Buchthal und Edmund Kaiser, Electroencephalografiens Anvendelse i Klinikken med Beskrivelse af en ny Elektroencephalograf. Bibliotek for Laeger, 1943, S. 156.

Kapitel 11

Die Neurosen

A. Kurzer Überblick über die wichtigsten Kategorien der Neurosenlehre

Dieser Abschnitt erfordert eine kurze Rechtfertigung, da er — streng genommen — nicht zu den Gegenständen eines Lehrbuchs der Rorschach-Psychodiagnostik gehört. Hier ist ja sonst nur davon die Rede, wie man die verschiedenen Charaktere und psychopathologischen Zustände erkennt, während die Lehre vom Charakter und die Psychopathologie und Psychiatrie selbst im allgemeinen vorausgesetzt werden kann. Bei dem jetzt zu behandelnden Gegenstand, den Neurosen, machen sich indessen besondere Umstände geltend.

Zum Verständnis des Folgenden sind nämlich nicht nur ungefähre, sondern klare und präzise Kenntnisse der psychoanalytischen Neurosenlehre vonnöten. Denn im Gegensatz zu KLOPFER[1] glauben wir nicht, dass ein Rorschach-Test ohne psychoanalytische Kenntnisse wirklich erschöpfend ausgewertet werden kann. Neurotische Züge finden sich auch in den meisten sogenannten „normalen" Tests, und Wesen und Struktur der Neurosen dürften ohne psychoanalytische Kenntnisse schwerlich zu verstehen sein.

Aber diese Erkenntnis wäre noch kein hinreichender Grund, auf die theoretische Neurosenlehre hier besonders einzugehen. Denn die allgemeine Psychopathologie und die klinische Psychologie werden ja doch für andere Abschnitte dieses Buches ohne weiteres vorausgesetzt. Aber auf Grund einer anderen Überlegung habe ich mich dazu entschlossen, für die Neurosen (wie übrigens, aus anderen Gründen, auch für die psychogenen Psychosen) eine Ausnahme zu machen. Die Tatsachen und Theorien der modernen Neurosenlehre sind nämlich in einer grossen Zahl nicht überall zugänglicher Quellen enthalten und teilweise in Zeitschriftenmaterial verstreut, und diese Zersplitterung des Materials ist dem Studium dieser ebenso schwierigen wie praktisch bedeutsamen Materie nicht günstig. Immerhin sind einige gute zusammenfassende Darstellungen vorhanden. Wir erwähnen hier nur das vorzügliche Lehrbuch von RUDOLF BRUN „Allgemeine Neurosenlehre" (Benno Schwabe, Basel, 2. Aufl. 1948), nach dem die weiter unten mit freundlicher Erlaubnis des Verfassers wiedergegebenen tabellarischen Übersichten angefertigt wurden (über Triebschicksale, Angst, Symptomatologie und Struktur der Neurosen und über Charakterneurosen). Auch auf das ältere Buch von HERMANN NUNBERG („Allgemeine Neurosenlehre", Huber, Bern, 1932) sei in diesem Zusammenhange hingewiesen.

Was dem Rorschach-Studierenden jedoch zumeist fehlt, ist eine schematische *Übersicht*, sozusagen im Telegrammstil, über die zahlreichen miteinander verflochtenen *Begriffe, Kategorien und Einteilungsprinzipien* der Neurosenlehre, eine knappe Darstellung des Gerippes dieser verzweigten Wissenschaft, auf deren Ergebnisse er bei der Ausarbeitung seiner Gutachten auf Schritt und Tritt angewiesen ist. Diese Miniatur-Neurosenlehre, die wir im folgenden zu geben versuchen, kann für den Anfänger kein Ersatz für ein eingehendes Studium der Tiefenpsychologie sein, sondern soll ihn im Gegenteil erst dazu anregen. Dem fortgeschrittenen Leser aber möge sie als eine Art *Repetitorium* dienen, das sich wie wir uns aber nur auf das beschränken müssen, was für die praktischen Zwecke der Rorschach-Diagnostik erforderlich ist. Bezüglich aller näheren Einzelheiten muss auf die Fachliteratur verwiesen werden, vor allem auf das Studium der Werke SIGMUND FREUD's.

I. Allgemeines

Die Frage, was eine Neurose ist, deckt sich zum Teil mit dem schwierigen Problem des Unterschiedes zwischen „gesund" und „krank". Je nachdem ob man anthropologische, pathologische, hygienische, statistische oder soziale Maßstäbe anlegt, wird man zu ganz verschiedenen Ergebnissen gelangen. Diese Schwierigkeit ist keine Besonderheit der Medizin oder der Neurosenlehre, sondern in *jeder* Wissenschaft sind die Grundprobleme (wie Wahrheit, Wissenschaft, Seele, Mensch und Tier, Recht, Staat, Wirtschaft usw.) die am meisten umstrittenen. Hier nur kurz folgendes:

„*Neurosen* sind primäre, funktionelle Störungen des Instinkt-, Trieb- und Affektlebens", so lautet RUDOLF BRUN's Definition (a. a. O., S. 7 und 13). Damit ist nicht gesagt, dass sie den Intellekt nicht berühren. Infolge der zahlreichen Wechselwirkungen zwischen Intellekt und Affektivität tun sie das sogar in hohem Masse, wie wir bereits gesehen haben.

FRANZ ALEXANDER definiert die Neurose als eine Störung der Ichfunktion, die beim Patienten sichtbar wird in einer „inability to find harmonious gratification for his specific personality needs in a given situation"[2].

---

[1] KLOPFER-KELLEY, The Rorschach Technique, S. 6.
[2] FRANZ ALEXANDER, What is a neurosis? Digest of Neurology and Psychiatry, 1948, Vol. 16, S. 225—233.

Allen Neurosen gemeinsam ist (nach KAREN HORNEY): 1. ein gewisser Mangel an Plastizität gegenüber den verschiedenen Milieusituationen; der Neurotiker reagiert stereotyp wie das Tier mit seinem Instinkt. 2. Eine Kluft zwischen Begabung und Leistung [1].

Das Zentrale in der Neurose ist die *Angst*. Angst und Angstabwehr finden sich bei *allen* Neurosen. Auch Gesunde haben Angst. Aber die Angst des Neurotikers geht quantitativ und qualitativ über die Angst hinaus, die allen Individuen *seines* Kulturkreises gemeinsam ist, und er leidet mehr als der Durchschnittsmensch, wenn auch nicht immer bewusst [2].

Innerhalb der Neurosenlehre kann man eine *kausale* und eine *finale* Auffassung unterscheiden. Die kausale Betrachtung fragt nach den *Ursachen*, die finale nach den *Lebenszielen*. Die Psychoanalyse FREUD's ist mehr kausal, die Individualpsychologie ADLER's mehr final eingestellt. Doch findet sich die finale Einstellung auch in der Psychoanalyse, z. B. in der Lehre vom Krankheitsgewinn.

Ganz allgemein kann man sagen: *Neurosen sind Infantilismen*. Der klinischen Diagnose „Psychoinfantilismus" haftet daher immer etwas Undifferenziertes, Oberflächliches an. Im klinischen Massenbetrieb ist es aber oft nicht möglich, tiefer in die spezielle Struktur des Einzelfalles einzudringen. Die Neurose ist also eine seelische Entwicklungsstörung. Bestimmte Seiten des Seelenlebens sind auf kindlicher Stufe stehengeblieben *(Fixierung)* oder infolge äusserer Konflikte und Schwierigkeiten wieder auf eine kindliche Stufe zurückgeglitten *(Regression)*. Jede Regression zu einem bestimmten Punkt der Entwicklung setzt eine anlagemässige oder in früher Jugend erworbene dispositionelle Fixierung auf diesem Punkte voraus.

Die Neurose als Entwicklungsstörung begreift aber noch etwas anderes in sich. Der Mensch entwickelt sich, wie FREUD es ausdrückt, vom *Lustprinzip* zum *Realitätsprinzip*. Das kleine Kind kennt nur die unmittelbare Lustbefriedigung ohne Aufschub, es kann nicht warten und keine Kompromisse eingehen. Man spricht hier mit WILHELM WUNDT auch vom „Alles-oder-Nichts-Gesetz", das in der physiologischen Trieblehre allgemeine Gültigkeit hat. Erst im Laufe der Entwicklung lernt das Kind durch den Prozess der Erziehung, sich den realen Sachverhalten dieser Welt anzupassen, eine Befriedigung aufzuschieben, ganz auf sie zu verzichten oder sich mit einer Teil- oder Ersatzbefriedigung zu begnügen. Dann ist es auf dem Standpunkt des Realitätsprinzips angelangt, und darin besteht seine Anpassung. Die neurotische Entwicklungsstörung ist also zugleich ein teilweiser *Mangel an Anpassung* (ein „maladjustment"). Wenn MAURICE LEVINE (in seinem Buche „Psychotherapy in Medical Practice") von den Psychopathen sagt, ihnen allen gemeinsam sei ein Handeln auf kurze Sicht, eine unmittelbare Triebbefriedigung, so ist dies also nur ein Hinweis darauf, dass die Psychopathien sich in ihrer inneren Struktur von den Neurosen kaum unterscheiden lassen. (Wir kommen auf diese Frage bei Besprechung der Psychopathien nochmals zurück.)

Aber nicht nur von den Psychopathien, auch von den „Normalen" sind die Neurotiker mitunter nur schwer zu unterscheiden. Den „*Normalmenschen*" gibt es nicht, ausser in den Köpfen gewisser Philosophen. Es sei jedem Leser dringlichst empfohlen, die entsprechenden Ausführungen RORSCHACH's in seiner „Psychodiagnostik" (S. 36) nochmals aufmerksam nachzulesen.

II. Die Neurosenformen

Man unterscheidet *Aktualneurosen* und *Psychoneurosen* (oder auch *Übertragungsneurosen*). Die Aktualneurosen sind „funktionell-organische (toxische) Hormopathien" [3], d. h. direkte Störungen im Bereiche der vegetativen Hirnzentren. Sie entstehen unter dem Drucke einer ursprünglichen Gefahr, und ihre Angst ist biologisch bedingt. Die Psychoneurosen (oder Konversionsneurosen) sind „primäre Affektstörungen auf dem Boden eines unbewussten Triebkonflikts" [4]. Ihre Angst ist psychologisch bedingt und die Reaktion auf eine bedingte oder abgeleitete Gefahr. Zu den *Aktualneurosen* rechnet man die *Neurasthenie* (BEARD), die *Angstneurose* (FREUD) und das Zustandsbild der *Hypochondrie* (nach FEDERN's Auffassung auch die Depersonalisation). Zu den *Psychoneurosen* gehören die *Hysterie*, die *Phobie* (Angsthysterie [5]) und die *Zwangsneurose*. Jede Aktualneurose kann chronisch werden und hat dann die Tendenz, in eine bestimmte Psychoneurose (und u. U. Psychose) überzugehen, so die Neurasthenie in eine Konversionshysterie, die Angstneurose in eine Phobie oder eine Zwangsneurose und die Hypochondrie in eine schizophrene Psychose [6].

---

[1] KAREN HORNEY, The Neurotic Personality of Our Time, hier wiedergegeben nach der schwedischen Ausgabe, S. 16/17.
[4] KAREN HORNEY, a. a. O., S. 19.
[3] RUDOLF BRUN, a. a. O., S. 19.
[2] RUDOLF BRUN, a. a. O., S. 17.
[5] OTTO FENICHEL gebrraucht (in „The Psychoanalytic Theory of Neurosis", S. 210) den Begriff der Phobie in einem engeren Sinne, nämlich nur dann, wenn eine Angsthysterie sich dahin entwickelt hat, dass der Patient die Angstsituation zu meiden sucht. Wir verwenden hier den Begriff (wie auch R. BRUN) als gleichbedeutend mit der FREUD'schen Angsthysterie.
[6] HERMANN NUNBERG, Allgemeine Neurosenlehre, Hans Huber, Bern, 1932, S. 171.

III. Die Triebe

Instinkt und *Trieb* sind nahe verwandte Begriffe. BRUN versteht unter *Instinkten* „hereditär-mnemische Gesamtkomplexe", die latent jeder lebenden Substanz innewohnen und eine zielstrebige (finale) Selbststeuerung bewirken. *Triebe* dagegen seien die ausgelösten (ekphorierten), hereditär-mnemischen Erregungen selbst in ihrer aktuellen Beziehung zur Umwelt [1]. (FREUD definiert in „Jenseits des Lustprinzips" einen Trieb bekanntlich als „ein dem belebten Organischen innewohnender Drang zur Wiederherstellung eines früheren Zustandes, welchen dies Belebte unter dem Einflusse äusserer Störungskräfte aufgeben musste, eine Art von organischer Elastizität, oder wenn man will, die Äusserung der Trägheit im organischen Leben".) BRUN unterscheidet *Selbsterhaltungs-* und *Arterhaltungs*instinkte. Zu den Selbsterhaltungsinstinkten gehören die *Entwicklungs-* und Metamorphoseinstinkte, die *Nahrungs*instinkte und die *Schutz-* und *Abwehr*instinkte, zu den Arterhaltungsinstinkten die *sexuellen*, *Artverbreitungs-* (Schwärmen der Bienen, Vogelzug usw.), *elterlichen* und *sozialen* Instinkte.

Die der Neurosenlehre zugrundeliegende psychoanalytische Trieblehre hat sich im Laufe der Zeit mehrfach gewandelt. FREUD arbeitet hier bekanntlich mit dem *Libidobegriff* und versteht unter Libido die quantitativ aufgefasste Energie der Sexualtriebe. Sie kann sich nach aussen wenden *(Objekt-Libido)* oder gegen das eigene Ich *(narzisstische Libido)*. Später hat FREUD den Lebenstrieben (libidinösen Trieben) die *Todestriebe* gegenübergestellt, und gegen Ende der Entwicklung, wie sie sich noch zu Lebzeiten FREUD's herauskristallisiert hatte, konnte man den Stand der Dinge etwa in folgendem Schema wiedergeben [2]:

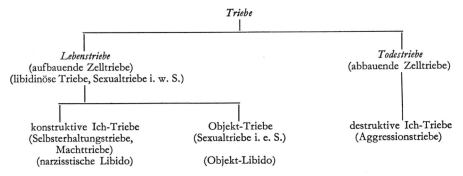

Die Asymmetrie dieses Schemas ist nur scheinbar. Wahrscheinlich lassen sich auch die Aggressionstriebe noch weiter differenzieren. Die Verhältnisse sind jedoch wegen der eigenartigen Legierung der Aggressionstriebe nur schwer schematisch darzustellen.

IV. Libido und Aggression

Auf alle Fälle ist diese dualistische Trieblehre des älteren FREUD ein psychologischer Gewinn. Ob man die Aggression nun auf einen Todestrieb im Sinne FREUD's zurückführen will oder nicht, kann für unsere Zwecke gleichgültig sein. Praktisch müssen wir in Biologie und Psychologie mit der Allgegenwärtigkeit der Aggression rechnen, und sie ist durchaus nicht immer negativ. Im Tierreich wie beim Menschen bestehen die beiden Prinzipien des „Kampfes ums Dasein" (DARWIN) und der „gegenseitigen Hilfe" (KRAPOTKIN) nebeneinander, und zwar scheinen sie beim Menschen in eigentümlicher Weise miteinander verschränkt zu sein. FREUD spricht von einer *Legierung* der Libido mit Aggression. Der Ich-Libido (den Selbsterhaltungstrieben) ist *normalerweise* eine aggressive Komponente beigemischt für den „Kampf ums Dasein" und der Objekt-Libido ebenfalls für die „Eroberung" des Liebesobjekts und den Kampf mit den Rivalen. Auch die Soziologen haben sich jetzt zu diesem Standpunkte durchgerungen, so wenn ADOLF GRABOWSKY vom Aggressionstrieb spricht, „der nun einmal im einzelnen Menschen wie im sozialen Gebilde verwurzelt ist und der nicht immer einfach vom Selbsterhaltungstrieb unterschieden werden kann [3]".

Diese Komponenten sind die sozial *positiven* Aggressionen, sie können aber auf dem Wege des Frustration-Aggression-Mechanismus [4] durch Versagung der libidinösen Triebkomponente verstärkt

---

[1] RUDOLF BRUN, a. a. O., S. 186. Über die Begriffe „Mneme" und „Ekphorie" siehe RICHARD SEMON, „Die Mneme", 1908 und „Die mnemischen Empfindungen", 1909.

[2] Zuerst publiziert in meinem Aufsatz „Strafe als Triebbefriedigung", Zeitschrift für psychoanalytische Pädagogik, V, 1931, S. 323.

[3] ADOLF GRABOWSKY, Die Politik. Ihre Elemente und ihre Probleme. Pan-Verlag, Zürich, 1948, S. 55.

[4] Siehe hierzu JOHN DOLLARD and others, Frustration and Agression, The Institute of Human Relations, Yale University Press, New Haven, 1945.

und in *negative* Aggression verwandelt werden. Und wenn dann auch noch die Aggression selbst gehemmt wird, kann es zu ganz kolossalen Aggressionsstauungen kommen, die für die seelische Gesundheit (bei Introjektion) und das Gemeinschaftsleben (bei plötzlicher Entladung) sehr gefährlich werden können. Diese Auffassung, dass es zweierlei Arten von Aggression gebe, eine positive und eine negative, hat sich bei der Mehrzahl der Psychoanalytiker heute durchgesetzt, zuerst (nach HAROLD LINCKE) bei B. LANTOS[1]. Die Aggressionsforschung ist eine relativ neue Seite der Neurosenlehre, die für die psychische Hygiene wie für die Sozialpsychologie von gleich grosser Bedeutung ist. Nicht zum mindesten hat sie die Charakterologie und gerade die Rorschach-Forschung ganz ausserordentlich bereichert.

Aggression und Libido sind wahrscheinlich anfangs noch völlig legiert, werden dann aber in der 2. Hälfte des 1. Lebensjahres allmählich voneinander geschieden[2].

Die negative Aggression tritt je nach ihrer Fixierungsstelle in der Entwicklung entweder als oraler Sadismus (Beissen, Reden usw.), als analer Sadismus (Schlagen, Quetschen, Zertreten) oder als phallischer Sadismus (Stechen, Bohren) im Charakter hervor. Damit kommen wir zum nächsten Punkt unserer Übersicht.

V. Phasen und Stufen der Libido-Entwicklung

Das grundsätzlich Neue an FREUD's Konzeption der Libido war ihre Plastizität und Wandelbarkeit. Er erkannte klar, dass die Energie der Sexualtriebe nicht erst in der Pubertät sozusagen aus dem Nichts entstehen könne, sondern wie alle anderen biologischen Phänomene eine Entwicklung durchmache. Will man sich diese Entwicklung veranschaulichen, so ist davon auszugehen, dass man an der Libido (wie an jedem Triebe) verschiedene Kriterien unterscheiden kann, ihre *Quelle*, ihr *Ziel*, ihr *Objekt* und ihre Stärke, den *Drang*. Wenn ich Hunger habe, ist die Quelle dieses Triebes der leere Magen und die damit verbundenen nervösen Reize und im Magen lokalisierten propriozeptiven Empfindungen. Das Ziel des Hungers ist das Essen, die Triebbefriedigung, wobei sich der Drang vermindert. Die Stärke dieses Dranges kann man an den Widerständen messen, die zur Befriedigung des Triebes noch überwunden werden. Das Objekt schliesslich sind die Speisen, deren Auswahl zwar ganz bestimmten biologischen und psychologischen Gesetzmässigkeiten unterworfen ist, deren Verbindung mit dem Hunger aber doch nur loser Natur ist. Wenn ich sehr grossen Hunger habe, ist es mir gleich, ob ich schwarzes oder weisses Brot zu essen bekomme. Das Objekt ist, wie FREUD sagt, mit dem Trieb nur „verlötet".

In der Libido-Entwicklung ist nur der Drang von untergeordneter Bedeutung. Seine Stärke wechselt mit dem Grad der Befriedigung und ist also dauernden Schwankungen unterworfen. Alle anderen Eigenschaften der Libido verändern sich im Laufe der Entwicklung, also die Quelle, das Ziel und die Objekte. — Die Libido kann von den verschiedensten Quellen her erregt werden. Wir nennen alle diese Stellen innerhalb des ektodermalen Systems (Haut, Sinnesorgane, Zentralnervensystem) die *erogenen Zonen*. Die Zone, die jeweils den Vorrang vor allen anderen hat, heisst die *Primatzone*. Die Primatzone ist zugleich die Quelle der Libido. Es vollzieht sich nun innerhalb des ektodermalen Systems im Laufe der ontogenetischen Entwicklung eine Verschiebung der Primatzonen, die sich aus der Phylogenese verstehen und erklären lässt. Nach dieser Veränderung der *Quellen* hat man den *Entwicklungsphasen der Libido* ihre Namen gegeben. Die Quelle wechselt vom Mund (*orale* Phase) über den After (*anale* Phase) zu den Genitalien (*genitale* Phase), also vom oberen zum unteren Ende des Verdauungskanals und schliesslich zu den Häuten und Schleimhäuten der Genitalien, die ursprünglich mit dem Verdauungskanal verbunden waren. (Diese entwicklungsgeschichtliche Differenzierung ist in der Ontogenese noch deutlich zu beobachten. Beim weiblichen Embryo schiebt sich zwischen die äusseren Genitalien und den Anus allmählich ein Substanzkeil ein, der Damm, der die ursprünglich gemeinsame Kloake in Scheide und Rektum zerlegt. Auch beim männlichen Fötus wird die Kloake der indifferenten Entwicklungsstufe durch die Ausbildung des Dammes in die Mündung des Rektums und den Sinus urogenitalis geteilt.) Die genitale Phase entwickelt sich in zwei Etappen, da zuerst (nach einem kurzen Übergang, wo die Harnröhre libidinöse Quelle ist, der urethralen Phase) bei beiden Geschlechtern der männliche Teil der Genitalien mit Libido „besetzt" ist, also bei den Mädchen die Klitoris. Dann steht die Entwicklung zirka 7 Jahre lang still (was W. FLIESS als „*Latenzzeit*" bezeichnet hat), und erst in der Pubertät bahnt sich dann die 2. Stufe der genitalen Phase an, bei den Mädchen mit dem Übergang der Erregbarkeit von der Klitoris auf die Scheide[3], was jedoch meistens infolge von Entwicklungsstörungen nur unvoll-

---

[1] HAROLD LINCKE, Aggression und Selbsterhaltung, in MITSCHERLICH, Bis hierher und nicht weiter. Ist die menschliche Aggression unbefriedbar?, München, 1969, S. 40. Man kann auch, wie MITSCHERLICH selbst es tut, die positive Aggression als „Aktivität" und die negative als „Aggression sensu strictiori" bezeichnen (a. a. O., S. 24).
[2] RENÉ A. SPITZ, Vom Säugling zum Kleinkind, Stuttgart, 1967, S. 179.
[3] Dieser Übergang wird jetzt von MASTERS & JOHNSON bestritten (Human Sexual Response, Boston 1966).

kommen geschieht. (Dies ist natürlich alles nur grob schematisiert.)[1] — Jede dieser Phasen ist also, wie man sieht, mit einer lebenswichtigen Körperfunktion gekoppelt, die orale mit der Nahrungsaufnahme, die anale mit der Defäkation, die genitale mit der Miktion.

Jede dieser drei Hauptphasen pflegt man seit ABRAHAM[2] nun in *zwei Stufen* unterzuteilen, und zwar nach dem Wechsel des *Ziels* der Libido. Der ganz kleine Säugling will *lutschen* (erste orale Stufe). (Die Selbständigkeit des Lutschbedürfnisses ist durch eine Reihe von Tierversuchen von D. M. LEVY experimentell nachgewiesen worden.) Sobald die ersten Zähne sich zeigen, tritt an die Stelle des Lutschens mehr und mehr das Ziel des *Zerbeissens* und *Verschlingens* (zweite orale Stufe, auch kannibalische Stufe genannt). Auch bei der analen Phase gibt es zwei Stufen. In der ersten Hälfte steht mehr die Defäkation selbst, die *Entleerung*, im Mittelpunkt. Erst später, wenn das Kind gelernt hat, den Sphinktermuskel des Afters zu beherrschen, findet es mehr Lust in der *Zurückhaltung* (Retention) der Exkremente. Gleichzeitig verändert es sein Verhalten den Dingen der Aussenwelt gegenüber: Es erstrebt jetzt weniger die Vernichtung des Objekts als seine Beherrschung. (Die anale Phase wird wegen dieses Verhaltens auch die anal-sadistische genannt.) In der genitalen Phase liegen die beiden Stufen weit voneinander getrennt. Denn in der ersten genitalen Stufe (etwa im 5. Lebensjahre) kommt die Entwicklung der Libido zum Stillstand, und erst nach Ablauf der Latenzzeit, zu Beginn der Pubertät, kommt sie wieder in Gang. Die Befriedigungsart der ersten genitalen Stufe, die Onanie, oder, wie ich vorziehe, zu sagen, die *Ipsation*[3], wird zu Beginn der zweiten genitalen Stufe zunächst wieder aufgenommen, und es hängt tatsächlich weitgehend von den sozialen Milieufaktoren ab, wann dieses Ziel des Sexualtriebes in das endgültige Ziel übergeht, den Geschlechtsakt.

Die Entwicklung der *Objektreihe* endlich ist dadurch etwas kompliziert, dass anfangs überhaupt kein vom Ich getrenntes Objekt vorhanden ist. Es besteht Grund zu der Annahme, dass das Neugeborene zunächst die Mutterbrust von seinem eigenen Körper noch nicht unterscheiden kann. Ganz junge Säuglinge sind also autoerotisch, Ich und Aussenwelt fliessen noch in eins zusammen bei ihnen. Erst allmählich bildet sich (wahrscheinlich über den Umweg der Erfassung fremder Personen als Teilen der Aussenwelt) eine klarere Ich-Vorstellung aus, aber auch zu Anfang dieser Zeit (etwa im zweiten Lebensjahre) ist das Kind noch überwiegend narzisstisch eingestellt, es kennt nur die Eigenliebe. Seine orale Libido benutzt aber schon Gegenstände der Aussenwelt als physische Objekte. Allmählich bildet sich auch eine seelische Bindung an die Aussenwelt heraus: Aus der anfangs nur narzisstischen Libido spaltet sich ein ständig wachsender Teil als Objektlibido ab, und zwar im gleichen Masse, in dem die ursprüngliche Mutterbindung aufgegeben wird[4], bis sich beim reifen Erwachsenen narzisstische Libido und Objektlibido ungefähr die Waage halten. Doch kann bei Enttäuschungen immer wieder Objektlibido in narzisstische zurückverwandelt werden. (FREUD vergleicht diesen Vorgang mit dem Einziehen der Pseudopodien bei der Amöbe. Naheliegend wäre auch der Vergleich mit der Schnecke, die ihre Fühler einzieht.) Diese rückverwandelte narzisstische Libido nennt man *sekundären Narzissmus*. Sie spielt bei den Neurosen eine grosse Rolle[5]. Die erste, junge Objektlibido zeigt aber noch deutlich Spuren ihrer Herkunft aus dem Narzissmus, sie ist nämlich eine *passive Objektliebe*: Das Kind will geliebt werden. Gegenstände dieser passiven seelischen Objektliebe sind natürlich die Pflegepersonen, vor allem die *Eltern*. Allmählich werden die Eltern auch mehr aktiv begehrt, die Objektlibido erstarkt zur aktiven Objektliebe. In der ersten genitalen Stufe vollzieht sich aber bereits der erste Schritt einer Ablösung von diesen inzestuösen Objekten. Das Sexualziel ist ja noch die Selbstbefriedigung, und die seelische Liebe zu den Eltern zeigt nur die zärtliche Strebung, die sinnliche Komponente wird abgespalten: wir sprechen von aktiver Objektliebe mit *Genitalausschluss*. Diese Spaltung der Libido in ihre sinnliche und zärtliche Komponente bleibt auch noch den grössten Teil der Pubertät erhalten, erst eine Verschmelzung dieser beiden Strebungen zur vollen leibseelischen Liebe den Abschluss der Pubertätsentwicklung dar-

---

[1] BERTHA BORNSTEIN (On Latency, Psychoanalytic Study of the Child VI, 1951) unterscheidet *zwei Perioden der Latenzzeit*, die erste von etwa 5½ bis etwa 8 Jahren, die zweite von etwa 8 bis 10½ Jahren. In der ersten Phase ist die Über-Ich-Entwicklung sehr rigoros mit starken inneren Spannungen und Schuldgefühlen und Abwechseln zwischen Folgsamkeit und Rebellion. In der zweiten Phase flauen diese Spannungen etwas ab, das Ich wird stärker, die Über-Ich-Stärke wird abgebaut, und jetzt tauchen auch Reaktionsbildungen und Charakterbildungen auf.

[2] KARL ABRAHAM, Versuch einer Entwicklungsgeschichte der Libido auf Grund der Psychoanalyse seelischer Störungen, Wien, 1924.

[3] Der Ausdruck stammt von dem polnischen Arzt KURKIEWICZ aus Krakau und wurde später von MAGNUS HIRSCHFELD und anderen Autoren übernommen.

[4] Siehe EDITH BUXBAUM, Transference and Group Formation in Children and Adolescents, in „The Psychoanalytic Study of the Child" I, London, 1945, S. 355.

[5] OTTO FENICHEL (The Psychoanalytic Theory of Neurosis, 1955, S. 85) schreibt: Beim primären Narzissmus besteht eine Selbstliebe *anstelle* von Objektliebe; beim sekundären Narzissmus besteht ein Bedürfnis nach Selbstliebe (Selbstachtung), das die Objektliebe überschattet. — IGOR CARUSO hat darauf hingewiesen, dass der primäre Narzissmus des Kindes der Welt zugewandt ist, der sekundäre Narzissmus hingegen eine Absage an die Welt darstellt, die allerdings immer noch einen Kern Progression enthält, indem sie einen Versuch darstellt, eine Klippe der Entwicklung zu überwinden (Sitzungsberichte 1959/60 des Wiener Arbeitskreises für Tiefenpsychologie, S. 34).

stellt. Gewöhnlich sind in der Zwischenzeit schon eine Reihe von Übergangsobjekten an Stelle der Eltern getreten: Lehrer, Vorgesetzte, Filmschauspieler usw. Man nennt diese unbewussten Eltern-Ersatzfiguren *Elternimagines*. Physische Objekte, die vom Kinde mit starkem positivem Affekt betrachtet werden, sind zur Zeit der analen Phase vor allem die eigenen Exkremente; denn das Ekelgefühl ist keineswegs angeboren. Auch hier wieder zeigt sich die Anknüpfung an die vorausgegangene oral-narzisstische Zeit. Die eigenen Exkremente sind ja der erste Gegenstand der Aussenwelt, den das Kind selbst herstellt. Sie sind Eigenprodukt und werden als solches vom Kinde mit gleicher Liebe und Bewunderung umfasst wie das Kind von der Mutter oder das geistige oder materielle Werk von seinem Schöpfer. Bei Menschen, die auf dieser Phase fixiert sind, tritt an Stelle der Exkremente ihr Symbol, das Geld. Sie haben, je nachdem ob die Fixierung auf der ersten oder zweiten analen Stufe erfolgt ist, entweder die Tendenz, dieses zu verlieren und zu entäussern (sie können kein Geld „halten") oder es zu behalten und zu sammeln (meist dann auch andere Objekte).

Neben dieser Entwicklung des Liebestriebes läuft eine entsprechende des *Aggressionstriebes*. Sie ist weniger erforscht, weil sie schwerer zugänglich ist. Sichtbar wird sie nur in den verschiedenen Formen der *Ambivalenz*, d. h. des gleichzeitigen Gegeneinanders entgegengesetzter Triebziele, von Liebe und Hass. In der ersten oralen Stufe ist das Kind noch vor-ambivalent, und es gibt keine Objektbindung. Es ist dies, nach Theodor Reik, der die Entwicklung der Ambivalenz in vier Stufen eingeteilt hat[1], die Periode des *undifferenzierten* Trieblebens. Ihr folgt (auf der zweiten oralen Stufe) das Stadium der *Koinzidenz* der Triebgegensätze (Einverleibung-Vernichtung), und ihr wiederum (in der analen und zu Beginn der genitalen Phase) eine Zeit des *Nebeneinander*bestehens der einzelnen Triebkomponenten mit gesonderter Befriedigung (Verlieren-Behalten, Vernichten-Sammeln). Auch auf der ersten genitalen Stufe stehen Liebe und Hass im vollständigen Ödipuskomplex noch immer ambivalent nebeneinander. Die Entwicklung schliesst sich dann in der Pubertät ab mit der nach-ambivalenten Einstellung, der *Unterordnung* der einzelnen Partialtriebe unter den Primat der genitalen Sexualität und der *Legierung* der Liebe mit Hass zu einem Gesamtgefühl, das überwiegend das eine oder das andere ist.

Da diese ganze Entwicklung ungefähr mit den einzelnen Lebensjahren zusammenfällt (freilich nur *sehr ungefähr*), kann man die Libidoentwicklung, *grob* schematisiert und vereinfacht, etwa in folgendem Übersichtsschema (S. 229) veranschaulichen.

VI. Die Ödipussituation

Aus dieser „Landkarte der Triebentwicklung" müssen wir noch ein Detail herausschneiden und in etwas vergrössertem Maßstabe wiedergeben. Wir meinen die unter dem Namen Ödipuskomplex bekannte Ambivalenzsituation der ersten genitalen Stufe. Hier spielt die allen höheren organischen Lebewesen innewohnende *Bisexualität* eine entscheidende Rolle. Die geschlechtliche Differenzierung des kindlichen Seelenlebens ist in diesem Alter bereits so weit vorgeschritten, dass das Kind eine deutliche Vorliebe für den gegengeschlechtlichen Elternteil zeigt, während es dem gleichgeschlechtlichen Elternteil gegenüber eine Rivalitätseinstellung entwickelt. Die Entstehung der Ödipussituation geht in der Weise vor sich, dass der Knabe sich zuerst mit dem Vater identifiziert. Dies ist eine „narzisstische Identifizierung", die Freud als die „früheste Äusserung einer Gefühlsbindung an eine andere Person", als „die ursprünglichste Form der Gefühlsbindung an ein Objekt" bezeichnet[2]. *Diese* Identifizierung drückt aus, „was man *sein*" möchte (Freud, a. a. O., S. 60). Daneben entwickelt sich eine „Objektbesetzung der Mutter", die zum Ideal dessen wird, „was man *haben* möchte" (Freud). Aber auch das Gegenteil trifft zu, wenn auch in geringerem Grade. Der homosexuelle Anteil der seelischen Geschlechtsliebe ist im Kindesalter noch bedeutend weniger verdrängt als beim normalen Erwachsenen, und es bestehen infolgedessen während der Zeit der Ödipussituation zwei entgegengesetzte Strebungen jedem Elternteil gegenüber *nebeneinander*. Dies nennt man den *vollständigen* Ödipuskomplex. Hierbei ist noch zu bemerken, dass die homosexuellen Strebungen beim Mädchen etwas stärker entwickelt sind als beim Knaben, da sein erstes Liebesobjekt ja von gleichem Geschlecht ist: die nährende Mutter, die auch in der oralen Phase schon dumpf als Objekt gefühlt wird. (Unser obiges Schema ist nur eine grobe Vereinfachung der Tatsachen!) Beim Mädchen muss erst eine Umstellung vom gleichgeschlechtlichen zum gegengeschlechtlichen Objekt (zur Heterosexualität) erfolgen („Passivitätsschub", Helene Deutsch). Diese Verhältnisse lassen sich ohne wesentliche Vergewaltigungen der Tatsachen in folgendem Schema (s. S. 228) veranschaulichen, wobei □ männlich, ○ weiblich, —— die positive (Liebes-)Strebung und ······ die negative (Hass-)Strebung bedeutet.

Gegen Ende der ersten genitalen Stufe wird diese Ödipussituation allmählich abgebaut. Die hierbei ablaufenden psychischen Vorgänge sind äusserst kompliziert und gehören zu den schwierigsten Kapiteln der Tiefenpsychologie. Ihre genauere Darstellung würde den hier zur Verfügung stehenden Raum bedeutend überschreiten. Zudem ist die Entwicklung für Knaben und Mädchen wesentlich verschieden. Es mag hier genügen, anzudeuten, dass beim Knaben der Ödipuskomplex, wie Freud sich ausdrückt, am Kastrationskomplex „zerschellt", also durch eine entwicklungsgeschichtlich bereits vorgezeichnete

---

[1] Theodor Reik, Der eigene und der fremde Gott. Internationaler Psychoanalytischer Verlag, Wien, 1923, S. 234, Fussnote 2.
[2] Sigmund Freud, Massenpsychologie und Ichanalyse, Wien, 1923, S. 58 und 62.

Vollständiger Ödipuskomplex

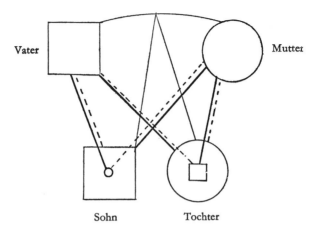

Sohn Tochter

und in der Einzelentwicklung wiederholte Vergeltungsangst zugrunde geht. Beim Mädchen geht die Kastrationsphase aber dem Ödipuskomplex *voraus*, indem hier der „Passivitätsschub" teilweise erst durch die Vorstellung ermöglicht wird, die Mutter habe ihrem Kinde „zu wenig" mitgegeben.

Mit dem allmählichen Abbau dieser dramatischen Konfliktsituationen geht die *Bildung des Über-Ichs* (der Gewissensinstanz) einher. Denn das endgültige Aufgeben der Eltern als Sexualobjekte kommt erst zustande durch eine „objektlibidinöse *Identifikation*" mit ihnen und ihren Forderungen (also eine Identifizierung mit dem, „was man haben möchte"), ein Vorgang, der sich fortan jedesmal vollzieht, sobald ein Liebesobjekt unerreichbar wird oder verlorengeht; und jedesmal bleiben Spuren des geliebten Objektes im Ich zurück. (Der „Charakter des Ichs" ist „ein Niederschlag der aufgegebenen Objektbesetzungen", FREUD[1].) Früher hiess es für das Kind „du sollst", jetzt beginnt es zu fühlen „ich will", die bremsenden Forderungen der Moral kommen nicht mehr von aussen, sondern von innen, aus dem eigenen Ich. So baut sich der Charakter aus der Doppel-Identifizierung mit *beiden* Eltern auf, und auf diese Weise werden nicht nur biologisch, sondern auch psychologisch doppelgeschlechtliche Züge bis ins Erwachsenenalter hinein bewahrt.

An der Über-Ich-Bildung sind aber auch noch andere Faktoren beteiligt. Streng genommen hat das Über-Ich *vier Quellen:* 1. die auf das Ich-Ideal eingestellte narzisstische Libido, 2. die Introjektion moralischer Vorschriften, 3. die gegen das eigene Ich gewendete Aggression, die in der Aussenwelt auf Widerstand gestossen ist, 4. gegen das Ich gerichtete aggressive Energien, d. h. die introjizierten Straffunktionen äusserer Autoritäten[2].

Wir sehen also, wie stark der Introjektionsmechanismus an der Über-Ich-Bildung beteiligt ist. Die neuere englische Schule spricht daher mit ANNA FREUD jetzt bei der gelungenen Lösung der Ödipussituation von einer *Introjizierung* der Autorität der Objekte. Eine blosse Identifizierung (wie sie bereits in der phallisch-narzisstischen Phase stattfindet) würde den Konflikt nicht lösen, sondern auf der Stufe narzisstischer Allmacht stehenbleiben[3].

VII. Die Triebschicksale

Ob die hier nur in gröbsten Strichen skizzierte Triebentwicklung einigermassen normal verläuft oder nicht, darüber entscheiden wie bei allen Fragen menschlicher Charaktergestaltung zwei Faktoren: die angeborenen Erbanlagen und die regulierenden Milieueinflüsse, deren Wirkung aber wiederum weitgehend von der angeborenen Triebkonstitution abhängig ist[4]. Letztere entscheidet also auch über Art und Stärke der Über-Ich-Bildung, über das, was RUDOLF BRUN die hemmenden „Sekundärtriebe" oder die „kulturellen Gegentriebe" nennt. Es sind das dieselben Kräfte, die wir in diesem Buche als Bremsmechanismen bezeichnet haben. Unter welchen Bedingungen und mit Hilfe welcher Mechanismen die Entwicklung *normal* verläuft oder eine *Perversion* oder eine *Neurose* entsteht, haben wir in der folgenden Übersicht darzustellen versucht, die nach dem Lehrbuch von BRUN ausgearbeitet wurde. (Die Zahlen in Klammern beziehen sich auf die Seitenzahlen der zweiten Auflage.)

---

[1] SIGMUND FREUD, Das Ich und das Es, Kap. III.
[2] J. C. FLUGEL, Man, Morals and Society, schwedische Ausgabe: Människa, Moralen och Samhället, Stockholm, 1946, S. 39—43.
[3] ULRICH MOSER, Neurosenlehre (Vorlesung 1964).
[4] RUDOLF BRUN, Allgemeine Neurosenlehre, 2. Aufl., S. 193.

Libido-Entwicklung
(Schematische Darstellung)

Alter (grob vereinfacht)	Anlehnung an eine lebenswichtige Körperfunktion	Quelle	Ziel	Objekt	Ambivalenz
0–½ I. Stufe } orale Phase	Nahrungs-aufnahme	Mund	Lutschen	(Mutterbrust und Ich nicht unterschieden) kein Objekt (Autoerotismus)	vor-ambivalent (keine Objektbindung)
½–1 II. Stufe (kannibalische)		Mund	Zerbeissen, Verschlingen	Ich (Narzissmus) physisch: Gegenstände (Totaleinverleibung)	Einverleibung - Vernichtung (in Koinzidenz)
1–2 I. Stufe } anal-sadistische Phase	Defä-kation	After	Destruktiv: Ausscheidung der Exkremente Vernichtung des Objektes	Eltern physisch: Exkremente (Partialliebe mit Einverleibung)	Behalten - *Vernichten* } im Neben-einander ambivalent
2–3 II. Stufe		After	Konservativ: Zurückhaltung der Exkremente (Retention) Beherrschung des Objekts	Eltern physisch: Exkremente (Partialliebe) passive Objektliebe	*Behalten* - Vernichten
3–5 I. Stufe (phallisch)	Miktion	Penis Klitoris	Ipsation	Eltern (aktive Objektliebe mit Genitalausschluss)	Liebe und Hass im Nebeneinander im vollständigen Ödipuskomplex
genitale Phase			Latenzzeit		
12– II. Stufe		Penis Scheide (Klitoris)	Ipsation, später Geschlechtsakt	Eltern und Eltern-Imagines, später Sexualpartner (Objektliebe)	nach-ambivalent (Unterordnung der Partialtriebe)

Triebschicksale
(232, 236—239, 240—243)
(Kräftebilanz der angeborenen Triebkonstitution) (232)

Definitionen (nach Freud):
Perversion = Manifeste Äusserung entweder der Verkehrung des Sexualobjekts oder isolierter Partialtriebe mit Ausschliesslichkeit und Zwang. (Drei Abhandlungen zur Sexualtheorie.)
Neurose = Verdrängte Perversion (das „Negativ der Perversion").

1. *Normalität* = Mittlere Stärke der archaischen Primordialtriebe
   + mittlere bis kräftige Ausbildung der hemmenden Sekundärtriebe (Bremsmechanismen) (232, 235/236)
   a) *unverdrängter* Rest in ursprünglicher Form (236)
      = Vorlust
   b) *verdrängte* Triebenergie =
      α) *Reaktionsbildung*
         (Verkehrung ins Gegenteil mit Überkompensierung)
      β) *Ersatzbildung*
         (Betätigung an Ersatzobjekt)
      γ) *Sublimierung*
         (die zielgehemmte Libido wird der verdrängenden Instanz zur Verfügung gestellt)

2. *Perversion* = Abnorme Stärke der archaischen Primordialtriebe
   („geborener + Schwäche der kulturellen Gegentriebe (232)
   Verbrecher") a) Verkehrung des *Sexualobjektes* bei Beibehaltung des normalen Sexualziels (240/241)
   = *Homosexualität, Inversion*
      α) sexuelle *Zwischenstufen* (erblich)
      β) *erworbene* Homosexualität (Fehlidentifikation)
   b) Verkehrung des *Sexualziels* (Isolierung eines Partialtriebes)
   = *Paraphilien* (STEKEL), *Perversionen* sensu strictiori

3. *Neurose* = konstitutionelle Verstärkung eines oder mehrerer Primordialtriebe
   + stark ausgeprägte Sekundärtriebe (232)
   (Hemmungen) (242/243)
   (Angst vor Triebdurchbruch
   + Abwehrmechanismen, vor allem *misslungene* Verdrängung)

VIII. Unterschiede der kindlichen Psyche von der Erwachsenenpsyche

Wir kehren nun zu den Neurosen zurück und erinnern uns daran, dass sie vor allem als Infantilismen, als seelische Entwicklungsstörungen zu betrachten sind. Damit dies Wort nicht eine blosse Phrase bleibt, müssen wir uns deshalb nun darüber klar werden, in welchen Punkten die kindliche Psyche von der des gereiften Erwachsenen abweicht. Es sind dies folgende:

1. Die Realitätsauffassung, d. h. die kritische Würdigung der Aussenwelteindrücke, ist eine Intelligenzfunktion, die sich erst im Laufe der Entwicklung ausbildet. Das Gehirn und die Psyche des Kindes ist noch viel zu wenig organisiert, um diese komplizierte Funktion ausüben zu können. Erst mit etwa 8 Jahren hat sich normalerweise der Realitätssinn einigermassen ausgebildet (BÜHLER). Jüngere Kinder kennen *keine scharfe Grenze zwischen Phantasie und Wirklichkeit*, sie denken noch nicht logisch, sondern magisch wie die Primitiven („prälogisches Denken", LÉVY-BRÜHL). Phantasievorstellungen können für das Kind die gleiche *Wirkung* haben wie die Wirklichkeit. Sie besitzen *psychische Realität* (FREUD). Kleine Kinder können also deshalb nicht „lügen", weil sie den Unterschied zwischen wahr und falsch noch gar nicht verstehen. — Fast bei allen Neurotikern finden sich Spuren dieses prälogischen Denkens und einer gestörten, aber grundsätzlich nicht aufgehobenen Realitätsauffassung. (Schwer gestört oder aufgehoben ist sie bei den Psychosen.) Eine fast vollständige Fixierung auf dieser prälogischen Stufe finden wir bei den pseudologischen oder mythomanen Psychopathen. (Strukturvoller Unterschied.)

2. Wie wir gesehen haben, ist bei jüngeren Kindern die Libido noch nicht auf der genitalen Phase angelangt oder in dieser jedenfalls noch nicht über die erste Stufe hinausgekommen. Im ersten Falle sagen wir, die *Libido* des Kindes (und vieler Neurotiker) ist *prägenital*. (Genetischer Unterschied.)

3. Wir haben gleichfalls gesehen, dass die Über-Ich-Bildung, die Entstehung des Gewissens, ein Vorgang ist, der sich erst allmählich gegen Ende der ersten Kindheit im Ich des Kindes vollzieht. Zunächst bildet sich das Ich (zu Beginn der Sprachentwicklung sprechen Kinder noch von sich selbst in der dritten Person) und erst viel später das Über-Ich. Das Kleinkind hat ein noch *unterentwickeltes Gewissen*. (Topischer Unterschied.)

4. Die Dynamik der Triebarten, d. h. ihre Kräfteverteilung und ihre auf äussere Reize hin erfolgenden gegenseitigen Verschiebungen, ist eine andere beim Kinde als beim Erwachsenen.

a) Zunächst ist das kleine Kind noch ganz *überwiegend narzisstisch*. Die Objektlibido, die Bindung an Liebesobjekte der Aussenwelt, vollzieht sich nur allmählich in einer Jahre dauernden, langsamen Entwicklung. Das Kind ist von Natur *egoistisch*.

b) Sodann ist aber auch das Mischungsverhältnis der beiden Haupttriebarten, der *Aggression* und der *Libido*, beim Kinde nicht das gleiche wie beim Erwachsenen. Kinder haben viel grössere Quanten *freier Aggression*, weil bei ihnen die Libido mit der Aggressivität noch nicht so eng legiert ist wie beim Erwachsenen. Daher die natürliche „Wildheit" des Kindes, sein starker Aktivitätsdrang und seine unmittelbare aggressive Reaktion, wenn man seinen Interessen zu nahe tritt. (Dynamische Unterschiede.)

5. Auch die Art und Weise, wie das Kind seine Libidoenergien *quantitativ* verwaltet, ist nicht die des Erwachsenen. Der seelische Apparat des Kleinkindes ist anfangs nur auf die unmittelbare Befriedigung seiner Bedürfnisse, auf den direkten Lustgewinn eingestellt. Wir sprechen hier mit Freud vom *Lustprinzip*. Erst wenn das Ich ein gewisses Mass von Differenzierung erreicht hat, lernt es mit der Zeit, in manchen Situationen die Vermeidung von Unlust an die Stelle der unmittelbaren Triebbefriedigung zu setzen, m. a. W. den Lustgewinn aufzuschieben. Diese Modifikation des Lustprinzips nennt Freud das *Realitätsprinzip*. (Die Idee einer Lust- und Unlustökonomie stammt von Fechner.) Es ist das Ziel der Erziehung, das Lustprinzip des Kleinkindes allmählich durch das Realitätsprinzip des Erwachsenen zu ersetzen, und die gute Erziehung wird dieses Ziel unter der geringsten Einbusse an Aktivität seitens des Kindes zu erreichen suchen. Freud sagt: „In Wirklichkeit bedeutet die Ersetzung des Lustprinzips durch das Realitätsprinzip keine Absetzung des Lustprinzips, sondern nur eine Sicherung desselben. Eine momentane, in ihren Folgen unsichere Lust wird aufgegeben, aber nur darum, um auf dem neuen Wege eine später kommende gesicherte zu gewinnen[1]." (Libidoökonomischer Unterschied.)

Diesen Unterschieden wären nun noch zwei weitere hinzuzufügen:

6. Wie in der Motorik können auch im Triebleben die verschiedenen Funktionen im Anfang noch nicht so gut zusammenarbeiten, m. a. W. beim Kinde treten alle *Partialtriebe* (orale, anale, urethrale, phallische, sadistische, masochistische, exhibitionistische und schaulustige Tendenzen) noch *isoliert* auf, das Kind ist „polymorph pervers", wie Freud sich ausdrückt.

7. Aus der Unvermischtheit von Libido und Aggression folgt schliesslich noch, dass die *Ambivalenz zwischen den Regungen von Liebe und Hass* beim Kinde stärker ist und offener zutage tritt als beim nach-ambivalenten Erwachsenen mit seinem strengeren Primat der Genitalität.

IX. Die Neurosen unter verschiedenen Aspekten

Ausgehend von diesen Unterschieden zwischen kindlicher und Erwachsenenpsyche verstehen wir nun auch die verschiedenen Gesichtspunkte, unter denen man die Neurosen betrachten und nach denen man sie einteilen kann.

1. Die Neurose als prägenitale Fixierung.

Die reinste Fixierung auf der *oral-narzisstischen Phase* finden wir nicht bei den Neurosen, sondern bei den Psychosen, und zwar hauptsächlich bei den Schizophrenien. (Bei der Melancholie liegt die Fixierung teilweise in der oralen Phase, teilweise auf der ersten analen Stufe, doch wird die anale Libido hier abgewehrt. Die Paranoia wird als eine Regression auf die anal-sadistische Phase angesehen bei narzisstischer Objektbesetzung.) Doch kommen orale Fixierungen *sekundär* auch bei den Neurosen vor, vor allem bei der Zwangsneurose, die fast nie „rein" analen Charakter zeigt, und dann bei den Süchten, in erster Linie natürlich bei den Trinkern.

Der typische Fixierungspunkt der Zwangsneurotiker ist die *anal*-sadistische Phase (meist deren zweite Stufe), während die Phobiker ganz allgemein auf die *prägenitalen* Phasen regredieren ohne einen näher bestimmbaren typischen Fixierungspunkt. Auf die *infantil-genitale (phallische)* Stufe fixiert sind schliesslich die Hysteriker. Die Behandlung der Hysteriker ist schon deshalb eine relativ dankbare Aufgabe, weil sie zur völligen Nachreife ein bedeutend kürzeres Stück der Entwicklung zurückzulegen haben als die anderen Neurotiker. Entwicklungsmässig stehen ihnen nahe die phallisch-narzisstischen Charakterneurosen.

2. Die Neurose als Ich-Struktur-Verschiebung

Auch nach dem typischen Struktur-System (zwischen Ich, Es und Über-Ich) kann man die Neurosen unterscheiden.

Bei der *Hysterie* besteht ein *Konflikt zwischen Ich und Es*. Das Ich verdrängt die Genitalität, das Es umgeht das Über-Ich und verschafft sich Abfuhr in den körperlichen Innervationen des Ichs.

Bei der *Zwangsneurose* ist die *Verbindung zwischen Über-Ich und Es gestört*, die zwischen Ich und Es und zwischen Über-Ich und Ich hingegen intakt. Die Impulse des Es werden im Ich dauernd von der

---

[1] Sigmund Freud, Formulierungen über die zwei Prinzipien des psychischen Geschehens, Ges. Werke, Bd. VIII, S. 235/236.

Kritik des Über-Ich beeinflusst und umgebogen. Das Ich regrediert auf die magische (prälogische) Stufe, das Es auf die anal-sadistische. Das Über-Ich kehrt den Sadismus gegen die eigene Person, und die Schuld (die ursprünglich gegen andere gerichtete Aggression) wird durch Selbstquälerei gesühnt.

(Zum Vergleich: Bei der Schizophrenie und den ihr verwandten Psychosen besteht ein Konflikt zwischen Ich und Realität. Die Verbindung zwischen Über-Ich und Ich *und* die zwischen Über-Ich und Es ist gestört. Das Über-Ich wird abgebaut, und es entsteht ein Kurzschluss zwischen Ich und Es [manifeste Perversionen]. Genauer gesagt wird der Konflikt zwischen Ich und Über-Ich nach aussen projiziert und besteht dann also scheinbar zwischen Ich und Realität. Die Erkennung des paranoiden Projektionsmechanismus spielt in der Rorschach-Diagnostik eine grosse Rolle. Siehe Involutionsparanoia und psychogene Psychosen. — Bei der manio-depressiven Psychose liegt ein Konflikt zwischen Über-Ich und Ich vor; in der melancholischen Phase unterliegt das Ich bis zum Selbstmord, in der manischen Phase das Über-Ich, seine Identifizierungen werden aufgehoben.)

Grob gesprochen kann man also die Hysterie und die Phobie eine *Es*-Neurose nennen, weil hier die Störung vom Es ausgeht. Die Zwangsneurose wäre dagegen eine *Über-Ich*-Neurose. Es gibt auch neurotische Zustände mit *Ich*-Störungen; das sind die Depersonalisationen, die aber schon einen Übergang zu den Psychosen darstellen (z. B. bei den psychotischen Formen der Hysterie mit Ich-Spaltung, in leichteren Graden auch bei der Psychasthenie [1]).

Das Zentrale bei der Neurose ist, wie wir gesehen haben, die *Angst*. Diese topische Einteilung der Neurosen hängt eng zusammen mit den verschiedenen Arten von Angst, die genau zu kennen für den Rorschach-Diagnostiker um so wichtiger ist, als sich die verschiedenen Arten von Angst zum Teil recht gut im Rorschach-Protokoll unterscheiden lassen.

„Das Ich ist ja die eigentliche Angststätte", sagt FREUD [2], aber es ist abhängig von der Aussenwelt (mit der es durch die Sinnesorgane in direktem Kontakt steht), von den Trieben des Es und von den moralischen Forderungen des Über-Ichs. Auf diese Abhängigkeiten kann man die Angst beziehen und unterscheidet dann *Realangst* (Ich-Angst im engeren Sinne), *libidinöse Angst* (Es-Angst) und *Gewissensangst* (oder Kastrationsangst) (Über-Ich-Angst).

Die *Realangst* ist die normale Angst des Gesunden als Alarmsignal gegen Gefahren von aussen. Sie ist ein Urgefühl, das bei jeder Bedrohung des Lebenstriebes entsteht und den Organismus zum Kampf oder zur Flucht oder zum „Sich-Totstellen" instand setzen soll.

Die *libidinöse Angst* kommt von innen, sie ist umgewandelte *Liebe oder Aggression* und wird darum besser *Triebangst* genannt [3]. Sie ist *frei* flottierende Angst, die in Form der sogenannten *Erwartungsangst* an jede Möglichkeit sich knüpft. Sie entsteht durch Triebstauungen bei der Angstneurose und findet sich auch in der Hysterie, wo sie aber nicht als Angst erlebt wird, sondern konvertiert und im Symptom gebunden bleibt. Wird sie, die ursprüngliche Angst vor der inneren Triebgefahr, durch den Mechanismus der Verschiebung an ein Objekt gebunden, so wird sie zur *phobischen Angst* (Situationsangst).

Auch die *Gewissensangst* kommt von innen. Sie war als normale Strafangst ursprünglich auf äussere Objekte bezogen und wurde dann introjiziert. In ihrer neurotischen Form bei der Zwangsneurose ist sie wieder Verschiebungsangst, bei der die Angst vor der Strafe „auf ein Kleinstes" verschoben ist.

Wegen ihrer grossen Wichtigkeit sollen auch diese Beziehungen hier nochmals in einer schematischen Übersicht (nach RUDOLF BRUN's „Neurosenlehre") zusammengestellt werden.

Angst
(Schematische Übersicht nach RUDOLF BRUN, 2. Aufl., S. 113, 114, 115, 126, 264, 364, 365, 391/392)

Vorbemerkung:

Die Angst wird immer vom Ich produziert und verspürt, kann aber „auf die drei Abhängigkeiten des Ichs, von der Aussenwelt, vom Es und vom Über-Ich", bezogen werden (FREUD, Neue Folge der Vorlesungen, XXXII).

Biologische *Grundbedingung: Bedrohung vitaler Interessen* (wenn der normale Ablauf einer bereits aktivierten primären Triebrerregung durch ein Hindernis plötzlich in Frage gestellt oder bedroht erscheint) (113, 126, 364).

1. *Realangst* (Ich)   = Urgefühl
   (von aussen)   (Bedrohung des Lebenstriebes) (113)
   [normal]   Bereitstellung des Organismus zur Verteidigung oder zur Flucht
                             (Bewegungssturm)
                             oder Totstellreflex

---

[1] Die soeben geschilderten Verhältnisse beziehen sich auf die Störungen der Ich-*Struktur*. Was die Ich-*Funktionen* betrifft, so ist bei der Hysterie das *körperliche* Ich (seine Organe), bei der Zwangsneurose das *psychische* Ich (das Denken und Fühlen) und bei der Schizophrenie (neben den anderen Funktionen) das *Wahrnehmungs*-Ich gestört. (Siehe NUNBERG, Allgemeine Neurosenlehre, S. 274.)
[2] SIGMUND FREUD, Das Ich und das Es, Kap. V.
[3] Die Worte FREUD's „gleichgültig, ... ob Aggression oder Liebe" in der XXXII. Vorlesung der „Neuen Folge" (Gesammelte Werke, Bd. 15, S. 90) sind von einer Reihe von Kritikern übersehen worden, z. B. von KAREN HORNEY.

2. *Libidinöse Angst* (Es) =
(von innen)
   a) [Angstneurose] = *frei* flottierende Angst (Urgefühl) (114)
                             (Analogon: Ängstliche Unruhe nach Objektverlust)
                             (Unruhe der Tiere und Angstneurose der Witwen) (264)
   b) [Hysterie] [1] = Angst im Symptom *gebunden*, konvertiert („erstarrt"), wird nicht als Angst erlebt.
3. *Phobische Angst* (Es) = Angst vor Objekt
   (psychoneurotische Angst)   mit Verschiebungsersatz (Komplexangst) (114)
   (von innen)   (ursprünglich Angst vor der Triebgefahr) (364)
   [Phobie, Zwangsneurose]   (Situationsangst) (365)
4. *Gewissensangst* (Über-Ich) (Strafangst, „Kastrationsangst")
   a) [normal] = α) objektbezogen (extravertiert) = Angst vor den Folgen (Realangst, infantile Form) (115, 126)
                β) introjiziert = reine Gewissensangst (objektives Urgefühl) (115, 126)
                (Bedrohung des moralischen Gegentriebs) (reife Form)
   b) [Zwangsneurose] = Verschiebungsangst
                           (mit Projektion auf einen Verschiebungsersatz)
                           (Verschiebung „auf ein Kleinstes") (391/392)

3. Die Neurose als Veränderung des Mischungsverhältnisses der Triebe

Die Neurose ist aber auch eine dynamische Strukturverschiebung im gegenseitigen Kräfteverhältnis der Triebe und ihrer Komponenten.

Allen Neurosen gemeinsam ist zunächst ein stärkeres Hervortreten des *Narzissmus*. Bei den (offenbar stärker konstitutionell bedingten) sogenannten narzisstischen Neurosen (Zuständen, die den Psychosen verwandt sind, aber ohne deren Realitätsstörung) handelt es sich dabei grösstenteils um fixierten primären Narzissmus. Aber auch alle Übertragungsneurosen haben einen verstärkten Narzissmus, der hier aber sekundärer Narzissmus, d. h. in narzisstische Libido zurückverwandelte Objektlibido ist. Die bekannte *Egozentrizität* der Neurotiker hat hierin ihren Ursprung.

Aber auch das Verhältnis von *Libido und Aggression* erleidet eine Verschiebung. Infolge teilweiser Entmischung wird Aggressionsenergie frei, die aber nicht oder nur auf Schleichwegen abreagiert wird. Da andererseits auch die normale positive Aggressionskomponente der Triebe aus Angst nicht befriedigt wird, kommt es zu erheblichen *Aggressionsstauungen*, die aber, wo sie sich nicht wie z. B. im hysterischen „Auftritt" oder Anfall entladen, *gehemmt* werden und dann zu Depressionen, Dysphorien, Geniertheit, Müdigkeit und allgemeinem Aktivitätsverlust führen. In manchen Fällen beherrscht dieser Mechanismus so stark das ganze Bild, dass es sehr wohl möglich ist, die Therapie direkt auf Befreiung der Aggressionsenergien abzustellen[2]. Namentlich in Ländern, deren freiere Sitten der libidinösen Entwicklung weniger hinderlich sind, wo aber die „Wohlerzogenheit" und starre Umgangsformen zum bürgerlichen Ideal erhoben sind, spielen diese Neurosenformen erfahrungsgemäss eine ausserordentlich grosse Rolle.

Doch finden sich Störungen der Aggressionstriebe bei *allen* Neurosen, und gerade der Rorschach-Test ist ein äusserst feinfühliges Instrument für ihre Wirkungen. Statt der normalen Legierung von Selbsterhaltungstrieb und Aggression finden wir z. B. freie Aggressivität in negativer Form im sozialen Kontakt (den sogenannten neurotischen Trotz), während gleichzeitig die Energie im beruflichen Arbeitseinsatz herabgesetzt ist und der Patient sich im Existenzkampf ausnutzen lässt. Diese Menschen schimpfen über alles und alle, machen aber keine Anstalten zur Besserung ihrer Situation und zur Wahrung ihrer Interessen. Statt der normalen Legierung von Objektlibido mit Aggression finden wir ein ängstliches Sichverkriechen vor dem anderen Geschlecht mit gleichzeitigem Anschwellen der Phantasie mit sadistischen oder masochistischen Vorstellungen.

Aber nicht nur die Aggression tritt frei und ist jedenfalls abgespalten. *Alle* Partialtriebe können sich wieder entmischen, und so sehen wir im Neurotiker *isolierten* Sadismus, Masochismus, Exhibitionismus, Schaulust, Oralität, Analität usw. und natürlich auch die Triebobjektinversion (Homosexualität) (aus der normalen gleichgeschlechtlichen Komponente des Ödipuskomplexes), aber alles in verdrängter oder isolierter Form oder in Form von Reaktionsbildungen (das „Negativ der Perversion"). Diese Entmischung der Partialtriebe ist ja die unmittelbare Ursache der neurotischen Ambivalenz (Liebe und Hass nebeneinander). Auch die beiden Komponenten der genitalen Sexualität, die Sinnlichkeit und die

---

[1] Bei der Hysterie handelt es sich um eine, wie jede Angst zwar vom Ich ausgehende, aber von den Bedürfnissen des Es abhängige Angst vor Liebesverlust, die jedoch ins Unbewusste verdrängt und an ein Symptom gebunden („konvertiert") und damit affektiv nicht mehr manifest ist.

[2] Siehe TORA SANDSTRÖM, Ist die Aggressivität ein Übel? (Stockholm, Albert Bonniers, 1939).

Zärtlichkeit, werden wieder getrennt, wie sie es einst in der Kindheit und in der Pubertät [1] gewesen waren. Es hängt diese Trennung eng zusammen mit der Fixierung an die alten inzestuösen Triebobjekte der Kindheit (Vater und Mutter), die eine Verschmelzung dieser beiden Strebungen nicht gestattet. So wird denn oft die zärtliche Bindung an die Mutter auf eine angebetete „Madonna" übertragen, die nicht begehrt, und die Sinnlichkeit bei einer Dirne befriedigt, die nicht geliebt wird.

4. Die Neurose als Angstabwehr

Fast noch wichtiger zum Verständnis der Neurosen als die verschiedenen Arten der Angst sind die verschiedenen Formen der *Angstabwehr*, deren die Neurotiker sich bedienen. Streng genommen werden andrängende Triebimpulse abgewehrt, und die Abwehrmechanismen werden durch Angstsignale ausgelöst, ihre unmittelbare Aufgabe ist also die Ersparung von Angst.

ANNA FREUD [2] zählt ihrer zehn auf: Verdrängung, Regression, Reaktionsbildung, Isolierung, Ungeschehenmachen, Projektion, Introjektion, Wendung gegen die eigene Person, Verkehrung ins Gegenteil und Sublimierung (Verschiebung des Triebziels). Sie fügt dann noch drei hinzu, die mehr der Abwehr äusserer Unlust und Gefahr dienen, nämlich: die Verleugnung in der Phantasie, die Verleugnung in Wort und Handlung und die Ich-Einschränkung. Wir werden diese Formen noch bei den Amphithymien kennenlernen, und die Ich-Einschränkung kennen wir bereits in Form der neurotischen Intelligenzhemmung.

Die Verkehrung ins Gegenteil ist eine Aktiv-Passiv-Umwandlung, also eine Verkehrung der Triebrichtung, z. B. der Sadismus wird zum Masochismus. Es handelt sich hier also nicht (wie bei der Reaktionsbildung) um eine Zielveränderung bei gleichbleibendem Objekt, sondern um eine Umwandlung von Objektlibido in narzisstische Libido, meist also zugleich um eine Wendung gegen die eigene Person. (Die verschiedenen Abwehrformen greifen, wie NUNBERG bemerkt, vielfach ineinander über [3]). Bei der Reaktionsbildung hingegen bleibt das alte Objekt bestehen: das aggressive Kind wird zärtlich (aber immer noch gegen die Mutter), die Liebe zum Schmutz wird zur Reinlichkeitsliebe.

Nach WAELDER [4] lassen sich alle Abwehrmechanismen durch die drei Gesichtspunkte „Rückzug aus dem Bewusstsein, Ersatzbefriedigung und Gegenbesetzung" erschöpfend beschreiben.

Die genannten Abwehrmechanismen verteilen sich nun nicht gleichmässig auf die verschiedenen Neurosen, sondern jeder Neurosentypus hat seine besonderen Favoriten unter ihnen. Die *Hysterie* bedient sich meistens der *Verdrängung* (genitaler Libido). Der Hysteriker schweigt im Widerstand, ihm fällt einfach nichts ein. Daneben kommt aber auch die Reaktionsbildung beim Hysteriker vor, die Regression aber nur in Vorstellung und Ausdruck, der Trieb selbst bleibt auf der genitalen Stufe. Die *Zwangsneurose* arbeitet vorzugsweise mit der *Isolierung*. Der Zwangsneurotiker schweigt nicht im Widerstande, „aber er zerreisst die Zusammenhänge zwischen seinen Einfällen" [5]. Seine *Regression* umfasst den Trieb selbst, die Libido gleitet wirklich auf die primitive prägenitale Struktur zurück. Daneben finden sich beim Zwangsneurotiker in hohem Masse *Reaktionsbildungen* und das *Ungeschehenmachen*, also die Magie. Auch die *Projektion* ist ein Teil der zwangsneurotischen Abwehrmechanismen. Sie ist sonst das Spezifikum aller paranoiden Zustände und Psychosen. Von den Abwehrformen werden Reaktionsbildung, Isolierung und Ungeschehenmachen mehr zur Abwehr *prägenitaler* Triebimpulse angewendet, die Verdrängung mehr gegen *genitale* (daher bei Hysterie) [6]. — Die Sublimierung endlich ist der einzige Abwehrmechanismus, der vorzugsweise bei *Normalen* vorkommt.

X. Die Charakterneurosen

Eine besondere Gruppe der Neurosen stellen die Charakterneurosen dar. Der Begriff und Ausdruck „Charakterneurosen" stammt aus einer Arbeit von FRANZ ALEXANDER: „Der neurotische Charakter" (Imago 1921) und ist dann später von WILHELM REICH weiter ausgebaut worden. Nach REICH [7] steht der Charakter im Dienste des Widerstandes, ist eine „chronische Verhärtung des Ichs". Diese Verhärtung („Panzerung") geschieht auf drei Wegen: 1. durch *Identifizierung* des Ichs mit der versagenden Hauptperson; 2. durch *Introjektion der Aggression* gegen die versagende Person und 3. durch *Reaktionsbildungen* gegen die sexuellen Strebungen, deren Energie zur Abwehr verwendet wird (REICH, S. 168). Hierbei gelten folgende allgemeine *Bedingungen*: „Das Resultat der Charakterbildung hängt ab: vom Zeitpunkt, in dem die Versagung den Trieb trifft; von der Häufung und Intensität der Versagungen; von den Trieben, die die zentrale Versagung erfahren; von dem Verhältnis zwischen Gewährenlassen

---

[1] Eine vorzügliche Übersicht über die seelische Entwicklung in der Pubertät, deren Kenntnis zum Verständnis der Neurosen unentbehrlich ist, findet der Leser bei ERNST KRETSCHMER, Medizinische Psychologie, Georg Thieme, Leipzig 1939, S. 136/137.
[2] ANNA FREUD, Das Ich und die Abwehrmechanismen, Wien, 1936, S. 52.
[3] A. a. O., S. 210.
[4] ROBERT WAELDER, Die Grundlagen der Psychoanalyse, Bern und Stuttgart, 1963, S. 171.
[5] ANNA FREUD, a. a. O., S. 42.
[6] OTTO FENICHEL, The Psychoanalytic Theory of Neurosis, 1955, S. 287.
[7] WILHELM REICH, Charakteranalyse, Kopenhagen 1933.

und Versagung; vom Geschlecht der hauptsächlich versagenden Person; von den Widersprüchen in den Versagungen selbst" (REICH, S. 171).

REICH nennt den „normalen" Charakter den „genitalen", weil er glaubt, nur der „Normale" habe volle orgastische Potenz, während in Wirklichkeit sehr viele Neurotiker eine vorzügliche orgastische Potenz besitzen. Aber dies ist nicht von entscheidender Bedeutung, denn natürlich ist die orgastische Potenz *unter anderem* ein wichtiges Kriterium des Normalen. Neben dem normalen unterscheidet REICH nun den *triebhaften* und die *triebgehemmten Charaktere*; letzterer gibt es vier, den hysterischen Charakter, den Zwangscharakter, den phallisch-narzisstischen und den masochistischen Charakter. Eine besondere *Abart* des Zwangscharakters sei hier noch erwähnt, die wir die „*Verkopfungsneurose*" nennen möchten. Bei diesen heute, namentlich bei jüngeren Akademikern sehr verbreiteten Charakterneurosen versucht der Patient, seiner Ängste mit Hilfe einer weitgehenden Intellektualisierung seiner Affekte Herr zu werden. Diese Menschen zerreden alles und erleben nichts, sind sich aber infolge der zwangsneurotischen Isolierung nicht darüber im klaren, dass sie alles zerdenken und zerreden aus *Angst* vor dem Erleben. Sie glauben meist, sich vorzüglich zu kennen und sind wegen ihrer unerhörten Panzerung eine harte Nuss auch für routinierte Analytiker.

Wir geben nun, nach BRUN und REICH, eine kurze Zusammenstellung der wichtigsten Strukturmerkmale der Charakterneurosen, deren genauer Kenntnis der Rorschach-Diagnostiker bedarf wie des täglichen Brots.

Die neurotischen Charaktertypen
(Nach REICH und BRUN) (Brun 402—405)

1. *Der triebhafte Charakter*

   Unverhüllter und *ungehemmter Sexualtrieb* (auch Perversionen)
   bejahende Einstellung des Ichs zum Triebleben (der *Trieb* selbst steht im ⎫ Unterschied
   Dienste der *Abwehr* von imaginären Gefahrsituationen)   ⎬ von der
   ausgiebige *Rationalisierungen*   ⎭ Zwangsneurose
   lebhafte *Beziehungen zur Aussenwelt*   ⎫ Unterschied von der
   (keine Spaltung, erhaltene Realitätsprüfung)   ⎭ Schizophrenie
   unlösbarer Konflikt zwischen Verbot und Drang:
   Isolierung und *Verdrängung des Über-Ichs*
   Strafbedürfnis (infolge der Einwirkung des verdrängten Über-Ichs auf das Ich), (Masochismus, „Verbrechen aus Schuldbewusstsein")
   Entlastung des Strafbedürfnisses durch Selbstschädigung
   Genese: plötzliche traumatische Versagung nach weitgehender Triebbefriedigung.

2. *Der hysterische Charakter*

   Koketterie + *Genitalangst* (Angst vor dem Orgasmus)
   (*Agieren* ohne sexuelles Erleben)
   (Männer: weich, feminin und überhöflich)
   Unbeständigkeit und starke *Suggestibilität*
   Neigung zum *Phantasieren* und zur *Pseudologie* (Reich 214)
   geringe Neigung zur Sublimierung (weil voll entfaltete genitale Strebungen)
   körperliche *Konversionen* und *Angst*
   Genese: genitale Fixierung am Inzestobjekt.

3. *Der Zwangscharakter*

   Anale Züge und Reaktionsbildungen (Pedanterie, Grübeln, Sparsamkeit)
   Mitleids- und Schuldgefühlsreaktionen (verdrängter Sadismus)
   Unentschlossenheit, Zweifel, Misstrauen
   Beherrschtheit bis zur Affektsperre (Muskelspannungen)
   Abwehr der genitalen *(phallisch-sadistischen)* Triebimpulse
   Regression auf die *anale* Stufe (Bindung der Aggression durch anal-erotische Energien)
   körperliche und geistige Zurückhaltungstendenzen
   hinter der Affektsperre *analer* (Schlagen, Zertreten, Quetschen) und *phallischer* Sadismus (Stechen, Durchbohren) (Reich 225)

4. *Der phallisch-narzisstische Charakter*

   Selbstsicheres, arrogantes Auftreten
   Aggressiver Mut bei mangelhaften Reaktionsbildungen gegen die Aggressivität
   starke *Objektbeziehungen* mit bedeutender sozialer *Leistungsfähigkeit*
   Verachtung des Weibes ohne zärtliche Strebung *(Liebesunfähigkeit)* mit unbewusst *sadistischen Racheimpulsen* (auch: aktive Homosexualität beiderlei Geschlechts)
   Genese: Hemmung der genitalen Objektlibido auf dem Höhepunkte genitaler Aggression durch eine mächtige Versagung.

5. Der masochistische Charakter
Hemmung der gesamten *Aggressionslust* durch starke *Kastrationsangst*
ständige *Angst vor dem Alleingelassenwerden*
chronisches *Leidgefühl* mit Neigung zum *Klagen* (Reich 244)
chronische Neigung zu *Selbstschädigung* und *Selbsterniedrigung* (Reich 245)
ungeschicktes, ataktisches Auftreten im Umgang (bisweilen bis zur Pseudodemenz) (Reich 245)
so *gesteigertes Liebesbedürfnis*, dass eine reale Befriedigung ausgeschlossen wird
+ Provokation von Menschen, von denen man sich enttäuscht fühlt (Reich 250/251)

Normal: Der genitale Charakter
Libido auf genitaler Stufe mit heterosexuellem Objekt
Ödipuskomplex definitiv überwunden
volle orgastische Potenz

Wir wollen hiermit diesen Abschnitt beschliessen, der also keine „Neurosenlehre" sein sollte (dazu fehlen eine ganze Reihe sehr wichtiger Fakta), sondern nur ein kurzes Repetitorium gewisser Denkschemata und Einteilungsprinzipien, die in der täglichen Praxis der Rorschach-Diagnostik eine Rolle spielen.

Symptomatologie

Aktualneurosen

Neurasthenie (85, 86, 91, 107/108) *
(= funktionelle Affektion der vegetativen Gehirnzentren) (91)
Grundsymptom = „reizbare Schwäche" (BEARD)

1. *Hyperästhesie der Sinnesorgane*
   (Herabsetzung der Reizschwelle für alle zerebrospinalen und vegetativen Erregungen) (85)
   Schlaflosigkeit (Einschlafstörung)
   pseudoneuralgische Schmerzen

+ 2. *Insuffizienz d. Notfallfunktion des Sympathikus* (85)
   (abnorm rasche Erschöpfbarkeit der motorischen Leistungen):
   allgemeine Körperschwäche
   Tremor
   leichte Ermüdbarkeit

Vegetative Symptome (86)
   Vasomotorische Störungen
   (gesteigerte Hauterregbarkeit, Labilität des Pulses usw.)
   Atmungsstörungen
   Labilität des Blutdruckes
   Störungen der Magen- und Darmfunktionen

„*Sexuelle Neurasthenie*" (86)
   Gehäufte Pollutionen
   Intensive Masturbation
   Ejaculatio praecox
   Impotenz
   Hypochondrie, Angst- und Schuldgefühle

Psychasthenie (JANET) (86, 87)
   gesteigerte Affektbereitschaft (Affektlabilität)
   rasche geistige Ermüdbarkeit
   Konzentrationsunfähigkeit
   Neigung zu depressiver Verstimmung

Hypochondrie (psychoneurotischer Überbau) (107/108)
   Neigung zu gesteigerter Selbstbeobachtung
   falsche Deutung der Symptome („agglutinierte Kausalität", MONAKOW)
   Aktivierung von Schuldgefühlen

Angstneurose
Symptome (115—117)
1. Akuter Angstanfall (aus heiterem Himmel)
   (kardio-vaskuläre Symptome, Erstickungsangst)
   auch: protrahierte Angstanfälle
   Angst vor der Angst
2. Im Intervall:
   ängstliche Erwartung
   + gesteigerter Sympathikustonus
   (Schlaflosigkeit, Schwindel, Reizbarkeit, Hyperästhesie der Sinnesorgane, Schreckhaftigkeit, Tremor, Angstschweiss, Diarrhöen, psychische und Herzlabilität, Aufseufzen, bedrohlicher Vorstellungsinhalt)

Angstäquivalente (ohne subjektives Angstgefühl)
   (körperliche Angstreflexe, hypnagoger pavor nocturnus, Pollakisurie, nächtliche Polyurie, nächtlicher Heisshunger)

Pavor nocturnus der Kinder

Befürchtungen (Situationsangst)
   Agoraphobie
   Angst vor dem Alleinsein (118/119)
   Angst vor der Dunkelheit
   Angst vor Gewitter
   (*Pseudophobien*, nicht analysierbar)

Hypochondrie der Angstneurotiker (Herz) (117/118, 120)

Sekundäre Psychoneurosen
   echte Angsthysterie
   oder Zwangsneurose (120/121)

Unfallneurotisches Analogon (vgl. Kommotionsneurasthenie):

Schreckneurose (126/127)
   mit psychischer Überlagerung:

Schreckhysterie
   (Hysterie oder Angsthysterie) (127)
   (traumatische Neurose)

---

* Die Zahlen in Klammern beziehen sich auf die Seitenzahlen in BRUN's Allgemeiner Neurosenlehre, 2. Aufl.

der Neurosen

Psychoneurosen

Abwehrpsychoneurosen (382)

Hysterie	*Phobie (Angsthysterie)*	*Zwangsneurose*
Abnorme Erregungsformen und Erregungsabläufe: (78) abnorm gesteigerte Auto- und Fremd*suggestibilität* Neigung zur *Fernhaltung* peinlicher Eindrücke vom Bewusstsein (Abdrängung, Skotomisierung, *Verdrängung*) Neigung zum *Erstarrenlassen von Schreckreflexen* und Schreckhaltungen, gesteigerte Fähigkeit zur *Affektverschiebung* und *Konversion*, abnorm lange *Nachdauer* der *Visceralreflexe* (Pupillotonie) („primäre Unfähigkeit zur psychischen Synthese") (JANET)	*Angst* vor der *inneren Triebgefahr* (364) *Verdrängung der Triebgefahr* und *Bindung* der Angst im psychoneurotischen *Symptom* (365) *Situationsangst* (365) Die Angst ist *inappellabel* (368)	1. *Abnorme Erregungsformen und Erregungsabläufe:* primär gesteigerte *Ambivalenz* aller Gefühle (78/79, 396) (*Zweifel*, Lähmung der Aktivitätsbereitschaft) (397) 2. *Triebkonstitution:* (397) primär starker *Sadismus* + überstarke *analerotische Fixierung* (pedantische Exaktheit, Hartnäckigkeit und Eigensinn) (397, 398) 3. *Mechanismus der Symptombildung* (391—395): a) starke aktive *sexuelle Triebhaftigkeit* in der Kindheit (Ödipuskomplex) mit später *Verdrängung* b) *Verdrängung* der primären *Selbstvorwürfe* und Verschiebung auf andere Denkinhalte („Verschiebung auf ein Kleinstes") + Ungeschehenmachen durch reaktive Zwangshandlungen c) *feindselige Impulse* gegen die triebunterdrückenden Personen d) Abwehr und Verdrängung dieser sadistischen Impulse mit Verkehrung ins Gegenteil *(Reaktionsbildung)* (krankhafte Steigerung der moralischen Gegenregungen) *(strenges Über-Ich)* e) Sicherung gegen Triebdurchbruch durch *Zwangshandlungen* (Kompromiss mit der verdrängten sadistischen Regung) Glaube an die *Allmacht der Gedanken* Überschätzung des Denkens (*Intellektualisierung* des Trieblebens) (Pseudosublimierung) f) *sekundäre Verdrängung* des ursprünglichen Triebobjekts (*Automatisierung* der Zwangshandlung)

Ätiologie und

Aktualneurosen

Neurasthenie (91—94, 94—95, 95/96, 97—101, 102, 105)

Ätiologie:

1. *Erschöpfung* (91—94)

2. *Inadäquate Libido-Abfuhr* im Sexualakt (97—101) ⟵
(Verhinderung des Orgasmus, Onanie mit Schuldgefühlen und Angst) (97—101)

3. Ehrenkränkungen, *chronischer Ärger*, Kummer und Sorgen, Hetzerei im Beruf (102)
oder
einmaliger psychischer Schock
(vor allem Angstschock)

4. Chronische *Toxinwirkungen* (94—95)
   a) *Exotoxine* (Kohlenoxyd, Schlafmittel, Rauschgifte, Nikotin)
   b) *Endotoxine* (Autointoxikationen vom Magen-Darmkanal aus, besonders bei chronischer **Verstopfung**)
   c) nach *Infektions*krankheiten

5. Mechanische Erschütterung (95/96)
(traumatische oder *Kommotionsneurasthenie*)
(unfallneurotisches Analogon, vgl. „Schreckneurose" unter „Angstneurose")

Symptome:

Labilität des *vegetativen* Nervensystems: Kopfdruck, Schwindel (besonders bei plötzlichem Lagewechsel), Schlaflosigkeit, Alkoholintoleranz, Tremor, Schweisse, Dermographismus, kardiovaskuläre Symptome, erhöhter Liquordruck, zerebrale Zuckerausscheidung;
psychisch: Konzentrationsunfähigkeit, Verlangsamung des Denkens, erhöhte Reizbarkeit, Depression

6. *Konstitutionelle* Neurasthenie (105)
(primäre Insuffizienz der hämoencephalen Barriere)

Angstneurose

hormonal ausgelöste, frei flottierende Angst
(objektlose Angst) (117, 365) ⟵

Pathogenese:

1. *Libidostauung* (121) ⟶ (gewaltsame *Hemmung* der Libidoabfuhr) (97)
(Angstneurose nur bei potenten Männern und nichtfrigiden Frauen) (124)

Bedingungen:

frustrane sexuelle Erregung (z. B. coitus interruptus)
keusche Jungfrauen und Kinder
Brautstand
plötzliches Aufgeben regelmässiger Sexualbetätigung (Witwen, Aufgeben der Onanie)
Greise (bei Wiederaufflackern der Libido ohne Befriedigung) (124/125)

+ 2. *Konstitution* (123)

+ 3. *Erworbene Disposition* (123)
(infolge körperlicher Schwächung, z. B. nach Infektionskrankheiten, Alkoholexzessen, Diätfehlern oder anstrengender Arbeit) (123, 124)

Struktur der Neurosen

Psychoneurosen

Abwehrpsychoneurosen (382)

Hysterie	*Phobie (Angsthysterie)*	*Zwangsneurose*
	Auslösung der Angst an bestimmte *Objekte* oder *Situationen* gebunden (bedingte Angst) (365) Bindung der Angst im psychoneurotischen Symptom (365)	
	Art der Abwehr: ⟷	⟶ Art der Abwehr:
	Angst und *Flucht* (382)	*Reaktionsbildung* (382)
Verdrängung der *Affekt*repräsentanz (nicht der Objekte) (342, 373)	*Verdrängung* der *Objekt*repräsentanz + *Verschiebung* des Affekts auf ein symbolisches Ersatz*objekt* oder eine Ersatz*situation* (374)	
Affektkonversion in körperliche ⟷ *Symptome* (342)	Affektkonversion ins *Gegenteil* ⟷ (374) (Lust in Angst, Begehren in Abscheu)	Affektkonversion ins *Gegenteil* (Reaktionsbildung) (392)
Der Angst*affekt* ist *verschwunden* (365) ⟷	Der Angst*affekt* bleibt *bestehen* (265, 374)	
Fixierungspunkt: *genitale* Stufe (380)	Fixierungspunkt: *prägenitale* Stufen (Anknüpfung an alte Kinderangst) (380)	Fixierungspunkt: *sadistisch-anale* Stufe (397)
Materialisierung des Triebkonflikts in Form einer *Verdichtung* als Innervationsvorgang am eigenen Körper (394)	Im Triebkonflikt herrscht die Angst vor der *Es-Strebung* (394)	Bewältigung des Triebkonflikts in Form *reaktiver Gedankenzwänge* oder einer *reaktiven Handlung* (393, 394) (Projektion in die Aussenwelt und Beschwörung mit Hilfe symbolischer Ersatzobjekte)

B. Die formale Rorschach-Diagnostik der Neurosen

Wie jede Rorschach-Auswertung ganz allgemein, so geht auch die Rorschach-Diagnostik der Neurosen zuerst vom Formalen aus, zumal der Inhalt sehr häufig nicht die geringsten diagnostischen Anhaltspunkte bietet. Diese formale Diagnostik ist das, was RORSCHACH das *Formalpsychogramm* nennt. Er definiert (S. 215): „Formalpsychogramm nenne ich das, was sich ohne weiteres aus dem Protokoll, und zwar nicht aus den Inhalten der Deutungen, sondern aus den formalen Eigenschaften entnehmen lässt, gleichviel, ob man die Versuchsperson kennt oder nicht."

I. Allgemeines

RORSCHACH baute die formale Diagnose der Neurosen im wesentlichen auf dem Farbenschock und der B-Verdrängung auf sowie auf dem Vorkommen von Zwischenfigurdeutungen, indem er alles in Beziehung zum Erlebnistypus und den übrigen Faktoren des Versuchs setzte. Es ergeben sich daraus einige typische Neurosensyndrome, die wir weiter unten besprechen werden. Da „reine" Neurosenformen aber verhältnismässig selten sind, während die Mehrzahl der Fälle heutzutage aus Mischformen oder Neurosen mit atypischen Strukturen besteht, ist es nützlich, zunächst einmal festzustellen, was uns die formalen Faktoren über die besondere Eigenart der Neurosenstruktur des Einzelfalles verraten.

Wir werden nach den *Fixierungspunkten* in der Libidoentwicklung fahnden und nach den *Störungen der Objektlibido*, und wir werden ganz allgemein Anzahl und Stärke der *Angstsymptome* zusammenstellen und festzustellen suchen, welcher Art die Angst ist. Wenn der sekundäre *Narzissmus* das Bild beherrscht, werden wir auch das aus dem Protokoll herauslesen, und schliesslich werden wir herauszufinden haben, inwieweit eine Vermehrung bzw. Verschiebung von *Aggressionsenergien* eine Rolle spielt oder vielleicht sogar den Kern der Neurose bildet.

1. *Die Fixierungsstellen* der Neurose werden sich im allgemeinen am deutlichsten in den Komplexantworten (oralen, analen, phallischen, genitalen) verraten. Ausserdem wäre hier aber nochmals auf die Bemerkung ZULLIGER's hinzuweisen (Bero, S. 106), dass auch die Erfassungsmodi in einer Beziehung zu den Entwicklungsstufen der Libido stehen, wobei die G die Oralität, die D die Genitalität, die Dd die Analität und die DZw die Aggressivität repräsentieren. Natürlich sind diese „Gleichungen" nicht nach Art des „ägyptischen Traumbuchs" mechanisch anzuwenden, da aus dem Erfassungsmodus allein noch nicht ersichtlich ist, ob es sich hier um ursprüngliche, von ihrem Ziel nicht abgelenkte, manifeste oder verdrängte Triebenergie handelt oder um sozialisierte und sublimierte Energie; dies ergibt sich erst aus den übrigen Faktoren des Versuchs.

2. *Störungen der Objektlibido* liegen ja hauptsächlich bei den „klassischen" Psychoneurosen (Hysterie, Phobie, Zwangsneurose) vor. Sie sind aus den *Farbantworten*, insbesondere aus dem *Farbtypus*, und aus den *Schockphänomenen* ersichtlich.

a) *Der Farbtypus* zeigt uns unmittelbar die Entwicklungsstufe der Affektivität. Je stärker die Fb und FbF *(Rechtstypus)*, desto infantiler und primitiver ist die Affektivität. Beherrschen die reinen Fb das Bild, dann ist die Abspaltung der Objektlibido überhaupt nicht effektiv gelungen. Die Libidoorganisation steht auf der primitiven Stufe des Säuglings, der seine Affektbalance einfach durch Explosionen herstellt. Beim *Mitteltypus* mit vorwiegend FbF sind meist schon Ansätze zu affektiver Objektbindung vorhanden (gewöhnlich eine geringere Anzahl FFb), oder sie *waren* vorhanden, d. h. die Vp. befindet sich noch oder schon wieder (nach Enttäuschungen) im labilen Stadium der „Reizsuche". Dies entspricht genetisch der Stufe des Kleinkindes mit seiner noch schwachen Objektlibido und vorwiegend egozentrischen Einstellung. Nur der *Linkstypus* mit überwiegend FFb und vielleicht vereinzelten FbF zeigt die normale objektlibidinöse Bindung des Erwachsenen, d. h. affektive Stabilität.

Der Farbtypus sagt aber nur etwas über die Entwicklungsstufe, bzw. Entwicklungsstörung (Fixierung oder Regression) aus, aber noch nicht, ob diese neurotisch, psychopathisch oder psychotisch ist. Dies kann nur die Beurteilung des *Gesamt*protokolls ergeben.

b) *Die Schockphänomene* geben uns Aufschluss darüber, ob eine *Verdrängung* libidinöser (und eventuell auch aggressiver) Energien vorliegt oder eine *Konvertierung* von Libido oder Aggressivität *in Angst*.

α) Der *Farbenschock* zeigt stets eine *Affektverdrängung* an und ist daher das allgemeinste Neurosezeichen. Jeder Farbenschock beweist das Vorhandensein neurotischer Mechanismen (die aber auch bei anderen Hauptdiagnosen als *Neben*befund vorkommen können, sogar bei Psychosen!), aber nicht jede Neurose muss einen Farbenschock haben; er wird aber nur selten fehlen. Andererseits ist zu bemerken, dass der Farbenschock in schwächeren Formen heute auch bei fast allen praktisch Normalen unserer westlichen Zivilisation vorkommt, offenbar als Kennzeichen des „neurotischen Zeitalters". Auch Elfriede Höhn konnte (auf dem 2. internationalen Rorschach-Kongress) diese Beobachtung bestätigen, und Frau Loosli-Usteri fand in ihrem Normalmaterial nur 4 Protokolle ohne jeden Schock[1].

Binder[2] will nur den eigentlichen Farben*schock*, also die manifeste Form des affektiven Stupors, als typisch für die Neurose gelten lassen, nicht die blosse Farben*flucht* (die Umgehung der Farben) und die „larvierten" Formen des Farbenschocks (Deskriptionen, Ausweichen in die DZw, ins Phantastische, Abstrakte, Symbolische usw.). Das mag für die ausgesprochen klinischen Fälle von Neurosen, d. h. *symptomreiche* Fälle mit Abspaltung von affektgeladenen Vorstellungen (Komplexbildung) auch zutreffen. Rechnet man aber die Charakterneurosen und die so überaus zahlreichen Fälle mit leichteren neurotischen Zügen hinzu, so kommt man mit dieser Grenze nicht aus. Neurotische Mechanismen spielen in die Pathoplastik fast sämtlicher Zustände psychischer Abnormität mit hinein, von den leichtesten Charakterneurosen bis zu den schwersten Psychosen, und Affektverdrängungen sind praktisch bei *allen* Formen des Farbenschocks anzunehmen.

Im allgemeinen kann man sich nach Rorschach's Regel richten, dass Farbenschock bei extratensivem Erlebnistypus auf Hysterie deutet, bei introversivem Erlebnistypus auf Neurasthenie (bzw. Pseudoneurasthenie) und Psychasthenie

---

[1] Marguerite Loosli-Usteri, Manuel pratique du Test de Rorschach, Paris, 1958, S. 158; deutsche Ausgabe, S. 131.
[2] Hans Binder, Die klinische Bedeutung des Rorschach'schen Versuchs, in „Psychiatrie und Rorschach'scher Formdeutversuch", Zürich, 1944, S. 23/24.

(letztere ist jedoch nicht immer introversiv) und bei ambiäqualem Erlebnistypus auf Zwangsneurose.

Bei der Beurteilung der *Triebstärke* ist zu beachten, dass „Triebstärke" nicht nur bei Farbenreichtum vorliegt (insbesondere bei Farbenrechtstypus), sondern auch als *gehemmte Triebstärke* bei relativer Farbenarmut und starken Schocks oder anderen Angstindikatoren[1]. Eine allgemeine *Antriebsschwäche* (die allerdings nicht nur neurotisch, sondern ebenso oft oder öfter organisch oder depressiv bedingt ist) äussert sich nach PIOTROWSKI in einem koartierten Erlebnistypus, herabgesetzten G und hohem T%[2].

β) Aber der Verdrängungsmechanismus dominiert, wie wir gesehen haben, durchaus nicht alle Neurosenformen. Er ist am ausgesprochensten bei Hysterie (und hier pflegt auch der Farbenschock am schwersten zu sein). Bei der Zwangsneurose tritt die Verdrängung gegenüber der Isolierung zurück, und bei der Phobie ist nur die Objektrepräsentanz verdrängt und der Affekt auf ein Ersatzobjekt verschoben. Gleichzeitig ist der Affekt ins Gegenteil, in die Angst, konvertiert, und diese Angst bleibt bestehen. Fast überall, wo es *manifeste Angst* gibt, finden wir auch den *Dunkelschock*. (Aber auch der *Rotschock* ist als Blutschock häufig mit Angst verbunden, ebenso der Farbenschock der Phobiker.) Ist der Farbenschock das allgemeinste Zeichen von Affekt- (speziell Angst-) *Verdrängung*, so ist der Dunkelschock der generellste Indikator der *phobischen* Angst, ganz gleich, ob das Gesamtbild das einer klassischen Phobie ist, oder ob die phobischen Züge nur akzessorisch sind wie bei manchen anankastischen Mischneurosen und Psychopathien. Gewöhnlich betrifft diese Affektkonversion in Angst die *libidinöse* Energie. Wenn es sich um *Aggressions*energie handelt, sind entweder die *DZw*-Antworten vermehrt (bei introversivem oder ambiäqualem Erlbt.), oder Dunkelschock und (oder) Farbenschock treten vorzugsweise in der Form von *Deskriptionen* auf. Doch können auch die Komplexantworten eine Aggressionskonversion verraten, z. B. bei den Phobikern, welche die überfahrenen Tiere zu Tafel VI deuten.

γ) Für eine genauere Klassifizierung einer Neurose oder Charakterneurose und für die Beurteilung des Kräfteverhältnisses in der ätiologischen Ergänzungsreihe zwischen Konstitution und Milieueinflüssen kann auch die sogenannte *Schockverteilung* ein wertvolles Hilfsmittel sein. Bei Farben- + Dunkelschock *mit* Brechungsphänomen VIII wird in den meisten Fällen mit einer mehr oder weniger ausgeprägten psychasthenischen Konstitution zu rechnen sein. (Näheres siehe unter Psychasthenie im nächsten Kapitel.) Bei Farben- + Dunkelschock *ohne* Brechungsphänomen liegt (namentlich bei ausgesprochen extratensivem Erlebnistypus) gewöhnlich eine hysterisch-phobische Mischneurose ohne allzu starkes Hervortreten der Konstitution vor (bessere Aussichten für Psychotherapie). Nur wo gleichzeitig viele akzessorische Symptome von Unsicherheit auftreten (siehe „Psychasthenie"), kann es sich eventuell auch hier um eine ausgesprochene Psychasthenie handeln. Die Kombination Farben- + Dunkelschock mit Brechungsphänomen IV spricht fast immer für eine „echte" (also überwiegend milieubedingte) hysterische Neurose mit phobischen Zügen (günstige

---

[1] OLOV GÄRDEBRING, High P% in the Rorschach Test, Zeitschrift f. Diagn. Psych., Vol. II, 1954, S. 142.
[2] ZYGMUNT A. PIOTROWSKI, Perceptanalysis, New York, 1957, S. 391.

Prognose für Psychotherapie). Wenn sich neben Farben- und Dunkelschock das *Doppel*brechungsphänomen (also IV *und* VIII) findet, wurde öfters Hysterie oder eine hysterisch-phobische Mischneurose auf psychasthenischer Basis gefunden.

Besteht in diesen Syndromen neben dem Farben- und Dunkelschock noch ein ausgesprochener Rotschock (namentlich bei II oder III), dann ist im allgemeinen mit einer stärkeren Ausprägung des phobischen Anteils an der Symptomenflora zu rechnen. Ebenfalls für alle Syndrome gilt, dass bei etwaigem Vorkommen von mehr oder weniger grossen Bruchstücken des organischen Syndroms die eventuell vorhandene psychasthenische Basis wahrscheinlich von läsioneller Ätiologie ist.

Alle diese Regeln sind nur „Faustregeln" von einer gewissen Wahrscheinlichkeit. Das *Gesamt*bild des Protokolls ist, wie immer, entscheidend.

3. *Die Angstsymptome* des Rorschach-Tests wurden schon 1933 von ZULLIGER zusammengestellt [1]. Bei *allen* Neurosen findet sich ja Angst, aber sie *kann* im Symptom gebunden und dadurch *latent sein* wie bei der Hysterie. ZULLIGER führt folgende Angstsymptome an (für manifeste *und* latente Angst):

Verlängerung der Reaktionszeit,
Verminderung der Antwortenzahl,
Verminderung der G-Deutungen,
Zunahme der Dd, Do, DZw,
Neigung zu einem Erfassungstypus D-Dd-DZw, oft auch Do,
Abnahme der B und der Farben, Koartierung des Erlebnistypus,
Gelegentliche Zunahme der FbF,
Zunahme der Hd-Deutungen (aller Arten),
Vorkommen von BHd (dann meist Verfolgungsideen),
Erhöhung des T% und oft auch des V%,
Abnahme des M%,
Md > M, bei intelligenten Kindern oft auch Td > T,
Zunahme des Obj.%, der Pfl., bei Intelligenzkomplex auch des Anat. %,
Abnahme des Orig.+%, bei Minderbegabten gelegentlich Zunahme der Orig.—,
Umkehrung der Sukzession mitten im Versuch; sie wird straff (bei Pedanten) oder gelockert bis zerfahren (bei Verwirrung),
Produzieren des Farbenschocks und/oder (bei manifester Angst) des Dunkelschocks,
Versager,
Ausweichen vor der Deutungsaufgabe in Deskriptionen, Leerlaufgerede,
Symmetriebetonung, Beunruhigung wegen fehlender Symmetrie.

Dazu kommen dann noch das Suchen nach Symmetrie (ZULLIGER, Bero, S. 71) und die spezifischen Unsicherheitssymptome: die Objektkritik, die Oder-Antworten, perspektivischen Antworten, Verneinungen und Antworten in Frageform. Schliesslich ist auch der *Inhalt* bedeutsam (Blutantworten, Verstümmelungsantworten, manche Beugekinästhesien usw.).

---

[1] HANS ZULLIGER, Die Angst im Formdeutversuch nach Dr. Rorschach, Zeitschrift für psychoanalytische Pädagogik, VII, 1933, S. 418—420, jetzt erweitert in: Der Tafeln-Z-Test, 2. Aufl. Bern, 1962, S. 288—289.

Manifeste Angst liegt nach OBERHOLZER gewöhnlich vor, wenn die Vp. bei Tafel II einen Farben- oder Rotschock produziert und unmittelbar danach ein FbF oder ein reines Fb deutet (zumeist mit Blut). Bei gleichzeitig introversivem Erlebnistypus handelt es sich um lähmende, *panische Angst*, wobei der Betreffende in entsprechenden Situationen völlig den Kopf verliert [1]. (Näheres siehe unter „Phobie".) Auch der Dunkelschock ist meist ein Zeichen manifester Angst.

Auch wie die Vp. auf die Angst *reagiert*, lässt sich aus dem Test häufig ersehen. ZULLIGER (Tafeln-Z-Test, S. 256, 257) gibt hierfür folgende Regeln an: Finden sich ausser mehreren der oben angeführten Angstsymptome *Beugekinästhesien*, so besteht bei der Vp. die Tendenz, sich aus der Angstsituation zurückzuziehen, eine Abkehr von der Umwelt. Es ist dies die Reaktion des Erlahmens (dem Totstellreflex bei akuter Angst vergleichbar). Finden sich dagegen *Streckkinästhesien*, so besteht eine Fluchtbereitschaft, wenn keine direkten Aggressionszeichen vorhanden sind; enthält das Protokoll aber ausser den Streckkinästhesien noch direkte Aggressionszeichen (FbF, erhöhte DZw, Inhalt), dann wird die Angst durch Aggression abgewehrt. Kommt ein Farben- oder Dunkelschock dazu, dann geht die Aggression nach innen, und es entstehen masochistische Züge.

Es ist in den meisten Fällen sehr gut möglich, die *Art der Angst* aus dem Test zu bestimmen:

a) *Libidinöse Angst* kann sich in allen Angstsymptomen äussern und ist als solche im allgemeinen daran erkenntlich, dass *mehrere reine Fb* im Protokoll vorkommen (Libido-Stauungen). Siehe unten unter „Angstneurose".

b) *Phobische Angst* hat wohl den *Dunkelschock* als Zentralsymptom und scheint die *umgekehrte Sukzession*, Do-Antworten bei gutem F+%, Dd- und Hd- oder HdF-Antworten zu bevorzugen. Im Inhalt findet sich meist *Gesichtsstereotypie* nebst drohenden Gespenstern oder Tieren und Maskendeutungen (Gruppe II).

c) *Kastrationsangst (Gewissensangst, Strafangst)* bevorzugt ebenfalls Do-Antworten bei gutem F+% und meist mehreren B, jedoch gewöhnlich ohne Dunkelschock. (Bei Zwangsneurotikern *mit* Dunkelschock besteht meist eine phobische Beimischung zu den anankastischen Symptomen.) Ausserdem findet sich bei Gewissensangst gewöhnlich eine Dd- und DZw-Erhöhung [2]. Im Inhalt gibt es dann oft Verstümmelungen, manchmal sogar in der Do-Antwort selbst, z. B. ein Holzbein und ein richtiges Bein als Do zu den seitlichen Ausläufern der Tafel V oder auch nur ein „Bein ohne Fuss" zum dicken dieser beiden Ausläufer.

4. *Der Narzissmus* eines Neurotikers (gewöhnlich überwiegend *sekundärer* Narzissmus) ist durch den Rorschach-Test im allgemeinen nicht direkt feststellbar, wohl aber *indirekt* durch die damit verbundenen psychischen Haltungen.

    a) Orale Fixierungen (sichtbar an den Komplexantworten und stärkerem Hervortreten des G-Faktors, siehe S. 60);

    b) allgemeiner Infantilismus (infantile Antworten inkl. infantiler B, inverse Deutungen, infantile Abstraktionen);

    c) verminderte Kontaktfaktoren (FFb, V, eventuell auch D) mit Ausnahme der M, die auch bei Narzissmus vorkommen können,

    + häufig Beugekinästhesien bei

---

[1] HANS ZULLIGER, Der Zulliger-Tafeln-Test, 2. Aufl., Bern, 1962, S. 80 und 192.
[2] Siehe auch HANS ZULLIGER, Jugendliche Diebe im Rorschach-Formdeutversuch, Bern, 1938, S. 164/165.

d) gleichzeitiger Egozentrizität (FbF, Fb), aber nur hin und wieder egozentrisch-extratensivem Erlebnistypus; sehr oft haben Narzissten einen sogar stark introversiven Erlebnistypus.

e) Nur in sehr groben Fällen (meist Perversionen) findet sich auch ein *direkter* Hinweis auf den Narzissmus in Spiegeldeutungen als B. Gewöhnliche Spiegelungen wie z. B. der Bär mit den Felsen zu Tafel VIII, der sich im Wasser spiegelt, drücken nur die Symmetrie aus und gehören im allgemeinen nicht hierher. (Doch sind *mehrere* gewöhnliche Spiegeldeutungen ebenfalls meist auf Narzissmus verdächtig.) Bei *diesen* narzisstischen Spiegeldeutungen liegt die Spiegelung aber oft gerade *in* der Symmetrieachse, z. B. das Schwarze im oberen Teil der Mittellinie von Tafel VI: „Mann, der sich im nassen Asphalt spiegelt."

Ist der Narzissmus mit hypochondrischer Selbstbeobachtung verbunden, kommen auch erhöhte Anatomieantworten vor.

5. *Die gesteigerte Aggression* des Neurotikers schliesslich zeigt sich hauptsächlich in einer Vermehrung der DZw-Antworten und kann in *drei Formen* auftreten. Bei *introversivem* Erlebnistypus sind die DZw ein Zeichen für *introjizierte Aggression*, d. h. Unsicherheit und Selbstmisstrauen, Bedenklichkeit und Umständlichkeit, eine (wie Rorschach es nannte) „Mischung von Phlegma und Asketismus" (S. 198), vor allem aber Insuffizienzgefühle. Bei *extratensivem* Erlebnistypus ist die Aggression *nach aussen* gerichtet, also *manifest* als Trotz, Eigensinn, Neigung zu Polemik und Widerspruch und Querulieren. Bei *ambiäqualem* Erlebnistypus schliesslich richtet sich die Aggressivität nach *beiden* Seiten, und das Ergebnis sind ewige Zweifel und Skepsis, Unschlüssigkeit, affektive Ambivalenzen, Gründlichkeitszwang, Sucht, die Dinge von allen Seiten zu sehen, Sammelwut und Komplettierungsbedürfnis. Aber auch bei nicht *rein* introversivem oder extratensivem Erlebnistypus sind stets *beide* Seiten zu berücksichtigen. Als grobe Faustregel kann gelten: Bei überwiegend introversivem Erlbt. (etwa 6:3) ist mehr das Minderwertigkeitsgefühl bewusst und das Geltungsbedürfnis unbewusst, bei überwiegend extratensivem Erlbt. (etwa 3:6) ist mehr das Geltungsbedürfnis und die Sucht, zu dominieren, bewusst und das Minderwertigkeitsgefühl unbewusst.

Neurotischer *Trotz* ist aber nur angezeigt, wenn bei erhöhten DZw und extratensivem Erlbt. die *Farben überwiegend labil* sind *(Rechtstyp)*. Bei stabilen Farbwerten (Linkstyp) und nur *mässiger* DZw-Vermehrung handelt es sich meist um eine *sachlich-weltanschaulich* begründete Opposition, wie z. B. in unserem Beispiel Nr. 2 (der Lehrerin), deren DZwG ja auch ein GZw ist. In solchen Fällen liegt also *keine Neurose* vor.

Es gibt aber auch *Neurosentypen* mit DZw-Vermehrung und stabilen Farbwerten (Linkstyp). Meist findet sich dann neben, bisweilen sogar exorbitanter Vermehrung der DZw ein stark introversiver Erlebnistypus (siehe unser Beispiel Nr. 17). Diese Neurosen, die in Skandinavien besonders häufig vorkommen, sind von der älteren Neurosenlehre aus kaum zu verstehen, weil bei ihnen die libidinöse Entwicklung nicht oder nicht wesentlich gestört zu sein braucht; wohl aber ist die Entwicklung des Aggressionstriebes gestört. Hier liegen also weniger libidinöse Hemmungen vor als *Aggressionshemmungen* mit ihren Folgen:

Depression, Geniertheit, berufliche Hemmungen usw. Starke Angstentwicklung mit Dunkelschock, Do usw. kann auch einmal auf Aggressionshemmung beruhen, *ohne* dass die DZw vermehrt zu sein brauchen; dann sind aber gewöhnlich entweder zahlreiche Deskriptionen vorhanden, oder der *Inhalt* ist verräterisch (aufgerissene, kneifende und stechende, böse Tiere, Zangen usw.). Die Vermehrung der DZw und der aggressive Inhalt können füreinander vikariieren. Neben vielen aggressiven Komplexantworten findet sich häufig keine DZw-Vermehrung. Es ist, als ob, wenn die aggressiven Tendenzen sich schon im Inhalt ausgedrückt haben, sie dann des Ventils der DZw als Ausdrucksmittel nicht mehr bedürften. Die Therapie solcher Neurosen muss dementsprechend variiert werden. Entspannungstherapie (z. B. autogenes Training) und eine psychotherapeutische Freisetzung von Aggressionsenergie werden im Vordergrund stehen.

6. *Die Abwehrmechanismen* lassen sich ebenfalls zum grossen Teil aus dem Rorschach-Protokoll erschliessen. Es kann dies besonders dann von Nutzen sein, wenn sich aus den anderen Neurosenfaktoren des Tests kein klares Bild über die Art der Neurose gewinnen lässt. Die Äusserungen der von der Vp. bevorzugten Abwehrmechanismen im Test sind namentlich von SALOMON und SCHAFER untersucht und beschrieben worden[1].

Dass die *Verdrängung* sich durch Farbenschock und manchmal Verminderung der Farbantworten und/oder B-Verdrängung verrät, war schon RORSCHACH bekannt. Im übrigen zeigt sie sich in einer Verminderung der Antwortzahl, einer Verlängerung der Reaktionszeit, in Versagern und manchmal in einer Verminderung der G und einer Vermehrung der Hd-Deutungen. — Bei *Isolierung* finden wir nicht nur das hohe F+%, die vielen Dd, Do und die G-Reduktion des Zwangsneurotikers, sondern auch ein wirkliches Auseinanderreissen der Zusammenhänge, sei es durch Pausen zwischen den Deutungen, sei es durch Einschieben anderer Antworten zwischen zwei Deutungen mit assoziativem Zusammenhang, daneben auch eine Vorliebe für Objekte, Maschinen, Eis, Schnee und Statuen im Inhalt. — Die *Verschiebung* (hauptsächlich bei Phobikern) ist gekennzeichnet durch eine Vermehrung der Dd, Md und Maskendeutungen und im Inhalt durch drohende oder unheimliche Tiere (oft mit Hd-Einschlag) sowie durch Farbendeskriptionen und auch „falsche Farbe" (bei Affektverschiebungen). — Bei den häufigen *Reaktionsbildungen gegen Aggressivität* fand SCHAFER eine hohe Antwortenzahl mit vielen Dd und DZw, viele FFb und FHd bei wenig FbF und HdF, ein hohes F+% und im Inhalt aggressive Antworten, aber auch Puppen und Papageien. GÄRDEBRING[2] beobachtete in solchen Fällen häufig ein hohes V% (oder entsprechende absolute Zahlen der V) bei gleichzeitiger „Triebstärke" (siehe S. 244). Auch die von uns unter den Amphithymien (S. 298) beschriebene „Flucht in die Banalität" ist ja nur eine Art Reaktionsbildung, ein Sonderfall davon.

Dies sind nur die wichtigsten Gesichtspunkte zur Frage der Abwehrmechanismen. Alle weiteren Details können in meinem „Vademecum" eingesehen werden.

---

[1] FRITZ SALOMON, Diagnostic des mécanismes de défense dans le test Z individuel et collectif, Rorschachiana V, Bern, 1959, S. 290—293, und: Ich-Diagnostik im Zulliger-Test, Bern, 1962, S. 125 bis 158. — ROY SCHAFER, Psychoanalytic Interpretation in Rorschach Testing, New York, 1954. Da SCHAFER teilweise eine andere Technik benutzt, namentlich in bezug auf die Helldunkeldeutungen, wurden seine Befunde hier und im „Vademecum" sinngemäss auf die Originalmethode und das BINDER-System übertragen.

[2] OLOV GÄRDEBRING, High P% in the Rorschach Test, Ztschr. f. Diagn. Psych., Vol. II, 1954, S. 142.

II. Die einzelnen Neurosenformen

1. *Die Neurasthenie.* Zwischen Neurasthenie und Psychasthenie besteht ein fliessender Übergang. BRUN definiert ja die Psychasthenie nur als „die psychischen Primärsymptome der Neurasthenie". Streng genommen ist nur die Psychasthenie im Rorschach feststellbar. Doch kann man mit ziemlich grosser Wahrscheinlichkeit auf Neurasthenie schliessen, wenn folgende Faktoren im Test gegeben sind: Ein introversiver Erlebnistypus mit Beuge-Kinästhesien und gleichzeitigem Vorhandensein des Psychasthenie-Syndroms (siehe unter „Psychopathien"). Meist findet sich dann auch eine Vermehrung der Anatomie-Deutungen (infolge der Tendenz zu hypochondrischen Reaktionen).

2. *Die Angstneurose* mit ihrer frei flottierenden Angst hat fast immer ihre Ursache in frustraner sexueller Erregung. (Ähnliche Zustände können sich allerdings auch nach längerer Zeit durchgeführter Hyperventilation einstellen [1], aber das kommt spontan ja nicht vor.) Wie klinisch, so ist auch im Rorschach-Bilde die echte Angstneurose von den phobischen Neurosen manchmal nur schwer abzugrenzen, weil sie meist von einer sekundären Phobie begleitet ist. Gewöhnlich ist also nur ein Teil der Angstenergie frei, während der Rest in phobischen oder anderen Symptomen gebunden ist.

Als Regel kann gelten, dass man in Fällen, wo man das phobische Syndrom (s. u.) mit *mehreren reinen Fb* zusammen antrifft (Libidostauung!), gewöhnlich auch mit frei flottierender Angst, also einer echten Aktualneurose rechnen muss, namentlich dann, wenn keine Gesichtsstereotypie vorliegt und wenig oder gar keine phobischen Komplexantworten im Protokoll vorhanden sind. (Siehe Beispiel Nr. 9.)

3. *Die Phobie.* Phobische Neurosen treten wie die anankastischen meist auf der Grundlage einer psychasthenischen Konstitution auf, die aber sehr verschieden ausgesprochen sein kann. Je nach der Stärke dieser konstitutionellen Basis werden die Heilungsaussichten zu beurteilen sein. Bei mittelstarker Ausbildung des konstitutionellen Faktors hat eine Psychotherapie meist gute, bei schwacher Ausbildung (Überwiegen der Psychogenese) sogar sehr gute Aussichten, während bei starkem Vorwiegen der konstitutionellen Komponente die Psychotherapie nicht gerade die besten Chancen hat. Es macht den Rorschach-Test zu einem besonders wertvollen Hilfsmittel für die Diagnose der Phobien, dass er es fast immer gestattet, sich über dieses Stärkeverhältnis von konstitutioneller Grundlage und Psychogenese ein einigermassen richtiges Bild zu machen.

Bei *mittelstarker* Ausbildung der *psychasthenischen Basis* hat das Rorschach-Syndrom der Phobie das folgende Aussehen: Der *Farbenschock* hat sein Schwergewicht deutlich bei Tafel II und (oder) III, wobei fast immer *Blut-Deutungen* vorkommen. Diese können manifest oder latent sein (wie z. B. „Menstruation", „überfahrene Maus"). Manchmal steht an Stelle des Farbenschocks der blosse *Rotschock.* Der gleichzeitig vorhandene *Dunkelschock* führt bei dieser mittelstarken Form *nicht* zum *Brechungsphänomen VIII.* In der Determinantenreihe finden sich fast regelmässig mehrere HdF, unter den Erfassungsmodi bisweilen Do, und im Inhalt überwiegen fast immer die Md- die M-Deutungen. Dies kommt

---

[1] GUSTAV HEYER, Das körperlich-seelische Zusammenwirken in den Lebensvorgängen, München, 1925, S. 15.

von der regelmässig vorhandenen Gesichtsstereotypie. Verlegenheitsäusserungen wie Symmetriebetonung und Ähnlichkeitsillusionen kommen vor, beide vereinzelt. Nicht selten findet man Komplexantworten, meist drohende Gesichter, Teufel[1], wilde Tiere, schreckeinjagende Gespenster usw., auch Maskendeutungen der Gruppe II, gelegentlich auch Augendeutungen (besonders bei Beziehungsangst). Nur wo eine Aggressionshemmung in der Ätiologie eine wesentliche oder geradezu zentrale Rolle spielt, wo also die Angst zum grossen Teil *konvertierte Aggressionsenergie* darstellt, treten mehr sadistische Vorstellungen an Stelle dieser gefahrdrohenden Komplexantworten. Typische Antworten in solchen Fällen sind z. B. „Eine von einer Dampfwalze überfahrene Katze" oder dergleichen zu Tafel VI oder die eben erwähnte „überfahrene Maus" zur einen Hälfte der Tafel II (hochkant).

Bei *starkem* Hervortreten der psychasthenischen Grundlage kann das *Brechungsphänomen VIII* trotzdem vorkommen. Das ist aber glücklicherweise bei einigermassen „reinen" Phobien recht selten. (Anders verhält es sich in Fällen, wo die phobischen Symptome rein sekundärer Art sind, wie bei vielen Anankasten.) — Wenn *keine* nennenswerte konstitutionelle Basis vorhanden ist, kann schliesslich der Dunkelschock auch ganz *fehlen*. Dann ist die Phobie rein psychogen und meist ziemlich monosymptomatisch (z. B. Examensangst). Solche Fälle haben eine gute Prognose und sind sehr dankbare Objekte für Psychotherapie.

Phobische Symptome (Situationsangst) können bei verschiedenen Erlebnistypen vorkommen. Ist der Erlebnistypus introversiv, so liegt die oben erwähnte „panische Angst" vor (OBERHOLZER); diese Fälle werden oft auch das Brechungsphänomen VIII aufweisen und sind dann zu den psychasthenisch unterbauten zu rechnen. Bei ambiäqualem Erlebnistypus handelt es sich mehr um Zwangsneurosen mit sekundären Phobien. Auch hier wird oft mit einer psychasthenischen Basis zu rechnen sein (bei Brechungsphänomen VIII). Ist der Erlebnistypus ausgesprochen extratensiv, so handelt es sich um Phobien im Sinne der Endphase der FREUD'schen *Angsthysterie*, d. h. um manifeste phobische Angst mit Verschiebungsersatz, oftmals (namentlich bei gleichzeitig starkem Farbenschock auch bei VIII—X) neben konvertierter, in hysterischen Symptomen gebundener Angst (Angstäquivalenten wie Schweissausbrüchen, Diarrhöen, Einnässen, Erbrechen usw. ohne Angst*affekt*). In den letztgenannten Fällen, den hysterisch-phobischen Mischneurosen, kann das Symptom bisweilen von der phobischen Form (z. B. Platzangst) zur hysterischen (z. B. Schwindel) wechseln und umgekehrt (alternierende Symptomatologie).

Das *Wesentliche* des phobischen Syndroms ist also die starke Zentrierung des Farbenschocks oder ein reiner Rotschock bei Tafel II und (oder) III mit manifester oder latenter Blutdeutung. Auch die HdF-Deutungen scheinen ziemlich regelmässig vorzukommen. Alles andere ist mehr akzessorisch.

4. *Die Hysterie* ist als die am meisten „klassische" Neurosenform auch ihrem Rorschach-Syndrom nach am besten bekannt. Es besteht im wesentlichen in einer Kombination von *extratensivem* Erlebnistypus mit Ansätzen zu Koartation,

---

[1] Solche „Teufelsdeutungen" wurden bei Angsthysterikern auch von ULF KRAGH mit seinen aktualgenetischen Experimenten mit TAT-ähnlichen Bildern gefunden (Types of Pre-Cognitive Defensive Organization in a Tachistoscopic Experiment, J. of Proj. Techn., Vol. 23, 1959, S. 316.)

Farbenschock und *Farbenrechtstypus,* also Überwiegen der FbF und Fb. Dieser Widerspruch zwischen Hingezogensein zu den Farben und ihrer Ablehnung im Schock ist ein Ausdruck der hysterischen Gefühlsambivalenz. Der affektive Kontakt der Hysteriker ist meist gering (wenig oder 0 FFb). MEREI und NEIGER haben bei Hysterikern die sogenannte „Farbendramatisierung" beobachtet (siehe Kap. 6, Nr. 54).

Ob es möglich ist, die „nur" neurotischen von den schon psychopathischen Fällen (im Sinne einer stärkeren konstitutionellen Verankerung) von Hysterie im Rorschach zu unterscheiden, ist eine bisher wohl noch ungelöste Frage.

5. *Die Zwangsneurose* ist bekanntlich die Neurosenform, bei der die Gefühlsambivalenz schon konstitutionell gesteigert ist und daher das ganze Bild beherrscht. Dies kommt auch im Rorschach-Test zum Ausdruck, wo sich nicht nur ebenfalls *labile Farbwerte* und *Farbenschock* zusammenfinden, sondern wo schon der ganz oder annähernd *ambiäquale* Erlebnistypus die Ambivalenz zum Ausdruck bringt. Doch findet sich auch hier eine Koartationstendenz: Der Zwangsneurotiker geht weder „ganz aus sich heraus" noch „ganz in sich hinein". Wie RORSCHACH beobachtet hat (S. 112), neigen die mehr *introversiven* Zwangsneurotiker zu *Zwangsphantasien,* die mehr extratensiven zu *Zwangshandlungen* (*Zwangsbewegungen*) und die genau *ambiäqualen* zu *Zweifelsucht* und *Pedanterie.* Der Farbenschock ist bei den Zwangsneurotikern entweder mit *Rotschock* verbunden, oder es kommt nur der Rotschock ohne Farbenschock vor, dann nicht selten mit Dunkelschock kombiniert. Die primär gesteigerte Aggressivität, der Sadismus des Zwangsneurotikers, zeigt sich vor allem in der fast regelmässigen Vermehrung der *DZw,* aber auch in der oft recht beträchtlichen Vermehrung der *Dd,* den Repräsentanten der spezifisch analen Aggression. Die krampfhafte Unterdrückung der Ambivalenz und der Aggressionen kommt in dem *hohen F+%* (oft bis zu 100) und in der *Tendenz zu Do-Deutungen* zum Ausdruck, während die B schon infolge der Koartationstendenz (Versteifung der Affektivität und auch der kinästhetischen Resonanz) meist keine sehr hohen Werte aufzeigen und auch die Zahl der G gewöhnlich etwas reduziert ist (Tendenz zu akzessorischen Depressionen infolge der Aggressionshemmung). Die Sukzession ist entweder auffallend straff oder gelockert; geordnet ist sie selten. Die meisten Zwangsneurotiker haben überwiegend Streckkinästhesien, und ihre Komplexantworten verraten nicht selten Kastrationsangst (Verstümmelungsantworten). Nach KAUKO K. KAILA sprechen ein normaler Erfassungstypus und das Vorkommen von reinen Fb *gegen* eine Zwangsneurose [1].

6. *Die Kleptomanie* ist ein Sonderfall der Zwangsneurose, bei der das Stehlen bestimmter Gegenstände als Zwangshandlung auftritt. Der Kleptomane hat dementsprechend auch einen fast ambiäqualen Erlebnistypus mit Überwiegen der Farbseite, aber meist keine FFb [2]. Daneben hat der Kleptomane, der ja ein *Neurotiker* ist und nicht aus Haltlosigkeit stiehlt, einen *Farbenschock* und als Kernsymptom *konfabulatorische G und D* [3].

Reine Beispiele einer bestimmten Neurose sind klinisch nur selten anzutreffen,

---

[1] KAUKO K. KAILA, Über den zwangsneurotischen Symptomenkomplex, Kopenhagen, 1949, S. 207.
[2] HANS ZULLIGER, Jugendliche Diebe im Rorschach-Formdeutversuch, Bern, 1938, S. 71.
[3] HANS ZULLIGER, Erscheinungsweisen und Bedeutung des Farbschocks beim Rorschach'schen Formdeutversuch, Zeitschrift für Kinderpsychiatrie, Bd. 4, 1938, S. 151.

wie auch KLOPFER und KELLEY (a. a. O., S. 392) bemerken. Meist sind verschiedene Neurosenstrukturen miteinander vermischt. Es war deshalb nicht leicht, geeignete Beispiele zur Illustration zu finden. Wir wählten ein ganz unkompliziertes Beispiel eines hysterischen Charakters ohne besonders hervortretende Symptome (Fall Nr. 10) und eine Zwangsneurose, für die zwar keine ärztliche Diagnose, dafür aber eine sehr gründliche Exploration durch einen tiefenpsychologisch geschulten Psychologen vorliegt (Fall Nr. 11).

C. Die Beurteilung der Komplexantworten

Im allgemeinen gestattet die formale Rorschach-Diagnostik der Neurosen nur eine ziemlich grobe Klassifizierung der Neurose. Will man tiefer in die Struktur des Einzelfalles eindringen, ist man auf die Komplexantworten angewiesen, die aber leider nur in einer Minderzahl der Fälle überhaupt vorhanden sind.

Wir sagten schon mehrmals, dass bei der Auswertung eines Rorschach-Protokolls stets vom Formalen auszugehen ist. Damit soll aber nicht gesagt sein, dass nun das *Inhaltliche* vernachlässigt werden müsse. Auch RORSCHACH, der selbst Psychoanalytiker war, hat gerade in der Bearbeitung seiner letzten nachgelassenen Protokolle auf die tiefenpsychologische Auswertung des Inhalts sehr grosses Gewicht gelegt. Hierzu dienen in erster Linie die sogenannten Komplexantworten. Wir brauchen den Ausdruck hier in einem weiteren Sinne, und man könnte sie eigentlich genauer als *inhaltlich relevante Antworten* bezeichnen.

Hier geraten wir nun in eine Gefahrenzone. Das „Interessante" der Inhaltsdeutung hat viele schwache Geister dazu verführt, die beschwerliche Signierung und formale Deutung des Protokolls über Bord zu werfen und nun den Inhalt als *Ersatz* der formalen Auswertung zu nehmen. Wenn dann der „Interpret" noch, wie leider sehr häufig, über unzureichende tiefenpsychologische und allgemeinpsychopathologische Kenntnisse verfügt und auch selbst nicht analysiert ist, so wird das Ergebnis mehr ihm selbst als der Versuchsperson gleichen. Über die Gefährlichkeit *solcher* Inhaltsanalyse findet der Leser weise Worte u. a. bei PIOTROWSKI (Perceptanalysis, 1957, S. 324—326).

Komplexantworten kommen natürlich nicht *nur* bei den Neurosen vor. Sie finden sich ausser bei praktisch Gesunden auch bei Psychopathien und bei Psychosen. Da die Technik der Auffindung und Auswertung der Komplexantworten im Prinzip stets die gleiche ist, gelten die folgenden Ausführungen daher für *alle* Fälle, bei denen sich solche Antworten finden.

I. Die Feststellung der Komplexantworten

Die Komplexantworten sind zunächst am Schlusse der Zusammenstellung der besonderen Phänomene festzustellen und auszuschreiben. Ihre Feststellung erfolgt in erster Linie nach *formalen* Gesichtspunkten. Nur ganz ausnahmsweise, wenn der Inhalt besonders auffällige und deutliche Komplexhinweise enthält, sind auch einmal formal unauffällige Antworten mit heranzuziehen. Auf Komplexinhalte verdächtig sind in erster Linie *alle Original- und Individualantworten, die zugleich B- oder Fb-Antworten* (alle Untergruppen) sind, sodann die *DZw F(Fb)*, die meist zugleich Erfassungsoriginale sind, sowie andere *Erfassungsoriginale*, die *DZwG* und gewisse Kategorien der F, vor allem die *BF*, die *Abstrakta und Symbole*, die *intersexuellen* Antworten, die *Defektdeutungen* und bestimmte *Augen*deutungen und im übrigen also ausnahmsweise formal unauffällige, aber *inhaltlich auffällige* Deutungen.

Es empfiehlt sich deshalb, zunächst ganz ähnlich vorzugehen wie der arme Student im Restaurant, der mit dem Finger die Preisliste durchgeht, beim niedrigsten Preise haltmacht und dann den Hering bestellt, der davorsteht. Wir werden also die letzte Rubrik durchgehen und bei jedem Orig. nachsehen, ob es nicht ein B, eine Farbantwort, ein DZw F(Fb) oder sonst ein Erfassungsoriginal ist, und werden uns *dann* den Inhalt dieser Antworten etwas näher ansehen. Hat man auf diese Weise sozusagen den Grundstock der Komplexantworten gefunden, wird man *sämtliche* Antworten noch einmal durchgehen und wird dann unschwer die übrigen Komplexantworten finden. Dieses Verfahren in zwei Etappen hat den Vorteil, dass man zumeist schon das Hauptthema der Komplexinhalte kennt, bevor man es unternimmt, sich über die mehr zweifelhaften eventuellen Komplexantworten den Kopf zu zerbrechen. Es erleichtert also die Arbeit.

II. Die Arten der Komplexantworten

Die Beurteilung des Inhalts der Komplexantworten hängt von ihrer formalen Eigenart ab. So hat es RORSCHACH gehalten, und so sagt auch PIOTROWSKI[1]: „The best content analysis is that which is combined with a formal analysis."

1. Die *B-Orig.* enthalten gewöhnlich eine unbewusste Tendenz, eine grundlegende *Erwartungseinstellung*. Sie sind, wie RORSCHACH (S. 207) sehr feinsinnig bemerkt, das *Ge*lebte, aber durchaus nicht immer das *Er*lebte. Sie drücken eine Haltung, eine *Rolle* aus, welche die Vp. im Leben spielt, oft ohne es zu wissen. Das Mädchen am Abgrund (siehe oben unter „Zensur"), das sich von den Gefahren der Großstadt moralisch bedroht fühlte, ahnte sicherlich nur wenig von den wirklichen Beweggründen ihrer Handlungen und Haltungen.

Manchmal gelingt es, auf diesem Wege verdrängten Ereignissen nachzuspüren. Als Kuriosität mag hier ein Fall angeführt werden, wo es zuerst mit Hilfe des Rorschach-Tests möglich war, den Verdacht auf eine unerwünschte Schwangerschaft zu lenken, zu einem Zeitpunkt, wo die Patientin das ganze Erlebnis noch verdrängt hatte und dem untersuchenden Arzt gegenüber im besten Glauben erklärte, sie habe nie mit einem Manne zu tun gehabt und würde so etwas „Schmutziges" auch niemals tun, selbst wenn sie verheiratet wäre (!). Das Rorschach-Protokoll ergab das Bild einer Depression (wegen derer sie in die Klinik aufgenommen war), aber sonst keine weiteren formalen Anhaltspunkte. Das Protokoll enthielt aber vier Originalantworten, sämtlich zu Tafel X, von denen zwei auffällig waren: Der dunkle, braune Fleck im Inneren des mittleren Gelbs war ein „*Kinder*gesicht", und der Ausläufer des äusseren Gelbs (hochkant) war eine „kniende Frau". (Das Detail erinnert faktisch an die berühmte Skulptur „Die Kniende" von LEHMBRUCK.) Dies letzte Original war ein B und gab den Schlüssel zum Verständnis der Patientin. Da lag sie in Verzweiflung auf den Knien und

---

[1] ZYGMUNT A. PIOTROWSKI, Perceptanalysis, New York, 1957, S. 327.

betete (Pt. gehörte einer frommen Sekte an), und aus dem Kindergesicht konnte man sich den Rest dazudenken. Die Urinprobe war positiv, aber erst nach mehreren Wochen kam der Pt. die Erinnerung wieder an die Ereignisse, die zu dieser Schwangerschaft geführt hatten.

Aber nicht immer ist das Gelebte unbewusst. Es gibt Fälle, in denen die Vp. sehr wohl um ihre Probleme weiss, diese aber aus Scham oder anderen Rücksichten nicht preisgeben will. Ganze Familienromane von unglücklichen Ehen, von „Königskindern" („sie konnten zusammen nicht kommen") usw. lassen sich manchmal aus den Komplexantworten ablesen. Die sogenannten „Nervenzusammenbrüche" mit unvollständiger Anamnese sind oft eine wahre Fundgrube für solche Komplexantworten. Ein Beispiel: Eine sensitiv-selbstunsichere Psychasthenikerin, deren Ehe infolge mangelhafter Potenz des Mannes unglücklich war, wird wegen phobischer Angst vor schneidenden und stechenden Instrumenten und Zwangsgedanken (ihrem Kinde Böses anzutun) in die Klinik aufgenommen. Der Mann hatte früher einen Nervenzusammenbruch gehabt, als er entdeckte, dass die Frau ihm untreu war. Die Frau glaubt aber, der Mann wisse nichts davon und *verschweigt* diese Sache zunächst dem Arzte gegenüber. Im Test deutet sie zu Tafel III: „Ja, was ist denn das? Das sieht ja aus wie zwei, die miteinander einig sind." Das Mittelstück der Tafel V sieht aus wie „Zwei, die sich gern haben", und der Sockel der Tafel VI sind „die Schultern eines Menschen, der einen Mantel zusammenhält" (das Helle). Während die letzte Antwort die Verheimlichungstendenz enthält (ein Sicheinhüllen, Sichverbergen), plaudern die anderen beiden Komplexantworten eine heimliche Liebe aus. Die Aussprache ergibt, dass Pt. eine heimliche Liebe zu einem verheirateten Manne nährt, dessen Frau unheilbar krank ist, und der sie mit Briefen bestürmt, sie solle sich später mit ihm verheiraten.

Bisweilen kommen B-Orig. vor mit *mehreren* Personen, z. B. Mutter und Kind, Vater und Sohn, König und Bettler usw. Diese Antworten sind meist auf dem Wege der *Verdichtung* zustandegekommen und sind als *Doppelidentifikationen* aufzufassen, z. B. eine Identifizierung mit Mutter *und* Kind bei effeminierten Infantilen. Selbst in Fällen, wo die Identifikation mit der *einen* Figur sich unmittelbar aufdrängt, — z. B. wenn ein Aggressionsgehemmter die ganze laterale Kontur der Tafel VI mit beiden Ausläufern in d-Stellung als einen Mann deutet, der über seinen erschlagenen Gegner triumphiert (der kleine Ausläufer ist der ausgestreckte Arm) —, ist eine Identifikation mit dem *anderen* Partner oft nicht mit Sicherheit auszuschliessen. (In unserem Beispiel ist z. B. daran zu denken, dass sadistische und masochistische Impulse meist in denselben Menschen vereint sind.)

2. Die *originalen Farbantworten* sind gewöhnlich als *Symbole* zu „übersetzen", die eine *Affektbeziehung* zu einem latenten Inhalt verraten. Die häufigsten Antworten dieser Art (oft nicht einmal Orig.) sind Explosionen[1] und überhaupt Feuer und Rauch, neuerdings auch die Atombombenexplosionen mit „Pilz". Dass diese Antworten starke Gefühlslabilitäten und -ambivalenzen ausdrücken, ist unmittelbar einleuchtend. Mehr spezifisch ist schon die Deutung „entzweige-

---

[1] Seiner Theorie der b entsprechend, hält PIOTROWSKI (Perceptanalysis, 1957, S. 236) die Explosionsantworten für den Ausdruck von Tagträumen von einer machtvollen Befreiung aus gefühlsmässigen Banden und fand sie vorzugsweise bei Jugendlichen, die zwar die „Freiheit" erstreben, ohne jedoch bereit zu sein, in voller Verantwortlichkeit unabhängig zu leben.

schlagenes Herz" zum mittleren Rot der Tafel II (FbF Orig.), die von einer paranoiden Patientin gegeben wurde, die sich von der Familie ihres Mannes verfolgt glaubte und meinte, man wolle ihr den Mann entfremden. Auch hier ist wieder die deutliche Beziehung zum zentralen Affekt sichtbar.

3. Die *DZw F(Fb)-Antworten* (oder DZwD F[Fb]) enthalten, wie bereits RORSCHACH hervorhob (S. 199/200), meist *Wunscherfüllungen*. Er führt die dreidimensionalen architektonischen Antworten an (Burgen, Türme, Tempel usw.) als Ausdruck des Wunsches nach grösserer innerer Stabilität, der in diese Bauwerke hineinprojiziert wird. Bei Kindern sind derartige Wünsche manchmal ganz einfach abzulesen, so wenn ein kleiner Knabe die kleine Zwischenfigur über der Konfluenzstelle der Tafel VII mit Teilen des Grauen als „Flieger" deutet: Dieser Knabe träumte Tag und Nacht davon, Pilot zu werden. Weniger eindeutig ist dagegen die nicht seltene Antwort zur mittleren Zwischenfigur der Tafel II, die mit der schwarzen Spitze zusammen manchmal als „Karaffe mit Stöpsel" gedeutet wird. Bisweilen ist es nur die „Liebe zur Flasche" bei Leuten, die einen guten Tropfen gernhaben; wenn die Verschliessung der Flasche durch den Stöpsel aber besonders hervorgehoben wird, kann es sich sehr wohl auch um den Wunsch eines Trinkers handeln, seine Leidenschaft begrenzen zu können (Wunsch, die Flasche möge ihm verschlossen sein). Das wäre natürlich prognostisch von grosser Bedeutung. Man muss bei der Auslegung derartiger Antworten also ein bisschen vorsichtig sein.

4. Eine Sonderstellung nehmen die *DZwG* ein, die, wie wir gesehen haben, meist einen Milieukonflikt anzeigen. Zeigen die B-Komplexantworten das *Agierte*, die Farbkomplexantworten das *Gefühlte*, die DZw F(Fb) das *Gewünschte*, so kann man sagen, die DZwG zeigen das *Gefürchtete*. Aus dem Inhalt dieser Antworten lässt sich nämlich meist ablesen, auf welchem *Gebiet* die Milieuschwierigkeiten liegen. Gewöhnlich handelt es sich dabei um eine „*Drucksituation*", ein Ausdruck SJÖBRING's, worunter er eine chronische Konfliktsituation versteht. Einige verifizierte Beispiele mögen dies erläutern: Tafel II: „Kulisse mit einer Grotte" = Konflikt der Tochter mit der Mutter; Bero-Tafel VII in c-Stellung: „Gesicht eines Russen mit Pelzmütze und Distinktionen (Kokarde) (obere Zwischenfigur)" = Konflikt mit dem (uniformierten) Vorgesetzten bei einem Polizeibeamten; Bero-Tafel VII: „Introitus vaginae mit zerrissenen Stücken des Hymens (oben), die übriggeblieben sind" = sexuelle Anpassungsschwierigkeiten eines Mannes kurz nach der Scheidung von seiner Frau; Bero-Tafel VIII: „Zeichenfilmfigur mit Kopf (Grau), Armen (Rot) und kleinen Beinen (Braun), steht da wie ein Gorilla" = Minderwertigkeitsgefühle eines Mannes wegen des *eigenen* Äusseren (die Antwort ist zugleich B!) und der Kleidung, Ressentiment wegen der sozialen Stellung, die ihm eine elegantere Kleidung nicht gestattet; Ro-Tafel II: „Durchschnitt durch eine Gebärmutter" = sexuelle Pubertätsprobleme eines begabten Schizoiden.

Das Verfahren lässt sich im allgemeinen nur anwenden, wenn die DZwG-Antworten ZwG im Sinne von ZULLIGER sind (die GZw-Antworten haben meist einen neutralen, sachlichen Inhalt), und erfordert eine gewisse *Kenntnis der Lebensverhältnisse* der Vp. Auch bei gründlicher Kenntnis der Tiefenpsychologie, insbesondere tiefenpsychologischer Symbolik, die absolute Voraussetzung ist, muss hier mit *grösster Vorsicht* vorgegangen werden. Es gelingt *nicht immer*, die richtige Lösung zu finden. Bei Maskendeutungen der Gruppe I ist das Verfahren meist nicht anwendbar.

5. Für die Komplexantworten der *F-Kategorie* lassen sich allgemeine Deutungsregeln nicht aufstellen. Gewöhnlich sind die F komplexfrei, weil sie bewusst und objektiv sind. Nur in einigen Ausnahmefällen wird man auch hier Komplexinhalte finden. RORSCHACH erwähnt (S. 210) *Skelette*, Knochengerüste und dergleichen als Ausfluss eines Gefühls innerer Leere, Öde und Kälte, und Umhüllungen, *Verhüllungen* und Maskeraden als Zeichen einer Verstellungstendenz, als Dissimulieren eines affektiven Verhaltens. Die *Abstrakta* nehmen nach RORSCHACH (S. 214) eine Mittelstellung ein zwischen den B- und den Farbantworten, „zwischen der unbewussten Erwartungeinstellung und den affektbetonten Zielen des Unbewussten". Bei den Abstrakta und den *Symbolen* ist Zurückhaltung am Platze. Nicht alles, was wie ein Symbol aussieht und ein Symbol sein *könnte*, *ist* auch immer ein Symbol. Man denke an ein berühmtes Scherzwort von SIEGFRIED BERNFELD: „Der Zeppelin ist nicht *bloss* ein Phallussymbol, man kann *sogar* mit ihm nach Amerika fliegen." Und auch nicht jede Symbolisierung steht mit neurotischen Konflikten in Verbindung[1].

Eine besondere Rolle spielen die Formantworten, die gleichzeitig *BF* sind, also anthropomorphe Tierbewegungen nicht-anthropomorpher Tiere darstellen (ohne dass diese an sich anthropomorphisiert sind wie die Zeichenfilm-Tiere). Aus diesen Antworten lassen sich, wie bereits erwähnt (Kapitel 6), manchmal tief unbewusste Haltungen ablesen. Angesichts des kolossalen Unfugs, der in den letzten Jahren mit diesen Antworten getrieben wird, müssen wir hier nochmals zur *allergrössten Vorsicht* mahnen.

Viel wichtiger ist eine andere Kategorie von Komplexantworten, die bisweilen B, sehr oft aber auch einfach Formantworten sind. Wir meinen die Antworten, die eine *sexuelle Fehlidentifizierung* verraten, also unbewusste intersexuelle Haltungen, Femininismen bei Männern und Maskulinismen bei Frauen. Man kann hier drei Grade unterscheiden: 1. Am stärksten zu werten sind „*androgyne*" Komplexantworten, wie Frauen mit Bärten, Männer mit Brüsten und dergleichen. 2. In zweiter Linie kommen „*hermaphroditische Sexualdeutungen*", d. h. es werden männliche Genitalien zu Details gedeutet, die im allgemeinen weiblich gesehen werden (z. B. Spitze IV, Mitte VII) oder umgekehrt weibliche Genitalien zu männlichen (z. B. Spitze II). 3. Der schwächste Grad solcher Komplexantworten wären dann schliesslich auffällige B-Originale, die von *entgegengesetztem Geschlecht* sind als die Vp. In diesen Fällen darf man jedoch nicht allzu „wild" daraufloseuten. Diese weiblichen B-Orig. bei einem Manne (und umgekehrt) *können* auf Fehlidentifikationen beruhen, *müssen* es aber nicht.

Dass die sogenannten *Defektdeutungen* Komplexcharakter haben, und zwar meist einen Kastrationskomplex ausdrücken, wurde bereits bei der Zwangsneurose erwähnt. Hier ist nun noch nachzutragen, dass nach FRIEDEMANN [2] Lebewesen, Organe oder Objekte mit Defekten als D oder Dd („Frau mit verstümmelten Armen", „aufgerissener Brustkorb", „abgebrochene Nase") oft bei *organisch Kranken* vorkommen, sowie dass Defektantworten mit Bewegungs-

---

[1] ULRICH MOSER, Grundlagen projektiver Testverfahren (Vorlesung 1965).
[2] ADOLF FRIEDEMANN, Bemerkungen zu Rorschach's Psychodiagnostik, Rorschachiana II, Bern, 1947, S.63.

charakter („hinkender Bettler") von ihm bei *klimakterischen* Störungen und bei *Hirntraumatikern* beobachtet wurden.

Als besondere Gruppe von Formantworten mit Komplexinhalt sei noch eine bisher wenig beachtete Art von *Augen-Deutungen* erwähnt. Es sind dies *frontal* gerichtete Augen, die den Beschauer *„vorwurfsvoll"*, *„böse"* oder *„feindlich"* ansehen, oft in Form von Maskendeutungen. Sie verraten ein „Sich-Beobachtet-Fühlen", eine besondere Empfindlichkeit im Umgang mit Menschen und sind fast immer als *paranoide* Komplexantworten zu werten, aus welchen sich auf Verfolgungsangst schliessen lässt. Diese ursprüngliche Gewissensangst, die hier in paranoider Weise nach aussen projiziert wird, kommt meist bei schizoiden Persönlichkeiten mit und ohne Zwangscharakter vor, gelegentlich aber auch bei phobischen Neurosen. Im Falle der paranoiden Schizoidie finden sich gewöhnlich noch eine Reihe anderer schizoider Symptome im gleichen Protokoll (siehe Kapitel 12). Schon vereinzelte solche Augen-Deutungen geben Verdacht auf paranoide Selbstbeobachtung und Verfolgungsideen. Ihnen gleichwertig ist, worauf zuerst F. MEREI und später auch BECK[1] und ZULLIGER[2] aufmerksam gemacht haben, das *gehäufte* Vorkommen auch nur „gewöhnlicher" Augen-Deutungen, oftmals nur als Hervorhebung eines Kleindetails innerhalb von Menschen- oder Tiergesichtern, und namentlich dann, wenn ausser dem Auge keine anderen Gesichtsteile hervorgehoben werden.

Erinnert sei noch an die Gruppe der *verneinten* Antworten und vor allem der *unterdrückten B*, die spezifische Kompromissantworten darstellen können bei Konflikten zwischen Intellekt und Affekt (siehe Kapitel 6).

Im übrigen ist bei den Formantworten auf die Ausschmückung und *nähere Ausgestaltung* zu achten, insbesondere bei Verarbeitungsoriginalen. Aber auch wo die Antwort nicht so schrecklich originell ist, kann sie uns manchmal wichtige Aufschlüsse geben. So deutet z. B. eine Vp. mit oralen Schwierigkeiten die beiden Hunde der Bero-Tafel II mit einem Hühnerknochen dazwischen, an dem sie knabbern, während eine andere Vp. mit Klaustrophobie die Antwort gibt: „Die beiden Hunde stehen vor einem Gartentor, betrübt, weil sie nicht herauskommen können."

6. Schliesslich muss zugegeben werden, dass es *Komplexantworten* gibt, *denen man es nicht ansehen kann*. Nur bei genauer Kenntnis der Vp. und ihrer Vorgeschichte lässt sich ihr Komplexcharakter bisweilen erraten. So deutete z. B. einmal ein Mönch ein Detail als einen bestimmten Teil von Frankreich, an und für sich also eine ganz „harmlose" Geographieantwort. Es stellte sich aber heraus, dass der Mönch, ein Konvertit, dort einst sein Mönchsgelübde abgelegt hatte. Erst in Verbindung mit den vorhergehenden und den nachfolgenden Antworten wurde der volle Zusammenhang verständlich, der aber ohne Kenntnis der Lebensgeschichte der Vp. ganz unverständlich geblieben wäre, wie denn auch die Antwort als Komplexantwort ohne diese Mitteilungen nicht zu erkennen gewesen wäre.

---

[1] SAMUEL J. BECK, Rorschach's Test III., Advances in interpretation, New York, 1952, S. 128.
[2] HANS ZULLIGER, Der Zulliger-Tafeln-Test, 2. Aufl., Bern, 1962, S. 77, 191 und 239.

III. Der Inhalt der Komplexantworten

Bisher war vom Inhalt der Komplexantworten nur im Zusammenhange mit ihrer formalen Eigenart und der Art ihrer Auswertung die Rede. Was finden wir aber *im ganzen* für *Inhaltskategorien* in den Komplexantworten? Im grossen und ganzen kann man drei Hauptkategorien unterscheiden: Fixierungen, Identifikationen und aktuelle Konflikte. Es ist jedoch zu bemerken, dass die latente Bedeutung der Komplexantworten aus dem manifesten Inhalt nicht ohne weiteres zu erraten ist[1].

1. Die *Fixierungen* an prägenitale Phasen *(orale, anale)* oder an die *phallische* Phase sowie an bestimmte isolierte Partialtriebe *(sadistische, masochistische, exhibitionistische* Antworten) sind die häufigste Art.

Orale Komplexantworten können Zähne, Gebisse, Münder und dergleichen sein, aber sehr häufig auch Md als B, z. B. Gesichter, welche die Zunge herausstrecken, spucken, blasen, den Mund aufsperren usw., u. U. auch aufgesperrte Tierrachen. Häufig sind auch Flaschen, Getränke, trinkende Menschen und Tiere usw. orale Komplexantworten und natürlich alle Essen-Antworten. Auch Frauenbrüste sind gewöhnlich als orale Komplexantworten aufzufassen.

Entsprechend machen die *analen* Komplexantworten meist ebenfalls keine grossen Schwierigkeiten. Natürlich gehören Exkremente hierher, Tiere, die „etwas fallen lassen" und dergleichen und dann vor allem die direkten Anusdeutungen. Diese werden nicht selten in sehr bezeichnender Weise alternativ für Genitaldeutungen gegeben (z. B. bei Tafel VII Mitte: „das weibliche Organ oder der Anus", manchmal auch in der verräterischen Form: „der Anus einer Frau"). Auch Deutungen von Menschen und Tieren, die „von hinten gesehen" sind, können meist als anale Antworten angesehen werden.

Während man die zahlreichen Penis- und Vagina-Deutungen als *genitale* Deutungen bezeichnen muss, sind die recht seltenen spezifisch *phallischen* Deutungen im Sinne einer Fixierung an die phallisch-sadistische Phase zumeist *stechende* und *bohrende* Symboldeutungen (Bohrungen, Injektionsspritzen, manchmal auch Fieberthermometer).

Die *sadistischen* Komplexantworten sind gewöhnlich ohne weiteres erkenntlich. Es sind kriegerische Szenen, geköpfte Menschen und Tiere (was aber zugleich auch Kastrationsangst sein kann), der erwähnte triumphierende Gegner, die plattgewalzten oder aufgeschnittenen Tiere, Zangen, Scheren und ähnliche Instrumente usw. (Über zertretene Tiere siehe auch Seite 65/66.) Piotrowski[2] glaubt, dass nur die aggressiven B auf *eigene* Aggressionstendenzen der Versuchsperson schliessen lassen. Aggressiver Inhalt in den F (wie Messer, Schwerter, Zangen usw.) zeigen nur die Erwartungseinstellung der Vp., dass *andere* ihr gegenüber sich aggressiv verhalten werden.

Etwas schwieriger sind manchmal die *masochistischen* Antworten als solche zu erkennen. Nicht immer sind sie so offenbar wie bei der Antwort: „Kniende mit abgeschlagenem Kopf" zu Tafel II in b-Stellung. Sehr viele Beugekinästhesien (gekrümmte, schwache, zusammengesunkene Gestalten usw.) gehören hierher. (Auch die „Kniende mit abgeschlagenem Kopf" ist ja eine solche.)

---

[1] Fritz Salomon, Fixations, régressions et homosexualité dans les tests de type Rorschach, Revue Française de Psychanalyse, 1959, S. 259.
[2] Zygmunt A. Piotrowski, Perceptanalysis, New York, 1957, S. 333/334.

Verdächtig auf *Exhibitionismus* sind Genitalantworten bei narzisstischem Syndrom, aber auch Antworten wie „Damen, denen der Wind die Röcke hochbläst" (wenn es von einer Frau gedeutet wird), die bereits erwähnte „Mohrrübe, die verkehrt aus der Erde heraussteckt" oder (typisch für *psychischen* Exhibitionismus) „ein aufgeklapptes Kranium, in das man hineinschauen kann" (Rot der Tafel IX). — *Schaulust* kann sich in Antworten zeigen wie „Tiere, die in einem Periskop sehen, was über dem Wasser vorgeht" (Grau Mitte der Tafel X) oder „ein Kaninchen, das mit beiden Pfoten ein Opernglas vor die Augen hält" (Grün Mitte der Tafel X).

Die *homosexuellen* Komplexantworten wurden unter „sexuelle Fehlidentifizierung" bereits besprochen. Als B nach der Art von „zwei sich küssende Mädchen" usw. bieten sie gewöhnlich keine grösseren Schwierigkeiten. Bei manifester Homosexualität kommen dann meist noch die Konflikte mit dem Milieu dazu (z. B. die Männer der Tafel III haben Badehosen an, eine DZwG-Deutung).

2. Die *Identifikationen* sind fast immer B und wurden bereits eingehend besprochen. Sie geben uns Aufschluss über die Familien- und Kindheitssituation der Vp., so wie *sie* sie erlebt hat, und erklären dadurch manche Züge des Charakters. Gegengeschlechtliche Identifikationen sind natürlich wichtig.

3. Die *aktuellen Konflikte* sind *unmittelbar* aus manchen B-Antworten ersichtlich sowie aus den Wunschantworten und den DZwG (Milieureibungen, Drucksituationen). *Mittelbar* verständlich werden sie ausserdem oft noch durch die Farboriginale, die uns die affektiven Traumen der Vorzeit widerspiegeln, auf Grund deren die aktuellen Konflikte ihre pathogene Bedeutung erlangt haben. Die verneinten Antworten und die unterdrückten B enthalten sozusagen wieder aktuell *gewordene* Konflikte.

IV. Die Gruppierung der Komplexantworten und die Serien

Wenn die Komplexantworten festgestellt und ihrem Inhalt nach näher bestimmt sind, müssen sie, wenn zahlreiche vorhanden sind, inhaltlich gruppiert und zusammengestellt werden, z. B. alle oralen, alle analen, alle homosexuellen usw. Das erleichtert die Übersicht und die richtige Konstruktion der Neurosenstruktur. Vor allem wird auf diese Weise deutlich, ob und wo ein Thema sich *mehrfach wiederholt*. Gerade diese wiederholten B-Originale erleichtern gewöhnlich die Deutung und geben ihr grössere Sicherheit.

Man wird ausserdem die Beobachtung machen, dass mehrere Komplexantworten, die *in Serien* hintereinander kommen, oft eine Erzählung in *fortlaufendem Zusammenhange* darstellen. So deutet z. B. eine Ärztin zur Bero-Tafel VI zuerst: „Eine Person, die einen Patienten auf den Armen trägt" (Schwarz, Mitte), dann: „Ein Götzenbild im Hintergrunde und in der Mitte eine Person, die kommt, um zu opfern" (G), dann: „ein Walross, das mit ausgebreiteten Flossen ins Wasser springt" (Schwarz, Mitte) (Geburtsphantasie!) und dann: „Eine gotische Madonna" als Wunschdeutung (Zw). Also: Man muss sich im Beruf für die Patienten „opfern", und dann besteht keine Möglichkeit, eine Familie zu gründen. — Besonders Paranoiker können oft ganze Romane über ihre prophetische Rolle in dieser verdorbenen Welt erzählen. Es kann dann in ganz seltenen Fällen einmal vorkommen, dass fast der ganze Test eine fortlaufende Erzählung darstellt. Man hüte sich aber vor übereilten Schlüssen und vor dem wilden „Hineinphantasieren" in die Deutungen!

D. Die Charakterneurosen

Die Charakterneurosen sind bisher noch wenig systematisch untersucht worden. Dies mag zum Teil wohl daran liegen, dass von den Charakterneurosen in noch höherem Grade gilt, was wir oben von den Neurosen im allgemeinen festgestellt haben, dass sie nämlich nur selten in „reiner" Form anzutreffen sind. Ausserdem sind viele Charakterneurosen, namentlich frühere Phobien, sehr stark verarbeitet und infolgedessen sowohl klinisch wie im Rorschach nur schwer diagnostizierbar. Derartige Protokolle gehören in ein Rorschach-Seminar für Fortgeschrittene, und es ist fast unmöglich, allgemeine Regeln für ihre Deutung aufzustellen.

Trotzdem das letzte Wort über die Rorschach-Diagnose der Charakterneurosen also noch lange nicht gesprochen ist, wollen wir wenigstens einige verstreute Beobachtungen über die einzelnen Typen der Charakterneurosen mitteilen.

I. Der triebhafte Charakter sensu ALEXANDER und REICH ist verhältnismässig selten. Einige Fälle der von den Klinikern als „Hypererotismus" bezeichneten Zustandsbilder gehören vermutlich hierher. Namentlich zeigt die aus dem Penisneid entstandene Nymphomanie alle wesentlichen Züge des triebhaften Charakters, vor allem die Nutzbarmachung des Triebes im Dienste der Abwehr.

Die wesentlichen Züge des Rorschach-Bildes des triebhaften Charakters scheinen die *Rotattraktion* (meist mit *Essen-Deutungen*), eine gewisse *Farbenattraktion* und relativ *viele FbF und Fb* bei 0 *oder nur wenigen DZw* zu sein (siehe SCHNEIDER'S bereits zitierte Mitteilung „Eine diagnostische Untersuchung usw.", Zeitschr. f. Neur., 1937, S. 7). Alle diese Faktoren haben gemeinsam die positive Einstellung zur Triebhaftigkeit und zur eigenen Affektivität. Meist scheint auch die Durchschnittsreaktionszeit verkürzt zu sein, speziell bei den farbigen Tafeln. (In einem Falle fanden wir z. B. 0,62 für alle, 0,75 für die schwarzen, 0,64 für die schwarz-roten und 0,44 für die farbigen Tafeln; alle Ziffern sind Minuten pro Antwort). Bei nymphomanen Frauen scheinen ausserdem männliche Identifikationen und Penisneid-Komplexantworten eine Rolle zu spielen (massenhaft Penissymbole und Antworten, die die Zahl 3 symbolisieren).

Differentialdiagnostisch besteht die Abgrenzung gegenüber der antisozialen Psychopathie darin, dass beim triebhaften Charakter eben die *DZw nicht vermehrt* sind wie bei den Antisozialen, und gegenüber Haltlosigkeit bestehen hier im allgemeinen *normale Bremsfaktoren*.

Der Gegensatz des triebhaften Charakters wäre die neurotische Panzerung, namentlich des Zwangscharakters.

II. Der hysterische Charakter ist von der hysterischen Neurose nur sehr schwer abzugrenzen. Auch im Rorschach-Bilde besteht ein fliessender Übergang. Vielleicht sind die B-Werte etwas höher, und es besteht eine etwas grössere Variabilität (geringeres T%). Wenn keine auffälligen Konversionssymptome bestehen, sind auch die labilen Farbwerte meist etwas geringer. Aber auch wo die Werte sich quantitativ schon dem Normalen nähern, verrät sich der hysterische Charakter oft bei den Frauen noch durch den Sexualsymbolstupor bei den männlichen Symbolen (Genitalangst) und bei den Männern durch feminine Identifikationen in den B-Originalen.

III. Der Zwangscharakter

1. *Im allgemeinen* ist auch der Zwangscharakter von der Zwangsneurose nur *quantitativ* verschieden. Der Erlebnistypus ist bei einer Gruppe ebenfalls ambiäqual, aber mehr koartiert (Werte von 1—2 gegenüber 3—5 und mehr bei der Zwangsneurose), die Farbwerte sind etwas weniger labil, und auch die absoluten Zahlen der DZw und Dd sind etwas geringer (bei immer noch relativer Erhöhung). M. a. W. bei diesen Typen ist die Struktur die gleiche wie bei der Zwangsneurose, nur die Ambivalenzspannung ist geringer, das Bild ist symptomärmer. Es sind einfach steife, trockene und korrekte Menschen.

Es gibt aber noch einen anderen Typus von Zwangscharakteren, der stärker mit *oralen* Zügen durchsetzt ist. Dieser Typus hat einen überwiegend oder gar rein *introversiven* Erlebnistypus, während DZw und Dd wie üblich vermehrt sind und auch Do vorkommen können. *Diese* Typen haben gewöhnlich auch oral-sadistische Komplexantworten (Zähne, Tierrachen usw.). Man versteht den introversiven Erlebnistypus in diesem Zusammenhange, wenn man sich daran erinnert, dass die Introversion sowohl aus der *analen Retentionsneigung* wie aus der Verschiebung der kindlichen Saugelust auf das intellektuelle „Einsaugen" von Wissen entstehen kann [1]. Natürlich haben diese Typen infolge ihrer Aggressionshemmung auch eine depressive Stimmung.

Der Farbenschock ist bei Zwangscharakteren bisweilen *verspätet* (ohne dass also ein Dunkelschock vorhanden zu sein braucht), und manchmal tritt er nur in der Form der *Rot-Scheu* (Vorliebe für Blau und Grün) auf (ZULLIGER, Bero-Test, S. 64).

2. *Der anale Retentionscharakter* ist eine Form des Zwangscharakters, bei dem von den analen Zügen (Pedanterie, Eigensinn, Sparsamkeit) die Zurückhaltungstendenzen (Sparsamkeit, Geiz und die entsprechenden geistigen Haltungen) besonders ausgebildet und zur zweiten Natur geworden sind. Das Rorschach-Bild solcher Menschen kann manchmal gewisse Besonderheiten zeigen.

Der Erlebnistypus ist auch hier entweder ambiäqual oder introversiv, aber mit einer gewissen B-Verdrängung (Produktionshemmung). (Äusserst hohe B-Werte bei Zwangscharakteren deuten fast immer auf einen oralen Einschlag.) Der Farbenschock kann schwach oder verspätet sein. Es besteht eine allgemeine ängstliche Zurückhaltung, die Produktion ist gering, daher die Antwortenzahl unter Mittel. Bei gleichzeitigem Qualitätsehrgeiz nähert sich der Erfassungstypus dem G+-Typus. Es wird aber meist nur ein G±-Typus erreicht, da bei der Abneigung dieser Menschen, etwas „Geformtes" von sich zu geben, unbestimmte F— recht häufig sind („Skelett irgendeines Tieres", „ein aufgeschnittener Gegenstand" usw.). Auch Do- und HdF-Antworten können auftreten wie bei jeder zurückhaltenden Ängstlichkeit. Natürlich wird bei dieser übergrossen Vorsichtigkeit das Leistungsniveau vermindert, das F+% ist etwas herabgesetzt (was sonst bei Zwangscharakteren selten ist), eben wegen der unb. F—, und es

---
[1] KARL ABRAHAM, Psychoanalytische Studien zur Charakterbildung, Wien, 1925, S. 19 und 49.

kommen schlechte Anatomiedeutungen vor. Die Reaktionszeit ist hier meist bedeutend verlängert (die Vp. sitzt und „druckst"), was auch der gewöhnlich (leicht) depressiven Grundstimmung entspricht. Typisch ist hier auch die Symmetriebetonung, dem im Analcharakter häufig vorhandenen „Bedürfnis nach Symmetrie" entsprechend (ABRAHAM, a. a. O., S. 29). Das aggressive Nörgeln (Dd, DZw) scheint manchmal etwas in den Hintergrund zu treten. Ganz fehlt es jedoch selten. Es mag hier noch ausdrücklich darauf hingewiesen werden, dass die erhöhten DZw bei den Zwangscharakteren nicht *nur* ein Zeichen der stärkeren Aggressionsspannung sind, des analen Sadismus, sondern auch direkt ein Ausdruck der analen „Neigung, sich mit der Rückseite der Dinge zu beschäftigen"[1], alles anders zu machen als andere Menschen. RORSCHACH hat das sehr wohl gewusst, wenn er gerade bei der Analyse eines Zwangsneurotikers (S. 146) von den DZw sagt, sie seien „Ausdruck einer oppositionell-energischen Einstellung, die darauf ausgeht, den Dingen Gesichtspunkte abzugewinnen, die sonst übersehen werden". Oder wenn er (S. 199) von der Sucht spricht, „die Dinge sich von allen Seiten anzuschauen, die Kehrseite der Medaille nicht ausser acht zu lassen". Schliesslich ist noch bemerkenswert, dass die anale Kontaktlosigkeit bei den Retentionscharakteren bisweilen darin zum Ausdruck kommt, dass sich keine M und Md, wohl aber mehrere Objekte (Interesse für Sachbesitz) im Inhalt finden.

3. *Der „Verkopfungs"-Charakter* ist ebenfalls eine Sonderform des Zwangscharakters und entsteht, wenn der Glaube an die Allmacht der Gedanken sich besonders stark entwickelt. Der ganze *Angstschutz* wird dann mehr oder weniger durch den Mechanismus der *Intellektualisierung* bewältigt. Diese Typen zeigen gewöhnlich gewisse *Abarten des Farbenschocks*, bei denen die *Deskriptionen* (es besteht hier fast regelmässig auch Aggressionshemmung) und *abstrakte, begriffliche und symbolische* Deutungen eine dominierende Rolle spielen[2]. Auch Rotscheu und Vorliebe für Gelb kommen vor (ZULLIGER, Bero, S. 64). Die Deskriptionen und Symmetriebemerkungen aber können oft das ganze Protokoll durchsetzen. Unter neurotischen Akademikern findet man diese Art von Zwangscharakter heute nicht selten.

IV. Der phallisch-narzisstische Charakter mit seiner Handlungskraft hat einen extratensiven Erlebnistypus, aber nicht ohne B. Es besteht meist Farbenschock oder mindestens Rotschock, und die Farbwerte sind recht labil. SALOMON fand hier auch Rotattraktion.[3] Insoweit ähnelt der Typus der (ja ebenfalls genitalen) Hysterie. Aber die phallisch-narzisstischen Charaktere haben, wenn sie sozial angepasst sind, ein besseres F+% als die Hysteriker, und sie zeigen eine bedeutende Aggressivität (DZw, Dd). Der Erfassungstypus ist gewöhnlich $\overline{G}$—D—$\overline{Dd}$ (Grosszügigkeit + anale Aggressivität). Die Sukzession ist meist gelockert, und die B sind überwiegend Streckkinästhesien und enthalten exhibitionistisch-narzisstische Grössenvorstellungen im Inhalt (Zauberer, Volksredner, Medizinmänner, Gaukler, Säbelschlucker usw.). Im übrigen finden sich ganz spezifische Komplexantworten, die ein *Stechen* oder *Bohren* darstellen (stechender Sadismus). Spiegeldeutungen sind häufig, und das Nichtsehen der Symmetrie kommt hin und wieder vor. — Die asozialen Varian-

---

[1] ERNEST JONES, zitiert nach KARL ABRAHAM, a. a. O., S. 30.
[2] Siehe HANS ZULLIGER, Einführung in den Behn-Rorschach-Test, Bern, 1946, S. 69, 169, 180 und S. 71.
[3] FRITZ SALOMON, Ich-Diagnostik im Zulliger-Test, Bern, 1962, S. 36.

ten des Typus haben ein schlechteres F+% und Tendenz zu Konfabulationen. Auch Homosexualität kann bei ihnen vorkommen.

V. Der masochistische Charakter ist im Rorschach-Test noch wenig studiert worden. Er zeigt wohl (nach einzelnen Beispielen zu urteilen) ziemlich kräftigen Farben- und manchmal auch Dunkelschock, gewöhnlich einen introversiven Erlebnistypus und ausgesprochene Beugekinästhesien, bisweilen mit masochistischem Inhalt. Do, Dd- und DZw-Erhöhung kommen vor als Indikatoren der Kastrationsangst und der dadurch gesteigerten, aber introjizierten Aggressivität.

Anhang: Die Perversionen

Die Perversionen werden von einigen Autoren bereits zu den Psychopathien gerechnet, so z. B. von EUGEN BLEULER, EUGEN KAHN, MAURICE LEVINE, im Statistical Guide des State of New York und andernorts. Hierin liegt insofern eine gewisse Berechtigung, als die Entwicklung von manifesten Perversionen im allgemeinen eine Konstitution mit besonders starker Ausbildung einzelner Partialtriebe voraussetzt, wie man sie manchmal bei Kriminalität findet. Dazu kommt eine Schwäche der Bremsfaktoren, der „kulturellen Gegentriebe" in der Terminologie von RUDOLF BRUN, die ebenfalls weitgehend konstitutionell zu sein scheint. Jedenfalls ist diese perverse Ichschwäche der psychotischen Ichschwäche nahe verwandt, denn in den Familien der Perversen finden sich häufig Psychosen[1]. Trotzdem weisen die Perversionen in ihrer Genese so viele Ähnlichkeiten mit den Neurosen auf, dass es gerechtfertigt erscheint, sie als eine Art Mittelding zwischen Neurose und Psychopathie zu betrachten.

Auf der Ichschwäche der Perversen beruht auch das einzige allgemeine Rorschach-Symptom, das zur Diagnose einer Perversion herangezogen werden kann, wenn keine Psychose vorliegt: die *Initialzensur*. Wo wir das Glück haben, bei einem Nichtpsychotiker neben den entsprechenden Komplexantworten die Initialzensur zu finden, dürfen wir auf das manifeste Vorhandensein der betreffenden Perversion schliessen.

Die Inversion des Triebobjekts, die *Homosexualität*, hat eine ganze Reihe von Rorschach-Untersuchern beschäftigt. Die meisten, wie DUE und WRIGHT, LINDNER, BERGMANN und WHEELER[2], haben versucht, das Problem mit Hilfe einer Inhaltsanalyse zu lösen. Auch RAPAPORT und SCHAFER haben diesen Weg eingeschlagen, ebenso PIOTROWSKI. PIOTROWSKI's „Zeichen", die nur die *männliche* Homosexualität betreffen, seien hier kurz wiedergegeben: 1. Anale Antworten, 2. bisexuelle Antworten, 3. spontan geäusserte Zweifel am Geschlecht einer Figur, 4. auf dem Rücken liegende Gestalten mit angezogenen Schenkeln, 5. exhibitionistische B M mit Angabe primärer oder sekundärer Geschlechtsmerkmale (z. B. „Unterleib eines Mannes, der sich bückt"), 6. Deutung der unteren Hälfte der Mitte von Tafel I oder der vulgären Figuren auf Tafel VII (in a-

---

[1] EINO KAILA sagt hierzu: „Alle Perversionen haben gewisse gemeinsame Züge, u. a. die mangelhafte Entwicklung der höheren sozialen Strukturen. Man kann sich eine aus lauter perversen Individuen (Sadisten, Fetischisten usw.) bestehende Gesellschaft nicht einmal denken, ihre Verhaltensweise ist in viel zu grossem Ausmass vom Typus der Primitivreaktionen" (Personlighetens Psykologi, Helsingfors, 1943, S. 338).

[2] Genaue Quellenangabe siehe Literaturverzeichnis.

oder c-Stellung) als Männer[1]. (Die in Punkt 4 erwähnten Antworten haben zwar meist eine Verbindung zu sexuellen Problemen, aber keineswegs notwendig zu homosexuellen.)

Alle diese Versuche ergeben aber nicht mehr als Mutmassungen und Annäherungen, die sich bei Nachprüfungen nicht immer bestätigen liessen. Denn die Homosexuellen, auch die männlichen allein, sind *keine homogene Gruppe*, worauf vor allem van Emde Boas wieder aufmerksam gemacht hat[2]. Zumindest dürfte die Unterscheidung von Ferenczi in aktive Subjekthomosexuelle (Identifikation mit der Mutter) und passive Objekthomosexuelle (Unterwerfung unter den Vater) unentbehrlich sein (van Emde Boas). Ausserdem ist aus diesen Inhaltsanalysen niemals zu entnehmen, ob die Homosexualität manifest oder latent ist, und ob sie nur die psychische Begleiterscheinung einer überwiegend konstitutionellen Zwischenstufe darstellt, oder ob sie mehr eine durch die Familienkonstellation verursachte Entwicklungsstörung ist. In ganz seltenen Fällen lässt sich vielleicht einmal eine manifeste Homosexualität erraten aus den psychischen *Konflikten*, die *reaktiv* aus der sozialen Ächtung der Homosexualität entstehen. Der Homosexuelle ist meist bemüht, die wahre Natur seines Sexuallebens vor der Umwelt zu verbergen („sexuelle Mimikry", Magnus Hirschfeld). Aus diesem Wunsche entstehen manchmal bei Homosexuellen DZw F(Fb)-Deutungen, oft mit Figur-Hintergrund-Verschmelzung, die das Bestreben zeigen, die eigene Genitalität zu verhüllen, z. B. die Männer zu Tafel III haben eine Badehose an (Zwischenfigur zwischen Rumpf und Beinen), oder sie haben eine weisse Schürze vor (Zwischenfigur zwischen Armen und Beinen). Leider kann man aber nicht ohne weiteres umgekehrt von solchen Antworten auf manifeste Homosexualität schliessen, denn der gleiche Wunsch besteht ja auch bei den so häufigen Onaniekonflikten sowie bei Nymphomanie, und in beiden Fällen kommen diese Antworten auch faktisch vor.

Die bisher gründlichste und zuverlässigste Studie über die Homosexualität im Rorschach stammt von Fritz Salomon[3], der seine Beobachtungen selbst zu einem Syndrom zusammengefasst hat, das sowohl auf Erfahrung wie auf theoretischen Überlegungen beruht. Salomon geht von einem Kernsyndrom aus, das aus dem gleichzeitigen Vorkommen von Braunschock (und/oder Braunattraktion) und Rotschock (und/oder Rotattraktion) im gleichen Protokoll besteht, wobei der Rotschock als Ausdruck einer starken Kastrationsangst anzusehen ist. Eine manifeste Homosexualität ist hochgradig wahrscheinlich, wenn wenigstens noch mehrere der folgenden Teile des Syndroms vorkommen: Do, unbestimmte F—, erhöhte Dd und DZw bei verminderten D (also anale Aggressivität bei genitaler Unreife), ambiäqual-extratensiver Erlebnistypus mit FbF > FFb, gelockerte Sukzession (beim Z-Test zumeist auf Tafel II), Vorkommen von mehreren FHd und eventuell einigen wenigen HdF (bei vielen HdF eher latente Homosexuali-

---

[1] Zygmunt A. Piotrowski, Perceptanalysis, New York, 1957, S. 359/360.
[2] Conrad van Emde Boas und E. van Steenderen, Betrachtungen zum Problem der Rorschach-Diagnostik der männlichen Homosexualität, mit einem kasuistischen Beitrag; Psychiatria, Neurologia, Neurochirurgia, Bd. 65, 1962, S. 181—200.
[3] Fritz Salomon, Fixations, régressions et homosexualité dans les tests de type Rorschach, Revue Française de Psychoanalyse, 1959, S. 266—269, sowie: Ich-Diagnostik im Zulliger-Test, Bern, 1962, S. 201/202. Der Braunschock, der bei Salomon eine zentrale Stellung einnimmt, kann sich nur in der Bero-Serie oder im Z-Test zeigen.

tät). Ausser diesen wichtigsten Zeichen besteht das Syndrom noch aus folgenden Gliedern, denen aber schon etwas geringere Bedeutung zukommt: vermehrte G, darunter G FbF und Gzw FbF (Milieukonflikte, Inzestbindung), Vorkommen von DG, Grün- oder Blauschock, Weiss- und/oder Dunkelschock (bei Weissschock konfliktbeladene Einstellung zur Weiblichkeit), erhöhte Md, eventuell Md > M, Nichtsehen der Symmetrie der Kleckse, Anatomiedeutungen, insbesondere als „Abbildungen", oft als FbF, Fehlidentifikationen in den B, im Inhalt: infantile Antworten, Sex, Verstümmelungen. — Hierbei gelten nach SALOMON noch die folgenden Regeln: Bei Braunschock ohne Rotschock ist die Homosexualität meist abgewehrt. Bei Braunattraktion, erhöhten Dd und DZw und ambiäqualintroversivem Erlebnistypus handelt es sich meist um Bisexualität. Bei Braunattraktion und anderen Symptomen der obigen Liste bei gleichzeitig starkem allgemeinem Farbenschock ist latente Homosexualität zu vermuten, die sich gewöhnlich in Schwierigkeiten bei der Eingehung heterosexueller Verbindungen zeigt.

Bei allen anderen Perversionen sind wir einstweilen auf die *Komplexantworten* angewiesen, denen man es aber nicht ansehen kann, ob sie von einer manifesten oder von der entsprechenden verdrängten Perversion einer Neurose herrühren.

Von den *Paraphilien* haben der *Sadismus* und der *Masochismus* (oft bei der gleichen Person), wohl die grösste praktische Bedeutung. Hier gilt das gleiche: Die Komplexantworten zeigen nur die Qualität der Perversion an, sagen aber noch nichts über die Frage aus, ob sie manifest oder nur latent ist. Dies lässt sich indessen mit einer gewissen Wahrscheinlichkeit aus dem Erlebnistypus und den Bremsfaktoren erschliessen. Eine Versuchsperson mit erhöhten DZw, auffälligen sadistischen Komplexantworten und stark extratensivem Erlebnistypus (womöglich noch mit reinen Fb) wird bei unzureichenden Bremsfaktoren (B+, G+, F+%) starken Verdacht auf sexuellen Sadismus erwecken. Die Sicherheit der Diagnose wird zum Teil davon abhängen, ob die sadistischen Komplexantworten nur allgemein Aggressivität ausdrücken, oder ob eine spezifisch sexuelle Komponente hindurchscheint. Analoges gilt vom Masochismus (der aber einen introversiven Erlebnistypus hat).

Die *Exhibitionisten* und die *Voyeure* (ebenfalls beides oft in derselben Person vereint) verraten sich in sehr spezifischen Komplexantworten. Hier ist es aber äusserst schwierig, aus dem Gesamtbilde des Protokolls abzulesen, inwieweit diese Tendenzen manifest oder latent sind.

Fellatio wird man im allgemeinen bei *phallisch-narzisstischer* Charakterneurose erwarten können. Vorliebe für *Cunnilingus kann* vorliegen, wenn entsprechende Komplexantworten (Gesichter mit herausgestreckter Zunge als B usw.) vorhanden sind. Derartige Vermutungen sind aber aus dem Testergebnis selbst meist nicht zu kontrollieren. Man hüte sich auf diesem Gebiete ganz besonders vor übereilten Schlüssen!

Kapitel 12

Die Psychopathien

A. Die Fragwürdigkeit des Psychopathiebegriffs und Überblick über die wichtigsten Psychopathiesysteme

I. Der Psychopathiebegriff

Der Psychopathiebegriff ist bekanntlich der Papierkorb der Psychiatrie. „Was man nicht deklinieren kann, das sieht man als Psychopathia an." Zahlreich sind die Versuche, die verschiedenen Psychopathien auf eine gemeinsame Formel zu bringen. Die Aufgabe ist schwierig, weil man die heterogensten Zustände als Psychopathien bezeichnet. MAURICE LEVINE [1] hebt als die wichtigsten gemeinsamen Züge der Psychopathen hervor, dass sie auf kurze Sicht handeln (unmittelbare Triebbefriedigung) und eine Tendenz zeigen, ihre Konflikte in der Gesellschaft abzureagieren. Demnach sollte „die" Psychopathie eine Mischung von Infantilismus mit dem Projektionsmechanismus sein. Man wird unschwer einsehen können, dass diese Abgrenzung ziemlich willkürlich ist und jedenfalls lange nicht alle Formen von Psychopathie deckt, z. B. nicht die Selbstunsicheren und Ängstlichen.

STRÖMGREN macht folgende Abgrenzung: Bei einer *Neurose* liegt eine abnorme Reaktion vor, bei einer *Psychopathie* eine Bereitschaft zu abnormen Reaktionen, sei diese nun erblich oder erworben. (Eine ererbte Psychopathie ist nicht „angeboren", denn sie kann sich auch später entwickeln. Die erblichen sind die „echten" Psychopathien, die erworbenen sind Pseudopsychopathien, und sie können somatogen oder psychogen sein [2]).

Eine der besseren Lösungen der ziemlich hoffnungslosen Aufgabe, alle Psychopathien auf einen Nenner zu bringen, ist die heute am meisten verbreitete *Psychopathiedefinition* VON KURT SCHNEIDER[3]: „Psychopathische Persönlichkeiten sind solche abnorme Persönlichkeiten, die an ihrer Abnormität leiden oder unter deren Abnormität die Gesellschaft leidet." Dabei ist unter „Abnormität" die Abweichung von der Durchschnittsnorm (nicht von der Wertnorm) verstanden (jeder Kulturkreis hat also seine eigenen Psychopathien), und „Persönlichkeit" wird im hereditär-angeborenen Sinne aufgefasst (a. a. O., S. 2, 6 und 12). Exogene Psychopathien bezeichnet man besser als Pseudopsychopathien.

Obwohl der Begriff bei SCHNEIDER so allgemein gefasst ist, dass man ihn jedenfalls nicht als zu eng und dadurch unkorrekt bezeichnen kann, haftet ihm immer noch etwas Unvollkommenes an. An sich selbst leiden fast alle Menschen wenigstens zeitweise, und wer kann von sich sagen, dass er nicht anderen einmal auf die Nerven gegangen ist? Man kann also durchaus den Satz von PAUL REIWALD [4] unterschreiben: „Es ist in keiner Weise gelungen, eine klare Grenze zwischen normal und Psychopath zu ziehen."

Und auch ANDRÉ REPOND bezeichnete in der 105. Sitzung der Schweizerischen Gesellschaft für Psychiatrie die konstitutionelle Psychopathie als „cette création arbitraire de la nosologie psychiatrique"[5]. Dieser Vortrag von REPOND gibt eine ganz ausgezeichnete Darstellung des ganzen Fragenkomplexes, und wir wollen seine Hauptgedanken hier in Kürze wiedergeben.

Die Bezeichnung „*Psychopathie*" stammt aus der deutschen Psychiatrie, die sie aber (laut KRAEPELIN) aus den alten französischen Theorien über die *Degeneration* abgeleitet hat. Im allgemeinen werden unter „Psychopathien" als konstitutionell gedachte psychische Abweichungen vor allem der Affektivität, des Instinktlebens und des Willens verstanden. Auch gewisse, den grossen Psychosen verwandte Charakteranomalien sind hierher gerechnet worden, wie die schizoiden, zykloiden und epileptoiden Psychopathen. Der Begriff hat keine Präzision, und man hat schliesslich alle psychisch Anomalen dazu gerechnet, die nicht an einer scharf abgegrenzten psychischen Störung leiden. (Bekannt ist, dass BLEULER, der die Existenz eines „klaren positiven Begriffs" dieser Art leugnete, die Bezeichnung vorschlug „für alle der Heraushebung werten Abweichungen vom Normalen, die noch nicht als bestimmte Krankheitsbilder beschrieben sind" [6].)

---

[1] MAURICE LEVINE, Psychotherapy in Medical Practice, hier zitiert nach der schwedischen Übersetzung, Stockholm, 1946, S. 215.
[2] ERIK STRÖMGREN, Psychiatrische Genetik, in: Psychiatrie der Gegenwart, Bd. I, 1, A, Berlin, Heidelberg, New York, 1967.
[3] KURT SCHNEIDER, Die psychopathischen Persönlichkeiten, Wien, 1943, S. 3.
[4] PAUL REIWALD, Verbrechensverhütung als Teil der Gesellschaftspsychohygiene, in „Die Prophylaxe des Verbrechens", herausgegeben von HEINRICH MENG, Basel, 1948, S. 134.
[5] ANDRÉ REPOND, La revision du concept de la „psychopathie constitutionnelle", Schweizer Archiv f. Neurologie und Psychiatrie, Bd. 59, 1947, S. 395.
[6] EUGEN BLEULER, Das autistisch-undisziplinierte Denken in der Medizin und seine Überwindung, Berlin, 1921, S. 59.

Über die *Ätiologie* und *Pathogenese* der Psychopathien, fährt REPOND fort, wissen wir nichts oder *fast nichts*. Im allgemeinen betrachtet man diese Störungen als *hereditär* oder *läsionell* (als aus sehr frühen Läsionen hervorgegangen). Sie sollen mit der somatischen Konstitution, insbesondere mit *endokrinen* Störungen zusammenhängen. Auch *traumatische* und *Milieu*einflüsse werden herangezogen. KRAEPELIN sieht sie als Entwicklungsstörungen an. Wir arbeiten hier grösstenteils mit *Annahmen* („suppositions"). Die *Symptomatologie* ist schlecht abgegrenzt und willkürlich dehnbar.

Mit Psychoanalyse haben sich viele, selbst schwere Fälle als *heilbar* erwiesen. Manche Psychotherapeuten reservieren daher die Bezeichnung „Psychopathie" nur für die refraktären Fälle. Hierher gehören vor allem die schizoiden, epileptoiden und zykloiden Fälle, die sich aber als *abortive* oder *larvierte Psychosen* entpuppen. Sondert man diese Fälle aus, so sind die übrigen Psychopathien aber keineswegs „unheilbar"!

Eigene Erfahrungen haben jedenfalls REPOND die Überzeugung nahegelegt, dass die meisten sogenannten konstitutionellen Psychopathien sich in der psychotherapeutischen Behandlung als psychische Störungen herausstellen, die äusseren Bedingungen (familiärer und erzieherischer Art) ihre Entstehung verdanken, und die grösstenteils beeinflussbar und zum Teil heilbar sind. Ihre psychotherapeutische Behandlung ist prinzipiell möglich, wenn auch sehr schwierig und meist undankbar.

Eine hereditäre Disposition liegt aber jedenfalls vor, meist in Form einer grösseren psychischen Empfindlichkeit, die man mit BENO als „*Psychallergie*" bezeichnen kann, worunter eine allgemeine biologische Verletzlichkeit zu verstehen ist.

Die Annahme einer spezifischen krankhaften Konstitution dagegen beruht nach REPOND auf einer ungenügenden Durcharbeitung der Psychogenese der Symptome, was zu einer Unterschätzung ihrer pathogenen Bedeutung führt. — Die sogenannten Psychopathien Jugendlicher stellen sich bei entsprechend genauer Untersuchung regelmässig als *Charakterneurosen* heraus. Und man muss damit rechnen, dass auch die meisten sogenannten Psychopathien Erwachsener aus Charakterneurosen von Kindern und Jugendlichen hervorgegangen sind. Die Vorbeugung der sogenannten psychopathischen Störungen stellt sich infolge dieser Anschauung im wesentlichen als eine Aufgabe der Mentalhygiene und der Kinderpsychiatrie dar.

Obwohl wir im Prinzip mit dieser Anschauung REPOND's einig gehen, muss jedoch leider festgestellt werden, dass die Diagnose Psychopathia constitutionalis vorläufig noch aus praktischen Gründen nicht zu entbehren ist. Namentlich in der *Gerichtsexpertise* wird diese Diagnose von den gesetzlichen Bestimmungen vieler Länder geradezu *verlangt*. Man kann nun sehr wohl auch mit Hilfe des Rorschach-Tests diese psychopathologischen Bilder abgrenzen, muss sich aber darüber im klaren sein, dass der Psychopathiediagnose stets eine gewisse Minderwertigkeit anhaftet. Am besten ist es, diese Zustände als das zu betrachten und zu beschreiben, was sie sind, als *Neurosen, bzw. Charakterneurosen mit besonderer konstitutioneller Grundlage*, und die Diagnose „psychopathia constitutionalis" nur dann zu stellen, wenn dies aus gesetzlichen Gründen oder von der Anstaltsleitung ausdrücklich verlangt wird. Auch dann ist *der neurotische Überbau* und seine Struktur jedoch *stets zu beschreiben*.

Vor allem müssen wir die eigentlichen, in einem gewissen Grade als konstitutionell anzusehenden, „echten" Psychopathien (Psychopathiae constitutionales) von den *erworbenen* (meist läsionellen) Zuständen ähnlicher Art unterschieden werden, die besser als *Pseudopsychopathien* zu bezeichnen sind (z. B. Pseudopsychopathia postencephalitica, traumatica usw.).

In anderer Weise hat neuerdings SZONDI [1], der sich über das Problematische des Psychopathiebegriffs völlig im klaren ist, die Psychopathie von den Neurosen abzugrenzen versucht. Er legt das Schwergewicht auf die Zensurschwäche und beschreibt als „psychopathische Trias" die folgenden drei Charakteristika der psychopathischen Persönlichkeit: 1. die Wirksamkeit des infantilen *Lustprinzips*, das oft zugleich in Form der polymorphen Perversion auftritt; 2. den „Verlust der Mitte", d. h. die *Zensurschwäche* gegenüber diesen infantilen Lustansprüchen, und 3. die Wahl *mehrfacher Notausgänge* aus den inneren Triebspannungen.

Schliesslich sei noch erwähnt, dass JOHANNA BASH-LIECHTI [2] kürzlich versucht hat, das von M. BLEULER aufgestellte „hirnlokale Psychosyndrom" (Störungen des Antriebs, der Triebe und der Stimmungen) mit den Neurosen in Parallele zu stellen und beides unter der Bezeichnung „*umschriebenes Störsyndrom*" zusammenzufassen. Unter diesem Gesichtspunkt würden auch, was BASH ausdrücklich hervorhebt, die Pseudopsychopathien in einem neuen Lichte erscheinen.

II. Die Psychopathiesysteme

Die zahlreichen *Einteilungen* der Psychopathien sind rein beschreibend und folgen weitgehend *sozialen* Gesichtspunkten. Wahrscheinlich enthalten die einzelnen symptomatologischen Bilder *verschiedene*, ätiologisch *heterogene* Untertypen, Typen, die näher herauszuarbeiten gerade eine der wichtigsten Aufgaben der Rorschach-Forschung sein wird.

---

[1] L. SZONDI, Triebpathologie, Bern, 1952, S. 358.
[2] K. W. BASH, Lehrbuch der allgemeinen Psychopathologie, Grundbegriffe und Klinik, Stuttgart, 1955, S. 271.

1. KRAEPELIN. Das älteste der heute teilweise noch gebräuchlichen Psychopathiesysteme ist das von KRAEPELIN. Er begnügt sich mit nur sieben Typen, nämlich:
1. Erregbare,
2. Haltlose,
3. Triebmenschen (darunter auch Poriomane und Dipsomane, also epileptiforme Psychopathien),
4. Verschrobene,
5. Lügner und Schwindler,
6. Gesellschaftsfeinde (Antisoziale),
7. Streitsüchtige,

also eine ziemlich willkürliche Einteilung mit recht heterogen zusammengesetzten Gruppen.

2. BLEULER. BLEULER's Einteilung ist dieselbe, nur hat er KRAEPELIN's System um zwei Typen vermehrt. Er unterscheidet: 1. Nervosität, 2. Abweichungen des Geschlechtstriebes, 3. abnorme Erregbarkeit, 4. Haltlosigkeit, 5. abnorme Triebhaftigkeit (Verschwender, Wanderer, Dipsomane), 6. Verschrobenheit, 7. Pseudologia phantastica (Lügner und Schwindler), 8. konstitutionelle ethische Abweichungen (Gesellschaftsfeinde, moralisch Oligophrene) und 9. Streitsucht.

3. *Die Reaktionstypologien.* Später wurden von verschiedenen Seiten Versuche unternommen, die psychopathische Typenlehre *systematisch* aufzubauen. So hat z. B. KRETSCHMER eine dynamische Reaktionstypologie geschaffen. Er führte die grundlegenden Begriffe der Aufnahme, Retention (Festhaltung), Verarbeitung und Erledigung (Ableitung, Ausdrucksfähigkeit) ein und unterschied je nach dem Verhältnis dieser vier Reaktionskomponenten ausser der sthenischen und asthenischen eine Primitivreaktion, eine Expansivreaktion und eine Sensitivreaktion.

Auch KARL BIRNBAUM [1] und G. EWALD [2] suchen die Psychopathien nicht nach dem Inhalt, sondern nach *formalen* Persönlichkeitselementen abzugrenzen, BIRNBAUM nach den Gefühlsdispositionen (hinsichtlich Erregbarkeit, Intensität, Ablauf, Dauer usw.) und ihrem Verhältnis zum Aussenreiz und zu den Denkvorgängen (Beständigkeit, Beeinflussbarkeit usw.), EWALD nach dem Temperament (d. h. dem vom Stoffwechsel bestimmten „Biotonus") und in Anlehnung an KRETSCHMER nach den Grundelementen des Charakters: der Eindrucksfähigkeit, der Retentionsfähigkeit (für Trieberlebnisse und für höher gefühlsbetonte Eindrücke), der intrapsychischen Aktivität (und intellektuellen Steuerung) und der Ableitungsfähigkeit.

Diese Systeme haben sich wenig eingebürgert. Sie liessen sich sonst sicher ohne grössere Schwierigkeit mit einer Reihe von Rorschach-Faktoren korrelieren.

4. KRETSCHMER's *Konstitutionstypologie.* KRETSCHMER selbst hat seine ältere Reaktionstypologie später verlassen und ist zu seiner bekannten Konstitutionstypologie übergegangen. Er kennt neben dem normalen *zykloiden* Temperament (gesellig, heiter, still) einen hypomanischen und einen schwerblütigen Typus und als Varianten mit Übergängen ins Schizoide die Menschenscheuen, grüblerisch Frommen, Erfinderschrulligen und Querulanten, ferner Hypochondrische, Unzufriedene, Verbummelte und Verwahrloste. Neben dem normalen *schizoiden* Temperament (ungesellig, schüchtern, lenksam) gibt es die Hyperästhetischen und Anästhetischen und als Varianten die Affektlahmen, Affektstumpfen, Stumpf-Brutalen, Wurstigen und Affektkalten.

Diese Typen sind zweifellos vorhanden und gut beobachtet, decken aber geradesowenig die ganze Vielfältigkeit der Psychopathien wie die Kretschmer-Typologie überhaupt die Vielseitigkeit der anthropologischen und psychischen Typen.

5. KAHN. Die heute in der Praxis am meisten üblichen Psychopathie-„Systeme" von KAHN und SCHNEIDER sind wiederum unsystematisch wie die von KRAEPELIN und BLEULER. EUGEN KAHN [3] hat 16 Typen: 1. Nervöse, 2. Ängstliche, 3. Empfindsame, 4. Zwangsmenschen, 5. Erregbare, 6. Hyperthyme, 7. Depressive, 8. Stimmungslabile, 9. Gemütskalte, 10. Willensschwache, 11. Triebhafte, 12. Sexuell Perverse, 13. Hysterische, 14. Phantastische, 15. Verbohrte, 16. Verschrobene. — Diese grosse Zahl von Typen rührt hauptsächlich daher, dass KAHN sämtliche Neurosen unter die Psychopathien rechnet.

6. SCHNEIDER kennt nur 10 Typen, einige aber mit verschiedenen Untertypen. Das System von KURT SCHNEIDER [4] sieht aus wie folgt:
1. Hyperthymische Psychopathen
    ausgeglichene Hyperthymiker
    aufgeregte Hyperthymiker
    streitsüchtige Hyperthymiker
    haltlose Hyperthymiker
    pseudologische Hyperthymiker

---

[1] KARL BIRNBAUM, Über psychopathische Persönlichkeiten, Wiesbaden, 1909.
[2] G. EWALD, Temperament und Charakter, Berlin, 1924.
[3] EUGEN KAHN, BUMKE's Handbuch der Geisteskrankheiten, Bd. 5.
[4] KURT SCHNEIDER, a. a. O.

2. Depressive Psychopathen
    schwermütige Depressive
    missmutig Depressive
    paranoisch Depressive
3. Selbstunsichere Psychopathen
    sensitive Selbstunsichere
    anankastische Selbstunsichere
4. Fanatische Psychopathen
    Kampffanatiker
    Matte Fanatiker
5. Geltungsbedürftige Psychopathen
    exzentrische Geltungsbedürftige
    renommistische Geltungsbedürftige
    pseudologische Geltungsbedürftige
6. Stimmungslabile Psychopathen
7. Explosible Psychopathen
8. Gemütlose Psychopathen
9. Willenlose Psychopathen
10. Asthenische Psychopathen
    körperlich gestörte Asthenische
    seelisch Asthenische

Bei näherem Zusehen entsprechen sich diese beiden Schemata ziemlich genau. SCHNEIDER's Asthenische (unsere Neurastheniker und Psychastheniker) heissen bei KAHN Nervöse. KAHN's Ängstliche (unsere Phobiker) fehlen bei SCHNEIDER. SCHNEIDER's sensitive Selbstunsichere entsprechen KAHN's Empfindsamen, die anankastisch Selbstunsicheren den Zwangsmenschen. Beide Gruppen (Selbstunsichere) zusammen machen etwa SJÖBRING's Subvalidität aus (Psychasthenie), auf deren Boden sich gern echte Zwangsneurosen entwickeln. Was KAHN Hysteriker nennt, findet sich zum Teil bei SCHNEIDER als Geltungsbedürftige wieder. Ein Teil von ihnen sind wohl wirklich „echte" Psychopathen, bei denen die hereditär-konstitutionelle Anlage eine entscheidende Rolle spielt, die anderen sind Neurotiker. (In den Familien der schweren Hysteriker findet sich nicht selten auch Belastung mit Epilepsie und umgekehrt, KRAULIS, LUXENBURGER.) Dies wären die Neurotiker, die wir ausscheiden können, weil wir sie bereits behandelt haben.

Von den „eigentlichen" Psychopathien entsprechen KAHN's Phantastische ungefähr SCHNEIDER's pseudologischen Hyperthymikern, und die Verbohrten und Verschrobenen sind natürlich SCHNEIDER's Kampffanatiker und matte Fanatiker. — Die sexuell Perversen nehmen eine Sonderstellung ein und sind ebenfalls bereits behandelt worden. KAHN's Erregbare schliesslich entsprechen etwa SCHNEIDER's Explosiblen.

Nach Ausscheidung der verschiedenen Neurosen bleiben also SCHNEIDER's verschiedene Hyperthymische und Depressive, seine Selbstunsicheren, Fanatischen, Stimmungslabilen, Explosiblen, Gemütlosen und Willenlosen + KAHN's Triebhafte, die aus dem alten KRAEPELIN'schen Schema übernommen sind und heute meist epileptiforme Psychopathen genannt werden (unsere Ixoiden). Dieser Rest lässt sich aber noch wesentlich vereinfachen: Wenn man von den pseudologischen Hyperthymikern (Mythomanen) absieht, die den Haltlosen näherstehen, kann man die verschiedenen Hyperthymiker und Depressiven mit KRETSCHMER zu den *Zykloiden* zusammenfassen. Die paranoisch Depressiven bilden einen Übergang zu den *Schizoiden*, die aus den *paranoiden* Schizoiden (Fanatiker) und den übrigen (der Katatonie näherstehenden) Schizoiden bestehen (Gemütlose und ein Teil der Sensitiven). Die Explosiven (soweit sie nicht läsionelle Pseudopsychopathen sind) können mit den Triebhaften als Ixoide zusammengefasst werden.

Nachdem wir so einige kompliziertere Terminologien ausgeschieden haben, bleiben als für den Rorschach-Diagnostiker vorläufig noch unentbehrlich folgende *Psychopathien* übrig, deren Syndrome wir weiter unten besprechen werden:

1. *Psychasthenie* (JANET), hier im Sinne von SJÖBRING's *Subvalidität* gebraucht, eine häufige, aber nicht regelmässige konstitutionelle Basis vieler Neurosen, insbesondere mancher Zwangsneurosen und Phobien; als besondere Abart davon
2. die *sensitive Psychopathie*, mit wahrscheinlich erbbiologischen Verbindungen zum Schizophreniekreis und eventuell auch zu den Depressiven,
3. *Schizoidie*, steife katatoniforme und paranoide Form,
4. *Zykloidie*, inklusive Hyperthymikern und Depressiven,
5. *Ixoidie*, explosive Form und andere Formen, darunter Poriomane, Dipsomane und Pyromane,
6. *Stimmungslabilität*, inklusive Dysphorien,

7. *Haltlos-willensschwache Psychopathie*, oft kombiniert mit
8. *Mythomanie (Pseudologie)*,
9. *Antisoziale* als Sammelgruppe aller Psychopathien mit nach *aussen* gerichteter erhöhter *Aggressivität*, darunter auch haltlose Diebe, und
10. *Süchtige* (Alkoholiker, Narkomane usw.).

Bevor wir die Rorschach-Diagnose dieser Psychopathie-Typen besprechen, sollen noch kurz ein paar weitere Einteilungen erwähnt werden.

7. Die Klassifikation der WHO

Die Weltgesundheitsorganisation (WHO) verwendet in ihrer „International Classification of Diseases" von 1967 den Ausdruck „Psychopathie" nicht für die ganze Gruppe, sondern spricht von „personality disorders" (Nr. 301). Hier werden folgende Unterabteilungen angeführt: .0 paranoid, .1 affective (cyclothymic), .2 schizoid, .3 explosive, .4 anankastic (obsessive-complusive), .5 hysterical, .6 asthenic, .7 antisocial, .8 other darunter: .80 other character neuroses (than those coded 301,4, 301,5 and 301,6) i. e. with primary antiaggressive moral masochistic or evasive traits, .81 character insufficiencies or —,defects or psychopaths, .82 other personality disorders .9 unspecified[1].

8. LEVINE. In seinem Lehrbuch (a. a. O., S. 215) unterscheidet MAURICE LEVINE folgende acht Psychopathien: 1. Alkoholiker, 2. Narkomane, 3. sexuell Abnorme oder Perverse, 4. hysterische Psychopathen (die gewöhnliche Hysterie rechnet er korrekt zu den Neurosen), 5. Gewalttätige oder Überaggressive, 6. Gehemmte oder Ängstliche, 7. Individuen mit anderem neurotischen Betragen und 8. kriminelle Psychopathen.

Man wird aus dieser Vergleichung sehen, dass man (bei entsprechender Differenzierung und Ausarbeitung der Einzelzüge) mit unserer oben angeführten Einteilung in 10 Hauptgruppen für die Rorschach-Diagnostik auskommen kann.

9. L. SZONDI, der die Perversionen zu den Psychopathien rechnet, unterscheidet[2]: 1. Sexualpsychopathien, d. h. Perversionen im Sinne von Paraphilien (wie Fetischismus, Masochismus, Sadismus und Exhibitionismus) und Inversionen, 2. Kontaktpsychopathien (Süchtigkeit und Haltlosigkeit) und 3. Kriminalpsychopathien (unsere „Antisozialen").

B. Die Rorschach-Diagnostik der Psychopathien

I. Negative und positive Psychopathie-Diagnose

Es gibt in der Rorschach-Diagnostik zwei prinzipiell verschiedene Wege, eine Psychopathie zu diagnostizieren. Der eine, die *negative Psychopathie-Diagnose*, wurde von KUHN[3] beschrieben. BLEULER's Auffassung entsprechend, der den Psychopathiebegriff streng per exclusionem fassen wollte, geht auch KUHN *per exclusionem* vor und gibt folgende allgemeine Richtlinien für die Rorschach-Diagnose der Psychopathie: Abnormes Protokoll, keine hochgradige Intelligenzstörung, keine oder nur geringe neurotische Reaktionen, keine sicheren Zeichen einer Schizophrenie und keine sicheren Zeichen einer organischen Geistesstörung. Aus den positiv vorhandenen Besonderheiten des Protokolls lassen sich dann verschiedene Sonderformen bestimmen.

---

[1] ERIK STRÖMGREN, Psykiatri, 9. Aufl. København, 1967, S. 340.
[2] L. SZONDI, Triebpathologie, Bern, 1952, S. 363/364.
[3] ROLAND KUHN, Der Rorschach'sche Formdeutversuch in der Psychiatrie, Basel, 1940, S. 42.

Diese negative Rorschach-Diagnose muss in allen Fällen Anwendung finden, wo die psychopathische Konstitution nicht mit anderen psycho-pathologischen Zuständen kompliziert ist, vor allem also da, wo kein allzu kräftiger neurotischer Überbau die psychopathische Konstitution überlagert. Doch sind solche Fälle einer sozusagen „nackten" psychopathischen Konstitution verhältnismässig selten. Sehr oft ist die Psychopathie nur der Nährboden, auf dem alle möglichen Neurosen ein üppiges Wachstum entfalten. Dies gilt von der schizoiden, zykloiden und ixoiden Konstitution und ihren läsionellen Nebenformen und ganz besonders von der Psychasthenie. Es ist aber nicht gleichgültig, auf welchem Konstitutionsboden eine Neurose gewachsen ist. Denn Art und Prognose der Behandlung werden weitgehend von diesem konstitutionellen Unterbau abhängen. Es besteht also in der Praxis ein Bedürfnis nach einer Konstitutionsdiagnose „durch die Neurose hindurch", und diesem Bedürfnis kann faktisch durch eine *positive Psychopathie-Diagnose* mit Hilfe des Rorschach-Tests entsprochen werden. Diese positive Diagnose besteht teils (bei der Psychasthenie) in der Feststellung einer spezifischen Schockverteilung (+ einer Reihe anderer Symptome), teils in der Herausarbeitung mehr oder weniger deutlicher Rorschach-Syndrome von Merkmalen, die durch die Neurosensymptome nicht oder nur unwesentlich verdeckt werden. Die positive Diagnosetechnik kommt also hauptsächlich für die genannten vier Konstitutionen in Frage (psychasthenische, schizoide, zykloide und ixoide), während die übrigen Psychopathietypen häufig der negativen Diagnose überlassen bleiben müssen. Doch kommen auch sie manchmal in Kombination mit Neurosen vor. (Inwieweit Haltlosigkeit, Mythomanie und Antisozialität überhaupt echte Konstitutionsfehler sind, ist noch sehr die Frage.) Die Süchtigkeit und die sensitiv-asthenische Konstitution nehmen eine Mittelstellung ein.

II. Die echten (konstitutionellen) Psychopathien

1. *Die Psychasthenie (Subvalidität).* Unter „*Psychasthenie*" verstehen wir ein spezifisch abgegrenztes Zustandsbild, wie es der schwedische Psychiater HENRIK SJÖBRING in seiner Arbeit „Psychic Energy and Mental Insufficiency"[1] ausführlich beschrieben hat. Das klinische Syndrom dieses Zustandsbildes enthält folgende Züge: Infolge einer geringeren Schlaftiefe fühlen sich diese Menschen morgens weniger ausgeruht und zeigen am Tage einen geringeren Grad des Wachseins. Sie sind Abendmenschen und Nachtarbeiter. Um Energieaufwand zu sparen, werden sie Gewohnheitsmenschen und Pedanten. Sie zeigen eine geringe Aktivität im Kontakt mit anderen Menschen und neigen infolgedessen zum Egoismus. Trotz ihrer leichten Ermüdbarkeit sind sie fleissig infolge ihres starken Beschäftigungsdranges, bevorzugen aber Routine- und Kleinarbeit. Sowohl bei Beschäftigungslosigkeit wie bei grösseren Anforderungen, namentlich wenn man von ihnen verantwortungsvolle Entschlüsse verlangt, werden sie leicht „nervös" und gespannt. Synthetischer Tätigkeit weichen sie aus, und sie neigen zu Zweifelsucht und Unschlüssigkeit. Sehr oft entwickeln sich bei ihnen Zwangssymptome und Phobien (die aber, wie bei JANET's Psychasthenie, als sekundär betrachtet werden müssen). Ihre Aktivität wird weitgehend durch

---

[1] Uppsala Läkareförenings Förhandlingar, 1922, S. 163—214.

äussere Einflüsse bestimmt, sie sind daher vergesslich, leicht zerstreut und neigen zu Fehlreaktionen. Weil ihnen grössere Ziele nur schwer erreichbar sind, entwickeln sie mit der Zeit Unsicherheit, Minderwertigkeitsgefühle und mangelhaftes Selbstvertrauen mit Neigung zu (doch meist recht oberflächlicher) depressiver Verstimmung und Gereiztheit, manchmal auch hypochondrischen Ideen. Wird der Druck der Anforderungen für sie zu stark, kommen bisweilen regelrechte Dämmerzustände vor (als Schutz- und Abwehrmechanismus).

Dieses Psychastheniesyndrom ist als eine *Zustandsdiagnose* aufzufassen. Nach Ansicht der Sjöbring'schen Schule ist der Zustand in der Mehrzahl der Fälle *läsionell*[1] (traumatisch, infektiös usw.) bedingt. Nur in Fällen, wo ein läsioneller Einschlag *nicht* nachgewiesen werden kann, nimmt Sjöbring eine bestimmte konstitutionelle Minusvariante als Ursache an, die er *Subvalidität* nennt[2]. Hierunter versteht Sjöbring eine Herabsetzung der potentiellen psychischen Energie infolge geringerer Energiedichte der einzelnen Gewebselemente. Nur im Sinne der Subvalidität ist also die Psychasthenie eine „echte" Psychopathie. In allen Fällen mit läsioneller Ätiologie sollte man lieber von „läsioneller Pseudopsychopathie" sprechen (s. u.).

Wie wir bereits an anderer Stelle ausführlich dargestellt haben[3], besteht das *Kernsyndrom* des psychasthenischen Rorschach-Protokolls in einer eigenartigen *Schockverteilung*. Die meisten Fälle von Psychasthenie haben nämlich Dunkelschock + Farbenschock + Brechungsphänomen VIII. Gelegentlich kommt auch der Rotschock deutlich neben den beiden anderen Schocks vor (über seine Diagnostizierung in diesen Fällen siehe Kapitel 6), und es hat sogar den Anschein, als ob ihm in dieser Verbindung eine gewisse diagnostische Bedeutung zukäme. Der Rotschock steht hier offenbar als Bindeglied zwischen dem anankastischen Symptomkreis (Farbenschock + Rotschock) und dem phobischen (Dunkelschock + Rotschock). Im allgemeinen wird man auch wirklich die Beobachtung machen, dass Fälle mit blossem Farben- + Dunkelschock + Brechungsphänomen VIII mehr die einfache Subvalidität zeigen, während Fälle mit allen drei Schocks (mit und manchmal auch ohne Brechungsphänomen VIII) oft Psychastheniker betreffen mit einer reichen anankastisch-phobischen Symptomenflora.

Die grosse Bedeutung des Brechungsphänomens VIII für die Diagnose der Psychasthenie wurde später in einer ausführlichen experimentellen Studie von Paul Franér[4] an einem Material von 107 Patienten (davon 58 Subvaliden) vollauf bestätigt.

Meist finden sich neben diesem Kernsyndrom noch ein oder gewöhnlich mehrere der folgenden *akzessorischen Symptome*: Subjektkritik, vereinzelte Sym-

---

[1] Besonderen Dank schulde ich Professor Tore Broman, Göteborg, der mich auf meinen früheren Irrtum aufmerksam gemacht hat, dass Sjöbring Psychasthenie und Subvalidität meistenteils gleichsetze. Dies ist also nicht der Fall, sondern nur in einer Minderzahl der Fälle beruht nach Sjöbring's Ansicht das psychasthenische Syndrom auf einer subvaliden Konstitution.

[2] Dieser Ausdruck ist nur im Zusammenhang mit Sjöbring's Konstitutionssystem verständlich, auf das einzugehen hier jedoch zu weit führen würde. Interessenten seien auf meine Arbeit „Der Psychastheniebegriff (Subvalidität) nach Sjöbring" in der „Schweizerischen Zeitschrift für Psychologie und ihre Anwendungen", 1948, Bd. 7, S. 179—190, verwiesen.

[3] Ewald Bohm, Die Rorschach-Diagnose der Psychasthenie (bzw. Subvalidität), Rorschachiana III.

[4] Paul Franér, Preliminära undersökningar rörande den subvalida personlighetens reaktioner på rorschachtestet (Vorläufige Untersuchungen über die Reaktionen der subvaliden Persönlichkeit auf den Rorschach-Test, bisher ungedruckte Abhandlung, Lund).

metriebetonung, Oder-Antworten, Verneinungen, Antworten in Frageform, krampfhafte Mittenbetonung und eventuell perspektivische Antworten, alle als Zeichen der Unsicherheit; ferner Objektkritik und Pedanterie der Formulierung als Zeichen der Vorsichtigkeit und Pedanterie und schliesslich Deskriptionen (Aggressionshemmung!) und vereinzelte Ähnlichkeitsillusion als Stuporsymptome. Im Inhalt haben manche Psychastheniker, wie ROLAND KUHN nachgewiesen hat, Maskendeutungen, entsprechend nicht nur ihrem meist schlechten affektiven Kontakt, sondern (besonders in der Form von Deutungen verkleideter Gestalten) auch ihrer Verantwortungsscheu [1].

Diese Zustandsdiagnose hat ihre praktische Bedeutung auch ausserhalb rein ärztlicher Gesichtspunkte. So teilte mir z. B. Professor ULRICH MOSER mit, er habe wiederholt Gelegenheit gehabt, Autofahrschüler mit dem Rorschach-Test zu untersuchen, die Schwierigkeiten hatten, die z. B. mehrmals durch die Fahrprüfung durchgefallen waren. In rund der Hälfte dieser Fälle fand MOSER das obige Psychastheniesyndrom in starker Ausprägung. Schwere Psychastheniker scheinen also autountauglich zu sein, was sich auch an den Prüfapparaten bestätigte, wo die gleichen Personen sich ausserstande zeigten, zwei und mehr Dinge zugleich zu tun und ihre Aufmerksamkeit entsprechend zu verteilen, eine Schwierigkeit, die nach SJÖBRING für die Psychastheniker geradezu typisch ist.

2. Die sensitive Psychopathie. Der sensitive Typus ist mit dem asthenischen verwandt, und viele Züge des psychasthenischen Syndroms finden sich auch bei ihm, vor allem die Selbstunsicherheit. Aber es kommt noch *ein Mehr* dazu, die grosse Empfindlichkeit und eine „bewusste Retention affektstarker Vorstellungsgruppen", die nicht entladen werden können (KRETSCHMER). Diese meist hypermoralischen Menschen verzeihen sich nichts, und tatsächlich verraten ihre inneren Kämpfe trotz aller Selbstunsicherheit schon *eine sthenische Komponente* (gelegentlich sophropsychische Hemmungen, s. u.). Kommt noch der Projektionsmechanismus dazu, dann können diese Zustände sogar ins Paranoide hinüberspielen. (Tatsächlich besteht auch im Rorschach, wie wir noch sehen werden, ein fliessender Übergang von den Sensitiven zur Involutionsparanoia.)

Meist findet sich bei den Sensitiven das Rorschach-Syndrom der Psychasthenie, wobei nun infolge ihrer starken Unzufriedenheit mit sich selbst die *Subjektkritik* fast niemals fehlt. Sie ist also hier von einem akzessorischen zu einem essentiellen Symptom aufgerückt. Daneben kommen fast regelmässig *Helldunkeldeutungen* vor (dysphorische Verstimmungen). Bei den mehr asthenischen Varianten ist damit das Rorschach-Syndrom erschöpft. Die mehr sthenischen Varianten (die Sensitiven im strengen KRETSCHMER'schen Sinne) zeigen daneben noch eine Häufung von *Schattierungsdeutungen* (F[Fb]-Deutungen), und zwar fast regelmässig mit sophropsychischer Hemmung, also betonter Sachlichkeit oder räumlichem und zeitlichem Abstand [2]. Oft finden sich diese „sachlichen" Deutungen unmittelbar nach einer Hd-Deutung als sichtbares Zeichen des inneren Kampfes gegen die dysphorischen Stimmungen. Die Sensitiven haben im übrigen meist einen introversiven Erlebnistypus und einen G-betonten Erfassungstypus (siehe S. 308).

---

[1] ROLAND KUHN, Über Maskendeutungen im Rorschach'schen Versuch, Basel, 1944, S. 58 und 87.
[2] HANS BINDER, Die Helldunkeldeutungen usw., S. 235/236.

3. *Die Schizoidie.* Begriff und Inhalt dieses Konstitutionstypus müssen als bekannt vorausgesetzt werden. Die Schizoiden zeigen ein sehr reichhaltiges Rorschach-Syndrom, von dem meist nur ein Bruchteil der Symptome im Einzelfalle beisammen ist [1]. Befinden sich aber zwei oder mehr besonders spezifische Symptome darunter (wie B mit zweierlei Sinn, zerfahrene Sukzession, Kontaminationen usw.), dann kann man gewöhnlich schon mit einem schizoiden Konstitutionseinschlag rechnen.

Sind andererseits viele schizoide Symptome vorhanden, dann kann die *Abgrenzung von der Schizophrenie* mitunter Schwierigkeiten bereiten. Als Regel kann folgendes gelten: Schizophrenie ist anzunehmen, wenn eine Demenz vorliegt (schlechtes F+%, überwiegend schlechte G); das Umgekehrte würde eher auf Schizoidie deuten, und ausserdem finden sich bei Schizoidie meist keine *groben* Kontaminationen mit Neologismen und meist auch keine Perseveration (ausser bei der nicht ganz seltenen Mischung mit der ixothymen Konstitution).

Das *Rorschach-Syndrom der Schizoidie* enthält eine Menge Symptome, die auch bei Schizophrenen vorkommen können; nur sind sie bei der Schizoidie gewöhnlich spärlicher und auch qualitativ weniger ausgesprochen, sozusagen „verdünnt". — Die *Zahl der Antworten* scheint meist über Mittel zu sein, doch lässt sich eine feste Regel hierfür kaum aufstellen. — Bisweilen kommt *Subjektkritik* vor, die Fränkel und Benjamin auch bei beginnender Schizophrenie gefunden haben. — Die *Reaktionszeit* ist gewöhnlich verkürzt. Bei Mischung mit anderen Syndromen kann sich das ändern, namentlich wenn gleichzeitig eine Depression vorliegt. (Doch kommt sogar bei ausgesprochener Schizophrenie mit Depression gelegentlich verkürzte Reaktionszeit vor.) — Sehr häufig findet man *DZwG* (insbesondere zu Tafel I), die, namentlich wenn es sich um ZwG handelt, meist eine gewisse paranoide Einstellung zum Milieu verraten [2]. — *DG, DdG, DdD* und *kuriose Dd* kommen nicht selten vor. — Sobald hypochondrische Mechanismen eine Rolle spielen, gibt es deutlich *vermehrte Anatomiedeutungen.* Bei sehr ausgesprochenen Fällen, die schon einen Übergang zur latenten Schizophrenie darstellen, finden sich ausserdem fast regelmässig Sex.- und Blutdeutungen, was in *anderem* Zusammenhang natürlich eine harmlose Neurose sein kann. Meist sind die M zahlreicher als die Md. — Orig. + *und Orig.* — kommen hier oft im gleichen Protokoll vor, und zwar nicht nur die „schwachen" Orig.— der Neurotiker oder die hilflosen Orig.— der Organiker, sondern oft überraschend kuriose und abwegige Deutungen. — Ein besonders interessantes Symptom ist das gelegentliche Vorkommen *vereinzelter F(Fb)* (sensu Binder) *bei 0 oder wenig FFb und vielen FbF und Fb.* Dies zeigt die typische innere Empfindlichkeit

---

[1] Für dieses wie für alle anderen Rorschach-Syndrome gilt, dass sie Idealtypen sind, mit denen das einzelne Protokoll meist nur *teilweise* in Übereinstimmung steht. Wieviel oder wiewenig zur Diagnose genügt, ist Schätzungssache und hängt von der richtigen Beurteilung des psychologischen Sinnes der einzelnen Faktoren ab. Die rein mechanische Auszählung auf statistischem Wege gefundener „Zeichen" von ganz verschiedener Wertigkeit, wie sie an manchen Orten üblich ist, führt gewöhnlich zu falschen Resultaten, wie u. a. K. W. Bash gezeigt hat. Die Auswertung eines Rorschach-Tests ist keine Mechanikerarbeit, sondern Konstrukteurarbeit. — Die tabellarische Zusammenstellung aller in diesem Buche enthaltenen Syndrome findet man in meinem „Psychodiagnostischen Vademecum".

[2] Auf das häufige Vorkommen von DZwG, besonders zu Tafel I, vorwiegend bei Prozeßschizophrenien wurde zuerst von Böszörményi und Merei hingewiesen, Schweizer Archiv f. Neurologie und Psychiatrie, Bd. 45, 1940, S. 283.

bei äusserem Kontaktmangel, und hier liegt der Berührungspunkt der Schizoiden mit den Sensitiven. Man muss hier immer an KRETSCHMER's plastischen Vergleich denken: „Viele schizoide Menschen sind wie kahle römische Häuser, Villen, die ihre Läden vor der grellen Sonne geschlossen haben; in ihrem gedämpften Innenlicht aber werden Feste gefeiert [1]." — Die *Sukzession* ist meist ziemlich stark gelockert und bisweilen direkt zerfahren[2]. — *B mit zweierlei Sinn* werden hin und wieder beobachtet als Zeichen einer Tendenz zur Spaltung der Ich-Funktionen. — Das häufige subjektive Gefühl innerer Haltlosigkeit dieser Menschen kommt gelegentlich in *perspektivischen* DZw F(Fb)-Antworten oder in auffälliger *Mittenbetonung* zum Ausdruck. — Oft werden zu Tafel V die Vulgärdeutungen (Fledermaus, Schmetterling) nicht gegeben; dafür können sehr schöne Originaldeutungen zu dieser Tafel auftauchen. Auch die Vulgärdeutungen zu Tafel III und/oder VIII fehlen häufig bei Schizoiden. — Nicht selten enthalten die Protokolle Schizoider *Kontaminationen*, aber gewöhnlich nur in abgeschwächter Form, entweder als Wolken, die Menschen oder Tieren ähneln, oder als „Mischungen", „Kreuzungen" und „Zwischendinge", also immer noch mit einer gewissen Realitätsprüfung. — *Konfabulationen*, bzw. konfabulatorische Kombinationen, also Antworten, die mit einer völlig intakten Realitätskontrolle nicht mehr in Einklang stehen, können aber auch vorkommen, wenn auch meist nur ganz vereinzelt. — *Zahl- oder Lageantworten* bei Schizoiden sind selten, kommen aber doch vor, z. B. die Antwort „Sechs Köpfe" zu Tafel VII. — Dagegen sind *Eigenbeziehungen* und *Bewertungen* keine Seltenheit, ebensowenig wie *Abstraktionen, Deskriptionen, Symbolisierungen, Impressionen* und eventuell *intellektuelle Helldunkeldeutungen*, die alle vier die bei Schizoiden so häufige Form der Angstabwehr durch Intellektualisierung („Verkopfung") repräsentieren. Gelegentlich machen Schizoide, worauf ZULLIGER aufmerksam macht (Tafeln-Z-Test, S. 82), Reklamationen wegen mangelnder Bildsymmetrie. — Hin und wieder verirrt sich auch eine *Farbnennung* in das Protokoll eines Schizoiden, und auch die *Initialzensur*, das Zeichen der Ich-Schwäche, wurde beobachtet, ohne dass eine Psychose vorzuliegen braucht. — Die äusserst seltenen *kinetischen Deskriptionen* kommen ausser bei wirklich Schizophrenen wohl nur bei Schizoiden vor. — Und schliesslich werden bei Paranoid-Schizoiden hin und wieder die typischen *paranoiden Komplexantworten* gefunden (vorwurfsvolle Augen usw. oder mehrere gewöhnliche Augen-Deutungen). Auch BHd-Antworten können hier gelegentlich vorkommen (ZULLIGER) (siehe S. 77), ebenso *Spiegelungen*.

Trotz einer gewissen Neigung der Schizoiden zum introversiven Erlebnistypus besteht keine eindeutige Zuordnung zwischen Schizoidie und Introversion. Nach MANFRED BLEULER[3] haben nur *intelligente* Schizoide den introversiven Erlebnistypus.

Merkwürdig ist die Tatsache, dass bei auffallend vielen Schizoiden auch der *überkompensierte Farbenschock* vorkommt, der sonst für die Neigung zu psychogenen Psychosen typisch zu sein scheint. Dies könnte darauf hindeuten, dass die

---

[1] ERNST KRETSCHMER, Körperbau und Charakter, Berlin, 1944, S. 159.
[2] KLOPFER (KLOPFER und KELLEY, S. 274) hat ebenfalls die zerfahrene Sukzession gelegentlich auch bei Normalen gefunden. Aus seiner Andeutung, dass dies „very brillant, though erratic, normal people" waren, kann man erraten, dass es sich wohl auch in seinen Fällen um Schizoide gehandelt haben wird.
[3] MANFRED BLEULER, Der Rorschach-Versuch als Unterscheidungsmittel von Konstitution und Prozess. Zeitschr. f. d. ges. Neurologie und Psychiatrie, Bd. 151, 1934, S. 576.

betreffenden psychogenen Psychosen vielleicht als schizaffine Psychosen (sog. schizophrene Randpsychosen) aufzufassen wären, deren oft schizoide Symptome auf der heterozygoten Anwesenheit eines Schizophreniegens beruhen könnten [1].

4. *Die Zykloidie.* Die Rorschach-Diagnose der zykloiden Konstitution ist ebenso leicht zu erklären wie schwer zu praktizieren. Sie besteht ganz einfach in einer Prüfung, ob die formalen Faktoren eines Protokolls in der Mittelkolonne unserer diagnostischen Tabelle zur manisch-depressiven Gruppe (RORSCHACH, „Psychodiagnostik", S. 263) „aufgehen" oder nicht. In der Praxis ist diese Diagnose deshalb meist so schwierig, weil die Zykloiden gewöhnlich einen *Mischzustand* zwischen leichter depressiver und leichter submanischer Verstimmung aufweisen, der aus zwei Gründen sehr schwer als solcher zu erkennen ist: erstens sind die Abweichungen vom Normalen bei Zykloiden nicht sehr gross und deshalb wenig auffallend, und zweitens gibt die Mischung des depressiven und des hypomanischen Syndroms ein gewöhnlich so unübersichtliches Gesamtbild, dass man das zykloide Gepräge des Protokolls sehr leicht übersehen kann.

Man geht deshalb am besten so vor, dass man bei Verdacht auf eine zykloide Konstitution sich je eine Liste der in dem betreffenden Protokoll vorkommenden depressiven und der hypomanischen Merkmale anlegt und dann feststellt, ob die Werte aller Faktoren (F+%, Sukzession, G, Erft., T%, Orig.%, B, Farben, Antwortenzahl, Zeit, M:Md) in der einen oder anderen dieser beiden Listen vorgekommen sind. (Es gibt auch verschiedene dritte Möglichkeiten, die Werte der beiden Listen sind keine einfachen Alternativen, siehe Kapitel 14, B.) Bei solchen Mischzuständen braucht auch das Verhältnis des F+% zu den B nicht umgekehrt zu sein wie bei den reinen Phasen, d. h. es kann die normale direkte Proportion bestehen, was die Erkennung des Zustandes weiterhin erschweren kann.

Wo die Zykloidie in Phasenreinheit auftritt, d. h. abwechselnd als deutlich depressive und deutlich hypomane Verstimmung, ist sie natürlich viel leichter zu erkennen.

Differentialdiagnostisch muss man besonders bei Jugendlichen auf der Hut sein, bei denen oft läsionelle (traumatische, postinfektiöse) Pseudohypomanien auftreten, deren organische Ätiologie leicht übersehen wird. Bei gründlicher Analyse des Protokolls sind diese erethischen Encephalosen Jugendlicher im Rorschach jedoch meist deutlich zu erkennen.

5. *Die Ixoidie.* Die ixoide Psychopathie ist ein Mittelding zwischen der ixothymen Konstitution und einer leichteren Form von Epilepsie. Die ixothymen Symptome sind hier mehr ausgesprochen und grenzen bisweilen an eine Epilepsie, die nur Äquivalente hat ohne eigentliche motorische Anfälle. STRÖMGREN gibt folgende Beschreibung der ixoiden Psychopathie [2]:

Sehr ausgeprägt ist die Perseverationstendenz, sowohl intellektuell wie emotionell. Die Ixoiden neigen daher zu langdauernden Verstimmungen. Ihr Kontakt ist äusserlich und klebrig, oft mit einem typischen „treuen Hundeblick". Der Kontakt hält aber nur so lange an, wie der andere Partner die Interessen und

---

[1] Näheres über die Frage der schizophrenen Randpsychosen siehe in ERIK STRÖMGREN, Episodiske Psykoser, Kopenhagen, 1940, S. 113 ff. und POUL FAERGEMAN, De psykogene Psykoser, Kopenhagen, 1945, S. 90/91, beide Bücher in dänischer Sprache. Das Buch von FAERGEMAN ist inzwischen unter dem Titel „Psychogenic Psychoses" in englischer Sprache erschienen (London, 1963).

[2] ERIK STRÖMGREN, Om Psykopati hos Børn in „Børnesagens Tidende", 1941, S. 6–8 d. Sonderdrucks.

Stimmungen des Ixoiden teilt. Die Ixoiden sind starke Gewohnheitsmenschen mit einer langsamen Entwicklung. Kinder können daher oft seelisch hinter ihrer physischen Entwicklung zurückbleiben. Ihre Motorik ist unbeholfen und schwerfällig, die Stimme monoton ohne Modulationen. Affektiv sind sie explosiv, die kleinste Schwierigkeit kann Wutanfälle auslösen. Infolge ihrer Gutmütigkeit bereuen sie aber nachher bitter ihre explosiven Handlungen. Ixoide Kinder zeigen oft nächtliche Unruhe, wälzen sich im Bett, sprechen aus dem Schlaf und haben nächtliche Angstanfälle. Erwachsene sind meist hypersozial, pflichteifrig und hilfreich. Trotzdem können sie sich in der Familie infolge ihres Mangels an Elastizität oft nur schwer anpassen. Bisweilen treten bei ihnen psychogene Psychosen auf. Die Neigung zum Selbstmord ist gross [1]. Besonders typisch ist bei den Ixoiden ihre meist hartnäckige Enuresis, die oft bis in die Pubertät anhält, aber schliesslich von selbst verschwindet. (Dieser Punkt ist bei Verdacht auf Ixoidie stets zu explorieren.) Der Körperbautypus der Ixoiden ist gewöhnlich athletisch oder dysplastisch.

In den Familien der Ixoiden kommen vor: Epilepsie, Migräne, Sprachstörungen (besonders Stottern), Linkshändigkeit, Neigung zu Enuresis, oft auch Schwachsinn und auffallend viele Zwillingsgeburten (STRÖMGREN, a. a. O., S. 6). Nahe verwandt und oftmals auch in den Familien der Ixoiden, bzw. Ixothymen, vorkommend sind die sogenannten epileptoiden Erkrankungen, besser mit KARL KLEIST als „Kreis der anfallsartigen Erkrankungen" [2] bezeichnet, was etwa SZONDI's „paroxysmalem Kreis" entsprechen würde. Man rechnet dazu: Affektepilepsie, Pyknolepsie, Narkolepsie, die psychasthenischen Anfälle OPPENHEIM's, Dipsomanie, Poriomanie und, wie bereits erwähnt, die Migräne (KLEIST, a.a.O., S. 57). Diese Krankheiten enthalten teils „einzelne identische Elemente" untereinander und mit der Epilepsie, teils haben ihre Konstitutionselemente untereinander und mit der Epilepsie eine gewisse Affinität (KLEIST, a.a.O., S. 62). Alle diese Konstitutionen werden selbständig vererbt, aber mit zahlreichen Überschneidungen (KLEIST, a. a. O., S. 62/63 und 65). Neuere Untersuchungen der Heidelberger Schule haben ergeben, dass der ixoide Typus (entsprechend der sogenannten Wesensänderung) vorzugsweise bei Schlafepileptikern und Patienten mit psychomotorischen Anfällen (Temporallappenepilepsie) anzutreffen ist, während die Psyche der Aufwachepileptiker und Pyknoleptiker eher eine gewisse Ähnlichkeit mit der hysterischen Charakterneurose aufweist.

Die Familienanamnese ist daher eine wichtige Ergänzung des Rorschach-Tests, die bei Verdacht auf ixoide Psychopathie stets zur Sicherung des Testergebnisses herangezogen werden muss.

Der von RORSCHACH als „Epileptoid" beschriebene Typus (mit anatomischer Stereotypie mit Perseveration, extratensivem Erlbt., niedrigem F+%, ziemlich hohem Orig.% ($\mp$), Erft. G—D, gelockerter Sukz., Konfabulationen, Bewertungen und Farbnennungen) ist nur *eine* von mehreren Möglichkeiten der Ixoidie. Die anatomische Stereotypie mit Perseveration kommt auch bei anderen Typen vor, bei genuiner Epilepsie mit hysterischem Charakter und bei traumatischer Epilepsie (BOVET), und ohne Perseveration findet sie sich praktisch überall (ZOLLIKER, siehe Kapitel 6). Die anatomische Perseveration ist hier nur ein Son-

---

[1] KARL GUSTAV DAHLGREN, On Suicide and Attempted Suicide, Lund, 1945, S. 147.
[2] KARL KLEIST, Episodische Dämmerzustände, Leipzig, 1926, S. 62.

derfall des Klebens am Thema, das auch auf anderen Gebieten auftreten kann, z. B. bei den Pflanzen (BOVET) [1].

Das oben (Kapitel 10) angeführte Syndrom der Ixothymie kann auch bei der Diagnose der Ixoidie Anwendung finden. Die Symptome sind dann aber meist stärker ausgesprochen, und statt der oft stabilen Farbwerte der mehr „normalen" Ixothymen finden sich bei den Ixoiden gewöhnlich bedeutend labilere Farbwerte, bisweilen bis zur ausgesprochenen Explosivität.

6. *Die Stimmungslabilen* entsprechen im Rorschach-Bilde ungefähr dem, was BINDER als „dysphorische Dauerverstimmung" beschrieben hat [2]. BINDER versteht hierunter (S. 240) „die längere Zeit anhaltenden, sowohl endogenen wie reaktiven Verstimmungen" und auch „die autochtone Stimmungslabilität". Die Hd-Deutungen selbst, die Hauptgrundlage dieser Diagnose, verraten jedoch nur die dysphorischen Verstimmungen (BINDER, a. a. O., S. 240). Wo sich nichts anderes findet als diese Hd-Häufung, wird man daher direkt von einer *„dysphorischen Psychopathie"* sprechen können.

Das Syndrom besteht aus *erhöhten Hd-Deutungen*, nicht selten in kleinen *Serien* von mehreren hintereinander, die ebenso häufig D wie G sein können und sowohl in der ersten wie in späteren Antworten zu einer Tafel auftreten. Auch die „Dunkelattraktion" kann hier vorkommen. Die Hd-Deutungen sind oft gefühlsbetont, und ihr Inhalt verrät bisweilen eine „einheitliche Stimmungsatmosphäre" (BINDER, a. a. O., S. 243). Je nachdem, ob im Inhalt dieser Deutungen die Mechanismen der Lähmung, der Flucht oder der Aggression vorherrschen, lässt sich die Verstimmung als *depressiv, ängstlich* oder *gereizt* charakterisieren.

Während die depressive Verstimmung meist nur Hd-Deutungen, aber keine oder nur sehr wenig Farbdeutungen zeigt, weisen die *ängstlich* oder *gereizt* Verstimmten *neben* den erhöhten Hd-Werten auch erhöhte labile Farbantworten auf (FbF, Fb), die Hauptrepräsentanten der affektiven Labilität. Vp. mit erhöhten FbF und Fb sind die eigentlich Stimmungslabilen sensu strictori, namentlich wenn die DZw nicht ebenfalls erhöht sind.

Die *Erregbaren* schliesslich zeigen nur die erhöhten labilen Farbwerte *ohne* Erhöhung der Hd-Deutungen [3]. Will man absolut die hyperthymische und explosive Psychopathie beibehalten, so lassen sich die Erregten bisweilen in dieser Schublade anbringen. Zumeist werden sich jedoch die Hyperthymischen als hysterische Neurotiker bzw. Psychopathen oder hypomane Zykloide (oder als eine Mischung von beiden) entpuppen und die Explosiblen als Ixoide.

7. *Die Haltlos-Willensschwachen.* Auch das Rorschach-Syndrom der Haltlosen wurde in seinem Kern zuerst von BINDER behandelt (a. a. O., S. 246). Er ging von dem aus, was er die „gewöhnliche, reaktive Stimmungslabilität" nannte (a. a. O., S. 238—240), die durch einzeln auftretende Hd-Deutungen gekennzeichnet ist, die meist als G und als erste Antworten zu einer Tafel gegeben werden und gewöhnlich einen indifferenten Inhalt haben. Kommt zu diesem Syndrom dann noch die „mangelhafte sophropsychische Steuerung" (S. 245—251) dazu, dann handelt es sich um Haltlose. Die *mangelhafte Steuerung* zeigt sich darin,

---
[1] TH. BOVET, Der Rorschach-Versuch bei verschiedenen Formen von Epilepsie. Schweizer Archiv für Neurologie u. Psychiatrie, Bd. 37, 1936, S. 156/157.
[2] HANS BINDER, Die Helldunkeldeutungen usw., S. 240 ff.
[3] ROLAND KUHN, Der Rorschach'sche Formdeutversuch in der Psychiatrie, Basel, 1940, S. 43.

dass überwiegend labile Hd-Deutungen gegeben werden (also HdF und reine Hd), dass „primitive Hd-Deutungen" vorkommen (und Kartendeutungen), dass „illusionäre Phantasien" in die Kleckse hineinprojiziert werden (m. a. W. konfabuliert wird) und dass (namentlich von Hysterikern, die BINDER prinzipiell zu den Psychopathen rechnet) gelegentlich Stimmungen in theatralisch-pseudologischer Weise ausgemalt werden. Schon hier wird klar, dass ein fliessender Übergang besteht zwischen der Haltlosigkeit und der Pseudologie, und es finden sich in der Tat sehr oft mythomane Züge bei den Haltlosen. Je nachdem, welche Symptome überwiegen, wird man den Pt. zur einen oder zur anderen Gruppe rechnen.

Eigene Beobachtungen haben uns gezeigt, dass sich dies BINDER'sche Kernsyndrom noch nach verschiedenen Seiten hin abrunden lässt. Zunächst kommen BINDER's „primitive Hd-Deutungen" (siehe Kapitel 4, B) den von OBERHOLZER beschriebenen *amorphen Schwarz- und Graudeutungen* sehr nahe (Kapitel 6, Nr. 50). Der Unterschied besteht nur in einer Nuance, und es kann bisweilen Schwierigkeiten machen, ob man sich dazu bestimmen will, FbF oder HdF zu signieren. Eine Antwort wie „schmutziger Schnee" (Tafel VII) kann faktisch ebensogut das eine wie das andere sein. Das Unglück eines Fehlers wäre jedoch insofern nicht sehr gross, als tatsächlich beide Antwortenkategorien bei den Haltlos-Willensschwachen bisweilen in demselben Protokoll vorkommen (siehe unser Beispiel Nr. 14). Die schon von RORSCHACH beobachtete Erhöhung der FbF *ohne* entsprechende Erhöhung der DZw (siehe Kapitel 9) spielt hier natürlich ebenfalls eine Rolle. Kommen B vor, sind es bezeichnenderweise meist Beugekinästhesien, und die dazugehörigen Komplexantworten drücken oft eine Passivität aus und verraten bisweilen Mutterbindung und Mutteridentifikation (auch bei Männern). Entsprechend finden sich auch infantile Antworten bei den Haltlosen.

Das *Gesamtsyndrom der Haltlosigkeit* wäre also folgendes: Erlebnistypus extratensiv; überwiegend FbF (und bisweilen auch Fb), meist ohne DZw-Erhöhung; unzureichende Affektbremsung; amorphe Schwarz- oder Grau-Antworten (OBERHOLZER), mangelhafte sophropsychische Steuerung (darunter primitive Hd-Antworten) (BINDER), Beugekinästhesien, infantile Antworten, Konfabulationen (besonders stark bei gleichzeitiger Mythomanie) und eventuell Komplexantworten, die eine Passivität oder eine Mutterbindung ausdrücken.

8. *Die Mythomanen (Pseudologischen)* sind, wie gesagt, mit den Haltlosen ziemlich nahe verwandt, ja eigentlich nur eine *Sondergruppe* von diesen. Die pseudologische oder phantastische Psychopathie ist durch ein besonders *labiles Persönlichkeitsbewusstsein* (im Sinne von BONHOEFFER) gekennzeichnet. Diese Psychopathen haben die Neigung, sich mit dem jeweils Nächstliegenden zu identifizieren [1]. Diese Eigenschaft teilen sie mit den Haltlosen überhaupt, deren grosse Suggestibilität ja im Grunde nichts anderes ist als eine erhöhte Bereitschaft zur Identifikation.

Für die Mythomanen kommt aber noch etwas Besonderes dazu, was nicht unbedingt zur Haltlosigkeit gehört, nämlich ihre *schlecht entwickelte Realitätskontrolle*. Phantasie und Wirklichkeit fliessen bei ihnen im wesentlichen noch in eins zusammen wie beim Kinde (vgl. Kapitel 11, A), und insofern kann man sie auch als psychoinfantil bezeichnen, was sie faktisch meist auch in mehr als dieser einen Hinsicht sind.

---

[1] ERIK STRÖMGREN, Om Bevidsthedsforstyrrelser, Kopenhagen, 1945, S. 19.

Im Rorschach-Test zeigen die Mythomanen ausser den allgemeinen Kennzeichen der Haltlosigkeit vor allem *Konfabulationen*, entweder vom DG-Typus oder auch ganz einfach „wilde" Orig.—, die nicht unbedingt DG zu sein brauchen. Gleichzeitig sind die „Realitätsprüfungsfaktoren" herabgesetzt (F+%, V%). Die meisten haben auch ein deutlich erhöhtes *Geltungsbedürfnis*, das im Test in ihren vielen, aber zum grossen Teil *schlechten G* zum Ausdruck kommt (G$\overline{+}$ oder mindestens G+). Der Erfassungstypus braucht nicht unbedingt ein reiner G-Typus zu sein, aber das Schwergewicht liegt meistens auf den G. Und schliesslich ist das Geltungsbedürfnis oft auch im Inhalt sichtbar, wo die Mythomanen gern mit allen möglichen Dingen um sich werfen, die sie kaum vom Hörensagen kennen. Tiere und Pflanzen bekommen einen „wissenschaftlichen" Anstrich oder sind exotisch, und unter den Obj. finden sich Spezialinstrumente, exotische Kultgegenstände und dergleichen, die schon in ihrer Formulierung (oft Verwechslung von Fachausdrücken und Fremdwörtern) gewöhnlich die wirkliche Unkenntnis der Vp. verraten und natürlich auch in der Formschärfe meist noch reichlich zu wünschen übriglassen. Schliesslich sei noch bemerkt, dass bei mythomanen Psychopathen bisweilen Bkl. vorkommen. Auch Figur-Hintergrund-Verschmelzungen konnten beobachtet werden, besonders solche, die als Orig.— signiert werden müssen.

9. *Die Antisozialen* sind durchaus keine einheitliche Gruppe, sondern enthalten sicher eine Reihe recht heterogener Zustandsbilder. Zweifellos sind ein grosser Teil von ihnen Charakterneurotiker, und die Abgrenzung von Konstitutions- und Milieuanteil ist gerade bei dieser Gruppe höchst problematisch. Von strafrechtlichen und soziologischen Gesichtspunkten aus hat es sich aber als praktisch erwiesen, diese Gruppe zusammenzufassen, und näher besehen enthalten ihre verschiedenen Untergruppen auch psychologisch gewisse Gemeinsamkeiten, vor allem ihre gesteigerte Aggressivität. So kommt z. B. die sogenannte „moral insanity" (deren viel umstrittener Begriff übrigens, wie WYRSCH nachgewiesen hat, auf einem sprachlichen Missverständnis beruht[1]), durch eine Verbindung von starkem *Narzissmus* mit starker *Destruktionslust* zustande[2]. Und tatsächlich sind die Antisozialen in ihrer Gesamtheit im Rorschach-Test durch ihre erhöhten DZw und ihren Mangel an FFb-Antworten gekennzeichnet.

Die Antisozialen sind von der Rorschach-Forschung besonders gut und gründlich untersucht worden, und zwei der besten Arbeiten der gesamten Rorschach-Literatur, von Boss und von ZULLIGER, befassen sich mit ihnen[3]. Boss unterscheidet drei Grade von Antisozialität, einen starken, mittleren und schwachen. Die starken sind die *aktiv-trotzigen* Antisozialen, die mittleren die *passiven* Antisozialen (Haltlose, Weichliche) und die schwachen die *relativ angepassten, überwiegend neurotischen* Antisozialen mit guter Prognose. Diese letzte Gruppe, die streng genommen eigentlich nicht mehr zu den Psychopathen gehört, hat die geringste Anzahl DZw. Ihr Erlebnistypus ist koartiert oder koartativ, und die

---

[1] ANDRÉ REPOND, „Gentlemen Cambrioleurs", in MENG, „Die Prophylaxe des Verbrechens", Basel, 1948, S. 57.
[2] PAUL REIWALD, Verbrechensverhütung als Teil der Gesellschaftspsychohygiene, in MENG, „Die Prophylaxe des Verbrechens", Basel, 1948, S. 181.
[3] MEDARD Boss, Psychologisch-charakterologische Untersuchungen bei antisozialen Psychopathen mit Hilfe des Rorschach'schen Formdeutversuchs, Zeitschr. f. d. ges. Neurologie u. Psychiatrie, Bd. 133, 1931, S. 544–575. – HANS ZULLIGER, Jugendliche Diebe im Rorschach-Formdeutversuch, Bern, 1938.

meisten haben einen Farbenschock. Auch die neurotischen Antisozialen geben wenig oder 0 FFb und wenig oder 0 B wie die anderen Gruppen (Mangel an Bremsung), aber ihr F+% ist fast 100 und die Sukzession vorsichtig umgekehrt, sie sind also mehr zurückhaltend als die Draufgänger. Die Anzahl ihrer G ist normal, sie haben wenig Dd (auch hierin die geringere Aggressivität), ein niedriges Orig.% und ein hohes T% und V%. Der Angstcharakter ihrer Antisozialität wird auch dadurch ersichtlich, dass sie mehr Md als M und mehr Td als T haben, und dass bei ihnen vereinzelte Do vorkommen. Ausserdem haben sie zahlreiche F(Fb) (im alten RORSCHACH'schen Sinne, also Hd-Deutungen inbegriffen; die Arbeit von BINDER war damals noch nicht erschienen).

Anders verhält es sich mit den aktiven und passiven antisozialen Psychopathen. Hier sind die DZw deutlich vermehrt, bei den aktiven stark, bei den passiven weniger stark (gesteigerte Aggressivität). Der Erlebnistypus ist egozentrisch-extratensiv, und es überwiegen die FbF und Fb (Farbenrechtstypus). Statt des Farbenschocks besteht meist nur Farbenscheu. FFb und B fehlen fast ganz (wie in der ersten Gruppe). Das F+% ist auch hier relativ hoch, aber die Sukzession bei den aktiven locker bis zerfahren, bei den passiven mehr geordnet. Ihre G sind erhöht, aber nicht immer gut (G±), sie sind also von starkem Geltungsdrange erfüllt. Die Dd sind meist vermehrt, bei den aktiven mehr, bei den passiven weniger (analer Zuschuss zur Aggressivität). Das ergibt den für antisoziale Psychopathen typischen Erfassungstypus G—Dd—DZw. Das Orig.% ist bei den aktiven hoch bei niedrigem T%, bei den passiven mittel bei mittlerem T% (und entsprechendem V%). Die grössere Handlungsfreiheit zeigt sich in den normalen Verhältnissen M>Md und T>Td. Die aktiven Antisozialen haben ausserdem viele Obj. im Inhalt. Auch bei diesen beiden Gruppen sind die F(Fb) (im weiteren Sinne von RORSCHACH) vermehrt. Offenbar ist *allen* Antisozialen im Grunde genommen in ihrer Haut nicht wohl (Dysphorien). Infolge des Mangels der bremsenden B bei gleichzeitigem Geltungsbedürfnis entsteht eine für diese beiden Gruppen typische Umkehrung des Verhältnisses der G zu den B+, das also hier umgekehrt proportional ist.

Eine besondere Gruppe sind die *haltlosen Diebe*. Sie sind nach ZULLIGER in erster Linie durch ihre konfabulatorischen G und ihren extratensiven Erlebnistypus bei Überwiegen der FbF und Fb gekennzeichnet. (Introversive Konfabulanten stehlen nicht, sondern lügen nur.) Dies wären die essentiellen Faktoren ihres Syndroms. Als fördernde Faktoren kommen noch hinzu: eine gelockerte Sukzession, mehr als ein DZw, Verminderung der M und Md und eine kräftige Stereotypisierungstendenz. Dies gibt aber alles zusammen erst die diebischen *Tendenzen*. Zum manifesten Diebstahl, d. h. zur Ausführung der *Tat*, kommt es erst, wenn die Affektbremsen wegfallen, also in erster Linie wenn keine B und auch keine Hd-Deutungen da sind. Zu bemerken ist noch, dass diebische Epileptiker bei den F-Deutungen konfabulieren. Konfabulatorische B sind bei Epilepsie, die ja an sich zu B— neigt, bedeutungslos. *Inhaftierte* Diebe zeigen meist *kein* Diebessyndrom mehr. Sie haben B, überwiegend mit Beugekinästhesien und autistischen Zügen [1].

Über die *Kleptomanen* wurde in Kapitel 11, B, II, 6 das Nötige bereits gesagt.

---

[1] HANS ZULLIGER, Der Zulliger-Tafeln-Test, 2. Aufl., Bern, 1962, S. 78.

10. *Die Süchtigen.* Unter dieser Bezeichnung fassen wir chronische Alkoholiker und Narkomane zusammen. Über die Struktur der Sucht sind die Ansichten bekanntlich noch recht geteilt. Bald soll die schizoide, bald die zykloide Konstitution zur Süchtigkeit disponieren. In Wirklichkeit kommen wohl beide vor, bei den Alkoholikern zweifellos mehr die zykloide (Oralität), bei den Narkomanen vielleicht mehr die schizoide.

Psychologisch sind nach KRONFELD [1] den Süchten drei Momente gemeinsam: Sie sind eine Flucht vor Konflikten, sie enthalten gleich den Trieben ein Lustmoment, und sie enthalten ein Vorwandsmoment, indem die somatischen Folgen der Sucht zur Entschuldigung des Gebrauchs des Rauschmittels dienen. Die beiden ersten Momente, die Flucht vor Konflikten und der Lustcharakter, rücken die Süchte in die Nähe der Neurosen, und sie stehen in ihrer Struktur etwa zwischen den Neurosen und den Perversionen. Die Psychoanalyse vermutet, und wohl nicht zu Unrecht, homosexuelle Verdrängung als latente Quellen der Sucht (KARL ABRAHAM, N. MARX).

L. SZONDI sieht das Wesen der Sucht in dem „Bedürfnis, mit dem Ersatzdualobjekt ohne Pause, ununterbrochen in Verbindung zu sein", wobei er mit IMRE HERMANN die primäre Inzestbindung des Kleinkindes als „Dualunion" bezeichnet. „Der Süchtige überträgt", sagt SZONDI, „seine Unfähigkeit, eine Dualbindung zu unterbrechen, auf die Suchthandlung. Daher das Nicht-aufhören-Können [2]."

Es ist beim heutigen Stande der Forschung wohl *noch nicht* möglich, die Süchtigkeit aus dem Rorschach-Test zu erkennen. Immerhin können schon ein paar Fingerzeige gegeben werden.

Bei Narkomanen findet man in der Tat bisweilen eine Kombination von schizoider Konstitution und neurotischem Überbau. Auch die meisten Alkoholiker zeigen neuroseähnliche Symptome im Test. Nach KLOPFER und KELLEY (S. 388/389) wurden die sogenannten Neurosenzeichen von MIALE und HARROWER-ERICKSON auch bei den chronischen Alkoholikern gefunden, „although clinically these individuals were not demonstrably psychoneurotic".

Homosexuelle Komplexantworten lassen sich bei Süchtigen tatsächlich hin und wieder finden, ebenso Komplexantworten, die eine Selbstbestrafungstendenz verraten (z. B. Menschen „ohne Kopf" als B). Ob auch die Initialzensur (als Zeichen der meist vorhandenen Ich-Schwäche) bei Süchtigen vorkommt, konnten wir bisher noch nicht feststellen. Dies Symptom setzt ja eine Mehrheit von „gleichnamigen" Komplexantworten voraus, die nur selten vorhanden ist.

Das Gebiet der Süchte im Rorschach-Test harrt noch der systematischen Bearbeitung.

III. Die läsionellen Pseudopsychopathien

Wenn die Ursache einer psychopathischen Störung im wesentlichen ein *erworbenes* Leiden ist, sprechen wir von Pseudopsychopathien. Praktisch weitaus die meisten von ihnen sind läsioneller Art. Als Ursache der Läsion kommen in Betracht: Trauma capitis, Infektion (insbesondere Encephalitis und Meningitis),

---

[1] ARTHUR KRONFELD, Psychagogik oder psychotherapeutische Erziehungslehre, in BIRNBAUM, Die psychischen Heilmethoden, Leipzig, 1927, S. 449/450.
[2] L. SZONDI, Triebpathologie, Bern, 1952, S. 415 und 425.

Intoxikation (im Kriege z. B. chronische Gengasvergiftung), Tumor oder Atrophia cerebri und eine Reihe seltenerer organischer Störungen. Neuerdings hat man die ältere Anschauung des vorigen Jahrhunderts wieder bestätigen können, dass auch längere Zeit fortgesetzte unregelmässige Schichtarbeit (z. B. bei Eisenbahnern) sich in regulären organisch-neurasthenischen Syndromen äussert (Bo BJERNER, Stockholm).

Die läsionellen Pseudopsychopathien lassen sich im Rorschach fast immer deutlich von den echten Psychopathien unterscheiden, und zwar wird ihr läsioneller Charakter aus der *Beimischung von Teilen des organischen Rorschach-Syndromes* erkenntlich, die aus dem Rahmen des betreffenden Psychopathiesyndroms herausfallen.

1. *Die läsionelle Pseudoasthenie* (oder bisweilen *Pseudo-Hystero-Asthenie*) ist sehr verbreitet. Sie ist meist posttraumatisch oder postencephalitisch, kommt aber auch bei Gengasvergiftung und Schichtarbeit vor. Man findet das Rorschach-Syndrom der Psychasthenie, doch gewöhnlich nicht mit introversivem Erlebnistyp. (Im Anfangsstadium organischer Prozesse, z. B. bei Gehirnatrophie, kann jedoch auch einmal ein introversiver Erlbt. vorkommen.) Der organische Charakter des Leidens verrät sich gewöhnlich an dem gesenkten F+%, einem auffällig erhöhten T%, dem Vorkommen von DG, von Orig.— oder Perseveration, die neben der bei Asthenie ja fast regelmässigen Kritik nicht gut von Oligophrenie herrühren kann. Bisweilen verrät sich der organische Einschlag auch in amnestischen Wortfindungsstörungen.

2. *Die läsionelle Ixophrenie.* Die Ixophrenie ist nach STRÖMGREN ein Syndrom mit Fixierung der ixothymen (perseverierenden) Reaktionsbereitschaft, eine nicht mehr reversible Einschränkung des emotionellen und intellektuellen Horizonts mit Neigung zu dysphorischen Verstimmungen. Sie ist eine epileptiforme „Wesensänderung" (im Sinne STAUDER's) von organischem Gepräge [1]. Sie kann bei Epileptikern mit und ohne grosse motorische Anfälle auftreten und entwickelt sich manchmal auf traumatischer oder anderer organischer Grundlage (z. B. postencephalitisch) *(läsionelle Ixophrenie).* Diese Patienten haben eine Neigung zu kurzdauernden, episodischen Bewusstseinsstörungen. Die Ixophrenie ist also ein Zustandsbild. Da aber nicht alle Traumatiker, Encephalitiker usw. diesen Reaktionstypus entwickeln, ist eine spezifische konstitutionelle Basis auch da wahrscheinlich vorhanden, wo eine heterozygote Belastung mit dem Epliepsiegen *nicht* vorliegt. Man ist also berechtigt, die Ixophrenie (auch in ihrer läsionellen Form) als konstitutionelle Psychopathie zu betrachten. Die läsionelle Ixophrenie stände also der echten Psychopathie näher als die anderen läsionellen Pseudopsychopathien.

Es wird sich empfehlen, wie das z. B. in der schwedischen Psychiatrie geschieht, die Fälle mit Wesensänderung auf Grund epileptoider Erbanlage als *Ixoide* zu bezeichnen und die Bezeichnung *Ixophrene* für die *läsionellen* (traumatischen, postencephalitischen, multipel sklerotischen usw.) Fälle zu reservieren, bei denen die exogene Noxe jedoch nur als auslösendes Moment anzusehen ist. Gewöhnlich zeigen diese Patienten schon prämorbid ixothyme Charakterzüge, die durch die organische Krankheit nur verstärkt werden.

Die Rorschach-*Differentialdiagnose zwischen Ixoidie und läsioneller Ixophrenie* ist äusserst schwierig, da das ixoide Syndrom dem organischen so ähnlich ist (Per-

---

[1] ERIK STRÖMGREN, Episodiske Psykoser, Kopenhagen, 1940, S. 71/72.

severation in beiden!). Die affektive Labilität und Inkontinenz ist jedoch bei den Ixophrenen meist mehr ausgesprochen, und auch die Farbnennungen kommen weit zahlreicher vor. Ixophrene haben auch mehr Orig.—. Die meist starke Perseveration ist bei den Ixophrenen teilweise von epileptiformem (Kleben am Thema, Wiederkäuertypus), teilweise von organischem Charakter (grobe Form, direkt hintereinander). Ein niedriges T% spricht eher für Ixoidie, ein hohes T% für Ixophrenie. Gewöhnlich wird die Entscheidung aber erst aus den klinischen Daten (Anamnese, Encephalogramm) zu treffen sein. (Der Rorschach-Test ist ein diagnostisches *Hilfs*mittel!) Wenn irgendwo, so ist hier vor Blinddiagnosen dringend zu warnen!

3. Die läsionelle Stimmungslabilität ist bedeutend leichter aus dem Test zu erkennen. Sie ist meist gereizter oder pseudohypomanischer Art. Hier sind gewöhnlich die DG-Tendenz und die Orig.— verräterisch und natürlich die Perseveration und eventuelle Konfabulationen, die ja nicht zum Bilde der Stimmungslabilität gehören, namentlich wenn die Perseveration von organischer Art ist.

4. Die läsionelle Pseudo-Haltlosigkeit kommt besonders bei Jugendlichen vor (posttraumatisch, manchmal nach einem Geburtstrauma, oder postencephalitisch). Sie wird klinisch sehr leicht übersehen, und der Rorschach-Test kann in solchen Fällen sehr wertvolle Dienste leisten. Auch hier ist die Perseveration das wichtigste Kennzeichen, daneben das hohe T%. Die Konfabulationen dagegen gehören ja zum „normalen" Bilde der Haltlosigkeit.

5. Die läsionelle Pseudo-Mythomanie tritt unter ähnlichen Bedingungen auf wie die läsionelle Pseudo-Haltlosigkeit. Die Diagnose ist analog.

6. Die läsionelle Antisozialität ist vielleicht nicht ganz so häufig wie die beiden letztgenannten Formen der Pseudopsychopathien, man muss aber immer mit ihrer Möglichkeit rechnen. Da der extratensive Erlebnistypus, das Fehlen der B, die DG und vermehrten Dd und teilweise auch das hohe T% in beiden Syndromen vorkommen, sind wir hier fast ausschliesslich auf die Senkung des F+% angewiesen (die aber auch andere Ursachen haben kann) und vor allem auf die Perseveration, die bei „gewöhnlichen" Antisozialen ja nicht zu finden ist.

C. Die Beurteilung der Erziehbarkeit jugendlicher Psychopathen

Sehr oft wird der Rorschach-Experte vor die Frage gestellt, ob er aus seinem Protokoll etwas über die pädagogische Prognose eines Psychopathen aussagen kann, m. a. W. über seine Erziehbarkeit. Dies ist in den meisten Fällen sehr wohl möglich.

ZULLIGER hat sämtliche hierher gehörigen Deutungsregeln in seinem Buche über die jugendlichen Diebe zusammengestellt. Da man nichts besser machen kann als gut, bleibt uns nichts anderes übrig, als die Ausführungen ZULLIGER's hier teilweise wortgetreu wiederzugeben.

Zunächst ist von der Erziehbarkeit ganz allgemein auszugehen. Von diesen Regeln, die für *alle* Jugendlichen gelten, machen die Psychopathen keine Ausnahme. Für die Erziehbarkeit der Jugendlichen gilt also allgemein [1]:

Geringere Erziehbarkeit: *Grössere Erziehbarkeit:*
1. geringere Anzahl der FFb — grössere Anzahl der FFb
2. grössere Anzahl der FbF — geringere Anzahl (oder keine) FbF
3. grössere Anzahl der Fb — geringere Anzahl (oder keine) Fb
4. geringere Anzahl der M und Md — grössere Anzahl der M und Md
5. geringere Anzahl der F(Fb) — grössere Anzahl der F(Fb)
6. geringere oder mehr extensive Suggestibilität — grössere und mehr intensive Suggestibilität
7. grössere Anzahl der DZw (DdZw) — geringere Anzahl der DZw (DdZw)
8. Beugekinästhesien — Streckerkinästhesien
9. geringere Intelligenz — bedeutendere Intelligenz."

Darüber hinaus gilt für die *Psychopathen* (und Geisteskranken) *insbesondere* folgendes [2]:

„Sie sind *um so weniger* erziehbar,
  je egozentrischer der Erlebnistypus ist,
  je weniger B+ produziert werden,
  je zahlreicher die Orig.--Deutungen,
  je geringer das V% und T%,
  je zahlreicher die Objekt- und Landschaftsdeutungen (infantiles Denken),
  je grösser die Quotienten M:Md und T:Td,
  je zerfahrener die Sukzession,
  je negativer die Suggestibilität (FbF:DZw),
und je mehr sich der Erfassungstypus dem Bilde G—D—DZw nähert."

Auch über die *Art der Erziehbarkeit* lässt sich einiges auf Grund des Tests aussagen. ZULLIGER hat dafür ebenfalls Richtlinien angegeben (a. a. O., S. 162).

B-Typen können mehr „kultivatorisch", also mit Gründen, Ideen und Idealen erzogen werden. Es geht langsam, aber es haftet. *Fb-Typen* sind dagegen mehr „zivilisatorisch" erziehbar, also mit Drill, Gewöhnung und Dressur. Es zeigen sich sofortige Erziehungserfolge, sie haften aber nur äusserlich.

FFb-Typen können leicht „mit Liebe" genommen werden, Typen mit vorwiegend *FbF und Fb* müssen vorsichtig „gewöhnt" werden, bis die Gewohnheiten automatisiert sind.

DZw-Typen mit starker negativer Suggestibilität müssen erst durch Nachgiebigkeit als „Freund" gewonnen werden; erst dann sind ihnen vorsichtig erzieherische Suggestionen in Form von „Vorschlägen" beizubringen vom Typus „damit du es leichter hast".

Richtig verstanden kann der Rorschach-Test ein sehr feinfühliges Instrument sein, wenn es gilt, die richtigen Leitlinien für die erzieherische Behandlung eines psychopathischen Jugendlichen herauszufinden.

---

[1] Wörtlich entnommen aus HANS ZULLIGER, Jugendliche Diebe im Rorschach-Formdeutversuch, Bern, 1938, S. 162.
[2] Wiederum fast wörtlich entnommen aus ZULLIGER, a. a. O., S. 122/123, doch unter Weglassung des bereits Angeführten. ZULLIGER baut hier z. T. auf der Arbeit von Boss auf.

Anhang: Die Milieuschädigungen

Der polare Gegensatz zu den Psychopathien sind die *Milieuschädigungen*. Sie stehen am entgegengesetzten Ende der „Ergänzungsreihe". Während bei den echten Psychopathien die konstitutionelle Basis das Ausschlaggebende ist (oder sein soll), spielt sie bei den Milieuschädigungen gegenüber dem Milieufaktor nur eine verschwindende Rolle.

Trotzdem kann es klinisch bisweilen äusserst schwierig sein, etwa bei einem Jugendlichen eine Milieuschädigung von einer Psychopathie zu unterscheiden. Im Rorschach-Test ist dies aber auch in solchen Fällen oft noch sehr gut möglich. Die Diagnose ist hier *stets in erster Linie per exclusionem* zu stellen, d. h. durch Ausschliessung der für die betreffende Psychopathie (z. B. Haltlosigkeit oder Mythomanie) typischen Symptome. Neurotische Symptome wird man zwar hin und wieder feststellen, aber das allein beweist ja eben *keine* Psychopathie. Doch findet man in vielen solchen Fällen noch ein einziges positives Symptom, das im Zusammenhang mit dem klinischen Befund und mit dem im übrigen negativen Ergebnis des Rorschach entscheidend zugunsten einer Milieuschädigung sprechen kann: das Vorkommen von DZwG- oder DZwD-Antworten. Hinsichtlich Beispielen sei auf die Publikation von REISTRUP verwiesen [1].

Kapitel 13

Die Depressionen

Da die Depression ein fast ubiquitäres Symptom ist, das bei den verschiedensten Krankheiten und Zuständen auftreten kann, ist es zweckmässig, sie in einem besonderen Kapitel zu behandeln.

I. Die Depression in der Rorschach-Literatur

Die verschiedenen Arten von Depression sind in der Rorschach-Literatur bisher nur ziemlich spärlich behandelt worden. Abgesehen von vereinzelten verstreuten Bemerkungen gibt es nur einige wenige Arbeiten, die einzelne Gruppen von Depressionen behandeln. Eine systematische Gesamtdarstellung des Problems haben wir nirgends gefunden.

RORSCHACH selbst hat im wesentlichen nur die zyklische endogene Depression, d. h. die Melancholie und die leichteren Formen der Depression bei der manio-depressiven Psychose herausgearbeitet. Dies ist die „reinste" Form der Depression, und das von RORSCHACH hierfür gefundene Syndrom steht wie ein „rocher de bronze" im Meere der zahlreichen anderen Depressionsformen, die, wie wir gleich sehen werden, sich mit einer einzigen Ausnahme sämtlich daraus

---

[1] HERMANN REISTRUP, Der Rorschach-Test als Hilfsmittel bei der Diagnostizierung von Milieureaktionen, Acta Psychiatrica et Neurologica, Vol. XXI, 1946, S. 687—697.

ableiten lassen. Dies Syndrom für die *endogene depressive Verstimmung* (in unseren tabellarischen Zusammenstellungen zu RORSCHACH's „Psychodiagnostik" auf S. 263 wiedergegeben) hat folgendes Aussehen: Verbessertes Formsehen (F+% = 80—100), straffere Sukzession, verminderte G (0—3), ärmerer Erfassungstypus (D—Do), verminderte Variabilität (T% = 60—80), verminderte Orig. (0—10 % +) und eingeengter Erlebnistypus, d. h. verminderte B (fast 0) und gänzliches Verschwinden der Farbantworten. Die Zahl der Antworten liegt unter Mittel, die Reaktionszeit ist verlängert, das F+% umgekehrt proportional zu den B, und es finden sich mehr Md als M.

Bei der schwereren Form, der eigentlichen Melancholie, ist das T% noch höher (70—90%), die Zahl der Antworten aber etwas grösser, meist innerhalb des Mittels, bei ebenfalls verlängerter Reaktionszeit. — Hier sinken die M bis ganz oder fast auf 0, und es werden viele Md gegeben, daneben aber auch viele Objekte. In dieser Verschiebung des Inhalts kommt einesteils die Ängstlichkeit (Md > M), anderenteils der anale Charakter (Obj.!) der Melancholie zum Ausdruck.

Ausser diesem klassischen Syndrom erwähnt RORSCHACH nur beiläufig die *psychogene Depression* (S. 27, 81 und in der Tabelle IX, S. 246) mit der Feststellung, dass er sie gelegentlich unter den Vp. mit *wenigen bis mehreren B, aber ohne Farbantworten* gefunden habe. Er behauptet also nicht, dass nun alle psychogenen Depressionen im Teste dieses Bild darbieten müssten.

Diese Beobachtung wird nun von anderen Untersuchern aufgegriffen. MAX MÜLLER erwähnt sie in seiner Übersicht [1], und ERNST SCHNEIDER [2] nimmt ebenfalls das Vorhandensein der B als Differentialdiagnostikum für die „psychogene oder neurotische Depression", die also im wesentlichen am Zusammentreffen von Farbenschock und Introversion ohne Farben zu erkennen sei. Auch SKALWEIT [3] führt in einer stichwörtlichen Zusammenstellung der Symptomwerte des Erlebnistypus die psychogene Depression unter dem extratensionslosen Typ an, macht also (ebenso wie SCHNEIDER) das Vorhandensein von B zum einzigen (oder wenigstens hauptsächlichen) Differentialdiagnostikum der psychogenen gegenüber der endogenen Depression. Diese Differentialdiagnose ist für einige Fälle richtig, aber sie ist *zu eng*, denn es gibt zahlreiche psychogene Depressionsformen ohne B (z. B. manche Zwangscharaktere, Phobiker, Hysteriker und manche rein exogene Depressionen).

OBERHOLZER [4] betont andererseits das *Fehlen* stärkerer *Farb*reaktionen bei psychogener Depression. Und auch nach ZULLIGER (Bero-Test, S. 53) äussert sich „momentan oder andauernd niedergeschlagene Stimmung" „durch lange Reaktionszeit mit nur wenigen, aber durchwegs scharf erfassten Antworten, wobei die G nicht, wohl aber die Farbdeutungen fehlen". Auch dies ist nur bedingt zutreffend; denn es gibt auch (wenn auch verhältnismässig selten) Deprimierte mit Farbantworten. Wie GOLDKUHL [5] ausführt, zeigen viele psychogene Depressio-

---

[1] MAX MÜLLER, Der Rorschach'sche Formdeutversuch, seine Schwierigkeiten und Ergebnisse, Zeitschrift f. d. ges. Neurologie und Psychiatrie, Bd. 118, 1929, S. 617.
[2] ERNST SCHNEIDER, Psychodiagnostisches Praktikum für Psychologen und Pädagogen, Leipzig, 1936, S. 102/103, 110 und 126.
[3] W. SKALWEIT, Konstitution und Prozess in der Schizophrenie, Leipzig, 1934, S. 10 und 24.
[4] EMIL OBERHOLZER, Zur Differentialdiagnose psychischer Folgezustände nach Schädeltraumen mittels des Rorschach'schen Formdeutversuchs. Zeitschr. f. d. ges. Neurologie und Psychiatrie, Bd. 136, 1931, S. 614.
[5] ERIK GOLDKUHL, Efterkrigspsykiatri, Festskrift till HENRIK SJÖBRING, Lund, 1944, S. 85.

nen nur eine geringe Hemmung, bisweilen sogar ein geradezu aufgelockertes Denken mit Massenproduktion depressiver Ideen und affektiv Verzweiflungsausbrüche mit mehr oder weniger paradoxalen Affektexplosionen. Solche Patienten können also sehr wohl einen extratensiven Erlebnistypus mit einer beträchtlichen Zahl labiler Farbantworten haben. Wir haben derartige Depressionstypen des öfteren gesehen.

BINDER [1] glaubt, eine endogene und eine reaktive Verstimmung „in den meisten Fällen" *aus den Hd-Deutungen nicht* unterscheiden zu können, „weil sich die zentrale Gefühlsreagibilität, von der das Zustandekommen der Hd-Deutungen abhängt, bei der endogenen wie bei der reaktiven Verstimmung gleich verhält".

GUIRDHAM hat der Rorschach-Diagnose der Depression eine besondere Studie gewidmet [2]. Nach GUIRDHAM's Ansicht ist der Test in manchen Fällen bei der ersten Vorstellung eines deprimierten Patienten das einzig zugängliche Hilfsmittel für eine Differentialdiagnose, kann aber natürlich eine längere Beobachtung nicht ersetzen. An 161 deprimierten Patienten, grösstenteils Psychotikern (Melancholikern, Schizophrenen und Halluzinosen) (delusional insanity), fand er: eine starke Verminderung der B und der Farbantworten, eine weniger ausgesprochene Verminderung der Helldunkelantworten und Herabsetzung des $F+\%$, eine Erhöhung des $V\%$ und des $Md\%$ und einen Erfassungstypus G—D—Dd (mit einem Durchschnittsverhältnis 10 G : 18 D : 3 Dd : 1 DZw). Ausserdem beobachtete er eine Vorliebe für die zentralen (insbesondere dunklen) Partien, Symmetriebetonung und böse Gesichter. Während GUIRDHAM die Koartierung des Erlebnistypus für das sicherste Symptom der Depression ansieht, konnte er die von RORSCHACH behauptete Verminderung der G, die straffe Sukzession und die *extreme* Koartierung *nicht* bestätigen.

Dies Resultat GUIRDHAM's ist verständlich aus der Heterogenität seines Materials. Da die verschiedenen Depressionstypen sehr verschiedene Teile des klassischen Rorschach-Syndroms enthalten, müssen derartige Abweichungen herauskommen, wenn man sie zusammenzählt.

Aus seiner Beobachtung, dass die *Helldunkel*antworten bei Depressiven nicht grösser sind als bei Normalen, schliesst GUIRDHAM sehr richtig, dass diese Antworten mehr die Repräsentanten einer *neurotischen Angst* als einer psychotischen Depression seien. Da ferner bei motorischer Unruhe aus Angst nicht nur die B fehlen, sondern nach GUIRDHAM's Erfahrung auch keine oder wenig Farbantworten vorkommen, kann man den Schluss ziehen, dass *motorische Unruhe ohne Farben* von *Angst* herrührt (GUIRDHAM, a. a. O., S. 143/144).

In seiner Studie über die Epileptiker konnte GUIRDHAM [3] auch bei den *depressiven Epileptikern* einen koartierten oder koartativen Erlebnistypus feststellen.

Endlich hat ZOLLIKER [4] das Verhalten der Rorschach-Faktoren bei *Schwangerschaftsdepression* untersucht. Auffallend war hier vor allem das hohe Anat.% mit den vielen weiblichen Sex.-Antworten. Männliche Genitalia hingegen deuten

---

[1] HANS BINDER, Die Helldunkeldeutungen usw., S. 243.
[2] ARTHUR GUIRDHAM, The Diagnosis of Depression by the Rorschach-Test. The British Journal of Medical Psychology, Bd. 16, 1937, S. 130—145.
[3] ARTHUR GUIRDHAM, The Rorschach Test in Epileptics. The Journal of Mental Science, Bd. 81, 1935, S. 871/872.
[4] ADOLF ZOLLIKER, Schwangerschaftsdepression und Rorschach'scher Formdeutversuch, in „Psychiatrie und Rorschach'scher Formdeutversuch", Zürich, 1944, S. 62—78.

deprimierte Schwangere (mit Ausnahme der schwachsinnigen) nicht, wegen ihrer Animosität gegen den Mann. Auch Schlangen kommen erst *nach* Abklingen der Depression vor, offenbar aus dem gleichen Grunde. Im ganzen konnten *keine eindeutig* charakteristischen Rorschach-Merkmale für eine *reaktive Depression* festgelegt werden, so dass „also ein relativ normal anmutendes Protokoll eine schwere Depression nicht ausschliesst" (S. 75), eine eminent wichtige Feststellung.

II. Die Systematik der Depressionen

Ganz allgemein werden heute die Depressionen in zwei grosse Hauptgruppen, die *endogenen* und die *psychogenen* oder *reaktiven*, eingeteilt. Die zykloiden sind aber bei weitem nicht die einzige Gruppe der endogenen Depressionen. Die psychogenen Depressionen andererseits können rein reaktiv oder neurotisch sein (BLEULER)[1], und schliesslich gibt es eine psychogene Auslösung echter manisch-depressiver Anfälle. (J. LANGE hat sie beschrieben.) Eine *symptomatologische Differentialdiagnose* endogener Verstimmungen gegenüber reaktiven hält BLEULER nicht für möglich (a. a. O., S. 423).

Auf dem entgegengesetzten Standpunkt stand der (1941 verstorbene) finnische Psychiater VÄINÖ MÄKELÄ, der auf dem 7. Skandinavischen Psychiaterkongress 1938 erklärte[2], man müsse danach streben, „die psychogenen und die eigentlichen Depressionen auseinanderzuhalten", denn sie seien „in bezug auf Form und Konstitution ganz verschieden". Immerhin gibt er zu, diese Differentialdiagnose sei „mit Schwierigkeiten verbunden".

Hier liegt eine grosse Aufgabe der Rorschach-Diagnostik, die in sehr vielen Fällen imstande ist, dem Psychiater eine wertvolle Hilfe in dieser schwierigen Differentialdiagnose zu bieten. Um diese Aufgabe lösen zu können, ist es aber zweckmässig, die Systematik der Depressionen nicht einfacher zu gestalten, als der Sachlage entspricht. Depressionsarten gibt es wie Sand am Meer, denn jede Konstitution gibt der Depression eine andere Färbung. In einer Übersicht über die Probleme der Nachkriegspsychiatrie behauptet ERIK GOLDKUHL[3], dass die allermeisten Depressionen mit der manio-depressiven Psychose sehr wenig zu tun hätten; denn die Depression sei eine ganz „*allgemeinmenschliche Reaktion auf die vielgestaltigen Mühsale des Lebens*", und diese Reaktion kann bei Debilität, Psychasthenie, Zyklothymie, Hysterie und bei allen konstitutionell besonders empfindlichen Typen vorkommen.

Will man dieser Vielgestaltigkeit Rechnung tragen, so braucht man aber keineswegs auf das alte Grundeinteilungsprinzip (endogen - reaktiv) gänzlich zu verzichten. Man muss sich nur darüber im klaren sein, dass bei der Pathogenese der Depression gewöhnlich ein mehr oder weniger kompliziertes Zusammenspiel von Erbanlagen und Milieufaktoren vorliegt, so dass rein endogene und rein reaktive Depressionen wohl niemals vorkommen. Man könnte vielleicht alle die verschiedenen Depressionsformen je nach dem Schwergewicht, welches dem

---

[1] EUGEN BLEULER, Lehrbuch der Psychiatrie, Berlin, 1960, S. 461, 467.
[2] VÄINÖ MÄKELÄ, Über die Abgrenzung der Neurosen und ihre Einteilung in Untergruppen mit besonderer Berücksichtigung der Formen, die den endogenen Psychosen nahestehen. Report on the Seventh Congress of Scandinavian Psychiatrists, Copenhagen, 1938, S. 366/367.
[3] ERIK GOLDKUHL, a. a. O., S. 81.

Erb- und dem Milieufaktor in ihrer Ätiologie zukommt, in *vier grosse Gruppen* einteilen, von denen die ersten zwei überwiegend erbbedingt *(endogene Depressionen im weiteren Sinne)*, die letzten zwei überwiegend milieubedingt sind *(exogene Depressionen im weiteren Sinne)*. Wir haben das in dem folgenden Schema darzustellen versucht (S. 291). In diesem Schema stehen also links die überwiegend erbbedingten, rechts die überwiegend milieubedingten Depressionen. Die beiden äussersten Kolonnen umfassen die Formen, bei denen das Milieu nur eine ganz geringe Rolle spielt *(endogene Depressionen im engeren Sinne)*, bzw. die Formen, bei denen die Erbanlage offenbar ganz untergeordnet ist *(exogene Depressionen im engeren Sinne)*. Dazwischen liegt das grosse Heer aller jener Depressionen, bei denen sich Erbanlage und Milieueinfluss etwas mehr die Waage halten, wobei in der linken Mittelkolonne die Erbanlage ein wenig überwiegt *(konstitutionelle Depressionen)*, während in der rechten Mittelkolonne die Milieueinflüsse etwas überwiegen *(dispositionelle Depressionen)*.

In der ersten Kolonne finden wir unter den *endogenen Depressionen i. e. S.* natürlich die oft zyklischen und meist periodischen Depressionen der maniodepressiven Psychose (die bekanntlich sehr häufig *nur* aus depressiven Phasen besteht ohne sichtbare manische Phasen), ferner Depressionen bei Schizophrenie und Epilepsie, einen grossen Teil der „organischen" Depressionen (die senilen, die klimakterischen oder präsenilen und vielleicht auch die arteriosklerotischen, insofern als das Grundleiden überwiegend erblich bedingt ist) und die kryptogenen, wahrscheinlich endokrin bedingten Depressionen.

In der zweiten Kolonne haben wir einige Psychopathien mit Neigung zu sekundären Depressionen zusammengestellt. Diese Depressionen wurden als *konstitutionell* bezeichnet, wobei wir den Begriff der Konstitution im Sinne des schwedischen Gerichtspsychiaters OLOF KINBERG verstanden, der sie als ein „Produkt aus den gegebenen Anlagen und den *gewöhnlichen* Milieufaktoren innerer, humoraler, und äusserer, physikalisch-kosmischer bzw. psychologischer Natur" definiert, also als ein Produkt aus Erbanlagen und dem geographischen und dem sozialen Gruppenmilieu. (Die Familienkonstellation gehört also nicht dazu.) Die eigentliche Anlage spielt dabei nur die Rolle einer „Potentialität"[1]. In *diesem* Sinne sind die Psychopathien konstitutionell.

Die dritte Kolonne umfasst die grosse Menge der neurotischen Depressionen, die wir als *dispositionell* bezeichnet haben, weil ihnen eine Disposition im Sinne FREUD's zugrunde liegt, d. h. eine in früher Kindheit durch infantiles Erleben erworbene Neigung zu neurotischen Reaktionen, wobei auch die hereditäre Sexualkonstitution eine Rolle spielt[2]. Hier überwiegt also schon die Milieuseite. Man kann die dispositionellen Depressionen auch, wie wir das bereits in „Rorschachiana I" (S. 135) vorgeschlagen haben, *palaeoreaktive* nennen, da die depressive Reaktion hier auf einer in einem frühen Stadium der seelischen Entwicklung eingeschliffenen Reaktion beruht.

Im Gegensatz dazu sind die *neoreaktiven* Depressionen, d. h. die exogenpsychogenen im engeren Sinne, durch rezente Reize der Aussenwelt oder durch

---

[1] OLOF KINBERG, Det biopsykologiska konstitutionsproblemet, in: Människokunskap och Människobehandling, Stockholm, 1941, S. 335, 336.
[2] SIGMUND FREUD, Vorlesungen zur Einführung in die Psychoanalyse, XXIII. Vorlesung, Gesammelte Werke, Bd. 11, London, 1940, S. 376.

Depressionen

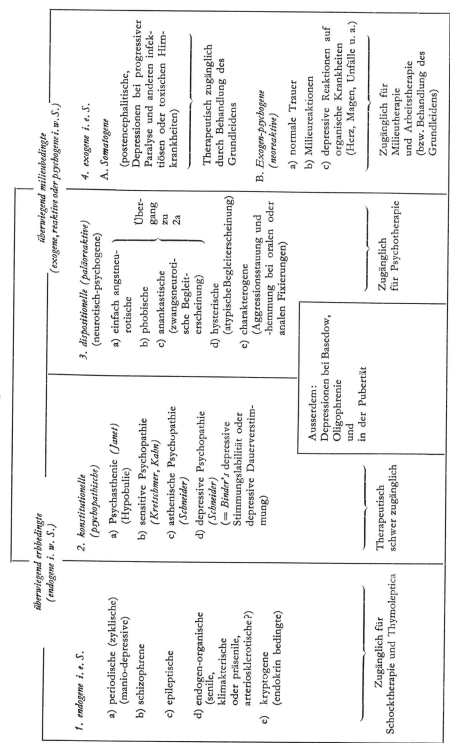

291

spät erworbene organische Krankheiten ausgelöst, auf welche die Persönlichkeit mit einer Depression reagiert. Zu den exogenen Depressionen i. e. S. gehören aber auch die somatogenen Depressionen, insoweit sie auf infektiösen Leiden des Gehirns beruhen.

Ein kleiner Rest lässt sich nicht ohne Gewalt in einer dieser vier Gruppen unterbringen. Es sind dies solche Depressionen, wie sie bisweilen bei Basedow'scher Krankheit, bei Oligophrenen oder in der Pubertät vorkommen, bei denen es oft nicht möglich ist, zu entscheiden, ob hereditär-konstitutionelle oder exogene Faktoren das Primäre sind.

Die Einteilung der zahlreichen Depressionsformen in diese vier (bzw. fünf) Hauptgruppen hat nicht nur den Vorteil einer leichteren diagnostischen Placierung, sondern gestattet zugleich in groben Zügen eine prognostisch-therapeutische Beurteilung. Während nämlich die eigentlich endogenen Depressionen (natürlich mit Ausnahme der senilen Formen) in gewissem Umfange der Schock- und medikamentösen Therapie zugänglich zu sein scheinen, sind die dispositionellen (neurotischen) Depressionen die spezifische Domäne der speziellen Psychotherapie (insbesondere der Psychoanalyse). Bei den neoreaktiven Depressionen wird man im allgemeinen mit einfacher Milieu- und Arbeitstherapie auskommen (eventuell kombiniert mit Behandlung einer organischen Krankheit), während die Therapie der direkt somatogenen Depressionen natürlich von der Behandlung des Grundleidens abhängig ist. Die konstitutionellen Depressionen sind therapeutisch schwer zugänglich. Hier versagt auch die Schocktherapie sehr oft.

III. Die Rorschach-Diagnostik der Depressionen

Die Diagnose der einzelnen Depressionsformen mit Hilfe des Rorschach-Tests ist glücklicherweise nicht so kompliziert, wie man nach diesem Schema vielleicht auf den ersten Blick erwarten sollte. Es kann zum grossen Teil auf bereits Erörtertes verwiesen werden.

1. *Auszugehen ist immer von* RORSCHACH's *klassischem Syndrom* (s. o.). In ganz oder fast ganz reiner Form findet es sich wohl nur bei der echten *manio-depressiven Psychose* (und auch dann nur in Fällen, die relativ frei sind von den so häufigen psychogenen Beimischungen) und, merkwürdigerweise, auch bei den fast rein *exogenen* Depressionen, insbesondere bei der *Trauer*. „Les extrêmes se touchent" könnte man sagen, und dies ist insofern richtig, als die beiden Extreme unseres Schemas faktisch die „reinsten" Formen von Depression darstellen, sozusagen die „Depression an sich". Die Trauerarbeit, die ja nicht nur bei Verlust uns nahestehender Personen, sondern auch bei Verlust uns wertvoller Sachen geleistet wird, hat psychologisch sehr grosse Ähnlichkeit mit den seelischen Mechanismen der Melancholie. Wie FREUD [1] ausgeführt hat, besteht der einzige Unterschied dieser beiden Zustände darin, dass bei der Trauer eine Störung des Selbstgefühls fehlt. Während die Trauer eine Ablösungsarbeit bei einem realen Objektverlust darstellt, ist die Melancholie die Reaktion auf einen unbewussten Objektverlust. Infolge einer narzisstischen Identifizierung mit diesem aufgegebenen Objekt werden die ursprünglich aus einem Ambivalenzkonflikt stammenden Anklagen

---

[1] SIGMUND FREUD, Trauer und Melancholie, Gesammelte Werke, Bd. 10, London, 1946, S. 428-446.

zu Selbstvorwürfen und Klagen. Die allgemeine Hemmung und Interesselosigkeit ist in beiden Fällen nur die sekundäre Folge der Absorption des Ichs durch die innere Trauerarbeit. Der in die manio-depressive Psychose eingehende unbewusste Ambivalenzkonflikt ist vermutlich die tiefere Ursache des für diese Zustände typischen ambiäqualen Erlebnistypus, den sowohl die endogene Depression wie die submanische und manische Verstimmung mit der Zwangsneurose teilt. (Auch der völlig verödete, koartierte Erlebnistypus ist ja nur ein Sonderfall des ambiäqualen.)

2. Alle übrigen Depressionsformen enthalten nur *Teile* des klassischen Depressionssyndroms *(abortive Depressionssyndrome)*, aber immer noch so viel, dass die Depression noch deutlich erkenntlich ist. (Eine Ausnahme macht nur die charakterogene Depression aus reiner Aggressionshemmung, die ihr eigenes Syndrom hat, s. u.) Entweder findet man eine G-Reduktion mit mehr oder weniger deutlicher gleichzeitiger Verschiebung des Erfassungstypus nach der D—Dd-Seite hin, meist mit vereinzelten Do-Deutungen, und gewöhnlich auch erhöhtem T%, aber Bewahrung der B. Die Farbseite des Erlebnistypus kann verschwunden, kann aber (wie bei einigen neurotischen Depressionen) auch erhalten sein. Oder man findet eine starke Koartierung des Erlebnistypus und vielleicht auch ein erhöhtes T% bei Bewahrung des normalen Erfassungstypus usw. Fast alle erdenkbaren Kombinationen kommen vor, aber der depressive Charakter der Störung lässt sich gewöhnlich aus der Inkongruenz der einzelnen Faktoren, also aus der Abweichung von den normalen Korrelationen ersehen, m. a. W. die Erkennung des Depressionscharakters der verschiedenen Depressionsformen geschieht im Prinzip in der gleichen Weise wie die Erkennung der affektiven (und zum grossen Teil ja eben depressiven) Intelligenzhemmung. Die nähere ätiologische Charakterisierung des Zustandes erfolgt dann durch die Feststellung der weiterhin im Protokoll noch vorhandenen positiven Anzeichen (Schocks, andere besondere Phänomene, bestimmte Syndrome).

3. Bevor wir auf einzelne Depressionsformen noch näher eingehen, mögen noch einige *allen* Depressionen *gemeinsame* Faktoren Erwähnung finden.

Bei schweren Graden von Depression wird die Deutung meist als peinlich empfunden. Es besteht dann also eine ausgesprochene *Deutungsunlust*. Das wird oft direkt ausgesprochen. So klagte eine Melancholikerin immer wieder über die „undeutlichen Bilder". Viele Deprimierte beschliessen auch die wenigen Deutungen zu einer Tafel, die sie geben, gerne mit der Bemerkung „Das ist alles" oder „Mehr weiss ich nicht" oder ähnlichem, was BECK die „*Resignations-Formel*" genannt hat [1], die ebenfalls als ein Symptom der Deutungsunlust anzusehen ist.

Ferner sehen wir, dass die Depression im allgemeinen den Erlebnistypus *einengt*, ihn aber qualitativ nicht wesentlich verändert. Es gibt, wie gesagt, depressive Menschen mit introversivem und sogar mit extratensivem Erlebnistypus. Man kann dann aber damit rechnen, dass diese Menschen dieselbe Art von Erlebnistypus, nur mehr dilatiert, auch in nicht deprimiertem Zustande zeigen.

Und schliesslich kommt *Schwarz als Farbwert* bei allen Arten von Depression gelegentlich einmal vor, ebenso Grau, Weiss dagegen kaum (letzteres im Gegensatz zur Epilepsie und Ixothymie, wo alle drei Antwortenkategorien vorkommen können).

---

[1] SAMUEL J. BECK, Rorschach's Test. III., Advances in interpretation, New York, 1952, S. 246.

4. Einzelne Depressionstypen

a) Die nicht melancholiformen Depressionen der endogenen Gruppe weichen schon mehr oder weniger vom „klassischen" Depressionssyndrom ab. Die *depressiven Schizophrenien* haben zwar meist einen ziemlich koartierten Erlebnistypus, zeigen aber bisweilen mehr M als Md und nicht selten *trotz* der sonst deutlichen Depression eine verkürzte Reaktionszeit. Natürlich ist das F+% hier meist weniger gut. Im übrigen wird die Diagnose aus den schizophrenen Merkmalen gestellt.

Auch die *depressiven Epileptiker* haben, wie GUIRDHAM mitteilt (s. o.), einen koartierten oder koartativen Erlebnistypus, können aber sonst erheblich vom melancholiformen Depressionssyndrom abweichen. Infolge ihrer Perseveration, die gewöhnlich ohne viel Rücksicht auf die Form durchgeführt wird, zeigen auch sie meist nicht das hohe F+%, und sie haben infolge ihrer Konfabulationen gewöhnlich auch einige Orig.—.

Von den senilen Formen kommt die *arteriosklerotische* Depression dem klassischen Depressionssyndrom noch am nächsten. Nur ist auch hier infolge der Demenz das F+% meist ziemlich niedrig. (Näheres im nächsten Kapitel.)

Senil-Demente haben zwar, wenn sie deprimiert sind, einen weniger extratensiven Erlebnistypus, behalten aber gewöhnlich noch ihren DG-betonten Erfassungstypus bei.

Die *klimakterische* oder *präsenile* Depression, MEDOW's „depressive Involutionspsychose", wurde von RAPAPORT beschrieben [1]. Farbantworten kommen hier noch vor, doch keine reinen Fb, und auch die Antwortenzahl ist ziemlich hoch. Das F+% kann sehr schwanken („may be very high or extremely low"), und auch die G sind noch ziemlich zahlreich. Das hohe T% fehlt hier oft ebenfalls. Teile des Depressionssyndroms bleiben jedoch fast immer noch bestehen, weil meist nicht alle Abweichungen gleichzeitig vorkommen. (Beispiele bei RAPAPORT.) Nach RORSCHACH (S. 81) können auch diese „klimakterischen Melancholien" wie die psychogenen Depressionen noch B haben.

b) Die *konstitutionellen* Depressionen werden nach der zugrundeliegenden Psychopathie diagnostiziert (siehe diese) und zeigen meist deutliche depressive Veränderungen sowohl des Erfassungs- wie des Erlebnistypus. Psychastheniker bewahren jedoch oft einen introversiven Erlebnistypus. Die „asthenische Psychopathie" KURT SCHNEIDER's ist eine neurasthenische Konstitution mit Tendenz zur Depersonalisation und Entfremdung und fällt daher im wesentlichen mit der Psychasthenie der französischen und Lundenser Schule zusammen.

c) Die *dispositionellen, paläoreaktiven* Depressionen der Neurotiker sind leicht zu erkennen. Wenn beim *Angstneurotiker* und *Phobiker* sich neben der Ängstlichkeit die fast immer vorhandene leicht depressive Stimmung etwas stärker geltend macht, ist dies zwar gewöhnlich nicht im Erlebnistypus, wohl aber im Erfassungstypus zu sehen. Die Dd-Do-Verschiebung wird dann *noch* stärker akzentuiert, die Hd-Deutungen kommen *noch* zahlreicher vor, und auch das T% steigt meistens. Des hohen F+% kann man jedoch infolge der oft vorhandenen schlechten Anatomieantworten nicht immer sicher sein.

---

[1] DAVID RAPAPORT, Diagnostic Psychological Testing, Vol. II, Chicago, 1946. S. 384.

Der *Zwangsneurotiker* neigt von Natur zur Depression, schon infolge seiner Aggressionshemmungen. Die Depression zeigt sich regelmässig in seiner B- und meist auch G-Reduktion, der Verschiebung des Erfassungstypus nach der Dd-Do-Seite hin (wobei meist auch einige DZw vorkommen), dem hohen F+% und den wenigen Farbantworten. Bei stärkeren Graden von Depression können Zwangscharaktere bisweilen völlig koartiert werden. Wir haben dann oft die maximale Diskrepanz zwischen einem F+% von 100 und 0 B.

Bei *Hysterie* dagegen ist die Depression *atypisch*. Wenn bei Hysterikern sich deutliche Zeichen von Depression finden (die dann meist *nicht* auf Kosten der Farbantworten gehen, sondern mehr in der Erfassungsreihe sichtbar werden), handelt es sich entweder um eine *Mischneurose*, d. h. um die Beimischung phobischer oder zwangsneurotischer Züge, oder es liegt eine *psychasthenische Konstitution* als Basis vor, und die Depression ist ein sekundärer Zug der Psychasthenie (und dann meist nicht sehr tief), oder schliesslich die Depression beruht auf einer *Aggressionshemmung*. Über diese dritte Möglichkeit schreibt NUNBERG [1]: „Dass auch in der Hysterie unter der Maske der Symptome starke Hasstendenzen verborgen sein können, erklärt sich aus der Ambivalenz. Eine der häufigsten Reaktionen auf Liebesenttäuschungen, namentlich im Kindesalter, ist nicht Gleichgültigkeit, sondern Hass. Viele bereits abgelaufene Liebesbeziehungen werden aus Hass nicht aufgegeben. So gibt es depressive Hysteriker, die nur aus dem einen Grunde an ihrem Partner scheinbar mit Liebe hängen, weil sie sich noch nicht rächen konnten. Sie imponieren bei oberflächlicher Beobachtung als Melancholiker." Solche Hysteriker zeigen ausser ihrem an sich schon meist hohen T% und der depressiven Dd-Do-Verschiebung des Erfassungstypus dann auch noch eine DZw-Vermehrung, die bei Hysterikern sonst ja nicht vorzukommen pflegt.

d) Die eigentümliche Form der Depression, die wir (in „RORSCHACHIANA I") die *charakterogene* genannt haben, gehört zwar ebenfalls wegen ihrer ausgesprochenen charakterneurotischen Struktur zu den paläoreaktiven Formen, muss aber hier wegen ihrer grossen Verbreitung und ihres vom „klassischen" völlig abweichenden Syndroms eingehender besprochen werden.

Schon FREUD hat in „Hemmung, Symptom und Angst" [2] auf die Bedeutung der Aggressionshemmung für das Zustandekommen der Allgemeinhemmung bei Depressionszuständen hingewiesen. In der späteren psychoanalytischen Forschung ist dieser Gesichtspunkt dann immer mehr in den Vordergrund getreten (FRANZ ALEXANDER, TORA SANDSTRÖM). In seiner Abhandlung „Der Aufbau der Depression" hat GERÖ [3] diesen Mechanismus dann eingehend beschrieben. Nach GERÖ beruht die psychogene Depression auf *Aggressionen* gegen ein introjiziertes Objekt. Diese Aggressionen entspringen ihrerseits einer infolge Genitalangst auf eine prägenitale Stufe (namentlich die *orale*) regredierten Libido, die an die Aussenwelt unerfüllbare infantile Ansprüche stellt. Nach GERÖ's Ansicht beruht das so häufige unbewusste Schuldgefühl und ein eventuell daraus entspringendes Strafbedürfnis immer auf unbewusster Aggression.

---

[1] HERMANN NUNBERG, Allgemeine Neurosenlehre, Bern, 1932, S. 263.
[2] SIGMUND FREUD, Gesammelte Werke. Bd. 14, London, 1948, S. 117.
[3] GEORG GERÖ, Der Aufbau der Depression. Intern. Zeitschr. f. Psychoanalyse, Bd. 22, 1936, S. 379—408.

Diese Form der Aggression (die sicher auch in einer Reihe anderer Depressionstypen der konstitutionellen und dispositionellen Gruppe enthalten ist) zeigt in ihrer reinsten Form im Rorschach *erhöhte DZw-Antworten* (bisweilen sogar ganz exorbitant hohe Werte), verbunden mit *starken Brems- und Hemmungserscheinungen*. Entweder gibt es *viele B* und meist auch G+ bei gutem F+%, *oder aber nur wenige B*, dann aber gewöhnlich Farbenschock *mit zahlreichen Deskriptionen*. Sehr häufig finden sich orale Komplexantworten (Lippen, Zähne, aufgesperrte Rachen, spuckende Gesichter usw.), und ausserdem sind ja schon die oft vermehrten G als Ausdruck der starken Oralität zu werten (ZULLIGER, siehe Kapitel 11). Die Depression selbst zeigt sich meist nur noch in einer Verminderung der Farbantworten, einer Erhöhung der Dd und dem Vorkommen von Do, sowie in dem gewöhnlich vorhandenen Verhältnis Md > M. Die Zeit ist oft verlängert, aber nicht immer, und bisweilen finden sich Hd-Deutungen.

Das Vorkommen von Do wäre nach FRITZ SALOMON, der sie ja als ein Zeichen von in Angst konvertierter (meist oraler) Aggressivität auffasst (siehe S. 60), in diesem Zusammenhange also besonders zu erwarten.

In ihrer charakteristischen Form (viele DZw, viele B, wenig Farben, also DZw-Vermehrung bei *intro*versivem Erlebnistypus) ist diese Form der Depression *das Negativ der antisozialen Psychopathie*, wie Boss sie beschrieben hat (viele DZw, wenig B, viele Farben, also DZw-Vermehrung bei *extra*tensivem Erlebnistypus). Der Erlebnistypus ist hier umgekehrt, die erhöhte Aggressivität ist aber beiden Zuständen gemeinsam. Was der Depressive an Hemmungen zuviel hat, das hat der Antisoziale zuwenig. Wahrscheinlich ist die gesteigerte Aggressionsenergie *erworben* (Erziehung, soziales Milieu, Jugenderlebnisse, „Fürsorge"), während die Fähigkeit oder Unfähigkeit zur Hemmung (oder besser Bremsung) den konstitutionellen Faktor darstellt. *Hat* ein Mensch einmal diese gesteigerten Aggressionen erworben, dann wird der konstitutionell Normale seine Brems- und Hemmungsfähigkeit gebrauchen, um nicht asozial zu werden, d. h. er wird eine Charakterneurose entwickeln, während der Psychopath nicht imstande ist, die Aggressivität zu hemmen. Die Hemmung im weitesten Sinne des Wortes ist, wie ERNST SCHNEIDER[1] gezeigt hat, (als Verdrängung, Vergessen, Kindheitsamnesie, Organbildung) eine spezifisch-menschliche, „kulturelle" Erscheinung.

Aber auch der Psychopath wäre nicht asozial geworden, wenn nicht Milieufaktoren diese übergrossen Quantitäten von Aggression in ihm angehäuft hätten. Und *hier* liegt auch der Ansatzpunkt für die Psychotherapie. Man kann dem Hemmungslosen keine Hemmungen einpflanzen, aber man kann es ihm ermöglichen, auch ohne gesteigerte Hemmungen einigermassen auszukommen, wenn man die Aggressionsspannungen in ihm auflöst oder auf sozial harmlose oder geradezu nützliche Weise zur *Abfuhr* bringt.

Analog ist auch die aggressionsgehemmte Depression nicht von der Hemmung, sondern von der Aggression her therapeutisch anzugreifen. Die Aggressionsspannung kann durch Ablenkung auf ein sozial zulässiges Ziel vermindert werden, während die Hemmung der *direkten* („antisozialen") Aggression ja das kulturell Unvermeidliche, das „Normale" dieser Menschen ist.

---

[1] ERNST SCHNEIDER, Hemmung und Verdrängung, Schweizer. Zeitschr. f. Psychologie, Bd. 6, 1947, S. 54—63.

Eine Illustration zu diesem Mechanismus gibt uns der Begründer der Mentalhygiene-Bewegung, CLIFFORD W. BEERS, der in seiner Biographie [1] mitteilt, dass er als Kind gleichzeitig „übermässig schüchtern" (S. 16) und sarkastisch (S. 17) gewesen sei. Auch der orale Einschlag ist hier ganz deutlich: Er war „Mitglied eines Knabenchors" (S. 17) und „von jeher Wortgefechten sehr zugetan" (S. 17). Das Schimpfen hat denn auch später in der manischen Phase seiner Psychose eine überragende Rolle gespielt. Bei der geringsten Reizung wurde er oral aggressiv, und die Freude daran hat er mit feiner Selbstbeobachtung dargestellt.

Schliesslich sei noch bemerkt: Auch in ihrer *gehemmten* Form ist die Aggression meist für den geübten Beobachter noch sichtbar. Und wie die Klagen des Melancholikers der Umgebung auf die Nerven gehen, haben auch andere Depressive (Neurotiker und Psychopathen) nicht selten eine deutlich erkennbare „aggressive Note". „Was ist das, ein sensitives Geschöpf?", fragt OSCAR WILDE [2], und gibt dann die schöne Antwort: „Ein Geschöpf, das anderen immer auf die Füsse tritt, weil es selbst Hühneraugen hat." — Die DZw des Rorschach-Tests *sind* Aggressionsindikatoren, *auch* da noch, wo sie mit einem introversiven Erlebnistypus verbunden sind. Die Hemmung ist fast nie total.

Anhang I: Die Amphithymien

I. Begriff und Arten

Die Bezeichnung *Amphithymie* oder *Zwiemut* für eine gleichzeitig bestehende Doppelstimmung stammt von HELLPACH und wird auch von KURT SCHNEIDER verwendet. HELLPACH versteht darunter nur einen besonderen Grenzfall endogener manio-depressiver Mischzustände. Er schreibt [3]: „Unter Amphithymie ist ein nahezu physiologischer konstitutioneller Seelenzustand, ein ‚Naturell' von allerdings stark pathotropen Eigenschaften, zu verstehen. Dies Naturell liegt am physiologischen Endpunkt der manisch-depressiven Mischzustände, ähnlich wie manche physiologischen Perioden den Endpunkt der Linie markieren, die vom klassischen manisch-depressiven Irresein über die Zyklothymie hinweg bis ins Normale führt. Die Zwiemut zeigt, wie die manisch-depressiven Mischzustände, Elemente der Steigerung der physischen und psychischen Leistung mit Elementen der Verringerung synthetisch verbunden. Demgemäss sind zwei Hauptgrenzformen unterscheidbar: physiologische Äquivalente der manischen Hemmung und der depressiven Erregung."

Wir verwenden die Bezeichnung hier nicht nur für endogene Mischzustände, bzw. ihre physiologischen Parallelen, sondern in etwas *weiterem* Sinne und definieren: Unter *Amphithymie* verstehen wir das gleichzeitige Vorhandensein von Elementen einer depressiven und einer heiteren Stimmung, ohne Rücksicht darauf,

---
[1] CLIFFORD W. BEERS, Eine Seele, die sich wiederfand, Basel, 1941.
[2] OSCAR WILDE, Märchen, Die hervorragende Rakete.
[3] WILLY HELLPACH, Über Amphithymie (Zwiemut). Neurologisches Centralblatt, Bd. 38, 1919, S. 720/721 (Eigenreferat).

ob diese Verstimmungen endogener oder psychogener Natur sind. Meist liegen die beiden Stimmungen in verschiedenen *Schichten* der Persönlichkeit. Man kann sich hier zweckmässigerweise der Schichtenlehre von MAX SCHELER bedienen, der in seiner Gefühlsphänomenologie vier Schichten der Thymopsyche unterscheidet: 1. die sensuellen Gefühle, 2. die Vitalgefühle, 3. die Ichgefühle und 4. die geistigen Gefühle. Die Verschiedenheit der Gefühlsstimmung in den verschiedenen Schichten kann vollkommen physiologisch sein. Zur neurotischen Ambivalenz führt die Amphithymie erst, wenn der Gegensatz in *derselben* Schicht liegt[1].

In einigen Fällen mit raschem Wechsel der Stimmung kann die Amphithymie sich mit der sogenannten Poikilothymie berühren, einer launenhaft, aprilartig wechselnden Stimmung, die ebenfalls das Produkt einer psychogenen Depression mit Kompensationsversuchen darstellt[2].

Man kann im wesentlichen *drei Arten von Amphithymien* unterscheiden:

1. Mehr oder weniger physiologische Formen endogener *zykloider Mischzustände*, bei denen jedoch häufig ebenfalls psychogene Komplikationen mit hineinspielen.

2. Eine chronische *endogene Depression* mit gleichzeitiger reaktiver *Flucht in die Banalität oder in die Exaltiertheit*, also ein Zustand, der eine gewisse Ähnlichkeit mit der rein endogenen depressiven Erregung hat.

3. Eine chronische *Hypomanie* mit *psychogener Depression*, entsprechend der manischen Hemmung. Dieser Zustand wirkt nach aussen als eine Art freundliches Phlegma.

Dies sind die häufigsten Formen. Es gibt wahrscheinlich noch andere, z. B. solche, wo beide Verstimmungen psychogen sind. Doch wird wohl in den meisten Fällen ein zykloides Temperament dem Zustande zugrunde liegen.

II. Die Rorschach-Diagnostik der Amphithymien

Der Rorschach-Test eignet sich vorzüglich zur Aufdeckung dieser interessanten affektiven Mischzustände.

1. Von den rein zykloiden Mischzuständen war bereits die Rede. (Siehe Kapitel 12, B, unter Zykloidie.)

2. Die *Flucht vor der Depression* kann in zwei Varianten auftreten.

a) Die eine ist die *Flucht in die Banalität*. Solche Personen wollen ihre Eigenpersönlichkeit nach Möglichkeit auslöschen und flüchten sich in die Lebensweise der Kollektivität. Sie wollen in der Masse untertauchen, um nicht mit der Ohnmacht ihrer Einsamkeit und mit ihrer Angst vor dem Alleinsein konfrontiert zu werden. ERICH FROMM hat diesen Mechanismus in seinem Buche „The Fear of Freedom" sehr schön beschrieben[3]. Er nennt ihn „automaton conformity". Das Individuum hört auf, es selbst zu sein. Es nimmt vollständig die ihm von

---

[1] PAUL J. REITER, Neuroserne og deres Behandling, Kopenhagen, 1945, S. 141.
[2] PAUL J. REITER, a. a. O., S. 16 und 41.
[3] ERICH FROMM, The Fear of Freedom, London, 1945, S. 160.

der Umgebung dargebotenen kulturellen Muster an. „The discrepancy between ‚I' and the world disappears and with it the conscious fear of aloneness and powerlessness." Das Gefühl des Alleinseins und der Angst existiert dann nicht mehr. Diese Aufgabe der eigenen Persönlichkeit besteht aber bei der Amphithymie nur an der Oberfläche. Der depressive Unterton bleibt daneben bestehen. — Im Rorschach-Test zeigt sich dieses gewollte Suchen nach „Volkstümlichkeit" in einer hohen Zahl rasch hingeworfener Vulgärantworten. Dass es sich aber nicht um eine wirklich „echte" Banalität handelt, verraten die wenigen übrigen Antworten, die bisweilen recht originell sein können und das eigentliche Persönlichkeitsniveau widerspiegeln.

b) Die häufigere Form der Flucht vor der Depression ist die eigentliche *Flucht in die Exaltiertheit*, ein Mechanismus, der etwas an die „Fluchtmanie" Kurt Schneider's erinnert. Die Persönlichkeit ist an der Oberfläche heiter und freundlich und zeigt einen bisweilen hektisch wirkenden Geselligkeits- und Tätigkeitsdrang. Unter der Oberfläche glimmt die elegische, depressive Stimmung aber weiter. Diese Menschen gehören zu den liebenswürdigsten und hilfsbereitesten Menschen, und ein eigentümlicher Charme geht meist von ihnen aus. Wir haben mehrere derartige Fälle beobachten können. Das Rorschach-Protokoll zeigt eine stark verkürzte Reaktionszeit und einen dilatierten Erlebnistypus (in einem Falle 4 : 9!) mit ziemlich hohem Orig.% ($\pm$), also das äussere Bild einer Hypomanie. Dagegen kontrastieren aber die anderen Faktoren: Md > M, bisweilen (nicht immer) ein erhöhtes T%, Vorkommen von Do und HdF-Antworten, teilweise Umkehrung der Sukzession und bisweilen Dunkelschock. Die „Maskierung" kann manchmal so weit gelungen sein, dass nur ganz wenige depressive Faktoren den wahren Zustand verraten. Dass die Flucht in die Banalität nur eine Variante der Flucht in die Exaltiertheit darstellt, zeigt unser Beispiel Nr. 18, dessen erstes Protokoll der einen Form (Flucht in die Banalität) angehört, während das zweite, sechs Jahre später aufgenommene Bero-Protokoll die mehr „persönliche" Form der Flucht in die Exaltiertheit darbietet. Besonders sprechend sind in diesem Falle die Komplexantworten.

3. Die *chronische Hypomanie* mit Überlagerung durch eine *psychogene Depression* ergibt ganz ähnliche Bilder, nur ist das hypomanische Syndrom dabei eher *noch* stärker ausgesprochen. In einem doppelt getesteten Fall (im Abstand von nur wenigen Tagen) fanden wir fast das gesamte klassische Hypomanie-Syndrom (siehe nächstes Kapitel). Beim ersten Test war es komplett, gleichzeitig bestand aber Vermehrung der Hd-Antworten, also eine reaktive Dysphorie. Diese hatte beim zweiten Test dann schon so weit Fuss gefasst, dass das F+% bis auf fast 90 gestiegen war und sich das Verhältnis der Menschenantworten in Md > M verkehrt hatte. Es sind natürlich auch andere Variationen möglich.

Die *Differentialdiagnose* der Amphithymien, namentlich der rein endogenen Formen, von schon psychotischen manio-depressiven Mischzuständen ist eine Frage der Quantitäten und Nuancen.

Anhang II: Übersicht über die Verstimmungen

Die verschiedenen Verstimmungen wurden, ihrer heterogenen Ätiologie entsprechend, in diesem Buche an verschiedenen Orten verstreut behandelt. Einer Anregung von W. MORGENTHALER folgend, sei daher an dieser Stelle ein zusammenfassender Überblick über die Rorschach-Diagnose der Verstimmungen gegeben, wobei wir uns jeweils mit einem Hinweis auf die Stelle unseres Buches begnügen können, an der die betreffende Verstimmung und ihr Rorschach-Syndrom behandelt wurde.

1. Die *endogene depressive Verstimmung* ist in erster Linie die zykloide Form (melancholiforme Verstimmung). Man findet das klassische Rorschach-Syndrom dieser Form am Anfange des Kap. 13, S. 287. Die anderen endogenen depressiven Verstimmungen finden sich S. 294.

2. Die *konstitutionellen* und *dispositionellen depressiven Verstimmungen* sind S. 294/295 behandelt, die *charakterogene* (ebenfalls dispositionelle) Form (infolge Aggressionshemmung) S. 295/296. Über die rein *exogenen* Depressionen, insbesondere die Trauer, siehe S. 292/293. Man beachte die allgemeinen Bemerkungen über depressive Verstimmungen S. 293.

3. Die *endogene manische Verstimmung* ist im Kap. 14, S. 309 beschrieben.

4. Die *amphithymischen Verstimmungen* (Fluchtsyndrome und Hypomanie mit überlagerter psychogener Depression) sind S. 298/299 zu finden. Die rein zykloiden Mischzustände wurden unter „Zykloidie" im Kap. 12, S. 276 behandelt.

5. Die *Verstimmungen der Stimmungslabilen* sind ebenfalls in Kap. 12, S. 278 nach den Befunden von BINDER beschrieben, und je nach dem Inhalt der Hd-Antworten lässt sich die hier im Einzelfalle vorliegende Verstimmung als *depressiv, ängstlich* oder *gereizt* erkennen. (Die depressive Verstimmung der Stimmungslabilen gehört also zu den konstitutionellen Depressionen.)

6. Die *(meist reizbar dysphorischen) Verstimmungen* der *Epileptiker, Ixothymen* und *Ixoiden* werden aus dem Grundleiden, bzw. dem ixothymen oder ixoiden Konstitutionssyndrom diagnostiziert (siehe S. 219–221, 276–278 und 316–318), zu denen dann noch Hd-Antworten hinzutreten. Über depressive Epileptiker siehe auch S. 294.

7. Die *heiteren* oder *gereizten Verstimmungen* auf *läsioneller* Basis sind unter den läsionellen Pseudopsychopathien auf S. 284 erwähnt.

Kapitel 14

Die Psychosen

A. Die Schizophrenien

I. Allgemeines

Die Diagnose „Schizophrenie" wird in der Klinik heute bekanntlich in sehr verschiedener Weise gestellt, je nachdem, ob der Begriff der Schizophrenie im expansiven oder restriktiven Sinne aufgefasst wird. Die *expansive* Diagnose der BLEULER'schen Schule *(symptomatische Schizophrenie)* bezieht sich auf eine vorwiegend *symptomatologisch* abgegrenzte Gruppe von prognostisch und wahrscheinlich auch ätiologisch sehr verschiedenartigen Psychosen. Die *hier* zugrundegelegte *restriktive* Schizophreniediagnose hat dagegen eine prognostisch ziemlich einheitliche Krankheitsgruppe im Auge, ist also im wesentlichen eine *Verlaufsdiagnose (Prozeßschizophrenie)*. Wie aus erbbiologischen Untersuchungen[1] hervorgeht, handelt es sich dabei aller Wahrscheinlichkeit nach auch um eine erbbiologisch von den gutartigen Formen abgesonderte Gruppe von Psychosen.

Das sicherste Kennzeichen dieser restriktiv aufgefassten Schizophrenie, nach STRÖMGREN's Ansicht „das einzige wirklich pathognomonische Symptom für den schizophrenen Prozess", ist der *Autismus*[2], also der Verlust des Kontaktes. Ein anderes wichtiges, obzwar nicht unbedingt pathognomonisches Kennzeichen, auf das die österreichische Schule besonderes Gewicht legt, ist der *Verlust des Ich-Denke-Gefühls*, bzw. des *Ich-Will-Gefühls*, der gewöhnlich mit einem Aha-Erlebnis (KARL BÜHLER) einhergeht[3]. So ausgezeichnet diese beiden Anhaltspunkte für die klinische Diagnose sind, so problematisch sind sie im Rorschach-Test. Der Verlust des Ich-Denke-Gefühls (bzw. Ich-Will-Gefühls) lässt sich im Test im allgemeinen nicht direkt feststellen. Ein autistisches Rorschach-Syndrom ist zwar bekannt, findet sich aber auch bei sicheren Fällen nicht immer (z. B. nicht bei den beiden Beispielen dieses Buches). Das autistische Syndrom ist sowohl von MAX MÜLLER[4] wie von MONNIER[4] beschrieben worden und besteht aus einem niedrigen V%, wenig normalen D und wenig oder 0 FFb-Antworten. Dazu kommt noch das Fehlen der M und Md (nicht immer) und nach ZULLIGER das Vorkommen von Beugekinästhesien[5].

Zu dieser diagnostischen Schwierigkeit kommt noch eine andere. Wie zwei Untersucher (TSCHUDIN und WOLFGANG BINSWANGER[6]) festgestellt haben, weichen die Durchschnittswerte weder der chronischen noch der akuten Schizo-

---

[1] ERIK STRÖMGREN, Om godartede schizofreniforme Psykosers Arvebiologi, Festskrift till Henrik Sjöbring, Lund, 1944, S. 263—270.
[2] ERIK STRÖMGREN, Episodiske Psykoser, Kopenhagen, 1940, S. 75.
[3] FRITZ SCHULHOF, Schizo-phrenie, Schizo-bulie, Wien, 1928, insbesondere S. 18, 27, 44 und 74.
[4] MAX MÜLLER, Der Rorschach'sche Formdeutversuch, seine Schwierigkeiten und Ergebnisse, Zeitschr. f. d. ges. Neurologie und Psychiatrie, Bd. 118, 1929, S. 612. — MARCEL MONNIER, Le test psychologique de Rorschach, L'Encéphale, Bd. 29, 1934, S. 265.
[5] HANS ZULLIGER, Der Z-Test, Bern, 1948, S. 35.
[6] ARNOLD TSCHUDIN, Chronische Schizophrenien im Rorschach'schen Versuch, und WOLFGANG BINSWANGER, Über den Rorschach'schen Formdeutversuch bei akuten Schizophrenien, beide in „Psychiatrie und Rorschach'scher Formdeutversuch", Zürich, 1944, S. 79—100 und S. 101—121.

phrenie vom Normalen wesentlich ab, was aber, namentlich bei der akuten Form, auf einer sehr breiten Streuung der Einzelwerte beruht. Mit einer mechanistischen Methodik wird sich also die Schizophrenie im Rorschach-Test schwerlich feststellen lassen. Wenn irgendwo, so gilt vor allem für die Schizophrenie, dass nur die „Berücksichtigung des Protokolles als Ganzen" zum Ziele führen kann (Tschudin, a. a. O., S. 82). Obwohl wir auch die formalen Werte keineswegs vernachlässigen, stützt sich die Rorschach-Diagnose der Schizophrenie, wie Tschudin sehr richtig bemerkt, „auf weitere, vorläufig statistisch nicht erfassbare Versuchsfaktoren", und wir möchten hinzufügen, *vorzugsweise* auf diese Faktoren.

II. Die schizophrenen Rorschach-Symptome

Folgende Eigentümlichkeiten finden sich in schizophrenen Protokollen, wobei wir nochmals betonen, dass natürlich *nicht alles* in jedem einzelnen Test vorkommt, und dass die einzelnen Elemente des Syndroms sich sehr wohl auch bei anderen Krankheiten und Zuständen finden können. Die *Häufung* gerade *dieser* Charakteristika und der *Gesamt*eindruck, der sich daraus ergibt, ist das Entscheidende.

Das *Deutungsbewusstsein* ist meist schwach und nicht selten ganz aufgehoben. — Die *Zahl der Antworten* schwankt. Ausser bei Gesperrten und Abulischen liegt sie meist über dem Mittel. — Ein ziemlich regelmässiges Charakteristikum ist die bisweilen beträchtlich verkürzte Reaktions*zeit*.

Versagen infolge von Sperrungen oder Negativismus kommt häufig vor, auch bei den „leichten" Tafeln, besonders bei Tafel V. Besonders auffällig ist, dass oft das V (die Fledermaus) zu dieser Tafel *nicht* gesehen wird. Bei den schizophrenen Versagern hilft das Zureden im allgemeinen nicht. Die Sperrung bleibt unüberwindlich.

Die *Formschärfe* zeigt weitgehende Differenzen und wechselt nicht selten von sehr guten zu ganz unverständlich schlechten Formen. Das $F+\%$ ist infolgedessen meist ziemlich niedrig. Auch die Produktionsquantität bei den einzelnen Tafeln ist starken Schwankungen unterworfen. — Infolge dieser Formschärfedifferenzen findet man oft das typische *Nebeneinander* von ganz hervorragenden *Orig.+* und ganz absurden *Orig.—*. Das Orig.% ist dabei meist erhöht.

Die *Sukzession* ist fast immer stark gelockert, nicht selten direkt zerfahren. Nur bei den mehr geordneten Patienten und namentlich bei Paranoiden kann man auch eine geordnete Sukzession bekommen.

Die Typen, die eine G-Vermehrung zeigen, weisen dann gewöhnlich *zahlreiche G—* auf; aber nicht alle Formen haben diese G-Vermehrung. *DG* und auch *DdG* sind recht gewöhnlich, meist mit sehr schlechten Formen. Auch *DZwG* sind keine Seltenheit und kommen besonders bei Tafel I vor (Böszörményi und Merei, s. o.). *Konfabulatorisch-kombinatorische G* finden sich gleichfalls. Die *kontaminierten G* (und gelegentlich auch einmal D) scheinen wirklich ein Spezifikum des schizophrenen Denkens mit seinen Verdichtungen zu sein. Doch kommen sie, wenn auch meist in abgeschwächter Form, hin und wieder auch bei noch gesunden Schizoiden vor. Als Differentialdiagnostikum der Prozeßschizophrenie sind sie also nicht anwendbar.

Schizophrene haben eine Neigung zu *bizarren Dd*, die bisweilen gleichzeitig beträchtlich vermehrt sein können (namentlich bei Paranoiden).

Im allgemeinen sind die B vermindert, doch können unruhige oder gesperrte Katatoniker normale B-Zahlen aufweisen, ebenso die Paranoiden, bei denen die B sogar vermehrt sein können. In vereinzelten Fällen kommen B— vor, dann gewöhnlich mehrere.

Die *Farbwerte* der Schizophrenen sind überwiegend labil (FbF und Fb) wie bei den Neurotikern. Hohe absolute Werte finden wir namentlich bei den läppischen Hebephrenen, mittlere bis kleine bei den Katatonikern und niedrige bei den Paranoiden. Die geringsten Farbwerte (oft 0) hat die Dementia simplex mit ihrer flachen Affektivität. *Farbnennungen* sind keine Seltenheit. Je häufiger sie sind, desto schlechter ist die Prognose.

Hd-Deutungen kommen ziemlich oft vor (TSCHUDIN, W. BINSWANGER, BOCHNER-HALPERN, a. a. O., S. 175). Sie stehen mit den (oft hypochondrischen) Ängsten im Zusammenhang. Bei Hypochondern sind dann gewöhnlich auch die *Anatomie*antworten stark vermehrt. (Schizophrene Protokolle mit 100% Anatomieantworten sind keine Seltenheit, aber auch kein schizophrenes Spezifikum, siehe Kapitel 6.)

Zahl- und *Lage*-Antworten hat RORSCHACH nur bei Schizophrenen gefunden. Sie haben einen ziemlich starken Symptomwert in dieser Richtung, sind aber leider doch nicht so pathognomonisch, wie RORSCHACH glaubte. Wir haben *Zahl* Antworten, wie erwähnt, bei gesunden Schizoiden gesehen. Und *Lage*-Antworten kommen gelegentlich auch bei dementen und bei oligophrenen Epileptikern (GUIRDHAM)[1] und bei Organikern vor (KLOPFER und KELLEY)[2], vor allem aber als sogenannte anatomische Lagedeutungen bei den Oligophrenen (PFISTER)[3]. Dies kann die Differentialdiagnose von psychogenen Psychosen bei Oligophrenen gegenüber *Pfropf-Schizophrenien* ausserordentlich erschweren. Überhaupt bereitet, worauf sowohl PFISTER wie M. BLEULER und KUHN[4] aufmerksam gemacht haben, die Diagnose der Pfropf-Schizophrenie wegen der grossen Durchschlagskraft der Oligophrenie erhebliche Schwierigkeiten.

Die Deutung von *Abstrakta* teilen die Schizophrenen mit den Schizoiden und manchen Neurotikern.

Manche Zerfahrenen haben eine Vorliebe für *Objekte*.

Im übrigen werden *Buchstaben*, *Ziffern* und *geometrische Figuren* wie bei Kindern und Jugendlichen auch bei Schizophrenen gefunden (BECK)[5].

Ausserdem fällt im Inhalt schizophrener Protokolle das häufige Vorkommen von *Zerbrochenem*, *Gespaltenem* und *Isoliertem* auf (MINKOWSKA)[6]. Die Tafel wird (im Gegensatz zum Verhalten des kombinierenden Epileptikers) „zerstückelt"; Frau MINKOWSKA sprach daher von „*morcellement*".

---

[1] ARTHUR GUIRDHAM, The Rorschach Test in Epileptics. The Journal of Mental Science, Bd. 81, 1935, S. 870—893.
[2] KLOPFER and KELLEY, The Rorschach Technique, New York, 1942, S. 353.
[3] OSKAR PFISTER, Ergebnisse des Rorschach'schen Versuches bei Oligophrenen. Allgem. Zeitschr. f. Psychiatrie, Bd. 82, 1925, S. 198—223.
[4] ROLAND KUHN, Der Rorschach'sche Formdeutversuch in der Psychiatrie, Basel, 1940, S. 52.
[5] SAMUEL J. BECK, Rorschach's Test, II., S. 231.
[6] LAIGNEL-LAVASTINE, MINKOWSKA, BOUVET et NEVEU, Le Test de Rorschach et la Psychopathologie de la Schizophrenie, Rorschachiana I, Bern, 1945, S. 82.

Die eigentümlichen *Eigenbeziehungen* kommen hauptsächlich bei Schizophrenen und Schizoiden, gelegentlich aber auch bei Epileptikern, Ixothymen und egozentrischen Neurotikern vor.

Ebenso wird das charakteristische Reklamieren wegen mangelnder Bildsymmetrie sowohl bei Schizophrenen und Schizoiden wie bei Epileptikern und Ixothymen beobachtet (ZULLIGER, Tafeln-Z-Test, S. 82).

Stereotypien und *Perseverationen* sind bei unproduktiven, mehr abgestumpften Schizophrenen recht gewöhnlich.

Deskriptionen kommen ebenfalls häufig vor, wobei den *kinetischen Deskriptionen* eine besonders spezifische Bedeutung zukommt.

Edging (BECK, Rorschach's Test, Bd. II, S. 60), das allerdings auch bei Hirntraumatikern beobachtet wurde.

Vom meist schlechten $F+\%$ war bereits die Rede. Auch das $V\%$, der Indikator des intellektuellen Kontakts, ist natürlich gewöhnlich gering. $T\%$ und $Orig.\%$ sind dagegen sehr grossen Schwankungen unterworfen. Zerfahrene und Gesperrte haben meist ein auffällig niedriges $T\%$ bei bisweilen sehr hohem $Orig.\%$ (aber schlechten Originalen), während Hebephrene ein höheres $T\%$ bei mittlerem $Orig.\%$ und die einfach Dementen ein hohes $T\%$ bei niedrigem bis mittlerem $Orig.\%$ aufweisen.

Andere Eigentümlichkeiten der schizophrenen Psyche kommen gelegentlich ebenfalls im Test zum Ausdruck. Da ist zunächst jene krankhafte Form des Rationalismus, die MINKOWSKI „*perte du contact vital*" genannt hat [1]. Diese schwere Störung der Realitätskontrolle bringt mitunter einen eigenartigen Zerfall der Dingauffassung mit sich, die sich in einigen Fällen auch im Test formal manifestiert. Solche Patienten geben dann ganz unverständliche *Figur-Hintergrund-Verschmelzungen* mit miserablen Formen, eine interessante gestaltspsychologische Konsequenz des Strukturzerfalls ihres Denkens. — Auch die so häufige Desorientierung in der Situation mit eventuell gleichzeitiger autopsychischer Desorientierung, die «*perte de la fonction du ‚moi-ici-maintenant'*» (MINKOWSKI) [2], kann im Rorschach sichtbar werden. Sie zeigt sich nicht nur in den Eigenbeziehungen, sondern nicht selten auch in den *spontanen Assoziationen*, die Schizophrene so oft in den Versuch einstreuen. Diese Nebenbemerkungen können manchmal eine deutliche Verkennung der Situation verraten. Schliesslich können auch *Wahnvorstellungen* in den Test hineingetragen werden, z. B. die Patienten sehen „Geister" oder dergleichen in den Tafeln (wie in dem einen unserer Beispiele).

Eine psychologisch interessante Kuriosität hat W. BINSWANGER beobachtet (a. a. O., S. 118), nämlich die *Konkretisierung* üblicherweise *bildlich verstandener Redewendungen*. Er führte als Beispiel die Deutung zu Tafel III an: „Zwei Männer, die mit Mädchenherzen spielen". Wir haben diese Beobachtung mehrfach bestätigen können. Ein weiteres Beispiel (aus dem Protokoll eines schizoiden Normalen) wäre die zum grauen seitlichen Ausläufer der Tafel VIII gegebene Antwort: „als ob die Natur symbolisch die Hand ausstreckt, um ihnen (den seitlichen Tieren) zu helfen". Diese Antwort eines Gesunden zeigt sehr schön den Übergang von der noch normalen symbolischen Auffassung des Schizoiden

---

[1] Nach JOSEPH GABEL, Symbolisme et schizophrénie, Schweiz. Zeitschr. f. Psychologie, Bd. 7, 1948, S. 276.

[2] Nach JOSEPH GABEL, a. a. O., S. 278.

zur wirklichen Konkretisierung des Schizophrenen. Die *Symbolisierung* steht also etwa in der Mitte zwischen der *Konkretisierung* und der *Abstraktion*, die, wie W. BINSWANGER (a. a. O., S. 118) bemerkt, zwar Gegensätze sind, aber beide bei Schizophrenen vorkommen.

Dass der *Farbenschock* bei Schizophrenie nicht vorkomme, wie RORSCHACH glaubte, ist ein Irrtum. Wir haben ihn mehrfach in sehr ausgesprochener Form bei ganz sicheren Fällen von Schizophrenie gefunden, und auch BECK und KELLEY haben dieselbe Beobachtung gemacht (BECK, Rorschach's Test, II, S. 246, 248, KLOPFER und KELLEY, S. 364), ebenso WEBER und KUHN (KUHN, 1940, S. 51/52). Dies ist um so weniger verwunderlich, als den schizophrenen Zustandsbildern ja auch klinisch oft neurotische Züge beigemischt sind (KLOPFER und KELLEY, S. 351).

Der *Erlebnistypus* der Schizophrenen ist Gegenstand lebhafter Diskussion gewesen. SKALWEIT[1] behauptet, dass der Erlebnistypus der Schizophrenen sich von der introversiven zur extratensiv-egozentrischen Seite verschiebe, und er schliesst daraus, dass „das Wesen der schizophrenen Psychose nicht in rein quantitativer Intensivierung einer spezifischen konstitutionellen seelischen Reaktionsweise, sondern in einer qualitativen Veränderung derselben" bestehe. Es gibt also nach SKALWEIT's Ansicht *keinen* fliessenden Übergang zwischen Schizothymie und Schizophrenie; vielmehr kommt bei der Schizophrenie noch etwas Neues hinzu, eben die Einleitung eines destruktiven Prozesses. Diese Ansicht teilt SKALWEIT mit ARTHUR KRONFELD, KARL BIRNBAUM, KURT SCHNEIDER u. a.

Ob wirklich die von SKALWEIT postulierte Verschiebung des Erlebnistypus von der introversiven nach der extratensiven Seite stattfindet, liesse sich mit Sicherheit erst dann entscheiden, wenn eine grössere Zahl von Fällen sowohl vor wie nach dem Ausbruch der Krankheit getestet worden sind. Dies wird natürlich nur sehr selten möglich sein, weil es ja rein vom Zufall abhängt. BÖSZÖRMÉNYI und MEREI[2] haben einen solchen Fall beschrieben, bei dem sie diese Verschiebung des Erlebnistypus tatsächlich feststellen konnten.

Sicher ist, dass ein akuter *Schub* den Erlebnistypus verändert, aber nur bei den Kranken mit Katastrophenerlebnis (CARL SCHNEIDER's „Spielarten der Umwälzung") im Sinne der Dilatierung, die RORSCHACH annahm, der in der Remission eine Koartierung folgt. CARL SCHNEIDER's „Spielarten der Sicherung" zeigen umgekehrt einen koartierten oder koartativen Erlebnistypus im Schube und einen egozentrisch-extratensiv-dilatierten in der Remission (WOLFGANG BINSWANGER, a. a. O., S. 104-107).

SKALWEIT hat im übrigen (a. a. O., S. 75/76) die Beobachtung gemacht, dass die katastrophal progredienten Formen der Schizophrenie einen Erfassungstypus haben, der nach den G zu verschoben ist und dass sie viele G— aufweisen und viele Farbnennungen, während bei den schubartig auftretenden und prognostisch günstigeren Formen der Erfassungstypus mehr nach den Dd zu verschoben ist und nur wenige Farbnennungen auftreten. Aus dieser Beobachtung lassen sich also praktisch wichtige Schlüsse für die *Prognose* ziehen. Im übrigen teilt PIO-

---

[1] W. SKALWEIT, Konstitution und Prozess in der Schizophrenie, Leipzig, 1934, S. 40 und 81—84.
[2] GEORG BÖSZÖRMÉNYI und FRANZ MEREI, Zum Problem von Konstitution und Prozess in der Schizophrenie auf Grund des Rorschach-Versuches. Schweizer Archiv f. Neurologie und Psychiatrie, Bd. 45, 1940, S. 276—295.

TROWSKI die Beobachtung mit, dass 0 oder sehr wenige B bei Schizophrenen ein ungünstiges prognostisches Zeichen sei[1].

Einige der für Schizophrene typischen Rorschach-Reaktionen werden, wie wir an anderer Stelle bereits erwähnt haben, auch bei Kleinkindern beobachtet, so die Zahl-Antworten bei sechsjährigen, die Lage-Antworten bei vierjährigen und Kontaminationen bei fünfjährigen Kindern (AMES et alii). Auch die bei Schizophrenen klinisch oft beobachtete Echolalie kommt, wie jeder Kinderpsychologe weiss, bei Kindern vor, die zu sprechen anfangen. Sie wurde von AMES et alii (S. 111) auch im Rorschach bei zweijährigen Kindern beobachtet. Die Rorschach-Forschung kann also mit vollem Recht zur Stützung der modernen, mehr dynamisch-entwicklungspsychologischen Auffassung der Schizophrenie herangezogen werden.

Es hat sich herausgestellt, dass es eine Gruppe von Psychosen gibt, die klinisch den Schizophrenien zum Verwechseln ähnlich sehen, sich dann aber als *Temporallappenpsychosen* entpuppen. Diese Psychosen lassen sich mit Hilfe des klassischen Rorschach sehr gut feststellen und sprechen auch auf eine *antiepileptische Behandlung* (mit Carbamazepin (Tegretol®)) recht gut an. Diese Beobachtungen wurden hauptsächlich in England[2] und Schweden (Falbygdens Sjukhus) gemacht[3].

III. Die Unterformen der Schizophrenie

Man pflegt die Schizophrenien klinisch in die vier Untergruppen der Dementia simplex, Hebephrenie, Katatonie und Dementia paranoides einzuteilen. Die Syndrome, die RORSCHACH für diese Untergruppen aufgestellt hat, haben sich im allgemeinen recht gut bewährt. Natürlich kommen *Übergänge* wie in der Klinik so im Rorschach-Test nicht selten vor. So ist vor allem die Grenze zwischen Hebephrenie und Katatonie hier wie da nicht immer scharf zu ziehen (siehe auch KLOPFER und KELLEY, S. 323).

Die *Simplex-Formen* zeigen auch im Rorschach das Bild eines einfachen intellektuellen und affektiven Verfalls: einen koartierten Erlebnistypus mit niedrigem F+%, hohem T% und einem verarmten Erfassungstypus (D—Dd). Die Originale sind schlecht, das Orig.% niedrig bis mittel. Die Sukzession ist meist zerfahren, und es finden sich viele Md bei 0 oder nur ganz wenigen M.

Bei den *Hebephrenen* ist der Erlebnistypus extratensiv. Sie haben von allen Schizophrenen die grössten Farbwerte, entsprechend ihrer Neigung zur affektiven Unruhe. Das F+% ist auch hier niedrig, das T% ziemlich hoch und der Erfassungstypus ebenfalls verarmt (D—Dd). Das Orig.% ist mittelhoch bei überwiegend schlechten Formen. Die zerfahrene Sukzession teilen sie mit fast allen anderen Schizophrenen. Ihre grössere geistige Auflockerung, wenn auch im negativen Sinne, zeigt sich in ihren Konfabulationen. Auch sie haben mehr Md als M.

---

[1] ZYGMUNT A. PIOTROWSKI, The Movement Score, in: MARIA A. RICKERS-OVSIANKINA, Rorschach Psychology, New York, 1960, S. 141.

[2] SMYTHIES, J. R., Brain Mechanisms and Behaviour. Blackwell Scientific Publications. Oxford and Edinburgh, 1970.

[3] GÖSTA FRÖBÄRJ, Teckenanalys av Rorschach-protocoll, 1970 (photokopiertes MS).

GÖSTA FRÖBÄRJ, Karbamazepin — antiepileptikum med brett indikationsomrade, även inom psykiatrin. En orienterende redogörelse med kasuistik, 1971 (photokopiertes MS).

Die *Katatonie*, die mit ihren Stereotypien, ihrem Negativismus und ihren starken Ambivalenzen gewisse Ähnlichkeiten mit der Zwangsneurose zeigt, hat auch wie diese den ambiäqualen Erlebnistypus. Bei den *abulischen* Formen ist er freilich koartiert (dies ist ja ein Sonderfall des ambiäqualen Erlebnistypus). Ausgesprochen *autistische* und bewegungsgehemmte Katatoniker können jedoch auch einen stark introversiven Erlebnistypus aufweisen, wie von MONNIER [1] und KUHN [2] übereinstimmend festgestellt wurde. Im Gegensatz zur Dementia simplex zeigt sich die innere Spannung bei den Abulischen in der starken G-Betonung des Erfassungstypus. Der reine G—-Typus kommt hier bisweilen vor (etwa 10 G—). Ein sehr niedriges F+% und ein infolge perseveratorischer Stereotypie sehr hohes T% und hohes Orig.% (—) sind die übrigen Kennzeichen.

Die *gesperrten* Formen haben den eigentlichen ambiäqualen Erlebnistypus mit affektiver Egozentrizität (viele FbF oder gar reine Fb mit 0 oder wenig FFb). Auch hier haben wir wieder das niedrige F+% und die zerfahrene Sukzession, aber auch das T% ist bei dieser Form auffallend niedrig. Entsprechend diesem grösseren Einfallsreichtum ist auch das hohe Orig.% qualitativ etwas besser (+). Der Erfassungstypus ist hier G—D—Dd mit einer Neigung zu DZw (Negativismus). Kombinationen, Konfabulationen und Perseverationen kommen vor.

Die *motorisch erregten, zerfahrenen* Katatonen haben ebenfalls den dilatierten ambiäqualen Erlebnistypus, meist mit einem gewissen Übergewicht der Farbseite (ebenfalls ohne oder fast ohne FFb). Bei schlechtem F+% finden wir auch hier das niedrige T% und das oft sehr hohe Orig.% ($\mp$), ebenfalls den reicheren Erfassungstypus G—D—Dd mit oft recht kuriosen Dd. Die Sukzession ist hier mehr zerfahren als bei sämtlichen anderen Formen, und alles geht mit einer unglaublichen Geschwindigkeit vor sich, unter Entwicklung zahlreicher Kombinationen, Konfabulationen und Kontaminationen in buntem Durcheinander. Man hat oft seine Mühe, mitzufolgen.

BFb-Antworten können bei allen Arten von Katatonie vorkommen.

Paranoide endlich zeigen gewöhnlich einen introversiven Erlebnistypus, mit Ausnahme der meist extratensiven Querulanten. Bei den Paranoiden kommen bisweilen auch noch die FFb stärker vor. Das F+% und die Sukzession sind bedeutend besser, das T% mittel und das Orig.% gut (+). Der Erfassungstypus ist meist G—D oder G—D—Dd, mit Neigung zu DG, bizarren Dd und DZw. Diese relative G-Betonung entspricht der Tendenz der Paranoiden zur Systematisierung ihrer Wahnideen, was bei den echten schizophrenen Formen jedoch gewöhnlich nur unvollkommen gelingt. Bei stark produktiven Paranoiden kommen bisweilen auch Bkl. vor. Schliesslich ist noch die Tendenz zu BHd-Deutungen zu erwähnen (ZULLIGER) (siehe S. 77).

---

[1] MARCEL MONNIER, a. a. O., S. 265.
[2] ROLAND KUHN, Der Rorschach'sche Formdeutversuch in der Psychiatrie, Basel, 1940, S. 55.

Anhang: Die paranoide präsenile Psychose
(Involutionsparanoia sensu KLEIST*)*

Eine Sonderstellung am Rande der Schizophrenien nehmen die paranoid-schizoiden Syndrome ein, die, möglicherweise mit teilweise organischer Ätiologie, bisweilen im Involutionsalter auftreten. Man pflegt sie zu den präsenilen Psychosen zu rechnen; im Gegensatz zu deren depressiven Formen entwickeln sie sich aber häufig auf dem Boden einer *sensitiven Konstitution* und können insofern als eine Abart des sensitiven Beziehungswahns sensu KRETSCHMER angesehen werden. Auch KLEIST, der später den von ihm selbst vorgeschlagenen Terminus Involutionsparanoia wieder aufgegeben und dafür den Namen „wahnbildende Involutionspsychose" vorgeschlagen hat [1], weist auf den präpsychotisch meist „hypoparanoischen" Charakter der Patienten hin. Hierunter versteht er einen durch Misstrauen und gesteigertes Selbstbewusstsein gekennzeichneten Charakter.

RORSCHACH spricht von diesem Zustandsbild nur ganz im Vorübergehen; er erwähnt (S. 81) „einige klimakterische Melancholien, ferner Paranoide, die in höherem Alter krank geworden waren, und auf die am ehesten die Diagnose Paranoia sich anwenden liess". Bei diesen Kategorien hat er nämlich, wie bei den psychogenen Depressionen, B ohne Farbwerte gefunden. Nun kommen zwar auch bei der Involutionsparanoia Farbantworten vor, aber der Erlebnistypus scheint regelmässig deutlich introversiv zu sein.

Die charakterogenen Faktoren der Ausgangspersönlichkeit zeigen sich bei diesen paranoiden Involutionspsychosen ausser in dem *introversiven* Erlebnistypus auch in dem meist stark G-betonten Erfassungstypus (G—D oder G+ oder G±). Aus diesen beiden Faktoren wird schon die Neigung zur Grübelei und zum Verallgemeinern und Theoretisieren ersichtlich. Das T% liegt, dem Alter entsprechend, gewöhnlich bei zirka 60.

Hierzu kommt dann das uns bereits bekannte *sensitive Syndrom*, das aus dem Psychastheniesyndrom (Farben- + Dunkelschock + Brechungsphänomen VIII + akzessorische Symptome, vor allem Subjektkritik) und einem oder mehreren HdF besteht; bisweilen kommen auch F(Fb) (sensu BINDER) vor.

Aus dieser Kombination ergibt sich die konstitutionelle Anlage zu (charakterogenen) paranoiden Reaktionen. Was diese Anlage der präpsychotischen Persönlichkeit dann zur Involutionsparanoia macht, ist die *Ähnlichkeitsillusion*, die in ausgesprochenen Fällen (wie in unserem Beispiel Nr. 21) gewöhnlich *gehäuft* vorkommt. (Doch ist bei *dieser* Konstitution schon *eine* Ähnlichkeitsillusion suspekt.) Das Wesen der Ähnlichkeitsillusion ist ja die Neigung, innere Schwierigkeiten und Spannungen in die Umwelt zu projizieren. In dieser Projektion mit Passivitätsbewusstsein kann man das wesentliche Kennzeichen der paranoischen Psyche sehen (im Gegensatz zur paranoiden Schizophrenie) [2].

Wahrscheinlich ist dieser Typus nur *eine* Form der als Psychosis praesenilis paranoides diagnostizierten Krankheiten. Andere Fälle, die chronisch werden und sich mehr den Spätschizophrenien nähern, haben ein völlig anderes Aussehen

---

[1] KARL KLEIST, Über zykloide, paranoide und epileptoide Psychosen und über die Frage der Degenerationspsychosen. Schweizer Archiv f. Neurologie und Psychiatrie, Bd. 23, 1928, S. 11.

[2] So z. B. RAGNAR VOGT, in „Nogen Hovedlinjer i medicinsk psykologi og psykiatri", Kristiania, 1923.

(meist extratensiven Erlebnistypus und deutliche schizophrene Symptome, wie Eigenbeziehungen, Konfabulationen usw.). Vermutlich wird gerade die Rorschach-Forschung zur näheren Charakterisierung der verschiedenen Formen dieser recht heterogenen Gruppe von Psychosen noch einiges beitragen können.

B. Die manio-depressive Psychose

Trotzdem sich in RORSCHACH's Material nur 14 manio-depressive Patienten fanden, gehören die von ihm für diese Krankheit ausgearbeiteten Syndrome zu dem am besten gesicherten Grundbesitz der Rorschach-Diagnostik.

I. RORSCHACH's *Ergebnisse*

1. RORSCHACH's Syndrom für die manio-depressive *Depression*, diese wichtigste Form der endogenen Depressionen, wurde als „klassisches" Depressionssyndrom bereits im Kapitel über die Depressionen wiedergegeben und ebenso das Verhalten bei *Melancholie*. Beides braucht deshalb an dieser Stelle nicht wiederholt zu werden. Das Syndrom ist bei rein endogenen Depressionen *selten* von *Helldunkeldeutungen* begleitet. Der Farbenschock kommt bei rein manio-depressiven Depressionen wohl niemals vor, und auch der Dunkelschock scheint selten zu sein. Ein eventueller Farbenschock neben einem manio-depressiven Rorschach-Syndrom ist stets als Zeichen eines neurotischen Einschlages anzusehen. Der Dunkelschock ist sicher ein Zeichen von Angst, die in diesem Falle freilich ebensogut die Begleiterscheinung einer agitierten Melancholie wie eine neurotische Beimischung sein kann.

2. Das Syndrom, das RORSCHACH für die *manische Verstimmung* fand, ist der polare Gegensatz des depressiven Syndroms. Das Formsehen ist verschlechtert (F+% = 60—70), die Sukzession gelockert, die Zahl der G ist erhöht (8—10), der Erfassungstypus reicher (G+—D+), die Variabilität der Antworten erhöht (T% = 40—50), die Originale vermehrt, aber zugleich verschlechtert (20—30 Prozent $\mp$), und der Erlebnistypus ist dilatiert, d. h. erhöhte B (3—5 $\pm$) und viele Farbantworten (durchschnittlich 1—2 FFb, 2—3 FbF und 1—2 Fb). Die Zahl der Antworten liegt über dem Mittel, die Reaktionszeit ist verkürzt, das F+% auch hier umgekehrt proportional zu den B (aber im entgegengesetzten Sinne), und die M übersteigen die Md.

Steigert sich der Anfall zur *Manie*, dann wird das Formsehen noch schlechter (F+% = 50—70), und die G nehmen ab (4—7). Der Erfassungstypus wird dadurch wieder ärmer (DG$\mp$—D+—Dd$\pm$). Die Variabilität ist etwas geringer als bei der Hypomanie (T% = 50—70), und entsprechend ist auch das Orig.% geringer (10—30, $\mp$). B und Farbantworten aber nehmen zu (5 B und mehr, $\mp$, und durchschnittlich 1—3 FFb, 2—3 FbF und 1—3 Fb). Antwortenzahl und Zeit verhalten sich ungefähr gleich, ebenso das Verhältnis des F+% zu den B. Es gibt hier auch häufig DG und sukzessiv-kombinatorische G, bisweilen auch konfabulatorisch-kombinatorische. Bei der Manie sind (wie bei der Melancholie) die Objekte meist gesteigert (bisweilen auch bei den Submanikern, wie in unserem Beispiel), vielleicht als ein Zeichen einer Art Wiedererweckung kindlicher Spieltriebe (vgl. Conrad's Auffassung der Kretschmer'schen Konstitutionslehre).

3. Wie bereits in Kapitel 12 (unter Zykloidie) erwähnt, können zwischen den beiden Syndromen der depressiven und der manischen Verstimmung zahlreiche Kombinationen vorkommen, wie wir sie bei *manio-depressiven Mischzuständen* (oder einfacher zykloider Konstitution) finden. Es sei nochmals darauf aufmerksam gemacht, dass nicht alle möglichen Faktorenkombinationen ohne weiteres in diesen beiden Syndromen unterzubringen sind, die zwar polare Gegensätze, aber keine Alternativen darstellen. Ein ganz niedriges F+% z. B. oder mittlere, aber scharfe G-Werte sind in keinem der Syndrome unterzubringen, ebensowenig eine sehr hohe Zahl von B oder Orig. mit scharfen Formen, wie sie bei Künstlern vorkommen. Das Fehlen des Farbenschocks und anderer neurotischer Phänomene dient als Abgrenzung gegenüber solchen Amphithymieformen, bei denen psychogene Mechanismen im Spiel sind.

II. Differentialdiagnose

Nach Eugen und Manfred Bleuler[1] kann die Diagnose „manisch-depressives Kranksein" nur *per exclusionem* gestellt werden, namentlich dann, wenn keine Anamnese vorliegt oder wenn es sich um einen ersten Anfall handelt. Bis zu einem gewissen Grade gilt das auch für die Rorschach-Diagnose der manio-depressiven Psychose. Denn das blosse Vorhandensein des klassischen Rorschach-Syndroms für depressive oder manische Verstimmung genügt noch nicht, da, wie wir gesehen haben, exogene Formen von Depression, bzw. hypomanieähnliche Zustände von läsioneller oder psychogener Ätiologie ganz ähnliche Syndrome geben können. Meist ist eine Differentialdiagnose dadurch möglich, dass ein weiteres Symptom, das nicht zum depressiven oder hypomanischen Syndrom gehört, den richtigen Fingerzeig gibt, so z. B. die organische Form der Perseveration und die Objektkritik in unserem Beispiel Nr. 23 (organische Ätiologie), oder es können andere organische Zeichen bei einem hypomanieähnlichen Zustande den Verdacht auf eine Encephalose erwecken (siehe Kapitel 12 unter Pseudopsychopathien). Bei gleichzeitigem Vorhandensein des Hypomaniesyndroms mit kräftigem Farbenschock ist faktisch oft aus dem Test allein nicht zu entscheiden, ob es sich um eine reine Neurose oder um eine Mischung einer „echten" Hypomanie mit einer Neurose (meist hysteriformer Art) handelt.

III. Demenz bei manio-depressiver Psychose

Nach jahrelangem Bestehen der Krankheit (8—10 Aufnahmen und mehr gehören ja bei diesem Leiden keineswegs zu den Seltenheiten) kann man bei manio-depressiven Patienten bisweilen eine gewisse Demenz vom organischen Typus beobachten: Das F+% wird schlecht auch in depressiven Phasen, es stellen sich Perseverationen ein, Konfabulationen und dergleichen Demenzsymptome, die den Verdacht auf eine organische Komplikation erwecken können. Eine sol-

---

[1] Eugen Bleuler, Lehrbuch der Psychiatrie, Berlin, 1960, S. 422

che Komplikation liegt in einigen Fällen denn auch wirklich vor, da ja, wie allgemein bekannt ist, die Pykniker an sich und insbesondere die Manisch-Depressiven die Neigung haben, „relativ früh an *Arteriosklerose* und seniler Demenz zu erkranken" (BLEULER)[1]. In anderen Fällen, wo eine derartige Komplikation klinisch nicht nachzuweisen ist, wird es sich wohl um eine „echte" *maniodepressive Demenz* handeln, wie sie von GOLDKUHL[2] beschrieben wurde. Diese besteht in einer irreversiblen Niveausenkung der Persönlichkeit, die „zum Verlust der Zielstrebigkeit und damit zu allgemeiner Haltlosigkeit" führt, „ohne dass die ethischen und sozialen Gefühle des Kranken nivelliert zu sein brauchen — es fehlt nur an der Kraft, diesen Instinkten Folge zu leisten" (GOLDKUHL, S. 161). GOLDKUHL vermutet die tiefer gelegenen Hirnpartien als den Sitz dieser „organischen Defektzustände vom Demenztyp", im Gegensatz zu den toxischen Schädigungen, die hauptsächlich in der Rinde lokalisiert sind.

C. Die Epilepsien

I. Die klinische Problematik der Epilepsien

Wie fast alle anderen Gebiete der Psychiatrie befindet sich auch die Lehre von den epileptiformen Erkrankungen heute in einem Stadium des Umbruchs und der Fluktuation, in dem der klinische Psychologe sich nicht leicht zurechtfindet. Da der Leser aber ein Anrecht darauf hat, ungefähr zu wissen, worauf sich die Rorschach-Befunde eigentlich beziehen, sei der Versuch einer ganz skizzenhaften Darstellung der Situation in diesem Sektor der klinischen Psychiatrie gewagt.

Man betrachtete früher die verschiedenen Formen der Epilepsie als eine nosologische Einheit, die den grossen endogenen Psychosen, den Schizophrenien und der manio-depressiven Psychose an die Seite gestellt wurde. Man unterschied eine *genuine* (oder *idiopathische* oder essentielle) Form und verschiedene *symptomatische* (z. B. eine posttraumatische, eine postencephalitische usw.) Formen dieser Krankheit, wobei die Erblichkeit der genuinen Epilepsie zweifellos stark überwertet wurde. Speziell die Münchener Schule (BUMKE u. a.) legte grosses Gewicht auf die sogenannte „Wesensänderung" (haftendes Denken, Umständlichkeit, Pedanterie und Selbstgerechtigkeit), die namentlich der erblichen Form zugeschrieben wurde.

Mit fortschreitender Untersuchungstechnik, insbesondere auf Grund von EEG-Untersuchungen und neurochirurgischen Eingriffen, wurden immer mehr Fälle zur „symptomatischen" Epilepsie gerechnet, und eine ganze Reihe von Klinikern lehnte sich gegen die alte Auffassung dieser Erkrankungen auf. So lehnt z. B. KURT SCHNEIDER den Begriff der „genuinen" Epilepsie ab, denn es handle sich hier nur um ein „neurologisches Syndrom"[3]. Auch O. H. ARNOLD hält die Einteilung in genuine und symptomatische Epilepsie für veraltet[4]. Statt dessen hat sich für die Fälle, in denen keine zerebrale Läsion nachweisen lässt, der Ausdruck „kryptogene" Epilepsie eingebürgert. Das Richtige daran ist, wie ALSTRÖM sagt, dass die genuine Epilepsie eine Diagnose *per exclusionem* ist[5]. LENNOX unterscheidet (statt idiopathischer und symptomatischer) eine *erbliche* (genetic) und eine *erworbene* (acquired) Epilepsie[6]. Nach ALSTRÖM (und vielen anderen Autoren) ist die Epilepsie überhaupt keine Krankheit sui generis, sondern ein *Symptom* (wie Husten, Fieber oder Gelbsucht), und zwar „an unspecific neurological clinical symptom of a pathological irritation of the central nervous system, focal in origin"[7].

---

[1] EUGEN BLEULER, a. a. O., S. 421.
[2] ERIK GOLDKUHL, Über Demenzzustände bei Psychosis manico-depressiva. Uppsala Läkareförenings Förhandlingar, Bd. 48, 1943, S. 145—164.
[3] KURT SCHNEIDER, Klinische Psychopathologie, 4. Aufl., Stuttgart, 1955.
[4] O. H. ARNOLD, Epilepsie, eine statistische Studie am Material einer Epileptikerambulanz, Wiener Ztschr. f. Nervenheilkunde, Bd. 9, 1954, referiert in: 10 Jahre Wiener Arbeitskreis für Tiefenpsychologie, S. 23.
[5] CARL HENRY ALSTRÖM, A Study of Epilepsy in its Clinical, Social and Genetic Aspects. — Acta psychiatrica et neurologica, Supplementum 63, Copenhagen, 1950, S. 16. Zu der gleichen Auffassung gelangte auch HANS WALTHER-BÜEL (Die Psychiatrie der Hirngeschwülste, Wien, 1951, S. 36).
[6] CARL HENRY ALSTRÖM, a. a. O., S. 171.
[7] CARL HENRY ALSTRÖM, a. a. O., S. 262.

Die sogenannte „Wesensänderung" ist jedenfalls kein Spezifikum der „genuinen" Epilepsie, sondern kommt etwa doppelt so häufig bei den traumatischen als bei den sogenannten „genuinen" Fällen vor[1]. Nach JANZ gehört sie zu den Epilepsien mit Anfällen vom psychomotorischen Typus (sogenannte Temporallappenepilepsie). Bei Tumorepilepsie fand WALTHER-BÜEL die Wesensveränderung besonders im mittleren Alter. Nach einer Hypothese von MANFRED BLEULER hängt nämlich die Art des psychopathologischen Zustandsbildes davon ab, in welchem Entwicklungszustand eine diffuse Noxe (wie die Epilepsie oder Friedreich'sche Krankheit) das Gehirn trifft: bei einem kindlichen Gehirn entwickelt sich eine Oligophrenie, bei einem ausgewachsenen eine Wesensveränderung bzw. epileptische Demenz und bei einem alternden Gehirn eine organisch-amnestische Demenz[2].

Nach Ansicht von HOFF (Lehrbuch der Psychiatrie, S. 291), WEITBRECHT, LANDOLT u. a. ist die Wesensänderung eine Folge der Anfälle und als solche nur eine Sonderform der diffusen organischen Hirnschädigung. Bis zu einem gewissen Grade scheint diese Schädigung reversibel zu sein. KURSAWE hat diese Zusammenhänge auch mit Hilfe des Gestaltlegetests von WEINHANDL und des Rorschachtests nachgewiesen[3].

Im ganzen besteht heute eher die Tendenz, den Erbfaktor bei den epileptiformen Erkrankungen zu unterschätzen, namentlich in der amerikanischen, teilweise aber auch in der französischen und skandinavischen Literatur. Demgegenüber stellt LENNOX fest, dass zwar der Einfluss der Vererbung bei den Epilepsien geringer ist als bei manchen anderen Krankheiten (z. B. der Schizophrenie, der Fettleibigkeit und der Diabetes)[4], dass man aber im ganzen an der Annahme einer überwiegend erblich bedingten Epilepsie festhalten könne. "Data that have been reviewed established the fact that heredity is an important factor in the etiology of epilepsy which is not complicated by evidence of acquired brain lesion." Doch konnte der Mechanismus des Erbganges (ob monomer rezessiv oder monomer dominant oder eine Beteiligung verschiedener Gene oder zweier verschiedener Allelomorphe) noch nicht mit Sicherheit festgestellt werden[5].

Die Hoffnung, dass die kryptogenen Epilepsien rasch abnehmen und bald keine mehr übrig bleiben würden, hat sich jedenfalls *nicht* erfüllt[6]. Während ALSTRÖM eine monohybride, einfache Mendel-Vererbung nur in 1% seiner Fälle nachweisen konnte[7], schätzt JANZ die Zahl der wesentlich erbbedingten Fälle auf 5–6%[8], und STRÖMGREN ist sogar der Ansicht, dass bei mindestens der Hälfte der Epileptiker die erbliche Grundlage das entscheidende ätiologische Moment darstellt[9].

Eine weitere Schwierigkeit bei der „klassischen" Einteilung besteht darin, dass genuine (idiopathische) und symptomatische Epilepsie, weder symptomatisch noch ätiologisch, scharf gegeneinander abgegrenzt sind, da auch bei manchen symptomatischen Formen ein gewisses konstitutionelles Entgegenkommen besteht. Beide Formen gehen daher bisweilen ineinander über[10].

Wenn also das Gemeinsame der Epilepsien in ihrer Symptomatik besteht, während die ätiologische Einteilung in idiopathische (bzw. kryptogene) und symptomatische Formen sich als anfechtbar erwiesen hat, lag es nahe, statt der bisher vorherrschenden ätiologischen Einteilung der Epilepsien auf die *symptomatische* Einteilung zurückzugreifen, d. h. eine Einteilung nach dem *Anfalls- und Verlaufstypus*, die überdies auch für die Therapie von entscheidender Bedeutung ist. Diese Einteilung geht dann aber sozusagen „quer" durch die ätiologische Einteilung hindurch. Hierbei wären dann aber auch die leichteren, nicht hospitalisierten Fälle zu berücksichtigen, auf die etwa 90% aller Epileptiker entfallen[11]. Diesen Weg hat DIETER JANZ beschritten. (Er stützt sich dabei auf die Publikation von LANGDON-DOWN, M. und W. R. BRAIN, Time of day in relation to convulsions in epilepsy, Lancet, 1929, 1029–1032.)

Während fast alle bisherigen klinischen Epilepsiestudien an hospitalisierten Patienten vorgenommen wurden, die meist schwere Fälle darstellten und zum grossen Teil mehr oder weniger dement oder genuin

---

[1] CARL HENRY ALSTRÖM, a. a. O., S. 47.
[2] M. BLEULER und H. WALDER, Die geistigen Störungen bei der hereditären Friedreich'schen Ataxie und ihre Einordnung in die Auffassung von Grundformen seelischen Krankseins. Schweiz. Archiv. Neur. Psychiatr., Bd. 58, 1946, hier zitiert nach HANS WALTHER-BÜEL, Die Psychiatrie der Hirngeschwülste, Wien, 1951, S. 126/127; siehe auch S. 192 und 196 desselben Buches.
[3] ECKEHARD KURSAWE, Die epileptische Wesensänderung und Fragen ihrer Genese im Gestaltlegetest (GLT) und Rorschachtest; unveröffentlichte Diss., Graz, 1965.
[4] WILLIAM GORDON LENNOX und MARGARET LENNOX, Epilepsy and Related Disorders, London, 1960, S. 538, 560.
[5] LENNOX und LENNOX, a. a. O., S. 571, 572.
[6] DIETER JANZ, Gezielte Therapie der Epilepsien. Die Medizinische Welt, 1962, S. 633.
[7] CARL HENRY ALSTRÖM, a. a. O., S. 135.
[8] DIETER JANZ, a. a. O., S. 633.
[9] ERIK STRÖMGREN, Psykiatri, 9. Aufl., Kopenhagen, 1958, S. 173.
[10] ERIK STRÖMGREN, Psykiatri, S. 173. — Den gleichen Standpunkt vertritt das Lehrbuch von MAYER-GROSS, SLATER und ROTH. Vererbt wird wahrscheinlich nur eine herabgesetzte elektrische Widerstandsfähigkeit der Zellmembranen und eine Permeabilität der Blut-Hirn-Schranke, was bei *beiden* Gruppen vorkommen kann (GERHARD KOCH, Zur Klinik und Genetik der Krampfbereitschaft, in: Mehrdimensionale Diagnostik und Therapie, Stuttgart, 1958, S. 245).
[11] DIETER JANZ, a. a. O., S. 630.

oligophren waren, ergab nun die Einbeziehung der überwiegenden Mehrzahl leichterer Fälle ein völlig neues Bild.

Klinisch unterscheidet man heute verschiedene Formen *kleiner* epileptischer Anfälle von dem relativ uniformen *grossen* generalisierten Krampfanfall. Zu den *kleinen* epileptischen Anfällen zählen die *Propulsiv-Petit mal* (JANZ, Blitz-, Nick- oder Salaam-Krämpfe, ZELLWEGER), die *Absencen*, die im EEG mit 3—4 sec spike and wave einhergehen („typical absence"[1] Pure Petit mal, LENNOX), die *Impulsiv-Petit mal* (JANZ, myoclonic epilepsy[2], LENNOX), die *psychomotorischen Anfälle* (Temporallappenepilepsie, LANDOLT's „Dämmerattacke") und die *kortikalen Anfälle* (darunter die sogenannten JACKSON-Anfälle). Bei den *grossen* epileptischen Anfällen unterscheidet JANZ drei Verlaufsformen, die *Aufwachepilepsie* (Grand mal vorwiegend nach dem Erwachen und „am Feierabend"), die *Schlafepilepsie* (Grand mal vorwiegend im Schlaf) und die *diffusen Epilepsien* (Anfälle unregelmässig über den Tag verteilt). Haben die Patienten grosse *und* kleine Anfälle, so kommt es meist zu folgenden typischen Kombinationen: Pyknolepsie (täglich gehäufte Absencen) und Impulsiv-Petit mal mit Aufwach-Grand mal, psychomotorische Anfälle mit Schlaf-Grand mal (seltener mit diffusen Grand mal), Propulsiv-Petit mal (eine meist symptomatische Anfallsform des frühesten Kindesalters) mit Schlaf-Grand mal und kortikale Anfälle mit diffusen Grand mal.

Von den Grand-mal-Epilepsien entfallen nach JANZ etwa 34% auf die Aufwach-Epilepsie, 45% auf die Schlafepilepsie und 21% auf die diffuse Epilepsie[3]. Die Aufwachepilepsie, die meist eine günstigere Prognose hat als die anderen Formen, wird von JANZ als die *ursprünglichste* Form angesehen, weil sie wohl in eine der beiden anderen Formen übergehen kann, diese aber nicht in die Aufwachepilepsie[4]. Nur etwa ein Fünftel der Aufwacheleptiker hat ein normales Wach-EEG; bei den Schlafepileptikern sind es über die Hälfte[5].

II. RORSCHACH's *Ergebnisse*

Wenden wir uns nun der Frage zu, wie sich die Epilepsien im Rorschach-Test spiegeln, so ist es wohl immer noch am besten, von RORSCHACH's eigenen Ergebnissen auszugehen, die aber nur für solche fortgeschrittenen Fälle mit Demenz gelten, wie sie RORSCHACH zur Verfügung standen. Auf Grund seiner 20 Fälle fand RORSCHACH folgende Eigentümlichkeiten der epileptischen Demenz:

Das Deutungsbewusstsein ist häufig schwach oder ganz aufgehoben. — Die Zahl der Antworten liegt meist über dem Durchschnitt. — Die Reaktionszeit ist verlängert. — Der Erlebnistypus ist im allgemeinen ziemlich stark dilatiert, aber überwiegend extratensiv. — Das F+% ist niedrig, das T% paradoxerweise ebenfalls. Dafür finden sich Stereotypisierungstendenzen in den B und in den Farbantworten. — Das Orig.% ist relativ hoch, die Originale sind aber überwiegend schlecht. — Der Erfassungstypus ist meist DG—D—Dd, bei frühdementen Epileptikern D̄G—D—Dd. Die DG sind jedenfalls ein häufiges Vorkommnis. — Die Sukzession ist meist gelockert, manchmal auch straff, wenn die epileptische Pedanterie sehr ausgeprägt ist. — Die meisten Epileptiker geben mehr M als Md-Antworten. — Sekundäre B und B— kommen nirgends so häufig vor wie bei Epileptikern. — Bei der starken Neigung zu B bei gleichzeitig schlechtem Formniveau wird das F+% umgekehrt proportional zu den B. — Konfabulationen, Bewertungen und Eigenbeziehungen sind bei Epileptikern recht gewöhnlich. Sie neigen auch zu genauer Betonung der Symmetrie und zu Farbnennungen, ja oft in der Form direkter Aufzählung der Farben. Reine Farbantworten kommen bei dementen Epileptikern überhaupt häufig vor; sie brauchen nicht unbedingt Farbnennungen zu sein. — Oligophrene Epileptiker deuten viele Objekte. — Das

---

[1] A proposed international classification of epileptic seizures, Epilepsia, 5 (1964), S. 297—306.
[2] Myoklonismen, nicht zu verwechseln mit den Myoklonusepilepsien, die eigentlich keine Epilepsien sind (siehe HANS HOFF, Lehrbuch der Psychiatrie, Bd. I, S. 248—249 und S. 283—285).
[3] DIETER JANZ, The Grand Mal Epilepsies and the Sleeping-Waking Cycle. — Epilepsia, 1962, S. 71.
[4] DIETER JANZ, a. a. O., S. 80.
[5] DIETER JANZ, a. a. O., S. 91.

wichtigste am Epileptikerprotokoll ist aber die starke Tendenz zur Perseveration, ohne dass gleichzeitig eine Tier- oder Körperteilsstereotypie zu bestehen braucht. (Die anatomische Stereotypie mancher Ixoiden kommt bei genuiner Epilepsie etwas seltener vor.) — Und schliesslich hat RORSCHACH bei Epileptikern hin und wieder Schwarz und Weiss als Farbwerte gefunden (S. 30).

RORSCHACH glaubte, dass die absolute Zahl der B und der Farbantworten bei zunehmender Demenz zunehme, während das F+% abnehme. Letzteres ist zweifellos richtig, ersteres hat sich nicht sicher bestätigen lassen[1].

III. Spätere Untersucher

Die allermeisten späteren Rorschach-Untersuchungen an Epileptikern folgen insoweit RORSCHACH's Spuren, als auch sie sich auf meist schon hospitalisierte, ältere Fälle beziehen. Sie sind infolgedessen auf „frische" Fälle und vor allem auf die bisher wenig beachteten centrencephalen Epilepsien (Aufwachepilepsie, Pyknolepsie, Impulsiv-Petit mal) nicht anwendbar[2].

Immerhin konnten RORSCHACH's Befunde noch in einigen wichtigen Punkten ergänzt werden. So fand BOVET[3], dass genuine Epileptiker *eine ganz bestimmte Form der Perseveration* bevorzugen, weniger die Wiederholung einer bestimmten Deutung (wie die Organiker) als die Klebrigkeit, mit der sie jeweils ein Grundthema variieren. Wir haben dieses *Kleben am Thema* bereits im Kapitel 6 unter „Perseveration" besprochen. Es scheint allerdings nicht für die genuinen Epileptiker allein typisch zu sein; denn es kommt nicht nur gelegentlich bei Ixoiden vor, sondern wurde von GUIORA-HELLER besonders häufig bei postencephalitischer Kinderepilepsie gefunden[4].

GUIRDHAM[5] konnte die meisten Funde RORSCHACH's bestätigen. GUIRDHAM unterscheidet eine „ideational perseveration" (die eigentliche inhaltliche Perseveration), die meist bei den G und DG auftritt, und eine „*perceptional perseveration*" (eine Bevorzugung gleichartiger Formen) bei den D und Dd, die er vorzugsweise bei Epileptikern mit gut bewahrter Intelligenz fand. Die DG seiner Epileptiker sind häufig aus einem anatomischen Detail konfabulierte M. Perseveration und B verhalten sich umgekehrt proportional. Ausserdem beobachtete GUIRDHAM bei Epileptikern „a waxing and waning of the flow of interpretations", unabhängig von Ermüdung und Schwierigkeit der Tafeln; er nannte diese Erscheinung „*staccato phenomenon*" (S. 891).

STAUDER[6] hat versucht, die von BUMKE angestrebte Unterscheidung von epi-

---

[1] Doch hat die Untersuchung von DROHOCKI ausdrücklich bestätigt, dass die B und die Farbantworten nach den Anfällen quantitativ zunehmen, aber qualitativ schlechter werden. (Nach ZYGMUNT A. PIOTROWSKI, Perceptanalysis, New York, 1957, S. 238.)
[2] ALFRED LEDER, Zur testpsychologischen Abgrenzung und Bestimmung der Aufwach-Epilepsie vom Pyknolepsie-Typ, unveröffentlichte Diss., M. S., Zürich, 1966.
[3] TH. BOVET, Der Rorschach-Versuch bei verschiedenen Formen der Epilepsie. Schweizer Archiv f. Neurologie und Psychiatrie, Bd. 37, 1936, S. 156—157.
[4] MARTHA GUIORA-HELLER, Beitrag zur Psychodiagnostik der Epilepsie im Kindesalter an Hand des Rorschach'schen Formdeutversuches, Basel, 1962, S. 60.
[5] ARTHUR GUIRDHAM, The Rorschach Test in Epileptics. The Journal of Mental Science, Bd. 81, 1935, S. 870—893. Über einige formale Einzelergebnisse dieser Arbeit siehe mein „Psychodiagnostisches Vademecum".
[6] KARL HEINZ STAUDER, Konstitution und Wesensänderung der Epileptiker, Leipzig, 1938.

leptischer Wesensänderung und epileptischer Demenz im Rorschach-Test herauszuarbeiten. (Die hohe Affinität von Wesensänderungen und genuiner Epilepsie kann beim heutigen Stande der Untersuchungstechnik nicht mehr aufrechterhalten werden.) Für die Wesensänderung, deren klinisches Kernsymptom die Perseveration ist, fand STAUDER ein (allerdings sehr umstrittenes) sogenanntes Vollsyndrom sowie eine Anzahl abortiver Syndrome, über die man nähere Einzelheiten in meinem Vademecum findet. Das Vollsyndrom wurde von LEDER (s. u.) bei etwa 20% der Schlafepileptiker und Temporallappenepileptiker gefunden.

RUTH und WALTER VON BRUNN fanden in ihrer Untersuchung an 280 Epileptikern[1] zwei deutlich voneinander geschiedene Gruppen, die sich klinisch in ihrer Gefühlsintensität und ihrer sozialen Anpassungsfähigkeit unterscheiden. Über nähere Einzelheiten dieser Arbeit siehe mein Vademecum. Im übrigen beobachteten diese Autoren mit wachsender Demenz ein Absinken des F% + *und* des T% und eine Zunahme der B und der Farbantworten sowie der Perseveration, konnten also in dieser umstrittenen Frage RORSCHACH's Befunde bestätigen.

In einer Untersuchung an 50 Patienten (die mit einer sehr ausführlichen und übersichtlichen Bibliographie versehen ist) kommen DELAY, PICHOT, LEMPÉRIÈRE und PERSE zu dem Ergebnis, dass genuine (wie auch viele symptomatische) Epileptiker im grossen und ganzen einen koartierten, traumatische im grossen, und ganzen einen extratensiven Erlebnistypus haben[2].

Die bisher wenig beachtete *Aufwachepilepsie* wurde von ALFRED LEDER zum Gegenstand einer gross angelegten Untersuchung gemacht. Die meist idiopathischen Aufwachepileptiker (und Pyknoleptiker) zeigten eine gute Intelligenz (IQ im Durchschnitt etwa 110) und wirkten klinisch meist etwas „hysteriform" (affektlabil, suggestibel, wenig zielstrebig und ausdauernd, manchmal auch etwas prahlerisch). Im EEG hatten die meisten spikes and waves und Veränderungen bei Hyperventilation. Im Rorschach gaben diese Epileptiker nur wenig Antworten (etwa 15—20) mit durchschnittlicher Reaktionszeit. Sie hatten häufig DZwG, und ihr Erfassungstypus war meist G—D—(Dd)—(DZw). Sie gaben 0—1 B (meist nur das vulgäre B zu III), 1—2 FbF und nur selten FFb. Der Erlebnistypus war daher überwiegend extratensiv, mit Neigung zur Koartierung. Das F+% war oft unter 70, das T% lag bei etwa 50. Im Inhalt fanden sich relativ häufig: Klecks, Vulkane, Explosionen, Kunst, Religiöses, orale und aggressive Antworten, Defektdeutungen, Feuer und Blut auf Tafel II sowie Antworten mit „vertikaler Dynamik" (d. h. bei denen es sich um ein Sich-Aufrichten, Hinaufklettern, Fliegen oder Hinstürzen und Fallen handelt). Perseveration war fast nicht vorhanden, höchstens andeutungsweise. Im übrigen kamen vor: Subjekt- und Objektkritik, Deskriptionen, Verneinungen, Bewertungen, das Zeichen „liens" (siehe unten), auch Wortfindungsstörungen. Wenn bei behandelten Aufwachepileptikern die Häufigkeit der Anfälle um mindestens 50% zurückgeht, so sinkt im Rorschach-Versuch die Antwortenzahl, verschwinden die Farbantworten und die aggressiven Inhalte, während die Helldunkelantworten zunehmen und die Versager sich häufen.

---

[1] RUTH und WALTER L. VON BRUNN, Die Epilepsie im Rorschach'schen Formdeutversuch. Archiv f. Psychiatrie und Zeitschr. f. Neurologie, Bd. 184, 1950, S. 545—578.
[2] J. DELAY, P. PICHOT, T. LEMPÉRIÈRE, J. PERSE, Le Test de Rorschach et la Personnalité épileptique, Paris, 1955, S. 177 und 202.

Auch die *anderen* Epilepsieformen, also vor allem Schlaf- und diffuse Epilepsien (idiopathische und symptomatische) und die psychomotorischen Epilepsien gaben in LEDER's Material nur wenig Antworten. Dagegen fanden sich hier ausgesprochene Perseveration und die übrigen „klassischen" epileptiformen Zeichen (Pedanterie usw.) sowie relativ viele Anatomieantworten, Sexualdeutungen und anale Komplexantworten, dagegen keine Zw. Während die idiopathischen Fälle meist einen mehr koartierten Erlebnistypus hatten, gaben die symptomatischen mehr Farbantworten und hatten dementsprechend meist einen extratensiven Erlebnistypus.

Wenn man von der Aufwachepilepsie einmal absieht, sind bei den nicht mehr ganz frischen Fällen von RORSCHACH's ursprünglichen Befunden nur 4 Faktoren bestritten: die relativ vielen B und Farbantworten, das niedrige T% und das Orig.%. Eine Untersuchung von GOLDKUHL[1] an 28 (genuinen und symptomatischen) Kinderepileptikern, deren (von anderer Seite aufgenommene) Rorschach-Protokolle mir zur Auswertung übergeben wurden, konnte RORSCHACH's Ergebnisse in allen 4 Punkten bestätigen. (Unsere beiden Beispiele Nr. 24 und 25 stammen aus diesem Material.) Es ist jedoch zu beachten, dass es sich hier um Kinder handelt. Auch LEDER fand in seinem Material bei Kinderepileptikern viele B, ebenso bei gänzlich unbehandelten Aufwachepileptikern. Auch das von RORSCHACH als besonders auffällig erwähnte niedrige T% konnte bei GOLDKUHL's Kindern bestätigt werden. Ein T% von über 50 oder darüber bei einem (genuinen oder symptomatischen) jugendlichen Epileptiker scheint zu der Vermutung zu berechtigen, dass ein eventueller Intelligenzdefekt in diesem Falle ganz oder teilweise auf Oligophrenie beruhe. Auch das Orig.% verhielt sich in diesem Material ungefähr so, wie RORSCHACH angenommen hatte: relativ hohe Werte bei überwiegend schlechten Formen, wobei die oligophrenen Epileptiker die höchsten Werte aufwiesen.

IV. Die Rorschach-Diagnose der Epilepsien in der Praxis

1. Allgemein

Für die Praxis empfiehlt es sich, wenn man die Aufwachepilepsie einmal ausser Betracht lässt, von RORSCHACH's Syndrom auszugehen, das jedoch häufig nur „abortiv" vorhanden ist und bei frischen Fällen häufig, bei älteren Fällen aber ebenfalls bisweilen versagt. Sind genügend charakteristische Teile des Syndroms vorhanden (z. B. verlängerte Zeit, niedriges F+% *und* niedriges T% und Perseveration + Kleben am Thema), so kann man getrost eine Epilepsie annehmen. Die verlängerte Reaktionszeit findet sich jedoch nicht immer (z. B. nicht in unseren beiden Beispielen). Der Erlebnistypus schwankt, ist bei frischen und vor allem idiopathischen Fällen meist mehr koartativ, bei älteren wirklich oft dilatiert und fast immer extratensiv. Die B sind kein sicheres Kennzeichen. Da Epileptiker ganz allgemein zu Verstimmungen neigen, muss immer mit einer depressiven Stimmungslage und dann mit dem Fehlen der B gerechnet werden (obwohl es natürlich auch Depressionen *mit* B gibt, z. B. manche psychogenen). Kommen jedoch

---

[1] ERIK GOLDKUHL, Rorschach-Tests bei Epilepsie, nebst einer grundlegenden Untersuchung. Uppsala Läkareförenings Förhandlingar, Bd. 51, Uppsala, 1946, S. 283—311.

bei relativ reichlicher B-Produktion auch B— vor, so liegt der Verdacht auf Epilepsie (oder mindestens eine ixoide Psyche) jedenfalls nahe. Das niedrige F+% ist überall vorhanden, wo es bereits zur Demenz gekommen ist, oder wo gleichzeitig eine Oligophrenie vorliegt (dann meist hohes T%). LEDER fand ein relativ niedriges F+% fast bei allen Epileptikern, auch bei durchschnittlich intelligenten, nichtdementen. Im übrigen ist das niedrige T% der Epileptiker eine von RORSCHACH's zuverlässigsten Beobachtungen. Er fand es „auffallend" (S. 44); wir haben (Kapitel 6 unter „Figur-Hintergrund-Verschmelzung") die Vermutung ausgesprochen, dass es sich hier um eine Folge der epileptischen Dysrhythmie handeln könnte, die eine Quasi-Strukturlabilität des Denkens bewirkt. Von den übrigen Faktoren fallen insbesondere die B—, die sek. B und die Perseveration ins Gewicht, daneben die Bewertungen, die Symmetriebetonung, sowie Ich-Beziehungen, Konfabulationen und Farbnennungen, wobei zu beachten ist, dass Ich-Beziehungen auch bei Schizophrenen vorkommen und Konfabulationen und Farbnennungen auch zum allgemeinen organischen Rorschach-Syndrom (bei diffusem organischem Psychosyndrom) gehören. Man achte neben der „eigentlichen" Perseveration (oder statt ihrer) auch auf das BOVET'sche *Kleben am Thema*. Auch das Vorkommen von *Schwarz und Weiss als Farbwerten* ist (namentlich bei gleichzeitiger Perseveration oder anderen Epilepsiemerkmalen) verdächtig. Bei Epileptikern kommen sogar Schwarz- und Weiss*nennungen* vor!

Neben diesen von RORSCHACH genannten Faktoren kommt auch die *Figur-Hintergrund-Verschmelzung* bei Epileptikern nicht selten vor. Diese eigene Erfahrung wurde uns von K. W. BASH aus dem Material der Schweizerischen Anstalt für Epileptische bestätigt. Meist findet sich nur *eine* derartige Deutung in den Protokollen der Epileptiker. Häufungen wie bei Künstlern sind selten. SALOMON[1] führt das Vorkommen der Figur-Hintergrund-Verschmelzung bei Epileptikern auf ihr „Bedürfnis nach Koordination der verschiedensten Funktionen und Instanzen" zurück; sie würden dann also mit F. MINKOWSKA's Zeichen „liens" in Verbindung stehen (siehe unten).

SALOMON und ZULLIGER fanden, wie bereits erwähnt (Kap. 6, S. 149), öfters auch *inverse Deutungen* bei Epileptikern und epileptoiden Typen mit gleichzeitiger Neurose.

Man vergesse auch nie, auf die *Diktion* achtzugeben. Eine auffallend umständliche, pedantische und zugleich weitschweifige Diktion findet man sowohl bei genuiner und läsioneller Epilepsie wie bei Ixophrenie.

FRANZISKA MINKOWSKA, die beim Rorschach weniger die formale Auswertungsmethode benutzte, sondern in erster Linie Inhalt und Diktion des Protokolls zur näheren Präzisierung der klinischen Diagnose heranzog, hat die Beobachtung gemacht, dass Epileptiker häufig versuchen, die verschiedenen Teile der Kleckse zu einer zusammengesetzten Deutung zu verbinden, dass sie m. a. W. eine *Tendenz zu Kombinationen* zeigen[2]. Sie betrachtete diese Eigentümlichkeit (in der französischen Literatur das Zeichen „*liens*" genannt) besonders dann als typisch, wenn dabei eine *Adhäsion* ausgedrückt wird (z. B. eine Verbindung, ein An- oder Aufgehängtsein, eine Verlötung, eine Schweissung, ein Versiegeln usw.) (a. a. O.,

---

[1] FRITZ SALOMON, Ich-Diagnostik im Zulliger-Test (Z-Test), Bern, 1962, S. 181.
[2] F. MINKOWSKA, L'épilepsie essentielle, sa psycho-pathologie et le test de Rorschach, Annales médico-psychologiques, novembre 1946, S. 331/332.

S. 352). Durch diesen Zug treten die Epileptiker in Gegensatz zu den Schizophrenen: „Tandis que chez les schizophrènes tout *se desagrège*, tout *se dissocie, se disperse*, chez les épileptiques tout *se condense, se concentre, s'agglutine*" (a. a. O., S. 345). Nach DELAY, PICHOT et alii kommt dieses Zeichen aber gerade bei den genuinen Epileptikern am seltensten vor, während es bei traumatischen und symptomatischen Epileptikern häufiger ist. Es hat eine sehr hohe Korrelation zur Explosivität (DELAY et alii, a. a. O., S. 185 und 190).

Zum Schluss noch eine Warnung: *Nur positive* Epilepsiediagnosen sind einigermassen *zuverlässig*. Bei Nichtvorhandensein von „Epilepsie-Merkmalen" kann eine Epilepsie nicht einfach ausgeschlossen werden. Im allgemeinen wird *erst die Demenz oder die Wesensänderung im Test sichtbar*. Wo beides fehlt, also bei frischen Fällen und meistens auch bei Aufwachepilepsie, kann ein fast normales Protokoll mit nur hauchdünnen Andeutungen von pathologischen Zügen über den wahren Sachverhalt hinwegtäuschen. In einem Falle von schwerer genuiner Epilepsie mit gemeingefährlicher Gewalttätigkeit fanden sich z. B. im Rorschach-Protokoll nur eine Andeutung von Kleben am Thema, zwei Wortfindungsstörungen und eine etwas pedantische Diktion neben ausgezeichneten Intelligenzfaktoren (u. a. 7 B +!); und die Krankheit hatte schon 37 Jahre bestanden!

Umgekehrt gibt es natürlich auch Fälle, die im Rorschach-Test deutliche epileptiforme Zeichen haben, aber klinisch nie Anfälle aufzuweisen hatten. Hier handelt es sich dann gewöhnlich um ixoide Persönlichkeiten, deren Symptomatik sich auf sogenannte Epilepsie-Äquivalente beschränkt (Migräne, Verstimmungen, Wandertrieb usw.).

2. Differentialdiagnostische Probleme

Der genuine Epileptiker gehört (wie übrigens auch die meisten Organiker) seinem Charakter nach zu den Typen der „festen Gehalte" im Sinne PFAHLER's[1], die eine *enge* und fixierende *Aufmerksamkeit* mit *starker Perseveration* verbinden. Daher stammen seine beiden wichtigsten Rorschach-Symptome, die DG und die *Perseveration*. Damit allein ist eine Epilepsiediagnose aber noch nicht zu stellen, weil beide Symptome auch wichtige Faktoren des allgemeinen organischen Rorschach-Syndroms sind.

Damit sind wir beim Problem der Differentialdiagnose zwischen *genuiner* und *symptomatischer* Epilepsie angelangt. Hier kommen vor allem die traumatische (auch geburtstraumatische) und die encephalitische bzw. postencephalitische Ätiologie in Frage, ferner Hirntumoren, Hirnlues, Meningitis, Eklampsie u. a. seltenere organische Ursachen von epileptischen Anfällen. Eine sichere Differentialdiagnose ist, wie in der Klinik, auch mit dem Rorschach-Test hier nicht immer möglich, einerseits wegen der Ähnlichkeit der beiden Syndrome, auf die auch PIOTROWSKI schon hingewiesen hat, andererseits weil die Perseveration bisweilen fehlt, auch bei genuinen Fällen (und bei der Aufwachepilepsie fehlt sie fast immer). Zu dem gleichen Ergebnis kamen auch RUTH und WALTER VON BRUNN. — Immerhin gibt es doch manchmal einige Anhaltspunkte. Wie BOVET nachgewiesen hat, ist bei der genuinen Epilepsie die namentlich bei den G auftretende *Auffassungsschwierigkeit* meist *nicht klar bewusst*, während sie von den Traumatikern

---

[1] G. PFAHLER, Vererbung als Schicksal, Leipzig, 1932, hier zitiert nach HUBERT ROHRACHER, Kleine Einführung in die Charakterkunde, Leipzig, 1934, S. 70—71.

direkt ausgesprochen wird (Kritik!). Kleben am Thema und umständliche Diktion sind *kein* sicheres Differentialdiagnostikum, weil sie auch bei läsioneller Ätiologie vorkommen, insbesondere bei Postencephalitikern. Im allgemeinen hat die genuine Epilepsie, wenn die Demenz nicht sehr weit vorgeschritten ist, immer noch die *besseren Formen*, und sie kann *B-Antworten* enthalten, was bei organischer Ätiologie fast nie vorkommt. (Auf diese beiden wichtigen Faktoren macht KELLEY aufmerksam[1].) Aber nicht *alle* Genuinen haben relativ gute Formen, und nicht *alle* haben B. Nach LEDER kommt in der Differentialdiagnose zwischen idiopathischer und symptomatischer Epilepsie dem Erlebnistypus eine Schlüsselstellung zu. Bei koartiertem Erlebnistypus ist eine symptomatische Epilepsie wenig wahrscheinlich. Bei extratensivem Erlebnistypus (mit labilen Farbwerten) muss zuerst festgestellt werden, ob es sich um eine Aufwachepilepsie (bzw. Pyknolepsie) handelt (bei der sich ja die ätiologische Frage gar nicht stellt). Ist dies auszuschliessen (am besten klinisch), so liegt mit hoher Wahrscheinlichkeit eine symptomatische Epilepsie vor.

Die Differentialdiagnose zur *Schizophrenie* ist im allgemeinen eher möglich. Ein Nebeneinander von niedrigem F+% *und* niedrigem T% kommt zwar auch bei Schizophrenie vor, dann aber fast nie mit verlängerter Reaktionszeit und gewöhnlich auch ohne Perseveration. (Doch gibt es bekanntlich auch Schizophrenien mit Perseveration). Die Eigenbeziehung gehört ebenfalls in *beide* Syndrome, ebenso die gelegentlichen Farbnennungen, auch das Vorkommen von Schwarz und Weiss als Farbwerten und natürlich die Konfabulationen. Das Zeichen „liens" spricht für Epilepsie, das „morcellement" für Schizophrenie. Religiöser und mythologischer Inhalt spricht eher für Epilepsie, Abstrakta, Buchstaben, Ziffern und geometrische Figuren eher für Schizophrenie. Kontaminationen, kinetische Deskriptionen und das sogenannte „Edging" dürften als typisch schizophren angesehen werden. Bei starker Perseveration ist bei den Epileptikern die Antwort zur ersten Tafel meist angepasst, bei den Schizophrenen ist sie meist abwegig[2].

Viel diskutiert wurde in der Psychiatrie die Differentialdiagnose zwischen *Epilepsie* und *Hysterie*. Eine scharfe Trennung zwischen diesen beiden Krankheiten ist zwar eine Forderung der ätiologisch orientierten Psychiatrie, sie ist aber weder klinisch noch erb- und konstitutionsbiologisch immer voll durchführbar. KARL KLEIST sagt darüber[3]: „Manchen konstitutionellen Krankheitsfall kann man ebensogut der epileptischen als der hysterischen Krankheitsgruppe zurechnen, und der lange verpönte Begriff der Hysteroepilepsie verliert seine Bedenken im Lichte einer konstitutionellen Betrachtung, wie auch der richtige Kern der älteren, neuerdings von GAUPP, KRETSCHMER, HOFFMANN wieder aufgenommenen Lehre von den *kombinierten Psychosen* hier zutage tritt." Und RUDOLF BRUN[4] weist auf die Vererbungsforschungen von KRAULIS, LUXENBURGER und MAUZ hin, die eine gewisse Erbverwandtschaft zwischen schweren Hysterikern und Epileptikern feststellen konnten. Auch STAUDER (a. a. O., S. 177) erwähnt das Vorkommen von hysterischen Psychopathen mit Pseudologia phantastica unter den Angehörigen

---

[1] KLOPFER and KELLEY, a. a. O., S. 384.
[2] KALR HEINZ STAUDER, a. a. O., S. 49.
[3] KARL KLEIST, Episodische Dämmerzustände, Leipzig, 1926, S. 65/66.
[4] RUDOLF BRUN, Allgemeine Neurosenlehre, Basel, 2. Aufl., 1946, S. 163.

der Epileptiker. SZONDI's Begriff des „paroxysmalen" Erbkreises (analog der „iktaffinen Konstitution" von MAUZ) gehört ebenfalls hierher.

Trotz dieser Erbverwandtschaft ist es oft gerade mit Hilfe des Rorschach-Tests noch möglich, eine ziemlich sichere Differentialdiagnose zwischen Hysterie und Epilepsie auch in Fällen zu stellen, wo die Klinik nicht auf sicherem Boden steht. Die beiden Syndrome können sich im einzelnen Protokoll sehr wohl ausschliessen, müssen es aber nicht; denn es gibt Übergangsfälle, wie in der Klinik, so auch im Rorschach-Test. Kommen also epileptische *und* hysterische Züge nebeneinander vor, so ist an eine doppelte konstitutionelle Belastung oder eine Neurotisierung des Epileptikers durch sein Kindheitsmilieu zu denken. Ob man diese Fälle dann als Hysteroepilepsie, als genuine Epilepsie mit neurotischem Überbau oder als Hysterie mit epileptoid gefärbten Symptomen (Hysterie bei ixoider Persönlichkeit) bezeichnen will, ist eine Frage der Nuancen und fast Geschmacksache.

D. Organische Psychosen

I. Begriff und Abgrenzung

Die übliche Bezeichnung der „organischen" Geisteskrankheiten ist früher im allgemeinen so verstanden worden, dass man in diesen Fällen stets anatomische Veränderungen finden müsse. Man nimmt heute eine etwas weniger absolute Einstellung ein und hat eingesehen, dass organische und funktionelle Faktoren in der Ätiologie sich nicht ausschliessen, sondern sich oft gegenseitig bedingen. Dass organische Schädigungen einen besonders günstigen Boden für die Entwicklung psychogener Mechanismen bilden, wissen wir aus den Arbeiten von GOLDSTEIN und KLEIST, und die Organneurosen haben uns gelehrt, dass auch umgekehrt der Übergang von der Neurose zu organischen Leiden ein fliessender ist. Die körperlichen Symptome organischer und funktioneller Krankheiten sind weitgehend die gleichen (v. WEIZSÄCKER) [1].

Will man Verwechslungen mit älteren, mehr apodiktischen Auffassungen vermeiden, empfiehlt es sich, wie das jetzt mehr und mehr geschieht, die „organischen" Zustände als *läsionell* zu bezeichnen. (SJÖBRING fasst ausserdem leichtere asthenische Zustände läsioneller Ätiologie mit muskulärer Hypotonie und herabgesetztem Grad des Wachseins als Zentralsymptomen zusammen und bezeichnet sie als *„Hypophrenien"*.)

Wenn im folgenden von einem (resp. mehreren) organischen Rorschach-Syndrom die Rede ist, so haben wir dabei *nur* die *kortikal* oder *subkortikal* lokalisierten Störungen im Auge. An anderen Stellen des Zentralnervensystems lokalisierte organische Veränderungen geben das organische Rorschach-Syndrom nur dann, wenn sie, wie z. B. die multiple Sklerose, auch klinisch Mentalsymptome machen. Bei der multiplen Sklerose tritt jedoch das organische Rorschach-Syndrom erst im Endstadium der Krankheit auf [2]. Reine Rückenmarksleiden zeigen

---

[1] Nach ERIK GOLDKUHL, Funktionellt eller organiskt? Svenska Läkartidning, Stockholm, 1943, Nr. 20.
[2] J. DELAY, P. PICHOT, T. LEMPÉRIÈRE et J. PERSE, Le Test de Rorschach dans les Psychoses organiques, Rorschachiana V, Bern, 1959, S. 140.

auch im Rorschach nur die *indirekten* Wirkungen auf die Persönlichkeit, die sich oft klinisch finden, d. h. die Reaktionsweise der Persönlichkeit auf diese Krankheit. M. a. W. die „organischen" Rorschach-Symptome beziehen sich auf den engeren *psychiatrischen* Kreis organischer Leiden, nicht auf den weiteren neurologischen.

Man pflegt heute mit MANFRED BLEULER[1] drei grosse Kreise von organischen Psychosen zu unterscheiden: den akuten exogenen Reaktionstypus, das organische Psychosyndrom und das hirnlokale Psychosyndrom.

1. Der *akute exogene Reaktionstypus* wurde 1912 von KARL BONHOEFFER aufgestellt[2]. Man versteht darunter Psychosen, die nicht in der Persönlichkeit des Patienten begründet, sondern durch „exogen zur Psyche, wenn auch nicht immer zum Körper" gelegene Schädigungen des Organismus bedingt sind[3]. Sie treten im Gefolge von Intoxikationen und anderen körperlichen Erkrankungen auf, also bei gewissen Infektionskrankheiten (Pneumonie, Encephalitiden, Malaria, Typhus), Kreislaufstörungen, Stoffwechselerkrankungen, nach Operationen und nach komplizierten und erschöpfenden Geburten (sogenannte Laktationspsychosen)[4]. Ursprünglich verstand BONHOEFFER unter diesen Erkrankungen eine ganze Reihe symptomatisch unterschiedlicher Psychosenformen. Später wurde, hauptsächlich durch J. LANGE, der Begriff praktisch auf die amentia-artigen Zustandsbilder, also auf die akute Verwirrtheit eingeschränkt[5]. Das klinische Bild besteht hier im wesentlichen aus dem Syndrom des Gestaltzerfalls[6] (wie bei es manchen psychogenen Psychosen, bei der Schizophrenie und episodisch auch bei Epilepsie, progressiver Paralyse und Arteriosclerosis cerebri vorkommt) in Kombination mit Benommenheit, also dem leichtesten Grade der Bewusstseinsschwächung (sensu STRÖMGREN). Dazu kommen noch gewisse unspezifische Körpersymptome und die spezifischen Körpersymptome der Grundkrankheit[7]. Der exogene Reaktionstypus kann in das diffuse organische Psychosyndrom ausgehen.

2. Das *organische Psychosyndrom* (die *diffuse chronische Hirnschädigung*) ist das „klassische" organische Syndrom von EUGEN BLEULER mit seiner Trias von charakteristischen Störungen des Gedächtnisses, des Denkens und der Affektivität (Merkfähigkeitsstörungen, Ekphoriestörungen, insbesondere bei konkreten Einzelbegriffen, Konfabulationen, Assoziationsarmut, Störungen der Urteilsfähigkeit und Affektinkontinenz).

3. Das *hirnlokale Psychosyndrom* (oder das „umschriebene Störsyndrom" nach K. W. BASH[8]) wurde zuerst 1943 von MANFRED BLEULER beschrieben[9]. Es ist allen umschriebenen Hirnläsionen von nicht allzu grosser Ausdehnung ohne Rücksicht auf die Lokalisierung gemeinsam. Hier tritt die intellektuelle Leistungsminderung, soweit sie überhaupt vorhanden ist, ganz in den Hintergrund, und das

---

[1] HANS HOFF, Lehrbuch der Psychiatrie, Basel, 1956, S. 190/191.
[2] KARL BONHOEFFER, Die Psychosen im Gefolge von akuten Infektionen, Allgemeinerkrankungen und inneren Erkrankungen, in: ASCHAFFENBURG's Handbuch der Psychiatrie, 3. Abt., Leipzig, 1912.
[3] K. W. BASH, Lehrbuch der allgemeinen Psychopathologie, Grundbegriffe und Klinik, Stuttgart, 1955, S. 255.
[4] HANS HOFF, a. a. O., S. 178.
[5] HANS HOFF, a. a. O., S. 174.
[6] Siehe auch K. W. BASH, a. a. O., S. 245—255.
[7] K. W. BASH, a. a. O., S. 257—258.
[8] K. W. BASH, a. a. O., S. 265—272.
[9] MANFRED BLEULER, Von Erscheinungsbildern zu Grundformen seelischen Krankseins. Vierteljahrsschrift der Naturforschenden Gesellschaft, Zürich, Bd. 88, S. 55.

klinische Bild wird beherrscht von Störungen des *Antriebs*, der *Triebe* und der *Stimmungen*. Die Triebstörungen können dabei in Steigerungen oder Herabsetzung des Appetits, in Störungen des Wasserhaushalts, in gesteigertem Schlafbedürfnis oder Schlafstörungen und in einer Steigerung oder Herabsetzung der sexuellen Libido bestehen. Das ganz ähnliche *„endokrine Psychosyndrom"* (Manfred Bleuler) bei leichteren endokrinen Störungen scheint nach W. A. Stoll ein Sonderfall des hirnlokalen Psychosyndroms zu sein[1].

Alle drei Syndrome gehen im klinischen Einzelfall natürlich oftmals ineinander über.

Auf dem Gebiete der organischen Psychosen ist die Rorschach-Diagnostik noch verhältnismässig wenig differenziert. Nach Binder's Ansicht, die wohl auch heute noch zu Recht besteht, sind hier die „noch zu bewältigenden Aufgaben weit zahlreicher als die schon gelösten"[2]. Bei den Verwirrtheitszuständen des akuten exogenen Reaktionstypus ist die Aufnahme eines Rorschach-Protokolls naturgemäss in den meisten Fällen überhaupt nicht möglich. Auch das hirnlokale Psychosyndrom ist bisher noch wenig untersucht worden. Die Stimmungsveränderungen dürften dabei teils Binder's depressiven oder ängstlichen Verstimmungen (S. 278 dieses Buches), teils der läsionellen Stimmungslabilität (S. 284) entsprechen. Die Antriebsstörung lässt sich natürlich teilweise aus der Antwortenzahl, der Reaktionszeit und vor allem dem Erfassungstypus (Verarmung bei Antriebshemmung) oder einem Überwiegen unbestimmter und diffuser G erschliessen, manchmal (nach eigenen Erfahrungen) aber auch aus einem eigentümlichen „Knick" des Protokolls, das von einem bestimmten Punkt an plötzlich seinen Charakter verändert, z. B. von zäher Perseveration zu natürlicher Reaktion übergeht oder umgekehrt. Piotrowski nimmt Antriebsschwäche („low capacity for initiative") an bei koartiertem Erlebnistypus (0:0), herabgesetzten G und hohem T%[3]. Die Triebstörungen lassen sich nicht direkt aus dem Rorschach-Protokoll ersehen (vielleicht in seltenen Fällen einmal aus dem Inhalt erraten), sondern müssen aus der Krankengeschichte selbst ergänzend in Erwägung gezogen werden. (Im übrigen siehe auch weiter unten unter Tumor cerebri.)

II. Das allgemeine organische Rorschach-Syndrom

Am besten bekannt ist im Rorschach das *diffuse organische Psychosyndrom*. Ihm gegenüber ist der Rorschach-Test sogar *besonders empfindlich*, und er ist, wie eine amerikanische Spezialuntersuchung gezeigt hat, auf diesem Gebiete allen anderen Testverfahren an Effektivität überlegen[4], ja nicht nur den Testverfahren, sondern auch den meisten klinischen und physikalischen Untersuchungsmethoden (der neurologischen Untersuchung, dem EEG, dem Röntgenbild und dem Luftencephalogramm, aber nicht der Lumbalpunktion)[5]. Ja, oft zeigt sich die beginnende

---

[1] Hans Hoff, a. a. O., S. 196.
[2] Hans Binder, Die klinische Bedeutung des Rorschach'schen Versuches, in „Psychiatrie und Rorschach'scher Formdeutversuch", Zürich, 1944, S. 26.
[3] Zygmunt A. Piotrowski, Perceptanalysis, New York, 1957, S. 391.
[4] Stewart G. Armitage, An Analysis of Certain Psychological Tests Used for the Evaluation of Brain Injury, Psychological Monographs, Vol. 60, 1, Washington 1946, wo es im Summary heisst: „It is suggested that the Rorschach is the most useful for this purpose" (S. 47).
[5] Jerome Fisher and Thomas A. Gonda, Neurologic Techniques and Rorschach Test in Detecting Brain Pathology. A. M. A. Archives of Neurology and Psychiatry, Vol. 74, 1955, S. 117—124.

Persönlichkeitsveränderung des Organikers *zuerst* im Rorschach, noch bevor sie klinisch nachzuweisen ist (Klopfer und Kelley, The Rorschach Technique, S. 327).

1. Oberholzer's *Syndrom*. In seiner Arbeit „Zur Differentialdiagnose psychischer Folgezustände nach Schädeltraumen mittels des Rorschach'schen Formdeutversuchs" in der „Zeitschrift für die gesamte Neurologie und Psychiatrie" (Bd. 136, 1931, S. 596—629) hat Emil Oberholzer an einem Einzelbeispiel die meisten Züge des allgemeinen organischen Rorschach-Syndroms bereits entwickelt. Es waren später von anderer Seite faktisch nur noch wenige Einzelheiten hinzuzufügen. Dieses Oberholzer-Syndrom ist in Kürze folgendes: Verlängerte Reaktionszeit, mehr extratensiver Erlebnistypus mit nur geringer affektiver Anpassungsfähigkeit (überwiegend FbF und Fb), herabgesetztes F+%, Verminderung der primären G+ infolge Schädigung des Abstraktionsvermögens, statt dessen häufig G— und DG infolge Ratlosigkeit, vermehrte Dd als Ausdruck der Einengung des geistigen Blickfeldes und der Unfähigkeit zu synthetischer Erfassung, verminderte D, erhöhtes T%, erhöhtes Orig.% (—), verminderte B, Neigung zu Perseveration (als Ausfüllung einer Assoziationsleere), meist in Verbindung mit Konfabulation und oft mit stereotyp wiederholten Redewendungen, häufig Versager und schwaches Deutungsbewusstsein.

Die *Affektinkontinenz* der meisten Organiker zeigt sich in diesem Syndrom in folgenden Faktoren: im extratensiven Erlebnistypus, meist mit labilen Farbwerten, und im Vorkommen von 0 oder sehr wenig B, wenig G+ und herabgesetztem F+%, also Affektlabilität bei durchweg verschlechterten Bremsfaktoren. Das Fehlen oder die starke Reduktion der B bei den Organikern könnte damit zusammenhängen, dass für Hirngeschädigte das Bewegungserlebnis besonders erschwert ist, wie Werner und Thuma nachgewiesen haben[1].

Differentialdiagnostisch ist dieses Syndrom gegen die Schizophrenie und die Oligophrenie abzugrenzen. Diese Abgrenzung ist *nicht immer* möglich, wie Binder (a. a. O., S. 26) mit Recht bemerkt. Trotzdem gibt es hier Differentialdiagnostika, die uns zwar nicht regelmässig, aber doch so häufig zu Gebote stehen, dass praktisch wohl in den meisten Fällen eine Entscheidung möglich ist. Gegenüber den *Schizophrenen* unterscheiden sich die Organiker durch ihre *Willfährigkeit*. Die Organiker wollen im allgemeinen ihr Bestes tun, daher ihre Neigung zur Kritik und ihre Tendenz zu Perseveration und Wiederholungen. Sie „cooperate too well at times", wie Hanfmann und Kasanin es ausdrücken[2], während die Schizophrenen es sehr oft am Willen zur Mitarbeit fehlen lassen. Von den *Oligophrenen* unterscheiden sich die organisch Dementen, wie Oberholzer selbst hervorgehoben hat, in erster Linie durch ihre *Kritik*, ihre Unsicherheit beim Deuten (Subjekt- und Objektkritik, Verneinungen, Antworten in Frageform), während die Oligophrenen im allgemeinen sicher sind, dass sie „das Richtige" getroffen haben. Ausserdem haben die organisch Dementen meist mehr Konfabulationen und eine stärkere Perseveration als die Oligophrenen, die sogar meist gar keine Perseveration zeigen.

---

[1] H. Werner and B. D. Thuma, A disturbance of the perception of apparent movement in brain-injured children, Amer. J. Psychol., Vol. 55, 1942, S. 58—67, zitiert nach: George S. Klein, The personal world through perception, in: Blake and Ramsey, Perception, An Approach to Personality, New York, 1951, S. 345.
[2] Klopfer und Kelley, a. a. O., S. 345.

2. PIOTROWSKI's *Syndrom*. Ein anderes Syndrom wurde 1937 von PIOTROWSKI für die „organischen Störungen des Zentralnervensystems" aufgestellt. Es wurde später in stark modifizierter Form von ISABELLA TARCSAY [1] übernommen, die sein Anwendungsgebiet auf *alle* Psychosen (also auch die endogenen) erweitern möchte. Diese Erweiterung ist ein Missverständnis, denn es gibt kein allen Psychosen gemeinsames Psychosyndrom, weder in der Klinik noch in der Rorschach-Diagnostik. Wie BASH [2] nachgewiesen hat, ist das Syndrom in dieser Modifizierung und mit dieser Erweiterung auf auch endogene Psychosen differentialdiagnostisch nicht verwendbar. Für die *engere* Gruppe der wirklichen „Organiker", die PIOTROWSKI gemeint hat, und in seiner *originalen* Gestalt ist das PIOTROWSKI-Syndrom jedoch durchaus anwendbar, wenn es auch nicht so zuverlässig ist wie OBERHOLZER's Syndrom, auf dem PIOTROWSKI übrigens selbst aufbaut. Vor allem ist das Fehlen des typischen $G\mp$-Faktors und des extratensiven Erlebnistypus ein fühlbarer Mangel.

Wir geben nun PIOTROWSKI's zehn „Zeichen" in ihrer *ursprünglichen* Form wieder [3]: 1. Zahl der Antworten < 15. RORSCHACH gibt an, dass die Antwortenzahl der meisten Organiker „im Bereich des normalen Mittels, meist näher der unteren Grenze" liege, mit Ausnahme der „Fabulierfreudigen" (S. 21). Demnach müssten also die meisten Organiker eine Antwortenzahl von *etwas* über 15 haben, was sehr oft tatsächlich zutrifft. Auch PIOTROWSKI's Beobachtung bestätigt sich in vielen Fällen. Vermutlich verteilt sich die typische Antwortenzahl organischer Patienten über einen etwas breiteren Margin. — 2. Verlängerte Reaktionszeit (über eine Minute pro Antwort). — 3. 0 oder nur 1 B+. — 4. Farbnennungen. Dieser Faktor ist von nicht geringer Bedeutung. Zwar kommen Farbnennungen bei den meisten Gruppen von Organikern nicht allzu oft vor, sie haben aber wegen ihrer Seltenheit und ihres völligen Fehlens in „normalen" Protokollen stets einen hohen diagnostischen Wert. Nur ist nicht zu vergessen, dass sie bei Epileptikern, Oligophrenen und dementen Schizophrenen ebenfalls vorkommen können. Auf die *Zusammenstellung* also kommt es an! Wie sich gezeigt hat, finden sich Farbnennungen beim Alkoholrausch und unmittelbar nach dem Elektroschock besonders häufig (KLOPFER und KELLEY, S. 332). — 5. F+% < 70. — 6. V% < 25. Dies „Zeichen" hat aber nur dann einen Wert, wenn die Antwortenzahl wirklich niedrig ist. Bei der hohen Antwortenzahl konfabulierender oder manisch-verstimmter Organiker verliert es seinen Wert. Jedenfalls sind die *absoluten* Werte der V meistens herabgesetzt. — 7. Perseveration. — 8. Ratlosigkeit („impotence"). Hierunter versteht PIOTROWSKI die Unfähigkeit des Patienten, als inadäquat erkannte Antworten zu verbessern (KLOPFER und KELLEY, S. 333). Diese Beobachtung ist sehr wertvoll. Wir haben es z. B. erlebt, dass eine auf beginnende Chorea Huntington verdächtige Patientin zu einem Zeitpunkt, wo klinisch vorerst nur eine Depression sichtbar war, die ganze Tafel V ein „Pferd" nannte, hinterher selbst zugab, das sei nicht gut, sie wisse aber faktisch nicht, wie sie dazu gekommen sei (es war natürlich ein

---

[1] ISABELLA TARCSAY, Grundriss der Psychodiagnostik, Zürich, 1944, S. 185—200.
[2] K. W. BASH, Über den differentialdiagnostischen Wert der Piotrowski-Zeichen und anderer Zeichengruppen im Rorschach-Versuch, Experientia, Bd. 2, 1946.
[3] ZYGMUNT PIOTROWSKI, The Rorschach Inkblot Method in Organic Disturbances of the Central Nervous System. The Journal of Nervous and Mental Disease, Bd. 86, 1937, S. 525—537. — Siehe auch KLOPFER und KELLEY, S. 330—335 und BOCHNER und HALPERN, S. 196.

DG), und sie könne auch nun hinterher nichts Besseres sagen! — 9. Unsicherheit („„perplexity"), d. h. mangelndes Vertrauen in die eigenen Fähigkeiten und Bitte um bestätigende Versicherungen („war es recht?"). Eine solche Unsicherheit kommt aber auch oft bei Nicht-Organikern vor, z. B. bei Psychasthenikern. — 10. Stereotype Redewendungen („automatic phrases") (von OBERHOLZER übernommen).

Nach PIOTROWSKI sollen mindestens fünf Zeichen vorhanden sein (a. a. O., S. 533), aber die Sicherheit der Diagnose wird noch durch andere Symptome erhöht, vor allem durch eine Verschiebung des Farbtypus nach den FbF und Fb hin, wobei diese gleichzeitig vermehrt sind (S. 534). Auf die Beurteilung des Gesamtprotokolls kommt es an, das intellektuelle Passivität, oft eine subjektive Unklarheit über den Erfassungsmodus und eine auffallende qualitative Ungleichförmigkeit zeigt (S. 535—536). — Es ist vielleicht am Platze, hier nochmals, und zwar mit PIOTROWSKI's eigenen Worten, vor einer mechanistischen Anwendung dieser „Zeichen" zu warnen. Er schreibt (S. 529): „The psychological significance of each Rorschach sign depends on the number and quality of the other signs with which it occurs in a record; in other words, it depends on the general setting. This is the chief interpretative principle of Rorschach records and cannot be overemphasized." Das PIOTROWSKI-Syndrom ist (nach PIOTROWSKI's eigener Ansicht) bei Kindern unter 12 Jahren nicht anwendbar[1]. Wer das Kapitel über Kinder in diesem Buche aufmerksam studiert, wird dies ohne weiteres einleuchtend finden.

NEIGER[2] ist der Ansicht, dass das PIOTROWSKI-Syndrom mehr einen Maßstab *allgemeiner* psychotischer Reduktion (Desintegration) biete.

3. *Das „Einheitssyndrom" (allgemeines organisches Rorschach-Syndrom).* Man kann sich zum Hausgebrauch für die Untersuchung auf eine organische Hirnstörung eine Art Einheitssyndrom zurechtlegen, das aus einer passenden Kombination von OBERHOLZER's und PIOTROWSKI's Syndromen besteht, zu denen dann noch die beiden wichtigen Merkmale der *Wiederholungen* bei ausgesprochener Merkfähigkeitsstörung (nicht zu verwechseln mit der Perseveration!) und der *unbestimmten F—* infolge Anekphorie konkreter Einzelbegriffe dazu kämen. Man findet eine solche Zusammenstellung, wenn auch nicht ganz in derselben Form, schon in dem Buche von BOCHNER und HALPERN[3]. Dieses Einheitssyndrom würde etwa folgendermassen aussehen:

Gute Willfährigkeit zum Versuch,
Schwaches Deutungsbewusstsein,
(Kritik beim Deuten) (wenn vorhanden, Differentialdiagnostikum gegen Oligophrenie),
Zahl der Antworten niedrig, von < 15 bis knapp über 15,
Reaktionszeit verlängert,
viele G, aber vorzugsweise G— und DG—,
verminderte D,
vermehrte Dd,

---

[1] Vgl. den Hinweis bei DELAY, PICHOT et alii in Rorschachiana V, Bern, 1959, S. 136.
[2] STEPHEN NEIGER, ALAN G. SLEMON and DOUGLAS A. QUIRK, The Performance of "Chronic Schizophrenic" Patients on Piotrowski's Rorschach Sign List for Organic CNS Pathology, J. Proj. Techn., Vol. 26, 1962, S. 419—428.
[3] RUTH BOCHNER and FLORENCE HALPERN, The Clinical Application of the Rorschach-Test, New York, 1942, S. 193—196.

verminderte B+, oft 0 und selten mehr als 1,
geringe bis mittlere Farbantwortenzahl, meist FbF und Fb,
Farbnennungen (KLOPFER-KELLEY, S. 332),
gelegentlich Lage-Deutungen (KLOPFER-KELLEY, S. 353).
Erlebnistypus extratensiv,
F+% herabgesetzt, meist unter 70,
Neigung zu unbestimmten F—,
erhöhtes T%,
herabgesetzte V (bei geringer Antwortenzahl V% < 25),
   (in frischen Fällen höher, BOCHNER und HALPERN),
erhöhtes Orig.% (—),
Perseveration, häufig unmittelbar von einer Tafel auf die nächste,
Wiederholungen derselben Antwort zu demselben Klecks,
Konfabulationen,
Stereotype Redewendungen,
häufig Versager,
bisweilen subjektive Unklarheit über den Erfassungsmodus (siehe S. 156).

Dazu käme dann noch eine Beobachtung von ZULLIGER. Er fand bei Organikern im *Inhalt* bisweilen Deutungen wie „Inneres vom Bauch", „Gedärme" und überhaupt Eingeweide und ähnliches als unbewusste Oben-Unten-Vertauschung für das Hirn[1].

III. Die Rorschach-Diagnose einzelner organischer Hirnstörungen

Nur für einzelne organische Störungen gibt es einigermassen brauchbare Rorschach-Syndrome. Trotzdem steht man den anderen nicht gänzlich hilflos gegenüber. In den meisten Fällen wird die Klinik bereits einen spezifischen Verdacht in bestimmter Richtung hegen, und der Rorschach-Test kann dann auf Grund des Vorhandenseins oder Nichtvorhandenseins hinreichender Bruchstücke des *allgemeinen* organischen Syndroms diesen Verdacht der Klinik verstärken oder abschwächen. In anderen Fällen ist es vielleicht gerade der Rorschach-Test, der mit seiner Empfindlichkeit organischen Störungen gegenüber den ersten Verdacht auf eine solche erweckt, und es muss dann wiederum der Klinik überlassen bleiben, den näheren Charakter dieser Störung herauszufinden. Gerade auf dem Gebiete der organischen Geisteskrankheiten ist eine enge Zusammenarbeit zwischen Arzt und Psychologe vonnöten. Vor Blindexperimenten und Bravourkunststücken ist hier besonders zu warnen.

1. *Dementia senilis*. Trotz seines geringen Materials von nur zehn Senil-Dementen und fünf Arteriosklerotisch-Dementen ist es RORSCHACH verblüffend gut gelungen, die charakteristischen Unterschiede dieser beiden Demenzen herauszuarbeiten. Das Rorschach-Syndrom der Dementia senilis unterscheidet sich in keinem Punkte vom allgemeinen organischen Rorschach-Syndrom, namentlich ist die Neigung zu schlechten G und die Perseveration hier sehr ausgesprochen. Die Reaktionszeit ist meist verlängert; dass es auch Ausnahmen gibt,

---

[1] HANS ZULLIGER, Der Zulliger-Tafeln-Test im Dienste der Diagnostizierung von Hirnschäden, Schweiz. Ztschr. f. Psych., Bd. 21, 1962, S. 129.

zeigt unser Beispiel Nr. 26. Auch der Erlebnistypus ist nicht das Entscheidende. Es gibt bei Senilen oft leicht deprimierte oder abgestumpfte Typen, die den extratensiven Erlebnistypus nicht zeigen; die meisten tun es aber. Das F+% ist recht niedrig, wenn auch nicht immer so niedrig (0—30%), wie RORSCHACH angibt. Orig.— findet man fast immer, das Orig.% schwankt aber beträchtlich. Oft gibt es DG und jedenfalls viele G—. Die Sukzession ist, wenn überhaupt sichtbar, gewöhnlich geordnet, bisweilen gelockert. Meist finden sich mehr M als Md[1]. Die Konfabulationstendenz ist gewöhnlich ebenso deutlich wie die Perseveration.

Was die Senil-Dementen von den Arteriosklerotikern unterscheidet, sind ihr Erfassungstypus und eventuell das M:Md-Verhältnis. Was sie offenbar von allen anderen Organikern unterscheidet, sind ihre *Infantilismen*. (Hier muss gegenüber eventuellen neurotischen Infantilismen ein Vorbehalt gemacht werden, die natürlich bei allen Menschen und auch bei allen organischen Störungen vorkommen können.) Schon RORSCHACH hatte beobachtet (S. 176), dass sowohl sechs- bis achtjährige Kinder wie Senil-Demente oft mit Vorliebe *Pflanzen* deuten. Es scheint, als ob der volkstümlichen Redewendung, dass das Alter kindisch mache, eine sehr gute Beobachtung zugrundeliegt. Wir haben nämlich feststellen können, dass die typisch infantilen *inversen Deutungen* bei Senil-Dementen keine Seltenheit sind. Wir haben sie ausser bei Pädagogen sonst nirgends bei Erwachsenen angetroffen. Im übrigen entsprechen auch formal der extratensive Erlebnistypus wie vor allem der Erfassungsmodus, die vielen, aber schlechten G der Reaktionsweise des Kleinkindes. Vielleicht wird sich mit der Zeit herausstellen, dass es noch andere Infantilismen in den Protokollen Senil-Dementer gibt[2].

2. Dementia arteriosclerotica. Auch hier finden wir die meisten organischen Züge wieder, die verlängerte Reaktionszeit, das niedrige F+%, das hohe T%, die schlechten Originale (das Orig.% ist meist geringer als bei der Dementia senilis). Zum Unterschiede vom allgemeinen organischen Syndrom und vor allem von den Senil-Dementen haben die (oft depressiven) Arteriosklerotiker jedoch einen koartierten Erlebnistypus und vor allem einen armen Erfassungstypus (D—Dd—Do). Ihre Ängstlichkeit zeigt sich ausserdem in ihrer Neigung zu umgekehrter Sukzession und darin, dass bei ihnen (ebenfalls im Gegensatz zu den Senil-Dementen) die Md die M überwiegen. Perseveration findet sich gleichfalls, und Konfabulationen spielen eine Rolle, namentlich wenn die Kranken halluzinieren.

3. Progressive Paralyse (Dementia paralytica). Die Paralyse ist im Rorschach-Test an sich nicht feststellbar. Erst wenn und insoweit sie eine Demenz hervorgerufen hat, ist diese als organische Demenz im Test zu sehen. Das von RORSCHACH angegebene Syndrom weicht nur in einem Punkte vom allgemeinen orga-

---

[1] RORSCHACH hat sich über das Verhältnis von M zu Md nicht speziell in bezug auf die Senil-Dementen geäussert, sondern erwähnt nur, „die meisten Organischen" gäben mehr M als Md (S. 44), bei den Arteriosklerotikern sei es jedoch umgekehrt (S. 45). Demgegenüber behauptet SPITZNAGEL (Senile Demenz im Z-Test, in „Untersuchungen zum Z-Test", Biel, 1953, S. 61), die Senil-Dementen hätten mehr Md als M. Mein eigenes Material ist zu klein, um zu dieser Frage Stellung nehmen zu können.

[2] Unsere Vermutung hat sich inzwischen bestätigt. Es kann heute als ausgemacht gelten, dass der Senilitätsprozess eine Umkehrung des Entwicklungsprozesses darstellt. Infolgedessen gibt es bei fast allen Rorschach-Faktoren eine gewisse Ähnlichkeit zwischen den Durchschnittswerten von Kindern und Senilen. (Näheres siehe im Kapitel über hohes Alter.)

nischen Syndrom ab, den guten B, die er bei dem im Buch (S. 175) angeführten Beispiele beobachtet hat. Dies scheint jedoch auf der präpsychotischen Persönlichkeit dieses Patienten zu beruhen, von dem RORSCHACH selbst sagt, es handle sich um „einen ehedem sehr intelligenten Mann". Jedenfalls hat sich diese Beobachtung im allgemeinen *nicht* bestätigt.

Bei RORSCHACH's Paralytikern ist noch ein anderer Umstand zu bedenken. Zu damaliger Zeit gab es noch keine Malaria- oder Hyperthermiebehandlung, RORSCHACH's Patienten waren also unbehandelte Fälle, wie man sie heute fast nie mehr sieht. (Der Patient unseres Beispiels Nr. 28 war behandelt, aber ohne Erfolg.) Und kommt ein Patient so frühzeitig, dass die Krankheit noch gar nicht diagnostiziert und also auch nicht behandelt ist, so wird die Demenz, wenn überhaupt schon vorhanden, noch so gering sein, dass sie sich im Test nur wenig manifestiert. Jedenfalls wird man in solchem Fall nicht erwarten können, so schwere Demenzgrade zu finden, wie RORSCHACH sie bei seinen Patienten sah. Wir müssen deshalb feststellen, dass das Rorschach-Bild der unbehandelten, aber noch wenig entwickelten Paralyse noch nicht bekannt ist, und dass man die behandelten älteren Fälle nicht mit RORSCHACH's Beobachtungen messen kann. Für die Paralyse gilt also unter den jetzigen Verhältnissen dasselbe wie für die meisten anderen organischen Störungen, dass nur ein *unspezifisches* organisches Bild im Rorschach-Test diagnostiziert werden kann.

4. *Encephalitis.* Von der Encephalitis wissen wir etwas mehr. Sie gibt meist ziemlich massive organische Symptome. Perseveration und Konfabulation sind recht ausgesprochen, die Perseveration gewöhnlich stärker als bei Traumatikern. B sollen nach KLOPFER und KELLEY bei dieser Krankheit vorkommen (S. 343), ausserdem eine Vorliebe für unbestimmte F— (das F+% liegt zwischen 50 und 70), der Erlebnistypus ist extratensiv, und es finden sich Do und Sukzessionsstörungen. Zwischen zwei aufeinanderfolgenden Tests können erhebliche Variationen auftreten, während starke Formschärfedifferenzen im gleichen Test mehr bei progressiver Paralyse, bestimmten Epilepsietypen und Hirntumoren auftreten sollen (KLOPFER und KELLEY, S. 343).

5. *Postencephalitischer Parkinsonismus.* VEIT hat die parkinsonistischen Zustände nach Encephalitis epidemica einer Spezialstudie unterworfen[1]. Er konnte feststellen, dass zwischen der gewöhnlichen Form und der haftenden Form auch im Test ein merkbarer Unterschied besteht. Die Haftenden hatten das niedrigere F+% und niemals B, während die gewöhnliche Form ein hohes F+% hatte und hin und wieder B. Die Haftenden hatten keine Farbantworten, die gewöhnliche Form wenige. Die gewöhnliche Form hatte 4—10 G und selten DG und ein leicht erhöhtes T% (50—70), während die Haftenden verminderte oder erhöhte G und ein stark erhöhtes T% (70—100) zeigten. Statt dieses hohen T% tritt bei den Haftenden bisweilen anatomische Perseveration auf. Bei beiden Formen war die Reaktionszeit verlängert, und Farbenschock kam niemals vor.

6. *Encephalopathia traumatica (Encephalose sensu* RITTER). Die encephalotischen Zustände können, namentlich in ihrer häufigsten Form, den postkommotionellen Zuständen, oft so leicht sein, dass sie klinisch kaum als solche zu erkennen sind. Auch im Rorschach-Test treten die organischen Symptome dann meist

---

[1] HANS VEIT, Der Parkinsonismus nach Encephalitis epidemica im Rorschach'schen Formdeutversuch, Zeitschr. f. d. ges. Neurologie und Psychiatrie, Bd. 110, 1927, S. 301—324.

in milderer Form auf, die Zeit ist oft nicht wesentlich verlängert, und die Perseveration gewöhnlich nur schwach und jedenfalls weniger ausgesprochen als bei der Encephalitis und ihren Folgezuständen oder schwereren organischen Prozessen. Diffuse Kontusionen und schwere Traumata machen natürlich auch schwerere Symptome, bisweilen mit ausgesprochener Demenz.

Nach KLOPFER und KELLEY (S. 339—340) zeigt die Encephalopathia traumatica ungewöhnliche Dd, konfabulatorische DG, ein herabgesetztes F+%, Sukzessionsstörungen, hin und wieder reine Fb und Neigung zu Hd-Deutungen, bisweilen von depressiver, gereizter oder ängstlicher Färbung. Wolken, Rauch und Röntgenbilder sind häufig. Ausserdem kommen hier auch OBERHOLZER's amorphe Primitivdeutungen (meist G, manchmal jedoch auch D) bisweilen vor. Sie sind nicht immer Graudeutungen, sondern finden sich auch in der Form einfacher unbestimmter F—.

Traumatiker (sowie Organiker überhaupt) zeigen oft ein Steckenbleiben in den „Vorgestalten" (SANDER), eine *protopathische* (CONRAD) Leistungsstörung, die es ihnen unmöglich macht, differenziertere G (namentlich kombinatorische) zu deuten. Nach Ablieferung der banalsten G tritt Deutungsnot auf [1].

Die bei Hirngeschädigten meist besonders ausgesprochene organische Affektlabilität und Affektinkontinenz zeigt sich im Test im Überwiegen der FbF und Fb über die FFb (Farbenrechtstyp) bei gleichzeitig herabgesetzten Bremsfaktoren. Diese affektive Gereiztheit ist aber nicht, wie das bisweilen geschieht, mit gesteigerter Aggressivität zu verwechseln. Eine Vermehrung der DZw gehört daher *nicht* zum Rorschach-Bilde der Encephalose.

Posttraumatische Hirnschädigungen sind nicht selten mit *Neurosen* überlagert (traumatische Neurosen). Wenn es sich wirklich um einen Zustand gemischter Ätiologie handelt, ist auch im Rorschach *beides* zu sehen (Bruchstücke des organischen Syndroms + Farbenschock und oft auch Dunkelschock).

Zweckneurosen (Renten- und Versicherungsneurosen) nach Unfällen zeigen nach OBERHOLZER (a. a. O., S. 620) meist viele Anatomieantworten und oft Äusserungen von Aggravation, während die rein organischen Folgezustände keine oder wenig Anatomieantworten und keine Aggravation haben. Die Aggravation ist unschwer zu erkennen. Die Patienten unterbrechen ihre Deutungen mit subjektiven Klagen, sie könnten nicht mehr, die Augen täten weh usw. (Siehe im übrigen Kapitel 6.) Ausserdem kann man bei Zweckneurotikern u. U. auf *Simulation* stossen, die bei Organikern nicht vorkommt. Dies lässt sich durch eine Wiederholung des Versuchs (eventuell mit der Parallelserie) feststellen. Zeigen die formalen Werte des ersten Versuchs und des Kontrollversuchs *Konstanz*, so liegt *keine* Simulation vor.

7. *Alkoholiker.* Die einzelnen Bilder der verschiedenen Alkoholpsychosen sind untereinander so verschieden, dass sie sich nicht als eine gemeinsame Gruppe behandeln lassen.

---

[1] HORST MEYERHOFF, Der Gestaltswandel bei den Deutungsleistungen von Hirnverletzten im Rorschach-Test. Archiv f. Psychiatrie und Neurologie, Bd. 189, 1952, S. 140, 141, 143. Das dem „protopathischen Gestaltwandel" zugrunde liegende Gesetz wird von CONRAD folgendermassen formuliert: „Die gestörte Leistung verhält sich zur früher normalen Leistung ... wie die Vorgestalt zur Endgestalt." (KLAUS CONRAD, Über das Prinzip der Vorgestaltung in der Hirnpathologie, Deutsche Ztschr. f. Nervenheilkunde, Bd. 164, 1950, S. 68. — Siehe auch die Fussnote 2 auf S. 163 dieses Buches.

a) *Alcoholismus chronicus.* Ein spezifisches Rorschach-Syndrom des chronischen Alkoholismus ist uns nicht bekannt. Die Ausgangspersönlichkeit zeigt oft eine *süchtige Konstitution,* in die im Falle des Alkoholismus somatische und psychische Faktoren eingehen. Diese psychischen Faktoren der Sucht können sich bis zu einem gewissen Grade im Test manifestieren (siehe Kapitel 12). Zur organischen Psychose wird der Alkoholismus erst, wenn sich Spuren einer organischen Schädigung zeigen. Das erste Alarmsignal im Rorschach-Test kann unter Umständen eine harmlos aussehende Wiederholung sein, die eine beginnende Merkfähigkeitsstörung anzeigt. Mit der Zeit werden auch andere Faktoren des organischen Syndroms auftauchen. Der Test wird aber auch in ausgesprochenen Fällen nur das allgemeine Syndrom zeigen. Die spezifische Diagnose kann nur unter Berücksichtigung der klinischen Daten erfolgen.

b) und c) *Delirium tremens und Alkoholhalluzinose.* Über diese beiden Formen von Alkoholpsychosen liegt eine vorzügliche Studie von ARNOLD WEBER vor[1].

Die *Deliranten* zeigten im Delir meist ein F+% von unter 60, das nach dem Delir infolge Besserung der D und Dd anstieg. Die B waren im Delir vermehrt (durchschnittlich 2), nachher nicht mehr (0,8). BHd und Bkl. kamen gelegentlich vor. Die Farbantworten waren im Delir zahlreicher als nachher, so dass also der Erlebnistypus im Delir erweitert und im übrigen etwas nach der introversiven Seite verschoben war. Bei Angst und Depression fand WEBER Schwarzdeutungen, bei Euphorie Weissdeutungen. — Deliranten haben relativ viele G, DG kamen verhältnismässig selten vor, die G— waren nach dem Delir häufiger als im Delir. Die Dd waren vermehrt (im Delir stärker), Do waren im Delir ziemlich selten, nachher etwas häufiger, die DZw im Delir häufiger als nachher. Die Sukzession ist im Delir meist gelockert, nachher geordnet. Im Delir treten eigentümliche *G-Ketten* auf, eine Perseverationstendenz der formalen Erfassung. Das T% ist nur wenig erhöht, das Verhältnis der menschlichen Antworten im Delir M > Md, nachher Md > M. Im Inhalt fallen *nach* dem Delir die sogenannten „Wasserdeutungen" auf, wie „See", „Eis", „Gletscher", „Wassertiere", „Wasserpflanzen" usw. Im Delir gibt es dagegen gelegentlich Alkoholisches und oft auch Sex.-Deutungen, die nachher wieder verschwinden. Die Originale sind (proportional zu den B) im Delir zahlreicher und besser als nachher. Der Farbenschock findet sich im Delir bei zirka der Hälfte aller Fälle, nachher bei fast allen („Genesungsneurose"). Der Dunkelschock ist seltener. Illusionen und Halluzinationen sind im Delir häufig, ebenso Perseverationen aller Grade und Arten, und nach dem Delir besteht bisweilen völlige Amnesie für den ersten Versuch.

Oligophrene Deliranten zeigen ihre Besonderheiten, ein niedriges F+%, fast keine B, keine Bkl., einen extratensiven Erlebnistypus, häufigere DG, keine DZw und wenig Orig. Hier kommt kein Farbenschock vor, und der Dunkelschock ist selten (nur im Delir). Die merkwürdigen G-Ketten bestehen auch hier.

Die *Halluzinotiker* haben in und nach der Psychose ein gleichbleibendes F+% von 70—80. Ihre B sind in der Psychose relativ zahlreich (durchschnittlich 5,3), und sie haben noch häufiger Bkl. Ihr Erlebnistypus ist in und nach der Psychose stark introversiv. Sie haben wenig G, aber bessere Formen, und ihre Dd sind erheblich vermehrt. Nach der Psychose zeigen sie regelmässig Do. Die Halluzi-

---

[1] A. WEBER, Delirium tremens und Alkoholhalluzinose im Rorschach'schen Formdeutversuch, Zeitschr. f. d. ges. Neurologie und Psychiatrie, Bd. 159, 1937, S. 446—500.

notiker haben *keine* G-Ketten. Sie zeigen regelmässig Farbenschock und Dunkelschock, jedoch keine eigentliche Perseveration, nur Stereotypien. Eine Amnesie für den ersten Versuch kam nicht vor.

d) *Die alkoholische Korsakoff-Psychose* wurde von RORSCHACH ziemlich eingehend beschrieben. Infolge der starken Fabulierlust dieser Patienten (die Deutung ist ausgesprochen lustbetont) steigt ihre Antwortenzahl bis hoch über das Mittel, und sie haben auch B, Bkl. und vereinzelte B—. Der Erlebnistypus ist introversiv, der Erfassungstypus reich [G—D—(Dd)], die Sukzession gelockert (nach WEBER's Beobachtung aber geordnet). Sukzessiv-kombinatorische und konfabulatorisch-kombinatorische G sind häufig. Das T% ist mittel, und das Orig.% kann sehr gross werden (±). Neben der Perseveration kommen bei diesen Patienten, bei denen Gedächtnisstörungen so im Vordergrunde stehen, auch Wiederholungen vor. Der alkoholische Korsakoff ist wohl von allen organischen Störungen die, deren Rorschach-Syndrom am stärksten vom allgemeinen organischen Syndrom abweicht.

e) *Der Eifersuchtswahn der Trinker* zeigt je nach dem Grade der gleichzeitig vorhandenen Alkoholdemenz mehr oder weniger grosse Teile des allgemeinen organischen Syndroms. Wir haben bei mehr paranoiden Formen von Eifersuchtswahn mehrmals die Beobachtung gemacht, dass die Patienten winzige Kleindetails, meist bei Tafel V, als „Hörner" oder „Köpfe mit Hörnern" deuten, offenbar eine Projektion der volkstümlichen Vorstellung des „gehörnten" Mannes. Es wäre denkbar, dass diese Komplexantworten auch beim Eifersuchtswahn der Trinker vorkommen könnten, zumal dieser Wahn bisweilen in mehr paranoide Formen übergehen kann. Unser Beispiel Nr. 30 zeigt die Erscheinung nicht.

f) *Dipsomanie*. Die Dipsomanien gehören wohl grösstenteils zu den Psychopathien, und zwar vorzugsweise zu den *ixoiden* und *zirkulären* Formen. Die Diagnose ist nach der Konstitution zu stellen, unter Berücksichtigung der Lebensweise des Patienten. Eine „Blinddiagnose" solcher Zustände ist wohl nicht möglich.

g) und h) *Alkoholepilepsie und Alkoholmelancholie* sind vermutlich weitgehend durch eine konstitutionelle Belastung mit Epilepsie, bzw. manio-depressiver Psychose bedingt. Ein näheres Rorschach-Studium dieser weniger alltäglichen Alkoholpsychosen wäre interessant und könnte vielleicht wertvolle Aufschlüsse über ihre konstitutionellen Grundlagen geben.

8. *Läsionen der Lobi frontales*. In gewissen Fällen können bekanntlich psychische Symptome auch etwas über die Lokalisierung der ihnen zugrunde liegenden organischen Störungen verraten. Dies gilt auch für ihre Manifestationen im Rorschach-Test. Schon FRÄNKEL und BENJAMIN [1] hatten die Beobachtung gemacht, dass Stirnhirnkranke die *Unmöglichkeit einer G-Erfassung* besonders betonen (z. B. „zusammenhangslos"). Dies beruht auf der bei dieser Lokalisation der Störung bestehenden Unfähigkeit zu analytisch-abstrahierendem Denken. Eine andere Folge dieser Unfähigkeit ist nach KLOPFER und KELLEY (S. 336-338) das von PIOTROWSKI beobachtete *Nichtsehenkönnen der Deutungen anderer*. Wenn man ihnen sagt: „Manche Menschen sehen hier zwei Menschen" (Tafel III), sind sie, wenn sie diese Deutung nicht gegeben haben, nicht imstande, die Deu-

---

[1] FRITZ FRÄNKEL und DORA BENJAMIN, Die Kritik der Versuchsperson beim Rorschach'schen Formdeutversuch. Schweizer Archiv f. Neurologie und Psychiatrie, Bd. 33, 1934, S. 13/14.

tung im Klecks unterzubringen. Dieses merkwürdige Verhalten, das natürlich erst *nach* der eigentlichen Protokollaufnahme festgestellt werden kann, wurde bei Tumoren, Hämorrhagien und Atrophien der Lobi frontales beobachtet. Die Erscheinung lässt sich übrigens mit der bekannten RUBIN'schen Figur nachprüfen (weisse Schale auf schwarzem Grunde, der auch als zwei Profile gesehen werden kann), wo es der Vp., wenn sie die Schale gesehen hat, nicht gelingt, später die beiden Profile zu sehen, auch wenn man sie ihr zeigt. Wahrscheinlich ist dieses Phänomen nur eine spezifische, sehr starke Form der organischen Perseveration.

FREEMAN und WATTS [1] fanden bei präfrontaler *Lobektomie* und ebenso bei *groben* strukturellen Schädigungen der Lobi frontales: Reine Farbantworten, Farbnennungen und Farbenaufzählungen, niedriges F+%, niedriges V%, verlängerte Reaktionszeit und eine geringe Antwortenzahl. Mit zunehmender Verschlechterung dieser Patienten stellten sich stereotype Redewendungen, Wiederholungen und Perseverationen ein. Diese Operationsresultate sind also eine Art experimenteller Bestätigung des allgemeinen organischen Syndroms.

OTFRIED SPREEN [2] hat den Versuch unternommen, für zwei Lokalsyndrome von Stirnhirnläsionen, das dorsale Hemmungssyndrom und das basale Enthemmungssyndrom, mutmassliche Rorschach-Syndrome aufzustellen. Man findet sie in meinem „Vademecum".

9. *Hirntumoren.* Für die Hirntumoren gibt es kein spezifisches Rorschach-Syndrom. Das liegt ganz einfach daran, dass auch klinisch praktisch jedes psychopathologische Syndrom bei Hirntumoren vorkommen kann[3]. Von psychischer Unauffälligkeit bis zum organischen Psychosyndrom leichteren oder schweren Grades findet sich alles, Benommenheit und andere Bewusstseinsstörungen, Epilepsie, Charakterveränderungen und exogene Reaktionstypen. Unter letzteren liessen sich sogar bisweilen speziellere Lokalsyndrome abgrenzen („Stirnhirnsyndrome", „Stammhirnsyndrome" und „Zwischenhirnsyndrome")[4]. Im allgemeinen ist aber die Symptomatik der Hirngeschwülste, insbesondere die Ausbildung des organischen Psychosyndroms, mehr vom *Alter* der Patienten abhängig als von der Lokalisation[5]. — Im Rorschach scheint der *Verlauf* eine gewisse Rolle zu spielen. Französische Rorschach-Spezialisten haben die Erfahrung gemacht, dass Tumoren mit *rascher* Entwicklung einer intrakraniellen Hypertension meist einen *dilatiert extratensiven Erlebnistypus* haben[6].

---

[1] Zitiert nach KLOPFER and KELLEY, The Rorschach Technique, S. 344.
[2] OTFRIED SPREEN, Stirnhirnverletzte im Rorschach-Versuch. Zur Frage eines „typischen Syndroms". — Ztschr. f. Diagn. Psychologie und Persönlichkeitsforschung, Bd. 3, 1955, S. 3—19.
[3] HANS WALTHER-BÜEL, Die Psychiatrie der Hirngeschwülste, Wien, 1951, S. 155.
[4] HANS WALTHER-BÜEL, a. a. O., S. 202—206.
[5] HANS WALTHER-BÜEL, a. a. O., S. 163 und passim.
[6] DELAY, PICHOT et alii in Rorschachiana V, S. 140.

E. Psychogene Psychosen

I. Begriff und Systematik der psychogenen Psychosen

Der Begriff der psychogenen Psychose ist, trotz der Arbeiten von BIRNBAUM, H. W. MAIER, BONHOEFFER, KRETSCHMER, KURT SCHNEIDER, WIMMER, STRÖMGREN und vieler anderer, noch nicht Allgemeingut der klinischen Psychiatrie geworden. Im Gegensatz zur älteren Psychiatrie des grössten Teiles des 19. Jahrhunderts hatte sich um die Jahrhundertwende eine ganz überwiegend somatisch eingestellte Psychiatrie entwickelt mit einer Einseitigkeit der Gesichtspunkte, deren Nachwirkungen noch lange nicht verklungen sind. An vielen Orten, namentlich dort, wo noch die expansive Schizophreniediagnose im Gebrauch ist, wird die Diagnose „psychogene Psychose" auch heute noch nicht gestellt, und wir sind deshalb genötigt, zum Zwecke der Vermeidung von Missverständnissen auf die Systematik der psychogenen Psychosen hier ganz kurz einzugehen. Wir folgen dabei im wesentlichen den Einteilungsprinzipien und Gesichtspunkten von KURT SCHNEIDER und POUL FAERGEMAN, bzw. ERIK STRÖMGREN [1].

1. *Begriff.* Unter psychogenen Psychosen sind hier nur diejenigen *exogenen Reaktionen* verstanden, die *nicht somatogen* sind (wie Intoxikations-, Infektions-, Inanitionspsychosen und posttraumatische Zustände, innerhalb deren BONHOEFFER seine „exogenen Prädilektionstypen" aufgestellt hat) und die als wirkliche *Psychosen* angesehen werden müssen, d. h. bei denen die Fähigkeit des Patienten gestört ist, sich selbst, seine Umgebung und seine Situation einigermassen nüchtern zu beurteilen [2]. Die psychogenen Psychosen sind also eine im wesentlichen ätiologisch-prognostisch abgegrenzte Krankheitsgruppe, und nur als Psychosen sind sie auch symptomatisch gegen andere psychogene Reaktionen (die Neurosen) abgegrenzt.

2. *Konstitutionelle Faktoren.* Einen *Teil* dieser psychogenen Psychosen, diejenigen nämlich, deren Verlauf und Symptomatologie zum grössten Teil durch ihre *konstitutionelle* Komponente bestimmt ist, kann man mit KLEIST am besten als „*Randpsychosen*" auffassen [3]. Diese Gruppe steht also an der Grenze zu den endogenen Psychosen und besteht aus psychisch provozierten Abarten von diesen mit atypischem Verlauf und meist günstigerer Prognose. Bei den übrigen psychogenen Psychosen tritt der konstitutionelle Faktor mehr in den Hintergrund, kann aber pathoplastisch immer noch eine gewisse Rolle spielen.

In den Fällen mit stärker ausgesprochener konstitutioneller Komponente muss man sich mit KLEIST [4] eine selbständige Vererbung der einzelnen Konstitutionen vorstellen [5]. KLEIST's „Randpsychosen" decken jedoch über zwei Möglichkeiten: 1. Es können atypische Manifestationen des „Kerngens" sein („Äquivalente"); 2. oder es können exogene Reaktionen sein, die nur von einer mit der Kernpsychose gemeinsamen Konstitution ihr pathoplastisches Gepräge erhalten („affine" Psychosen). Nur der zweite Fall (die Affinität) kommt hier bei den psychogenen Psychosen in Frage, denn im ersten Falle, bei den Äquivalenten, handelt es sich um überwiegend endogene Psychosen [6].

3. *Der exogene Faktor.* STRÖMGREN's *Theorie der Psychosenwahl.* Der exogene Faktor der psychogenen Psychosen ist das *Trauma.* (Es können natürlich mehrere Traumen zusammenwirken.) Man kann folgende Haupttypen von Traumen unterscheiden: Katastrophenerlebnisse, sexuelle und familiäre Konflikte (die bei den Frauen zahlenmässig die grösste Rolle spielen), Todesfälle und Krankheit in der Fa-

---

[1] KURT SCHNEIDER, Die abnormen seelischen Reaktionen, in Aschaffenburg's Handbuch der Psychiatrie, Spez. Teil, 7. Abteilung, Leipzig und Wien, 1927.
POUL FAERGEMAN, De psykogene Psykoser, Kopenhagen, 1945.
POUL FAERGEMAN, Psychogenic Psychoses, London, 1963.
ERIK STRÖMGREN, Episodiske Psykoser, Kopenhagen, 1940.
ERIK STRÖMGREN, Om Bevidsthedsforstyrrelser, Kopenhagen, 1945.
ERIK STRÖMGREN, Pathogenese der verschiedenen Formen von psychogenen Psychosen, in: Mehrdimensionale Diagnostik und Therapie, Festschrift zum 70. Geburtstag von ERNST KRETSCHMER, Stuttgart, 1958, S. 67—70.
In der Schweiz unterscheidet nur die Basler Schule Emotionspsychosen und Schizophrenien.
Literatur:
STAEHELIN, J. E., Zur Frage der Emotionspsychosen. Bull. schweiz. Akad. Med. Wiss., Vol. 2, 121 (1946/47).
LABHARDT, F., Die schizophrenieähnlichen Emotionspsychosen, Berlin, Göttingen, Heidelberg, 1963.
[2] POUL FAERGEMAN, 1945, S. 28.
[3] KARL KLEIST, Über zykloide, paranoide und epileptoide Psychosen und über die Frage der Degenerationspsychosen. Schweizer Archiv f. Neurologie und Psychiatrie, Bd. 23, 1928, S. 3—37.
[4] KARL KLEIST, Episodische Dämmerzustände, Leipzig, 1926, S. 65.
[5] POUL FAERGEMAN, 1945, S. 338/339.
[6] ERIK STRÖMGREN, Episodiske Psykoser, S. 64—65 und 112.

milie, soziale Konflikte, rechtliche Konflikte (darunter Haft und Gefängnis) und religiöse und andere Konflikte [1].

Der Angriffspunkt dieser Traumen sind die verschiedenen Schichten der Persönlichkeit und Gebiete und Qualitäten des Bewusstseins. STRÖMGREN [2] unterscheidet mit JASPERS zwischen Ichbewusstsein, Persönlichkeitsbewusstsein und Gegenstandsbewusstsein. Das *Ichbewusstsein* hat die vier Qualitäten der Subjektivität (des Gegensatzes zum Aussen und zum Anderen), der Aktivität (des Tätigkeitsgefühls), der Identität und Kontinuität (ich bin derselbe wie von jeher) und der Integrität oder Einheit (ich bin nur einer im gleichen Augenblick). — Der Begriff des *Persönlichkeitsbewusstseins* geht schon auf WERNICKE und BONHOEFFER zurück. Man versteht darunter das Bewusstsein des eigenen Lebenslaufs, unsere Vorstellungen von unseren Eigenschaften und Entwicklungsmöglichkeiten in persönlicher, berufsmässiger, sozialer und sexueller Hinsicht [3]. Der Begriff entspricht etwa dem „Ich" der Psychoanalytiker [4]. Die meisten Menschen *haben* ein solches Persönlichkeitsbewusstsein, doch ist es zum grossen Teile *unbewusst* [5].

— *Das Gegenstandsbewusstsein* dagegen ist das subjektive Gesamtbild der Umgebung, die Vorstellungen. die sich ein Mensch von den Naturgesetzen und gesellschaftlichen Regeln macht, vor allem aber auch seine Wertung der ihm nahestehenden Mitmenschen [6].

Es besteht nun ein eigentümlicher Zusammenhang zwischen der psychogenen Noxe und den Hauptformen der psychogenen Reaktionen. Plötzliche Änderungen des *Persönlichkeitsbewusstseins*, z. B. die Aufdeckung von Charaktereigenschaften oder Defekten des Patienten, von deren Existenz er bisher keine Ahnung hatte, sind besonders unerträglich und werden in der Regel verdrängt und in die Umgebung projiziert: Es entsteht eine *paranoide* Reaktion. KRETSCHMER's Theorie vom Erlebnis der beschämenden ethischen Insuffizienz bei den sensitiven Paranoikern passt ausgezeichnet zu dieser Hypothese [7]. Auch der von der psychoanalytischen Schule (FREUD, FERENCZI) aufgedeckte Kampf der Paraphrenen gegen unbewusste homosexuelle Tendenzen gehört hierher [8]. Diese plötzlichen Brüche im Persönlichkeitsbewusstsein entsprechen also etwa dem psychoanalytischen Begriff der „narzisstischen Kränkung". — Traumatisierungen des *Gegenstandsbewusstseins* dagegen, z. B. Ereignisse, die den Patienten zwingen, die soziale oder gar moralische Bewertung seiner nächsten Angehörigen in radikaler Weise zu ändern, entwickeln in der Regel *Bewusstseinsstörungen*. — *„Einfache Situationskonflikte"* schliesslich, d. h. Konflikte, deren Existenz allgemein bekannt ist und die mit dem Persönlichkeits- oder Gegenstandsbewusstsein nicht unvereinbar sind, wie Krankheit, Todesfälle, ökonomische Verluste usw., geben *emotionelle Syndrome* (Depressionen und Exaltationen) [9].

4. *Übersichtsschema.* Man pflegt jetzt mit KURT SCHNEIDER (a. a. O.) die psychogenen Reaktionen in die *drei* genannten *Grundformen* einzuteilen, die emotionellen Reaktionen, die Bewusstseinsstörungen und die paranoiden Reaktionen. Es ergibt sich dann für die Gesamtheit der psychogenen Psychosen das folgende Einteilungsschema (nach POUL FAERGEMAN):

I. Emotionelle Syndrome

    1. Depressive Syndrome

        a) psychisch provozierte Melancholien   (Übergang zu den endogenen Melancholien) (siehe J. LANGE, Über Melancholie, Z. f. Neur. 101, 1926);

        b) reaktive Depressionen (melancholiforme Reaktionen);

        c) psychogene Depressionen

    2. Exaltationssyndrome

        a) psychisch provozierte manische Phasen

        b) reaktive Manien

        c) reaktive Exaltationen (Desperationsexaltationen) (= KURT SCHNEIDER's Fluchtmanie)

II. Bewusstseinsstörungen

    1. Bewusstseinsspaltungen: Dämmerzustände, eventuell mit „fugues"

    2. Bewusstseinstrübungen: Deliröse Syndrome

---

[1] POUL FAERGEMAN, 1945, S. 345.
[2] ERIK STRÖMGREN, Om Bevidsthedsforstyrrelser, S. 14 ff.
KARL JASPERS, Allgemeine Psychopathologie, Berlin, 1920, S. 34 ff., 68 ff., 72 f.
[3] ERIK STRÖMGREN, Episodiske Psykoser, S. 95, 96.
[4] ERIK STRÖMGREN, Om Bevidsthedsforstyrrelser, S. 17.
[5] ERIK STRÖMGREN, Episodiske Psykoser, S. 99.
[6] ERIK STRÖMGREN, Om Bevidsthedsforstyrrelser, S. 21/22.
[7] POUL FAERGEMAN, 1945, S. 354.
[8] ERIK STRÖMGREN, Episodiske Psykoser, S. 100.
[9] ERIK STRÖMGREN, Om Bevidsthedsforstyrrelser, S. 23 ff. Über STRÖMGREN's Theorie der Psychosenwahl siehe auch: ERIK STRÖMGREN, Pathogenese der verschiedenen Formen von psychogenen Psychosen, in: Mehrdimensionale Diagnostik und Therapie, Festschrift für ERNST KRETSCHMER, Stuttgart, 1958, S. 67—70.

3. Halluzinosen (von Bewusstseinstrübung begleitet)
      a) Affekthalluzinationen
      b) Komplexhalluzinationen
   4. Stuporsyndrome, bald 1, bald 2
III. Paranoide Syndrome
   1. ohne Halluzinationen
   2. mit Halluzinationen

Bei den emotionellen Reaktionen und den Bewusstseinsstörungen ist das pathogene Moment meist direkt ein *akutes äusseres Trauma*, bei den paranoiden Reaktionen meist ein durch ein Trauma ausgelöster *chronischer innerer Konflikt* (FAERGEMAN, 1945, S. 234).

Die Unterscheidung von Affekt- und Komplexhalluzinationen stammt von BIRNBAUM. Unter *Affekthalluzinationen* versteht er halluzinatorische Objektivierungen starker Affektlagen (Angst, gespannte Erwartung usw.), unter *Komplexhalluzinationen* ebenfalls Projektionen von affektbetonten Vorstellungen, die aber mit der Persönlichkeitsgeschichte des Patienten enger verknüpft sind (z. B. die Reminiszenzhalluzinationen) [1].

   5. *Die Bewusstseinsstörungen insbesondere* (STRÖMGREN's *Einteilung*). Dem zweiten Teil dieses Schemas liegt, mit einer leichten Modifikation, das neue Einteilungsschema von STRÖMGREN zugrunde. An Stelle der theoretisch wenig glücklichen Einteilung von JAHRREISS in BUMKE's Handbuch benutzt STRÖMGREN [2] folgende Einteilung der

Bewusstseinsstörungen

A. Bewusstseinsschwächung (impairment of consciousness)
   a) Somnolenz (inkl. Benommenheit)
   b) Sopor
   c) Koma
B. Bewusstseinstrübungen (turbidity of consciousness)
   a) Delirium (inkl. Halluzinose)
   b) Amentia (Ratlosigkeit, Gedankeninkohärenz)
   c) oneiroide Zustände
C. Bewusstseinsspaltungen (dissociation of consciousness)
   a) Dämmerzustände (inkl. alternierende Persönlichkeit)
   b) Depersonalisation

II. Die Rorschach-Diagnostik der psychogenen Psychosen

1. *Allgemeines.* Die Diagnose „psychogene Psychose" ist — jedenfalls bei dem jetzigen Stande der Rorschach-Forschung — wohl niemals aus dem Rorschach-Protokoll allein zu stellen. Erst aus den im Test gefundenen Konstitutionsanteilen, der Anamnese und dem klinischen Zustand lässt sie sich eventuell kombinieren. Die Abgrenzung gegen die endogenen Psychosen ist jedoch äusserst schwierig wegen der Affinität der Konstitutionen beider, die auch im Test zum Ausdruck kommt. Ebenso wie die schizoide Konstitution schon an sich von einer noch nicht dementen Schizophrenie kaum zu unterscheiden ist, so ist auch eine psychogene Bewusstseinsstörung oder paranoide Reaktion bei einem Patienten mit schizoider Konstitution im Test schwer von einer Schizophrenie zu unterscheiden, und es ist ein schwacher Trost, dass diese Unterscheidung auch in der Klinik nicht immer gelingt (FAERGEMAN fand 15% unsichere Diagnosen bei den psychogenen Psychosen, eine Zahl, die jedoch das allgemeine Unsicherheitsprozent der psychiatrischen Diagnostik nicht wesentlich übersteigt, S. 309/310).

---
[1] KARL BIRNBAUM, Die psychoreaktiven (psychogenen) Symptombildungen in BUMKE's Handbuch der Geisteskrankheiten, 2. Band, Allgem. Teil II, Berlin, 1928, S. 113—115.
[2] ERIK STRÖMGREN, Om Bevidsthedsforstyrrelser, S. 64.

Als „funktionelle" Zustände zeigen die psychogen Psychosen in den meisten Fällen den *Farbenschock*; ein Differentialdiagnostikum gegen die endogenen Psychosen ist dies jedoch leider nicht, erstens weil auch echte Schizophrenien ihn haben können (siehe diese) und zweitens weil bei völliger egozentrischer Absperrung, bei hysterischer Bewusstseinsspaltung, der Farbenschock fehlen kann, solange die Spaltung besteht (so in zwei unserer drei Fälle).

Obwohl der *überkompensierte* Farbenschock *nach* abgelaufenen psychogenen Psychosen mit Bewusstseinsstörungen in mehreren Fällen beobachtet wurde, haben wir ihn *nie im akuten Stadium* der Psychose gesehen. Dagegen hatte ein Fall von Bewusstseinsstörung (Ganser-Syndrom) *Farbenattraktion*. Ob dies ein Zufall war, oder ob es typisch ist, bleibt abzuwarten.

2. Die Hauptgruppen

a) *Die emotionellen Syndrome.* Die verschiedenen Formen der *depressiven* Syndrome haben wir im Kapitel 13 bereits besprochen. Die „psychisch provozierten Melancholien" fallen im wesentlichen noch unter die endogenen Depressionen, FAERGEMAN's „reaktive Depressionen" entsprechen unserer „konstitutionellen" Gruppe (sie werden wohl regelmässig asthenische, sensitive oder stimmungslabile Züge aufweisen), und FAERGEMAN's „psychogene" Depressionen entsprechen unseren psychogenen i. w. S., den paläoreaktiven, wenn sie neurotisch sind, und den neoreaktiven Formen, wenn es „reine" Milieureaktionen sind.

Die seltenen *Exaltations*syndrome (FAERGEMAN hatte unter seinen 170 Fällen von psychogenen Psychosen nur 8 Exaltationen) fehlen leider gänzlich in unserem Material. Und auch aus der Literatur sind uns solche Fälle nicht bekannt, wie überhaupt die psychogenen Psychosen noch keine Rorschach-Bearbeitung gefunden zu haben scheinen. Unter den oben dargestellten Amphithymien zeigt die „Flucht in die Exaltiertheit" zwar einen ähnlichen Mechanismus, sie gehört aber fast noch ins Bereich des Normalen und jedenfalls *nicht* unter die Psychosen. Eine Rorschach-Untersuchung der Fluchtmanie wäre natürlich sehr interessant. Es wäre denkbar, dass ein solches Protokoll zwar in formaler Hinsicht einer endogenen manischen Phase ähnln, in seinen Komplexantworten aber den paradoxen Anlass dieser Reaktion verraten würde. Aber das ist vorläufig nur eine Vermutung.

b) *Die Bewusstseinsstörungen.* Psychogene Psychosen mit Bewusstseinsstörungen sind an sich nicht gerade häufig, und es ergibt sich nur selten Gelegenheit, sie im Stadium der akuten Psychose zu testen. Infolgedessen ist unser Material immer noch so klein, dass sich kaum brauchbare Hinweise für die Diagnose geben lassen. Der in unserem Beispiel (Nr. 31) wiedergegebene Fall war zudem durch eine Commotio antea kompliziert. Auf jeden Fall enthalten die Protokolle solcher Fälle deutliche Störungen der Realitätskontrolle (wie z. B. schlechtes F+%, G∓, Orig.—) und ausgesprochene Konfabulationen, und im Inhalt finden sich Hinweise auf den auslösenden Konflikt. Auch in Fällen, die wir nach der Heilung testen konnten, kamen neben neurotischen Faktoren und im ganzen besserer Realitätskontrolle noch Orig.— und Konfabulationen vor.

c) *Die paranoiden Syndrome.* Wegen des noch geringeren Materials dieser Gruppe lassen sich über ihre Rorschach-Diagnose praktisch gar keine Hinweise geben. Unser Beispiel (Nr. 32) ist stark durch die schizoide Konstitution geprägt, die wahrscheinlich nicht immer in diesem Grade vorhanden ist.

Einigermassen verlässliche Richtlinien werden sich für die Rorschach-Diagnose der Bewusstseinsstörungen und der paranoiden Reaktionen erst dann aufstellen lassen, wenn ein genügend grosses Material der verschiedenen Untergruppen und Nuancen vorliegt. Vorläufig müssen wir uns mit einer sorgfältigen Konstitutions- und Zustandsbeschreibung begnügen und die Diagnose nur unter Berücksichtigung der klinischen Daten (vor allem der Anamnese) stellen.

Anhang: Rorschach-Test und Psychopharmaka

Seit der Entdeckung der psychischen Wirkungen des Chlorpromazins im Jahre 1952 hat in der Psychiatrie die Ära der sogenannten Psychopharmaka begonnen, wodurch die medikamentöse Behandlung in den psychiatrischen Kliniken gegenüber allen anderen Methoden (Schockbehandlung, Psychotherapie usw.) sehr stark an Boden gewonnen hat. Es ist deshalb sehr häufig damit zu rechnen, dass ein Patient, der mit Rorschach getestet werden soll, bereits unter Medizinalwirkung steht. Bei guter Zusammenarbeit zwischen Arzt und Psychologe wird es sich aber in den meisten Fällen ermöglichen lassen, den Patienten bis zur Testuntersuchung von Medikamenten freizuhalten.

Da dies aber beim besten Willen nicht immer möglich ist (manche Patienten sind ja bereits bei der Aufnahme in die Klinik „vorbehandelt") und da überdies noch nicht überall eine reibungslose Zusammenarbeit zwischen Arzt und Psychologe erzielt werden konnte, ergibt sich die Frage, inwieweit die heute verwendeten Psychopharmaka *an sich*, d. h. noch bevor eine Veränderung im klinischen Zustande des Patienten eingetreten ist, die Testfaktoren verschieben und damit die Rorschach-Diagnose erschweren können.

Diese Frage ist grundsätzlich verschieden von der anderen, inwieweit eine durch die Behandlung eingetretene klinische Besserung (oder Verschlechterung) im Rorschach-Test sichtbar wird. Diese zweite Frage hat natürlich das Interesse der Medizinalindustrie und auch vieler Psychiater erregt, und deshalb liegen zahlreiche Untersuchungen in dieser Richtung vor. Es handelt sich dabei aber um eine Angelegenheit der Psychiatrie und insbesondere der Psychopharmakologie, für die ein Lehrbuch der Rorschach-Psychodiagnostik nicht der rechte Ort ist. Dagegen haben wir ein brennendes Interesse an der Beantwortung der ersten Frage. Mir ist aber, in Europa wenigstens, keine Untersuchung mit dieser Fragestellung bekannt. Medizinalindustrie und Ärzte interessieren sich nur für die Heilwirkung, und die klinische Psychologie ist noch viel zu jung und beim breiten Publikum viel zu unbekannt, als dass man erwarten könnte, solche Untersuchungen würden aus den Mitteln öffentlicher Forschungsfonds unterstützt werden.

Der Verfasser war daher auf sich allein angewiesen. Um wenigstens Stichproben zur Verfügung zu haben, aus denen man sich ein ungefähres Bild machen konnte, habe ich an zwei schweizerischen und einer dänischen Klinik entsprechende Untersuchungen durchgeführt. Hier mögen folgende summarische Feststellungen genügen.

Über Stimulantia und Psychotonika, die in der Klinik fast niemals Verwendung finden, können wir nichts aussagen. Hier wäre noch am ehesten eine unmittelbare Wirkung auf die Testfaktoren zu erwarten gewesen. Von grösserer *praktischer* Bedeutung ist diese Frage jedoch nicht.

Im allgemeinen hat man den Eindruck, dass Neuroleptica, Tranquilizer, Thymoleptica und sogar Thymeretica *in den ersten Tagen* ihrer Verabreichung (also vor einer eventuellen Heilwirkung) die Testfaktoren und damit die Anwendbarkeit des Rorschach-Tests *nicht* wesentlich beeinflussen. Dies kann mit grosser Wahrscheinlichkeit vom Chlorpromazin (Largactil, Prozil), vom Chlorprothixen (Taractan) und vom Imipramin (Tofranil) behauptet werden. Eine gewisse Vermutung — das Material war nur sehr gering — spricht ferner dafür, dass auch folgende Stoffe die Anwendbarkeit des Rorschach-Tests kaum in Frage stellen dürften: Amitriptylin (Saroten), Clopenthixol (Sordinol), Fluphenazin (Pacinol), Isocarboxazid (Marplan), Meprobamat (Pertranquil), Methaminodiazepoxid (Librium), Nialamid (Niamid), Perphenazin (Trilafon) und Phenelzin (Nardil).

Bei einer Behandlung mit diesen oder anderen Psychopharmaka über *längere* Zeit ist jedoch immer schon mit einer gewissen klinischen Wirkung und damit auch einer Veränderung des Rorschach-Protokolles zu rechnen. Ja, in manchen Fällen scheint sich die Wirkung der Psychopharmaka im Rorschach sogar etwas früher bemerkbar zu machen als bei der klinischen Beobachtung. Es ist also bei der Beurteilung von Rorschach-Protokollen von Patienten, die bereits mit Psychopharmaka behandelt werden, doch immer eine gewisse Vorsicht am Platze. Nur in den allerersten Tagen kann man damit rechnen, das „ursprüngliche" Krankheitsbild einzufangen.

Die klinische Besserung bei Behandlung mit Psychopharmaka wird, wie zu erwarten war, im allgemeinen auch im Rorschach-Test sichtbar. Fälle von Nicht-Übereinstimmung kommen natürlich vor, dürften jedoch kaum häufiger sein als in nichtbehandelten Fällen. Nur ist zu beachten, dass gewisse Rorschach-Syndrome (wie das diffuse psychoorganische oder das psychasthenische Syndrom) eine so starke „Durchschlagskraft" haben, dass sie andere Erscheinungen, darunter auch eine eventuelle Besserung des momentanen Zustandsbildes, verdecken können. Ebenfalls zu beachten ist, dass nach Abklingen von Depressionen oder vorübergehenden psychotischen Zuständen die vielleicht ziemlich schwere *prä*psychotische Neurose oder Psychopathie auch im Test oft wieder deutlicher zum Vorschein kommt. Das gilt ganz allgemein, ohne Rücksicht darauf, ob der Patient behandelt wurde oder nicht.

Kapitel 15

Die Anwendung des Rorschach-Tests bei Kindern und Jugendlichen

Die Kinderpsychologen haben sich mit einem solchen Eifer auf das Rorschach-Verfahren gestürzt, dass Aussenstehende bisweilen den Eindruck bekommen, es handle sich hier um eine spezifische Methode der Kinderpsychologie. Man wird tatsächlich manchmal gefragt, ob denn der Rorschach-Test auch bei Erwachsenen anzuwenden sei. Nun, da Rorschach sein Verfahren an Erwachsenen ausgearbeitet und geeicht hat, ist die umgekehrte Frage weit mehr berechtigt: Lässt sich die Methode auch bei Kindern anwenden? Wie die Erfahrungen Rorschach's und zahlreicher Nachuntersucher gezeigt haben, besteht gerade der grosse Vorzug des Tests in seiner *universellen Anwendbarkeit* bei allen Nationen, allen Intelligenzstufen und allen Altersklassen. Schon von einem Alter von etwa drei Jahren an ist der Test bei Kindern anwendbar (Ford, s. u., S. 93). Allerdings sind, wie nicht anders zu erwarten, bei Kindern eine Reihe von Modifikationen sowohl bei der Aufnahme wie vor allem bei der Auswertung zu beachten. Ausserdem sind Formdeuttests im Kindesalter im allgemeinen weniger ergiebig als bei Erwachsenen oder Jugendlichen[1].

I. Die Literatur

Wir geben zunächst eine ganz kurze Übersicht über die wichtigste Rorschach-Literatur, soweit sie Kinder betrifft. Diese ist indessen so gross, dass es uns nicht einmal möglich ist, alle bedeutenden Arbeiten zu referieren, geschweige denn die zahlreichen weniger selbständigen und weniger bedeutenden Untersuchungen, die sich wie anderswo natürlich auch auf diesem Gebiete finden.

Rorschach's eigene Mitteilungen über seine Ergebnisse bei Kindern sind ziemlich spärlich. Er teilt nur mit, dass die einzelnen Intelligenzkomponenten auf den verschiedenen Altersstufen verschieden entwickelt sind (S. 62) und dass der Erlebnistypus des Kleinkindes von etwa 2½—4 Jahren ambiäqual und dilatiert sei, dass in der Latenzzeit, in den Schuljahren, eine Tendenz zur Koartation bestehe und dass der Erlebnistypus in der Pubertät dann wieder ambiäqual werde (S. 90, 113/114).

Der erste, der eine systematische Untersuchung an Kindern mit dem Rorschach-Test vornahm, war Rorschach's Mitarbeiter Behn-Eschenburg[2] mit seinen Schüleruntersuchungen. Die Arbeit war ein interessanter Beitrag zur Psychologie der Vorpubertät und Pubertät (u. a. wurde die „physiologische Zwangsneurose" der 14jährigen beschrieben) und brachte im übrigen den Beweis, dass sich das Rorschach-Verfahren vorzüglich für kinder- und jugendpsychologische Untersuchungen eignet.

---

[1] So auch G. Meili-Dworetzki in „Versuch einer Analyse der Bewegungsdeutungen im Rorschach-Test nach genetischen Gesichtspunkten", Schweiz. Zeitschr. f. Psychologie, Bd. 11, 1952, S. 266.
[2] Hans Behn-Eschenburg, Psychische Schüleruntersuchungen mit dem Formdeutversuch, Bern, 1921.

Dann kam die grundlegende Untersuchung von LOEPFE[1] an 10- bis 13jährigen Zürcher Schulknaben. LOEPFE bestätigte die von BEHN-ESCHENBURG konstatierte Anwendbarkeit des Rorschach-Tests bei Kindern (S. 207) und wies auf einige, später noch wiederholt behandelte Besonderheiten kindlicher Protokolle hin, die schwächere Formschärfe (S. 219), die weniger positive Bedeutung der G (S. 240/241) und die stärkere Tendenz zu Dd-Deutungen. LOEPFE hält den Rorschach-Test bei Kindern nur für geeignet zur *Ergänzung* anderer (psychiatrischer, pädagogischer) Untersuchungsmethoden.

Die nächste grössere Schüleruntersuchung stammt von Genfer Schulkindern und wurde von MARGUERITE LOOSLI-USTERI ausgeführt[2]. Wir werden ihre Ergebnisse nach einer späteren Arbeit referieren.

Bald folgte ERNST SCHNEIDER[3] mit seiner Rorschach-Studie über die intellektuell gehemmten Schüler, die den Nachweis erbrachte, dass die Rorschach'schen Intelligenzfaktoren auch bei Kindern von Wert sind (S. 110—111), und dass der Rorschach-Test zur Intelligenzprüfung von Kindern anderen Verfahren (wie BOBERTAG-HYLLA, DÖRING, BINET-SIMON und Lehrerurteil) ebenbürtig sei. Daneben ist er imstande, „Hemmungserscheinungen in Rechnung zu setzen" und einige qualitative Angaben zu liefern (S. 160). Die Intelligenzschätzung der Schule und Rorschach ergaben die höchsten Korrelationskoeffizienten (S. 161, 163).

In den 30er Jahren setzte dann ein Massenaufgebot von Rorschach-Untersuchungen an Kindern ein, das ständig anhält. Nur ein paar Arbeiten seien noch erwähnt.

Natürlich enthielt ZULLIGER's Textbuch zum „Behn-Rorschach-Test" (S. 21, 59/60, 64) eine Reihe wichtiger Bemerkungen über seine Beobachtungen an Kindern (Perseveration, Farbnennungen, Tierdeutungen als B), und andererorts[4] konstatiert ZULLIGER das niedrigere V% der Kinder und ihre Neigung zu DG und DdG.

MARGUERITE LOOSLI-USTERI, die sich in mehreren Arbeiten eingehend mit der Anwendung des Rorschach-Tests bei Kindern beschäftigt hat, gibt eine zusammenfassende Übersicht über ihre dabei gemachten Erfahrungen in einer Abhandlung von 1942[5]. Sie macht hier die Feststellung, dass Kinder im Alter von 9—12 Jahren weniger B und Farbantworten geben als Erwachsene (S. 89/90). Der Erlebnistypus wird infolgedessen koartativ extratensiv und nicht selten rein koartiert. B sind im Kindesalter eher ein Zeichen von Frühreife.

Die Entwicklung der Erfassung der Rorschach-Tafeln durch die Kinder wurde von gestaltpsychologischen und genetischen Gesichtspunkten aus von GERTRUDE DWORETZKI studiert[6].

---

[1] ADOLF LOEPFE, Über Rorschach'sche Formdeutversuche mit 10—13jährigen Knaben. Zeitschr. f. angewandte Psychologie, Bd. 26, 1925, S. 202—253.
[2] MARGUERITE LOOSLI-USTERI, Le test de Rorschach appliqué à différents groupes d'enfants de 10—13 ans. Archives de Psychologie, Bd. 22, 1929, S. 51—106.
[3] ERNST SCHNEIDER, Die Bedeutung des Rorschach'schen Formdeutversuches zur Ermittlung intellektuell gehemmter Schüler. Zeitschr. f. angew. Psychologie, Bd. 32, 1929, S. 102—163.
[4] HANS ZULLIGER, Jugendliche Diebe im Rorschach-Formdeutversuch, Bern, 1938, S. 15, 74, 78.
[5] MARGUERITE LOOSLI-USTERI, Der Rorschach-Test als Hilfsmittel des Kinderpsychologen. Schweizerische Zeitschrift für Psychologie, Bd. 1, 1942, S. 86—93.
[6] GERTRUDE DWORETZKI, Le test de Rorschach et l'évolution de la perception. Etude expérimentale. Arch. de Psychol., Genf, 27, 1939.

Im Sammelband „Psychiatrie und Rorschach'scher Formdeutversuch" gibt dann A. WEBER [1] eine Übersicht über seine reichen Erfahrungen mit Rorschach-Versuchen an Kindern. Hier finden wir u. a. wiederum einen Hinweis auf die Neigung der Kleinkinder zur Perseveration und auf die bereits mehrfach erwähnten inversen Deutungen. Auch über den Inhalt der Deutungen macht WEBER einige interessante Bemerkungen.

Wir werden auf die übrigen Feststellungen von LOOSLI-USTERI und WEBER noch in mehr systematischem Zusammenhange zurückkommen.

Von neueren Arbeiten wollen wir die Monographie von MARY FORD [2] erwähnen, die auf einem Material von 123 Kindern im Alter von 3—8 Jahren aufbaut. Wir werden in der folgenden Übersicht über die an Kindern gewonnenen Testresultate noch des öfteren auf diese Arbeit verweisen.

Ferner ist noch die gründliche Studie von VERENA GEBHART [3] über die intellektuelle Entwicklung im Rorschach zu nennen, in welcher die Intelligenzfaktoren des Tests an einem grossen Material (insgesamt 1443 Protokollen) normal-intelligenter und oligophrener Kinder von 6—15 Jahren und Erwachsenen verglichen werden.

Dann wäre noch das Buch „Child Rorschach Responses" von AMES, LEARNED, MÉTRAUX und WALKER zu erwähnen [4]. Diese fleissige Arbeit konnte hier jedoch nicht immer berücksichtigt werden, da die Verfasser gewisse Formelkategorien (die F+, D, V) für drei verschiedene Altersstufen *gesondert* geeicht haben. Dadurch sind grosse Teile der Arbeit für die entwicklungspsychologische Betrachtung leider verlorengegangen; denn nun kann man die Veränderung dieser Testfaktoren durch die verschiedenen Entwicklungsalter hindurch nicht mehr verfolgen. Auch ist die Antwortenzahl teils durch Hinzufügung, teils durch Weglassung von Antworten willkürlich verändert worden (a. a. O., S. 27, 32), wodurch natürlich sämtliche Prozentfaktoren zu Vergleichszwecken unbrauchbar geworden sind.

Einige der gleichen Autoren, AMES, MÉTRAUX und WALKER, haben ihre Studien dann noch an *Jugendlichen* fortgesetzt und die Ergebnisse in dem Buche „Adolescent Rorschach Responses" vorgelegt [5]. In dieser Arbeit scheint sich die Neueichung auf die V beschränkt zu haben (a. a. O., S. 19). Die Instruktion der Verfasser schliesst ferner die Beurteilung des Deutungsbewusstseins aus (S. 18), und die Schattierungssignierung ist eine Art Rückkehr zu RORSCHACH's ursprünglicher Einheitssignierung (F(Fb) für alle Kategorien von Schattierungs- und Helldunkelantworten) (S. 19).

---

[1] A. WEBER, Der Rorschach'sche Formdeutversuch bei Kindern, in „Psychiatrie und Rorschach'scher Formdeutversuch", Zürich, 1944, S. 47—61.
[2] MARY FORD, The Application of the Rorschach Test to Young Children, Minneapolis, 1946.
[3] VERENA GEBHART, Zum Problem der intellektuellen Entwicklung im Rorschach'schen Formdeutversuch, Monatsschrift für Psychiatrie und Neurologie, Vol. 124, 1952, S. 91—125.
[4] LOUISE BATES AMES, JANET LEARNED, RUTH W. MÉTRAUX, RICHARD N. WALKER, Child Rorschach Responses, New York, 1952.
[5] LOUISE BATES AMES, RUTH W. MÉTRAUX, RICHARD N. WALKER, Adolescent Rorschach Responses. Developmental Trends from Ten to Sixteen Years, New York, 1959.

II. Überblick über die Resultate der Rorschach-Forschung an Kindern

Die *Antwortenzahl* scheint bei jüngeren Kindern *unter* dem Durchschnitt der Erwachsenen zu liegen und steigt dann bis zum Alter von 10 Jahren bis an die untere Grenze dieses Durchschnitts (AMES et alii, S. 102).

1. *Erfassungsreihe.* Wichtige Unterschiede zu den Erwachsenen zeigt die Erfassungsreihe. Wenn man von den allerjüngsten Kindern unter 5 Jahren absieht, deuten Kinder im allgemeinen *weniger G* als Erwachsene, und auf der anderen Seite neigen sie *mehr* zu *Dd*-Deutungen. Die Kinder können Wesentliches von Unwesentlichem noch nicht unterscheiden und heften sich daher oft an Kleinigkeiten. Auch die Zahl der Do ist bei Kindern ein wenig höher. Dass Kinder und namentlich Jugendliche eine etwas grössere Neigung zu DZw haben, wurde bereits in Kapitel 4, A (S. 58) erwähnt. Do und DZw steigen bei Kindern im übrigen mit dem Lebensalter (DWORETZKI, FORD, S. 53). Nach DWORETZKI [1] lässt sich bei den DZw-Deutungen der Kinder deutlich eine Entwicklung verfolgen von primitiven DZw-Deutungen (Löcher, Spalten, Fenster usw.) über Weissdeutungen (Schnee, Milch, Wasser) zu den eigentlichen Gestalten (Lampe, Kopf usw.). Wie schon BEHN-ESCHENBURG erkannte und LOEPFE besonders hervorhebt, sind G bei Kindern also weniger positiv zu bewerten und mehr als „Mangel an Detailverarbeitung" aufzufassen. WEBER, der dieser Ansicht beitritt, unterscheidet primitive und infantile Ganzantworten (S. 58, 59). Die *primitiven* („wurstigen") G (WEBER signiert sie mit Fp) sind auch dem Kinde gleichgültige Dinge wie „Stange", „Stein", „Stück Holz", sie sind lieblos, bequem und nüchtern. Die *infantilen* (primitiv-infantilen) G sind zwar unbeholfen, aber nicht gleichgültig. Sie sind der Welt der Technik oder Spielsachen entnommen oder Menschen- und Tiergesichter und sind dem Kinde nicht gleichgültig, sondern unheimlich oder lieb. Manchmal sind sie etwas konfabulatorisch, in einer Weise, wie man es auch bei erwachsenen Künstlern findet.

Die *Entwicklung des Erfassungstypus* erfolgt in einer Wellenbewegung mit drei Phasen: Ganz kleine Kinder (von 3—5 Jahren) geben viele G, aber meist schlechte Formen. Beim Übergang ins Schulalter (5—7 Jahre) nehmen die G ab, der Erfassungstypus verschiebt sich nach den Dd zu, und die Formen werden besser (FORD, S. 84/85). Im Alter von 7—10 Jahren nehmen dann die G wieder zu, diesmal aber mit besseren Formen (VAN KREVELEN [2]). Zu ähnlichen Ergebnissen kam ERIKSSON durch eine Vergleichung zweier Schulklassen (von 7½- und 14jährigen) [3]. Wie DWORETZKI nachgewiesen hat (a. a. O.), stecken in dieser Wellenbewegung *vier Entwicklungsstufen der Erfassung:* 1. Eine *primitive Ganzheitserfassung,* bei der das Kind die Form noch nicht ausarbeitet, sondern entweder eine beliebige Bezeichnung gibt (die dann meist bei den anderen Tafeln wiederholt wird) oder unbestimmte (z. B. „Wolke") oder schematische (z. B. „Kreis", Buchstaben) oder Pars-pro-toto-Deutungen (z. B. „Baum" wegen Mittellinie oder „Katze" wegen Schnurrhaaren). 2. Eine *primitive Analyse,* wobei die Auf-

---

[1] GERTRUDE DWORETZKI, Le test de Rorschach et l'évolution de la perception. Etude expérimentale, Arch. de Psychologie, Genève, Bd. 27, 1939, S. 302—305.
[2] D. A. VAN KREVELEN, Der Rorschach-Test im Fröbelalter. Rorschachiana II, Bern, 1947, S. 88.
[3] ALBERT ERIKSSON, Rorschach's formtydningsförsök. En översikt och ett bidrag till Rorschachtestning av barn. Tidskrift för Psykologi och Pedagogik I, 1943.

fälligkeiten (z. B. Ausläufer) besonders gern erfasst werden. Dabei werden entweder, wie GUIRDHAM es bei manchen Epileptikern beobachtet hat, gleichartige Einzelheiten (z. B. „Spitze") erfasst und stereotyp gedeutet, oder es werden schematische Deutungen gegeben (etwa alles Längliche als „Stock" oder „Bein") oder Deskriptionen gemacht („Strich", „das ist hohl") oder endlich völlig subjektive, phantastische Deutungen gegeben. 3. Eine *höhere Analyse* mit besseren Detailantworten; aus schematischen und primitiven Deutungen werden gut motivierte Gesichter, Menschen usw. 4. *Höhere Globalisationen* mit einer differenzierteren Synthese: bilaterale, kombinierte oder abstraktive G mit differenzierteren Gesamtstrukturen, oder impressionistische Deutungen (meist als FFb oder FbF). Die Fähigkeit zur Aufteilung und Strukturierung (Plastizität der Strukturen) und damit die Möglichkeit, mehrere verschiedene Deutungen für denselben Kleckstteil zu geben, nimmt mit dem Alter ständig zu. Es bestätigt sich also beim Rorschach ein allgemeines psychologisches Entwicklungsgesetz[1], dass die primitiv-globale Erfassungsweise des Kleinkindes zuerst von einer analysierenden abgelöst wird, der die Zusammenfassung nicht immer gelingt. Erst relativ spät kommt wieder eine globale Erfassung zustande, diesmal aber mit einer differenziert-synthetischen Struktur.

Die *Sukzession* der Erfassungsmodi ist bei kleinen Kindern etwas *mehr gelockert* und wird dann mit zunehmendem Alter mehr geordnet. Dies liegt daran,

---

[1] Dieses Gesetz hat seine eigene, nicht uninteressante Geschichte, die als Illustration der babylonischen Sprachverwirrung unserer modernen Wissenschaft hier kurz angeführt sein mag.
Der Gedanke, dass alle biologische und psychologische Entwicklung von einem homogenen Ausgangsstadium aus durch abwechselnde Differenzierung und Integrierung erfolgt, stammt von HERBERT SPENCER (The principles of biology, 1864—1867, 2. Teil seines Hauptwerkes: A System of Synthetic Philosophy). Wenig später taucht derselbe Gedanke bei dem französischen Philosophen ERNEST RENAN auf, der in seinem Werk „L'Avenir de la Science, pensées de 1848" (Paris, 1890) in Kap. XVI (S. 301) das Gesetz aufstellt, dass alles menschliche Wissen sich in drei Akten entwickelt: „1º vue générale et confuse du tout; 2º vue distincte et analytique des parties; 3º recomposition synthétique du tout avec la connaissance que l'on a des parties". (Es sind dies dieselben drei Stufen, die wir im Kapitel über die Auswertung des Rorschach-Tests beschrieben haben.) RENAN nennt diese drei Stadien Synkretismus, Analyse und Synthese. Sie drücken für ihn nicht nur das Gesetz der menschlichen Intelligenz, sondern das Gesetz alles Lebendigen („la loi de tout ce qui vit", S. 312). SPENCER erwähnt er nicht. EDOUARD CLAPARÈDE hat später die Gültigkeit dieses Gesetzes auch für die Perzeption nachgewiesen (in seinem Aufsatz „Exemple de perception syncrétique chez un enfant", Arch. de Psychologie VII, S. 195), und er bezieht sich hierbei ausdrücklich auf RENAN (siehe auch EDOUARD CLAPARÈDE, Kinderpsychologie und experimentelle Pädagogik, Leipzig, 1911, S. 181). Auf RENAN und CLAPARÈDE stützt sich auch Dworetzki, und sie spricht (S. 343) von „le principe de Renan-Claparède".
Heute scheint dieser Gedanke in der westlichen Welt ubiquitär zu sein. ROBERT R. HOLT (in KLOPFER et alii, Developments in the Rorschach Technique, New York, 1954, S. 519 und 531) glaubt, KURT LEWIN und HEINZ WERNER hätten dieses Gesetz von den drei Stadien unabhängig voneinander entwickelt, und GARDNER MURPHY habe es dann weiter ausgebaut. HEINZ WERNER stellt (in „Einführung in die Entwicklungspsychologie", Leipzig, 1933, S. 46) die Begriffspaare auf „komplex-geschieden, diffus-gegliedert, verschwommen-prägnant, unbestimmt-bestimmt" und sagt von ihnen, sie deuteten alle „eine Entwicklungslinie an, die sich als zunehmende Differenzierung bezeichnen lässt". Und GARDNER MURPHY stellt (in „Personality, A Biosocial Approach to Origins and Structure", New York, 1947, S. 66) in Anlehnung an SPENCER und WERNER wieder die drei Entwicklungsstadien auf: „(1) a level of global, undifferentiated mass activity; (2) a level of differentiated parts, each acting more or less autonomously; (3) a level of integrated action based upon interdependence of the parts". Er setzt dann hinzu: „The phrasing, not the idea, is the writer's." Auch KURT LEWIN wird in diesem Zusammenhang von MURPHY erwähnt (S. 145, 643), RENAN jedoch nicht. Und WERNER erwähnt weder SPENCER noch RENAN.
So scheinen also in der Geschichte dieses Entwicklungsgesetzes eine englisch-deutsch-amerikanische und eine französisch-schweizerische Linie fast völlig unabhängig nebeneinander zu bestehen.

dass Kleinkinder nach der „trial and error"-Methode vorgehen (FORD, S. 86, BOCHNER und HALPERN, a. a. O., S. 106).

2. *Determinantenreihe.* Auch in der Determinantenreihe finden sich Abweichungen von den Erwachsenen. Sowohl die *B* wie die *Farbantworten* sind bei Kindern relativ selten, sie geben jedenfalls *weniger* als die Erwachsenen (LOOSLI-USTERI, 1942, S. 89/90, FORD, S. 46, 86/87). Doch ist andererseits zu beachten, dass Kinder gelegentlich auch bei Tierdeutungen echte B produzieren können (ZULLIGER, Bero, S. 21). Kinder haben mehr „aggressive than compliant" B (PIOTROWSKI)[1]. Ausserdem haben Kinder *häufiger Bkl.* als Erwachsene (BEHN-ESCHENBURG, SCHNEIDER)[2], und zwar oft in Form kleiner bewegter Szenen, die ein liebevolles märchenhaftes Ausgestalten, ein „phantasierendes Denken im kleinen" erkennen lassen (ZULLIGER, Tafeln-Z-Test, S. 83).

Nach WEBER geben Kinder vor dem 6. Lebensjahr nur wenig Farbantworten und fast gar keine B (S. 53, 55), und G. MEILI-DWORETZKI bemerkt, dass „Kinder bis zu etwa acht Jahren selten echte B-Antworten" geben[3]. FORD beobachtete hier ein eigentümliches *Verhalten der Geschlechter.* Knaben beginnen früher mit B, Mädchen früher mit Farbantworten (übereinstimmend festgestellt von FORD, PAULSEN und STAVRIANOS, nach FORD, S. 59/60). Ausserdem scheint es, als ob die Tendenz zu *Farbantworten bei beiden Geschlechtern* eine eigenartige *kreuzweise Entwicklung* durchmacht: Bei ganz jungen Kindern (I. A. 4—6 Jahre) kommen mehr Farbantworten (aller drei Kategorien) bei den *Mädchen* vor, während es bei den älteren Kindern (I. A. 8—10 Jahre) umgekehrt ist; hier haben die *Knaben* die meisten Farbantworten. Zu Beginn des Schulalters (I. A. 6—8 Jahre) verwischen sich die Unterschiede (FORD, S. 71). Die „Kreuzungsstelle" liegt also beim Eintritt in das Schulalter, d. h. beim Übergang in die Latenzzeit. Dieser Befund ist keineswegs überraschend, wenn man an die jedem Lehrer bekannte Tatsache denkt, dass Mädchen in den Schuljahren weit mehr „pazifiziert" sind und weit weniger disziplinarische Schwierigkeiten machen als Knaben. Es hängt das vermutlich mit dem „Passivitätsschub" (HELENE DEUTSCH) in der Libidoentwicklung der Mädchen zusammen.

Die jüngsten Kinder geben meist Farbnennungen und nur selten richtige Farbantworten (DWORETZKI). Wenn die Farbantworten (etwa im Alter von 5—6 Jahren) überhaupt erst einmal in grösserer Zahl einsetzen, sind sie (bei den 6—8jährigen) meist überwiegend *FbF* und *Fb*, seltener *FFb* (DWORETZKI, WEBER, S. 53/54). Die unstabilen Farbwerte (FbF und Fb) nehmen dann mit zunehmendem Lebensalter ab und die stabilen FFb zu (WEBER, S. 53/54, FORD, S. 46—48, 90/91). Doch haben Kinder im allgemeinen *mehr FbF* als FFb.

Wie u. a. von JØRGEN JØRGENSEN[4] ausgeführt wird, sind im Säuglingsalter der Drang des Kindes und seine Bewegungen noch „richtungslos". Aber schon im frühen Kindesalter werden die Bewegungen infolge der mit der Bedürfnisbefriedigung gemachten Erfahrungen zu einem zielbewussten Streben. Die Tendenz zu

---

[1] ZYGMUNT A. PIOTROWSKI, A Rorschach Compendium — Revised and enlarged, The Psychiatric Quarterly, Vol. 24, S. 570.
[2] ERNST SCHNEIDER, Psychodiagnostisches Praktikum, Leipzig, 1936, S. 38.
[3] G. MEILI-DWORETZKI, Versuch einer Analyse der Bewegungsdeutungen im Rorschach-Test nach genetischen Gesichtspunkten. Schweiz. Zeitschr. f. Psychol., Bd. 11, 1952, S. 266.
[4] JØRGEN JØRGENSEN, Psykologi paa Biologisk Grundlag, Kobenhavn, 1941—1946, S. 409 und 410.

reinen Fb und FbF beim Kleinkinde ist also sozusagen eine Reminiszenz aus der ganz frühen Kindheit, und die oft bei Neurotikern gefundenen unstabilen Farbwerte gehören zu den zahlreichen Infantilismen der Neurose.

Während für den Bero-Test bei Kindern im wesentlichen die gleichen Ergebnisse gefunden wurden wie beim Rorschach-Test[1], ergibt der Z-Test bei Kindern (und bei manchen Erwachsenen auch) prozentual mehr B und Farbantworten als der Bero-Test[2].

Wie also schon von DWORETZKI und ebenso von ZULLIGER (Bero-Test, S. 64) festgestellt wurde, kommen *Farbnennungen* auch bei gesunden Kleinkindern vor. Normal ist dieses Vorkommen jedoch nur bei vorschulpflichtigen Kindern. Bei Kindern mit einem Intelligenzalter von acht Jahren und mehr, also bei voller Entwicklung des Realitätssinnes, finden sich im allgemeinen keine Farbnennungen mehr (FORD, S. 72). (In diesem Alter hören auch die Perseverationen auf, s. u.) Nach AMES et alii (S. 283) sind Farbnennungen schon bei Kindern von mehr als fünf Jahren nicht mehr als „normal" zu betrachten.

Was den *Erlebnistypus* betrifft, so ist er nach LOOSLI-USTERI (1942, S. 92) meist rein extratensiv, aber koartativ. Der introversive Erlebnistypus ist viel seltener, der ganz koartierte viel häufiger als bei Erwachsenen. Der ambiäquale Erlebnistypus ist fast immer mit Farbenschock verbunden. Er ist bei Mädchen häufiger als bei Knaben und bei schwererziehbaren Knaben häufiger als bei normalen. Die Ambiäqualität der Kinder ist nach LOOSLI-USTERI's Meinung fast regelmässig ein Produkt von Frühreife und Neurose. — Die Häufigkeit des koartativen Erlebnistypus der Kinder wird von FORD bestätigt (S. 73, Tabelle 17). Ihrer Beobachtung nach wächst die Tendenz zur Introversität in der Zeit zwischen 3 und 7 Jahren direkt mit dem Lebensalter (S. 79). Dieses *Anwachsen der B* setzt sich bei normalen Kindern im Alter von 7 bis 12 Jahren fort; nur bei Schwachsinnigen ist diese Zunahme nicht zu beobachten (KERR)[3].

3. *Inhalt.* Die Variationsbreite des Inhalts der Antworten nimmt mit dem Lebensalter zu (FORD, S. 91, AMES et alii, S. 91), wobei der Anteil der *menschlichen* Antworten beständig wächst (AMES et alii, S. 93). Bei den *Personen*antworten macht sich eine bestimmte Entwicklung geltend, die BRUHN[4] untersucht hat. Antworten wie „Onkel", „Tante", „Knabe", „Mädchen" finden sich am häufigsten im Alter von 7 bis 8 Jahren und fallen dann rasch ab. „Mann", „Kerl", „Frau", „Dame" steigen bei Kleinkindern allmählich an, sind bei den etwa elfjährigen ebenso häufig wie „Knabe" und „Mädchen" und steigen dann rasch an (BRUHN, S. 125/126). Überhaupt neigen Kinder und Jugendliche zu *schablonenmässigen* Deutungen („Mensch", „Knabe", „Mädchen", „Onkel", „Tante") *ohne* weitere Attribute. Erst nach dem 16. Jahre verliert sich dieser Zug (BRUHN, S. 130, 132). Bei den älteren Jugendlichen kommen dann die sogenannten „*Konfektionsantworten*",

---

[1] JOBST-DIETRICH THEMEL, Schulanfänger im Behn-Rorschach-Test, Ztschr. f. experim. und angewandte Psychologie, Bd. 3, S. 266/267.
[2] HORST VOGEL, Der Z-Test bei normalen Schulkindern, in: Untersuchungen zum Z-Test, Biel, 1953, S. 30 und 34. Der Leser findet hier auch auf S. 34 eine übersichtliche Zusammenstellung der Durchschnittswerte, wie sie mit dem Z-Test bei 10- bis 13jährigen normalen Schulkindern gefunden wurden.
[3] MADELINE KERR, The Rorschach Test applied to children. British Journal of Psychology, Bd. 25, 1935, S. 183.
[4] KARL BRUHN, Bläckfläcksförsök med barn och ungdom, Helsingfors, 1953.

d. h. die Personen werden mit *Kleidern* beschrieben („Mann mit Hut", „Frau mit Pelz" usw.) (BRUHN, S. 133). Erst später kommen die ethnographischen, historischen und psychologischen Beschreibungen („Schotte in Nationaltracht", „Dame aus der Zeit Ludwigs XIV. mit grossem Kleid und Perücke", „Tolpatsch", „Hafenstrolch", „Kaffeetanten"); doch kommen auch diese höher entwickelten Personenantworten schon hin und wieder bei begabten Kindern vor (BRUHN, S. 133/134, 135). Kinder geben meist *viele Tierdeutungen* (BOCHNER und HALPERN, S. 105), andererseits sind die *Anatomiedeutungen* bei Kindern *seltener*, was übereinstimmend von angloamerikanischer und schweizerischer Seite festgestellt wurde (KERR, FORD, S. 50, ZANGGER) [1]. Sie beginnen eigentlich erst gegen Ende des Schulalters (mit 13 Jahren), kommen aber bei neurotischen Kindern etwas häufiger vor (KERR, S. 181/182). Auch *Maskendeutungen* sind bei Kindern *selten* und kommen am ehesten noch bei altklugen Kindern vor [2]. — Innerhalb der Tiergruppe sind die wilden Tiere bei 3—5jährigen Kindern vorherrschend, spielen aber auch bei den 5—10jährigen noch eine bedeutende Rolle (AMES et alii, S. 92). WEBER hat im Inhalt von Kinder-Tests häufig „abgebrochene, abgeschnittene Beine" gesehen (offenbar infolge des Kastrationskomplexes) und ferner „Zähne", die seiner Erfahrung nach meist mit dem Onaniekomplex in Verbindung stehen. Auch AMES et alii fanden (S. 193) häufig „zerbrochene" und „verbogene" Dinge in den Deutungen 5½jähriger, und bei 7jährigen waren „decay, damage and mutilation" ein gewöhnliches Thema (S. 221). Auch „Engel", „Teufel" und „Gespenst" sind häufige Antworten, ebenso die Antworten, die eine gefühlsmässige Angleichung von Tier und Mensch zeigen (z. B. „zwei Papageien geben sich die Hand") (WEBER, S. 60). Natürlich gibt es auch viele Märchenmotive, wie „Feen", „Elfen", „Drachen" und dergleichen (FORD, S. 49). Essen-Antworten werden häufig von Kleinkindern gegeben [3]. Jugendliche mit Onaniekonflikten deuten häufig Pfützen, Dreck, Wasserlachen, herunterrinnendes Wasser, Faulendes (ZULLIGER, Tafeln-Z-Test, S. 189). Dass Kinder auch häufiger Objekt- und Naturdeutungen geben als Erwachsene (LOEPFE), wurde bereits erwähnt (siehe S. 67).

4. *Die Prozente.* Das F+% der Kinder ist durchschnittlich *niedriger* als das der Erwachsenen (LOEPFE, WEBER, FORD). (Über die Konsequenzen dieser Feststellung für die Auswertung siehe den letzten Abschnitt dieses Kapitels.) Das F+% steigt mit dem Alter (FORD, S. 53, 90, GEBHART, S. 107, 108, 109), genauer gesprochen mit dem *Intelligenzalter* (LODERER, WEBER, S. 60). (Auch die B steigen mit dem Intelligenzalter, während die Zunahme der G+ vom Lebensalter abhängig ist, LODERER, WEBER, S. 60.)

Das T% der Kinder ist im allgemeinen *höher*, das V% *geringer* und das Orig.% *höher* als bei Erwachsenen (BOCHNER und HALPERN, S. 105). Das V% der Kinder ist durchschnittlich 10—15% (ZULLIGER, Jugendliche Diebe, S. 15).

Die V der Kinder (wie bei Erwachsenen gerechnet) nehmen mit dem Lebensalter zu, desgleichen die Orig.+, während die bei Kindern unter fünf Jahren so zahlreichen Orig.— (daher ihr hohes Orig.%) nach diesem Alter wieder abnehmen (FORD, S. 51).

---

[1] GINA ZANGGER, Die „Versager", Zwischenformen und Anatomieantworten im Rorschach'schen Formdeutversuch, Rorschachiana I, Bern, 1945, S. 103, 105, 107
[2] ROLAND KUHN, Über Maskendeutungen im Rorschach'schen Versuch, Basel, 1944, S. 46 und 127.
[3] SAMUEL J. BECK, Rorschach's Test, II., S. 221.

Mit dem Lebensalter nehmen also zu: die Zahl der Antworten, das F+%, das Orig.+% und (weniger ausgesprochen) die B+ (Ford, S. 90); die letzten drei Faktoren sind aber in erster Linie durch das Intelligenzalter bedingt.

Im ganzen verläuft die geistige Entwicklung des Kindes (und das gilt natürlich auch von den entsprechenden Rorschach-Faktoren) nicht linear, sondern *in Schwankungen*. Ames et alii formulieren dies am Ende ihres Buches (S. 289) in folgender Zusammenfassung: „Ages of equilibrium to some extent alternate with ages of disequilibrium, ages of expansiveness with ages of inwardizing. Ages when behaviour appears to be well organized may be followed by ages which show marked inner disturbance. Ages at which subjects respond favorably to persons and things in the environment may be followed by ages of marked rejection of and rebellion against the environment."

5. Sonstige Phänomene

a) *Versager* als Schockerscheinung sind bei Kindern seltener als bei Erwachsenen. Vereinzelt kommen sie bei Tafel I vor (Weber, S. 56). Bei jüngeren Kindern (im Vorschulalter) scheinen Versager häufiger zu sein (Ames et alii, S. 105).

b) *Schwaches* oder ganz *aufgehobenes Deutungsbewusstsein* (Bestimmen der Bilder) ist bei jüngeren Kindern (bis zu 4½ Jahren) nichts Ungewöhnliches, weil Wirklichkeit und Vorstellungen fliessend ineinander übergehen (Ames et alii, S. 141, 152, 194).

c) Der *Farbenschock* findet sich bei neurotischen Kindern jeden Alters ebenso regelmässig wie bei Erwachsenen, und der *Dunkelschock* ist noch etwas häufiger als der Farbenschock (Weber, S. 56). Letzteres ist nicht verwunderlich, da ja der Dunkelschock mit den phobischen Ängsten, insbesondere auch der Dunkelangst, in Verbindung steht, die bekanntlich im Kindesalter weit häufiger sind als bei Erwachsenen.

d) Dass auch normale Kinder bisweilen *Konfabulationen* zeigen, erwähnten wir bereits (Loepfe, Weber, S. 58, Ames et alii, S. 140, 152/153, 168, 221). Da Phantasie und Wirklichkeit beim Kleinkinde ja noch nicht oder jedenfalls nicht scharf getrennt sind, dürfen diese Konfabulationen keinesfalls negativ gewertet werden. Doch sollten Konfabulationen nach dem Lebensalter von sieben Jahren bei normalen Kindern nicht mehr vorkommen (Weber, S. 59, Ames et alii, S. 283). Verwandt mit diesen kindlichen Konfabulationen sind die *Pars-pro-toto-Deutungen* der Kinder (s. o. S. 68). Eine besondere Abart kindlicher Konfabulationen sind Dinge (Menschen, Tiere, Objekte), die man „nicht sehen kann". Sie wurden nach Ames et alii (S. 222 und 266) namentlich bei 7- und 10jährigen Kindern beobachtet.

e) Wie ebenfalls schon erwähnt (Kap. 4 und 6), kommen sowohl *Kontaminationen* wie *Zahl-* und *Lage*antworten gelegentlich bei Kleinkindern vor (Ames et alii, S. 100, 155, 179, 193). Lageantworten sind jedoch nur bis zum Alter von vier Jahren normal (Ames et alii, S. 284). Die Kontaminationen kommen namentlich bei 5jährigen Mädchen vor (Ames et alii, S. 179, 193). Bei Kindern unter sieben Jahren sind solche Antworten also nicht als alarmierende Symptome zu betrachten. Auf die Bedeutung dieser Beobachtung für die Schizophrenieforschung wurde bereits hingewiesen.

f) Ebenso ist die *Perseveration im Vorschulalter* eine häufige Erscheinung (namentlich bei den G) (Dworetzki), auch wenn sie mit Konfabulation verbunden ist. Bis ins erste Schuljahr hinein ist sie *normal*, später findet sie sich oft noch in Form des *Klebens am Thema* (WEBER, S. 59). ZULLIGER macht darauf aufmerksam (Bero, S. 59), dass diese Perseverationstendenz sich nicht selten auch bei den DZw geltend macht.

Diese Neigung zur Perseveration bei Vorschulkindern stammt von der „*magic repetition*" des ganz kleinen Kindes unter drei Jahren (KLOPFER und MARGULIES) [1]. Hierunter versteht man die vollständige oder teilweise Wiederholung derselben Antwort zum *Ganzen* der Tafeln. Sie tritt in ihrer kompletten Form im allgemeinen nur bei Kindern zwischen zwei und drei Jahren auf, selten noch zwischen drei und vier Jahren. Streng genommen ist dies ein Äquivalent des Versagens aus Interessemangel oder aus Unfähigkeit, sich der Aufgabe anzupassen (DWORETZKI). Abortive Formen (vier oder mehr Tafeln haben „magic repetition", die anderen werden entweder abgewiesen oder bekommen — etwas später — andere Deutungen mit grober Ähnlichkeit) kommen bis zu etwa fünf Jahren vor, selten sogar noch bis zu sechs und sieben Jahren. Doch nur ein *Teil* der Kinder (etwa ein Drittel) zeigen zwischen drei und vier Jahren diese Form (FORD, S. 36/37).

Ein schon etwas reiferes Verhalten ist das von FORD beobachtete Vorkommen der „magic repetition" bei mindestens vier Tafeln, dann aber als D- und Dd-Deutungen. Meist ist die Ähnlichkeit bei diesen Deutungen noch recht problematisch (FORD, S. 38). Hierbei handelt es sich um eine einseitige Anpassung an die Aufgabe, wobei das Kind von Gleichem zu Gleichem geht, indem es entweder die gleichen Inhalte (z. B. Schmetterlinge) oder Einzelheiten von gleichartigem Formtypus (nach Art der „perceptional perseveration" GUIRDHAM's) herausholt (DWORETZKI).

Erst wenn zu den meisten Tafeln (nach KLOPFER und MARGULIES mindestens 7) mehrere, einigermassen adäquate Deutungen gegeben werden, hat das Kind die Entwicklungsstufe des logischen Denkens erreicht. Die soeben genannten anderen Verhaltensweisen entsprechen dem prälogischen Denken (FORD, S. 37).

MARY FORD (S. 38) unterscheidet hinsichtlich der Perseveration *vier Entwicklungsstufen*:

1. Die *prälogische Stufe* (the pre-logic stage): Reine „magic repetition" bei allen zehn Tafeln;

2. die *verwirrt-logische Stufe* (the confused-logic stage): Mindestens vier Tafeln haben „magic repetition" zum Tafelganzen, die anderen werden zurückgewiesen oder haben Deutungen mit roher Ähnlichkeit mit dem Gedeuteten;

3. die *perseveratorisch-logische Stufe* (the perseverated-logic stage); „magic repetition" bei mindestens vier Tafeln, aber bei D- und Dd-Deutungen; und

4. die *echte logische Stufe* (the true-logic stage): Zu mindestens sieben Tafeln werden mehrere adäquate Deutungen gegeben.

g) *Infantile Abstraktionen*, d. h. Umrissdeutungen zum Ganzen der Tafeln, sind nach ZULLIGER (Tafeln-Z-Test, S. 82) bei Kindern bis zu etwa acht Jahren eine normale Erscheinung.

---

[1] BRUNO KLOPFER and HELEN MARGULIES, Rorschach reactions in early childhood. Rorschach Research Exchange, Bd. 5, 1941, hier zitiert nach MARY FORD, The Application of the Rorschach Test to Young Children, Minneapolis, 1946, S. 36. Auch AMES et alii haben die „magic repetition" beobachtet und bestätigen das normale Vorkommen der Perseveration im ganzen Kleinkindalter (S. 118, 128, 138, 156, 170, 178, 193, 222, 281).

h) Schliesslich seien hier nochmals die interessanten *inversen Deutungen* erwähnt, die WEBER (S. 59) bei gut 10% seiner über 500 Kinderprotokolle fand. Auch AMES et alii erwähnen diese Deutungen bei 3½ bis 4½jährigen Kindern (S. 140, 155, 170). Bezüglich der mit diesen Deutungen verbundenen psychologischen Probleme sei auf die im Kapitel 6 bei Besprechung der inversen Deutungen erwähnten Stellen bei WOLFGANG KÖHLER verwiesen.

III. Besondere Regeln für die Anwendung des Rorschach-Tests bei Kindern

1. *Die Aufnahme.* Bei der Aufnahme von Kindertests ist die „Kontaktnahme" besonders wichtig. Man muss, wenn die Kinder den Vl. nicht schon kennen, mit den Kindern vorher plaudern oder spielen, damit sie einen ganz natürlichen affektiven Kontakt zum Vl. bekommen. Sowie das Kind eine Examenssituation oder einen gestrengen Herrn Lehrer oder „Erzieher" oder ein „Schulfräulein" wittert, geht die Sache nicht, oder es kommt ein unnatürliches, verängstigtes und sachlich irreführendes Protokoll zustande. Nirgends hängen die „wissenschaftlichen" Resultate so sehr vom Versuchsleiter und seinem Kontakt oder eventuellem Kontaktmangel ab wie bei Kinderuntersuchungen. Eventuell muss man den Test auf ein anderes Mal verschieben oder, wenn gar kein Kontakt herzustellen ist, das Kind lieber einem anderen Vl. überlassen, zu dem es mehr Zutrauen hat. Irgendwelche Äusserlichkeiten (Brille, Bart, Kittel und dergleichen) können ja bei Kindern schon bedingte Reflexe auslösen, die ein gedeihliches Zusammenarbeiten unmöglich machen. Andererseits ist der Kontakt mit Kindern, die den Vl. schon kennen, meist sehr leicht herzustellen.

Da Kinder im vorschulpflichtigen Alter schwer längere Zeit bei einer Aufgabe zu halten sind, ist der Test mit ihnen *möglichst rasch* abzuwickeln ohne viel Nebenreden (FORD, S. 16/17). Kleine Kinder sind auch am besten *morgens* zu testen, wenn sie frisch und ausgeruht sind (FORD, S. 17).

Für Kinder jeden Alters gilt in noch höherem Masse als für Erwachsene, dass die *Anwesenheit dritter Personen* nach Möglichkeit zu *vermeiden* ist. Vor allem kann das Dabeisein der Eltern, Lehrer oder Erzieher des Kindes die Testsituation ganz entscheidend — und meist ungünstig — beeinflussen. Nur ganz selten wird von dieser Regel eine Ausnahme zu machen sein.

Wenn man vorgeschlagen hat, *Kindern das Drehen der Tafeln zu verbieten* (FORD, S. 18, 33), so ist dies unbedingt *zu verwerfen*. Das Verbot, die Tafeln zu drehen (angeblich weil das Kind sonst durch seine Funktionslust von der Testaufgabe abgelenkt würde), ist ein so wesentlicher Eingriff in die Testsituation, dass die damit gewonnenen Resultate nicht mehr mit dem eigentlichen Rorschach vergleichbar sind. Namentlich werden dadurch eine Reihe von B-Antworten unterdrückt, die vorzugsweise in c-Stellung oder in b- und d-Stellung gegeben werden (z. B. die Tänzerinnen zu Tafel VII oder die verschiedenen B-Deutungen zu den grossen seitlichen Ausläufern der Tafeln IV und VI).

2. *Die Auswertung.* Prinzipiell werden auch bei der Auswertung von Kindertests *dieselben Grundsätze* angewendet wie bei Erwachsenen (so auch KLOPFER und MARGULIES und FORD, S. 21). Die oben beschriebenen Eigenarten der kindlichen Reaktionen auf den Rorschach-Test haben indessen eine ganze Reihe von

Abweichungen in den Symptomwerten der einzelnen Testfaktoren zur Folge, die bei der Auswertung von Kindertests zu berücksichtigen sind. Im wesentlichen handelt es sich dabei um folgende *Modifikationen*:

a) Die *Formantworten* müssen weitherzig bewertet werden, da sie oft von zufälligen persönlichen Erfahrungen abhängig sind (LOEPFE, WEBER, S. 56/57). Es ist zu bedenken, dass Kinder häufig die *Sprache* noch gar nicht so weit beherrschen, dass sie ausdrücken können, was sie sehen. Sie sagen deshalb oft etwas anderes, als sie *meinen*. Wenn ein Kind eine *sehr* merkwürdige Antwort gibt, die an die konfabulatorischen Orig.— der pseudologischen Psychopathen erinnert, muss man die Sache nachher näher untersuchen. Gewöhnlich zeigt sich dann, dass das Kind etwas anderes gemeint hat. So gab z. B. ein normales vierjähriges Mädchen zu Tafel VI die unzweifelhaft verblüffende G-Antwort „ein Klavier". Die Eltern hatten keines, und es ist fraglich, ob das Kind überhaupt jemals ein Klavier gesehen hat. Es stellte sich dann auch bald heraus, dass das Kind eine Guitarre gemeint hatte, und diese Antwort ist für ein vierjähriges Kind nicht schlechter als etwa der „Fächer" oder das „Tennisrackett" der Erwachsenen, die RORSCHACH beide als Orig.+ bewertet hat.

b) Das trotzdem meistens niedrige F+% der Kinder ist nach dem Vorschlage von LOEPFE mit den Orig.+ zu kontrollieren. Daneben sind die primitiven G (WEBER's Fp) als Gegenfaktor zu beachten (WEBER, S. 57).

c) Die *G* sind, namentlich die schlechten und primitiven, *weniger positiv* zu bewerten, mehr als „Mangel an Detailverarbeitung" (LOEPFE, S. 240/241, WEBER, S. 57/58). Wie FORD richtig bemerkt, gilt deshalb auch die positive Beziehung zwischen G und Intelligenz nicht für Kinder (S. 69, 94/95). (Sie gilt, streng genommen, auch nicht für Erwachsene, weil auch dort nur die G+ eine positive Korrelation zur Intelligenz aufweisen.)

d) LOEPFE's Feststellung, dass einige *Dd* bei Kindern häufiger vorkommen als bei Erwachsenen, ist richtig. Sein Vorschlag, diese bei Kindern als *D* zu signieren, ist aber unpraktisch. Denn erstens wäre es sehr schwierig, in Zweifelsfällen die Grenze zwischen Kind und Erwachsenen zu ziehen, und zweitens könnte man bei verschiedener Signierung für Kinder und Erwachsene keine entwicklungspsychologischen Untersuchungen über diese Faktoren anstellen. Ausserdem hat sich inzwischen gezeigt, dass diese Frage von LOEPFE offenbar etwas überschätzt wurde. Neuere Untersuchungen haben ergeben, dass „zwischen den D und den Dd von Kindern und Erwachsenen kein nennenswerter Unterschied besteht" (LOOSLI-USTERI, 1942, S. 89). Die Ausnahmen sind unbedeutend. Also *keine Umsignierung von Dd in D bei Kindern*. Ebenso unzweckmässig wäre es, einige Do bei Kindern als D zu signieren, weil sie ein wenig häufiger vorkommen.

e) Wenn Kinder mit den *DZw perseverieren*, ist das *nicht* wie die DZw-Häufung der Erwachsenen als *erhöhte Aggressionsspannung* auszulegen. Nur mehrere, vereinzelte und weit auseinanderliegende DZw haben diesen Symptomwert (ZULLIGER, Bero-Test, S. 59/60).

f) Statt der meist lockeren Sukzession sind *Objektdeutungen als D+* bei Kindern der verlässlichste Maßstab für disziplinierte Logik (LOEPFE).

g) Man sei mit einer positiven Bewertung der *B*, namentlich wenn mehrere vorkommen, *bei Kleinkindern* zurückhaltend. Sie sind bei diesen *ein „Zeichen einer gewissen Frühreife"* (LOOSLI-USTERI, 1942, S. 91). Etwas anderes ist es mit älteren

Kindern. Im *Schulalter* können, wie ERNST SCHNEIDER gezeigt hat, die B sehr wohl als Intelligenzfaktor gewertet werden. NANCY BRATT[1] meint, das Vorkommen von B— sei bei Kleinkindern, bei denen die Grenze zwischen Phantasie und Wirklichkeit noch nicht ausgebildet ist, bis zu einem gewissen Grade „normal".

h) Der Symptomwert der *Farbantworten* ist bei Kindern *unter 10 Jahren unsicher*, weil auch die Farbantworten von zufälligen, individuellen Erfahrungen abhängen (WEBER, S. 52). Bei kleinen Kindern werden die Farben meist als Flächenfarben im Sinne von KATZ erlebt, selten als Oberflächenfarben (WEBER, S. 52).

Kinder *unter 8 Jahren*, deren Farbantworten *überwiegend* aus *FFb* bestehen, sind altklug oder *„übererzogen"*; sie sind infolge zu starker Triebrestriktion fügsam, unselbständig und temperamentlos geworden.

i) Auch der *Erlebnistypus* hat bei Kindern einen *geringeren Symptomwert* (LOEPFE, S. 242/243). Vor allem ist er *labiler* als beim Erwachsenen (WEBER, S. 51). Das momentane Empfinden kommt stärker zum Ausdruck. Und die bei Kindern so häufige Koartierung (LOOSLI-USTERI) ist nicht ohne weiteres im gleichen Sinne zu werten wie die Koartierung des Erwachsenen (FORD, S. 95).

j) FORD ist auch der Meinung (S. 95), die nach den Regeln für Erwachsene bestimmten *V* hätten *nicht* die gleiche Beziehung zur *sozialen Anpassung* wie bei Erwachsenen. Dies erscheint uns jedoch ein wenig zweifelhaft. Auf jeden Fall muss aber das niedrigere *V*% als normal bewertet werden (BOCHNER und HALPERN, S. 105).

k) Auch dem *Orig.*% können bei Kindern nicht ohne weiteres die gleichen Symptomwerte zugeschrieben werden wie bei Erwachsenen (BOCHNER und HALPERN, S. 105). Und Orig.— sind bei Kleinkindern nichts Unnormales.

l) Das Verhältnis Td > T ist bei Kleinkindern in gleicher Weise als Angstsymptom zu werten wie Md > M (ZULLIGER). (Siehe S. 106.)

m) Und schliesslich ist stets im Auge zu behalten, dass sowohl *Konfabulationen* wie *Perseverationen* bei Kindern unter acht Jahren *normale* Erscheinungen sind. Ähnliches gilt von den *Farbnennungen* (ZULLIGER), die jedoch (nach AMES et alii, S. 283) bei normalen Kindern nach dem Alter von fünf Jahren nicht mehr vorkommen sollten, und von den *inversen* Deutungen, die nach ZULLIGER[2] nach dem Alter von sechs Jahren nicht mehr als normal zu betrachten sind. Auch *Kontaminationen* kommen bis zum Alter von fünfeinhalb Jahren gelegentlich vor (AMES et alii, S. 283). *Zahl-Antworten* sind erst bei Kindern von über sechs Jahren (AMES et alii, S. 100), *Lage-Antworten* jedoch schon bei Kindern von über vier Jahren nicht mehr als normal anzusehen (AMES et alii, S. 284).

Die wichtigste von allen Modifikationen für die Auswertung von Rorschach-Tests von Kindern ist aber die, dass man bei Kindern *immer entwicklungspsychologisch denken* muss. Die gleiche Erscheinung bedeutet bei einem fünfjährigen Kinde etwas ganz anderes als bei einem zwölfjährigen, und was bei einem Kinde von 14 Jahren schon eine Entwicklungshemmung bedeutet (z. B. eine bestimmte Art von Konfabulation), kann bei einem Kinde von vier Jahren völlig normal, ja sogar ein Zeichen besonderer Begabung sein. Nur wem dieses „Denken mit

---

[1] NANCY BRATT, Rorschachtesten i klinisk praxis, København, 1968, S. 37.
[2] HANS ZULLIGER, Imbezillität in der Spiegelung des Tafeln-Z-Tests, Zeitschr. f. Diagn. Psychologie und Persönlichkeitsforschung, Vol. II, S. 327.

der gleitenden Skala" zur zweiten Natur geworden ist, der wage sich an die Auswertung von Kindertests heran.

IV. Der Rorschach-Test bei Jugendlichen

Wir geben jetzt noch ganz kurz einen Überblick über die oben erwähnte Arbeit von AMES und Mitarbeitern über die Rorschach-Ergebnisse bei Jugendlichen[1].
Die durchschnittliche Antwortenzahl lag bei diesen Jugendlichen von 10 bis 16 Jahren etwas höher als für Kinder unter 10 Jahren, nämlich bei 16 bis 20, bei den 14jährigen ein wenig höher (23), wobei die Mädchen etwas mehr Antworten hatten als die Knaben (S. 24, 74). Die Durchschnittszeit für den ganzen Versuch betrug 13 Minuten (S. 75); die meisten Jugendlichen waren aber schon früher getestet worden (S. 76).

1. *Erfassungsreihe*. Über die absolute Zahl der G erfahren wir leider nichts. Das weniger aufschlussreiche G% fällt von 10 bis 15 Jahren langsam ab, wobei die Knaben etwas mehr G-Antworten geben als die Mädchen (S. 36, 37, 130). Das Verhältnis G:D (bei Erwachsenen bekanntlich durchschnittlich 1:3) liegt bei den Jugendlichen eher bei 1:1 (S. 34/35). Das Dd% (bei Erwachsenen etwa 10) schwankt bei den Jugendlichen zwischen 6 und 10 (S. 35). Das Verhalten der DZw und Do scheint von dem der Erwachsenen nicht wesentlich abzuweichen. Die Anzahl der Dzw liegt also schon zwischen 10 und 16 Jahren durchschnittlich nicht über 1 (zwischen 0,2 und 1,1); der Durchschnitt der Do betrug 0,4 für alle Gruppen (S. 35). Im Alter von 14 Jahren haben Mädchen mehr DZw als Knaben, was wohl mit ihrer früheren Pubertät zusammenhängt (S. 37).
Bestehen also für den Erfassungstypus gewisse Abweichungen vom Durchschnitt der Erwachsenen, so scheint es eine für diese Altersgruppe typische Sukzession nicht zu geben (S. 35, 36).

2. *Determinantenreihe*. Die Jugendlichen geben im Durchschnitt 1—3 B, die Mädchen etwas mehr als die Knaben (S. 24, 49).
Bei den Farbantworten fanden die Autoren ein leichtes Überwiegen der FbF über die FFb bei relativ bescheidenen Werten (S. 24). Die Mädchen neigen etwas mehr zu FFb (S. 57).
Die von BEHN-ESCHENBURG[2] gefundene Koartierung des Erlebnistypus bei 14jährigen hat sich bestätigt (S. 226). Mit 16 Jahren dilatiert sich der Erlebnistypus dann wieder etwas (S. 242).

3. *Inhalt*. Der Inhalt scheint sich dem der Erwachsenen allmählich anzugleichen; die Pfl., Geo., Abstr. und N steigen etwas an, Arch. und Feuer fallen etwas ab (S. 64/65, 66). Mädchen geben im allgemeinen mehr M +Md als Knaben.
Neu ist das Auftreten von gelegentlichen *Spiegelungen*, die vor dem 10. Jahre praktisch noch nicht vorkommen. Die Entwicklung scheint hier von Tier- zu

---

[1] Die Angaben dieser Autoren werden nur mit einem gewissen Vorbehalt mitgeteilt, weil die Unterlagen nicht ganz zuverlässig sind. In den Beispielen finden sich mehrfach Signierungsfehler, vor allem eine Tendenz, Farbantworten unter den Tisch fallen zu lassen und *statt* dessen Tier- oder Objektbewegungen zu signieren. Die Helldunkelsignierung ist ziemlich unverständlich, und der Farbenschock wurde sehr oft übersehen.
[2] Dieser Autor ist den amerikanischen Verfassern unbekannt. Es werden ausser RORSCHACH überhaupt keine europäischen Quellen angegeben.

Menschenspiegelungen zu gehen, anfangs mehr in Wasser, später auch im Spiegel (S. 69). Auch die Verfasser sehen hierin „a certain degree of narcissism". Die Spiegelungen sind bei 14jährigen am häufigsten, besonders bei Mädchen (S. 197).

Dass Sex.-Antworten ziemlich selten vorkommen (S. 70), mag wohl mit dem puritanischen Milieu zusammenhängen. Anatomie-, Blut- und Explosions- und Maskendeutungen wurden bei Knaben häufiger beobachtet als bei Mädchen.

4. *Die Prozente.* Das F+% ist besser als im Kindesalter (S. 39), durchschnittlich bei 90 (S. 24), wobei das F+% der Mädchen von 13 bis 15 durchwegs eine Kleinigkeit über dem der Knaben liegt. Über das T% ist nichts mitgeteilt.

5. Sonstige Phänomene

Die Jugendlichen geben etwas weniger *Versager* als Kinder zwischen 2 und 10 Jahren (S. 78). Beide Geschlechter haben die meisten Versager bei IX und VI.

Der Farbenschock soll angeblich relativ selten sein; doch wurde er bei den angeführten Protokollen mehrfach übersehen. Interessant ist, dass man bei Knaben eine stärkere Tendenz zu Rotschock fand als bei Mädchen, was vielleicht doch eher zu SALOMON's Hypothese von der Kastrationsangst passt als zur Aggressionshemmungshypothese (LOOSLI-USTERI u. a.). (Im übrigen sind die beiden Hypothesen keineswegs unvereinbar, denn eine Aggressionshemmung kann sehr wohl Ausdruck von Kastrationsangst sein, die ja im Grunde eine Vergeltungsangst vor den Folgen der eigenen Aggression ist.)

Kontaminationen, Konfabulationen und Perseverationen kamen noch bis zum Alter von 12 Jahren vor (S. 156/157).

Mit 12 Jahren fanden sich ziemlich häufig *Defektdeutungen* (Tiere und Menschen „ohne Kopf" usw.) (S. 159), und auch *Essen*-Antworten waren in diesem Alter recht gewöhnlich (S. 158, 160).

Anhang I:

Schwererziehbare Kinder und Jugendliche

Da das Interesse der Jugendpsychologen am Rorschach-Test ständig zunimmt und der klinische Psychologe vielfach Gelegenheit hat, sich in pädagogischer oder heilpädagogischen Institutionen gerade mit sogenannten schwierigen oder schwererziehbaren Kindern und namentlich Jugendlichen zu befassen, ist eine besondere Behandlung dieses Stoffes wohl gerechtfertigt.

I. Schwererziehbare Kinder

1. Für ihr Alter *unreife* oder *fehlentwickelte* Kinder (von bis zu 10 Jahren) verraten sich ganz allgemein durch eine Reihe ihrem Alter nicht mehr angepasster Rorschach-Reaktionen, die von AMES und Mitarbeitern zusammengestellt wurden. Der Leser findet sie in meinem „Vademecum" (Tabelle VII, 17).

2. *Aggressive Kinder* waren mehrfach Gegenstand der Untersuchung. Nach ZULLIGER findet sich in allen Fällen, wo neben Hd-Deutungen auch Defektdeutungen vorkommen, eine gewisse Aggressionsbereitschaft als Angstabwehr. Gibt

es im Protokoll ausserdem FbF, mehrere DZw und eventuell noch aggressive Komplexantworten, dann wird die Aggression manifest. Ein starker Farben- und/oder Dunkelschock und eventuell noch Beugekinästhesien sprechen für verdrängte Aggression in Form einer masochistischen Entwicklung. (Siehe im übrigen mein „Vademecum", Tabelle VII, 12.)

Eine besondere Art der Aggressivität ist die sogenannte *Frechheit*. DORIS MERIAN[1] hat 34 solche Kinder (zwischen 5½ und 13 Jahren) mit dem Z-Test untersucht. Sie fand dabei statt der für jüngere Kinder üblichen Verschiebung des Erfassungstypus nach der Dd-Seite relativ wenig Dd und dafür mehr, aber unscharfe G (also einen gesteigerten Antrieb). Gleichzeitig waren *DZw und Do vermehrt*, und im Inhalt fanden sich in etwa der Hälfte der Fälle aggressive und sadomasochistische Antworten. Man sieht wieder, wie die manifeste Aggression aus der Angst entspringt (Do).

Auch NANCY BRATT-ØSTERGAARD hatte in ihrer interessanten Untersuchung über die psychosomatischen Kinder (siehe weiter unten) zwei Kontrollgruppen mit aggressiv-asozialen bzw. aggressionsgehemmten und diebischen Kindern. Bei *beiden* Gruppen waren wieder die DZw und die Do vermehrt, und es gab Versager und Hd-Deutungen. Aber die manifest aggressiven Kinder hatten bei normalen G reichlich Farbantworten und jedenfalls mehr B als die psychosomatischen Kinder, während die aggressionsgehemmten Kinder weniger G und wenig Farbantworten hatten. (Siehe Tabelle VII, 13 in meinem „Vademecum".)

3. Bei etwas heuchlerischen, vorsichtig-abtastenden und schlauen Kindern und Jugendlichen mit *Scheinkontakt* fand ZULLIGER (Bero-Test, S. 68, 88 und 129) regelmässig 3—4 vereinzelte Hd-Deutungen neben vielen Farbantworten, ohne deutlichen Farb- oder Dunkelschock. (Siehe „Vademecum", Tabelle VII, 11.)

4. NANCY BRATT-ØSTERGAARD untersuchte Kinder mit *psychosomatischen* Symptomen mit dem Rorschach-Test[2]. Sie geht von der Betrachtung aus, dass „ein volles affektives Erleben" von drei Bedingungen abhängt: 1. Der Affekt muss einen Vorstellungsinhalt haben (z. B. man muss wissen, warum und auf wen man zornig ist), 2. der Affekt muss adäquat erlebt werden (z. B. Zorn als Zorn und nicht etwa als Depression), 3. der Affekt hat ein physiologisches Korrelat (z. B. Adrenalinausschüttung bei Zorn) (S. 305 und 323). Auf Grund dieser Voraussetzungen nimmt BRATT-ØSTERGAARD an, dass die G + FFb + FbF + Fb, ein einigermassen adäquates affektives Erleben" repräsentieren, während die DZw + Do + Versager + Hd-Deutungen „auf inadäquate partielle Affekte deuten" (S. 306).

Die Rorschach-Protokolle von 300 Kindern von 7—15 Jahren wurden daher auf diese beiden Faktorengruppen hin untersucht. Es handelte sich um Kinder mit Prurigo Besnier oder Asthma, ferner um „normale" Kinder mit und ohne verschiedene psychosomatische Symptome, um eine Gruppe von Kindern mit Enuresis, sowie um 50 „offen aggressive" und 25 aggressionsgehemmte, aber diebische Kinder (S. 306/307). — Die Hypothese, dass allen Kindern mit psychosomatischen Symptomen ein nur „partielles und inadäquates affektives Erleben" gemeinsam sei (S. 312), bestätigte sich vollauf. „Alle Vp., die ein psychosomatisches Symptom haben oder gehabt haben", bildeten *eine* Gruppe (S. 319). Diese Kinder hatten

---

[1] DORIS MERIAN, Über freches Verhalten im Kindesalter, Bern, 1956, S. 41—42.
[2] NANCY BRATT-ØSTERGAARD, Gibt es charakteristische Rorschach'sche Formelkonstellationen bei den sogenannten psychosomatischen Kindern?, Rorschachiana V, Bern, 1959, S. 305—324.

nämlich im Verhältnis zu den G + FFb + FbF + Fb *viele* DZw + Do + Versager + Hd-Deutungen. „Bei den normalen Kindern ohne psychosomatische Symptome ist dieses Verhältnis umgekehrt" (S. 324). Die psychosomatischen Kinder hatten ferner weniger B als die aggressiven und die normalen. Die aggressiven asozialen Kinder hatten beide Formalsyndrome in grossem Ausmass, sie haben also starke innere Spannungen zwischen Selbstbehauptung und Aggressivität einerseits und Angst und Schuldgefühl andererseits. Die aggressionsgehemmten Diebe schliesslich hatten die negativen Faktoren der psychosomatischen Kinder in *noch* stärkerem Masse.

Ausserdem traten bei den psychosomatischen Kindern *zwei Untergruppen* auf: Oft waren viele G mit einem schlechten F+% verbunden (also normale Entfaltung mit schlechter Realitätsanpassung), während wenig G oft mit einem guten F+% verbunden waren (also Vorsicht und gehemmte Selbstbehauptung mit guter Realitätsanpassung) (S. 319). BRATT-ØSTERGAARD zieht hieraus den Schluss: „Entweder gibt das psychosomatische Kind die Selbstbehauptung auf, oder es behält sie auf Kosten der Realitätsanpassung" (S. 321). Normale Kinder dagegen haben beides, sie können eine normale Selbstbehauptung (G) mit einer guten Realitätsanpassung (F+%) vereinigen (S. 324). (Leider wurden in dieser Untersuchung die Ergebnisse nicht auch nach dem Alter gruppiert, das bekanntlich gerade auf den Erfassungstypus von Einfluss ist.)

BRATT-ØSTERGAARD fasst (S. 324) ihre Ergebnisse in den Sätzen zusammen: „Die Untersuchung scheint also zu zeigen, dass sich die psychosomatischen Kinder von den nicht-psychosomatischen darin unterscheiden, dass sie ihre Affekte weniger voll erleben und verarbeiten. Die aggressiven Kinder erleben ihre Affekte viel besser, können sich aber schlecht der inneren und äusseren Realität anpassen." (Siehe auch „Vademecum", Tabelle VII, 13.)

5. Kinder mit frühen Versagungen in der Mutter-Kind-Beziehung, also mit einem schweren *„complex d'abandon"*, geben bisweilen ein *„Verlassenheitssyndrom"*, das von EVA SUSSMANN beschrieben wurde[1]. Diese Kinder (Alter 9—13 Jahre), deren Kontakt-, Konzentrations- und Abstraktionsfähigkeit schwer gestört ist und die oft heftige Aggressionstendenzen zeigen, geben bisweilen ganz armselige Protokolle mit völlig koartiertem Erlebnistyp (0:0) bei wenig G, wenig M und schlechtem F+%. (Siehe „Vademecum", Tabelle X, 4.)

II. Schwererziehbare Jugendliche

1. *Allgemein* geben „schwererziehbare", d. h. im wesentlichen unangepasste, Jugendliche, wie JOSEF BRUNNER an 100 männlichen Schwererziehbaren von 14 bis etwa 22 Jahren[2] feststellen konnte, nicht sehr viele Antworten (durchschnittlich 15 in 20 Minuten) mit einem Erfassungstypus von überwiegend Ḡ—D. (Auch hier war das Verhältnis G:D wieder, grob gerechnet, etwa 1:1.) Die G zeigten dabei relativ schlechte Formen. Die DZw und Do waren bei diesem Material *nicht*

---

[1] EVA SUSSMANN, Die Verkümmerung der kindlichen Erlebnisfähigkeit (ET 0:0) als Folge früher Versagungen. — Rorschachiana IV, Bern, 1954, S. 120—124.
[2] JOSEF BRUNNER, Schwererziehbare männliche Jugendliche im Rorschach-Formdeutversuch, Freiburg (Schweiz), 1954.

erhöht. Die Anzahl der B ist gering, der Erlebnistypus ganz überwiegend extratensiv, sehr häufig sogar egozentrisch-extratensiv.

Mehr charakteristisch als die Formalfaktoren waren die Phänomene. Versager, Farbenschock, Rotschock und Dunkelschock waren häufig, aber auch die bedeutend mehr bedenkliche Rot- und Farbenattraktion, Konfabulationen, Perseveration, Oder- und verneinte Antworten kamen bedeutend öfter vor, als das bei „normalen" Jugendlichen der Fall ist.

Im übrigen lassen sich für die ätiologisch recht heterogene Masse der „Schwererziehbaren" nicht viele gemeinsame Merkmale finden.

2. *„Haltlose"* Jugendliche (30 Knaben im Alter von 12—17 Jahren) wurden von NANCY BRATT-ØSTERGAARD untersucht[1]. Sie fand fast durchgehend einen koartierten Erlebnistypus (in einer Gruppe mit gutem Kontakt zur Mutter noch am wenigsten), während die DZw nicht erhöht waren. Auch die Zahl der Hd-Antworten war bescheiden. Auffallend waren die vielen Versager. Man sieht hier erhebliche Abweichungen von dem typischen Rorschach-Verhalten erwachsener Haltloser.

3. Jugendliche Diebe

a) Das klassische Syndrom von ZULLIGER für *haltlose* jugendliche Diebe wurde bereits an anderer Stelle besprochen (unter den „Psychopathien", S. 281). (Siehe auch „Vademecum", Tabelle XI, 2, i.)

b) Die, ebenfalls bereits erwähnten, *aggressionsgehemmten* diebischen Kinder und Jugendlichen (bis zu 15 Jahren) der NANCY BRATT-ØSTERGAARD unterscheiden sich von ZULLIGER's haltlosen Dieben im wesentlichen durch ihre G- und Farbenreduktion, sowie durch die Do. Die erhöhten DZw haben sie gemeinsam.

4. Tierdeutungen und Disziplinreaktion

RIETI[2] will aus der *Art der Tierdeutung* Jugendlicher auf die Reaktion des Jugendlichen auf die elterliche Disziplin schliessen. Kleine, nicht-aggressive Tiere sollen eine protestlose Unterwerfung unter die Eltern andeuten, während kleine, aggressive Tiere als Zeichen einer indirekten und versteckten Auflehnung aufzufassen seien, die aber praktisch wirkungslos bleibt, weil der Jugendliche die elterliche Überlegenheit, geistig wie physisch, bereits anerkannt hat. Nicht-aggressive grosse Tiere sollen ein Zeichen dafür sein, dass der Jugendliche die Eltern als gleichgestellte Kameraden betrachtet, und aggressive grosse Tiere sollen bei Jugendlichen vorkommen, die den Eltern gegenüber offenen Trotz und Kritik zeigen, sobald sie mit ihnen unzufrieden sind.

---

[1] NANCY BRATT-ØSTERGAARD, „Holdningslöse" börn og unge, Nordisk psykologi, Bd. 12, 1960, S. 49—58.
[2] H. RIETI, Vorlesung vor der Society for Projective Techniques, New York City, 1945, zitiert nach ZYGMUNT A. PIOTROWSKI, Perceptanalysis, New York, 1957, S. 342.

Anhang II:

Der Rorschach-Test im hohen Alter

Das „andere Ende" der menschlichen Entwicklungskurve, das hohe Alter, ist früher relativ wenig beachtet worden. RORSCHACH selbst bringt nur (S. 136/137) ein Beispiel einer geistig „gut erhaltenen" 80jährigen Frau und charakterisiert diesen Test mit den Worten: „Koartation des Erlebnistypus. Unscharfe Formen. Starke Stereotypisierung." Er fand also ein hohes T% bei herabgesetztem F+% und völlig koartiertem Erlebnistypus. Wir werden sehen, dass dies, wie spätere Untersuchungen gezeigt haben, der eigentlichen Senilität entspricht.

Mit dem wachsenden Interesse an der Gerontologie ist dieses Gebiet auch in der Rorschach-Forschung stärker berücksichtigt worden. Der wesentliche Zug des geistigen Alterns, die *zunehmende Koartierung* bei Menschen von über 60 Jahren, konnte von WALTER KLOPFER[1] und PRADOS und FRIED[2] bestätigt werden. Einige primitive Züge kindlichen Verhaltens traten wieder auf (PRADOS und FRIED), eine Beobachtung, die wir besonders an den inversen Deutungen aufzeigen konnten. Zwischen Anstaltsinsassen und nicht in Heimen versorgten Alten fand W. KLOPFER nur geringe Unterschiede. Ausschliesslich Anstaltsinsassen untersuchte ANIELA JAFFÉ[3], die ebenfalls die Koartationstendenz mit durchschnittlich koartativem Erlebnistypus fand, allerdings mit leichter Introversion, besonders bei den Männern. Es gab relativ viele G, und da die Antwortenzahl gering war, war der Erfassungstypus im allgemeinen G-D. Das T% lag an der oberen Grenze des Normalen (um 50 herum). Wenn man die T und Anat. zusammenfasste, kam man auf ein Stereotypieprozent von 60—70.

Ein ähnliches Bild ergab die grösste bisher vorliegende Spezialuntersuchung von AMES, LEARNED, MÉTRAUX und WALKER[4] an 200 Alten (101 von 70—80 Jahren, 86 von 80—90 Jahren und 13 von 90 und mehr Jahren). 67 dieser Versuchspersonen lebten zu Hause und 133 in Anstalten. Das Material wurde, unabhängig vom Lebensalter, nach den Resultaten in drei Gruppen eingeteilt: 41 „Normale", 140 „Präsenile" und 19 „Senile". Die Senilen sollen angeblich nicht senil-dement gewesen sein. Aus den Befunden ist aber anzunehmen, dass vermutlich doch einige senil-demente darunter gewesen sind. Die Testergebnisse dieser drei Gruppen waren im wesentlichen folgende:

„*Normale*" Greise (von 70—100 Jahren) haben eine normale Antwortenzahl (durchschnittlich 26), einen normalen Erfassungstypus, doch mit leichter G-Betonung, ein normales F+% (durchschnittlich 93), normale B (durchschnittlich 3,3), bescheidene, überwiegend labile Farbwerte, einen leicht introversiven Erlebnistypus (Durchschnitt 3,3:2,1), ein durchschnittliches T% von 46, ein (M + Md)% von 24 und auch sonst keine nennenswerte Stereotypie.

Präsenile geben durchschnittlich 16 Antworten, haben einen Erfassungstypus

---
[1] WALTER KLOPFER, Personality Patterns of Old Age. Rorschach Research Exchange, Vol. 10, 1946, S. 145—166.
[2] M. PRADOS and E. FRIED, Personality Structure of the Older Age Groups. Journal of Clinical Psychology, Vol. 3, 1947, S. 113—120.
[3] ANIELA JAFFÉ, Untersuchungen im Altersheim über die Psychologie des alten Menschen. Gespräche und Rorschach-Test, in: VETTIGER, JAFFÉ, VOGT, Alte Menschen im Altersheim, Basel, 1951.
[4] LOUISE BATES AMES, JANET LEARNED, RUTH W. MÉTRAUX and RICHARD N. WALKER, Rorschach Responses in Old Age, New York, 1954.

G-D (mehr G und weniger Dd als die Normalen), ein normales F+% (durchschnittlich 81), einen koartativen Erlebnistypus (im Durchschnitt 1,6:0,7, also weniger B und weniger Farben mit wieder überwiegend labilen Farbwerten), ein leicht erhöhtes T% (durchschnittlich 55) und weniger M und Md (17 %). Sie haben oft ein herabgesetztes Deutungsbewusstsein, geben persönliche Erinnerungen, perseverieren oft und haben bisweilen Versager. Subjektkritik ist häufig. Bisweilen (in 20% der Fälle) geben sie F—Deutungen zu Klecksen, die im allgemeinen als V gedeutet werden. Mittenbetonung und Anat. kommen vor.

Die *Senilen* sind entweder mit Tierantworten oder mit Anatomiedeutungen stereotypisiert (Tierstereotypie überwiegend bei Männern und Anatomiestereotypie überwiegend bei Frauen). Bei Tierstereotypie beträgt die Antwortenzahl durchschnittlich 8,7 und das F+% durchschnittlich 71. Bei Anatomiestereotypie ist die Antwortenzahl durchschnittlich 17,8 und das F+% 32. Der Erfassungstypus ist in beiden Fällen G—D, bei Anatomiestereotypie ist jedoch die Anzahl der G *etwas* geringer. Die relativ Besterhaltenen geben überwiegend T, die mittleren T und Anat., die Schlechtesten fast ausschliesslich Anatomieantworten. Die Senilen haben wenig B (Durchschnitt 0,2) und wenig Farbantworten (Durchschnitt 0 FFb, 0,2 FbF und 0,1 Fb). Der Erlebnistypus ist also koartiert. Die Senilen zeigen ferner Perseveration (sogar die „magic repetition" des ganz kleinen Kindes kommt hin und wieder vor), oft Versager, ein herabgesetztes Deutungsbewusstsein und persönliche Erinnerungen; auch sie geben F—Antworten zu den V, haben Subjektkritik (wenn auch weniger als die Präsenilen) und sind unsicher. Auch echte Eigenbeziehungen kommen vor (starke Egozentrizität).

Für alle drei Gruppen gilt: Mit fallendem *sozial-wirtschaftlichem* Status nehmen ab: die Antwortenzahl, die G, das F+%, die B und die Farben. — Bei einem Vergleich von *Anstalts*insassen und anderen Alten hatten die Nichtinsassen das höhere F+%, mehr B, mehr FFb und V, die Anstaltsinsassen das höhere Anat.%. — Die *Frauen* hatten im Verhältnis zu den Männern die höhere Antwortenzahl, mehr Dd, mehr B, mehr FbF und mehr Farbantworten (alle Gruppen zusammen) und ein höheres Anat.%. Die *Männer* hatten mehr G, das grössere F+%, mehr M und Md und mehr V. Die Verfasser hatten den Eindruck, dass die psychischen Geschlechtsunterschiede mit zunehmendem Alter stärker hervortreten, während die individuellen Charakterunterschiede sich gleichzeitig immer mehr verwischen.

Im grossen ganzen zeigt der Altersprozess eine der kindlichen Reifung entgegengesetzte Entwicklung: Die Zahl der Antworten nimmt ab, der Inhalt wird einseitiger, Perseverationen treten auf (bis gelegentlich zur „magic repetition"), das F%+ sinkt, die G nehmen zu, die B nehmen ab, die Farbantworten ebenfalls und werden labiler, das T% steigt, alles Züge einer Entwicklung, die in umgekehrter Richtung verläuft als in der Kindheit. Auch inverse Deutungen und „zerbrochene" Sachen im Inhalt treten wieder auf, wie bei Kindern. Gewiss, bei den „normalen" Greisen setzt sich der allgemeine menschliche Reifeprozess auch in einem Alter von über 70 Jahren noch fort, aber *nur* bei den „Normalen". Nachdem die vier Autoren dies festgestellt haben, fassen sie ihre übrigen Ergebnisse in die Worte zusammen: „However, as the individual progresses into presenility and eventually to senility, *the direction of development seems to reverse itself*, and as the subject deteriorates the response increasingly resembles that of a younger and younger person." M. a. W. *die Involution entspricht der Evolution*.

IV. Schlussteil

Kapitel 16
Die theoretischen Grundlagen des Rorschach-Tests

I. Allgemeines

Wir fragen uns zunächst: Wie ist es möglich, dass ein Test die Struktur der Gesamtpersönlichkeit widerspiegeln kann oder wenigstens wesentliche Teile davon? Um dies zu verstehen, muss man sich vergegenwärtigen, dass der Rorschach-Test zu den sogenannten *projektiven Methoden*[1] gehört, bei denen die Versuchsperson ihre eigenen inneren Haltungen, Strebungen und Erwartungen in das Testmaterial hineinprojiziert, ähnlich wie dies etwa bei MURRAY's Thematic Apperception Test (TAT) geschieht. LAWRENCE K. FRANK, der Urheber dieses Ausdrucks, definiert: "Basically, a projective technique is a method of studying the personality by confronting the subject with a situation to which he will respond according to what that situation means to him and how he feels when so responding[2]." Den projektiven

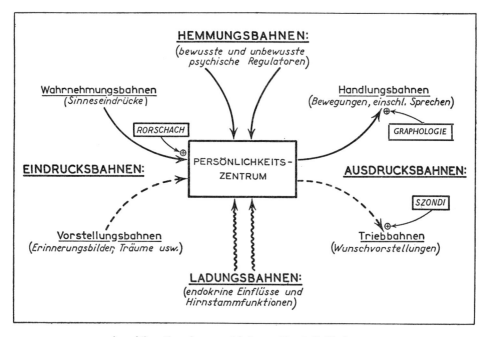

Angriffsstellen der verschiedenen Persönlichkeitstests

---

[1] Es ist nützlich, zwischen *affektiver* und *strukturaler* Projektion zu unterscheiden, wie MEILI dies getan hat. Er versteht (Lehrbuch der psychologischen Diagnostik, Bern, 1961, S. 23) unter affektiver Projektion den engeren Begriff der Psychoanalyse, also die Projektion affektiver Inhalte in eine andere Person, unter strukturaler Projektion dagegen den weiteren, allgemeineren Begriff der Projektion im Sinne der projektiven Methoden, d. h. die Spiegelung des strukturalen Aufbaus der Persönlichkeit in spezifischen Testverfahren.

[2] LAWRENCE K. FRANK, Projective Methods, Springfield, Illinois, 1948 ,S. 46.

Methoden entgegengesetzt sind die *Ausdrucksmethoden* (Physiognomik, Mimik, Graphologie). Graphologie und Rorschach gehen also entgegengesetzte Wege. Um sich über diese grundsätzlichen Verhältnisse klar zu werden, ist es sehr nützlich, sich einer graphischen Darstellung zu bedienen. Wir wählen zu diesem Zwecke ein biologisch fundiertes Denkschema, das dem Gedankenkreis der reflexologischen Psychologie nahesteht, und das MAGNUS HIRSCHFELD seinerzeit benutzt hat, um seine Lehre von den „Sexualbahnen" zu veranschaulichen[1]. Das Schema lässt sich aber ohne weiteres auf die gesamte Persönlichkeitslehre übertragen, von der die Sexualität ja nur einen künstlich abstrahierten Ausschnitt darstellt.

Das Persönlichkeitszentrum mit seinem materiellen Substrat, dem Gehirn, wird auf humoralem Wege durch die Produkte der endokrinen Drüsen geladen und auf psychischem Wege durch das Ich bzw. Über-Ich in seinem jeweiligen Zustande reguliert. Die auf diese Weise zentral geschaffene Aufnahme- und Handlungsbereitschaft ist also das Resultat aus den Erbanlagen und den physischen und psychischen Einwirkungen der Umweltsfaktoren (Ernährung, Klima, Krankheiten usw. + Erziehung, soziales Milieu usw.). Auf dieses (unstabile) Zentrum wirken auf dem Wege der „Eindrucksbahnen" die Wahrnehmungen und Vorstellungen und schaffen dadurch einen Reizzustand, der — je nach dem momentanen Zustande des Zentrums, das alle früheren Erlebnisse mit enthält — in den Trieben und Handlungen resultiert (wobei man sich die Triebe als Tendenzen zu Handlungen vorzustellen hat).

In diesem Schema (das natürlich mit dem Fehler aller derartiger Schemata behaftet ist, der zu grossen Vereinfachung sehr komplizierter Zusammenhänge) setzt die Graphologie am Ende der Ausdrucksbahnen an, sie steht sozusagen an der Endstation der Handlungsbahnen (die Ausdrucksbewegung ist zu Papier gebracht). RORSCHACH dagegen setzt an den Eindrucksbahnen an, er baut seine Diagnose auf der zentral bedingten Auswahl der Eindrücke auf bzw. auf der aktiven Verarbeitung der Eindrücke durch Motivationen und Bewertungen, er steht an der *Endstation der Wahrnehmungsbahnen*. (Der Szondi-Test würde in diesem Schema mit seinen Wahlhandlungen der Graphologie näher stehen als dem Rorschach, denn er steht am Ende der Triebbahnen, also ebenfalls auf der Ausdrucksseite.)

Die Rorschach-Diagnose beruht also auf der *zentral bedingten Auswahl* der Eindrücke und ihrer *Verarbeitung*. Es ist eine naive, längst verlassene mechanistische Auffassung, anzunehmen, dass alle äusseren Eindrücke ohne Ausnahme gleichmässig aufgenommen und verarbeitet werden. Die „Zentralstelle" übt immerfort eine „Zensur" über die uns gebotenen Eindrücke aus; wir nehmen nur wahr, was uns „in den Kram passt". Gerade hierauf beruht die Möglichkeit einer Wahrnehmungsdiagnostik, denn wir können faktisch aus der Auswahl und der Verarbeitungsweise der Eindrücke (in der Wahrnehmung liegt ja schon ein sehr komplizierter Bearbeitungsprozess) auf den jeweiligen Zustand der Zentralinstanz schliessen, eben auf die Persönlichkeit. Aus diesem Grunde wird es auch verständlich, dass der Rorschach-Test ein so feinfühliges Instrument gerade für Diagnose *organischer* Störungen ist. Inwieweit man innerhalb der Gesamtheit eines Rorschach-Protokolls imstande ist, die antriebhaften Ladungsfaktoren von den regulierenden Hemmungsfaktoren im Aufbau der Persönlichkeit zu sondern, ist eine Frage der Technik. Tatsächlich ist dies, wie wir gesehen haben, in weitgehendem Masse der Fall.

Voraussetzung einer solchen Wahrnehmungsdiagnostik ist freilich, dass die normale „*Synergie der Sinnesfunktionen*" (KLAESI), das harmonische Zusammenspiel der einzelnen Sinne, *ungestört* ist. So kann z. B. Farbenblindheit die Ergebnisse des Rorschach etwas verschieben. (Freilich wird die Bedeutung gerade dieses Einflusses meist überschätzt.) Ferner kann eine Einengung des Gesichtsfeldes aus organischen Ursachen den Verlauf des Experiments in bestimmter Richtung beeinflussen. Auch Störungen anderer Sinne, z. B. aus der Hörsphäre, durch die der Gesichtssinn sozusagen überbelastet wird, sind gelegentlich zu berücksichtigen. Auf diesen wichtigen Vorbehalt hat ROLAND KUHN mehrfach hingewiesen[2].

Diese flüchtigen Vorbemerkungen, die nur zur ersten Orientierung gedacht sind, können vielleicht eine Antwort sein auf die Frage „Wo steht der Rorschach-Test?", sie sind aber noch lange keine Theorie des Tests. Es wäre aber ein Irrtum, zu glauben, dass es theoretische Grundlagen des Rorschach-Tests überhaupt noch nicht gebe.

Noch 1953 konnte der finnische Professor KARL BRUHN mit Recht schreiben, die rein theoretische Motivierung des Rorschach-Tests sei im allgemeinen „ziemlich seicht" gewesen[3].

Die Lage hat sich nun aber wesentlich geändert. RORSCHACH nannte seinen Versuch mit Recht ein „wahrnehmungsdiagnostisches Experiment", und tatsächlich hat uns die *Wahrnehmungspsychologie* in den letzten Jahren eine solide theoretische Grundlage für RORSCHACH's Test gegeben, nachdem sie zuerst von der Gestaltpsychologie und dann später von der Tiefenpsychologie und der Sozialpsychologie vielfach befruchtet wurde.

Schon WILHELM WUNDT betrachtete von seinem voluntaristischen Standpunkt aus die Wahrnehmung (an LEIBNIZ' Lehre von der Apperzeption anknüpfend) als einen vom Ich gesteuerten *aktiven*

---

[1] Das Schema findet sich (mit unbedeutenden Abweichungen) im Illustrationsbande der „Geschlechtskunde" von MAGNUS HIRSCHFELD als Tafel LXIV.
[2] ROLAND KUHN, Über Maskendeutungen im Rorschach'schen Versuch, Basel, 1944, S. 126, und: Über einen Fall von Nykturie, Monatsschrift f. Psychiatrie und Neurologie, Bd. 107, 1943, S. 187/188.
[3] KARL BRUHN, Bläckfläcksförsök med barn och ungdom. Societas Scientiarum Fennica. Commentationes Humanarum Litterarum. XIX. 1, Helsingfors, 1953, S. 6.

Prozess[1]. Er erkannte auch schon die Bedeutung einer der wichtigsten Voraussetzungen der projektiven Tests, der Unbestimmtheit des dargebotenen Materials. Eine bestimmte Art einer die Wahrnehmung beeinflussenden Assoziation nannte er Assimilation, ein Begriff, der später von PIAGET übernommen und ausgebaut wurde. WUNDT stellte nun fest, dass *reproduktive* (d. h. aus früheren Vorstellungen stammende) Bestandteile stärker an unserer Beobachtung beteiligt sind, „wenn die assimilierende Wirkung der direkten Erregungen durch äussere oder innere Einflüsse, wie Undeutlichkeit des Eindrucks, Erregung von Gefühlen und Affekten, gehemmt ist"[2].

Wir wollen im folgenden verschiedene Ansätze einer theoretischen Grundlegung des Rorschach-Testes noch etwas näher betrachten.

II. Theoretische Fundierung des Projektionsbegriffs

Zunächst sind da die Bemühungen um eine genauere Abgrenzung des Projektionsbegriffs (im Sinne von MEILI's „strukturaler Projektion", also Projektion im weiteren Sinne). Es ist zweckmässig, hier (mit BOESCH[3] und MOSER[4]) von gewissen Gedankengängen aus der Wahrnehmungslehre von PIAGET[5] auszugehen. PIAGET fasst die Wahrnehmung als einen Anpassungsprozess zwischen Subjekt und Objekt auf, wobei das Subjekt im Laufe seiner Entwicklung immer neue Anpassungsschemata entwickelt. Hierbei unterscheidet PIAGET die *Akkomodation*, d. h. den Umbau der Verhaltensschemata des Subjekts in der Weise, dass sie auf die Eigenschaften des Objekts abgestimmt werden, von der *Assimilation*, die einen Einbau des Objekts in die bereits vorhandenen Verhaltensschemata darstellt („l'incorporation des objets dans les schemes de la conduite")[6]. Entsprechen die dabei entwickelten Anpassungsmöglichkeiten des Subjekts mehr dessen aktuellen Bedürfnissen als den sachlichen Eigenschaften des Objekts, so spricht BOESCH von „egozentrischen assimilierenden Transformationen". (Da es vollständig „objektive" Wahrnehmungen nicht gibt, stellt *jeder* Wahrnehmungsprozess in meist mehrfacher Hinsicht eine Transformation dar, die jedoch bei der Projektion einen stärkeren Grad annimmt.)

Fördernde Bedingungen der Projektion sind (nach BOESCH, a. a. O., S. 84—85): 1. ein Absinken des Energiepotentials, welches ein strukturiertes Verhalten erschwert und das Subjekt veranlasst, vorgebildete Assimilationsschemata anzuwenden, 2. Transformationen infolge handelnder Anteilnahme des Subjekts, 3. starre Erwartungshaltungen, starke Automatisierungen (entstanden aus „prospektiven Wahrnehmungsschemata"), 4. ein erhöhter Bedürfnisdruck, der Abwehrmechanismen oder Phantasien der Befriedigung auslösen oder auch das Anspruchsniveau beeinflussen kann. Wir können daher mit ULRICH MOSER sagen: Je grösser der Bedürfnisdruck, je geringer die Differenzierung der Anpassungsmittel und je komplexer die Situation ist, desto wahrscheinlicher ist die Projektion.

Auf Grund dieser Überlegungen kam BOESCH dann (a. a. O., S. 87) zu folgender, vereinfachter Formulierung: „Die Projektion ist also der Versuch einer Anpassungsleistung in einem Zustand erhöhten Anpassungsdruckes (Bedürfnisspannung) und verminderter Anpassungsfähigkeit."

Gewisse Ansätze zum tieferen Verständnis des Projektionsvorganges finden sich auch in der *Verhaltenspsychologie*. In der Tierpsychologie konnte N. E. MILLER[7] nachweisen, dass die Annäherungsreaktion eine stärkere Generalisationstendenz aufweist als die Vermeidungsreaktion. MILLER sieht hierin ein Analogon des psychoanalytischen *Verschiebungs*prozesses. Wenn die hungrigen Ratten in einem Konflikt infolge der stärkeren Generalisation der Befriedigung ihres Hungers von einer Situation A auf eine Situation B verschieben, so verhalten sie sich ähnlich wie die gehemmten Menschen. Diese Verschiebungstheorie wurde dann von WHITING und SEARS mit Puppenspielexperimenten an Kindern nachgeprüft[8], und damit wurde der Verschiebungsprozess Gegenstand der experimentellen Forschung. Der Gedanke liegt nun nahe, die Testprojektion verhaltenspsychologisch als eine solche Verschiebung im Sinne MILLER's zu betrachten. Die Reizsituation der unstrukturierten Projektionstests ist „mehrdeutig" und löst deshalb im Subjekt mehrere konkurrierende Reaktionstendenzen aus. Trotzdem hier, wenn man will, ein Konflikt gewisser Triebfaktoren auf die Testsituation verschoben ist, so kann die Entscheidung, welche Reaktionstendenz sich nun durchsetzen wird, nicht mehr aus dem Verschiebungsprozess als solchem erklärt werden, sondern wir müssten sie einem zusätzlichen Motivationsfaktor zuschreiben[9].

---

[1] Siehe WILHELM HEHLMANN, Geschichte der Psychologie, Stuttgart, 1963, S. 276.
[2] WILHELM WUNDT, Grundriss der Psychologie, Leipzig, 1914, S. 284.
[3] ERNST E. BOESCH, Projektion und Symbol. Psychologische Rundschau IX, 2, 1960, S. 73—91.
[4] ULRICH MOSER, Vorlesung: Grundlagen projektiver Testverfahren, 1965.
[5] JEAN PIAGET, La psychologie de l'intelligence. — Coll. Arman Colin. Paris, 1947. Deutsch: Psychologie der Intelligenz, Zürich und Stuttgart, 1966, sowie: JEAN PIAGET, Les mécanismes perceptives. — Presses Universitaires de France, Paris, 1961.
[6] JEAN PIAGET, La psychologie de l'intelligence, S. 13.
[7] N. E. MILLER et al., Displacement. J. Exp. Psychol. 1952, 43, 217—231.
[8] FRED W. SCHMID, Experimentelle Tiefenpsychologie in den USA. Vortrag, gehalten am 11. Februar 1959 im Psychoanalytischen Kolloquium Zürich. Manuskript.
[9] FRED W. SCHMID, briefliche Mitteilung.

Es scheint so, dass diese Gedankengänge nicht weiter verfolgt worden sind. Wir werden dann später auch sehen, dass die entscheidenden Anregungen, eine theoretische Grundlegung der Persönlichkeitstests zu schaffen, von anderer Seite ausgegangen sind.

III. Form-Farbe-Forschung und Farbpsychologie

Da im Rorschach-Test Form und Farbe, in gewissem Sinne als Antagonisten, eine Rolle spielen, könnte man sich auch von der *Form-Farbe-Forschung* Beiträge zu seiner theoretischen Begründung erwarten. Seitdem KÜLPE im Jahre 1904 die Begriffe „Formbeachter" und „Farbbeachter" in die Wissenschaft eingeführt hatte[1], hat die Form-Farbe-Forschung in der experimentellen Psychologie noch bis in die dreissiger Jahre hinein eine bedeutende Rolle gespielt, sowohl in der Tierpsychologie, wie in der Entwicklungspsychologie, der Typenpsychologie und der Vererbungslehre. Obwohl die differentielle Psychologie der Typen sowie die Entwicklungspsychologie in mancher Hinsicht hierdurch gefördert wurden und diese Resultate *indirekt* auch der Rorschach-Forschung zunutze kamen, so haben sie doch direkt wenig Einfluss auf die Rorschach-Theorie gehabt und brauchen deshalb heute nicht mehr so eingehend behandelt zu werden, wie das noch in den früheren Auflagen geschehen ist. Wer sich dafür besonders interessiert, sei auf die ausgezeichnete Zusammenfassung bei LINDBERG[2] verwiesen.

Wichtiger erscheinen uns die Beiträge, die von der eigentlichen *Farbenpsychologie* zum theoretischen Verständnis des Rorschach-Testes beigesteuert wurden. Schon 1911 wurde von KATZ die Unterscheidung von „Oberflächenfarben" und „Flächenfarben" eingeführt[3], die auch in der Gestaltpsychologie und in der Figur-Grund-Forschung eine Rolle spielen sollte. KUHN hat mit Recht darauf hingewiesen, dass den Form-Farb-Antworten des Rorschach-Tests die Oberflächenfarben und den reinen Farbantworten die Flächenfarben entsprechen, während die Farb-Form-Deutungen in der Mitte liegen[4]. Wie die Oberflächenfarben haben ja auch die FFb eine enge Beziehung zur Welt der Gegenstände, zur Realitätserfassung, während von den reinen Fb das Gegenteil gilt: Sie schweben ohne Verbindung mit der Umwelt gewissermassen in der Luft und sind von der Welt der Objekte ebenso losgelöst wie die Flächenfarben. (Siehe hierzu auch die Fussnote 1 zu Kapitel 9, S. 208.) Entsprechend fand WEBER, dass es sich bei den labilen Farbantworten kleiner Kinder vorwiegend um Flächenfarben handelte[5].

Auf die grundlegende Arbeit von GOLDSTEIN und ROSENTHAL über die *Wirkung der Farben auf den Organismus*, die der Persönlichkeitsforschung ganz neue Perspektiven eröffnet hat, wurde an anderer Stelle (bei Behandlung des Erlebnistyps) bereits näher eingegangen. — Und schliesslich sei hier noch auf einen bestimmten Zweig der Gefühlspsychologie verwiesen, der in zahlreichen Untersuchungen Beachtung gefunden hat, auf den Zusammenhang zwischen *Farbwelt und Affektivität*[6].

IV. Gestaltpsychologie und Figur-Grund-Forschung

Grössere Bedeutung als der Farbpsychologie kommt der *Gestaltpsychologie* für die theoretische Fundierung des Rorschach-Tests zu.

Sowohl BINSWANGER und BINDER wie KUHN haben bereits auf die zahlreichen Beziehungen des Rorschach-Tests zur Gestaltpsychologie und ihren Problemen hingewiesen. KUHN hat ausserdem darauf aufmerksam gemacht, dass man sogar „im Rorschach-Protokoll eine einzige übergeordnete Gestalt" sehen kann[7]. (Wir haben auf diese Frage bei Behandlung der Auswertung bereits hingewiesen.) BROSIN und FROMM haben den verschiedenen Beziehungen zwischen Gestaltpsychologie und Rorschach-Test eine besondere Studie gewidmet[8], die zu den besten Arbeiten über den Test gerechnet werden kann.

Als eine Reaktion gegen die frühere sogenannte „atomistische" Psychologie geht die Gestaltpsychologie vom Gesamteindruck aus und sucht das Einzelerlebnis aus diesem zu verstehen, nicht umgekehrt *(Primat der Ganzzeit)*. Infolge seiner organisierten Struktur ist das Ganze im seelischen Erlebnis stets mehr als die blosse Summe seiner Teile, und jeder Versuch eines Verständnisses der einzelnen Teile „als Stücke einer Und-Summe" (WERTHEIMER) ist zum Scheitern verurteilt.

---

[1] OSWALD KÜLPE, Versuche über Abstraktion. — Bericht über den 1. Kongress für experimentelle Psychologie, Leipzig, 1904, S. 56.
[2] BENGT J. LINDBERG, Experimental Studies of Colour and Non-Colour Attitude in School Children and Adults, Copenhagen, 1938.
[3] DAVID KATZ, Der Aufbau der Farbwelt, Leipzig, 1930.
[4] ROLAND KUHN, Über Rorschach's Psychologie und die psychologischen Grundlagen des Formdeutversuches, in: „Psychiatrie und Rorschach'scher Formdeutversuch", S. 41/42.
[5] A. WEBER, Der Rorschach'sche Formdeutversuch bei Kindern, in: „Psychiatrie und Rorschach'scher Formdeutversuch", S. 52.
[6] Näheres siehe bei K. W. BASH, Ganzeigenschaften als Determinantenträger im Rorschach-Versuch. — Schweiz. Ztschr. f. Psychologie, 1957, XVI, S. 121 ff.
[7] ROLAND KUHN, a. a. O., S. 41.
[8] HENRY W. BROSIN and E. FROMM, Some Principles of Gestalt Psychology in the Rorschach Experiment. Rorschach Research Exchange, Volume VI, Nr. 1, 1942.

Dies hatte im Prinzip bereits der österreichische Psychologe CHRISTIAN VON EHRENFELS erkannt, der eigentliche Schöpfer des Gestaltbegriffs. Er nannte die schwer definierbaren Eigenschaften gewisser Dinge, die in der Gruppierung und Anordnung ihrer Teile oder in ihrer Form oder Gestalt selbst liegen, „*Gestaltqualitäten*" (1. Ehrenfels-Kriterium). v. EHRENFELS definiert die Gestaltqualitäten als „positive Vorstellungsinhalte, welche an das Vorhandensein von Vorstellungskomplexen im Bewusstsein gebunden sind, die ihrerseits aus voneinander trennbaren (d. h. ohne einander vorstellbaren) Elementen bestehen"[1]. Die Gestaltqualitäten können räumlicher oder zeitlicher Art sein. Weiterhin entdeckte v. EHRENFELS, dass sich Gestalten „transponieren" lassen (2. Ehrenfels-Kriterium). Eine Melodie bleibt dieselbe, wenn sie in eine andere Tonart transponiert wird, und ein Muster das gleiche, wenn nur die gegenseitigen Helligkeitsverhältnisse gewahrt sind, auch wenn alle einzelnen Farbtöne und Helligkeitswerte verändert sind. (Dies gilt sogar für Tiere.) Es kann auch vom Akustischen ins Optische transponiert werden und umgekehrt. Es gibt ja eine Raumrhythmik gerade so gut wie eine Zeitrhythmik. Dass wir diese Gestaltqualitäten als solche wahrnehmen und nicht die objektiv gegebenen Helligkeits-, Farb- und Sättigungswerte bestimmter Ausdehnung, liegt an *uns*, kann also nur durch im Menschen wirksame psychologische Gesetze erklärt werden.

Ganz allgemein besteht beim Menschen die *Tendenz*, „*Dinge*" *zu sehen*, und auf dieser Tendenz beruhen die bekannten psychologischen Konstanzgesetze (Grössen-, Helligkeits- und Farbenkonstanz). Aber warum sehen wir die Dinge *so* und nicht anders? WERTHEIMER[2] untersuchte als erster die Gesetze der spontanen Gruppierung der Sehdinge im Gesichtsfelde, und er fand dabei den grössten Teil jener *Gestaltgesetze* (oder -faktoren), über die heute bereits eine ganze Literatur besteht. Da diese Gesetze uns in den Erfassungsproblemen des Rorschach-Tests auf Schritt und Tritt begegnen, wollen wir die wichtigsten von ihnen ganz kurz erwähnen.

a) *Der Faktor der Nähe.* „Die Zusammengefasstheit resultiert — ceteris paribus — im Sinne des kleinsten Abstandes" (WERTHEIMER S. 308). Auf diesem Gesetz beruht u. a. die merkwürdige Tatsache, dass die Sternbilder bei allen Völkern und zu allen Zeiten gleichartig gesehen und zusammengefasst wurden.

b) *Der Faktor der Gleichheit (Gleichartigkeit).* „Sind mehrere Reize zusammen wirksam, so besteht — ceteris paribus — die Tendenz zu der Form, in der die gleichen zusammengefasst erscheinen" (WERTHEIMER, S. 309). Und: „Nicht nur Gleichheit und Ungleichheit, sondern auch grössere und geringere Ungleichheit wirken — in gewissem Bereich — noch in demselben Sinne" (WERTHEIMER, S. 311). Bei einer Konkurrenz mit dem Faktor der Nähe siegt der Faktor der Gleichheit (ibidem, S. 313). Die „Gleichheit" richtet sich also nach dem jeweils *stärksten* Unterschied *(Gesetz der Unterdrückung geringer Unterschiede durch grössere)*[3]. Dieses Prinzip ist von grösster praktischer Bedeutung. Auf ihm beruht u. a. die „Blendung", bei der die feineren Unterschiede durch den stärkeren Helligkeitsunterschied zwischen Laterne und Umgebung verwischt werden. Und sogar in der Sozialpsychologie ist dieses Gesetz wirksam, wo es bekanntlich von FREUD beschrieben wurde (Zusammenschluss von Menschen verschiedener politischer Anschauung gegenüber gemeinsamen Feinden); das Gegenstück dazu wäre der „Narzissmus der kleinen Differenzen".

Ein Sonderfall des Faktors der Gleichheit ist der *Faktor des gemeinsamen Schicksals*. Bei Bewegungsverschiebungen gilt: „die vom gemeinsamen Schicksal betroffenen Bestandstücke resultieren (in Gegenwirkung gegen das Gesetz der Nähe) in Zusammengefasstheit" (WERTHEIMER, S. 316). Dies spielt für den unbeweglichen Rorschach-Test nun eine geringere Rolle, um so mehr dagegen der *Faktor der objektiven Einstellung:* Werden nämlich Bestandstücke systematisch stufenweise variiert, so ergeben sich bestimmte „Prägnanzstufen", der Verlauf zeigt „Knicke". Sobald aber solche *Veränderungen als Teil einer Folge* auftreten, „so wird das gesetzlich bestimmt: eine Konstellation, die in der einen Folge in bestimmter Form resultiert, resultiert in einer anderen Folge in bestimmt anderer Form" (WERTHEIMER, S. 319). Wahrscheinlich ist die sogenannte „normale" Sukzession beim Rorschach eine Funktion dieses Einstellungsfaktors, und die verschiedenen Abweichungen davon beruhen auf einer mehr oder weniger grossen Überempfindlichkeit für andere (affektive) Faktoren des Versuchs. Ausserdem ergibt sich daraus die Unzulässigkeit des „trial blots".

c) *Der Faktor der guten Kurve* (der durchgehenden Geraden, der durchgehenden Kurve, des glatten Verlaufs usw.): „es kommt auf die ‚gute' Fortsetzung an, auf die ‚kurvengerechte', auf das ‚innere Zusammengehören', auf das Resultieren in ‚guter Gestalt', die *ihre* bestimmten ‚inneren Notwendigkeiten' zeigt." Mit dieser, wie er selbst sagt, „sehr vorläufigen Benennung" formulierte WERTHEIMER zuerst das Gesetz (S. 324), das später allgemein das *Gesetz der guten Gestalt* genannt wurde, bisweilen auch das Gesetz der *grössten Ordnung* oder der *Einheitlichkeit des Aufbaus*.

d) *Der Faktor der Geschlossenheit.* Eine bestimmte Art prägnanter „Ganzeigenschaften" spielt „eine ausgezeichnete Rolle: Eigenschaften wie ‚Geschlossenheit', ‚Symmetrie', ‚inneres Gleichgewicht'"

---

[1] CHRISTIAN VON EHRENFELS, Über Gestaltqualitäten, Vierteljahresschrift f. wissensch. Philosophie, 1890.

[2] MAX WERTHEIMER, Untersuchungen zur Lehre von der Gestalt. Psychologische Forschung, Bd. 4, 1923, S. 301–350.

[3] WOLFGANG METZGER, Gesetze des Sehens, Frankfurt a. M., 1936, S. 29.

(WERTHEIMER, S. 325), doch lässt sich dieser Faktor sehr wohl gegen den der guten Kurve isolieren (S. 326).

Hierher gehören also auch das *Gesetz der Symmetrie*, das wiederum (namentlich auf dem Gebiete des Tastsinnes) mit dem *Gesetz der gemeinsamen Mitte* in Verbindung steht. Bei kleinen Kindern werden aber auch Sehdinge mehr von der gemeinsamen Mitte aus aufgebaut als nach dem Gesetz des glatten Verlaufs[1]. Das erklärt vielleicht die bei Kindern häufigere Deutung von sternartigen, radialsymmetrischen Gebilden im Rorschach.

Dies gilt nun alles, und das ist für den Rorschach-Experten besonders wichtig, nicht nur für Kurven, sondern auch für *Flächen*. Bei Flächenstücken verschiedener Färbung besteht die „Tendenz", dass eine Ganzfläche in einheitlicher (homogener, zentrosymmetrischer usw.) Färbung resultiert. (Das Gesetz der Gleichheit wird so ein Spezialfall dessen der guten Gestalt)" (WERTHEIMER, S. 327).

e) *Der Faktor der Gewohnheit (der „Erfahrung")*. Bei ungefähr gleichen Chancen für zwei verschiedene Auffassungen gilt: „welche Fassung resultiert, hängt prinzipiell nur von der (sachlich beliebigen) Gewohnheit oder dem Drill ab" (WERTHEIMER, S. 331). Wie aber schon WERTHEIMER mit einigen sehr schönen Beispielen demonstriert hat, ist dieser Faktor nicht sehr durchschlagend. Er behauptet sich nicht besonders stark in der Konkurrenz mit den anderen Faktoren. Und KÖHLER sagt geradezu: „Habit has been enormously overrated in the theoretical treatment of life[2]."

f) *Der Faktor der Prägnanz* soll diese summarische Aufzählung beschliessen. Es besteht die Tendenz, Figuren, die bis zu einem gewissen Grade von einer bestimmten „prägnanten" Form abweichen, in dieser prägnanten Form aufzufassen. Zum Beispiel wirkt ein nicht ganz runder Kreis doch als Kreis. KOFFKA hat dieses Gesetz so formuliert: „Die psychologische Organisation ist immer so gut, wie die herrschenden Bedingungen es gestatten." KATZ hat dem Gesetz eine andere Fassung gegeben: „Der Organismus hat die Tendenz zu ganz bestimmten ausgezeichneten Verhaltensweisen, sei es dass es sich um Wahrnehmungen oder Bewegungen oder Haltungen handelt[3]."

Wie wir vorher gesehen haben, erscheinen homogene (und übrigens auch gewisse ähnliche) Felder als Ganzfelder. „Das ist ähnlich der Fall bei solchen ‚Unterganzen', die gesetzlich als Ganzflächen resultieren" (WERTHEIMER, S. 348), und es heisst dann weiter: „Der prägnanteste Fall des Resultierens eines Gebildes in solchem Ganzfeld ist dann gegeben, wenn in dem homogenen Ganzfeld ein Flächenfeld (eine geschlossene Teilfläche einfacher Form) anders homogen gefärbt ist (deutlich anders, bevorzugt: eindringlicher)." Ist diese Teilfläche vom Ganzfeld umschlossen, so entsteht das Verhältnis von Figur und Grund.

Dies ist nun ein Teilgebiet, das von fast allen europäischen und amerikanischen Psychologen ebenfalls zur Gestaltpsychologie gerechnet wird, die *Erforschung des Verhältnisses von Figur und Grund*. EDGAR RUBIN, der dieses Gebiet in einer grundlegenden Arbeit „Visuell wahrgenommene Figuren" (Kopenhagen, 1921) eingehend behandelt hat, rechnete sich jedoch *nicht* zur gestaltpsychologischen Schule. Da die wichtigsten Ergebnisse dieser Arbeit zum Verständnis einer Reihe von Problemen des Rorschach-Tests unentbehrlich sind, seien sie in knapper Zusammenstellung im folgenden wiedergegeben. (Hier ist jetzt nur von *Flächen*figuren die Rede, nicht von Konturen.)

Die Figur wird in mehrfacher Hinsicht anders erlebt als der Grund. Wir können diese Eigentümlichkeiten als *Figur-Qualitäten* bezeichnen. Es sind folgende:

1. Die Figur-*Fläche* tritt als fest geformt hervor und wirkt *real*, der Grund hat keine Form und hat geringere Realität.

2. Die Figur wird als *Ding* erlebt, der Grund als *Stoff*.

3. Die Figur hat Oberflächenfarbe, der Grund Flächenfarbe (im Sinne von KATZ). Die Anpassung an die Beleuchtungsverhältnisse (normal bei der Oberflächenfarbe) ist stärker bei der Figur.

4. Die Figur hat die Tendenz, als *vor* dem Grunde lokalisiert zu erscheinen. Dies nennt RUBIN den „subjektiven Lokalisationsunterschied".

5. Der Grund setzt sich hinter der Figur fort.

6. Der Unterschied zwischen zwei als Figur erlebten Gegenständen ist grösser als der zwischen zwei als Gründen erlebten.

7. „Die Figur ist im Verhältnis zum Grunde eindringlicher und vorherrschender. Alles sich auf die Figur Beziehende wird besser erinnert, und die Figur aktualisiert viel mehr Erfahrungsniederschläge als der Grund."

Einige *Bedingungen* wurden noch herausgearbeitet, unter denen ein Feld vorzugsweise als Figur erlebt wird. Uns interessieren davon namentlich zwei, nämlich:

1. *Kleine umschlossene Felder* werden mit grösster Wahrscheinlichkeit als Figur erfasst.

2. Von zwei senkrecht übereinander stehenden Feldern wird meist das *untere* als Figur erlebt. Letzteres hängt mit den uns gewohnten Verhältnissen auf der Erde zusammen, wo die Dinge auf der Erde stehen und sich gegen den Himmel abheben.

---

[1] WOLFGANG METZGER, a. a. O., S. 41.
[2] WOLFGANG KÖHLER, Gestalt Psychology, New York, 1945, S. 338.
[3] DAVID KATZ, Gestaltpsychologie, Basel, 1961, S. 46.

Der subjektive Lokalisationsunterschied ist bereits früher bei Behandlung der Figur-Hintergrund-Verschmelzung eingehend besprochen worden.

Es ist ohne weiteres ersichtlich, dass gestaltpsychologische Gesichtspunkte und Figur-Grund-Verhältnisse schon bei der *Signierung* eines Rorschach-Protokolls eine sehr grosse Rolle spielen. Die G-, die D- und die V-Antworten werden erst voll verständlich, wenn man sie als „Ganze", „Unterganze" und „gute Gestalten" betrachtet. Vermutlich überschneiden sich hier verschiedene Faktoren. Die Gestaltpsychologie lehrt uns auch, dass die Form vom Erfassungsmodus abhängt, der das Primäre ist. Was nicht erfasst wird, hat keine „Form". Es ist entweder Grund oder gehört einer anderen Formstruktur an[1]. Jede Assoziation, also auch jede Kleckdeutung setzt nach der Gestaltpsychologie eine aktive „Organisierung" voraus[2]. Und schliesslich mag noch erwähnt werden, dass nach gestaltpsychologischer Auffassung vorausgegangene kinästhetische Erfahrung nicht die Gestalterfassung an sich erklären kann (KÖHLER, a. a. O., S. 167), woraus sich bereits die Sonderstellung der B gegenüber den entsprechenden F-Deutungen ergibt. Die B müssen also noch ein Plus über die blosse Gestalterfassung hinaus enthalten, ein Plus, das uns erst aus der Tiefenpsychologie verständlich wird (ein Weg, den sowohl RORSCHACH selbst wie FURRER und nach ihm viele andere eingeschlagen haben.)

Dass sowohl der namentlich von KÖHLER vertretene *psychophysische Isomorphismus* sowie seine und KURT LEWIN's *Feldtheorie* und topologische Psychologie der Rorschach-Forschung manche Anregungen gegeben haben, sei nur am Rande vermerkt. Diese Theorien dürfen heute wohl als allgemein bekannt vorausgesetzt werden.

Einen neueren Beitrag zur gestaltpsychologischen Betrachtungsweise von Rorschach-Problemen hat BASH geliefert[3]. Er unterscheidet mit WOLFGANG METZGER[4] *drei Arten von Ganzeigenschaften*, die Struktur oder das Gefüge (inkl. Rhythmus und Verlaufsstruktur von Bewegungen), die Ganzqualität (in erster Linie die „Material"-Eigenschaften) und das Wesen, das vor allem alle Ausdruckseigenschaften umfasst (inkl. „Gefühlswert"). BASH weist nun nach, dass die *Farbantworten* mit den Gefühlen (speziell den Einzelgefühlen) auch das „*Wesen*" zum Ausdruck bringen, während die *Hd-Antworten* BINDER's mit der Ganzqualität (dem Material) die Gesamtgefühle oder Stimmungen ausdrücken. Die Struktur schliesslich steht nicht nur mit der *Formdeterminante*, sondern via Rhythmus und Verlaufsstruktur auch mit den *Bewegungs*antworten in Beziehung.

Im grossen und ganzen darf man wohl sagen, dass die Gestaltpsychologie trotz mancher wertvoller Anregungen nicht „das" Fundament der Rorschach-Theorie geliefert hat. Sie hat in dieser Hinsicht eher enttäuscht, was in der Hauptsache damit zusammenhängt, dass ihre Anhänger sich weit mehr mit *allgemein*-psychologischen Problemen als mit der Persönlichkeitspsychologie beschäftigt haben. Sie hat, wie WITKIN und LEWIS es kurz und treffend formuliert haben, „neglected the role of personal factors in perception"[5].

V. Die Perception-Personality-Schule

1. Allgemein

Der Rorschach-Test basiert offenbar auf der Grundannahme, „dass zwischen dem Wahrgenommenen und der Persönlichkeit ein Isomorphismus bestehen soll". So hat ALBERT SPITZNAGEL den Ausgangspunkt jeder Rorschach-Theorie einmal formuliert[6]. Diese Grundannahme hat sich nun in der Psychologie unserer Zeit durch die Ergebnisse einer neuen Forschungsrichtung bestätigt, denn GORDON W. ALLPORT sagt: „Eine bemerkenswerte Entwicklung in der neueren Psychologie ist die Entdeckung, dass diese Struktur (sc. der Persönlichkeit) gleichfalls dazu beiträgt, alltägliche Wahrnehmungen zu formen, und zwar auf Wegen, die man bisher nicht vermutete[7]."

ALLPORT's Bemerkung bezieht sich auf eine Forschungsrichtung, die gewöhnlich die *perception-personality school* genannt wird. Sie hat wohl die wichtigsten Beiträge zu einer theoretischen Fundierung des Rorschach-Tests geliefert, ja diese Fundierung eigentlich erst ermöglicht. Denn sie erteilt uns die Antwort auf die Frage: Wie ist Persönlichkeitsdiagnostik aus der Wahrnehmung überhaupt möglich? Mit vollem Recht konnte daher PIOTROWSKI für die Rorschach-Diagnostik, die ja von ihrem Urheber selbst als „wahrnehmungsdiagnostisches Experiment" bezeichnet wurde, den Ausdruck „*Perceptanalysis*" einführen[8].

---

[1] Nähere Einzelheiten zur Frage der Formerfassung findet der Leser bei WOLFGANG KÖHLER, Gestalt Psychology, S. 196/197, 201, 203 und 212.
[2] Siehe hierüber WOLFGANG KÖHLER, a. a. O., S. 290 und 313.
[3] K. W. BASH, Ganzeigenschaften als Determinantenträger im Rorschach-Versuch. — Schweiz. Ztschr. f. Psychologie, 1957, Bd. XVI, S. 121—126.
[4] WOLFGANG METZGER, Psychologie. 2. Aufl., Darmstadt, 1954.
[5] H. A. WITKIN, H. B. LEWIS et al., Personality through Perception, New York, 1954, S. 481.
[6] ALBERT SPITZNAGEL, Grundlagen, Ergebnisse und Probleme der Formdeutverfahren, in: Handbuch der Psychologie, Bd. 6, Psychologische Diagnostik, Göttingen, 1964, S. 566.
[7] GORDON W. ALLPORT, Werden der Persönlichkeit, Bern, 1958, S. 81.
[8] ZYGMUNT A. PIOTROWSKI, Perceptanalysis, New York, 1957.

PIOTROWSKI war es auch, der als wichtigstes Grundprinzip einer Rorschach-Theorie die in der Wahrnehmung liegende *Auswahl* bezeichnete. „No perception without selection", und er erkannte auch, dass diese „selection is a function of personality[1]". Was wir auswählen, ist nur ein Bruchteil des Gebotenen. In der Sprache der Kommunikationstheorie könnte man auch sagen: Die Redundanz ist immer grösser als die Menge der aufgenommenen Signale.

Die perception-personality school hat sich zuerst in Amerika entwickelt, und das ist keineswegs verwunderlich. Sind doch diese Gedanken indirekt aus dem amerikanischen Funktionalismus herausgewachsen, der sich besonders für den Zusammenhang des Individuums und seiner Motivationen und Gefühle mit gesellschaftlichen Einflüssen und Erfahrungen interessiert[2]. So schrieb LEWIN[3] schon 1942, „dass auch die Wahrnehmung von den Bedürfnissen und den Gefühlen des Individuums abhängt". Und NEWCOMB konnte mit Recht sagen: „that perception never corresponds exactly to the objects which stimulate perception but only to an individual's experience of them[4]." Die perception-personality-Forschung wurde möglich durch die allmähliche Verschiebung des Interesses von mehr allgemein-psychologischen Gesichtspunkten zu Problemen der differenziellen und Persönlichkeitspsychologie, eine Verschiebung, die in den letzten Jahrzehnten immer deutlicher zutage tritt.

Einen guten Überblick über die Grundlagen und Anfänge dieser Forschungsrichtung erhält man aus dem von BLAKE und RAMSEY herausgegebenen Sammelwerk „Perception. An Approach to Personality"[5]. Schon in ihrem Vorwort machen die Herausgeber geltend, dass die Persönlichkeit und ihre sozialen Beziehungen aus ihrer Wahrnehmungsweise verständlich werden[6]. BLAKE zitiert GARDNER MURPHY („Personality"): "If we understand the differences in *perceiving* we shall go far in understanding the differences in the resulting behavior"[7], um dann selbst ein wenig später auszusprechen: "Each experience modifies the reaction potentialities of the structure" ... "Each individual perceives a given reality in a characteristic way, and in this sense there are as many realities as there are perceivers[8]".

Jede Wahrnehmung wird aber nicht nur durch die früheren Erlebnisse des Wahrnehmenden, sondern auch weitgehend durch die Kultur beeinflusst, in der er lebt. BLAKE zitiert hier LAWRENCE K. FRANK: "In every culture the individual is of necessity 'cribbed, cabinned and confined' within the limitations of what his culture tells him to see, to believe, to do, and to feel[9]."

Das Ziel solcher Forschung ist dann, wie KLEIN formuliert, "a theory which would lead to laws of *perceivers*, not laws of *perception*"[10].

Infolge dieser Zusammenhänge sind *Wahrnehmungs- und Persönlichkeitstheorie* nach heutiger Auffassung eng miteinander verflochten. BRUNER spricht davon, "that perceptual processes are critical intervening variables for personality theory and that personality processes are indispensable intervening variables for perceptual theory"[11]. Die wechselseitige Bezogenheit geht manchmal so weit, dass man sich auf dem einen Gebiet in der Sprache des anderen ausdrücken kann. So sagt BRUNER: "In so far as 'perceptionists' make forays into the theory of personality, the result is usually a projection of perception categories on to the nature of personality. Rorschach's work is typical, and we find investigators today who, in conversation if not in print, will refer to a patient as 'typically a rare detail kind of personality' or 'highly coarted' or 'very CF'[12]." Die beiden Betrachtungsweisen werden, meint BRUNER, unweigerlich zusammenlaufen. "At that happy point of convergence, doubtless, personality theory and perceptual theory will themselves merge into a common theory of behaviour"[13], – und so ist es denn auch gekommen.

Man kann im ganzen, später noch zu Erörterndes vorgreifend, mit M. LAWRENCE sagen:

"1. ... your perceptions are based, not on one phenomenon, but on the statistical avarage you use as presumptions.

2. ... these statistical avarages you used as presumptions are based on a great many past experiences.

3. ... your perceptions result from a apparent weighing your mind of a very large number of indications and ... this weighing of numerous factors goes on swiftly and unconsciously.

---

[1] ZYGMUNT A. PIOTROWSKI, a. a. O., S. 37.
[2] Siehe WILHELM HEHLMANN, Geschichte der Psychologie, Stuttgart, 1963, S. 276.
[3] KURT LEWIN, Feldtheorie in den Sozialwissenschaften, Bern und Stuttgart, 1963, S. 125.
[4] THEODORE M. NEWCOMB, Social Psychology, London, 1963, S. 316.
[5] ROBERT R. BLAKE and GLENN V. RAMSEY, Perception. An Approach to Personality, New York, 1951.
[6] BLAKE and RAMSEY, a. a. O., S. III.
[7] a. a. O., S. 8.
[8] a. a. O., S. 10.
[9] a. a. O., S. 15. Zitat aus LAWRENCE K. FRANK, Society as the patient, New Brunswick, 1949.
[10] GEORGE S. KLEIN, in: BLAKE and RAMSEY, a. a. O., S. 21 und 328.
[11] JEROME S. BRUNER, in: BLAKE and RAMSEY, a. a. O., S. 121. Der Begriff der „intervenierenden Variablen" wurde von CLARK LEONHARD HULL eingeführt für alle die individuellen psychischen Bedingungen, die sich nicht in das behavioristische Reiz-Reaktions-Schema einordnen lassen (siehe WILHELM HEHLMANN, Geschichte der Psychologie, S. 198, 265 und 366).
[12] JEROME S. BRUNER, in: BLAKE and RAMSEY, a. a. O., S. 121/122.
[13] a. a. O., S. 122.

4. ... your mind takes conflicting indications into account[1]."

Da in diese Voraussetzungen der Wahrnehmung auch zahlreiche unbewusste Prozesse eingehen, ist die Wahrnehmung also, wie wir noch sehen werden, auch *tiefenpsychologischen* Überlegungen zugänglich[2].

In diesem Zusammenhange sollen noch *zwei Versuche einer spezifischen Theorie der projektiven Psychologie* erwähnt werden, die in dem Sammelwerk von LAWRENCE EDWIN ABT und LEOPOLD BELLAK enthalten sind[3]. Auch ABT geht davon aus, dass alle Wahrnehmung *selektiv* ist (a. a. O., S. 47). Diese Selektivität muss als Funktion eines individuellen „*Referenzrahmens*" betrachtet werden. Reize haben an sich keinen absoluten Reizwert. Der Reiz wirkt immer im Rahmen eines Gesamtfeldes (W. KÖHLER), was auch die vergangenen Erfahrungen des Individuums mit umfasst. ROGERS spricht von einem „inneren Referenzrahmen", in dem auch die Vorstellungen von der eigenen Persönlichkeit *(self-concept)* enthalten sind (a. a. O., S. 48). Nach SHERIF spielen die inneren Faktoren der Wahrnehmung eine um so grössere Rolle, je unbestimmter und unstrukturierter das Reizfeld ist, und dies machen sich nun die projektiven Tests zunutze (a. a. O., S. 50). ABT fasst die heutige dynamische Auffassung der Wahrnehmung in die Worte zusammen: "... we may look upon perception as an active and purposeful process which involves the whole organism in relation to its field. By its nature perceptual activity has roots that extend deeply into the whole matrix of the individual's past experiences, and the perceptual activities of the individual reach out to fashion his orientation to the future" (S. 52). Da jede Wahrnehmung u. a. die Funktion hat, den Organismus instand zu setzen, sich selbst zu schützen, fungiert die *Wahrnehmung auch* stets als *eine Abwehr des Ichs* (S. 52/53). (Wir werden diesen Gesichtspunkt später bei MCGINNIES und KRAGH wiederfinden.) Die Wahrnehmung spielt also eine wichtige Rolle im Prozess der psychischen *Homöostase* (S. 53). Bei den Wahrnehmungsprozessen der projektiven Methoden werden zum Zwecke der psychischen Homöostase die für das Individuum typischen Abwehrmechanismen aktiviert, damit die für dieses Individuum habituelle *Angsttoleranz*schwelle nicht überschritten wird.

Auch in den Gedankengängen von BELLAK spielen die Abwehrmechanismen eine entscheidende Rolle. Er macht eingangs darauf aufmerksam, dass schon nach FREUD (Totem und Tabu) die *Projektion* nicht ausschliesslich der Abwehr von Konflikten dient. Sie ist *ein primitiver Mechanismus*, der auch unsere Sinneswahrnehmung beeinflusst. Sie beruht nach FREUD auf einer Koexistenz von Wahrnehmung und Erinnerung, oder verallgemeinert auf dem Vorhandensein unbewusster Prozesse neben den bewussten (a. a. O., S. 10). Jede gegenwärtige Wahrnehmung ist also von vergangenen Wahrnehmungen beeinflusst, und diese Wechselwirkungen machen das Wesen der Persönlichkeit aus (S. 11)[4].

BELLAK übernimmt von HERBART den Ausdruck Apperzeption und definiert diese als „an organism's (dynamically) meaningful interpretation of a perception" (S. 11/12). Jede Wahrnehmung enthält also eine sinnvolle „apperceptive distortion" (Wahrnehmungsverfälschung). Eine „rein kognitive Wahrnehmung" gibt es nicht (S. 12). Hierbei gibt es auch eine *Sensitivierung:* Ein Objekt, das in ein präformiertes Schema hineinpasst, wird leichter wahrgenommen. BELLAK sieht nun in der Wahrnehmung wie PIAGET auch ein *Anpassungs*verhalten (S. 17). Psychoanalytisch gesehen, geschieht die Anpassung durch die Abwehrmechanismen, in denen sich der Einfluss vergangener Wahrnehmungen geltend macht (S. 21). "The theory of defense mechanisms is really a theory concerned with the selective influence of memory percepts on the perception of contemporary events" (S. 23).

Diese nur ganz skizzenhaften Andeutungen über die interessanten Theorien von ABT und BELLAK mögen genügen.

Man kann nun in der Perception-personality-Forschung eine mehr *statische* und eine mehr *dynamische* Richtung unterscheiden, die freilich in manchen Punkten fliessend ineinander übergehen.

2. Statische Forschungen

Unter den mehr statischen Untersuchungen gibt es wieder solche, die mehr die *konstitutionellen* und solche, die mehr die *funktionellen* Faktoren herausarbeiten. Hierbei ist nochmals zu betonen, dass wir „Konstitution" nicht im rein erbbiologischen Sinne verstehen, sondern unter Einschluss früher Milieueinflüsse. Die Konstitution (als *relativ* beständiger Typus verstanden) ist also zum Teil bereits ein Erziehungsprodukt.

---

[1] M. LAWRENCE, Studies in Human Behavior, Princeton, 1949, hier zitiert von JAMES G. MILLER, in: BLAKE and RAMSEY, a. a. O., S. 276.

[2] Siehe WERNER WOLFF, in: VON BRACKEN und DAVID, Perspektiven der Persönlichkeitstheorie, Bern, 1959, S. 243. WOLFF hat selbst mit interessanten Experimenten zu dieser Forschung beigetragen, z. B. in „The Expression of personality; experimental depth psychology", New York, 1943.

[3] LAWRENCE EDWIN ABT und LEOPOLD BELLAK, Projective Psychology, Clinical Approaches to the total Personality, New York, London, 1959.

[4] BELLAK führt diesen Gedanken auf HUME's „Nihil est in intellectu, ..." zurück. Er ist aber in Wirklichkeit viel älter: HUME hat ihn (wie auch LEIBNIZ) von LOCKE übernommen. Der Satz geht aber schon auf THOMAS VON AQUIN zurück, und sowohl die Sache selbst wie das Bild von der leeren Tafel finden sich bereits bei ARISTOTELES. (Siehe HEHLMANN, Geschichte der Psychologie, S. 17, 18, 54, 77, 85.)

a) *Vorwiegend konstitutionell eingestellte Untersuchungen*

Hier wäre wohl in erster Linie die Arbeit der New-Yorker Schule von WITKIN und Mitarbeitern zu erwähnen, die in ihrem Werk „Personality through Perception"[1] gewisse konstitutionelle Gesichtspunkte der Perception-Personality-Forschung herausgearbeitet hat. Trotz der relativ abseits liegenden Fragestellung dieses Buches (alles wird darauf abgestellt, ob die Versuchspersonen in ihrer Auffassung der Umwelt viel oder wenig vom Gesichtsfelde abhängig sind, im letzteren Falle sich also mehr am eigenen Körper orientieren) ist man hier im Prinzip auf dem richtigen Wege, nämlich in der Bemühung, den Zusammenhang zwischen Wahrnehmung und Persönlichkeit experimentell nachzuweisen. Die Untersuchungen dieser Schule sind für die Rorschach-Forschung auch deshalb von besonderem Wert, weil sich hier gezeigt hat, dass die Einstellung des Menschen zur *Raumorientierung*, die RORSCHACH's Erlebnistypus zugrunde liegt, wirklich für das Verhalten der Persönlichkeit von grundlegender Bedeutung ist[2].

Die Forschergruppe von WITKIN arbeitet mit drei Grundversuchen, der „road-and-frame situation", der „tilting-room-tilting-chair situation" und der „rotating-room situation", die hier im einzelnen aus Platzgründen nicht dargestellt werden können. Sie geben darüber Aufschluss, ob sich die Versuchsperson zur Raumorientierung vorzugsweise der Eindrücke des Gesichtsfeldes oder der durch Kinästhesien vermittelten eigenen Körperlage bedient, m. a. W., ob die Raumorientierung von aussen oder von innen erfolgt. Im ersten Falle sprechen die Verfasser von field-dependent people, im letzten Falle von field-independent people. Dabei ergaben sich nun eine Menge interessanter Zusammenhänge. Die Verfasser selbst stellen fest, dass der hauptsächliche Unterschied der beiden Gruppen in der Beziehung der Person zur Umgebung und zu sich selbst liege (S. 312), und zwar kommen hierbei vor allem drei Aspekte der Persönlichkeit in Betracht: die Beziehung des Individuums zur Umgebung, die Triebbeherrschung und die Selbstbeurteilung (S. 467). „*Field-dependent persons*" sind der Umgebung gegenüber passiver, mit ihren eigenen Antrieben wenig vertraut und ihnen gegenüber ängstlich eingestellt, sie haben wenig Selbstwertgefühl und ein relativ primitives, undifferenziertes Körperschema. „*Field-independent* or analytical perceptual performers" zeigen dagegen eine Tendenz zu Aktivität und Unabhängigkeit ihrer Umgebung gegenüber, sie haben ein engeres Verhältnis zu und eine bessere Kontrolle über ihre Antriebe — (die B als Bremsfaktor!) — und ein relativ grosses Selbstwertgefühl und ein differenzierteres, reiferes Körperschema (S. 469). Wie praktisch alle neueren Forscher heben auch diese Autoren ausdrücklich hervor, dass das Individuum nicht „a passive, mirrorlike recorder" des Reizfeldes sei, sondern dass es seine Wahrnehmungen *aktiv* gestaltet (S. 497). Für diese Gestaltung der Wahrnehmungen sind die allgemeinen Lebenserfahrungen entscheidend, sie haben das Individuum zu der Persönlichkeit gemacht, als die sie jetzt erscheint (S. 498). Die *gesamte* verfügbare Erfahrung trägt zum jeweils gegenwärtigen Anpassungsschema der Persönlichkeit bei (S. 498). Hier machen sich schon Ansätze zu einer funktionellen Perceptionpersonality-Forschung bemerkbar. (Siehe weiter unten.) — Auch zahlreiche Einzelergebnisse der Rorschach-Forschung auf dem Gebiete der Psychopathologie wurden durch diese Versuche bestätigt.

In einer Reihe weiterer Untersuchungen dieser Schule[3] werden dann noch die Zusammenhänge zwischen field-dependence und globaler Wahrnehmung (bei hoher Wahrnehmungskonstanz) und zwischen field-independence und analytischer Einstellung (bei geringer Wahrnehmungskonstanz) nachgewiesen (S. 52). Interessant ist hier vielleicht auch die Feststellung, dass sich Hysteriker als mehr field-dependent erwiesen haben als Zwangsneurotiker (siehe den Erlebnistypus im Rorschach). Auch die Befunde an Paranoiden bestätigen RORSCHACH's Ergebnisse.

Bei diesen neueren Untersuchungen tritt der genetische Aspekt in den Vordergrund, vor allem die Frage, welche Rolle die Erziehung beim Zustandekommen der Wahrnehmungs- und Orientierungstypen spielt. Es hat sich z. B. herausgestellt, dass Kinder, deren Mütter zur Differenzierung ihrer Kinder beigetragen haben, und die selbst relativ differenziert waren, selbst eine gute Differenzierung hatten; sie zeigten „analytical ability", „cognitive clarity", „a well-articulated concept of their bodies", „ability to perform a task without reliance on the examiner for definition and guidance" (also Selbständigkeit) und die Fähigkeit, aggressive Impulse zu steuern (S. 342, 344). Und differenzierte Mütter mit einem gutentwickelten Körperschema haben meist Kinder mit artikulierter Feldeinstellung, gutentwickeltem Körperschema, „sense of separate identity" und strukturierten Abwehr- und Kontrollmechanismen (S. 366/367).

Alle weiteren Einzelheiten dieser interessanten (aber leider schwer lesbaren) Untersuchungen müssen im Original eingesehen werden. Hier sollte nur aufgezeigt werden, wie diese Richtung der statischen perception-personality school uns wertvolle theoretische Grundlagen zum Verständnis des Rorschach-Tests und namentlich des *Erlebnistypus* gegeben hat. Im übrigen zeigt die Grundeinteilung dieser Schule (in field-dependent und field-independent people) eine verblüffende Ähnlichkeit nicht nur mit der von JUNG und RORSCHACH in extratensive und introversive Tendenzen, sondern auch manche Züge von

---

[1] H. A. WITKIN, H. B. LEWIS, M. HERTZMAN, K. MACHOVER, P. BRETNALL MEISSNER and S. WAPNER, Personality through Perception. An Experimental and Clinical Study, New York, 1954.

[2] Auch andere klinische Psychologen haben die grundlegende Bedeutung des Verhaltens in Raum und Zeit erkannt, so ENZO BONAVENTURA und LUCIANO L'ABATE; siehe LUCIANO L'ABATE, Principles of Clinical Psychology, New York, 1964, S. 66.

[3] H. A. WITKIN, R. B. DYK, H. F. FATERSON, D. R. GOODENOUGH and S. A. KARP, Psychological Differentiation, Studies of Development, New York, 1962.

KRETSCHMER's Zykloiden und Schizoiden schimmern noch durch[1]. Letzten Endes hängt (vom Standpunkt einer statischen Psychologie aus) diese Zweiteilung mit SHERRINGTON's alter Einteilung der Sinnesfunktionen in *exterozeptive* und *propriozeptive* zusammen. Mehr dynamisch betrachtet, handelt es sich wohl auch um eine entwicklungspsychologische Differenzierung. (Vgl. CONRAD's Umdeutung des KRETSCHMER'schen Systems.) Hauptsächlich diesen entwicklungspsychologischen Gesichtspunkten (aber nicht ausschliesslich ihnen) ist die zweite Publikation der Witkin-Schule gewidmet.

b) *Vorwiegend funktionell eingestellte Untersuchungen*

Dass man aus der Art der Wahrnehmung (nur diese wird ja im Rorschach-Versuch unmittelbar registriert) Rückschlüsse auf die Persönlichkeit ziehen kann, ist aber nicht nur dadurch möglich, dass *konstitutionelle* Eigenheiten die Wahrnehmung verschieden gestalten, sondern (wie wir bereits angedeutet haben) auch der Milieufaktor der Persönlichkeit, die *früheren Erlebnisse und Erfahrungen* finden ihren Niederschlag in der Wahrnehmungsweise. Schon in ANNE ANASTASI's klassischem Werk „Differential Psychology" lesen wir: "That the previous experience of the individual affects his present behavior is a well-established fact. Even the simplest *perceptual responses* are influenced by the subject's preceding reactions[2]. Whether we judge a stimulus as light or heavy, long or short, hot or cold, pleasant or unpleasant, depends in part upon the immediately preceding stimuli. What we *observe*, as well as what we *remember* within a given situation is determined largely by our mental set. This mental set was in turn established by some previous experience. Our very conception of the world about us thus seems to be influenced by our own specific reactional history. A purely 'impartial' or 'objective' observer is a psychological impossibility. Each individual's observation and description of any fact is conditioned by his special past experiences as well as by the more general traditions and customs inculcated by his group[3]."

Man kann also mit einer Formulierung von ST. WIESER[4] (in Anlehnung an FRIEDRICH SANDER's „Aktualgenese" und KLAUS CONRAD's „Gestaltzerfall") sagen, es gelte „der Satz, dass in jeder Leistung alle Stadien ihrer vorausgegangenen Entwicklung enthalten sind". Und dies gilt also nicht nur für die „Leistung", sondern in gewissem Grade auch für die Wahrnehmung.

Welcher Art die Einflüsse sind, denen die Wahrnehmung von seiten der Persönlichkeit und ihrer Entwicklung ausgesetzt sind, und wie diese Einflüsse wirken, damit hat sich nun insbesondere die moderne *Sozialpsychologie* eingehend beschäftigt. Den Anfang machten wohl BRUNER und GOODMAN mit ihrem, inzwischen klassisch gewordenen Experiment[5]. Zwei Gruppen von zehnjährigen Kindern, die eine aus armen, die andere aus wohlhabenden Familien, sollten mit Hilfe eines verstellbaren runden Lichtfleckes die Grösse von Münzen nach dem Gedächtnis schätzen. Die Münzen wurden gezeigt, aber wieder entfernt. Einer Kontrollgruppe zeigte man statt dessen gleich grosse Pappscheiben. Es bestand eine allgemeine Tendenz, die Grösse der Münzen zu überschätzen, aber nicht die der Pappscheiben. Die „armen" Kinder überschätzten die Münzen aber öfter und mehr als die „reichen". Die Arbeit von BRUNER und GOODMAN löste eine lebhafte Diskussion aus, und es kann heute als erwiesen gelten, dass sich bei diesen Experimenten nicht nur eine Motivations-, sondern auch eine Lernwirkung geltend machte[6].

Diesem Experiment folgte eine lange Reihe von Untersuchungen, deren Ergebnisse sich in folgenden Feststellungen zusammenfassen lassen[7]: Die Wahrnehmung ist abhängig von einer Reihe von *funktionellen* oder Persönlichkeitsfaktoren[8], nämlich von unseren *Bedürfnissen* (wie z. B. Hunger und dem Bedürfnis nach conformity) und den erlernten Mechanismen, welche diese Bedürfnisse *kontrollieren*[9] (inkl. der Abwehrmechanismen), von unseren *Wertungen*, von unseren *Haltungen* zur und *Ansichten* und *Vorstellungen* der Wirklichkeit, die wie ein „Filter" für unsere Wahrnehmung wirken[10] und zugleich als *Reizschutz* dienen[11], von unserer *Stimmung* sowie unserer Vertrautheit mit dem betreffenden Reiz (also von *Lernprozessen* ganz allgemein)[12]. Da sich bei *unklaren Reizen* und raschen Reaktionen der Einfluss der Persönlichkeitsfaktoren erheblich verstärkt, kommen sie bei den projektiven Tests besonders deutlich zum Ausdruck.

---

[1] Siehe die Zusammenstellung von JOHANNES C. BRENGELMANN in: RICHARD MEILI und HUBERT ROHRACHER, Lehrbuch der experimentellen Psychologie, Bern, 1963, S. 313.

[2] ANASTASI bezieht sich hier auf M. SHERIF, The Psychology of Social Norms, New York, 1936.

[3] ANNE ANASTASI, Differential Psychology, New York, 1945, S. 583.

[4] ST. WIESER, Das Schreckverhalten des Menschen, Bern, 1961, S. 82.

[5] I. S. BRUNER and C. C. GOODMAN, Value and need as organizing factors in perception. Journ. of Abnormal and Social Psychol., Bd. 42, 1947, S. 33–44.

[6] Siehe JOACHIM ISRAEL, Socialpsykologi, Stockholm, 1963, S. 229.

[7] JOACHIM ISRAEL, a. a. O., S. 230–238.

[8] Die in den Reizen selbst liegenden Faktoren, wie sie vor allem die Gestaltpsychologie untersucht hat, werden *strukturelle* Faktoren genannt.

[9] G. S. KLEIN, Need and regulation, in: JONES, Nebraska Symposium on motivation. Lincoln, Neb., 1954, zitiert nach ISRAEL, S. 230.

[10] JOACHIM ISRAEL, a. a. O., S. 236.

[11] M. ROKEACH, The open and the closed mind, New York, 1960, zitiert nach ISRAEL, S. 236.

[12] JOACHIM ISRAEL, a. a. O., S. 253.

Drei Einzelheiten mögen aus der grossen Zahl dieser interessanten und teilweise mit erheblicher Erfindungsgabe geplanten Untersuchungen noch herausgegriffen werden, weil sie ein besonders anschauliches Bild davon geben, *wie* subjektiv und persönlichkeitsbedingt unsere Erlebnisse und Wahrnehmungen sind.

Der amerikanische Psychologe ADELBERT AMES JR. hat mit sogenannten „distorted rooms" gearbeitet, von denen einer so konstruiert war, dass eine Person, die diesen Raum von einer Seite zur anderen durchschreitet, dem Betrachter durch ein Schlüsselloch zuerst als Riese erscheint, dann allmählich zusammenschrumpft und zuletzt wie ein Zwerg wirkt. Sieht nun eine Frau, die in harmonischer Ehe mit ihrem Manne lebt, diesen in einem solchen Zimmer, so ändert sich seine Grösse nur ganz wenig, aber sie bemerkt gleichzeitig, dass das Zimmer falsch konstruiert ist. Bei einem fremden Menschen dagegen erlebt sie die Sinnestäuschung wie jede andere, ohne die Konstruktion des Zimmers zu beachten[1]. Auch hier wirkt die Vertrautheit mit der Situation bei der Wahrnehmung mit.

Den Einfluss der Erziehung auf unser Erleben veranschaulicht folgender Zusammenhang, der von E. FRENKEL-BRUNSWICK entdeckt wurde[2]. Kinder aus zwangsautoritären Familien können ihre Aggressionen gegen ihre Eltern nur schwer verarbeiten. Sie fassen soziale Beziehungen als *entweder* Unterordnung *oder* Dominanz auf. Für eine Gleichberechtigung ist hier kein Platz. Diese Entweder-Oder-Einstellung (Schwarz-Weiss-Malerei) übertragen sie auch auf andere Werturteile: Die Menschen sind für sie gut *oder* schlecht, moralisch *oder* unmoralisch, stark *oder* schwach. Diese „Intoleranz gegen Mehrdeutigkeit" (FRENKEL-BRUNSWICK) beeinflusst dann auch die Wahrnehmung und das Denken dieser Menschen.

Das dritte Beispiel entstammt wieder einer bereits „klassischen" Studie. Im Jahre 1949 entdeckte E. MCGINNIES mit tachistoskopischen Versuchen (Wiedererkennung neutraler und tabubelegter Wörter) die Wirksamkeit von *Abwehrmechanismen* in unserer Wahrnehmung. Er nannte das Phänomen „perceptual defense". (Wahrscheinlich war jedoch ein Teil *seiner* Resultate durch eine verbale Reaktionshemmung bedingt[3].)

3. Dynamische Forschungen

War auch in den zuletzt genannten Experimenten die Wirksamkeit der Abwehrmechanismen in der Wahrnehmung selbst nicht ganz unbestritten, so hat später eine mehr dynamische Richtung der Perception-personality-Forschung die sogar zentrale Stellung der Abwehrmechanismen in der Wahrnehmung, der wir schon in der Projektionstheorie von ABT begegnet sind, zur Genüge bewiesen. Und damit kommen wir zum neuesten und für die Rorschach-Theorie wohl wichtigsten Zweig der neueren experimentellen Wahrnehmungspsychologie, den Forschungen der sogenannten *Lundenser Gruppe* (GUDMUND J. W. SMITH und ULF KRAGH).

Bekanntlich kann ein geübter und vor allem mit der Tiefenpsychologie vertrauter Rorschach-Experte bisweilen wichtige Zusammenhänge aus der inneren Lebensgeschichte der Versuchsperson erschliessen. (Es sei hier nur an die kasuistischen Arbeiten von HANS ZULLIGER erinnert.) Gerade für diesen Teil der Erfahrungen mit dem Rorschach-Test gab es bisher von der experimentellen Psychologie her noch keine befriedigende Erklärung. Erst jetzt haben die Arbeiten der genannten Forscher auch in diese Zusammenhänge einiges Licht gebracht.

Die Lundenser Schule bedient sich bei ihren Untersuchungen des *Tachistoskops*, das schon zur Zeit des ersten Weltkrieges von OTTO PÖTZL an seiner Wiener Klinik zur experimentellen Traumforschung verwendet wurde[4]. (Später, Ende der fünfziger Jahre, wurden diese Versuche von dem amerikanischen Psychoanalytiker CHARLES FISHER dann weitergeführt[5].) Hier aber dient das Tachistoskop nicht zur Traumforschung, sondern zur Erforschung des *Wahrnehmungsprozesses*. Diese Technik wurde von FELIX KRUEGER und FRIEDRICH SANDER in Leipzig entwickelt und bestand darin, den Wahrnehmungsvorgang künstlich durch Verzögerung und Aufsplitterung (protraction and fractioning) der Untersuchung zugänglich zu machen. Es geschieht das in der Weise, dass man die Wahrnehmung durch anfangs ganz kurze („unterschwellige" oder „subliminale"), dann immer längere Exposition des Reizes in Phasen zerlegt. Diese Methode wird „*Aktualgenese*" genannt.

Teilweise aus der Aktualgenese der Leipziger Schule sowie der Entwicklungspsychologie von HEINZ WERNER und JEAN PIAGET hat sich nun die genannte schwedische Schule entwickelt. Aber im Gegensatz zu ihren Vorläufern, die mehr auf eine Erforschung der *allgemeinen* Wahrnehmungsprozesse und ihrer Entwicklung durch die verschiedenen Lebensalter ausgerichtet war, hat die Lundenser Schule die *differentielle* Psychologie und die Theorie der Persönlichkeit in den Brennpunkt ihrer Forschungen gerückt[6]. Sie nennt ihre Methode jetzt die *wahrnehmungs-genetische Methode* (percept-genetic method).

---

[1] M. J. WITTREICH, The Honi phenomenon: A case of selective perceptual distortion. Journ. of Abnorm. and Soc. Psychology, Bd. 47, 1952, S. 705—712, sowie das bereits erwähnte Werk von M. LAWRENCE, Studies in Human Behavior, Princeton, 1949.

[2] E. FRENKEL-BRUNSWICK, Intolerance of ambiguity as an emotional and perceptual personality variable, Journ. Pers., Bd. 18, 1949, S. 108—143.

[3] Siehe JOACHIM ISRAEL, a. a. O., S. 239—243.

[4] OTTO PÖTZL, Experimentell erregte Traumbilder in ihren Beziehungen zum indirekten Sehen. Ztschr. f. ges. Neur. u. Psychiatrie, Bd. 37, 1917, S. 278—349.

[5] CHARLES FISHER, Journ. of the Am. Psychoanal. Ass., July 1954.

[6] ULF KRAGH, Rapports entre la Perception et la Personnalité, Scientia, 1963.

Das dargebotene Reizmaterial bei diesen Versuchen besteht in der Regel in TAT-ähnlichen Bildern, meist mit einer Haupt- und einer Nebenfigur (hero und secondary), die auf aktualgenetische Weise dargeboten werden. Bezüglich der in mancher Hinsicht recht komplizierten Technik, vor allem des Problems der Dosierung der Zeiten, muss auf KRAGH's grundlegende Publikation verwiesen werden [1].

Die zahlreichen Untersuchungen der schwedischen Forscher haben nun in Kürze folgendes ergeben: Die *Persönlichkeit* ist *ein Produkt der Entwicklung*, was allerdings schon früher allgemein bekannt und anerkannt war.

Aber nicht nur die Persönlichkeit, sondern auch jede *Wahrnehmung* ist *das Ergebnis eines Entwicklungsprozesses*, der von mehr reiz-fernen zu mehr reiz-nahen Phasen fortschreitet. Man spricht hier von einer „*Minigenese*". Die hierbei auftretenden marginalen Data der subliminalen Phasen stellen nun *Aktualisierungen der persönlichen Lebensgeschichte* dar. Es besteht dabei ein „Mikro-Makro"-Zusammenhang in Form eines Parallelismus, zunächst zwischen den Entwicklungsphasen der einzelnen Wahrnehmung und der Ontogenese im allgemeinen. So konnten HEINZ WERNER und Mitarbeiter 1952 nachweisen, dass bei tachistoskopischen Darbietungen einer Rorschach-Tafel mit sukzessiv verlängerter Expositionszeit (also nach Art der aktualgenetischen Technik) der Verlauf der Deutungen der bekannten Entwicklung der Erfassung von der Kindheit bis zum Erwachsenenalter folgte [2]. Der Mikro-Makro-Parallelismus ist aber auch zwischen den individuellen Phasenfolge in der Wahrnehmung und der Lebensgeschichte des betreffenden Individuums unter bestimmten Versuchsbedingungen nachweisbar [3].

Die Wahrnehmung korrespondiert also nicht nur „statisch" mit der Persönlichkeit, wie die ältere perception-personality school nachgewiesen hat, sondern als aktualgenetischer Prozess (in ihrer Minigenese) korrespondiert sie auch „dynamisch" mit der Ontogenese der Persönlichkeit, wie die Lundenser Schule nachgewiesen hat [4]. Die Entsprechung geht dabei sogar so weit, dass das Auftreten eines Marginalphänomens im Verlauf der Minigenese in der Reihenfolge genau dem Zeitpunkt des betreffenden Ereignisses (z. B. Tod des Vaters) in der Ontogenese entspricht.

Bei den Experimenten von KRAGH und SMITH hat sich auch herausgestellt, dass Assoziationen zu einem sensorischen Reiz Rekonstruktionen von Vorphasen der Perzeptionsentwicklung sind [5].

Erst aus diesen Zusammenhängen zwischen Minigenese der Wahrnehmung und Ontogenese der Persönlichkeit wird verständlich, dass ein wahrnehmungspsychologisches Experiment wie der Rorschach-Test nicht nur gewisse Grundeinstellungen (Raumorientierung, analytische oder globale Erlebnisweise und manches andere), sondern weitgehend auch die „Vorgeschichte" der Erlebens- und Verhaltensbereitschaften einer Persönlichkeit widerspiegeln und praktisch erfassbar machen kann.

Als *Forschungsmethode* zur Erfassung der Persönlichkeitsstruktur auch und gerade in den tieferen Schichten hat die wahrnehmungsgenetische Methode eine gewisse Ähnlichkeit mit der explorativen Psychoanalyse. In einer noch nicht publizierten Arbeit haben KRAGH und SMITH jüngst darauf hingewiesen, dass die sogenannten „freien" Assoziationen der Psychoanalyse die Äquivalente der Vorphasen der Wahrnehmungsentwicklung darstellen, nur mit dem Unterschied, dass diese Assoziationen Rekonstruktionen sind, die nach der Endphase der Wahrnehmung zustande kommen.

Besonders schön kommen nun beim wahrnehmungsgenetischen Verfahren die *Abwehrmechanismen* zum Vorschein. Und da die bevorzugten Abwehrmechanismen in der Persönlichkeitsstruktur eine zentrale Rolle spielen, konnte KRAGH durch passende tachistoskopische Darbietung bedrohlich wirkender Bilder die Wahrnehmungsgenese sogar zu einem besonderen Persönlichkeitstest ausbauen (defense mechanism test, DMT).

Die dynamische Einstellung der neo-aktualgenetischen Schule geht jetzt so weit, dass sie nicht nur die Wahrnehmung als einen Prozess auffasst (das tat im Grunde schon die Gestaltpsychologie), sondern, ähnlich wie THOMAE [6], auch die *Persönlichkeit als Prozess* betrachtet, und zwar als eine Art *Verlaufsgestalt in der Gegenwart* [7].

Diese letzten Ergebnisse der dynamischen Perception-personality-Forschung muten fast ebenso phantastisch an wie die neuesten Forschungsresultate der Biochemie mit ihren Mikroprozessen. Wer weiss, wie bald man zwischen beiden Forschungsgebieten die ersten Brücken schlagen wird?

---

[1] ULF KRAGH, The Actual-genetic Model of Perception-Personality, Lund und Köbenhavn, 1955.

[2] J. L. FRAMO, A tachistoscopic study of perceptual development in human adults. Presented at the 1952 APA meeting in Washington, D. C., und: J. L. FRAMO, Structural aspects of perceptual development in normal adults: a tachistoscopic study with the Rorschach technique. Ph.-D. diss. University of Texas, Austin, Texas, 1952.

[3] ULF KRAGH and GUDMUND J. W. SMITH, Accessorial and inclusive Approaches to marginal perceptual phenomena. Psychological Research Bulletin, Vol. III, No. 3, Lund University, 1963.

[4] ULF KRAGH, Einige Bemerkungen über das aktualgenetische Modell der Perzeption und der Persönlichkeit. Vita Humana, Bd. 4, 1961, S. 166–172.

[5] ULF KRAGH und GUDMUND SMITH, Percept-Genetic Analysis, Lund, 1970, S. 24.

[6] HANS THOMAE, Persönlichkeit, 1951. THOMAE stellt aber *neben* die „Persönlichkeit als Prozess" auch die „Persönlichkeit als Struktur". Siehe auch WILHELM HEHLMANN, Geschichte der Psychologie, Stuttgart, 1963, S. 379.

[7] ULF KRAGH, Pathogenesis in Dipsomania, Acta Psychiatrica et Neurologica Scandinavica, Vol. 35, 1960, S. 211/212, sowie in: The Actual-genetic Model of Perception-Personality, Lund und Kopenhagen, 1955, S. 125–127.

V. Beispiele

Vorbemerkungen

Im folgenden geben wir einige Beispiele in extenso: Text des Protokolls, Verrechnung, Rorschach-Diagnose und für die klinischen Fälle einen kurzen Journalauszug und eventuell eine Epikrise.

Selbstverständlich lassen sich mit wenigen Einzelbeispielen nicht alle Nuancen der verschiedenen Intelligenz- und Charaktertypen und psychischen Abnormalitäten und Krankheiten wiedergeben. Eine grosse Reihe von Diagnosen musste ausserdem ganz wegfallen, um das Buch nicht mit zu vielen Einzelheiten zu belasten.

Wir geben der Hoffnung Ausdruck, dass diese 32 Beispiele dem Leser einen Überblick über die praktischen Anwendungsmöglichkeiten der Methode geben sowie über die wichtigsten Gruppen von normalen und pathologischen Teststrukturen.

Hier wurden nur völlig sichere Fälle mitgenommen, die, soweit es sich um klinische Fälle handelt, in Übereinstimmung stehen mit der vom Psychiater gestellten klinischen Diagnose. Diese Übereinstimmung ist natürlich nicht immer zu erzielen. Fallen Rorschach-Diagnose und klinische Diagnose auseinander, so kann dies natürlich darauf beruhen, dass die Rorschach-Diagnose falsch ist, sei es, dass nun die Methode in bestimmten Punkten noch unzureichend ist, sei es, dass der Rorschach-Experte nicht genügend Erfahrung besitzt. Es kann aber auch die klinische Diagnose falsch sein. Nach Ansicht erfahrener Psychiater muss man in der psychiatrischen Diagnostik mit einem Fehlerprozentsatz von 10 bis 30% rechnen. Es ist deshalb wohl kaum übertrieben, wenn man etwa die Hälfte der Fälle von mangelnder Übereinstimmung zwischen Rorschach- und klinischer Diagnose auf Kosten der letzteren ansetzt.

Sämtliche hier wiedergegebenen Beispiele wurden mit der 3. Auflage der Rorschach-Tafeln aufgenommen. Dies ist deshalb bei den einzelnen Protokollen nicht nochmals vermerkt worden.

Intelligenz (quantitative Beurteilung)

Nr. 1. *Normaler Durchschnitt*

27jährige Frau eines Kunsthandwerkers. Geschmackvolles Heim. Geht in Familie und Häuslichkeit auf, keine spezifischen Sonderinteressen.

Protokoll
20,29—20,41

I.	O	Ein Schmetterling	1	G	F+	T	V
II.	Schwarz	Zwei Hundeköpfe	1	D	F+	Td	
III.	O	Zwei Männer	1	G	B+	M	V
IV.	O	Ein ausgebreitetes Fell von irgendeinem Tier	1	G	F+	T	V
V.	O	Eine Fledermaus	1	G	F+	T	V
VI.	O	Das Tier kenne ich nicht; ein Tierfell	1	G	F+	T	V
VII.	O obere Drittel	Wolken Zwei Frauen, jedenfalls ihre Gesichter	2	G D	HdF F(Fb)+ F+	Wolken Md	V

VIII. Seiten		Eisbären in einer Landschaft	1	sim. Komb. DG	FFb+	T	(V)
IX. d rot		Ein Männerkopf	2	D	F+	Md	V
d grün		Zwei Personen, ein Erwachsener und ein Kind		D	B+	M	
X. c Grün Mitte c gelb-schwarz seitlich		Eine Raupe		D	FFb+	T	V
		Ein Käfer	4	Dd	F+	T	
b rot seitlich		Eine Muschel		D	F+	T	
c blau seitlich		Tang		D	F+	Pfl.	

Verrechnung: Antw. = 15, Zeit = 12 Min.

```
   G = 7   (6+) (1 DG+)   B = 2 (+)       M = 2    Pfl. = 1     V = 8 (9 ?)
   D = 7                  F = 10 (+)      Md = 2   Wolken = 1   Orig. = 0
   Dd = 1                 F(Fb) = 1 (HdF) T = 8
                          FFb = 2 (+)     Td = 1
```

F+ = 100%, T = 60%, V = 53% (60% ?), Orig. = 0%,
Erft = G—D, Sukz. = geordnet, Erlbt. = 2 : 1.

Auswertung: Gut durchschnittliche Intelligenz (F+%, G, Erft., B), möglicherweise besser, da eine leichte Depression vorliegt. Eine schwache Andeutung von Phantasiebegabung (B, komb. DG). (Die Familie ist künstlerisch interessiert. Eine Schwester malt.) — Sehr starke geistige Abhängigkeit von der Umgebung (V%). Etwas „hausbacken" (das einzige nicht vulgäre B entstammt dem Interessenkreis der Familie).

Leichte psychogene Depression (F+%, T%, Orig.%, HdF) (psychogen: G, B). (Es herrschten z. Zt. der Aufnahme des Tests infolge der Besetzung unsichere äussere Verhältnisse, die eine reale Gefahr für den Bestand der Familie darstellten.)

Nr. 2. *Intelligenter Normaler*

37jährige Lehrerin. Vp. ist aktiv für die Sache der modernen Unterrichtsmethoden tätig (Arbeitsschuleprinzip usw.) und deshalb fast ständig mit den Schulbehörden ihres Landes in einem latenten Konflikt. Sie provoziert nicht, lässt sich aber auch nichts gefallen. Verheiratet mit einem Berufspolitiker.

Protokoll
19,42—19,47—19,56

I. Ganze Mitte	Käfer		D	F+	T	
Seiten	Zwei Wichtelmännchen	2	D	B+	M	
II. Zw.	In der Mitte eine Hängelampe		DZw	F+	Obj.	
O	Auch zwei Wichtelmännchen, die mit den Händen gegeneinander sitzen	5	G	B+	M	V
Rot oben	Löwenmaul (Pflanze)		D	FFb+	Pfl.	

b	Schwarz	Ein langhaariger Hund		D	F+	T	
a	Rot unten	Eine Nelke		D	FFb+	Pfl.	
III.	O	Zwei Kellner, die etwas zwischen sich tragen		G	B+	M	V
Mitte rot		Eine rote Schleife dort	3	D	FFb+	Obj.	
Rot oben		Blutflecke		D	FbF	Blut	
IV.	O	Ein Tierfell mit Kopf und Augen	1	(DG) G	F+	T	V
		Hier kann ich nichts anderes sehen					
V.	O	Eine fliegende Fledermaus	2	G	F+	T	V
Dicke seitliche Ausläufer		Ein Fischkopf		Dd	F+	Td	Orig.+
VI.	O	Ein Tierfell	1	G	F+	T	V
		Das sagt mir nichts mehr					
VII. c	Zw.	Ein Pilz		DZw	F+	Pfl.	Orig.+
a	mittlere Drittel	Köpfe von Spielzeugtieren	3	D	F+	Td	V
Obere Drittel		Zwei moderne Damen mit modernem Hut		D	F+	Md	V
VIII. Rot unten		Eine Blume, stiefmütterchenähnlich	2	D	FFb+	Pfl.	
Seiten		Zwei Tiere, Hunde oder friedl. Wölfe		D	F+	T	V
IX.	Zw.	Eine Blume, in der Mitte mit einem Stempel		DZw	F+	Pfl.	Orig.+
Zw. Grün und Braun		Elchköpfe		D	F+	Td	V
Mitte in Rot c		Ein phantastisches Gesicht eines alten Mannes (en face)	4	Dd	F+	Md	Orig.+
c	O	Ein Kronleuchter, der von der Decke herabhängt		GZw DZwG	F+	Obj.	Erf. Orig.+
X. c O		Das Ganze ist eine Blume mit Kelch		G	FFb+	Pfl.	Orig.+
Grün Mitte		Flügelsamen vom Ahorn		D	FFb+	Pfl.	Orig.+
Braun Mitte		Und das auch (auch die Farbe)	5	D	FFb+	Pfl.	
Blau seitlich		Wassertiere		D	F+	T	V
Grau Mitte		Ein Bild von der Beckenhöhle und dem Rückgrat		D	F—	Anat.	

Verrechnung:

Antw. = 28, Zeit = 14 Min. (5/9)

GZw
G = 7 (+) (1 DZwG+)   B = 3 (+)   M = 3   Anat. = 1   V = 10
D = 16   F = 17 (1—) Md = 2   Pfl. = 8   Orig. = 7 (+)
Dd = 2   FFb = 7 (+) T = 7   Obj. = 3   (1 Erf.)
DZw = 3   FbF = 1   Td = 3   Blut = 1

F+ = 94%, T = 36%, V = 36%, Orig. = 25% (+),
Erft. = G—D—(DZw), Sukz. = gelockert, Erlbt. = 3 : 4½.

Leichter Farbenschock (Sukz. II, Blut III, [1. Antw. VIII], Sukz. IX), teilweise überkompensiert (Orig. IX, X) — Leichter Dunkelschock (Bem. IV, Bem. VI, Sukz. VII) — Brechungsphänomen angedeutet (VIII) — Perseveration (2× Wichtelmännchen, 2× Lampe, 2× Flügelsamen).

Auswertung: Gute Intelligenz (F+%, Sukz., G, Erft., T%, V%, Orig.%, B) mit origineller Kritik (DZw Orig.). Fleissiger Qualitätsarbeiter (Antw., F+%, Zeit). Praktisch (Erft., Erlbt., Orig. D, T:Td, Zeit). Interesse für Botanik und Gärtnerei (Pfl., Orig. Pfl.). „Politische Begabung" (V%, T%, Orig.%).

Lebhafte, aber rapportfähige und gut stabilisierte Affektivität (Farben, FFb; B, G, F+%). Kampfnatur (DZw, Erlbt., Farbenlinkstyp). Frohe Grundstimmung (Erlbt., Zeit), doch mit gewissen realitätsbetonten Milieureibungen (DZwG). (Nicht neurotischer, sondern weltanschaulicher Kampf: GZw, die meisten Farben FFb).

Etwas nervös-irritable (subvalide?) Konstitution mit leichter Neurosenbildung (Sukz., B-Verteilung, Farben- + Dunkelschock + Br. VIII). Vp. muss erst „angekurbelt" werden (Vergleich der ersten und zweiten Hälfte).

Die leichte Perseveration ist auf eine „spanische Krankheit" (Encephalitis epidemica) zurückzuführen, welche die Vp. mit 12 Jahren durchgemacht hat, die aber klinisch keine gröberen Symptome hinterlassen hat.

Nr. 3. *Physiologische Dummheit*

22jähriges Mädchen, Krankenschwesterelevin.

Protokoll

20,22 — 20,29½ — 20,35

I. ○	Ein Becken		G	F—	Anat.	
Ganze		2	Konf.			
Mitte	Ein Hundegesicht		D	F—	Td	Orig.—
20, 24½							
II. Rot unten	Ein Schmetterling		D	FFb+	T	
		2				
Rot oben	Ein paar Tiere hier, Eichhörnchen		D	F+	T	
20,26							
III. Rot oben	Ein paar Vögel (auf Frage: Was für welche?): Eichhörnchen		D	F—	T	
Arme +						Erf.
Schwarz Mitte	Ein Becken	3	D	F—	Anat.	Orig.—
Rot Mitte	Schleife		D	F+	Obj.	
20,27½							
IV. Mittelstück	Ein Insekt		D	F+	T	
		2				
dito	Ein Bockskopf		D	F+	Td	
20,28½							
V. ○	Eine Fledermaus		G	F+	T	V
		2				
Beine	Fühlhörner, das da		Do	F+	Td	

20,29½ VI. ○	Eine Tierhaut		2	G	F+	T	V
Obere Spitze	Ein Schlangenkopf			D	F+	Td	
20,30½ VII. Obere Ausl.	Hasenpfoten		2	Dd	F±	Td	
Mittleres Drittel	Ein Gesicht			D	F+	Md	V
20,31½ VIII. Seiten Mittellinie	Zwei Tiger		2	D	F+	T	V
in Grau	Das Rückenmark			D	F—	Anat.	
20,32½ IX. ○	Verschiedene Farben, Rot, Grau, Grün, Lavendel		1	G	Fb	Farbe	
20,33½ X. Blau seitl.	Eine Spinne			D	F+	T	V
dito	oder Tintenfisch			D	F+	T	V
Grau Mitte	Krebse		4	D	F+	T	
Grün Mitte	Ein Tierkopf, Kaninchen			D	F+	Td	V

Verrechnung: Antw. = 22, Zeit = 13 Min. (7½ / 5½).

G = 4 (2+)   B = 0   M = 0   Differentialreaktionszeit für
D = 16   F = 20 (5—, 1+)   Md = 1   alle   = 0,59
Dd = 1   FFb = 1 (+)   T = 10   schwarze   = 0,65
Do = 1   Fb = 1 (Farb-   Td = 6   schwarz-rote = 0,60
                       nennung)   Anat. = 3   farbige   = 0,50
                                     Obj. = 1   V = 7
                                     Farbe = 1   Orig. = 2 (—) (1 Erf.)

F+ = 72½%, T = 73%, V = 32%, Orig. = 9% (—),
Erft. = G—D—(Do), Sukz. = geordnet, Erlbt. = 0 : 2 (ohne Farbnennung: 0 : ½).
1 Farbnennung — 1 Oder-Antwort — 1 Konfabulation — Leichte Perseveration (2× Eichhörnchen, 2× Becken) — Einstellungshemmung (Formen und Konf. I).

Auswertung: Inferiore Intelligenz (an der Grenze zur Debilität) (Antw., Erlbt., F+%, T%, G+, Orig.—, Do, B, Md : M, Farben, Farbnennung, Konfabulation, Perseveration). Banal (T%, V%, Orig.%—).

In Anbetracht der organischen Perseverationsform bei den „Eichhörnchen" muss mit der Möglichkeit gerechnet werden, dass die intellektuelle Inferiorität läsionell bedingt sein könnte und solchenfalls eine leichte Form eines organischen Defekts darstellen würde.

Unbeschwerte, anpassungsfähige Affektivität, offen, ohne viele Hemmungen (FFb, 0 B, G+, F+%). Frohe Stimmung (Zeit, Farbenbeschleunigung).

Anmerkung. Vp. war zur Zeit der Aufnahme dieses Protokolls noch Elevin. Sie hat später ihre Prüfung bestanden, ist also imstande, sich relativ komplizierten Stoff mechanisch einzuprägen. Sie wird ihren Dienst sicher immer anweisungsgemäss ausführen können, dürfte aber kaum zu leitenden Stellungen avancieren.

Nr. 4. *Leichte Oligophrenie*

37jährige Kindergärtnerin (nicht examiniert).
NB. Vor drei Jahren schon einmal vom Arzt getestet, hat dies aber vergessen und die Bilder nicht wiedererkannt.

Protokoll
15,36 — 15,44 — 15,54

I.	O	Fledermaus	1	G	F+	T	V

15,36½ II.		Das sieht ja nach gar nichts aus, das da. Soll man das so zusammenlegen?	—	—	—	—	—

15,37½ III.		Ich habe keine Phantasie		Subjektkritik		
		Das sind ja nichts anderes als Kleckse	2			
Rot Mitte		Das da, das ist eine Schleife		D	F+	Obj.
Rot aussen		Ein Baumstamm mit einem Zweig		D	F—	Pfl.

15,40½ IV.	O	Ein Tier von irgendeiner Art	1	G	F±	T
		Das ist doch kein Tier mit nur solchen Beinen		Objektkritik		

15,42 V.	O	Das ist doch eine Fledermaus, das da	1	G	F+	T	V
		Dann kann das andere keine Fledermaus sein					

15,44 V.		Das ist nichts Bestimmtes				
	O	Das ist wahrscheinlich irgendein Tier	2	G	F+	T
Obere Spitze		Das muss doch der Kopf sein, denn da sind solche Fühler		DdD	F+	Td

15,46 VII. c	O	Das muss ein Tier sein, wenn da so etwas (Schwarz Mitte) drauf ist		DG	unb. F—	T
		Ich kann nur nicht verstehen, was die hellen Kleckse sind	2			
Zeichnung		Das ähnelt Flecken auf einer Landkarte		Dd	HdF F(Fb)	Karte

15,49 VIII.	Seiten	Das sieht aus wie ein Bär, der raufklettert	1	D	F+	T	V
		Das andere weiss ich nicht, das ist nur solche Farbe					

15,50½ IX.		Soll das etwas Bestimmtes vorstellen? Das sieht nach nichts aus	—	—	—	—	—

15,52						
X.	Das sieht nicht aus wie etwas Bestimm-					
(nach 2 Min.)	tes	1				
Grün Mitte	Raupen		D	FFb+	T	V

Verrechnung: Antw. = 11, Zeit = 18 Min. (8/10).

G = 5 (3+) (1 DG—) B = 0 M = 0 Differentialreaktionszeit
D = 5 (1 DdD) F = 9 (2—, 1 unb., 3+) Md = 0 für alle = 1,64
Dd = 1 F(Fb) = 1 (HdF) T = 7 schwarze = 1,29
 FFb = 1 (+) Td = 1 schwarz-rote = 2,00
  Pfl. = 1 farbige = 2,30
  Obj. = 1 V = 4
  Karte = 1 Orig. = 0

F+ = 61%, T = 73%, V = 32%, Orig. = 0%,
Erft. = G—D, Sukz. = geordnet?, Erlbt. = 0 : ½.

2 Versager (II, IX) — Stark herabgesetztes Deutungsbewusstsein — Subjekt- und Objektkritik — Farbenschock (Versager II, Subjektkritik III, Bem. VIII, Vers. IX, Zeit X).

Auswertung: Inferiore Intelligenz, wahrscheinlich schon debil (Zeit, F+%, T%, G+, DG, B, Erlbt., Orig.%), erfasst nur die banalsten Zusammenhänge, *will* aber gern mehr leisten, als sie kann (G+) und holt sich dadurch immer wieder die Niederlagen, die sie nicht verträgt.

Ruhige, an sich rapportfähige Affektivität (Farben), die aber infolge ihrer Unsicherheit (Kritik) und Ängstlichkeit (HdF) mit der menschlichen Umgebung doch nicht recht in Kontakt kommt (0 M). Wo diese Ängstlichkeit wegfällt, gegenüber Kindern und Tieren, ist sie sicher liebevoll eingestellt (FFb+).

Neigung zu psychogenen Depressionen (G+, T%, Orig.%, B, Farben, HdF, Antw., Zeit).

Sensitiv-ängstliche Neurose von überwiegend phobischem Typus (Farbenschock II und III, HdF, Subjekt- und Objektkritik), aber keine klassische Phobie. Inferioritas intellectualis + Psychopathia constitutionalis? (sensitiv-selbstunsicherer Typus).

Der Test ist ein schönes Beispiel, wie intellektuelle Inferiorität und neurotische Mechanismen sich gegenseitig ungünstig beeinflussen können.

Porteus: I. A. = 11,5, I. Q. = 82%.

Klinik: Mutter starb zwei Jahre nach der Geburt der Pt. Im Kinderheim erzogen, wo man alle ihre Dummheiten bei Tisch in Gegenwart der anderen erzählt hat. In der Dorfschule mehrmals sitzengeblieben, konnte auswendig lernen, aber nicht rechnen. — Verlässt ihre Hausgehilfenstellen, sobald man sie zurechtweist. Wird nervös und deprimiert. Tic nerveux an den Augen. — In der Klinik deprimiert und rastlos. Konnte sich niemals Menschen anschliessen (siehe Test). Fühlt sich einsam und hat Minderwertigkeitsgefühle. Fühlt sich als „Stiefkind der Gesellschaft" (Vater wiederverheiratet). Starke Schuldgefühle, kann nicht beten wie früher. Wird von der Vorstellung geplagt, sie müsse aus dem Fenster springen oder in den Wald gehen, „aber das darf ich ja nicht". Psychotherapie (Tic gebessert), Insulindösekur.

Neurosis anxiosa. Inferioritas intellectualis.

EEG: Dysrhythmie von epileptiformem Typus.

Poliklinik: Gefühl, man tue ihr Unrecht. Leicht zu beruhigen. Neigung zum Weinen eine Woche vor bis eine Woche nach den Menses. Psychoinfantil. Jetzt in Kindergarten beschäftigt, meint selbst, sie mache alles falsch.

Intelligenz (qualitative Beurteilung)
Nr. 5. *Wissenschaftler*

64jähriger Universitätsprofessor, hervorragender Gelehrter (Mediziner und Biologe) mit enormer wissenschaftlicher Produktion auf verschiedenen Gebieten. Zur Zeit der Testaufnahme befand er sich infolge der Kriegsereignisse in einer schwierigen äusseren Situation, die natürlich eine deprimierende Wirkung hatte.

Protokoll
15,05 — 15,28½ — 15,44½

I.	◯	Das Ganze sieht aus wie der Kopf eines Tieres (obere Zw. = Augen)		GZw DZwG	F+	Td
	◯	Man könnte auch an eine Larve denken		GZw DZwG	F+	Md
Zapfen und Buckel oben		Zwei englische Schutzleute, die ein Stoppsignal geben, nur Kopf und Hand		Do (Do)	B+	Md	Verarb. Orig.+
Schwarz in Mitte unten		Unterteil einer weiblichen Figur	8	D	F+	Md
Seiten, obere Hälfte		Zwei Hundeköpfe im Profil mit einer sehr langen Schnauze		D	F+	Td
Heller Fleck in der Mitte		Zentralkanal in den oberen Teilen des Rückenmarks		Dd	F+	Anat.	Fach Orig.+
c mittl. lat. Rand d. Seiten		Weibliches Profil		Dd	F+	Md
Schwarz in Mitte		Eine Art Buddhafigur mit ausgestreckten Armen und weiten herabhängenden Ärmeln		D	B+	M	Orig.+
15,12½ II.	◯	Zwei dunkelgekleidete Trolle mit einer roten Kopfbedeckung und einem kaum angedeuteten Gesicht, die einen merkwürdigen Tanz aufführen, indem sie die Handflächen aneinanderhalten und die entsprechenden Beine vorstellen, die in eine merkwürdige rote Figur ausgehen	5	G	BFFb+	M	V
c Rot Mitte		Ein Teufelskopf oder Drachenfigur mit zwei roten Hörnern		DdD	F±	Md
c Schwarz		Zwei Hundeköpfe, die einander zugewendet sind		D	F+	Td
c Grau (oberhalb) d. Spitze		Weibliches Genitale		Dd	F±	Sex.
c rot (unten)		Zwei mikrozephale Köpfe		D	F+	Md
15,17½ III.	◯	Zwei Herren mit hohen Kragen, die in einer sehr merkwürdigen Stellung einander zugewandt sind Die Herren kratzen sich hier (heller Fleck des Rumpfes) (Rücken und Unterkante der Weste als Arm!)		G	B+	M	Erf. Orig.+

	Rot Mitte	Querschnitt durchs Rückenmark	4	D	F+	Anat.	Fach Orig.+
	Beine	Verrückte Fische		D	F+	T	
c	Rot aussen	Etwas Ähnlichkeit mit Seepferdchen		D	F+	T	
		Sind nicht ganz symmetrisch		Symmetrie			

	15,22½ IV. Mittelstück	Ein Tierkopf		D	F+	Td	
	O	Das ganze Bild ein Mongole, der in einen dicken Pelz gekleidet ist, mit unförmlichen grossen Stiefeln	5	G	B+	M	
c	Mittelstück	Ein sehr merkwürdiger Tierkopf, ein Fabelwesen		D	F+	Td	
c	O	Das Ganze eine Art Fledermaus		G	F+	T	V
c	Spitze (unten)	Mit einer Geschlechtsöffnung unten		Dd	F+	Sex.	

	15,26 V.	Dies ist sehr langweilig					
	O	Ein Fledermäuschen		G	F+	T	V
c	O	Dreht man es um, dann sieht es wie ein Schmetterling aus	3	G	F+	T	V
c	O	Wie eine Tänzerin, die einen Schleiertanz aufführt		DG	B+	M	Orig.+

	15,28½ VI. Oberster Fortsatz	Oben ist ein sehr merkwürdiges Männchen, das zwei Paar Ärmel hat, ein asiatisches kleines Götzenbild		D	unt. B F+	M	Orig.+
	Hauptteil	Die beiden Hauptteile Profile mit wurstförmiger Nase	3	D	F+	Md	
c	O	Das Ganze wie zwei Profile mit einem Spitzbart, einer dicken Oberlippe oder einem Schnurrbart und einer wurstförmigen Nase, wie ein Klavierlehrer, blickt nach oben entzückt		G	F+	Md	

	15,32 VII. Obere zwei Drittel	Zwei als Kaninchen verkleidete Kinder, die einen Tanz aufführen		D	B+	M	Orig.+
c	O	Zwei Tänzerinnen mit unförmlichen Haarfrisuren und dicken Popos	3	G	B+	M	
c	Mittlere Drittel	Tierkopf, vielleicht etwas elefantenartig, so eine Missgeburt von Elefant und Kuh		D	F+	Td	V

	15,35 VIII. Seiten	Zwei Ratten		D	F+	T	V
	Rot Mitte	Querschnitt durch die Medulla oblongata	4	D	F+	Anat.	Fach-Orig.+

380

Blau	Aufgeklapptes weibliches Mieder früherer Zeit		D	F+	Obj.	Orig.+
Zw. in Blau und Grau	Das Antlitz eines bösen Zauberers mit Mütze		DZwD	Ve F(Fb)+	Md	Erf. Orig.+

IX. 15,38½	… wird immer schwieriger			Farbenschock		
	Ich möchte doch wissen, wie der Rorschach das gemacht hat					
Rücken der br. Figuren	Zwei weibliche Profile	4	Dd	F+	Md	
Grün	Ein undefinierbarer Tierkopf mit einer stumpfen Schnauze (medial!)		D	F+	Td	Erf. Orig.+
Grün-rote Striche	Da hat einer sein Gebiss kaputtgemacht, und das liegt in zwei Teilen da		Dd	FFb+	Obj.	Orig.+
Mediale braune Buckel	Zwei Hasenprofile		Dd	F+	Td	

X. 15,42½ Blau seitlich	Da sind zwei Krabben links und rechts aussen		D	F+	T	V
Grau Mitte	Die Köpfe von zwei Insekten		D	F+	Td	
Grau seitlich	Käferartige Gebilde	5	D	F+	T	
Gelb Mitte	Nervenzellen		D	F+	Anat.	
Grün Mitte	Noch ein Insektenkopf		D	F+	Td	

Verrechnung: Antw. = 44, Zeit = 39½Min. (23½ / 16).

```
G  = 11 (+) (1 DG, 2 DZwG)     B   = 7 (+)              M    = 8       V = 7
D  = 25 (1 DdD, 1 DZwD)        BFFb = 1 (+)             Md   = 10      Orig. = 13 (+)
Dd = 7                         F   = 34 (2+)            T    = 8          (3 Fach. +)
Do =  1 Tendenz zu mehr        F(Fb) = 1 (DZwDF(Fb)+)   Td   = 10         (3 Erf. +)
                               FFb  = 1 (+)             Anat. = 4
                                                        Sex. = 2
```

F+ = 97%, T = 41%, V = 16%, Orig. = 29% (+),
Erft. = G—D—Dd, Sukz = gelockert, Erlbt. = 8 : ½.

Überkompensierter Farbenschock (Bem. IX) — Dunkelschock (Sukz. IV, Bem. V, Sukz. VI, Sukz. VII) — Brechungsphänomen (VIII) — Symmetrie (III) — Abgeschwächte Kontaminationen (VII) — 1 unterdrücktes B (VI) — 1 Figur-Hintergrund-Verschmelzung (VIII) — 3 Komplexantworten (Buddha I, böser Zauberer VIII, Gebiss IX).

Auswertung: Sehr gute Intelligenz (F+%, G+, Erft., T% (Alter!), Orig.%, B), mit ausgesprochen theoretisch-wissenschaftlicher Begabung (G, G Orig., F+%, B, Orig.%, T%), grosser Produktivität (B) und guter Kleinbeobachtung (Dd). Fleissiger Qualitätsarbeiter (Antw., F+%, Zeit).
    Auch literarisch gewandt (Erf. und Verarb. Orig.) (Vp. dichtet).
    Affektivität angepasst (FFb), aber depressiv gehemmt (Erlbt.).
    Leichtere psychogene Depression (F+%, Farben, Do, Md : M, Dunkelschock), die überwiegend exogen ist (Milieuschwierigkeiten!) (2 DZwG).

(Die Auswertung einer Reihe konstitutioneller Züge und tiefenpsychologischer Finessen ist zur Beurteilung der Intelligenz ohne Belang und kann daher an dieser Stelle unterbleiben.)

Nr. 6. *Techniker*

70jähriger Maschineningenieur, emerit. Professor einer Technischen Hochschule, ungewöhnliche Zeichenbegabung und hervorragender Konstrukteur. Zahlreiche Erfindungen und Inhaber mehrerer Patente.

Protokoll

(Die Ziffern hinter einigen Lokalisierungen beziehen sich auf die Einzeichnungen des beigegebenen Einzeichnungsblattes.)

20,00 — 20,30 — 20,57

I. Seiten, obere Hälfte	Ein paar Vögel, die sich gegenüberstehen		D	F+	T	
Seiten	Ein paar Männer oder Frauen, eventuell mit Flügeln		D	B+	M	
Mitte, obere Hälfte	Insektenkopf oder		D	F+	Td	
dito	Krebs		D	F+	T	
Zeichnung 1) rechts lat.	Ein Teufelsgesicht mit Mund und Augen		Dd	F(Fb)+ F(Fb)+	Md	
Zw. (unter) (unterer) Kontur c	Eine Grotte mit merkwürdigen Stalaktiten (Hörner)	10	DZwD	F±	Grotte	Orig.+
Dunkles in Mitte 2) (oben) c	Ein Teil von einem Tier mit plumpen Armen wie bei Robben		Dd	F+	Td	
Rechte obere Zw. a/d	Eine alte Frau mit grossem Shawl, Gesicht, Arm		DZw	B+	M	Orig.+
c (linke) 3) (obere) Zw.	Ein Raubvogel, sitzend, plump gezeichnet, Kopf, Brust usw.		DZw	F+	T	Orig.+
c (linkes) Gesicht	Ein Gesicht mit grossem Schopf		Dd	F+	Md	
II. c ○	20,07 Etwas Schmetterlingsähnliches		G	F+	T	
c Rot Mitte	Das Rote kann auch so etwas Schmetterlingsähnliches sein		D	FFb+	T	
Rot (unten links)	Ein Mann (beschreibt ihn)		D	F+	Md	
c Ecke (links oben)	Kopf und Brust eines Hahnes	7	Dd	F+	Td	
a Schwarz 1) (rechts oben)	Der Teufel selbst, Auge (×), grosse Nase und Horn auf der Stirn (× ×) (Der obere Teil wird fast nie miterfasst)		Dd	F+	Md	Erf. Orig.+

Zw.		Ein merkwürdiger Fisch, Rochen		DZw	F+	T
b	(oberer) 2) Indianer	Ein hübscher Kerl, er hat einen Bart		Dd	F+	Md

III.	20,11 O	Ein paar Herren, die sich voreinander verneigen und etwas in der Hand halten oder sich auf etwas stützen		G	B+	M	V
d	Rot aussen (oben)	Ein springender Affe mit langem Schwanz, der den Kopf wendet und zurücksieht		D	F+	T	
a	Brust	Ein feines Jabot so hier		Dd	F+	Obj.	
d	Schwarz und Grau Mitte (obere) Hälfte	Ein kleiner Bär, der auf einem schmelzenden Eisblock sitzt, auf den Hinterpfoten sitzt, sich mit den Vordertatzen festhält und den Kopf etwas nach links dreht	6	D	FHd+ BF(Fb)	T	Erf. Orig.+
d	dito 1)	Auch ein wunderliches Kerlchen mit Beinen und Füssen, im Frack und mit einer grossen Musikertolle, dirigiert mit einem Arm		D	B+	M	Erf. Orig.+
d	(linker) Teil des (unteren) Beines	Der Anfang eines Fisches, und dann ein Vogelschwanz		Kont.? Dd	F+	Td	

IV.	20,17 O	Das Fell eines Tieres, das ausgebreitet ist, fertig zum Gerben, um in einen Pelz für eine feine Dame verwandelt zu werden		G	F+	T	V
c	O	Ein hässliches Insekt (Mittelstück), das von etwas hervorkriecht, worunter es gelegen hat		DG	F+	T	
c	Schwarz und Helles im Stiefel	Ein paar Indianer mit Federschmuck und einem grossen flatternden Mantel hinter sich		D	B+	M	Erf. Orig.+
c	(linker) gr. Ausl.	Kopf eines Pudels		D	F+	Td	
	Rechte obere Zw. a 1)	Ein Kerl mit Stirn und Nase, in irgendetwas hineingestopft wie ein Wickelkind	10	DZw	F+	M	Orig.+
a	Linke mittlere Zw. unten 2)	Eine betende Nonne mit vornübergeneigtem Kopf		DZw	B+	M	Orig.+
d	(oberer) gr. Ausl.	Auch ein Kerl mit Zipfelmütze und etwas auf dem Rücken, mit einem grossen Mantel bedeckt, der über die Last und den Mann geworfen ist		D	B+	M	Orig.+
d	(obere) „Burg"	Auch ein Kerl wie aus den „Fliegenden Blättern" aus den 1880er Jahren		Dd	F+	Md	
a	Ganze oberste Partie	Mikroskopisches Präparat von etwas Organischem		unb. D	F−	Präp.	

Zw. unter linkem oberem seitl. Ausl. a	Auch ein Mann mit einer Beule am Kopf, aber ganz unklar		DZw	F+	Md	
20,25 V. ○	Schmetterling		G	F+	T	V
d (oberes) Profil am medialen Buckel des oberen Flügelrandes	Der Teufel mit Horn, Nase, Stirn und Spitzbart		Dd	F+	Md	
d Unterer Flügelrand (oben)	Gesicht mit gewaltiger Bärenpelzmütze	5	Dd	F+	Md	
c ○	Ein Junge (Kopf der Fledermaus), die Beine von hinten, hier ist der Körper, und dann trägt er etwas Grosses auf dem Rücken		DG	B+	M	Orig.+
d Oberer Flügelrand am (unteren) Flügel	Ein Rind (lateraler Buckel: Kopf) mit Vorderbeinen und Schwanz (seitl. Ausl.), Phantasierind		D	F−	Td	Orig.−
20,30 VI. ○	Auch das Fell eines Tieres mit langem Schwanz, Kinnbart und langem Haarschopf		G (Do)	F+	T	V
Obere Spitze	Kopf einer Art Schildkröte		Dd	F+	Td	
Unterer Teil des linken oberen Flügels 1)	Auch eine Art Teufel mit gewaltiger Nase, Hörner da oben, der hässlich lacht	5	Dd	EQe F+	Md	Orig.+
b Weisser Rand (rechts) neben (oberem) gr. Ausl. 2)	Auch ein Gesicht, Nase, Stirn, Hals		DZw	F+	Md	
a Lateraler Rand rechts unten 3)	Auch ein Profil, Nase, Mund und Kinn		D	F+	Md	
20,35 VII. ○	Eine Art Rückenwirbel, von oben gesehen		G	F−	Anat.	
Rechtes mittl. Drittel	Eine Art Phantasietier, Nase, Auge, Kinn, mit Horn; das Tier (rechts) ist gutmütig und das (links) ist wütend	4	D	EQe F+	Td	(V)
d (obere) obere 2/3	Ein wunderlicher Hund		D	F+	T	
d (oberer) Teil des unteren 1) Drittels	Ein anderer Hund, hier sieht man nur einen Teil des Hundes, Pudel		D	F+	Td	
20,39 VIII. Seiten	Ein Tier, ähnlich einem Chamäleon		D	F+	T	V
b Rot u. Gelbrot Mitte (obere) Hälfte 1)	Kopf einer Art grotesken Rindes aus früheren geologischen Epochen mit Auge (+) und Horn (++)		D	F+	Td	
a Kleiner Teil an linker Kontur des Grau 2)	Da kriecht ein Wurm auf etwas	5	Dd	F+	T	Orig.+

	O	Das Ganze könnte ein mikroskopisches organisches Präparat sein		G	FbF	Präparat	
c	Seitl. Ausl. des Orange	Ein Dackelkopf, hier hängen die Ohren herab und fallen über die Augen		Dd	F+	Td	

20,43½
IX.   Das ist hübsch

c	O	Ein merkwürdiges Insekt (Rot), Kopf mit den Augen (medial) und ein paar Auswüchsen (lateral) und Flügeln (Grün) und Schwanz (Braun)		G	F±	T	Orig.+
a	Braun	Ein paar Kerle mit Zipfelmütze und Bart, die sitzen deutlich auf dem Grünen und halten etwas wie Rentierhörner in den Händen	6	D	B+	M	
d	Zw. Braun und Grün	Ein Ziegenkopf, Auge, Kopf, Nase und Bart		D	F+	Td	V
b	Mittellinie	Ein merkwürdiger Fisch: Kopf und Maul (Rot) und ein langer Körper		D	F+	T	Orig.+
a	Linke Zw. Mitte unten 1)	Kopf eines Mannes mit Zipfelmütze (+), Nase, Bart und Hals		DZw	F+	Md	Orig.+

20,50
X.	Grau oben	Ein paar sehr merkwürdige Tiere, die miteinander kämpfen		D	F+	T	
	Grün oben	Noch ein paar Tiere, Schafen ähnlich, aber Schafe springen nicht in dieser Weise		Objektkritik D	F+	T	
	Obere mittlere Zw. 1)	Ein Tier, Wassermilbe, Körper, Vorderfüsse (+), Kopf (o)		DZw	F+	T	Orig.+
	Grün Mitte	Ein Tier, wie eine Ziege, mit Augen, Nase und Horn		D	F+	Td	
c	O	Das Ganze, Form und Farbe zusammen, wirkt wie ein organisches Präparat	9	G	FbF	Präparat	
c	Mittlere mediale Kontur des gr. Rot 2)	Ein paar Männer		Dd	F+	Md	
c	Blau Mitte	Ein paar ziemlich federlose Vögel, evtl. Hahnenküken, die sich schlagen		D	F+	T	
c	Mittlere laterale Kontur des gr. Rot 3)	Ein Profil		Dd	F+	Md	
c	Grau Mitte 4)	Profil von ein paar Teufeln mit Horn (+), grosser Nase (++) und Kinn (o)		D	F+	Md	Erf. Orig.+

Verrechnung: Antw. = 67, Zeit = 57 Min. (30/27).

G = 11 (8+) (2 DG+)   B = 9 (+)   M = 10   Obj. = 1
D = 30 (1 DZwD)   BFHd+ = 1   Md = 17   Grotte = 1
Dd = 16   F = 53 (3—, 1 unb.) T = 21
DZw = 9   (2+)   Td = 13   V = 6 (7?)
Do = Neigung   F(Fb) = 1 (F[Fb]+) Anat. = 1 Orig. = 19 (1—)
                      FFb = 1 (+)   Präparat = 3   (6 Erf.+)
                      FbF = 2

Bohm 25

F+ = 92%, T = 51%, (Md = 25%), V = 9% (11%?), Orig. = 28% (+±),
Erft. = G—D—Dd—DZw, Sukz. = gelockert, Erlbt. = 10 : 2½.
Objektkritik — Farbenschock (kein B II, Sukz. VIII, Bem. IX, Sukz. X) — 1 Kontamination? (III) — Perseveration (Wiederkäuertypus) (Teufel, mikroskopisches Präparat, Hörner) — perceptional perseveration — Gesichts-Stereotypie — 2 EQe-Antworten — Einstellungshemmung? (Erf. I).

Auswertung: Sehr gute Intelligenz (F+%, G+, T% (Alter!), Orig.%, B), praktisch (Erft., T:Td, Orig. D), aber trotzdem etwas weltfremd (V%, Orig.%, Orig.—). Grübler (B, V%, Orig.%, Orig.—). Originelle Selbstkritik (B, DZw Orig.).

Fleissiger Qualitätsarbeiter (Antw., Zeit, F+%) mit Quantitätsehrgeiz (Antw., Dd). Pedantische Gewissenhaftigkeit (Dd, Do-Neigung).

Technische (G+, 2 konstruktive DG+, F+%, DB, Orig.%, V%, Dd) und künstlerische Begabung (Antw., B, F+%, Sukz., Orig.%, T%, V%, BFHd).

Überwiegend labile, teilweise angepasste Affektivität (Farben), nach aussen sehr gedämpft (Erlbt., F+%, G+) und neurotisch (Farbenschock) und etwas depressiv gehemmt (F+%, Dd, Do-Tendenz, Md:M).

Leichte psychogene Depression (F+%, Dd, Do-Tendenz, Md:M), hauptsächlich infolge Aggressionshemmung (DZw, B, F+%, G+; Hörner).

Wahrscheinlich ixothyme Konstitution (Antwortenzahl, Zeit, Perseveration und perceptional perseveration, DG, Einstellungshemmung?).

Nr. 7. *Künstler*

58jähriger Schulrektor mit vielseitiger Kunstbegabung: Schreibt, zeichnet, macht ausgezeichnete Holzschnitte und modelliert (speziell Holzbildhauerarbeiten humoristischer Art), singt und musiziert (Bratsche, Orgel, Laute). Tierliebhaber (2 T als Erf. Orig.+).

Protokoll (Rorschach)

11,14 — 12,04

I. Schwarz in Mitte unten		Ein prächtiger Unterkörper eines Mädchens		D	F+	Md
	O	Ein Röntgenbild von einem Stück des Rückgrates	4	G	FHd+ F(Fb)	Anat.
Ganze Mitte		Eine besonders dicke Frau ohne Kopf, die beide Arme hebt		D	B+	M
Seiten, obere Hälfte		Köpfe von Windhunden		D	F+	Td
II.	O	Das Ganze: Zwei gute Wichtelmännchen, die die rechte und linke Hand gegeneinander setzen, sie liegen auf den Knien	2	G	B+	M V
Schwarz		Das Schwarze erinnert zugleich an zwei Hundeköpfe, am ehesten noch Boxertypen		D	F+	Td

III.	O	Zwei schwach pornographische Herren (wegen des „Penis" am Bein), die einen Waschschwamm in der Hand halten und einander freundlich gesinnt sind		G	B+	M	V
Rot		Die roten Dekorationen rund herum sagen nichts, ich bin kein Surrealist	2	Rotschock			
c	O	Zwei unangenehme magere Frauen mit einander zugekehrtem Rücken (böse miteinander), nur Oberkörper		G	B+	Md	
IV. c	O	Ein fliegendes Ungeheuer, der Teufel, der den Rücken zukehrt	2	G	B+	M	Orig.+
a	O	Ein Bergtroll		G	B+	M	
V. c	O	Ein Schmetterling	2	G	F+	T	V
	O	Fliegender Raubvogel		G	F+	T	
VI.	O	Zwei ulkige, groteske Profile, die die Zunge herausstrecken, die Zunge an den Gaumen legen (Hellgrau unter gr. Ausl.)		G	F+	Md	Orig.+
Schwarz im Sockel		Ein gedrechseltes Werkstück		D	F+	Obj.	
Unterer Teil der lat. Kontor		Profil von Professor W. A. mit dem typischen Mund (ungewöhnlich gut gesehen)	6	D	F+	Md	Orig.+
Oberer Forts.		Ein Engel mit ausgestreckten Armen und hängenden Flügeln		D	B+	M	Orig.+
dito		oder eine Larve im Nymphenstadium		D	F+	T	
c	O	Auch ein paar amüsante, groteske Profile mit religiösem Ausdruck (Auge über Nase), und die Nase tropft		G	F+	Md	
VII.	O	Zwei Frauen in affektierter Attitude, aber in Kontakt miteinander		G	B+	M	
c	O	Zwei amüsante Mädchen, die Bumps-a-daisy tanzen. Sie können mit dem Hintern nicht zusammenstossen wegen der Frisur		G	B+	M	
c Mittlere Drittel		Zwei amüsante Tierköpfe, eine Mischung von Tapir und Elefant	5	D	F+	Td	V
dito		Können auch Trollköpfe sein à la Bauer (schwedischer Zeichner)		D	F+	Md	V
c Jetzt obere Drittel		Ein hübscher Schmetterling		D	F+	T	V

VIII. Seiten	Zwei mächtige Raubtiere, erinnern an den Beutelteufel,		D	F+	T	V
Grau und Mittellinie	der auf einen ganz merkwürdigen Baum klettert		sukz. Komb. D F+		Pfl.	
Mitte in Blau	Beckenpartie am Skelett mit Wirbelsäule		D	F+	Anat.	
c Zw. zw. Seiten u. Mitte	Zwei Harpyien von Notre Dame	8	DZw	F+	Arch.	Orig.+
c Blau	Wieder ein Schmetterling		D	F+	T	
c Blau mit Ausläufern (unten)	Gewächse aus dem Urwald schiessen da auf, mehr wegen der Farbe		D	FbF	Pfl.	
c Seiten	Zwei merkwürdige, vogelartige Tiere mit dünnem Kopf		D	F+	T	Erf. Orig.+
c Orange allein	Gefrorene Formationen, die an den Niagara erinnern		Dd	HdF F(Fb)	Eis	Orig.+
IX. c Zw., nur (oberer) Teil	Eine Kapselfrucht		DdZw	F+	Pfl.	Orig.+
Rot + Mittellinie c	Zitat aus einem Buch von Kohl: „Er sah sein Gehirn wie eine Blume auf dem langen Stengel des Rückenmarks sitzen"		D	F—	Zitat	Ind.+
c Braun ohne Buckel	Zwei kleine kniende Figuren mit Allongeperücken		Dd	B+	M	Orig.+
c Ganzes Braun	Zwei Figuren mit hoher Stirn in einer höflichen Stellung, verbeugen sich voreinander	10	D	B+	Md	Orig.+
c Rot zw. grünen Strichen	Und aus den Wolken kommen ein paar Hände, die sich auf die beiden Blauen legen		Dd	F+	Md	
c Rot, mediale Viertel mit (unteren) Fortsätzen	Eine groteske Figur, mit Augen, sehr grossem Kopf und kleinen Beinen mit blauen Hosen, die Hände segnend nach unten gelegt		Dd	B+	M	Orig.+
Zw. Braun und Grün	Ein ungewöhnlich gut modellierter Elchkopf		D	F+	Td	V
c Dunkles medial in Grün u. Blau	Zwei stehende deutsche Bürgerfrauen von 1650 mit blauem Kopfputz		Dd	B+	M	Orig.+
c Grün	Profil eines Hundekopfes		D	F+	Td	
a O	Ein sehr schönes Ornament		G	FbF	Orn.	
X. Grün Mitte	Ein netter kleiner Osterhase		D	F+	T	V
Grau seitlich	Zwei merkwürdige Wasserinsekten		D	F—	T	
Blau seitlich	Zwei quallenähnliche Tiere		D	F+	T	V
Grau Mitte	Eine Karikatur von Johannes Fönss (Filmschauspieler)		D	F+	Md	

	Rot, oberer Teil	Ein paar schwachsinnige Profile		D	F+	Md
c	(untere) mitt- lere Zw. + Grau Mitte	Ein sehr schöner feststehender Fächer mit Schaft	11	DZw	Ve F(Fb)+	Obj.	Erf. Orig.+
c	(untere) mitt- lere Zw. allein	Wie ein Gesicht		DZw	F+	Md
c	Blau Mitte	Zwei Schmetterlinge (Junge), Köpfe gegeneinander		D	F+	T
c	Gelb Mitte	Zwei Hunde mit grossem Kopf nach unten, aus H. C. Andersens „Feuer- zeug" (umgekehrt als gewöhnlich ge- sehen)		D	F+	T	Erf. Orig.+
c	Grün Mitte	Ein paar Putenköpfe mit Kamm		D	F+	Td	Orig.+
c	Grün Mitte blasse Teile	Ein kleiner Mann		Dd	BKl	M	Orig.+

Verrechnung: Antw. = 52, Zeit = 50 Min.

G = 13 (11+)   B = 13 (+) BKl = 1 (+)   M = 12   Obj. = 2   V = 10
D = 29   F = 33 (2—)   Md = 11 Arch. = 1 Orig. = 17 (+)
Dd = 6   F(Fb) = 3 (1 DZw[FFb]+)   T = 12   Orn. = 1   (1 Ind.,
DZw = 3   (1 FHd + 1 HdF)   Td = 6   Eis = 1   3 Erf.)
DdZw = 1   FbF = 2   Anat. = 2 Zitat = 1
                                         Pfl. = 3

F+ = 94%, T = 35%, V = 19%, Orig. = 33% (+),
Erft. = G—D—(Dd—DZw), Sukz. = gelockert, Erlbt. = 14 : 2.

Überkompensierter Farbenschock (Bem. III, 1. Ant. IX) — Rotschock (Bem. III) — Überkompensierter Dunkelschock? (nur 2 Antw. IV, Sukz. I und VI) — Brechungsphänomen (VIII) — 1 Figur-Hintergrund-Verschmelzung (X) — 1 orale Komplexantwort (VI).

Ein drei Jahre später aufgenommener *Bero-Test* ergab folgende

Verrechnung: Antw. = 89, Zeit = 64 Min.

G = 13 (11+)   B = 14 (1—)   M = 23   Orn. = 1
(1 DG—, 6 DZwG+,   Bkl. = 6 (+)   Md = 23   Wolke = 1
 3 GZw, 3 ZwG)   F = 53 (4—)   T = 20   Wellen = 1
D = 48 (3 DZwD,   F(Fb) = 14 ⟶ (2 DZwGF[Fb])+   Td = 8
 2 DdZwD)   FFb = 2(+)   (3 DZwDF[Fb])+   Anat. = 3 V = 6
Dd = 13 (2 DdZwDd)   FbF = 4   (2 DdZwDF[Fb])+   Pfl. = 1   Orig. = 39(+)
DZw = 9   (2 DdZwDdF[Fb])+ Ldsch. = 2   (17 Erf.,
DdZw = 3   (4 DZwF[Fb])+   Obj. = 5   3 Ind.)
Do = 3   (1 F[Fb])+   Brücke = 1

F+ = 92%, T = 31%, V = 7%, Orig. = 44% (+),
Erft. = G—D—Dd—DZw—(Do), Sukz. = stark gelockert, Erlbt. = 14 : 5.

Überkompensierter Farbenschock (III, VIII) — Dunkelschock angedeutet (IV—VII) — 1 Simultan-Kombination (I) — 1 Kontamination angedeutet — 10 Figur-Hintergrund-Verschmelzungen (I, II, VIII).

Dies Bero-Protokoll ist eine unfreiwillige Bestätigung der Stabilität des Tests. Vp. gab nach dem Versuch an, er habe die „Spielregel" dahin missverstanden, es gelte, so viele Deutungen wie möglich von den schwarzen (bzw. farbigen) *und* weissen Teilen zu geben. Diese Einstellung hat nur die Produktion der Schattierungsdeutungen und der Figur-Hintergrund-Verschmelzungen beeinflusst, das Protokoll im übrigen aber nicht wesentlich gegen das Ergebnis des ersten Tests verschieben können.

Auswertung: Sehr gute Intelligenz mit ausgeprägt produktiver Kunstbegabung (Antw., F+%, G+, Erft., Sukz., T% (Alter!), Orig.%, B, Verschmelzungen).

Praktisch (Erft., T:Td, zahlreiche Orig. D und Dd).

Auch literarische Begabung (Verarbeitungsoriginale).

Labile Affektivität mit einer gewissen Affekthemmung (Künstler mit umgekehrter Proportion zwischen F+% und Farben, herabgesetzte Farbwerte, Schocks, fast keine G zu VIII—X).

Infolge Aggressionshemmung leichte psychogene Depression (DZw, B, G+).

Konstitutionstypen

Nr. 8. *Ixothymi.*

48jähriger intelligenter und kultivierter Architekt und Journalist mit ausgesprochener Gutmütigkeit und Hypersozialität. Stets freundlich und hilfsbereit, treu und anhänglich. An Diätfragen usw. interessiert.

Protokoll 1

15,04 — 15,18 — 15,29

I.	O	Das Unterste vom Skelett	2	G	F—	Anat.
c	O	Wie durchsichtig, ein Röntgenbild		G	HdF F(Fb)	Anat.
		Das ist ja sehr symmetrisch			Symmetrie	
II.	Rot unten	Ein Krebs	1	DdD	FFb+	T
		Das ist das gleiche, das ist symmetrisch			Symmetrie	
III.	Schwarz Mitte	Etwas mit dem Knochensystem	1	D	unb. F—	Anat.
		Die sind alle symmetrisch, in der Form und in den Farben			Symmetrie	
IV.		Das ist wieder dasselbe mit dem Symmetrischen			Symmetrie	
	O	So eine Haut, die aufgehängt ist	2	G	F+	T V
	O	Oder auch irgendein Wassertier, eine Qualle		G	F—	T
V.		Das ist das gleiche, das ist symmetrisch	1		Symmetrie	
	O	Das könnte an eine Fledermaus erinnern, aber es ist keine		G	F+	T V
VI.		Die Symmetrie ist wieder die gleiche	1		Symmetrie	
	O	Ein vergrössertes Insekt		G	F+	T

VII.		Das ist also wieder das gleiche mit dem Symmetrischen		Symmetrie		
		Versager		— —	—	—
VIII. b Seite (oben)		Das ist also das gleiche mit dem Symmetrischen Ein Tier, was da hinaufkriecht	2	Symmetrie D F+	T	V
Grau u. Blau		Etwas von einem Skelett, was das sein kann, kann ich gar nicht sagen		unb. D F—	Anat.	
IX. Mittellinie		Das Symmetrische passt nicht ganz, da ist etwas mit den Farben, die sind etwas unregelmässig Was soll das sein? Auch etwas mit der Knochenbildung, etwas mit der Wirbelsäule	1	Symmetrie D F—	Anat.	
X.		Die Symmetrie ist die gleiche, ja, aber jetzt ist das mehr auseinandergezogen		Symmetrie		
		Daraus kann ich nicht klug werden Versager		— —	—	—

Verrechnung: Antw. = 11,   Zeit = 25 Min. (14/11).

G = 6 (3+)   B = 0   davon   M = 0   Anat. = 5   V = 3
D = 5 (1 DdD)   F = 9 (5—, 2 unb.)   Md = 0   Orig. = 0
                F(Fb) = 1 (HdF)   T = 6
                FFb = 1 (+)   Td = 0

F+ = 44% (Anat.!), T = 55% (Anat. = 45%), V = 27%, Orig. = 0%,
Erft. = G—D, Sukz. = ?, Erlbt. = 0 : ½.

2 Versager (VII, X) — Farbenschock (Erf. und Formen III, Erf. und Formen IX, Vers. X) — Dunkelschock? (Formen I, Versager VII) — Brechungsphänomen? (IV) — Symmetrie (I—X) — Anatomische Stereotypie mit Perseveration — 1 Verneinung (V).

Dieselbe Vp. gab acht Jahre später folgendes Protokoll (ebenfalls Rorschach):

Protokoll 2 (Rorschach)

10,45 — 10,50½ — 10,58

I.	O	Knochenpartie am Gesäss	2	G F—	Anat.	
	O	Auch eine Phantasiefledermaus		G F+	T	V
II.	10,46 Rot	Wie Krebstiere	1	DdD FFb+	T	
		Sonst kann ich nicht...				
III.	10,47½ Schwarz Mitte	Wieder dasselbe, Rückgratknochen (meint: Becken)	1	D F+	Anat.	
IV.	10,48½ O	Zuallererst ein Fell, abgezogen und ausgebreitet Ein bestimmtes Tier kann ich nicht sagen	1	G F+	T	V

391

V.	10,49½ O	Eine Fledermaus	2	G	F+	T	V
	O	Oder ein Insekt		G	F+	T	
VI.	10,50½ O	So ein Fell, das ausgespannt ist	1	G	F+	T	V
VII.	10,51½ O	Etwas ganz Phantastisches, wenn das überhaupt etwas sein soll, dann muss es ein Knochen sein, etwas hier unten, an der Lendenpartie	1	G	F—	Anat.	
VIII. Mitte in Blau	10,53	Gräte von einem Fisch		D	F+	Td	
Seiten		Tiere, nicht Hyänen, aber irgendwelche Raubtiere	3	D	F+	T	V
Rot Mitte		Das Unterste kann ein Schmetterling sein		D	FFb+	T	
IX. Braune Ausläufer	10,55	Auch etwas mit einem Krebs oder Krabben	2	Dd	FFb+	T	
	O	Das Ganze auch eine Knochenpartie am Rückgrat		DG	F—	Anat.	
X.	10,56	Das ist ja sehr verteilt					
Blau seitlich		Korallentiere		D	F+	T	
Grau Mitte		Auch Knochenpartien	4	D	F—	Anat.	
Blau Mitte		das auch		D	F—	Anat.	
Grün Mitte		und das		D	F—	Anat.	

Verrechnung: Antw. = 18, Zeit = 13 Min. (5½/7½).

    G = 8 (5+) (1 DG—)   B = 0   M = 0   Anat. = 7 (6—)   V = 5
    D = 9 (1 DdD)   F = 15 (6—)   Md = 0   Orig. = 0
    Dd = 1   FFb = 3 (+)   T = 10
                                                     Td = 1

F+ = 60%, T = 61% (Anat. = 39%), V = 28%, Orig. = 0%,
Erft. = G—D, Sukz. = geordnet, Erlbt. = 0 : 1½.

Farbenschock (Erf. und Bem. II, Erf. III, 1. Antw. VIII, Sukz. IX, Bem. X?) — Dunkelschock? (1. Antw. I, Bem. und Form VII) — Brechungsphänomen? (IV) — Perseveration (2× Krebs) + anatomische Stereotypie mit Perseveration (7× Knochen) + Kleben am Thema (Seetiere: Krabben, Korallentiere) — 1 Verneinung (VIII).

Auswertung: Depressive (T%, Orig.%, B) und neurotische (G±, F+%, Anat.) Intelligenzhemmung. Die ursprüngliche, sicher recht gute Intelligenz ist aus diesen Protokollen infolge der anatomischen Stereotypie nicht mehr festzustellen.

Affektivität normal und angepasst; namentlich das zweite Protokoll zeigt die bei Ixothymen typische Erscheinung, dass trotz deutlicher neurotischer Symptome (Schocks) die Farbwerte stabil sind (affektive Klebrigkeit). Eine gewisse

Unsicherheit kommt in beiden Protokollen durch die Verneinung und im ersten noch durch das Suchen nach Symmetrie zum Ausdruck.

Neurotische Züge (Schocks), wahrscheinlich Charakterneurose mit einer gewissen Kontaktstörung (0 M, Unsicherheit), und eine leichte psychogene Depression (Antw., im ersten Protokoll auch Zeit, T%, Orig.%, B) hypochondrischer Färbung (Anat.) bei ausgesprochener *Ixothymie* (fast Ixoidie). Obwohl eine so starke Intelligenzhemmung bei Ixothymen selten vorkommt, ist das Beispiel besonders instruktiv, da es zeigt, wie die verschiedenen Teile des ixothymen Syndroms füreinander vikariieren können: Im ersten Protokoll die stereotype Symmetriebetonung und die anatomische Stereotypie, im zweiten Protokoll neben wieder ziemlich starker anatomischer Stereotypie mit Perseveration auch noch die „richtige" Perseveration vom Wiederkäuertypus und das Kleben am Thema.

Neurosen

Nr. 9. *Angstneurose*

27jährige Kontoristin, die von ihrem Chef wegen ihrer enormen Ängstlichkeit zur psychologischen Untersuchung geschickt wurde, da man (unberechtigterweise) fürchtete, dass sie ihrem Berufe nicht gewachsen sei.

Protokoll
18,28 — 18,43 — 19,01

I.	O	Eine Fledermaus		G	F+	T	V
		Soll man Details sagen?				
	O	Es kann auch ein Skelett sein		G	F—	Anat.
Zapfen Mitte oben		Das sieht aus wie eine Schere (vom Krebs)	4	Do	F+	Td
Zw.		Löcher dort, ich weiss nicht, was die darstellen sollen		Weißschock (Do)		
Ganze Mitte		Ein Vogelkörper		D	F+	T
II. 18,31 Rot oben		Die Roten da, sollen die Blut vorstellen?	2	D	Fb	Blut
Schwarz		Eine zerschnittene Tierhaut		D	F+	T
III. 18,33		Von diesem kann man sich schon schwerer eine Auffassung machen				
Beine		Eine Art Krebsschere		Do	F+	Td
Rumpf		Das ist auch geteilt Ich glaube, das ist ein Teil von einem Tier	4	Symmetrie D	F—	Td
Hals		Das ist ein Vogelhals		Do	F+	Td

Rot aussen	Das Rote da sind wohl Blutflecken von dem Entzweigeschnittenen?		D	FbF	Blut	
	Das geht schlecht, nicht wahr?		Subjektkritik			
IV. 18,37 Ganze Mitte	Das hier ist von oben gesehen Das hier sieht aus wie der Rücken		D	F—	Td	
O	Ein Tierfell	4	G	F+	T	V
O	Es kann auch nur ein Tierkopf sein, aber die Schnauze wird zu klein		G Objektkritik	F+	Td	
O	Eine Pflanze kann es nicht sein		G	F+	Pfl.	
	Man muss ja sagen, was man meint, wie dumm es auch sein kann		Subjektkritik			
V. 18,40	Alles ist so symmetrisch Vermutlich muss das etwas sein, das in der Mitte geteilt ist	1	Symmetrie			
O	Lindensamen, den man auf die Nase setzt, aber das hat zu unregelmässige Kanten		G Objektkritik	F+	Pfl.	Orig.+
VI. 18,43	Ich möchte wissen, ob alles etwas vorstellen soll, ich glaube, manches ist nur Phantasie Das ist schwerer zu sagen		Dunkelschock			
O	Ich kann nicht sagen, dass alles wie Tierhäute aussieht		G (Do)	F+	T	V
Striche an Spitze oben	Das können Fühler sein	3	Dd	F+	Td	
	Das ist auch zweigeteilt		Symmetrie			
c O	Ein Blatt kann es nicht gut sein		G	F+	Pfl.	
	Meine Phantasie streikt		Subjektkritik			
VII. 18,48 O	Das sieht aus wie, nein, das können keine Wolken sein		G	HdF F(Fb)	Wolken	
	Da gibt es nicht so etwas (Schwarz Mitte)	1	Objektkritik			
	Das ist etwas Geteiltes		Symmetrie			
	Das ist hoffnungslos, wie?		Subjektkritik			
VIII. 18,51 Seiten	Das sieht aus wie ein Tier, das da klettert, aber das kann es ja nicht sein		D	F+	T	V
Blau	Das sieht aus wie Wasser, und das Tier geht darüber	3	D	Fb	Wasser	
c Rot Mitte	Das sieht aus wie ein Schmetterling		D	FFb+	T	
	Und das Ganze ist wieder symmetrisch		Symmetrie			

394

	18,54					
IX.		Das geht schlecht, nicht wahr?		Subjektkritik		
Zw.		Das sieht aus wie eine Vase		DZw	F+	Obj.
Grün		Das können Eingeweide sein	3	D	FbF	Anat.
Mittellinie		Das kann ein Knochen in einem Körper sein		D	F—	Anat.
		Das kann ja so vieles sein				

	18,58						
X. Grau Mitte		Ein Blutgefäss		D	F—	Anat.	Orig.—
			2				
Rot aussen		So eine Puppe (Tier)		D	F+	T	

Verrechnung: Antw. = 27, Zeit = 33 Min. (15/18).

G = 9 (6½+)	B = 0	M = 0	Obj. = 1	V = 4
D = 13	F = 21 (5—, 2+)	Md = 0	Wolken = 1	Orig. = 2 (1—)
Dd = 1	F(Fb) = 1 (HdF)	T = 8	Wasser = 1	
DZw = 1	FFb = 1 (+)	Td = 7	Blut = 2	
Do = 3 (Neigung	FbF = 2	Anat. = 4		
zu mehr)	Fb = 2	Pfl. = 3		

F+ = 71%, T = 56%, (Anat. = 15%), V = 15%, Orig. = 7% (+),
Erft. = G—D—Do, Sukz. = geordnet mit Neigung zur Umkehrung, Erlbt. = 0 : 5½.

Herabgesetztes Deutungsbewusstsein — Subjekt- und Objektkritik — Farbenschock (Blut II, Bem. und Blut III, Bem. und 1. Antw. IX, 1. Antw. X) — Dunkelschock (Sukz. IV, Symm. V, Bem. VI, Bem. VII) — Brechungsphänomen (VIII) — Weißschock (I) — Symmetrie (II, III, V, VI, VII, VIII) — 5 Verneinungen (IV, VI 2×, VII, VIII) und eine Antwort in Frageform (II). — Leichte Perseveration (2× Krebsscheren).

Auswertung: Gut durchschnittliche Intelligenz (F+%, Sukz., G+, Erft., T%, V%, Orig.%), unproduktiv (B), aber für ihre Arbeit ausreichend.

Ängstlich-neurotische Leistungshemmung (F+%, T%, Anat., Orig.—, Do).

Starke, überwiegend labil-impulsive Affektivität mit nur geringem affektivem Kontakt (Farben) und ungenügender Bremsung (B, Erlbt.). Etwas infantil (kindliche Erinnerung als Orig.+ bei V). Neurotische Kontaktstörung zur menschlichen Umgebung (0 M). Starke ängstliche Unsicherheit (Kritik, Verneinungen, Antwort in Frageform).

Auf dem Boden einer psychasthenischen Konstitution (bei dysplastischem Körperbau) (Farben- + Dunkelschock + Br. VIII, Subjekt- und Objektkritik, Symmetrie, Verneinungen, Frageform) hat sich eine nymphomanieartige Charakterneurose entwickelt: unbewusste Ablehnung der weiblichen Geschlechtsrolle (Weißschock) + Libidosteigerung (Erlbt., Farben). Infolge einer hinzutretenden Libidostauung (frustrane Erregung wegen Unkenntnis einer rationalen Contraception) ist es zu einer akuten *Angstneurose* gekommen (Farben- + Dunkelschock, Blut II und III, HdF, Do, Symmetrie + 2 reine Fb). Wahrscheinlich ist der Konstitutionsgrundlage noch eine ixothyme Komponente beigemischt (fast stereotype Symmetriebetonung, leichte Perseveration).

Die *Exploration* ergibt folgendes: Pt. hat einen ausgesprochen dysplastischen Körperbau (eunochoider Hochwuchs). Sie teilt mit, dass sie „sehr impulsiv" sei, ihre Partner aber nicht halten könne. Da ihr rationelle antikonzeptionelle Methoden unbekannt sind, wird Coitus interruptus praktiziert. Sie bekommt dabei keine Auslösung, sondern Angst. Ausser Situationsangst (kann nicht allein sein) besteht auch frei aufsteigende Angst. — Auch beim Versuch zeigt sie trotz gutem psychischem Kontakt und einer gewissen Zutraulichkeit alle physiologischen Zeichen der Angst (Tremor, Schweiss usw.).

Nr. 10. *Hysterie*

25jährige Hausfrau, frühere Kontoristin und Kinderpflegerin. Pt. war zur Observation eingeliefert, ob eine Indikation für einen Abortus provocatus bestünde, die jedoch verneint wurde.

Protokoll
18,36 — 18,41 — 18,48½

I.	O	Fledermaus		1	G	F+	T	V
II.	18,37	(schüttelt den Kopf) Versager	—	—	—	—
III.	18,38½ O	Zwei Neger, die auf eine Trommel schlagen	1	G	B+	M	V
IV.	18,39½ O	Ein aufgeschnittenes Tier, wie ein Fell am Boden	1	G	F+	T	V
V.	18,40½ O	Für mich ist das ein Schmetterling, sonst kann ich nichts sagen	1	G	F+	T	V
VI.	18,41 O	Das scheint mir dasselbe wie vorhin zu sein, etwas, das aufgeschnitten ist (Fell)	1	G	F+	T	V
		Die sind auf beiden Seiten gleich		Symmetrie		
VII.	18,42½	Nein, das ist immer noch dasselbe auf beiden Seiten	1		Symmetrie		
Obere Drittel		Das einzige, das etwas sein könnte, ist das Oberste, das können kleine Wolken sein		D!	HdF F(Fb)	Wolken
VIII.	18,44 Mitte in Blau	Das Innere eines Fisches, das Rückgrat (meint: Gräte)	2	D	F+	Td
c	O	Innere Teile eines Menschen		G	FbF	Anat.
IX.	18,46 O	Der erste Eindruck ist etwas mit Feuer und Flammen, aber warum, weiss ich nicht; etwas, das explodiert	1	G	FbF	Explosion
X.	18,47 O	Blumenfarben		G	Fb	Farbe
Blau seitlich		Blumen	3	D	FbF	Pfl.
Gelb seitlich		und die kleinen auch		D	FbF	Pfl.

Verrechnung: Antw. = 12, Zeit = 12½ Min. (5/7½)

G = 8 (5+)   B = 1 (+)   M = 1   Pfl. = 2   V = 5
D = 4   F = 5 (+)   Md = 0   Explosion = 1   Orig. = 0
              F(Fb) = 1 (HdF) T = 4   Wolken = 1
              FbF = 4   Td = 1   Farbe = 1
              Fb = 1   Anat. = 1

F+ = 100%, T = 42%, V = 42%, Orig. = 0%,
Erft. = G—D, Sukz. — leicht gelockert, Erlbt. = 1:5½.

1 Versager (II) — Farbenschock (Vers. II, 1. Antw. und Sukz. VIII, Formen IX und X) — Symmetrie (VI, VII).

Auswertung: Gut durchschnittliche Intelligenz (F+%, G+, T%, B), ziemlich banal (V%, Orig.%). Erfasst nur die banalen Zusammenhänge (alle G+ sind V). Hitzige, labil-impulsive Affektivität (Farben), zurzeit durch Depression etwas gedämpft. Dysphorien (HdF). Sehr launenhaft (FbF ohne DZw). Eine gewisse Unsicherheit (Symmetrie).

Psychogene Depression (Antw., F+% : B, Orig.%, HdF, D statt G zu VII). Einfache hysterische Neurose (Versager, Farben, Erlbt., Farbenschock, Stereotypisierung). — Hinter den „aufgeschnittenen" Tierfellen verbirgt sich vielleicht eine Angst vor einem Kaiserschnitt, eventuell auf dem Boden einer unbewussten infantilen Sexualtheorie.

Klinische Diagnose: Hysterischer Charakter.

Nr. 11. *Zwangsneurose*

37jähriger Angestellter in einem Betriebskontor.

Protokoll
8,51 — 9,05 — 9,26

I.	O	Fledermaus		G	F+	T	V
	O	Es kann auch ein Schmetterling sein		G	F+	T	V
Seiten		Ein paar tanzende Bären	4	D	B+	T	
Ganze Mitte		Das scheint ein Mann zu sein, der da steht		D	B+	M	
II.	8,54 O	Das scheint ein Schmetterling zu sein		G	F+	T	
Schwarz		Zwei Hunde (ganze)		D	F+	T	
Schwarze Spitze		Eine Pfeilspitze, ein ganzer Pfeil		D	F+	Obj.	
Zw.		Eine Tischlampe, der der Fuss fehlt	6	DZw	F+	Obj.	
Rot oben		Ein paar Hörner		D	F+	Td	
Zw. zw. Rot oben		Ein Becher ohne Boden		DZw	F+	Obj.	Orig.+
III.	8,58 Rot m.	Ich sehe eine Schleife		D	F+	Obj.	
Rockschösse		Die Schnauze eines Hundes	3	Dd	F+	Td	
Beine		Beine mit einem Schuh daran		Do	F+	Md	

IV.	9,00 ○	Eine Tierhaut		G	F+	T	V
	○	Es ist nicht so leicht, hier noch mehr zu sehen	2	Dunkelschock			
		Auch ein grosses Tier, das nach seiner Beute auf dem Sprunge ist		G	B+	T	
V.	9,02 ○	Das ist wieder eine Fledermaus		G	F+	T	V
Kopf		Eine Stütze für einen Schlagbaum, den man hinunterschlägt		D	F+	Obj.	Orig.+
Ganze Mitte		Ein Hase	5	Dd	F+	T	
Oberer Flügelrand		Ein Gesicht, bartgeschmückt		D	F+	Md	
Dicker seitlicher Ausläufer		Auch ein Bein, an dem der Fuss fehlt		Do	F+	Md	
VI.	9,05 ○	Hier sehe ich auch eine Tierhaut		G	F+	T	V
Schwarz im Sockel und darüber		Ein Pfeiler		D	F+	Obj.	
Unterer Ausschnitt		Eine Schnauze mit einer Masse Zähne	6	Dd	F+	Td	
Sockel		Fuss für eine Statue		D	F+	Obj.	
Unt. Mittellinie u. Hellgrau daneb.		Eine Frucht, eine Banane oder Gurke, die aufgeschnitten ist		Dd	F+	Pfl.	Orig.+
Seitliche Kontur unten		Auch ein Gesicht		D	F+	Md	
VII.	9,09 Mittleres Drittel	Ein paar hässliche Männer		D	F+	Md	V
Zw.		Eine Schale oder ein Becher oder so etwas		DZw	F+	Obj.	
Obere Drittel mit Ausl.		Der Schwanz eines Tieres mit Hinterteil eines Hundes oder Fuchses	4	DdD	F+	Td	
Untere Drittel		Teile eines Gesichts, Schnauze einer Katze (Ausschnitte = Augen), hier (oberer Rand) abgeschnitten		Dd!	F+	Td	Erf. Orig.+
VIII.	9,12½ Seiten	Ein Biber hier auf jeder Seite		D	F+	T	V
Rot Mitte		Ein Blumenblatt hier		D	FbF	Pfl.	
Zw. in Blau		Skelett von einem Tier, das Weisse hier	4	DZw	F+	Anat.	
Grau		Eine Wurzel eines grossen Baumes		D	F+	Pfl.	
IX.	9,16 Zw.	Ich sehe eine Tasse hier, einen Becher kann man sagen		DZw	F+	Obj.	
dito		Es kann auch eine Art Springbrunnen sein mit Wasserspritzern hier		DZw	F+	Fontäne	

398

Braun, oberer Teil	Ein schmales, spitziges Tier, mit schmaler Schnauze	6	Dd	F—	T
Zw.	Es kann auch ein Musikinstrument sein, eine Geige		DZw	F+	Obj.
Rot	Ein Teil einer grossen, schönen Blume		D	FbF	Pfl.
Mittellinie	Ein Tannenzweig, an dem die Nadeln fehlen		D	FFb+	Pfl.	Orig.+
9,21 X. Grün Mitte	Ein paar Raupen		D	FFb+	T	V
dito	Kopf eines Hasen, eines Kaninchens		D	F+	Td	V
Blau seitlich	Ein Tintenfisch		D	F+	T	V
Braun Mitte	Ein paar Beeren, Kirschen z. B.	8	D	FFb+	Pfl.
Grau Mitte, Säule allein	Ein Gesicht mit Augen und Kinnbart		Dd	F+	Md	Orig.+
Rot Mitte	Hier auch ein Schmetterling, aber der ganze Rumpf ist weg		D	FbF	Td
Grau Mitte, Säule allein	Das kann auch ein hoher Becher sein, eine Blumenvase		Dd	F+	Obj.	Orig.+
Blau seitlich	Eine Baumwurzel kann es auch sein		D	F+	Pfl.

Verrechnung: Antw. = 48, Zeit = 35 Min. (14/21).

G = 7 (+)	B = 3 (+)	M = 1	Pfl. = 7	V = 10
D = 24 (1 DdD)	F = 39 (1—)	Md = 6	Obj. = 11	Orig. = 7 (+)
Dd = 8	FFb = 3 (+)	T = 14	Fontäne = 1	(1 Erf.)
DZw = 7	FbF = 3	Td = 7		
Do = 2		Anat. = 1		

F+ = 97%, T = 44%, V = 21%, Orig. = 15% (+),
Erft. = G—D—Dd—DZw—Do, Sukz. = geordnet, Erlbt. = 3 : 4½.

Farbenschock (kein G, Do III, 1. und 2. Antw. IX) — Dunkelschock angedeutet (Bem. IV) — Brechungsphänomen (VIII) — Perseveration (4 × Becher, 2 × Baumwurzel) — 9 Komplexantworten (5 orale: Schnauze mit Zähnen VI, Becher II, VII, IX, X; 1 genitale?: Stütze für einen Schlagbaum V; 3 sadistische: Pfeil II, Hörner II, Tier auf dem Sprunge nach seiner Beute IV) + 8 Defektdeutungen.

Auswertung: Überdurchschnittliche bis gute Intelligenz (F+%, G+, Erft., T%, V%, Orig.%, B). Fleissiger Qualitätsarbeiter (Antw., Zeit, F+%).

Überwiegend labile, teilweise angepasste Affektivität (Farben), nach aussen krampfartig beherrscht (B+, G+, F+%) mit Tendenz zu leichten depressiven Verstimmungen (Dd, Do, Md > M).

Typische *Zwangsneurose* (Erlbt., F+%, Do, DZw, Streckkin.) mit starken, teilweise unterdrückten Aggressionen und Kastrationsangst (DZw:B, G+, F+%; Komplexantworten). (NB. 8 Antworten sind Defektantworten, nämlich: Tischlampe, der der Fuss fehlt; Becher ohne Boden; Bein, an dem der Fuss fehlt; aufgeschnittene Banane oder Gurke; Schwanz und Hinterteil eines Tieres (auch anal); abgeschnittenes Katzengesicht; Tannenzweig, an dem die Nadeln fehlen; Schmetterling ohne Rumpf.)

Wahrscheinlich bestehen auch orale Fixierungen (Komplexantworten). Die etwas kuriosen Dd machen einen leichten schizoiden Einschlag wahrscheinlich. Jedenfalls scheint aber die bei Zwangsneurosen so häufige psychasthenische Basis zu bestehen (Farben- + Dunkelschock + Br. VIII).

Ein tiefenpsychologisch geschulter Psychologe, der diesen Test zwei Jahre später wiederholt hat, teilt nach mehrmaliger Aussprache mit dem Pt. folgendes mit:

Pt. ist das dritte von sechs Geschwistern. Ein Bruder ertrunken (Selbstmord?). Der Vater war Kalkulator, konnte hitzig und aufbrausend sein. Mutter war früher sechs Jahre in der Irrenanstalt wegen einer paranoiden Geisteskrankheit (Schizophrenie?). Jetzt ist sie 72 Jahre alt und wieder seit einem Jahre in der Anstalt.

Pt. ist verheiratet (Ehe angeblich glücklich) und ist mit seiner Arbeit zufrieden. Er ist sehr genau und pedantisch in der Arbeit. Beunruhigt sich oft, ob er zu Hause die Türen und Gashähne geschlossen habe usw. Des Nachts kann er „stundenlang daliegen und über eine Menge Probleme nachdenken".

Während des Gesprächs ist Pt. abwartend, hart, kalt, etwas misstrauisch. Er wirkt rationalisiert, gepanzert, lässt einen nicht an sich herankommen. Unter der rationalisierten Oberfläche scheint es aber ziemlich unruhig zu sein.

Pt. hat die Gewohnheit, andere zu kritisieren und hat keine wirklichen Freunde. Er hat eine Neigung zum Intrigieren. (Siehe DZw und Erlbt.)

Nr. 12. *Phallisch-narzisstische Neurose (asozialer Typus)*

28jähriger Kontorist.

Protokoll
17,00 — 17,23 — 17,45

I. ∧ Ein Schmetterling oder so etwas Ähnliches

G F+ T V

1

Kann man da etwas anderes herausbekommen?

Hörner und mediale Buckel oben — Das sind furchtbar gierige Dinger, die da

Komplexstupor?

17,04
II. Dieses hier — ja, ich hätte beinahe...

∧ Das sieht aus wie ein paar Backenzähne (Schwarz), das Rote muss wohl die Wurzel sein, aber vernünftig begründen kann man das nicht

G FbF Anat. Orig.+

Schw. Spitze — Dann kommt da etwas, was das Ganze stört
Das ist also etwas ganz Horribles
(Sagt dies langsam und bestimmt, leicht affektiert, gemacht)

Sexualsymbolstupor

2

d (oberes) Rot aussen		Ja, da kann man ja alles mögliche herausbekommen. (Was z. B.?) Ja, Sie können ja schreiben: Kopf eines Heinzelmännchens (in Dänemark stets mit roter Mütze), das die Zunge herausstreckt		Do	FFb+	Md	
III.	17,11 O	Ein paar Skelette stehen da und wissen nicht, was sie wollen		G	F+	Anat.	
b	Rot seitlich	Und oben in der Ecke: ein Tier, das auf seinen eigenen Schwanz schaut	2	D	F+	T	
		Ja, ich brauche jedenfalls nicht lange auf so etwas hinzusehen, bevor ich verrückt werde					
IV.	17,15 O	Sie wissen, diese Photos von einem Säbelschlucker, wo der Säbel runtergeschluckt wird, ich könnte mir gut vorstellen, das sollte ihn vorstellen, wie er das vor dem „staunenden Pöbel" zeigt		G	B+	M	Orig.+
	O	Hier kann ich sehen, ist ein Kopf (oben) — man muss also vermuten, dass das ein Tier ist, das geschossen wurde, und das Fell hat man als Bettvorleger benutzt	2	DG	F+	T	
V.	17,19 O	Weiss Gott, ob ich je eine Fledermaus gesehen habe — (lacht), aber ich könnte mir doch vorstellen, dass sie so aussieht	2	G	F+	T	V
c	Jetzt (obere) Kontur des (linken) Flügels	Sonst ist da nicht viel, woran die Phantasie sich hängen kann Gesicht im Profil, das Kinn ist verschwunden		Dd	F+	Md	
VI. 17,23		(Mit ausgesprochen humoristischer Betonung und gleichzeitig äusserst affektiert): Ja, das ist ja entsetzlich! Das ist ja furchtbar!					
	O	Das ist ja *das* Bild, das wie der Säbelschlucker aussieht (lacht)	2	Konf. DG	B—	M	Orig.—
	Oberer Fortsatz	Man sollte ja eigentlich aus dem da oben einen Kopf machen können, aber das kann man nun nicht		D Verneinung	F—	Md	
VII.	17,26	Ja, das ist ja nur eine Peripherie — der Inhalt fehlt —, aber den soll man vielleicht selbst herausfinden?					

Linke obere zwei Drittel	Jetzt fallen Sie wahrscheinlich vom Stuhl: Kann man sich das als eine Europakarte aus der Tertiärzeit vorstellen (wie Europa in der Tertiärzeit ausgesehen hat)?	3	D	F—	Karte	Orig.—
Helles im recht. oberen Drittel	Das könnte eine Eisscholle sein mit diesen kleinen Hunden — Pekineser, nein, was heissen sie nun? *Pinguine*, ja, die in einer Reihe sitzen		Dd	FHd+ F(Fb)+	Ldsch.	Orig.+
Rechter oberer Ausläufer	Das kann ein Gletscher sein, aber das wirkt vielleicht etwas störend		Dd	HdF F(Fb)	Eis	

17,30 VIII. ○	Ja, das ist schrecklich, aber das hier könnte gut ein Bruststück sein	2	G	F—	Md	
Rot seitlich	Das könnte ja gut ein Eisbär sein — und wenn sie auch auf beiden Seiten gleich sein sollen, so *hat* der eine nun mehr Ausdruck in den Augen		D Symmetrie	F+	T	V

17,33 IX.	Ach ja — was in aller Welt (dieser „Ausbruch" wird langsam, fast zögernd vorgebracht, um die Pause auszufüllen)					
Zw. Braun und Grün b	Ja, da drinnen ist ein Kopf von irgendeiner Art		D	F+	Td	(V)
Braune Ausläufer d	Das könnte gut etwas vom japanischen Inselreich sein		Dd	F—	Karte	Orig.—
c Grün (rechts)	Und das Grüne da könnte gut Russland sein (lacht), in Ermangelung eines besseren Einfalls	4	D	FbF	Karte	
d Rot (oben)	Ja, ich könnte da ja schon einen Steinzeitmenschen herausbekommen, den Kopf, mit eingefallenen Augen usw.		D	F+	Md	V

17,40 X. Grau Mitte	Ich weiss nicht, ob man sich zwei Dämonen denken könnte, die da oben sitzen (lacht), ja, scheinbar kann man ja, also!		D	F—	M	
c (oberster) Teil der Innenkontur des (linken) gr. Rot	Da kann man also mit sehr, sehr viel Phantasie eine Gorillafratze herausbekommen	3	Dd	F+	Td	
b Dunkle (ob.) Kontur des (unteren) gr. Rot	Und das könnte die Oberfläche der Wüste von Sahara sein, so trostlos sieht das aus! Ich bin nun niemals selbst dagewesen, aber das glaube ich mir vorstellen zu können, nach dem, was man gelesen hat		Dd	F—	Karte	Orig.—

Verrechnung: Antw. = 23, Zeit = 45 Min. (23/22).

G = 8 (5+) (2 DG, 1—)   B = 2 (1—)   M = 3   Anat. = 2   V = 4 (5?)
D = 8   F = 16 (6—, 1+)   Md = 5   Ldsch. = 1   Orig. = 7 (4—)
Dd = 6   F(Fb) = 2 (1 FHd+)   T = 5   Karte = 4 (—)
Do = 1   (1 HdF)   Td = 2   Eis = 1
         FFb = 1 (+)
         FbF = 2

F+ = 59%, T = 30%, V = 17% (22%?), Orig. = 30% (+),
Erft. = G—D—Dd, Sukz. = geordnet, Erlbt. = 2 : 2½.

Farbenschock (1. Antw. und Bem. und Do II, Bem. III, Bem. und 1. Antw. VIII, Bem. IX, Formen X?) — (Kein Dunkelschock, Orig. — VI komplexbedingt) — Symmetrie (VIII) — 1 Konfabulation (VI) — Perseveration (Wiederkäuertypus) (2× Säbelschlucker) — 1 Verneinung (VI) und 1 Antw. in Frageform (VII) — Sexualsymbolstupor (Spitze II, Ausl. VII) — 5 Komplexantworten (1 oral: Wichtelmännchen, das die Zunge herausstreckt II; 2× Kastrationskomplex: Backenzähne mit (blutigen) Wurzeln II, der Gletscher, der „störend wirkt" VII; 2× *narzisstische* Grössenvorstellungen vom Typus Bluffmacher *und phallisches* „Stechen": die Säbelschlucker IV und VI).

Auswertung: Intelligenter Mann (Erft., Erlbt., T%, Orig.%, B), aber ein oberflächlicher Bluffmacher (F+%, G±, B—, Konf.). Seine Bluffmacherei und Hochstapelei kommt prachtvoll zum Vorschein (ausser in der ganzen Diktion): 1. in den gesucht „gebildeten", aber schlechten Karten-Antworten, wo er mit einem Wissen prahlen will, das er faktisch nicht besitzt; 2. in den beiden Komplexantworten mit dem Säbelschlucker, der sich vor dem „staunenden Pöbel" produziert. Der zweite Säbelschlucker ist zugleich eine Konfabulation: wieder etwas für den Hochstapler Typisches.

Die Affektivität ist überwiegend labil (Farben), nach aussen teilweise, aber unzureichend gebremst (B—, G±, F+%).

Ein klassisches Musterbeispiel für die REICH'sche *phallisch-narzisstische Charakterneurose* vom *pathologischen* (asozial-homosexuellen) Typus (Erlbt., Farbenschock, FbF, Erft., Dd-Vermehrung, Streckkinästhesien, Komplexantworten mit sowohl narzisstischen Grössenvorstellungen wie „Stechen").

Überwiegend extratensiv, aber neurotisch mit *egozentrischer* Affektivität. *Grosszügig* (G), aber gleichzeitig anale (Dd!) *und* phallische *Aggressivität* (die Säbelschlucker). Die von REICH beschriebene Neigung zu Cunnilingus und Fellatio (siehe Krankengeschichte) zeigt sich im Test in der oralen Komplexantwort (Wichtelmännchen, das die Zunge herausstreckt), bezeichnenderweise seine einzige FFb-Antwort: der affektive Kontakt ist oral-pervers. Die Homosexualität (siehe Krankengeschichte) lässt sich aus dem in der Tiefe liegenden Kastrationskomplex ahnen (die Backenzähne II und der Stupor bei Spitze II, die komplexbedingten Schwierigkeiten bei VI (Penis), der „störende" Gletscher, das Penissymbol von VII. *Im Hintergrunde* sieht man jedoch eine gewisse *Unsicherheit* (Verneinung, Symmetrie, Do) und Dysphorien (HdF, Eis), die zeigen, dass sein forsches Auftreten nur die Oberfläche ist, die Reaktionsbildung gegen feminine Identifikationen und Passivität, genau wie REICH das angegeben hat. (Der Psychiater hat dies faktisch recht gut beschrieben mit dem Ausdruck: gleichzeitig geltungsbedürftig und selbstunsicher.)

Krankengeschichte: 28jähriger, unverheirateter Mann. Hereditäre Disposition: nichts bekannt. Sohn eines Bauers. Der Vater starb, als Pt. zwei Jahre alt war, die Mutter verheiratete sich wieder, und Patient wurde bei den väterlichen Grosseltern erzogen, die ihn sehr verwöhnten.

In der Volksschule guter Schüler, war Primus. Mit 15—17 Jahren Landarbeit, später Fabrikarbeiter, dann Kontorist. Seit 1939 arbeitslos. Hatte immer eine heimliche Liebe zum Lehrerberuf und gab sich nun als Lehrer aus. Es gelang ihm, an verschiedenen Schulen als Hilfslehrer beschäftigt zu werden; und er unterrichtete nicht nur in Rechnen und in der Muttersprache, sondern sogar Englisch und Französisch. Mit seinen Leistungen war man zufrieden, aber er liess sich Betrügereien und Unterschlagungen zuschulden kommen.

Sexualleben: Wurde mit 15 Jahren von einer Tante bei der Selbstbefriedigung überrascht. Die Tante machte ihm Angst, er könne Rückenmarkslähmung bekommen usw. (Hier ist die „mächtige Versagung der genitalen und exhibitionistischen Betätigung auf dem Höhepunkte ihrer Entwicklung", REICH, Seiten 229/230.) Nach diesem Vorfall wurde die Onanie zwei Monate lang unterdrückt. Erster Coitus schon mit 14 Jahren mit gleichaltrigem, aber erfahrenem Schulmädchen. Später zahlreiche sexuelle Verhältnisse, war stets sexuell sehr aktiv. Eine Zeitlang ein sexuelles Verhältnis mit einer 50jährigen Frau, die bei ihm Sprachunterricht nahm und ihn für seine sexuellen Dienste bezahlte. Angeblich auf Verlangen der Frau Cunnilingus und Fellatio. Später ähnliches Verhältnis mit 32jähriger Frau, ebenfalls gegen Bezahlung. Niemals Potenzschwierigkeiten.

Wegen Betrugs, Unterschlagung und Erregung von Ärgernis zu Psychopathenverwahrung verurteilt. Er hatte nämlich Knaben „befühlt". (Siehe REICH: „mütterliche Haltung jüngeren Männern gegenüber" und bisweilen manifeste Homosexualität.) Auch in der Verwahrung wurden homosexuelle Attacken beobachtet.

Somatisch: nichts Abnormes.

Psychisch: Höflich und artig. Hat zwar Selbstironie, wirkt aber unzuverlässig. Neigung zu Übertreibungen und Sucht, sich interessant zu machen. Klar und geordnet, keine Wahnvorstellungen oder Halluzinationen. Haltlos, zugleich geltungsbedürftig und selbstunsicher.

Nr. 13. *Neurotische Pseudodebilität*

18jährige Verkäuferin.

Protokoll

16,48 — 16,52 — 16,55½

I.	O	Fledermaus	2	G	F+	T	V
c	O	Krebs (zeigt auf „Hörner")		DG	F—	T	
II.	16,48½	Das? das ist doch nichts. Das soll etwas sein?	1				
	O	Flecken		G	FbF	Flecke	
III.	16,49 O	Eine Spinne, so eine grosse Kreuzspinne	2	G	F+	T	Orig.+
c	O	Ein Gespenst (Kopf: Schwarz Mitte)		G	B+	Md	Orig.+
IV.	16,50½ c	Das weiss ich nicht (schüttelt den Kopf)	—	—	—	—	—
V.	16,51½ O	Ist auch eine Fledermaus, das	1	G	F+	T	V
VI.	16,52	Jesses Gott! Das weiss ich nicht	—	—	—	—	—

VII.	16,53	Wird immer schlimmer					
		Dürfen Sie das nicht sagen, was das ist?	—	—	—	—	—
VIII. c Seiten	16,53½	Wie Bären hier	1	D	F+	T	V
		Das andere weiss ich nicht					
IX.	16,54½	Gibt es noch viele von denen?					
		Jesses Gott!	—	—	—	—	—
X.	16,55 ○	Fleckengeschmiere, ist kein Bild	1	G	FbF	Flecke	

Antw. = 8, Zeit = 7½ Min. (4/3½)

Verrechnung:

G = 7 (4+)	B = 1 (+)	M = 0	V = 3	RI = 4
D = 1	F = 5 (1—)	Md = 1	Orig. = 2 (+)	
	FbF = 2	T = 5		
		Td = 0		
		Flecke = 2		

F+ = 80%, T = 63%, V = 38%, Orig. = 25% (+),
Erft. = G±, Sukz. = ?, Erlbt. = 1:2.

4 Versager (IV, VI, VII, IX) — Herabgesetztes Deutungsbewusstsein (Bem. II, Bem. VII) — Farbenschock (Bem. und Form II, Versager IX, Form X) — Dunkelschock (Versager IV, VI, VII) — Brechungsphänomen (VIII).

Auswertung: Das fast aufgehobene Deutungsbewusstsein, die wenigen Antworten, das DG—, der Erlebnistypus und das erhöhte T% *könnten* bei einer Oligophrenie vorkommen, wenn nicht allzu viele Faktoren *dagegen* sprechen würden: das hohe F+%, die 4 G+, der Erft., das gute V% und vor allem die beiden Orig. +.

Labile, jedoch leidlich gebremste Affektivität (Farben, F+%, G+, B) mit neurotischen Hemmungen (Schocks).

Es muss also hier, so armselig das ganze Protokoll auch erscheinen mag, eine *Pseudodebilität* bei einer *hysteriformen* Neurose angenommen werden, die wahrscheinlich noch auf einer psychasthenischen Basis ruht (Erlbt., Farben, sehr starker Farben- und Dunkelschock, Br. VIII).

Klinik: Von der Poliklinik zur Begutachtung überwiesen, wurde dort als „unintelligent und hochgradig infantil" bezeichnet.

Pt. war 9 Jahre in der normalen Volksschule, mittlere Schülerin. Nach verschiedenen anderen Beschäftigungen in Verkäuferinnenlehre. Als Kind Bettnässerin bis in die Schulzeit, *kein* Pavor nocturnus. Daumenlutscher bis zur 8. Klasse. Hängt sehr an der Mutter, war aber der Stolz des Vaters, der viel Ärger mit der älteren Schwester hatte. Pt. kommt mit den zwei älteren Brüdern besser aus als mit der Schwester.

Menarche mit 16 Jahren, Menses unregelmässig.

„Nicht schwer depressiv. Intelligenzmässig Pseudebilität, im Zusammenhang mit einer wahrscheinlich neurotischen Entwicklung (Bindung an den Vater, der seinerseits in die Tochter etwas verliebt ist)."

Wechsler (HAWIE): I. Q. Verbalteil: 81, Handlungsteil: 75, Gesamt: 77. (Prof. Dr. Hans Heimann:) Charakteristisches Testprofil einer Pseudodebilität mit durchschnittlichen Resultaten in den Untertests Allgemeines Wissen, Gemeinsamkeitenfinden, Mosaiktest, was für eine wesentlich höhere Intelligenzkapazität spricht, als im I. Q. des Gesamttests zum Ausdruck kommt, der im Grenzbereich einer Debilität liegt. Die Patientin versagt aus affektiven Gründen in den Tests, die besonders auf neurotische Ängstlichkeit empfindlich sind (Zahlennachsprechen, Bilderergänzen, Figurenlegen).

Psychopathien

Nr. 14. *Haltlos-(mythomane) Psychopathie*

40jähriger früherer Bankbeamter.

Protokoll
11,00 — 11,14 — 11,40

I.	○	Ein Nachtfalter		G	F+	T	
c	Schwarz in Mitte	Eine buddhistische Figur	3	D	B+	M	Orig.+
c	○	Ein Stück Lava		G	FbF [1]	Lava	
	11,02						
II.	○	Ein paar Weiber, die sich streiten	2	G	B+	M	V
	Schwarz allein b, d	Ein paar Ameisenbären (natürlich wegen der medialen Ausläufer)		Konf. DdD	F—	T	
	11,05						
III. c	○	Eine Eule (wahrscheinlich wegen Schwarz Mitte)		Konf. DG	F—	T	Orig.—
c	○	oder eine Krabbe	5	G	F+	T	
c	○	oder ein Schaltier mit Scheren		DG	F+	T	
a	Rot seitlich	Papageien, was die Form betrifft		D	F+	T	
a	Rot Mitte	Schmetterling		D	F+	T	V
	11,08						
IV.	○	Eine Schildkröte		G	F+	T	
c	Mittelst.	Eine Wegschnecke		D	F+	T	
c	○	Muster in Schneekristall	4	Konf. G	HdF F(Fb)	Schneekristall	Orig.—
		Das Symmetrische darin		Symmetrie			
d	Gr. Ausl.	Ein weisser Pudel		D	FFb+ [2]	T	

[1] Schwarz als Farbwert (evtl. auch prim. HdF).
[2] Weiss als Farbwert.

V.	11,12 O	Fledermaus	2	G	F+	T	V
b	O	Eine Baumwurzel		G	F+	Pfl.	
VI. b	11,14 O	Ein Tierfell		G	F+	T	V
c	O	Zwei Männerköpfe mit Spitzbärten		G	F+	Md	
a	Oberer Fortsatz	Ein Schmetterling		D	F+	T	
c	(untere) Spitze	Das Alleräusserste: ein Schlangenkopf mit Nackenzeichnung	7	D	FHd+ F(Fb)	Td	
b	(oberer) gr. seitl. Ausl. + Kontur(re.) daneben	Eine Frau, die in einem Schlitten eingepackt sitzt, mit einem Kind		D	B+	M	Orig.+
c	(oberer) Teil (Bubenköpfe)	Kopf eines Orang-Utans mit Kopf und Nase		D	F+	Td	
c	dito	oder ein Waschbär, der gereizt wird (wahrscheinlich kein B)		D	F+	Td	
VII.	11,20	(Lacht kurz und stossweise)					
Obere Drittel		Ein paar junge Kaninchen, die sich ansehen		Konf. DdD	F—	T	
dito		Ein paar Tiefseefische mit elektrischen „Anrichtungen" (= Einrichtungen) (die hellgrauen Teile)	4	Konf. DdD	F—	T	Orig.—
d	(obere), ob. zwei Drittel	Ein Sealyham (Hund) oder Scotch Terrier		D	F+	T	
	O	Geschmolzener Abfall, Schlacken		G	FbF [1]	Schlacke	Orig.—
VIII.	11,25 O	Eine Orchidee oder eine Phantasieblume		G	FbF	Pfl.	
Rot seitlich		Ein paar Chamäleons		D	F+	T	V
Grau		Ein Rochen	5	D	F+	T	
Mitte in Blau		Teile eines Dorschskeletts		D	F+	Td	
Rot, Mitte		Schmetterling		D	FFb+	T	
IX.	11,29	Nun sind Sie aber streng zu mir		Farbenschock			
c	O	Entwurf zu einer surrealistischen Malerei	2	G	FbF	Bild	
c	O	Vier Gestalten mit Köpfen (Rot): eine Märchenillustration		DG	BFb	inf. M	Orig.+

[1] Grau als Farbwert (evtl. auch prim. HdF).

11,33

X.	Blau, Mitte	Beckenwirbel		D	F±	Anat.	
	Braun Mitte	Staubgefässe einer Blume		D	FFb+	Pfl.	
	Grün Mitte	Raupen		D	FFb+	T	V
	Grün seitlich	Frösche	8	D	FbF	T	
	Grau seitlich	Luftwurzeln einer Pflanze		D	F±	Pfl.	
	Grau Mitte	Luftröhre — Speiseröhre		D	F+	Anat.	
	Gelb Mitte	Zwei Löwen		D	FFb+	T	
	Blau seitlich	Spinnen		D	F+	T	V

Verrechnung: Antw. = 42, Zeit = 40 Min. (14/26).

G = 16 (10+)   B = 3 (+)   M = 4   V = 7
  (3 DG, 1—)   BFb = 1   Md = 1   Orig. = 7 (4—)
D = 25 (3 DdD—)   F = 26 (4—, 2+)   T = 23
Dd = 1   F(Fb) = 2 (1 FHd+)   Td = 4
     (1 HdF,   Anat. = 2
     Tendenz zu mehr)   Pfl. = 4
   FFb = 5 (+) (1 weiss)   Lava = 1
   FbF = 5 (2 scnwarz)   Schneekristall = 1
       Schlacke = 1
       Bild = 1

F+ = 81%, T = 64%, V = 17%, Orig. = 17% (+),
Erft. = G—D, Sukz. = leicht gelockert, Erlbt. = 4 : 8½.

Farbenschock (1. Antw. III?, 1. Antw. VIII, Bem. und 1. Antw. IX) — (Störung bei VII komplexbedingt?) — Symmetrie (IV) — 5 Oder-Antworten — Zahlreiche Konfabulationen — 1 infantile Antwort (Kinderbuchreminiszenz) — Schwarz, Grau und Weiss als Farbwerte — 2 Komplexantworten (Passivität: Buddha I, Mutterbindung: Frau, die in einem Schlitten eingepackt sitzt, mit einem Kind VI).

Auswertung: Gute Intelligenz (F+%, Sukz., G+, Erft., V%, Orig.%, B), aber flüchtig (G±, Konf., Zeit) und unzuverlässig (Konf.). Ziemlich stereotyp, vielleicht etwas deprimiert (T%).

Starker neurotischer Ehrgeiz (G-Tendenz, G±, Farbenschock), will sich absolut interessant machen (Tiefseefisch, Schneekristall), das geht aber auf Kosten der Realitätstreue: Pt. ist ein Wichtigtuer und Aufschneider, ein typischer Konfabulant (Konf.). Dahinter verbirgt sich aber eine gewisse Unsicherheit (Symmetrie, Oder-Antworten).

Seine Affektivität ist überwiegend labil, doch nicht ohne deutliche Anpassungstendenzen (Farben). Es findet sich jedenfalls soviel Objektlibido, dass eine psychotherapeutische Übertragung denkbar wäre. (Die Schwierigkeit wird dann eher in seinem mangelnden Gesundungswillen liegen: Beugekinästhesien!) — Die affektiven Bremsen sind unzureichend (Erlbt., G±), und gelegentlich kommen Dysphorien vor (HdF und Schwarz- und Graudeutungen).

Hysteriforme neurotische Züge (Erlbt., Farben, T%, Farbenschock).

Da das Vorkommen von Schwarz-, Grau- und Weissdeutungen trotz des erhöhten T% sich *nicht* durch das Trauma erklären lässt (leichte Commotio vor 13 Jahren) (wegen: Zeit, F+%, G+, B und dem Fehlen von Perseveration), muss es in diesem Falle als Zeichen einer konstitutionellen Indolenz angesehen werden (OBERHOLZER).

Zu dem gleichen Ergebnis führen die beiden Komplexantworten, die beide Beugekinästhesien sind und einen Hang zur passiven Untätigkeit ausdrücken.

Der ganze Test steht im übrigen im Zeichen der von BINDER so genannten „mangelhaften sophropsychischen Steuerung": Hd-Antworten, primitive Schwarz- und Graudeutung, Konfabulation.

Dazu kommt die starke Mutterbindung (4 G FbF und Komplexantwort: Mutter und Kind); sein Psychoinfantilismus kommt hier in einer Identifikation mit dem Kinde zum Ausdruck und ausserdem in der Antwort mit der Märchenreminiszenz; beide Antworten verraten einen mangelhaften Willen zum Erwachsensein. Ausserdem kann man die Möglichkeit nicht von der Hand weisen, dass Pt. sich auch mit der Frau im Schlitten identifiziert hat (der Mutter) (eine Art Verdichtung). Diese feminine Identifikation gibt Pt. etwas Weiches.

Im ganzen ein typisches Bild der sogenannten *haltlos-mythomanen Psychopathie* (Erlbt., labile Farben, unzureichende Bremsung, Schwarz-, Grau- und Weissdeutungen, mangelhafte sophropsychische Steuerung, Beugekinästhesien, Infantilität; mythoman: Konfabulationen).

Klinik: Pt. verlor seinen Vater im Alter von 14 Jahren durch ein Automobilunglück. Er wurde bei der Mutter erzogen, an die er sehr stark gebunden war und die ihn gründlich verwöhnt hat. Nach Realexamen Banklehre und Handelshochschule, die er mit gutem Examen absolvierte. War fünf Jahre Bankbeamter, wurde dann wegen „Unordnung in seiner privaten Lebensführung" entlassen. Auf Veranlassung eines Onkels wurde Pt. nun nach Amerika geschickt, wo er sich fünf Jahre aufhielt. Die erste Zeit war er im Bankwesen, später im Restaurationsfach beschäftigt, wo er es bis zum Geschäftsführer brachte. Trotz guter Stellungen und gutem Verdienst machte er sich der Unterschlagung schuldig. 1934, noch in Amerika, ein Autounfall mit leichter Beschädigung des Kopfes und kurzer Bewusstlosigkeit, vielleicht Commotio. Danach etwas nervös. Er bekam Heimweh und kehrte nach Europa zurück.

Nun ging es schlecht. Er fand schwer Arbeit, und schon 1934 bekam er ein bedingtes Urteil wegen Betruges, Diebstahls, Unterschlagung und Fälschung. 1936 Gefängnis wegen Betruges und Unterschlagung. Später „Erfindungen" (wahrscheinlich Schwindel).

Nun nahm Pt. verschiedene Stellungen als herrschaftlicher Diener an. — 1941 verheiratete er sich mit einer Krankenschwester. Die Ehe ist gut, er hängt sehr an der Frau und seinen zwei Kindern. Die Frau schildert ihn als gut, aber weich, schlapp, haltlos und unzuverlässig. Nach dem Tode der Mutter 1945 verfiel Pt. vorübergehend dem Trunke.

Mehrmals in der psychiatrischen Klinik, zuerst wegen Gefängnis-Depression, zuletzt zur Observation. In der Klinik still und korrekt, wohlerzogen und höflich, „der ideale Dienertypus", aber unzuverlässig, verlogen, prahlerisch und geltungsbedürftig. Er wälzt jede Schuld und Verantwortung von sich ab.

Diagnose: Psychopathie schweren Grades, willensschwacher, stimmungslabiler, teilweise geltungsbedürftig-mythomaner Typus.

Nr. 15. *Läsionelle Psychasthenie (Pseudoasthenie)*

42jährige Hausfrau.

Protokoll
13,43 — 13,54½ — 14,06

I.		Es ist schrecklich, ich kann nicht sehen, was das sein könnte					
	O	Etwas von einem Tier, Schädel einer Kuh (wegen seitlicher Ausl.), die Hörner, wie man das nennt —	1	DG	F—	Anat.	Orig.—
II.	13,45½ O	Etwas wie ein Schmetterling, der geteilt ist	1	G	F+	T	
III.	13,47 O	Das sind zwei Damen, die jede etwas für sich haben wollen	1	G	B+	M	V
IV. c	13,48½ O	Etwas wie ein Fisch, der Kopf erinnert an einen Wal, die Flossen, wie man das nennt (Seiten)	1	Konf. DG	F—	T	Orig.—
c (untere) seitl. Ausl.		als ob etwas angehoben ist, der Unterkörper des Tieres					
V.	13,52 O	Das erinnert an etwas, was man Wespen nennt	2	G	F+	T	
Dicker seitl. Ausl.		So eine Schere (vom Tier), wie man sagt		Dd	F±	Td	
		Jetzt stelle ich mich wohl nicht allzu dumm an		Subjektkritik			
VI.	13,54½	Das da, glaube ich, kann ich nicht fassen					
Oberer Fortsatz		Das Oberste erinnert mich an etwas, aber ich kann nicht sagen, was es ist		Sexualsymbolstupor			
		Das glaube ich, gebe ich auf		—	—	—	—
VII.	13,56 O	Ist das nicht etwas von einem Edelhirsch, das Geweih?	1	G	F+	Td	Orig.+
Schwarz in Mitte unten		Hier ist etwas, aber ich kann nicht sagen, was das ist		Sexualsymbolstupor			
VIII.	13,58 Seiten	Das sind also Tiere, die klettern; das ist vielleicht nicht richtig, dass die klettern, denn ich meine, das sind Eisbären	1	D Objektkritik	F+	T	V
IX.	14,00 O	Das erinnert mich auch an einen Schädel, das Geweih hier (braune Ausl.), von einem Elch	1	DdG	F—	Anat.	Orig.—

	14,02					
X.		Da sind verschiedene Sachen				
Grün Mitte		Raupen	D	FFb+	T	V
Rot und Blau Mitte		Wieder ein Schädel	D 4	F—	Anat.	Orig.—
Blau seitlich		Ein Fisch, Quallen, alle die „Striche" (wegen Ausl.)	DdD	F±	T	
Grau Mitte		Ein Stamm mit Insekten	Komb. D	F+	T	

Verrechnung: Antw. = 13, Zeit = 23 Min. (11½/11½).

G = 7 (4+)   B = 1 (+)   M = 1   Anat. = 3   V = 3
  (2 DG—, 1 DdG—)   F = 11 (4—, 2+)   Md = 0   Orig. = 5 (4—)
D = 5 (1 DdD)   FFb = 1 (+)   T = 7
Dd = 1   Td = 2

F+ = 55%, T = 69%, V = 23%, Orig. = 38% (÷),
Erft. = G—D, Sukz. = geordnet?, Erlbt. = 1 : ½.

1 Versager (VI) — Leicht herabgesetztes Deutungsbewusstsein — Subjekt- und Objektkritik — Farbenschock (Orig.— IX) — Dunkelschock (Orig.— I, Orig.— IV, Vers. VI) — Brechungsphänomen (VIII) — 1 Simultan-Kombination — 3 Konfabulationen — Perseveration (3× Schädel, 2× Geweih) — Subjektive Unklarheit über den Erfassungsmodus — 1 Antwort in Frageform (VII) — Sexualsymbolstupor (VI, VII) — Stereotype Floskeln („wie man das nennt" usw.).

Auswertung: Organisch defekte Intelligenz (F+%, G+, T%, Orig.—).

An sich ruhige, anpassungsfähige Affektivität (Farben, B), weshalb trotz der geringen Bremsung (F+%, G+) keine wesentlichen Reibungen in der affektiven Sphäre entstehen.

Symptomatische Psychasthenie (Farben- + Dunkelschock + Br. VIII, Subjekt- und Objektkritik, Frageform), die auf einer *organischen* Basis beruht (Zeit, F+%, G—, DG, D, T%, Orig.—, B, Pers., Vers., Deut., Konf., Kritik, stereotype Floskeln).

Erheblicher *neurotischer* Überbau (ausser den Schocks hier auch noch zweimal Sexualsymbolstupor).

Da eine Encephalitis antea vorliegt, ist die Diagnose in diesem Falle: *Encephalitidis sequelae cum Pseudo-Psychasthenia. Dementia organica med. gr.*

Klinik. 1. Aufnahme: Mit 12 Jahren Encephalitis (hatte die „spanische Krankheit" mit starkem und anhaltendem Nasenbluten, Erbrechen und Kopfschmerzen). — Hat sich immer alles sehr zu Herzen genommen, war schwermütig und übergewissenhaft. War dreimal in der neurologischen Abteilung wegen Psychasthenie (Zwangsvorstellungen), hat Präkordialangst und fühlt sich nervös. Unerklärliche Angst, Fremdheitsgefühl („als ob meine Hände nicht meine eigenen sind"), Gefühl, als ob sie ohnmächtig würde, fühlt sich gespalten. Gewissensskrupel, Angst, geisteskrank zu werden. Macht einen psychoinfantilen Eindruck. Zwangsvorstellungen. Somatisch: asthenischer Typus, schlaff, schmächtig.

Diagnose: Psychasthenia. Psychoinfantilismus. Anankasmata.

2. Aufnahme (5 Jahre später): Hat sich vor vier Jahren aus Verzweiflung (wegen der Zwangsvorstellung, ihr Kind könnte bei der Geburt vertauscht sein) aus dem

Fenster gestürzt und eine Rückenverletzung zugezogen (vier Monate in der chirurgischen Klinik). Vor zwei Jahren traten die Zwangsvorstellungen wieder auf.

Hat schon mit 10 Jahren typische *Depersonalisations*erlebnisse gehabt. Dann mit 14 Jahren Anankasmen: Sie musste immer wieder nachsehen, ob ihre Pupillen nach oben unter das Augenlid gingen; dann würde sie nämlich nicht blind werden. Dies Symptom trat auf, nachdem sich auf der Treppe ein Mann vor ihr entblösst hatte. Ungefähr im gleichen Alter trat das Gefühl auf, als ob ihr Kopf plötzlich anschwoll und so gross wurde, dass er die ganze Stube ausfüllte. Später auch plötzliche Anfälle von Gesichtsfelddefekten: Entweder verschwand die rechte oder linke oder die untere oder obere Hälfte des Gesichtsfeldes. Nach diesen Anfällen doppelseitige Stirnkopfschmerzen und Erbrechen (Migräne). Während des Anfalls kann sie keine visuellen Vorstellungen hervorrufen. Sieht sonst hypnagog lebende Bilder.

Ihre Krankheitsperioden kommen und gehen plötzlich, „wie wenn man durch eine Tür aus und ein geht". Das Syndrom besteht aus: Anankasmus (Zweifel über ihr Kind), Depersonalisationserlebnissen mit dem Gefühl des automatischen Handelns, frei flottierender Angst und Depression mit Selbstvorwürfen und Weinen. Einige Male auch Agoraphobie und Déjà-vu. Seit einem Jahre ist sie gezwungen, die Geburt ihres Kindes in der Vorstellung wieder zu erleben. — Gleiche Diagnose.

3. Aufnahme (7 Jahre später): Seit einem halben Jahre wieder Zwangsvorstellungen: Sie mache nicht gründlich genug rein, kaufe nicht richtig ein usw. Sind Türen und Gashahn ordentlich geschlossen? Bekam Angst und schluckte bis zu 25 g wöchentlich Tetrapon und nahm dabei 15 kg ab!

Sensitive Natur ohne paranoide Züge mit fast völliger Dominanz des asthenischen Faktors. Einzelne Migräneanfälle. Als sie mit einem Messer in der Küche stand, kam ihr plötzlich der Gedanke, sie könnte ihrem Sohn ein Leid antun. Da fiel eine „Klappe" vor die linke Stirnhälfte „wie eine Blume, die herabfällt".

Intelligenz an der unteren Grenze des Normalen (klinisch nicht näher untersucht).

Diagnose: Psychasthenia. Psychoinfantilismus. Anankasmata.

Später (nach dem Test) wurde eine Lobotomie vorgenommen, angeblich mit gutem Resultat.

Depressionen

Nr. 16. *Psychasthenische Depression*

35jährige Kontoristin.

Protokoll
15,51 — 15,59 — 16,09

I.		Mir scheint, es wird mir nicht leicht, etwas zu sagen				
		Es ist, als ob es doppelt ist, so dass es auf beiden Seiten gleich ist	1	Symmetrie		
		Etwas Bestimmtes kann ich nicht sagen				
	O	Eine Fledermaus, mehr nicht	G	F+	T	V

II.	15,53	Ich weiss gar nicht, was ich sagen soll (bekommt Tränen in den Augen!) Nein, also darauf kann ich nicht antworten		—	—	—	—
III.	15,54½ O	Zwei Männer, dort mit den Köpfen da und dem Körper dort Dann weiss ich nichts weiter	1	G	F+!	M	V
IV.	15,56	Das sind doch aber merkwürdige Bilder, die der Herr Doktor hat. Ich kann nichts herauskriegen		—	—	—	—
		Also, das verstehe ich nicht, ich bin nie so dumm gewesen (weint wieder)		Subjektkritik			
V.	15,57½ O	Das sieht aus wie etwas mit zwei Beinen und eventuell ein paar Hörnern und Flügeln — (nach einer Pause) vielleicht mehr eine Fledermaus als das andere	1	DG	F+	T	V
VI.	15,59	(weint) Mir scheint, ich bekomme solche Angst, mir hat doch niemals etwas im Kopfe gefehlt		Subjektkritik			
Hauptteil		Das Unterste sieht aus wie ein Lammfell	2	D!	F+	T	(V)
Oberer Fortsatz		Das Oberste weiss ich nicht recht, etwas mit ein paar Fühlern, eine Art Schmetterling		DdD	F+	T	
VII.	16,02 O	Schnee oder Schneewehen oder so etwas Das ist ja richtig gleich auf beiden Seiten von der Mitte	1	G Symmetrie	HdF F(Fb)	Schnee	
VIII.	16,04 Seiten	Die beiden da, die sehen aus wie ein paar Bären. (Die Antwort kommt prompt und ohne irgendwelche Nebenbemerkungen. Dann kann Pt. aber trotz Suchens nichts mehr finden.)	1	D	F+	T	V
IX.	16,06	Ach, da sind ja so viele (sc. Tafeln)					
		Ich bin doch nie dumm gewesen (hat wieder Angst, dass es mit ihr „nicht richtig" ist)		Subjektkritik	—	—	—
		Ich weiss nicht, was ich sagen soll					

413

16,07½   Das sind hübsche Farben

X.   Ich kann also nicht sehen, dass das et-
      was Bestimmtes ist   —   —   —   —

Verrechnung: Antw. = 7, Zeit = 18 Min. (8/10).
G = 4 (3+) (1 DG+)   B = 0   M = 1   Schnee = 1   V = 4 (5?)
D = 3 (1 DdD)   F = 6 (+)   Md = 0   Orig. = 0
                          F(Fb) = 1 (HdF) T = 5
                                          Td = 0

F+ = 100%, T = 71%, V = 56% (71%?), Orig. = 0%,
Erft. = G—D, Sukz. = ?, Erlbt. = 0 : 0.
4 Versager (II, IV, IX, X) — Subjektkritik — Farbenschock (Versager II, Versager IX, X) — Dunkelschock (Bem. und Symm. I, Versager IV, Weinen und Bem. VI, HdF und Symm. VII?) — Brechungsphänomen (VIII) — Symmetrie (I, VII).

Auswertung: Durchschnittsintelligenz (F+%, Erft., V%) mit depressiver Denkhemmung (T%). Banal (V%, Orig.%, T%).
Affektivität depressiv gehemmt (Erlbt.) mit starker psychogener Depression leicht hypochondrischer Färbung (Bemerkungen) (Antw., Zeit, F+% : B, T%, Orig.%?, Erlbt., Dunkelschock, HdF).
Constitutio psychasthenica gravi gradu + Depression (Farben- + Dunkelschock + Br. VIII, Subjektkritik, Symmetrie). (Relativ unkomplizierter Fall.)
Klinik, Einlieferungsdiagnose: Neurosis cardio-vascularis gravis. Der Urgrossvater väterlicherseits beging Selbstmord. Pt. ist älteres von zwei Geschwistern, Vater Handwerker, Familienverhältnisse harmonisch. Pt. war immer zu Hause und fühlt sich dort wohl. Hat trotz guten Verdienstes kein eigenes Zimmer, sondern wohnt mit den Eltern in einer Zweizimmerwohnung.
1944 eine geringe Commotio, die aber keine Veränderung im Zustande der Pt. mit sich brachte. (Testaufnahme 1947.) War mehrmals wegen „Nervosität" in Sanatorien. Schon in jungen Jahren Müdigkeit, Schlaflosigkeit, Unruhe und „Zittern". Bis 1935 verschiedene Stellungen in Kontor und Haushalt. 1935 völliger Zusammenbruch mit Gewichtsabnahme, Schlaflosigkeit, Zittern, Müdigkeit (kein Basedow). Nach Sanatorium fünf Jahre ohne Arbeit bei den Eltern. Seit 1940 wieder Arbeit.
Seit 1946 in zunehmendem Masse müde, schläft aber gut; ferner: Kopfschmerzen, aufsteigende Hitze, unregelmässige Menses mit prämenstruellen Empfindungen von Schwere und Ziehen. Hauptsymptom sind aber „Herzanfälle": Nächtlich und ganz unmotiviert Oppressionsgefühl im Praecordium mit Todesangst, Erstickungsgefühl und ausstrahlenden Parästhesien in beiden Armen.
Pt. war 1938 verlobt, hat aber selbst die Verlobung aufgelöst. Hat seit vielen Jahren unheimliche, alpdruckartige Träume von Leichen und Unglück. Prämenstruell sexuelle Träume.
In der Klinik müde, etwas gespannt; stimmungslabil. Leptosomer Körperbau, Skoliose, Myoses in zahlreichen Muskeln. Akne faciei et thoracis. Klagt über Bolusgefühl und Kopfschmerzen, innere Unruhe und Angst. Nach 9 Elektroschocks als gebessert entlassen.
Diagnose: Psychasthenie (Janet).

Nr. 17. *Charakterogene Depression*

24jährige Krankenschwester.

Protokoll

(Die Ziffern der ersten Spalte beziehen sich wieder auf die Einzeichnungen)
17,17 — 17,38 — 18,08

I.	O	Eine Fledermaus		G	F+	T	V
	O	Ein Beckenknochen, die ganze Beckenpartie		G	F—	Anat.	
	Ganze Mitte	Ein Onkel, der so dasteht (macht eine Bewegung)	6	D	B+	M	
	d (linker) weisser Rand am ob. gr. Ausl.1)	Ein Profil		DZw	F+	Md	
	d Einbuchtung (rechts) vom Ausl. 2)	Schonen (Landesteil Schwedens)		DZw	F+	Karte	Orig.+
	a Linke Hälfte ohne Ausl. 3)	Eine Brockenhexe, die sitzt so (macht eine Bewegung)		Dd!	B+	M	
II.		Das ist aber blutig					
	Schwarz	Bären, die tanzen, aber sie sind ohne Kopf		D	B+	T	
	Schw. Spitze	Eine Zange		D	F+	Obj.	
	dito	und dann ist es auch ein Schnabel	5	D	F+	Td	
	Zw.	Ein Flachfisch		DZw	F+	T	
	c Rote Ausl. (oben)	Ein paar Krabben		Dd	FFb+	T	
III.	O	Ein paar alte Polizisten, aber was machen denn die da, wärmen die sich da die Hände? (Schwarz Mitte)		G	B+	M	V
	c Rot aussen (links)	Ein Floh auf einem Stiel		D	F±	T	Orig.—
	c Rot aussen (rechts) nur lat. 1)	Ein Mann, der schreit	5	Dd	Bkl.	Md inf.	Orig.+
	Unterer Teil der Libellenzw. a2)	Hände		DdZw	F+	Md	
	c (linker) Rockschoss 3)	Eine Rattenschnauze		Dd	F+	Td	
IV.	Stiefel	Ein alter Stiefel		D	F+	Obj.	
	Mittelstück	Ein Tierschädel von oben		D	F+	Td	

c	Mediale Zapfen am Mittelst. (oben) 1)	Die Enden von Streichhölzern	4	Dd	F+	Obj.	Orig.+
c	(rechter) 2) Stiefelabsatz	Ein Hund mit Schwanz		Dd	F+	T	Orig.+

V.	O	Auch eine Fledermaus		G	F+	T	V
Ohren 1)		Gänseknochen (Brustbein?)		Dd	F+	Td	Orig.+
Beine 2)		Ende einer Zahnzange	6	D	F+	Obj.	
Linker dicker seitl. Ausläufer		Ein Krokodilkopf		Dd	F+	Td	
Oberer Flügelrand		Stirn, Nase und Bart		D	F+	Md	
Kopf		Kaninchen von hinten		D	F+	Td	

VI.		Na, hallo, das ist ja die reinste Tierquälerei!					
	O	Das ist eine Katze, die von einer Dampfwalze überfahren ist		DdG	F+	T	
Oberer Fortsatz, Seiten allein		Federn da oben		Do	F+	Td	
c	Laterale Haken (oben) 1)	Klauen da oben	4	Dd	F+	Td	
b	(rechts) neben oberem gr. Ausläufer 2)	Ein Profil		DZw	F+	Md	

VII.		Das wird immer schlimmer					
c	O	Zwei Figuren, die tanzen, mit grossen Köpfen und vielen Haaren drauf		G	B+	M	
a	Linkes oberes Drittel	Ein Putenkücken, das den Kopf zurückbeugt und trinkt		D	B+!	T	Orig.+
Hellgrau Mitte unten + Schw. + Zw.		Zwei Menschen, die hier an einem Laternenpfahl stehen, und der leuchtet auch (Zw. darüber)		DdZwDd	B+Ve F(Fb)+	Szene	Erf. Orig.+
c	Zapfen am (unt.) Drittel	Teils sind das Eiszapfen	8	Dd	FHd+ F(Fb)+	Eis	
dito 1)		Teils ist es eine Robbe, die den Kopf wendet und aus dem Wasser kommt		Dd	F+	T	Orig +
Alle weissen Einschnitte		Hier überall Segel		DZw	FFb+ [1]	Obj.	Erf. Orig.+

---

[1] Weiss als Farbwert

c Ausläufer (unten)	Die Tanten, die da tanzen, haben Stiefel an		Dd	F+	Obj.	
c (rechtes) mittl. Drittel	Frankreich		D	F+	Karte	
VIII. Seiten	Das ist *doch* kein Hund, das ist ja eine Ratte		D	F+	T	V
Zw. in Blau	Zähne		DZw	F+	Zähne	Orig.+
Zw. zw. Blau u. Rot Mitte 1)	Die obligatorische Fledermaus	6	DZw	F+	T	Orig.+
c (recht.) seitl. Ausl. des Orange 2)	Eine Larve, die herausgekrochen kommt, mit Kopf und Augen		Dd	F+	Td	
Hell in Mitte (oben) 3)	Ein paar Beine		Dd	F+	inf. Md	Orig.+
c Zw. in Blau 4)	Ein paar Menschen, die da auf den Knien liegen		DZw	B+	M	Orig.+
IX. c Grün	Zwei Nilpferde, die das Maul aufsperren		D	F+	Td	
a Braun	Zwei Zauberer	4	D	B+	M	
a Zw.	Eine Schale oder Vase		DZw	F+	Obj.	
c Zw. + Rot	Ach, da ist eine Petroleumlampe mit Schirm drauf		DZwD	FFb+	Obj.	
X. Blau seitlich	Ein Tintenfisch		D	F+	T	V
Rot seitl. u. Gelb Mitte	Schnecken		D	F±	T	
Grün seitlich	Lustige Flöhe, gerade im Begriff abzuspringen		D	F—	T	
Zw. in Grün Mitte	Eine Treppe, aber hier in der Mitte müssen Treppenstiegen sein		DZw	F±	Obj.	Erf. Orig.—
Lat. Zw. im rechten Blau seitl. 1)	Ein Hund		DdZw	F+	T	Orig.+
Grau seitlich	Seepferdchen	11	D	F±	T	
Grün Mitte	Das sind auch Raupen		D	FFb+	T	V
dito	Kopf einer Heuschrecke		D	FFb+	Td	
dito	oder auch Kopf eines Kaninchens		D	F+	Td	V
Grau Mitte, Säule allein	Ein Onkel mit Zylinder und Bart und Backenbart, der sich in einem Spiegel spiegelt, in dem man lang wird		Dd	F(Fb)+ F(Fb)+	Md	Orig.+
c Braun Mitte	Das sind solche, nicht Brillen, Lorgnetten		D	F+	Obj.	Orig.+

Verrechnung: Antw. = 59, Zeit = 51 Min (21/30).

G = 6 (5+) (1 DdG+)   B = 9 (+) (1 BF[Fb]+)   M = 6   Karte = 2   V = 7
D = 24 (1 DZwD)   Bkl. = 1 (+)   Md = 7   Szene = 1   Orig. = 18 (2—)
Dd = 16 (1 DdZwDd)   F = 42 (2—, 4+)   T = 18   Zähne = 1   (3 Erf.,
DZw = 10   F(Fb) = 3 (+)   Td = 12   Eis = 1   1—)
DdZw = 2   1 DdZwDd F(Fb)+   Anat. = 1
Do = 1   1 F(Fb)+   Obj. = 10
                               1 FHD+
                     FFb = 5 (+)

F+ = 90%, T = 51%, V = 12%, Orig. = 31% (+ +),
Erft. = G—D—Dd—DZw, Sukz. = geordnet, Erlbt. = 9 : 2½.

Rotschock (Bem. II) — Dunkelschock (Sukz. IV [keine G], Bem. und Do VI, Bem. VII) — 1 B mit Körperempfindung (III) — Perseveration der erfassten Teile angedeutet (II, VII, X) — Mindestens 2 infantile Antworten (+ Karten und Obj. + infantile B) — Weiss als Farbwert (VII) — 1 Verneinung (VIII) — 1 Figur-Hintergrund-Verschmelzung (VII) — 9 Komplexantworten (4 sadistische: Zange, Schnabel, Zahnzange, überfahrene Katze; 4 orale: Schreiender Mann III, Gänseknochen V, Zähne VIII, Nilpferd, das das Maul aufsperrt IX; 1 masochistisch: Menschen, die auf den Knien liegen, weil gewöhnlich als gebunden gedeutet).

Auswertung: Sehr gute Intelligenz (F+%, Sukz., T%, V%, Orig.%, B), mit grüblerischer, aber nicht eigentlich theoretischer Veranlagung (Tendenz zu Tagträumen) (Erlbt., DdG, B mit Körperempfindung, V%, Orig.%). Bedeutende und originelle Selbstkritik (Erlbt., DZw Orig.).

Fleissiger Qualitätsarbeiter (Antw., Zeit, F+%).

Schöpferische künstlerische Begabung (Antw., B, Farben, Orig.%, F+%, V%, BF(Fb), Verschmelzung). Auch etwas technische Begabung (F+%, Sukz., F(Fb), DB, Orig.%, V%, T : Td, Dd).

Angepasste, gut stabilisierte Affektivität (Farben, B, F+%) mit feiner Einfühlungsfähigkeit (FFb, F(Fb)+), aber etwas infantil (inf. Antw.).

Psychoinfantilismus (Infantilität + Oralität).

Phobische (Blut II, Rot- + Dunkelschock, Do, Komplexantw. VI) und zwangsneurotische Züge (Rotschock, Dunkelschock, F+%, Do, Dd, DZw, Antw.).

Neigung zu psychogenen *Depressionen* (F+%, Erft., Dd, Md : M, Do) und starken Minderwertigkeitsgefühlen (DZw, Erlbt., Do) infolge *Verdrängung starker oraler (und analer) Aggressionen* (DZw, Dd, B, F+%, orale, sadistische und masochistische Komplexantworten, Rotschock).

Vielleicht besteht auch eine ixothyme Charakterkomponente (Perseveration der erfassten Teile, Weiss als Farbwert, 5 FFb). (NB. Vp. ist von athletischer Konstitution.)

Vp. ist eine sehr stattliche Erscheinung, aus hochbegabter Familie, äusserst charmant, aber etwas infantil. Sie wagte es unter dem Einfluss der bedeutenden Mutter einfach nicht, ihre eigene Persönlichkeit zu entwickeln. Nach kurzer psychotherapeutischer Behandlung durch eine Psychoanalytikerin wich die Depression, und Vp. wurde bedeutend unternehmungslustiger und selbständiger in ihrer Lebensführung.

Amphithymie

Nr. 18. *Flucht vor der Depression*

27jährige Hausfrau.

Protokoll (Rorschach)

20,44 — 20,54

I.	O	Eine Fledermaus	1	G	F+	T	V
II.	Schwarz	Zwei Bären, die sich schlagen oder tanzen	1	D	B+	T	V
III.	O	Das ist — das ist gar nichts Das Äusserste von einem Miezekatzenkopf, nein, das kann es nicht sein	3	ZwG DZwG	Ve F(Fb)—	Td	Erf. Orig.—
	O	Zwei Männer, die etwas heben		G	B+	M	V
	c Zw. + Schwarz Mitte	Ein sitzender Buddha, nein, das ist dumm		DZwD	B+Ve F(Fb)+	M	Erf. Orig.+
IV.	O	Ein abgezogenes Fell	1	G	F+	T	V
		Das ist Dreck, weg mit dem!					
V.	O	Ein Schmetterling	1	G	F+	T	V
VI.	O	Auch so ein Fell	1	G	F+	T	V
VII.	c Zw.	Das ist wahrhaftig Napoleon	1	DZw	F+	Md	
		Das ist schlecht					
VIII.	Seiten	Eine Art Eidechse, die kriechen jede an ihrer Bergseite hinauf	2	D	F+	T	V
	Rot Mitte	Zwei Eisbärenköpfe		D	F+	Td	
IX.		Das sieht nach gar nichts aus, schlechtes Vexierbild		—	—	—	—
X.	Blau seitlich	Ein paar Krabben	1	D	F+	T	V

Verrechnung: Antw. = 12, Zeit = 10 Min.

G = 6 (5+) (1 DZwG—)   B = 3 (+) (1 DZwDF[Fb]+)   M = 2   V = 9
D = 5 (1 DZwD)   F = 8 (+)   Md = 1   Orig. = 2 (Erf.)
DZw = 1   F(Fb) = 2 (1 DZwGF[Fb]—)   T = 7   (1—)
  (1 DZwDF[Fb]+)   Td = 2

F+ = 100%, T = 75%, V = 75%, Orig. = 17% (+),
Erft. = G—D, Sukz. = geordnet?, Erlbt. = 3 : 0.

1 Versager (IX) — Farbenschock (Bem. III, Vers. IX) — Dunkelschock (Bem. IV, Bem. VII) — Brechungsphänomen (VIII) — 2 Verneinungen (III) — 2 Figur-Hintergrund-Verschmelzungen (III).

Auswertung: Überdurchschnittliche Intelligenz (F+%, G, Erft., Orig.%, B) mit etwas Kunstverständnis (B, Orig.%, Verschmelzungen), daneben aber fast unglaublicher intellektueller Anpassung an die Masse bis zum geistigen „Untertauchen" in die Massenreaktion.

Depressive Affekthemmung (Farben) mit gesteigerter Aggressionsspannung (DZw).

Wahrscheinlich endogene Depression (Antw., F+%, T%, keine Farben), mit hypomanischem Einschlag (B, Orig.%, G) und neurotischem Überbau (Dunkelschock, Farbenschock, Versager).

Die Depression ist überdeckt von einer künstlichen, hypomanen Scheinlebendigkeit, die sich in der kurzen Reaktionszeit äussert, bei der dann aber fast nur V produziert werden. Einige Orig. schlagen durch infolge der künstlerischen Begabung. Aber auch hier zeigt sich eine gewisse Flüchtigkeit (1 Orig.—). Sonst aber lässt Vp. sich keine Zeit zu individuellem Nachdenken (alle Antworten kamen wie aus der Pistole geschossen). Das exorbitant hohe V% ist also Ausdruck einer künstlichen, unechten Extratension, einer Flucht vor dem eigenen Ich in die Aussenwelt, die wohl intellektuell (V%), aber nicht affektiv gelungen ist (keine Farben, Verneinungen). Die Diskrepanz zwischen der depressiven Grundstimmung und der forcierten Anpassung an die Umwelt wird immer noch als Spannung empfunden (1 DZwG als Orig.—).

Amphithymie. — Flucht in die Banalität.

Sechs Jahre später gibt die gleiche Vp. im *Bero-Test* folgendes Ergebnis:

Verrechnung: Antw. = 30, Zeit = 17 Min. (6/11).

G = 8 (7+) (1 DZwG+) B = 3 (+) (1 sek.) M = 2 V = 5 (6?)
D = 18 (1 DdD) F = 20 (5—, davon Md = 4 Orig. = 7 (1—)
Dd = 2   (1±) 1 unb.) T = 16   (1 Erf.+)
DZw = 1 F(Fb) = 2 (1 DZwGF[Fb]+) Td = 5
DdZw = 1   (1 FHd+) Anat. = 1
          FFb = 4 (1—) Sex. = 1
          FbF = 1 Pfl. = 1

F+ = 72½%, T = 70%, V = 17% (20%?), Orig. = 23% (±),
Erft. = G—D, Sukz. = leicht gelockert, Erlbt. = 3 : 3.

Farbenschock angedeutet (II, III, VIII?) — Dunkelschock angedeutet (V, VI, VII) — Brechungsphänomen (IV) — 1 Oder-Antwort — 1 sekundäres B — 1 Figur-Hintergrund-Verschmelzung (VIII) — 3 Komplexantworten („der sechsarmige Buddha" VI, „tragisches Clowngesicht" als DZwG VIII, gähnender Gladiator X).

Auswertung: Überdurchschnittliche bis gute Intelligenz (F+%, G+, Erft., B, Orig.%) mit künstlerischer Ader (B, Farben, G, Orig.%, Sukz., Verschmelzung).

Lebhafte, überwiegend angepasste und gut beherrschte Affektivität (Farben, B, G+). Immer noch eine gewisse, teilweise gehemmte Aggressivität (DZw, Erlbt.).

Trotzdem die Flucht in die Banalität jetzt nicht mehr so stark in Erscheinung tritt wie im ersten Test, ist die Flucht vom Ich in die Aussenwelt (ausser an den V und FFb) noch immer kenntlich, u. a. an der Komplexantwort „der sechsarmige Buddha". Dieses „aus der Not eine Tugend machen", diese Sublimierung in eine liebenswürdige Hilfsbereitschaft ist ein sympathischer Charakterzug der Vp.

Das Zentrale ist immer noch die (offenbar *zykloide*) *Amphithymie*, im Augenblick überwiegend eine *Hypomanie* (Zeit, F+% : B, F+%, sek. B, G, Orig.%±), aber mit Beimischung *depressiver* Züge im Untergrunde (Md : M, T%). Die Komplexantwort „tragisches Clowngesicht" (als DZwG) gibt diesen Zustand sehr schön wieder.

In das Bild sind aber auch *neurotische* Züge eingelagert (Farben- und Dunkelschock), u. a. auch orale Fixierungen (der „gähnende Gladiator"). Die innere Unsicherheit (Oder-Antwort, im ersten Test Verneinung) ist sicher neurotisch. Diese Mischung von zykloider Amphithymie und neurotischer Verstimmung führt zu einer eigenartigen zentralen Unzufriedenheit mit sich selbst und der Umgebung (DZwG, Erlbt.), zu einer Art Wurstigkeit aus Überdruss. (Die letzte Antwort, das sek. B, lautete wörtlich: „Ein Gladiatorprofil mit all dem Helmwesen drauf; er steht und gähnt, vielleicht ruft er auch, das muss er ja selbst wissen.") Dass diese innere Unzufriedenheit aus der amphithymischen Stimmung selbst entspringt, zeigt der Inhalt der einzigen DZwG-Antwort, eben das „tragische Clowngesicht".

Vp. ist eine Ingenieursfrau mit literarischen und künstlerischen Interessen, die es nur ausnahmsweise aushalten kann, mit sich selbst allein zu sein. Ihre zahlreichen gesellschaftlichen Verbindungen ermöglichen es ihr, fast jeden Tag irgendwo in Gesellschaft zu sein, und wenn keine Einladungen vorliegen, wird ins Kino gegangen. Einige Stunden kann Vp. doch auch bei guten Büchern zu Hause sitzen, aber dann muss auch bald wieder etwas „geschehen". In Gesellschaft ist Vp. lustig und witzig, immer gut aufgelegt und stets von liebenswürdiger Hilfsbereitschaft, ohne hypersozial zu sein.

Die zykloide Anlage wird durch die Familienverhältnisse illustriert: Der Vater, ein Beamter, war chronisch hypoman mit einem Stich ins Cholerische; ein Bruder des Vaters chronischer Alkoholiker; eine Kusine des Vaters, eine Krankenschwester, beging Selbstmord.

Schizophrenien

Nr. 19. *Katatonie*

73jährige, unverheiratete Frau, frühere Handelsgehilfin (Bäckerei).

Protokoll
11,51 — 12,02½ — 12,14

I.	O	Ein Schmetterling	1	G	F+	T	V
		(spricht halblaut eine Menge unverständlichen Zeugs)					
	11,54						
II.	O	Zwei Wichtelmännchen		G	B+	M	V
Alles Rote		und so viel Blut	3	D	Fb	Blut	
Zw.		… das gehört zu meinem Fach …		Eigenbeziehung			
		Eine Laterne		DZw	F+	Obj.	
	11,55½						
III.	O	Zwei, die Tee getrunken haben (zeigt auf die Mitte)	2	Konf. Komb. DG	B—	M	(V)
Schwarz Mitte		Porzellan		D	F—	Obj.	Orig.—

IV.	11,58½ O	Schädel von etwas, was verrückt und hässlich ist		Konf. G	F—	Anat.	Orig.—
	O	Unterleib (?) (undeutliche Sprache)	2	G	F—	Anat.	Orig.—
V.	12,01	Ich habe sehr schwere Zahnschmerzen gehabt	1	Ichbeziehung Konf.			
	O	Eine Tabakpfeife		G	F—	Obj.	Orig.—
VI.	12,02½ O	Ein Fisch	1	G	F+	T	
VII.	12,04	Ich verstehe mich nicht auf	1	Subjektkritik			
	O	6 Menschen		G	Zahl	Md	Orig.—
VIII.	12,06 Blau	Kleine Kinderhemdchen		D	FFb+	Obj.	
	Seiten	Zwei Tiere, die da herauskommen	3	D	F+	T	V
Mittl. Zw. zw. Seiten u. Mitte		Das Weisse ein Gesicht		DdZw	F+	Md	
IX.	12,08½ Schlitze in Zw.	Kullman und Gäst (wahrscheinlich Namen der Inhaber einer Bäckerei oder Konditorei, in der Pt. früher angestellt war)	1	Konf. Eigenbeziehung Dd	Zahl?	M	Ind. Orig.—
X.	12,11	Das sind die Geister, die darin sprechen, von...		Wahnvorstellung			
Blau Mitte + angrenzende Teile von Rot		Etwas, das an die Brust greift (Rot)	2	Dd	F±	Md	Orig.—
Grün Mitte		Zwei Arme		D	F—	Inf. Md	

Verrechnung: Antw. = 17, Zeit = 23 Min. (11½/11½).

G = 8 (3+) (1 DG—) B = 2 (1—) M = 3 Obj. = 4 V = 3 (4?)
D = 5 F = 11 (5—, 1±) Md = 4 Blut = 1 Orig. = 7 (—)
Dd = 2 Zahl = 2 T = 3 (1 Ind.)
DZw = 1 FFb = 1 (+) (?) Td = 0
DdZw = 1 Fb = 1 Anat. = 2
F + = 50%, T = 18%, V = 18% (24%?), Orig. = 41% (—),
Erft. = G—D—DZw, Sukz. = geordnet, Erlbt. = 2 : 2 (2 : 1½).

Subjektkritik — Zahlreiche Konfabulationen und 1 konfabulatorische Kombination — Eigenbeziehungen — 2 Zahl-Antworten.

Auswertung: Schwer defekte Intelligenz (F+%, G+, Orig.%—, B—, Zahl). Impulsive Affektivität, vielleicht(?) mit Resten von affektivem Kontakt (Farben). *Chronische Schizophrenie* mit Demenz (Zahl, Orig.—, Konf. und konf. Komb., B—, Subjektkritik, Eigenbeziehungen, Anat., Blut) (chronisch: Erft., T%, Orig.%). *Katatonie* (T%, Erlbt.) mit Negativismus (DZw, Erlbt.).

Klinik: Seit 32 Jahren krank. Anfangs Stimmen und dann Ausbruch mit religiöser Exaltation mit Gesichten und „direktem Umgang mit Gott". Betet in ekstatischen Stellungen, legt den anderen Patienten beruhigend die Hände auf den Kopf.

Eltern „nervenkrank", aber nicht in einer Anstalt. Pt. war immer schwächlich. Starke Onanieschuldgefühle, meinte, der ganze Körper habe darunter gelitten. Bei Ausbruch der Krankheit hört sie die Stimme Gottes, sieht das Himmelstor sich öffnen, meint, sie stamme direkt von der Jungfrau Maria und sei bestimmt, eine neue Jungfrau Maria zu werden.

Allmählich Abnahme der religiösen Exaltation. Ihre Phantasie beschäftigt sich viel mit sexuellen Dingen, sie weiss genau, was die Ärzte treiben mit den Mädchen usw. Dann ruhiger, wäscht sich aber viel die Hände.

In späteren Unruheperioden legt Pt. sich nackt auf den Boden mit dem Gesicht zur Erde, verweigert die Nahrung oder fährt nachts aus dem Bett, trabt wie ein Pferd herum und verrichtet eine Masse Zwangshandlungen. Halluziniert lebhaft, redet mit ihren Geistern und wirft mit Stühlen nach ihnen. Die Geister saugen sie aus und beeinflussen sie mit Elektrizität. Auch Vergiftungsideen.

Allmählich steife Haltungen, teilweise unrein, hört Stimmen und hat Geister im Unterleib, erotische Halluzinationen. Im letzten Jahre auch Diabetes.

Diagnose: Schizophrenia (Katatonie) + Diabetes mellitus.

Nr. 20. *Paranoid*

62jährige geschiedene Frau, frühere Krankenschwester.

Protokoll

12,00 — 12,10 — 12,19

I.	O	Ein Adler oder sowas		G	F+	T	
	O	Auch ein Schmetterling	3	G	F+	T	V
	O	Wie heissen die, die wie Vögel fliegen, die sehen aus wie Ratten (meint Fledermaus)?		G	F+	T	V
II.	12,01½ O	Kleine Wichtelmännchen mit roten Mützen (nach einer Pause): die tanzen	1	G	sek. B+	M	V
III.	12,03½ O	Dohlen		DG	F—	T	
	Rot Mitte	Zwei Herzen	4	D	FbF	Herz	Orig.—
	Schwarz m.	Eine Schüssel		D	F+	Obj.	Erf.
	O	Irgendwelche Menschen, Bediente mit weissen Schürzen an		GZw DZwG	B+Ve FFb+	M	Orig.+ V
IV.	12,06	Was der Herr Doktor für viele Sachen hat!			Dunkelschock		

423

Seiten		Ich sehe nur Beine darauf, ich sehe keinen Kopf	3	Do	F+	Md	
c Mittelst.		Das sieht aus wie ein Vogel		D	F—	T	
dito		oder eine Katze, ein Schattenbild einer Katze mit den Ohren		DdD	FHd— F(Fb)—	T	
V.	12,09 ○	Ja, sieh mal einer, da haben wir die Fledermaus (siehe Amnesie zu Tafel I)	1	G	F+	T	V
VI.	12,10 ○	Was ist das, ein Fisch?	2	G	F+	T	
	○	Nein, das ist sicher eine Haut von einem Tier, Katze oder Hase		G	F+	T	V
VII.	12,11	Ja, wissen Sie, Herr Doktor, zu dem hier weiss ich nicht, was ich sagen soll		Dunkelschock			
Obere Drittel		Aber das sieht aus wie zwei Kinder, Köpfe von Kindern	2	D	F+	Md	V
dito		oder Affen oder Gorilla		D	F+	Td	
		Mehr kann ich da nicht herauskriegen					
VIII.	12,13 Rot Mitte	Zwei alte Frauen, die da sitzen	2	D Konf.	B+	M	Orig.+
Seiten		Zwei kleine Kinder		D	F—	M	Orig.—
IX.	12,15 b Grün und Braun	Zwei kleine Mädchen (Grün), die an einem Gegenstand hinaufgeklettert sind (Braun); einem Baumstumpf; die Gesichter sehen aus, als ob sie alte Tanten wären	1	Konf. Komb. D	F-B	M	
X.	12,17 Rot Mitte	Zwei Herren	2	D	F+!	M	
Übriges		Das andere sieht aus wie Blumen und Blätter		D	FbF	Pfl.	

Verrechnung: Antw. = 21, Zeit = 19 Min. (10/9).

G = 9 (8+)   B = 3 (+) (1 sek.)   M = 6   V = 7
(1 DG—, 1 DZwG+)   Konf. F-B = 1   Md = 2   Orig. = 4 (2—)
D = 11 (1 DdD)   F = 14 (3—)   T = 9   (1 Erf.+)
Do = 1   F(Fb) = 1 (FHd—)   Td = 1
                        FFb = 1 (+)   Pfl. = 1
                        FbF = 2   Obj. = 1
                                                 Herz = 1

F+ = 79%, T = 48%, V = 33%, Orig. = 19% (±),
Erft. = G—D, Sukz. = leicht gelockert, Erlbt. = 3 : 2½.

Überkompensierter Farbenschock? (1. Antw. und Orig.—III, Orig.—VIII; alle Orig. III und VIII) —Dunkelschock (Bem., Sukz. und Formen IV, 2 Bem. VII) — 1 Konfabulation und 1 konfabulatorische Kombination — 1 sek. B — Perseveration angedeutet (2× Katze, 2× Kinder) — 1 Verneinung und 1 Antwort in Frageform (VII) — 1 Figur-Hintergrund-Verschmelzung (III) — Amnestische Wortfindungsstörung (I).

Auswertung : Leicht defekte Intelligenz (G+, Erft., T%,V%, *Orig.*—, Konf., Pers.), ursprünglich sicher über Durchschnitt und im Verhältnis zum Alter und zur Dauer der Krankheit auffallend gut erhalten; konfabuliert aber. Guter intellektueller Kontakt (V%).

An sich labile, doch relativ gut beherrschte Affektivität (Farben, G+, B, F+%) ängstlicher Prägung (FHd—, Do, Dunkelschock, Verneinung, Frageform).

Onaniekonflikte? (zwei Menschen mit weissen Schürzen als DZwG FFb+).

Wahrscheinlich: *Paranoide Schizophrenie* (Zeit, Orig.+ und Orig.—, DZwG, M : Md, Konf., Pers.; paranoid: B).

Klinik: Seit 20 Jahren krank. Die Krankheit entwickelte sich im Anschluss an die Ehescheidung, die der Mann begehrt hatte. Pt., die von armen Eltern stammt und in einer Schar von 21 Geschwistern aufgewachsen ist, war 13 Jahre verheiratet gewesen und hatte zwei Kinder (eines starb). Nach der Scheidung wurde sie unumgänglich, bekam Wutausbrüche und bedrohte ihre Umgebung. Es entwickelten sich Beeinflussungs- und Vergiftungsideen. Sie phantasierte sich einen anderen Mann, der sie auf sein Schloss mit „Turm und Zinnen" nehmen werde. Überall sah sie ihren ersten Mann und ihren Sohn, sie wurde reizbar und schlief schlecht.

Pt. nahm von der Scheidung zwar Kenntnis, konnte die Realität aber nicht fassen und hing immer noch an ihrem Manne. Allmählich entwickelten sich massenhaft Verfolgungsideen, man behaftete sie mit allen möglichen Übeln, die Ärzte und Schwestern seien richtige Teufel usw. Lebhafte Gehörshalluzinationen und Körpergefühle (Strahlen). Schimpft bisweilen mit ihrer Umgebung.

Im Laufe der Zeit wird sie gekünstelt und maniriert, riecht Elektrizität, hört Stimmen, fühlt sich hypnotisiert, ist aber orientiert und hat ein gutes Gedächtnis. Die Verfolgungs- und Beeinflussungsideen (auch sexueller Art) halten sich die ganzen Jahre hindurch. Pt. schimpft viel und ist bisweilen recht störend.

Diagnose: Schizophrenia (paranoide Form).

Involutionsparanoia

Nr. 21. *Paranoia characterogenes in climacterio*

50jährige Hausfrau.

Protokoll

14,26 — 14,37 — 14,46

I.	O	Möglicherweise eine Fledermaus oder so etwas		G	F+	T	V
	O	Eine Art Insekt		G	F+	T	
	O	Denn ein Schmetterling ist es ja nicht	4	G	F+	T	V
Ganze Mitte		Und dann ist es ja, als ob da ein Mann innen drin stände		D	B+	M	

II.	14,28	Da kann ich wohl **nichts sehen**					
		Ist das nicht die erste Tafel in einer anderen Weise?			Ähnlichkeit		
Rot Mitte		Ist das eine Blume?	1	D	FbF	Pfl.	
		Ich habe nie etwas Ähnliches gesehen					
III.	14,30	Immer noch sowas Komisches					
Rot Mitte		Da ist ja viel; da ist eine Schleife		D	F+	Obj.	
		Das *ist* gar nichts? Ach, ich dachte, es wäre etwas Besonderes	2		Herabgesetztes Deutungsbewusstsein		
	O	Dann können es ja gut zwei Männer sein, die da Tau ziehen, ihre Kräfte irgendwie prüfen		G	B+	M	V
Rot aussen		Was das für rote Kleckse sein sollen, weiss ich nicht			Rotschock		
IV.	14,32	Es ist immer dasselbe und wieder dasselbe, ich finde, das erinnert etwas an das erste			Ähnlichkeit		
		Nach etwas Besonderem sieht es ja nicht aus, jedenfalls nicht nach etwas, was ich kenne	2				
		Ist das etwas Photographiertes?					
Mittelstück		Das könnte ja gut ein Kopf mit Augen sein		D	F+	Td	
	O	Möglicherweise, ja warten Sie mal: Kann es nicht ein Fell von einem Tier sein, das getrocknet wird?		G	F+	T	V
V.	14,36 O	Da haben wir ja wieder die Fledermaus oder was das ist	1	G	F+	T	V
VI.	14,37	Ja, da muss man wohl Künstler sein, um daraus klug zu werden	1		Subjektkritik		
Schwarz im Sockel		Eine Skulpturarbeit, so ein altmodischer Stuhl oder ich weiss nicht was		D	F+	Obj.	
VII.	14,39	Es wird immer schlimmer, denn das wird ja immer kleiner	1		HdF		
	O	So ein bisschen Wolkenbildung		G	F(Fb)	Wolken	
VIII.	14,40 Seiten	Wilde Tiere, da an der Seite, die sind ja gleich, die beiden		D	F+ Symmetrie	T	V
		Sonst kommt ja vieles wieder mit demselben, nur mit verschiedenem Druck, aber ziemlich derselben Figur	1		Ähnlichkeit		

	14,42					
IX.		Sind da noch viele? Ich kann hier sonst nichts herauskriegen, aber ich glaube, es ist dieselbe Sache in verschiedener Farbe und verschiedenem Druck, was immer wiederkommt		Ähnlichkeit —	— —	—

	14,43½					
X.		Ja, das wird ja immer schöner in den Farben				
Blau seitlich		Irgendwelche Tiere, Skorpione	2	D	F—	T
Grün Mitte, nur oberer Teil		Wenn ich das wegnehme (das Unterste), könnten das ja gut ein paar richtig grüne Raupen sein		Dd!	FFb+	T

Verrechnung: Antw. = 15, Zeit = 20 Min. (11/9)

G = 7 (6+)	B = 2 (+)	M = 2	Obj. = 2	V = 6
D = 7	F = 10 (1—)	Md = 0	Wolken = 1	Orig. = 0
Dd = 1	F(Fb) = 1 (HdF)	T = 8		
	FFb = 1 (+)	Td = 1		
	FbF = 1	Pfl. = 1		

F+ = 90%, T = 60%, V = 40%, Orig. = 0%,
Erft. = G—D, Sukz. = gelockert (Neigung zur Umkehrung), Erlbt. = 2 : 1½.

1 Versager (IX) — Herabgesetztes Deutungsbewusstsein — Subjektkritik — Farbenschock (Ähnlichkeit, Erf. II, Bem. u. Sukz. III, Ähnl. VIII, Vers. u. Ähnl. IX, Bem. X) — Rotschock (Bem. III) — Dunkelschock (Ähnl., Bem. u. Sukz. IV, Subjektkritik, Erf. VI, Bem. VII) — Brechungsphänomen angedeutet (VIII) — Symmetrie (VIII) — Ähnlichkeitsillusion (II, IV, VIII, IX) — 1 Verneinung (I) + 2 Antworten in Frageform (II, IV) — 1× Augen.

Auswertung: Intelligenz an der oberen Grenze des Durchschnitts (F+%, G+, Erft., T%), aber banal (T%, V%, Orig.%).

Überwiegend labile Affektivität mit guter Bremsung (Farben, Erlbt., F+%, G+) mit Tendenz zu Dysphorien (HdF). Unsicherheit (Sukz., Symmetrie, Verneinung, Frageform).

Bemerkenswert an der Ausgangspersönlichkeit sind der introversive Erlebnistypus, der in Verbindung mit der knappen Antwortenzahl auf eine gewisse Verschlossenheit schliessen lässt. Dazu kommt die G-Betonung des Erfassungstypus, also ein Hang zum Grübeln (Erlbt.) und zum Verallgemeinern und Theoretisieren (Erft.). (Das T% entspricht dem Alter und der etwas depressiven Stimmung.)

Dies ist aber nur die eine Seite der *prämorbiden Persönlichkeit.* Die andere ist eine ausgesprochen sensitive Konstitution, bestehend aus dem Psychastheniesyndrom (Farben- + Rot- + Dunkelschock + Br. VIII, Symmetrie, Verneinung, Antworten in Frageform, Subjektkritik), das in diesem Falle als besonderes Zeichen der Selbstunsicherheit auch die Subjektkritik enthält, und der durch die HdF angedeuteten Neigung zu Dysphorien.

Auf dieser konstitutionellen Basis kann sich eine sensitive Paranoia entwickeln, wenn, was hier der Fall ist, noch der spezifisch paranoische Mechanismus der *Projektion* dazukommt. Dieser zeigt sich im Test in dem gehäuften Vorkommen der Ähnlichkeitsillusion, in dem sich das Passivitätsbewusstsein des paranoischen Erlebens spiegelt. Auch das Vorkommen von „Augen" bei Tafel IV ist in diesem Zusammenhange sicher kein Zufall.

Sensitive Involutionsparanoia.

Klinik: Tochter eines Kapitäns, mit 25 Jahren mit Eisenbahnarbeiter verheiratet. Ehe harmonisch, aber kinderlos. Pt. wollte keine Kinder haben, der Mann gern. Klimakterium (Amenorrhöe seit drei Jahren).
Sensitive Natur mit leichten Anankasmen. Pt. hatte periodenweise leichte Phobien, kann nur in der Mitte über hohe Brücken gehen, nicht auf Türme steigen, keine Kriegsfilme sehen. Fast alle Familienmitglieder sind sensibel bis sensitiv. — Seit zwei Jahren paranoide Beziehungsideen. Sie wird durch die Zeitungen, Fernsehen und Radio beobachtet und gewarnt. Umgänglich und friedlich, aber unglücklich über ihren Zustand, weil sie nie allein sein kann.
Nach Insulinbehandlung als gebessert entlassen.
Diagnose: Constitutio sensitiva paranoigenes. Paranoia characterogenes in climacterio.

Manio-depressive Psychose
Nr. 22. *Hypomanie*

66jähriger Kaufmann.

Protokoll
11,18 — 11,37 — 11,54

I.	O	Fledermaus	G	F+	T	V
		Man kann Landschaften, Wolken, alles mögliche herausbekommen				
		Das ist genau das gleiche überall (meint Symmetrie)			Symmetrie	
c	O	Ein altes Kummet aus dem Museum 4	G ZwG	F+	Obj.	Orig.+
c	O	Ein Portal	DZwG	F+	Arch.	
c	O	Ein Zierat über einem alten Trinkgefäss aus dem Museum (kann sich auf das Wort nicht besinnen)	G	F+	Obj.	Orig.+
II.	11,25 Schwarz	Ein paar Bären, die Köpfe	D	F+	Td	
	Zw.	Eine Lampe, ein Kronleuchter	DZw	F+	Obj.	
	Rot Mitte	Genau wie wenn man Nasenbluten hat, diese Flecken	D	FbF	Blut	
	O	Ein Kartenwerk mit verschiedenen Farben 5	G	FbF	Karte	
	Schwarz	Ein paar Kalbsköpfe	D	F+	Td	
III.	11,30 O	(lacht) Zwei Männer, Karikaturen	G	B+	M	V
	Beine	Ein Zweig	D	F+	Pfl.	
	Alles Rote	Wieder Blutflecken	D	FbF	Blut	

Zw. zw. Arm und Bein	Wasser zwischen Festland und einer Insel	7	DZw	F±	Karte		
Rechtes Bein	Ein Fisch		D	F+	T		
c (linker) Rockschoss	Ein Kopf dort mit einem Auge, eine Krähe		DdZwDd	F+	Td		
c Schwarz Mitte	Ein kleines Bärenjunges		D	F+	T		
11,34 IV. Ganze Mitte	Ein Kirchenpfeiler		D	F+	Arch.	Orig.+	
d (oberer) oberer Ausl.	Ein Eidervogel mit weisser Backe	5	DZwD	Ve. F(Fb)+	Td	Erf. Orig.+	
d Schwarz im (ob.) Stiefel	Ein Elchkopf		Dd	F+	Td		
c O	Ein Wappen		G	F—	Wappen		
a O	Ein Fell		G	F+	T	V	
11,37 V. O	Eine Fledermaus		G	F+	T	V	
b (unt.) Hälfte	Ein Invalide mit Holzbein	4	D	B+	M	Orig.+	
c Kopf mit Ohren	Beine eines kleinen Jungen und der Rumpf		D	F+	Md	Orig.+	
a oberer Flügelrand	Das Profil da, die Stirn, die Nase usw.		D	F+	Md		
11,39½ VI. O	Wieder ein Fell	2	G	F+	T	V	
c Schwarz im Sockel	Ein Stock, gedrechselt		D	F+	Obj.		
11,42 VII.	Die sind gleich auf beiden Seiten		Symmetrie				
O	Eine Schärenflur mit zusammenhängenden Inseln		G	F±	Karte		
c (rechtes) mittl. Drittel	Eine Karikatur eines Mannes		D	F+	Md	V	
c (unt.) Drittel	Ein Tier mit dem Schwanz, Hyäne	6	DdD	F—	T		
d (oberes) (recht.) Drittel	Ein Löwenkopf		D	F+	Td		
c Zw.	Ein Grabdenkmal		DZw	F+	Obj.	Orig.+	
dito	oder auch ein Portal		DZw	F+	Arch.		
11,45½ VIII. O	Ein Wappen mit Flaggen und zwei Tieren		sim. Komb. G	FbF	Wappen		
Blau	Flaggen	3	D	FFb+	Obj.		
Seiten	(Aufsplitterung) zwei Tiere		D	F+	T	V	

IX. c	11,47 Mittellinie + Rot	Ein Baum mit dem Stamm dort	D	F+	Pfl.	
	Grün	Eine Karte; da sind ja viele Farben drauf 3	D	FbF	Karte	
b	(unteres) Braun	Menschen, die sich auf dem Lande an der Meeresküste in Grönland bewegen	Dd	Bkl.+	Szene	Orig.+
X.	11,50 Blau seitl.	Krabben	D	F+	T	V
b	(unteres) Rot Mitte	Schweden	D	F+	Karte	
a	Grün Mitte	Ein Bogen, Triumphbogen auf dem Lande (meint Guirlande)	D	FFb+	Obj.	
d	(unteres) äusseres Rot	Ein liegender Hund, Bernhardinerhund 7	D	F+	T	
a	Grau Mitte	Weihnachts-Tannenzweig mit Glocken als Zierat	D	F+	Obj.	Orig.+
c	Grau seitl.	Ein springender Floh	D	F+	T	
	Grün seitlich	Eine grüne Raupe	D	FFb+	T	V

Verrechnung: Antw. = 46, Zeit = 36 Min. (19/17)

G = 12 (8+)   B = 2 (+)   M = 2   Arch. = 3   V = 9
   (1 DZwG+)   Bkl. = 1 (+)   Md = 3   Karte = 5   Orig. = 9 (+)
D = 27 (1 DdD, 1 DZwD)   F = 34 (2—, 3+)   T = 12   Wappen = 2   (1 Erf.)
Dd = 3 (1 DdZwDd)   F(Fb) = 1 (DZwDF[Fb]+)   Td = 6   Szene = 1
DZw = 4   FFb = 3 (+)   Pfl. = 2   Blut = 2
     FbF = 5   Obj. = 8

F+ = 90%, T = 39%, V = 19%, Orig. = 19% (+),
Erft. = G—D—DZw, Sukz. = gelockert, Erlbt. = 2:6½.

1 Simultan-Kombination — Symmetrie (I, VII) — Perseveration angedeutet (Portal, Bogen, Wappen) — Infantile Antworten (Obj., Karten) — 1 Figur-Hintergrund-Verschmelzung (IV) — 1 amnestische Wortfindungsstörung (I) — 1 Komplexantwort (Defektdeutung V als B) — 1 × Auge.
NB. Die Sukzessionslockerung bei IV dürfte kaum auf einem Dunkelschock beruhen, da die beiden ersten Antworten gute Originale sind und die ziemlich gleichmässige Originalverteilung die Annahme eines überkompensierten Dunkelschocks unwahrscheinlich macht.

    Auswertung: Überdurchschnittliche bis gute Intelligenz (F+%, Erft., T%, V%, Orig.%, B). Praktische Einstellung (Erlbt., D Orig., T : Td). Einschlag von Phantasiebegabung (Orig., Farben, Bkl., Ve-Antwort, Komb.).
    Die beiden ersten Originalantworten (die „Museumsgegenstände") entstammen dem Interessenkreise des Mannes aus frohen Tagen: Pferde und festliche Trinkgelage. Dass der „Invalide" durch das körperliche Leiden des Pt. (Kyphoskoliose) inspiriert sein könnte, ist wahrscheinlich.
    Ein bisschen infantil (inf. Antw.).
    Lebhafte, überwiegend labile Affektivität mit relativ gutem Kontakt (Farben) und zurzcit ganz guter Bremsung (F+%, G+). Neigung zu Widerspruch (DZw : Erlbt.).
    Hypomanie in relativ ruhigem Zustande (Antw., Zeit, G, Erft., T% [Alter!], Orig., Farben!) (ruhig: F+%, Orig.+, 0 B—).

Die leichte Perseveration, die Wortfindungsstörung und die B-Defektdeutung scheinen auf einen organischen Einschlag zu deuten. Entweder handelt es sich um eine Andeutung der von GOLDKUHL beschriebenen Demenzform oder (hier wahrscheinlicher) um eine bei diesem Alter bei Pyknikern recht häufige beginnende Arteriosklerosis cerebri. Dies ist um so wahrscheinlicher, als die Antwort „Kalbsköpfe" zu Tafel II faktisch eine Art Wiederholung der ersten Antwort zu dieser Tafel (Bärenköpfe) ist, die die Vp. offenbar schon wieder vergessen hatte.

Klinik: Pt., ein früherer Kohlen- und Getreidehändler, hat eine maniodepressive Schwester. Kyphoskoliose.

Seit 1913 krank, war damals drei Monate deprimiert. Dann gesund bis 1928; neue Depression bis 1936, besonders schwer 1931—1935. 1936 begann eine Periode manischer Aufgeräumtheit (ein Jahr). Pt. fuhr damals im Auto in Restaurants, schenkte Kellnerinnen Pelze und verbrauchte 60 000 Kr. 1937 neue Depression, sass auf seinem Zimmer, weinte und beklagte seine Taten. Seit August 1944 neue manische Periode, zur Vorbeugung gegen ökonomische Dummheiten aufgenommen. Manische Ideenflucht, findet alles vortrefflich.

Insulin in subkomatösen Dosen + drei Summationen ohne Erfolg. 1946 *hypoman*, ebenso jetzt (1947). Liegt zur Zeit der Testaufnahme mit einer Bronchitis zu Bett.

Diagnose: *Psychosis manio-depressiva.*

Nr. 23. *Depression von endogenem Typus*

49jähriger Maschinenarbeiter an der Kriegswerft.

Protokoll
10,37 — 10,52 — 11,07

I.	O	Das scheint ein Tintenklecks zu sein, den man auf Papier gespritzt und dann gefaltet hat	1	Deskription		
	Seiten	Ein Hundekopf		D	F+	Td
II.	10,40 Schwarz	Zwei Hunde (Köpfe) mit den Schnauzen gegeneinander		D	F+	Td
c	dito	auch, wenn man es wendet		D	F+	Td
a	Rot Mitte	Ein Schmetterling	5	D	FFb+	T
c	Rot (unten)	Negermasken		D	F+	Md
d	Schwarz (oben)	Etwas wie ein Hund ohne Kopf		D	F+	T
III.	10,43 Kopf und Rumpf	Zwei Vögel, nicht ganz natürlich, wie man sie als Pfeifenstopfer hat		D Objektkritik	F—	T
c	Rot aussen	Papageien	4	D	F+	T	Orig.+
c	Rot Mitte	Ein Schmetterling		D	F+	T	V
c	Schwarz Mitte	Negerköpfe		D	F+	Md

10,46 IV. Mittelstück	Tierkopf, aber was für ein Tierkopf kann ich nicht sagen		D	F±	Td	
c gr. seitl. Ausl.	Kopf von einem Elch	3	D	F+	Td	
c ganz (unten) Mitte	Geschlechtsorgan des Tieres		Dd	F+	Sex.	
10,49½ V. Oberer Flügelrand	(will erst aufgeben) Ein Kopf mit Nase	1	D	F+	Md	
10,52 VI. Schwarz im Sockel	(will wieder erst aufgeben) Ein gedrechseltes Holzstück	1	D	F+	Obj.	
10,55 VII. Mittleres Drittel	Eine Maske	1	D	F+	Md	V
10,57 VIII. Seiten	Zwei affenähnliche Figuren		D	F+	T	V
Rot Mitte	Ein Schmetterling hier unten	3	D	FFb+	T	
c Zw. in Blau	Zwei Figuren mit gebeugten Knien		DZw	B+	M	Orig.+
11,01 IX. c Grün	Tierkopf	1	D	F+	Td	
11,03 X. Grau oben	Zwei Vogelköpfe, Papageien		D	F+	Td	
Grün seitlich	Auch zwei Vögel, die grünen	4	D	FFb+	T	
Grün Mitte	Insektenlarven, Raupen		D	FFb+	T	V
Gelb Mitte	Zwei hundeähnliche Figuren		D	F+	T	

Verrechnung: Antw. = 24, Zeit = 30 Min. (15/15).

G = 0 B = 1 (+) M = 1 Sex. = 1 V = 4
D = 22 F = 19 (1—, 1+) Md = 4 Obj. = 1 Orig. = 2 (+)
Dd = 1 FFb = 4 (+) T = 10
DZw = 1 Td = 7

F+ = 92%, T = 71%, V = 17%, Orig. = 8% (+),
Erft. = D, Sukz. = geordnet, Erlbt. = 1:2.

Objektkritik — Dunkelschock angedeutet? (Deskr. I?, 1. Antw. IV, anfängl. Vers. V, VI) — 1 Deskription (I) — Perseveration (3 Hundeköpfe im Anfang, 2× Masken, 2× Papageien) — 2 Maskendeutungen (Gruppe II) — 1 Komplexantwort (zwei kniende Figuren als DZw B Orig.+ VIII). — Grobschlägiger Fingertremor während des ganzen Versuchs.

Auswertung: Gut durchschnittliche Intelligenz (F+%, V%, Orig.%, B).
Affektivität noch recht gedämpft infolge der eben überstandenen Depression, aber angepasst und beherrscht (FFb, F+%). Vielleicht eine Andeutung phobischer Angst (Dunkelschock?, zwei Maskendeutungen der Gruppe II).
Depression vom „klassischen" endogenen Typus (Antw., Zeit, F+% : B, F+%, G, Erft., T%, Orig.%, B, Md : M) in beginnender Besserung (Farben, B). Interessant ist, dass das einzige B dieses Protokolls eine Beugekinästhesie ist und gleichzeitig ein DZw: Im Gefühl seiner Ohnmacht (DZw B) liegt Pt. betend auf den Knien.

Möglicherweise kann man in der Perseveration und in der Kritik Zeichen eines organischen Einschlags sehen, um so mehr als die Perseveration zu Anfang die organische Form zeigt.

Depression von endogenem Typus in Besserung, eventuell mit einem organischen Einschlag.

Klinik: Seit Oktober 1944 nach schwerer Erkältung (Influenza) deprimiert. Schliesslich (Dezember 1944) gänzlich arbeitsuntauglich. Januar 1945 in der psychiatrischen Poliklinik: deprimiert, ängstlich, zitternd, weich. Obstipiert. Ein Bruder war Melancholiker (mehrmals Anfälle), der Vater hatte Eifersuchtsperioden. Pt. selbst hatte vor acht Jahren eine kürzere Depressionsperiode und später mehrere andere.

Bei der Aufnahme in die Klinik: Sclerae ikterisch. Starker Fingertremor und perioraler Tremor. Orientiert, deprimiert, ängstlich, weich, gehemmt. Oppressionsgefühl. Hypochondrische Wahnvorstellungen.

Erste Diagnose der Klinik: Psychosis mano-*depressiva* + Ikterus (Hepatitis). (Der Ikterus war nach drei Wochen verschwunden.)

Infolge einer brieflichen Mitteilung des jetzigen Chefarztes (Dozent GOLDKUHL) kann es sich nur um eine symptomatische Diagnose handeln. Pt. hatte im Dezember 1944 eine Influenza und war seitdem zunehmend müde und deprimiert. (Lpc. = o. B.) Entweder liegt hier ein postencephalitischer Zustand nach leichter Influenza-Encephalitis vor oder ein toxisch-asthenisches organisches Syndrom.

Diagnose: *Psychosis manico-depressiva symptomatica.*

Epikrise: Dieser Fall ist keine „rein" endogene Depression, sondern gehört eher in unsere Gruppe 4, die somatogen-exogenen Depressionen. Der Fall ist besonders interessant, erstens weil er die symptomatische Natur des klassischen Depressionssyndroms zeigt, und zweitens weil er zeigt, wie empfindlich der Rorschach-Test gegenüber Einschlägen organischer Ätiologie ist. Die Heredität (ein Bruder Melancholiker) hat hier zweifellos die Symptomwahl dieser postinfektiösen Psychose bestimmt, und insofern kann man sagen, der Fall steht etwa in der Mitte zwischen Gruppe 1 und 4 unseres Depressionsschemas.

Epilepsien

Nr. 24. *Genuine Epilepsie*

Zehnjähriges Mädchen. (Der Fall wurde, ohne Wiedergabe des Protokolls, bereits publiziert als Fall Nr. 10 in: ERIK GOLDKUHL, Rorschach-Tests bei Epilepsie, Uppsala Läkareförenings Förhandlingar, 1946, S. 292.)

Protokoll

			Konf.			
I. Seitlicher Ausläufer	Boote (Detail nicht sicher lokalisiert)	2	D	F—	Obj.	Orig.—
Hörner	Etwas Bogiges, wie man es ausschneidet		D	F±	Obj.	
II. Rot oben	Affe, Hund	2	D	F—	T	
Rot unten	Tatzen		D	F—	Td	

III. Rot aussen	Ein Hund	2	D	F+	T	
Rot Mitte	Ein „Hundeband" (gemeint ist ein Hundehalsband)		D	F+	Obj.	
IV. c ○	Ein Waldkauz (offenbar wegen des Mittelstücks)		Konf. DG	F—	T	
a Stiefel	Tatzen	3	Do	F+	Td	
Obere seitl. Ausl.	Hinterfüsse		Do	F+	Td	
V. c ○	Ein Schmetterling, die Fühler (zeigt jetzt nach unten). Das wird so etwas wie braune Schmetterlinge, pfui! (grimassiert)	1	G	F+	T	V
VI. ○	Eine Krähe mit Flügeln	2	Konf. DG	F—	T	
Obere Spitze	Der Kopf		D	F+	Td	
VII. a Untere Drittel	(dreht) „Hundeband" (Hundehalsband)	1	D	F+	Obj.	
VIII. Seiten	(dreht) Bären		D	F+	T	V
Mittellinie in Blau u. Grau	Eine Tanne		D	F—	Pfl.	
Orange allein	Waldkauz	5	Konf. Dd	F—	T	
Blaue Bänder medial + Zw. dazwisch.	Lampe		Ve DdZwDd	F(Fb)+	Obj.	Erf. Orig.+
Dunkle Zeichnung in Blau	Ein Baum, eine Kiefer		Dd	F—	Pfl.	
IX. Rot, Grün	Rot, Grün		D	Fb	Farbe	
c Rot + Mittellinie	Parapluie	3	D	FFb+	Obj.	
Braun	Ein böser Stier		D	F—	T	
X. Blau seitlich	Sonnen ⎫		D	F—	Sonne	
Rot aussen	Mond ⎬ (Kleben am Thema)		Konf. D	F—	Mond	Orig.—
Grün seitlich!	Die Sterne ⎭		D	F—	Sterne	Orig.—
Grün Mitte	Hase		D	F+	T	V
Gelb Mitte	Kalb	7	D	F±	T	
Grau seitlich	Schaf		D	F—	T	
Braun Mitte	Sonnenbrille		D	F+	Obj.	
	Lustig mit Farben drauf!					

Verrechnung: Antw. = 28, Zeit = 21 Min.

   G = 3 (1+) (2 DG—)   B = 0   M = 0 Obj. = 7   V = 3
   D = 20   F = 25 (13—, 2+)   Md = 0 Sonne = 1 Orig. = 4 (3—)
   Dd = 3 (1 DdZwDd) F(Fb) = 1 (DdZwDd[FFb]+) T = 11 Mond = 1   (1 Erf.+)
   Do = 2   FFb = 1 (+)   Td = 4 Sterne = 1
                             Fb = 1 (Farbnennung)   Pfl. = 2 Farbe = 1

F+ = 42%, T = 54%, V = 11%, Orig. = 14% ($\overline{+}$),
Erft. = (G)—D—(Dd—Do), Sukz. = geordnet, Erlbt. = 0 : 2.

Farbenschock (Formen II ?, Farbnennung IX ?, Formen und Bemerkung X) — Dunkelschock (DG— IV [1], Bemerkung V, DG— VI) — Brechungsphänomen (VIII) — 1 Farbnennung (IX) — Konfabulationen — Perseveration (2× Hund, 2× Tatzen, 2× „Hundeband", 2× Waldkauz) — Bewertungen — 1 Figur-Hintergrund-Verschmelzung (VIII).
NB. Pt. findet den Test amüsant, ist anfangs scheu, später aber ziemlich selbstsicher.

Auswertung: Defekte Intelligenz (F+%, DG—, V%, Orig.—, B).

Egozentrische, überwiegend impulsive Affektivität (Farben) mit nur geringer Anpassung (FFb) und so gut wie ohne Bremsen (G, F+%, B).

Neurotische Kontaktstörung (V, 0 M).

Genuine Epilepsie (Erlbt., F+%, DG—, Konf., Farbnennung, Perseveration, Bewertungen) mit *mittelschwerer Demenz* (Erlbt., F+%, G, Do, T%, V%, Orig.—, B, Perseveration, Konfabulationen).

Leichter funktioneller Überbau (Schocks).

(Untypisch ist bei diesem Falle die kurze Zeit und das Fehlen der B. Genuine Epileptiker haben oft zahlreiche B, mitunter auch sekundäre und B—.)

Klinik (Dozent Dr. GOLDKUHL): Hereditär: o. B. Im Alter von 2½ Jahren Poliomyelitis mit rasch vorübergehender rechtsseitiger Parese. Zeitpunkt des Beginns der Epilepsie unbekannt. 1942 zur Observation im Kinderkrankenhaus. War etwas streitsüchtig und undiszipliniert. I. Q. damals (Binet-Simon) = 60-70. Seitdem ganz wenige Anfälle. Lebhaft und aufgeräumt, aber reizbar und heftig. I. Q. (Terman) 1943 = 67. — Eine gewisse Demenz: Träge und klebrig, zudringlich. Impulsiv, leicht suggestibel, schreckhaft. Affektiv ungehemmt, beim geringsten Anlass Entladungen, die aber schnell vorübergehen. Theoretisch wie praktisch schlecht.

Diagnose: *Genuine Epilepsie.* Milieuschädigung. (Mit 8 Jahren vergewaltigt.)

Nr. 25. *Traumatische Epilepsie*

Zwölfjähriger Knabe. (Der Fall wurde, ohne Wiedergabe des Protokolls, bereits publiziert als Fall Nr. 19 in: ERIK GOLDKUHL, Rorschach-Tests bei Epilepsie, Uppsala Läkareförenings Förhandlingar, 1946, S. 295/296.)

Protokoll

I.	O	Ein Vogel		DG	F+	T	
			2				
Spritzer		(dreht) Kleine Punkte, kleine Vögel		Dd	F—	T	Orig.—

---

[1] Die Bereitschaft zu DG— ist epileptisch, ihre Verteilung im Protokoll, ihre Auslösung an bestimmten Stellen ist schockbedingt, wie hier durch die Bemerkung zu V evident wird.

II.	O	Ein Mann. — Zwei Männer haben die Hände zusammen		G	sek. B+	M	V
Rot oben		Die Mütze	3	D Konf.	FFb+	Obj.	
Rot unten		Beine		D	F—	Md	
III.	O	Männer		G	sek. B+	M	V
Rot Mitte		Schmetterling	3	D	F+ unb.	T	V
Rot seitlich		Ein Tier		D	F—	T	
		Die Männer sind wie Ziegenböcke, die strecken sich					
IV.	O	Ein Mann, aber das ist es nicht: ein Riese	1	G	B+	M	
V.	O	Ein Vogel, nein, ein Tier, nichts mehr	1	G	F+	T	
VI. Oberer Fortsatz		Eine Katze mit Schnurrhaaren		Konf. DdD	F—	T	
	O	Ein Baum, in dem die Katze herumklettert	3	Konf. Komb. DG	F—	Pfl.	
Seitl. Ausläufer		Zweige		D	F—	Pfl.	
VII.	O	Ein paar Tanten; die Hände sieht man nicht		G Konf.	B+	M	
Untere Drittel		die Knie	3	D	F—	Md	
Schwarz in Mitte unten		Und dann ist da etwas, was ich mich nicht zu sagen getraue[1], etwas Freches, der „Hintern"		Dd	F+	Sex.	
VIII. Rot Mitte		Ein Boot (manchmal als Kiel eines Schiffes gedeutet, gewöhnlich mit Blau [und Grau] zusammen)		D Komb.	F+	Obj.	Orig.+
Seiten		mit Tieren, die darauf herumklettern	3	D	F+	T	V
Blau + Grau		Ein Weihnachtsbaum mit Zweigen		DdD	FbF	Pfl.	Orig.—
IX. Braun		Ein paar Männer oder Wichtelmännchen		D Konf. Komb.	B+	M	
Grün		Das Sofa	4	D Konf. Komb.	F—	Obj.	Orig.—
Rot		Der Fussboden		D	F—	Obj.	
Mittellinie		Ein Stock, aufrecht		D	F±	Stock	
X.		(Schock!) (Die Protokollantin hat leider nicht notiert, warum)					
Rot Mitte Grau Mitte		Wie eine Kirche		D	F+	Arch.	

[1] Das Protokoll wurde von einer Dame aufgenommen!

Gelb und Blau seitlich	Zweige ausserhalb		D	F—	Pfl.
Grün Mitte	Hund	7	D	F±	T
Dunkle Flecken in Gelb Mitte	Kleine Perlen		Dd	F+	Obj.
Grau seitlich	Kleine Ratten		D	F—	T
Grün seitlich	Blätter		D	FbF	Pfl.
Gelb seitlich	Butterblumen		D	FbF	Pfl.

Verrechnung: Antw. = 30,   Zeit = 13 Min.
  G = 7 (6+)   B = 5 (+) (2 sek.)   M = 5   Pfl. = 6   V = 4
    (2 DG, 1—)   F = 21 (11—,   Md = 2   Obj. = 5   Orig. = 4 (3—)
  D = 20 (2 DdD)   davon 1 unb., 2+) T = 9   Arch. = 1
  Dd = 3   FFb = 1 (+)   Td = 0   Stock = 1
               FbF = 3   Sex. = 1

F+ = 43%, T = 30%, V = 13%, Orig. = 13% (+),
Erft. = G—D, Sukz. = fast geordnet, Erlbt. = 5 : 3½.

Farbenschock (X)? — 1 Kombination und zahlreiche Konfabulationen und konfabulatorische Kombinationen — 2 sekundäre B (II, III) — 2 Verneinungen (IV, V) — Perseveration angedeutet (3× Vogel, 3× Zweige) — 2 Komplexantworten (genital, VII, IX) — (Sukzessionsstörung bei VI komplexbedingt?).
NB. Vp. findet den Test amüsant, deutet sehr forciert.

Auswertung: Intelligenz ursprünglich normal (G+, Erft., T%, V%, B), jetzt defekt (F+%, Orig.—, Konfabulationen).

(Das niedrige F+%, die Konfabulationen und die Orig.— beruhen nicht auf Debilität, wie die G+, das T% und vor allem die B+ zeigen.)

Oberflächlicher Schwätzer und Konfabulant (Zeit, F+%, B, Farben; Konfabulationen).

Lebhafte (Zeit), überwiegend labile Affektivität mit nur geringer Anpassung (Farben), doch relativ gut beherrscht (B+, G+).

Eine Erklärung für den Intelligenzdefekt ist nicht leicht zu finden. Eine genuine Epilepsie liegt wohl nicht vor, da nur Spuren von Perseveration vorhanden sind, und dies teilweise (Vögel I) auch noch in der groben organischen Form. (Die „Männer" sind so gewöhnlich, dass man daraus nicht auf Perseveration schliessen kann; ganz ausgeschlossen kann es freilich nicht werden.) Die sekundären B und die DG sind freilich verdächtig; beides könnte aber auch bei Manischen vorkommen.

Da das äussere Bild hypomanie-ähnlichen Charakter trägt (Zeit, M : Md, sek. B, DG, F+%, G, Erft., T%, Orig.%, Erlbt.), das niedrige F+%, die Orig.—, die Form der Perseveration und vor allem die Konfabulationen aber einen organischen Eindruck machen, ist man versucht, diesen Fall als eine *erethische Encephalose bei Jugendlichen* (oder einen postencephalitischen Zustand?) aufzufassen.

(Die meisten traumatischen Epilepsien haben verlängerte Zeit; die erethischen Encephalosen jedoch verkürzte.)

Es sei noch aufmerksam gemacht auf die vielen Kombinationen (das Zeichen „liens" der Mme. MINKOWSKA), das nach den Befunden von DELAY et alii besonders häufig bei traumatischen Epilepsien gefunden wurde.

Klinik (Dozent Dr. GOLDKUHL): Hereditär: Vater Alkoholiker. Seit der Geburt rechtsseitige Hemiparese. Hat Masern, Ziegenpeter und Keuchhusten gehabt. Erster epileptischer Anfall im Alter von 9 Jahren, wonach die Krankheit zunahm. Hat teils eine geringe Anzahl grosser Anfälle von gewöhnlichem Typus gehabt, teils wiederholte kleine Anfälle, wobei er sich hinsetzt und für eine kurze Weile abwesend ist. Keine Zuckungen bei den kleinen Anfällen. Die grossen Anfälle sind nach Medikation verschwunden, die kleinen liessen sich jedoch nicht beeinflussen. Somatisch: Hemiparese der rechten Seite mit mässiger Schwäche in Armen und Beinen. Rechter Arm etwas atrophisch mit leichten Kontrakturen. Spitzfuss, der durch Tenotomie korrigiert wurde. Geht unbehindert, aber mit schleppendem Gang. I. Q. (Terman) 1943 = 72. — Leichte Demenz: Klebrig, zudringlich und etwas nörglerisch, aber nicht besonders träge. Grob und heftig, leicht reizbar, explosiv, schwatzhaft und konfabulierend, meistens etwas aufgeräumt.

Es liegt zweifellos ein kongenitales zerebrales Trauma vor, das sowohl zu der rechtsseitigen Parese wie der nachfolgenden Epilepsie geführt hat. Die in erethisch-hypomaner Richtung verlaufenden Charakterveränderungen dürften ein Ergebnis des gleichen Traumas sein. Dazu kommen Zeichen einer relativ leichten Demenz, welche die ursprüngliche Kapazität noch weiter zurückdrängt.

Diagnose: *Epilepsia secundaria (post hemiplegiam). Erethische Encephalose.*

Organische Psychosen
Nr. 26. *Dementia senilis*

79jähriger Steinklopfer.

Protokoll
11,33 — 11,38 — 11,44

I.	Seiten	Das sind Bären	2	D	F+	T	
	Ganze Mitte	Das ist wie ein Mann		D	F+	M	
II.	11,34½ Schwarz	Das sind auch Bären	1	D	F+	T	V
III.	11,35 O	Militärpersonen	1	G	F+	M	V
IV.	11,36 O	(lacht) Das soll einen Menschen vorstellen	1	G	B+?	M	
V.	11,37½ O	Eine Fledermaus	1	G	F+	T	V
VI.	11,38 O	Dasselbe wie eine Fledermaus	1	G	F—	T	
VII.	11,39 O	Das weiss ich nicht, was das ist Etwas, das in der Luft fliegt	1	G	unb. F—	T	
VIII.	11,40½ O	Fast dasselbe, etwas, das in der Luft ist	1	G	unb. F—	T	Orig.—

	11,41½							
IX.		Das weiss ich nicht, was das sein soll		1	Konf.			
	O	Als ob das eine Flugmaschine sein soll			G	F—	Obj.	Orig.—

	11,43							
X.	Blau seitlich	Krebse		2	D	F+	T	V
	Grau seitlich	Auch Fische oder so etwas			D	F—	T	

Verrechnung: Antw. = 12, Zeit = 11 Min. (5/6).

G = 7 (3+)   B = 1 (+) ?   M = 3   T = 8   V = 4
D = 5   F = 11 (5—, davon 2 unb.)   Md = 0   Td = 0   Orig. = 2 (—)
   Obj. = 1

F+ = 55%, T = 67%, V = 33%, Orig. = 17% (—),
Erft. = G—D, Sukz. = ?, Erlbt. = 1 : 0? (wahrscheinlich: 0 : 0).

Herabgesetztes Deutungsbewusstsein — Farbenschock? (Bem. IX) — Dunkelschock? (Lachen Bem. VII) — Brechungsphänomen (VIII)? — 1 Konfabulation — Perseveration.

Auswertung: Defekte Intelligenz (F+%, G—, T%, Orig.%—, B).
Affektivität vermutlich abgestumpft (Erlbt.), vielleicht etwas ängstlich (Dunkelschock?).
Organische Demenz (F+%, G—, T%, Orig.—, B, Perseveration vom groben Typus, Konfabulation, unbestimmte F—) von *senilem* Typus (T%, Orig.—, Erft., M : Md, Pers.).
Präpsychotisch wahrscheinlich Psychastheniker (Farben- + Dunkelschock + Brechungsphänomen VIII?).

Klinik: Seniler, kleiner, alter Mann. Spricht heiser. Herz: linksseitig vergrössert mit klingendem Aortenton. Kalte, blaurote Füsse. Nur Zahnstümpfe. Stomatitis und Pharyngitis. Träge Pupillenreaktion. Kein Tremor.

Völlig orientiert. Grössenwahn. Hat seit seiner Kindheit eine Stimme gehört, hört Gottes Stimme. Hält sich für bestohlen. Will sofort aus St. fort. Wirkt hochgradig senil (behält nur 3 von 5 Sachen).

Hat sich nie für Frauen interessiert, niemals Coitus gehabt (onaniert).

Die Stimmen jetzt erzählen ihm von seinem Vermögen. Gott spricht zu ihm und gebietet ihm, in seine Heimat zu reisen und dort den väterlichen Hof in Besitz zu nehmen, der leer stehe und auf ihn warte. Er glaubt, 1 Million zu besitzen; ausserdem habe das Kontor des Pflegeheims H. (wo Pt. seit längerem weilt) ein Paket mit 14 000 Kr. für ihn. Er weigert sich misstrauisch, anzugeben, woher dieses Geld stamme. Wenn ihm das Geld nicht ausbezahlt werde, wolle er den Verwalter verklagen. Will die Anstalt verlassen.

Diagnose: *Dementia senilis (paranoid).*

Epikrise: Atypisch ist hier die relativ kurze Zeit und das Fehlen von Farbantworten. Typisch sind das niedrige F+%, das hohe T%, M : Md und vor allem der Erft. und die starke Perseveration mit Konfabulation. Das Fehlen der Farbantworten kann vielleicht mit der präpsychotischen Persönlichkeit im Zusammenhang stehen (Pt. war nicht sehr temperamentvoll), möglicherweise auch mit dem Herzleiden und der damit häufig verbundenen depressiven Grundstimmung (vgl. die Arbeit von SINGEISEN).

Nr. 27. *Dementia arteriosclerotica*

72jähriger Buchhalter.

Protokoll

11,34 — 11,48 — 12,11

				Konf.			
I. Köpfe der Seiten Verbindungsst. zw. Mitte u. S.	Kaninchen (Köpfe) Das hält zusammen		1	DdD Deskription	F—	Td	
11,38 II. Schwarz	Ein paar Bären, die gegeneinander stehen, die Schnauzen zusammenstecken, dort die Füsse		2	D	B+ ?	T	V
c Schwarz	Das sind Bärenköpfe, wenn man sie wendet			D	F+	Td	
11,41 III. O	Das sieht aus wie Vögel		2	DG	F—	T	
c (oberes) Bein	Eine Schlange			D	F±	Td	
11,43 IV. O	Genau, wie wenn man einen Bären von hinten sieht; da sieht man die Beine	1		G	F+	T	
11,45 V. O	Ein fliegender Vogel, man sieht die Beine		2	DG	F+	T	
c seitl. Ausl. + äuss. Flügelhälfte	Man sieht die Köpfe von Vögeln mit Schnäbeln, Raubvögel, Adler			Dd	F+	Td	Orig.+
11,48 VI. Untere Mittellinie	Das Rückgrat hier			Dd	F—	Anat.	
Gr. seitl. Ausl.	und die Beine stecken hier heraus	3		Do	F—	Td	
d Gr. seitl. Ausl.	Von hier sieht man die Köpfe, vielleicht ein Storch			Konf. D	F—	Td	Orig.—
11,51 VII. Obere Drittel	Tiere			D	unb. F—	T	
d (obere) mittl. u. unt. Drittel	Die stecken die Schnauzen zusammen	3		D	F+	Td	
c (rechtes) mittl. Drittel	Menschengesicht			D	F+	Md	V
11,54 VIII. Mittellinie + Blau + Grau	Ein Baum			D	F±	Pfl.	
Seiten	und dann Tiere	3		D	F+	T	V
Rot Mitte	Zwei Menschen, die aneinander angelehnt sitzen (Köpfe)			D	B—	Md	

IX.	11,56½ Grün	Zwei Tiere		D	unb. F—	T	
c	Grün	Zwei Tiere, die sehen aus wie Bären	2	D	F+	T	
X.	12,00 Oberer Teil des gr. Rot	Zwei Gesichter		D	F+	Md	
	Blau seitlich	Tiere, die mehrere Beine haben wie die ... (Wortfindungsstörung)		D	unb. F—	T	
c	Blau seitlich	Das sieht auch aus wie Tiere, scheint mir		D	unb. F—	T	
c	Rot seitlich	Zwei Vögel		D	F+	T	Orig.+
c	Gelb Mitte	Auch Vögel		D	F—	T	
c	Blau Mitte	Zwei Wölfe (Köpfe), die sich gegeneinander strecken, man sieht deutlich die Ohren		DdD	F+	Td	
c	Mittl. Teil d. med. Kontur d. gr. Rot	Ein Menschengesicht		Dd	F+	Md	
c	(ob.) Teil d. gr. Rot	Zwei Gesichter, Katzen	12	Dd	F+	Td	
c	Grau seitlich	Zwei Vögel		D	F+	T	
c	Grün Mitte	Schwanenhälse mit den Köpfen und Schnäbeln		D	F+	Td	Orig.+
c	(unt.) Teil d. med. Kontur des gr. Rot	Tierköpfe (unmittelbar unter Blau Mitte)		Dd	F+	Td	
c	Blau seitlich	Vögel auf jeder Seite (Wiederholung?)		D	F—	T	

Verrechnung: Antw. = 31, Zeit = 37 Min. (14/23).

    G = 3 (2+)   B = 2 (1—) (1+ ?)   M = 0   Anat. = 1   V = 3
        (2 DG, 1—)   F = 30   Md = 4   Pfl. = 1   Orig. = 4 (1—)
    D = 22 (2 DdD)   (11—, dav. 4 unb., 3+)   T = 15
    Dd = 5   Td = 10
    Do = 1

F+ = 63%, T = 81%, V = 10%, Orig. = 13% (+),
Erft. = (DG)—D—Dd, Sukz. = geordnet (Neigung zur Umkehrung, VI),
Erlbt. = 2 : 0 ? (1 : 0 ?).

Dunkelschock? (Sukz., Do VI) — 1 Deskription (I) — Konfabulationen — Perseveration (3 × Bären, 7 × Vögel) — 1 Wiederholung? (X) — 1 amnestische Wortfindungsstörung (X).

Auswertung: Defekte Intelligenz (F+%, G, Erft., T%, V%, B), doch immer noch Reste einer ursprünglich sicher recht guten Intelligenz (Orig.+).
    Affektivität depressiv gehemmt (Erlbt.). Ängstlich (Do, Dunkelschock?).
Depression (endogener Typus) (Zeit, G, Erft., T%, B, Farben, Md : M).
    Ziemlich vorgeschrittene *organische Demenz* (Zeit, F+%, G, DG, G—, Dd, T%, Orig.—, Pers., Konf., Wiederholung, Wortfindungsstörung) von *arteriosklerotischem* Typus (Zeit, Erlbt., F+%, *Erft.*, Sukz., Md : M).
    Klinik. 1. *Aufnahme* (6 Jahre vor dem Test): Seit 2 Jahren unter Beobachtung des Psychiatrischen Hilfsbüros unter der Diagnose: Dementia arteriosclerotica.

Mutter geisteskrank, ebenso ein Bruder der Mutter (?), ein Bruder des Vaters, eine Tochter des Bruders. Fühlt sich seit einem Jahre von „Floramanditen" beobachtet (Hermaphroditen?). Vor seinen Augen spielen sich zynische sexuelle Orgien ab. In seinem Jackettknopfloch sitzt das „Dirnenhurenjunge". — Ruhiger und gutmütiger Pykniker. Froh und selbstzufrieden. Lebhafte Gesichtshalluzinationen. Keine Krankheitseinsicht.

Pt. war verheiratet, hat 2 Kinder; seit 7 Jahren (vor der 1. Aufnahme) pensioniert. Sein Gedächtnis hat sich verschlechtert. Glaubt jetzt, dass sich im Hause gegenüber Spiegel und Filmapparate befinden und dass sich dort die letzten 2—3 Jahre obszöne Szenen abspielen. Nackte Frauen sehen ihn an. Besonders ein Mädchen ist ihm nachgelaufen, und jetzt hat er ein kleines Mädchen in der Tasche. Später ist es dann in die Abteilung für Frauen umgezogen.

2. Aufnahme (1 Jahr später): Die Mädchen lassen ihm keine Ruhe. Sie halten sich besonders auf seinem linken Oberarm auf, und namentlich eine brennt ihm die Augen und hält ihn nachts wach. Auch in seinen Kissen ist es voll von Mädchen. Er zeigt diese bei der Visite vor. Sonst still und ruhig. Liest viel und folgt ständig mit den Weltereignissen mit. Schlaf gut.

3. Aufnahme (2 Jahre später): Hat in der Zwischenzeit ständig halluziniert. Ein Arzt hat 50 Mann geschickt, die ihm helfen sollen, die Mädchen einzufangen. Das ist aber nicht gelungen. Bisweilen verdächtigt er Ärzte und Krankenschwestern, an einer Liga beteiligt zu sein, die ihn verfolgt. In einem Bilde wohnen 50 Verfolger, im Kissen 3—4. Die können nicht gesund sein und sollen vom Arzt untersucht werden. — Sonst still und guten Mutes.

4. Aufnahme (1 Jahr später, ½ Jahr vor der Testaufnahme): Zustand verschlechtert. Jetzt unappetitlich und unrein. Völlig von seinen Halluzinationen in Anspruch genommen. Sieht Liliputaner, die ein unsittliches Leben führen. Die Liliputaner sind taubstumm. „Brita" ist ½ Meter lang und hat zu stehlen angefangen. Viermal hat sie einen wirklichen Nervenzusammenbruch gehabt. Sie führt ein sittenloses Leben mit einem langen Bammel, der so dünn ist wie ein Buch. Pt. zeigt Brita im Kissen vor. Sie wird mit Elektroschock behandelt, es hilft aber nicht viel.

Letzter Bericht des Chefarztes (4 Jahre nach dem Test): Lebhafte Gesichtshalluzinationen bei episodischen Verwirrtheitszuständen, phantastische Wahnideen, Sprachstörungen.

Diagnose: *Dementia arteriosclerotica.*

Epikrise: Kein Faktor ist hier eigentlich untypisch; Zeit, F+%, T% „stimmen", und besonders typisch sind Erlbt., Erft., Sukz. und das Verhältnis Md : M.

Nr. 28. *Dementia paralytica*

47jähriger Totengräber.

Protokoll

14,02 — 14,09 — 14,16

I.   O   Fledermaus   G   F+   T   V
                                       1
         Was soll es denn sonst sein?

II.	O	Eine Entwicklungsprozedur in Farbnuancen	2	G	FbF	Farbe	
Rot		Nasenblut		D	Fb	Blut	
III.	O	Albert Engströms Karikaturen	1	G	F+	M	V
Rot		mit demselben Farbenspiel		Deskription			
IV.		Jetzt ist die Farbe weg		Deskription			
		Die Farbtönungen werden jetzt im Dunkeln etwas besser	1	Bewertung			
	O	Eine Schreibtischmatte		G	F+	T	V
V.	O	Fledermaus, jetzt mehr	1	G	F+	T	V
		Feine Tafeln		Bewertung			
VI.		Jetzt ist die Ziegelfarbe weg	1	Deskription			
	O	Ein Kürschnereifell		G	F+	T	V
VII.	O	Wolkenflöckchen	1	G	HdF F(Fb)	Wolken	
VIII.	O	Farbenspiel	2	G	Fb	Farbe	
	O	Das sieht aus wie Rosmarie (vielleicht Anspielung auf einen Film)		Konf. G	F—	M	Orig.—
IX.	O	Immer noch ein Farbenentwurf, wie alle Kinder ihn anfangs machen	1	G	FbF	Farbe	
X.	Gelb	Da ist jedenfalls Gelb dazugekommen		D	Fb	Farbe	
	O	Simsalabim (ein Phantasiewort, das das Chaotische des Farbeindrucks ausdrücken soll)	2	G	FbF	?	
		Die sind alle schön		Bewertung			

Verrechnung:
G = 11 (5+) B = 0 M = 2 Antw. = 13, Zeit = 14 Min. (7/7).
D = 2 F = 6 (1—) Md = 0 Wolken = 1 V = 5
 F(Fb) = 1 (HdF) T = 4 Blut = 1 Orig. = 1 (—)
 FbF = 3 Td = 0 Farbe = 4
 Fb = 3 (1 Farbnennung) ? = 1
F+ = 83%, T = 33%, V = 42%, Orig. = 8% (—),
Erft. = G+̄, Sukz. = ?, Erlbt. = 0 : 7½ (ohne Farbnennung: 0 : 6).

Herabgesetztes Deutungsbewusstsein — Farbenschock? (FbF, Blut II, Deskr. III, Formen VIII-X) — Deskriptionen (III, IV, VI) — 1 Farbnennung — 1 Konfabulation (VIII) — Perseveration (Farbenspiel usw.) — 3 Bewertungen (IV, V, X).

Auswertung: Ursprüngliche Intelligenz mindestens gut durchschnittlich, vielleicht etwas darüber (F+%, T%, „Entwicklungsprozedur", „Albert Engström"), jetzt defekte Intelligenz (G—, Orig.—, B). Banal (V%).
Labil-impulsive Affektivität (Farben) ohne genügende Bremsung (0 B, G—).

Organische Demenz mittleren Grades (Erlbt., G+, D, Orig.—, B, Perseveration, Deut., Konf., Farbnennung, Bewertungen), eventuell mit funktionellem Überbau (?) (Farbenschock?).

Klinik: Ausbruch der Krankheit vor 10 Jahren mit religiösen Wahnideen. Bei der 1. Aufnahme manisch: gehobene Stimmung, Hyperaktivität, Ideenflucht. Stellt sich vor: „Mein Name ist nur E. Ich gehöre dem Alten Testament an". Mehrmals wegen Diebstahls vorbestraft. 1918 Syphilis (1. Aufnahme 1934) (Pandy ++, Nonne ++, Weichbrodt ++, Zellen: 124/3, W. R. +, M.B.R. +++). — Jesus spricht durch ihn. Er hat das Himmelstor gesehen. Silbenstolpern, gutmütige Exaltation.

Zur Malariakur in ein anderes Krankenhaus übergeführt. Die Kur musste aber nach 6 Fieberspitzen wegen Herzkollaps abgebrochen werden. Dort laut und exaltiert, verwirrt und inkohärent in seinen Reden. Bisweilen unruhig und gewalttätig. Megalomane Wünsche. Nach der Kur noch unruhiger, hüllt sich in Laken, nimmt pathetische Stellungen ein und verkündet mit Donnerstimme, er sei Gott Vater oder Gottes Sohn.

2. Aufnahme (einige Monate später): Singt und schwatzt lebhaft. Er ist ein Heiliger, und Jesus spricht durch ihn. Gutmütig-megaloman. Lebhafte Gehörs- und Gefühlshalluzinationen, fühlt Ströme und Strahlen. Arbeitet im Freien mit Unterbrechungen, wenn die Beeinflussungsideen zu stark werden. Die Japaner verfolgen ihn mit „Rassenkrieg". Sie legen ihm Wärmeplatten unter das Bett, damit er sich verbrennt.

Im allgemeinen freundlich und gefügig, nur mitunter reizbar und eigensinnig; schimpft dann über das Essen, glaubt, es sei vergiftet. Die letzten 3 Jahre überwiegend ruhig, nur einzelne Episoden, wo er unbeherrscht und heftig wird. Jetzt dement und zerfahren, Halluzinationen aller Qualitäten. Schreibt viel in einer besonderen Sprache (Wortsalat).

Diagnose: *Paralysie générale (manischer Typus)*.

Epikrise: Atypisch ist hier das Fehlen der DG, die sonst bei fast allen Paralytikern vorkommen, und das niedrige T%, dagegen *nicht* das Fehlen der B. Erft., Erlbt., Farbnennung und die Konfabulation sichern die Diagnose „organische Demenz". Das spezifische Rorschach-Bild der Dementia paralytica (wenn ein solches überhaupt besteht) steht noch nicht fest.

Nr. 29. *Encephalopathia traumatica (Encephalose)*.

27jähriger Direktor (Kaufmann).

Protokoll

12,09 — 12,17 — 12,27

I.		Irgendetwas, das flachgedrückt ist, etwas Unbestimmtes jedenfalls		Deskription		
	O	Das kann z. B. eine Landkarte sein	2	G	F+	Karte
	O	Es kann ein Querschnitt durch irgendetwas sein		G	unb. F—	Querschnitt

	12,11						
II.	Schwarz	Das sieht aus wie Bären, Köpfe		D	F+	Td	
dito		oder beinahe Hundeköpfe	3	D	F+	Td	
Rot oben		Das sieht noch am ehesten aus wie Fußspuren, nein, lieber ein Fuss		D	F—	inf. Md	
	12,12½						
III.		Au! Das wird immer schlimmer, man hätte Maler sein sollen		Subjektkritik			
c	O	Eine Karte über Europa, was von der Sowjetunion besetzt ist, alles das Rote	2	G	FbF	Karte	Orig.—
a	O	Zwei amüsante Männer		G	B+	M	V
	12,14						
IV.	O	Das sieht fast aus wie eine Röntgenphotographie		G	HdF F(Fb) unb.	Anat.	
	O	Irgendeine Versteinerung	3	G	F—	Versteinerung	
c	Mittelstück	Ein Kopf mit Augen, z. B. von einer Kuh		D	F+	Td	
	12,16						
V.	O	Fledermaus	1	G	F+	T	V
	12,17						
VI.	O	Das sieht auch aus wie ein vorzeitliches Ungeheuer	2	G	F—	T	
	O	oder ein Fell, das ausgespannt ist		G	F+	T	V
	12,18½						
VII.	c (untere) 2/3	Ein paar amüsante Figuren mit Rüssel, Hals und Beinen	1	D	F+!	M	
	12,20½						
VIII.	Seiten	Wölfe		D	F+	T	V
		Die Farben sind lustig zusammengesetzt	2				
Rot Mitte		Da kann man gut einen Kopf herausbekommen wie von einem Büffel		D	F+	Td	
	12,22½						
IX.		Na, da ist wieder etwas Surrealistisches	1				
d	Rot (oben)	Kopf eines alten Obersten, dem die Nase läuft		D	F+	Md	V
	12,24						
X.	Grün Mitte	Zwei Raupen — aber der Rest?		D	FFb+	T	V
c	Grau seitlich	Das könnte aussehen wie eine Krabbe, aber da fehlen ein paar Striche	4	D Objektkritik	F—	T	
c	Rot Mitte	Eine Bergkette, die man abgezeichnet hat		D	F+	Karte	
d	(unteres) äusseres Rot	Ein Cocker-Spaniel, wenn er liegt		D	F+	T	

Verrechnung: Antw. = 21, Zeit = 18 Min. (8/10).

G = 9 (3½+)   B = 1 (+)   M = 2   Verstei-
D = 12   F = 17 (5—, dav. 2 unb., 2+)   Md = 2   nerung = 1
               F(Fb) = 1 (HdF)   T = 7   Quer-
               FFb = 1 (+)   Td = 4   schnitt = 1   V = 6
               FbF = 1   Anat. = 1   Orig. = 1 (—)
                                        Karte = 3

F+ = 65%, T = 52%, V = 29%, Orig. = 5% (—),
Erft. = G—D, Sukz. = geordnet, Erlbt. = 1 : 1½.
Subjekt- und Objektkritik — Farbenschock (Bem. und Orig.— III, Bem. VIII, Bem. IX, Bem. X) — Dunkelschock angedeutet (Formen I, Formen IV) — 1 Deskription (I) — 2 Oder-Antworten (II, VI) — Perseveration angedeutet (Wiederkäuertypus) (2× Karte, Versteinerung und vorzeitliches Ungeheuer) — 1 infantile Antwort + 3 Kartendeutungen — 1 Verneinung (II).

Auswertung: Leicht organisch defekte Intelligenz (F+%, G+̄, T%, Orig.—, B) mit gutem intellektuellem Kontakt (V%).

Pt. ist von Hause aus schon ein grosses Kind (inf. Antw. + Kartendeutungen), unbeschwert und naiv, und jetzt durch sein Leiden noch mehr oberflächlich und flüchtig geworden (Formen, Zeit).

Ziemlich lebhafte, überwiegend labile und ungenügend gebremste Affektivität (Farben, Erlbt., G+̄, F+%) mit Unsicherheit (Subjektkritik, Oder-Antw., Verneinung) und leichteren neurotischen Reaktionen (Schocks).

Typische Encephalose (Erlbt., F+%, G—, T%, Orig.—, B, Pers., Kritik) (für einen infektiösen organischen Zustand ist die Perseveration nicht massiv genug und vor allem die Zeit zu rasch) mit *pseudohypomaner Affektauflockerung* (Zeit, Farben, F+%) und *neurastheniformen Symptomen* und Dysphorien (Subjektkritik, Oder-Antworten, Verneinung, Dunkelschock, HdF). (Keine konstitutionelle Psychasthenie!) Es besteht eine leichte organische Demenz, die sich vor allem in einer Schwierigkeit äussert, konkrete Begriffe zu bilden (unbestimmte Formen!).

Encephalose mit leichter organischer Demenz und neurastheniformen Symptomen. Psychoinfantilismus.

Klinik: Die Eltern starben, als Pt. noch ganz klein war. Normaler Schulgang, Mittelschulexamen, Handelsausbildung. Jetzt eigenes Geschäft.

1940 eine Fractura cranii (unter einer Ohnmacht). Keine postcommotionellen Symptome, jedoch Kopfschmerzen. Leidet (schon vor der Fraktur) an absenceartigen Zuständen. Muskelinfiltrationen, Kyphose in der oberen Dorsalregion. Sehr defekte Zähne.

Fühlt sich matt und kraftlos. Ärger und psychische Anstrengung verschlechtern seinen Zustand.

Zungendeviation nach links, Atrophie der rechten Zungenhälfte. Babinski rechts pos. EEG nichts sicher Abnormes. Lumbalpunktion: 4 Lymphozyten, 4 grosse mononukleäre Leukozyten, Glob. 0 (?), Albumin 15. W. R. —. Akkomodationsschwierigkeiten am linken Auge (Asthenopia accomodativa).

Diagnose: *Fracturae cranii sequelae. Kyphosis dorsalis. Encephalopathia traumatica. Neurosis traumatica.*

Epikrise: Weder die klinischen Data noch der Rorschach-Test geben nähere Einzelheiten über die prätraumatische Ätiologie der Absencen. Aus dem Rorschach-Protokoll sind Anhaltspunkte für die Annahme einer ixoiden Konstitution nicht zu entnehmen, da die (an sich schwache) Perseveration durch das Trauma hinreichend erklärt ist und andere ixoide Kennzeichen fehlen.

Nr. 30. *Psychosis ex intoxicatione alcoholica (Eifersuchtswahn)*
52jähriger Prokurist.

Protokoll
13,47 — 13,53 — 14,00

I.	O	Wie ein Schädel oder so etwas	1	G	F—	Anat.	
II.	13,49 Schwarz	Silhouetten von zwei Hunden (Köpfe)	1	D	F+	Td	
		Ich finde, das reicht					
III.	13,50	Das sind keine leichten Bilder	1				
	O	Eine Karikatur von zwei Landstreichern		G	F+!	M	V
IV.	13,51½ O	Eine Art Tierfell; was das für ein Tier ist, ist schwer festzustellen	1	G	F+	T	V
V.	13,52½ O	Fledermaus (legt die Tafel augenblicklich weg)	1	G	F+	T	V
VI.	13,53 O	Auch das eine Art Tierfell	1	G	F+	T	V
VII.	13,54 c O	Ein Tier mit Hinterbeinen (grosse Ausl., jetzt unten) und Vorderbeinen (seitl. Ausl. Mitte), eine Art Hase	1	Konf. DG	F—	T	Orig.—
VIII.	13,56 O	Durchschnitt eines Menschenkörpers (Seiten = die Lungen)	1	Konf. DG	FbF	Anat.	
IX.	13,57½ c O	Auch eine anatomische Tafel	1	G	FbF	Anat.	
X.	13,58½ O	Auch eine anatomische Tafel mit den Lungen (Rot Mitte)	1	DG	FbF	Anat.	
		Ich bin in der Anatomie nicht so gut zu Hause		Subjektkritik			

Verrechnung: Antw. = 10, Zeit = 13 Min. (6/7).
G = 9 (5+) (3 DG—)   B = 0   M = 1   Td = 1   V = 4
D = 1   F = 7 (2—)   Md = 0   Anat. = 4   Orig. = 1 (—)
   FbF = 3   T = 4

F+ = 71%, T = 50% (Anat. = 40%), V = 40%, Orig. = 10% (—),
Erft. = G +, Sukz. = ?, Erlbt. = 0 : 3.

Herabgesetztes Deutungsbewusstsein (Vp. äussert nach Beendigung des Versuchs: „Nun hoffe ich, dass *etwas* Richtiges dabei war".) — Subjektkritik — Farbenschock? (Bem. III, nur anat. FbF zu VIII-X) — Konfabulationen — Anatomische Stereotypie mit Perseveration.
Vp. deutet nonchalant-wurstig, nur die „billigsten" Antworten, und zeigt ein gewisses kriecherisches Entgegenkommen.

Auswertung: Leicht defekte Intelligenz (F+%, G±, V%, Orig.—, B), sehr banal (V%, Orig.%), oberflächlich und bequem (Antw., G±, T%, V%, Bem. II), nimmt es mit der Wahrheit nicht genau (Konf.).

Neurotisch-labile, relativ ungehemmte Affektivität (FbF, F+%, B, G±, Farbenschock?), den augenblicklichen Launen hingegeben (FbF : DZw). Vermutlich auch hypochondrische Ideen (Anat.).

Beginnende organische Demenz (Erlbt., F+%, G—, DG, D, B, Orig.—, Pers., Deut., Konf., Kritik). Diebische Tendenzen sind hier nicht ausgeschlossen (DG, Erlbt., FbF), Pt. muss jedenfalls als in geschäftlichen Angelegenheiten unzuverlässig bezeichnet werden.

Klinik: Vater Trinker. Pt. selbst trinkt an Wochenenden seit 30 Jahren. Verheiratet und geschieden. Seit 4 Jahren wiederverheiratet, ein Kind von ½ Jahr. Sehr eifersüchtig. Hat in den letzten Jahren die Unterwäsche der Frau untersucht und erhebt phantastische Beschuldigungen gegen sie. Einmal versucht, die Frau zu misshandeln; die Polizei wurde gerufen, und die Frau hat jetzt Angst vor dem Pt. Kurz vor der Aufnahme eine schwere Saufperiode, unter welcher die Frau das Heim verliess. Pt. konnte nun nicht mehr schlafen.

Bei der Aufnahme subfebril, Anämie (Hb. 79%), Venektasien an den Wangen, gelbe Sclerae. Ruhig, aber ängstlich. Schlaflos. Orientiert. Bagatellisiert seinen Alkoholmissbrauch. Versucht, sich wegen der Eifersuchtsideen aus der Affäre zu ziehen, als er merkt, dass man diese als Symptom betrachtet. Gibt zu, er habe nach Flecken und Löchern in der Unterwäsche seiner Frau gesucht, glaube aber nicht, dass sie untreu war.

Nach mündlicher Mitteilung des Abteilungsarztes sind auch geschäftliche Unregelmässigkeiten vorgekommen.

Diagnose: *Psychosis ex intoxicatione alcoholica* (Eifersuchtsideen).

Psychogene Psychosen

Nr. 31. *Bewusstseinsstörung*

36jährige Lagerarbeiterin.

Protokoll

11,14 — 11,27 — 11,40

I. Undefinierbares Detail im Innern der linken Hälfte	Ein kleines Kälbchen (Kopf) Ich kann nichts anderes sehen		Konf. Dd 1	F—	Td	Orig.—
II. 11,16 Schwarz	Zwei Tiere, aber was für welche? Zwei Hunde z. B.		1	D	F+	Td
III. 11,18 O	Sie dürfen nicht glauben, dass ich verrückt bin, weil ich aus dem Fenster gesprungen bin					
	Das sind zwei Männer, das sehe ich, aber was die machen, kann ich nicht sehen		2	G	B+	M V

b	Rot aussen	Zwei Affen, die da (lacht)		D	F+	T	
		Jetzt glauben Sie wohl nicht, dass ich verrückt bin, weil ich etwas Falsches sage. (Bekommt erklärt, dass es nur Kleckse sind.)		Subjektkritik			
IV.	11,22 O	Ein alter Mann, aus alter Zeit, wie man sie im Film sieht, eine Art Herrscher (weint)	1	G	B+	M	
V.	11,26 O	Eine Fledermaus		G	F+	T	V
	O	Eine Eule kann es nicht sein, die ist nicht so gross (wahrscheinlich wegen der Ohren)	2	Objektkritik Konf. DG	F—	T	Orig.—
VI.	11,27 O	Was zum Kuckuck ist das?					
	Mittellinie + ob. Fortsatz	Ein Ständer, eine Figur, die in einem Park steht	2	D	unb. F—	Obj.	
	Hauptteil	Dann sollte das andere etwas Grünes sein		Konf. D	F—	Farbe	Orig.—
VII.	11,30 Obere Drittel	Die beiden obersten sehen aus wie zwei ältere Damen		D Konf.	F+	Md	V
	Untere Drittel	Zwei dralle Kinder	3	D	F—	Md	Orig.—
	Mittlere Drittel	Die sehen nun auch aus wie Kinder, die beiden da		D	F+	Md	(V)
VIII.	11,32 Seiten	Das sieht aus wie zwei Tiere, aber ... das können wohl zwei Ratten sein (lacht)	2	D	F+	T	V
	Ganze Mitte	und das andere ist ein Mann (Grau = Kopf)		D	F—	M	
IX.	11,35 Braun	Zwei ältere Männer, die sitzen	1	D	B+	M	
X.	11,37 Grau Mitte, Säule allein	Das könnte vielleicht auch ein Mann sein, das Gesicht	1	Ve DdZwDd F(Fb)+		Md	Erf. Orig.+

Verrechnung: Antw. = 16, Zeit = 26 Min. (13/13).

  G = 4 (3+) (1 DG—)   B = 3 (+)   M = 4   Obj. = 1
  D = 10   F = 12 (6—, dav. 1 unb.)   Md = 4   Farbe = 1
  Dd = 2 (1 DdZwDd)   F(Fb) = 1 (+) (DdZwDdF[Fb]+)   T = 4   V = 4 (5 ?)
                                                           Td = 2   Orig. = 5 (4—)
                                                                          (1 Erf.+)

F+ = 50%, T = 38%, V = 25% (31% ?), Orig. = 31% (+),
Erft. = G—D, Sukz. = geordnet, Erlbt. = 3 : 0.

Herabgesetztes Deutungsbewusstsein (Bem. III) — Subjekt- und Objektkritik (III, V) — 4 Konfabulationen — Perseveration (2× Kinder, Mann IX und X) — Bunte Farben bei schwarzer Tafel (VI) — 1 Verneinung (V) — 1 Figur-Hintergrund-Verschmelzung (X) — Mindestens 1, wahrscheinlich 3 Komplexantworten (Ständer in einem Park VI; Mann VIII, Gesicht eines Mannes als Ve-Antwort X) — (Die Störung bei VI ist wahrscheinlich komplexbedingt.)

Bohm 29

Auswertung : Die habituelle Intelligenz entspricht mindestens dem guten Durchschnitt, ja scheint sogar etwas darüber zu liegen (T%, V%, 1 Erf. Orig.+, 3 B+).

Pt. ist offenbar eine im allgemeinen etwas affektgehemmte (0 Farben, aber 1 F([Fb]), verschlossene Natur (Erlbt.). Ihr Kontakt ist mehr intellektuell als affektiv (Ersatzkontakt) (V, Farben, F[Fb]), und sie ist unsicher (Subjektkritik, Verneinung).

Wahrscheinlich besteht eine starke Bindung an den Vater (Antw. zu IV).

Das auffälligste pathologische Merkmal dieses Protokolls sind unzweifelhaft die vier Konfabulationen. Im Zusammenhang mit der geringen Antwortenzahl (an der unteren Grenze des Normalen), der langen Reaktionszeit, dem niedrigen F+% und vor allem der Perseveration (organische Form) denkt man unmittelbar an einen organischen Defektzustand. Auch das Phänomen der bunten Farbe bei schwarzer Tafel wurde von PIOTROWSKI bei Organikern beobachtet (s. S. 52/53). In Anbetracht der bilateralen Calcaneusfraktur ist es wahrscheinlich, dass Pt., die offenbar mit den Fersen zuerst auf den Boden gestossen ist, sich eine leichtere *Commotio* zugezogen hat.

Doch ist es nicht angängig, das ganze Protokoll als Auswirkung dieser (substituierten) Commotio zu betrachten. Im Gegenteil ist diese organische Komplikation eher als *sekundär* aufzufassen. In einem rein organischen Bilde wären folgende vier Faktoren undenkbar: die 3 B+, die 3 G+ (von 4), das völlige Fehlen der Farben und das niedrige T%. Ausserdem ist zu beachten, dass die Perseveration hier wohl organische *Form* zeigt, in ihrem *Inhalt* aber deutlich dem aktuellen *Konfliktstoff* entstammt (Mann und Kind).

Es ist daher anzunehmen, dass das vorliegende Protokoll im wesentlichen durch den psychischen Zustand bedingt ist, der schon *vor* der Commotio bestanden hat und zum Tentamen suicidii geführt hat.

Hier sind vor allem drei Umstände von Bedeutung:

1. Das ganz eigenartige Verhältnis der Konfabulationen (bzw. Orig.—) zu den übrigen Antworten. Während bei der Oligophrenie und organischen Demenz (ausser bei sehr leichten Störungen) die Konfabulationen nur die schlechtesten von den durchschnittlich schlechten Antworten darstellen, das *Gesamt*niveau also unter Durchschnitt liegt, und bei der schizophrenen Demenz die starken Schwankungen zwischen *sehr* guten und *sehr* schlechten Antworten auffallen, wechselt hier das Niveau der Antworten zwischen der normalen Mitte und den Konfabulationen. Es ist, als ob die psychischen Prozesse ständig zwischen dem hyponoisch-katathymen und dem normalen logischen Denken *alternieren*. Hierin scheint der Unterschied zwischen dem Rorschach-Bild der bewusstseinsgestörten psychogenen Psychose und den Prozesspsychosen zu liegen. (Als weiteres Differentialdiagnostikum gegen die Schizophrenie kommt hier noch der gute intellektuelle Kontakt hinzu, das normale V%.)

2. Von den Komplexantworten weisen zwei deutlich und die dritte wahrscheinlich auf den Inhalt der Konfliktsituation (Familienkonflikt) hin: der Mann bei VIII und das Gesicht eines Mannes bei X. Letzteres ist als Figur-Hintergrund-Verschmelzung schon nach den Beobachtungen RORSCHACH's eine „Wunschantwort": Pt. hat Angst, durch ihren Fehltritt und die anschliessende Depression mit Versäumung der häuslichen Pflichten ihren Mann zu verlieren. Die dritte

Komplexantwort (ein Ständer, eine Figur, die in einem Park steht) ist wahrscheinlich eine Symbolantwort, die (in einer tieferen Schicht) ebenfalls mit dem sexuellen Konflikt (Sterilität des Mannes und eigener Ehebruch) zusammenhängt.

3. Die merkwürdige Umkehrung des normalen F+% : B-Verhältnisses. Das hier vorliegende Verhältnis (3 B+ bei niedrigem F+%) ist sonst (ausser bei manischen Erregungen) vor allem für die Epilepsie typisch. Interessant ist nun, dass gerade die Epilepsie von den endogenen Psychosen diejenige ist, bei der Bewusstseinsspaltungen (Dämmerzustände mit Fugues) besonders typisch sind.

Aus allen diesen Gründen ist (in Anbetracht der Anamnese des Falles) zu schliessen, dass Pt. infolge einer Konfliktsituation zunächst in eine psychogene Depression und dann in einen Dämmerzustand mit Fugue geraten ist und schliesslich ihr Tentamen in einem Zustand psychogener Bewusstseinsspaltung ausgeführt hat.

Zusammenfassung: präpsychotisch: Normale Intelligenz bei verschlossener, affektgehemmter Persönlichkeit.

Psychosis psychogenica acuta (Bewusstseinsspaltung mit Fugue) + Commotio cerebri levi gradu.

Klinik: Pt. wurde vor sechs Tagen in die chirurgische Abteilung aufgenommen mit fractura columnae thoracalis, fractura calcanei bilateralis, fractura ossis sacri et coccygis.

Früher angeblich nicht deprimiert. Vor fünf Wochen Partus (Primipara), normaler Verlauf. Danach leichtere Depression. War nicht gewohnt, zu Hause zu sein und war nervös, dass sie das Kind nicht stillen könne. Pt. konnte das Haus nicht in Ordnung halten, wollte bei Besuch nicht öffnen.

Die Ehe war bisher gut, aber kinderlos wegen Sterilität des Mannes (von diesem der Polizei gegenüber zugegeben). Als Pt. im Frühjahr 1948 gravid wurde, war sich der Mann daher sogleich darüber im klaren, dass er nicht der Vater des Kindes sein könne. Das Verhältnis der Ehegatten wurde kühler. Nach der Geburt bekannte Pt. dem Manne gegenüber den Ehebruch. Sie war deutlich deprimiert. Der Mann beantragte Scheidung, begann aber, das Kind liebzugewinnen, und man einigte sich daher darauf, das Kind zu behalten, aber der andere sollte zahlen. Dies bedeutete natürlich keine ehrliche Verzeihung und schuf einen chronischen Gefühlskonflikt für die Frau. Sie drohte mehrmals, sich zu ertränken. Der Mann holte den Arzt, der eine Aufnahme in eine psychiatrische Klinik vorschlug; Pt. konnte aber nicht einsehen, dass ihr etwas fehle.

Am Tage der Aufnahme verliess Pt. morgens das Haus und wollte nicht mehr zu Mann und Kind zurückkehren. Sie ging zu ihrer Schwester, die ihr dann erzählte, ihr Mann habe sie durch die Polizei suchen lassen. Einen Augenblick allein gelassen, sprang Pt. daraufhin aus dem dritten Stock zum Fenster hinaus. Sie wurde auf dem Rücken liegend aufgefunden, war wahrscheinlich einen Augenblick bewusstlos, konnte dann aber antworten.

Bei der Aufnahme: Warm, trocken (kein Schock), etwas bleich. Blutdruck 100/50, Puls 80, regelmässig. Am nächsten Morgen etwas unklar.

Keine psychiatrische Diagnose, da der Fall aus einer chirurgischen Abteilung stammt.

Nr. 32. *Paranoide Reaktion ohne Halluzinationen*

27jährige Kontoristin, verheiratet.

Protokoll
11,23 — 11,36½ — 11,49

I.	Ganze Mitte	Eine Art Käfer		D	F+	T	
c	Schwarz in Mitte + Verbindungsst.	Ein Adler, aber mit herabhängenden Flügeln		Dd	F+	T	Orig.+
c	Schwarz in Mitte (Buddha)	Ein Mann mit Kimonoärmeln	5	Dd	B+	M	Orig.+
c	(linke) Hälfte	Eine Landkarte, von oben photographiert		D	HdF [1] F(Fb)	Karte	
c	Spritzer (oben)	Kleine Noten, die da in der Luft schweben		Dd	F+	Noten	Orig.+
	11,27						
II. b	Schwarz (oben)	(lacht) Ist das ein Auerochse?		D	F+	T	
		Ich weiss wahrhaftig nicht					
		Ich habe gar keine Phantasie; das hat man mir alles genommen und hat mir nichts dafür gegeben	2	Subjektkritik			
a	Rot unten	Ein Herz, das entzweigeschlagen ist		D	FbF	Herz	Orig.+
	11,29½						
III.		Jetzt wird es amüsant					
	O	Zwei kleine putzige Männer mit Schuhen mit hohen Absätzen und Vatermördern		G	B+	M	V
		Die verbeugen sich nach der verkehrten Seite, bakken nach hinten statt dessen					
	Rot Mitte	Zwei Lungen		D	FbF	Anat.	
	Schwarz Mitte	Brustkorb von einem Skelett	6	D	F—	Anat.	
dito	c	So herum könnte es wie eine Theatermaske aussehen		DdZwD	F+	Md	
c	Beine	Ausgestreckte Hände und Arme		Do	B+	Md	
b	Rot aussen	Merkwürdige Tiere		D	F±	T	
	11,33						
IV.		Das ist beinahe unheimlich					
	O	Vielleicht ein abgezogenes Fell	2	G	F+	T	V
c	Grosser seitl. Ausl.	Zwei Tierköpfe, Pudel, die kläffen, aber sie haben keine Ohren		D Objektkritik	F+	Td	
	11,35½						
V.	O	Eine Fledermaus	1	G	F+	T	V
		Das ist eine Fledermaus und nichts anderes					

---

[1] Sophropsychische Hemmung (örtlicher Abstand).

VI. Oberer Fortsatz	11,36½ Eine Art fliegendes Tier, von oben gesehen; das sieht aus, als ob es fliegen will und nicht hochkommen kann			D	F+	T	
Kleine Striche an ob. Spitze	und das hat Schnurrhaare wie eine Katze			Kont. Dd	F+ unb.	T	
b (ob.) Hälfte d. Hauptteils	Auch ein Phantasietier	4		D	F—	T	
d Beide seitl. Ausl. (oben)	Eine Frau, die Freiübungen macht, aber sie hat keinen Kopf (Oberkörper = gr. Ausl., Bein = kl. Ausl.)			D	B+	M	Orig.+
VII. Obere Drittel	11,40 Zwei Frauenköpfe, die haben eine Feder auf dem Kopf			D	F+	Md	V
dito (ohne Ausl.)	Das könnte Spanien und Portugal sein; aber dann ist das hier (mittl. Drittel) nicht richtig	2		D Objektkritik	F+	Karte	
VIII. Seiten b	11,42 Ein Tier, das über Steine geht; ein Auge			D	F+	T	V
c Rot Mitte	Das könnte eine Bluse sein mit einem Reissverschluss	2		D	FFb+	Obj.	
	Dasselbe auf der anderen Seite (meint die Tiere)			Symmetrie			
IX. Braun	11,44 Wie die alten Zauberkünstler mit Hut, Bart, langem Kleid usw.			D	B+	M	
d Grün (oben) kleinerer Teil (Puppe)	Ein kleines Kind, das von etwas wegläuft	3		Dd	B+	M	Orig.+
d Ganzes Grün	Ein Mann liegt auf einem Stein (Profil)			D	F+	Md	
	Auf der anderen Seite ist es dasselbe			Symmetrie			
X. O	11,47 Das sind wohl Seeungeheuer, wenn das überhaupt etwas sein soll			G	FbF	T	
Grau Mitte	Vogelköpfe, die sich böse ansehen	4		D	F+	Td	
Grün Mitte	Eine Jagdtrophäe			D	F+	Td	
Gelb Mitte	Zwei Hunde hier			D	F+	T	

Verrechnung: Antw. = 31, Zeit = 26 Min. (13½/12½).

G = 4 (3+)   B = 6 (+)   M = 5   Karte = 2   V = 5
D = 21 (1 DdZwD)   F = 20 (2—, dav. 1 unb., 2+)   Md = 4   Noten = 1 Orig. = 6 (+)
Dd = 5   F(Fb) = 1 (HdF)   T = 11   Herz = 1
Do = 1   FFb = 1 (+)   Td = 4
                    FbF = 3   Anat. = 2
                                           Obj. = 1

F+ = 85%, T = 48%, V = 16%, Orig. = 19% (+),
Erft. = G—D—Dd, Sukz. = leicht gelockert (fast geordnet), Erlbt. = 6 : 3½.

Subjektkritik (in Verbindung mit einer paranoiden Fremdbeschuldigung) — Objektkritik (IV, VII) — Rotschock (Bem. II, Bem. III?) — Dunkelschock (Erf. I, Bem. IV) mit Tendenz zu Überkompensation — 1 sophropsychische Hemmung (örtlicher Abstand) — Symmetrie (VIII, IX) — 1 Kontamination (VI) — 1 Antwort in Frageform (II) — 1 Maskendeutung (Gruppe I) — 6 Komplexantworten (3 × Hilflosigkeit: 1) Adler mit herabhängenden Flügeln I, 2) ausgestreckte Hände III, 3) ein Tier, das fliegen will und nicht hochkommen kann VI; 1 × Angst: ein kleines Kind, das von etwas wegläuft IX; 1 × Lamentation: ein Herz, das entzweigeschlagen ist II; 1 × Abwehrkampf: eine Frau, die Freiübungen macht als B Orig. VI) — 1 × Augen.

Auswertung: Gute Intelligenz (F+%, T%, V%, Orig.%, B), trotz labiler Affektivität ziemlich introvertiert (Erlbt.).

Produktiv, ohne Tendenz zu Konfabulation (Erlbt.) Sie legt aus, aber erfindet nicht.

Überwiegend labile, im allgemeinen gut beherrschte Affektivität (Farben, B, G+, F+%), doch mit Tendenz zu Lamentation (Komplexantwort: das gebrochene Herz).

Phobische Neurose, deren infantile Genese hier noch direkt zu sehen ist (Rot- und Dunkelschock, Do, HdF, Frageform, Symmetrie; Komplexantwort: Kind, das von etwas wegläuft, als B und andere Komplexantworten), mit einer *sthenischen* Komponente (überkompensierter Dunkelschock, sophropsychische Hemmung, Komplexantwort: Frau, die Freiübungen macht).

Schizoide Konstitution (Zeit, DdZwD, M : Md, Kontamination, Erlebnistypus) von paranoidem Typus (Erlbt., Bemerkung II, Augen).

(Folgeerscheinungen der angeblichen Commotiones sind in diesem Protokoll *nicht* zu sehen; man muss daher wohl mit der Möglichkeit rechnen, dass auch die Misshandlungen der Mutter und die Commotiones im Kindesalter „umgedeutet" sind.)

Gegen eine Prozess-Schizophrenie sprechen: die Kontamination ist realitätskontrolliert, wie man u. a. aus der nächstfolgenden Antwort „*auch* ein Phantasietier" entnehmen kann. Konfabulationen und Orig.— fehlen.

Die teilweise Überkompensation des Dunkelschocks, die sophropsychische Hemmung und die Komplexantwort „Frau, die Freiübungen macht" (VI) deuten auf eine sthenische Konstitutionskomponente hin: Diese B-Original-Antwort zeigt buchstäblich, wie Pt. „ankämpft", sie ist ein Agieren des Abwehrkampfes. Die paranoische Projektion steht also im Dienste der Abwehr der phobischen Angst. Die Wahl gerade dieses Abwehrmechanismus ist natürlich konstitutionsbedingt.

Die Pathogenese dieser psychogenen Paranoia scheint also die folgende zu sein:

1. Eine *paranoid-schizoide Konstitution* ohne Erbanlage zur echten Prozesspsychose.

2. Zugleich *sthenische Konstitutionskomponenten*, also keine Subvalidität. (Kein Farbenschock, nur Rotschock; Dunkelschock überkompensiert.)

3. Eine *Milieunoxe* in der Kindheit, auf Grund deren sich eine *Kinderphobie* entwickelt hat. Die phobische Angst wird durch die „Kampfnatur" der Persönlichkeit abgewehrt, und zwar mit Hilfe des ihr (infolge der paranoiden Anlage) zu Gebote stehenden *Projektions*mechanismus: die Realität wird so umgedeutet, dass die ursprünglich von innen drohenden Mächte in die Umwelt verlegt werden: die paranoide Reaktion.

Klinik: Pt. ist im Auslande geboren. Der Vater war Landmesser, die Ehe der Eltern wurde geschieden, als Pt. ein Jahr alt war. Eine Schwester der Mutter beging Suizid, die Mutter selbst hatte in der Jugend schwere Depressionen. Pt. wurde von der Mutter erzogen, die sich als Näherin ernährte. Ökonomische Verhältnisse der Mutter schlecht, Pt. hat als Kind oft hungern müssen und wurde angeblich von der Mutter oft misshandelt. Ein Onkel aus Übersee zahlte ihr eine Ausbildung auf der Schauspielschule, aber nach abgeschlossener Ausbildung kam der Krieg, und Pt. musste Kontoristin werden. Verheiratete sich gegen Ende des Krieges mit skandinavischem Staatsbürger, der aus politischen Gründen nach dem Kriege eine Gefängnisstrafe erhielt. Während dieser Zeit lebte Pt. von Sozialhilfe. 3 Kinder, davon aber eines wegadoptiert.

Als Kind angeblich mehrere Gehirnerschütterungen, weil die Mutter sie schlug. War bisweilen kurze Zeit „weg", öfters Erbrechen. Als Erwachsene keine Commotiones. War immer affektlabil mit Neigung zu Sentimentalität und „hysterischen" Szenen.

Vor einem Jahre zwei Monate in einer Heil- und Pflegeanstalt der Provinz. Hatte in den letzten Jahren mehrere Depressionsperioden gehabt, einmal Tentamen suicidii, als sie das (jetzt wegadoptierte) ausserehelige Kind gebären sollte. In den letzten Monaten vor der Aufnahme Misstrauen allen früheren Freunden gegenüber. Schrieb inhaltlose, unzusammenhängende Briefe, wurde feindlich und rachsüchtig ihrer Umgebung gegenüber. Suicidalideen. Verfolgungsideen (man schmiedet ein Komplott gegen sie), stark fixierte Wahnvorstellungen. Glaubt sich bestohlen, heftig und aggressiv, spöttisch, bitter, unraisonnabel; mit der Zeit etwas umgänglicher. Sechs Elektroschocks ohne Erfolg. Diagnose: Psychosis psychogenica paranoides.

Jetzt wieder wegen *Tentamen suicidii* in der Hauptstadt eingeliefert (veneficium allopropymali). Anlass war ihr Kummer über den Gatten und seine „Unzuverlässigkeit". Dieser war nach dem Kriege wegen Landesverrats verurteilt worden, wurde aber nach zwei Jahren begnadigt. Als der Mann im Gefängnis war, wohnte Pt. bei der Schwiegermutter, mit der sie sich aber nicht gut verstand. Sie behauptet, vor drei Jahren von einem Studienkameraden des Mannes vergewaltigt worden zu sein, setzte dies Verhältnis dann aber einen Monat lang freiwillig fort. Das Kind wurde wegadoptiert. (Damals bereits tentamen.) Nach dieser Episode verschlechterte sich das Verhältnis zur Schwiegermutter noch mehr.

Pt. behauptet nun, der Mann vertrinke sein Geld, glaubt aber nicht, dass er ihr untreu sei. Sie ist der Meinung, die Familie des Mannes sende Leute aus, die ihn zum Trinken verleiten sollen. Man beabsichtige damit, dass sie einen Nervenzusammenbruch bekommen solle, damit der Mann sie loswerde. Pt. ist wieder im vierten Monat gravid, freut sich aber auf das Kind.

Die Depression weicht nach wenigen Tagen. Die paranoiden Ideen aber bleiben bestehen. Der Arzt der Provinzanstalt wolle an ihr überseeisches Erbe gelangen. Fühlt sich misshandelt, ihre Mattigkeit und schwache Stimme machen aber einen funktionellen Eindruck, ebenso der wackelnde Gang (hysterische Abasie?).

In eine Heilanstalt entlassen. Diagnose der Klinik: Depressio mentis psychogenica paranoiformis. Schizophrenia incipiens?

Diagnose der Anstalt bei Entlassung in die geburtshilfliche Klinik: *Paranoide Psychose (psychogen?)*.

Epikrise: Der Fall ist klinisch nicht ganz sicher, da der psychogene Charakter der Psychose nach dem Rezidiv von den beiden letzten Kliniken in Zweifel gezogen wurde. Ein mindestens starkes „Entgegenkommen" seitens der Konstitution zeigt ja auch das Rorschach-Protokoll. Erst der weitere Verlauf kann — vielleicht nach Jahren — die Entscheidung bringen.

NOMENKLATUREN

ABKÜRZUNGEN

LITERATURVERZEICHNIS

NAMENREGISTER

SACHREGISTER

Nomenklaturen

Signum	*Deutsch* Bezeichnung	Symbol	*English (American)* Designation
Antw.	Anzahl der Deutungen	R	Total Responses
	Lokalisation		Location (the area chosen)
	Erfassungsmodus		*Mode of Approach*
G	(Primäre) Ganzantwort	W	Whole Response
DG	Konfabulatorische (sekundäre) Ganzantwort	DW	Confabulated (secondary) Whole Response (am: Detail Whole)
DZwG	Zwischenfigur-Ganzantwort	WS	Whole-Space Response
D	(Normale) Detailantwort	D	(Normal) Detail Response
Dd	Kleindetailantwort	Dd	Small Detail Response (or: Unusual Detail)
		(Dr)	(am: Rarely perceived Detail)
DZw	Zwischenfigur-Deutung	S	Space Detail
		(Ds, Dws)	(am: White Space Detail)
DdZw	Kleinzwischenfigur-Deutung	DrS	Rare White Space Detail
Do	Oligophrenes Kleindetail	Do	Oligophrenic Detail
	Determinanten (Erlebnisreihe)		*Determinants*
F	Formantwort	F	Form Response
F+	Scharfe Form	F+	Sharp (good) Form (sharply seen form)
F—	Unscharfe Form	F—	Poor Form (indistinctly seen form)
F— unb.	Unbestimmte Form	F— indef.	Indefinite Form
B	Bewegungsantwort	M	Movement Response
		(K)	(Kinesthetic Response)
BFb	Bewegungs-Farbantwort	MC	Movement-Color Response
Bkl.	Kleines B	Small M	Small Movement Response
FFb	Formfarbantwort	FC	Form-Color Response
FbF	Farbformantwort	CF	Color-Form Response
Fb	Primäre Farbantwort	C	Color Response
F(Fb)	Helldunkeldeutung (sensu RORSCHACH)	F(C)	Chiaroscuro Response (sensu RORSCHACH)
F(Fb)	Schattierungsdeutung (sensu BINDER)	F(C)	Shading Response [sensu F(Fb) BINDER]
FHd	Form-Helldunkel-deutung ⎫	FCh	Form-Chiaroscuro Response ⎫
HdF	Helldunkel-Form-deutung ⎬ Helldunkel-deutungen	ChF	Chiaroscuro-Form Response ⎬ Chiaroscuro Responses
Hd	Reine Helldunkel-deutung ⎭	Ch	Pure Chiaroscuro Response ⎭
	Inhalt		*Content*
M	Menschliche Ganzfigur	H	Human (Figure)
Md	Menschliche Teilfigur	Hd	Human Detail
T	Ganze Tierfigur	A	Animal (Figure)
Td	Teil einer Tierfigur (Tierdetail)	Ad	Animal Detail
Anat.	Anatomie-Deutung	Anat(At)	Anatomy (or: Anatomical)

und Abkürzungen

Symbole	*Français* Désignation	Signum	*Lingua latina*[1] Significatio
R (ou N)	Nombre de réponses	R	Summa responsionum
	Localisation		Locatio
	Mode d'appréhension		*Modus percipiendi*
G	Réponse globale	G	Interpretatio globalis, sive tota
DG	Réponse globale confabulatrice	PG	Interpretatio globalis a parte ampliticata
		PpG	Interpretatio globalis a parvula parte amplificata
Dim G	Réponse globale intermaculaire	GS	Interpretatio globalis spatialis
D	Réponse d'un détail ordinaire	P	Interpretatio partis majoris, vel crebrius visae
Dd	Réponse petit détail	Pp	Interpretatio partis parvae, vel rarius visae
Dbl (Dim)	Réponse d'un détail blanc Réponse d'un détail intermaculaire ordinaire	S	Interpretatio partis majoris spatialis
Dd bl (Ddim)	Rép. d'un petit détail intermaculaire	PpS	Interpretatio partis minoris spatialis
Do	Réponse d'un détail oligophrène	Po	Interpretatio partis oligophrena
	Déterminants (ou: Modes de réaction)		*Constituentes*, sive *Determinantes*
F	Réponse d'origine formelle	F	Interpretatio formae
F+	Forme bien vue	F+	Interpretatio formae bonae
F—	Forme mal vue	F—	Interpretatio formae malae
F— indét.	Forme indéterminée	F— inc	Interpretatio formae incertae
K (ou M)	Réponse d'origine kinesthésique (mouvement)	K	Interpretatio kinaestheseos
K—C	Réponse d'origine kinesthésique-chromesthésique	K—C	Interpretatio kinaestheso-coloris
Mp	Petit mouvement	Kp	Interpretatio kinaestheseos parva
FC	Réponse forme-couleur	FC	Formae coloriscque interpretatio
CF	Réponse couleur-forme	CF	Coloris formaeque interpretatio
C	Réponse couleur primaire	C	Interpretatio coloris pura
clob (Cl-O)	Réponse de clair-obscur	Clob	Interpretatio clari-obscuri (Rorschach)
F(C)	Rép. de clair-obscur détaillée [sensu F(Fb) Binder]	F(C)	Interpretatio parvorum discriminum umbrarum (Binder)
F clob F (Cl-O)	Rép. forme clair-obscur	FClob	Formae et clari-obscuri interpr.
clob F (Cl-O)F	Rép. clair-obscur-forme	Clob F	Clari-obscuri formaeque interpr.
clob (Cl-O)	Rép. clair-obscur pure	Clob	Interpretatio clari-obscuri pura
	Le contenu		*Contenta*
H	Figure humaine entière	H	Homo
Hd	Fragment de figure humaine	Hp	Hominis pars
A (An)	Figure animale entière	A	Animal
Ad (And)	Fragment de figure animale	Ap	Animalis pars
Anat	Anatomie	Anat	Anatomia

[1] Es wurde auf dem 1. internationalen Rorschach-Kongress in Zürich 1949 für dringend wünschenswert erklärt, bei wissenschaftlichen Publikationen die lateinischen Signa mindestens *neben* den eigenen in einer besonderen Kolonne anzugeben.

	Deutsch		*English (American)*
Signum	Bezeichnung	Symbol	Designation
Sex.	Sexualdeutung	Sex	Sex
Pfl.	Pflanze	Pl (Bo)	Plants (Botanical)
Ldsch.	Landschaft	Ls	Landscape
(N)	(oder: Natur)	(Nat)	(Nature)
Obj.	Objekt (lebloser Gegenstand)	Obj (Oj)	Object
Arch.	Architektur	Arch(Ar)	Architecture
Orn.	Ornament	Orn	Ornament
Karte	Landkarte	Map	Map
(Geo)	(oder: Geographie)	(Geo, Ge)	Geography
Essen	Essbares	Fd	Food
Szene	Lebende Szene	Scen	Scenery
Bild	Gemälde usw.	Picture	Picture
Blut	Blut	Blood	Blood
Feuer	Feuer	Fi	Fire
Wolken	Wolken	Cl	Clouds
Abstr.	Abstraktum	Abst(Ab)	Abstract
	Originalität		*Originality*
V	Vulgärantwort	V (P)	Vulgar Response (am: Popular Response, Common Response)
Orig. (O)	Originalantwort	Orig (O)	Original Response
Ind.	Individualantwort	Ind	Individual Response
	Verrechnung *Verhältniszahlen*		*Scoring* *Proportions (Ratio)*
F+%	Formschärfeprozent	F+%	Percent Good Form (Percentage of sharply seen forms)
T%	Tierprozent	A%	Animal Percent (Percentage of animal responses)
V%	Vulgärprozent	V%	Percent Vulgar Responses
Orig.%	Originalprozent	Orig%	Percent Original Responses
Erft.	Erfassungstypus	Apper (App) (TOA)	Apperceptive Type, Manner of Approach, Type of Approach
Sukz.	Sukzession straff geordnet umgekehrt gelockert zerfahren	Sequence (Succ)	Type of Sequence (Type of Seccession) rigid orderly inverse (reversed) loose confused
Erlbt.	Erlebnistypus koartiert (Koartierung) koartativ ambiäqual dilatiert introversiv extratensiv	EB (TOE)	Experience Balance (Exp. Type) (Type of Experience, Mode of Exp.) constricted (constriction) constrictive ambiequal dilated introversive extratensive
Zeit	Gesamtzeit (Durchschnitts-) Reaktionszeit Reaktionszeit (bis zur 1. Antwort jeder Tafel) Versager Farbenschock Dunkelschock Brechungsphänomen Auswertung	Time	Total Time Response Time (Aver. time p.resp.) Reaction Time (Average time before the first resp. to each card) Rejection Color-Shock Dark Shock Interference Phenomenon Evaluation

	Français		*Lingua latina*	
Symbole	Désignation	Signum	Significatio	
Sex	Interprétation sexuelle	Sex	Sexus
Pl (bot)	Plante (Botanique)	Pl	Planta
—	—		
Nat	Nature	Nat	Natura
Obj	Objet	Obj	Objectum
Arch	Architecture	Arch	Architectura
Orn	Ornement	Orn	Ornamentum
Géogr	Carte géographique		
Géogr	Réponse géographique	Geo	Geographia, Geographica carta
Aliment	Aliment, nourriture	Nutr	Nutrimentum
Scène	Scène	Sc	Scena
Art	Art	Ars	Ars
Sang	Sang	Sang	Sanguis
Feu	Feu	Ign	Ignis
Nuages	Nuages	Nub	Nubes
Abstr	Abstraction	Ab	Abstractum
	L'Originalité		*Originalitas*
Vulg (V)	Réponse banale (ou: vulgaire)	V	Interpretatio vulgaris
Orig. (O)	Réponse originale	O	Interpretatio originalis
I	Réponse individuelle	I	Interpretatio individualis
	Dépouillement		*Computationes*
	Rapports		*Proportionales*
F+%	Pourcentage de F+	F+%	Proportio per centum formarum bonarum
A%	Pourcentage d'animaux	A%	Proportio per centum animalium
V%	Pourcentage de réponses banales	V%	Proportio per centum interpretationum vulgarium
Orig.%	Pourcentage de réponses originales	O%	Proportio per centum interpretationum originalium
	Type d'appréhension	T. P.	Typus percipiendi
	Type de perception		
Succ	La succession	Succ	Successio
	rigide		rigida
	ordonnée		ordinata
	inversée		inversa
	relâchée		laxa
	incohérente		dissoluta
K/C	Type de résonance intime	T. R.	Typus resonantiae
	coarté (coartation)		coartatus (coartatio)
	coartatif		coartativus
	ambiéqual (équilibré)		aequilibris
	dilaté		dilatatus
	introversif		introversivus
	extratensif		extratensivus
Temps	Temps total	Tempus t.	Tempus totum
	Durée par réponse	Tempus m.	Tempus medium per interpretationem
	Temps d'hésitation (précédent la première réponse relative à chaque table)	Tempus h.	Tempus haesitationis (ante primam interpretationem singularum tabularum)
	Refus		Recusatio
	Choc-couleur		Stupefactio a colore
	Choc-clair-obscur		Stupefactio ab obscuro
	Phénomène d'interférence		Phaenomenon interferentiae
	Interprétation		Aestimatio

Erlebnisquotienten (EQ) und Einstellungswerte (EW)

EQ	EW t p	EQ	EW t p	EQ	EW t p
0	0 E	0,60—0,61	31 14e	1,80— 1,87	61 16i
—0,017	1 44e	0,62—0,64	32 13e	1,88— 1,95	62 17i
0,018—0,035	2 43e	0,65—0,66	33 12e	1,96— 2,04	63 18i
0,036—0,052	3 42e	0,67—0,69	34 11c	2,05— 2,13	64 19i
0,053—0,070	4 41e	0,70—0,72	35 10e	2,14— 2,23	65 20i
0,071—0,087	5 40e	0,73—0,74	36 9e	2,24— 2,34	66 21i
0,088—0,11	6 39e	0,75—0,77	37 8e	2,35— 2,46	67 22i
0,12—0,14	7 38e	0,78—0,80	38 7e	2,47— 2,59	68 23i
0,15	8 37e	0,81—0,83	39 6e	2,60— 2,74	69 24i
0,16	9 36e	0,84—0,86	40 5e	2,75— 2,89	70 25i
0,17 —0,18	10 35e	0,87—0,89	41 4e	2,90— 3,07	71 26i
0,19 —0,20	11 34e	0,90—0,92	42 3e	3,08— 3,26	72 27i
0,21 —0,22	12 33e	0,93—0,96	43 2e	3,27— 3,48	73 28i
0,23 —0,24	13 32e	0,97—0,99	44 1e	3,49— 3,70	74 29i
0,25 —0,26	14 31e	1,00—1,03	45 A	3,71— 3,9	75 30i
0,27 —0,28	15 30e	1,04—1,06	46 1i	4,0 — 4,2	76 31i
0,29 —0,30	16 29e	1,07—1,10	47 2i	4,3 — 4,6	77 32i
0,31 —0,32	17 28e	1,11—1,14	48 3i	4,7 — 5,0	78 33i
0,32 —0,33	18 27e	1,15—1,18	49 4i	5,1 — 5,6	79 34i
0,34 —0,35	19 26e	1,19—1,22	50 5i	5,7 — 6,2	80 35i
0,36 —0,37	20 25e	1,23—1,27	51 6i	6,3 — 7,0	81 36i
0,38 —0,39	21 24e	1,28—1,32	52 7i	7,1 — 8,0	82 37i
0,40 —0,41	22 23e	1,33—1,37	53 8i	8,1 — 9,4	83 38i
0,42 —0,44	23 22e	1,38—1,42	54 9i	9,5 —11,3	84 39i
0,45 —0,46	24 21e	1,43—1,47	55 10i	11,4 —14,1	85 40i
0,47 —0,48	25 20e	1,48—1,53	56 11i	14,2 —19,0	86 41i
0,49 —0,50	26 19e	1,54—1,59	57 12i	19,1 —28,0	87 42i
0,51 —0,52	27 18e	1,60—1,65	58 13i	28 —55	88 43i
0,53 —0,54	28 17e	1,66—1,72	59 14i	56 —573	89 44i
0,55 —0,57	29 16e	1,73—1,79	60 15i	∞	90 I
0,58 —0,59	30 15e				

EQ = Σ B/Σ Fb   EW = arc tang (Σ B/Σ Fb)   t = theoretische Bezeichnung
p = praktische Bezeichnung

Nach K. W. Bash, „Über die Bestimmung und statistische Verteilung der Introversion und Extratension im Rorschach-Versuch", *Rorschachiana-Zeitschr.* Bd. I., Heft 4 (1953), S. 333—343. Idem: „Einstellungstypus und Erlebnistypus: C. G. Jung and Hermann Rorschach". *Journal of Projective Techniques* Vol. 19, No. 3 (1955), S. 236—242.

LITERATURVERZEICHNIS

ABT, LAWRENCE EDWIN and BELLAK, LEOPOLD: Projective Psychology, Clinical Advances to the total Personality. — Grove Press, New York, London, 1959.
ABRAHAM, KARL: Psychoanalytische Studien zur Charakterbildung. — Internationaler Psychoanalytischer Verlag, Wien, 1925.
— Versuch einer Entwicklungsgeschichte der Libido. — Internationaler Psychoanalytischer Verlag, Wien, 1924.
AITA, J. A., REITAN, R. and RUTH, J.: Rorschach's test as a diagnostic aid in brain injury. — Americ. J. of Psychiatry, Vol. 103, 1947, S. 770—779.
ALEXANDER, FRANZ: What is a neurosis? — Digest of Neurology and Psychiatry, Vol. 16, 1948, S. 225—233.
ALLPORT, GORDON W.: Persönlichkeit (übertragen von HELMUT VON BRACKEN). — Ernst Klett, Stuttgart, 1949.
— Werden der Persönlichkeit (übertragen von HELMUT VON BRACKEN). — Hans Huber, Bern, 1958.
ALSTRÖM, CARL HENRY: A Study of Epilepsy in its Clinical, Social and Genetic Aspects. — Acta psychiatrica et neurologica, Supplementum 63. Ejnar Munksgaard, Copenhagen, 1950.
AMES, LOUISE BATES, LEARNED, JANET, MÉTRAUX, RUTH W. and WALKER, RICHARD N.: Child Rorschach Responses. Developmental Trends from Two to Ten Years. — Paul B. Hoeber, Harper & Brothers, New York, 1952.
— Rorschach Responses in Old Age. — Paul B. Hoeber, Harper & Brothers, New York, 1954.
AMES, LOUISE BATES; MÉTRAUX, RUTH W. and WALKER, RICHARD N.: Adolescent Rorschach Responses, Developmental Trends from Ten to Sixteen Years. — Paul B. Hoeber, Harper & Brothers, New York, 1959.
ANASTASI, ANNE: Differential Psychology. — The MacMillan Company, New York, 1937; 4. Aufl. 1945.
APPELBAUM, STEPHEN A. and HOLZMAN, PHILIP: The color-shading response and suicide. — J. proj. Techn., Vol. 26, 1962, S. 155—161.
ARMITAGE, STEWART G.: An Analysis of Certain Psychological Tests Used for the Evaluation of Brain Injury. — Psychological Monographs, Vol. 60, 1. — The American Psychological Association, Washington, 1946.
ARNOLD, O. H.: Epilepsie, eine statistische Studie am Material einer Epileptikerambulanz. — Wiener Ztschr. f. Nervenheilkunde, Bd. 9, 1954.

BASH, K. W.: Einstellungstypus and Erlebnistypus: C. G. Jung and Hermann Rorschach, in: C. J. Jung and Projective Techniques, A Testimonial to Dr. Jung's 80th Birthday on July 26th, 1955. — Journ. of Projective Techniques, 1955, S. 236—242.
— Ganzeigenschaften als Determinantenträger im Rorschach-Versuch. — Schweiz. Ztschr. f. Psychologie, Bd. 16, 1957, S. 121—126.
— Lehrbuch der allg. Psychopathologie, Grundbegriffe und Klinik. — Georg Thieme, Stuttgart, 1955.
— Über den differentialdiagnostischen Wert der Piotrowski-Zeichen und anderer Zeichengruppen im Rorschach-Versuch. — Rorschachiana, Vol. 1, Bern, 1953, S. 333—343.
— Zur Bestimmung und Bedeutung der Kleindetailantworten (Dd) im Rorschach-Versuch. — Rorschachiana III, Hans Huber, Bern, 1950, S. 73—78.
BAUMGARTEN-TRAMER, FRANZISKA: Zur Geschichte des Rorschach-Tests. — Schweizer Archiv für Neurologie und Psychiatrie, Bd. 50, 1943, S. 1—13.
BECK, SAMUEL J.: The Rorschach-Test and Personality Diagnosis. I. Feeble-Minded. — American Journal of Psychiatry X, 1930, S. 19—52.
— Rorschach's Test, 3 Bände. — Grune & Stratton, New York, 1944, 1949, 1952.
BEELI, ARMIN: Psychotherapie-Prognose mit Hilfe der „Experimentellen Triebdiagnostik". — Hans Huber, Bern, 1965.
BEERS, C. W.: Eine Seele, die sich wiederfand. — Benno Schwabe & Co., Basel, 1941.
BEHN-ESCHENBURG, HANS: Psychische Schüleruntersuchungen mit dem Formdeutversuch. — Ernst Bircher, Bern, 1921.
BENJAMIN, JOHN D. & EBAUGH, FRANKLIN G.: The Diagnostic Validity of the Rorschach-Test. — The American Journal of Psychiatry, Bd. 94, 1938, S. 1163—1178.
BENTON, ARTHUR L.: Der Benton-Test, deutsche Bearbeitung von OTFRIED SPREEN. — Hans Huber, Bern, 1961.
BERNFELD, SIEGFRIED: Sisyphos oder Die Grenzen der Erziehung. — Internationaler Psychoanalytischer Verlag, Wien, 1925.

BERGMANN, M. S.: Homosexuality on the Rorschach Test. — Bulletin of the Menninger Clinic, 1945, S. 78—84.
BINDER, HANS: Die Helldunkeldeutungen im psychodiagnostischen Experiment von Rorschach. — Schweizer Archiv für Neurologie und Psychiatrie, Bd. 30, 1933, S. 1—67 und 233—286. — Dasselbe: Hans Huber, Bern, 1959.
— Die klinische Bedeutung des Rorschach'schen Versuches, in: Psychiatrie und Rorschach'scher Formdeutversuch. — Orell Füssli, Zürich, 1944, S. 12—29.
BINSWANGER, WOLFGANG: Über den Rorschach'schen Formdeutversuch bei akuten Schizophrenien, in: Psychiatrie und Rorschach'scher Formdeutversuch. — Orell Füssli, Zürich, 1944, S. 101—121.
BIRNBAUM, KARL: Die psychoreaktiven (psychogenen) Symptombildungen, in: BUMKE's Handbuch der Geisteskrankheiten, 2. Band, Allgem. Teil II. — Julius Springer, Berlin, 1928.
— Über psychopathische Persönlichkeiten. — Wiesbaden, 1909.
BLAKE, ROBERT R. and RAMSEY, GLENN V.: Perception, An Approach to Personality. — The Ronald Press Company, New York, 1951.
BLEULER, EUGEN: Das autistisch-undisziplinierte Denken in der Medizin und seine Überwindung. — Julius Springer, Berlin, 1921.
— Lehrbuch der Psychiatrie. — Julius Springer, Berlin, 1960.
BLEULER, MANFRED: Der Rorschach'sche Formdeutversuch bei Geschwistern. — Zeitschrift für Neurologie, Bd. 118, 1929, S. 366—398.
— Der Rorschach-Versuch als Unterscheidungsmittel von Konstitution und Prozess. — Zeitschrift f. d. ges. Neurologie und Psychiatrie, Bd. 151, 1934, S. 571—578.
BLEULER, M. und WALDER, H.: Die geistigen Störungen bei der hereditären Friedreich'schen Ataxie und ihre Einordnung in die Auffassung von Grundformen seelischen Krankseins. — Schweizer Archiv f. Neur. u. Psychiatrie, Bd. 58, 1946.
BLEULER, M. and WERTHAM, FRED: Inconstancy of the Formal Structure of the Personality. — Arch. of Neur. and Psychiatry 7, 1932.
BOCHNER, RUTH and HALPERN, FLORENCE: The Clinical Application of the Rorschach Test. Grune & Stratton, New York, 1942.
BOESCH, ERNST E.: Projektion und Symbol. — Psychologische Rundschau IX, 2, S. 73—91. — Verlag Dr. C. J. Hogrefe, Göttingen, 1960.
BOHM, EWALD: Das Binder'sche Helldunkelsystem. — Rorschachiana V, Hans Huber, Bern, 1959, S. 160—178.
— Der Psychastheniebegriff (Subvalidität) nach Sjöbring. — Schweiz. Ztschr. f. Psychologie, Bd. 7, 1948, S. 179—190.
— Der Rorschach-Test und seine Weiterentwicklung. — Rorschachiana I, Hans Huber, Bern, 1945, S. 115—136.
— Die Rolle der prognostisch bedeutsamen Konstitutionsfaktoren in der Psychopathologie und im Rorschach-Test. — Rorschachiana VII, Hans Huber, Bern, 1961, S. 37—58.
— Die Rorschach-Diagnose der Psychasthenie (bzw. Subvalidität). — Rorschachiana III, Hans Huber, Bern, 1950, S. 42—63.
— Ich-Funktionen und -Störungen im Rorschach-Test. — Szondiana VI, Hans Huber, Bern, 1966.
— Projektionsmethoden und Persönlichkeitserfassung. — Jahrbuch für Psychologie und Psychotherapie, Würzburg, 1955, S. 209—220.
— Psychodiagnostisches Vademecum. — Hans Huber, Bern, 1967.
— Strafe als Triebbefriedigung. — Ztschr. f. psychoanalytische Pädagogik, Bd. 5, 1931, S. 319—339.
BOIS, CORA DU: The People of Alor, a Social Psychological Study of an East Indian Island. — University of Minnesota Press, Minneapolis, 1944.
BONHOEFFER, KARL: Die Psychosen im Gefolge von akuten Infektionen, Allgemeinerkrankungen und inneren Erkrankungen, in: ASCHAFFENBURG's Handbuch der Psychiatrie, 3. Abt. — Deuticke, Leipzig, 1912.
BORNSTEIN, BERTHA: On Latency. — The Psychoanalytic Study of the Child, Vol. VI, Imago Publishing Co., London, 1951.
BOSS, MEDARD: Psychologisch-charakterologische Untersuchungen bei antisozialen Psychopathen mit Hilfe des Rorschach'schen Formdeutversuchs. — Zeitschr. f. d. ges. Neur. u. Psychiatrie, Bd. 133, 1931, S. 544—575.
BOVET, TH.: Der Rorschach-Versuch bei verschiedenen Formen von Epilepsie. — Schweizer Archiv f. Neur. u. Psychiatrie, Bd. 37, 1936.
BÖSZÖRMÉNYI, GEORG und MEREI, FRANZ: Zum Problem von Konstitution und Prozess in der Schizophrenie auf Grund des Rorschach-Versuches. — Schweizer Archiv f. Neur. u. Psychiatrie, Bd. 45, 1940, S. 276—295.
BRACKEN, HELMUT VON: Rorschach-Untersuchungen vor und nach Arbeitsbelastung. — Proceedings of the 15th International Congress of Psychology (Brüssel 1957), S. 491—492. — North Holland Publ. Comp., Amsterdam, 1959.

BRACKEN, HELMUT VON und DAVID, HENRY P. (Herausgeber): Perspektiven der Persönlichkeitstheorie — Hans Huber, Bern, 1959.
BRATT, NANCY: Rorschachtesten i klinisk praxis. Akademisk Forlag, København, 1968. (Dänisch.)
BRATT-ØSTERGAARD, NANCY: Gibt es charakteristische Rorschach'sche Formelkonstellationen bei den sogenannten psychosomatischen Kindern? — Rorschachiana V, Hans Huber, Bern, 1959, S. 305 bis 324.
— „Holdningsløse" börn og unge. — Nordisk Psykologi, Bd. 12, 1960, S. 49—58.
BROMAN, TORE: Frågetekniken vid upptagningen av neurologisk anamnes. — Nordisk Medicin, Bd. 41 1949, S. 349—362.
BROSIN, H. W. and OPPENHEIMER FROMM, ERIKA: Rorschach and Color Blindness. — Rorschach Research Exchange, Vol. IV, 2, 1940, S. 39—70.
BROSIN, HENRY W. and FROMM, E.: Some Principles of Gestalt Psychology in the Rorschach Experiment — Rorschach Research Exchange, Vol. VI, 1, 1942, S. 1—15.
BROWN, FRED: An Exploratory Study of Dynamic Factors in the Content of the Rorschach Protocol. — Journal of Projective Techniques, Vol. 17, 1953, S. 251—279.
BROWN, RALPH R.: Frequency tables, in: BECK, SAMUEL J.: Rorschach's Test. I. Basic processes. — Grune & Stratton, New York, 1944, S. 191—195 und 209 ff.
BRUHN, KARL: Bläckfläckförsök med barn och ungdom. (Tintenklecksversuche mit Kindern und Jugendlichen, schwedisch.) — Societas Scientiarum Fennica. Commentationes Humanarum Litterarum XIX, 1. — Helsingfors, 1953.
BRUN, RUDOLF: Allgemeine Neurosenlehre. — Benno Schwabe & Co., Basel, 1942; 2. Aufl. 1948.
— Biologische Parallelen zu Freuds Trieblehre. — Internationaler Psychoanalytischer Verlag, Wien, 1926.
— Die Raumorientierung der Ameisen, Jena, 1914.
— Über biologische Psychologie. — Schweizerische Zeitschr. f. Psychologie, Bd. VIII, 1949, S. 1—20.
BRUNER, J. and GOODMAN, C. C.: Value and need as organizing factors in perception. — Journ. of Abnorm. and Soc. Psychol., Bd. 42, 1947, S. 33—44.
BRUNN, RUTH und WALTER L. VON: Die Epilepsie im Rorschach'schen Formdeutversuch. — Archiv für Psychiatrie und Zeitschr. f. Neurologie, Bd. 184, 1950, S. 545—578.
BRUNNER, JOSEF: Schwererziehbare männliche Jugendliche im Rorschach-Formdeutversuch. — Universitätsverlag, Freiburg, Schweiz, 1954.
BUCHTHAL, FRITZ og KAISER, EDMUND: Elektroencephalografiens Anvendelse i Klinikken med Beskrivelse af en ny Elektroencephalograf. — Bibliotek for Laeger, København, 1943, S. 151—172.
BUXBAUM, EDITH: Transference and Group Formation in Children and Adolescents, in: The Psychoanalytic Study of the Child I. — Imago Publishing Co., London, 1945, S. 351—365.

CALDWELL, BETTYE MCD., ULETT, GEORGE A., MENSH, IVAN N., and GRANICK, SAMUEL: Levels of Data in Rorschach Interpretation. — Journ. of Clinical Psychology, Vol. VIII, 1952, S. 374—379.
CARUSO, IGOR: Sitzungsberichte 1959/60 des Wiener Arbeitskreises für Tiefenpsychologie. — Wien, 1960.
CHRISTOFFEL, HANS: Affektivität und Farben, speziell Angst und Helldunkelerscheinungen. — Zeitschr. f. Neur. u. Psychiatrie, Bd. 82, 1923, S. 46—52.
CONRAD, KLAUS: Der Konstitutionstypus als genetisches Problem. Versuch einer genetischen Konstitutionslehre. — Julius Springer, Berlin, 1941.
— Über das Prinzip der Vorgestaltung in der Hirnpathologie. — Deutsche Ztschr. f. Nervenheilkunde, Bd. 164, 1950, S. 66—70.
— Über den Abbau der differentialen und integralen Gestaltfunktion durch Gehirnläsion. — Psyche Bd. 3 (Lambert Schneider, Heidelberg), 1949, S. 26—33.
CRONBACH, LEE J.: Statistical Methods Applied to Rorschach Scores: A Review. — Psychological Bulletin, APA, Vol. 46, 1949, S. 393—429. — (Dasselbe in: MURSTEIN, B.J. (editor): Handbook of projective techniques. — Basic Books, New York, 1965.

DAHLGREN, KARL GUSTAV: On Suicide and Attempted Suicide. — Ph. Lindstedts Univ.-Bokhandel, Lund, 1945.
DAVID, HENRY P., ORNE, MARTIN and RABINOWITZ, WILLIAM: Qualitative and Quantitative Szondi Diagnosis. — Journ. of. Proj. Techniques, Vol. 17, 1953, S. 75—78.
DELAY, J., PICHOT, P., LEMPÉRIÈRE, T. et PERSE, J.: Le Test de Rorschach dans les Psychoses organiques. — Rorschachiana V, Hans Huber, Bern, 1959, S. 27—159.
— Le Test de Rorschach et la Personnalité épileptique. — Presses Universitaires de France, Paris, 1955.
DELBRÜCK, HANS: Über die körperliche Konstitution bei der genuinen Epilepsie. — Archiv f. Psychiatrie und Nervenkrankheiten, Bd. 77, 1926, S. 555—572.
DIAMOND, EDWIN: Vore Drömme (Unsere Träume, dänisch). — Fremad, København, 1964. (Titel des Originals: The Science of Dreams, New York, 1962.)
DOLLARD, JOHN; DOOB, LEONHARD W.; MILLER, NEAL E.; MOWRER, O. H.; SEARS, ROBERT R.: Frustration and Aggression. — The Institute of Human Relations, Yale University Press, New Haven, 5. Aufl., 1945.

Due, F. O. and Wright, M. E.: The Use of Content Analysis in Rorschach Interpretation: 1. Differential Characteristics of Male Homosexuals. — Rorschach Res. Exch. IX, 1945, S. 169—177.
Dworetzki, Gertrude: Le test de Rorschach et l'évolution de la perception. Etude expérimentale. — Arch. de Psychologie, Genève, Bd. 27, 1939.

Ehrenfels, Christian von: Über Gestaltqualitäten. — Vierteljahrsschr. f. wissensch. Philosophie, 1890.
Ellenberger, Henri: The Life and Work of Hermann Rorschach (1884—1922). — Bulletin of the Menninger Clinic, Vol. 18, Nr. 5, September 1954.
Emde Boas, Conrad van und Steenderen, E. van: Betrachtungen zum Problem der Rorschach-Diagnostik der männlichen Homosexualität mit einem kasuistischen Beitrag. — Psychiatria, Neurologia, Neurochirurgia, Bd. 65, 1962, S. 181—200.
Enke, Willi: Die Konstitutionstypen im Rorschach'schen Experiment. — Zeitschr. f. d. ges. Neurologie u. Psychiatrie, Bd. 108, 1927, S. 645—674.
Eriksson, Albert: Rorschachs formtydningsförsök. En översikt och ett bidrag till rorschachtesting av barn. — Tidskrift för Psykologi och Pedagogik I, Göteborg, 1943.
Ewald, G.: Temperament und Charakter. — Julius Springer, Berlin, 1924.

Faergeman Poul M.: De psykogene Psykoser (dänisch). — Ejnar Munksgaard, Kopenhagen, 1945.
— Psychogenic Psychoses. — Butterworths, London, 1963.
Federn, Paul: Ich-Psychologie und die Psychosen. — Hans Huber, Bern, 1956.
Fenichel, Otto: The Psychoanalytic Theory of Neurosis. — Routledge & Kegan Paul, London, 1955.
Ferenczi, S.: Populäre Vorträge über Psychoanalyse. — Intern. Psychoanalytischer Verlag, Wien, 1922.
Fisher, Charles: Journ. of the Am. Psychoanal. Ass., July 1954.
Fisher, Jerome and Gonda, Thomas A.: Neurologic Techniques and Rorschach Test in Detecting Brain Pathology. — Archives of Neurology and Psychiatry, Vol. 74, 1955, S. 117—124.
Flugel, J. C.: Man, Morals and Society, schwedische Ausgabe: Människan, Moralen och Samhället. — Natur och Kultur, Stockholm, 1946.
Ford, Mary: The Application of the Rorschach Test to Young Children. — The University of Minnesota Press, Minneapolis, 1946.
Forel, August: Der Hypnotismus oder die Suggestion und die Psychotherapie. — Ferdinand Enke, Stuttgart, 1919.
Fosberg, Irving A.: An experimental Study of the reliability of the Rorschach psychodiagnostic technique. — Rorschach Research Exchange, Vol. V, 2, 1941, S. 72—84.
Framo, J. L.: A tachistoscopic study of perceptual development in human adults. — Presented at the 1952 APA meeting in Washington, D. C.
— Structural aspects of perceptual development in normal adults: a tachistoscopic study with the Rorschach technique. — Ph. D. diss. University of Texas, Austin, Texas, 1952.
Frank, Lawrence K.: Projective Methods. — Charles C. Thomas, Springfield (Illinois), 1948.
— Society as the patient. — Rutgers University Press, New Brunswick, N. J., 1949.
Fränkel, Fritz und Benjamin, Dora: Die Kritik der Versuchsperson beim Rorschach'schen Formdeutversuch. — Schweizer Archiv f. Neur. u. Psychiatrie, Bd. 33, 1934, S. 9—14.
Franér, Paul: Preliminära undersökningar rörande den subvalida personlighetens reaktioner på rorschachtestet (Vorläufige Untersuchungen über die Reaktionen der subvaliden Persönlichkeit auf den Rorschach-Test, schwedisch). — Bisher ungedruckte Abhandlung, Lund.
Frenkel-Brunswick, E.: Intolerance of ambiguity as an emotional and perceptual personality variable. — Journ. Pers., Bd. 18, 1949, S. 108—143.
Freud, Anna: Das Ich und die Abwehrmechanismen. - Internat. Psychoanalytischer Verlag, Wien, 1936.
Freud, Sigmund: Das Ich und das Es. Gesammelte Werke, Bd. 13. — Imago Publishing Co., London, 1940.
— Das Unbehagen in der Kultur. — Intern. Psychoanalytischer Verlag, Wien, 1930.
— Der Witz und seine Beziehung zum Unbewussten. — Franz Deuticke, Wien, 1905.
— Die Traumdeutung. — Franz Deuticke, Wien, 1930.
— Formulierungen über die zwei Prinzipien des psychischen Geschehens. Gesammelte Werke, Bd. 8. — Imago Publishing Co., London, 1943.
— Gesammelte Werke, Bd. 6. — Imago Publishing Co., London, 1940.
— Gesammelte Werke, Bd. 12. — Imago Publishing Co., London, 1947.
— Gesammelte Werke, Bd. 14. — Imago Publishing Co., London, 1948.
— Massenpsychologie und Ich-Analyse. — Intern. Psychoanalytischer Verlag, Wien, 1923.
— Metapsychologische Ergänzung zur Traumlehre. Gesammelte Werke, Bd. 10. — Imago Publishing Co., London, 1946.
— Neue Folge der Vorlesungen zur Einführung in die Psychoanalyse. Gesammelte Werke, Bd. 15. — Imago Publishing Co., London, 1940.
— Trauer und Melancholie. Gesammelte Werke, Bd. 10, S. 428—446. — Imago Publishing Co., London, 1946.
— Vorlesungen zur Einführung in die Psychoanalyse. Gesammelte Werke, Bd. 11. — Imago Publishing Co., London, 1940.

FREY, TORSTEN SVENSON: Electroencephalographic Study of Neuropsychiatric Disorders. — Supplementum 42 der Acta Psychiatrica et Neurologica, Stockholm, 1946.
— Über psychische Insuffizienzzustände und Elektroencephalogramm. — Archiv für Psychiatrie und Zeitschrift für Neurologie, Bd. 183, 1949, S. 64—70.
FRIEDEMANN, ADOLF: Bemerkungen zu Rorschach's Psychodiagnostik. — Rorschaniana II, Hans Huber, Bern, 1947.
FRIEDMANN, WERNER: Die Bewegungs- und Dynamik-Deutungen im Rorschach-Test. — Rorschachiana, Vol. I, 1952, S. 127—152.
FRÖBÄRJ, GÖSTA: A list of items for studies of the validity of the Rorschach method. — Unveröffentlichtes MS.
— Karbamazepin — antiepilepticum med brett indikationsomtade även inom psykiatrin. En orienterende redogörelse med kasuistik. — Nordisk psykiatrisk tidsskrift, 1971, S. 448—454.
— Komplettering av Rorschachmetoden. — Psykolognytt, 1962. (Schwedisch.)
— Teckenanalys av Rorschach-protokoll. — Unveröffentlichtes MS. (Schwedisch.)
FROMM, ERICH: The Fear of Freedom. — Kegan Paul, Trench, Trubner & Co., London, 1945.
FURRER, ALBERT: Der Auffassungsvorgang beim Rorschach'schen psychodiagnostischen Versuch. — Buchdruckerei zur alten Universität, Zürich, 1930.
GABEL, JOSEPH: Symbolisme et schizophrénie. — Schweizerische Zeitschr. f. Psychologie, Bd. 7, 1948, S. 268—286.
GÄRDEBRING, OLOV G.: High P% in the Rorschach Test. — Zeitschr. f. Diagn. Psychologie und Persönlichkeitsforschung, Vol. II, 1954, S. 142—143.
GEBHART, VERENA: Zum Problem der intellektuellen Entwicklung im Rorschach'schen Formdeutversuch. — Monatsschrift f. Psychiatrie und Neurologie, Vol. 124, 1952, S. 91—125.
GERÖ, GEORG: Der Aufbau der Depression. — Intern. Zeitschr. f. Psychoanalyse, Bd. 22, 1936, S. 379—408.
GOLDKUHL, ERIK: Efterkrigspsykiatri, in: Festskrift till Henrik Sjöbring. — Gleerup, Lund, 1944.
— Funktionellt eller organiskt? — Svenska Läkartidning, Stockholm, 1943, Nr. 20.
— Rorschach-Tests bei Epilepsie, nebst einer grundsätzlichen Untersuchung. — Uppsala Läkareförenings Förhandlingar, Bd. 51, Uppsala, 1946, S. 283—311.
— Über Demenzzustände bei Psychosis manico-depressiva. — Uppsala Läkareförenings Förhandlingar, Bd. 48, Uppsala, 1943, S. 145—164.
GOLDSTEIN, K. und ROSENTHAL, O.: Zum Problem der Wirkung der Farben auf den Organismus. (Auf Grund von Untersuchungen über die Farbeinwirkung auf Abweichen, Grössen- und Zeitschätzung etc. bei Cerebellar- und Frontalhirnerkrankungen.) — Schweizer Archiv f. Neur. u. Psychiatrie, Bd. 26, 1930, S. 3—26.
GOLDSTEIN, KURT and SCHEERER, MARTIN: Abstract and Concrete Behavior. An Experimental Study with Special Tests. Psychological Monographs. — The American Psychological Association, Northwestern University, Evanston, Illinois, 1947.
GRABOWSKY, ADOLF: Die Politik. Ihre Elemente und ihre Probleme. — Pan-Verlag, Zürich, 1948.
GRANICK, SAMUEL: Studies in the Psychology of Senility. A Survey. — Journal of Gerontology, Vol. 5, Nr. 1, January, 1950.
GRIFFITH, R. M.: The test-retest similarities, Korsakoff. — Journ. of Proj. Techniques, Vol. 15, 1951, S. 516—525.
GRODDECK, GEORG: Das Buch vom Es. — Intern. Psychoanalytischer Verlag, Wien, 1926.
GUILFORD, J. P.: Persönlichkeit. — Julius Beltz, Weinheim (Bergstr.), 1965.
GUIORA-HELLER, MARTHA: Beitrag zur Psychodiagnostik der Epilepsie im Kindesalter an Hand des Rorschach'schen Formdeutversuchs. — S. Karger, Basel, 1962.
GUIRDHAM, ARTHUR: On the Value of the Rorschach Test. — The Journal of Mental Science, Bd. 81, 1935, S. 848—869.
— The Diagnosis of Depression by the Rorschach-Test. — The British Journal of Medical Psychology, Bd. 16, 1937, S. 130—145.
— The Rorschach Test in Epileptics. — The Journal of Mental Science, Bd. 81, 1935, S. 870—893.
HATTINGBERG, HANS VON: Psychoanalyse und verwandte Methoden, in: BIRNBAUM: Die psychischen Heilmethoden. — Georg Thieme, Leipzig, 1927.
HEHLMANN, WILHELM: Geschichte der Psychologie. — Alfred Kröner, Stuttgart, 1963.
HELLPACH, WILLY: Klinische Psychologie. Georg Thieme, Stuttgart, 1949.
— Über Amphithymie (Zwiemut). — Neurologisches Centralblatt, Bd. 38, 1919, S. 720/721. (Eigenreferat.)
HERTZ, MARGUERITE R.: The „Popular" Response Factor in the Rorschach Scoring. — The Journal of Psychology, Bd. 6, 1938, S. 3—31.
HERTZ, M. R. and RUBENSTEIN, B.: A comparison of Three „Blind" Rorschach Analyses. — American Journal of Orthopsychiatry, Vol. 9, 1939, S. 295—315.
HEYER, GUSTAV: Das körperlich-seelische Zusammenwirken in den Lebensvorgängen. — München, 1925.
HIRSCHFELD, MAGNUS: Geschlechtskunde, 3. Band. — Julius Püttmann, Stuttgart, 1930.
— Sexualwissenschaftlicher Bilderatlas zur Geschlechtskunde. — Julius Püttmann, Stuttgart, 1930.

Hirschfeld,Magnusn Gndötz, Berndt: Sexua lgeschichteder Menschheit. — Dr. P. Langenscheidt, Berlin, 1929.
Hoel, Nic: Pseudodebilitet. — Svenska Läkartidning, Bd. 35, 1938, S. 1521—1531.
Hoff, Hans et alii: Lehrbuch der Psychiatrie, 2 Bände. — Benno Schwabe & Co., Basel, 1956.
Holley, Jaspers Wilson and Fröbärj, Gösta: The Application of Q-R factoring to the problems of validating projective tests. — Unveröffentlichtes MS.
Holley, Jasper Wilson, Fröbärj, Gösta, Ekberg, Kerstin: A Study of the validity of the Rorschach test. — Unveröffentlichtes MS.
Holt, Robert R.: Implications of Some Contemporary Personality Theories of Rorschach Rationale, in: Klopfer, Bruno et alii: Developments in the Rorschach Technique. — World Book Company, New York, 1954, S. 501—560.
— Primary and Secondary Processes in Rorschach Responses. — Journ. of Proj. Techniques, Vol. 20, 1956, S. 14—25.
Holzberg, Jules D.: Reliability re-examined, in: Rickers-Ovsiankina, Maria A.: Rorschach Psychology. — John Wiley & Sons, New York, 1960.
Horn, A. und Bona, G.: Persönlichkeitsunteruschungen mit dem Rorschach-Test bei bewegungsbehinderten Kindern. — Schweiz. Ztschr. f. Psychologie, Bd. 28, 1969, S. 39—48.
Horney, Karen: Den Neurotiska Nutidsmänniskan (The Neurotic Personality of Our Time). — Natur och Kultur, Stockholm, 1948.

Israel, Joachim: Socialpsykologi, Teori, Problem, Forskning. — Svenska Bokförlaget (Norstedts), Stockholm, 1963.

Jaffé, Aniela: Untersuchungen im Altersheim über die Psychologie des alten Menschen. Gespräche und Rorschach-Test, in: Vettiger, Jaffé, Vogt: Alte Menschen im Altersheim. — Benno Schwabe & Co., Basel, 1951.
Janz, Dieter: Gezielte Therapie der Epilepsien. — Die Medizinische Welt, 1962, S. 629—635.
— The Grand Mal Epilepsies and the Sleeping-Waking Cycle. — Epilepsia, Bd. 3, 1962, S. 69—109.
Jaspers, Karl: Allgemeine Psychopathologie. — Julius Springer, Berlin, 1920, 8. Aufl., 1965.
Jørgensen, Jørgen: Psykologi paa Biologisk Grundlag. — Ejnar Munksgaard, København, 1941 bis 1946. (Dänisch.)
Jung, C. G.: Die psychologische Diagnose des Tatbestandes. — Rascher, Zürich, 1941.

Kadinsky, David: Projective Techniques — Objective Assessment or Subjective Understanding? — Rorschachiana IX, Hans Huber, Bern, Stuttgart, Vienna, 1970, S. 40—50.
— Rorschach — Amerika und Europa: eine kritische Betrachtung. — VIe Congrès International du Rorschach et des Méthodes Projectives, Comptes Rendus, Vol. 3. Société Française du Rorschach et des Méthodes Projectives, Paris, 1968, S. 241—251.
— Schichtstruktur im Rorschach. — Rorschachiana V, Hans Huber, Bern, 1959, S. 220—236.
— Strukturelemente der Persönlichkeit. — Hans Huber, Bern, 1963.
— Zum Problem der Bewegungsdeutungen im Rorschach. — Ztschr. f. Diagn. Psychologie und Persönlichkeitsforschung, Vol. IV, 1956, S. 218—237 und 311—331.
Kaila, Eino: Personlighetens Psykologi. — Söderström & Co., Helsingfors, 1943.
Kaila, Kauko K.: Über den zwangsneurotischen Symptomenkomplex. — Ejnar Munksgaard, Kopenhagen, 1949.
Kahn, Eugen: Die psychopathischen Anlagen, Reaktionen und Entwicklungen, in: Bumke's Handbuch der Geisteskrankheiten, Bd. 5, Berlin, 1928.
Kant Immanuel: Anthropologie in pragmatischer Hinsicht, herausgegeben von J. H. von Kirchmann, Erich Koschny, Leipzig, 1880.
Katz, David: Der Aufbau der Farbwelt. — Leipzig, 1930.
— Gestaltspsychologie. — Benno Schwabe & Co. Basel, 1944, 3. Aufl. 1961.
— Handbok i psykologi. — Svenska Bokförlaget, Bonniers, Stockholm, 1950.
— Mensch und Tier. — Conzett & Huber, Zürich, 1948.
Katz, David und Korjus, Georg: Muskeltonus der Hand und Sicherheitsmarginal. — Acta paediatrica, 1943, S. 378—397.
Kelley, D. M., Margulies, H. and Barrera, S. E.: The Stability of the Rorschach method as demonstrated in electric convulsive therapy cases. — Rorschach Research Exchange, Vol. 5, 1941, S. 35—43.
Keller, A.: Kind und Umwelt, Anlage und Erziehung. Deuticke, Leipzig, 1930.
Kerr, Madeline: The Rorschach Test applied to children. — British Journal of Psychology, Bd. 25, 1935, S. 170—185.
Kielholz, Arthur: Verhütung von Verbrechen bei Psychosen, in: Meng: Die Prophylaxe des Verbrechens. — Benno Schwabe & Co., Basel, 1948.
Kikuchi, Tetsuhiko, Kitamura, S. and Oyama, M.: Rorschach performance in alcoholic intoxication. — Tohoku Psychol., Folia 20, 1961, S. 45—71, referiert in Schweiz. Ztschr. f. Psychol., Bd. 21, 1962, S. 394/395.

KINBERG, OLOF: Det biopsykologiska Konstitutionsproblemet, in: Människokunskap och människobehandling. — Bonniers, Stockholm, 1941.
KLAGES, LUDWIG: Die Grundlagen der Charakterkunde. — Johann Ambrosius Barth, Leipzig, 1928.
— Handschrift und Charakter. — Johann Ambrosius Barth, Leipzig, 1923.
— Was die Graphologie nicht kann. — Speer, Zürich, 1949.
KLEIN, GEORGE S.: Need and regulation, in: JONES: Nebraska Symposiun on motivation. — Lincoln, Nebr., 1954.
— The personal world through perception, in: BLAKE and RAMSEY: Perception, An Approach to Personality, S. 328—355. — The Ronald Press Comp., New York, 1951.
KLEIST, KARL: Episodische Dämmerzustände. — Georg Thieme, Leipzig, 1926.
— Über zykloide, paranoide und epileptoide Psychosen und über die Frage der Degenerationspsychosen. — Schweizer Archiv für Neurologie und Psychiatrie, Bd. 23, 1928, S. 3—37.
KLOPFER, BRUNO und KELLEY, DOUGLAS MC GLASHAN: The Rorschach Technique. — World Book Company, Yonkers-on-Hudson, New York, 1942.
KLOPFER, BRUNO, AINSWORTH, MARY D., KLOPFER, WALTER G., HOLT, ROBERT R.: Developments in the Rorschach Technique. — World Book Company, Yonkers-on-Hudson, New York, 1954.
KLOPFER, WALTER: Personality Patterns of Old Age. — Rorschach Research Exchange, Vol. 10, 1946, S. 145—166.
KOCH, GERHARD: Zur Klinik und Genetik der Krampfbereitschaft, in: Mehrdimensionale Diagnostik und Therapie, Festschrift für ERNST KRETSCHMER. — Georg Thieme, Stuttgart, 1958.
KOCH, KARL: Der Baumtest, Der Baumzeichenversuch als psychodiagnostisches Hilfsmittel. — Hans Huber, Bern, 1949, 3. Aufl. 1957.
KÖHLER, WOLFGANG: Das Wesen der Intelligenz, in: KELLER, A.: Kind und Umwelt, Anlage und Erziehung — Deuticke, Leipzig, 1930.
— Dynamics in Psychology. — Faber and Faber, London, 1942.
— Gestalt Psychology. — Liveright Publishing Corporation, New York, 1945.
KOTTENHOFF, HEINRICH: Reliability and Validity of the Animal Percentage. — Acta Psychologica 22, 1964, S. 387—406. — North Holland Publishing Co.
KRAGH, ULF: Einige Bemerkungen über das aktualgenetische Modell der Perzeption und der Persönlichkeit. — Vita Humana, Bd. 4, 1961, S. 166—172.
— Pathogenesis in Dipsomania. — Acta Psychiatrica et Neurologica Scandinavica, Vol. 35, 1960, S. 207—222, 262—288 und 480—497.
— Rapport entre la Perception et la Personnalité. — Scientia, 1963.
— The Actual-genetic Model of Perception-Personality. — C. W. K. Gleerup, Lund und Ejnar Munksgaard, Kopenhagen, 1955.
— Types of Pre-Cognitive Defensive Organization in a Tachistoscopic Experiment. — Journ. of Proj. Techniques, Vol. 23, 1959, Nr. 3, S. 315—322.
KRAGH, ULF and SMITH, GUDMUND: Accessorial and inclusive Approaches to marginal perceptual Phenomena. — Psychological Research Bulletin, Vol. III, Nr. 3, Lund University, 1963.
KRAGH, ULF and SMITH GUDMUND (editors): Percept-Genetic Analysis. — Gleerups, Lund, 1970.
KRETSCHMER, ERNST: Gedanken über die Fortentwicklung der psychiatrischen Systematik. — Zeitschrift f. d. ges. Neur. u. Psychiatrie, Bd. 48, 1919, S. 370—377.
— Körperbau und Charakter. — Julius Springer, Berlin, 1944.
— Medizinische Psychologie. — Georg Thieme, Leipzig, 1939.
KREVELEN, D. A. VAN: Der Rorschach-Test im Fröbelalter. — Rorschachiana II, Hans Huber, Bern, 1947.
KRONFELD, ARTHUR: Psychagogik oder psychotherapeutische Erziehungslehre, in: BIRNBAUM: Die psychischen Heilmethoden. — Georg Thieme, Leipzig, 1927, S. 368—458.
KUHN, ROLAND: Der Rorschach'sche Formdeutversuch in der Psychiatrie. — S. Karger, Basel, 1940.
— Grundlegende statistische und psychologische Aspekte des Rorschach'schen Formdeutversuches. — Rorschachiana, Vol. I, 1952, S. 320—323.
— Über einen Fall von Nykturie. — Monatsschrift f. Psychiatrie und Neurologie, Bd. 107, 1943.
— Über Maskendeutungen im Rorschach'schen Versuch. — S. Krager, Basel, 1944, 2. Aufl. 1954.
— Über Rorschach's Psychologie und die psychologischen Grundlagen des Formdeutversuches, in: Psychiatrie und Rorschach'scher Formdeutversuch. — Orell Füssli, Zürich, 1944.
KÜLPE, OSWALD: Versuche über Abstraktion. — Bericht über den 1. Kongress für experimentelle Psychologie, Leipzig, 1904, S. 56.
KÜNZLER, WERNER: Über Blutdeutungen im Rorschach'schen Formdeutversuch. — Hans Huber, Bern, 1963.
KURSAWE, ECKEHARD: Die epileptische Wesensänderung und Fragen ihrer Genese im Gestaltlegetest (GLT) und Rorschach-Test. — Unveröffentlichte Diss., Graz, 1965.

L'ABATE, LUCIANO: Principles of Clinical Psychology. — Grune & Stratton, New York, 1964.
LABHARDT, F.: Die schizophrenieähnlichen Emotionspsychosen. — Springer, Berlin, Göttingen, Heidelberg, 1963.

LAIGNEL-LAVASTINE, MINKOWSKA, BOUVET et NEVEU: Le Test de Rorschach et la Psychopathologie de la Schizophrénie. — Rorschachiana I, Hans Huber, Bern, 1945, S. 35—89.
LANDOLT, H.: Die Temporallappenepilepsie und ihre Psychopathologie. — Basel, 1960.
LANG, ALFRED: Rorschach-Bibliographie 1921-1964. — Hans Huber, Bern, 1966.
LANGDON-DOWN, M. and BRAIN, W. R.: Time of day in relation to convulsion in epilepsy. — Lancet, 1929, S. 1029—1032.
LAWRENCE, M.: Studies in Human Behavior. — University Press, Princeton, 1949.
LEDER, ALFRED: Zur testpsychologischen Abgrenzung und Bestimmung der Aufwachepilepsie vom Pyknolepsie-Typ; unveröffentlichte Diss., Zürich, 1966.
— Aufwachepilepsie. — Hans Huber, Bern und Stuttgart, 1969.
LENNOX, WILLIAM GORDON and LENNOX, MARGARET A.: Epilepsy and Related Disorders. — J. and A. Churchill, London, 1960.
LENNEP, D. J. VAN: Projektion und Persönlichkeit, in: v. BRACKEN und DAVID: Perspektiven der Persönlichkeitstheorie. — Hans Huber, Bern, 1959, S. 206—218.
LEVINE, MAURICE: Psykoterapi i Medicinsk Praktik (Psychotherapy in Medical Practice). — Natur och Kultur, Stockholm, 1946.
LEWIN, KURT: Feldtheorie in den Sozialwissenschaften. — Hans Huber, Bern und Stuttgart, 1963.
LIENERT, GUSTAV A.: Testaufbau und Testanalyse. Julius Beltz, Weinheim, Berlin, 1961.
LIENERT, G. A. und MATTHAEI, F. K.: Die Konkordanz von Rorschach-Ratings. — Ztschr. f. Diagn. Psychologie und Persönlichkeitsforschung, Vol. VI, 1958, S. 228—241.
LINDBERG, BENGT J.: Experimental Studies of Colour and Non-Colour Attitude in School-Children and Adults. — Munksgaard, Copenhagen, 1938.
LINDNER, R. M.: Analysis of Rorschach Test by Content. — J. Clin. Psych., Vol. 8, 1947.
— Content Analysis in Rorschach Work. — Rorschach Research Exchange X, 1946, S. 121—129.
LINCKE, HAROLD: Die frühesten Formen der Identifikation und die Über-Ich-Bildung. — Schweiz. Ztschr. f. Psychologie, Bd. 22, 1963, S. 338—348.
— Aggression und Selbsterhaltung, in: ALEXANDER MITSCHERLICH: Bis hierher und nicht weiter. — R. Piper & Co., München, 1969.
LOEPFE, ADOLF: Über Rorschach'sche Formdeutversuche mit 10—13jährigen Knaben. — Zeitschr. f. angewandte Psychologie, Bd. 26, 1925, S. 202—253.
LOOSLI-USTERI, MARGUERITE: Der Rorschach-Test als Hilfsmittel des Kinderpsychologen. — Schweizerische Zeitschr. f. Psychologie, Bd. 1, Bern, 1942, S. 86—93.
— Le diagnostic individuel chez l'enfant au moyen du Test de Rorschach. Paris, 1938.
— Le Test de Rorschach. — Internat. Zeitschr. f. Erziehungswissenschaft (Otto Müller, Salzburg), Bd. 5.
— Le test de Rorschach appliqué à differents groupes d'enfants de 10—13 ans. — Archives de Psychologie, Bd. 22, 1929, S. 51—106.
— Manuel pratique du Test de Rorschach. — Hermann, Paris, 1958. — Deutsch: Praktisches Handbuch des Rorschach-Tests. — Hans Huber, Bern, 1961.

MAHLER-SCHOENBERGER, M. und SILBERPFENNIG, I.: Der Rorschach'sche Formdeutversuch als Hilfsmittel zum Verständnis der Psychologie Hirnkranker. — Schweizer Archiv f. Neur. u. Psychiatrie, Bd. 40, 1937, S. 302—327.
MÄKELÄ, VÄINÖ: Über die Abgrenzung der Neurosen und ihre Einteilung in Untergruppen mit besonderer Berücksichtigung der Formen, die den endogenen Psychosen nahestehen, in: Report on the Seventh Congress of Scandinavian Psychiatrists held in Oslo. — Ejnar Munksgaard, Copenhagen, 1938, S. 353—380.
MASTERS, WILLIAM H. and JOHNSON, VIRGINIA E.: Human Sexual Response. — Little, Brown & Co., Boston, Mass., 1966. — Deutsch: Die sexuelle Reaktion. — Akademische Verlagsgesellschaft, Frankfurt a. M., 1967.
MATTHAEI, F. K. und LIENERT, G. A.: Die Übereinstimmung in der Deutung von Rorschach-Protokollen bei Experten und Studenten. — Rorschachiana VII, Hans Huber, Bern, 1960, S. 29—35.
MAYER-GROSS, W., SLATER, E. and ROTH, M.: Clinical Psychiatry, 2. Aufl. — Cassell, London, 1960.
McCLELLAND, DAVID C.: Auf dem Wege zu einer Naturwissenschaft der Persönlichkeitspsychologie, in: VON BRACKEN und DAVID: Perspektiven der Persönlichkeitstheorie. — Hans Huber, Bern, 1959, S. 270—288.
MEILI, RICHARD: Grundlegende Eigenschaften der Intelligenz. — Schweizerische Zeitschrift f. Psychologie, Bd. 2, 1944, S. 166—175 und 265—271.
— Lehrbuch der psychologischen Diagnostik. — Hans Huber, Bern, 1951; 4. Aufl. 1961.
MEILI, RICHARD und ROHRACHER, HUBERT: Lehrbuch der experimentellen Psychologie. — Hans Huber, Bern, 1963.
MEILI-DWORETZKI, GERTRUDE: Versuch einer Analyse der Bewegungsdeutungen im Rorschach-Test nach genetischen Gesichtspunkten. — Schweizerische Zeitschr. f. Psychologie, Bd. 11, S. 265—282.
MELTZOFF, J., SINGER, J. L. and KORCHIN, S. J.: Motor inhibition and Rorschach movement responses: a test on the sensoritonic theory. — J. of Pers., Vol 21, 1953, S. 400—410.

MEREI, FERENC: Der Aufforderungscharakter der Rorschach-Tafeln. — Magyar Psychological Szemle, 1947, Nr. 3—4; deutsch von STEFAN NEIGER, Institut für Psychodiagnostik und angewandte Psychologie, Innsbruck, 1953.
MERIAN, DORIS: Über freches Verhalten im Kindesalter. — Hans Huber, Bern, 1956.
MESCHIERI, L.: Humeur et interprétations des mouvements d'extension et de flexion au test de Rorschach. — Contributi d. Istit. Nazion. Psicologia d. Consiglio nazion. Ricerche, Rom, 1950.
METZGER, WOLFGANG: Gesetze des Sehens. — W. Kramer & Co., Frankfurt a. M., 1936.
— Psychologie, 2. Aufl. — Steinkopf, Darmstadt, 1954.
MEYERHOFF, HORST: Der Gestaltwandel bei den Deutungsleistungen von Hirnverletzten im Rorschach-Test. — Archiv f. Psychiatrie und Neurologie, Bd. 189, 1952, S. 135—146.
MICHEL, LOTHAR: Zuverlässigkeit und Gültigkeit von quantitativen Intelligenz-Diagnosen aus dem Rorschach-Test. — Diagnostica, Bd. VII, 1961, S. 44—60.
MILLER, JAMES G.: Clinical Psychology in the Veterans Administration. — The American Psychologist Bd. I, 1946, S. 181—189.
— Unconscious Processes and Perception, in: BLAKE and RAMSEY: Perception, An Approach to Personality, S. 258—282. — Ronald Press, New York, 1951.
MILLER, N. E. et alii: Displacement. — J. Exp. Psychol., Vol. 43, 1952, S. 217—231.
MINKOWSKA, F.: L'Epilepsie essentielle, sa psycho-pathologie et le test de Rorschach. — Annales médicopsychologiques, 1946, S. 321—355.
MITSCHERLICH, ALEXANDER: Bis hierher und nicht weiter. — R. Piper & Co., München, 1969.
MOHR, PETER: Die Inhalte der Deutungen beim Rorschach'schen Formdeutversuch und ihre Beziehungen zur Versuchsperson. — Schweizer Archiv f. Neur. u. Psychiatrie, Bd. 47, 1941, S. 237—270.
— Die schwarze und dunkle Farbe der Rorschach-Tafeln. — Rorschachiana II, Hans Huber, Bern, 1947, S. 24—36.
— Die schwarze und sehr dunkle Tönung der Rorschach'schen Tafeln und ihre Bedeutung für den Versuch, in: Psychiatrie und Rorschach'scher Formdeutversuch. — Orell Füssli, Zürich, 1944, S. 122–133.
MONNIER, MARCEL: Le test psychologique de Rorschach. — L'Encéphale, Bd. 29, 1934, S. 189—201 und 247—270.
MORGENTHALER, WALTER: Der Kampf um das Erscheinen der Psychodiagnostik. — Zeitschr. f.Diagn. Psychologie und Persönlichkeitsforschung, Vol. II, 1954, S. 255—262.
— Einführung in die Technik von Rorschach's Psychodiagnostik, in: RORSCHACH: Psychodiagnostik, Hans Huber, Bern, 1941 ff., S. 217—234.
— Über Modifikationen beim Rorschach. — Rorschachiana II, Hans Huber, Bern, 1947.
MOSER, ULRICH: Grundlagen projektiver Testverfahren. — Vorlesung, Zürich, 1965.
— Neurosenlehre. — Vorlesung, Zürich, 1964.
— Psychologie der Partnerwahl. — Hans Huber, Bern, 1957.
MÜLLENER, EDUARD: Rorschach-Befunde bei Farbblindheit. — Zeitschr. f. Diagn. Psychologie und Persönlichkeitsforschung, Vol. IV, 1956, S. 3—23.
MÜLLER, MAX: Der Rorschach'sche Formdeutversuch, seine Schwierigkeiten und Ergebnisse. — Zeitschrift f. d. ges. Neur. u. Psychiatrie, Bd. 118, 1929, S. 598—620.
MÜLLER, W. H. und ENSKAT, A.: Graphologische Diagnostik. — Hans Huber, Bern und Stuttgart, 1961.
MUNZ, EMIL: Die Reaktion des Pyknikers im Rorschach'schen psychodiagnostischen Versuch. — Zeitschr. f. d. ges. Neur. u. Psychiatrie, Bd. 91, 1924, S. 26—92.
MURPHY, GARDNER: Personality, A Biosocial Approach to Origins and Structure. — New York, 1947.
MURRAY, HENRY A.: Thematic Apperception Test. — Harvard University Press, Cambridge, Mass., 1943.

NEIGER, STEFAN: Spezifische Reaktionen und besondere Phänomene im Rorschach-Versuch, 2. Aufl. — Als Manuskript gedruckt, Institut f. Psychodiagnostik und angewandte Psychologie, Innsbruck.
NEIGER, STEPHEN: Introduction to the Rorschach Psychodiagnostic, Part II, Specific Reactions. — Stenziliertes Manuskript, Toronto Psychiatric Hospital, Toronto, 1956.
NEIGER, STEPHEN, SLEMON, ALAN G. and QUIRK, DOUGLAS A.: The Performance of „Chronic Schizophrenic" Patients on Piotrowski's Rorschach Sign List for Organic CNS Pathology. — Journ. of Proj. Techniques, Vol 26, 1962, S. 419—428.
NEWCOMB, THEODORE M.: Social Psychology. — Routledge & Kegan Paul, London, 1963.
NUNBERG, HERMANN: Allgemeine Neurosenlehre auf psychoanalytischer Grundlage. — Hans Huber, Bern, 1932.
NYMAN, ALF.: Nya Vägar inom Psykologien. — P. A. Norstedt & Söner, Stockholm, 1946: — deutsch: Die Schulen der neueren Psychologie. — Hans Huber, Bern, 1966.

OBERHOLZER, EMIL: Zur Differentialdiagnose organisch-psychischer und psychogen bedingter Störungen nach Schädel- und Hirntraumen vermittels des Rorschach'schen Formdeutversuches. — Bericht am I. intern. neurol. Kongress in Bern, 1931. Zentralbl. f. d. ges. Neur. u. Psych., Bd. 61, 1932, S. 507.
— Zur Differentialdiagnose psychischer Folgezustände nach Schädeltraumen mittels des Rorschach-schen Formdeutversuchs. — Zeitschr. f. d. ges. Neur. u. Psychiatrie, Bd. 136, 1931, S. 596—629.

Pfister, Oskar: Ergebnisse des Rorschach'schen Versuches bei Oligophrenen. — Allgemeine Zeitschrift f. Psychiatrie, Bd. 82, 1925, S. 198—223.
Piaget, Jean: La psychologie de l'intelligence. — Coll. Arman Colin, Paris, 1947, deutsch: Psychologie der Intelligenz. — Rascher, Zürich und Stuttgart, 1966.
— Les mécanismes perceptives. — Presses Universitaires de France, Paris, 1961.
Piotrowski, Zygmunt A.: A Rorschach Compendium. — Revised and enlarged. — The Psychiatric Quarterly, Vol. 24, 1950, S. 543—596.
— Mutual Dependency of Theory and Technique in Projective Personality Tests, in: Rorschachiana IX. — Hans Huber, Bern, Stuttgart, Vienna, 1970, S. 25—29.
— Perceptanalysis. — The Macmillan Company, New York, 1957.
— The Movement Score, in: Rickers-Ovsiankina, Maria A.: Rorschach Psychology. — John Wiley & Sons, New York, 1960, S. 130—153.
Piotrowski, Zygmunt A.: The Rorschach Inkblot Method in Organic Disturbances of the Central Nervous System. — The Journ. of Nervous and Mental Disease, Vol. 86, 1937, S. 525—537.
Porteus, Stanley D.: The Maze Test and Mental Differences. — Smith Printing and Publishing House, Vineland, New Jersey, 1933.
Pötzl, Otto: Experimentell erregte Traumbilder in ihren Beziehungen zum indirekten Sehen. — Ztschr. f. d. ges. Neur. u. Psychiatrie, Bd. 37, 1917, S. 278—349.
Prados, M. and Fried, E.: Personality Structure of the Older Age Groups. — Journ. of Clinical Psychology, Vol. 3, 1947, S. 113—120.

Rapaport, David: Diagnostic Psychological Testing. Vol. I and II. — The Year Book Publishers. Chicago, 1945 und 1946.
Reich, Wilhelm: Charakteranalyse. — Kopenhagen, 1933.
Reik, Theodor: Der eigene und der fremde Gott. — Intern. Psychoanalytischer Verlag, Wien, 1923.
Reistrup, Hermann: Der Rorschach-Test als Hilfsmittel bei der Diagnostizierung von Milieureaktionen. — Acta Psychiatrica et Neurologica, Vol. XXI, 1946, S. 687—697.
Reiter, Paul J.: Neuroserne og deres Behandling. — Ejnar Munksgaard, Kopenhagen, 1945.
Reiwald, Paul: Verbrechensverhütung als Teil der Gesellschaftspsychohygiene, in: Die Prophylaxe des Verbrechens, herausgegeben von Heinrich Meng. — Benno Schwabe & Co., Basel, 1948.
Renan, Ernest: L'Avenir de la Science, pensées de 1848. — Paris, 1890.
Repond, André: „Gentlemen Cambrioleurs", in: Die Prophylaxe des Verbrechens, herausgegeben von Heinrich Meng. — Benno Schwabe & Co., Basel, 1948.
— La revision de concept de la „psychopathie constitutionnelle". — Schweizer Archiv f. Neurologie und Psychiatrie, Bd. 59, 1947, S. 395—400.
Rickers-Ovsiankina, Maria A.: Rorschach Psychology. — John Wiley & Sons, New York, 1960.
Rieti, H.: Vorlesung vor der Society for Projective Techniques, New York City, 1945, zitiert nach Zygmunt A. Piotrowski: Perceptanalysis. — The Macmillan Company, New York, 1957.
Rizzo, Carlo: The Rorschach Method in Italy. — Rorschachiana, Vol. I, 1953, S. 306—320.
Rohracher, Hubert: Kleine Einführung in die Charakterkunde. — B. G. Teubner, Leipzig u. Berlin, 1934.
Rokeach, M.: The open and the closed mind. — New York, 1960.
Rorschach, Hermann: Gesammelte Aufsätze, zusammengestellt und herausgegeben von K. W. Bash. — Hans Huber, Bern, 1965.
— Psychodiagnostik. Methodik und Ergebnisse eines wahrnehmungsdiagnostischen Experiments (Deutenlassen von Zufallsformen), 4. und folgende Auflagen. — Hans Huber, Bern, 1941 ff. — Englische Ausgabe: Psychodiagnostics, 2nd Edition. — Hans Huber, Bern, 1942.
Rosenthal, Melvin: Some behavioral correlates of the Rorschach experience balance. — J. of Proj. Techniques, Vol. 26, 1962, S. 422—446, referiert in Schweiz. Ztschr. f. Psychologie, Bd. 22, 1963, S. 182.
Rubin, Edgar: Visuell wahrgenommene Figuren. — Gyldendal, Kopenhagen, 1921.

Salas, J.: El psicodiagnostico de Rorschach — Ediciones Morata, Madrid, 1944.
Salomon, Fritz: Diagnostic des mécanismes de défense dans le test Z individuel et collectif, in: Rorschachiana V, S. 286—296. — Hans Huber, Bern, 1959.
— Fixations, régressions et homosexualité dans les tests de type Rorschach. — Revue Française de Psychoanalyse, Bd. 23, Nr. 2, 1959, S. 235—282.
— Ich-Diagnostik im Zulliger-Test (Z-Test). — Hans Huber, Bern, 1962.
Sandström, Tora: Ist die Aggressivität ein Übel? — Albert Bonniers, Stockholm, 1939.
Schachter, M. und Cotte, Simon: Les interprétations „Masques" dans le test de Rorschach (leur signification clinico-psychologique). — Etudes Neuro-psycho-path. Infantile 10, 1963, S. 77—110, referiert von Alfred Lang in: Schweiz. Ztschr. f. Psychologie, Bd. 22, 1963, S. 183.
Schafer, Roy: Psychoanalytic Interpretation in Rorschach Testing, Theory and Application. — Grune & Stratton, New York, 1954.

SCHAFFNER, JÜRG: Die „Versager" im Formdeutversuch von Rorschach und im Assoziationsexperiment von Jung. — Diss. Orell Füssli, Zürich, 1951; auch: Rorschachiana, Vol. I, Bern, 1952/53, S. 167—196.
SCHILDER, PAUL: The Image and Appearance of the Human Body. — Intern. Universities Press, New York, 1950.
SCHMID, FRED W.: Experimentelle Tiefenpsychologie in den USA. — Vortrag, gehalten am 11. Februar 1959 im Psychoanalytischen Kolloquium Zürich, MS.
SCHNEIDER, ERNST: Die Bedeutung des Rorschach'schen Formdeutversuches zur Ermittlung intellektuell gehemmter Schüler. — Zeitschr. f. angew. Psychologie, Bd. 32, 1929, S. 102—163.
— Eine diagnostische Untersuchung Rorschach's auf Grund der Helldunkeldeutungen ergänzt. — Zeitschr. f. Neur., Bd. 159, 1937, S. 1—10.
— Hemmung und Verdrängung. — Schweiz. Zeitschrift f. Psychologie, Band 6, 1947, S. 54—63.
— Psychodiagnostisches Praktikum für Psychologen und Pädagogen. — Johann Ambrosius Barth, Leipzig, 1936.
SCHNEIDER, KURT: Die abnormen seelischen Reaktionen, in: ASCHAFFENBURG's Handbuch der Psychiatrie, Spez. Teil, 7. Abteilung. — Leipzig u. Wien, 1927.
— Die psychopathischen Persönlichkeiten. — Franz Deuticke, Wien, 1943.
— Klinische Psychopathologie, 4. Aufl. — Georg Thieme, Stuttgart, 1955.
SCHULHOF, FRITZ: Schizo-phrenie, Schizo-bulie. — Franz Deuticke, Wien, 1928.
SEMON, RICHARD: Die Mneme. — 4. und 5. Aufl. Wilhelm Engelmann, Leipzig, 1920.
SHERIF, MUZAFER: The Psychology of Social Norms. — Harper, New York, 1936.
SIIPOLA, ELSA and TAYLOR, VIVIAN: Reactions to inkblots under free ans pressure conditions. — J. Person., Vol. 21, 1952, S. 22—47.
SINGEISEN, FRED: Rorschach-Befunde bei chronisch Lungentuberkulösen und Herzkranken. — Schweizer Archiv f. Neurologie u. Psychiatrie, Bd. 45, S. 230—247.
SINGER, JEROME L.: The experience type: Some behavioral correlates and theoretical implications, in: RICKERS-OVSIANKINA, MARIA A.: Rorschach Psychology, Wiley & Sons, New York, 1960.
SJÖBRING, HENRIK: Psychic Energy and Mental Insufficiency. — Uppsala Läkareförenings Förhandlingar, 1922, S. 163—214.
SKALWEIT, W.: Konstitution und Prozess in der Schizophrenie. — Leipzig, 1934.
SMITH, GUDMUND J. W. and JOHNSON, GUNNAR: The Influence of Psychiatric Treatment upon the Process of Reality Construction: An Investigation utilizing the Results of a serial tachistoscopic Experiment. — J. of Consulting Psychol., 1962, S. 520—526.
SMYTHIES, J. R.: Brain Mechanisms and Behaviour. — Blackwell Scientific Publications. Oxford and Edinburgh, 1970.
SPITZ, CHARLOTTE: Die Bedeutung der c-Stellung als Ausdruck der Opposition. Rorschachiana V, S. 255—258. — Hans Huber, Bern, 1956.
SPITZ, RENÉ A.: Vom Säugling zum Kleinkind. — Klett, Stuttgart, 1967.
SPITZNAGEL, ALBERT: Grundlagen, Ergebnisse und Probleme der Formdeuteverfahren, in: Handbuch der Psychologie, Bd. 6. Psychologische Diagnostik. — Verlag für Psychologie, Dr. C. J. Hogrefe, Göttingen, 1964.
— Senile Demenz im Z-Test, in: Untersuchungen zum Z-Test, S. 41—75. — Institut für Psycho-Hygiene, Biel, 1953.
SPREEN, OTFRIED: Stirnhirnverletzte im Rorschach-Versuch. Zur Frage eines „typischen Syndroms". — Ztschr. f. Diagn. Psychologie und Persönlichkeitsforschung, Bd. 3, 1955, S. 3—19.
STAEHELIN, J. E.: Zur Frage der Emotionspsychosen. — Bull. schweiz. Akad. med. Wiss., Vol. 2, 121, 1946/47.
STAUDER, KARL HEINZ: Konstitution und Wesensänderung der Epileptiker. — Georg Thieme, Leipzig, 1938.
STERN, WILLIAM: Ein Test zur Prüfung der kindlichen Phantasietätigkeit („Wolkenbilder"-Test). — Zeitschrift f. Kinderpsychiatrie, Bd. V, 1938, S. 5—11.
STRÖMGREN, ERIK: Episodiske Psykoser. — Ejnar Munksgaard, Kopenhagen, 1940.
— Om Bevidsthedsforstyrrelser. — Ejnar Munksgaard, Kopenhagen, 1945.
— Om den ixothyme Psyke. — Hospitalstidende, Kopenhagen, Bd. 79, 1936, S. 637—648.
— Om godartede schizofreniforme Psykosers Arvebiologi, in: Festskrift till Henrik Sjöbring. — Gleerup, Lund, 1944, S. 263—270.
— Om Psykopati hos Börn. — Sonderdruck aus „Börnesagens Tidende", Kopenhagen, 1948.
— Pathogenese der verschiedenen Formen von psychogenen Psychosen, in: Mehrdimensionale Diagnostik und Therapie, Festschrift zum 70. Geburtstag von ERNST KRETSCHMER, S. 67—70. — Georg Thieme, Stuttgart, 1958.
— Psykiatri, 9. Aufl. — Munksgaard, Köbenhavn, 1967.
— Psychiatrische Genetik, in: Psychiatrie der Gegenwart I, 1, A. — Springer, Berlin, Heidelberg, New York, 1967.

Sussman, Eva: Die Verkümmerung der kindlichen Erlebnisfähigkeit (ET 0:0) als Folge früher Versagungen. — Rorschachiana IV, Hans Huber, Bern, 1954, S. 120—124.
Szondi, Lipot: Experimentelle Triebdiagnostik. — Hans Huber, Bern, 1947.
— Lehrbuch der experimentellen Triebdiagnostik. — Hans Huber, Bern, 1960.
— Schicksalsanalyse. — Benno Schwabe & Co., Basel, 2. Aufl., 1948.
— Triebpathologie. — Hans Huber, Bern, 1952

Tarcsay, Isabella: Grundriss der Psychodiagnostik. — Rascher, Zürich, 1944.
Themel, Jobst-Dietrich: Schulanfänger im Behn-Rorschach-Test. — Ztschr. f. exp. u. angew. Psychologie, Bd. 3, S. 230—284.
Toynbee, Arnold, J.: A Study of History. — New York, 1947.
Tramer, M.: Lehrbuch der allgemeinen Kinderpsychiatrie, 2. Aufl. — Benno Schwabe & Co. ,Basel, 1945.
Tschudin, Arnold: Chronische Schizophrenien im Rorschach'schen Versuch, in: Psychiatrie und Rorschach'scher Formdeutversuch. — Orell Füssli, Zürich, 1944, S. 79—100.

Vaerting, Mathilde: Wahrheit und Irrtum in der Geschlechterpsychologie, Bd. II von: Neubegründung der Psychologie von Mann und Weib. — Braun, Karlsruhe, 1921.
Veit, Hans: Der Parkinsonismus nach Encephalitis epidemica im Rorschach'schen Formdeutversuch. Zeitschr. f. Neurologie, Bd. 110, 1927, S. 301—324.
Vogel, Horst: Der Z-Test bei normalen Schulkindern, in: Untersuchungen zum Z-Test. — Institut für Psycho-Hygiene, Biel, 1953.
Vogt, Ragnar: Nogen hovedlinjer i medicinsk psykologi og psykiatri. — Kristiania, 1923.
Vujic, Vladimir und Levi, Kurt: Die Pathologie der optischen Nachbilder und ihre klinische Verwertung. — S. Karger, Basel, 1939.

Waelder, Robert: Die Grundlagen der Psychoanalyse. — Hans Huber, Ernst Klett, Bern und Stuttgart, 1963.
— Fortschritt und Revolution. — Klett, Stuttgart, 1970.
Walther-Büel, Hans: Die Psychiatrie der Hirngeschwülste. — Springer, Wien, 1951.
Weber, A.: Delirium tremens und Alkoholhalluzinose im Rorschach'schen Formdeutversuch. - Zeitschr. f. d. ges. Neurologie und Psychiatrie, Bd. 159, 1937, S. 446—500.
— Der Rorschach'sche Formdeutversuch bei Kindern, in: Psychiatrie und Rorschach'scher Formdeutversuch. — Orell Füssli, Zürich, 1944, S. 47—61.
— Zur Geschichte des Rorschach'schen Formdeutversuches. — Zeitschrift f. Diagn. Psychologie u. Persönlichkeitsforschung, Vol. IV, 1956, S. 206—212.
Wechsler, David: Die Messung der Intelligenz Erwachsener (amerikanisch: The Measurement of Adult Intelligence. — Williams & Wilkins, Baltimore, 1944). — Hans Huber, Bern, 1956.
Weitbrecht, H. J.: Psychiatrie im Grundriss. — Berlin, 1963.
Werner, Heinz: Motion and motion perception: a study on vicarious functioning. — J. of Psychology, Vol. 19, 1945, S. 317—327.
Werner, H. and Thuma, B. D.: A disturbance of the perception of apparent movement in brain-injured children. — Amer. J. Psychol., Vol. 55, 1942, S. 58—67.
Wertheimer, Max: Untersuchungen zur Lehre von der Gestalt. — Psychologische Forschung, Bd. 4, 1923, S. 301—330. Festschrift für Carl Stumpf.
Wheeler, William Marshall: An Analysis of Rorschach Indices of Male Homosexuality. — Journ. of Proj. Techniques, Vol. 13, 1949, S. 97—126.
Wiegersma, S.: Die Versager im Behn-Rorschach-Formdeutversuch. — Ztschr. f. Diagn. Psychologie und Persönlichkeitsforschung, Vol. III, 1955, S. 291—317.
Wieser, St.: Das Schreckverhalten des Menschen. — Hans Huber, Bern, 1961.
Wilde, Oscar: Märchen. — Hermann Seemann Nachfolger, Berlin o. J.
Witkin, H. A.; Dyk, R. B.; Faterson, H. F.; Goodenough, D. R. and Karp, S. A.: Psychological Differentiation, Studies of Development. — John Wiley & Sons, New York und London, 1962.
Witkin, H. A.; Lewis, H. B.; Hertzman, M.; Machover, K.; Meissner, P. Bretnall and Wapner, S.: Personality through Perception. An Experimental and Clinical Study. — Harper & Brothers, New York, 1954.
Wittreich, W. J.: The Honi phenomenon: A case of selective perceptual distortion. — Journ. of Abn. and Social Psychol., Bd. 47, 1952, S. 705—712.
Wolff, Werner: The expression of personality; experimental depth psychology. — Harpers, New York, 1943.
Woodworth, Robert S.: Experimental Psychology. — Methuan & Co., London, 1938.
Wundt, Wilhelm: Grundriss der Psychologie. — Alfred Kröner, Leipzig, 1914.
Wyss-Ehinger, Gertrud von: Intelligenzquotient und Rorschach-Versuch. — Wiener Zeitschr. f. Nervenheilkunde u. deren Grenzgebiete, Bd. IV, 1951, S. 134—154.

ZANGGER, GINA: Die „Versager", Zwischenformen und Anatomieantworten im Rorschach'schen Formdeutversuch. — Rorschachiana I, Hans Huber, Bern, 1945, S. 90—107.

ZOLLIKER, ADOLF: Schwangerschaftsdepression und Rorschach'scher Formdeutversuch, in: Psychiatrie und Rorschach'scher Formdeutversuch. — Orell Füssli, Zürich, 1944, S. 62—78.

ZULLIGER, HANS: Angst in der Spiegelung des Tafeln-Z-Tests. — Zeitschr. f. Diagn. Psychologie und Persönlichkeitsforschung, Vol. II, 1954, S. 55—63.

— Berufsberatung anhand eines Tafeln-Z-Tests und Rorschach-Tests. — Schweiz. Ztschr. f. Psychologie, Bd. 19, 1960, S. 333—346.

— Das Kind in der Entwicklung. — Hans Huber, Bern, Stuttgart, Wien, 1969.

— Der statische, der dynamische und der tiefenpsychologische Befund bei der Interpretation des Formdeutversuches. — Psyche, Heidelberg, 1949, S. 293—311.

— Der Tafeln-Z-Test. — Hans Huber, Bern und Stuttgart, 1954.

— Der Z-Test. Ein Formdeut-Verfahren zur psychodiagnostischen Untersuchung von Gruppen. — Hans Huber, Bern, 1948.

— Der Zulliger-Tafeln-Test (Tafeln-Z-Test), 2. Aufl. — Hans Huber, Bern, 1962.

— Der Zulliger-Tafeln-Test im Dienste der Diagnostizierung von Hirnschäden. — Schweiz. Ztschr. f. Psychologie, Bd. 21, 1962, S. 126—136.

— Die Angst im Formdeutversuch nach Dr. Rorschach. — Zeitschr. f. psychoanalytische Pädagogik, Bd. VII, 1933, S. 418—420.

— Die tiefenpsychologische Interpretation des Formdeuttests, Vortrag an der 1. Internationalen Rorschach-Tagung in Zürich, 1949. — Archivio di Psicologia, Neurologia e Psichiatria, Mailand, 1950.

— Einführung in den Behn-Rorschach-Test. — Hans Huber, Bern, 1941; 2. Aufl. 1946.

— Erfahrungen und Probleme mit dem Formdeuttest bei Jugendlichen. — Psychologische Rundschau, Bd. 4, 1953, S. 262—274.

— Erscheinungsformen und Bedeutung des Farbschocks beim Rorschach'schen Formdeutversuch. — Zeitschr. f. Kinderpsychiatrie, Bd. 4, 1938, S. 145—152.

— Imbezillität in der Spiegelung des Tafeln-Z-Tests. — Zeitschr. f. Diagn. Psychologie und Persönlichkeitsforschung, Vol. II, 1954, S. 321—329.

— Jugendliche Diebe im Rorschach-Formdeutversuch. — Paul Haupt, Bern, 1938.

— Praxis des Zulliger-Tafeln- und Diapositiv-Tests und ausgewählte Aufsätze. — Hans Huber, Bern und Stuttgart, 1966.

— Praxis mit einer kleinen Test-Batterie. — Praxis der Kinderpsychologie, Bd. 7, 1958, S. 273—278.

— Psychoanalyse und Formdeutversuch. — Psyche, 1950, Heft 11.

— Schwierige Kinder. — Hans Huber, Bern, 1951.

— Tiefenpsychologische Ergebnisse eines Rorschach- und Behn-Tests bei einem 15½jährigen Mädchen. — Zeitschr. f. Kinderpsychiatrie, Basel, 1949, S. 157—165.

— Über symbolische Diebstähle von Kindern und Jugendlichen. — Institut für Psycho-Hygiene, Biel, 1951

— Z-Test und Eignungsprüfung. — Industrielle Organisation, Bd. 22, 1953, S. 439—442.

ZWEIG, ADAM: Statistische Untersuchungen bei Problemen der Psychotherapie. — Schweiz. Ztschr. f. Psychologie, Bd. 21, 1962, S. 68—73.

ZÜST, RUTH: Das Dorfspiel (nach HENRI ARTHUS). — Hans Huber, Bern, 1963.

NAMENREGISTER

ABRAHAM, KARL 57, 226, 261, 262, 282, 463
ABT, LAWRENCE EDWIN 367, 370, 463.
AINSWORTH, MARY D. 469.
AITA, J. A. 173, 463.
ALEXANDER, FRANZ 222, 234, 260, 295, 463.
ALLPORT, GORDON W. 19, 43, 365, 463.
ALSTRÖM, CARL HENRY 311, 312, 463.
AMES, ADELBERT 370.
AMES, LOUISE BATES 50, 117, 141, 146, 306, 341, 345, 347, 349, 351, 353, 357, 463.
ANASTASI, ANNE 187, 199, 369, 463.
APPELBAUM, STEPHEN G. 77, 463.
ARISTOTELES 367.
ARMITAGE, STEWART G. 322, 463.
ARTHUS, HENRI 11.
ASCHAFFENBURG, GUSTAV 321, 464.

BACH SCHOU, EVA XXIII.
BAGLIVI 179.
BARRERA, S. E. 18, 468.
BARTLETT, F. C. 2.
BASH, K. W. XXII, XXV, 36, 42, 53, 54, 102, 103, 110, 209, 267, 274, 317, 321, 324, 362, 365, 462, 463.
BASH-LIECHTI, JOHANNA 267.
BAUDOUIN, CHARLES 186.
BAUMGARTEN-TRAMER, FRANZISKA 1, 463.
BEARD, GEORGE MILLER 223.
BECK, SAMUEL J. XXIV, XXV, 34, 37, 45, 48, 51, 68, 86, 96, 103, 106, 107, 134, 139, 142, 144, 160, 173, 186, 190, 192, 196, 214, 215, 217, 257, 293, 303, 304, 305, 346, 463, 465.
BEELI, ARMIN 179, 463.
BEERS, CLIFFORD W. 297, 463.
BEHN-ESCHENBURG, HANS 1, 5, 6, 112, 339, 342, 344, 352, 463.
BELLAK, LEOPOLD 367, 463
BENEDEK, STEFAN 221.
BENJAMIN, DORA 114, 118, 159, 274, 331, 466.
BENJAMIN, JOHN D. 18, 463.
BENO, N. 267.
BENTON, ARTHUR L. 11, 463.
BERNFELD, SIEGFRIED 189, 256, 464.
BERGMANN, M. S. 263, 464.
BINDER, HANS XXVI, 12, 14, 15, 16, 17, 19, 41, 43, 70, 71, 72, 74, 75, 87, 88, 89, 90, 92, 98, 102, 114, 124, 125, 126, 134, 136, 137, 151, 181, 201, 208, 210, 243, 274, 278, 279, 281, 288, 291, 300, 308, 322, 323, 362, 365, 409, 464.
BINET, ALFRED 2, 10, 188, 189, 191, 199, 340.
BINGGELI, JOHANNES 5.
BINSWANGER, LUDWIG 4, 362.

BINSWANGER, WOLFGANG 61, 114, 151, 301, 303, 304, 305, 464.
BIRCHER, ERNST 6.
BIRNBAUM, KARL 268, 282, 305, 333, 335, 464, 469.
BJERNER, BO 283.
BLAKE, ROBERT R. 323, 366, 464, 469, 471.
BLEULER, EUGEN 2, 4, 6, 16, 66, 75, 186, 204, 218, 263, 266, 268, 289, 301, 305, 310, 311, 321, 464.
BLEULER, MANFRED 9, 47, 69, 190, 197, 267, 275, 303, 305, 310, 312, 321, 322, 464.
BOBERTAG, OTTO 190, 340.
BOCHNER, RUTH 34, 55, 57, 173, 303, 324, 325, 326, 344, 346, 351, 464.
BOESCH, ERNST 361, 464.
BOHM, EWALD 114, 115, 127, 145, 179, 180, 272, 464.
BOIS, CORA DU 9, 70, 151, 175, 464.
BONA, G. 61, 468.
BONAVENTURA, ENZO 368.
BONHOEFFER, KARL 166, 279, 321, 353, 354, 464.
BORING, EDWIN G. XXVIII.
BORNSTEIN, BERTHA 225, 464.
BOSS, MEDARD 280, 285, 296, 464.
BÖSZÖRMÉNYI, GEORG 274, 302, 305, 464.
BOTICELLI, SANDRO 1.
BOURDON, BENJAMIN BIENAIMÉ 10.
BOUVET 303, 469.
BOVET, TH. 114, 144, 147, 278, 314, 317, 318, 464.
BRACKEN, HELMUT VON 62, 68, 112, 367, 463, 464, 470.
BRAIN, M. 312, 470.
BRAIN, W. R. 312, 470.
BRATT-ØSTERGAARD, NANCY XXIX, 57, 63, 64, 125, 172, 181, 182, 351, 354, 355, 356, 465.
BRAUN, ERNST 218.
BRENGELMANN, JOHANNES C. 369.
BROMAN, ANN MARIE 97.
BROMAN, TORE 85, 272, 465.
BROSIN, HENRY W. 15, 18, 31, 33, 35, 52, 120, 362, 465.
BROWN, FRED 132, 135, 465.
BROWN, RALPH R. 37, 465.
BRUHN, KARL 66, 149, 345, 360, 465.
BRUN, RUDOLF XXII, 65, 128, 183, 222, 223, 228, 232, 235, 238, 249, 263, 319, 465.
BRUNER, JEROME S. 366, 369, 465.
BRUNN, RUTH VON 315, 318, 465.
BRUNN, WALTER L. VON 315, 318, 465.
BRUNNER, JOSEF 355, 465.
BUCHHOLZ, A. 158.
BUCHTHAL, FRITZ 221, 465.
BÜHLER, CHARLOTTE 11, 199, 230.
BÜHLER, KARL 301.

476

BUMKE, OSWALD 6, 218, 311, 314, 335, 468.
BUSCH, WILHELM 3.
BUXBAUM, EDITH 226, 465.

CALDWELL, BETTE McD. 19, 465.
CARROLL, LEWIS (CHARLES LUTWIDGE DODGSON) 45.
CARPENTER, WILLIAM BENJAMIN 43.
CARUSO, IGOR 226, 465.
CATELL, RAYMOND B. 188.
CHARCOT, JEAN MARTIN 111.
CHRISTOFFEL, HANS 75, 126, 465.
CLAPARÈDE, EDOUARD 149, 343.
COMTE, AUGUSTE 186.
CONRAD, CLAUS 163, 310, 329, 369, 465.
COTTE, SIMON 167, 472.
CRONBACH, LEE J. 465.

DAHLGREN, KARL GUSTAV 277, 465.
DANTEC, FÉLIX LE 43.
DARWIN, CHARLES 224.
DAVID, HENRY P. 62, 68, 171, 367, 465, 470.
DEAN, P. R. 187.
DEARBORN, G. 2.
DELAY, JEAN 156, 173, 220, 315, 318, 320, 325, 332, 437, 465.
DELBRÜCK, HANS 219, 465.
DEUTSCH, HELENE 159, 227, 344.
DIAMOND, EDWIN 465.
DISNEY, WALT (UB IVERKS) 45.
DOLLARD, JOHN 224, 465.
DOOB, LEONHARD W. 465.
DÖRING, MAX 190, 340.
DROHOCKI, Z. 314.
DUE, F. O. 263.
DUMAS, ALEXANDER 189.
DWORETZKI, GERTRUDE 61, 342, 343, 344, 345, 348, 466.
DYK, R. B. 368.

EBAUGH, FRANKLIN G. 18, 463.
EBBINGHAUS, HERMANN 10.
EHRENFELS, CHRISTIAN VON 363, 466.
EHRENSTEIN, W. 161.
ELLENBERGER, HENRI XXV, 3, 61, 466.
ELMGREN, JOHN 19, 163.
EKBERG, KERSTI 19, 468.
EMDE-BOAS, CONRAD VAN 264, 466.
ENKE, WILLI 102, 216, 217, 466.
ENSKAT, A. XXVIII, XXIX, 471.
ERIKSSON, ALBERT 342, 466.
EWALD, GOTTFRIED 176, 268, 466.

FAERGEMAN, POUL 180, 276, 334, 335, 336, 466.
FANKHAUSER, E. 5.
FATERSON, H. F. 368.
FECHNER, GUSTAV THEODOR 111, 231.
FEDERN, PAUL 184, 191, 223, 466.
FENICHEL, OTTO 159, 181, 223, 226, 234, 466.
FERENCZI, SANDOR 189, 264, 334, 466.
FISHER, CHARLES 370, 466.
FISHER, JEROME 322, 466.
FISHER, RONALD AYLMER 16.
FLIESS, WILHELM 225.

FLUGEL, J. C. 228, 466.
FONDA, CHARLES P. 58, 59.
FORD, MARY 23, 52, 217, 339, 341, 342, 344, 345, 346, 347, 348, 349, 350, 351, 466.
FOREL, AUGUST 172, 466.
FOSBERG, IRVING A. 18, 466.
FRAMO, J. L. 371, 466.
FRANÉR, PAUL 119, 272, 466.
FRANK, LAWRENCE K. 20, 37, 359, 366, 466.
FRANKE, HANNELORE 112.
FRÄNKEL, FRITZ 114, 118, 159, 274, 331, 466.
FRENCH, TH. F. 132, 136, 143, 215.
FREEMAN, W. 332.
FRENKEL-BRUNSWICK, ELSE 370, 466.
FREUD, ANNA 159, 182, 228, 234, 466.
FREUD, SIGMUND 4, 43, 61, 131, 142, 160, 164, 180, 191, 201, 213, 223, 224, 225, 226, 227, 228, 230, 231, 232, 250, 290, 292, 295, 334, 367, 466.
FREY, TORSTEN S:SON 221, 467.
FRIED, E. 357, 472.
FRIEDEMANN, ADOLF 62, 73, 74, 96, 97, 256, 467.
FRIEDJUNG, JOSEF K. 189.
FRIEDMANN, WERNER 61, 467.
FRÖBÄRJ, GÖSTA 19, 84, 306, 467, 468.
FRÖDING, GUSTAV 206.
FROMM, ERICH 144, 189, 298, 467.
FROMM, ERIKA OPPENHEIMER 15, 18, 31, 33, 35, 52, 120, 362, 465.
FURRER, ALBERT 58, 365, 467.

GABEL, JOSEPH 304, 467.
GALTON, FRANCIS 4, 111.
GÄRDEBRING, OLOV XXV, 68, 244, 467.
GAUPP, R. 319.
GAUSS, KARL FRIEDRICH 188, 189.
GEBHART, VERENA 341, 346, 467.
GEHRING, KONRAD 4, 6.
GELB, ADHÉMAR 11.
GERÖ, GEORG 295, 467.
GIBBS, E. L. 221.
GIBBS, F. A. 221.
GILBERT, J. G. 107.
GOETHE, JOHANN WOLFGANG VON 15, 172.
GOLDKUHL, ERIK XXII, 287, 289, 311, 320, 431, 433, 435, 437, 467.
GOLDSCHEIDER, ALFRED 43, 44.
GOLDSTEIN, KURT 11, 61, 110, 320, 362, 467.
GOLTZ, FRIEDRICH LEOPOLD 128.
GONDA, THOMAS A. 322, 466.
GOODENOUGH, D. R. 368, 474.
GOODMAN, C. C. 369, 465.
GÖTZ, BERNDT 131, 468.
GRABOWSKI, ADOLF 224, 467.
GRANICK, SAMUEL 19, 107, 465, 467.
GRIFFITH, R. M. 18, 467.
GRODDECK, GEORG 123, 467.
GUIRDHAM, ARTHUR 18, 37, 114, 141, 145, 154, 212, 213, 288, 303, 314, 343, 348, 467.
GUIORA-HELLER, MARTHA 314, 467.

HAECKEL, ERNST 3.
HALPERN, FLORENCE 34, 55, 57, 173, 303, 324, 325, 326, 344, 346, 351, 464.
HANFMAN, E. 323.

477

HARROWER-ERICKSON, M. R. 282.
HATTINGBERG, HANS VON 131.
HEHLMANN, WILHELM 361, 366, 367, 371, 467.
HEIMANN, HANS XXVII, 406.
HELLPACH, WILLY 43, 297, 467.
HELVÉTIUS, JEAN CLAUDE ADRIEN 1.
HENRI, VIKTOR 2.
HENSS, SZYMON 2, 6.
HERBART, JOHANN FRIEDRICH XXVIII, 160, 367.
HERMANN, IMRE 282.
HERTZ 217, 221.
HERTZ, MARGUERITE R. 17, 467.
HERTZMAN, M. 368, 474.
HETZER, HILDEGARD 11, 199.
HEYER, GUSTAV 249.
HIRSCHFELD, MAGNUS 131, 226, 264, 360, 467, 468.
HITSCHMANN, EDUARD 130.
HOCHE, A. 6.
HOEL, NIC 191, 468.
HOFF, HANS 183, 312, 313, 321, 468.
HÖHN, ELFRIEDE 243.
HOLLEY, JASPER WILSON 19, 468.
HOLMES 37.
HOLT, ROBERT R. 141, 343, 468, 469.
HOLZBERG, JULES D. 18, 468.
HOLZMAN, PHILIP 77.
HORN, A. 61, 468.
HORNEY, KAREN 131, 144, 212, 223, 232, 468.
HULL, CLARK LEONHARD 366.
HUME, DAVID 367.
HYLLA, E. 190, 340.

ISHIHARA, SHINOBU 10, 22.
ISRAEL, JOACHIM 52, 369, 370, 468.

JACKSON, JOHN HUGHLINGS 313.
JAFFÉ, ANIELA 357, 468.
JAHRREIS, W. 335.
JAMES, WILLIAM 44.
JANET, PIERRE 180, 238, 239, 269, 271, 291, 414.
JANZ, DIETER 312, 313, 468.
JASPERS, KARL 166, 334, 468.
JOHNSON, VIRGINIA E. 225, 470.
JOHNSSON, GUNNAR 182, 473.
JONES 369, 469.
JONES, ERNEST 262.
JØRGENSEN, JØRGEN 344, 468.
JUCKER, EMIL 12.
JUNG, CARL GUSTAV 4, 10, 25, 110, 368, 468.

KADINSKY, DAVID XXVIII, XXIX, 20, 64, 156, 178, 182, 185, 468.
KAHN, EUGEN 263, 268, 269, 291, 468.
KAILA, EINO 263, 468.
KAILA, KAUKO K. 251, 468.
KAISER, EDMUND 221, 465.
KANT, IMMANUEL XXVIII, 1, 64, 180, 468.
KARP, S. A. 368, 474.
KASANIN, J. 323.
KATZ, DAVID 43, 49, 74, 126, 133, 163, 351, 362, 364, 468.
KELLER, A. 62, 469.
KELLEY, DOUGLAS MCGLASHAN XX, 14, 15, 18, 23, 24, 27, 35, 70, 99, 120, 135, 136, 152, 156, 159, 190, 192, 222, 252, 275, 282, 303, 305, 306, 319, 323, 324, 326, 328, 329, 331, 469.
KENDALL, M. G. 17.
KERNER, JUSTINUS 1, 2.
KERR, MADELEINE 345, 468.
KIELHOLZ, ARTHUR 59, 468.
KIKUCHI, TETSUHIKO 112, 468.
KINBERG, OLOF 179, 469.
KITAMURA, S. 112, 468.
KIRKPATRICK, E. 2
KLAESI, J. 355.
KLAGES, LUDWIG 11, 157, 171, 269.
KLEIN, GEORGE S. 323, 366, 369, 469.
KLEIST, KARL 277, 308, 319, 320, 333, 469.
KLOPFER, BRUNO XX, 14, 15, 23, 24, 27, 33, 35, 62, 70, 99, 115, 117, 120, 135, 136, 152, 153, 155, 159, 169, 178, 190, 192, 193, 222, 252, 275, 282, 303, 305, 306, 319, 323, 324, 326, 328, 329, 331, 343, 348, 349, 468, 469.
KLOPFER, WALTER 357, 469.
KOCH, GERHARD 312, 469.
KOCH, KARL 12, 469.
KOELSCH, FRANZ 7.
KOFFKA, KURT 187.
KÖHLER, WOLFGANG 16, 37, 62, 148, 163, 187, 349, 364, 365, 367, 469.
KORCHIN, S. J. 470.
KORJUS, GEORG 133, 468.
KOTTENHOFF, HEINRICH 19, 469.
KRAEPELIN, EMIL 10, 266, 268.
KRAGH, ULF XXVIII, 250, 367, 370, 371, 469.
KRAMER, JOSEFINE XXVI.
KRAPOTKIN, PETER A. 224.
KRAULIS, W. 269, 319.
KRETSCHMER, ERNST 10, 122, 175, 176, 179, 184, 216, 217, 218, 219, 221, 234, 268, 269, 273, 275, 291, 308, 310, 319, 333, 334, 369, 469, 473.
KREVELEN, D. A. VAN 342, 469.
KRONFELD, ARTHUR 282, 305, 469.
KRUEGER, FELIX 370.
KRUGMAN, M. 15.
KUHN, ROLAND 2, 10, 22, 43, 55, 62, 100, 115, 117, 157, 159, 166, 186, 206, 270, 273, 278, 303, 305, 307, 346, 360, 362, 469.
KÜLPE, OSWALD 362, 469.
KÜNZLER, WERNER 67, 68, 469.
KURKIEWICZ 226.
KURSAWE, ECKEHARD 312, 469.

L'ABATE, LUCIANO 61, 62, 368, 469.
LABHARDT, F. 333, 469.
LAIGNEL-LAVASTINE 303, 470.
LANDAUER, KARL 191.
LANDOLT, HANS HEINRICH 312, 313, 470.
LANG, ALFRED 61, 167, 470, 472.
LANGDON-DOWN, M. 312, 470.
LANGE, CARL 44.
LANGE, J. 289, 321, 334.
LANTOS, B. 225.
LAWRENCE, M. 367, 370, 470.
LAY, W. 187.
LEARNED, JANET 117, 141, 146, 341, 357, 463.
LEDER, ALFRED XXVII, 314, 315, 316, 317, 319, 470.

Lehmbruck, Wilhelm 253.
Leibniz, Gottfried Wilhelm 360, 367.
Lempérière, T. 156, 173, 220, 315, 320, 465.
Lennep, D. J. van 68, 470.
Lennox, Margaret 312, 470.
Lennox, William Gordon 163, 221, 311, 312, 313, 470.
Leonardo da Vinci 1, 2.
Levi, Kurt 11, 474.
Levine, Maurice 223, 263, 266, 270, 470.
Levy, D. 217.
Levy, D. M. 226.
Lévy-Brühl, Lucien 230.
Lewin, Bertram D. 159.
Lewin, Kurt 56, 108, 148, 170, 188, 343, 365, 366, 470.
Lewis, H. B. 365, 368, 474.
Lienert, Gustav A. 17, 470.
Lincke, Harold 43, 225, 470.
Lindberg, Bengt J. 362, 470.
Lindner, R. M. 68, 263, 470.
Lipps, Theodor 43.
Locke, John 110, 367.
Loderer, Clara 346.
Loepfe, Adolf 67, 114, 147, 340, 342, 346, 350, 351, 470.
Loosli-usteri, Marguerite 27, 47, 103, 114, 123, 124, 131, 132, 133, 143, 150, 155, 156, 158, 165, 215, 243, 340, 341, 344, 345, 350, 351, 353, 470.
Lorenz, Konrad 65.
Löwenbach, Hans 136, 221.
Lowenfeld, Margaret 11, 215.
Luxenburger, Hans 179, 269.

Machower, Karen 368, 474.
Maeder, Alphonse 4.
Mahler-Schoenberger, M. 66, 146, 147, 151, 470.
Maier, H. W. 333.
Mäkelä, Väinö 289, 470.
Margulies, Helen 18, 348, 349, 468.
Marx, N. 282.
Masselon, R. 10.
Masters, William H. 225, 470.
Matthaei, F. K. 17, 470.
Mauz, Friedrich 218, 319, 320.
Mayer-Gross, Wilhelm 312, 470.
Mc Clelland, David C. 62, 470.
Mc Ginnies, E. 367, 370.
Medow, Walther 294.
Meili, Richard XXVI, 10, 14, 15, 172, 179, 187, 188, 189, 190, 191, 192, 193, 199, 359, 361, 369, 470.
Meili-Dworetzki, Gertrude XXV, 44, 63, 339, 340, 342, 343, 470.
Meissner, P. Bretnall 368, 474.
Meltzoff, J. 61, 470.
Meng, Heinrich 59, 266, 280, 468, 472.
Mensh, Ivan N. 19, 465.
Merei, Franz (Ferenc) XXV, 68, 79, 114, 149, 153, 154, 167, 170, 251, 257, 274, 302, 305, 464, 471.
Merian, Doris 354, 471.
Meschieri, L. 63, 471.
Métraux, Ruth 117, 141, 146, 341, 357, 463.

Metzger, Wolfgang 363, 364, 365, 471.
Meyerhoff, Horst 329, 471.
Meyrink, Gustav 48.
Miale, F. R. 282.
Michel, Lothar 19, 471.
Mikkelsen, Otto XXV.
Miller, James G. 8, 367, 471.
Miller, Neal E. 361, 465, 471.
Minkowska, Franziska XXV, 218, 303, 317, 437, 469, 471.
Minkowski, Eugène 4, 304.
Mitscherlich, Alexander 225, 471.
Mohr, Peter 125, 126, 170, 471.
Monakow, Constantin von 4, 238.
Monnier, Marcel 301, 307, 471.
Morgenthaler, Walter XXI, XXV, 1, 3, 5, 6, 12, 21, 22, 25, 27, 28, 29, 30, 39, 139, 157, 167, 169, 172, 181, 300, 471.
Moser, Ulrich 132, 136, 148, 228, 256, 273, 361, 471.
Mouchly, R. 148.
Mourly Vold, John 61.
Mowrer, O. H. 465.
Müllener, Eduard 22, 153, 471.
Müller, Georg Elias 148.
Müller, Max 287, 301, 471.
Müller, W. H. XXVIII, XXIX, 471.
Munz, Emil 216, 471.
Murphy, Gardner 343, 366, 471.
Murphy, Lois Barclay 15.
Murray, Henry A. 10, 12, 13, 359, 471.

Neiger, Stefan XXV, 68, 79, 104, 108, 141, 149, 153, 154, 167, 170, 251, 325, 470, 471.
Neveu 303, 469.
Newcomb, Teodore M. 52, 366, 471.
Nietzsche, Friedrich 144, 160.
Nunberg, Hermann 222, 223, 232, 234, 295, 471.
Nyman, Alf 471.

Oberholzer, Emil 5, 9, 53, 70, 76, 87, 95, 124, 136, 146, 151, 156, 157, 175, 181, 246, 250, 279, 287, 323, 324, 325, 408, 471.
Oetjen, F. 148.
Oppenheim, Hermann 277.
Orne, Martin 171, 465.
Oyama, M. 112, 468.

Palagyi, Melchior 43.
Parsons, C. J. 2.
Paul, Cedar 189.
Paul, Eden 189.
Paulsen, Alma 344.
Perse, J. 156, 173, 220, 315, 320, 465.
Petersen, P. Carl XXIII.
Pfahler, Gerhard 318.
Pfister, Oskar[1] 4.
Pfister, Oskar[2] 106, 115, 156, 196, 197, 303, 472.
Piaget, Jean 44, 361, 367, 370, 472.
Pichon, Edouard 218.
Pichot, Pierre 156, 173, 220, 315, 318, 320, 325, 332, 465.
Pintner, Rudolph 199.

Piotrowski, Zygmunt A. XXV, XXVI, XXVII, 20, 33, 44, 45, 49, 61, 62, 66, 67, 76, 100, 103, 107, 114, 122, 152, 153, 155, 158, 177, 181, 184, 192, 207, 210, 212, 244, 252, 253, 254, 258, 263, 264, 306, 314, 318, 322, 324, 325, 331, 344, 356, 365, 366, 450, 472.
Porteus, Stanley D. 10, 186, 188, 189, 195, 197, 199, 212, 378, 472.
Pötzl, Otto 370, 472.
Prados, M. 357, 472.

Quirk, Douglas A. 325, 472.

Rabinowitz, William 171, 465.
Ramsey, Glenn V. 323, 366, 367, 464, 469, 471.
Ranschburg, P. 10.
Rapaport, David 11, 55, 84, 86, 263, 294, 472.
Rathenau, Walther 62, 63.
Reich, Wilhelm 234, 235, 260, 403, 404, 472.
Reik, Theodor 227, 472.
Reistrup, Hermann XXII, 57, 286, 472.
Reitan, R. 173, 463.
Reiter, Paul J. XXII, 298, 472.
Reiwald, Paul 266, 280, 472.
Remitz, Uno XXV.
Renan, Ernest 149, 343, 472.
Repond, André 266, 267, 280, 472.
Rickers-Ovsiankina, Maria A. 18, 59, 62, 111, 155, 184, 306, 468, 472, 473.
Rieti, H. 356, 472.
Ritter, A. 328.
Rizzo, Carlo XXV, 63, 472.
Roe, Anne 62.
Rohracher, Hubert 369, 470, 472.
Rokeach, M. 369, 472.
Römer, Georg 5.
Rommetveit, R. 52.
Rorschach, Elisabeth 5.
Rorschach, Hermann XX, XXV, 1, 2, 3, 4, 5, 6, 13, 14, 15, 16, 23, 24, 29, 33, 34, 35, 36, 37, 38, 40, 41, 42, 43, 45, 46, 47, 48, 49, 50, 51, 53, 54, 56, 58, 59, 61, 62, 63, 66, 67, 69, 70, 73, 76, 79, 80, 83, 87, 88, 92, 93, 94, 95, 96, 97, 98, 99, 100, 101, 102, 106, 109, 110, 111, 113, 116, 121, 132, 134, 135, 140, 146, 147, 150, 151, 155, 156, 162, 165, 169, 172, 181, 184, 186, 190, 192, 196, 201, 202, 203, 208, 211, 212, 213, 215, 223, 242, 243, 247, 248, 251, 252, 253, 255, 256, 262, 276, 277, 279, 281, 286, 287, 292, 294, 303, 305, 308, 309, 313, 314, 315, 316, 317, 324, 326, 327, 328, 331, 339, 341, 350, 357, 360, 365, 368, 450, 471, 472.
Rorschach, Ulrich 3.
Rorschach, Wadin 5.
Rosenthal, Melvin 61, 472.
Rosenthal, O. 110, 362, 467.
Roth, Martin 312, 470.
Rubenstein, B. 17, 467.
Rubin, Edgar 161, 332, 364, 472.
Rückert, Friedrich 57, 60.
Rust, R. M. 62.
Ruth, J. 173, 463.
Rybakoff, Theodor 2.

Salas, J. 220, 472.

Salomon, Fritz XXV, XXVI, 60, 76, 77, 78, 109, 111, 114, 116, 121, 123, 124, 129, 130, 134, 139, 148, 149, 182, 185, 194, 212, 220, 248, 258, 262, 264, 265, 296, 317, 353, 472.
Sander, Friedrich 163, 329, 369, 370.
Sandström, Tora 233, 295, 472.
Schachter, M. 167, 472.
Schafer, Roy 84, 99, 132, 159, 181, 202, 248, 263, 472.
Schaffner, Jürg 116, 473.
Scharmann, Theodor 58.
Scheerer, Martin 11, 467.
Scheler, Max 298.
Schilder, Paul 43, 473.
Schjelderup, Harald K. 41.
Schmid, Fred W. 361, 473.
Schneider, Carl 305.
Schneider, Ernst 29, 58, 77, 151, 190, 213, 260, 287, 296, 340, 344, 351, 473.
Schneider, Kurt 266, 268, 269, 291, 294, 297, 299, 305, 311, 333, 334, 473.
Schulhof, Fritz 301, 473.
Sears, Robert R. 361, 465.
Semon, Richard 224, 473.
Shakow, D. 15.
Sharp, E. 2.
Sheldon, W. H. 176.
Sherif, Muzafer 367, 369, 473.
Sherrington, Charles Scott 109, 128, 369.
Siipola, Elsa 111, 473.
Silberpfennig, I. 66, 146, 147, 151, 470.
Simon, Théodore 10, 188, 189, 190, 191, 340.
Singeisen, Fred 146, 439, 473.
Singer, Jerome L. 111, 473.
Sjöbring, Henrik 176, 180, 255, 269, 271, 273, 287, 320, 473.
Skalweit, W. 184, 287, 305, 473.
Skard, Åse Gruda 191.
Slater, Eliot 312.
Slemon, Alan G. 325, 471.
Slotte, Erik XXIII.
Smith, Gudmund J.W. XXVII, 153, 182, 370, 371, 469, 473.
Smythies, J. R. 306, 473.
Spearman, C. 187.
Spencer, Herbert 343.
Spitz, Charlotte 173, 473.
Spitz, René A. 64, 225, 473.
Spitznagel, Albert 327, 365, 473.
Spreen, Otfried 11, 332, 463, 473.
Spreng, Hanns 10.
Staehelin, J. E. 333, 473.
Stainbrook, C. J. 136.
Stauder, Karl Heinz 112, 218, 221, 283, 314, 315, 319, 473.
Stavrianos, Bertha 344.
Steenderen, E. van 264, 466.
Stekel, Wilhelm 230.
Stempelin, Olga 4.
Stern, William 2, 6, 111, 148, 186, 473.
Stilling, Jakob 22.
Stoll, W. A. 322.
Strauss, Erwin 117.
Strömgren, Erik 77, 176, 183, 217, 218, 219, 266,

270, 276, 277, 279, 283, 301, 312, 321, 333, 334, 335, 473.
STRUVE, KARL 2.
SUSSMANN, EVA 355, 474.
SZONDI, LIPOT 11, 12, 69, 107, 218, 267, 270, 277, 282, 320, 474.

TAINE, HIPPOLYTE 111.
TAMM, ALFHILD 191.
TARCSAY, ISABELLA 324, 474.
TAULBEE, EARL S. 185.
TAYLOR, VIVIAN 111, 473.
TERMAN L. M. 10, 186, 189.
THEMEL, JOBST DIETRICH 345, 474.
THOMAE, HANS 371.
THOMAS VON AQUIN 367.
THORNDIKE, EDWARD LEE 187, 188, 199, 214.
THUMA, B. D. 323, 474.
TOYNBEE, ARNOLD J. 110, 474.
TRAMER, MORITZ 213, 474.
TSCHUDIN, ARNOLD 135, 301, 302, 303, 474.

UHLAND, LUDWIG 194.
ULETT, GEORGE 19, 465.
UNTERNÄHRER, ANTON 5.

VAERTING, MATHILDE 23, 474.
VEIT, HANS 146, 328, 474.
VETTIGER, GRETEL 357, 468.
VOGEL, HORST 345, 474.
VOGT, RAGNAR 308.
VUJIC, VLADIMIR 11, 474.

WAALS, H. G. VAN DER 104.
WAELDER, ROBERT 234, 474.
WALDER, H. 312, 464.
WALKER, RICHARD N. 117, 141, 146, 341, 357, 463.
WALTHER-BÜEL, HANS XXVII, 312, 332, 474.
WAPNER, S. 368, 474.
WARTEGG, EHRIG 10, 12.
WARTHOE, STEEN 221.
WATTS, J. W. 332.
WEBER, ARNOLD 1, 43, 114, 148, 158, 305, 330, 331, 341, 342, 344, 346, 347, 348, 349, 350, 351, 362, 474.
WECHSLER, DAVID 10, 187, 189, 190, 406, 474.

WEIGL, E. 11.
WEINHANDL, FERDINAND 312.
WEITBRECHT, H. J. 312, 474.
WEIZSÄCKER, VIKTOR VON 320.
WERNER, HEINZ 111, 323, 343, 370, 474.
WERNICKE, KARL 334.
WERTHAM, F. 9, 464.
WERTHEIMER, MAX 35, 125, 187, 362, 363, 364, 474.
WEVER, E. G. 161.
WHEELER, WILLIAM MARSHALL 263, 474.
WHIPPLE, GUY MONTROE 2.
WHITE, GAYLER XXII.
WHITING 361.
WIEDENKELLER, PHILIPPINE 3.
WIEGERSMA, S. 116, 474.
WIESER, ST. 369, 474.
WILDE, OSCAR 297, 474.
WIMMER, AUGUST 333.
WITKIN, H. A. 61, 365, 368, 474.
WITTREICH, M. J. 370, 474.
WOLFF, WERNER 367, 474.
WOODWORTH, ROBERT S. 161, 474.
WRESCHNER, ARTHUR 144.
WRIGHT, M. E. 263, 466.
WUNDT, WILHELM 10, 223, 360, 361, 474.
WÜST, IDA 121.
WYRSCH, J. 280.
WYSS-EHINGER, GERTRUD VON 193, 474.

ZANGGER, GINA 346, 474.
ZELLWEGER, H. 313.
ZIEHEN, GEORG THEODOR 10.
ZOLLIKER, ADOLF 146, 277, 288, 475.
ZULLIGER, HANS XXII, XXV, XXVI, XXIX, 1, 5, 7, 8, 10, 11, 24, 26, 27, 31, 34, 38, 42, 51, 53, 57, 58, 59, 60, 65, 67, 68, 70, 71, 73, 74, 75, 76, 77, 78, 79, 80, 81, 96, 99, 106, 107, 109, 114, 115, 120, 121, 124, 131, 133, 134, 138, 139, 140, 143, 149, 150, 151, 154, 156, 163, 166, 181, 189, 191, 196, 197, 200, 201, 202, 205, 206, 210, 212, 215, 220, 242, 245, 246, 251, 255, 257, 262, 275, 281, 285, 287, 296, 301, 304, 307, 317, 326, 340, 344, 345, 346, 348, 351, 354, 356, 370, 475.
ZÜST, RUTH 11, 475.
ZWEIG, ADAM 185, 475.

SACHREGISTER

(Sprachliche Abwandlungen eines Stichwortes, z. B. Adjektiva, sowie synonyme oder jedenfalls nahe verwandte Begriffe werden bisweilen unter demselben Stichwort aufgeführt und sind dann in Parenthese angegeben worden. Aus den Beispielen wurden nur die besonderen Phänomene und die Stichworte der Auswertung und Krankengeschichten in das Register aufgenommen, nicht dagegen die Faktoren des Formalpsychogramms. — Die zur Orientierung über ein Stichwort wichtigsten Stellen sind durch *Kursivdruck* hervorgehoben. Von Seite 270 bis 299 können sich einzelne Seitenzahlen um 1 [nach unten] verschoben haben.)

Absence 115, 313, 446.
Abstand, örtlicher oder zeitlicher 136.
Abstrakta (Abstraktionen) *51—52*, 135, 256, 262, 275, 303, 305, 319, 352.
Abstraktionsvermögen, Störungen des 11, 331, 355.
Abwehrinstinkte 224.
Abwehrmechanismen 182—183, 230, *248*, 361, 367, 368, 370, 371.
Abwehrpsychoneurosen 239, 241.
Adrenalinreaktion 220.
Affektausdruck 210, 211.
  (s. auch: Affektäusserungen)
Affektäusserungen 118—119, 120.
  (s. auch: Affektausdruck)
Affektbremsung s. Bremsung
Affektentladung 209.
Affektepilepsie 277.
Affekthalluzinationen 335.
Affekthemmung s. Hemmung.
Affektinkontinenz 284, 321, 323, 329.
Affektivität (Affektleben) *64—65*, 110, 111, 174, 190, *208—215*, 254—255, 354, 362, 414, 439, 451.
— angepasste (stabile) 64, 75, 112, *208—209*, 375, 376, 378, 381, 392, 408, 411, 418, 420, 432.
— egozentrische 208, 403, 435.
— impulsive 65, *209*, 395, 397, 422, 435, 443.
— labile 64—65, *209*, 221, 278, 284, 323, 329, 386, 390, 396, 397, 399, 403, 408, 425, 427, 430, 437, 446, 448, 454.
— libidinöse und aggressive 212—213.
— positive und negative 210.
  (s. auch: Explosivität)
Affektkonversion s. Konversion.
Affektlabilität s. Affektivität, labile.
Affektverödung 214.
Affektverschiebung 153, 239, 241, 248.
Agglutination der Td 221.
Agglutinierte Kausalität 238.
Aggravation *167—168*, 329.
Aggressionshemmung (Aggressionsverdrängung) 59, 123—124, 134, 174, *247—248*, 250, 251, 262, 273, 291, 293, 295, 296, 297, 300, 353, 354, 356, 386, 390, 418, 420.
Aggressionsstauung 225, 233.

Aggressivität (Aggression, Destruktionslust) 57, *58*, *59*, 60, 77, 132, 173, 174, 194, 213, 224, 225, 227, 231, 232, 233, 234, 236, 242, 244, 246, *247—248*, 251, 263, 265, 269, 280, 291, 296, 297, 329, 350, 353, 354, 399, 420.
— anale (Analsadismus) 57, 58, 108, 225, 235, 251, 262, 264, 281, 403, 418.
— negative 58, 225.
— orale (Oralsadismus) 60, 225, 261, 297, 418.
— phallische (phallischer Sadismus) 58, 124, 225, 235, 262, 403.
— positive 58, 213, 224.
Agoraphobie 238, 412.
Aha-Erlebnis 301.
Ähnlichkeitsillusion *158—159*, 181, 250, 273, 308, 427.
Akkomodation (Piaget) 361.
Aktiv-Passiv-Umkehrung 77, 234.
Aktualgenese 370.
Aktualneurosen 183, 223, *238*, *240*.
Akustische Assoziationen 156—157.
Akuter exogener Reaktionstypus (Bonhoeffer) 321, 322, 332, 333.
Alkohol, Einfluss auf den Erlebnistypus 111—112.
Alkoholepilepsie 331.
Alkoholhalluzinose 330—331.
Alkoholintoleranz 219.
Alkoholismus (Alkoholiker) 270, 282, *329—331*, 447—448.
— chronischer 150, 282, *330*.
  (s. auch: Trunksucht)
Alkoholmelancholie 331.
Alkoholrausch 324.
Alles-oder-Nichts-Gesetz 223.
Allgemeinbildung s. Bildung.
Allmacht der Gedanken 239, 262.
Alter, höheres 107, 205, *357—358*.
  (s. auch: Lebensalter)
Alternierende Symptomatologie 250.
Altersheim, Insassen im 357, 358.
Altersklassen, Psychologie der 9.
  (s. auch: Lebensalter und Alter, höheres)
Ambiäqualer Erlebnistypus s. Erlebnistypus.
Ambivalenz (Gefühlsambivalenz) 213, 227, 231, 233, 239, 247, 251, 254, 261, 292, 295, 307.
Amentia 321, 335.

Amitriptylin 338.
Amnesie 115, 330, 331.
Amnestische Wortfindungsstörungen s. Wortfindungsstörungen.
Amorphe Schwarz- und Graudeutungen 136, *151*, 181, 279.
Amphithymie (Amphithymiker) 143, *297—299*, 310, 336, *419—421*.
Amputierte 146.
Analität (anal) 60, 67, 130, 225, 227, 231, 233, 235, 239, 241, 242, 261, 287, 291.
Analytischer Intelligenztest 10, 189, 190.
Anamnese 284, 310, 335, 337, 451.
   (s. auch: Familienanamnese)
Anankasmus (Anankasten, anankastisch) 166, 246, 250, 270, 272, 291, 411, 412, 428.
   (s. auch: Zwangsneurose und Zwangsgedanken)
Anatomie-Deutungen 49, *66*, 100, 120, 145, 157, 194, 204, 247, 249, 261, 265, 274, 303, 316, 329, 346, 353, 357, 358.
Anatomieprozent 100, 146, 245, 288, 358.
Anatomische Stereotypie *146—147*, 277, 314, 358.
— mit Perseveration *147*, 277, 328, 391, 392, 393, 447.
Androgyne Deutungen 256.
Anekphorie 167, 325.
Angst (Ängstlichkeit, ängstlich) 59, 68, 75, 77, 106, 107, 123, 125, 126, 157, 174, 194, 212, 213, 215, 219, 223, *232—233*, 234, 238, 239, 240, 241, *245—246*, 249, 270, 278, 281, 288, 296, 299, 300, 303, 309, 327, 330, 335, 347, 351, 354, 355, 378, 395, 406, 411, 425, 439, 441, 454.
— Beziehungsangst 250.
— Erwartungsangst 232, 238.
— Gewissensangst (Kastrationsangst, Strafangst) 129, 131, 165, 232, 233, 246, 251, 257, 263, 264, 353, 399.
— libidinöse (Triebangst) 232, 233, 246.
— panische 246, 250.
— phobische (Situationsangst) 147, 166, 232, 233, 239, 241, 246, 250, 432.
— Realangst 232.
— vor dem Alleinsein 236, 238.
— vor dem Weibe 131.
   (s. auch: Sexualangst)
Angstabwehr (Angstschutz, Angstvermeidung) 133, 134, 136, 213, *234*, 262, 353, 367, 454.
   (s. auch: Abwehrmechanismen)
Angstäquivalente 238, 250.
Angsthysterie s. Phobie.
Angstneurose (Angstneurotiker) 118, 125, 183, 223, 233, *238*, *240*, *249*, 291, 294, *393—395*.
Anisotropie 148.
Anpassung (Anpassungsfähigkeit) 64, 75, 107, 112, 156, 192, 197, 223, 323, 351, 355, 361, 368, 420.
Anpassungsschwierigkeiten 167.
Anspruchsniveau 56, 108, 192, 204, 212, 361.
Antrieb (Antriebsstärke, Antriebsstörung, Antriebsschwäche) 56, 192, 204, 244, 322, 354.
Antwortenzahl (Anzahl der Antworten) 81, *96*, *106*, 169, 196, 203, 219, 245, 248, 261, 274, 276, 287, 294, 302, 309, 313, 315, 316, 322, 324, 325, 331, 332, 342, 347, 352, 355, 357, 358, 427, 450.
Apperzeption 367.
Appetenzverhalten 65, 77.
Äquivalente
— epileptische 276, 318.
— erbbiologische 333.
   (s. auch: Angstäquivalente)
Arbeitsbereitschaft 56, 205.
Arbeitshemmung 195.
Arbeitspsychologie 7.
Arbeitstherapie 291, 292.
Architekturdeutungen *67*, 137, 140, 255, 352.
Arterhaltungsinstinkte 224.
Arteriosklerose 311, 321, 431.
   (s. auch: Demenz, arteriosklerotische)
Artverbreitungsinstinkte 224.
Arzt und Psychologe, Zusammenarbeit zwischen *8*, 326, 337.
Asoziale s. Psychopathie.
Assoziationen
— freie 25.
— spontane 304.
   (s. auch: akustische Assoziationen)
Assoziationsarmut (-leere) 158, 321, 323.
Assoziationsversuch 4, 5, 10.
Assimilation 361.
Asthenische Faktoren 179, 180, 182, 183—184.
   (s. auch: Psychasthenie)
Ästheten 138, 157.
Athletiker 216, 217, 218, 277, 418.
Atrophia cerebri (Hirnatrophie) 283.
Auffassungsoriginale s. Originalantworten.
Aufforderungscharakter 170.
Aufmerksamkeit 188, 191, 192, 217, 273, 318.
Aufmunterungen 25.
Aufnahme des Protokolls s. Protokollaufnahme.
Aufsplitterung von Antworten 79—81.
Aufwachepilepsie s. Epilepsie.
Augendeutungen 168, 181, 250, 253, *257*, 275, 427, 454.
Ausdauer 60, 191, 219.
Ausdrucksmethoden 360.
Ausschmückungen 78, 257.
Autismus 57, 205, 215, 281, 301, 307.
Autoerotismus 226.
Autountauglichkeit 273.

Banalität *205*, 298, 378, 397, 414, 427, 448.
b-Antworten 115, 134, *155—156*.
Basedowsche Krankheit 291, 292.
Baumzeichen-Versuch 12.
Bedürfnisdruck 361.
Beherrschung, sophropsychische 76.
   (s. auch: Verstandeskontrolle und: Bremsung)
Bellevue-Scale 189, 190.
Benommenheit 321, 332, 335.
Benton-Test 11.
Beobachtungsfähigkeit (Beobachtungsschärfe) 60, 106, 191, 204.
Bernreuter Inventory Test 18.
Bero-Test 10, 130, 162, 389—390.
Berufsberatung 7, 12.
Beschränkung der Antwortenzahl 25—26.

483

Beschränkung der Zeit s. Zeitbeschränkung.
Beugekinästesien 46, *63*, 169, 181, 184, 215, 245, 246, 249, 258, 263, 279, 281, 285, 301, 354, 408, 409, 432.
Bewegungsantworten (B) *42—48*, 56, *61—64*, 184, 185, 192—193, 196, 200, 201, 202, 203, 204, 207, 209, 211—212, 245, 246, 247, 251, 252, 253—254, 256, 259, 260, 261, 262, 265, 276, 279, 281, 282, 284, 285, 287, 288, 293, 294, 295, 296, 303, 306, 308, 309, 310, 313, 314, 315, 316, 317, 318, 319, 323, 324, 326, 328, 330, 331, 340, 344, 345, 346, 349, 350, 352, 354, 355, 356, 357, 365, 368, 432, 435, 450, 451.
— fragliche 83.
— infantile 45, 147—148, 246.
— mit zweierlei Sinn *143*, 274, 275.
— primäre 47.
— sekundäre 47, *63—64*, *141*, 142, 220, 313, 317, 420, 421, 424, 437.
— Symptomwerte 61—64.
— unterdrückte *141—143*, 257, 259, 381.
Bewegungsberufe 221.
Bewegungsfarbantworten (BFb) *50*, *65*, 75, 197, 202, 203, 307.
— mit Körperempfindungen 75, 114, *143—144*.
Bewegungshelldunkelantworten (BHd) *74—75*, 77, 181, 202, 203, 245, 275, 307, 330.
Bewegungssturm 232.
Bewertungen (Werturteile) *150*, 220, 275, 277, 313, 315, 317, 435, 443.
Bewusstseinsschwächung 155, 321, *335*.
Bewusstseinsspaltung 115, 334, 335, 451.
Bewusstseinsstörung 77, 283, 332, 334, 335, 336.
Bewusstseinstrübung 77, 334, 335.
Beziehungswahn, sensitiver 308, 428.
BF-Antworten s. Tierbewegungen.
B FbHd 75.
Bildende Kunstbegabung 203.
  (s. auch: künstlerische Begabung)
Bildung, allgemeine 66, 69, 106, 108.
— fachliche 69, 108.
Biotonus 268.
Bisexualität (bisexuell) 130, 184, 215, 227, 265.
Blauschock (und Grünschock) *129—130*, 265.
Blinddiagnose 12, 14.
Blutdeutungen *67—68*, 245, 246, 249, 250, 274, 315, 353.
Blutscheu 131.
Braunschock *130*, 264, 265.
Brechungsphänomen (Interferenzphänomen) 114, 121, *127—129*, 244, 249, 250, 272, 308, 375, 381, 389, 391, 392, 395, 399, 405, 411, 414, 419, 420, 427, 435, 439.
Bremsung (Beherrschung) der Affekte (Bremsfaktoren) 64, 174, *211—212*, 228, 260, 263, 265, 279, 281, 296, 323, 329, 368, 395, 399, 403, 405, 408, 411, 420, 425, 427, 430, 432, 435, 437, 443, 446, 454.
Buchstabendeutungen 147, 303, 319.
Bunte Farben bei schwarzen Tafeln s. Farben.

Charakterneurosen 121, 182, 183, *234—236*, 243, *260—263*, 267, 270, 277, 280, 295, 296, 393, 395.
Charakterogene Depression s. Depression.

Charakterologie (Charakterlehre) 13, 176.
Charaktertest 2.
Charakterveränderungen 332.
Chlorpromazin 338.
Chlorprotixen 338.
Choc kinesthésique 132—133.
Chorea Huntington 324.
Clinical psychologists 8.
Clopentixol 338.
Coitus interruptus 240, 395.
Color denial s. Farbverleugnung.
Color projection s. Farben, bunte bei schwarzen Tafeln.
Commotio cerebri (Gehirnerschütterung, postkommotionell) *328—329*, 336, 408, 409, 414, 450, 451, 454, 455.
Complexe d'abandon s. Verlassenheitskomplex.
Contact vital 304.
Cunnilingus 265, 403, 404.
Cut-off W (KLOPFER) 33.

Dämmerzustand 115, 272, 334, 335, 451.
Dd s. Kleindetaildeutungen.
Deanimierung 132, 136, 143, 215.
Debilität 63, 196, 197, 289.
  (s. auch: Oligophrenie)
Defektdeutungen (Verstümmelungsantworten) 245, 246, 251, 253, 256, 265, 315, 353, 399, 431.
Defense mechanism test (DMT) 371.
Degeneration 266.
Degradationen 132.
Déjà-vu 412.
Delirium (deliröse Zustände) 334, 335.
— tremens 330.
Dementia paralytica s. Paralyse, progressive.
Demenz 174, 190, *197*, 310—311.
— arteriosklerotische (Dementia arteriosclerotica) 311, 326, *327*, 440—442.
  (s. auch: Depression)
— epileptische 303, 312, 313, 315, 317, 318, 319, 435.
— organische (diffuse organische Hirnschädigung) 107, 136, 160, 188, 310, 312, 317, 321, *322—326*, 327, 328, 332, 338, 411, 431, 439, 441, 444, 446, 448, 450.
  (s. auch: Organiker)
— schizophrene 107, 136, 274, 324, 422, 450.
— senile (Dementia senilis) 66, 112, 148, 311, *326—327*, 357, *438—439*.
Denkhemmung s. Intelligenzhemmung.
Depersonalisation 166, 223, 232, 294, 334, 335, 412.
Depression (Depressive) 57, 59, 66, 76, 106, 107, 108, 112, 116, 130, 151, 157, 182, 191, 192, 193, 194, 195, 205, 207, 212, 214, 219, 248, 251, 262, 269, 274, 276, 278, *286—297*, 309, 316, 324, 327, 330, 334, 336, 338, 373, 378, 397, 399, 405, 408, 412, *412—418*, 427, 431, 439, 450, 455.
— arteriosklerotische 290, 291, 294.
— charakterogene 291, 293, *295—297*, 300, *415—418*.
— dispositionelle (neurotische, paläoreaktive) 290, 291, 292, 293, *294—295*, 300.
— endogene 61, *286—287*, 289, 290, 291, *292—*

293, 294, 298, 300, 309, 336, 420, *431—433*, 441.
— exogene (neoreaktive) 287, 290, 291, 292, 300, 336, 381, 433.
— hysterische 291, *295*.
— klimakterische (präsenile) 290, 291, *294*, 308.
— konstitutionelle (psychopathische) 290, 291, 292, *294*, 300, 336.
— kryptogene 290, 291.
— psychogene (reaktive) 195, 204, 215, *287*, 289, 291, 298, 299, 300, 308, 316, 334, 336, 373, 378, 381, 386, 390, 393, 397, 414, 451.
— senile 290, 291, 292, *294*.
— somatogene 291, 292, 433, 439.
— zykloide *286*, 289, 290, 291.
Depressive Dauerverstimmung (BINDER) 291.
Deskriptionen 78, *133—134*, 135, 136, 243, 244, 245, 248, 262, 273, 275, 296, 304, 315, 432, 441, 443, 446.
— kinetische *134—135*, 275, 304, 319.
Desorientierung 304.
Destruktionslust s. Aggressivität.
Detailantworten, gewöhnliche (D) *35*, 201, 214, 242, 246, 264, 301, 314, 323, 325, 329, 330, 348, 350, 365.
— DdD *38*, 220, 274.
— Symptomwerte 57, 60.
Detaillierung 79, 114, 149.
Determinanten *40—51*, 81, 98, 344—345, 352.
— Symptomwerte 60—65.
Deutungsbewusstsein 114, *116—118*, 118, 194, 196, 302, 313, 323, 325, 341, 347, 358, 378, 395, 405, 411, 427, 439, 443, 447, 449.
Deutungslust 203, 331.
Deutungsnot 61, 329.
Deutungsunlust 293.
Devitalisationen 132, 143, 215.
Diebe (Stehlen) 202, 251—252, 269, *281*, 356, 448.
Differentialdiagnose (differentialdiagnostisch, Differentialdiagnostikum) 129, 160, 164, 176, 219, 260, 276, 283, 287, 289, 299, 302, 303, 310, 318—320, 323, 324, 336, 450.
Differentialreaktionszeit 97.
Differenzierung 163, 343, 368.
Diffuse chronische Hirnschädigung s. Demenz, organische.
Diktion 117, 140, 217, 317, 318.
Dipsomanie (Dipsomane) 268, 269, 277, *331*.
Disposition 240, 290.
Distorted rooms 370.
Do s. Kleindetaildeutungen, oligophrene.
Doppelbrechungsphänomen 127, 129, 245.
Doppelidentifikation 254.
Doppeltests 10.
Dorfspiel 11.
Drehen der Tafeln 24, 173, 349.
Dringlichkeitsgesetz 128.
Drucksituation 255, 259.
Dualunion 282.
Dunkelangst 125, 238, 347.
Dunkelattraktion 126, 278.
Dunkelbetonung, sekundäre 71.
Dunkelschock 23, 61, 114, 116, *124—126*, 128, 129, 132, 133, 134, 138, 157, 159, 165, 173, 181, 194,
213, 244, 245, 246, 248, 249, 250, 251, 263, 265, 272, 299, 308, 309, 329, 330, 331, 347, 354, 356, 375, 381, 389, 391, 395, 399, 405, 411, 414, 418, 419, 420, 421, 424, 427, 432, 435, 439, 441, 446,
— überkompensierter *126—127*, 389, 453, 454.
(s. auch: Verleugnung)
Durchbruch des Verdrängten 143, 164, 182.
Durchschnittsreaktionszeit s. Reaktionszeit.
Dysphorie (dysphorisch) 76, 126, 136, 233, 269, 273, 278, 281, 283, 299, 300, 397, 408, 427, 446.
Dysphorische Dauerverstimmung (BINDER) 278.
Dysplastiker 216, 218, 277, 395.
Dysrhythmie 163, 221, 317, 378.
DZw-Deutungen s. Zwischenfigur-Deutungen.

Echolalie 306.
Edging 173, 304, 319.
Egozentrische Extratensive s. Erlebnistypus.
Egozentrizität (egozentrisch) 150, 219, 233, 243, 247, 304, 307, 358.
Eheberatung 8.
Ehegatten, gleiche Originalantworten bei 69.
Ehehemmung 130.
Ehrgeiz s. Qualitätsehrgeiz bzw. Quantitätsehrgeiz.
Eifersuchtswahn
— der Trinker 331, 447—448.
— paranoide Form 331.
Eigenbeziehungen (Ich-Beziehungen) *150*, 220, 275, 304, 309, 313, 317, 319, 358, 422.
Eindrucksfähigkeit 268.
Einfühlungsfähigkeit 208, 210, 418.
Einheitlichkeit (der Intelligenz) 188, 192.
Einstellungshemmung 23, 115, 125, *157—158*, 220, 376, 386.
Einstellungswert 103, 462.
Einzelgefühle, periphere 75.
Eitelkeit 67.
Eklampsie 318.
Ekphorierfähigkeit 107, 191, 192.
Ekphoriestörung 61, 107, 321.
Ekstase 144.
Elektroencephalogramm (EEG) 175, 221, 284, 311, 313, 315, 322, 378.
Elektroschock 18, 136, 147, 152, 324, 414, 455.
Elterliche Instinkte 224.
Elternimagines 226.
Emotionelle Syndrome 334, 336.
Emotionspsychosen 333.
Empfindsamkeit (Empfindsame) 75, 138, 151, 211, 268, 269, 273, 274.
Empfindungsdeutungen s. Impressionen.
Encephalitis (encephalitisch, postencephalitisch) 283, 284, 314, 318, 319, 321, *328*, 329, 375, 411, 433.
Encephalopathia traumatica s. Encephalose.
Encephalose (Encephalopathia traumatica) 276, 310, *328—329*, 437, *444—446*.
Endokrines Psychosyndrom 322.
Endotoxine 240.
Engramme, Schärfe der 107, 191, 192.
Enthemmungssyndrom, basales 332.
Entschlussunfähigkeit s. Unschlüssigkeit.
Entspannungstherapie 248.

485

Entwicklungsgesetz, allgemeines psychologisches 343.
Entwicklungsinstinkte 224.
Entwicklungsstörungen (Entwicklungshemmungen) 223, 243, 267, 277, 351.
Enuresis 277, 405.
Epilepsie (Epileptiker) 11, 46, 63, 68, 106, 107, 108, 117, 123, 136, 139, 140, 141, 144, 146, 147, 149, 150, 151, 158, 163, 183, 221, 276, 277, 281, 288, 290, 291, 294, 300, 303, 304, *311—320*, 321, 324, 328, 331, *433—438*, 451.
— Aufwach- 218, 277, 313, 314, *315*, 316, 318, 319.
— depressive 288, 290, 291, 294, 300.
— diffuse 313, 316.
— genuine (idiopathische) 147, 277, 311, 312, 314, 315, 316, 318, 319, 320, *433—435*.
— Kinder- 314, 316.
— kryptogene 311, 312.
— oligophrene 67, 303, 313.
— Schlaf- 218, 277, 313, 315, 316.
— symptomatische 311, 312, 315, 316, 318, 319.
— Temporallappen- (psychomotorische) 218, 277, 312, 313, 315, 316.
 (s. auch: Temporallappenpsychosen)
— traumatische (läsionelle) 147, 277, 311, 312, 317, 318, 319, *435—438*.
 (s. auch: Demenz und: Wesensänderung)
Epileptoid 146, 147, 217, 218, 220, *277*, 317.
EQa-Antworten *154*, 200.
EQe-Antworten *154—155*, 202, 203, 386.
Erbanlagen (erblich, hereditär, Heredität) 228, 267, 289, 290, 311, 312, 319, 360.
Erfassungsmodus (Erfassungsreihe) 29, 32—40, 60, 82, 97, 169, 242, 340, 342—344, 352, 365.
— Symptomwerte 56—60.
Erfassungsoriginale s. Originalantworten.
Erfassungstypus (Erft.) *100—101*, 167, 184, 192, 196, 201, *205*, 245, 251, 261, 262, 273, 276, 277, 280, 281, 285, 287, 288, 293, 294, 295, 306, 307, 308, 309, 313, 315, 322, 327, 331, 342, 355, 357, 358, 427, 439, 442.
— Symptomwerte 108.
Erlebnisquotient 103, 462.
Erlebnistypus (Erlbt.) 63, *101—102*, 112, 135, 200, 201, 202, 203, 207, 209, 211, 213, 215, 242, 243, 244, 245, 246, 247, 249, 250, 251, 261, 262, 263, 264, 265, 273, 275, 277, 279, 280, 281, 283, 284, 285, 287, 288, 293, 294, 296, 297, 299, 305, 306, 307, 308, 309, 313, 315, 316, 319, 323, 324, 326, 327, 328, 330, 331, 332, 339, 340, 345, 351, 352, 355, 356, 357, 358, 362, 368, 427, 442, 454.
— Symptomwerte 109—112.
Ermüdung 61, 112, 169.
Erogene Zonen 225.
Erregung, depressive 297, 298.
Ersatzbildung (Ersatzobjekt) 230, 241, 244.
Ersatzkontakt 210, 450.
Erwartungsangst s. Angst.
Erwartungseinstellung 253, 258.
Erziehbarkeit 284—285.
Erziehung, Einfluss der 368, 370.
Erziehungsberatung 7.
Erziehungsfehler 189, 296.

Es 231—232, 233, 241.
Essen-Deutungen 66, 98, 258, 260, 353.
Euphorie 151.
Evidenzbewusstsein 117.
Exaltation 334, 336.
Exhibitionismus (exhibitionistisch) 164, 233, 259, 262, 263, 265.
Exogener Reaktionstypus s. Akuter exogener Reaktionstypus.
Exotoxine 240.
Expansionsreaktion 258.
Explosivität (Explosionen) 219, 220, 221, 243, 254, 270, 277, 278, 318.
Exterozeptive Empfindungen 109, 369.
Extratension (Extratensivität) 75, 103, 110, 112, 207, 368, 420.
Extratensionslose Introversive s. Erlebnistypus.
Extratensiver Erlebnistypus s. Erlebnistypus.

Fach-Originale s. Originalantworten.
Fachsimpel 69, 192, 207.
Familienanamnese 174, 277.
Familienberatung 8.
Familien-Berufsanamnese 221.
Falsche Farbantworten 153.
Falsche Farbe 153, 248.
Farbantworten (Farbwerte) *48—50*, 82—83, 152—153, 185, *208—210*, 215, 220—221, 242, 245, 248, 251, 252, 253, 254—255, 256, 259, 261, 276, 278, 287, 288, 293, 295, 296, 303, 306, 307, 308, 309, 313, 314, 315, 316, 319, 323, 326, 328, 330, 340, 344, 351, 352, 354, 356, 357, 358, 365, 439, 450.
— primäre (reine) (Fb) *49*, *65*, 182, *209*, 246, 247, 249, 251, 260, 265, 274, 278, 279, 281, 285, 294, 303, 307, 309, 313, 323, 325, 326, 329, 332, 344, 354, 355, 362.
— Symptomwerte 64—65.
— Verteilung 210.
Farbbeachter 362.
Farben
— bunte bei schwarzen Tafeln *152—153*, 449, 450.
— Einführung in die Klleckstechnik 2.
— Frage nach den Farben 82—83.
— warme und kalte 209.
— Wirkung auf den Organismus 110, 362.
 (s. auch: Falsche Farbe)
Farbenattraktion (Klebenbleiben an der Farbe) *121*, 197, 260, 336, 356.
Farbenblindheit 10, 22, 153, 360.
Farbendramatisierung *153—154*, 251.
Farbenflucht s. Farbenscheu.
Farbenindex 104.
Farbenlinkstyp. s. Farbtypus.
Farbenpsychologie 362.
Farbenrechtstyp s. Farbtypus.
Farbenruf (MEREI) s. Farben, bunte bei schwarzen Tafeln.
Farbenscheu (Farbenflucht) 243, 281.
Farbenschock 16, 18—19, 114, 116, *118—121*, 122, 127, 128, 129, 130, 132, 133, 133—134, 138, 152, 158, 173, 194, 196, 197, 213, 242, 243, 244, 245, 246, 248, 249, 250, 251, 261, 262, 263, 265, 272, 281, 287, 305, 308, 309, 310, 328, 329, 330,

331, 336, 345, 347, 353, 354, 356, 375, 378, 386, 391, 392, 395, 397, 399, 403, 405, 408, 411, 414, 419, 420, 421, 427, 435, 437, 439, 443, 446, 447, 454.
— larvierter 120.
— überkompensierter *121—122*, 181, 184, 275, 336, 375, 381, 389, 424.
— verarbeiteter 119.
— verspäteter *121*, 261.
Farbformantworten (FbF) 49, *64—65*, *209*, 213, 215, 245, 246, 247, 248, 251, 260, 264, 265, 274, 279, 281, 285, 303, 307, 309, 315, 323, 325, 326, 329, 343, 344, 352, 354, 355, 358, 362.
Farbnennungen *49—50*, *78*, 102, *135—136*, 140, 182, 184, 196, 220, 275, 277, 284, 303, 305, 313, 317, 319, 324, 326, 332, 340, 345, 351, 376, 435, 443.
Farbtypus *102—103*, 209—210, 242—243, 247, 251, 325, 329, 375.
Farbverleugnung 152.
Faulheit 61, 195.
FbHd 74, 76, 181.
Fehlidentifikation (gegengeschlechtliche Identifikation) 230, 256, 259, 260, 261, 265.
Feinfühligkeit 75, 211.
Feldtheorie 365.
Fellatio 265, 403, 404.
Femininität 67
Feuerberufe 221.
Figur-Hintergrund-Verschmelzung (Verschmelzungsantworten) (Ve) 54, 69, 149, *160—163*, 202, 203, 264, 280, 304, 317, 365, 381, 389, 418, 419, 420, 424, 430, 435, 449.
Figur-Qualitäten 161, 364.
Figur und Grund 35, 38, 54, 161, 364—365.
Finalität (final) 223.
Finalzensur s. Zensur.
Fixierung 223, *231*, 241, 242, *258—259*, 291, 400, 421.
Flächenfarben 351, 362, 364.
Fleiss 108, 204.
Fluchtmanie 299, 334, 336.
Fluchtreflex 128.
Flucht vor der Depression 300, 419—421.
— in die Banalität 108, 248, *298—299*, 420.
— in die Exaltiertheit 298, *299*, 336.
Fluphenazin 338.
Flüssigkeit (der Intelligenz) 188, 192.
Formalpsychogramm 242.
Formantworten (F) *40—42*, 71, 253, 256—257, 281, 350, 365.
— gekünstelte 137.
— Symptomwerte 60—61.
(s. auch: unbestimmt und: unscharf)
Formbeachter 362.
Formelgebung (Signierung) 31—86.
Formfarbantworten (FFb) *48—49*, *64*, *208—209*, 220, 246, 248, 251, 264, 274, 281, 285, 301, 307, 309, 315, 329, 343, 344, 345, 352, 354, 355, 358, 362.
Form-Farbe-Forschung 362.
Formhelldunkel-Antworten (FHd) *73*, 248, 264.
— Symptomwerte 76.
Formkritik 118.

Formschärfedifferenzen 302, 328.
Formschärfeprozent (F+%) 99, *106—107*, 169, 191, 196, 200, 201, 202, 203, 211, 212, 213, 246, 248, 251, 261, 262, 263, 265, 274, 276, 277, 280, 281, 283, 284, 287, 288, 294, 295, 296, 299, 302, 304, 306, 307, 309, 310, 313, 314, 315, 316, 317, 319, 323, 324, 326, 327, 328, 329, 330, 332, 336, 340, 346, 350, 353, 355, 357, 358, 439, 442, 450, 451.
— erweitertes 99, 181, 202.
— Symptomwerte 106—107.
Four Picture Test 68.
Frageform, Antworten in 118, *159—160*, 273, 323, 395, 411, 424, 427, 454.
Frauenrolle, Ablehnung der 131, 215.
Frechheit 354.
Fremdkritik 57, *59*, 206.
Friedreichsche Krankheit 312.
Frühreife 108, 340, 345, 350.
Frustration s. Versagung
Fugues 334, 451.
Funktionelle Faktoren 320, 336, 435.

Ganser-Syndrom 336.
Ganzantworten (G) *32—35*, 191—192, 193, 196, 197, 200, 201, 202, 203, *204*, 211, 242, 244, 245, 248, 251, 265, 274, 276, 278, 280, 281, 287, 288, 293, 294, 295, 296, 302, 305, 307, 308, 309, 310, 314, 318, 322, 323, 324, 325, 326, 327, 328, 329, 330, 331, 336, 340, 342, 343, 346, 347, 350, 352, 354, 355, 356, 357, 358, 365, 427, 450.
— infantile 342.
— konfabulatorische (DG) *33—34*, *56*, 140, 196, 202, 204, 220, 251, 265, 274, 280, 281, 284, 294, 302, 307, 309, 313, 314, 318, 323, 325, 327, 328, 329, 330, 340.
— konfabulatorisch-kombinatorische *32*, 202, 302, 309, 331.
— kontaminierte *33*, 302.
— primäre 32.
— primitive 182, 342, 350.
— sekundäre 32, 33, 35.
— simultan-kombinatorische *32*, 80, 201, 203, 329.
— sukzessiv-kombinatorische *32*, 201, 203, 309, 331.
— Symptomwerte 56—57, 60.
— technische 33, 35.
— Zwischenfigur-Ganzantworten (DZwG) *34—35*, 57, 106, 139, 166, 253, 255—256, 259, 265, 274, 286, 302, 315.
Ganzeigenschaften 365.
Ganzheit, Primat der 362.
Ganzheitsfaktor (der Intelligenz) 188, 192.
Gebärneid 131.
Gebundenheit 219.
Gedächtnisstörung 107.
Gefühle s. Affektivität.
Gefühlsambivalenz s. Ambivalenz.
Gegenstandsbewusstsein 334.
Gehirnerschütterung s. Commotio cerebri.
Geisteskrankheit s. Psychose.
Gelockerte Sukzession s. Sukzession.
Geltungsbedürfnis 56, 174, 247, 280, 281.
(s. auch: Psychopathie, geltungsbedürftige)

487

Gengasvergiftung 283.
Genialität (Genie) 110.
Genitalangst s. Sexualangst.
Genitalausschluss 226.
Genitalien 165, 258.
Genitalität (genital) 60, 225, 227, 231, 233, 235, 236, 241, 242, 264.
Geographiedeutungen (Kartendeutungen) 67, 147, 204, 279, 352, 446.
   (s. auch: Landkarten)
Geometrische Figuren 303, 319.
Geordnete Sukzession s. Sukzession.
Gereiztheit s. Reizbarkeit.
Gerichtsexpertise 8, 12, 267.
Gesamtgefühle 75.
Geschlechter, Psychologie der 9, 344, 358.
Geschlechtstrieb s. Sexualtriebe.
Geschwister, gespanntes Verhältnis zu 65—66.
— gleiche Originalantworten bei 69.
Gesetz des Primats der phylogenetisch jüngeren Triebe 128.
Gesichtsfelddefekt 360, 412.
Gesichts-Stereotypie *147*, 167, 246, 249, 250, 386.
Gespensterdeutungen 246, 250.
Gestaltgesetze 363—364.
Gestaltlegetest 312.
Gestaltpsychologie (Gestalttheorie) 33, 35, 36, *362—364*.
— differentielle 163.
Gestaltqualitäten 363.
Gestaltzerfallsyndrom 321.
Gewissen 227, 230.
Gewissensangst s. Angst.
G-Ketten 330, 331.
Glaubwürdigkeit von Zeugen 8.
Glischroidie 218.
Graphologie XXVIII—XXIX, 7, 11, 12, 156, 171, 359, 360.
Graudeutungen s. Schwarz und Weiss als Farbwerte.
Grünschock s. Blauschock.
Gruppennorm 52.
Gruppenpsychologie, differentielle 9.
Gruppentest 11, 14.
Gültigkeit der Symptomwerte 18—20.

Halluzinationen 330, 335, 442, 451.
Halluzinose 288, 335.
   (s. auch: Alkoholhalluzinose)
Haltlosigkeit, Gefühl innerer 140, 275.
   (s. auch: Psychopathie)
Hämorrhagie 332.
Häufigkeit der Antworten 32, 98—99.
   (s. auch: Originalität)
Häufigkeitsstatistik 37.
Hauttemperaturen 125, 220.
HdFb 74, 76, 78.
Hebephrenie s. Schizophrenie.
Heiter Verstimmte s. Hypomanie.
Helldunkeldeskriptionen 72, *134*.
Helldunkeldeutungen 70, *71—78*, 137—138, 185, 212, 245, 248, 273, 278, 281, 288, 294, 296, 299, 300, 303, 309, 315, 329, 353, 354, 355, 356, 365, 409.

— intellektuelle *71—72, 136*, 275.
— primitive 41, *74, 136*, 151, 279.
— reine (Hd) 74, 194, 246, 279.
— Symptomwerte 75—78.
Helldunkelform-Antworten (HdF) *73—74*, 246, 248, 249, 250, 261, 264, 279, 299, 308.
— Symptomwerte 76.
Helldunkelnennungen 72, *134*.
Helldunkelsymbolik 72.
Hemmung 59, 66, 106, 174, *212—214*, 214, 230, 295, 296, 390, 405, 450, 451.
— depressive 115, *194—195*, 214, 386, 414, 420, 441.
— manische 297, 298.
   (s. auch: sophropsychische Hemmung)
Hemmungssyndrom, dorsales 332.
Heredität s. Erbanlagen.
Hermaphroditische Sexualdeutungen s. Sexualdeutungen.
Hilfskräfte 14, 82.
Hilfstabellen für die Signierung 42, 53, 87—95.
Hilfstafeln für die Lokalisierung (Erklärung) 29—30, 37.
Hirnatrophie s. Atrophia cerebri.
Hirnläsionen s. Traumatiker.
Hirnlokales Psychosyndrom 267, *321—322*.
Hirnlues s. Lues cerebrospinalis.
Hirntumor s. Tumor cerebri.
Hochbegabte 197—198.
Hochstapler 158, 403.
Homöostase 367.
Homosexualität (homosexuell) 130, 163, 230, 233, 235, *263—265*, 403, 404.
Hormopathie 223.
Hypererotismus 260.
Hypersozialität 219, 220, 277, 390.
Hypertension, intrakranielle 332.
Hyperthymie s. Psychopathie.
Hypertonie 133.
Hyperventilation 175, 249, 315.
Hypochondrie (Hypochonder, hypochondrisch) 66, 146, 147, 194, 219, 223, 238, 247, 249, 272, 274, 303, 393, 414, 433, 448.
Hypomanie (Hypomane, heiter Verstimmte, manisch Verstimmte) 106, 109, 117, 159, 173, 192, 276, 278, 293, 298, 299, 300, *309*, 420, *428—431*.
Hypophrenie 320.
Hypotonie, muskuläre 320.
Hysterie (Hysteriker, hysterisch) 11, 108, 154, 166, 183, 209, 223, 231, 233, 234, *239, 241*, 242, 243, 244, 245, *250—251*, 270, 278, 287, 289, 291, 310, 319, 320, 336, 368, *396—397*, 405, 408, 455.
Hysterischer Charakter 147, *235*, 260—261, 277, 397.
Hysteroepilepsie 319, 320.

Ich *180*, 228, 231—232, 232, 235, 334, 360.
Ich-Bewusstsein 166, 334.
Ich-Beziehungen s. Eigenbeziehungen.
Ich-Denke-Gefühl 301.
Ich-Einschränkung 234.
Ich-Funktionen 109, 222, 231—232, 275.

Ich-Libido s. narzisstische Libido.
Ich-Regression 182.
Ich-Schwäche 61, 76, 136, 159, 164, *181—182*, 184—185, 263, 275.
Ich-Stärke 164, 181, 184.
Ich-Struktur 231—232.
Ich-Will-Gefühl 301.
Identifikation (Identifizierung) 44, 142, 148, 164, 208, 215, 228, 234, 259, 279.
— männliche (maskuline) 131, 256, 260.
— narzisstische 227, 292.
— objektlibidinöse 227.
— weibliche (feminine) 131, 256, 261, 279, 403, 409.
Ideorealgesetz 43.
Idiotie (Idioten) 196.
 (s. auch: Oligophrenie)
Imipramin 338.
Impressionen (Empfindungsdeutungen) 118, *138*, 203, 208, 275.
Impulsivität 65, 76, 111.
Impulsiv-Petit mal 313, 314.
Inanitionspsychose 333.
Individualantworten *54—55*, 252.
— Symptomwerte 70.
Individualpsychologie 223.
Indolenz 61, 151, 408.
Infantile Abstraktionen *149*, 202, 246, 348.
Infantile Antworten *147—148*, 246, 265, 279, 408, 418, 430, 446.
Infantile B s. Bewegungsantworten.
Infantilismus (Infantile, Psychoinfantilismus) 66, 147, 148, 149, 150, 223, 230, 246, 279, 285, 327, 378, 395, 405, 409, 411, 412, 418, 430, 446.
Infektionen (infektiös, postinfektiös, Infektionspsychose) 240, 282, 291, 321, 333.
Inhalt der Antworten *51—52*, *98*, *106*, 132, 136, 193, 203, 207, 245, 246, 248, *252—260*, 263, 265, 315, 326, 336, 341, 345—346, 352—353, 358, 450.
— Symptomwerte 65—68.
Initialzensur s. Zensur.
Innenleben 109.
Inquiry s. Sicherung.
Instinkt 224.
Instruktion 23—26.
Insuffizienzgefühle s. Minderwertigkeitsgefühle.
Integrierung 163.
Intellektualisierung (Verkopfung) 235, 239, *262*, 275.
Intelligenz (Intellekt) 106, 107, 108, 146, 147, 154, 155, 174, *186—207*, 212, 285, 315, 318, 340, 350, *372—390*, 392, 395, 397, 399, 403, 405—406, 408, 411, 414, 418, 419, 420, 422, 425, 427, 430, 432, 435, 437, 439, 441, 443, 446, 448, 450, 454.
— abstrakte 154, *199*, *200*.
— hohe 197—198.
— konkrete 199.
— praktische 57, 106, *199*, *201—202*, 205, 206, 207, 386, 390, 430.
— soziale 199, 214.
— theoretische 56, *199*, *200*, 204, 205, 206, 207.
Intelligenzalter 189, 346, 378.

Intelligenzdefekt 174, 190, *197*, 411, 422, 425, 435, 437, 439, 441, 443, 446, 448.
Intelligenzhemmung, affektive (Denkhemmung, Leistungshemmung) 76, 106, 117, 133, 174, 188, 189, 190, *193—195*, 340, 393, 395.
— depressive 193, *194—195*, 392, 414.
— neurotische 60, 117, 193, *194*, 392, 395.
Intelligenzkomplex 66, 67, 116, 146.
Intelligenzmangel 106, 107, 174, 190, *195—197*.
 (s. auch: Oligophrenie)
Intelligenzquotient (I. Q.) 189, 192, 195, 198, 315, 378, 406, 435, 438.
Intelligenztests 10, 189, 195.
Intelligenztypen 199—203.
Intentionalität (MEREI) 154.
Interessen 65, 67, 69, 106.
Intersexuelle Antworten 253, 256.
Interferenzphänomen s. Brechungsphänomen.
Intoxikation 283, 321, 333.
Intrapsychische Aktivität 268.
Introjektion 77, 228, 234.
Introversion (Introversivität) 62, 75, 78, 103, 110, 111, 112, 368, 454.
Introversiver Erlebnistypus s. Erlebnistypus.
Intuition 172.
Inverse Deutungen 83, *148—149*, 246, 317, 327, 341, 349, 351, 357, 358.
Involutionsparanoia (wahnbildende Involutionspsychose) 158, 273, *308—309*, *425—428*.
Involutionspsychose, depressive 294.
Inzestbildung 265.
Ipsation (Selbstbefriedigung) 226.
 (s. auch: Onanie)
Isocarboxazid 338.
Isolierung 78, 183, 234, 244, 248.
Isomorphismus, psychophysischer 365.
Ixoidie (Ixoide, ixoide Psychopathie) 147, 218, 220, 221, 269, 271, *276—278*, 278, 283, 300, 314, 317, 318, 320, 331, 393.
Ixophrenie, läsionelle s. Pseudopsychopathie.
Ixothymie (Ixothyme, ixothymer Charakter) 60, 64, 135, 139, 141, 145, 149, 152, 158, 176, *218—221*, 274, 276, 278, 283, 293, 300, 304, 386, *390—393*, 395, 418.

Jugendliche 58, 108, 276, 284—285, 303, 341, *352—353*.
— schwierige (schwererziehbare) 57, 355—356.
Jugendpsychologie 7.

Kampfehe, neurotische 130.
Kapazität (intellektuelle) 188, 194, 195.
Kartendeutungen s. Geographiedeutungen.
Kartothek 104—105.
Kastrationsangst s. Angst.
Kastrationskomplex (Kastrationsphase) 123, 227, 256, 346, 403.
Katatonie s. Schizophrenie.
Kausalität 223.
 (s. auch: Agglutinierte Kausalität)
Kinästhesien 42, 44, 109, 133, 134, 142, 368.
Kinästhetische Resonanz 44, 132.
Kinder 108, 117, 303, 306, 325, *339—352*, 362.

489

— Abweichungen der Symptomwerte 339, 349—352.
— aggressive 353—354, 355.
— andere Tests bei Kindern 11.
— Blutdeutungen 67—68.
— DdG 57, 340.
— DZw 58, 350.
— Essendeutungen 68.
— Farbnennungen 136, 340, 344, 351.
— frühreife 108, 340, 345, 350.
— Inhalt 147—148, 303, 341, 345—346.
— infantile Abstraktionen *149*, 202, 348.
— inverse Deutungen *148—149*, 341, 349, 351.
— Konfabulationen 347, 351.
— Kontaminationen 141, 306, 347, 351.
— Lage-Antworten 51, 306, 347, 351.
— Objektdeutungen 67, 346.
— Pars-pro-toto-Deutungen 68, 147, 347.
— Perseveration 145, 340, 345, 347—348, 351.
— Pflanzendeutungen 66—67, 147, 327.
— psychische Unterschiede vom Erwachsenen 230—231.
— schwierige (schwererziehbare) 57, 214, 353—355.
— totemistische Einstellung 45.
— Trial and error 344.
— Unanwendbarkeit der Re-Test-Methode 15.
— Unanwendbarkeit des PIOTROWSKI-Syndroms 325.
— Versuche mit der WHIPPLE-Serie 2.
— Wunschantworten 255.
— Zahlantworten 50, 306, 347, 351.
Kinderbuchreminiszenzen 132, 148, 408.
Kinderpsychologie 13.
Kinetische Deskriptionen s. Deskriptionen, kinetische.
Klangdeutung 1.
Kleben am Thema s. Perseveration.
Kleidungsdeutungen 67.
Kleinarbeiter 205, 206.
Kleinbewegungsantworten (kleine B, Bkl.) 47, *64*, 102, 202, 203, 280, 307, 330, 331, 344.
— unterdrückte 143.
Kleindetailantworten (Dd) *35—37*, 60, 196, 201, 204, 242, 245, 246, 248, 251, 261, 262, 263, 264, 265, 274, 281, 284, 294, 295, 303, 306, 307, 314, 323, 325, 329, 330, 331, 340, 342, 348, 350, 352, 354, 358, 400.
— oligophrene (Do) *38—39*, 46, *59—60*, 147, 185, 194, 196, 245, 246, 248, 249, 251, 261, 263, 264, 281, 293, 296, 299, 328, 330, 342, 350, 352, 354, 355.
— Symptomwerte (Dd) 57—58, 350.
Kleinkindertests 11.
Kleptomanie (Kleptomane) 147, *251*.
Klexographie (JUSTINUS KERNER) 1, 2, 3.
Klimakterium (klimakterisch) 257, 294, 308.
Koartativer Erlebnistypus s. Erlebnistypus.
Koartierter Erlebnistypus s. Erlebnistypus.
Kollektivation (CONRAD) 163.
Koma 335.
Kombinationen 80, *133*, 197, 202, 203, 307, 317, 437.
— simultane *32*, 80, *133*, 389, 411, 430.

— sukzessive *32*, 133.
  (s. auch: Ganzantworten)
Kommotionsneurasthenie 240.
Komplexantworten 10, 13, 68, 70, 76, 124, 143, 155, 160, 164, *168*, 181, 242, 244, 249, 250, *252—260*, 263, 265, 279, 299, 336, 381, 400, 403, 408, 409, 418, 420, 421, 430, 432, 449, 450, 454.
— aggressive 132, 244, 250, 315, 354, 418.
— anale 132, 242, *258*, 263, 316.
— androgyne 256.
— bisexuelle 263.
— exhibitionistische *259*, 262, 263.
— genitale 242, *258*, 437.
— hermaphroditische 256.
— homosexuelle 163, *259*, 264, 282.
— intersexuelle 253, *256*.
— masochistische *258*, 263, 265, 354, 418.
— orale 242, *258*, 261, 296, 315, 389, 403, 418.
— paranoide *257*, 275.
— phallische 242, *258*.
— sadistische 250, *258*, 261, 265, 354.
Komplexhalluzinationen 335.
Komplexität (der Intelligenz) 188, 192.
Konfabulanten 202, 408, 437, 438.
Konfabulationen (konfabuliert) 32, 33, 56, 63, *140*, 141, 152, 156, 197, 202, 204, 263, 275, 277, 280, 281, 284, 294, 306, 307, 309, 310, 313, 317, 319, 321, 323, 326, 327, 328, 336, 347, 351, 353, 356, 376, 403, 408, 409, 411, 422, 424, 425, 435, 437, 439, 441, 447, 449, 450, 454.
Konfabulatorische Kombinationen *32*, 140, 202, 275, 422, 424, 437.
Konfabulierte F-B *46—47, 63*, 141, 202, 424.
Konfektionsantworten 345—346.
Konflikt 174, 177, 259, 336.
— aktueller 259.
— chronischer 255, 335.
— reaktiver 264.
  (s. auch: Milieukonflikt)
Konkretisierungen *151*, 304—305.
Konstitution (konstitutionell, Erbkonstitution) 9, 129, 174, 176, 177, 178, *179—180*, 181, 184, *216—221*, 240, 244, 249, 250, 251, 263, 266, 267, 268, 271, *271—282*, 290, 294, 296, 308, 312, 319, 320, 330, 331, 333, 335, 336, 337, 368—369, 375, 408, 427, 454, 455.
Konstrukte 179.
Konstruktives Denken 56, 109, 199, 201, 204.
Kontakt (Kontaktfaktoren, sozialer Kontakt) 57, 108, 167, 174, 185, *214—215*, 246, 251, 276, 301, 378.
— affektiver 64, 208, 214, 273, 403, 430, 450.
— intellektueller 69, 214, 425, 446, 450.
Kontaktpsychopathien 270.
Kontaktreserve 215.
Kontaktstörungen (Kontaktangst, Kontaktlosigkeit) 106, 130, 143, 205, 215, 262, 275, 355, 393, 395, 435.
Kontaminationen 80—81, 114, *140—141*.
  (s. auch: Ganzantworten, kontaminierte)
Kontraphobischer Mechanismus (counterphobic attitude) 121.
Konturreaktion 149.

Kontusion 329.
Konversion (konvertiert) 232, 233, 235, 241, 244, 250, 260, 296.
Konversionshysterie s. Hysterie.
Konversionsneurosen 223.
Konzentrationsfähigkeit (Konzentrationsstörungen) 60, 107, 191, 204, 355.
Körperbau(typen) 216, 218, 277, 395, 411, 414, 418, 439.
Körperbeschädigte 151.
Körperschema 43, 150, 368.
— narzisstische Besetzung des 66, 147.
Körperteils-Stereotypie 147.
Korsakoff-Psychose, alkoholische 106, *331*.
Korsakoffsches Syndrom 18, 63, 64.
Kortikale Anfälle 313.
Krankheitsgewinn 223.
Kritik s. Fremdkritik, Objektkritik, Selbstkritik, Subjektkritik.
Künstlerische Begabung (Künstler) 64, 65, 75, 109, 119, 138, 150, 154, 162, 192, *200, 202—203*, 204, 205, 206, 207, 310, 317, *386—390*, 418, 419, 420.
Labilität, affektive s. Affektivität.
Labyrinth-Test 10, 189.
Lage-Antworten *50—51, 150*, 275, 303, 326, 347, 351.
— anatomische 51, *150*, 197, 303.
Lage-Bezeichnung 27.
Laktationspsychosen 321.
Lamda-Index 103.
Landkarten 42, 49, 67, 73, 137, 147.
(a. auch: Geographie-Deutungen)
Landschaftsdeutungen (Naturdeutungen) 51, 147, 216, 285, 346, 352.
Läsion (läsionell) 221, 245, 267, 271, 272, 276, *282—284, 310, 320*, 331—332, 376, 410—412.
Latenzzeit s. Reaktionszeit (reaction time).
Latenzzeit (der Libidoentwicklung) 225, 344.
Lateral-mediale Erfassung 109, 201.
Launenhaftigkeit 65, 209, 213, 397, 448.
Kratzreflex 128, 129.

Lebensalter 112, 192, 339, 342—343, 345, 346, 347.
(s. auch: Alter, höheres)
Lebenskrise 143.
Lebenstriebe 224.
Leerschock (choc au vide) 131—132.
Leistungshemmung s. Intelligenzhemmung.
Leistungspotential (intellektuelles) 188.
Leistungsspannung, dispositionelle 192.
Leptosome 216, 414.
Libidinöse Angst s. Angst.
Libido (libidinös) 123, 224, 230, 233, 244.
Libidodrang (Sexualdrang) 225.
Libido-Entwicklung (Libidogenese) 60, *225—227*, 229.
Libido-Objekt (Sexualobjekt) 225, 226—227.
Libidoquelle 225—226.
Libidostauung 240, 246, 249.
Libidoziel (Sexualziel) 225, 226.
Liens (Minkowska) 315, 317, 319, 437.
Linkshändigkeit 277.
Literarische Begabung 64, 69, 203, 381, 390.

Lobektomie, präfrontale 332.
Lobi frontales, Läsion der 331—332.
Logisches Denken (Logik) 109, 166, 191, 204, 348, 350.
Lokalisationstafeln s. Hilfstafeln für die Lokalisierung.
Lokalisierung (Lokalisation) 27—30, 81.
Lues cerebrospinalis (Hirnlues) 11, 318.
Luftencephalogramm 175, 322.
Lumbalpunktion 175, 322.
Lundenser Gruppe 370—371.
Lustprinzip 223, 231, 267.

Magic repetition 348, 358.
Magisches (prälogisches) Denken 166, 230, 232, 348.
Malariabehandlung 328, 444.
Manie (Maniker, manisch) 64, 106, 117, 141, 191, 192, 214, 293, *309—310*, 334, 336, 444, 451.
Manische Verstimmung s. Hypomanie.
Manisch-depressive Psychose s. Psychose, manio-depressive.
Maskendeutungen 51, *166—167*, 246, 250, 256, 257, 273, 346, 353, 432, 454.
Masochismus (masochistisch) 144, 234, 246, 265, 354.
Masochistischer Charakter 184, 235, *236, 263*.
Materialbehandlung 199.
Medial-laterale Erfassung 109.
Medikamentöse Therapie 292, 337—338.
Mehrdimensionale Diagnostik 175—178.
Melancholie (Melancholiker, melancholisch) 106, 108, 191, 231, *287*, 288, 292, 300, 308, 309, 334, 336.
Meningitis 282, 318.
Menschliche Antworten (M und Md) 65, 100, 106, 203, *215*, 245, 246, 249, 262, 265, 281, 285, 301, 345, 352, 355, 357, 358.
Mentalhygiene (psychische Hygiene) 9, 225, 267.
Meprobamat 338.
Merkfähigkeitsstörung 84, 107, 150, 197, 321, 330.
Methaminodiazepoxid 338.
Migräne 277, 318, 412.
Mikro-Makro-Parallelismus 371.
Milieufaktoren (Umweltfaktoren), Einfluss der 9, 129, 179, 180, 267, 280, 289, 296, 360, 369.
Milieukonflikt 57, 255, 259, 265, 375, 381.
Milieureaktionen 291, 336.
Milieuschädigungen (Milieunoxe) 57, *286*, 435, 454.
Milieutherapie 291, 292.
Militärpsychologie 7.
Mimik 27, 46.
Mimikry, sexuelle 264.
Minderwertigkeitsgefühle (Insuffizienzgefühle) 57, 59, 60, 66, 118, 174, 247, 378, 418.
Minigenese 371.
Mischneurosen 244, 245, 252, 295.
Mischzustände, manio-depressive (zykloide) 276, 297, 298, 299, *310*.
Misogynie 130.
Misstrauen 158, 235, 308.
Misstrauen zwischen den Geschlechtern 131.
Mitgefühl 215.

491

Mittenbetonung *156*, 273, 275, 358.
Moi-ici-maintenant, fonction du 304.
Moral insanity 280.
Morcellement (Minkowska) 303, 319.
Mosaiktest 11.
Motivoriginale s. Originalantworten.
Multifaktorielle Theorie der Intelligenz 187.
Multiple Sklerose s. Sklerose, multiple.
Musikbegabung 157, 203.
Muskelpanzerung (Muskelspannungen, Panzerung) 133, 213—214, 235.
Mutterbindung 65, 106, 181, 185, 215, 279, 409.
Mutterkonflikt 132, 158.

Nachbild-Diagnostik 11.
Nachentladung (after-discharge) 128—129.
Nachuntersuchung, komplettierende 85—86.
Nahrungsinstinkte 224.
Narkolepsie 277.
Narkomanie 270, 282.
Narzissmus (narzisstisch) 66, 68, 139, 148, 167, 185, 215, 226, 231, 233, 242, *246—247*, 259, 280, 352—353.
Narzisstische Kränkung 334.
Narzisstische Libido (Ich-Libido) 224, 226, 234.
Nationalcharaktere 9, 52, 58.
Naturdeutungen s. Landschaftsdeutungen.
Nebenbemerkungen s. Zwischenbemerkungen
Negativismus 213, 302, 307, 422.
Neigung 40, 97.
Neologismen 141, 274.
Neurasthenie 183, 223, *238*, *240*, 243, *249*, 446.
— sexuelle 238.
Neuroleptica 338.
Neurose (Neurotiker, Nervöse) 63, 66, 108, 115, 117, 119, 121, 139, 143, 145, 147, 150, 153, 157, 160, 162, 164, 166, 169, 174, 180, 183, 185, 204, 212, 213, 214, 215, 220, *222—263*, 267, 269, 270, 274, 278, 280, 281, 282, 286, 294, 298, 303, 309, 310, 320, 333, 338, 345, 347, 375, 386, *393—406*, 408, 411, 420, 421, 435, 446, 454.
— Genesungsneurose 330.
— narzisstische 233.
— traumatische 238, 329.
Neurosenformen 223.
Neurosenlehre 222—241.
Nialamid 338.
Nichtsehen der Symmetrie *139*, 167, 182, 265.
 (s. auch: Symmetriebetonung, sowie: Reklamation wegen mangelnder Symmetrie)
Nichtsehenkönnen der Deutungen anderer 331—332.
Normalität („Normale", Gesunde) 40, 41, 106, 108, 116, 117, 119, 160, 166, *191—193*, 218, 223, 230, 235, 236, 243.
Normalwerte 15.
Nymphomanie 260, 264, 395.

Oberflächenfarben 208, 351, 362, 364.
Objektbindung (Objektbeziehung) 64, 208, 209, 227, 243.
Objektdeutungen *67*, 147, 216, 245, 248, 262, 280, 281, 285, 287, 303, 309, 313, 346, 350.
Objektivität 17.

Objektkritik (Kritik) 33, *118*, 131, 159, 160, 197, 220, 245, 273, 283, 310, 315, 323, 325, 378, 386, 395, 411, 432, 433, 446, 449, 453.
Objektlibido 224, 226, 233, 234, 242, 243, 408.
Objektliebe, aktive 226.
— passive 226.
Objektverlust 227—228, 292.
Oder-Antworten *139*, 245, 273, 356, 376, 408, 420, 421, 446.
Oedipuskomplex (Oedipussituation) 123, *227—228*, 233, 236, 239.
Oligophrene Kleindeutungen (Do) s. Kleindetailantworten.
Oligophrenie (Oligophrene, Schwachsinn) 58, 59, 106, 107, 116, 121, 136, 144, 147, 150, 151, 160, 190, *195—197*, 214, 277, 283, 291, 292, 303, 312, 316, 317, 323, 324, 330, 341, 345, *377—378*, 450.
— erethische 156, 196, 214.
— torpide 196, 214.
 (s. auch: Epilepsie)
Onanie 226, 240.
 (s. auch: Ipsation)
Onaniekonflikt (Onaniekomplex) 163, 177, 264, 346, 423, 425.
Oneiroide Zustände 335.
Oppositionstendenz 58.
Oralität (oral) *60*, 77, 130, *225*, 231, 233, 242, 246, 261, 295, 296, 297, 400, 421.
Organiker (organisch) 61, 106, 107, 108, 116, 118, 144, 147, 150, 153, 167, 197, 205, 245, 256, 274, 276, 283, 284, 290, 291, 292, 308, 310, 317, 318, *320—332*, 360, 376, 411, 431, 433, *438—448*.
 (s. auch: Demenz, organische)
Organisationslatent 204.
Organneurose 147, 320.
Originalantworten (Orig.) 52, *53—55*, 121, 122, 196, 197, 200, 201, 202, 204, *206—207*, 252, 253, 259, 274, 280, 283, 285, 287, 294, 302, 306, 309, 310, 313, 327, 330, 336, 346, 350, 351, 420, 450, 454.
— Auffassungsoriginale 53—54.
— Erfassungsoriginale *53*, *54*, *69*, 98—99, 149, 161, 162, 202, 203, 253.
— Fach-Originale *54*, *69*, 207.
— gleiche bei Geschwistern und Ehegatten 69.
— Motivoriginale *54*, *69*, 201, 203.
— Symptomwerte 69—70.
— Verarbeitungsoriginale *54*, *69*, 200, 201, 203, 257, 381, 390.
— Verteilung 108, 206.
Originalität *52—55*, 108, 192.
— Symptomwerte 69—70.
Originalprozent (Orig.%) *99*, 192, 196, 200, 201, 202, 203, 245, 276, 277, 281, 299, 302, 304, 306, 307, 309, 313, 316, 323, 326, 327, 331, 346, 347, 351.
— Symptomwerte 108.

Pädagogische Begabung (Pädagogen) 64, 148, 327.
Panzerung s. Muskelpanzerung.
Parallelserie 1, 10, 329.
Paralyse, progressive (Dementia paralytica,

Paralysie générale, Paralytiker) 106, 291, *327—328*, *442—444*.
Paranoia (Paranoiker) 158—159, 231, 259, 308.
Paranoid (paranoide Schizoidie, paranoide Reaktion) 64, 154—155, 158—159, 181, 184, 221, 232, 234, 270, 273, 274, 275, 308, 335, 336, 368, 439, *451—455*.
(s. auch: Schizophrenie)
Paraphilie 230, 265, 270.
Pareidolien 1.
Parkinsonismus, postencephalitischer 146, *328*.
(s. auch: Encephalitis)
Paroxysmaler Erbkreis 218, 277, 320.
Pars-pro-toto-Deutungen *68*, *84*, 147, 342, 347.
Partialtriebe 227, 230, 231, 233, 263.
Passivitätsbewusstsein 308, 427.
Passivitätsschub 227, 344.
Pathogenese (pathogen) 177, 267, 289, 454.
Pathoplastik (pathoplastisch) (BIRNBAUM) 177, 243, 333.
Pavor nocturnus 238.
Pedanterie (Pedanten) 111, 116, 118, 191, 192, *219*, 239, 251, 273, 311, 313, 316, 386.
Pedanterie der Formulierung (pedantische Diktion) *140*, 220, 273, 317,
Penisneid 260.
Perceptanalysis 365.
Perception-Personality-Schule 365—371.
Perphenazin 338.
Perseveration 112, *144—146*, 158, 163, 197, 220, 274, 276, 283, 283—284, 284, 294, 304, 307, 310, 314, 315, 316, 317, 318, 319, 322, 323, 324, 325, 326, 327, 328, 329, 330, 331, 332, 340, 341, 345, 347, 348, 351, 353, 356, 358, 375, 376, 386, 392, 393, 395, 399, 403, 411, 424, 425, 430, 431, 432, 433, 435, 437, 439, 441, 443, 444, 446, 449, 450.
— der erfassten Teile *145—146*, 220, 418.
— grobe (organische) Form *144*, 284, 310, 450.
— Kleben am Thema *144*, 146, 220, 278, 284, 314, 316, 317, 318, 319, 348, 392, 393.
— Perceptional perseveration *145*, 314, 348, 386.
— Wiederkäuertypus *144—145*, 147, 220, 284, 386, 393.
(s. auch: anatomische Stereotypie)
Persönlichkeit XXVIII, 179, 180, 371.
Persönlichkeitsbewusstsein 166, 181, 279, 334.
Persönlichkeitsfaktoren 369.
Persönlichkeitspsychologie 365, 366, 370.
Persönlichkeitstests 2, 11, 359, 371.
Persönlichkeitsvariable 179.
Persönlichkeitszentrum 359, 360.
Perspektivische Deutungen 67, 70, 72, *139—140*, 160, 201, 245, 273, 275.
Perversion (Perversität, Perverse) 147, 164, 180, 230, 247, *263—265*, 267, 268, 270, 282.
Perzeption s. Wahrnehmung.
Pessimismus (Pessimisten) 66.
Pflanzendeutungen *66—67*, 147, 327, 352.
— exotische 280.
Pfropf-Schizophrenie s. Schizophrenie.
Phallische Stufe der genitalen Phase 123, 229, 231.
Phallisch-narzisstischer Charakter (bzw. Neurose) 123, 183, 185, 231, *235*, *262—263*, 265, *400—404*.
Phantasie 63, 64, 69, 106, 109, 174, 202, 205, 373, 430.
Phantasietests 2.
Phantasten 292, 268, 269.
Pharmakopsychologie 9, 337—338.
Phenelzin 338.
Phi-Phänomen 111.
Phobie (Phobiker, Angsthysterie) 118, 125, 129, 166, 183, 223, 231, 232, 233, *239*, *241*, 242, 244, 245, 248, *249—250*, 257, 269, 271, 272, 287, 291, 294, 347, 378, 418, 428, 454.
Plastizität (der Intelligenz) 188, 192.
Poikilothymie 298.
Poliomyelitis 435.
Politisches Talent 206, 375.
Poriomanie 269, 277.
Postencephalitisch s. Encephalitis und: Parkinsonismus.
Postkommotionell s. Traumatiker.
Posttraumatisch s. Traumatiker.
Prägenitale (Phasen der) Libido 231, 234, 241, 258, 295.
Praktische Intelligenz s. Intelligenz.
Prälogisches Denken s. Magisches Denken.
Präpotenz der nocizeptiven Reflexe 128.
Präsenilität (Präsenile) 357, 358.
Primat der Ganzheit s. Ganzheit.
Primat der phylogenetisch jüngeren Triebe s. Gesetz des.
Primatzone 225.
Primitivdeutungen, amorphe (amorphe Schwarz- und Graudeutungen) (OBERHOLZER) 151, 152, 279, 329, 409.
Primitive Hd-Deutungen (BINDER) s. Helldunkeldeutungen.
Primitivreaktion 268.
Primordialtriebe 230.
Problematiker 205.
Produktionshemmung 56, 130, 195, 207, 261.
Produktivität 62, 112, 116, 207, 381, 390.
Prognose (prognostisch) 59, 76, 108, 129, 136, 137, 138, 143, 174, *178—185*, 213, 215, 244—245, 250, 292, 305, 313, 333.
Projektion 131, 158, 181, 182, 183, 184, 234, 273, 308, 334, 335, 361—362, 367, 427, 454.
— affektive 359.
— strukturelle 359.
Propriozeptive Empfindungen 109, 369.
Propulsiv-Petit mal 313.
Protokollaufnahme 14, *21—30*, 349.
Protopathie 163, 329.
Provokationsversuch (MORGENTHALER) 169.
Prozente *99—100*, 346—347, 353.
Pseudoasthenie (Pseudo-Hystero-Asthenie) s. Pseudopsychopathie.
Pseudodebilität 107, 190, 404—406.
— hysterische 60, 405.
Pseudo-Fb 114, 135.
Pseudohypomanie, läsionelle 276, 284, 437—438, 446.
Pseudologie 235, 279.
(s. auch: Psychopathie, mythomane)

493

Pseudoneurasthenie 243, 283.
  (s. auch: Pseudopsychopathie)
Pseudophobien 238.
Pseudo-Psychopathie, läsionelle 266, 267, 272, *282—284*, 300.
— antisoziale 284.
— asthenische (hystero-asthenische) 272, *283*, 410—412.
— haltlose 284.
— ixophrene 140, 152, 218, 221, *283—284*, 317.
— mythomane 284.
— stimmungslabile 284, 322.
Pseudosublimierung 239.
Psychallergie 267.
Psychasthenie (Psychastheniker, Subvalide) 61, 116, 118, 125, 139, 158, 160, 166, 180, 181, 184, 219, 232, 238, 243, 244, 245, 249, 250, 269, 270, 271, *271—273*, 289, 291, 294, 295, 308, 325, 338, 395, 400, 405, 411, 412, *412—414*, 427, 439.
  (s. auch: asthenische Faktoren)
Psychasthenische Anfälle 277.
Psychische Hygiene s. Mentalhygiene.
Psychische Realität 230.
Psychoanalyse XX, 4, 5, 6, 13, 175, 222, 223, 282, 292, 334, 359, 371.
Psychogenese (psychogene Mechanismen) 177, 249, 250, 267, 310, 320, 333—336.
  (s. auch: Depression und: Psychose)
Psychogramm 173—178.
Psychoinfantilismus s. Infantilismus.
Psychomotorische Anfälle 218, 277, 312, 313, 316.
  (s. auch: Epilepsie, Temporallappen-)
Psychoneurosen (Übertragungsneurosen) 223, 239, 241.
— sekundäre 238.
  (s. auch: Neurosen)
Psychopathie (Psychopathen) 108, 116, 121, 176, 180, 182, 184, 223, 251, 252, 263, *256—285*, 290, 296, 297, 331, 338.
— antisoziale (asoziale) 59, 158, 260, 268, 269, 270, *280—281*, 296.
— asthenische 269, 270, *271—273*, 291, 336.
— depressive 269, 291.
— dysphorische 278.
— epileptoid-paranoische 158.
— erregbare 268, 269.
— explosible 269, 270, 278.
— fanatische 269.
— geltungsbedürftige 56, 67, 269, 403, 404.
— gemütskalte (gemütlose) 268, 269.
— haltlose (willensschwache) 61, 136, 151, 181, 184, 213, 268, 269, 270, 271, *278—279*, 286, 356, *406—409*.
— hyperthymische 268, 269, 278.
— mythomane (pseudologische) 64, 140, 162, 184, 230, 268, 269, 271, *279—280*, 286, 319, *406—409*.
— paranoide 270.
— selbstunsichere 118, 139, 160, 269, 273, 378, 403, 404.
— sensitive 158, 184, 269, 271, *273*, 275, 291, 308, 334, 336, 378, 427.

— stimmungslabile 136, 268, 269, *278*, 291, 300, 336.
— streitsüchtige 268.
— verbohrte 268, 269.
— verschrobene 268, 269.
  (s. auch: Epileptoid, Ixoidie, Pseudopsychopathie, Psychasthenie, Schizoidie, Zykloidie)
Psychopharmaka 337—338.
Psychose (psychotisch) 107, 108, 121, 130, 164, 180, 183, 230, 232, 243, 252, 263, 338.
— affine 333.
— endogene 324, 333, 335.
— kombinierte 319.
— manio-depressive 67, 100, 232, 286, 289, 290, 291, 292, 297, *309—311*, 331, *428—433*.
— präsenile 159, *308—309*.
— psychogene 122, 168, 180, 183, 184, 275, 277, 303, 321, *333—337*, *448—455*.
Psychosenwahl 333—334.
Psychosomatische Krankheiten 130, 354—355.
Psychotherapie 129, 137, 143, 155, 175, 183, *184—185*, 215, 244, 245, 248, 249, 250, 267, 291, 292, 296, 337, 378, 408.
Pubertät 112, 133, 163, 227, 234, 291, 292.
Pykniker 216, 311.
Pyknolepsie 218, 277, 313, 314, 315, 319.
Pyromanie 269.

Qualitätsehrgeiz 56, 106, 108, 174, 192, *204*, 261, 408.
Quantitätsehrgeiz 106, 108, 174, *204*, 386.
Quantitätshypothese (der Intelligenz) 187.
Querulanten 57, 247, 268, 307.

Randbemerkungen s. Zwischenbemerkungen.
Randpsychosen 276, *333*.
Rapportfähigkeit, affektive 64, 208.
Rationalisierung 235.
Ratlosigkeit 323, 324, 335.
Rauch-Deutungen 329.
Raumorientierungen 368, 371.
Raumsymbolik 156.
Reaktionsbildung 77, 130, 225, 230, 234, 239, 241, 248, 403.
Reaktionstypologie (Reaktionstypen) 268.
  (s. auch: akuter exogener Reaktionstypus)
Reaktionszeit (Durchschnittsreaktionszeit, response time, Zeit) *96*, *106*, 169, 193, 196, 213, 219, 245, 248, 260, 262, 274, 276, 287, 294, 296, 299, 302, 309, 313, 315, 316, 319, 322, 323, 324, 325, 326, 327, 328, 329, 332, 352, 418, 420, 439, 442, 446, 450.
Reaktionszeit (reaction time) *96*, *106*, 119, 131.
Realangst s. Angst.
Realantworten 104.
Realitätsindex (RI) *104*, *108*, 202.
Realitätskontrolle (Realitätsprüfung) 63, 69, 108, 141, 149, 162, 181, *201—202*, 204, 214, 230, 279, 280, 304, 336, 355, 362.
Realitätsprinzip 223, 231.
Realitätssinn (Wirklichkeitssinn) s. Realitätskontrolle.
Referenzrahmen 367.
Reflexhalluzinationen 3, 4.

Reflexkollision 128.
Regression 60, 132, 141, 149, 223, 234.
Reizbarkeit (Gereiztheit, gereizt) 210, 240, 278, 284, 300, 329.
Reizsuche 65, 209.
Reizworttest s. Assoziationsversuch.
Reklamation wegen mangelnder Symmetrie *139*, 220, 275, 304.
  (s. auch: Symmetriebetonung)
Relevante Reize 186.
Reliability s. Stabilität.
Religiöse Persönlichkeiten 193.
Religiöses Erleben 62, 192.
Reminiszenzhalluzinationen 335.
Rentenneurose s. Zweckneurose.
Resignationsformel (BECK) 293.
Retentionscharakter, analer 60, *261—262*.
Retentionsfähigkeit 268.
Re-Test-Methode 15, 17.
Rod-and-frame situation 368.
Röntgenbilder 73, 329.
Rorschach administrator 15.
Rorschach interpreter 15.
Rorschach-Test
— als diagnostisches Hilfsmittel 8—9, 284.
— als Einzelprüfung 14.
— als Forschungstest 9.
— als Gestalt 55, 171, 362.
— als Intelligenzprüfung 19.
— als Projektionsmethode 359.
— als Prüfungstest 7—9.
— Anwendungsmöglichkeiten 7—12.
— äusseres Verhalten der Versuchsperson 173.
— Eignung für Kinder 339.
— Eignung für mehrdimensionale Diagnostik 176—177.
— Einstellung der Versuchsperson 22—23.
— Erlernbarkeit 12.
— Gültigkeit der Symptomwerte (validity) 18—20.
— Instruktion 23—26.
— Kombination mit anderen Tests 10—12.
— Mitteilung des Testergebnisses 14.
— Missbrauch 13—16.
— Modifikationen 169—170.
— Objektivität 17.
— psychische Vorbereitung 22.
— Sexualkomponente 22—23, 66.
— Sitzordnung 22.
— Stabilität (reliability) 17—18.
— Testsituation 21—23, 349.
— theoretische Grundlagen 359—371.
— universelle Anwendbarkeit 177.
— Zuverlässigkeit 16—20.
Rotating-room situation 368.
Rotattraktion 114, *124*, 260, 262, 264, 356.
Rotscheu 261.
Rotschock 114, 115, *122—124*, 127, 129, 130, 133, 244, 245, 246, 249, 250, 251, 262, 264, 265, 272, 353, 356, 389, 427, 453, 454.

Sachlichkeit, gewollte 136, 137, 273.
Sadismus (sadistisch) 225, 231, 232, 233, 234, 235, 239, 251, 262, 265.
Sättigung 170.

Schädeltrauma s. Traumatiker.
Schattierungsdeutungen (F(Fb)) 70, *72—73*, 78, 136, 138, 139, 160, 201, *210—211*, 273, 274, 308, 389.
— Symptomwerte 75—76.
Schaulust 233, 259.
Schauspieltalent 154, 203.
Schemablock 29.
Scheinkontakt 354.
Schichtarbeit 283.
Schichten der Persönlichkeit 298, 334.
Schizaffine Typen 216.
Schizoidie (Schizoide, schizoide Psychopathie) 81, 109, 122, 134, 135, 136, 139, 141, 143, 150, 154, 180, 184, 185, 211, 218, 221, 257, 268, 269, 270, 271, *274—276*, 282, 303, 304, 335, 336, 369, 400, 454.
  (s. auch: Paranoid)
Schizophrenie (Schizophrene) 50, 51, 57, 63, 65, 68, 106, 108, 109, 111, 115, 116, 117, 118, 121, 135, 139, 141, 144, 146, 150, 151, 153, 158, 160, 163, 169, 173, 184, 191, 214, 215, 223, 231, 232, 269, 274, 276, 288, 290, 291, 294, *301—307*, 309, 311, 317, 319, 321, 323, 324, 333, 335, 347, *421—425*, 450, 454, 455.
— abulische 61, 302, *307*.
— akute 301, 305.
— chronische 301.
— Dementia simplex 303, 304, *306*, 307.
— geordnete 106, 302.
— gesperrte 106, 302, 304, *307*.
— hebephrene 303, 304, *306*.
— indolente 106.
— katatone 303, 306, *307*, *421—423*.
— paranoide 64, 303, 306, *307*, 308, *423—425*.
  (s. auch: Paranoid)
— Propf-Schizophrenie 303.
— Prozeßschizophrenie 301.
— Remission 305.
— schizophrener Schub 305.
— symptomatische 301.
— zerfahrene 67, 106, 304, *307*.
  (s. auch: Demenz und: Autismus)
Schizothyme (schizothym) 141, 150, 217, 305.
Schocksymptome 115—116, 120, 139, 150, 347.
Schocktherapie 291, 292, 337.
Schockverteilung 180, 210, *244—245*, 271, 272.
Schöpferische Begabung 62, 110, 174, 192.
  (s. auch: Phantasie und: Künstlerische Begabung)
Schreckhysterie 238.
Schreckneurose 238.
Schuldgefühl 68, 123, 125, 225, 235, 295, 355, 378, 423.
Schutzinstinkte 224.
Schwachsinn s. Oligophrenie.
Schwangerschaftsdepression 288—289.
Schwarz und Weiss als Farbwerte (Schwarzdeutungen, Graudeutungen) *151—152*, 220, 293, 314, 317, 319, 330, 408.
  (s. auch: Weissdeutungen und: Primitivdeutungen)
Seitenbetonung 156.
Sekten, religiöse 5.

495

Sekundäre B s. Bewegungsantworten.
Sekundärtriebe 230.
Selbstbeobachtung 155, 238, 247, 257.
Selbstbestrafungstendenz s. Strafbedürfnis.
Selbsterhaltungstriebe (Selbsterhaltungsinstinkte) 224.
Selbstkontrolle 107.
Selbstkritik *59*, 206, 386, 418.
Selbstmord (Suizid) 76, 277, 451, 455.
Selbstunsicherheit s. Psychopathie.
Selbstwertgefühl (Selbstgefühl) 292, 368.
Selbstwertzweifel 77.
Senile Demenz s. Demenz.
Senilität (Senile) 112, 146, 357, 358.
Sensibilität (intellektuelle) 188, 191, 192.
Sensitive s. Psychopathie.
Sensitivreaktion 268.
Sexualangst (Genitalangst) 123, 126, 130, 166, 235, 261.
Sexualdeutungen 66, 100, 120, 145, 165, 166, 265, 274, 288, 316, 330, 353.
— hermaphroditische 256.
Sexualdrang s. Libidodrang.
Sexualkomponente 22—23, 66.
Sexualobjekt s. Libidoobjekt.
Sexualpsychopathien 270.
Sexualsymbolstupor 66, 130, *165—166*, 194, 261, 403, 411.
Sexualtriebe (sexuelle Instinkte, Geschlechtstrieb) 223, 224, 235, 268.
Sexualziel s. Libidoziel.
Sicherheitsbedürfnis 62—63, 117.
Sicherheitsmarginal 133.
Sicherung unklarer Antworten (inquiry) 82—86.
Signierung (Formelgebung) 31—86.
Silbenstolpern 168, 444.
Simulation 153, *329*.
Simultan-Kombination s. Kombinationen.
Situationsangst s. Angst, phobische.
Situationskonflikte 334.
Skelette 256.
Sklerose, multiple (Sclerosis disseminata) 283, 320.
Somnolenz 335.
Sophropsychische Hemmung 126, 127, *136—137*, 137, 138, 140, 273, 452, 453, 454.
Sophropsychische Steuerung, mangelhafte 181, 278, 279, 409.
Sopor 335.
Soziale Berufe 221.
Soziale Instinkte 224.
Sozialer Kontakt s. Kontakt.
Sozialpsychologie 369.
Spannungsintensität (der Intelligenz) 188, 191, 192, 193.
Speed-factor 193.
Sperrung 115, 302.
Spiegeldeutungen 132, *167*, 185, 247, 262, 352.
Spielzeugdeutungen 132, 149.
Split-test-method 15.
Stabilität 17—18.
Staccato phenomenon 314.
Standardisierung 15, 19—20, 31.
Statistik XXVIII, 16, 37, 41.

— Missbrauch der 15—16.
Stehlen s. Diebe.
Stereotype Redewendungen 323, 325, 326, 332, 411.
Stereotypie 65, 107, 197, 281, 304, 307, 313, 314, 331, 357, 358, 408.
(s. auch: Anatomische Stereotypie)
Sthenische Charakterkomponenten 76, 122, 127, 137, 138, 179, 180, 181, *183—184*, 273, 454.
Sthenische Krisen 122, 184.
Stimmung 75, 76, 112, 126, 136—137, 143, 151, 174, 278, 322, 365.
Stimmungslabilität s. Psychopathie.
Stimmungsreaktionen 170.
Stirnhirn s. Lobi frontales.
Stoppuhr 96, 119.
Stottern (Stotterer) 60, 168, 277.
Strafangst s. Angst.
Strafbedürfnis, neurotisches (Selbstbestrafungstendenz) 7, 189, 235, 282, 295.
Straffe Sukzession s. Sukzession.
Streckkinästhesien *46*, *63*, 169, 181, 184, 215, 246, 251, 262, 285.
Strukturlabilität (des Denkens) 69, 163, 192, 317.
Strukturfestigkeit (des Denkens) 188, 192.
Strukturzerfall 163, 304.
Stupor 115, 118, 124, 165, 166, 273.
Stuporsyndrome 335.
Subjektiver Lokalisationsunterschied 161, 364, 365.
Subjektive Unklarheit über den Erfassungsmodus *156*, 197, 325, 326, 411.
Subjektkritik (Kritik) *118*, 131, 159, 197, 272, 273, 274, 283, 308, 315, 323, 325, 358, 378, 395, 411, 414, 422, 427, 446, 447, 449, 450, 453.
Sublimierung 153, 154, 230, 234.
Subvalidität s. Psychasthenie.
Süchte (Süchtigkeit) 231, 270, 271, *282*, 330.
Suggestibilität 195, 209, 212, 235, 239, 279, 285.
Suggestivfragen 82.
Suizid s. Selbstmord.
Sukzession der Erfassungsmodi (Sukz.) *101*, 191, 196, 200, 201, 203, 204, 245, 246, 251, 262, 264, 274, 275, 276, 277, 281, 285, 287, 288, 299, 302, 306, 307, 309, 313, 327, 330, 331, 343, 350, 352, 442.
— Symptomwerte 109.
Sukzessionsstörung 120, 124, 165, 328, 329.
Sukzessiv-Kombinationen s. Kombinationen.
Symbole (Symbolisierung) 153, 154, 165, 243, 254, 256, 258, 261, 262, 275, 305, 451.
— religiöse 137.
— sexuelle 165, 451.
Symmetriebetonung *138—139*, 140, 201, 220, 245, 250, 262, 272—273, 288, 313, 317, 381, 391, 393, 395, 403, 408, 427, 430, 453, 454.
(s. auch: Reklamation wegen mangelnder Symmetrie, sowie: Nichtsehen der Symmetrie)
Synästhesien 157.
Synergie der Sinnesfunktionen 360.
Syntone 217, 218.
Systematisches Denken (Systematisierung) 108, 109, 199, 200, 204.
Szenen 202, 203, 344.
Szondi-Test 11, 12, 169, 171, 179.

Tachistoskopische Versuche 370.
Tagträumer (Träumer) 56, 202, 204, 207, 254, 418.
Technische Begabung *201*, 204, 206, *382—386*, 418.
Temperament 197.
Temporallappenpsychosen 306.
 (s. auch Epilepsie, Temporallappen-)
Tendenz s. Neigung.
Teufel-Deutungen 250, 346.
Thematic Apperception Test (TAT) 10, 12, 25.
Theoretische Intelligenz s. Intelligenz.
Thymeretica 338.
Thymoleptica 291, 338.
Tic 168, 378.
Tierbewegungen (FM, BF) *44—45, 47—48, 155*, 253, 256.
Tiere (Tierdeutungen) *65—66*, 106, 340, 344, 346, 356, 358.
— anthropomorphe 44—45.
— anthropomorphisierte 44—45, 51.
— exotische 280.
— nicht anthropomorphe 155, 256, 344.
— seitliche der Tafel VIII 42, 104, 120.
— wilde (drohende) 246, 248, 250, 346.
Tierfelle 51.
Tierliebe 69, 386.
Tier-Originale 69.
Tierprozent (T%) *99, 107*, 163, 192, 196, 200, 201, 202, 203, *205*, 221, 244, 245, 260, 276, 281, 283, 284, 285, 287, 293, 294, 295, 299, 306, 307, 308, 309, 313, 315, 316, 317, 319, 322, 323, 326, 327, 328, 330, 331, 346, 357, 358, 439, 442, 450.
— Symptomwerte 107.
Tilting-room-tilting-chair situation 368.
Todestriebe 224.
Torpidität 151.
 (s. auch: Oligophrenie)
Totstellreflex 133, 232, 246.
Toxinwirkungen (toxisch) 240, 291.
Tranquilizer 338.
Transformationen 141.
Trauer 291, 292, 300.
Trauma (psychisches) 333—334.
Traumatiker (Hirntraumatiker, Hirnläsionen, traumatisch, posttraumatisch) 11, 148—149, 151, 156, 257, 267, 282, 284, 323, *328—329*, 333.
 (s. auch: Epilepsie und: Encephalose)
Träumer s. Tagträumer.
Tremor 168, 238, 240, 395, 432, 433.
Trial and error 344.
Trial blot 14, 23.
Triebangst s. Angst, libidinöse.
Triebdrang 225.
Triebe *224*, 267, 360.
Triebentmischung 233—234.
Triebgehemmter Charakter 235.
Triebhafter Charakter 124, *235, 260*.
Triebkonstitution 228, 239.
Triebmenschen (Triebhafte) 268, 269.
Triebobjekt 225, 226—227.
Triebquelle 225—226.
Triebschicksale 228, 230.
Triebstärke 164, 244, 248.
Triebstörung 322.
Triebziel 225, 226.
Trotz 174, 213, 247.
Trunksucht (Trinker) 231, 255.
 (s. auch: Alkoholismus und: Süchte)
Tumor cerebri (Hirntumor) 11, 283, 318, 328, *332*.
Typenlehre, psychologische 13.

Überblick (Übersicht, Gesamtübersicht) 56, 57, 133, 192, 200, 204, 212.
Überempfindlichkeit 211.
Über-Ich 107, 225, *227—228*, 230, 231, 232, 239, 360.
Überkompensierter Dunkelschock s. Dunkelschock.
Überkompensierter Farbenschock s. Farbenschock.
Übertragungsfähigkeit 180, 185.
Übertragungsneurosen s. Psychoneurosen.
Umgekehrte Sukzession s. Sukzession.
Umschriebenes Störsyndrom 267, 321.
 (s. auch: Hirnlokales Psychosyndrom)
Umständlichkeit 247, 311, 317.
Umwelt s. Milieu.
Unbestimmte F— *40—41, 60—61*, 182, 195, 261, 264, 325, 326, 328, 329, 446.
Unfall-Neurose (Unfallneurotiker) 146, 238, 240, *329*.
 (s. auch: Zweckneurose)
Unfallverhütung, psychologische 7, 59.
Ungeschehenmachen 234, 239.
Unklarheit über den Erfassungsmodus s. Subjektive Unklarheit.
Unpraktische 205.
Unscharfe F— 40, 60.
Unschlüssigkeit (Entschlussunfähigkeit) 59, 61, 235, 247, 271.
Unsicherheit 59, 67, 109, 118, 139, 156, 160, 197, 244, *245*, 247, 323, 325, 378, 393, 395, 397, 403, 404, 421, 427, 446, 450.
Unterdrückte B s. Bewegungsantworten.
Unterdrückte Bkl. s. Kleinbewegungsantworten.
Unterganze (Teilganze) 35.
Urteilsfähigkeit, Störungen der 321.

Vagina dentata-Phantasie 131.
Validity s. Gültigkeit der Symptomwerte.
Vaterbindung 185, 450.
Vaterkonflikt 126, 132.
Verantwortungsscheu (Verantwortungslosigkeit) 61, 139, 158, 166, 273.
Verarbeitete FbF 81, *137—138*, 181.
Verarbeitete HdF *136—138*, 181.
Verarbeitungsoriginale s. Originalantworten.
Verdichtung 33, 241, 254, 302.
Verdrängung 78, 140, 183, 213, 230, 234, 239, 241, 243, 244, 248.
— sekundäre 239.
Vererbung s. Erbanlagen.
Vererbungslehre (Vererbungsforschung) 9.
 (s. auch: Erbanlagen)
Verfolgungsideen (Verfolgungsangst) 77, 245, 257, 425.
Verhaltenspsychologie 361.

Verhältnisblödsinn 204.
Verhüllungen 254, 256.
Verkehrung ins Gegenteil 234, 239, 241.
Verkopfung s. Intellektualisierung.
Verlassenheitskomplex (complexe d'abandon) 132, 355.
Verlassenheitssyndrom 355.
Verleugnung (verleugneter Dunkelschock) 78, *159*, 202, 234, 309.
Verneinung (Negierung) 118, *159—160*, 245, 257, 259, 273, 315, 323, 356, 391, 392, 393, 395, 403, 418, 419, 421, 424, 427, 437, 446, 449, 450.
Verrechnung 96—112.
— Beispiel 105.
Versager 85, *115—116*, 118, 120, 124, 131, 245, 248, 302, 315, 323, 326, 347, 353, 354, 356, 358, 378, 391, 405, 411, 414, 419, 427.
Versagung 224, 235, 355.
Verschiebung 232, 233, 239, 241, 244, 248, 250, 361.
Verschlossenheit 427, 450, 451.
Verschmelzungsantworten (Ve) 162.
 (s. auch: Figur-Hintergrund-Verschmelzung)
Verstandeskontrolle 64, 208.
 (s. auch: Beherrschung, sophropsychische)
Verstimmung 126, 219, 272, 276, 298, *300*, 318, 421.
 (s. auch: Depression und: Hypomanie)
Verstümmelungsantworten s. Defektdeutungen
Vertikale Dynamik 315.
Viskӧse Temperamente 217, 218, 221.
Vorgeschichte des Rorschach-Tests 1—2.
Vorgestalten 163, 329.
Vorsichtigkeit, ängstliche 109, 118.
Vorstellungstypen 111.
Voyeure 265.
 (s. auch: Schaulust)
Vulgärantworten (V) *52—53, 69*, 145, *205*, 214, 246, 248, 275, 299, 302, 324, 326, 341, 346, 351, 358, 365, 420.
— Symptomwerte 69.
Vulgärprozent (V%) 99, *107—108*, 192, 196, 200, 201, 202, 203, *205—206*, 214, 245, 248, 280, 281, 285, 288, 301, 304, 324, 326, 332, 340, 346, 450.
— Symptomwerte 107—108.

Wahlreaktionen 169.
Wahnbildende Involutionspsychose s. Involutionsparanoia.
Wahnvorstellungen 304, 433, 442, 444, 455.
Wahrnehmung (Perzeption) 117, 150, 343, 360, 361, 366, 367, 368, 369, 370, 371.
Wahrnehmungs-genetische Methode 370.
Wahrnehmungspsychologie 360, 365—371.
Wappendeutungen 68.
Wartegg-Test 10, 12.
Wasserdeutungen 330.
Weissdeutungen 71, 151, 152, 293, 330, 342, 418.
 (s. auch: Schwarz und Weiss als Farbwerte)
Weißschock *130—131*, 166, 265.
Weitschweifigkeit 140, 317.
Weltbild-Test 11, 215.

Weltfremdheit 162, 174, 192, 202, 205, 207, 386.
 (s. auch: Realitätskontrolle)
Weltgesundheitsorganisation (WHO) 270.
Wendung gegen die eigene Person 234.
Wesensänderung, epileptische 221, 277, 283, 311, 312, 315, 318.
Widerstand 142, 234.
Wiederholungen *84, 150*, 323, 325, 326, 330, 331, 332, 431, 441.
Wiederkäuertypus s. Perseveration.
Wille 192, 204, 212.
Willensschwäche s. Psychopathie.
Willfährigkeit 106, 216, 323, 325.
Wirklichkeitssinn s. Realitätskontrolle.
Wissenschaftler 109, 204, 206, 379—382.
„Wissenschaftliche" Reminiszenzen 72.
Wolkenbilder-Test 2.
Wolkendeutungen 23, 73, 329.
Wortfindungsstörungen, amnestische 115, *167*, 283, 315, 318, 424, 430, 431, 441.
Wunscherfüllungen (Wunschdeutungen) 58, 76, 162, 255, 259.
Wunschträume 155.

Zahl-Antworten *50, 150*, 303, 347, 351, 422.
Zahlendeutungen (Ziffern) 147, 303, 319.
Zeit s. Reaktionszeit.
Zeitanalyse 96—97.
Zeitbeschränkung 14, 25.
Zensur (Initial- und Final-) *163—165*, 181, 263, 275, 282.
Zerfahrene Sukzession s. Sukzession.
Ziffern s. Zahlendeutungen.
Zirkuläre s. Zykloide.
Zwangscharakter 57, 111, 124, 133, 167, 183, 185, 219, *235*, 257, 260, *261—262*, 287.
Zwangsgedanken (Gedankenzwang, Zwangsphantasien, Zwangsvorstellungen) 241, 251, 411, 412.
Zwangshandlungen (Zwangsbewegungen) 239, 241, 251, 423.
Zwangsmenschen 167, 268, 269.
Zwangsneurose (Zwangsneurotiker) 57, 78, 107, 108, 111, 130, 133, 173, 183, 191, 219, 223, 231, 232, 233, 234, *239, 241*, 242, 244, 246, 248, 250, *251*, 262, 269, 291, 295, 307, 368, *397—400*, 418.
 (s. auch: Anankasmus)
Zweckneurose (Renten-, Versicherungsneurose) 146, 218, 329.
 (s. auch Unfallneurose)
Zweifaktorentheorie (der Intelligenz) 187.
Zweifel(sucht) 59, 235, 239, 247, 251, 271, 412.
Zweisprachige 167.
Zweiteilung des Tests 169.
Zwillinge, gleiche Originalantworten bei 69.
Zwillingsgeburten in ixoiden Familien 277.
Zwischenbemerkungen (Neben-, Randbemerkungen) 27, 78, 119, 133, 150.
Zwischenfigur-Deutungen (DZw) *38*, 39, 71, 72, 73, 120, 160, 161, 162, 169, 209, *212—213*, 215, 242, 243, 245, 246, 247, 248, 251, 252, 253, 255, 260, 261, 262, 263, 264, 265, 275, 278, 279, 280,

281, 285, 295, 296, 297, 307, 329, 330, 342, 348, 350, 352, 354, 355, 356.
— primitive 342.
— Symptomwerte 58—59, 60, 350.
Zwischenfiguren 130, 132.
Zwischenfigur-Ganzantworten s. Ganzantworten.
Zwischenfragen 25.
Zwischenstufen, sexuelle 230, 264.

Z-Test 11, 96, 99, 130, 345.
— doppelte Darbietung 182.
Zuverlässigkeit des Rorschach-Tests 16—20.
Zykloidie (Zykloide, Zirkuläre, zykloide Psychopathie) 159, 268, 269, 271, *276*, 278, 282, 298, 300, 310, 331, 420, 421.
Zyklothymie (zyklothym) 270, 289, 297.